I0210186

ABÉCÉDAIRE MAL-PENSANT

DU MÊME AUTEUR :

• *Manifeste pour le salut de la vraie Droite*, Éditions Vincent Reynouard, 2002 (en collaboration avec Vincent REYNOUARD).
• *L'Universalité du danger gnostique, vrai ou faux ?*, Éditions Vincent Reynouard, 2004.
• *Réflexions sur le nationalisme : En relisant 'Doctrines du nationalisme' de Jacques Ploncard d'Assac*, Samizdat Publications, 2005 / Reconquista Press, 2019 (enrichi d'une préface d'Yvan BENEDETTI).
• *Antidote : Pour une pensée libérée de la tyrannie judéo-maçonnique* (préface de Jérôme BOURBON), Reconquista Press, 2018.
• *Une réponse nationaliste au mondialisme : Doctrine élémentaire du bien commun*, Reconquista Press, *à paraître*.

Jean-Jacques Stormay

ABÉCÉDAIRE MAL-PENSANT

MANUEL DE COMBAT DU TRADITIONALISME RÉVOLUTIONNAIRE

Reconquista Press

www.reconquistapress.com

ISBN 978-1-912853-08-3

EN GUISE DE PRÉAMBULE

Reproduction d'un article de Jean-Jacques Stormay, paru à l'occasion de la sortie d'*Antidote. Pour une pensée libérée de la tyrannie judéo-maçonnique* dans l'hebdomadaire *Rivarol* du 17 octobre 2018 (n° 3348), légèrement enrichi pour la présente publication. Extraits.

(...) j'ai enseigné la philosophie pendant des décennies dans le Secondaire public, et vous savez combien l'esprit du temps sévit dans cette institution. On ne peut s'exprimer librement, on doit adopter des prudences et des ruses de Sioux pour seulement suggérer la vérité quand on entend ne pas se faire éjecter de l'Alma Mater. Libéré depuis peu de mes obligations professionnelles, j'ai essayé ici de rédiger ce que j'aurais aimé dire à mes élèves si nous vivions dans un pays libre, sans censure intempestive. Ce qui est une manière, non sans retard, de remplir — supposé qu'ils me lisent — mes devoirs à l'égard de mes élèves. Il y a des gens qui pensent — dont les maîtres obscurs de l'Éducation nationale — que la philosophie est féconde non tant par les réponses qu'elle apporte que par les questions qu'elle pose, que chaque réponse est une nouvelle question, que chacun a sa vérité, qu'il est toujours en route sans jamais aborder le terme du voyage intellectuel, que tout est relatif, que la subjectivité est indépassable, que l'idée même de vérité objective serait castratrice et appauvrissante, qu'elle enfermerait dans un dogme réducteur exténuant l'esprit critique, etc. C'est là oublier que la vérité est une, objective, ou n'est pas, et que tout ce qui n'est pas la vérité est ignorance ou erreur, lesquelles relèvent du non-être, de l'illusion, du *flatus vocis*. Ce qui limite une chose à n'être que ce qu'elle est, c'est aussi ce qui la définit, ce qui la fait être. Définir, c'est circonscrire ; c'est ainsi actualiser mais c'est aussi exclure, et c'est exclure ce qui n'a que l'apparence de la réalité, puisque la vérité est la conformité de la pensée à ce qui est ; la vérité est dogmatique par essence, même si en philosophie elle est invitée à rendre raison de son propre contenu. Enfermer la liberté dans la vérité, c'est préserver cette liberté, en lui évitant de se noyer dans les mirages. L'Éducation nationale n'est pas faite pour forger les intelligences et pour apprendre quelque chose, elle est faite pour formater des citoyens du monde, des démocrates antiracistes et hédonistes pétris d'esprit judéo-maçonnique. Je fais ainsi hors d'elle, sans entraves, ce que j'ai fait en elle avec mille difficultés en luttant contre l'institution à mes risques et périls.

Notre contemporain-type est un homme qui consacre sa vie à rechercher les moyens de vivre. Or ce à quoi on consacre sa vie a raison de finalité pour cette dernière. L'homme d'aujourd'hui a donc substitué la recherche des moyens à celle des fins, ce qui revient à dire qu'il n'a plus de raison de vivre et que sa vie se réduit à un acte de survivre. Une telle vie est proprement absurde : « La vie ressemble à une simple mise bout à bout d'émotions, sans autre sens que l'angoisse d'un arrêt » (Olivier Rey, *Itinéraire de l'égarement*, Seuil, 2003, p. 10). On fait pendant quarante ans un métier que l'on n'aime pas, ou peu, pour gagner une retraite qui sera stérile parce qu'on aura désappris d'aimer ce qui est aimable : on passera son temps à tenter, dérisoirement, de se maintenir en état de jeunesse physique, et l'on se perdra dans le divertissement qui, par définition, nous détourne du réel ; on travaille huit à dix heures par jour pour gagner son « droit » à se vautrer devant la télévision, cinq ou six jours sur sept pour accéder aux plaisirs du « week-end », onze mois sur douze pour jouir des relâchements honteux des vacances estivales remplies de délectations libidinales ou gastriques, et de satisfactions de vanité : « La plupart des hommes mènent une existence de désespoir tranquille » (Henry David Thoreau, *Walden ou la Vie dans les bois*, Gallimard, p. 12). Le repos est en droit destiné à reprendre des forces pour exercer une activité qui a raison de fin pour ce dernier, mais les rapports entre les deux sont aujourd'hui inversés ; on ne se repose pas pour travailler, on travaille pour se reposer. On « gagne » un temps libre dont on ne sait que faire, et on perd son temps en le gaspillant à tenter de gagner du temps. Puis vient la mort qui est absurde comme la vie qu'elle achève ; fin de partie : vous avez vécu pour rien, et la mort vous renvoie au néant ; l'existence n'a pas de sens, au double sens de signification et de direction, et c'est pourquoi la philosophie supposée dévoiler un tel sens est une emphatique futilité, ou bien une idéologie ; et c'est bien ce qu'elle est devenue sans l'avouer : une religion sans Dieu destinée à faire vivre ensemble, selon le dogmatisme de la tolérance, des hommes rivés à la même chaîne de l'égoïsme jouisseur, dont chacun se hait et qui se haïssent entre eux.

On dira que l'âme se nourrit de vérités religieuses révélées autrement plus certaines et salvatrices que les vérités philosophiques, et qu'il y a les scientifiques et techniciens — utiles dans l'ordre des moyens —, l'art et la foi — utiles dans l'ordre des fins —, et les bavards, dont feraient partie les philosophes. C'est là oublier que l'ordre surnaturel présuppose l'ordre naturel dont le souci rationnel est l'élément essentiel, et qu'il n'est possible de croire qu'en sachant que l'on croit, et en sachant ce que l'on croit ; la foi convoque le savoir, et le savoir, dans tous les domaines qui excèdent l'ordre de l'expérience sensible, est la philosophie même. Le propre d'une limite est de séparer les domaines qu'elle unit, ainsi de faire s'identifier, dans le « *terminus ad quem* » d'un domaine qui est aussi le « *terminus a quo* » de l'autre, les deux zones pourtant hétérogènes qu'à ce titre elle sépare, à la manière dont l'instant, qui est le présent, sépare le passé du futur, mais ne procède ainsi qu'en tant que le passé *s'achève* — s'accomplit et se supprime — dans ce en quoi prend naissance le futur ainsi identifié au passé dans le point commun de leur négation qui leur est pourtant intrinsèque. Par ailleurs, la philosophie peut être définie telle la considération des limites : la limite, qui est fin de la chose et du mouvement qui s'achève en elle, est « *substance formelle de chaque chose et sa quiddité*, car c'est la limite de la connaissance, et, comme limite de la connaissance, c'est aussi la limite de la chose » (Aristote,

Métaphysique Δ 18, traduction Tricot). Si, faute de philosophie, l'ordre naturel est incapable de s'objectiver sa propre limite, la connaissance commune aura tôt fait tantôt de s'attribuer des prérogatives qui n'appartiennent qu'à l'ordre surnaturel, et l'on « surnaturalisera » la nature ; tantôt de faire assumer par l'ordre surnaturel des responsabilités intellectuelles qui appartiennent en droit à l'autorité de la raison, et l'on naturalisera la surnature. Dans les deux cas, on en viendra à faire périr l'ordre naturel, tantôt par intumescence, tantôt par crise d'inanition. Et parce que la surnature présuppose la nature comme son sujet d'inhérence, on en viendra dans les deux cas, ce faisant, à exténuer le don surnaturel supposé dispenser l'homme de philosopher en se substituant à la philosophie. Ce n'est pas parce qu'elle a été depuis longtemps confisquée par les bavards que la philosophie se réduirait par essence à un bavardage. Au reste, poussé dans ses retranchements, tout scientifique se fait philosophe, et tout économiste, tout homme politique et tout moraliste, voire tout artiste aussitôt qu'il réfléchit sur sa propre activité.

Notre monde a perdu de vue le fait que le plaisir — le substitut dérisoire de recherche du sens — ne saurait être cause finale de l'appétit en général : on ne mange pas du plaisir de manger, on mange du pain ; quand on se met à ne manger du pain que pour manger du plaisir, on délaisse le pain pour les nourritures artificielles qui ne nourrissent pas l'appétit mais l'excitent, et on en vient à mourir de faim ; l'objet de la vue n'est pas le plaisir de voir, mais le visible ; en ne recherchant que le plaisir de voir, on finit pas délaisser le visible et l'on se réfugie dans le virtuel, vision de l'irréel qui exténue la puissance de voir. Aristote disait que le plaisir s'ajoute à l'acte comme à la jeunesse sa fleur : il n'est qu'un ornement du bien possédé. De même que la sensation est l'acte commun du sens et du sensible, de même l'appétition est l'acte commun de l'appétit et de l'appétible, et le plaisir de l'appétition est l'appétition elle-même en tant que, en elle, l'appétit prend acte du fait qu'il repose dans sa fin qui est son objet, c'est-à-dire qu'il jouit par là qu'il s'aime lui-même en tant que comblé ; quand le plaisir se substitue à l'appétible, l'appétit se prend pour objet en se désintéressant de son objet direct, et il s'exténue. On en vient à faire de la relance du désir l'objet même de l'existence, d'où l'inflation des paradis artificiels et contre nature, et la vie devient un enfer : Schopenhauer dit justement qu'elle oscille, tel un pendule, de la souffrance à l'ennui. Pourtant un tel enfer est passionnément consenti, parce que la subjectivité absolutisée, déifiée, se reconnaît en cette pathologie consistant à faire se nourrir le désir de lui-même. Ce piège universel, qui définit la mentalité moderne, fait chuter tout le monde, aussi bien les personnes mûres que les élèves ; en cela, tout comme mes petits devoirs déjà publiés, à vocation pédagogique et scolaire, qui traquent le subjectivisme sous toutes ses formes, peuvent rencontrer l'intérêt de tout homme honnête, c'est-à-dire de tout homme capable de se donner les moyens héroïques d'accéder à un bonheur vraiment humain, de même le présent abécédaire peut inviter tout homme de bonne volonté à la réflexion, dans un monde qui s'ingénie à le détourner de la méditation désintéressée ; ce travers se retrouve même chez les réactionnaires, qui croient que la prière et les lectures pieuses et/ou bien-pensantes dispensées à chacun par sa chapelle (à l'exclusion, bien entendu, de celle des autres) enferment toutes les vérités nécessaires au salut individuel et collectif.

Cela dit, je ne me fais pas d'illusions : il y aura de bonnes âmes pour dénoncer mes audaces, ma méchanceté, mon « idéalisme », et qui finiront par dire que ce travail est un tissu de lieux communs compilés dans la littérature nationaliste, doublé de propos amphigouriques et malsonnants qui puent l'hérésie. Ah ! les bien-pensants pétris de bonnes intentions... Il est vrai que je n'hésite pas à rappeler des données compilées et connues de beaucoup de monde, mais elles sont mises en perspective avec d'autres données qui le sont moins ; et j'ai préféré citer plutôt que de reformuler, parce que ces choses étaient dites mieux que je n'eusse su les dire moi-même. Quant à mes développements plus personnels, le lecteur sera juge lui aussi. En dehors des ratés nombrilistes ayant choisi le camp des Réprouvés pour faire les intéressants et adopter une posture d'esprits forts, de penseurs originaux, de héros et de martyrs à bon compte, et si l'on met de côté les fanatiques indécrottables investis corps et âme dans leur chapelle groupusculaire, il existe aujourd'hui un certain nombre d'hommes aussi perplexes qu'honnêtes, qui pressentent bien qu'il existe un malaise, ancien et non identifié, tant dans les milieux de droite radicale que dans les familles religieuses traditionalistes. Et ils sentent bien que ce malaise, par-delà les querelles de personnes, est de nature doctrinale, plus précisément philosophique. C'est à eux que mes modestes travaux sont destinés.

(...) d'une certaine façon, tout est politique. Tout d'abord, le désir du bien commun — ainsi de l'objet de l'art politique — est une anticipation de soi obligée du désir de Dieu ; il est l'image temporelle du souverain bien céleste, et à ce titre il se subordonne tous les biens mondains ; on s'ordonne tout entier, quoique non totalement, au bien commun ; tout entier et totalement au Souverain Bien. Contre une conception moralisante du politique fort répandue même dans les milieux catholiques, la vraie cause finale du politique, à savoir le bien commun, n'est pas le souci des conditions du bonheur vertueux et du salut individuels ; elle est d'abord la réalisation en acte, à l'intérieur d'une communauté historique de destin donnée, de toutes les potentialités de la nature humaine, lesquelles ne peuvent se réaliser en un seul homme. Or la nature ou essence humaine, dont chaque homme est une individuation, a raison de fin pour la personne elle-même, elle est à la fois cause efficiente et cause finale ; cela dit, d'une part la cause première et fin dernière de toute chose est Dieu ; d'autre part les exigences de la nature humaine sont plus parfaitement réalisées dans la cité que dans l'individu ; en troisième lieu, selon l'adage néo-platonicien, toute chose tend à faire retour ultimement vers ce dont elle procède ; donc cette fin qu'est le bien politique est la préfiguration obligée, pour la vie terrestre, de cette fin ultime qu'est le souverain bien divin ; Hegel ne disait pas autre chose à sa manière en parlant de l'État tel un « divin terrestre ». Est architectonique la science ou l'art qui se subordonne d'autres arts, tel l'art de l'architecte qui se subordonne l'art du maçon et celui du charpentier. Dans l'ordre spéculatif, la science architectonique est la métaphysique ; dans l'ordre pratique, c'est la politique. Et sous ce rapport, même si les fins de la spéculation excèdent l'ordre du politique, l'organisation temporelle des fonctions et des talents dans la cité, y compris ceux de l'ordre spéculatif, relève de l'art politique. Selon qu'on vit dans tel régime ou dans tel autre, on ne produit pas le même art, on ne développe pas la même philosophie, et même à la limite on ne pratique pas exactement la même religion ; non pas que la seule vraie religion, à savoir la religion catholique, serait impuissante à s'approprier à tous les types de régimes non déviés et à toutes les formes de culture non antinaturelles, mais en ce sens que la religion et la politique ont vocation à s'harmoniser puisqu'elles concernent toutes deux les fins que poursuit l'homme, et que, ayant de ce fait vocation à composer l'une avec l'autre, il est des régimes politiques plus adéquats que d'autres, même à l'intérieur des seules formes théoriquement recevables du politique, à promouvoir les exigences de l'ordre surnaturel sans blesser celles de l'ordre naturel, et vice versa. Cela dit, nous vivons aujourd'hui dans un monde profondément antinaturel promoteur du vice, de la décadence, de désordres innombrables, et fondé sur le mensonge, de telle sorte que, pervers dans sa fin, il est destructeur de l'humanité dans l'homme et ne peut se maintenir qu'avec l'aval de ceux qu'il corrompt, au point qu'il doit entretenir leur corruption pour prévenir les velléités d'insurrection ; ce qui corrompt moralement et physiquement conduit à la mort. Aussi n'est-il possible aujourd'hui de promouvoir la vérité qu'en transgressant la loi civile. Il faut vivre dangereusement...

(...) En 1789, il y avait le camp déclaré de la subversion antichrétienne et antinaturelle, satanique par essence, et c'est là évidemment le camp de nos ennemis puisque le monde moderne qui nous réduit à l'état de parias n'en est que la progéniture ; il y avait en deuxième lieu les futurs émigrés de Coblence (dont Talleyrand, dans sa lucidité méchante, dira à leur retour qu'ils n'avaient rien oublié et rien appris) qui considéraient que tout allait bien, méconnaissant de manière dramatique les dysfonctionnements criants de l'Ancien Régime ; il y avait aussi les tièdes et « modérés » substantiellement gagnés à la subversion (les futurs orléanistes, bonapartistes, ou monarchistes chartistes, tout comme aujourd'hui les tenants d'une « droite » républicaine, c'est-à-dire jacobine, ou, dans le domaine religieux, les « ralliés » de tout poil), soucieux de marier le Christ et Bélial, l'ordre des choses et la Révolution insurgée contre l'ordre ; il aurait pu y avoir des hommes foncièrement attachés aux principes fondamentaux de l'Ancien Régime — entendons : aux fins qu'il entendait servir — mais qui, conscients des iniquités de la société monarchique française du XVIIIe siècle, savaient, avec Antoine de Rivarol, qu'une révolution était trop nécessaire pour que l'on pût se permettre d'en faire l'économie ; cette révolution intérieure au bon combat fut tentée beaucoup plus tard dans l'expérience de la croisade — foncièrement heureuse, quels qu'aient été ses travers accidentels — des fascismes. Bien entendu, les « propugnateurs » rassis du « *bonum certamen* », aveuglés par leur bonne conscience et leur passion passéiste, n'auraient vu (et ne voient toujours) en cette tendance qu'une variante du libéralisme abhorré, c'est-à-dire du projet tératologique des « modérés ». Ils y voient même volontiers un moment d'effectuation de l'entreprise totalitaire et satanique de soumettre le monde à un État mondial : « communisme et nazisme, même combat », « la peste et le choléra » qui seraient sœurs ennemies et ne sauraient s'opposer longtemps, etc. Mon livre n'est pas destiné aux « bien-pensants ».

Cette troisième voie demeure, même aujourd'hui, le chemin à ouvrir en politique : un Reich (dont l'Europe de Bruxelles est l'affreuse contrefaçon) pour le bien commun de l'Europe, un fascisme adapté aux génies nationaux pour le bien commun des nations d'Europe. Et plus tard, après qu'une authentique aristocratie aura été reconstituée, le rétablissement du trône et de l'autel, d'un Saint-Empire enfin devenu respectueux du fait national, et de monarchies enfin devenues organiques.

De même, dans l'ordre spéculatif, être thomiste aujourd'hui ne consiste pas à répéter saint Thomas, mais à tenter de penser ce qu'il aurait dit après l'épreuve des critiques de la philosophie moderne (de Descartes à Hegel et à Rosmini), laquelle est gravide de vérités captives qui sont celles-là mêmes dont la philosophie réaliste aurait eu besoin pour ne pas succomber aux attaques des subjectivistes et des nominalistes. Le thomisme n'est pas une philosophie mais une théologie qui se subordonne des outils philosophiques ; cela dit, la grâce ne supprime pas la nature mais la soigne et la surélève et, en tant qu'elle la restaure, elle l'invite à l'autonomie, enjoignant seulement à la raison naturelle de respecter la « *stella rectrix* » extrinsèque de la théologie révélée ; il est donc dans la logique d'une École thomiste bien comprise de développer une philosophie réaliste méthodologiquement déconnectée de sa vocation instrumentale d'« *ancilla theologiae* » et, ce faisant, de prendre au sérieux un certain nombre de problématiques en soi légitimes confisquées par la philosophie moderne en ses variantes idéalistes, et que la vocation étroitement théologique de la philosophie médiévale n'avait pas suffisamment prises en compte. Au reste, le mot « idéalisme » peut ici être pris en un sens moins technique : les « Modérés » croient discerner une utopie dans tout ce qui est radical, et veulent depuis soixante-dix ans nous imposer des idées et des modes d'action politique « raisonnables » au nom de l'efficacité. Mais il suffit de contempler les résultats lamentables de ce choix censé efficace pour se convaincre que le salut de la France, de l'Europe, de la race blanche et de la chrétienté ne passe pas par la modération « réaliste » ; il passe par l'extrémisme, la radicalité, l'idéalisme entendu aussi bien comme foi en l'idéal que comme certitude selon laquelle l'idée est de manière générale plus réelle que le réel dont elle est l'idée : les choses passent, les principes demeurent, parce que c'est en s'écartant de leurs principes qu'elles se déréalisent ; et comment le réel pourrait-il n'être tel que par fidélité à son Idée, si cette dernière n'était pas plus réelle que le réel lui-même ? Sans le réalisme, l'idéalisme dégénère en autisme subjectiviste ou en nostalgie chimérique ; sans l'idéalisme, le réalisme dégénère en empirisme matérialiste et en pragmatisme opportuniste, et finit par s'étouffer à force de concessions. Notre avenir, ce sera la remise en cause de tout l'esprit du monde issu de 89, ou bien la mort ; et cette remise en cause sera brutale, exclusive de toute concession, ou ne sera pas. Le monde contemporain repose sur la négation de l'entreprise de salut menée par les forces de l'Axe. Ce sont donc elles dont il convient aujourd'hui de reprendre le flambeau en les actualisant, par là en les rectifiant si besoin est. Tout le reste n'est que bavardage, inconscience ou lâcheté.

(...) pour définir le régime politique qui convient à une époque et à un peuple donnés, il convient de s'interroger sur les fins qui sont assignées à cette puissance politique, lesquelles finalités mènent au-delà du politique proprement dit. Il existe une causalité réciproque entre vie culturelle (prise au sens le plus large) et politique : la vie culturelle est au service du politique en tant qu'il a la charge de réaliser le bien commun, meilleur bien de tous les biens temporels, et sous ce rapport il faut se demander ce que doit être la vie culturelle pour servir adéquatement le bien commun ; sous un autre rapport c'est le politique qui est ordonné à la vie culturelle, en ce sens que la vie culturelle vise elle-même des fins dont le politique n'est pas l'actualisation exhaustive, puisque la vie humaine ne s'achève pas ici-bas ; et de ce point de vue il faut se demander ce que doit être le politique pour s'ordonner adéquatement aux fins ultimes (culturelles) qu'il a vocation à poursuivre. En tant qu'elle est moyen et fin sous des rapports différents, la chose politique est tellement liée à la chose culturelle que toute culture est politique, et que toute politique est promotrice d'une certaine culture. En cela, on ne sort pas, d'une certaine façon, du souci politique, en s'interrogeant sur l'essence du beau et de l'art, sur le fondement de l'intersubjectivité, sur la justice dans les échanges, sur la relation entre foi et raison ou entre pensée et langage, ou sur le rapport entre souci méditatif (« *theoria* », « *scholè* » ou « *otium* ») et progrès technique.

(...) Ne pas dénoncer ce qui, dans le passé, était gravide du présent honni, c'est faire cause commune avec le présent qu'on prétend condamner au nom d'un passé adorné. Quelque légitime réserve que l'on puisse nourrir à l'égard d'Éric Zemmour, on doit reconnaître à cet auteur le mérite de rappeler opportunément, dans son dernier livre (*Destin français*), que la France, après avoir été « le cœur battant de l'Histoire de l'Europe, et donc du monde, pendant mille ans », a subi l'histoire pendant tout le XXe siècle, qu'elle la subit plus encore aujourd'hui, et que le « point d'inflexion de son destin tragique » date de 1763, de ce traité de Paris consécutif à la défaite de l'armée française en Europe face aux Prussiens, et au Canada face aux Anglais. Il ajoute que « toute la suite de l'histoire s'explique par la tentative toujours vaine de rattraper cette perte irréparable » : Louis XVI engage vainement sa marine en faveur des Insurgés américains, provoque un endettement inouï qui cause la Révolution, laquelle, déclarant la guerre à l'Europe, force Napoléon à tenter une impossible hégémonie fondée sur la synthèse tératologique du jacobinisme et de la monarchie ; l'empire colonial, substitut dérisoire de l'échec de cette tentative d'hégémonie européenne, habitue le soldat français à des victoires faciles sur l'Indigène, et cela engendre la déculottée de 1870 ; la perte de l'Alsace-Lorraine est gravide de la Grande Guerre et le traité de Versailles provoque la Deuxième Guerre mondiale qui voit l'établissement, à vue d'homme irréversible, du mondialisme en ses versions états-unienne et soviétique, et ultimement au profit de l'entité sioniste. Or si la France, bien avant 1763, ne s'était évertuée à tenter de supplanter le Saint-Empire par les moyens les plus contraires à sa vocation spirituelle (soutien aux Luthériens et aux Mahométans, gallicanisme et jansénisme), c'est-à-dire à favoriser l'hérésie au nom de sa prétention à être « fille aînée de l'Église », ce processus d'irréversible décadence n'aurait pas eu lieu. Le renversement d'alliances opéré par Louis XV venait trop tard.

Le collaborationnisme de Drieu la Rochelle invita un jour ce dernier à déclarer que, puisque la France n'avait pu être l'homme, elle serait la femme de l'Allemagne ; cette formule provocante, pour le moins maladroite et peu gratifiante, est quand même gravide d'une vérité captive : la moelle épinière de l'Europe est le couple franco-allemand, et la France est en vérité, à l'Allemagne, ce que la Grèce fut à Rome. L'Allemagne de Germaine de Staël était la femme, la France néo-jacobine de Napoléon était l'homme ; mais elle n'était l'homme que pour efféminer toute l'Europe avec la diffusion des principes égalitaires du jacobinisme dont Napoléon fut le soldat ; on peut se demander si la décadence de l'Europe — par là de la race blanche et du monde entier — ne vient pas, en dernier ressort, de ce que la France a toujours prétendu être l'homme militaire de l'Allemagne, alors qu'elle avait vocation à en être le mâle spirituel, quand les prérogatives militaires de ce couple — qui n'est rien de moins que l'axe du monde — revenaient de manière privilégiée à l'Allemagne. La France doit être militairement assez forte pour servir d'instrument privilégié à l'indépendance de l'Église trop souvent menacée (parfois par sa propre faute) par le césarisme — germanique *ou non* (la France a tenté elle aussi de se subordonner l'autorité de l'Église) —, mais elle doit être assez sage pour comprendre que sa vocation politique internationale n'est pas de se substituer au Saint-Empire.

La France des Valois soutiens du Mahométan et du Parpaillot, la France de Vergennes, de Maurras et de Charles de Gaulle rêvant pour leur patrie d'un destin hégémonique mondial au nom d'une élection providentielle mal comprise, c'est la France aspirant à se faire l'arbitre des Grands, à ce titre à accéder au statut de Grand, en s'intronisant le défenseur des faibles et le représentant de leurs prétentions. Mais ce n'est pas là être le maître protecteur riche de sa force paisible ; c'est être la féministe hystérique en peine de singer le mâle, c'est la grenouille qui veut se faire bœuf. Avec la France historique telle qu'elle s'est dessinée dans le cours des siècles, le royaume Franc, auquel saint Rémi promettait la plus grande et la plus longue gloire, comprenait, entre autres, la Souabe, la Frise, la Bavière, la Thuringe, la Carinthie, l'Austrasie et la Saxe ; jusqu'au Xe siècle au moins, l'Allemagne de l'Ouest était nommée, elle aussi, la France, pays des Francs, et c'est à cette France de l'Est autant qu'à la France de l'Ouest que renvoyait saint Rémi, supposé que l'on soit fondé à prendre au sérieux son testament sur les plans historique et théologique. Réduire l'empire Franc à sa composante étroitement gallo-romaine, ainsi à la France supposée dominer politiquement toute l'Europe, c'est peut-être le péché de la France, gravide de tous ses péchés gallican, protestant, janséniste, jacobin et, par là, marxiste, judéo-maçon et mondialiste. En son esprit gréco-latin et chrétien nourri par un corps majoritairement gallo-romain, la France est en droit le « magistre » intellectuel de l'Europe ; en son identité politique ultime, elle est ordonnée au bien commun de l'Europe dont l'Empire germanique a la charge politique privilégiée. L'analogie avec un couple sexué ne valait pas mieux, pour définir le rapport harmonieux entre France et Allemagne, que la récupération française, judéomorphe, de l'idée d'élection davidique soutenant — pour son malheur — le nationalisme français depuis toujours. La France n'est pas un nouveau peuple élu. Il n'y a plus de peuple surnaturellement élu, fors le peuple — non politique — des baptisés. La France est cette forme d'humanité consistant dans la synthèse (au reste à la fois géographique et raciale) de tous les aspects du génie européen, elle est ainsi ce en quoi le génie européen prend de manière privilégiée conscience de soi, et sous ce rapport il n'est pas illégitime que les nations d'Europe reconnaissent en elle mieux qu'en elles-mêmes ce qu'elles ont vocation à être chacune pour elle-même, ainsi se reconnaissent elles-mêmes en elle, et c'est là la différence spécifique de la France ; mais il s'agit d'une vocation naturelle et non surnaturelle, de dispositions intellectuelles qui au reste l'habilitent tout particulièrement, en tant que tendue vers l'universel et attachée à un sens unique de la mesure, à se faire l'instrument spécialement approprié d'explicitation de l'intelligence de la foi ; qu'il y ait dans la France l'incarnation d'un projet providentiel n'est pas niable, mais cela ne fait pas d'elle un « peuple élu », et sous ce rapport toutes les nations sont inscrites dans un plan providentiel. Ce qui s'arroge le statut de « peuple élu », c'est ce qui se croit investi d'une mission et de droits particuliers tout à fait exceptionnels et sans commune mesure avec ses talents naturels, au point qu'il se persuadera de conserver son élection (expression du bon plaisir de Dieu) quand bien même il agirait de la manière la plus honteuse et la plus infidèle à sa vraie vocation : la France resterait la France guide des nations quelle que soit la cause qu'elle se met à défendre, pourvu qu'elle ait une portée universelle, de la patrie de Dieu à celle des droits de l'homme… C'est pourtant la référence toujours ressassée à cette France « nouvel Israël » qui fit d'elle, l'empoisonnant par ses prétentions démesurées et ses jérémiades mouillées d'eau bénite, l'empêcheur systématique de tourner rond en Europe continentale, et l'instrument consentant des vues diviseuses et thalassocratiques de l'Angleterre depuis toujours porteuse, quant à elle — et à cause de son individualisme philosophique, religieux et économique —, de mondialisme commercial et bancaire.

Et la mission divine de sainte Jeanne d'Arc n'était pas d'exalter sans mesure la gloire militaire française, elle était de rappeler au monde, par la France, et selon les procédures juridiques et symboliques propres à son temps, que le pouvoir temporel est ordonné aux fins que dévoile et rend accessible le pouvoir spirituel. Ce qui ne signifie nullement, au passage, que le pouvoir politique tiendrait son autorité directement de l'Église. Un faquin contemporain célèbre se plaît aujourd'hui à opposer le patriotisme au nationalisme, ce qui n'a rien d'étonnant dans sa vision mondialiste de l'histoire ; mais le vrai nationalisme n'est pas l'égoïsme des peuples ou l'aval donné à leurs prétentions subjectives ; il est de servir le bien commun universel dans le concert des peuples, et de discerner dans ce service le contenu réel de son vrai bien commun national.

Par ailleurs, je crois qu'il existe des complots, et que la dérision en laquelle les « intellectuels » tournent les conspirationnistes est elle-même un aspect des complots, expressif tantôt de la suffisance des idiots utiles, tantôt du calcul des comploteurs. Tous les complots sont autant de manifestations du Mystère d'iniquité, qui ne date pas d'hier. Cela dit, comme l'enseignait Bichat, la vie est l'ensemble des processus qui résistent à la mort. Quand l'organisme est sain, les microbes sont incapables de le terrasser, et même il se régénère dans l'acte de les annihiler. Ils ne deviennent efficaces que quand l'organisme est déjà malade. Et ce sont les causes de la maladie qui suscitent mon intérêt, plus que l'entreprise subversive des complots. À titre d'exemple, on peut évoquer la figure de Junius Frey (Moses Dobruška, alias Franz Thomas von Schönfeld) auquel Gershom Scholem consacra un livre (*Du frankisme au jacobinisme*). Adepte de la philosophie de Sabbataï Tsevi et des « Lumières », il appartint à diverses organisations maçonniques pétries de Kabbale. Mais cette dernière ne serait rien sans le dualisme iranien et sans la gnose contemporaine du christianisme naissant, lesquels ne doivent rien aux Juifs (la gnose était à l'origine antijuive) qui en revanche leur doivent tout : la gnose fut adaptée par les Juifs aux besoins de leur propre cause, de sorte que les goïm francs-maçons inspirés par la Kabbale n'ont fait que se réapproprier un héritage non juif, ce qui ne fait pas de ce dernier quelque chose de moins pervers pour autant. Nourri de la pensée de Rousseau et de Locke, Junius Frey rejoignit Paris et les Jacobins qui le fascinaient, et mourut guillotiné avec Danton... Ni les Juifs ni les maçons ne sont la cause première et déterminante de l'explosion révolutionnaire, ils ne furent que les amplificateurs des poisons qui la suscitèrent, et maints d'entre eux finirent par en être les victimes. Et ces poisons, en deçà ou au-delà de tout complot, ont été concoctés par des Occidentaux au vu et au su de tout le monde ; il en est de ces poisons comme de *La Lettre volée* de Poe, et telle est la logique des idées qui me semble, en dernier ressort, plus déterminante que la causalité des complots. Mais ces derniers, au titre de causes instrumentales et amplificatrices, ont eu et conservent, dans leur ordre propre, une importance qu'il serait fou de mépriser. Il reste qu'il n'est pas opportun de tout expliquer par eux, parce que ce recours cèle la responsabilité des peuples et de leurs élites complaisamment séduits par les idées fausses. Un peuple n'a jamais que le gouvernement qu'il mérite. Il n'est ignorant et abruti que parce qu'il veut l'être, il se plaint des effets de la décadence mais ne s'est pas décidé à renoncer à ses vraies causes à l'égard desquelles, pour cette raison, il se rend aveugle ; il n'y a pas de distance entre pays légal et pays réel, de sorte que les révélations croustillantes des sycophantes complotistes, pour utiles et fondées qu'elles soient, ne convainquent en dernier ressort que ceux qui le sont déjà.

L'insolente entreprise des mondialistes, numériquement extrêmement minoritaires, peut certes en venir à spolier les peuples à un point tel que ces derniers voient se réveiller en eux, timidement, le souci de leurs biens propres, de leur identité, de leur mémoire et de leur vocation. Mais ce réveil, livré à lui-même, ne peut être que velléitaire, non éclairé, inefficace, et ne peut qu'être récupéré. La dénonciation — par les peuples — des responsables de leurs maux ne peut engendrer une révolte victorieuse en forme de reconquête que si cette dénonciation des auteurs de leurs misères est aussi une dénonciation de leur propre responsabilité dans l'advenue de ces misères, et c'est cela dont ils sont par eux-mêmes, dans l'état actuel des choses, parfaitement incapables. Tels des ivrognes, ils se plaignent de leur condition d'épave mais ils ne veulent pas renoncer aux délices de leur bouteille. Ils ont raison d'être excédés par la fiscalité écrasante, par la criminalité, l'arrogance d'une immigration conquérante, la dégradation des mœurs en général, etc., ils aspirent au bien commun à leur manière, mais ils sont trop faibles pour le réaliser, et même pour le concevoir en sa vérité. Il en est ainsi parce qu'ils l'aiment sur le mode d'un bien particulier, c'est-à-dire d'un bien que l'on rapporte à soi, au lieu qu'il est de la raison du bien commun d'être voulu pour lui-même, tel un bien auquel on est rapporté. C'est en l'aimant tel un bien auquel l'homme est rapporté, en lequel l'homme s'excède et se crucifie, en et pour lequel il se sacrifie, que cet homme confère au bien commun la latitude de se vouloir lui-même en l'homme, et par là de donner à l'homme la force de le vouloir. Le bien commun n'est aimé et servi en et pour lui-même par l'homme que s'il se veut en l'homme, et réciproquement, et c'est là le propre des sociétés organiques. Réduit à sa subjectivité, oublieux de la causalité immanente de son essence normative dont son moi tient sa dignité, notre contemporain ne conçoit même plus qu'il puisse s'accomplir en servant, se trouver en s'oubliant, coïncider avec lui-même en s'excédant.

Les mondialistes spolient les peuples économiquement : les États européens ne sont plus que les instruments d'appauvrissement des classes moyennes par le moyen de la fiscalité, au profit des intérêts privés des banques et des familles qui les contrôlent. Ils les spolient tout autant, et plus encore, biologiquement en leur imposant un métissage forcené destiné à leur faire perdre leur identité, dans le but de les rendre dociles ; certains acteurs du mondialisme visent à supprimer toutes les identités nationales au profit de la leur propre, et il s'agit bien sûr des Juifs. Les mondialistes les spolient évidemment culturellement et religieusement en leur imposant une fausse histoire, de fausses valeurs, en favorisant en eux des appétits contre nature. Prévoyants, les mondialistes ont déjà entrepris, sans cesser d'entretenir un libéralisme planétaire forcené, de subvertir les velléités nationalistes des peuples déracinés en investissant leurs inchoatives tendances à s'organiser, afin de détourner de leur vraie fin de telles organisations : se les subordonner en se posant en recours. C'est pourquoi le salut, s'il vient, ne naîtra pas des entreprises des nationalistes ayant aujourd'hui le vent en poupe. Il naîtra d'une révolte radicale menée par des forces qui n'ont pas encore vu politiquement le jour. De telles forces, dotées d'une doctrine capable de dépasser les dissensions mortifères qui règnent actuellement et depuis toujours dans les rangs de la vraie droite, sauront profiter de deux choses. Elles sauront profiter de la disponibilité des masses dessillées par la faim et le chaos résultant d'une crise économique effroyable intentionnellement suscitée ou non, et dont nous ne ferons pas l'économie ; elles sauront profiter des dissensions qui ne pourront pas ne pas naître au sein même des officines mondialistes : entre mondialistes goïm maçons antichrétiens et mondialistes protestants et sionistes, entre mondialistes goïm et mondialistes juifs, entre mondialistes juifs plus mondialistes que sionistes, et mondialistes juifs plus sionistes que mondialistes. Et, supposé que nous parvenions jamais à nous émanciper de ceux qui ont intérêt à nourrir ce qui nous corrompt, le plus dur restera à faire : former, comme condition obligée d'un État pérenne, une « *Sittlichkeit* » conforme à l'ordre des choses et aux fins naturelles et surnaturelles du genre humain.

On dénonce aujourd'hui beaucoup, à juste titre, dans les rangs nationalistes européens, cette entreprise de subversion du combat « identitaire » ou « populiste » par les Juifs et sionistes de tout poil, lesquels ont déjà compris que la victoire du mondialisme ne s'obtiendrait pas sans la mise en œuvre d'une dialectique entre exaltation du nationalisme sioniste d'une part, rhétoriquement solidaire des nationalismes de tous bords, et d'autre part généralisation du mondialisme, en forme de dictature bancaire, par exténuation de la conscience nationaliste européenne. Cette dialectique repose sur l'exploitation du conflit des civilisations et l'exacerbation de l'hostilité à l'islam, et c'est pourquoi les rangs nationalistes européens sont, sinon toujours directement financés, à tout le moins favorisés, complaisamment supportés par les Juifs qui ne leur font les gros yeux que pour la forme. La dénonciation de cette dialectique repose aujourd'hui sur un soutien à l'islam antisioniste, hors d'Europe mais aussi, contradictoirement, en Europe, afin, dit-on, d'éviter cette guerre civile tant souhaitée par les sionistes. Le problème est que le réveil de la conscience nationaliste éclairée en Europe passe par l'ébranlement de la quiétude, de l'individualisme et de l'irresponsabilité hédonistes, lesquels supposent une guerre civile, de sorte que, quoi que nous décidions, nous ne ferons pas l'économie de cette guerre civile. Ou bien, en effet, le mondialisme non directement sioniste a gain de cause, et ce sont les millions d'immigrés en Europe qui susciteront cette guerre civile après y avoir conquis une position de force ; ou bien une telle guerre sera suscitée par les nationalistes sionistes qui, se posant en recours, ne feindront de nous débarrasser de l'islam que pour mieux exercer sur nous leur emprise irréversible. Il n'est pas question, cela dit, de prendre parti pour l'une des deux mâchoires du piège. Mais si la guerre civile est inévitable, autant laisser se mettre en place le mode de son déclenchement qui permettra aux vrais nationalistes de déjouer les effets de la dialectique ci-dessus rappelée. On peut être sûr d'une chose : supposé que les pays d'Europe parviennent à se débarrasser de l'emprise juive qui y sévit, au prix d'une fraternisation avec les millions d'immigrés qui nous ont déjà envahis et qu'il nous appartiendrait d'assimiler, les

Juifs du reste du monde favoriseront de toutes leurs forces l'insurrection contre nous des musulmans installés en Europe. Ce n'est pas parce qu'une dialectique juive prépare, en croyant servir sa propre cause, une guerre civile entre Européens et musulmans, que le déclenchement de cette guerre civile devrait objectivement desservir les vrais intérêts des nationalistes européens. Se définir par rapport aux Juifs, c'est encore faire le jeu de leur dialectique. On ne se libère d'une dialectique que par une dialectique plus audacieuse que la première, et cette autre dialectique n'exclut pas de laisser les Juifs s'enferrer dans la leur, qui peut constituer pour eux un piège.

D'aucuns font aujourd'hui un certain usage de l'idéologie républicaine assimilationniste supposée nous solidariser avec les musulmans naturalisés, afin de constituer un front commun contre le danger juif, ainsi une union susceptible d'enrayer les manœuvres des vrais responsables de l'immigration massive que nous subissons, lesquels entendent exacerber les tensions ethniques afin de susciter un climat de guerre civile qu'ils se chargeraient de régler ensuite à leur profit. Ce point de vue a le mérite de dénoncer les travers d'une réaction passionnelle peu éclairée inspirée par un racisme épidermique à très courte vue, aisément récupérable par les agents de la subversion antiraciste. Mais il présente le défaut suivant : il méconnaît qu'une telle idéologie d'inspiration jacobine est incapable d'unir. Elle est individualiste et consumériste, elle n'unit les hommes que dans la haine : quand le contenu de la philosophie politique inspiratrice d'un régime se réduit à l'exaltation de la liberté individuelle limitée par le seul impératif de « respecter » celle des autres, un tel régime ne peut que renvoyer chaque individu à ses délectations privées, et il est comme condamné à compenser la frustration de servir un bien commun par la recherche de biens privés qui à ce titre ne peuvent, en dépit des grands mots, être que trivialement matériels. Les musulmans occupant la France sont ainsi en demeure, pour se faire républicains, de se « désislamiser », et dans ce cas, ne devenant pas chrétiens, ils seront solidaires du consumérisme promu par les Juifs, par là deviendront solidaires des Juifs dont ils se révélèrent toujours l'instrument objectif de subversion ; et, s'ils ne le font pas, ils s'accrocheront à leur identité religieuse et épouseront encore la cause juive — en tant qu'elle exacerbe les débordements de l'islam pour corrompre « Édom » — contre les Croisés. On pourrait certes sortir du dilemme — en mettant de côté, non sans péril au reste, la question de l'intégrité biologique des peuples européens — en s'efforçant à convertir les immigrés à la vraie religion, et inviter les autochtones à faire cause commune avec les envahisseurs africains contre la tyrannie judéo-anglo-saxonne. Cependant, surtout dans le contexte actuel, ce projet se retournerait contre ses concepteurs : on ne saurait développer un apostolat efficace qu'en s'emparant du pouvoir politique ; l'obtention du moyen (faire cause commune avec les immigrés contre les sionistes) congru à la fin (reprendre les rênes du pouvoir en France) suppose la possession de la fin elle-même, ce qui rend un tel moyen parfaitement oiseux.

Il y a plus de cinquante ans déjà, Albert Camus dressait le triste bilan que voici :

> « Le train du monde m'accable en ce moment. À longue échéance, tous les continents (jaune, noir et bistre) basculeront sur la vieille Europe. Ils sont des centaines et des centaines de millions. Ils ont faim et ils n'ont pas peur de mourir. Nous, nous ne savons plus ni mourir ni tuer. Il faudrait prêcher, mais l'Europe ne croit plus à rien. Alors, il faut attendre l'an mille ou un miracle. Pour moi, je trouve de plus en plus dur de vivre devant un mur » (*Correspondance Camus-Grenier*, 1923-1960, *NRF*, Gallimard, p. 220, lettre à Jean Grenier, 28 juillet 1958).

Nos compatriotes français et européens attendent aujourd'hui, dans une angoisse vague et apparemment indifférente, la catastrophe qu'ils pressentent inévitable. Ils ne croient plus en rien, ne font plus confiance à personne. Eux qui n'ont su ni la prévoir ni la redouter, ni s'y préparer, ils attendent le pire en espérant tirer de sa noirceur même l'énergie surhumaine qu'il faudra déployer pour s'en rendre victorieux, tels des décadents consentant à leur décadence dont ils escomptent une souffrance effroyable afin de puiser à cette punition salvatrice l'héroïsme dont ils n'ont pas su faire preuve pour en faire l'économie. Ils attendent la crise — la guerre, les famines, et la guerre civile — non seulement pour agir, mais pour acquérir le désir d'agir. Une telle disposition d'esprit réussira peut-être à relancer en eux ce qu'il leur reste de vitalité mais, si cette dernière n'est pas soutenue par un minimum de certitudes, non seulement leurs efforts, désordonnés, seront vite investis dans des causes trompeuses, mais encore eux-mêmes se révéleront incapables de dispenser de tels efforts et se feront égorger au premier assaut : quand seul le désir de vivre, au sens d'appétit de jouissances misérables, retient les hommes de se suicider, il n'est que le désir de comprendre qui puisse enrayer le consentement au néant ; la philosophie est née de l'étonnement, et la décadence nihiliste produite par l'oubli du souci philosophique se révèle, par une ruse bienveillante au service de la vie, génératrice d'un reste de souci, sous la forme de curiosité, exercé sur les raisons de la décadence elle-même.

Parce que l'action n'est pas encore à l'ordre du jour, il nous appartient de tenter de contribuer à faire l'inventaire des raisons de notre exténuation.

Quoi que l'on pense de la Nouvelle Droite, son projet de refonder la Droite par l'élaboration d'une doctrine qui serait à la Droite ce que le dogmatisme marxiste fut à la Gauche ne manquait pas de pertinence : notre camp contre-révolutionnaire se meurt non d'une absence de doctrine, mais d'un excès de courants conflictuels en attente de leur dépassement dans une doctrine intégratrice du meilleur de chacun d'eux. Le drame de la Nouvelle Droite fut de se vouloir antichrétienne et hostile à la métaphysique. [Puissent mes modestes travaux] contribuer, à [leur] mesure, à relancer l'actualité d'un tel projet, cette fois sous l'égide de la sagesse catholique, mais débarrassée de ses tares surnaturalistes et « cléricalistes ».

★ ★ ★ ★ ★

Trois clics font aujourd'hui accéder n'importe qui aux informations les plus diverses répandues sur la Toile. Rassembler toutes celles qui peuvent servir à la formation d'un nationaliste ne serait certes pas complètement vain, puisqu'il ne suffit pas de disposer de l'Internet pour être bien informé. Encore faut-il savoir ce qu'il convient de chercher, et évaluer la pertinence de ce qui est trouvé. Nous nous livrerons peut-être un jour à un tel labeur qui accouchera, à n'en pas douter, d'un très gros livre. Ici, nous nous sommes cantonné, d'abord, au rassemblement d'arguments en forme de raisonnements à saveur philosophique qui, eux, ne figurent guère dans les sources publiques d'information contemporaines. Les informations historiques proprement dites, qu'il est aisé de découvrir ailleurs, seront en général limitées au minimum de ce qu'exige la compréhension des raisonnements proposés. Certaines citations parfois longues, bien connues, voire archi-connues, ont été rappelées quand même, tantôt sans autre raison que le fait de plaire à l'auteur du présent travail, tantôt parce qu'il n'est pas inopportun qu'un nationaliste ait en quelque sorte « sous la main », dans le même ouvrage, à côté des arguments théoriques, les arguments factuels nécessaires à son combat. Parce qu'un abécédaire n'a pas vocation à être lu d'un trait et selon l'ordre d'exposition, mais seulement dans le désordre et au gré de la curiosité et des besoins du lecteur, les mêmes éléments de démonstration ont été reproduits plusieurs fois, dans des perspectives différentes appropriées au traitement du sujet qui les convoquait.

Un mot encore, concernant le recours — pénible pour le lecteur — aux démonstrations abstraites. Les observateurs les moins avertis se rendent de plus en plus compte aujourd'hui que le monde va mal et que ce progrès dans le mal est le fruit d'une entreprise concertée : le genre humain n'a jamais disposé d'autant de moyens de dominer la Nature et d'accumuler des richesses, et pourtant les peuples s'appauvrissent ; tout homme comprend que partout où il y a un plan se dissimulent quelque part des organisateurs. Décadence des mœurs, manipulation des services de l'information, idéologisation de la science, usage prométhéen des techniques, crises économiques, mensonges historiques, reconstruction du passé, invasion des peuples d'Europe par les peuples de couleur, précipitation mortifère des destins nationaux dans le creuset du mondialisme, engloutissement de millénaires de civilisation dans un trou noir formidable, tout cela est manifestement voulu ; et nos contemporains aspirent d'abord à identifier les auteurs de ce chambardement apocalyptique, puis à disséquer leurs méthodes et leurs moyens, afin de se libérer de ces grands menteurs tout-puissants et de reprendre leur destin en main. D'où leur intérêt compréhensible pour les révélations sur le lobby juif, la maçonnerie, la Trilatérale, le groupe Bilderberg, la Haute-Finance, les Satanistes et la subordination forcée ou complaisante des États aux Banques, etc. Et notre contemporain en reste là, sans trop se préoccuper de ce qu'il fera de sa liberté retrouvée, si elle l'est jamais ; il y pense certes, mais il aspire au mieux à rétablir l'avant de cette entreprise de subversion planétaire. Pour les uns, cet « avant », ce sont les Trente Glorieuses et l'ordre gaulliste, pour d'autres c'est la douceur de vivre du temps de la France coloniale, pour d'autres encore c'est le souvenir de la Grande Nation jacobine et napoléonienne, ou bien de la France louis-quatorzienne, ou bien encore la monarchie de saint Louis. Or cette impuissance à identifier, autrement qu'au gré des ferveurs imaginatives et sentimentales, la nature de ce qu'il conviendrait de substituer au mondialisme mortifère, est peut-être la cause première de la victoire de ce dernier, et même de son surgissement, de sorte qu'enrayer le phénomène mondialiste sans savoir de manière argumentée ce qu'il convient de lui substituer revient à réenclencher le processus qui l'a rendu possible. Pour cette raison, une contribution à l'élaboration de ce qui doit être espéré au-delà du mondialisme et de la décadence, qui se ressaisira du meilleur de ce qui fut avant la décadence en se séparant de ce qui, en lui, annonçait sa maladie et sa mort, est en dernier ressort ce qui donne sens à l'entreprise de dévoilement des auteurs et des méthodes de la Subversion. Par ailleurs, si la représentation de ce que l'on juge souhaitable n'est pas fondée en raison, elle est incapable de se justifier et de résister aux sophismes que manipulent les destructeurs mondialistes. C'est en cela que le recours à la méditation philosophique est peut-être ce qu'il y a de plus urgent et de plus efficace à mener, de plus concret et de plus réaliste, contre la Subversion polymorphe de notre époque obscure.

ABÉCÉDAIRE

« Liste d'apprentissage de l'alphabet, qui illustre, en en suivant l'ordre alphabétique, chaque lettre par un ou plusieurs mots dont cette lettre est l'initiale » (dictionnaire de français *Larousse*). L'abécédaire présente l'avantage d'offrir au lecteur un texte facile à compulser, exposant de manière synthétique quelques connaissances, réflexions, argumentaires, informations utiles. Son inconvénient est de donner l'impression de se limiter à un fourre-tout par définition sans unité, sinon celle que lui confèrent les préférences hiérarchisées de son auteur. L'abécédaire est ainsi un modèle d'accumulation arbitraire de savoirs disparates. Il est le contradictoire d'un système. Il est antiscientifique.

Est scientifique le discours dont la progression rend raison de son contenu ; une science est une connaissance par les causes, elle contient le pourquoi de ce qu'elle affirme et par là s'offre à la pensée tel un ensemble d'affirmations nécessaires. Est véritablement scientifique, sous ce rapport, ce qui est systématique, puisque ce qui ne rend pas raison de son point de départ est comme suspendu dans le vide. Est système une totalité ordonnée de propositions dont chacune dépend logiquement de celle qui la précède et peut en être déduite, de telle sorte que le contenu de la dernière proposition est la justification — par là la position — de la première ; c'est à ce titre que le système est ce qui repose sur soi, ne tirant sa justification que de lui-même, ainsi organisé pour que son parcours ait cette forme circulaire telle que le progrès du processus à partir de l'origine dont il s'éloigne se révèle retour régressif en direction de cette origine ; puisque tout mouvement est passage d'un contraire à l'autre, tout mouvement est négation du point de départ ; mais un mouvement qui ramène au point de départ est un mouvement qui change de sens, non de manière arbitraire, mais en tant que la négation du départ est elle-même, aussitôt que posée, affirmation et négation de ce qu'elle pose ; un mouvement circulaire fait s'affirmer ce dont il est la négation par cette négation même, et se révèle ainsi contenir dans soi-même sa négation et son autre, ce qui revient pour lui à envelopper ce qui lui est extérieur, par là à être une totalité qui est *le* tout.

Formellement, un abécédaire est la négation du projet d'encyclopédie philosophique, mais il peut, matériellement, coïncider avec lui si son auteur — dont les vues subjectives constituent l'unique principe d'unité —, et avec lui ses lecteurs, se trouvent être eux-mêmes habités par un souci de systématicité.

Le présent abécédaire est la présentation, selon une forme arbitraire, d'un savoir ayant vocation à être enrichi et à être érigé dans une forme systématique — celui d'une doctrine de la contre-révolution révolutionnaire prise tant comme position philosophique que comme méthode — dont la forme propre est pédagogiquement celée ou brouillée, pour inviter le lecteur à la dégager par lui-même et à reconstituer dans sa forme adéquate le contenu d'un tel savoir, lequel savoir n'est véritablement su que s'il est réengendré par celui qui l'accueille. S'il est vrai que le propre d'un système est de faire affirmer la nécessité de son résultat par l'auto-négation de son point de départ, il est dans la vocation d'un exposé à vocation systématique de se préfigurer, quant à ce que son contenu a d'intemporel, dans la forme d'un abécédaire : le rationnel est victoire opérée sur l'irrationnel — le réel en sa contingence indéfinie — auquel il consent. Et s'il est vrai que la totalité, qui dit la systématicité, par là la rationalité radicalisée, contient son autre ou sa négation, il est rationnel qu'il y ait de l'irrationnel, et donc, pour ce que le contenu du système a de contingent, il est encore rationnel qu'il soit exposé dans une forme irrationnelle, la plus irrationnelle qui soit, celle d'une liste alphabétique.

Qu'une doctrine de la contre-révolution, fût-elle révolutionnaire, requière d'être présentée dans la forme d'un système, voilà qui, pour beaucoup, relèvera de l'oxymore. La contre-révolution évoque la Tradition, l'enracinement, la fidélité au passé, la réhabilitation du sens de l'autorité, ainsi la soumission des puissances naturelles — dont la raison, toujours raisonneuse et trop souvent spécieuse — à une Vérité transcendante, un esprit dogmatique : le culte de la déesse Raison est révolutionnaire.

Que la raison puisse être sophistique et se mettre au service de l'arbitraire de la subjectivité en son intumescence terroriste, qu'elle puisse en venir à se déifier en refusant toute source d'autorité qu'elle n'aurait pas instaurée ; qu'elle puisse se faire prométhéenne en s'investissant dans l'action transformatrice du monde au lieu de se livrer à l'activité contemplative où elle a naturellement vocation à rayonner, cela ne la condamne pas dans son principe. Est révolutionnaire ce qui met la liberté au-dessus de la vérité, est contre-révolutionnaire ce qui subordonne la liberté à la vérité, par là la volonté à la raison, la subjectivité à la réalité nécessaire, ainsi au « Réellement réel ». S'il est une source d'autorité qui excède les pouvoirs de la raison humaine, il demeure qu'elle est légitime en tant qu'elle donne accès à la vérité ; or il existe une relation transcendantale (et non simplement prédicamentale) entre vérité et intelligence ; de plus la raison est l'intellect en tant qu'il se meut ; il existe donc une relation essentielle entre la vérité et la raison, de sorte que si la foi, qui excède la raison, qui a plus d'autorité que la raison, a vocation à guider la raison, c'est en dernier ressort parce que le contenu auquel la foi donne accès est en soi rationnel, expression d'une Raison en le sillage duquel s'exerce la raison humaine : la raison considérée comme valeur demeure bien l'apanage de la pensée contre-révolutionnaire, et la déesse Raison est une abominable caricature de la raison : « *sapere aude* » était la devise des « Lumières », lesquelles trahissaient la raison en lui refusant sa portée métaphysique, pour se cantonner dans la recherche scientifique et, moralement, dans un libéralisme relativiste dont le véritable fondement est le scepticisme, qui est une insulte à la raison.

Faire de la raison une valeur revient à soumettre les prétentions de la liberté et de la subjectivité à l'aune de la raison, à faire plier l'arbitraire du singulier à la nécessité de l'universel ; la contre-révolution bien comprise met l'autorité légitime au-dessus des raisons que chacun peut avancer pour contester une telle autorité, elle ne met pas l'autorité au-dessus de la raison en tant que telle. Mais faire de la raison une valeur, c'est voir en elle un absolu normatif du réel, ce qui revient à dire que les lois de la raison sont les lois de la réalité, ou encore que le réel est rationnel, d'autant plus rationnel qu'il est plus réel. Or il existe une solidarité objective entre cette identité du rationnel et du réel d'une part, et l'affirmation de préambules de la foi d'autre part :

L'idée de préambule de la foi, c'est l'idée selon laquelle la raison est en demeure de rendre raison de l'opportunité et même du devoir de s'ouvrir à la foi, c'est-à-dire à ce qui par définition dépasse les pouvoirs de la raison. La religion catholique est la seule religion faisant de l'existence des préambules de la foi un article de foi : il est par exemple de foi de croire que la raison peut sans la foi prouver l'existence de Dieu, et cela suffit au fond — il le sera établi en son temps — pour que l'on soit assuré que la religion catholique est la vraie religion. S'il n'y a pas de préambule de la foi, c'est que la raison n'a aucune raison de croire, de reconnaître dans la Révélation catholique la vérité même, de sorte que ce qui décide en dernier ressort de l'adhésion à telle ou telle religion ne peut relever que d'autre chose, dans l'hypothèse, que la raison. L'acte de foi, si l'on refuse les préambules de la foi, ne peut qu'être aveugle. Mais à ce titre même, la raison n'intervenant pas dans les engagements religieux de l'homme, ces derniers se font sans délibération, par là sans choix ni responsabilité, et l'homme se révèle innocent dans ses engagements religieux qui, à ce titre, doivent tous être tenus pour autant d'injonctions divines : l'Esprit-Saint soufflerait dans toutes les religions. De plus, la raison de l'homme étant ce qui définit sa différence spécifique, par là son essence ou sa nature, s'il n'y a aucune raison de croire, il ne peut plus être tenu pour contre nature de refuser la foi (thèse thomiste : *Somme théologique*, II^{a} II^{ae} q. 10 a. 1). On voit en quoi le modernisme, qui défigure l'Église, peut être intéressé par l'abandon des préambules de la foi.

Cela dit, s'il existe des préambules de la foi, c'est qu'on tient pour vrai qu'il est irrationnel de refuser la foi, par là que le contenu de la foi est en soi rationnel ; mais savoir cela, tenir cela pour accessible au savoir, c'est admettre que la raison sait qu'elle admet un au-delà d'elle, ainsi qu'elle se reconnaît une limite ; or savoir que l'au-delà des limites de la raison est encore rationnel, cela suppose que l'on soit au-delà des limites qu'on se suppose pour pouvoir le savoir et le dire ; ce qui revient à dire que la raison, pour se savoir limitée, doit être illimitée ; pourtant, si la raison est illimitée sous tous les rapports, on voit mal qu'une place quelconque puisse rester à la foi. Pour admettre l'existence d'une limite qui en même temps n'empêche pas la raison de rendre raison de l'existence de cette limite, il faut et il suffit que la raison soit pour elle-même sa propre limite, dans un mouvement idéalement circulaire qui la fait s'achever dans son point de départ : elle est finie en tant que déterminée, et capable d'excéder (pour savoir son au-delà) sa limite, car dans le cheminement qui la fait aller au-delà d'elle-même, elle évolue encore dans son propre élément puisque ce en quoi elle s'excède se révèle être le chemin par lequel elle rentre en elle-même. Mais ce dont l'acte opératif a la forme d'un mouvement circulaire, c'est ce qui est en droit systématique. Il y a donc une solidarité obligée entre le concept de foi catholique — ainsi le concept de contre-révolution — et le caractère systématique de l'idéal de la raison, laquelle est infinie en tant que systématique, c'est-à-dire circulaire, sans être divine en tant qu'elle n'est pas la raison suffisante de la rationalité qu'elle exerce ; elle n'est pas la raison suffisante de la *réflexion* (partir de soi pour revenir à soi) en laquelle elle s'actualise : la conscience (la raison en tant qu'elle s'apparaît) d'exister n'est pas positionnelle de l'existence de la conscience ; or ce qui est systématique (la raison) pose en droit ce qu'il présuppose, donc il s'opère dans la raison une réflexion (divine) qui la constitue dans son *être* de raison, et dans le sillage de laquelle s'exerce l'*opération* de la raison créée.

Éminemment subjectif dans ses choix, fragilisé par une grande contingence, ce ridicule dictionnaire pour mal-pensants, non dénué d'humeur, aura été élaboré à la manière dont Bouvard et Pécuchet, idiots risibles, se mirent à désirer à nouveau, au terme d'une série d'échecs retentissants, « copier comme autrefois ». Et Raymond Queneau suggérera que ce qu'ils pourront se mettre à copier en premier lieu sera le « dictionnaire des idées reçues » : « alors une faculté pitoyable se développa dans leur esprit, celle de voir la bêtise et de ne plus la tolérer »...

ALLEMAGNE

Voir ici « **France** ».

« L'Union soviétique s'est décidée à engager la guerre contre l'Allemagne (pour la destruction du fascisme et l'extension de la révolution mondiale) dès mai-juin 1940 » (*Vérité pour l'Allemagne*, de Udo Walendy, Historical Review Press, 1965, traduction R. Neuville, 2008, p. 8).

Selon le § 231 du Traité de Versailles (qui traitait des responsabilités de guerre et fut élaboré par la France, la Grande-Bretagne et les nouveaux États d'Europe orientale) et la note du 16 juin 1919, la guerre de 1914-1918 serait le plus grand crime contre l'humanité et la liberté des peuples jamais commis par une nation civilisée (*id.*, p. 16-17). L'Allemagne aurait tenté d'imposer son hégémonie à l'Europe, aurait refusé toute consultation pour éviter la guerre, aurait fait pression sur l'Autriche pour déclarer la guerre à la Serbie, serait responsable de la guerre et de la mort de millions de personnes. Non content de comporter accusation des chefs militaires allemands, le traité de Versailles comportait incrimination du chef de l'État pour crime contre l'humanité (articles 227 à 230).

Philipp Scheidemann, chancelier social-démocrate, déclarait en mai 1919 à propos du Traité de Versailles : « Des mains implacables nous enchaînent, puis on nous demande de travailler, tels des esclaves, pour remplir les caisses du grand capital international » (*id.*, p. 19). Lloyd George, en 1928 : « Toute la documentation qui nous a été fournie <à Versailles> par certains de nos alliés était mensongère et truquée. Nous avons décidé à Versailles sur des faux » (*id.*, p. 21). « L'Allemagne a déposé les armes en novembre 1918 en croyant que les 14 points auxquels Lloyd George pour la Grande-Bretagne et Clemenceau pour la France avaient donné leur accord (au même titre que les États-Unis) seraient respectés. Or la convention d'armistice a été violée dès le départ par la suite du blocus économique contre l'Allemagne » (*id.*, p. 21). Cette convention d'armistice fut gravement violée ensuite maintes fois (annexions arbitraires de territoires et de colonies, expulsions de populations allemandes).

Henri Joseph Fenet (1919-2002), membre du Service d'Ordre Légionnaire, puis membre dirigeant de la Milice, enfin commandant d'un bataillon de la Division SS Charlemagne, dernier officier commandant des SS ayant combattu autour de la Chancellerie du Reich, à Berlin en 1945, explique en 1990 que la production en économie national-socialiste est basée sur le souci de satisfaction des besoins de l'homme, et non dans le but de procurer des bénéfices aux sociétés capitalistes ; que ce régime est « socialiste, ou plutôt social », qu'il vise à ce titre à « subordonner l'ensemble de ses efforts à l'avantage du groupe tout entier ». « Sans la guerre, et c'est sans doute une des raisons du déclenchement de celle-ci, voulue par le capitalisme international, l'Allemagne hitlérienne [ayant développé des progrès techniques uniquement allemands qui la rendaient indépendante de toute pression économique extérieure] serait devenue, comme celle d'aujourd'hui, la première nation industrielle du monde » (*Journal du Cercle des amis de Léon Degrelle*, 29e correspondance privée, mai 2018).

« Sur invitation, les Allemands avaient migré le long du Danube en trois grandes vagues, il y a plus de 700 ans, et s'étaient installés dans les régions montagneuses de Bohême et de Moravie. Ces Allemands ethniques sont devenus très prospères et ceux de Hongrie, de Roumanie et de Yougoslavie étaient connus sous le nom de Souabes du Danube.

En 1939, le président tchèque a expulsé la minorité allemande, dont beaucoup ont été exécutés avec la plus grande brutalité, ce qui a coûté la vie à un million d'Allemands des Sudètes.

Entre 14 et 15 millions de civils ont été chassés de leur pays d'origine causant la mort d'au moins 2 millions de civils, dont beaucoup ont été brutalement assassinés.

Ce chiffre ne comprend pas les soldats rendus qui sont morts plus tard dans les camps de la mort d'Eisenhower, les goulags soviétiques, ni ceux qui ont été réduits en esclavage par les "Alliés". En 1947, environ 4 000 000 d'Allemands furent utilisés comme esclaves par les "libérateurs" victorieux de l'Allemagne » (site de Jeune Nation du 13 juillet 2018).

« Au terme d'une guerre de Trente Ans (1914-1945) qui opposa l'Allemagne au reste du monde, le général Alfred Jodl, chef des opérations militaires de l'état-major général du Haut Commandement de la Wehrmacht (OKW), fut condamné à mort par le Tribunal de Nuremberg <et exécuté par pendaison en 1946> pour crimes de guerre et crimes contre l'humanité : il avait signé les ordres de mission des "*Einsatzgruppen*", unités spéciales engagées sur le front de l'Est dans la lutte contre les partisans, accusées d'avoir été les exécutants présumés de la "Shoah par balles". On feint toujours d'ignorer que le général Jodl a été acquitté à titre posthume et réhabilité par un tribunal de Munich lors de la révision de son procès en mars 1953, qui a déclaré Jodl "non coupable" des crimes classés dans les groupes I (coupables majeurs) et II (coupables), sous la seule réserve, imposée par la tutelle des Alliés, que cet acquittement ne pouvait pas être invoqué pour remettre en cause le jugement du Tribunal de Nuremberg » (Message de « Bocage Info » du 18 décembre 2018, dépêche n° 234/18).

« **L'Allemagne éternelle coupable.** Lors du déclenchement de la Première Guerre mondiale, l'Allemagne était innocente. Une convention *militaire* entre la France et la Russie avait été signée en 1892, qui deviendra l'accord franco-russe de 1894. Les fameux emprunts russes d'origine française servaient à armer la Russie et à construire des chemins de fer russes ; Raymond Poincaré demandera même à ce que fussent quadruplées les voies menant vers l'Allemagne afin d'y acheminer les troupes d'invasion du IIe Reich. L'Empire ottoman, criblé de dettes, était aux mains des banquiers, sa faiblesse excitait les convoitises russes pour les mers chaudes à travers le Bosphore. Puisque la deuxième Rome avait été à Constantinople, l'optique du panslavisme voulait que la Troisième Rome reconquît Constantinople et les détroits des Dardanelles. La prétention allemande de construire une flotte proportionnée à sa puissance économique et technique était tenue par l'Angleterre pour un acte de guerre. Et la France désirait ardemment recouvrer l'Alsace et la Lorraine. Par une erreur de Guillaume II (petit-fils de la reine Victoria), l'alliance entre l'Allemagne et la Russie se brisa à la chute de Bismarck. C'est la mobilisation russe à Sarajevo qui déclencha une guerre que l'Allemagne, cernée de toutes parts, ne pouvait pas ne pas déclarer. Dès 1912, Poincaré avait prévu et œuvré en faveur du scénario de l'explosion des Balkans ; une camarilla panslave entourant le tsar l'incitait à dépecer l'Autriche-Hongrie ; les terroristes serbes de la Main noire, comme presque tous les journaux parisiens, étaient financés par les Russes, et la Serbie, liée à la Grande-Bretagne par la maçonnerie, fut militarisée par la France lançant un emprunt serbe. Pendant le déroulement de la guerre, la France détruira toutes les preuves de son usage des gaz asphyxiants. En Allemagne, on développa jusqu'en 1913 une diplomatie de la conciliation. Les bobards de guerre allèrent bon train : invention, dès 1914, des petits enfants belges aux mains coupées par les "Boches" ; invention, dès 1915, de l'assassinat de prisonniers par les Bulgares dans des camions à gaz. Et les iniquités profondes du Traité de Versailles ne pouvaient pas ne pas faire naître une indignation radicale dans la population allemande, porteuse de la genèse de l'hitlérisme. La germanophobie est ancienne en France. Ce sont les Jansénistes hostiles au catholicisme de la Maison d'Autriche qui firent les pires difficultés politiques à Louis XIII, et déjà lors de son mariage avec Anne d'Autriche ; à la fin de la guerre de Trente Ans (1618-1648), lors des Traités de Westphalie, il ne restait plus que cinq millions d'habitants (sur dix) dans l'espace géographique de l'actuelle Allemagne. Et l'antigermanisme fut encore relayé par les Parlementaires jansénisants sous Louis XVI. Plus qu'une pulsion nationaliste (devoir des peuples d'être eux-mêmes) révélant le désir pseudo-révolutionnaire de substituer le principe de la nation à celui de la dynastie (comme si le principe de la nation était par essence révolutionnaire : argument favori des légitimistes), l'impudence jacobine et nationalitaire (droit des peuples à disposer d'eux-mêmes) insultant "l'Autrichienne" (Marie-Antoinette) se contentait de pérenniser un travers de la monarchie des Bourbons.

La France "fille aînée de l'Église". La France fut absente à Lépante (1571)[1]. Déjà en 1529, Vienne, capitale des Habsbourg et verrou essentiel de protection de la Chrétienté, est assiégée par Soliman. La France du Roi Très-Chrétien non seulement ne bouge pas, mais encore se place résolument dans le camp ottoman : en 1525, après avoir été fait prisonnier à Pavie, François Ier fait envoyer à Soliman, par sa mère Louise de Savoie, un appel au secours et une proposition d'alliance qui seront bien reçus, au détriment des intérêts du catholicisme. C'est en 1533 que François Ier déclarera au pape Clément VII qu'il contribuerait autant que possible à l'invasion de la chrétienté (empire des Habsbourg) par le Turc, lequel débarquera à Marseille en 1534. En 1536, est signé, entre François Ier et Soliman, un Traité des Capitulations (qui restera en vigueur jusqu'à la Première Guerre mondiale), qui donnait au roi de France le privilège de commercer avec toutes les côtes de l'Empire turc (et accessoirement, il est vrai, celui de protéger les Chrétiens d'Orient) ; un tel Traité avait pour fin essentielle de prendre à revers l'empereur Charles-Quint. Et le Valois, scandalisant la chrétienté, alors que Nice était saccagée (1543), livrera Toulon comme port refuge à la flotte turque. Charles IX, bien que tancé par saint Pie V (qui fustigeait explicitement, ce faisant, la politique de François Ier et d'Henri II dans le sillage de laquelle s'exerçait celle de Charles), ne consentira pas à participer à la bataille de Lépante (1571), pour de basses raisons commerciales. Ainsi l'égoïsme national l'emporta-t-il sur la solidarité catholique (mais aussi ethnique et culturelle entre peuples d'Europe) face aux menaces ottomanes. Et Louis XIV, qui avait déjà favorisé une première offensive turque en Hongrie afin de gêner Léopold Ier, ne bougera pas non plus en 1683 : ce sont Charles V de Lorraine et le roi de Pologne Jean III Sobieski, aidés de troupes saxonnes et bavaroises, qui sauveront la Chrétienté par leur victoire contre l'islam à la bataille du Kahlenberg.

Le défaut de principe de la France, gravide de ses errances jacobines futures, est peut-être qu'elle s'est pensée, dès le moment de sa genèse, avec Clovis, comme peuple élu, dans une forme politique judéomorphe, d'où la tendance très française à prétendre se substituer à l'autorité du Saint-Empire, ou bien à développer un gallicanisme anti-romain, ou encore à se vouloir tel un modèle révolutionnaire pour le monde. On objecte à l'idée de Saint-Empire qu'il relève d'une organisation internationale du politique, par là déjà mondialiste. Mais il a toujours existé, d'une certaine façon, un État mondial. À toutes les époques de l'histoire fut historiquement désignée, par la Providence, une nation chargée, comme malgré elle et du fait même de sa puissance, d'assumer la fonction de garant de l'ordre mondial : l'empire d'Alexandre, la Rome des Césars, l'Empire byzantin, l'empire des Habsbourg, aujourd'hui (et pour le malheur du monde, mais par la faute des puissances européennes acharnées à s'entre-déchirer par

[1] En plus de son hostilité à l'Empire, Charles IX s'était endetté auprès des Juifs qui firent pression pour qu'il ne participât pas à cette bataille.

exacerbation des nationalismes) les États-Unis d'Amérique. Ce qu'il y a d'abominable dans l'idée d'État mondial, et de proprement satanique, c'est la prétention à faire se réaliser dans l'élément du politique toutes les forces qui sont convoquées par lui, par là à faire s'actualiser sur le mode politique toutes les virtualités de la nature humaine ; (...) la vraie raison du politique est l'actuation des puissances induites par l'essence humaine, laquelle, tout entière et non totalement en chaque individu, exclut de pouvoir se réaliser selon toute sa richesse en ce dernier, et appelle de se réaliser sur le mode collectif ; mais même le politique est incapable d'accomplir un tel vœu, parce que l'essence humaine n'est exhaustivement réalisée qu'en cette Idée créatrice de l'homme, laquelle, en tant que divine, ne subsiste qu'en Dieu[2], de sorte que prétendre à faire s'actualiser le tout de l'homme dans un élément terrestre revient à prétendre à faire se réaliser le Ciel sur et par la Terre. Si l'on considère les choses non selon l'ordre chronologique de leur genèse réelle, mais selon l'ordre idéal de leurs relations conceptuelles, il convient de dire que le politique, en droit, s'accomplit et se sublime, par là — tout en un — se réalise et se supprime, dans l'advenue de la sphère religieuse ou ecclésiale, et c'est au reste pourquoi il plut à Dieu de faire s'anticiper l'Église dans l'élément politique et national du judaïsme se consommant en droit (sinon en fait) sans reste en elle. Et c'est pourquoi le politique n'a vocation à subsister qu'en se tenant en deçà de la consommation exhaustive de ses virtualités : non comme État mondial au sens strict (comme ce tout organique qui serait positionnel de ses parties), mais, selon une exigence symétrique de la précédente, non comme simple coexistence de nations juxtaposées dans un ordre précaire toujours gravide de conflits du fait même de la tendance, en chaque État, à faire s'actualiser en lui le maximum de potentialités de la nature humaine, ce qui ne peut se faire qu'en adoptant une politique extérieure hégémonique ; ainsi donc : au-delà de l'entité nationale étatique, mais en deçà de l'entité étatique mondiale, soit : comme empire (instauré par une nation) fédérant sur le mode féodal (ainsi selon une forme que la forme étatique, en chaque nation, assume en la dépassant) des nations structurées sur le mode étatique. Les nationalistes antimondialistes, maurrassiens sur ce point (qu'ils soient par ailleurs monarchistes ou non) poussent des cris d'orfraie chaque fois qu'il est question d'empire suzerain de la France, tout en considérant qu'un magistère louis-quatorzien de la France sur l'Europe et de l'Europe sur le monde les eût remplis d'aise. Qu'est-ce à dire, sinon qu'ils plébiscitent l'idée d'empire quand cela caresse leur vanité nationale, et qu'ils ne dénoncent en l'empire une démesure mondialisante que parce qu'ils n'en détiennent pas les commandes ? » (Joseph Mérel, *Présentation de l'Institut Charlemagne*, DMM, 2016, p. 32-35).

---

[2] Il existe une Idée divine de toutes les espèces de créatures, et l'Idée divine est la connaissance éternelle que Dieu a de Lui-même en tant que participable. Une Idée a trois manières d'exister : comme forme des choses en lesquelles elle est individuée, comme concept dans l'esprit de l'homme connaissant, et comme paradigme créateur dans la Pensée divine.

On peut ajouter que l'Empire ottoman allié de l'Allemagne, suzerain de tout le Moyen-Orient, contrôlait potentiellement les immenses gisements de pétrole que lorgnaient les puissances anglo-saxonnes par là attachées à ce qu'une telle manne ne tombât jamais dans l'escarcelle du monde germanique, d'où les manœuvres anglaises, déterminantes, en faveur de la guerre.

« L'Allemagne a eu son premier humanisme au glorieux XVIe siècle avec les Alsaciens Sébastien Brant, Beatus Rhenanus et Jakob Wimpheling, le Souabe Reuchlin (il est de Pforzheim entre Karlsruhe et Stuttgart à 50 km de la frontière française), Celtis (de son vrai nom Conrad Pickel) à Augsburg. L'Alsace était au XVIe siècle encore purement allemande et on peut même considérer ces trois savants alsaciens comme les fondateurs de la conscience nationale allemande. Wimpheling ne disait-il pas en latin humaniste, dans sa *Germania*, contre la France qui déjà guignait Strasbourg et la rive gauche du Rhin au XVIe siècle : *Deus offenditur, ubi Argentina a Gallis repetitur* ; Dieu est offensé quand Strasbourg est revendiqué par les Français » (David Veysseyre, « Lettre à tous les parents », *Écrits de Paris*, Juillet-Août 2018).

La France, considérée dans son essence, ainsi métaphysiquement appréhendée par sa différence spécifique, c'est à la fois le peuple et le lieu dans lequel se réfractent et s'unissent par osmose tous les aspects — biologique et culturel — du génie européen, pour tendre à se sublimer dans une synthèse originale en laquelle tous les peuples européens reconnaissent la perfection classique dont chacun est une réalisation particulière illustrant l'une de ses dimensions. Tous les génies européens particuliers procèdent proleptiquement du génie français qui, en retour, ne serait pas sans eux.

Sous ce rapport, la France n'est pas infondée à aspirer à nourrir en son sein une dimension germanique obligée, qui fait partie de son identité ; mais elle ne saurait la revendiquer sans incohérence et sans injustice aussi longtemps qu'elle refuse la vocation à l'unification politico-religieuse de l'Europe par un Saint-Empire romain germanique en retour respectueux des nations qu'il subsume.

ALMA MATER

À la demande de Bruno Racine, président du Haut Conseil de l'éducation (HCE), Laurent Lafforgue, mathématicien français, professeur permanent à l'Institut des hautes études scientifiques (IHES), médaille Fields 2002, membre de l'Académie des sciences, a été contraint de démissionner de ce Haut Conseil dont il avait été nommé membre par le président de la République, en raison des vives critiques qu'il a formulées sur les orientations prises par le HCE.

Courriel confidentiel adressé au président Racine du 16 novembre 2005 :

« Monsieur le Président du HCE,

Je vous remercie de votre message ci-dessous qui nous donne l'ordre du jour de la prochaine réunion. Je ne peux m'empêcher de réagir sur certains points qui me plongent dans le désespoir. Le principal est le suivant : "appel aux experts de l'Éducation nationale : Inspections générales et directions de l'administration centrale, en particulier direction de l'évaluation et de la prospective et direction de l'enseignement scolaire".

Pour moi, c'est exactement comme si nous étions un "Haut Conseil des Droits de l'Homme" et si nous envisagions de faire appel aux Khmers rouges pour constituer un groupe d'experts pour la promotion des Droits humains.

Je m'explique : depuis un an et demi que j'ai commencé à m'intéresser sérieusement à l'état de l'éducation dans notre pays — en lisant tous les livres de témoignages d'instituteurs et de professeurs que j'ai pu trouver, en recueillant systématiquement tous les témoignages oraux ou écrits d'enseignants avec qui je peux être en contact, en interrogeant moi-même des jeunes pour jauger ce qu'ils savent ou ne savent pas —, je suis arrivé à la conclusion que notre système éducatif public est en voie de destruction totale. Cette destruction est le résultat de toutes les politiques et de toutes les réformes menées par tous les gouvernements depuis la fin des années 60. Ces politiques ont été voulues, approuvées, menées et imposées par toutes les instances dirigeantes de l'Éducation nationale, c'est-à-dire en particulier : les fameux experts de l'Éducation nationale, les corps d'Inspecteurs (recrutés parmi les enseignants les plus dociles et les plus soumis aux dogmes officiels), les directions des administrations centrales (dont la DEP et la DESCO), les directions et corps de formateurs des IUFM peuplés des fameux didacticiens et autres spécialistes des soi-disant "sciences de l'éducation", la majorité des experts des commissions de programmes, bref, l'ensemble de la nomenklatura de l'Éducation nationale.

Ces politiques ont été inspirées à tous ces gens par une idéologie qui consiste à ne plus accorder de valeur au savoir et qui mêle la volonté de faire jouer à l'école en priorité d'autres rôles que l'instruction et la transmission du savoir, la croyance imposée à des théories pédagogiques délirantes, le mépris des choses simples, le mépris des apprentissages fondamentaux, le refus des enseignements construits, explicites et progressifs, le mépris des connaissances de base couplé à l'apprentissage imposé de contenus fumeux et démesurément ambitieux, la doctrine de l'élève "au centre du système" et qui doit "construire lui-même ses savoirs". Cette idéologie s'est emparée également des instances dirigeantes des syndicats majoritaires, au premier rang desquels le SGEN.

Tous ces gens n'ont aujourd'hui qu'un but : dégager leur responsabilité et donc masquer par tous les moyens la réalité du désastre. J'avoue ne pas savoir s'ils étaient de bonne foi ou bien s'ils ont délibérément organisé la destruction de l'École. Je ne sais pas non plus lesquels parmi eux — une minorité de toute façon — n'ont pas participé à la folie collective ni lesquels y ont participé mais se rendent compte aujourd'hui des conséquences dramatiques des erreurs accumulées depuis des décennies et seraient prêts à repartir dans une meilleure direction. *A priori*, j'ai la plus extrême défiance envers tous les membres de la nomenklatura de l'Éducation nationale. (...)

Ces carences (lexique étique, syntaxe rudimentaire ou inexistante, ignorance de la grammaire de phrase) se sont généralisées ces dernières années et s'observent désormais chez la très grande majorité des élèves, vraisemblablement plus de 80 % d'entre eux, et ce quels que soient leur milieu social et leur attitude en classe ; bien sûr, la situation, mauvaise en général, l'est à des degrés divers selon le niveau linguistique et culturel de la famille, mais c'est à l'oral plus qu'à l'écrit qu'appert cette différence. Le collège ne remédie nullement à ces déficiences, qui perdurent et parfois s'aggravent : on les retrouve au lycée et même dans les classes préparatoires (un collègue, qui enseigne le latin à des hypokhâgneux grands débutants, m'a récemment expliqué que ses élèves ne parviennent pas à analyser une proposition relative). En effet, à l'école primaire comme au lycée, les programmes assignent à la grammaire de phrase une place pour ainsi dire subsidiaire et la "doctrine" en vigueur (j'entends par là, au-delà des programmes, leurs documents d'accompagnement, les manuels qui s'en inspirent, les recommandations des inspecteurs et des formateurs d'IUFM) proscrit la pratique de l'analyse logique et de l'analyse grammaticale et fait la part belle à la "littérature pour la jeunesse", les classiques étant bannis des lectures que l'élève fait chez lui. »

L'Éducation dite nationale, en France, est entre les mains, depuis 1945, pour partie des crypto-communistes sur lesquels s'était appuyé de Gaulle pour se trouver des alliés dans sa marche vers le pouvoir, pour partie des Francs-maçons ayant compris depuis toujours que le pouvoir politique ne peut être conservé que si la population lui accorde au moins son tacite soutien ; d'où la nécessité de conditionner la jeunesse. Le système de l'enseignement en France n'est pas fait pour enseigner, il est fait pour forger des citoyens républicains ; l'Éducation nationale est le creuset de la République maçonnique, l'instance que se donne cette dernière pour réinventer la nation à partir d'une matière humaine déconnectée de tout héritage chrétien, patriotique, et familial. Voir ici Louis Legrand dans « **Laïcité** ».

AMOUR

« Héloïse, abbesse :

À son seigneur, ou plutôt à son père — À son époux, ou plutôt à son frère — Sa servante, ou plutôt sa fille — Son épouse, ou plutôt sa sœur — À Abélard, Héloïse.

Si Auguste, le maître de l'univers, m'avait jugée digne d'être son épouse, j'aurais trouvé plus précieux de pouvoir être appelée ta putain plutôt que son impératrice.

Quel roi, quel savant pouvait égaler ta renommée ? Quelle ville n'entrait en effervescence pour te voir ? Tout le monde se précipitait et cherchait à te suivre des yeux, cou tendu, quand tu te montrais en public. Quelle femme mariée, quelle jeune fille ne te désirait en ton absence et ne brûlait en ta présence ? Quelle reine, quelle grande dame ne jalousait mes joies et mon lit ?

Tu possédais un don qui manque totalement en général aux philosophes : tu savais composer des vers et les chanter. Tu as laissé de nombreuses chansons, plus universellement connues que des traités savants, par les illettrés eux-mêmes. Grâce à elles, le grand public connaît ton nom. Comme beaucoup de ces vers chantaient nos amours, ces chansons répandirent mon nom en même temps que le tien et excitèrent contre moi la jalousie de nombreuses femmes.

Ces voluptés chères aux amants que nous avons goûtées ensemble me furent douces. Aujourd'hui encore, je ne puis les chasser de ma mémoire. Elles s'y imposent avec les désirs qui les accompagnent. En pleine liturgie, alors que la prière doit être la plus pure, je m'abandonne encore à elles. Je soupire après les plaisirs perdus. Je les revis… »

« Aimer, ce n'est pas se regarder l'un l'autre, c'est regarder ensemble dans la même direction » (Saint-Exupéry, *Terre des hommes*).

« Quand nous aimons, nous sommes l'univers et l'univers vit en nous » (Octave Pirmez, *Feuillées* ; 1832-1883, philosophe et poète belge d'expression française).

« On aimait l'or parce qu'il donnait le pouvoir et qu'avec le pouvoir on faisait de grandes choses. Maintenant on aime le pouvoir pour qu'il donne l'or et qu'avec cet or on en fait de petites » (Henry de Montherlant, *Le Maître de Santiago*, p. 83, Livre de Poche n° 1172).

« On ne trouve jamais ce qu'on cherche, ceux qu'on cherche. On les cherche sans qu'ils existent. Et l'on passe à côté de tout » (Jacqueline de Romilly, *Rencontres*, 1966, Éd. de Fallois, 2013, p. 216).

ANCIEN RÉGIME

Voir ici « **France** », fin de l'article de Pierre-Michel Bourguignon.

« Nicolas Fouquet avait rendu les plus grands services à Mazarin en finançant ses guerres par des procédés contestables, des malversations au préjudice des finances royales. Ce riche armateur breton, devenu conseiller d'État et maître des requêtes, avait été nommé en 1648 par Mazarin surintendant général des Finances. Au lendemain de la Fronde, quand les finances du royaume étaient au plus bas et que les impôts ne rentraient plus, Fouquet avait réussi à inspirer confiance aux fermiers généraux qui avaient repris le système de la traite, avançant de l'argent au Trésor pour le récupérer ensuite sur les taillables.

Ce système était d'autant plus critiquable que les fermiers généraux n'avançaient pas leur propre argent mais constituaient des associations de capitaux empruntés à des détenteurs privés : une chaîne en cascade de profits détournait ainsi l'argent du roi, avec pour seule contrepartie l'obligation de lui livrer le jour fixé une avance exigée. Les "maltôtiers" constituaient ainsi des associations d'intérêts croisés qui les rendaient redoutables et invulnérables. » Fouquet, Mazarin, Colbert s'étaient enrichis grâce au système de la maltôte. « Louis XIV hésita longuement avant de se priver d'un fournisseur de capitaux aussi capable et zélé que Fouquet. » « (...) Colbert, dans son souci d'assainissement, devait tenir compte des intérêts des financiers de sa partie. Trop d'intérêts croisés étaient solidaires pour qu'en tranchant brutalement Colbert ne désespérât les détenteurs d'argent dont l'avenir du royaume dépendait plus que jamais. » On accusa « Fouquet de confondre sa bourse avec celle du roi, et de lever en son nom des droits qu'il se mettait dans la poche » (Pierre Miquel, *Les Mensonges de l'Histoire*, France-loisirs, 2002, p. 223, 224, 225, 227).

La complexification des échanges commerciaux et des évolutions techniques, la croissance démographique, et les nécessités militaires induites par la politique d'un grand pays font que, à un moment donné, on doit quitter le régime féodal ou se libérer de ce qui en reste pour inventer l'État organique. Il eût fallu inventer le fascisme à l'intérieur de la monarchie pour prévenir le surgissement de la Révolution française.

ANGLETERRE

« La guerre des guerres, le combat des combats, c'est celui de la France et de l'Angleterre. Le reste est épisode » (Michelet, cité par André Fontaine, *in Le Monde* du 8 mars 1991).

Cette citation est reprise par Pierre Milloz dans *Le Mondialisme, Mythe et Réalité*, Éditions nationales, 1992, p. 103 ; cet auteur ajoute, p. 103 et 104 :

« S'il est vrai que depuis plusieurs siècles, les puissances européennes ont dominé la planète, il est tout aussi vrai que durant toute cette période, la France et l'Angleterre se sont, au sein de cette expansion européenne, disputé la prédominance mondiale : ni l'Espagne, ni l'empire austro-hongrois, ni la Russie n'ont, de façon à la fois menaçante et durable, été des rivaux marquants.

Or, à la fin du XIXe siècle, un bouleversement immense est survenu : une troisième puissance, l'Allemagne, est apparue sur la scène européenne et mondiale. Tout portait la France et la nouvelle venue à se rapprocher, et d'abord la nécessité de faire contrepoids à la puissance britannique qui, ayant vaincu la France dans cette bataille décisive qu'avait été la bataille des plaines d'Abraham, s'étendait à l'ensemble du globe.

Pourtant, le contraire se produisit, vraisemblablement à cause d'une erreur politique majeure, pis qu'une erreur : un crime, de Bismarck. Le Chancelier qui, après avoir écrasé à Sadowa l'empire austro-hongrois, l'avait habilement ménagé pour rendre possible un futur rapprochement, crut bon au contraire en 1871, d'amputer la France et de créer entre les deux pays un contentieux inexpiable. Du coup, l'Allemagne qui n'avait pourtant jamais été en guerre avec la France, accéda subitement au rang d'"ennemi héréditaire", tandis que l'Angleterre, dont on ne dénombrait plus les initiatives hostiles depuis un demi-millénaire, devenait un allié, sinon un ami, cordial. Non seulement les guerres du XXe siècle, non seulement l'épuisement français qui en est résulté, mais aussi la mise sous tutelle progressive de la France (et de l'Europe) par le monde anglo-saxon (et d'abord les États-Unis, rejeton et héritier sur lequel la Grande-Bretagne s'aligne indéfectiblement depuis la gifle qui en 1956 l'a remise dans le droit chemin de la solidarité familiale) ont été les fruits de ce qui s'est passé entre 1871 et l'Entente cordiale. »

Le premier « Rapport Milloz » évaluait en 1990 le coût de l'immigration à 300 milliards de francs par an ; on peut se faire quelque idée de ce qu'il coûte aujourd'hui, alors que les flux migratoires s'accélèrent considérablement. On notera pour mémoire que la dette publique française est de 2100 milliards d'euros, soit 98 % du PIB ; que les intérêts annuels de la dette s'élèvent à plus quarante milliards d'euros, et que 300 milliards de francs en 1990 correspondent à peu près à 70 milliards d'euros en 2018.

ANTISPÉCISME

Doctrine selon laquelle il n'existe qu'une différence de degré et non de nature entre l'homme et l'animal ; théorie au nom de laquelle, par conséquent, l'homme entend détrôner l'homme de sa seigneurie sur la Nature et conférer aux animaux, voire aux plantes, les droits qu'il se reconnaît lui-même. Le délire contemporain sur cette question semble pour le moment limiter ses exigences à l'animal doté de sensibilité. Cette thèse est souvent solidaire de celle du transformisme qui explique la diversité du monde biologique par un processus évolutif inspiré par le jeu du hasard (des mutations) et de la nécessité (des lois de la matière) ; le transformisme est antifinaliste et donc athée, matérialiste. Dans une perspective matérialiste, les espèces ne sont pas des degrés d'être objectifs ayant raison de modèles et de finalités, ce sont les effets du hasard et de l'adaptation au milieu, et ainsi on ne peut plus parler d'espèces mais d'individus qui se ressemblent, simplement dotés de caractères communs. Et s'il n'y a que de la matière, toute connaissance se réduit en dernier ressort à la connaissance sensible, de sorte que — l'animal étant doté de sensibilité — rien ne le distinguerait, essentiellement, de l'humain. L'antispécisme ne détrône l'homme de sa seigneurie spirituelle que pour détrôner Dieu de son pouvoir créateur. En attribuant à l'animal une dignité controuvée, l'homme s'attribue subrepticement la dignité de Dieu.

L'antispécisme peut aussi être solidaire du monisme panthéistique, selon lequel l'absolu est la Nature, comme éternelle puissance à être, infinie et impersonnelle, s'actualisant dans des êtres divers auxquels elle demeure immanente. Il est inspiré par la philosophie, subjectiviste, des Droits de l'Homme, qu'il étend aux animaux, voire à chacun des vivants de l'univers entier. Il présente les mêmes difficultés logiques que celles du panthéisme et du matérialisme. Il appelle tout particulièrement d'être réfuté par la mise en évidence du fait que seul l'homme est doué de raison et de conscience. Ce qui peut s'établir par le fait du langage.

Qu'il y ait une logique, une rationalité immanente au comportement des animaux — constat incontestable et source d'étonnements, mais aussi rendant possibles les projections anthropomorphes inspirées par le primat conféré au sentiment — n'implique nullement que les animaux seraient des êtres pensants.

Penser n'est ni sentir, ni imaginer, ni se souvenir, ni éprouver des sentiments, ni être doté d'un instinct. Penser est d'abord saisir l'intelligible dans le sensible (la triangularité dans les triangles), le nécessaire dans le contingent, l'universel dans le particulier : intelliger est « *intus legere* ». En termes scolastiques, l'intellect, puissance à penser, reçoit l'intelligible qui l'informe et ainsi devient intentionnellement le connaissable qui le perfectionne, mais il ne suffit pas à l'intellect de devenir l'autre pour qu'il soit pensé, car il ne suffit pas pour cet intellect de s'identifier à lui en étant comme marqué par sa présence en lui, ainsi de faire s'identifier l'objet au sujet, car on n'obtiendrait là qu'une présence de l'objet dans le sujet à la manière d'une image dans une chambre noire, ce qui ne fait pas de l'appareil photographique une réalité capable d'un acte d'intellection ; il faut, pour qu'il y ait pensée, devenir l'autre *en tant qu'il est autre* et, puisque l'intellect devient l'autre en le faisant s'identifier à lui-même, devenir l'autre en tant qu'autre revient à faire se différencier l'intellect de lui-même sans cesser de demeurer identique à lui-même : l'intellect devenu l'objet s'objective lui-même en tant que devenu l'objet à connaître, se connaît lui-même en tant que devenu l'autre, et par là connaît l'autre ; mais dire qu'il connaît l'autre en ***se*** connaissant devenu l'autre, c'est dire qu'il opère une réflexion, et qu'il n'est pas de connaissance de quelque chose d'autre que soi qui ne soit corrélativement une connaissance de soi. En termes modernes, savoir est savoir qu'on sait, de telle sorte que, s'il est vrai que toute conscience est conscience *de quelque chose* (une conscience vide ou conscience de rien s'éclipse, se résout en vide de conscience), en retour toute conscience de quelque chose d'autre que soi n'est possible qu'en contractant le statut de modalité de la conscience de soi ; connaître est exercer des opérations qui s'inscrivent dans l'identité à soi réflexive du « Je pense » : savoir est savoir que l'on sait, c'est-à-dire savoir ce que l'on sait dans et par l'acte de savoir qu'on le sait, c'est-à-dire encore dans et par l'acte de se savoir capable de savoir. Or la conscience de soi est réflexion sur soi. Donc penser, connaître quelque chose par l'office de la raison, consiste à s'atteindre réflexivement à partir de ce sur quoi la pensée s'exerce, à s'identifier à soi à partir d'une différenciation de soi faisant s'identifier la conscience à ce qu'elle n'est pas. Mais ce que la raison sait, c'est ce qui est objet pour elle en tant qu'elle est sujet. Donc l'acte de penser ce qu'on sait, n'est porteur de connaissance de ce que sait le sujet exerçant un tel acte, que moyennant le savoir du fait qu'on sait : l'acte de savoir doit être lui-même objet du savoir. Il en résulte que la raison ne connaît son objet que pour autant que l'acte même de connaître ce qu'elle sait se voit conférer la forme ou le statut d'un objet. Et c'est en tant que mot que l'acte de la pensée se confère le mode d'existence objectal. Donc il n'est pas de pensée sans mot. Le langage n'est pas le simple véhicule de la pensée, il lui est intrinsèque, il est d'abord intérieur à la pensée et silencieux, et le mot physique extériorise ce verbe intérieur (« concept » vient de « *concipio* », engendrer). Il n'y a pas de pensée sans langage.

Cela dit, un tel langage ne saurait être inné. S'il l'était, il serait programmé dans le code génétique de l'animal parlant, mais alors il faudrait dire — un code étant un langage — que l'animal est parlé par son code génétique, et non que l'animal parle. Le langage intrinsèque à la pensée en acte est donc un langage conventionnel, non inné, mais par là il est évolutif, historique comme l'est l'homme qui l'invente. Or les animaux n'ont pas de langage conventionnel et évolutif, et pour cette raison il n'y a pas d'historicité dans le règne animal, il n'y a pas de culture transmissible et cumulative. Donc ils ne pensent pas. Or la conscience est la réflexion sur soi de la puissance de penser. Donc ils ne sont pas conscients. L'animal n'est pas une personne, une « *substantia individua rationalis naturae* » (Boèce : substance individuelle de nature raisonnable). Il n'est pas quelqu'un, mais quelque chose. C'est donc l'imagination mue par le sentiment, non la raison, qui incite l'homme à tenir les animaux pour des personnes.

Ayant une sourde conscience du mensonge en lequel il se complaît, l'homme affligé de l'esprit égalitaire est sommé, afin de justifier sa pathologie, de conférer le statut de personne à tout ce qui est doté du pouvoir d'éprouver des sentiments. C'est ce qui sera établi ci-après, en trois moments.

La raison est ce qui meut la volonté, laquelle est puissance opérative douée de liberté, ou appétit rationnel (par opposition aux appétits sensibles) : vouloir est tendre vers un bien en tant qu'il est conçu, et non pas seulement senti ; le « je désire » constate une situation (le moi s'éprouve comme affecté par un bien extérieur), au lieu que le « je veux » la constitue : le moi s'éprouve comme se faisant affecter par un bien extérieur dont la bonté n'est déterminante pour lui que parce qu'il y consent, c'est-à-dire seulement parce qu'il le choisit ou le rend déterminant pour lui, comme s'il était la cause de la bonté du bien, comme s'il était la raison du pouvoir propre à ce bien de susciter une appétition. Vouloir, c'est tendre vers ce que l'on *sait* être bon, et non seulement vers ce que l'on sent être tel.

Cela dit, savoir est juger, juger est comparer, ainsi se référer à l'absolu du bien ; ce n'est pas à partir d'un minimum pris comme étalon qu'on mesure la bonté des choses, c'est à partir d'un maximum pris comme idéal, et il en est de même pour tout ce qui relève du qualitatif, même pour la souffrance (le médecin demande bien au patient d'évaluer sa douleur sur une échelle de un à dix). En cela, l'absolu du Bien nécessite la volonté, elle ne peut pas ne pas aimer ce qui est absolument bon, puisque cet absolu définit sa nature. Mais si seul l'absolu du bien nécessite la volonté, aucun bien particulier ne la nécessite, sauf si elle le rend nécessitant pour elle, ce qui revient à dire qu'elle est maîtresse de son acte, ou libre. Cela dit, qu'elle soit maîtresse de ses actes ne signifie pas qu'elle serait moralement fondée à faire de sa liberté la norme de ce qui a vocation à être choisi. On n'est fondé à aimer les biens finis — ainsi les biens qui ne sont pas absolument bons, ou bons sous tous les rapports — qu'en vue du Bien absolu, et l'orgueil consiste à faire de sa liberté la norme du bien et du mal, ainsi à tenir sa liberté pour principe et fin de tout agir humain.

L'égalitarisme est issu de l'absolutisation de la liberté : si chaque homme est une prétention à être infiniment libre, tous les hommes sont égaux par là qu'ils sont également libres ; la liberté est le fait de la volonté s'exerçant ; or c'est par les passions que la volonté, naturellement focalisée par l'absolu du Bien, ainsi par l'essence *universelle* du Bien qu'elle appréhende en elle-même tel un idéal, s'approprie à la *singularité* des objets sensibles qu'elle élit, soit que les mouvements passionnels mobilisent la volonté qui les ratifie ou les récuse, soit qu'elle mobilise les passions pour se donner le moyen de s'approprier à la réalité concrète, ainsi de vouloir son objet propre — le Bien — dans les choses bonnes (la volonté tend vers l'objet bon « *prout in se est* », mais, éveillée par la connaissance intellectuelle qui saisit le Bien dans l'universel et reconnaît son reflet dans les biens finis, la volonté tend vers le Bien dans les biens qu'elle n'aime que comme autant de participations au Bien) ; dès lors, l'égalitarisme, qui égalise les libertés en les absolutisant, est sommé de s'exercer selon la loi du sentiment (ainsi de la passion), et en retour l'exacerbation des sentiments, la complaisance en eux, mène inévitablement à l'égalitarisme : il y a égalitarisme si la liberté s'absolutise, elle s'absolutise si la volonté se prend pour fin, elle se prend pour fin si elle n'aime que ce qu'elle rapporte à soi, elle ne rapporte à soi que ce qui est sensible ou matériel, non participable, elle ne se donne l'impression de poursuivre des biens spirituels sans renoncer à être sa propre fin que si elle mobilise les sentiments, qui sont la médiation entre la volonté et la singularité de son objet ; **parce que le sentiment est ce qui est suscité par le sensible, c'est-à-dire ce que l'on rapporte à soi, tout en étant ce en quoi peut s'investir la volonté, alors le sentiment est la manière dont la volonté s'absolutisant — au sens de refuser de s'ordonner au bien que lui prescrit sa nature — décide de ses choix, et c'est là le subterfuge qui lui permet de nourrir la conviction de demeurer spirituelle tout en n'étant mobilisée que par les biens triviaux. Tel est le secret misérable de l'engouement romantique, de la déification du sentiment caractéristique du subjectivisme moite et universel qui afflige notre humanité contemporaine. Chaque fois qu'il est ému, l'homme s'extasie sur ses sentiments, célèbre en eux la bonté infinie qu'il se suppose ; « le romantisme a toujours désespérément refusé la présence de la volonté dans l'amour »[3]. En cela, le romantisme est le fait d'une volonté insurgée contre sa fin naturelle et qui se laisse happer par les tourments de la passion, se reconnaissant en eux qui objectivement l'asservissent mais l'habilitent à se prendre pour fin ; elle décide de ne pas vouloir en se faisant sentiment, mais elle est encore présente dans son renoncement à elle-même en lequel elle dégénère ; cette présence à soi dans l'acte d'une aliénation de soi en laquelle la volonté se complaît, c'est le sentiment — ainsi elle-même — pris pour fin. Or l'animal suscite en l'homme des sentiments au travers desquels il peut faire tressaillir son amour de lui-même en tant qu'être d'esprit. Donc le subjectiviste a tout intérêt à conférer la dignité de personne à ce qui suscite ses sentiments : aimer l'animal de manière désordonnée, c'est-à-dire en lui conférant la dignité d'un être humain, c'est dévoyer l'amour ; un amour faux (désordonné) est un faux amour, il est au fond le masque d'un amour exclusif de soi ; on aime ses sentiments d'amour et on s'aime à travers eux, on se glorifie : l'intensité des tourments du cœur est supposée révéler la profondeur de la générosité qui s'y exprime.** C'est cette véritable perversion du sentiment qui explique par ailleurs la complaisance dans la mauvaise conscience qui paralyse l'Occidental moderne, qui lui fait battre sa coulpe en toute circonstance, qui l'invite à se faire le complice du processus d'invasion (le « Grand Remplacement ») de son pays,

---

[3] Pascal Ide, *Est-il possible de pardonner ?*, Éd. Saint-Paul, 1994, p. 34.

et qui engloutira en cinquante ans trois mille ans de civilisation, telle une Nuit du Quatre Août pratiquée à l'échelle internationale, qui consomme de manière suicidaire celle de 1789.

La hiérarchie suppose l'ordre naturel qui suppose l'existence de Dieu dont l'affirmation exclut que la liberté humaine soit pour elle-même sa propre fin. La liberté absolutisée préfère perdre le privilège reconnu à l'homme de dominer la Nature plutôt que de confesser que ce privilège lui vient de Celui qui la somme de ne pas s'absolutiser.

Le traitement d'un problème en soi secondaire (les animaux ont-ils une conscience ?) a ceci d'épuisant et de passionnant à la fois qu'il requiert, quand on entend justifier — afin de traquer toutes les dérobades, par là de répondre aux objections les plus inspirées par la mauvaise foi — toutes les propositions comprises dans ce traitement, qu'on en appelle aux explications engageant au fond toute la métaphysique.

Certains, selon la doctrine du nominalisme, voudraient réduire le concept ou l'abstrait (au sens scolastique du terme) à un «*flatus vocis*», par là réduire le concept à un mot destiné à représenter la collection de sensations suscitées par des réalités individuelles qui se ressemblent sans être dotées d'une même nature. Ceux qui pensent ainsi voudraient nier ce pouvoir propre à la pensée d'abstraire et d'induire, et qui permet d'établir une césure radicale entre l'animal et l'homme. Il est permis de leur rétorquer le raisonnement suivant :

L'universel (la triangularité dans les triangles, l'humanité dans les hommes, la beauté dans les choses belles) ne saurait être un simple résultat du processus abstractif opérant sur les choses singulières, puisqu'il est principe de rassemblement de ces choses dans et par notre esprit ; il faut bien connaître ce que l'on cherche pour se mettre à le chercher, il faut donc disposer de l'idée de beauté pour rassembler des exemples de choses belles, de l'idée de justice pour rassembler des exemples d'actions justes, etc., dût-on en même temps chercher en ces exemples l'essence ou idée de la qualité qui leur est commune ; toute connaissance est reconnaissance ; on part bien en « reconnaissance » pour découvrir un pays pourtant jamais visité. Puis donc que l'universel est principe de connaissance, ainsi principe d'objectivation ou *a priori*, alors, s'il n'était qu'une catégorie de l'entendement (une loi de construction des objets connus en tant que connus) et non une détermination objective immanente aux choses à connaître, toute notre connaissance du réel ne serait que l'expression de notre univers immanent ; nous saurions les choses telles qu'elles sont pour nous, en fonction de notre mode de représentation humain, nous les ignorerions telles qu'elles sont en soi, et notre connaissance serait limitée aux phénomènes. Mais il est contradictoire de déclarer que la connaissance serait finie, bornée aux phénomènes et impuissante à s'emparer de l'essence des choses, parce que, s'il en était ainsi, la pensée ne pourrait pas le savoir : s'objectiver sa limite, c'est l'avoir dépassée ; pour savoir que le réel excède le savoir qu'on en a, il faut savoir cet excès par rapport au savoir. Dès lors, la pensée n'est pas limitée aux phénomènes, et les lois de la pensée sont les lois du réel, de sorte que l'ordre des raisons de connaître est l'ordre des raisons d'être. Or, dans l'ordre du connaître, il existe une antériorité de l'universel par rapport au particulier, puisque l'universel est principe d'objectivation. Donc cette même antériorité est vérifiée dans l'ordre de l'être : toute réalité est réalisation d'une Idée, laquelle, en tant que détachée des notes particularisantes au sein desquelles s'opère l'abstraction, s'appelle logiquement une espèce, et connote ontologiquement une essence.

Développements :

1) L'universel est principe d'abstraction (il faut connaître ce qu'on cherche pour chercher à le connaître), et il est aussi le résultat de cet acte d'abstraire (on induit l'universel du singulier, on tire l'intelligible du sensible) : l'universel est le principe d'unification d'une diversité sensible dont on part pour en dégager cet universel même ; ainsi, en tant qu'origine qui est identiquement résultat, il est réflexion, donc il subsiste comme universel, c'est-à-dire comme abstrait, dans la forme d'un cogito, lequel est bien l'acte de s'atteindre par réflexion ; il subsiste comme une conscience de soi en ce sens qu'avoir conscience d'un universel, d'une essence qui cause dans le singulier ses propriétés spécifiques, consiste à être (intentionnellement) cet universel se réfléchissant en elle. **Il y a donc solidarité entre puissance d'abstraire et capacité d'être conscient de soi.**

Descartes disait déjà (*Discours de la méthode*) : « Les pies et les perroquets peuvent proférer des paroles ainsi que nous et toutefois ne peuvent parler ainsi que nous (...) au lieu que les hommes nés sourds et muets ont coutume d'*inventer* d'eux-mêmes quelques signes par lesquels ils se font entendre à ceux qui (...) ont loisir d'apprendre une langue. » De même, dans sa *Lettre au marquis de Newcastle* (1646) [il n'y a à proprement parler de langage qu'humain ; les muets inventent des signes, donc ils ont la pensée] : « Car bien que Montaigne et Charron aient dit qu'il y a plus de différence d'homme à homme, que d'homme à bête, il ne s'est toutefois jamais trouvé aucune bête si parfaite, qu'elle ait usé de quelques signes, pour faire entendre à d'autres animaux quelque chose qui n'eût point de rapport avec ses passions ; et il n'y a point d'homme si imparfait, qu'il n'en use. »

Si l'animal est conscience de soi, il abstrait ; s'il abstrait, il est capable d'user de signes qui ne renvoient à aucun particulier en tant que particulier, et qui par là doivent, comme « signi-fication » de la pensée universelle, appartenir à l'ordre de ce qui se fait chose sans être aucune des choses qu'il signifie, et cette exigence se concrétise dans la genèse d'un langage *conventionnel.* Les animaux en sont privés, donc ils n'ont ni raison ni conscience.

2) Saint Thomas d'Aquin lui-même se fait une objection (*Somme théologique*, I[a] II[ae] q. 13 a. 2) :

> « Quand un chien poursuit un cerf et arrive à un carrefour de plusieurs chemins, il explore avec son odorat afin de se rendre compte si le cerf ne serait pas passé par le premier ou le deuxième de ces chemins ; il se trouve qu'il n'y est pas passé, il s'élance sans hésitation, comme s'il faisait un syllogisme disjonctif », ce qui semble appeler la reconnaissance de la pensée et de la conscience dans l'animal. Voici la réponse de l'Aquinate : « Le mouvement, selon la définition d'Aristote (IV *Phys.* III 1), est l'acte du mobile produit par le moteur. Il ressort de cette définition que la force du moteur se trouve dans le mobile et, en conséquence, que, *dans tous les étants que meut la raison, même s'ils ne sont pas doués de raison, l'ordre de la raison apparaît.* Ainsi, la flèche va-t-elle droit au but sous l'impulsion de l'archer, comme si elle-même avait une raison qui la dirige. Et il en va de même dans les mouvements des horloges et de toutes les autres inventions réalisées par l'art de l'homme. *Car ces étants de la nature sont à l'art divin comme le sont à l'art humain les œuvres qu'il produit.* On retrouve donc un ordre chez les étants qui sont mus par la nature, comme chez ceux que meut la raison, comme le remarque Aristote (II *Phys.* V 2). Cela explique que, dans le comportement des animaux, se manifestent certaines sagacités qui tiennent à ce qu'ils ont une inclination naturelle à des processus merveilleusement agencés, puisqu'ils sont ordonnés par l'Art souverain (de Dieu). Pour cela aussi, certains animaux sont dits prudents ou industrieux, et non parce qu'ils seraient doués de raison ou capables de choix. La preuve en est que tous ceux qui ont une même nature agissent de façon semblable. »

Ainsi, de ce que l'ordre des raisons de connaître est l'ordre des raisons d'être, il s'ensuit que la consécution des opérations, dans l'ordre de l'être, rassemblée dans la spontanéité d'un vivant, a les apparences d'un acte de connaître ; à la différence d'une machine, le vivant, réalité organique, a en lui-même le principe de ses mouvements, dont celui de sa génération et de sa régénération ; le maçon assemble les pierres, le vivant produit ses parties qu'il assemble lui-même, il se fait procéder de ce en quoi il s'anticipe ; le vivant est ce qui se médiatise avec soi, en tant qu'il a en lui-même le principe de sa genèse ; il est tel un syllogisme : le but se fait moteur — en s'y anticipant — de ce dont il est le résultat ; mais par là il est identité à soi réflexive et il a la forme d'un sujet (conscience) ; partout où il y a de la finalité et de l'ordre, il y a du rationnel, c'est-à-dire des formes syllogises, et avec elles des apparences de cogito.

Est universel ce qui peut être prédiqué de plusieurs, c'est-à-dire ce qui peut être *exercé* par plusieurs ; mais la conscience de quelqu'un ne peut être exercée que par lui, elle est singulière. Or l'universel en acte a la forme d'une conscience puisqu'il est une réflexion. Donc l'universel en acte est le singulier ; le concret ou le singulier est l'universel même. Or l'universel concret, ainsi l'universel entendu tel le singulier, est contradictoire aussi longtemps qu'il n'est pas reconnu telle une totalité : ce qui est commun à tous (l'universel) est ce qui les englobe tous et les unifie en se les subordonnant et en les faisant vivre de sa vie propre (la totalité). Or la totalité est unité de l'unité et de la pluralité, laquelle pluralité, en tant qu'elle est intérieure à un tout qui l'unifie, est une *particularité* : la particularité du tout (ou de l'universel) est le résultat de la différenciation intestine de lui-même en ce sens que le tout, qui est un, est une unité qui *se* différencie, ainsi un tout qui se *particularise* : puisqu'elles vivent de la vie même du tout, les parties sont telles que le tout est tout entier quoique non totalement en chacune de ses parties qui sont par là organiques, mais cela fait que la partie est particularisation (de soi) *du tout* en elle. On retient que l'universel pris comme totalité est ce qui s'atteint réflexivement en retournant à soi à partir de la particularité qui le faisait s'éloigner de soi.

Mais dire que le tout est l'universel qui se concrétise par la médiation de sa particularisation, c'est dire que l'universel concret a la forme du syllogisme, lequel unit bien un universel à un singulier par la médiation d'une détermination particulière (« mortel » est prédiqué de « Socrate » parce que « mortel » est prédiqué de « homme » qui l'est de « Socrate ») : **il existe une solidarité entre puissance d'abstraire et puissance de raisonner, entre abstraction (les vertus et le sens de l'abstrait) et lois de la raison. Puisque la logique, ou ensemble des lois de la raison, est par nature solidaire de la puissance d'abstraire, alors, si l'animal n'abstrait pas, il ne raisonne pas.** Ce qui ne l'empêche pas d'avoir un comportement rationnel ; il est objet d'une rationalité intrinsèque à son essence et induisant en lui une consécution logique — qui peut être éminemment complexe — d'opérations, mais il n'est pas le sujet de la rationalité qu'il exerce. Et sous ce rapport encore, il n'est pas une personne.

Il est honteux de faire souffrir gratuitement des animaux, de maltraiter les réalités naturelles en général, non au sens où les animaux souffriraient physiquement et/ou moralement, mais au sens où l'on se plaît à produire du désordre. L'animal n'est pas une machine puisqu'il est un vivant. Il est doté de connaissance sensible (voir, entendre, toucher, imaginer, se souvenir) et d'appétits sensibles (tendances vers le bien qui lui convient, fuite devant le mal) dont les mouvements internes sont les passions ou sentiments (aimer, désirer, haïr, jouir, éprouver de l'audace, de la crainte, de l'espoir ou du désespoir, et de la colère). Ce qui s'oppose à ses tendances naturelles le fait ainsi souffrir, en un certain sens, mais il y a en lui souffrance objective et non subjective ; il souffre sans avoir conscience de souffrir, puisqu'il n'a pas de conscience : la raison est l'intellect abstractif en tant qu'il se meut, et la conscience est la raison en tant qu'elle s'apparaît, or l'animal n'est pas doté de la puissance d'abstraire, donc il n'a ni raison ni conscience ; c'est pourquoi « il » ne souffre pas ; bien plutôt : « cela » souffre en lui. Il reste que faire « souffrir » l'animal gratuitement est honteux, pour deux raisons. D'abord, on violente un ordre naturel, une disposition des choses en vue d'une fin, on détruit l'œuvre de Dieu, on insulte son Auteur en la maltraitant, alors qu'il est légitime de se subordonner, conformément au plan divin, les choses inférieures (les animaux) en vue des supérieures. Ensuite, cette complaisance dans le sadisme offense la dignité de celui qui s'y livre, qui jouit là dans l'exercice de sentiments dévoyés. Cela dit, il est plus honteux encore de faire de l'animal une personne, car cela revient à rabaisser la vraie dignité de l'homme à celle de l'animal, en contrevenant plus radicalement encore aux exigences du plan divin selon lequel l'homme est cause finale de l'univers physique. En refusant de se subordonner l'animal, de le tuer et de le manger, en se ravalant lui-même au rang d'animal entre lequel et lui n'existerait qu'une différence de degré, l'homme est un peu comme ce Kirilov des *Possédés* de Dostoïevski : être libre sans être son origine, c'est le fait de la condition de créature raisonnable, être libre est disposer de soi ; on dispose de soi sans être son origine en tant qu'on est donné à soi-même, on est le don lui-même qui est une même chose avec le donataire ; mais il y a don s'il y a Donateur. « J'en sais trop pour aimer, j'en sais trop pour haïr, et je suis excédé d'être une créature », fait dire Paul Valéry à Faust refusant le don de la résurrection. Kirilov, par exaltation désordonnée de sa liberté, refuse sa dépendance à l'égard de son Auteur, il refuse le don, mais par là il se refuse : il se suicide. De la même façon, l'antispéciste refuse son statut de roi de la création matérielle, afin de se dispenser d'être couronné par Dieu.

Il a été fait observer plus haut que l'antispécisme est solidaire en général d'un monisme panthéistique et/ou d'un transformisme mécaniste. Et dans les deux cas c'est encore le subjectivisme qui est à l'œuvre :

Le Bien est l'Être en tant qu'aimable, le Vrai est l'Être en tant que connaissable, et le Beau est l'Être en tant qu'admirable, et c'est pourquoi le Vrai, le Beau et le Bien sont convertibles entre eux. Or il y a plus d'être dans ce qui est et qui sait qu'il existe, que dans ce qui est sans savoir qu'il est, et qui subit passivement son acte d'exister. Il en est ainsi parce que le plus haut degré d'être est l'acte de vivre, lequel donne au vivant d'exercer — ainsi de coopérer à — son acte d'être, par là, d'une certaine façon, d'en être responsable, et parce que le plus haut degré de l'acte de vivre est un acte de connaître. Donc le plus parfait des êtres est celui qui se sait, et il est le meilleur. Aussi, si le monde est Dieu, le monde est parfait, et il a une conscience ; le monde prend conscience de lui-même en l'homme qui se voit par là contracter la dignité de conscience de soi de Dieu. Non seulement, comme l'enseignait Alexandre Vinet, le panthéisme se réduit à un athéisme emphatique et solennel, mais encore il est le masque de la déification de l'homme. Quant au transformisme, on se souviendra que même un Jacques Monod confessait que la probabilité pour que, en quelques milliards d'années, le seul hasard puisse produire un être capable de vivre et de sentir était équivalente à celle de voir un chimpanzé écrire *Macbeth* en jouant avec une machine à écrire. Aristote rappelle que l'art (la technique) imite la nature, et qu'il y a de la finalité dans l'art (un marteau n'est pas construit pour se brosser les dents), que donc il y a de la finalité dans la nature. Or le propre de la fin est d'être première en intention et ultime en exécution ; l'acte de boire du café est fin de l'opération de prendre une pièce dans son gousset pour la faire glisser dans la fente de la machine automatique, et cette opération précède l'acte de boire qui, pour conserver son statut de cause de l'opération, doit préexister dans une décision qui suppose une pensée. S'il y a de l'ordre dans la nature (et il faut bien qu'il y en ait, puisqu'elle est explorable selon les lois de la raison), il y a une finalité dès lors que l'ordre est la disposition des choses en vue d'une fin ; s'il y a de la finalité, il existe une Intelligence pour la penser. L'insensé qui ne veut pas de Dieu préfère l'absurdité d'un monde régi par le hasard à une vie sensée gouvernée par un Dieu sage.

ARGENT

Depuis la « loi Rothschild », c'est-à-dire la loi « Pompidou-Giscard » du 3 janvier 1973, L'État français finance ses emprunts contre intérêts auprès des banques privées au lieu d'emprunter sans intérêts à la Banque de France. Les Trente Glorieuses (de 1945 à 1975), trente années de création monétaire destinée à relancer l'économie après la Deuxième Guerre mondiale, ont été suivies de la globalisation économique et financière dans un contexte de dérégulation généralisée et de retrait de l'autorité de l'État. La loi française de 1973 était censée préserver le pays de l'inflation et des dévaluations, en imposant une discipline budgétaire. Mais la Haute Finance en profita dans un tout autre esprit, et en fait elle favorisa l'adoption d'une telle loi, avec la complicité des Politiques. Abrogée depuis 1994, la « loi Rothschild » fut confortée et étendue au niveau de l'Union européenne par les traités de Maastricht (novembre 1993, article 4) et de Lisbonne (2 décembre 2009, article 123) ; on se retrouve aujourd'hui dans une situation analogue à celle que dénonçaient naguère, pour l'Allemagne de la République de Weimar, Gottfried Feder et le jeune Adolf Hitler. L'endettement public, loin de baisser, s'est envolé en faisant de l'État l'otage du système financier privé créateur de monnaie *ex nihilo*, ainsi en réduisant l'État au rôle de factotum des banques chargé de vider les poches de la classe moyenne par le moyen de l'impôt. La situation s'est aggravée en 2008 quand l'État a renfloué les institutions financières qui lui appliquent des taux usuraires en lui reprochant son endettement. La dette publique de la France en 2017 était de 2218 milliards d'euros, soit 97 % du PIB, soit encore environ 100 000 euros par foyer fiscal. La dette ne peut pas, structurellement, être remboursée ; voir ici « **Complots** ». La montée de la fiscalité apparente les États à des régimes socialistes, voire communistes. Dans le même moment, il faut exacerber la productivité, le conflit acharné entre producteurs, pour leur permettre de dégager, malgré la fiscalité, quelque marge de bénéfice invitant tous les peuples à continuer à travailler (ce que le communisme n'avait pas su faire), de sorte que les régimes politiques contemporains conjuguent un libéralisme cynique destructeur de toutes les traditions et de tous les enracinements, épuisant et générateur de haine entre les hommes, avec un communisme pratiqué au nom de la justice sociale et de la générosité.

À considérer les choses par-delà ou en deçà de la technicité des analyses des économistes (on est au reste en droit de se demander si la « science » économique n'est pas un enfumage destiné à celer les responsabilités des véritables prédateurs de la planète), on pourrait résumer la situation politico-économique de notre temps de la manière suivante :

Il existe quelques minorités, à la fois rivales entre elles et solidaires les unes des autres contre leurs ennemis communs (à savoir le monde entier), qui aspirent à dominer le monde en réduisant tous ceux qui ne sont pas elles à des esclaves, mais à des esclaves bien nourris et « heureux », de sorte que ces minorités nourrissent une bonne conscience sur le fond d'un mépris sans limite à l'égard de ceux qu'elles entendent subvertir. Parce que ce sont des minorités, elles sont nécessairement plus faibles que ceux qu'elles veulent dominer, et c'est pourquoi, à défaut de les affronter directement pour les vaincre, elles doivent avoir recours à la ruse et au mensonge, mais aussi à la zizanie : il faut diviser pour régner, faire s'épuiser les uns contre les autres ses propres ennemis ; il faut aussi les persuader de ce qu'en les précipitant dans la décadence en les rivant à leurs vices, on les élève à l'autonomie, à la liberté, à la force de caractère et au bonheur, et c'est pourquoi de telles minorités agissent par le moyen de sectes telle la maçonnerie, et se font maîtresses de tous les moyens de diffusion de l'information et du savoir par là transformés en moyens de propagande et de tromperie, de la presse écrite et radiodiffusée au cinéma, des universités aux systèmes scolaires, des maisons d'édition aux détenteurs des pouvoirs juridique et judiciaire, mais aussi et surtout, comme condition de toutes ces conquêtes, des rouages de l'économie. Il est dans la nature des choses et conforme à la volonté divine que l'humanité soit organisée en peuples inégaux incarnant chacun un destin commun, une manière originale d'être homme, et que les peuples soient constitués de personnes inégales, parce que l'amitié suppose la complémentarité qui suppose la différence, laquelle induit l'inégalité. Il est donc dans l'intérêt de ces minorités d'exacerber l'instinct de rébellion, l'individualisme et le subjectivisme, par là l'égalitarisme (entre des petits dieux infiniment libres, seule l'égalité est supportable) afin de défaire cette hiérarchie naturelle, par là d'affaiblir les peuples et les personnes. On commence donc par les désolidariser de leurs certitudes religieuses en favorisant les hérésies, puis on favorise l'idée démocratique et le libre examen, puis on déchaîne les instincts consuméristes et avilissants, qui abrutissent autant qu'ils affaiblissent. Puis ces minorités instaurent un système économique grâce auquel elles feront travailler le monde pour elles en le persuadant qu'il ne travaille que pour lui. Pour ce faire, on inventera des ennemis redoutables (les défenseurs de l'ordre naturel des choses qui seront chargés de tous les péchés et des intentions les plus perverses) afin de décapiter les vraies élites. Puis on enclenche les processus décrits ici à propos de la « loi Rothschild ».

ARITHMÉTIQUE

« L'Europe occupée de 1939 à 1945 comptait, selon les statistiques juives, de 3,5 à 5 millions de Juifs. Selon Serge Klarsfeld lui-même, un quart des Juifs de France ont été déportés, beaucoup sont revenus. Des centaines de milliers ont émigré avant 1939, beaucoup ont fui vers l'Est quand commença l'offensive allemande en Pologne, un grand nombre rejoignirent les Partisans, maints survivants se sont établis en Israël ou ailleurs. Mais il y eut, selon la loi, six millions de Juifs gazés » (source : *Rivarol* du 30 avril 1999, p. 9, n° 2431).

En hommage au professeur Robert Faurisson, rappelé à Dieu le 21 octobre 2018 :

Tout d'abord, un message de Robert Faurisson publié par « Bocage » (bocage@club-internet.fr) le 15 octobre 2015 :

« (...) Je passe ici sur le fait qu'après la guerre on a cherché à nous faire croire aux gazages homicides de Dachau et qu'à partir de 1960 on nous a expressément fait savoir que nul n'avait été gazé dans ce camp. Je passe sur le fait qu'à Auschwitz on n'a trouvé aucune preuve de gazage homicide (Robert van Pelt : "nous n'avons aucune preuve matérielle de ce que nous savons"). Je passe sur le fait que, conformément à l'article 21 du Statut du Tribunal militaire international (TMI) de Nuremberg, les rapports des Nations unies sur les crimes de guerre allemands avaient valeur de preuves authentiques et qu'à ce titre le document PS-3311 avait valeur de preuve authentique, lui qui affirmait l'existence et l'emploi à Treblinka non de chambres à gaz homicides mais de chambres à vapeur homicides ; la "*Pravda*" (la vérité), elle, affirmait qu'à Auschwitz les victimes étaient tuées à l'électricité et que, tombant sur un tapis roulant, elles étaient conduites au sommet d'un haut-fourneau pour y être brûlées. Je passe sur le fait qu'en soixante-dix ans aucun tribunal n'a fourni d'expertise médico-légale concluant à l'existence et au fonctionnement d'une seule chambre à gaz homicide dans toute l'Europe, la première et seule expertise ayant conclu négativement (dans le cas du Struthof, le 1er décembre 1945) (...) ».

Ensuite, diverses interventions (textes diffusés par « Bocage ») du Professeur Faurisson, suivies d'une mise au point de Vincent Reynouard :

« La religion de "l'Holocauste" est séculière : elle appartient au monde laïque ; elle est profane ; elle dispose, dans les faits, du bras séculier, c'est-à-dire d'une autorité temporelle au pouvoir redouté. Elle a son dogme, ses commandements, ses décrets, ses prophètes et ses grands prêtres. Ainsi que l'a fait remarquer un révisionniste, elle a sa galerie de saints et de saintes dont, par exemple, sainte Anne (Frank), saint Simon (Wiesenthal) et saint Elie (Wiesel). Elle a ses lieux saints, ses rituels et ses pèlerinages. Elle a ses édifices sacrés (macabres) et ses reliques (sous la forme de savonnettes, de chaussures, de brosses à dents...). Elle a ses martyrs, ses héros, ses miracles et ses miraculés (par millions), sa légende dorée et ses justes. Auschwitz est son Golgotha. Pour elle, Dieu s'appelle Yahweh, protecteur de son peuple élu, qui, comme le précise le psaume 120 de David récemment invoqué par une procureuse, Anne de Fontette, lors d'un procès intenté à un révisionniste français, punit "les lèvres fausses" (soit dit en passant, par l'envoi de "flèches de guerre, barbelées, avec des braises de genêt"). Pour cette religion, Satan se nomme Hitler, condamné, tel Jésus dans le Talmud, à bouillir pour l'éternité dans des excréments. Elle ne connaît ni pitié, ni pardon, ni clémence mais seulement le devoir de vengeance. Elle amasse des fortunes grâce au chantage et à l'extorsion et s'acquiert d'inouïs privilèges. Elle dicte sa loi aux nations. Son cœur bat à Jérusalem, au monument de Yad Vashem, dans un pays conquis sur l'indigène ; à l'abri d'une muraille de 8 mètres de haut destinée à protéger un peuple qui est le sel de la terre, les religionnaires de "l'Holocauste" font régner sur le goy une loi qui est la plus pure expression du militarisme, du racisme et du colonialisme.

Une religion toute récente au développement fulgurant.

Même si elle est en grande partie un avatar de la religion hébraïque, la nouvelle religion est toute récente et elle a connu un développement fulgurant. Pour l'historien, le phénomène est exceptionnel. Le plus souvent une religion d'ampleur universelle trouve sa source dans des temps lointains et obscurs, ce qui rend ardue la tâche de l'historien des idées et des institutions religieuses. Or, voici que, par chance pour ce type d'historien, en l'espace d'une cinquantaine d'années (1945-2000), sous nos yeux, une nouvelle religion, celle de "l'Holocauste", a soudainement pris naissance pour se développer avec une étonnante célérité et s'imposer aujourd'hui un peu partout. Elle a conquis l'Occident et entend s'imposer dans le reste du monde. Tout chercheur s'intéressant au phénomène historique que constituent la naissance, la vie et la mort d'une religion devrait donc saisir l'occasion inespérée qui se présente ainsi d'aller étudier de près la naissance et la vie de cette nouvelle religion, puis d'en calculer les chances de survie et les possibilités de disparition. Tout polémologue guettant les signes annonciateurs d'une conflagration se devrait de surveiller les risques de croisade guerrière où peut nous entraîner cette religion conquérante.

Une religion qui épouse la société de consommation. En règle générale, la société de consommation met en difficulté ou en danger les religions et les idéologies. Chaque année, l'accroissement de la production industrielle et de l'activité commerciale crée dans les esprits de nouveaux besoins et désirs, bien concrets, qui éloignent les hommes de la soif d'absolu ou de l'aspiration à l'idéal dont se nourrissent religions et idéologies. Par ailleurs, les progrès de l'esprit scientifique rendent les hommes de plus en plus sceptiques quant à la véracité des récits et des promesses que leur font ces dernières. Paradoxalement, seule prospère la religion de "l'Holocauste", qui règne pour ainsi dire sans partage et obtient qu'on mette au ban de l'humanité les sceptiques agissant à visage découvert qu'elle appelle des "négationnistes" et qui se nomment "révisionnistes".

De nos jours sont en crise ou parfois même en voie d'extinction les idées aussi bien de patrie, de nationalisme ou de race que de communisme ou même de socialisme. Sont également en crise les religions du monde occidental, y compris la religion juive, et, à leur tour mais de façon moins voyante, les religions non occidentales, confrontées, elles aussi, à la puissance d'attraction de la société de consommation ; quoi qu'on en puisse penser, la religion musulmane ne fait pas exception : le bazar attire les foules plus que la mosquée et, dans certains royaumes pétroliers, la société de consommation, sous ses formes les plus extravagantes, porte un défi de plus en plus insolent aux règles de vie édictées par l'islam.

Le catholicisme romain, quant à lui, est frappé d'anémie ; pour reprendre le mot de Céline, il est devenu "christianémique". Parmi les catholiques auxquels s'adresse Benoît XVI, combien en reste-t-il pour croire encore à la virginité de Marie, aux miracles de Jésus, à la résurrection physique des morts, à la vie éternelle, au paradis, au purgatoire et à l'enfer ? Le discours des hommes d'Église se limite habituellement à ressasser que "Dieu est amour". Les religions protestantes ou assimilées se diluent, avec leurs doctrines, en une infinité de sectes et variantes. La religion juive voit ses pratiquants de plus en plus rétifs devant l'obligation d'observer tant de prescriptions ou d'interdits biscornus et, pour commencer, de plus en plus, ses adeptes pratiquent le formariage ou désertent la synagogue. <Le formariage est un mariage contracté par un serf hors de la seigneurie ou avec une personne d'une autre condition que la sienne. Pour pouvoir le contracter, le serf devait demander l'autorisation de son seigneur et lui payer une taxe.>

Mais, tandis que les croyances ou les convictions occidentales ont beaucoup perdu de leur substance, la foi en "l'Holocauste", elle, s'est fortifiée ; elle a fini par créer un lien — une religion, du moins selon l'étymologie courante, est un lien (*religat religio*) — qui permet à des ensembles disparates de communautés et de nations de partager une foi commune. En fin de compte, chrétiens et juifs coopèrent aujourd'hui d'un même cœur à la propagation de la foi holocaustique. On voit même bon nombre d'agnostiques ou d'athées se ranger avec éclat sous la bannière de "l'Holocauste". "Auschwitz" réalise l'union de tous.

C'est que cette nouvelle religion, née à l'âge où la société de consommation a pris son essor, en porte la marque. Elle en a la vigueur, l'habileté, l'inventivité. Elle exploite toutes les ressources du *marketing* et de la communication. Les infamies du *Shoah Business* ne sont que les effets secondaires d'une religion qui n'est elle-même, intrinsèquement, qu'une pure fabrication. **À partir de bribes d'une réalité historique, somme toute banale en temps de guerre, comme l'internement d'une bonne partie des juifs européens dans des ghettos ou dans des camps, ses promoteurs ont bâti une gigantesque imposture historique :**

celle, à la fois, de la prétendue extermination des juifs d'Europe, des prétendus camps dotés de chambres à gaz homicides et, enfin, des prétendus six millions de victimes juives.

Une religion qui paraît avoir trouvé la solution de la question juive. À travers les millénaires, les juifs, d'abord généralement bien reçus dans leurs pays d'accueil, ont fini par susciter un phénomène de rejet qui a conduit à leur expulsion mais, bien souvent, sortis par une porte, ils sont ensuite rentrés par une autre porte. Dans plusieurs nations d'Europe continentale, vers la fin du XIXe siècle et au début du XXe siècle, le phénomène est apparu une nouvelle fois. "La question juive" s'est notamment posée en Russie, en Pologne, en Roumanie, en Autriche-Hongrie, en Allemagne et en France. Tout le monde, à commencer par les juifs eux-mêmes, s'est alors mis à chercher "une solution" à cette "question juive". Pour les sionistes, longtemps en minorité parmi leurs coreligionnaires, la solution ne pouvait être que **territoriale**. Il convenait de trouver, avec l'accord des nations impériales, un territoire où pourraient s'installer des colons juifs. Cette colonie se situerait, par exemple, en Palestine, à Madagascar, en Ouganda, en Amérique du Sud, en Sibérie... La Pologne et la France envisageaient la solution de Madagascar tandis que l'Union soviétique créait en Sibérie méridionale le secteur autonome juif de Birobidjan. Quant à l'Allemagne nationale-socialiste, elle allait étudier la possibilité d'une installation des juifs en Palestine mais finit par s'aviser, dès 1937, du caractère irréaliste de cette solution et du grave préjudice qui serait ainsi causé aux Palestiniens. Par la suite, le IIIe Reich a voulu créer une colonie juive dans une partie de la Pologne (le *Judenreservat* de Nisko, au sud de Lublin), puis, à son tour, en 1940, il a sérieusement envisagé la création d'une colonie à Madagascar (le *Madagascar Projekt*). Par la suite, en proie aux nécessités d'une guerre à mener sur terre, sur mer, dans les airs et absorbé par les préoccupations de plus en plus angoissantes d'avoir à sauver les villes allemandes d'un déluge de feu, à sauvegarder la vie même de son peuple, à maintenir en activité l'économie de tout un continent si pauvre en matières premières, le Chancelier Hitler, au printemps de 1942, a fait savoir, notamment par l'intermédiaire du ministre du Reich et chef de la Chancellerie du Reich Hans-Heinrich Lammers, qu'il entendait "repousser à l'après-guerre la solution de la question juive". Constituant en son sein une population nécessairement hostile à l'Allemagne en guerre, les juifs, du moins pour une grande partie d'entre eux, durent être déportés et internés. Ceux qui en étaient capables étaient astreints au travail, les autres étaient confinés dans des camps de concentration ou de transit. Jamais Hitler n'a voulu ou autorisé le massacre des juifs et ses cours martiales sont allées jusqu'à punir de la peine de mort, même en territoire soviétique, ceux qui se rendaient coupables d'excès contre les juifs. Jamais l'État allemand n'a envisagé autre chose, pour ce qui est des juifs, qu'"**une** solution finale **territoriale** de la question juive" et il faut toute la malhonnêteté de nos historiens orthodoxes pour évoquer sans cesse "**la** solution finale de la question juive" et délibérément escamoter l'adjectif, si important, de "**territoriale**". Jusqu'à la fin de la guerre, l'Allemagne n'a cessé de proposer aux Alliés occidentaux de leur livrer des juifs internés, mais à la condition que ceux-ci demeurent en Grande-Bretagne, par exemple, et n'aillent pas envahir la Palestine pour y tourmenter "le noble et vaillant peuple arabe". **Le sort des juifs d'Europe, dans la fournaise générale, n'a rien eu d'exceptionnel. Il n'aurait mérité qu'une mention dans le grand livre de l'histoire de la Seconde Guerre mondiale. On est donc en droit de s'étonner qu'aujourd'hui le sort des juifs passe pour avoir été l'élément essentiel de cette guerre.**

Après la guerre, c'est en terre de Palestine et aux dépens des Palestiniens que les tenants de la religion de "l'Holocauste" ont trouvé — ou cru trouver — la solution finale territoriale de la question juive.

Une religion qui tâtonne dans ses méthodes de vente (la palinodie de R. Hilberg). Je suggère aux sociologues d'entreprendre une histoire de la nouvelle religion en examinant selon quelles techniques de vente, extrêmement variées, ce "produit" a été créé, lancé et vendu au cours des années 1945-2000. Ils mesureront la distance qui sépare les procédés souvent maladroits du début et la sophistication, à la fin, des *packagings* de nos actuels *spin doctors* (experts tordus de la "com") dans leur présentation de "l'Holocauste" désormais transformé en un produit casher de consommation forcée.

En 1961, Raul Hilberg, le premier des historiens de "l'Holocauste", "le pape" de la science exterminationniste, publia la première version de son œuvre majeure, *The Destruction of the European Jews.* Il y exprima doctoralement la thèse suivante : Hitler avait donné des ordres en vue du massacre organisé des juifs et tout s'expliquait à partir de ces ordres. Cette façon de présenter la marchandise allait faire fiasco. Les révisionnistes demandant à voir ces ordres, Hilberg fut contraint d'admettre que ceux-ci n'avaient jamais existé. De 1982 à 1985, sous la pression des mêmes révisionnistes demandant à voir à quoi avait bien pu ressembler la technique des magiques chambres à gaz homicides, il fut amené à revoir sa première présentation du produit holocaustique. En 1985, dans l'édition "revue et définitive" du même ouvrage, au lieu de se montrer affirmatif et cassant avec le lecteur ou le client, il chercha à circonvenir ce dernier par toutes sortes de propos alambiqués faisant appel à son goût supposé pour les mystères de la parapsychologie et du paranormal. Il lui exposa l'histoire de la destruction des juifs d'Europe sans faire appel le moins du monde à un ordre quelconque, ni de Hitler ni d'un autre, d'exterminer les juifs. Il expliqua tout par une sorte de mystère diabolique : spontanément les bureaucrates allemands s'étaient donné le mot pour tuer les juifs jusqu'au dernier. "D'innombrables responsables au sein d'une vaste machine administrative" (*countless decision makers in a far-flung bureaucratic machine*) concoururent à l'entreprise exterminatrice par suite d'un "mécanisme" (*mechanism*) et cela sans "plan préétabli" (*basic plan*) (p. 53) ; ces bureaucrates "créèrent ainsi un climat qui leur permit d'écarter progressivement le *modus operandi* du formalisme écrit" (*created an atmosphere in which the formal, written word could gradually be abandoned as a modus operandi*) (p. 54) ; il y eut des "accords implicites et généralisés entre fonctionnaires aboutissant à des décisions prises sans ordres précis ni explications" (*basic understandings of officials resulting in decisions not requiring orders or explanations*) ; "cela avait été une affaire d'état d'esprit, de compréhension tacite, de consonance et de synchronisation" (*it was a matter of spirit, of shared comprehension, of consonance and synchronization*) ; "il n'y eut pas d'agence unique en charge de toute l'opération" (*no one agency was charged with the whole operation*) ; il n'y eut "aucun organisme central chargé de diriger et coordonner à lui seul l'ensemble du processus" (*no single organization directed or coordinated the entire process*) (p. 55). Bref, selon R. Hilberg, cette extermination concertée avait bien eu lieu mais sans qu'il fût possible de vraiment le démontrer avec des documents spécifiques à l'appui. Deux ans auparavant, en février 1983, lors d'une conférence donnée à l'Avery Fischer Hall de New York, il avait présenté cette thèse, étrangement fumeuse, sous la forme suivante : "Ce qui commença en 1941 fut un processus de destruction sans plan préétabli, sans organisation centralisatrice d'une quelconque agence. Il n'y eut pas de schéma directeur et il n'y eut pas de budget pour les mesures de destruction. Ces mesures furent prises pas à pas, un pas à chaque fois. Ainsi se produisit non tant la réalisation d'un plan qu'une incroyable rencontre des esprits, une consensuelle transmission de pensée réalisée par une vaste bureaucratie" (*What began in 1941 was a process of destruction not planned in advance, not organized centrally by any agency. There was no blueprint and there was no budget for destructive measures. They were taken step by step, one step at a time. Thus came about not so much a plan being carried out, but an incredible meeting of minds, a consensus-mind reading by a far-flung bureaucracy*). Cette vaste entreprise de destruction s'était produite, magiquement, par télépathie et par l'opération diabolique du génie bureaucratique "nazi". On peut dire qu'avec R. Hilberg, la science historique s'est ainsi faite cabalistique ou religieuse.

Serge et Beate Klarsfeld, de leur côté, ont voulu s'engager dans cette même voie de la fausse science en faisant appel au pharmacien français Jean-Claude Pressac. Pendant plusieurs années le malheureux a cherché à vendre le produit frelaté sous une forme pseudo-scientifique mais, découvrant l'imposture, J.-C. Pressac avait, en 1995, opéré un complet retournement et admis que, tout compte fait, le dossier de "l'Holocauste" était "pourri" et tout juste bon "pour les poubelles de l'histoire" ; tels étaient ses propres mots. La nouvelle allait être tenue cachée pendant cinq ans et ne fut révélée qu'en 2000 à la fin d'un ouvrage de Valérie Igounet, autre vendeuse de Shoah et auteur d'une *Histoire du négationnisme en France* (Seuil, p. 652).

Une religion qui découvre enfin les techniques de vente ***up to date*** **(<à jour, "à la page">).** C'est alors que sont entrés en scène les *spin doctors*. Le produit étant devenu suspect et les clients potentiels commençant à poser des questions, il a fallu virer cap sur cap, renoncer à défendre la marchandise avec des arguments d'apparence scientifique et s'engager dans une voie résolument “moderne”. Les nouveaux religionnaires ont décidé d’accorder la portion congrue à l’argumentation logique et de substituer à la recherche de fond le recours aux sentiments et à l’émotion, c’est-à-dire à l’art, au cinéma, au théâtre, au roman historique, au show, au *story telling* (art contemporain de trousser un récit ou de cadrer un “témoignage”), au cirque médiatique, à la scénographie de musée, aux cérémonies publiques, aux pèlerinages, à l’adoration des (fausses) reliques et des (faux) symboles (chambres à gaz symboliques, chiffres symboliques, témoins symboliques), à l’incantation, à la musique et même au kitch, le tout accompagné des procédés de la vente forcée assortis de menaces en tous genres. Le cinéaste Steven Spielberg, spécialiste de la fiction échevelée et extraterrestre, est devenu le grand inspirateur aussi bien pour les films holocaustiques que pour le *casting* de 50 000 témoins. Afin de mieux vendre leur produit frelaté, nos faux historiens et vrais marchands ont obtenu d’en donner le goût dès l’école primaire, car c’est dans le plus jeune âge que se contractent les appétits qui font que, plus tard, le client n’a plus besoin d’être sollicité : il réclamera de lui-même ce qu’il a tant goûté dans son enfance, sucrerie ou poison. C’est ainsi qu’on a fini par se moquer résolument de l’histoire et que l’on s’est mis au seul service d’une certaine Mémoire, c’est-à-dire d’un fatras de ragots, de légendes, de calomnies qui procure le plaisir de se sentir juste et bon (*to feel good*) et d’aller en chœur chanter les vertus du pauvre juif, de maudire les “nazis” intrinsèquement pervers, d’en appeler à la vengeance et de cracher sur les tombes du vaincu. À la fin, il ne reste plus qu’à collecter un flot d’espèces sonnantes et trébuchantes et de nouveaux privilèges. Pierre Vidal-Naquet n’avait été qu’un amateur : d’abord, en 1979, il s’était montré d’emblée trop élémentaire, trop brutal dans sa promotion de “l’Holocauste”. Par exemple, prié par les révisionnistes d’expliquer comment, diable, après une opération de gazage à l’acide cyanhydrique (composant actif de l’insecticide “Zyklon B”), une équipe de juifs (*Sonderkommando*) pouvaient impunément pénétrer dans un local encore plein de ce redoutable gaz pour y manipuler et extraire jusqu’à des milliers de cadavres pénétrés de poison, il avait, avec 33 autres universitaires, répondu qu’il n’avait pas à fournir d’explication. Spielberg, lui, plus habile homme, donnera à voir dans un film de fiction une “chambre à gaz” où, pour une fois, “par miracle”, les pommes de douches déverseront… de l’eau et non du gaz. Par la suite, en son temps, P. Vidal-Naquet avait, bien maladroitement, tenté de répondre aux révisionnistes sur le plan scientifique et s’était ridiculisé. Claude Lanzmann, de son côté, dans son film *Shoah*, avait cherché à produire des témoignages ou des aveux mais il était apparu lourd, malhabile et fort peu convaincant ; au moins avait-il compris que le principal était de “faire du cinéma” et d’occuper la place. Aujourd’hui, plus aucun “historien” de “l’Holocauste” ne se mêle d’aller prouver la réalité de “l’Holocauste” et de ses magiques chambres à gaz. Ils agissent tous comme Saul Friedländer dans son dernier ouvrage (*L’Allemagne nazie et les juifs / Les Années d’extermination*, Seuil, 2008) : ils donnent à entendre que tout cela a réellement existé. Avec eux, l’histoire se fait axiomatique encore que leurs axiomes ne soient pas même formulés.

Ces nouveaux historiens procèdent avec un tel aplomb que, médusé, le lecteur ne se rend guère compte du tour de passe-passe qu'on lui joue : ces bonimenteurs commentent à perte de souffle un événement dont ils n'ont pas, pour commencer, établi la réalité. Et c'est ainsi que le client, croyant acheter une marchandise, achète en réalité le boniment de celui qui lui a fait l'article. Aujourd'hui, le champion du monde en esbroufe holocaustique est un shabbat goy, le Père Patrick Desbois, qui est un sacré farceur, dont les diverses productions consacrées à "la Shoah par balles", notamment en Ukraine, paraissent atteindre les cimes du battage publicitaire judéo-chrétien.

Une *success-story* des grandes puissances. En véritable *success-story* dans l'art de la vente, l'entreprise holocaustique s'est acquis le statut d'un lobby international. Ce lobby s'est confondu avec le lobby juif américain (dont l'organisation phare est l'AIPAC) qui, lui-même, défend, bec et ongles, l'intérêt de l'État d'Israël, dont "l'Holocauste" est l'épée et le bouclier. Les nations les plus puissantes du globe ne peuvent se permettre de contrarier un tel réseau de groupes de pression qui, sous un vernis religieux, a d'abord été commercial pour devenir ensuite militaro-commercial et pousser à toujours plus d'aventures militaires. Il s'ensuit que d'autres nations, dites émergentes, ont intérêt, si elles veulent entrer dans les grâces de plus fort qu'elles, à se plier aux désirs de ce dernier. Sans nécessairement professer leur foi en "l'Holocauste", elles contribueront, s'il le faut, à la propagation de "l'Holocauste" ainsi qu'à la répression de ceux qui en contestent la réalité. Les Chinois, par exemple, qui n'ont pourtant que faire de pareille billevesée, se tiennent à l'écart de toute remise en cause du concept d'"Holocauste juif" ; cela leur permet de se présenter en "juifs" des Japonais pendant la dernière guerre et de faire valoir qu'ils ont, eux aussi, été les victimes d'un génocide, lequel, comme pour les juifs, ouvrira, pensent-ils, la voie à des réparations financières et à des profits politiques.

Une religion particulièrement mortelle. L'ennui pour la religion de "l'Holocauste" réside dans le fait qu'elle est trop séculière. On songe ici à la Papauté, qui, aux siècles passés, a puisé sa force politique et militaire dans un pouvoir temporel, lequel a, pour solde de tout compte, fini par causer son déclin. La nouvelle religion a partie liée avec, à la fois, l'État d'Israël, les États-Unis, l'Union européenne, l'OTAN, la Russie, les grandes banques (qu'elle fait plier quand, à l'exemple des banques suisses, elles renâclent), avec l'affairisme international et avec les lobbies des marchands d'armes. À ce compte, qui peut lui garantir une véritable assise dans l'avenir ? Elle s'est fragilisée en cautionnant, de fait, la politique de nations ou de groupes aux appétits démesurés, dont l'esprit de croisade mondiale, comme on le constate notamment au Proche et au Moyen-Orient, est devenu aventuriste.

Il est arrivé que des religions disparaissent avec les empires où elles régnaient. C'est que les religions, comme les civilisations, sont mortelles. Celle de "l'Holocauste" est doublement mortelle : elle incite à la croisade guerrière et elle court à sa mort. Elle y courra même si, en dernier ressort, l'État juif venait à disparaître de la terre de Palestine et même si les juifs qui

se disperseraient alors dans le reste du monde n'auraient plus pour ultime ressource que de crier au "Second Holocauste" (août 2008). »

NB : À consulter : Robert Faurisson, « La "Mémoire juive" contre l'Histoire ou l'Aversion juive pour toute recherche approfondie sur la Shoah » ainsi que « Le prétendu "Holocauste" des juifs se révèle de plus en plus dangereux », *Études révisionnistes*, vol. 5 (595 p.), p. 61-71, 86-90, Éd. Akribeia.

★ ★ ★ ★ ★

« Elie Wiesel écrit dans ses mémoires : "Les chambres à gaz, il vaut mieux qu'elles restent fermées au regard indiscret. Et à l'imagination" (*Tous les fleuves vont à la mer…*, Le Seuil, 1994, p. 97). Comme lui, Simone Veil, Claude Lanzmann et bien d'autres sommités juives ont fini par recommander la même discrétion. Après trop de tentatives infructueuses pour relever le défi que leur avaient lancé les révisionnistes ("Montrez-nous ou dessinez-nous une chambre à gaz nazie !"), ils ont préconisé l'abandon de la méthode historique ou scientifique au profit du recours à "la mémoire". Ce qu'ils appellent leur "mémoire" n'est qu'un fonds de récits et de témoignages non vérifiés. Comme ils ont normalement tendance à examiner de près ce qu'on leur présente comme véridique, l'historien ou le chercheur scientifique, fussent-ils juifs, seront tenus pour de dangereux fureteurs qui risquent de "contester" et de "réviser". On les écartera. En particulier, on les tiendra à distance du saint des saints que constituent la Shoah et son corollaire, le très juteux Shoah Business.

"Quel avenir pour la mémoire de la Shoah ?" C'est sous ce titre que *Le Monde* de ce jour (15 juin 2006, p. 3) publie un article où il se confirme que la mémoire de la Shoah et le Shoah Business sont à défendre contre toute approche des historiens, quels qu'ils soient. L'article s'ouvre sur le mot d'"argent". Évoquant les liquidités de la Fondation pour la mémoire de la Shoah, organisation qu'elle préside, Simone Veil déclare : "Cet argent est l'argent des morts. Nous devons être très rigoureux dans sa gestion." Il va de soi que "l'argent des morts" va aux vivants et il faut savoir que le banquier David de Rothschild convoite la succession de S. Veil. La dotation de la Fondation ne provient pas des juifs mais de sommes qui ont été versées par notre Caisse des dépôts et consignations, par la Banque de France, par la Poste, par des établissements de crédit et des sociétés d'assurances françaises. Exploitant, en effet, la déclaration du président Jacques Chirac, en 1995, sur le crime commis par la France contre les juifs de 1940 à 1944, un crime "irréparable" mais à réparer, les associations juives s'étaient ruées sur tous ces organismes, les accusant, sans preuves, d'avoir pris part à la spoliation des juifs pendant la guerre. Comme d'habitude en pareille matière, on s'était passé de tout procès. On avait formé sur mesure une commission *ad hoc*, la "Mission Mattéoli", et l'on avait orchestré un tintamarre médiatique, dont le journal *Le Monde*, supervisé par l'homme d'affaires Alain Minc, avait en quelque sorte pris la direction. Puis la note avait été présentée aux accusés, qui n'avaient eu d'autre ressource que de verser leurs contributions respectives sans le moindre murmure. Cela dit, s'il est une organisation qui devrait comprendre des historiens, c'est bien, penseront les naïfs, une fondation censée servir en premier lieu l'histoire et la recherche. En théorie, tel est le cas puisque, aussi bien, la première des cinq commissions spécialisées que comprend cette fondation s'appelle "**Commission histoire et recherche**". Mais, dans la réalité, cette commission a été confiée à un ambassadeur et, comme le dit l'historienne juive Annette Wievorka, "**dès le départ, les historiens ont été écartés des instances dirigeantes de la fondation**". Cette juste remarque, lourde de sens, est à retenir et à méditer.

Un précédent : le cas de l'historien israélien fondateur de Yad Vashem. Le cas du fondateur de Yad Vashem est hautement significatif. En 1959, le prestigieux historien israélien Ben-Zion Dinur a dû, à cause de son respect pour l'histoire, démissionner de son poste de directeur de Yad Vashem (mémorial et institut de recherche de l'"Holocauste", situé à Jérusalem). Ministre de l'Instruction publique et de la Culture de 1951 à 1955 et fondateur de Yad Vashem en 1953, le professeur Dinur avait, pour son malheur, préconisé une étude critique des innombrables récits et témoignages de "survivants". Historien professionnel de haute volée, le professeur Dinur était entré en conflit avec le lobby des "miraculés" juifs qui n'avaient cure de la critique historique et de la probité scientifique. Ces juifs-là avaient fini par l'emporter et, aujourd'hui encore, l'institut de recherches historiques Yad Vashem n'est composé, bien qu'il s'en défende, que d'historiens et de chercheurs qui servent la "mémoire" juive au détriment de l'histoire. En de rares occasions il est arrivé à des responsables de Yad Vashem de dénoncer de gros mensonges comme celui de "l'inepte histoire de Wannsee" (Yehuda Bauer en 1992) mais, malheureusement, la totalité des historiens israéliens persiste, par exemple, à nous faire croire qu'il existe des témoignages véridiques sur les chambres à gaz nazies alors qu'en réalité une simple analyse de ces témoignages à la manière de Jean Norton Cru démontrerait de façon dirimante que, sur le sujet, il n'existe *pas un seul témoignage* véridique. *Pas un seul document, pas une seule preuve* non plus, d'ailleurs.

Georges Bensoussan est le rédacteur en chef de la *Revue d'histoire de la Shoah*, anciennement *Le Monde juif*, éditée par le Centre de documentation juive contemporaine (CDJC) de Paris. Il a consacré la livraison de janvier-juin 2005 de sa revue aux juifs de la Palestine, puis de l'État d'Israël, "face à la Shoah", de 1933 à 1961. Il en a signé l'éditorial (p. 5-20), où il rappelle qu'encore en 1948, la Shoah occupait chez les juifs d'Israël une place extrêmement restreinte dans l'enseignement général de l'histoire. C'est ainsi qu'il écrit : "En 1948, dans un manuel d'histoire juive, une dizaine de pages (sur 220) était consacrée aux guerres napoléoniennes contre une seule à la Shoah" (p. 13). Poursuivant son éditorial, G. Bensoussan en vient à présenter une étude que l'universitaire israélienne Arielle Rein consacre à Ben-Zion Dinur. Il écrit ces lignes, dont je souligne certains fragments :

"Ben-Zion Dinur, explique Arielle Rein, est partagé entre sa vision sioniste de l'histoire juive et *son métier d'historien auquel il entend demeurer fidèle* [...]. Dès 1947 [...], Ben-Zion Dinur estime que face à la Shoah il s'agit de '*ne pas brouiller. Ne pas embellir. Ne pas chercher à fuir devant la réalité.*' C'est ainsi qu'il en appelle très tôt au *traitement critique du témoignage* par-delà la sacralisation latente de la parole du témoin. Comme, très tôt aussi, *il convie à un travail critique dans l'esprit de celui qui avait animé Jean Norton Cru, l'auteur de* Témoins *(1929) qui avait passé au crible plusieurs centaines de récits de combattants de la Grande Guerre. L'histoire d'abord, assure Dinur, au risque de ne rien transmettre.* C'est précisément *cette attitude d'historien, et la vision par définition hétérodoxe* qu'elle charrie dans un domaine aussi émotionnellement chargé, qui en 1959 *le poussent à démissionner de la direction de Yad Vashem*, un poste qu'il occupait depuis la fondation en 1953."

Ben-Zion Dinur est un bon exemple des contradictions qui *minent l'historiographie* lorsqu'elle est aux prises avec le souci national de la patrie. Ainsi ne peut-on qu'être frappé du fait que les projets de loi qui conduisent à la fondation de Yad Vashem (mai 1953) comme à la mise en place d'un programme d'instruction publique (juin 1953) ne sont pas seulement concomitants, mais qu'ils sont dus au même homme, Ben-Zion Dinur, alors ministre de l'Instruction publique. Un ministre qui demeure pourtant *conscient de l'écueil que constitue, pour la connaissance du passé, l'instrumentalisation progressive de la Shoah dans le discours politique de l'État d'Israël* (p. 15-16).

Il y a donc près de soixante ans, le plus prestigieux des historiens israéliens a manifesté des préoccupations semblables à celles d'un Paul Rassinier qui, en 1950, venait de publier *Le Mensonge d'Ulysse.* En conséquence, ses vues "hétérodoxes" (tel est le mot de G. Bensoussan) lui ont valu, comme à bien des révisionnistes, désaveu et démission forcée. Quant à "l'instrumentalisation" (c'est-à-dire, en l'espèce, l'emploi abusif) de la Shoah "dans le discours politique de l'État d'Israël", elle a été tellement "progressive" depuis tant de lustres qu'elle a fini par devenir la norme dans tout le monde occidental. La Shoah est aujourd'hui la référence suprême du discours moral, historique, philosophique, politique et religieux. Elle fonde un commerce ou un business, une industrie et une religion, qui, en Israël, en France et en bien d'autres pays du monde, sont protégés et garantis par la loi, par la justice et par les appareils gouvernementaux avec interdiction draconienne faite aux "hétérodoxes" de remettre en cause les points centraux de l'orthodoxie shoatique. G. Bensoussan le reconnaît à la fin de son éditorial, quand il écrit : "[En 1952,] la Knesset [a institué] par la loi les éléments d'une 'religion civile' (p. 20)". Dans une note il précise : "Laquelle religion civile prendra plus d'importance après la guerre des Six Jours en 1967. C'est à la fin des années 1980 que sont initiés les voyages de lycéens israéliens à Auschwitz. Au début 2000, près de 100 000 jeunes Israéliens auraient déjà participé à ce pèlerinage." G. Bensoussan aurait pu ajouter ce que notait la livraison précédente de sa propre revue : "Durant les presque soixante ans d'existence du musée Auschwitz-Birkenau, le site a été visité par environ 25 millions de visiteurs du monde entier dont des personnes de diverses nationalités, de toutes confessions, des touristes, des pèlerins, des chefs d'État" (*Revue d'histoire de la Shoah*, juillet-décembre 2004, p. 154). À ce jour, il conviendrait d'ajouter deux autres millions de "pèlerins" et deux papes successifs, lesquels sont venus s'exhiber à Auschwitz en posture de repentance, à deux genoux, sous l'œil des caméras du monde entier. Avec beaucoup d'émotion, le pape actuel a même embrassé sur les deux joues l'un des plus notoires faux témoins d'Auschwitz, Henryk Mandelbaum, l'homme qui, en 1945, avait "témoigné" devant les Soviétiques qu'il était mort 4 500 000 détenus à Auschwitz. Aujourd'hui, les plaques commémoratives du camp indiquent le chiffre de 1 500 000 victimes mais Franciszek Piper, une autorité du Musée national d'Auschwitz, a opté pour le chiffre de 1 100 000, feu Jean-Claude Pressac pour un chiffre compris entre 631 000 et 711 000 et Fritjof Meyer pour celui de 510 000, tous chiffres considérablement gonflés et dépourvus de vraie justification.

Arielle Rein est maître de conférences en histoire juive à l'Université hébraïque de Jérusalem. Soutenue en 2000, en hébreu, sa thèse de doctorat portait sur l'œuvre de Ben-Zion Dinur. Son article, publié dans la *Revue d'histoire de la Shoah* (janvier-juin 2005, p. 257-278), est intitulé : "L'Historien, la mémoire et l'État / L'Œuvre de Ben-Zion Dinur pour la commémoration et la recherche sur la Shoah en Israël". Il commence en ces termes :

> "Ben-Zion Dinur, né Dinaburg (Horol, 1884 – Jérusalem, 1973), fondateur de l'école historique de Jérusalem, ministre de l'Éducation [*sic* pour 'de l'Instruction publique'] et de la Culture dans les années qui suivent la création de l'État d'Israël, de 1951 à 1955, est l'un des principaux protagonistes de l'élaboration des représentations de la Shoah dans la société israélienne, au cours de la première décennie de l'État. C'est dans le cadre de son mandat ministériel qu'il présente au gouvernement, puis à la Knesset, la 'loi sur le souvenir de la Shoah et de l'héroïsme — Yad Vashem', supervise sa rédaction finale et met en œuvre sa ratification en 1953. L'objet de cette loi [...] est la création d'une institution d'État préposée à la mémoire de la Shoah : Yad Vashem. Dinur en sera le premier président, de 1953 à 1959" (p. 257).

L'universitaire israélienne ne manque pas de rappeler la brillante carrière de l'historien. Ben-Zion Dinur, écrit-elle, a joué "un rôle pionnier et directeur" dans la création de la Bibliothèque nationale israélienne et de la Société historique israélienne, ainsi que dans la création du Département d'histoire juive de l'Université hébraïque, tout comme des Archives sionistes et des Archives centrales pour l'histoire du peuple juif ; il a également été à l'origine de la création de l'Académie de la langue hébraïque et du Conseil de l'enseignement supérieur. De 1951 à 1955, il a, comme nous l'avons vu, exercé la double fonction de ministre de l'Instruction publique et de ministre de la Culture. "Son œuvre historique est monumentale" (p. 259). Il a été "à la fois le Guizot et le Lavisse de l'historiographie israélienne" (p. 261). Il a également joué un rôle directeur dans l'organisation du premier congrès mondial sur la Shoah, qui s'est tenu à Jérusalem les 13 et 14 juillet 1947. C'est dans la conférence d'ouverture de ce congrès qu'il a rappelé les exigences qui s'imposent à l'historien : "Ne pas brouiller. Ne pas embellir. Ne pas chercher à fuir devant la réalité [allusion probable aux multitudes de 'juifs bruns' qui avaient coopéré avec les Allemands, notamment dans les ghettos. RF]. Ne pas se cacher sous des formules routinières. Il nous incombe d'imposer une approche véridique de notre catastrophe nationale, comme point de départ, comme fondement de toute recherche sur l'histoire de notre temps" (p. 269).

Arielle Rein rappelle ensuite le conflit qui a opposé l'historien professionnel au lobby des serviteurs de la "mémoire", lobby principalement animé, dit-elle, par les "rescapés de la Shoah d'origine polonaise, formés à l'histoire avant-guerre ou autodidactes mus par un sentiment de mission" ; ces gens, écrit-elle, "souhaitent mettre l'accent sur les fonctions mémorielles et identitaires que doit remplir [l'institut de] Yad Vashem" (p. 276). Elle écrit encore :

> "De même [ces juifs] engagent-ils avec Dinur une polémique de longue durée sur la place respective des historiens et des témoins dans la recherche sur la Shoah. Pour les historiens rescapés, la Shoah est un événement unique et incomparable. De ce fait, elle exige une méthodologie particulière, dans laquelle doivent être privilégiés les témoignages de ceux qui l'ont vécue. À leurs yeux, la reprise scientifique et l'élaboration de ces témoignages par les historiens professionnels ne peuvent que trahir les sources. En conséquence de quoi, ils demandent une politique de publication qui soit tout entière concentrée sur la littérature du témoignage : journaux, mémoires et correspondance. Face à ces positions, Dinur maintient la nécessité d'établir la recherche sur la Shoah sur des bases rigoureusement scientifiques. Il considère que le témoignage, s'il est essentiel, constitue pour l'historien, seul formé et habilité à son traitement, une matière brute, n'ayant de valeur qu'après avoir été passée au crible de la critique historique" (*ibid.*).

En outre, les défenseurs du mensonge et de la légende exigeaient "une concentration exclusive de Yad Vashem sur les années de persécution nazie", soit 1933-1945, "contrairement à la vision intégratrice de Dinur, qui [avait choisi] d'avoir recours au long terme et de remonter aux années 1870" (p. 276-277). A. Rein conclut :

> "Ces conflits, confinés dans un premier temps à l'intérieur des murs de l'institution, vont en s'aggravant. À partir de 1958, ils sont rendus publics par la presse. Face à l'opposition croissante que suscite sa politique, à l'intérieur [de l'institut] Yad Vashem et dans une partie de l'opinion publique israélienne qui prend parti pour le camp des historiens rescapés, Dinur

démissionne de ses fonctions en 1959 et retourne à ses multiples recherches dans le domaine de l'historiographie juive, qu'il poursuivra jusqu'à sa mort en 1973" (p. 277).

L'envol définitif du grand mensonge de la Shoah. C'est depuis ce temps-là que le grand mensonge de la Shoah a pris son envol définitif. Si, dans les années 1950, un Jean Norton Cru juif avait pu s'imposer en terre d'Israël, les champions du faux témoignage, les Elie Wiesel et les Ilia Ehrenbourg de tout calibre n'auraient pu déverser à prix d'or leurs immondices dans les pays occidentaux et dans le monde communiste. Le commerce, l'industrie et la religion de la Shoah, fondés en trop grande partie sur des récits de névrosés et de filous, ne régneraient pas aujourd'hui avec autant d'impudence. En 1950, le professeur Dinur n'était pas le seul juif à stigmatiser le fatras des faux témoignages de "survivants". À l'époque, le juif américain Samuel Gringauz, un ancien habitant du ghetto de Kaunas (Lituanie) pendant la Deuxième Guerre mondiale, dénonçait chez certains de ses coreligionnaires ce qu'il appelait "le complexe de surenchère dans l'histoire" (*the hyperhistorical complex*) ; il écrivait :

> "Le complexe de surenchère dans l'histoire peut se décrire comme judéocentrique, lococentrique et égocentrique. Il ne trouve essentiellement de signification historique qu'à des problèmes juifs liés à des événements locaux, et cela sous l'aspect d'une expérience personnelle. C'est la raison pour laquelle, dans la plupart des souvenirs et des récits, s'étalent une absurde verbosité, l'exagération du graphomane, les effets de théâtre, une présomptueuse inflation de l'ego, une philosophie d'amateur, un lyrisme d'emprunt, des rumeurs non vérifiées, des distorsions, des attaques partisanes et de minables discours" ("*Some Methodological problems in the Study of the Ghetto*", *Jewish Social Studies / A Quarterly Journal Devoted to Contemporary and Historical Aspects of Jewish Life*, Vol. XII, Edited for The Conference on Jewish Relations, New York, 1950, p. 65).

S. Gringauz se faisait ainsi le porte-parole de tous ceux que suffoquait le déferlement de littérature juive et concentrationnaire au sortir même de la guerre. Aujourd'hui, les "témoins" juifs sont portés à dire que, juste après la guerre, ils se sont "tus" parce qu'il n'y avait personne pour les entendre ou les croire. En réalité, à propos de leurs souffrances, décrites comme à nulle autre pareilles, les juifs menaient déjà dans les années 1945-1948 un tel sabbat qu'effectivement des réactions de fatigue et de rejet avaient fini par se manifester, quand ce n'était pas des éclats de rire dans les conversations ou des saillies de chansonnier parisien ("On croyait que c'étaient des fours crématoires ; c'étaient des couveuses").

En 1968, Olga Wormser-Migot notait, y compris dans les témoignages rendus sous serment lors des procès dits de "criminels de guerre",

(...) "la primauté accordée aux faits spectaculaires — et surtout l'exagération : outrance dans les récits d'horreur ou dans les possibilités du sabotage et de la résistance, grossissement du nombre réel des déportés et des victimes et, particulièrement dans les témoignages féminins, raffinement dans le sadisme sur fond de sexualité (caractère beaucoup plus sensible dans les témoignages de 45-47 que dans les témoignages postérieurs). La révélation de l'horreur des camps avait entraîné une telle débauche de récits de cruautés que la plupart des témoins n'ayant pas subi ces sévices ou n'en ayant pas été spectateurs craignait inconsciemment de ne pas être considéré comme un véritable déporté s'il n'y faisait pas allusion" (*Essai sur les sources de l'histoire concentrationnaire nazie*, thèse complémentaire dactylographiée, 1968, p. 322).

Pour avoir ainsi manifesté son scepticisme aussi bien à l'endroit de ces "témoignages" que dans son étude du "problème des chambres à gaz", O. Wormser-Migot allait, elle aussi, connaître quelques déboires. Dans les années 1970, je lui avais rendu visite et elle m'avait alors mis en garde contre les dangers d'un scepticisme comparable au sien. Décidant de passer outre, je déclenchais les foudres juives. En un premier temps, l'historienne essayait de prendre ma défense mais, en un second temps, elle publiait contre ma personne un ouvrage d'une violence fébrile, préfacée par son coreligionnaire "Vercors" (*Assez mentir !*, Ramsay, 1979, 171 p.).

De rares historiens juifs osent parfois, surtout en Israël, s'affranchir du joug et faire montre d'indépendance d'esprit mais, dès qu'on porte vraiment atteinte aux "témoignages" sur le saint des saints de la Shoah, c'est-à-dire sur les "chambres à gaz" et le "génocide", les juifs les plus téméraires reviennent sur leurs audaces premières et rallient, d'une manière ou d'une autre, le camp des religionnaires.

Aujourd'hui, des bataillons de septuagénaires et d'octogénaires juifs des deux sexes propagent les mensonges de la Shoah jusque dans nos écoles, collèges, lycées et institutions diverses. Des régiments de jeunes gens sont emmenés en pèlerinage vers des lieux saints scénarisés. Des armées de journalistes de la presse écrite, de la radio et de la télévision, des cinéastes, des musiciens, des artistes, des muséographes, des spécialistes du documentaire-documenteur, des architectes de l'horreur rivalisent d'inventions sur la "barbarie nazie" et la sainteté de la Shoah.

Le professeur Dinur pourrait méditer sur le cas de Céline décrivant son voyage au bout de l'horreur :

"On mentait avec rage au-delà de l'imaginaire, bien au-delà du ridicule et de l'absurde, dans les journaux, sur les affiches, à pied, à cheval, en voiture. Tout le monde s'y était mis. C'est à qui mentirait plus énormément que l'autre. Bientôt, il n'y eut plus de vérité dans la ville [...] tout cela n'était que fantômes haineux, truquages et mascarades [...]. Le délire de mentir **ET DE CROIRE** s'attrape comme la gale" (*Voyage au bout de la nuit* [1932], Gallimard / Pléiade, 1973, p. 56).

Pour trop de juifs, les historiens indépendants sont, en effet, des gêneurs. Pour ces juifs-là, l'histoire n'est recevable que si elle cautionne et exalte "la mémoire", c'est-à-dire un capital d'inventions et de légendes inspirées de la tradition talmudique et tissées de témoignages non vérifiés, de preuves trafiquées et de comptes truqués.

Pour répondre à la question posée par le journaliste du *Monde*, l'avenir de la Shoah restera donc dans le mensonge et l'argent. Tout comme l'a été son passé et tout comme se trouve être son présent. Les historiens intimidés devront donc encore attendre avant de s'engager dans la voie que leur ont ouverte Paul Rassinier, Ben-Zion Dinur et les révisionnistes du monde entier » (15 juin 2006).

★ ★ ★ ★ ★

Texte de Vincent Reynouard, diffusé à la même époque par « Bocage » :

« **Le Père Patrick Desbois est un sacré farceur.** Le mythe des chambres à gaz nazies se porte si mal qu'il a fallu lui trouver un substitut ou un succédané. Les "charniers d'Ukraine" feront pour l'instant l'affaire, du moins sur le plan médiatique. **Mais ces prétendus "charniers d'Ukraine" n'ont pas été ouverts et ne le seront jamais !** C'est sur parole qu'il faudra croire nos mystificateurs. Ainsi nous rejoue-t-on le coup des chambres à gaz : **aucune preuve** et rien que des récits ébouriffants à la Filip Müller ou à la Shlomo Venezia.

Les personnes qui prétendent avoir découvert ces "charniers" n'ont, en réalité, procédé à aucune fouille, aucun décompte, aucune vérification, aucune autopsie, aucune constatation physique ou matérielle du type que prévoit obligatoirement tout protocole d'enquête en cas de découverte, où que ce soit, d'un seul cadavre. Aucun officier de police ou de justice n'est venu sur place procéder à une investigation quelconque. On devra ajouter foi aux dires des représentants de deux associations juives qui osent nous raconter que, si ces procédures, qui sont pourtant normales et de routine, n'ont pas été suivies, c'est parce que la religion juive interdirait qu'on "profane" ainsi les cadavres de juifs !

Ces associations se sont contentées d'organiser une quête de "**témoignages**" que, par la suite, elles ont triés et retenus selon des critères qui ne sont pas révélés au bon public mais que connaissent tous les spécialistes de la "com" et du "*story telling*" (l'art de "trousser une histoire" comme, par exemple, quand les néo-cons veulent déclencher une guerre). On enregistre à la caméra des récits de villageois ukrainiens mobilisés pour la circonstance et, par la suite, seuls des morceaux choisis seront prélevés de manière à obtenir des narrations formatées et toilettées (*good stories to tell*), d'où seront éliminées les contradictions ainsi que toute précision qui serait contrôlable et donc éventuellement réfutable. Au spectacle de ce défilé de "témoins", le voyeur-auditeur n'apprendra rien de vrai mais on le fera baigner dans l'émotion, la colère, le gémissement, l'horreur de Grand Guignol et de Dracula. Dans un vrai jacuzzi de confort, il goûtera la douce chaleur d'un mélange, savamment dosé, de haine et de bonté. Il haïra ces "salauds" de nazis capables d'**insensées** prouesses dans le mal et, simultanément, il se sentira inondé d'une bonté particulière, celle qu'on éprouve à se sentir bon, non pas tout seul dans son coin, là où votre bonté risquerait de passer inaperçue, mais bon avec les autres, beaucoup d'autres, au sein d'une communauté dont tous les membres s'admirent et se congratulent d'être si bons et si compassionnels. De son jacuzzi émotionnel, le voyeur-auditeur contemplera l'écran de télé : avec une once de repentance chrétienne, un pur nanan ! Il y trouvera la nourriture à laquelle son esprit s'est habitué. Il n'en voudra pas d'autre. Au soap-opéra de la Shoah, le menu ne doit surtout pas varier. Toujours les mêmes clichés, les mêmes couleurs, les mêmes rengaines et les mêmes refrains de la propagande de guerre et de haine. Une drogue ! On en veut et on en redemande. Attention à ne pas décevoir le client ! Il est devenu dépendant. Il va falloir corser la dose et dépasser Claude Lanzmann.

Mais, pour en revenir à ces prétendus charniers, comment juger de la valeur d'un témoignage si l'on n'a pas auparavant établi la matérialité des faits ? Comment déterminer s'il se cache, à tel endroit, ne serait-ce qu'un seul cadavre ? Comment fixer le nombre des cadavres ? Comment affirmer qu'il s'agit de juifs ? Et de juifs tués par les Allemands ? Le simple fait qu'on trouve, paraît-il, des douilles allemandes à proximité du supposé emplacement d'un supposé "charnier" ne prouve rien. Qui nous prouve que ces douilles ont été découvertes sur place ? Et la terre de Russie et d'Ukraine n'est-elle pas semée de douilles de balles utilisées par les armées allemandes, soviétiques ou autres ? Au fait, de réelles enquêtes, fouilles et autopsies l'ont prouvé : les officiers polonais, au nombre *attesté* de 4 410, qui ont été exécutés d'une balle dans la nuque par les Soviétiques dans la forêt de Katyn, en 1940, l'ont tous été avec des balles de provenance allemande, fournies par l'industrie de guerre allemande à l'Union soviétique dans le cadre des accords du Pacte germano-soviétique. N'a-t-on pas, ces dernières années, découvert et examiné scientifiquement, en Russie et en Ukraine, des charniers qui, tous, se sont révélés contenir des victimes de la Tcheka, du NKVD ou du KGB, à l'exception de quelques charniers contenant les restes des soldats de la Grande Armée napoléonienne, dont l'examen, près de deux siècles plus tard, a prouvé qu'ils étaient morts du typhus ?

Il y a quelques mois, dans un long entretien privé, le Professeur Robert Faurisson a eu l'occasion d'évoquer le mythe qu'on voit, aujourd'hui plus que jamais, se développer autour des *Einsatzgruppen*, de Babi Yar et de la "Shoah par balles en Ukraine", et cela grâce notamment au Père Patrick Desbois, cet ami d'Elie Wiesel, de feu Mgr Lustiger et de Mgr Vingt-Trois. On lira ci-dessous le passage de cet entretien où, après des mises au point sur les *Einsatzgruppen* et Babi Yar, le professeur en vient à parler de Patrick Desbois :

> "En ce moment, en Ukraine, il est un prêtre catholique qui fait beaucoup parler de lui, le Père Patrick Desbois, un Français, grand ami des juifs. Sa spécialité consiste à sillonner le pays à la recherche de 'charniers juifs'. Il fait annoncer aux braves villageois ukrainiens qu'il va se rendre dans telle ou telle localité et qu'il entend y recueillir des témoignages sur les massacres de juifs commis par les Allemands pendant la guerre. Les habitants ont tout intérêt à pouvoir se vanter de posséder de tels charniers sur lesquels on édifiera des monuments qui attireront le touriste étranger. Les 'témoins' se réunissent et mettent au point un récit. Le prêtre arrive ensuite au village et se fait photographier avec des paysans ou des paysannes qui lui montrent du doigt tel ou tel emplacement. D'abord, on peut s'étonner de l'âge de certains des témoins photographiés : ils ont manifestement moins que l'âge requis, qui serait normalement d'environ 80 ans. Mais il y a beaucoup plus étonnant : ces charniers supposés, on ne les ouvrira pas ; on ne procédera à aucune exhumation ni à aucune vérification matérielle, et cela sous l'admirable prétexte que la religion juive interdirait de toucher aux cadavres de juifs ; or il suffit d'ouvrir l'*Encyclopedia Judaica* (1978) à l'entrée '*Autopsies* [pluriel] *and Dissection* [singulier]' pour voir qu'il n'en est rien. Dans un seul endroit, à Busk, on a ouvert quinze fosses communes mais aucun des squelettes qu'on y a trouvés n'a été expertisé et les emplacements ont tous été ensuite recouverts d'une chape de ciment de sorte qu'aucune vérification ne sera vraiment possible à l'avenir ! Curieuse façon de respecter un cadavre selon la loi juive ! L'historien devra donc se satisfaire de ce que le Père Desbois, un habile homme, nous dira que les témoins lui ont dit. Des chiffres non vérifiés de victimes non trouvées et non montrées iront ainsi s'additionner et, en fin de compte, on nous affirmera que l'Ukraine compte tant de charniers contenant tant de victimes juives. Et tout cela sous le sceau des représentants respectifs de l'Église catholique romaine, de l'association Yahad-in Unum et de l'association Zaka, laquelle se présente en 'garante du respect des corps des victimes selon la loi hébraïque'. Comme à Auschwitz, le tourisme aura quelque chance de prospérer."

Nous croyons savoir que le Professeur Faurisson a visité, à Paris, au Mémorial de la Shoah, l'exposition sur "Les fusillades massives des Juifs en Ukraine, 1941-1944 / La Shoah par balles" et qu'il y a jeté la consternation en posant à une responsable du lieu la plus simple des questions : **"Comment sait-on qu'il y a là des charniers juifs ?"** Il n'a pu obtenir de réponse. Peut-être pourrait-on poser la question au Père Desbois qui en est actuellement à donner des cours à la Sorbonne sur ***ses*** "charniers". Shoah par-ci, Shoah par là ! Décidément "*There's no business like Shoah business*" (Pas de business qui vaille le Shoah business). Le Père Patrick Desbois est un sacré farceur. »

★ ★ ★ ★ ★

Le 5 février 2008, Robert Faurisson répond à six questions de la journaliste italienne Giovanna Canzano :

1. *Quelles sont pour vous les conquêtes les plus significatives du révisionnisme historique ?*

[***Au préalable, permettez-moi une mise au point : je me trouve être d'abord citoyen britannique, puis citoyen français et je veux qu'il soit clair que c'est exclusivement en ma qualité de citoyen britannique, et donc en homme libre, que je vais répondre à vos questions.***]

À condition de remplacer le mot de « conquêtes » par celui de « victoires », vous trouverez une réponse à votre première question dans un texte que j'ai précisément intitulé « *The Victories of Revisionism* » (Téhéran, 11 décembre 2006). J'y énumère vingt de nos victoires. Sur le strict plan scientifique et historique, ces victoires ont été si importantes en nombre et par leur étendue qu'il ne reste plus pierre sur pierre de l'édifice de mensonges construit par la religion de « l'Holocauste ». Sur le plan médiatique, en revanche, notre échec est cuisant puisque — force est de le constater — malgré notre présence sur Internet, avec l'Aaargh-VHO, Radio Islam et tant d'autres sites révisionnistes, le grand public semble ignorer à peu près tout de nos succès comme de la déroute de nos adversaires.

Prenons le cas du juif américain Raul Hilberg ; il est le *Number One* des historiens de ce qu'on appelle « Holocauste » ou « Shoah » et que, pour sa part, il préfère nommer « la destruction des juifs d'Europe ». C'est en 1961 qu'il a publié sa première version de *The Destruction of the European Jews.* À l'époque, il soutenait avec aplomb la thèse selon laquelle Adolf Hitler avait donné *deux* ordres d'exterminer les juifs d'Europe (p. 177). Ces ordres, dont, curieusement, il n'indiquait ni les dates ni les contenus respectifs, avaient été, selon lui, suivis d'instructions diverses aboutissant, d'une part, à des massacres systématiques de juifs par les *Einsatzgruppen* en Russie et, d'autre part, à l'édification de « camps d'extermination » (sic) en Pologne ou en Allemagne, en particulier à Auschwitz ; toujours à l'en croire, afin de perpétrer ce crime spécifique et sans précédent, les Allemands avaient inventé et utilisé des armes spécifiques et sans précédent appelées soit « camions à gaz », soit « chambres à gaz » (utilisant, en particulier, l'insecticide Zyklon B). Mais, d'année en année, sous la pression de la critique révisionniste qui lui demandait des preuves et non de prétendus témoignages, R. Hilberg a dû battre en retraite. En 1983, il a fini par déclarer que, toute réflexion faite, ce gigantesque massacre n'avait pas été concerté (comme il l'avait d'abord écrit) mais s'était produit spontanément, au sein de la vaste bureaucratie allemande, « par une incroyable rencontre des esprits, une transmission de pensée consensuelle » (« *by an incredible meeting of minds, a consensus-mind reading by a far-flung bureaucracy* »). En janvier 1985, au début du premier des deux grands procès intentés par des organisations juives canadiennes au révisionniste Ernst Zündel, à Toronto, nous lui avons fait confirmer sous serment ces étranges propos. Au cours de la même année, dans la seconde édition de son ouvrage, il a, une nouvelle fois, exposé la nébuleuse théorie selon laquelle la destruction des juifs d'Europe s'était produite par un phénomène de génération spontanée et s'était développée par transmission de pensée. Il précisait que l'entreprise criminelle en question s'était déroulée sans plan, sans agence spéciale, sans directives ni autorisations écrites, sans ordres, sans explications, sans budget, **sans donc laisser de trace pour l'historien. D'où, si l'on comprend bien, l'impossibilité pour l'historien de produire des preuves.** Il a conclu : « En dernière analyse, la destruction des juifs ne fut pas tant accomplie par l'exécution de lois et d'ordres que par suite d'un état d'esprit, d'une compréhension tacite, d'une consonance et d'une synchronisation » (*La Destruction des juifs d'Europe*, Paris, Fayard, 1988, p. 53 ; dans l'original : « *In the final analysis, the destruction of the Jews was not as much a product of laws and commands as it was a matter of spirit, of shared comprehension, of consonance and synchronization* », *The Destruction of the European Jews*, New York, Holmes & Meier, 1985, p. 55). Or, dans toute l'histoire du monde, on ne connaît pas un seul crime aux proportions gigantesques qui se serait ainsi produit par l'opération du Saint-Esprit et qui, ne laissant aucune trace de sa conception, de ses préparatifs ou de son organisation, aurait, au surplus, produit des millions de « miraculés » ayant échappé au supposé massacre.

Dès 1978/1979, dans le journal *Le Monde*, j'avais montré que l'existence des prétendues chambres à gaz hitlériennes se heurtait à une impossibilité technique radicale et j'avais mis la partie adverse au défi de nous montrer comment un meurtre de masse tel que le prétendu génocide des juifs avait été possible techniquement. Dans une déclaration commune signée de 34 historiens et auteurs français, dont Léon Poliakov, Pierre Vidal-Naquet, Fernand Braudel et Jacques Le Goff, on m'avait répliqué : « Il ne faut pas se demander comment *techniquement* un tel meurtre de masse a été possible ; il a été possible techniquement puisqu'il a eu lieu » (*Le Monde*, 23 février 1979). C'est ce qui s'appelle tout à la fois avouer sa propre impuissance et imposer aux autres le respect d'un tabou. Au fond, R. Hilberg a connu, en 1983-1985, un désarroi et une humiliation comparables à ce qu'avaient subi en France, dès 1979, ses 34 collègues ou amis. Si vous voulez d'autres exemples des concessions auxquelles nous avons acculé les tenants de la thèse du génocide des juifs et des chambres à gaz nazies, reportez-vous, dans mon texte du 11 décembre 2006, aux dix-huit autres cas que j'ai retenus. Ne manquez surtout pas celui de Jean-Claude Pressac, un personnage qui avait été soutenu et vanté par le couple Klarsfeld ; après de multiples publications en faveur de la thèse officielle, J.-C. Pressac a fini, le 15 juin 1995, par signer, sous forme de réponse écrite à un questionnaire de Valérie Igounet, une sorte d'acte de capitulation en rase campagne où il a reconnu que le dossier de la thèse de l'extermination était « pourri », irrémédiablement « pourri », et qu'il était voué aux « poubelles de l'histoire ». Cet acte de capitulation nous a été caché pendant cinq ans. Le texte ne nous en a été révélé qu'en l'an 2000 ; il a été reproduit en un petit caractère typographique, à l'extrême fin d'un gros livre précisément signé de Valérie Igounet, *Histoire du négationnisme en France* (p. 651-652).

Pour ce qui est du nombre des morts d'Auschwitz, prétendu « camp d'extermination » (dénomination créée par des Américains) situé au cœur d'un prétendu système de liquidation physique des juifs, la vérité officielle n'a cessé de connaître des révisions à la baisse : jusqu'au début de 1990, ce nombre a été fixé à 4 000 000 de juifs et de non juifs ; en 1995, il est tombé à 1 500 000 ; puis, il a été successivement de 1 100 000, de 800 000, de 700 000 et de 600 000 ; en 2002, avec Fritjof Meyer, rédacteur en chef du *Spiegel*, il est descendu à 510 000. Il reste aux historiens officiels, c'est-à-dire aux auteurs non poursuivis en justice pour leurs écrits, encore des progrès à faire pour atteindre le chiffre réel d'environ 125 000 ; c'est, en effet, probablement à ce chiffre que s'est monté le nombre des morts en près de cinq ans dans les 39 camps du complexe d'Auschwitz, ravagé, notamment en 1942, par d'effroyables épidémies de typhus qui ont tué des détenus, des gardiens et jusqu'à des médecins-chefs en charge de la santé des détenus.

2. *Pouvez-vous nous résumer brièvement les persécutions physiques et judiciaires que vous avez dû subir à cause de l'expression publique de vos thèses historiques ?*

Mon lot a été le suivant : une dizaine d'agressions physiques, près de trente ans de procès, des perquisitions, un flot de condamnations judiciaires, des saisies à ma banque, une carrière brisée, d'ignobles retombées sur ma femme et sur mes enfants ; le tout à l'instigation ou avec la pleine approbation des autorités médiatiques, politiques, universitaires et cela dans une atmosphère d'hallali avec des appels au meurtre et des flots d'ordures et de boue déversés de toutes parts sur ma personne. Le bâtonnier des avocats de Paris, Christian Charrière-Bournazel, estime que les écrits ou propos de Faurisson ne sont que boue et ordure et il se décrit lui-même en « éboueur sacré ».

Mais, dans mon malheur, j'ai eu de la chance. Jusqu'ici, mon révisionnisme ne m'a pas valu un seul jour de prison ferme. Mon sort est enviable si je le compare à celui des révisionnistes qui, en Allemagne, en Autriche, en France, en Belgique, en Espagne, en Suisse, en Suède ou au Canada ont été jetés en prison. Il y a cinq ans aujourd'hui, le 5 février 2003, la police américaine a enlevé Ernst Zündel à sa femme dans leur maison du Tennessee pour le mettre en prison, puis pour l'extrader au Canada qui, à son tour, l'a livré à l'Allemagne. Ses procès, d'abord à Toronto, puis à Mannheim, se sont déroulés dans des conditions révoltantes. Son internement à Toronto, pendant deux ans, a été digne de Guantánamo et d'Abou Ghraib. Nul ne peut dire si ce juste, ce héros, sortira un jour de prison et pourra retrouver sa femme, ses enfants et ses petits-enfants.

3. *La conférence révisionniste qui s'est tenue à Téhéran en décembre 2006 a provoqué une onde d'indignation mondiale ; a-t-elle aussi eu des retombées positives ?*

Permettez-moi une rectification. La conférence de Téhéran ne peut ni ne doit être qualifiée de « révisionniste ». La vérité est qu'elle était ouverte à tous, y compris aux révisionnistes. Elle a fait connaître au monde entier l'existence du révisionnisme mais sans parvenir à briser l'étau de la censure qui s'est immédiatement partout resserré et qui fait que le grand public continue d'ignorer quels sont au juste nos arguments et nos conclusions. On a, un peu partout dans le monde occidental, crié au blasphème. De retour dans leurs pays d'origine, des participants de la conférence se sont retrouvés en butte à la répression, en particulier un Suédois, un Australien et deux des six courageux rabbins antisionistes qui avaient fait le déplacement : le grand rabbin d'Autriche et un rabbin de Manchester. Pour ma modeste part, je suis l'objet d'une enquête judiciaire réclamée à l'époque par Jacques Chirac ; j'ai été deux fois convoqué par la police judiciaire ; la seconde fois, tout récemment, j'ai été mis en garde à vue et ma maison a été perquisitionnée. Je vous invite à venir au procès qui se prépare ainsi mais dont la date n'est pas encore fixée. Je réserve à mes juges et au procureur une déclaration dont ils se souviendront. Aujourd'hui même, je viens d'apprendre que, dans une autre affaire (celle d'une interview accordée à « Sahar », station de la radio-télévision iranienne), la Cour de cassation a confirmé que j'aurai à verser 18 000 euros d'amende et d'indemnités diverses.

4. *Que pensez-vous de l'avenir du révisionnisme et, en particulier, des tentatives d'introduire en Italie une loi antirévisionniste comme la loi française ?*

L'avenir du révisionnisme me paraît compromis et l'avenir des révisionnistes, particulièrement sombre. Le sort qui nous attend pourrait être comparable à celui des païens après le triomphe du christianisme au quatrième siècle de notre ère : l'effacement progressif. Je crains l'extension d'une loi antirévisionniste à l'échelle de l'Europe. Mais, vous devez le savoir, on peut réprimer le révisionnisme sans instituer pour autant une loi spécifique en ce sens. Voyez, par exemple, le comportement des États-Unis, du Canada, de l'Australie et de la Nouvelle-Zélande avec, en particulier, en plus du cas d'Ernst Zündel, ceux de Germar Rudolf, de Fredrick Töben et de Joel Hayward (ce dernier, semi-révisionniste d'origine juive, a sauvé sa peau et sa carrière universitaire en se reniant). En France, bien avant la loi spécifique de 1990 (« loi Fabius-

Gayssot »), on ne s'est pas gêné pour poursuivre des révisionnistes et les condamner en justice. « Qui veut noyer son chien l'accuse de la rage. » Qui veut s'en prendre à un révisionniste l'accusera indifféremment de « dommage causé à autrui », de « diffamation », d'« incitation à la haine raciale », d'« apologie de crime », d'« atteinte aux droits de l'homme », de « terrorisme » ou de tel autre crime ou délit. Personnellement, j'ai été condamné aux Pays-Bas pour dommage à autrui par atteinte à la propriété littéraire ! Dans un ouvrage sur l'imposture du « *Journal d'Anne Frank* » j'avais été amené à citer abondamment des extraits de ce prétendu journal ; le tribunal néerlandais a décidé qu'en agissant ainsi j'avais commis une sorte de vol au préjudice des ayants droit d'Anne Frank et il a aussi jugé qu'en semant le doute sur l'authenticité dudit ouvrage j'avais porté atteinte à deux fondations (rivales en Shoah-Business !), l'une située en Suisse et l'autre aux Pays-Bas, défendant toutes deux la mémoire d'Anne Frank ; en outre, le tribunal a fait valoir que j'avais contraint le Musée Anne Frank d'Amsterdam à dépenser de l'argent pour entraîner du personnel à répondre aux questions posées par les visiteurs que mes arguments avaient pu troubler.

Il arrive à de braves gens de déclarer : « Je fais confiance à la justice de mon pays. » Personnellement, instruit par l'expérience de l'histoire, je ne vois pas comment on pourrait accorder sa confiance à des magistrats. La grande majorité des juges sont d'une docilité d'enfants sages issus de parents sages. En matière de procès pour révisionnisme, si je fais confiance aux magistrats, c'est plutôt pour leur aptitude, quand il le faut, à bafouer la plus élémentaire justice. En France, à trois reprises, j'ai porté plainte pour diffamation ; à trois reprises, les juges ont reconnu que j'avais raison mais ils m'ont néanmoins débouté car, à chaque fois, ils ont décrété que mon diffamateur était « de bonne foi ». Le dernier exemple en date est celui du procès qu'il m'a fallu intenter à Robert Badinter parce que ce personnage avait osé dire à la télévision : « J'ai fait condamner Faurisson pour être un faussaire de l'histoire. » Les juges ont décidé que R. Badinter avait « échoué en son offre de preuve », c'est-à-dire qu'il s'était montré incapable de justifier son assertion ; ils ont reconnu que cet ancien avocat et ancien ministre (de la Justice) m'avait diffamé mais ils ont ajouté, sans en fournir la preuve, que mon diffamateur avait été « de bonne foi » et ils m'ont condamné à lui verser 5 000 euros, somme qui, pour moi, dans ce procès, s'est ajoutée à bien d'autres frais ; j'ai versé ces 5 000 euros mais, n'ayant pas d'autre argent, j'ai renoncé à interjeter appel. Tous les journaux qui ont rendu compte de l'affaire ont expliqué à leurs lecteurs que R. Badinter, qui avait dit : « J'ai fait condamner Faurisson pour être un faussaire de l'histoire », avait gagné le procès et que Faurisson avait dû s'incliner devant le verdict ; ils ont caché ou voilé le fait que R. Badinter m'avait diffamé, fût-ce « de bonne foi ».

5. *Vous avez souvent comparé les présumées armes de destruction massive de Saddam Hussein aux chambres à gaz hitlériennes : pouvez-vous clarifier ce concept ?*

Le 23 juin 2003, j'avais rédigé un article consacré à l'arrestation à Vienne d'un révisionniste, l'ingénieur chimiste et spécialiste des chambres à gaz de décontamination Wolfgang Fröhlich, qui purge d'ailleurs actuellement une peine de six ans et cinq mois de prison. Dans cet article, j'avais évoqué l'offensive conduite par les politiciens américains Rudy Giuliani et George W. Bush contre des « révisionnistes » qui, déjà depuis un bon moment, avaient découvert que les armes de destruction massive attribuées à Saddam Hussein n'existaient tout simplement pas. Le 16 juin 2003, Bush avait condamné « un tas d'histoire révisionniste maintenant en marche » (« *a lot of revisionist history now going on* »). J'avais saisi cette occasion pour tracer un parallèle entre, d'une part, F. D. Roosevelt et G. W. Bush, et, d'autre part, Adolf Hitler et Saddam Hussein. J'écrivais :

> « En janvier 1944, le président Roosevelt, manipulé par Henry Morgenthau Jr., son secrétaire d'État au trésor, créait le Conseil des réfugiés de guerre (*War Refugee Board* ou *WRB*), qui allait fabriquer un rapport, devenu depuis tristement fameux, sur : « Les camps d'extermination allemands – Auschwitz et Birkenau ». En septembre 2001, le président Bush, manipulé par Paul Wolfowitz, créait le Bureau des plans spéciaux (*Office of Special Plans* ou *OSP*), qui allait fabriquer de fallacieux rapports sur les armes de destruction massive de l'Irak (*Weapons of Mass Destruction* ou *WMD*). Ce bureau est dirigé par Abram Shulsky. Au sein dudit bureau les quatre responsables en charge des rapports sur ces armes de destruction massive se désignent eux-mêmes sous le nom de « la cabale » [juive] ! Seymour Hersh, journaliste américain de renom, en a fait la révélation dans un long article du *New Yorker* daté du 12 mai [2003] et, en France, Jacques Isnard l'a rapporté dans *Le Monde* du 7 juin, en page 7. »

Je concluais alors :

> « Pareils mensonges. Pareils menteurs. Pareils bénéficiaires. Pareilles victimes. Il semble donc qu'on ait besoin d'un pareil travail révisionniste. »

Par la suite, *Le Monde* du 17 juin avait publié en première page un article ironiquement intitulé : « Saddam était méchant, donc il avait des armes prohibées ». Le lendemain, j'ai envoyé au journal, pour publication, une missive dont le contenu se limitait à une phrase : « Hitler était méchant, donc il avait des chambres à gaz et des camions à gaz » mais, comme on s'en doute, mon impertinente missive n'a pas été publiée.

6. *Depuis quelques années maintenant le révisionnisme se trouve appelé communément « négationnisme » parce que, dit-on, il a un caractère éminemment destructif. Qu'en pensez-vous ?*

« Négationnisme » est un barbarisme et, à ceux qui me traitent de « négationniste », je pourrais, forgeant à mon tour un barbarisme, répliquer qu'ils sont, eux, des « affirmationnistes ». Dans le *Faust* de Goethe, Méphistophélès est « l'esprit qui toujours nie ». Or les révisionnistes ne sont pas diaboliques et ils ne nient rien, et surtout pas l'évidence ; au terme de leurs recherches, ils se contentent d'affirmer que telle conviction, largement partagée, n'est qu'une illusion. Galilée ne niait pas ; il constatait l'existence d'une erreur ou d'une superstition et il insistait pour que, dans un domaine particulier de la connaissance, l'astronomie, on revoie, on corrige, on révise ce que jusqu'ici on croyait exact et qui, à son avis, était faux. Le révisionnisme est POSITIF, parfois même positiviste. Il préconise la réflexion, la vérification, l'effort, le travail, la recherche. Et puis il se trouve être aussi un HUMANISME. Il offre aux hommes un moyen de s'entendre au-delà de toute appartenance à un groupe national, politique, religieux ou professionnel. Il rejette l'argument d'autorité. Pour les révisionnistes, ce qu'affirment des savants, des professeurs, des magistrats n'est pas nécessairement exact ou conforme à la réalité et doit pouvoir être soumis à examen. Le révisionnisme nous en avertit : ce que la voix publique ressasse indéfiniment pourrait n'être qu'une légende, une croyance infondée. Attention à la calomnie ! Avant de répéter que l'Allemagne a commis le crime le plus atroce de tous les temps et d'ajouter que presque tout le reste du monde a été le complice de ce crime soit en y participant, soit en en détournant le regard, exigeons des preuves. De quel droit affirme-t-on que la patrie de Goethe et de Beethoven s'est déshonorée au point de construire des abattoirs chimiques pour y asphyxier des millions d'hommes, de femmes et d'enfants ? De quel droit tant d'institutions juives se permettent-elles d'accuser pêle-mêle de complicité dans ce crime le Pape Pie XII, le Comité international de la Croix-Rouge, Roosevelt, Churchill, de Gaulle, Staline, les alliés de l'Allemagne (y compris les Japonais, le Grand Mufti de Jérusalem, les Hindous libres de Chandra Bose) et les neutres, à commencer par la Suisse ? Se peut-il vraiment que seuls les juifs et leurs amis aient vu clair tandis que le reste du monde, ou peu s'en faut, aurait été aveuglé par la haine ou l'ignorance ? Le Canadien David Matas, avocat chevronné et autorité du « B'nai B'rith » (sorte de franc-maçonnerie exclusivement juive avec ambassadeurs auprès de l'ONU et d'autres organisations internationales), vient de déclarer, le 27 janvier 2008 : « L'Holocauste a été un crime dont virtuellement tout pays sur le globe a été complice » (« *The Holocaust was a crime in which virtually every country in the globe was complicit* »). Il me semble que, lorsque les révisionnistes viennent soutenir, au terme de leurs recherches, que D. Matas se trompe ou nous trompe en évoquant ainsi le prétendu génocide des juifs, nous devrions pour le moins prêter attention à ces recherches au lieu de les interdire par « la force injuste de la loi ». Qui, dans cette affaire, vous semble avoir un comportement normal et HUMAIN ? À votre avis, est-ce D. Matas et ses puissants amis ou le Germano-Canadien Ernst Zündel, lequel doit à ces gens-là d'avoir été envoyé en prison pour de si longues années ? Pour reprendre vos mots, je dirais donc qu'à mon sentiment, loin d'avoir « un caractère éminemment destructif », le révisionnisme est doté d'un caractère CONSTRUCTIF et éminemment HUMAIN.

À l'athée que je suis permettez la réflexion suivante : la religion de « l'Holocauste » n'est qu'un avatar de la religion vétéro-testamentaire. À l'instar de cette dernière elle est inhumaine. Elle enseigne la haine, la cruauté, la soif de vengeance et la violence. Elle nous traite tous en Palestiniens. Elle se moque de l'homme. Elle cherche à nous faire gober les histoires les plus loufoques qui soient. Il le faut bien : comme je vous l'ai dit, sur le plan de l'histoire et de la science ou, en un mot, de la raison, les Hilberg et les Pressac ont été laminés par les révisionnistes. Alors, en désespoir de cause et par goût, les tenants de l'Holocauste se sont tournés vers les Claude Lanzmann, les Elie Wiesel, les Marek Halter, les Steven Spielberg, c'est-à-dire des raconteurs d'histoires juives qui ont en horreur la science historique. Ils ne s'en cachent pas. E. Wiesel, qui est le plus grand de nos faux témoins, a fini par écrire dans ses mémoires : « Les chambres à gaz, il vaut mieux qu'elles restent fermées au regard indiscret. Et à l'imagination » (*Tous les fleuves vont à la mer…*, Le Seuil, 1994, p. 97). Quant à Claude Lanzmann, qui a fini par avouer qu'il avait payé, et cher, ses « témoins » allemands pour le film *Shoah*, il a toujours clamé sa haine des historiens et de leurs documents, allant jusqu'à ajouter que, s'il découvrait un film montrant une scène de gazage des juifs, il le détruirait. Ces sortes de commerçants sont en faveur des récits, des romans, des nouvelles, des films, du théâtre, des spectacles en tout genre, et ils sont même partisans du kitch pourvu que cela serve ce qu'ils appellent la Mémoire. Ils sont en faveur de « la Mémoire » telle qu'elle s'écrit à Hollywood, à Yad Vashem ou dans les Disneylands que deviennent progressivement tous ces musées des horreurs qui prolifèrent à Auschwitz, à Berlin, à Washington ou en cent autres points du globe. Ils privilégient les méthodes hollywoodiennes ainsi que les pratiques scénographiques les plus malhonnêtes et ils dédaignent ouvertement l'histoire. Ils s'intéressent à l'art de susciter des émotions. Ils suivent les recettes du « *story-telling* », c'est-à-dire l'art de trousser une bonne histoire où le lecteur et le spectateur, goûtant à la fois le plaisir de l'indignation contre les méchants nazis et celui de la commisération envers les pauvres juifs, pourront se laisser aller aux pleurs. La littérature holocaustique regorge de récits d'horreurs et de miracles dignes de l'Ancien Testament avec ses histoires des Plaies d'Égypte, de la mer Rouge, des murailles de Jéricho ou de Josué obtenant que le soleil arrête sa course afin que les juifs puissent achever un massacre. Il s'agit là d'une longue tradition juive où le mot d'ordre est : « **Pas d'histoire mais des histoires** ». Dans un texte daté du 15 juin 2006 et intitulé : « Mémoire juive contre l'histoire (ou l'Aversion juive pour tout examen critique de la Shoah) », je narrais la mésaventure survenue au plus prestigieux des historiens israéliens, Ben-Zion Dinur, né Dinaburg (1884-1973). Fondateur de l'Institut Yad Vashem, il avait eu l'audace de préconiser la méfiance du scientifique à l'égard des innombrables « témoignages » de « survivants » ou « miraculés » ; il voulait vérifier leur authenticité ; ce faisant, il avait provoqué une redoutable campagne qui l'avait finalement contraint à démissionner de la direction de Yad Vashem.

À partir de 1995-1996, les historiens de « l'Holocauste » ont définitivement cédé le pas aux servants de la Mémoire. En 1996, une sorte de sous-Pressac, Robert Jan van Pelt, universitaire canadien, aura été le dernier historien juif à essayer de défendre la thèse de « l'Holocauste » sur le plan scientifique. Depuis cette date les spécialistes du sujet multiplient les publications où chacun va de son interprétation personnelle de « l'Holocauste » mais sans plus jamais tenter de démontrer au préalable qu'il y a eu effectivement un génocide des juifs et des chambres à gaz nazies. En revanche, on nous intoxique d'une littérature ébouriffante dans le style des récits de Misha Defonseca, de Shlomo Venezia ou de ce sacré farceur de Père Patrick Desbois : une fillette juive, adoptée par des loups, traverse avec eux l'Europe entière à la recherche de ses parents déportés à Auschwitz ; les cheminées des crématoires lancent, jour après jour, nuit après nuit, des flammes vers le ciel (alors qu'un seul feu de cheminée aurait interrompu pour longtemps toute activité de crémation) ; quand les Allemands décident d'exécuter des foules de juifs, ils mobilisent des enfants auxquels ils ordonnent de frapper sur des casseroles pour couvrir le bruit des fusillades et les cris des victimes ; « nous étions trente jeunes filles ukrainiennes qui devaient, pieds nus, tasser les corps des Juifs et jeter une fine couche de sable dessus pour que les autres Juifs puissent s'allonger » (Père Patrick Desbois, *Porteur de mémoires / Sur les traces de la Shoah par balles*, Michel Lafon, 2007, p. 115-116) ; « Puis, un autre jour, dans un autre village, quelqu'un qui, enfant, avait été réquisitionné pour creuser une fosse nous raconte qu'une main sortant du sol s'est accrochée à sa pelle » (p. 92-93) ; « [Samuel Arabski] nous a expliqué, le regard empli de terreur, que la main d'un Juif sortie de la fosse est venue saisir sa pelle » (p. 102). On n'en finirait pas d'énumérer ces fantasmagories qui sont déshonorantes pour qui les invente, les imprime ou en fait des films et en même temps dégradantes pour qui est amené à en lire le récit ou à en voir la représentation.

Pour ma part, prenant acte de ce que, dans ces dix dernières années, l'historiographie de « l'Holocauste » s'est essentiellement réduite à ces sous-productions, j'ai l'impression que mon rôle s'achève. J'ai 79 ans. Je ne vais pas consacrer le peu qui me reste de vie à démontrer l'ineptie de plus en plus grossière du commerce ou de l'industrie de « l'Holocauste ». Les révisionnistes l'ont déjà amplement prouvé : **l'histoire de la prétendue extermination des juifs et des prétendues chambres à gaz nazies est une imposture qui a ouvert la voie à une gigantesque arnaque politico-financière, dont les principaux bénéficiaires sont l'État d'Israël et le sionisme international et dont les principales victimes sont le peuple allemand — mais non pas ses dirigeants — et le peuple palestinien tout entier.** J'étais parvenu à cette conclusion en 1980. Aujourd'hui, 5 février 2008, je n'ai pas à y changer un iota.

Pour résumer en une phrase le bilan personnel des trente dernières années que je viens de consacrer au révisionnisme historique, je dirais que **j'ai simplement voulu, avec des moyens dérisoires, servir une cause ingrate, celle de la science historique**. Je ne vois rien d'autre à dire pour ma défense.

Je vous sais gré de m'avoir accordé la parole. Le premier journaliste qui ait bien voulu me la donner pour de bon a été l'un de vos compatriotes. Il s'appelait Antonio Pitamitz. C'était en 1979 dans le mensuel *Storia Illustrata*, disparu depuis. Aujourd'hui, un professeur d'université se bat âprement pour qu'on m'accorde le droit d'exposer mes vues — des vues qu'il ne partage peut-être pas lui-même — et il s'agit, là encore, d'un Italien. Vous le connaissez : il s'appelle Claudio Moffa.

ART (ET BEAUTÉ)

Manifeste d'André Breton : « Et maintenant il s'agit de mettre fin à cette immense farce qu'on appelle l'art. » Maurice Druon affirme (*Mémoires. L'Aurore vient du fond du ciel*, Plon, Éditions de Fallois, 2006, p. 272) : « Breton fut l'agent de la stérilisation de la poésie française. Ne se sauvèrent, dans son équipe, que ceux qui, comme Aragon, rompirent avec lui. Mais il avait quand même empoisonné le fleuve. »

Pablo Picasso, stalinien sur le *Guernica* duquel on s'extasie parce qu'il s'agissait d'une ville détruite par Franco, auteur de *Les Demoiselles d'Avignon* qui n'est qu'une scène de maison close, confessait en 1952, dans l'ouvrage *Libro Negro* de Giovanni Papini : « Ce furent de grands peintres que Giotto, le Titien, Rembrandt et Goya ; je suis seulement un amuseur public, qui a compris son temps et a épuisé le mieux qu'il a pu l'imbécillité, la vanité, la cupidité de ses contemporains. »

« L'art moderne n'exige aucune connaissance en histoire de l'art, n'importe qui peut s'improviser amateur d'art. L'art moderne est une des grandes escroqueries et impostures de notre temps, c'est le plus pur produit de la culture marchande et du vide actuel, il a pour vocation principale de donner un supplément d'âme à de riches ignorants qui font accroire au bon peuple que ce sont des hommes de culture » (David Veysseyre, « Lettre à tous les parents », *Écrits de Paris*, juillet-août 2018).

« Le sourire est une fleur sortie de l'âme » (Damien Dickès, *Florilège*, 1997 [année du rappel à Dieu de l'auteur dans sa dix-huitième année] ; tome 19 des *Mémoires de la Société académique du Boulonnais*, 4e édition, 1998, p. 67).

« Il est une chanson, tellement triviale et inepte qu'on ne peut guère la citer dans un travail qui a quelques prétentions au sérieux, mais qui traduit fort bien, en style de vaudevilliste, l'esthétique des gens qui ne pensent pas. *La nature embellit la beauté !* Il est présumable que le *poète*, s'il avait pu parler en français, aurait dit : *La simplicité embellit la beauté !* Ce qui équivaut à cette *vérité*, d'un genre tout à fait inattendu : Le *rien* embellit ce qui est.

La plupart des erreurs relatives au beau naissent de la fausse conception du XVIIIe siècle relative à la morale. La nature fut prise dans ce temps-là comme base, source et type de tout bien et de tout beau possibles. La négation du péché originel ne fut pas pour peu de chose dans l'aveuglement général de cette époque. Si toutefois nous consentons à en référer simplement au fait visible, à l'expérience de tous les âges et à la Gazette des Tribunaux, nous verrons que la nature n'enseigne rien, ou presque rien, c'est-à-dire qu'elle contraint l'homme à dormir, à boire, à manger, et à se garantir, tant bien que mal, contre les hostilités de l'atmosphère. C'est elle aussi qui pousse l'homme à tuer son semblable, à le manger, à le séquestrer, à le torturer ; car, sitôt que nous sortons de l'ordre des nécessités et des besoins pour entrer dans celui du luxe et des plaisirs, nous voyons que la nature ne peut conseiller que le crime. C'est cette infaillible nature qui a créé le parricide et l'anthropophagie, et mille autres abominations que la pudeur et la délicatesse nous empêchent de nommer. C'est la philosophie (je parle de la bonne), c'est la religion qui nous ordonne de nourrir des parents pauvres et infirmes. La nature (qui n'est pas autre chose que la voix de notre intérêt) nous commande de les assommer. Passez en revue, analysez tout ce qui est naturel, toutes les actions et les désirs du pur homme naturel, vous ne trouverez rien que d'affreux. Tout ce qui est beau et noble est le résultat de la raison et du calcul. Le crime, dont l'animal humain a puisé le goût dans le ventre de sa mère, est originellement naturel. La vertu, au contraire, est artificielle, surnaturelle, puisqu'il a fallu, dans tous les temps et chez toutes les nations, des dieux et des prophètes pour l'enseigner à l'humanité animalisée, et que l'homme, seul, eût été impuissant à la découvrir. Le mal se fait sans effort, naturellement, par fatalité ; le bien est toujours le produit d'un art » (Baudelaire, *Le Peintre de la vie moderne, XI Éloge du maquillage*, Calmann Lévy, 1885).

« Dans ces derniers temps nous avons entendu dire de mille manières différentes : "Copiez la nature ; ne copiez que la nature. Il n'y a pas de plus grande jouissance ni de plus beau triomphe qu'une copie excellente de la nature." Et cette doctrine, ennemie de l'art, prétendait être appliquée non seulement à la peinture, mais à tous les arts, même au roman, même à la poésie. À ces doctrinaires si satisfaits de la nature un homme imaginatif aurait certainement eu le droit de répondre : "Je trouve inutile et fastidieux de représenter ce qui est, parce que rien de ce qui est ne me satisfait. La nature est laide, et je préfère les monstres de ma fantaisie à la trivialité positive." » (Baudelaire, *Salon de 1859, La Reine des facultés.*)

Les citations de Baudelaire gagnent à être lues à la lumière (si l'on peut ainsi parler) de l'affirmation suivante :

« Une fois, il fut demandé, devant moi, en quoi consistait le plus grand plaisir de l'amour. Quelqu'un répondit naturellement : à recevoir, et un autre : à se donner. — Celui-ci dit : plaisir d'orgueil ; — et celui-là : volupté d'humilité. Tous ces orduriers parlaient comme l'*Imitation de Jésus-Christ.* — Enfin, il se trouva un impudent utopiste qui affirma que le plus grand plaisir de l'amour était de former des citoyens pour la patrie.

Moi, je dis : la volupté unique et suprême de l'amour gît dans la certitude de faire le *mal.* Et l'homme et la femme savent, de naissance, que dans le mal se trouve toute volupté » (Baudelaire, *Fusées*).

Chez Baudelaire, la lucidité à l'égard des méfaits du péché originel tend à se confondre avec une dilection perverse et impie pour le gnosticisme : rendant consubstantielle à la nature en tant que nature la blessure dont — par le fait du péché originel — cette dernière n'est en vérité que par accident affectée, Baudelaire en vient logiquement, quoique de manière implicite, à faire du beau l'antithèse du naturel, ainsi à imputer au Créateur la responsabilité du péché adamique, à l'impéritie de l'Artisan divin les maux dont Son œuvre est affectée ; d'où le plaidoyer baudelairien pour l'art humain rédempteur, pour l'artifice de l'homme de génie rectifiant — voire niant — la nature issue de mains divines maladroites et coupables ; d'où aussi sa dilection pour la contestation carpocratique de l'œuvre divine : si le monde est l'œuvre d'un Auteur injuste, le salut passe par la transgression — l'épreuve initiatique du mal — de toutes les lois naturelles. Baudelaire était franc-maçon (ce qui n'ôte rien ni à son génie poétique, ni à la pertinence de sa critique du naturalisme, du rousseauisme et de l'esprit démocratique) :

> La Nature est un temple où de vivants piliers
> Laissent parfois sortir de confuses paroles ;
> L'homme y passe à travers des forêts de symboles
> Qui l'observent avec des regards familiers.
>
> Comme de longs échos qui de loin se confondent
> Dans une ténébreuse et profonde unité,
> Vaste comme la nuit et comme la clarté,
> Les parfums, les couleurs et les sons se répondent.
>
> Il est des parfums frais comme des chairs d'enfants,
> Doux comme les hautbois, verts comme les prairies,
> Et d'autres, **corrompus, riches et triomphants,**
>
> **Ayant l'expansion des choses infinies**,
> Comme l'ambre, le musc, le benjoin et l'encens,
> Qui chantent les transports de l'esprit et des sens.
> (*Correspondances*, *Les Fleurs du mal*)

Il reste qu'il existe une beauté naturelle, et que la beauté artistique n'est pas la beauté naturelle, et même que la beauté naturelle est dite « beauté » parce qu'elle aurait pu (et en vérité, d'une certaine façon : est) l'objet d'un projet artistique.

Le Beau est l'objet de l'art, on ne saurait concevoir un art qui ne fût pas beau, qui s'offrît une autre finalité que la célébration de la beauté. Comme œuvre *d'art*, l'œuvre se veut être autre chose qu'un objet technique, à savoir un objet utile dont la finalité est toujours transitive, au lieu que l'œuvre d'art est pour elle-même sa propre fin, en ce sens qu'elle se présente comme ayant vocation à être seulement contemplée ou écoutée, sans autre destination que l'acte d'être perçue, ce qui revient à dire qu'elle a une finalité (sans quoi elle serait absurde, sans raison d'être, ontologiquement superflue), mais qu'elle l'a en elle-même. Et à ce titre elle est objet d'admiration, et tout ce qui se veut œuvre *d'art* est objet d'admiration. Cela dit, une conception moderniste de l'art — reflet dans l'élément du goût du primat de la subjectivité — veut qu'il puisse y avoir admiration sans qu'il y ait beauté. On peut certes admirer une compétence professionnelle, une force physique exceptionnelle, une fortune pécuniaire ou une bonne fortune rarissime, une réussite sociale ou le don de faire rire, mais ce n'est pas là une émotion *esthétique* en tant que ce qui est ici objet d'admiration plaît aussi pour autre chose que l'admiration qu'il suscite, au lieu que l'œuvre d'art suscite l'émotion esthétique à raison du seul fait qu'elle est objet d'admiration.

Or ce qui suscite l'admiration sans être aimable à raison d'autre chose que le fait de la susciter, ce ne peut être que le beau.

En effet, en dehors du beau, on invoque le dévoilement de la subjectivité de l'artiste, ou bien l'aptitude à provoquer, à interpeller, à choquer, à révéler un sens politique, médical, écologique, moral, social...

Dans le premier cas, il faut remarquer que le dévoilement de la subjectivité de l'artiste n'est possible que si cette subjectivité est communicable, autrement la chose n'aurait d'intérêt que pour l'artiste ; et si cette subjectivité est communicable, ce n'est pas à raison du fait qu'il s'agit de subjectivité, parce que cette dernière est ineffable et ne peut être connue que par celui qui l'exerce : ma conscience ne peut être exercée que par moi, et la conscience que tu as de ma vie conscientielle est un acte de ta conscience, non de la mienne, de sorte que tu n'accèdes à la mienne que parce que cette dernière est chargée d'un quelque chose qui l'excède en tant que conscience, qui relève de la nature ou essence de la vie spirituelle commune à tous les esprits et dont chaque esprit est l'individuation, et l'apparaître à soi. Dire que la *subjectivité* (de l'artiste) est *objet* de délectation ou d'admiration, c'est confesser qu'elle contient une dimension d'objectité qui seule fait son intérêt, qui la rend communicable, et que le dévoilement de la subjectivité de l'artiste est dévoilement d'autre chose que de la subjectivité en tant que telle, et de quelque chose qui est universel en tant même que communicable. On voit bien que ne peut être œuvre d'art, ainsi objet d'admiration, que ce qui ne se réduit pas au dévoilement de l'intériorité ineffable de l'artiste.

Dans le deuxième cas, l'aptitude à interpeller, à déstabiliser, à révéler un sens, ne peut expliquer l'émotion esthétique qui, comme objet d'admiration, a en elle-même sa finalité, au lieu que ce qui a raison de signe révélateur d'un sens renvoie à ce dont il est le signe, et se fait oublier dans l'acte de signifier. Ce qui est le contraire de l'œuvre d'art dont le propre est de ravir, d'opérer un rapt de la subjectivité de l'admirateur, de l'arracher à lui-même et de le fasciner.

Dès lors que l'œuvre d'art est toujours objet d'admiration, et que cette admiration ne saurait être réduite au dévoilement d'un sens transitif ou d'une intériorité indicible, il reste qu'elle ne peut être objet d'admiration que parce qu'elle est belle. Reste à définir l'essence du beau.

Le Beau est l'objet des « arts du beau », des techniques finalisées par le dévoilement désintéressé du Beau. Le Beau est l'objet d'un jugement de goût désintéressé, si l'on entend par « désintéressé » ce qui exclut la considération des appétits biologiques : la nature morte ne donne pas faim, et c'est en tant qu'elle ne donne pas faim qu'elle peut être dite belle. Est beau ce qui est objet d'admiration ; est objet d'admiration ce qui suscite, dans l'admirateur, le jugement suivant : « je me réjouis que cette chose existe, en tant même qu'elle ne sert à rien ; je me délecte dans l'exercice de l'acte à raison duquel la chose dite belle me fait l'honneur de consentir à accéder au savoir d'elle-même en moi ; le jugement par lequel j'affirme sa qualité, en vertu duquel je constate sa beauté, n'est pas seulement expressif d'un constat, à savoir qu'elle suscite une émotion esthétique ; un tel jugement est *constitutif* de l'émotion esthétique elle-même ; est objet d'admiration non ce qui est possédé par mon regard, mais ce qui possède mon regard, ce qui le ravit, se le subordonne et le distrait de lui-même, ce qui réduit mon regard de l'objet à un instrument par lequel l'objet se regarde lui-même, s'exhausse au statut de sujet pensant ». Ainsi donc, est beau cet objet qui se présente à notre regard tel un objet en attente et en exigence d'être élevé à la dignité de sujet. Est beau ce dans quoi l'intellect se reconnaît, reconnaît une virtualité de sa puissance d'intellection. Est beau ce qui se révèle tel un acte d'intellection cristallisé. Ce qui revient à dire que le beau est ce qui plaît à l'intellect, non en tant qu'objet de connaissance, mais en tant qu'objet de complaisance. Or les choses sont dites vraies en tant qu'elles sont plus ou moins adéquates à leur essence (un vrai lingot d'or, un vrai crétin, une vraie grimace) ; donc, s'il est vrai que l'essence d'une chose se définit par sa finalité, elles sont dites belles en tant qu'elles sont adéquates à leur fonction : un beau fusil, une belle cavale, un beau livre, une belle femme (dont la fin, en tant que femme, est la maternité) ou même une belle démonstration mathématique ou logique ; est beau ce dont l'adéquation à son essence, qui est son principe d'intelligibilité — laquelle est objet de l'intellect — rend possible le processus d'adéquation de l'intellect à lui-même qui, en effet, est dit exercer sa vocation (connaître la vérité logique : l'adéquation de la pensée aux choses) en tant qu'il saisit l'intelligibilité des choses (leur essence). C'est pourquoi telle chose peut être reconnue comme belle par nous, sans correspondre à notre sensibilité, à la manière dont nous disons : « voici un bon vin, conforme à ce qu'il doit être, qui réjouit mon intellect en tant qu'il est un vrai vin, mais qui ne flatte pas ma sensibilité parce que ma constitution sensible me dispose à lui préférer les liqueurs ou la bière ». Et telle chose peut être dite bonne par nous, qui séduit notre sensibilité sans emporter l'adhésion enthousiaste de notre intellect.

Se dessine ainsi la thèse si importante suivante, contestée par la modernité : le beau est *objectif*. Il existe un bon et un mauvais goût, l'esprit démocratique est exclu de l'esthétique comme de tout autre domaine.

De leur propre aveu, les artistes ne savent pas ce qu'ils vont produire ; ils assistent passivement, en concevant leur œuvre, ainsi en l'engendrant, au dévoilement de sa manifestation ; ils sont comme des femmes grosses, tourmentées par le trésor qu'elles portent, qui se fait en elles comme malgré elles, et dont elles aspirent à se libérer. L'artiste est tourmenté aussi longtemps qu'il est en état de création. Être tourmenté, c'est être comme malade, inadéquat à son concept, c'est comme être hors de soi, désaxé, extérieur à soi-même, et ainsi l'artiste se réconcilie avec lui-même, avec son essence, en produisant l'œuvre *ad extra*. Mais le souci de produire une œuvre d'art, c'est-à-dire l'inspiration de l'œuvre expressive du désir d'exister que fait valoir cette œuvre dans l'artiste, est lui-même induit en l'artiste par son essence : seuls les hommes élaborent des œuvres d'art. Dès lors, puisque le désir procède de l'essence et ramène à elle, c'est qu'elle se veut en lui. En se réconciliant avec elle, l'artiste la fait se réconcilier avec elle-même ; mais si elle requérait de se réconcilier avec soi, c'est qu'elle était hors de soi. Par conséquent cette réconciliation avec elle-même de l'essence de l'artiste, exercée dans le labeur douloureux de la création artistique, est l'acte à raison duquel l'artiste s'intériorise. Retenons donc que *l'artiste s'intériorise en extériorisant l'œuvre d'art*.

Un intérieur exclusif de l'extérieur est extérieur à son extérieur et, à ce titre, il n'est pas véritablement un intérieur. Paul est dans son salon ; pour lui la bibliothèque a le statut d'extérieur ; il est à présent dans sa bibliothèque : c'est le salon qui a pour lui raison d'extérieur. Sous ce rapport, un intérieur n'est dit tel que du point de vue d'un observateur ; il n'est pas dit être un intérieur à raison de lui-même, mais à raison de celui qui l'habite, et c'est pourquoi il n'est dit être un intérieur qu'à titre d'accident contingent : il n'est pas par essence un intérieur. Cela dit, un intérieur est toujours relatif à un extérieur. Pour être un intérieur, ainsi être relatif à un extérieur, sans toutefois tenir son statut d'intérieur de la position d'un observateur qui ne lui est pas intrinsèque, par là qui lui est extérieur, et de ce fait en méritant d'être tenu *par soi* pour un intérieur, il faut et il suffit que, étant relatif à un extérieur, il ne soit d'une certaine façon relatif qu'à lui-même ; il faut et il suffit que l'extérieur de cet intérieur soit une extériorisation intérieure de cet intérieur, ce qui est le propre d'une intériorité, ainsi d'un intérieur *pensant* qui, s'objectivant, se pose, sans cesser d'être un intérieur, à l'extérieur de lui-même, mais n'accomplit cette position de soi qu'à l'intérieur de lui-même, dans une opération immanente et non point transitive. Autant dire qu'un intérieur n'est tel que dans l'acte de s'extérioriser ; il se pose en s'opposant à soi, ce qui lui confère la forme d'une victoire sur l'extériorité. On remarquera de plus qu'il n'appartient de s'extérioriser en étant maître de son extériorisation, ainsi en nourrissant l'aptitude à ré-intérioriser ce en quoi l'on s'extériorise, qu'à ce à quoi il revient d'être une intériorité, ainsi une pensée. Ce qui revient à dire que n'est habilité à s'intérioriser que ce qui est maître de son extériorisation, et cela est le propre d'un sujet qui, par définition, cultive l'aptitude à s'objectiver, et n'est sujet que dans et par cette aptitude.

L'artiste, avons-nous dit, s'intériorise en extériorisant l'œuvre d'art. Mais ne peut s'intérioriser que ce qui s'objective. Donc l'œuvre d'art est objectivation de soi de l'intériorité de l'artiste, non dans ce qu'elle a d'ineffable, mais dans ce qu'elle a d'universel. Or ce qui est universel en lui, c'est sa nature humaine. Donc toute œuvre d'art est projection réifiante d'une virtualité de l'essence humaine, et en cela tous les arts sont bien, comme l'enseignait Alain, comme des miroirs où l'homme connaît et reconnaît quelque chose de lui-même, qu'il ignorait. Or ce qui fait l'humanité dans l'homme, sa nature, c'est sa raison. Donc toute œuvre d'art est la cristallisation d'une potentialité de la raison, ainsi d'une Idée. Or la raison est universelle. Donc l'œuvre d'art est objective.

Cela dit, une Idée est, en tant que détermination de la raison, un principe de connaissance, mais, comme connaissance d'une chose qui est hors de la raison, une telle Idée est dans la chose, et sous ce rapport elle est l'essence ou le principe d'être de la chose, ce que les Anciens nommaient sa Forme (intelligible). Est ainsi œuvre d'art cette réalité naturelle (l'artiste produit toujours à partir de quelque chose qu'il trouve hors de soi, il ne produit pas *ex nihilo*, il n'est dit créateur que par analogie) qui, transfigurée par l'art, réinventée et par là redécouverte, en vient à être capable de signifier, dans sa singularité contingente, l'universalité de l'essence dont elle est l'individuation naturelle. Est belle cette composition picturale d'un homme, qui parvient à rendre visible ce qu'il y a d'invisible en lui, à savoir son essence dont les accidents naturels visibles sont toujours l'expression inadéquate. Comme le dit Paul Klee, l'art ne reproduit pas le visible, il rend visible. Le Beau est resplendissement de la Forme.

Il en résulte qu'il n'est pas d'art qui ne prenne son point de départ dans la Nature, dans les choses naturelles visibles et audibles, de sorte que l'art non figuratif n'est pas de l'art, mais du caprice subjectiviste. Si par ailleurs l'Idée ou Forme ne subsiste dans la nature que comme individuée, et ne subsiste dans l'esprit que comme abstraite ou universelle, elle ne préexiste en Dieu que comme Idée créatrice à ce titre riche, quant à sa causalité, de toutes les réalités concrètes de même nature, elle ne saurait être privée de leur singularité puisqu'elle est cause de ces singularités mêmes : elle a l'universalité des essences abstraites, et la singularité des existants concrets. Mais cette unité de l'universel et du singulier, c'est précisément ce à quoi s'efforce l'œuvre d'art, comme rayonnement de la Forme universelle dans la contingence de sa singularisation concrète. Sous ce rapport, l'art est l'acte de faire mémoire, dans l'élément du sensible, de la vie divine. Tout art est par essence religieux, quelque profane — voire subjectivement antireligieux — que soit son sujet d'inspiration, et c'est pourquoi l'art culmine dans l'art religieux, et toute religion naturelle se préfigure historiquement dans une forme d'art. Tout art est effort tragique de manifester l'absolu, ainsi de l'incarner. Quand donc l'Absolu se manifeste en s'incarnant, il consomme les vœux de l'art. On comprend, dans cette perspective, que la haine subjectiviste de Dieu — et singulièrement du Dieu des chrétiens, c'est-à-dire du Dieu qui s'incarne — se traduise dans la haine de l'art lui-même, laquelle, quand elle entend s'exprimer dans une configuration qui se veut encore artistique, n'est autre que l'art contemporain, qui récuse l'art figuratif et les harmonies naturelles. C'est pourquoi les financiers mondialistes attachés à la déshumanisation des peuples afin de les rendre dociles (réduits à l'état de consommateurs repus) pour les mieux dominer, se trouvent être les promoteurs de l'art contemporain. C'est peut-être ce que voulait avouer à sa manière Drieu la Rochelle dans *La Voix* (*Journal d'un homme trompé*, Folio, Gallimard, 1978, p. 72), qui, après avoir déclaré que les belles œuvres dans les musées sont comme des jeunes filles mortes dérobées à l'amour, écrivait : « Les arts ne peuvent plus nous montrer que la dernière verdeur d'un arbre social et religieux qui est mort. Sans doute, l'humanité va cesser d'être artiste pour reconstruire une société et une conception du monde qui s'exprimeront plus tard par des moyens inconnus. »

ATHÉES

Athées et Juifs ont en commun de prétendre tout donner d'eux-mêmes, tirer et mettre en valeur ce qu'ils croient être le meilleur d'eux-mêmes, actualiser ou extérioriser le tout de leurs capacités naturelles, s'accomplir exhaustivement, en une vie d'homme ; l'athée parce qu'il nie toute éternité, par là attend de cette vie terrestre qu'elle lui offre tout ce qu'il peut désirer ; le Juif parce qu'il est tel Jean Marais, cet acteur médiocre mais doté d'une beauté plastique exceptionnelle, hanté par le souci de mériter sa beauté en s'efforçant désespérément à montrer son talent : le Juif n'a aucun talent particulier mais il se croit élu ; il veut justifier son élection en se faisant croire qu'il est meilleur que les autres, en voulant non seulement accéder à la domination du monde, mais en tentant de se justifier à ses propres yeux, d'où sa frénésie à être premier de classe, à accéder aux postes de direction. Cette situation peut être interprétée de deux façons.

À vouloir grimper dans la hiérarchie, on doit plaire à ses censeurs qui distribuent les diplômes, on devient extrêmement conventionnel, on perd toute créativité. Il y a quelque chose de servile dans tout bon élève n'aspirant qu'à être premier de classe, et cette servilité le rend stérile ; mais ses succès scolaires lui donnent des prétentions qui le disposent à convoiter la créativité des esprits indépendants ; il en résulte qu'il aura tendance, immanquablement, soit à dérober aux personnes plus douées que lui leurs idées originales, soit à dénigrer le talent d'autrui, soit à compenser sa stérilité en s'efforçant à accéder aux postes administratifs de direction et aux honneurs sociaux. Il y a bien solidarité et action réciproque entre mentalité du bon élève stérile et esprit de domination sociale. Le chrétien, au contraire, a pour souci de faire son salut d'abord, ce qui relativise et limite son ambition et son désir de s'accomplir ici-bas selon le tout de lui-même, il se comporte comme les sociétés stables et lentes à renouveler leurs élites, où des générations de paysans obscurs se succèdent et retournent à la terre qu'ils ont labourée, y enfouissant les virtualités d'eux-mêmes qu'ils n'ont pas actualisées : tel laboureur eût pu dans une autre vie être un médecin célèbre, tel garçon de ferme un grand peintre, telle bergère une pianiste de génie ; il y a des Mozart assassinés, mais en fait ils ne sont pas assassinés, ils sont féconds par l'oblitération même de leurs talents potentiels ; la terre est le terreau de leurs énergies non dépensées, le lieu où se transmettent les qualités gardées en réserve, et ayant le temps de mûrir, à toute distance des modes éphémères, du bruit des villes, des renommées faciles et courtes. Ce qui relève de l'être en acte exige de se poser en régime d'être en puissance pour régénérer ses perfections, comme dans le sommeil nécessaire au travail de la mémorisation, où l'on intériorise le vécu : on potentialise l'actuel, on le conserve en tant que nié ; l'acte est gardé comme puissance, il se « repose » (s'assoupit) et se régénère en sa puissance, il est gardé comme n'étant pas, comme puissance à se « re-poser », à se poser à nouveau, à s'actualiser en s'étant enrichi par l'épreuve de sa potentialisation ; et tel est bien l'acte de « se reposer » qu'est le sommeil. Les sociétés juives et athées sont stériles, elles vivent des richesses des sociétés qu'elles parasitent. C'est au contraire cette grande qualité qu'est la résignation (acceptation de son humble condition sociale, aptitude à ne point se comparer, force de caractère habilitant à ne pas être démangé par l'ambition, sagesse permettant de comprendre qu'on ne se justifie jamais soi-même) qui, en enfouissant sans vergogne des talents individuels, fait éclater ces talents concentrés dans d'autres avec d'autant plus de force et d'évidence que ceux en lesquels ils ont été laissés en jachère se sont moins préoccupés de les faire valoir à tout prix. Sur le plan collectif, le refoulement des ambitions individuelles est comme le moyen dont use la nature sociale de l'homme pour parvenir à produire des individualités exceptionnelles éminemment utiles au progrès de tous les hommes, au lieu que les réussites individuelles forcenées ne visant que la gloire et la justification personnelle ne produisent que des parvenus de l'intelligence, sans racines, sans profondeur, sans fécondité spirituelle. Même au niveau individuel, il y a déjà invitation à laisser en jachère certains aspects de soi-même, au bénéfice d'autres qui seront privilégiés : tel grand écrivain aurait pu être ce champion d'athlétisme qu'il ne sera pas parce qu'il faut choisir parmi plusieurs destins. Et c'est encore plus vrai au niveau collectif. Choisir est crucifier, faire de ce à quoi l'on renonce le terreau de ce que l'on élit.

Mais sous un autre rapport, le chrétien — et singulièrement le catholique non soutenu, au rebours du calviniste, par le souci de recevoir des signes sociaux de sa prédestination au salut — a tendance à se dire toujours : « à quoi bon s'évertuer à tirer de ses qualités naturelles le meilleur rendement ? Ce n'est pas sur ce dernier que je serai évalué au Jour du Jugement. L'essentiel est de faire son salut, la vie terrestre est une vallée de larmes ; la pauvreté, les outrages subis et les échecs disposent à l'humilité et à la patience, ils aident à se détacher du monde. Autant rester au bas de l'échelle des hommes, laisser les ambitieux s'enivrer de leurs misérables prouesses et, trop attachés à elles, incapables de s'oublier eux-mêmes et de se laisser habiter par le désir d'aller au Ciel. Si je dois être un homme exceptionnel selon les critères sociaux de l'exception, laissons la Providence m'y mener. »

Cette attitude n'est cependant pas sans risque de conséquences sournoises. D'abord, il faut s'aimer pour aimer son prochain, selon la leçon aristotélicienne de la philautie ; à force de négliger les raisons naturelles que l'on peut avoir de s'estimer, on risque de rechercher une compensation dans l'estime déréglée de soi comme aspirant à la sainteté, et c'est là attendre des efforts prodigués dans l'ordre surnaturel, et au nom de valeurs surnaturelles, ce que seule la nature peut donner. Dans cette perspective, on est bientôt prêt pour le pharisaïsme et l'envie. Par ailleurs, comme on l'enseignait au Moyen Âge, « *facienti quod in se est, Deus non denegat gratiam* » : la grâce n'est jamais méritée puisqu'elle est par essence gratuite, mais on peut et on doit se disposer à la recevoir, à tout le moins coopérer à l'acquisition de cette disposition. Et cela ne vaut pas seulement pour l'acquisition des vertus théologales, mais pour tous les biens susceptibles d'être acquis ; plus trivialement : aide-toi, le Ciel t'aidera. Et quand, singulièrement aujourd'hui, les fonctions de direction des sociétés occidentales sont confisquées par les Juifs et les athées, c'est un devoir pour le catholique d'accepter la compétition sociale afin d'empêcher les méchants de subvertir la société. Or aspirer à réussir afin de sauver cette société dont l'ordre est lui-même requis pour que nos enfants, tant bien que mal élevés selon les préceptes du catholicisme, ne soient pas asphyxiés par les miasmes de la société moderne, cela ne va pas sans un souci de réussite individuelle, de réalisation de soi, qui semble bien contredire l'attitude résignée en laquelle une certaine conception de la prudence se plaît à confiner le croyant. « Seuls les moyens surnaturels peuvent sauver la cité catholique, récitons le rosaire chaque jour, tenons-nous à distance de la vie politique, la Très Sainte Vierge Marie rétablira l'ordre quand Dieu le décidera, par-delà nos calculs mesquins et nos efforts terrestres dérisoires » : telle est l'antienne des bien-pensants qui, sous couvert d'élévation spirituelle, se réfugient dans un providentialisme avalisant leur lâcheté et leur confort, quand ce n'est pas leur négligence et leur crasse doublée d'une forte propension à geindre et à réclamer.

Sur la question de la résignation chrétienne, il convient ainsi de tenir les deux bouts de la chaîne, de conjuguer oubli de soi et renoncement à soi, avec affirmation de soi et amour de soi-même ; il est nécessaire de réconcilier pacifisme moral et pugnacité séculière. Et sous ce rapport encore la psychè du chrétien ne rencontre pas spontanément celle de l'homme de droite. Il doit être tenu pour certain que l'opposition entre les deux est en soi illusoire, et même que l'on n'est homme véritablement de droite qu'en étant catholique. Encore faut-il, pour dissiper cette illusion, que la morale catholique ne soit pas adultérée : la force s'absolutise en assumant la faiblesse, l'ambition se rend efficace et intelligente en assumant la résignation ; mais en retour la douceur du chrétien pacifique est en soi dépassement de la passion — assumée — pour la lutte et pour la victoire en tous domaines. Ce qui revient à professer qu'il existe un négatif non peccamineux (il eût existé une invitation à la lutte, à un dépassement polémique des contradictions de la vie, même s'il n'y avait pas eu péché originel) dont les moralistes catholiques parlent beaucoup trop peu. Et c'est à cause de ce mutisme fâcheux que les partisans du négatif en viennent, horrifiés par « la bêtise de la vertu » (César Birotteau), à justifier le négatif peccamineux.

AVENIR

Voir aussi « **Démocratie** ».

« Le témoignage est l'acte terminal de notre mission, sa perfection au sens premier du terme. Artisans d'une minuscule fraction d'un projet dont l'accomplissement est imparti à l'humanité entière, nous avons pour dernier labeur de verser notre tribut à ce qui constitue le premier et le plus indispensable de ses biens : la mémoire » (Maurice Druon, *Mémoires. L'Aurore vient du fond du ciel*, Plon, Éditions de Fallois, 2006, p. 14). « Il ne s'agit plus d'un changement d'époque, mais d'un changement d'ère. Je vois poindre une humanité qui ne sera plus divisée en classes mais en castes : d'une part une vaste plèbe qui se croira instruite parce qu'elle saura, en frappant sur les touches d'un clavier, poser des questions auxquelles un écran répondra par oui ou par non, jamais peut-être ; et au-dessus, une caste de grands prêtres tout-puissants, et régentant par là toute pensée et toute activité » (*id.*, p. 11).

Ce que Druon ne dit pas, c'est d'abord la nature du projet objectivement adopté par l'humanité entière à laquelle serait dévolu l'accomplissement d'un tel projet. S'agit-il d'aider l'homme à faire son salut, par là de répandre la bonne nouvelle de la vérité catholique ? S'agit-il de déployer un ordre politique naturel, ainsi hiérarchisé, inégalitaire et héroïque, expressif de l'actualisation de toutes les potentialités de la nature humaine, et qui serait comme la condition, en même temps que l'effet, de la christianisation du monde ? S'agit-il au contraire de l'État mondial tel qu'il se conçoit et forge aujourd'hui dans les officines judéo-maçonniques et financières qui dirigent les États ? Il est clair que ce devoir de mémoire collective, enrichi par le souci de témoignage cultivé par chacun, change du tout au tout selon le projet considéré. À en juger par la manière dont il se représente l'avenir, et par le ton qu'il emploie pour l'exprimer, il est clair que Druon est plutôt lucidement pessimiste, et qu'il entrevoit ce projet réel que poursuit l'humanité aujourd'hui telle une dénaturation, une corruption du projet idéal qu'elle eût été en demeure d'adopter pour demeurer humaine. Et il est tout aussi évident qu'un tel projet réel est strictement incompatible avec l'idée même de mémoire et d'histoire, puisqu'il s'agit d'aboutir à un temps qui sera réduit à un sempiternel présent, une sorte de divertissement pascalien donnant à l'homme de vivre dans l'instant, dans un éternel présent qui se voudrait non pas présence mais absence de l'éternel, un présent contingent qui aurait la durée infinie du nécessaire ; car enfin, il s'agit bien de vivre dans un présent qui ne serait pas gravide d'un futur, puisque s'il en était ainsi il aurait alors vocation à renoncer à lui-même et porterait en ses flancs la perspective douloureuse d'une précarité et d'un inachèvement qui excluraient qu'il pût avoir raison de fin de l'histoire ; il est bien question, quand on évoque cette fin hédoniste de l'histoire telle que souhaitée par le Dernier Homme nietzschéen, de se perdre dans le plaisir, dans la « petite mort » engloutissant le temps, misérable caricature hédoniste du bonheur dévolue à la masse, tandis qu'une minorité jouira de ce substitut de déification d'elle-même consistant à exercer un pouvoir démiurgique économico-scientiste, ainsi illimité.

« *Factus est Deus homo ut homo fieret Deus* », enseignait saint Augustin (Sermon 9). Le refus du Dieu fait homme est l'envers de la prétention de l'homme à se faire Dieu, selon le rêve bien humain de conjugaison de la toute-puissance et de la satisfaction complète de tous les désirs ; la modernité athée s'est proposé de confier à une minorité dirigeante le premier aspect de ce rêve, en confiant à la foule l'accomplissement de son deuxième aspect. Mais ce rêve en forme de « petite mort » est au fond l'oblitération de toute temporalité, et avec elle de toute historicité, telle une consommation dans le temps d'un dépassement de la temporalité. Et cette oblitération de toute temporalité repousse d'elle-même l'idée de mémoire et de témoignage. Témoigner du passé pour comprendre le présent afin de mieux préparer l'avenir, c'est bien là, semble-t-il, le projet même de l'histoire. Mais aspirer à une fin de l'histoire qui, comme finalité, serait aussi sa fin temporelle consommée en éternel présent de la jouissance indéfiniment prorogée, c'est récuser l'idée d'un avenir attestant, par son existence même, que le présent n'est pas encore la perfection. L'avenir que décrit, après bien d'autres, Maurice Druon, c'est ce trou noir destiné à engloutir toute conscience historique, toute idée de mémoire, tout souci de témoignage : après moi le déluge, parce qu'il n'y a pas d'après.

Néanmoins, quelque effort qu'il fasse pour se réduire à l'état d'animal investi dans la jouissance de l'instant, l'homme de l'avenir tel que programmé par nos élites est incapable de se libérer de sa conscience, au moins de sa conscience psychologique, car on ne voit pas ce que pourrait être un plaisir ayant raison de fin, si l'on n'en a pas conscience. Or la conscience, comme le dit Bergson, signifie mémoire, non pas peut-être pour les raisons mobilistes que convoque Bergson, mais parce que si, par l'abstraction des essences immuables, l'homme accède d'une certaine façon à l'éternel, c'est par le moyen des images qu'il procède à l'acte d'abstraire : « *nihil est in intellectu quod non prius fuerit in sensu* » ; or les images, parce que sensibles, sont successives et requièrent le temps. Il faudra donc, dans la perspective délirante du projet que l'humanité contemporaine s'est choisi, maintenir la mémoire, mais pour s'accoutumer à se libérer de toute mémoire chargée de sens et d'exigences éthiques. Il faudra donc inventer une mémoire fausse, reconnue comme telle et embrassée parce qu'elle aura raison de fausse mémoire. Mémoire fausse : elle fera référence à ce qui n'a jamais eu lieu ; fausse mémoire : c'est quelque chose qui ne sera pas vraiment de la mémoire (rendre présent ce qui est passé), on ne se souviendra de rien, on n'exercera pas sa mémoire, on feindra de l'exercer pour se dispenser de la subir réellement, on vivra sa mémoire sur le mode d'un rêve de mémoire, comme un faux souvenir que l'on s'est forgé en décidant d'oublier qu'on se l'était forgé ; on procédera à la manière dont ce même homme contemporain procède dans l'ordre éthique : s'inventer des impératifs coercitifs qui n'engagent pas vraiment l'homme (respect sacralisé du code de la route et des normes écologiques) afin de se dispenser de respecter les véritables exigences morales (entretenir le souci du vrai bien commun, chasser l'atmosphère déliquescente et écœurante de luxure qui empuantit toutes les manifestations de la vie sociale actuelle). L'histoire officielle — celle que l'on élabore tel un nouveau catéchisme à propos de l'esclavage, de la Saint Barthélemy, de la Révolution française ou de la « Shoah » — est cette mémoire fausse destinée à développer une fausse mémoire permettant de maintenir la vie consciente tout en se dispensant de mémoriser quoi que ce soit : faire table rase du passé pour se dispenser d'assumer l'humble rôle d'héritier mis en demeure de poursuivre une fin qu'il n'a pas choisie, tout en conservant le sentiment d'un poids du passé afin de ne pas perdre cette conscience intrinsèquement temporelle requise par le souci de jouir sans entraves.

AVORTEMENT

L'amour *est* engendrement. L'amour est « *vis unitiva et concretiva* » (saint Thomas, *Somme théologique*, I[a] q. 20 a. 1), « force d'union et de concrétion ». Il est cette tendance à raison de laquelle l'amant et l'aimé tendent à ne faire qu'un, et les amants savent que leur vœu serait, si cela était possible, de n'avoir qu'un cœur pour deux ; l'amour de bienveillance consiste à aimer l'autre en tant qu'on lui veut du bien, et à trouver son bien dans celui de l'autre qui est comme un autre soi-même ; l'amour de bienveillance est l'amitié par laquelle on aime l'autre, tel un autre soi-même ; on l'aime en lui voulant du bien, c'est-à-dire en se donnant à lui. Il n'y a pas l'amour et l'amitié, il y a l'amitié non sexuée et l'amitié sexuée, deux formes de l'amour de bienveillance qu'il convient de distinguer de l'amour de concupiscence, amour de l'autre en tant que l'on se veut du bien. L'amour conjugal est l'amitié sexuée, celle dans laquelle on se donne à l'autre tel le complément de sa manière sexuée d'être humain. Donner et retenir ne vaut : en se donnant à l'autre, on se donne sans retour, à peine de ne s'être pas donné du tout ; l'union conjugale est infrangible, de droit naturel, et il n'est d'amitié sexuée que conjugale. Comme tendance à l'unité, l'amour se consomme dans l'unité des amants, dans une fusion qui serait ablative de leur dualité, mais aussi de l'amour lui-même : l'amour est cette *relation* entre amant et aimé, laquelle suppose la différence des termes qu'elle relie. L'amour se consommerait dans sa propre négation s'il ne s'aimait lui-même corrélativement, cultivant le souci de se maintenir dans sa consommation ; cela suppose que les amants fassent un en tant qu'ils s'aiment l'un l'autre, et qu'ils demeurent deux afin que l'amour puisse consommer sa réflexion sur lui-même en s'assurant de sa pérennité ; et cette unité dans la dualité s'accomplit dans l'engendrement, dans un fruit en lequel ils sont un, sans cesser d'être deux. S'il n'y a ni engagement à la fidélité sans retour, ni engendrement, il n'y a pas d'amour. L'amour « libre » n'est pas amour mais consommation d'un égoïsme exercé à deux, et il n'est pas libre en tant qu'il est déraisonnable, par là expressif de l'esclavage des passions. Tout usage de la sexualité détourné de sa vocation à engendrer est donc un usage peccamineux, contre nature. L'avortement est opéré dans le cadre des « amours » non libres, puisqu'il est refus du fruit de l'acte charnel. Les époux stériles peuvent néanmoins se marier, puisque leur stérilité est accidentelle : ils sont par essence féconds, nonobstant l'indisposition de leurs organes. De plus, l'avortement est un crime, *stricto sensu* :

> « Admettons donc que l'âme est créée au moment où elle est infusée dans un corps. Quel est ce moment ? Ce peut être soit l'instant de la conception, soit le moment où l'enfant est apte à vivre. La première hypothèse a pour elle la simplicité : le corps de l'enfant est organisé progressivement par son âme présente en lui dès l'origine. L'avortement apparaît alors comme un

homicide pur et simple, et donc comme un crime, un assassinat. La seconde a pour elle d'être plus conforme à la définition de l'âme : acte premier d'un corps organisé ayant la vie en puissance. De là résulte en effet que l'âme suppose une certaine organisation du corps ; elle ne peut donc être infusée que lorsque le corps est assez organisé pour pouvoir la recevoir. Dans ce cas, l'avortement n'est pas toujours un assassinat ; mais comme il rend impossible le développement naturel de la vie, il s'y apparente de très près.

Saint Thomas admet une succession d'âmes dans l'embryon : d'abord une âme végétative, remplacée par une âme sensitive, remplacée elle-même par une âme humaine. "*Et sic dicendum est quod anima intellectiva creatur a Deo in fine generationis humanae, quae est simul sensitiva et vegetativa, corruptis formis preexistentibus*" (*Somme théologique*, I[a] q 118, a. 2). (Et ainsi il faut dire que l'âme intellective est créée par Dieu à la fin de la génération humaine ; elle est à la fois sensitive et végétative, les formes précédentes étant corrompues).

L'Église refuse de prendre parti dogmatiquement sur ce point. Mais elle donne une directive pratique qui semble bien indiquer une prise de position théorique. En effet, le canon 747 du Code de Droit canonique précise qu'en cas d'avortement le fœtus doit être baptisé quel que soit son âge, et baptisé non pas "sous condition", mais "absolument" : "*Curandum est ut omnes fœtus abortivi, quovis tempore editi, si certo vivant, baptizantur absolute.*" (Il faut prendre soin que tous les fœtus avortés, à quelque moment qu'ils naissent, s'ils sont certainement vivants, soient baptisés absolument). Cette règle implique que l'Église rejette l'opinion de saint Thomas et admet la présence d'une âme humaine dès l'instant de la conception. Mais comme, encore une fois, elle n'en fait pas un dogme, nous dirons qu'elle tient cette opinion pour plus probable que l'autre » (Roger Verneaux, *Philosophie de l'homme*, Beauchesne, 1956, p. 177-178).

« À la veille de la Révolution dite française, notre pays était le plus peuplé d'Europe et, dans le monde, quatre hommes parlaient français pour un qui parlait anglais : cent cinquante ans plus tard, en 1939, un homme parlait français pour quatre parlant anglais. La France avait vu sa fécondité baisser avant les autres pays européens. Depuis lors, les femmes françaises n'eurent plus assez d'enfants pour assurer le remplacement numérique des générations, après les guerres de la Révolution et de l'Empire, puis celles de 1870 et de 1914-1918. La loi du 31 juillet 1920 réprimant la provocation à l'avortement et la propagande anticonceptionnelle ne parvint guère à accroître les naissances. Heureusement, avant 1939, des mesures furent prises pour encourager la natalité ; elles furent continuées par la politique familiale mise à l'honneur par le gouvernement du maréchal Pétain (…) et permirent à la France de connaître pendant trente ans un taux de fécondité excédant nettement le taux de renouvellement des générations. Mais survint, en 1967, la loi Neuwirth dépénalisant la pilule, suivie en 1975 de la loi Veil qui entraîna aussitôt le génocide de trois millions d'enfants à naître. La catastrophe nationale engendrée par la loi Veil continue d'aboutir au sacrifice de 220 000 enfants par an. En 2014, selon l'Institut des études démographiques (Ined), on enregistrait 27,1 avortements pour cent naissances vivantes, soit un avortement toutes les deux minutes et demie ! Ce qui signifie que, pratiquement, le quart de chaque génération est mis à mort chaque année, ce qui se compte, depuis quarante ans que cela dure, par millions ! La pratique, toujours plus encouragée, de la contraception et du préservatif n'a nullement freiné le recours à ce que l'on appelle avec une fausse pudeur "l'interruption volontaire de grossesse". Rien d'étonnant : tout ce qui habitue les couples mariés ou éphémères à éviter de donner la vie les conduit un jour ou l'autre à l'avortement... Certes, tous ces bébés ne seraient peut-être pas parvenus à l'âge adulte, mais il est effarant de songer à la foule de plusieurs millions d'hommes et de femmes de moins de quarante ans qui manquent aujourd'hui à la France, sans qu'elle n'ait connu ni guerre ni famine. Alors que l'hécatombe continue, tout concourt, dans l'esprit de la loi Veil, à susciter l'individualisme, le matérialisme, l'hédonisme, la dissociation de la sexualité d'avec la procréation. On voit de plus en plus de couples sans enfants ou qui se marient tard afin de « bien jouir de la vie », on voit aussi de plus en plus d'enfants uniques élevés comme des produits de luxe plus que comme des hommes, on voit aussi de plus en plus de vieux vivant seuls et dont nul ne sait qui paiera les retraites » (*Rivaro*l n° 3338 du 11 juillet 2018, p. 5).

Voir ici, pour quelques compléments plus philosophiques, « **Chasteté** ».

BANQUE

Le Belge Pascal Roussel, analyste (en 2018) au sein du Département des risques financiers de la BEI (Banque européenne d'investissement), et lecteur attentif des travaux de Maurice Allais, est l'auteur d'un roman intitulé *Divina Insidia* (Éditions romaines, 2011), dans lequel on peut glaner les informations suivantes :

La BRI (Banque des règlements internationaux, nommée encore Bank of International Settlements), créée en 1930, sise à Bâle dans une tour noire, est une société anonyme ayant pour actionnaires les banques centrales de tous les pays (une soixantaine) ; elle est la plus ancienne de toutes les organisations financières internationales. Son statut juridique est celui d'une ambassade, la police suisse n'est pas habilitée à y accéder, les cadres disposent de l'immunité diplomatique. Elle joue un rôle essentiel dans le processus du mondialisme. Quand un individu dépose 100 francs dans une banque, elle prête 90 francs à quelqu'un qui les dépose dans une autre banque qui les prêtera aussitôt à quelqu'un d'autre. Le mot « banque » vient de « *banco* », table sur laquelle travaillaient les orfèvres ; les marchands finiront par accepter comme paiement des reçus pour les dépôts d'or chez les orfèvres. Ces reçus sont les ancêtres des billets de banque. Une personne sur dix seulement venait de temps à autre récupérer son or. Les orfèvres ont ainsi prêté l'or sans que les possesseurs le sachent, en n'en gardant que 10 % par-devers eux, et ils sont de ce fait devenus des banquiers. Vint le temps où le prêt se limitait à rédiger un document dans lequel le banquier « promettait » de remettre un nombre convenu de pièces d'or à la personne qui possédait ce document, et cette promesse serait un moyen de paiement, mais l'emprunteur devait payer des intérêts pour lesquels il était exigé qu'ils fussent, quant à eux, payés en vraies pièces d'or. Il y eut bientôt beaucoup plus de promesses émises (tel est l'« argent-dette ») que d'or dans les coffres. Aujourd'hui, ce sont des billets et non plus de l'or. Une banque centrale est une banque qui est à la source de la création d'argent. Elle crée l'argent dont l'État a besoin et elle le lui prête. Un billet de 10 francs existe parce que quelqu'un a emprunté 10 francs. En 1974, Nixon a procédé au décrochage de la monnaie par rapport à l'or, ce qui signait la mort du système international de Bretton Woods. Quand une banque centrale crée trop d'argent, et quand les banques commerciales se multiplient, l'argent perd de sa valeur. Tout l'or extrait de la terre depuis le début de son exploitation s'élève à 150 000 tonnes, soit un cube de 20 mètres de côté, lequel grandit seulement de 12 centimètres par an. Lorsque la création monétaire augmente, le prix de l'or croît car les banquiers ne sont pas alchimistes, ils ne peuvent pas créer du métal précieux. Afin d'éviter la montée de l'inquiétude des clients, les banques centrales utilisent (en particulier sur le marché Comex ou sur la Bourse de l'or à Londres) différentes techniques afin de manipuler le prix de l'or à la baisse : on vend de l'or, et en fait les banques centrales, suivies par les banques commerciales qui sont leurs complices, vendent beaucoup plus d'or qu'elles n'en possèdent, mais personne ne demande son or physiquement. Un jour ou l'autre, maintes grandes banques feront faillite car les clients deviennent de plus en plus méfiants. Keynes n'a qualifié de relique barbare que le système de l'étalon-or, mais non le métal.

L'historien états-unien Carroll Quigley, mentor de Bill Clinton, professeur à l'université de Georgetown et membre du Council on Foreign Relations, dans son ouvrage *Tragedy and Hope*, décrit les objectifs du lobby financier qui a conduit aux accords de Bretton Woods : « Les puissances du capitalisme financier ont eu un autre but de grande envergure. Rien de moins que de créer un système mondial de contrôle financier et de le remettre entre des mains privées, capables de dominer le système politique d'une manière féodale. Les banques centrales se réunissent en conférences privées et, après s'être concertées, mettent au point des accords, lesquels resteront secrets. L'apex du système devait être la BRI, une banque privée, possédée et contrôlée par les banques centrales du monde, elles-mêmes étant des corporations privées. La croissance du capitalisme financier a rendu possibles une centralisation du contrôle économique mondial et l'utilisation de cette puissance pour le bénéfice direct des financiers tout en causant un préjudice indirect pour tous les groupes économiques. »

Les milliardaires du magazine *Forbes* ne sont que des roitelets éphémères.

La Bourse est dominée par des programmes informatiques, plus aucun investisseur ne peut s'enrichir en Bourse.

En 1881, le Président états-unien Garfield meurt assassiné pour s'être opposé aux banquiers auprès desquels l'État devait emprunter (ce à quoi les États d'aujourd'hui sont réduits). En 1865, Lincoln avait subi le même sort, parce qu'il avait prétendu émettre sa propre monnaie. Le 4 juin 1963, Kennedy signe l'autorisation 11110 qui permettait au Ministère des Finances d'émettre des billets adossés aux pièces d'argent détenues dans les coffres du Trésor américain. L'État a donc émis des billets, sans emprunter et sans aucun lien avec les dettes, soit 4 milliards 300 millions de dollars en coupure de 5 et de 2 dollars. Cinq mois plus tard il était assassiné par la CIA elle-même manipulée par les oligarques ; les billets émis par Kennedy seront retirés de la circulation.

La moitié de la population mondiale possède seulement 1 % des richesses, et 10 % des personnes les plus riches possèdent 80 % de la richesse des ménages. La moitié de la richesse du monde est possédée par 1 % de la population. Ce 1 % possède 110 trillions de dollars, soit 65 fois la richesse totale de la moitié la plus pauvre de la population mondiale. Les 85 personnes les plus riches possèdent autant que les 3,5 milliards des plus pauvres. 10 % de la population possède les États-Unis. Les grandes firmes accaparent la moitié du commerce mondial. Les 500 plus importantes constituent plus de la moitié du PIB mondial, soit 30 000 milliards de dollars de chiffre d'affaires. L'industrie représentait 24 % du PIB en France en 1960-1970 ; en 2013, elle ne représentait que 10 %. Les 137 plus grandes sociétés françaises sont installées à l'étranger, elles font travailler 3, 7 millions de personnes, et 50 % de leurs activités se fait à l'étranger.

On n'a jamais assisté, dans toute l'histoire du monde, à une telle concentration des richesses.

La plupart des prêts se font contre un gage qu'il est facile de faire saisir. Un billet de 10 francs est créé pour une dette de 10 francs, et cette dernière doit être remboursée avec des intérêts. Il en résulte mécaniquement l'impossibilité d'émettre assez d'argent pour que tout le monde en ait assez. Aussi les habitants de la planète doivent-ils lutter férocement entre eux, ainsi subir une concurrence formidable, pour tenter de s'arracher les uns aux autres l'argent nécessaire aux gros prêteurs qui attendent d'être remboursés ; ceux qui se révèlent perdants dans cette lutte à mort se voient confisquer leurs biens. En ajustant l'intérêt à court terme (elles jouent sur les taux d'intérêt à court terme et sur les taux de change) les banques centrales tentent de réguler la quantité d'argent en circulation dans les banques commerciales, lesquelles agissent comme des multiplicateurs de monnaie (puisqu'elles prêtent à d'autres) ; il en résulte que les prix augmentent et que l'argent perd de sa valeur d'échange pendant que l'économie est supposée croître. Entre 2000 et 2018, a été opérée, par les banques centrales, une grande création de monnaie sous forme de dettes, ce qui produisit une illusion de croissance économique et suscita des bulles boursières et immobilières. Puis, prenant peur devant les bulles, les banques centrales ont fermé le robinet d'argent ; conséquence : les bulles explosent, crise des « *subprimes* » provoquée par les oligarques qui échangent l'argent-papier contre les métaux précieux, les terrains agricoles et à bâtir, les biens immobiliers, le pétrole et les parts du complexe militaro-industriel. H. Kissinger disait : « Si vous contrôlez le pétrole, vous contrôlez des nations entières. Si vous contrôlez la nourriture, vous contrôlez les populations. Si vous contrôlez l'argent, vous contrôlez le monde. » Les oligarques sont parvenus à marginaliser les quelques économistes de l'école autrichienne qui avaient aperçu le danger de la puissance des banques centrales.

S'il n'y avait ni création monétaire ni prêt à intérêt, les prix diminueraient et la valeur d'échange de la monnaie augmenterait. Selon Pascal Roussel, le pouvoir mondial peut être décrit tel un oignon qu'on pèle, en allant ainsi de l'extérieur vers le cœur. On trouve ainsi, en premier lieu, ce qu'on peut lire dans les médiats. Ensuite, on trouve les groupes lobbyistes et les politiciens. Puis on accède à la sphère du groupe Bilderberg (130 personnalités européennes et américaines, promotion d'un monde global, élite des affaires, organisme fondé en 1954 par David Rockefeller et le prince Bernhard des Pays-Bas) et du Council on Foreign Relations. Plus profondément, on découvre l'activité de la Trilatérale (400 personnes, issues d'Europe centrale, des États-Unis et de l'Asie-Pacifique, organisation fondée en 1973 par David Rockefeller et les banquiers centraux Volcker — ancien président de la FED, conseiller d'Obama — et Greenspan) ; on y prône une monnaie mondiale, et une banque centrale mondiale qui serait le FMI. Plus loin encore vers le cœur, on découvrirait certaines loges maçonniques. Enfin, au centre, se concentreraient des sociétés lucifériennes et une douzaine de familles qui ne sont pas toutes juives (les Rockefeller ne sont pas juifs). Ce sont ces dernières qui manipulent l'ensemble et acheminent le monde vers l'État mondial. Sur le long terme, le prêt à intérêt concentre automatiquement l'argent dans les mains des plus gros prêteurs qui ont intérêt à se faire désirer par les hommes politiques en quête de subsides pour financer leurs guerres et/ou l'emporter dans leurs rivalités politiques ; une fois introduit dans le monde politique, l'homme d'argent se fait fort de renverser les gouvernements forts et indépendants, en finançant les oppositions et les appétits de la populace, pour en venir à instaurer des sociétés démocratiques dans lesquelles, structurellement, c'est l'argent qui dirige puisque les dirigeants, dépendants des dirigés, sont contraints d'avoir recours à l'argent pour manipuler l'opinion dépositaire du pouvoir. La démocratie est un moment essentiel dans le processus d'exténuation de la souveraineté politique, lequel processus se consomme dans la substitution de l'économique au politique, pour en venir à repolitiser l'économique — mais au service d'une tyrannie — après que les religions traditionnelles, les familles, les nations, les cultures, les croyances, les mœurs et les races ont été noyées dans un magma informe de consommateurs passifs.

Ce qui précède peut aider à comprendre pourquoi un système objectivement si défavorable aux véritables intérêts des peuples peut être, sinon plébiscité, à tout le moins tacitement accepté par eux, nonobstant leur capacité à entrevoir ses vices et sa profonde iniquité. Comment une petite minorité, juive ou non, peut-elle parvenir à imposer sa loi au monde, à se subordonner les États, à préparer impunément leur disparition, à éradiquer toute conscience nationale, à programmer par miscégénation systématique la mort des peuples prospères au moyen de l'invasion de milliards d'affamés hostiles, à halluciner toute la planète avec cette religion de la « Shoah » imposée de manière lancinante par une élite restreinte qui se veut aristocratique, par là aussi ostensiblement antidémocratique ? La fiction monétaire requiert l'appui des États, la force des armes qui lui donne son crédit fiduciaire ; par exemple, si le pacte du Quincy de 1945 entre Ibn Saoud et Roosevelt n'avait pas eu lieu, où fut proposé aux pays du Golfe de leur garantir d'immenses revenus pétroliers pourvu qu'ils acceptassent d'exiger d'être payés en dollars (ce qui permet de maintenir artificiellement le taux du dollar dans le monde entier, et de faire des dettes que l'Amérique ne rembourse jamais puisque l'argent qu'elle fabrique *ex nihilo* ne fait jamais retour chez elle), si donc la puissance militaire des États-Unis, formidable, ne protégeait pas le système bancaire, ce dernier serait balayé en peu de temps, de sorte qu'on peut se demander pourquoi les États se révèlent dépendants, contraints d'obéir à un système qui ne les sert pas toujours, et même qui en dessert la plus grande partie et le plus souvent, alors qu'il ne vit que par eux.

Il y a à cela plusieurs raisons, qui tiennent toutes au fait que nombreux sont en dernier ressort les agents économiques à se faire complices de ce système, parce qu'ils y trouvent un intérêt, même s'ils ont une conception délirante et mortifère, à long terme, de leurs propres intérêts.

Tout d'abord, les pays hautement industrialisés produisent des marchandises à très haute valeur ajoutée, qui font croître régulièrement les PNB nationaux, mais dont l'écoulement exige un marché proprement mondial ; la France, troisième vendeur d'armes du monde, produit beaucoup plus d'engins de mort qu'elle n'en a besoin pour sa propre sécurité ; le même constat peut être fait à propos des exportations agricoles, ou des usines atomiques clés en main, etc. Ces entreprises exportatrices suscitent en retour, de la part des pays importateurs, en vertu de la loi de réciprocité des échanges, une arrivée massive de produits à faible valeur ajoutée, qui engendrent un chômage de masse dans les pays industrialisés, mais cela n'a pas d'importance économique parce que la balance commerciale peut rester positive d'un point de vue strictement comptable, même si, d'un point de vue social et politique, cette situation engendre des effets catastrophiques. Dans ces conditions, les entreprises exportatrices de produits à haute valeur ajoutée ont tendance à se constituer en cartels multinationaux qui ont besoin des liquidités que leur fournissent les banquiers pour entretenir leur production et leurs services de recherche et de prospection. C'est la première solidarité objective constatable entre monde industriel et monde financier. Deuxièmement, on a vu plus haut que l'esprit consumériste définitionnel du mondialisme bancaire est fondamentalement solidaire d'une mentalité démocratique à laquelle tient passionnément le dernier des chômeurs, au point que les classes moyennes spoliées ne sauraient faire le procès de l'oligarchie bancaire sans faire leur propre procès. En troisième lieu, les hauts dirigeants administratifs, dépendants des décisions politiques, tout comme le personnel enseignant des grandes démocraties modernes et le personnel politique lui-même, finissent par faire beaucoup de monde ayant intérêt à la prorogation d'un tel système. En dernier lieu, supposé qu'un pays en vienne à mettre de l'ordre chez lui, à se soustraire à ce climat d'interdépendance mondialiste, à consentir à revivre en autarcie pendant un temps indéterminé, les autres pays ne le feront pas en même temps que lui, et c'est alors que les oligarques bancaires infléchiront la politique des pays qu'ils continuent à contrôler pour rendre la vie impossible au pays rétif à leur joug. Pour que se produise une sortie viable du système économique anglo-saxon objectivement porté par une logique mondialiste, il faudrait qu'une puissance politique assez imposante pour se faire militairement redouter du reste du monde prît l'initiative de la révolte en mobilisant dans son sillage un continent entier apte à se développer en régime économiquement autocentré. Et il est clair que cette puissance, depuis la chute du Troisième Reich, n'existe pas. Par ailleurs, aucun consommateur moyen des pays dits « avancés » ne consentirait à payer le prix de l'indépendance en acceptant de faire retour à une économie à tendance autarcique, laquelle baisserait considérablement, pour un temps au moins, son « niveau de vie ». Autant dire qu'il n'y a rien à faire pour le moment, sinon attendre qu'une crise économique, qui sera probablement programmée — mais dont les instigateurs ne peuvent pas maîtriser de manière concomitante toutes les composantes et tous les effets, compte tenu de la complexité et de la contingence des choses humaines —, développe ses puissances douloureuses de dégrisement, au point de faire accepter aux masses la nécessité d'un sevrage consommatoire les habilitant à consentir au repli économique sur soi et au choix de risquer des guerres d'agression.

Le système du prêt à intérêt est profondément immoral, intrinsèquement pervers. Il convient de distinguer entre biens fongibles (qui se détruisent en étant utilisés, telle la nourriture), et biens non consomptibles (non fongibles, tel un appartement, pour lequel il est licite de distinguer entre la chose et l'usage de la chose). De manière générale, la justice commutative est fondée sur le principe de l'égalité arithmétique : on doit recevoir l'équivalent de ce que l'on a donné. Lorsqu'il est question d'un bien non consomptible, il est licite de vendre l'usage de la chose sans vendre la chose, puisque ce sont là deux réalités distinctes ; ce qui revient à dire qu'on loue la chose considérée. Mais dans le cas d'un bien fongible, la chose est identique à son usage, de sorte que faire payer la chose et exiger que soit aussi payé l'usage de la chose revient à la faire payer deux fois. Or l'argent est un bien fongible : en user, c'est s'en déposséder ; donc prêter de l'argent en exigeant un intérêt revient à se faire rembourser de la somme prêtée, tout en se faisant payer de l'usage qu'autrui en a fait, et cela équivaut à faire payer deux fois la chose due, ce qui est un vol pur et simple. Certes, on rend service au prêteur, mais tout service rendu n'est pas cession d'un bien. Le prêteur à intérêts profite d'un besoin d'autrui pour trouver occasion de s'enrichir, à la manière dont un conducteur d'automobile, pour qui il serait indifférent de se garer à droite plutôt qu'à gauche d'une place publique, décide de se garer à gauche parce qu'il sait que cela gênera un autre conducteur qui se trouvera dans l'obligation de le prier de changer de place, et qui sera disposé à le payer pour cela. Profiter du besoin d'autrui n'est pas lui vendre quelque chose. Le profit est légitime seulement quand s'associent un investisseur et un travailleur, l'un apportant les capitaux, l'autre les compétences, avec partage égal des risques. Le « *solidus* », pièce d'or copiée sur la drachme grecque, fut créé par Constantin en 325, année de Nicée, à Byzance, parce que les dettes avec intérêts avaient fait s'effondrer la puissance romaine ; aussitôt le prêt à intérêt aboli, l'or redevint central et l'on put assister à un grand bond économique sain. Mais diluer la composition du *solidus* impliquait que l'on coupât la main des banquiers fraudeurs. Le prêt à intérêt a quelque chose d'ignoble, en cela qu'il est comme la singerie satanique des vertus propres aux biens diffusifs de soi ; un bien spirituel s'enrichit du fait d'être communiqué, au lieu qu'un bien matériel est tel que sa communication exige sa division, ainsi son appauvrissement. Le prêt à intérêt est ce faux don qui rapporte au donateur et qui appauvrit le donataire, non sans le séduire par l'exacerbation de jouissances immédiates.

Autres informations complémentaires :

Tout État a besoin d'argent, qui lui est livré par une banque afin de remplir ses obligations. Quand il s'agit d'une banque d'État, il a le privilège de battre monnaie, c'est-à-dire de créer de l'argent *ex nihilo*, et il devrait être le seul à jouir de ce privilège ; il paie aux entreprises privées les travaux d'intérêt public qu'il leur commande au moyen de signes fiduciaires créés et garantis par l'État, qui serviront aux particuliers de moyen d'échange ; ces signes auront d'autant plus de valeur que seront plus abondants et plus précieux les biens qu'ils représentent et dont la production est facilitée et même rendue possible par la multiplication des échanges induite par cette création de monnaie.

Le but fomenté par les puissances privées insurgées contre le bien commun dont l'État a la charge a toujours été de lui ravir son privilège régalien de battre monnaie afin de se le subordonner à leur fin qui est de s'enrichir démesurément au point d'en venir à se substituer aux États. Il s'agit alors pour elles de réduire l'État au rôle de factotum, d'instrument de leur enrichissement par le moyen de la fiscalité. Les banques « prêtent » de l'argent qu'elles n'ont pas aux États qui les « remboursent » avec intérêts en ponctionnant une partie toujours plus importante des fruits du labeur des contribuables. Une telle création *ex nihilo* de monnaie dans la forme de prêts, ou « *quantitative easing* », permet aux banques de susciter une inflation qu'elles vont ensuite juguler en augmentant brutalement les taux directeurs, ce qui produit l'éclatement de bulles spéculatives et permet à ces banques d'accaparer à vil prix les produits dévalués.

Ainsi, le contrôle de l'économie exercé par les banques (rôle qui normalement n'est nullement le leur, qui se limite en droit à faciliter les conditions techniques des échanges) s'est opéré par le contrôle des monnaies d'une part, d'autre part par la préservation de l'anonymat des propriétaires contrôlant les grandes banques : s'il n'y avait pas anonymat, les peuples spoliés sauraient identifier leurs spoliateurs aisément, et en tireraient des conséquences politiques gravides d'une remise en cause du système bancaire mondial lui-même ; on y découvrirait beaucoup, mais vraiment beaucoup de familles juives.

La gestion des monnaies, condition de leur contrôle, est opérée par des banques centrales elles-mêmes créées par des banquiers privés ayant proposé leurs « services » aux États qui ont eu la faiblesse de les accepter. Officiellement, les banques centrales sont des banques privées organisées dans chaque État ; elles se présentent comme des banques d'État dont le rôle serait de faciliter les échanges, mais qui en vérité servent les intérêts exclusifs des banques elles-mêmes en faisant fluctuer au gré de ces intérêts les émissions de monnaies et les taux de crédit. Les multinationales rendent anonymes les vrais détenteurs de capitaux, à cause du nombre de sociétés qu'elles fédèrent (maintes filiales sont domiciliées dans des paradis fiscaux), à cause de leur intrication dans divers États, mais aussi de la disparité des systèmes juridiques auxquels elles sont théoriquement assujetties. Une telle organisation par les États eux-mêmes de l'anonymat des détenteurs de capitaux est un effet, entre autres choses, mais déterminant, du système démocratique dont les chefs sont dépendants de ceux qu'ils élisent : l'opinion publique doit être orientée et conditionnée par les oligarques bancaires grâce au contrôle de tous les faiseurs d'opinion, et les orientations données aux masses pour rendre possible l'élection de tel ou tel représentant dépendent de la servilité de ce dernier à l'égard des banquiers qui, de surcroît, financent sa campagne, et attendent de ces « bienfaits » autant de retours d'ascenseur. Il existe ainsi une solidarité logique, par là infrangible, entre despotisme bancaire et esprit démocratique, au point qu'il est impossible de trouver l'un sans l'autre. La puissance bancaire est si grande qu'elle influe sur les États afin qu'ils lui ménagent des paradis fiscaux et qu'ils élaborent à son profit des normes comptables (IFSR) et bancaires internationales qui leur sont le plus favorables.

La banque (centrale) d'Angleterre fut créée en 1694, la Banque de France en 1800 (son projet de création fut « suggéré » au Premier Consul Bonaparte par Jean-Frédéric Perrégaux, banquier anglophile de la Révolution jacobine et financier de la Terreur). La FED le fut en 1913 (entre autres par J. P. Morgan, Rockefeller, Kuhn & Loeb, Warburg, c'est-à-dire les Rothschild). La Banque des règlements internationaux (BRI, banque centrale de soixante banques centrales) le fut en 1930 en même temps que le plan Young qui faisait suite au plan Dawes permettant de rééchelonner la dette de l'Allemagne ; la monnaie en laquelle sont libellées les actions de la BRI est le DTS (« *Special Drawing Rights* », droits de tirage spéciaux), panier de monnaies destiné à remplacer le dollar, telle une résurgence du Bancor, cette monnaie que Keynes, porte-parole des intérêts de la City, voulait imposer au monde à Bretton Woods. Le système européen des banques centrales (SEBC) décidé en 1992 par le traité de Maastricht est entré en vigueur en 1999. Et la Banque centrale de la Fédération de Russie, membre de la BRI, date de 1990. Ces banques dites « indépendantes » du pouvoir politique officiellement vouées à conjurer l'inflation consécutive à des dépenses étatiques excessives sont contrôlées par des personnes privées habilitées, par ce procédé, à s'emparer des richesses de la planète. La stratégie actuelle de la BRI consiste à appauvrir la Russie en y raréfiant l'émission monétaire, tout en produisant trop de liquidités en Europe et aux USA pour susciter des bulles financières ; le but est de faire contrôler par les banquiers le pourcentage de DTS destiné à être détenu par la zone des USA, celle de la Russie et celle de la Chine : aucune zone ne doit l'emporter sur les autres, parce qu'une hégémonie compromettrait la genèse de l'État mondial destiné à se substituer à toutes les autorités étatiques existantes.

BIEN COMMUN

Le bien commun immanent, celui de la famille ou de la société politique, est le bien de la nature humaine, de l'espèce qui se veut en chaque individu puisqu'elle est raison des appétits qui portent vers elle, et l'invite, de ce fait, à l'aimer tel un bien auquel il est rapporté. Et quand il est enseigné que tout être aime naturellement Dieu plus que lui-même, c'est en ce sens que chacun, selon sa nature, tend vers le bien de son espèce, vers le bien commun immanent de son espèce, par là obéit à la loi que Dieu a placée en lui, tend à concrétiser au mieux cet aspect de l'essence divine qu'est chaque essence. C'est pourquoi, en aimant le bien commun, l'homme aime naturellement Dieu plus que lui-même, comme toutes les créatures. Mais par sa raison, l'homme sait que Dieu est transcendant, et il aspire naturellement à connaître celui qu'il sait être la cause première séparée. Son appétit volontaire est mû par sa raison, il faut bien connaître Dieu pour l'aimer.

Le bien commun est le meilleur bien du particulier, la part la plus précieuse de son bien particulier, *et* le bien propre du tout pris comme tout. Il est meilleur au titre de cause finale, en ce sens qu'il n'est pas aimé pour faire accéder chacun à son bien particulier qui aurait, lui, raison de fin ; si « cause efficiente » du bien désignait unilatéralement cette propriété du bien commun le réduisant à rendre possible l'accession au bien particulier, ainsi rendant les biens particuliers compossibles, il faudrait parler d'intérêt général et non de bien commun, et le bien commun ne serait que matériellement commun, sa communauté ou universalité relèverait de la prédication et non de la causalité. En vérité, il est le meilleur du bien particulier en tant qu'il est aussi le bien d'un autre. Mais le bien commun doit aussi être tenu, sous un autre rapport, pour le meilleur des biens, en tant qu'il est leur cause efficiente universelle. Le bien commun, en tant qu'il a raison de cause finale des biens particuliers, est un bien que l'on aime en tant qu'on lui est rapporté, et non en tant qu'on le rapporte à soi. Mais on ne peut aimer un bien auquel on est rapporté que si, d'une manière ou d'une autre, un tel bien se veut lui-même dans celui qui l'appète ; cela ne signifie pas qu'un tel bien, s'il est extrinsèque et subsistant (et tel est le cas, éminemment, de Dieu), serait incapable de s'aimer lui-même en dehors de et antérieurement à l'amour que les créatures lui portent ; cela signifie que ce qui aime un être en lui étant rapporté est finalisé par lui ; or la fin est première en intention, de sorte que celui qui aime, ayant raison de moyen, procède proleptiquement de la fin ; et donc son appétit procède aussi de la fin, et à ce titre elle est cause efficiente, car la cause efficiente est ce en quoi s'anticipe la cause finale. On ne peut aimer un bien en lui étant rapporté que s'il s'aime lui-même dans celui qui l'appète ; or s'il s'aime en lui, c'est que le désir qui porte l'aimant vers l'aimé procède de l'aimé, est posé par l'aimé dans l'aimant, ce qui ne peut se faire que si l'aimant procède lui-même de l'aimé qui se veut en ce qu'il aime, et c'est à cette condition que le bien commun est le meilleur du bien particulier ; le bien commun est immanent à ce qui n'est qu'une particularisation de lui, à savoir le bien particulier, si et seulement s'il est capable d'être tout entier et non totalement en chacune de ses particularisations, et il en est ainsi si les parties vivent de la vie du tout qui se *constitue* en elles, contractant ainsi, en tant que parties, le statut concomitant de moments du processus à raison duquel le tout s'atteint. Dire que le bien commun est tel au titre de cause efficiente, c'est signifier, quand on précise qu'il est aussi cause finale, qu'il est diffusif de soi, et qu'il est de son essence d'être diffusif de soi, de s'excéder en se donnant, de s'accomplir en se communiquant. Et il en est bien ainsi pour la raison suivante : ce qui est parfait ou absolu ne manque de rien, pas même de l'acte de manquer, de sorte qu'il se sacrifie, dans l'acmé de sa puissance, afin de se vider de soi-même — ainsi de se donner — et de se faire poser en retour par ce à quoi il se donne, contractant par là la forme d'une réflexion, s'habilitant à avoir ce qu'il est. Il n'est ce qu'il est qu'en l'ayant, il assume tous les degrés finis de perfection et s'en fait victorieux, et à ce titre il est tout entier et non totalement en chacun de ses moments, mais en retour chaque moment idéal, chaque essence des choses finies préexiste en Dieu, *et elle est Dieu considéré dans un moment de sa vie intestine infinie.* Aussi, à toute distance d'un émanatisme qui rendrait la création nécessaire et comme consubstantielle à son Créateur, Dieu accomplit dans sa Vie trinitaire (dont la raison finie ne saurait concevoir les moments comme des Personnes, bien qu'elle soit capable de reconnaître la nécessité de moments dans la vie intime du Bien), indépendamment de la création, ce processus intemporel identique à l'absolu repos (il est l'acte immobile de sa réflexion). Et Dieu se propose, quand il crée, de faire imiter sa geste éternelle par ses créatures : Dieu fait accomplir, par la procession de ses créatures, l'analogue fini de ce qu'il accomplit en Lui-même, exprimant en sa création, à partir d'un degré maximal fini de cette dernière, tous les degrés inférieurs de sa communicabilité. Et c'est en quoi les créatures, quoique non nécessaires à la vie divine, conservent dans leur comportement naturel les exigences de cette loi de la communicabilité qui définit le Bien : *il n'est tel que comme engendrant, et ce qu'il engendre l'aime parce qu'il s'aime en son fruit.* Ayant librement décidé de créer, Dieu ne peut pas faire que les créatures ne se comportent pas selon la loi de sa vie intestine. Dieu, en tant que bien commun extrinsèque, ne se constitue pas lui-même en posant ses créatures, mais, les ayant posées, il veut qu'elles se comportent comme s'il se constituait en elles, et c'est cela qui fait qu'elles aiment le bien commun tel le meilleur de leur bien propre, tout entier quoique non totalement en ce dernier : un être ne peut aimer un bien tel le meilleur de ce qu'il peut aimer, et en lui étant rapporté, il ne peut s'accomplir comme le moyen d'un autre, il ne peut se trouver en se donnant, que si, ce à quoi il se donne, se donne en retour à lui et se donne à lui-même en se donnant à ce à quoi il enjoint de se restituer à lui. Et parce que Dieu se connaît et s'aime et se veut lui-même, ses créatures le connaissent et le veulent et l'aiment et ne parviennent à se connaître, à s'aimer et à se vouloir elles-mêmes, qu'en le connaissant, en l'aimant et en le voulant. Si l'homme aime le bien commun comme se rapportant à lui, il trouve son bien dans l'acte de s'oublier, il s'affirme dans sa négation, en tant qu'il se fait affirmer par ce en quoi il se nie ; il faut bien qu'il soit définitionnel du bien de produire ceux qui l'appètent pour que ces derniers puissent s'affirmer dans leur négation, c'est-à-dire se nier dans ce qui les pose, s'accomplir en se sacrifiant. Au vrai, il est définitionnel du bien de se communiquer, mais il le fait souverainement en lui-même indépendamment de la création ; il reste que cette loi de la communicabilité du bien régit le comportement des créatures qui par définition imitent leur créateur (Dieu est l'Être même, elles l'imitent par le simple fait qu'elles sont, or cet Être est diffusif de soi, donc elles le sont autant que cela leur est possible, mais surtout, en tant qu'effets contingents de cette essentielle communicabilité du Bien, elles se comportent comme si Dieu se constituait en elles). Si le Bien est diffusif de soi au titre de cause finale (le Bien attire tout à lui) et non au titre de cause efficiente, alors cette loi de communicabilité définitionnelle du Bien est brisée : *les créatures ne peuvent aimer comme leur meilleur bien ce à quoi elles sont rapportées que si ce à quoi elles sont rapportées a superlativement raison de leur essence, car c'est en tant qu'il est leur essence que le bien peut les affirmer par l'acte à raison duquel elles se sacrifient en et pour lui.* Dès lors, *si le désir qu'éprouve la créature pour le bien commun n'est pas le désir de soi du bien commun en elle,* si la transcendance du bien commun extrinsèque est exclusive de son immanence, si donc le bien commun est tel au titre de seule cause finale et non — en quelque sens que ce soit — au titre de cause efficiente, s'il attire tout à lui sans se vouloir dans ce qu'il attire, s'il est aimé sans vouloir être aimé, ou plutôt (car même ceux qui refusent le caractère diffusif de soi du Bien professent que Dieu veut être aimé) si l'amour que les inférieurs lui portent n'est pas enraciné dans l'amour qu'il leur porte et se porte à lui-même, *alors l'homme sera tel que, s'il aime Dieu plus que lui-même, ce ne sera pas par l'appétit à raison duquel son essence — qui est sa raison — se veut en lui* ; il en résultera que la plus haute puissance de l'homme sera sa volonté supposée excéder potentiellement, en perfection, les vertus de l'intellect.

C'est donc par l'intromission de la réflexion ontologique (voir ici la rubrique portant ce nom) dans l'hylémorphisme qu'il est possible de maintenir toutes les exigences organiques du bien commun, ainsi toutes les exigences du politique, mais aussi celles du primat de l'intellect sur la volonté, sans verser dans le panthéisme. Si l'on se refuse à accepter cette intromission, on est contraint, pour préserver la transcendance du Créateur, de verser dans le surnaturalisme et dans le volontarisme : pour l'ordre naturel, primat du bien commun et de l'intellect, mais le rapport devrait s'inverser pour l'ordre surnaturel : primat du bien particulier et de la volonté ; il faudrait alors frustrer l'ordre naturel pour l'habiliter à recevoir la surnature.

En résumé :

Pour tendre vers un bien qui soit son meilleur bien *et* un bien auquel il est rapporté, un être doit se sacrifier, ainsi se nier, pour y être et s'y vouloir rapporté, mais tout autant il doit s'affirmer dans sa négation pour y tendre comme vers son bien le meilleur, ainsi comme vers ce qui l'accomplit. Pour s'affirmer dans sa négation, il doit tendre vers ce dont le propre est de l'affirmer, ainsi ce qui contient dans son essence cette vocation à l'affirmer. Mais un tel bien est alors tel qu'il est diffusif de soi au titre de cause efficiente, en ce sens que, s'il est diffusif de soi en tant que cause finale universelle aimée à raison d'elle-même, il est aussi diffusif de soi en tant qu'il est définitionnel de lui-même de se communiquer, et cela tend à faire considérer ce à quoi il se communique comme quelque chose qui lui est en dernier ressort nécessaire, par là consubstantiel. L'idée d'un bien commun immanent, tel le bien commun politique, ne pose pas de problème à la conscience du croyant, qui ne répugne pas à accepter que la cité est intrinsèquement dépendante de ceux qui s'inscrivent en elle et s'ordonnent en retour comme à leur fin à l'ordre qui la constitue. Mais si l'on ajoute — thèse indissociable de celle selon laquelle le bien a raison de cause finale et est aimé pour lui-même — que le bien est d'autant meilleur qu'il est plus commun, et que le bien absolument commun est Dieu, qui est séparé et créateur libre, alors la difficulté surgit, qui consiste dans le fait qu'un bien diffusif de soi au titre de cause efficiente est ce bien des néo-platoniciens, ce Bien qui est l'Un, qui fait nécessairement émaner de soi ses effets et ne les crée pas, ce qui compromet en dernier lieu la transcendance de Dieu, la contingence de la créature, et la liberté du Créateur. Quand on tient à maintenir, à bon droit, que le bien est d'autant meilleur qu'il est plus commun, et que le bien absolument commun est Dieu créateur, on est spontanément porté à nier que le bien commun soit diffusif de soi au titre de cause efficiente.

Pourtant, ce qui donne à un être de s'affirmer dans sa négation, ainsi de se faire affirmer par ce en quoi il se nie, c'est cette espèce de bien qui a pour lui raison de son essence, car son essence est en effet ce qui n'est que par lui (il en est l'individuation, elle n'a pas d'autre exister que celui de ce en quoi elle s'individue), lequel n'est que par elle : « *forma dat esse rei* ». Si donc l'on tient à ce que le bien absolument commun, qui est transcendant et divin, vérifie le réquisit de ce rôle assumé en chaque créature par l'essence de cette dernière ; pour que, en d'autres termes, Dieu soit superlativement l'essence de toute chose sans être aucunement substantiellement investi en aucune d'elles, il faut que l'essence de toute chose préexiste en Dieu et y exerce le rôle qu'elle exerce dans les créatures, à savoir celui d'un acte de réflexion : ce qui se fait affirmer par ce en quoi il se nie, c'est ce qui s'atteint réflexivement par la médiation de ce qu'il aime en lui étant rapporté, à savoir son essence qui, en retour, se fait aimer et affirmer par ce en quoi elle s'anticipe et qu'elle aime ou veut comme s'aimant ou se voulant elle-même en lui. En effet, si chaque essence préexiste en Dieu dans la forme d'une réflexion, alors l'être créé selon cette essence se comporte, nonobstant le caractère contingent de son existence individuelle, selon la loi de son essence et ainsi l'aime selon la dynamique à raison de laquelle elle s'aime en lui, se faisant le bien commun de tous les individus de son espèce. Et, en dernier lieu, pour que les essences préexistent en Dieu dans la forme d'identités à soi réflexives non ablatives de l'absolue simplicité de l'essence divine, il faut et il suffit que cette dernière soit elle-même une identité à soi réflexive dont les essences finies sont les moments hiérarchisés.

★ ★ ★ ★ ★

Texte tiré de *Fascisme et Monarchie*, par Joseph Mérel, Reconquista Press, 2018, § 30 :

« *Civitas homini, non homo civitati existit* » (*Divini Redemptoris, Acta Apost. Sedis*, 31 mars 1937, p. 79 : La société existe pour l'homme, non l'homme pour la société). On sait avec quelle absence de sobriété cette formule de Pie XI fut utilisée par les catholiques antifascistes. Prise à la lettre, elle contredit la philosophie d'Aristote : « (...) toute cité est un fait de nature, s'il est vrai que les premières communautés le sont elles-mêmes. Car la cité est la fin de celles-ci, et la nature d'une chose est sa fin (...) » (*Pol.* I 2). Elle contredit tout autant l'enseignement de saint Thomas d'Aquin : « *Totus homo ordinatur ut ad finem ad totam communitatem cujus est pars* » (*Somme théologique*, II^{a} II^{ae} q. 65 a. 1 : l'homme tout entier est ordonné comme à sa fin à la communauté tout entière dont il est la partie). « *Bonum commune est melius et divinius quam bonum unius* » (*Pol.* I, lect. 1 : le bien commun est meilleur et plus divin que le bien d'un seul). « *Imperfectum ordinatur ad perfectum. Omnis autem pars ordinatur ad totum sicut imperfectum ad perfectum. Et ideo omnis pars est naturaliter propter totum* (...). *Quaelibet autem persona singularis comparatur ad totam communitatem sicut pars ad totum* » (*Somme théologique*, II^{a} II^{ae} q. 64 a. 2 : L'imparfait est ordonné au parfait ; mais toute partie est ordonnée au tout comme l'imparfait au parfait ; c'est pourquoi toute partie est naturellement pour le tout [...] ; toute personne singulière entretient à l'égard de la communauté tout entière le même rapport que celui de la partie à l'égard du tout). Aussi, bien comprise, la formule de Pie XI doit signifier :

La société est l'instrument de l'acte par lequel l'homme parvient à sa fin ultime. Mais précisément cet acte suppose que l'homme tende comme vers sa fin à la réalisation en acte de toutes les virtualités de sa nature qu'est le bien commun, ou bien propre de la cité en tant que tout. Elle est donc pour l'homme en tant que, l'homme se subordonnant à elle, il prépare en cette subordination la subordination de lui-même à Dieu. Contre les jongleries verbales et personnalistes du démo-chrétien Maritain (subordonnant l'individu au bien commun de la cité pour faire de la cité l'instrument de la dignité de la personne), ou de la secte d'Emmanuel Mounier, la société est fin de l'homme en tant que personne, parce que la personne est indissociable tant de son individualité sociale que de sa nature spécifique.

« *Quanto forma magis vincit materiam, tanto ex ea et materia magis efficitur unum* » (*C. G.* II 68) ; l'unité de la matière et de la forme est d'autant plus parfaite (unité en laquelle la matière trouve son bien et sa perfection qui l'achève dans son ordre de matière) que la matière est plus parfaitement vaincue, ainsi niée, par la forme même ; ce qui revient à dire que l'acte à raison duquel la puissance est niée, est l'acte selon lequel elle est confirmée dans l'excellence de son statut de puissance. De même que l'acte s'anticipe dans la puissance dont il se fait provenir en la niant, mais en la confirmant par l'acte à raison duquel il la nie, de même l'exister s'anticipe dans l'essence dont il est l'acte et qu'il confirme dans le moment où il l'actue ; et de la même façon, s'il est vrai que le sujet est puissance de l'essence qu'il exerce, il est confirmé dans son statut de sujet d'exercice de l'essence par l'acte d'être actualisé par elle qui se le subordonne ; or la formalité de personne a raison de sujet de l'essence ou nature ; donc la personne est achevée dans son ordre de personne dans et par l'acte d'être subordonnée à l'essence qu'elle individue, qui se réalise en elle et qui la donne à elle-même dans l'acte de se la subordonner, de telle sorte que la personne trouve son bien le meilleur et son autonomie dans le fait de s'ordonner librement à l'essence dont elle est l'individuation. Or la cité, considérée avec les individus ou personnes qu'elle rassemble, réalise plus parfaitement l'essence humaine que chacun des individus qu'elle intègre ; donc la personne humaine trouve son bien le meilleur dans l'acte de se subordonner au bien commun. Et c'est dans le consentement à cette subordination que la personne s'habilite, au terme de la vie terrestre, à contracter le pouvoir de poursuivre sa vocation oblative, qui la parfait, en tendant vers un mode de réalisation communautaire de son essence plus intégrateur encore que le mode communautaire de réalisation politique de l'essence humaine ; il s'agit alors de la communion des saints, ou plus précisément de cette communauté humaine des âmes en quoi eût consisté le destin définitif de l'homme s'il avait été créé en état de pure nature, et que transfigure la grâce. Il en résulte que la personne ne se donne les moyens de transgresser sa vocation à se subordonner à la cité qu'en commençant par plébisciter radicalement cette subordination. *A contrario*, en freinant, au nom d'une conception erronée (personnaliste) de la dignité de la personne, sa vocation à se subordonner radicalement au bien commun politique, on détruit le pouvoir, en la personne, de transgresser l'excellence du bien politique, on la rive à sa finitude temporelle en croyant exalter sa dignité intemporelle. Il y a coextensivité, et non conflit, entre l'exigence *totalitaire* d'organicité de la cité, et la vocation extra ou supra-politique de la personne.

Ce qui vient d'être dit (la société est fin de l'homme en tant que personne, parce que la personne est indissociable tant de son individualité sociale que de sa nature spécifique) est corroboré par l'enseignement de Pie XII qui condamna l'éthique personnaliste en ces termes : « Seul existe cet homme concret. Et cependant, la structure de ce moi personnel obéit dans le moindre détail aux lois ontologiques et métaphysiques de la nature humaine (...). La raison en est que l'homme "existentiel" s'identifie dans sa structure intime avec l'homme "essentiel". La structure essentielle de l'homme ne disparaît pas quand s'y ajoutent les notes individuelles ; elle ne se transforme pas non plus en une autre nature humaine... » (*Allocution au congrès de psychothérapie et de psychologie clinique* du 15 avril 1953).

Et que la société soit fin de l'homme en tant que personne n'exclut en rien qu'elle soit, en même temps, l'instrument de la fin suprême de l'homme. Que la société n'ait qu'un statut de fin intermédiaire ne lui ôte pas son statut de fin.

Au reste, Pie XI précise : « La cité existe pour l'homme, l'homme n'existe pas pour la cité. Ce qui ne veut point dire, comme le comprend le libéralisme individualiste, que la société est subordonnée à l'utilité égoïste de l'individu. » La société est pour l'homme et l'homme est pour Dieu, mais elle est pour l'homme en tant que fin intermédiaire qu'il doit poursuivre à ce titre pour s'ordonner à Dieu en se rendant adéquat à son essence et en se subordonnant à l'injonction de cette dernière qui veut se voir réalisée dans toutes ses virtualités, c'est-à-dire dans ce tout d'ordre concret en quoi consiste la société prise avec les personnes qu'elle rassemble selon des relations réelles qui la perfectionnent. L'essence est mesure de la personne parce que la personne est l'individuation de la nature et non son heccéité (L'heccéité est un terme scotiste désignant une détermination formelle individuelle extrinsèquement surajoutée à la nature générique et spécifique, de telle sorte que le déterminant de la personnalité [*i.e.* de la subjectivité ineffable et insubstituable] est extérieur à la nature humaine : le Moi échappe à la causalité de l'essence).

Loin d'être finalisée par la personne, la nature ou essence se la subordonne en tant que, s'individuant en elle, elle la ramène à elle : « (...) *ultima naturae intentio est ad speciem, non autem ad individuum, neque ad genus* ; *quia forma est finis generationis, materia vero est propter formam* » (saint Thomas, *Somme théologique*, I[a] q. 85 a. 3 ad 4 : l'ordination ultime de la nature — tension vers ou « intention » — est dirigée vers l'espèce, mais non vers l'individu non plus que vers le genre ; parce que la forme est la fin de la génération, alors qu'en revanche la matière est pour la forme). Or : « (...) *suppositum significatur ut totum, habens naturam sicut partem formalem et perfectivam sui* » (*ibid.* II[a] II[ae] q. 106 a. 3 : la personne est entendue comme un tout, ayant une nature comprise comme sa partie formelle qui la perfectionne). Et on ne voit pas qu'un principe de perfection soit subordonné à ce qu'il perfectionne puisque « *omnis effectus naturaliter ad suam causam convertitur* » (*ibid.* : tout effet se retourne naturellement vers sa cause). Même l'« *actus essendi* » (l'acte d'exister qui est ce qu'il y a de plus intime dans le réel) « *sequitur formam rei* » (*ibid.*, *Compendium* c. 74 : il fait suite à la forme de la chose), de telle sorte que l'homme n'a pas une nature pour exister ; il existe pour réaliser les perfections d'une nature : « *Finis generationis uniuscujusque rei generatae est forma ejusdem, hac enim adepta generatio quiescit* » (*ibid.*,

Compendium c. 101 : la fin de la génération de n'importe quelle chose engendrée est sa forme ; en effet, une fois celle-ci obtenue, la génération se repose).

Dès lors la réalisation, par la personne et en elle, des exigences de son essence, n'est pas un bien qu'elle rapporte à soi mais un bien auquel elle est rapportée, ce qui, tout en appelant paradoxalement de la personne qu'elle ne se repose en son bien que dans un acte d'abnégation, ne laisse pas ce bien d'être son bien. Or cette réalisation est plus parfaite, comme on l'a vu, dans la cité concrète, qui intègre la personne, que dans la personne abstraite du tout vivant (la cité) qui la fait naître (comme cause seconde) et la voit mourir. Par conséquent la personne se rapporte à la cité concrète comme à sa fin, laquelle a le statut de moyen par rapport à la Communion des Saints. La société politique est pour l'homme en tant qu'elle n'est pas divine, c'est-à-dire en tant qu'elle n'est pas la plus parfaite des sociétés, la Société subsistante des Personnes divines que se subordonne en tant qu'expression de Son infinie fécondité la Nature divine.

Remarquons donc que c'est en quelque sorte lui-même que l'homme sert en servant la cité, en ce sens que l'accomplissement du moi consiste dans l'abnégation de lui-même en vue de l'actuation des virtualités de son essence. Le vœu objectif le plus profond du moi qui se sait tel qu'il est en vérité, à savoir l'individuation de la nature qui se concrétise en lui, dont il tient l'être et qui constitue sa fin, est précisément le service de cette fin. Si la cité terrestre n'est pas sa fin ultime, ce n'est pas tant parce que le moi serait ontologiquement supérieur à elle, que parce que ce mode de concrétion de la nature humaine qu'est la Cité, est impuissant à exiger du moi la radicale abnégation de lui-même qu'il désire : on ne peut crucifier pour la cité terrestre que sa propre existence temporelle.

Il est vrai que même une Communion des Saints, pourtant intemporelle, ne saurait, de soi, exiger l'abnégation totale du moi au tout, en ce sens que Seul Dieu, cause finale et première de Ses créatures (dont la bonté intrinsèque n'est qu'une bonté participée) a raison totale de fin ultime. Mais c'est parce que Dieu est suréminemment toute chose, *interior intimo meo*, plus présent à la créature qu'elle n'est présente à elle-même, c'est parce qu'Il est plus totalement la richesse ontologique de toute créature que n'en pourrait constituer la somme organisée de toutes les richesses créaturelles — qu'Il a raison de fin pour la personne créée : l'essence humaine est plus parfaitement réalisée en Dieu (dont elle est une Idée) qu'en la Communion des Saints, en la Communion des Saints qu'en la Cité terrestre, en la Cité terrestre qu'en l'individu personnel. « *Unumquodque suo modo naturaliter diligit Deum plus quam seipsum* » (*Somme théologique*, I^a q. 60, a. 5 ad 1) ; tout être aime naturellement Dieu même sans Le connaître positivement, puisque Dieu réalise superlativement toutes les perfections qu'appètent les créatures (cf. *C. G.* III 17-21 et 24). C'est pourquoi le vœu d'accomplissement abnégatif du moi ne se satisfait que dans la reddition de lui-même tout entier à son Principe subsistant, de telle sorte que se rendre à son Principe en crucifiant son indépendance exclusive, et se subordonner à la cité comme à une imitation du Principe, sont pour la personne humaine deux actes dont le second préfigure et prépare le premier qui l'induit. Dès lors, si la cité terrestre n'est pas la fin ultime de la personne, c'est bien plutôt parce que la finitude du bien de la cité, pourtant supérieur à la bonté intrinsèque de la personne singulière (mais inférieur à la bonté que peut appéter la personne) exclut que la personne trouve en cette subordination l'exinanition exhaustive d'elle-même qu'elle convoite. En d'autres termes, si la personne est en droit de s'insurger contre la cité, ce n'est pas parce qu'elle lui serait de soi supérieure, c'est bien plutôt parce qu'elle ne trouve pas en elle l'occasion ou la raison suffisante de s'y subordonner totalement, bien qu'elle y puisse se subordonner tout entière. « L'homme n'existe que pour la société, écrivait Louis de Bonald (*Bonald*, de Michel Toda, Éd. Clovis, 1997, p. 23), et la société ne le forme que pour elle : il doit donc employer au service de la société tout ce qu'il a reçu de la nature et tout ce qu'il a reçu de la société, tout ce qu'il est et tout ce qu'il a. »

« (...) *homo non ordinatur ad societatem politicam secundum se totum, et secundum omnia sua* (...) » (saint Thomas, *Somme théologique*, I^a II^ae q. 21 a. 4 ad 3 : l'homme n'est pas ordonné à la société politique selon tout lui-même et selon tout ce qu'il a). Mais, comme le fait remarquer Charles de Koninck (*De la primauté du bien commun contre les personnalistes*, Québec, 1943, p. 66), on ne saurait conclure de ce texte isolé que la société politique serait « en dernière instance subordonnée à la personne singulière prise comme telle ». Le commentateur antipersonnaliste explique brillamment que la formule signifie seulement que l'homme n'est pas ordonné à la seule société politique. S'il n'est pas selon tout lui-même partie de la société politique, c'est au sens où, lui étant ordonné selon le tout de lui-même en tant que citoyen, il ne se réduit pas au statut de citoyen de la cité terrestre. Mais il faut remarquer qu'il n'est pas, comme s'il était morcelable, citoyen par une part de lui-même cependant qu'une autre part de lui-même serait soustraite à une telle détermination. Il est en tant qu'homme tout entier mais non totalement citoyen de la cité terrestre, et tout entier et totalement (mais en puissance ici-bas) citoyen de la Cité céleste. C'est pourquoi, en dépit de ce qui fut souvent enseigné par des auteurs catholiques bien-pensants, la société civile n'est pas l'instrument de la santé physique et morale de la famille, dont le statut de première société ne lui confère pas pour autant le statut de cause finale : « (...) *sicut homo est pars domus, ita domus est pars civitatis* ; *civitas autem est communitas perfecta, ut dicitur in I. Polit. (cap. 1 et 2). Et ideo sicut bonum unius hominis non est ultimus finis, sed ad commune bonum ordinatur, ita etiam bonum unius domus ordinatur ad bonum unius civitatis, quae est communitas perfecta* » (saint Thomas, *Somme théologique*, I^a II^ae q. 90 a. 3 : de même que l'homme est partie de la famille, ainsi la famille est partie de l'État ; mais l'État est la communauté parfaite, comme le dit Aristote dans la *Politique*. Et donc de même que le bien d'un seul homme n'est pas la fin ultime mais est ordonné au bien commun, de même le bien d'une seule famille est ordonné au bien d'une seule cité, laquelle est la communauté parfaite).

L'interprétation ici proposée du texte de saint Thomas ci-dessus évoqué (*Somme théologique*, I[a] II[ae] q. 21 a. 4 ad 3) est confirmée par la suite immédiate de ce texte et par les commentaires qu'il appelle : « (...) *et ideo non oportet quod quilibet actus eius sit meritorius vel demeritorius per ordinem ad communitatem politicam* » (Pour cette raison il n'importe pas que tout acte humain soit méritoire ou non par référence à la communauté politique). En fait, saint Thomas veut établir dans cette question que tout acte humain comporte mérite ou démérite devant Dieu. L'objection était que l'acte humain emporte mérite ou démérite si et seulement s'il est rapporté à autrui, et que tous les actes humains ne sont pas rapportés à Dieu. Faut-il comprendre dans la réponse de saint Thomas que certains actes humains, par leur éminente dignité, devraient être soustraits au souci du bien commun naturel ? Cette lecture s'accorderait peu avec les formules suivantes : « (...) la piété filiale s'étend à la patrie selon qu'elle est en nous un certain principe d'être » (*quoddam essendi principium* : II[a] II[ae] q. 101 a. 3 ad 3) ; « (...) le bien et le salut de la multitude assemblée en société est dans la conservation de son unité, qu'on appelle paix (...) » (*De Regno*, I c. 2), de telle sorte que, puisque le bien commun a raison de fin, l'unité même de la cité a raison de fin, et non de moyen destiné à permettre à la personne de poser dans l'ordre naturel des actes immédiatement référés à Dieu et sans référence à la cité. En fait, saint Thomas ne veut nullement dire que certains actes humains, dans l'ordre naturel, transcenderaient en vertu de leur éminente qualité toute référence au bien commun politique. Il veut dire que ce dernier n'est pas assez commun, ou universel, dans l'ordre de causalité, pour se subordonner en les déterminant ou en les conditionnant tous les actes humains jusqu'aux plus humbles. Même nos actes les plus humbles, les plus privés, même ceux qui n'ont pas de rapport direct à autrui, emportent mérite ou démérite devant Dieu, parce que nous dépendons de Lui en tout, étant Ses débiteurs en toute chose.

Aristote enseignait : « Mais il en est de l'univers comme dans une famille où il est le moins loisible aux hommes libres d'agir par caprice, mais où toutes leurs actions, ou la plus grande partie, sont réglées ; pour les esclaves ou les bêtes, au contraire, peu de leurs actions ont rapport au bien commun, et la plupart d'entre elles sont laissées au hasard » (*Métaphysique*, XII, 10, 1075 a 18-23).

Ce qui relève du privé n'est « libre » du bien commun qu'en vertu de sa débilité. Le pinceau est tout entier ordonné au tableau (tout comme l'homme à la cité), mais la causalité du tableau appartient à l'ordre de la finalité sans appartenir à l'ordre de l'efficience, et c'est pourquoi certains attributs du pinceau, les moins importants (telle la couleur du manche) sont soustraits à la fin du pinceau ou ne la concernent pas. De ce que la cité n'est pas le premier principe d'existence de l'homme, certains actes humains privés ne lui sont pas référés. Corrélativement, la cité n'est pas fin ultime de l'homme, et même les actes privés de ce dernier emportent mérite ou démérite devant Dieu. Quant aux actes humains, dans l'ordre naturel, les plus élevés en dignité, ils emportent aussi bien entendu mérite ou démérite devant Dieu, mais en tant qu'ils sont ordonnés à la cité elle-même ordonnée à Dieu.

★ ★ ★ ★ ★

Parce qu'elle était une société d'ordres dégénérée — faute d'une identité nationale revendiquée — en classes crispées sur leurs privilèges la plupart du temps devenus obsolètes, la société d'Ancien Régime s'était rendue incapable de poursuivre un véritable bien commun. Fourvoyée dans la recherche de biens particuliers, qui ôtait toute légitimité à ses privilèges, la classe dirigeante en venait à requérir la religion réduite au statut de régulateur de la vie sociale : « Dans la religion, je ne vois pas le mystère de l'Incarnation, mais celui de l'ordre social. Quand un homme meurt de faim à côté d'un autre qui regorge, il lui est impossible d'accéder à cette différence s'il n'y a pas une autorité qui lui dise : Dieu le veut aussi ; il faut qu'il y ait des pauvres et des riches, mais ensuite et pendant l'éternité le partage se fera autrement. » Ce propos de Napoléon Ier (cité par Pierre Pierrard, *Histoire du Catholicisme*, Desclée, 1972, p. 260) aurait pu être tenu — et il le fut à sa manière — par un Voltaire.

« Le national-socialisme sait que la propriété individuelle et la libre disposition de ce qu'on a gagné sont le fondement de toute économie et de toute civilisation élevée. Mais le national-socialisme a également reconnu qu'il convient de tracer des limites à la reconnaissance de la propriété privée, principalement lorsque la possession de la fortune devient un instrument de puissance et d'exploitation, qui se tourne contre le bien de la communauté » (Gottfried Feder, cité par Johannes Öhquist, *Le National-socialisme, des origines à la guerre*, Avallon, 1989, p. 113).

De droit naturel, la terre a été donnée par Dieu à l'homme pour son usage, mais la Providence n'a pas déterminé les modalités d'organisation de cette propriété commune ; c'est à l'art politique, en tant qu'il inclut l'art du juriste, qu'il appartient de les fixer, de sorte qu'elles appartiennent au droit positif, qui explicite et actualise « *in concreto* » le droit naturel. Le droit (le « *jus* », τὸ δίκαιον), au sens strict et vrai, n'est pas l'ensemble des lois mais l'objet de la justice ; il est cette juste proportion, discernée dans les choses divisibles et ainsi partageables, dans laquelle on reconnaît la valeur de l'ordre en lequel elles sont réparties entre les possesseurs. Or le droit est toujours politique : il suppose un juge et des juristes qui supposent l'autorité souveraine de l'État. Donc les modalités privées d'exercice du droit naturel de propriété relèvent en dernier ressort de l'État, et ne sauraient ni lui être antérieures, ni lui être opposées, pour autant que l'État agisse conformément à l'ordre des choses, c'est-à-dire en vue du bien commun. Et c'est bien ce que dit Gottfried Feder.

Voir en complément « **Droits de l'Homme** ».

« BIEN-PENSANCE »

Voir « **Justice** ».

Lettre de Pierre Moreau au Frère Michel de la Sainte Trinité (CRC), du vendredi 16 juin 2000, restée sans réponse :

« Frère,

À la page 88 de votre ouvrage *Toute la vérité sur Fatima, le Troisième Secret (1942-1960)*, vous écrivez :

> "Les troupes allemandes avaient envahi la Pologne le 1er septembre (1939). Aussitôt une lutte impitoyable contre l'Église catholique avait commencé."

Douloureux, mais pieux souvenir, exactement. Il vaut la peine de le rappeler, notamment par cette nouvelle de l'agence Havas datée de Paris, le 4 septembre 1939 :

> "Voici le texte d'une déclaration faite aujourd'hui à la radio par le cardinal Verdier, archevêque de Paris :
>
> 'Le sanctuaire national de la Vierge, en Pologne, est en flammes. Les ennemis s'acharnent sur lui. Pourquoi cet attentat ? Espère-t-on décourager ainsi nos amis les Polonais ? Vain espoir. Depuis plus de 700 ans, ce sanctuaire est vraiment le cœur de la Pologne. C'est là que le grand roi Casimir, au XVIIe siècle, consacra officiellement son pays. C'est là que, chaque année, toute la vie polonaise vient demander à Marie sa bénédiction. C'est là, détail émouvant, qu'aux heures de la menace, le peuple polonais proclame son espoir et sa volonté d'indépendance. Le cœur de la Pologne saigne, mais il n'est pas mort, et au lendemain de cet attentat, deux grandes nations se lèvent pour la secourir.
>
> Les Polonais se souviendront que l'ennemi a osé porter la main sur leur Mère. Elle leur est désormais deux fois sacrée.
>
> Et quelles que soient les vicissitudes de demain, la Pologne, bénie par sa Vierge martyre et aidée par toutes les nations qui aiment la liberté et la civilisation chrétienne, retrouvera son indépendance et sa glorieuse destinée.'"

Le 6 septembre 1939, une autre correspondance de l'Associated Press communiquait de Berlin l'information suivante sur "la lutte impitoyable contre l'Église catholique qui venait de commencer". C'était une légère rectification de la nouvelle de l'avant-veille rapportée par Mgr le Cardinal Archevêque de Paris :

> "Une mission de cinq journalistes étrangers, dont moi-même, ayant à sa tête un diplomate neutre s'est rendue à Czestochowa, à la requête du gouvernement allemand, pour s'y rendre compte de l'état actuel du sanctuaire national polonais après l'avance des troupes allemandes.
>
> Elle l'a trouvé intact ainsi que la statue miraculeuse.
>
> Le supérieur de la communauté qui dessert le sanctuaire a déclaré que les offices s'y célébraient régulièrement comme par le passé, et a remis au chef de la délégation une déclaration écrite en ce sens."[4]

Il est donc bien établi qu'en disant qu'une lutte impitoyable contre l'Église catholique avait commencé sitôt après le 1er septembre 1939 en Pologne, vous affirmez le contraire de la vérité.

En revanche les Polonais sont assez mal placés pour faire la morale à tout le monde. Ce sont eux qui ont installé les premiers camps de concentration en Europe. Ils ont édifié un appareil terroriste qui a fonctionné, notamment grâce à ces camps, contre toutes les minorités entre les deux guerres.

La minorité allemande fut la cible de choix pour la Pologne nouvelle au lendemain de la Première Guerre mondiale :

> "Cependant, une épouvantable terreur se déchaînait. Les assassinats se multipliaient, les Allemands étaient torturés, mutilés, mis à mort, leurs cadavres souillés. Des villages, des châteaux étaient pillés, brûlés ou dynamités. Le gouvernement allemand a publié, à ce sujet, une série de Livres Blancs, illustrés de photographies, que le lecteur sensible fera bien de ne pas ouvrir. Les scènes qui ont été fixées par l'image dépassent en horreur les atrocités les plus difficiles à concevoir."[5]

Un autre auteur nous parle en détail de l'incitation au massacre des Allemands, en mai 1921. L'agitateur Korfanty procédait par voie d'affiche. Le résultat ne se fit pas attendre :

> "Des Allemands sont enlevés, et horriblement torturés avant d'être abattus. On retrouvera leurs cadavres mutilés placés dans des positions grotesques ou ignobles. Des villages et des quartiers entiers sont livrés aux

---

[4] Hermès, *Un cri dans la nuit, considérations sur la crise internationale* (G. Foets, Anvers 1er novembre 1939), p. 52 et 53. Et *Osservatore romano* (édition française) du 2 juin 1981, p. 6.

[5] *Le Martyre des Allemands en Haute Silésie (Actes de violence et atrocités commis par les Polonais durant la troisième insurrection en Haute Silésie en mai et juin 1921)*, (Publications officielles du Gouvernement allemand), cité par René Martel, *Les Frontières orientales de l'Allemagne* (Librairie des sciences politiques et sociales Marcel Rivière, Paris, 1930), p. 78, note 64.

bandes polonaises qui pillent, incendient, violent, assassinent tout ce qui est allemand."[6]

Ce n'est pas tout. Les Polonais ont voulu servir de détonateur pour la Seconde Guerre mondiale qu'ils appelaient de leurs vœux. Le jour même où l'Angleterre déclara la guerre à l'Allemagne, le gouvernement polonais publiait la directive n° 59, selon laquelle la minorité allemande pourrait être traquée comme du gibier.[7] Ce qui eut effectivement lieu, avec une recrudescence de rage, entre autres lors du dimanche sanglant de Bromberg qui était le 3 septembre 1939[8].

Le seul mobile nécessaire et suffisant de la conduite polonaise et de sa justification ne pouvait et ne peut être encore que la haine. Témoin, la déclaration de Lech Walesa :

> "Je ne recule même pas devant une déclaration qui ne va pas me rendre populaire en Allemagne : si les Allemands déstabilisent à nouveau l'Europe, d'une façon ou d'une autre, alors il ne faudra plus recourir à la partition de l'Allemagne, mais rayer purement et simplement ce pays de la carte. L'Est et l'Ouest disposent de la technologie avancée nécessaire pour exécuter ce verdict."[9]

Mais il n'y avait pas que les Allemands. C'étaient encore les minorités ukrainienne, russe, tchèque, hongroise, ruthène qui, avec l'allemande, constituaient un tiers de la population.[10]

Le 22 juin 1941, le jour de l'attaque préventive de l'Allemagne contre l'URSS, les Polonais ont pu choisir leur camp. Ils ont choisi le camp communiste avec les mœurs communistes et celles de leurs alliés philo-communistes. Ils ne s'en sont jamais départis. Ils sont pratiquement tous passés aux Rouges, clergé en tête.

Mais les Rouges furent bientôt dépassés en cruauté et en bestialité dans les déportations d'après-guerre, tellement que, de nombreuses fois, les femmes allemandes, pour échapper au viol par les Polonais, trouvèrent refuge dans les kommandanturs soviétiques.

Retenez au moins ceci, à jamais :

> "Le viol des femmes est un procédé de la plus honteuse barbarie que les troupes d'occupation puissent se permettre ; il est affligeant, mais il est

---

[6] Dominique Venner, *Baltikum : Dans le Reich de la défaite, le combat des corps-francs, 1918-1923* (Laffont, Paris, 1974), p. 246 et note 21.

[7] Juan Maler, *Verschwörung, Kriminalroman oder Tragödie* (Selbstverlag, Buenos Aires, 1980), p. 119.

[8] Insistions sur la date du *3 septembre 1939.*

[9] *Libération,* 4 avril 1990.

[10] James J. Martin, *The Man Who Invented Genocide, the Public Career and Consequences of Raphael Lemkin* (Institute of Historical Review, Torrance, USA, 1984), p. 17 et 18.

nécessaire de dire qu'il s'agit là d'une méthode de barbarie propre aux Alliés qui n'a jamais été employée par les Allemands."[11]

Le critère du viol est d'une extrême importance et c'est à cause de cette importance que les historiens corrects n'en parlent jamais. Ils préfèrent mentir par omission que de renoncer à la thèse acceptée sans contrôle du "nazisme persécuteur". Elle n'est, sauf démonstration contraire, qu'une calomnie de plus.

Pendant plus d'un demi-siècle les historiens accroupis se sont tus sur Katyn et ont laissé, dans le meilleur cas, planer le doute sur les auteurs de la tuerie. Les Soviétiques, à Nuremberg, ont fait inclure Katyn à charge de l'Allemagne. Ce mensonge criminel a tenu bon jusqu'à ce que Gorbatchev avoue l'imposture le 12 avril 1990.[12] En attendant les belles consciences ne voyaient pas d'inconvénient à siéger aux côtés de Roman Andreïevitch Rudenko qui s'était illustré déjà comme procureur durant les procès de Moscou.[13]

Pourquoi n'évoque-t-on jamais l'exemple de Mgr Joseph Tiso, le Président de la Slovaquie ? Il avait demandé et obtenu la protection du IIIe Reich et il fut traité par les autorités allemandes avec le respect et la déférence dus à son rang.[14]

Aux pages 91 et 92 de votre ouvrage, vous répétez la version ordinaire sur "le crime allemand" :

> "Au lieu d'entrer en URSS en libérateurs, les Allemands s'y comportèrent en ennemis impitoyables, avides d'opprimer à leur tour, tout aussi sauvagement, ces peuples slaves qu'ils méprisaient dans leur racisme stupide."

Souffrez-vous que je vous oppose l'avis de deux personnes qui, peut-être, en savaient aussi long que vous sur cette question : Fritz Erich Feldmarschall von Manstein et son défenseur, l'éminent juriste anglais Reginald Paget, lors du procès du premier, en 1949, à Nuremberg. Paget, qui était loin d'être fasciste, rendit hommage à son client ainsi qu'à l'esprit chevaleresque des soldats allemands sur tous les fronts occidentaux. Et il ajouta ce qui ne cadre pas très bien avec la thèse habituelle :

> "D'après la propagande russe nous croyions que les Allemands s'étaient battus à l'Est comme des sauvages. Les preuves dont nous avons disposé ne montrent rien de tel. Elles montrent au contraire que le soldat allemand, dans des conditions d'une cruauté inimaginable, a fait preuve de beaucoup de réserve et de discipline."

---

[11] *Défense de l'Occident*, mai-juin 1965, p. 68. « *The foulest atrocity occupation troops can commit is rape: sad to say, it is an Allied atrocity, not a German one.* » Pamphlets published from 1946 to 1978 by Boniface Press USA (Austin App, *No Time for Silence*, p. 75).

[12] Piotr Sopunenko, officier du NKVD qui a signé l'ordre d'exécution, est mort en paix en 1996.

[13] Rudenko lui aussi est mort, regretté par les siens, le 23 janvier 1981.

[14] Mgr Tiso est mort pendu en 1947 à Preßburg par les communistes aux mains desquels les Américains l'avaient livré.

On aimerait connaître des arguments de cette classe pour soutenir ce que vous avancez de contraire. Sans eux, il faudrait plutôt conseiller au lecteur d'acheter des romans.

Vous ne craignez pas d'écrire en votre page 92, note 4 :

> "La désorganisation du front russe et l'impréparation de l'Armée rouge lors de l'attaque allemande de juin 1941 ne laissent pas d'être mystérieuses."

Or il n'y a là aucun mystère, il suffit de savoir et de vouloir lire, Souvorov, par exemple.[15] On y apprend entre mille autres choses qu'il est faux de dire que Hitler a commencé la guerre à l'Est ; ce fut une guerre préventive. Il n'est pas exact non plus que l'Armée rouge n'était pas préparée. Elle était fin prête, mais pour l'offensive. L'opération allemande a prévenu l'attaque soviétique de trois semaines et nous a ainsi épargné le déferlement du communisme en acte et en armes sur le continent. Les hommes qui composaient cette troupe méritent le respect plutôt que la calomnie.

Veuillez agréer, Frère, mes salutations distinguées. »

À propos — entre des milliers de contre-vérités — de Jesse Owens dans un article Wikipédia :

« Une des légendes qui entourent la participation d'Owens aux Jeux raconte qu'Hitler, furieux de voir un Noir triompher, aurait refusé de lui serrer la main.

En fait, le 2 août, Hitler reçoit dans sa loge des athlètes allemands vainqueurs des épreuves du jour pour les féliciter, puis il quitte le stade avant que l'Afro-Américain Cornelius Johnson, qui a remporté le concours du saut en hauteur, ne reçoive sa médaille. Les officiels font alors savoir au chancelier allemand qu'il doit, soit féliciter tous les vainqueurs, soit n'en féliciter aucun. Hitler choisit de ne plus en féliciter aucun et rien n'indique que cette décision ait pu viser Owens en particulier.

Owens, pour sa part, affirma dans ses mémoires qu'Hitler ne l'avait pas snobé et lui avait fait un signe de la main lorsqu'il était passé devant sa loge : "Quand je suis passé devant le chancelier, il s'est levé, a agité la main vers moi,

---

[15] Victor Souvorov, *Le Brise-glace* (Olivier Orban, Paris, 1989). Ce livre valut à son auteur une lettre de son compatriote Soljenitsyne, comme lui-même ancien officier de l'Armée rouge : « La publication de ce livre revêtira une importance historique considérable, quand bien même votre théorie ne rencontrerait pas une entière adhésion et donnerait lieu à de vives discussions. Votre démarche est très précise et aucun détail n'échappe à votre attention. Par la même occasion vous remettez en mémoire du lecteur certains faits déjà connus, mais restés négligés jusqu'ici ou tombés dans l'oubli. Le travail de recherche que vous avez accompli est considérable, et cela, du point de vue de la langue russe, d'une manière fort élégante » (PUT Bücherbode, März 1990).

et je lui ai fait un signe en retour. Je pense que les journalistes ont fait preuve de mauvais goût en critiquant l'homme du moment en Allemagne" ("*When I passed the Chancellor he arose, waved his hand at me, and I waved back at him. I think the writers showed bad taste in criticising the man of the hour in Germany.*"). Et Jesse Owens ajoute à ce propos : "Hitler ne m'a pas snobé, c'est notre Président qui m'a snobé. Le Président ne m'a même pas envoyé un télégramme.", ajoutant également : "Après ces histoires d'Hitler qui m'aurait snobé, à mon retour aux États-Unis, je ne pouvais pas m'asseoir à l'avant des autobus, je devais m'asseoir à l'arrière, je ne pouvais pas vivre là où je le voulais", pointant du doigt la ségrégation raciale aux États-Unis de l'époque.

En 2009, le journaliste sportif allemand Siegfried Mischner affirme que Jesse Owens avait en sa possession une photo de lui-même serrant la main à Adolf Hitler, et dit par ailleurs avoir assisté en personne à la poignée de main, mais que la presse avait alors décidé de ne pas publier la photo pour ne pas donner une image positive du dirigeant du Troisième Reich. »

BONAPARTE

« Le 21 mars <1804>, à deux heures du matin, le corps du duc d'Enghien tombait criblé de balles au pied de la tour de la reine, dans les douves du château de Vincennes. Pourquoi se charger d'un véritable assassinat d'un prince certes pas innocent du sang de Français, puisqu'il avait porté les armes contre eux, mais qui n'était pas coupable des intentions criminelles que l'on lui prêtait <sa prétendue participation active aux tentatives d'assassinat du consul à vie> ? Instigateur de ce mensonge d'État, Bonaparte aura à l'avenir plusieurs occasions d'assumer ce rôle. Il ne se dérobera pas. Il ne transformera pas ce mensonge d'État en mensonge pour l'Histoire : "Si j'ai versé le sang, j'en répondrai encore mais sans colère et tout simplement parce que la saignée entre dans les combinaisons de la médecine politique. Je suis l'homme d'État. Je suis la Révolution française." » Le prétendant au trône, comte de Provence et futur Louis XVIII, avait écrit à Bonaparte pour l'inviter à rétablir les Bourbons, à la manière dont le général Monk avait rétabli la royauté après l'assassinat de Charles Ier. Bonaparte répondit : « Il vous faudrait marcher sur 100 000 mille cadavres. Sacrifiez votre intérêt au repos et au bonheur de la France. » (...) « Pour Bonaparte, incarnation unique de la Révolution française, l'Empire devenait la seule solution politique pour se placer, à l'intérieur, au-dessus des Français et, à l'extérieur, au-dessus des rois. » (Source : *Les Mensonges de l'Histoire*, Pierre Miquel, France-loisir, 2002, p. 270-271 et 262.)

Avec le recul du temps, et quand on sait mesurer les effets effroyables de la Révolution française, qui trouvent leur consommation dans le mondialisme contemporain, on peut se demander si le sacrifice de 100 000 hommes était véritablement excessif. Combien d'hommes serait-on en demeure aujourd'hui, en France, de tuer, si les idées de la Contre-Révolution trouvaient les moyens spirituels et matériels de se rendre victorieuses de la décadence ?

Le vrai contre-révolutionnaire est un révolutionnaire anti-révolution, et l'une de ses croix — la plus pesante peut-être — est de se savoir en demeure — à peine de se faire l'instrument involontaire de la subversion qu'il entend combattre — de rester, en périodes de troubles, du côté des réactionnaires contre les révolutionnaires, aussi longtemps qu'une authentique troisième voie n'est pas constituée. Cette troisième voie n'est pas la « synthèse » de la réaction et de la subversion, elle est la conversion de la réaction à ce que cette dernière a vocation à être pour ne point dénaturer ou laisser périr l'héritage dont elle est dépositaire, et sous ce rapport la troisième voie est une réinvention — ainsi une redécouverte et un approfondissement — du contenu intemporel de la Tradition. Parce que l'insurrection subversive est révélatrice des dysfonctionnements du camp de la réaction, il est tentant, pour le révolutionnaire anti-révolution, de s'imaginer que la troisième voie pourrait consister en une telle « synthèse ».

Et cela est d'autant plus tentant que ses ennemis les plus acharnés — par bêtise, par vanité, par égoïsme, par collapsus de toute audace — sont ceux auprès desquels il doit commencer par combattre contre les ravages de la révolution subversive. C'est à l'intérieur de la Réaction que doit naître la troisième voie, c'est dans l'élément de la première que celle-ci doit prendre son envol, quelque difficulté qu'elle ait à s'y maintenir sans dégoût. C'est ce que n'ont pas compris, parmi les nationalistes français, ces tenants du bonapartisme qui veulent voir en lui une préfiguration du fascisme.

Plébisciter le mal pour le faire accoucher de contradictions l'invitant à exercer sur lui-même sa négativité afin de le faire servir, par contrecoup consécutif à sa radicalisation, à la cause du Bien, c'est bien là une dialectique qui n'est permise qu'à la Providence, en ce sens que seul Dieu est capable de tirer le bien du mal ; aussi est-ce, dans le cas de la naissance du fascisme, né à gauche, vers la Providence qu'il convient de se tourner pour comprendre une telle genèse.

Si tout l'être du mal est d'être privation du bien, c'est encore au bien qu'il emprunte l'énergie l'habilitant à se radicaliser lui-même, ainsi à tirer de l'exténuation du Bien la puissance de se convertir en Bien, puisqu'il n'est jamais donné au mal de se radicaliser absolument, dès lors qu'il est intrinsèquement suspendu à ce qu'il conteste. S'il le fait, c'est qu'il est comme investi par la force du Bien qui ***se*** nie dans la position de son négatif, et qui s'y nie avec toutes les ressources de la puissance du Bien. Or ce pouvoir d'auto-négation du Bien, cette aptitude à demeurer auprès de soi en son identité bonne dans le moment crucifiant de sa déchirure ou altérité à soi, cela n'est donné qu'à ce qui est bon au point de maîtriser tous ses degrés de bonté, ainsi de se maîtriser lui-même, et tel est l'apanage exclusif de l'essence du Bien, non des créatures qui, toujours, *ont* une bonté qu'elles ne *sont* pas. Ce qui se contente d'*être* sa bonté sans jouir du privilège — pour l'*avoir* — de se mettre à distance d'elle sans cesser de l'être, c'est ce qui la subit et qui, par là, ne l'est pas véritablement, car autre est ce qui subit, autre ce qui est subi. Et ce qui l'a sans l'être ne l'est pas non plus absolument, étant autre que ce qu'il a : s'il a une bonté qu'il n'est pas, c'est qu'il n'est pas, considéré en lui-même, bon.

Le Bien est convertible avec l'être ; autant une chose a d'être, autant elle a de bonté, et en retour le mal, comme privation du bien, s'exténue lui-même en s'absolutisant puisqu'il n'*est*, comme mal absolument mauvais, que s'il se fait non-être. Si le Bien n'est tel qu'à proportion de son pouvoir d'assumer tous les degrés de bonté, ainsi d'avoir ce qu'il est, il assume aussi le degré nul de la bonté, c'est-à-dire la Bonté même considérée dans le degré zéro d'elle-même, laquelle coïncide avec le néant qui, radicalisé, faisant s'exercer sur lui-même la puissance de néantisation qu'il est, se convertit immédiatement en être. Or cette bonté, considérée dans le degré nul d'elle-même, comme moment obligé de la réflexion constitutive du Bien, est précisément ce que serait le mal s'il était réalisable, c'est-à-dire la privation radicale de toute bonté, laquelle, comme privation d'être absolue, serait aussi néant. Et c'est dans l'acmé de sa néantisation essentielle, qui le fait s'éclipser, que le mal absolu coïncide avec le Bien considéré dans le moment négatif de lui-même ; et c'est à ce titre seul — contre toute tentation gnostique, contre toute complaisance irrationnelle dans la négation du principe de contradiction (« *fair is foul and foul is fair...* ») — que le Bien et le Mal s'identifient. C'est peut-être ce que voulait dire sainte Catherine de Sienne au bienheureux Raymond de Capoue (voir ici la rubrique « **Catholicisme** »). Et c'est ce en quoi la perversité (« *perversus* » dit « renversement », inversion), l'attrait du mal pour le mal, peut se révéler séduisante ; on dit volontiers, à bon droit, que tout mal ne peut être convoité que « *sub ratione boni* » ; l'objet naturel de l'appétit en général est l'appétible, c'est-à-dire le désirable, et le désirable est le bon, de sorte qu'on ne peut aimer le mal comme mal, lequel n'est pas aimable ; mais précisément, si le mal comme mal peut se révéler désirable, c'est qu'il participe à sa manière du bien, non seulement en tant que tout mal est un certain bien qui nous prive d'un bien plus grand, mais encore en tant que le mal absolutisé coïncide « *materialiter* » avec le Bien. Et il est clair, ainsi qu'en fait mémoire saint Augustin au livre II de ses *Confessions*, que le mal comme mal est désirable : ce vol de poires n'était pas motivé par la bonté des fruits, qui étaient acides, mais par le simple plaisir de faire ce qui était défendu, tel un amour de notre propre difformité, non de l'objet qui nous rend difformes, mais de notre difformité même ; tel un désir de ce qui est gratuitement mauvais, sans autre sujet de malice que la malice elle-même. Et c'est aussi ce que voulait dire Baudelaire (voir ici la rubrique « **Art et beauté** ») : « la volupté unique et suprême de l'amour gît dans la certitude de faire le *mal* ». Vouloir réaliser le mal en sa pureté, c'est encore aspirer au Bien. Le mal moral, c'est-à-dire le mal, ce n'est pas ce qui séjourne dans la négativité, c'est ce qui ne l'assume qu'à moitié, et qui, par là même, ne s'y soustrait que de manière avortée. Dieu vomit les tièdes. Et les bien-pensants, les prudents calfeutrés dans leur vertu toute réactive, sont des tièdes. Mais en retour les prétendus audacieux s'engageant dans une troisième voie mariant le Christ et Bélial, la Réaction et la Subversion, la monarchie et le jacobinisme, césar et le robespierrisme, sont des bien-pensants qui s'ignorent.

Ainsi donc, certains fascisants français démangés par des nostalgies bonapartistes, quelque bien intentionné que soit dans leur esprit le recours à une telle référence, commettent la même erreur que les néo-fascistes prétendant à se définir par-delà la droite et la gauche, voire à se déclarer à gauche sous le prétexte qu'ils ne sont ni libéraux ni réactionnaires, et qu'ils se sentent excédés par la bêtise à front de taureau des réactionnaires bien-pensants. Le fascisme est de droite, l'hitlérisme est de droite, la Révolution anti-révolution est *la* droite.

BONHEUR

« Un travail réglé et des victoires après des victoires, voilà sans doute la formule du bonheur » (Alain, « Victoires », 18 mars 1911, *Propos sur le Bonheur*).

« La grande prétention au bonheur, voilà l'énorme imposture ! C'est elle qui complique toute la vie ! Qui rend les gens si venimeux, crapules, imbuvables. Y a pas de bonheur dans l'existence, y a que des malheurs plus ou moins grands, plus ou moins tardifs, éclatants, secrets, différés, sournois... "C'est avec des gens heureux qu'on fait les meilleurs damnés." Le principe du diable tient bon. Il avait raison comme toujours, en braquant l'Homme sur la matière. Ça n'a pas traîné. En deux siècles, tout fou d'orgueil, dilaté par la mécanique, il est devenu impossible. Tel nous le voyons aujourd'hui, hagard, saturé, ivrogne d'alcool, de gazoline, défiant, prétentieux, l'univers avec un pouvoir en secondes ! Éberlué, démesuré, irrémédiable, mouton et taureau mélangé, hyène aussi. Charmant. Le moindre obstrué trou du cul, se voit Jupiter dans la glace. Voilà le grand miracle moderne. Une fatuité gigantesque, cosmique. L'envie tient la planète en rage, en tétanos, en surfusion. Le contraire de ce qu'on voulait arrive forcément. Tout créateur au premier mot se trouve à présent écrasé de haine, concassé, vaporisé. Le monde entier tourne critique, donc effroyablement médiocre. Critique collective, torve, larbine, bouchée, esclave absolue » (Céline, *Mea culpa*, 1936, Éditions Huit, 2012, Québec, *Écrits polémiques*, p. 10-11).

Tout dépend de ce que l'on entend par bonheur. Au vrai, il est impossible de ne pas aspirer au bonheur. Même celui qui prétend se soustraire au souci du bonheur le fait encore parce qu'il juge préférable de le faire que d'y consentir, mais c'est là encore chercher à être heureux : il écarte une conception convenue et contestable du bonheur, au profit d'une autre, plus exigeante et plus vraie. Même le masochiste veut être heureux ; à sa manière délirante d'y aspirer il est à la recherche d'un bien dans l'épreuve de son mal. Même celui qui va se pendre, comme le dit Pascal, veut être heureux, et quand bien même une telle aspiration est toute négative : ne pas vouloir être malheureux, ce qui revient à vouloir ne pas l'être. Il en est ainsi parce qu'il n'est pas de bonheur sans désir, en tant que le désir s'aime lui-même et à ce titre est aimable et fait partie du Bien dont la possession constitue le bonheur (voir ici « **Désir** »). Et il n'est pas de désir sans souffrance, et de souffrance féconde sans consentement à la souffrance (*ibid.*). Mais le désir humain est infini précisément parce qu'il est réflexif : aussi excellent soit le bien extérieur convoité, il est incapable de combler le désir puisqu'il demeure en ce dernier une virtualité non comblée, à savoir le désir de se nourrir de son acte. C'est pourquoi le bonheur absolu est impossible sur Terre, et le début de la sagesse, avec la crainte de rater sa vie, ainsi de se tromper sur la nature du bonheur, consiste à prendre acte du fait que le bonheur terrestre est impossible.

Le désir humain ne se peut satisfaire que du Bien absolu, infini en acte, lequel n'est pas de ce monde et n'est commensurable avec le Bien — et il faut bien qu'il le soit, quelque éloigné qu'il soit de son Objet, sans quoi il ne saurait tendre vers Lui, puisqu'on ne manque que de ce qu'on requiert pour être pleinement soi-même — que sous deux rapports : d'une part en tant que l'absolu du Bien n'est tel qu'à proportion d'assumer dans lui-même, de toute éternité, tous les degrés relatifs de bonté que, de manière extérieure à lui et contingente, réalisent les créatures qui Lui sont extérieures ; d'autre part en tant que l'infini potentiel du désir et du manque est comme l'image inversée de l'infini en acte. La vie terrestre est donc une vie d'attente, et d'attente de Dieu, pour « nous préparer à le connaître tel qu'il se connaît, *à devenir des dieux nous-mêmes* » (sainte Thérèse de l'Enfant Jésus, *Histoire d'une âme*, lettre à Céline du 23 juillet 1888). Cela dit, l'attente est active, elle est responsable du terme en lequel elle se consomme ; le moment le plus important de la vie terrestre, c'est l'acte de la mort, qui décide des modalités de l'éternité. Toute notre vie se passe à apprendre à mourir, à nous disposer à bien mourir, à apprendre à faire le bon choix dans l'instant de la mort. Si l'essentiel de la vie est dans l'acte de mourir, c'est, encore une fois, parce que la vie a en soi-même la structure d'une victoire sur la mort qu'à ce titre elle plébiscite. Mais mourir est renoncer à soi, se conquérir dans l'acte de se quitter, et cela s'apprend tout au long de la vie, et cet exercice s'appelle opportunément l'ascèse. Mais on ne s'arrache aux biens finis que si l'on est capable de les aimer, de sorte que le Paradis appartient aux Violents, aux grands amoureux de la vie, à ceux qui savent aimer le monde pour s'en détacher, car c'est à l'énergie investie dans les désirs du monde que le désir de le quitter puise sa vitalité, sa vertu de revenir sur soi pour s'élancer plus haut. Il faut bien aimer les choses terrestres — les tressaillements de la chair, l'ambition et la gloire, la science et la joie de vaincre, l'ivresse du combat et le repos des guerriers — pour savoir les offrir en les crucifiant. Cela dit, la Providence nous aide en nous ménageant des croix, parce que nous sommes trop enclins à nous reposer dans la réitération du désir du fini, et le grand art du souci d'être heureux, c'est évidemment de savoir les accepter. Chaque croix est comme une anticipation de la mort, une manière pour le voyage de relancer son désir d'avancer en faisant se préfigurer, dans les moments de la vie, le contenu de son terme. Et en cela il est permis de comprendre que la souffrance a un sens, une signification et une direction, une raison d'être qui la rend bienheureuse parce que rationnelle. La grande tentation de l'esprit humain, c'est de remettre en cause le bien-fondé de l'acte de vivre en s'achoppant à l'expérience du mal, non seulement du mal moral dont on sait au fond qu'il est notre fait et non celui de Dieu, mais du mal dont on peut se croire innocent, et dont on est parfois innocent en tant qu'individu. Et c'est cette tentation qui, en dernier ressort, constitue le principal obstacle au désir — qui est un devoir — d'être heureux.

L'inclination est forte, quoique fondée sur une illusion, de raisonner de la manière suivante :

> « Je n'ai pas sollicité le fait d'exister, on ne m'a pas demandé mon avis ; je n'ai donc au fond aucun compte à rendre à personne, pas même à moi-même en ce qu'il m'est donné d'être — cet homme-ci, doté de telles misères congénitales, de tels talents, de telles limites, de telles tares, né en ce lieu-ci, avec ce corps-ci, cet héritage biologique, culturel, familial et social ; j'ai à la rigueur des comptes à rendre à moi-même — pour autant que je le décide — en tant que conscience qui se sait n'être aucune des déterminations par lesquelles il est convenu de définir ce moi que je suis ; on m'a imposé une règle du jeu que je juge inique, on m'a forcé la main, on m'a imposé de jouer à la vie alors que je n'en ai pas envie ; aussi donc suis-je en droit de refuser et les lois de la morale, et celles de la société, et celles de la religion ; la première des libertés étant de décider de ma vie, non seulement de ce que je vais en faire, mais encore de l'accepter ou de la refuser ; et bien entendu c'est à moi seul qu'il appartient de statuer sur ce que sera l'idéal de mon bonheur ; s'il est inaccessible, ce n'est pas ma faute, c'est celle de mes géniteurs, et de la société, et de Dieu s'il existe ; c'est pourquoi je tiens pour le comble de l'outrecuidance d'être mis en demeure d'apprendre à être heureux : n'ayant de compte à rendre à personne, je n'ai aucunement le devoir de faire l'effort d'être heureux pour rendre heureux mon prochain ; l'expérience première du mal, qui constitue le fondement de tout ce qu'il est moralement convenu de nommer "le mal", c'est l'impossibilité — ontologique — de choisir d'exister ; c'est pourquoi la possibilité du suicide est la seule forme que peut prendre en dernier ressort la revendication non biaisée d'une existence libre : s'il ne m'est pas donné de choisir mon être, mon acte d'exister et mon essence, à tout le moins m'est-il donné de le refuser. »

Évidemment, un tel discours est fondé sur un paralogisme inspiré par la mauvaise foi. Le moi et sa liberté n'existaient nulle part avant l'acte de notre naissance, nous ne sommes pas « jetés dans l'existence » parce qu'il faut exister pour être jeté ; c'est à la vie exercée, donnée dans un acte qui se réfléchit ontologiquement sur soi pour constituer le donataire, que puise l'homme révolté pour remettre en cause l'acte de vivre, c'est-à-dire pour le contester dans son contenu ou plus radicalement dans le fait même d'être posé. De sorte que l'insurgé métaphysique puise à ce qu'il conteste — ainsi le ratifie et fait l'aveu de son bien-fondé — pour le contester. Le suicide est objectivement une lâcheté fondée sur un mensonge. Et le révolté métaphysique confesse encore malgré lui qu'il est habité par l'incoercible désir d'être heureux jusque dans l'acte de choisir la révolte contre la vie ; car enfin, pourquoi la choisit-il, sinon parce qu'il juge la perspective héroïque de l'acceptation de soi tel le plus grand des maux ?

On ne fait jamais ce que l'on veut dans l'existence, c'est là un lieu commun ; on a toujours l'impression d'avoir raté sa vie, ou d'être en passe de la rater. En vérité, c'est seulement en ratant sa mort qu'on rate sa vie, et à la limite le dernier instant de sa vie suffit à la rédimer. Encerclé d'une part par le légitime souci d'actualiser ses talents, de servir une fin qui le dépasse, d'autre part par la dérisoire prétention à justifier son existence par des actes et des œuvres hors du commun, l'homme d'aujourd'hui tout particulièrement — mais en fait l'homme de toutes les époques — est toujours un peu tel le héros du *Désert des Tartares* de Dino Buzzati. Devenu, au terme d'une vie lourdement creuse toute tissée d'attente, grabataire incapable de participer à l'Histoire au moment précis où elle vient à lui, il a le sentiment d'être né trop tôt ou trop tard, comme si son époque ne le méritait pas. L'aspirant lucide au bonheur, qui se reconnaît n'être pas la racine du désir d'être heureux qui l'habite, sait — ainsi que l'a naguère montré Claude Bruaire — qu'il est congénitalement en dette de soi, puisqu'il est donné à lui-même, libre sans être son origine. Il est donc, structurellement, en position d'obligé à l'égard du Donateur. Parce que l'acte de se posséder est l'acte d'être donné à soi, l'acte de se reconnaître tel celui qui doit tout au Donateur est corrélativement l'invitation à prendre en charge ce don : on doit tout faire pour justifier ce don, sans jamais oublier qu'aucun acte humain ne justifie à proprement parler l'acte d'exister puisqu'il le présuppose ; on doit tout faire pour justifier ce don, mais dans un acte qu'on sait intérieur au don lui-même, et suspendu à lui. L'homme est invité à coopérer à la fructification du don qui lui est fait de lui-même à lui-même, ainsi à accomplir une destinée qu'il n'a pas choisie, et qui dépend de lui tout entière quoique non totalement, et tout entière et totalement de Dieu. Il doit agir et faire comme s'il était le résultat de son agir et de son faire, sans oublier que son agir et son faire sont autant de déploiements de son être.

Se proposer des projets terrestres invitant au dépassement de soi ; tendre vers eux sans souci de l'échec ; s'obstiner à les poursuivre même quand le souffle manque et sans jamais céder à la séduction démobilisatrice du « à quoi bon ? Je n'aurai jamais le temps » ; se livrer à des tâches qu'on sait ne jamais pouvoir achever, et accepter d'être fauché en plein travail sans voir les fruits de son labeur, mourir en combattant, c'est là sans doute, en effet, la formule du bonheur.

« BON SENS »

Voir ici « **Thomas d'Aquin** ».

« Le bon sens est la chose la mieux partagée car chacun pense en être si bien pourvu, que même ceux qui sont les plus difficiles à contenter en toute autre chose n'ont point coutume d'en désirer plus qu'ils en ont. En quoi il n'est pas vraisemblable que tous se trompent ; mais plutôt cela témoigne que la puissance de bien juger, et de distinguer le vrai d'avec le faux, qui est proprement ce qu'on nomme le bon sens ou la raison, est naturellement égale en tout homme ; et qu'ainsi la diversité de nos opinions ne vient pas de ce que les uns sont plus raisonnables que les autres, mais seulement de ce que nous conduisons nos pensées par diverses voies, et ne considérons pas les mêmes choses. Car ce n'est pas assez d'avoir l'esprit bon, mais le principal est de l'appliquer bien » (Descartes, *Discours de la méthode*, 1637).

Il y a bon sens et bon sens, et il y a une manière dépourvue de tout bon sens de définir le bon sens, qui consiste à l'opposer, unilatéralement, aux labeurs et « sophistications » de la raison discursive, ou encore à identifier le vrai au « simple » et au « clair », le faux à l'obscur et au difficile.

Le fou n'a aucun bon sens, s'il est vrai que le bon sens est cette disponibilité spontanée de la raison à l'égard de ce qui est, puisque le fou est, selon le mot fameux de Chesterton, celui qui a tout perdu, sauf sa raison : il raisonne à vide, à partir de chimères, et conclut à des chimères, c'est-à-dire à des monstruosités. C'est pourquoi il paraît abusif de réduire le bon sens à la raison, lequel enveloppe l'idée d'un usage raisonnable de la raison, c'est-à-dire ordonné à la réalité. Au sens strict, la raison est l'intellect en tant qu'il se meut ; si l'intellect est bien la puissance de « *intus legere* », « lire par le dedans », de saisir l'intelligible dans le sensible, l'essence dans les accidents, le nécessaire dans le contingent, l'universel dans le particulier, alors l'intellect est au fond la puissance d'induire, et la raison est la mobilité de l'intellect passant de la puissance à l'acte, pour induire mais surtout pour déduire, ainsi pour accéder du connu à l'inconnu, de ce qui est plus intelligible pour nous à ce qui est plus intelligible en soi ; et, selon cette acception, l'intellect parfait — qui comprend et qui sait tout sans labeur, pour lequel il n'y a pas d'inconnu et qui est toujours en acte — n'est pas raison, laquelle est dévolue aux esprits discursifs, c'est-à-dire aux esprits qui ne saisissent pas tout d'un coup, aux esprits qui ne sont pas seulement intuitifs. Ainsi est-on tenté de discerner, dans les esprits attachés à la manière exclusivement intuitive de s'exercer, des modèles d'intelligence, dont l'intellect sera d'autant plus intelligent qu'il sera plus méprisant à l'égard de la raison. Et ces esprits se targueront, par-delà et — en vérité — en deçà de toute rigueur rationnelle ou dialectique vite réduite à la sophistication amphigourique, de jouir du plus grand « bon sens ». Ce qui est la manière la plus certainement efficace pour tomber dans l'idiotie ordinaire :

> « Rien n'est si totalement, acharnément, aveuglément contraire à la sagesse que le bon sens » (*Principes et préceptes du retour à l'évidence*, Lanza del Vasto, Denoël, 1945).

Que tous les hommes se croient suffisamment dotés de bon sens prouve seulement que, dotés d'une intelligence limitée, mais ne disposant d'autre moyen pour en juger que la leur, ils ont toujours le *sentiment* d'en avoir assez ; tel est peut-être, au fond, le « bon sens », le sentiment d'évidence qui veut se faire passer pour de la certitude, l'attachement passionnel à la clarté, comme si la clarté elle-même n'était pas mystérieuse alors qu'elle est à sa manière éminemment obscure : tout raisonnement part d'une évidence et se résout en une évidence, et la raison ne rend pas raison de l'évidence dont elle part, puisqu'elle la présuppose, de sorte que l'évidence s'impose à la raison sans donner les raisons de sa force invincible, et c'est en quoi elle est obscure.

Si la raison est incapable de faire toujours un bon usage d'elle-même, ainsi de jouir du meilleur moyen de s'exercer, s'il y a des degrés dans l'excellence de cet usage, c'est qu'elle est elle-même limitée, c'est que tous les hommes ne sont pas également intelligents, puisque le choix des moyens en vue d'une fin est encore l'œuvre de la raison. Mais si elle est limitée, tout en sachant qu'elle l'est (ce qui l'habilite à s'ouvrir aux moyens adéquats pour pallier son indigence), c'est qu'elle est capable de s'objectiver sa limite, mais par le fait même elle prouve qu'elle est au-delà de la limite qu'elle se supposait, et qu'elle est potentiellement infinie. La raison se révèle ainsi à la fois limitée et illimitée : limitée en tant qu'elle est faillible, illimitée en tant qu'elle est dotée du pouvoir de s'objectiver. Or ce qui est à la fois fini et infini en même temps et sous le même rapport, ainsi contradictoire, n'est possible et réalisable que moyennant le dépassement de sa propre contradiction. Est concrètement infini ce qui se fait victorieux de la finitude qu'il assume, s'identifiant à lui-même par réflexion sur soi, ainsi selon un acte simple descriptible en termes de mouvement en forme de négation de négation ; si l'infini et le fini étaient exclusifs l'un de l'autre, ainsi que l'enseigne le « bon sens », alors il y aurait le fini « d'un côté », et l'infini « de l'autre » : on aime les choses claires, on répugne à l'obscur, on balaie d'un revers de main méprisant tout ce qui ne crève pas les yeux, c'est-à-dire — comme il va bientôt l'être attesté — tout ce qui ne rend pas aveugle ; et si le fini repoussait l'infini à distance de lui, l'infini ne prendrait pas « toute la place », et par là il serait lui-même fini ; il se révélerait tel le contraire de lui-même pour s'être obstiné à n'être que lui-même.

L'infini concrètement infini, c'est l'infini qui fait se renier en lui le fini en lequel il s'anticipe et qu'il réduit à un moment de sa propre réflexion, posant ce qu'il présuppose. En tant qu'il pose ce qu'il présuppose, il pose ce qui est vocation à se nier, à se faire fini. En tant que résultat de la négation originaire de soi, il est résultat de la négation de l'origine et, par là, se révélant telle la négation de la vocation à se nier de l'origine, il est tout aussi bien affirmation et négation de l'origine et, comme contradictoire, il est de l'être en puissance. Cela dit, le fini en lequel il s'anticipe est, dans l'extrême de sa finitude, superlativement fini et ainsi néant mais, comme néant de lui-même il est déjà de l'infini ; aussi le moment de finitude radicale de l'infini est-il tout autant aussi bien fini qu'infini. Il en résulte ceci : en tant que confirmation de l'origine, ainsi de sa vocation à se nier de cette dernière, le retour réflexif à soi-même de l'infini est confirmation de la position du fini, ainsi de l'infini dans sa négativité ; mais parce que la position de ce fini — qui, comme réflexion sur soi du néant, est déjà de l'infini — est position de cela même qui est unité contradictoire du fini et de l'infini auquel s'identifiait le retour à soi de l'infini, cette confirmation du moment de la finitude est objectivation de soi de l'infini en elle, c'est-à-dire libération, par l'infini, de sa propre contradiction constitutive et en retour position non contradictoire de soi de l'infini comme effectivement concret. On voit à travers cet exemple élémentaire que, si l'évidence est en droit le dernier critère de la certitude, il reste qu'il existe de fausses évidences (telle la disjonction du fini et de l'infini), et ce sont celles-là que le « bon sens » horrifié par les sinuosités de la dialectique prend pour argent comptant.

Le réel, comme la pensée en laquelle il se radicalise (le plus haut degré d'être est bien une Pensée), est bien le non contradictoire, mais il est tel seulement en tant qu'il est négation souveraine de la contradiction. Un discours apte à poser ce qu'il présuppose, c'est un discours rendant raison de lui-même et ainsi absolument rationnel ; mais puisqu'il est une réflexion, il a la forme d'un cogito qui est le modèle de l'intuition. Dès lors, intuition et discursivité s'identifient en s'absolutisant. L'intellect n'est absolument intellect, au-delà de toute raison laborieuse, qu'en tant qu'il consent à se faire raison pour être intellect. Et c'est pourquoi l'idée vraie est tout sauf l'idée « claire et distincte ». L'évidence est propriété de l'objet à connaître, elle est la clarté de son intelligibilité. Et il existe de l'obscur dans le réel, du confus non seulement pour nous mais en soi, parce qu'il y a solidarité entre degré d'intelligibilité et degré d'être, et qu'il existe en tout être une dimension d'irréalité, ou de décompression d'être, qui lui donne d'être en puissance à ce qu'il n'est pas comme à ce qu'il est, et qui l'habilite à devenir autre chose que ce qu'il est. Et c'est par la raison, en tant qu'elle se fait dialectique, à toute distance des revendications du « bon sens », qu'il est possible de circonscrire et de pénétrer quelque peu dans cette dimension ou dans ce moment de déréalisation de la réalité, requis par la réalité même en tant que condition de sa mobilité, et de sa diversité qui fait qu'elle est réalité effective.

Si le simple était exclusif du composé, il existerait un tout qui serait composé du simple et du composé, et qui sommerait le simple de *composer* avec le composé pour former ce tout, ainsi d'entretenir une relation avec son autre qui répugne à son essence : ayant, par contact ou contiguïté, une limite commune avec le composé, il faudrait distinguer, dans le simple, ce par quoi il se distingue du composé avec lequel il compose, et ce moyennant quoi il s'identifie à lui, à savoir leur limite commune ; mais s'il faut distinguer des parties dans le simple, c'est qu'il n'est pas simple. Ainsi, si le simple est exclusif du composé, il devient composé ou s'identifie à ce qu'il exclut. C'est donc en se faisant l'identité concrète de lui-même et du composé que le simple est effectivement simple.

Si, de manière générale, l'identité était exclusive de la différence, elle serait *différente* de la différence, et l'identité concrète se révèle telle l'identité de l'identité et de la différence, identité se différenciant au point de radicaliser sa différence d'avec soi afin de la faire se différencier d'elle-même pour lui enjoindre de se convertir à l'identité qui, identité encore contradictoire de l'identité et de la différence, se libère de sa contradiction en s'objectivant dans son processus, ainsi en réduisant le résultat du processus à un moment de ce dernier, par là en confirmant le moment de sa différence interne.

Si l'intérieur était exclusif de l'extérieur, il serait *extérieur* à l'extérieur, et l'intérieur n'est véritablement intérieur que pour autant qu'il est identité de l'intérieur et de l'extérieur, extériorisation intérieure et, de ce fait, seulement s'il accède au statut et à la dignité d'une intériorité ; un objet n'est véritablement intérieur à lui-même que s'il est un sujet, et c'est sous ce rapport que le réalisme n'est réalisme que s'il est idéalisme ; n'est réel que ce qui est une pensée, et le réel qui n'est pas de la pensée est une décompression de réalité parce qu'il est une pensée dégradée ; le Monde, comme le disait Ravaisson à propos du cosmos d'Aristote, est une pensée qui ne se pense pas suspendue à une Pensée qui se pense ; en tant qu'extérieur à l'extérieur, croyant par là être intérieur à lui-même, l'intérieur se révèle malgré lui extérieur à soi parce que, n'étant un intérieur que par rapport à cet extérieur, il se réduit, du point de vue de cet extérieur, à un extérieur.

Si l'universel était exclusif du particulier, il y aurait l'universel « d'un côté », et le particulier « de l'autre », mais par là, réduits à coexister en se juxtaposant, ils se révéleraient telles les parties d'un tout, et l'universel, contractant le statut de partie, serait particulier ; n'est véritablement universel que ce qui est identité concrète de l'universel et du particulier, universel se particularisant dans une manière d'être particulière qu'il fait se maximiser dans sa ligne de particulier afin de le réduire à un singulier qui l'achève, qui l'accomplit en le reniant : le singulier est la radicalisation du particulier, mais il est aussi sa négation, parce que ce qui est particulier est toujours collectif (une manière particulière d'être réalisé est toujours une manière parmi d'autres de le faire, et « la » particularité est ce qui est commun à tous les particuliers, de sorte que le particulier se révèle universel, et que le particulier doit se soustraire à lui-même pour ne point basculer dans l'universel), et que la négation du particulier est, par définition, l'universel lui-même ; le singulier, c'est l'identité de l'universel et du particulier ; comme unique, il ne compose avec rien en tant qu'il est le simple, c'est-à-dire ce qui nie souverainement la particularité qu'il ne confirme que rédimée et absoute en lui. Il est l'identité simple de toutes les particularités qu'il identifie concrètement en lui telle la puissance active à les poser, à la manière de la lumière qui contient en acte toutes les couleurs comme fondues en elle les unes dans les autres, indifférenciées en elle sans cesser de puiser en elle comme au principe de leur différenciation.

Si l'être était exclusif de l'avoir, il y aurait « d'un côté » ce qui est son être, et « de l'autre » ce qui se contente d'avoir son être ; mais, par là, ce qui est son être, en répugnant à le posséder, en viendrait à dégénérer en quelque chose qui se contente de l'avoir sans l'être :

Ce qui a son être ne l'est pas, donc il est non-être, il n'est pas ; mais il doit avoir un être pour être le sujet qui a l'être ; on dira qu'il est puissance à être, mais il doit avoir un être de puissance pour être puissance à être, et s'il a cet être de puissance, on est renvoyé à l'infini (il est puissance à son être de puissance à être, etc.) ; pour n'être pas renvoyé à l'infini, il doit être son être de puissance pour être puissance à être, et par là il doit être ce qu'il a ; en retour, ce qui est son être ne l'a pas, mais par là il n'en dispose pas, il ne le maîtrise pas, donc il ne l'exerce pas, donc il le subit, mais autre est ce qui subit, autre ce qui est subi, et ainsi il n'est pas l'être qu'il est, il ne peut l'être que s'il l'a. Or avoir ce qu'on est, c'est n'être pas ce qu'on est (pour l'avoir) et être ce que l'on n'est pas (puisqu'on l'a). Il y a de l'être seulement si ce qui est n'est pas ce qu'il est. Mais ce qui est ce qu'il n'est pas, c'est ce qui est contradictoire, et ce qui est contradictoire n'est pas. L'être semble s'identifier au non-être.

Le poète allemand Heine, dans *Tableaux de voyage*, imagine un dieu ivre s'échappant du banquet divin, et se livrant au sommeil ; il rêve, il ne sait pas qu'il crée ce qu'il rêve, le monde créé est un songe de dieu, et ce monde retourne dans le néant quand le dieu se réveille. C'est une manière poétique de poser le problème suivant : Dieu est l'être même, de sorte que le monde ajouté à Dieu n'enrichit l'être en rien ; Dieu n'a pas besoin de créer et Dieu peut renvoyer le monde dans le néant. Et pourtant le monde n'est pas un rêve de Dieu, le monde a une consistance ontologique propre, une épaisseur d'être réelle, non seulement pour le monde mais encore pour Dieu, et c'est au reste pourquoi le monde ajoute à la gloire de Dieu, ou manifeste cette gloire, et la grandit en la manifestant. On peut certes dire que le créé n'est, doté d'un exister propre, qu'en tant qu'il a en propre une décompression d'être, un certain néant dont la perfection d'être s'affecte, de sorte que l'être du créé ne fait pas nombre avec l'être de l'incréé, l'être qu'est l'incréé. C'est vrai du point de vue de la quantité de perfection : le créé n'ajoute aucune perfection, il consiste dans un déficit de perfection. Il reste qu'il est doté d'un exister propre, et que cette communicabilité de l'être parfait est définitionnelle de sa perfection, et c'est en quoi l'acte de créer n'est pas absurde, de sorte que cette décompression d'être est encore un aspect de la bonté de l'être, elle participe de cette bonté, elle est donc superlativement assumée par l'être en tant qu'être et absolument être, lequel se révèle n'être de l'être que comme victoire sur le néant. C'est pourquoi ce qui est son être n'est tel qu'en tant qu'il l'a, et il est l'identité concrète de l'être et de l'avoir en tant que, dans le moment intemporel de l'acte circulaire de sa néantisation, lui qui est négation du néant qu'il assume, il est en position d'avoir ce que — en tant qu'il s'atteint par réflexion — il est.

Hegel nomme « côté abstrait ou relevant de l'entendement » ce moment de la vie de la raison qui sépare et décrète souverainement exclusifs l'un de l'autre les extrêmes qu'il pense clarifier en les distinguant ; il nomme « dialectique ou négativement rationnel » ce moment de la vie de la raison dans lequel ces extrêmes, comme malgré eux, s'identifient contradictoirement l'un à l'autre pour se repousser ; il nomme « spéculatif ou positivement rationnel » ce dernier moment de la vie de la raison dans lequel la raison est proprement rationnelle, parce qu'identité concrète de l'entendement et du dialectique. Et l'on est invité à se demander si la philosophie réaliste, en sa sagesse, est parvenue à se rendre absolument innocente de toute scorie d'entendement génératrice d'apories. On s'apercevra, au terme de l'inventaire des apories résiduelles du thomisme, que le vrai réalisme est un dépassement de l'idéalisme assumé :

Dieu est son acte d'être ; Dieu est l'acte de se savoir ; l'acte de se savoir est réflexion ; donc l'être en tant qu'être est réflexion, c'est-à-dire pensée ou idée pensante. « Être en tant qu'être » signifie : « du point de vue » de l'être, mais aussi « ce par où » il est être ; or ce « ce par où » est la référence à l'essence absolue de l'acte d'être, ainsi à ce dont toute l'essence est d'être au sens où il est l'essence de l'acte d'être. Si Dieu est l'essence de l'acte d'être qu'en retour Il exerce, Dieu est l'identité concrète de l'être et de l'avoir, et tout ce qui vient de Dieu, toute créature, à l'image de son Auteur, exerce selon un degré fini, sans être la raison suffisante de la réflexion qu'elle exerce, cette identité inchoative de l'être et de l'avoir. L'être en puissance, notion-clé du réalisme, entendu comme *puissance* à être et comme *être* en puissance — c'est-à-dire ce qui, comme *puissance* à être, n'est pas, puisque ce qui est puissance à quelque chose n'est pas ce à l'égard de quoi il est en puissance, mais qui, comme *être* en puissance, doit bien être doté d'un être de puissance pour être puissance à être —, cela semble mettre à mal le confort des fanatiques du principe de contradiction, et au reste le propre de l'être en puissance est bien de faire s'identifier les contraires et les contradictoires, cependant que l'être en puissance *est* (il est de l'être, il n'est pas « *flatus vocis* »), de sorte que le premier principe de la pensée, fondé sur l'opposition de l'être et du non-être, semble fragile, cependant qu'on ne peut se passer de cette notion d'être en puissance pour rendre intelligible l'être en général, non seulement l'être fini ou contingent, mais même l'être absolu : l'Acte pur est puissance active, il est l'acte d'être qu'il n'est pas en tant qu'il l'exerce.

Le principe de non-contradiction, principe suprême de la pensée et de l'être, n'est pas ce qui répugne au contradictoire, car si le non-contradictoire était exclusif du contradictoire, il serait *contradictoire* au contradictoire. Dans le *Compendium* (c. 133), l'Aquinate enseigne que « *intellectus autem divinus cognoscit res per essentiam suam, in qua sicut in primo principio virtute continentur non solum forma, sed etiam materia ; et ideo non solum universalium, sed etiam singularium cognitor est* » : Dieu, intelligence infinie, connaît tout, connaît toute chose dans son essence intime — aussi bien ce qu'il y a de matériel que ce qu'il y a de formel en elle — dans et par la connaissance de sa propre essence qui de ce fait contient superlativement non seulement la forme mais aussi la matière de toute chose ; mais il enseigne aussi que Dieu n'a pas d'idée spéciale de la matière seule, mais du composé (*de Veritate*, q. 2 a. 5 ad 7), ce qui revient à dire que l'être en puissance est inintelligible non seulement pour nous mais en soi, non seulement pour l'intellect fini mais aussi pour Dieu, cependant qu'il est aussi en Dieu puisque la matière préexiste de toute éternité en Dieu. Force est sous ce rapport de confesser que, sans aucunement compromettre l'absolue simplicité de Dieu, non plus que sa définition d'Acte pur, l'essence divine a la forme d'une éternelle victoire sur le néant qu'elle assume.

On doit passer par l'idéalisme pour fonder le réalisme. C'est la condition d'un dépassement du réalisme considéré en son état brut, comme philosophie du « bon sens » (« explicitation du sens commun ») et de l'évidence qui « crève les yeux », comme on dit, c'est-à-dire qui est tellement indubitable qu'elle rend aveugle et qu'elle enferme dans un faux dogmatisme qui rend idiot et satisfait d'être idiot en confondant intransigeance et arbitraire ; il s'agit de dépasser ce faux bon sens entendu comme « bon sens » lesté de présupposés contestables, c'est-à-dire reposant sur des pétitions de principe ; passer par l'idéalisme pour sauver le réalisme, c'est la condition d'un retour au réalisme à partir d'une position idéaliste, pour autant que cette dernière, à laquelle renvoient les apories du réalisme, est en retour révélée comme logiquement intenable, mais en ce sens qu'elle se sublime, ainsi s'achève, dans la réhabilitation du réalisme, et d'un réalisme enrichi par ce détour grâce auquel il surmonte ses apories résiduelles.

Selon le côté abstrait ou relevant de l'entendement, il est nécessaire d'être thomiste ; selon le côté dialectique ou négativement rationnel, il est nécessaire d'être hégélien ; selon le côté spéculatif ou positivement rationnel, il faut être thomiste au sens suivant : non être thomiste comme saint Thomas le fut en son temps, mais comme saint Thomas l'eût été s'il vivait aujourd'hui, après la chaotique remise en cause du thomisme en quoi se réduit, en son fond, toute la philosophie moderne. « Saint Thomas est un phare et non pas une borne » (Lacordaire). Et c'est moyennant l'assomption de ces trois moments qu'il sera possible de dépasser la crise moderniste en laquelle les responsables de l'Église catholique se fourvoient.

On comprendra alors pourquoi le fascisme doit être entendu comme principe de réfection de la monarchie, même si cela fait bondir les monarchistes en tant qu'il est négation de la staticité des Ordres sociaux définitionnels de la monarchie, et de la fixité de son principe théologique de légitimation. La monarchie rationnelle, se ressourçant dans l'organicité du fascisme en lequel elle se remet en cause et se risque, est l'identité concrète de la monarchie et du fascisme.

Dieu Un en Trois Personnes, cela fait bondir les monothéistes : il y a des relations en Dieu, et les relations, qui sont en droit des accidents, qui même sont le plus infime des accidents, et pourtant ce mode d'être le plus infime, absolutisé, devient, en Dieu qui est l'Être, le fondement de la substance et de toute substance. L'identité divine est donc l'identité concrète de l'identité et de la différence, tout comme l'immobilité divine est la sublimation de toute mobilité. Et si le mot « raison » est pris en son acception thomiste, il faut dire que l'Intellect divin ne transcende la mobilité de la raison discursive qu'en tant qu'il l'assume.

Dans la messe, il y a seulement acte de rendre présent le sacrifice du Calvaire, et en même temps il y a renouvellement de cet acte, sans quoi la messe offerte n'aurait pas de fécondité propre. Pour qu'il y ait deux actes, cependant que le deuxième est simple présentification du premier en tant qu'il en fait mémoire, il faut que le premier soit déjà renouvellement, car alors sa présentification est son renouvellement ; il est son propre renouvellement en tant qu'il est, comme acte historique accompli au Golgotha, l'acte de révéler quelque chose de ce que Dieu est et fait de toute éternité, indépendamment du monde et d'un esprit créé : victoire éternelle sur la mort assumée. La mort du Christ au Golgotha, c'est-à-dire la mort que vit la Personne du Fils en tant qu'Il assume l'humanité mortelle, c'est-à-dire encore la mort de Dieu puisque le Fils est Dieu, est le résultat de la décision contingente, prise par Dieu s'incarnant, de renouveler, dans l'élément du créé, l'acte éternel par quoi le divin est Dieu. Et parce que l'événement du Golgotha est déjà un renouvellement, alors la messe est en soi, comme sa simple présentification, son renouvellement tout autant.

★ ★ ★ ★ ★

Rappelons les apories résiduelles du thomisme.

La première aporie tient dans le rapport entre participation, causalité, et analogie : le thomiste nous renvoie de l'une à l'autre pour expliquer chacune d'elles, et l'on se retrouve dans un cercle. En effet :

La participation est l'acte de participer à une perfection, elle suppose la participabilité, c'est-à-dire l'aptitude du participé à se communiquer sans se perdre ; comment pouvoir être tout entier et non totalement en chacun des participants ? Comment se donner à chacun tout en se conservant pour se donner le loisir de se donner corrélativement à d'autres ? On répond par la doctrine de l'analogie : une même perfection se dit analogiquement de deux sujets, en tant que l'un des deux est cause du premier, et c'est l'analogie d'attribution : Dieu et la créature sont « sages », en tant que la sagesse de Dieu est cause de la sagesse de l'homme ; ou bien on convoque l'analogie de proportionnalité propre : « sage » se dit de Dieu et de l'homme en tant que la sagesse de l'homme est à l'homme ce que la sagesse de Dieu est à Dieu. Mais alors se pose la question de la raison de l'analogie. Si la perfection considérée était totalement investie dans ses modes de réalisation, en sorte qu'il fût impossible de la dégager pour la connaître telle qu'elle est en elle-même indépendamment de ses modes, elle s'identifierait à eux, et l'esprit serait incapable de la reconnaître en eux, de voir ce qu'il y a de commun à eux ; comment distinguer entre analogie de proportionnalité propre et analogie de proportionnalité métaphorique, sinon en ayant accès à la raison de l'analogie, qui doit être univoque ? Et si seule doit être retenue l'analogie d'attribution comme fondement de l'analogie de proportionnalité propre, si donc en dernier ressort c'est la doctrine de la causalité qui rend raison de la doctrine de l'analogie, encore faut-il que soit établi que ce qui est premier dans un genre (et en vérité, quant à l'être, ce qui est premier transcende tous les genres) est cause de tout ce qui appartient à ce genre. Mais c'est là tenir le principe de causalité pour analytique, et la chose est éminemment contestable (voir ici la rubrique « **Dieu (existence de)** », § 6). Il est donc nécessaire d'introduire une dimension d'univocité dans l'analogie, à peine d'expliquer la participation par l'analogie, l'analogie par la causalité, et d'être renvoyé à la participation pour expliquer la causalité.

Au reste, la doctrine de la causalité pose elle-même le problème de l'immanence de l'acte moteur au mobile ; le moteur, qui est son acte, qui est d'autant plus moteur qu'il est plus immobile, doit avoir son acte pour le donner, et cet acte ou perfection doit être libéré du moteur et de son mode de réalisation en lui pour être donné au mobile et s'approprier à un mode de réalisation nouveau qui convient à ce dernier, puisque la causalité, acte commun du moteur et du mobile, est l'acte même du moteur en tant qu'il est dans le mobile invité à s'assimiler à son acte moteur reçu, à se l'approprier, à le mesurer en se l'appropriant. La perfection actuelle considérée doit donc avoir, pour être perfection *communicable* et recevoir son mode d'être adéquat de ce à quoi elle se communique, une consistance ontologique indépendamment de tout mode, et en même temps, pour être, ainsi pour être *perfection* communicable (il faut être, pour être une perfection), elle doit avoir un mode d'être qui — afin d'être ce qui est reçu, modifié et mesuré ou limité en tant que reçu, ainsi valoir pour tout ce qui est susceptible de la recevoir — soit celui de la perfection considérée en sa plénitude, comme parfaite, illimitée ou absolue ; mais, en troisième lieu, elle doit demeurer auprès de soi, ne rien perdre de ce qu'elle donne, ne rien perdre de soi en se donnant, à peine de passer dans ce à quoi elle se donne, de s'exténuer et de se perdre dans son don, et en retour de réduire à elle-même toutes les choses qu'elle perfectionne en leur étant communiquée tel cet acte du moteur reçu par le mobile. La perfection communiquée tel l'acte du moteur posé dans le mobile doit ainsi se communiquer sans se perdre, se déposséder d'elle-même sans cesser de s'appartenir, ce qui est possible si et seulement si elle *est*, indépendamment de l'acte de se donner à l'autre, l'acte de se donner elle-même à elle-même, car alors, plus elle se donne, plus elle se possède, confirmant dans son don l'acte d'être qu'elle est. Et ce dont la forme est de se donner soi-même à soi-même est ce qui s'atteint et se pose par réflexion, ce dont l'identité est celle d'une différence rédimée, ce dont l'auto-affirmation est négation de sa propre négation ; dans cette perspective, ce qui est immanent au mobile, c'est le moteur lui-même, mais dans le moment de son absence à lui-même ou de sa différence d'avec lui-même, c'est lui-même dans sa négativité ; c'est sa négativité qu'il communique et fait se réfléchir dans l'élément du mû ainsi actualisé par la négation de la privation dont il était affecté et en vertu de laquelle il était en puissance à devenir ce à quoi il advient par la causalité du moteur. La perfection considérée en elle-même dans son mode d'être parfait ou absolu, c'est-à-dire cette même perfection considérée, en tant que négativité, indépendamment de tout mode, doit contenir en elle-même tous ses modes d'être qu'elle fait s'identifier en elle bien qu'ils soient exclusifs les uns des autres : l'essence humaine individuée en Jean n'est pas l'essence humaine individuée en Pierre, la bonté divine n'est pas la bonté créée, l'essence en tant qu'abstraite dans l'intellect est une idée qui n'est pas l'essence en tant qu'individuée dans les choses parce qu'elle est ces choses mêmes, et l'essence entendue comme Idée divine se confond avec l'essence divine, de sorte qu'elle n'est ni notre idée des choses ni les choses elles-mêmes ; la perfection doit donc assumer superlativement, dans la simplicité de son identité à soi positive, ou actualité pure, tous les degrés ou modes finis de sa réalisation *ad extra*, et elle doit, dans le moment de son identité négative avec elle-même, les contenir comme identifiées les unes aux autres comme autant de différences indifférenciées entre elles en et comme être en puissance ; il faut que l'être en puissance soit intérieur à l'être en acte, il faut que l'acte soit en soi victoire sur l'être en puissance qu'il assume et qu'il repose ou confirme sur le mode de puissance active ; les modes de réalisation de la perfection diffèrent dans leur positivité, ils s'identifient dans leur négativité ; or cette négativité est accessible par la créature, dans la conscience de soi, comme on le montrera dans la rubrique « **Dieu (existence de)** », § 10.2 ; c'est ainsi en sachant qu'on sait, qu'on sait la perfection en dehors de tout mode, ainsi la raison de l'analogie, c'est-à-dire la saisie univoque de ce qui est analogiquement réalisé dans les participants, mais non pourtant une saisie qui serait la possession positive de l'absolu en son actualité. Si la raison de l'analogie était totalement immergée dans les analogués, il ne serait pas possible de la reconnaître en eux, parce qu'elle s'identifierait à chacun d'eux, lesquels sont différents. Elle doit donc être appréhendée en dehors de ses modes finis de réalisation, et pourtant comme différente de son mode infini.

Le même problème se pose au reste à propos de l'abstraction en général, même quand elle opère sur des choses de même espèce ; il faut bien que ce soit la même espèce pour qu'on puisse identifier ce qu'il y a de semblable entre les choses de même espèce, et que cette espèce soit visible dans les singuliers même si elle y est individuée ; c'est que — comme il l'est évoqué dans l'aporie du *Ménon*, reprise dans le *Phédon* — l'acte de se poser la question de ce que c'est que cette chose qu'on a en face de soi, est en dernier ressort un acte qui présuppose la précognition de son essence ; c'est la saisie non réfléchie, par l'esprit, de l'essence de cette chose, qui est le moteur, en cet esprit, de la recherche, par ce dernier, de cette essence :

L'intellect agent est acte, il est donc intellection, il est donc intelligible en acte et intelligent en acte, il est donc sujet-objet, réflexion, identification à soi réflexive (il devient lui-même en tant qu'autre), et de ce fait, puisque toute intellection s'actualise dans l'engendrement d'un verbe, il produit un verbe en lequel il se connaît. L'intellect possible est objectivation de soi de l'intellect agent, et à ce titre il est un verbe ; mais, comme s'actualisant dans la prolation d'un verbe, il produit des verbes et à ce titre il se comporte avec eux comme un sens qui se signifie en eux ; il est tous les sens, toutes les essences dans leur négativité ; aussi, quand il s'objective dans son verbe, lui qui était devenu la chose à connaître en recevant sa forme, il se connaît et se reconnaît en cette forme, mais par là connaît confusément toutes les formes, et il les connaît comme indépendantes du mode de leur réalisation dans les choses comme du mode de leur réalisation dans l'esprit, puisque leur mode de réalisation dans l'esprit est celui de verbes objectivés par l'intellect, alors qu'ils sont ici non des essences objectivées mais des essences entendues comme principes d'objectivation. C'est donc bien dans la conscience de soi que s'opère la saisie de l'« *ens commune* », de la raison d'étant en général, non selon le mode de sa réalisation positive et parfaite (plénière) en Dieu, non selon le mode de sa réalisation positive et imparfaite (participée) dans la créature individuelle. On retrouve bien l'idée du néant comme point de suture entre l'infini et le fini. L'« *ens commune* », c'est le terme asymptotique d'une « *abstractio formae* ». « *Materialiter* », c'est, comme néant, la même chose qu'une « *abstractio totius* », c'est l'être avec toutes ses différences ou l'infini actuel positif considéré dans son essence mais dans le moment de son absence à lui-même, dans le moment de l'assomption de son absolue pénurie. Et c'est là l'infini de perfection d'être en tant que se disant de ce qui identifie *et* de ce qui différencie les êtres, tel est ce « *maxime ens* » de la *Quarta via*, mais considéré indépendamment de tout mode de réalisation particulier. L'« *ens commune* », c'est l'idée d'être entendue telle une connaissance potentielle de Dieu, et c'est la forme *a priori* de l'intellect car nous connaissons toute chose sous la raison d'être : « *primo in intellectu cadit ens* » (*In Metaphysicam Aristotelis* I 2).

La deuxième aporie résiduelle dans le thomisme concerne l'existence d'un désir naturel de Dieu.

« Il faut reconnaître que l'énergie avec laquelle saint Thomas défend la valeur propre de notre intelligence, maintenant son indépendance de la foi en philosophie, expliquant son mécanisme naturel complet : **son rôle spécificateur dans l'action volontaire, son ascension progressive, poussée par une sorte de "désir" naturel de voir l'essence même du premier être, Dieu**, toutes ces ramifications de son intellectualisme lui donnent une grande place dans le système » (François-Joseph Thonnard, A.A., *Précis* <thomiste> *d'histoire de la philosophie*, 5e édition, Desclée, 1966, p. 364).

Le cardinal Louis Billot S.J., dans *Tradition et modernisme, De l'immuable Tradition contre la nouvelle hérésie de l'évolutionnisme*, Courrier de Rome, 2007, page 156 : « (...) par nature la volonté a pour objet le bien suprême et absolu.

Elle peut certes en pratique décider d'identifier ce bien suprême à des biens particuliers aussi différents que le plaisir, les richesses, les honneurs et ainsi de suite. Cependant, il y a un seul bien qui correspond vraiment, et pas seulement en apparence, à la définition du bien suprême et ce bien est la bonté par essence, c'est-à-dire Dieu. » Peu suspect de modernisme, il confesse l'existence d'un désir naturel de Dieu, qui s'exprime certes négativement (il est le principe de tous les désirs) mais réellement (aucun bien particulier ne comble le désir humain).

Si la grâce est requise pour que l'homme parvienne à sa fin ultime, c'est, semble-t-il que l'homme ne dispose pas, dans sa nature même, des conditions suffisantes à son épanouissement, de sorte que la nature semble mal faite. Saint Thomas répond (*Somme théologique*, I^a^ II^ae^ q. 5 a 5 ad 1) : ce que nous pouvons par nos amis (la grâce déiforme l'homme, elle rend possible l'amour de charité qui consiste à aimer Dieu tel un autre soi-même, à Lui vouloir du bien), c'est quelque chose qui s'accomplit comme si nous le pouvions par nous-mêmes.

Mais c'est là une réponse verbale, car si la grâce est gratuite, elle exclut d'être due, elle aurait pu ne pas être donnée ; qu'en eût-il été si elle avait fait défaut ? L'homme, après la chute d'Adam, était justement promis à l'enfer si Dieu n'avait, par amour, décidé de le racheter ; mais que se fût-il produit si l'homme avait été créé « *in puris naturalibus* » ?

Les successeurs de saint Thomas ont proposé, pour aller vite, deux réponses : le « désir-velléité » (auquel saint Thomas lui-même a parfois recours), et le « désir-puissance obédientielle ». Tantôt on déclare que le désir naturel de Dieu n'est qu'une velléité et non un véritable désir en attente de son actuation, qu'il est analogiquement semblable au désir de voler mais que cela est impossible du fait que l'homme n'est pas doté d'ailes, de sorte qu'un tel désir, s'il n'est pas transfiguré par la grâce, reste à l'état de velléité et en vient à s'éclipser. Ou bien on déclare que le désir naturel de Dieu n'existe pas, mais qu'il existe en l'homme une puissance obédientielle, dont l'homme n'eût même pas connu l'existence si la grâce ne l'avait pas actualisée, qui par là ne se fût pas manifestée comme une exigence, et que cette puissance obédientielle est l'analogue dans l'esprit de ce que sont dans les corps ces puissances servant de sujets à l'opération surnaturelle des miracles, laquelle opération ne répond nullement à un besoin naturel inscrit par la nature dans celui qu'elle habite.

La difficulté liée à la première réponse est que l'objet d'une velléité est tel que la volonté peut y renoncer après que l'intellect lui a signifié que son objet relevait de l'impossible, et que c'est en ce renoncement que la tension velléitaire de la volonté se résout et trouve son accomplissement. *A contrario*, le désir naturel de Dieu coïncide avec la « *voluntas ut natura* » puisque par nature la volonté tend vers son objet qui est le bien universel, ainsi le bien parfait[16] ; c'est

[16] « *Sola natura rationalis creata habet immediatum ordinem ad Deum, quia ceterae creaturae non attingunt ad aliquid universale, sed solum ad aliquid particulare, participantes divinam bonitatem vel in essendo tantum, sicut inanimata, vel etiam in vivendo et cognoscendo*

au reste dans la mesure où aucun bien fini, à elle proposé, ne la nécessite, qu'elle est libre à son égard, ainsi qu'elle peut le choisir ou le refuser ; il ne devient nécessitant pour elle que dans la mesure où elle le rend tel ; la volonté n'est libre de ses actes à l'égard des biens finis que parce qu'elle est nécessitée par le Bien absolu qui la focalise par nature et la pré-ordonne à lui : même le démon aime la déité, mais il refuse de la chercher en Dieu ; on ne délibère en dernier ressort que des moyens. Or il est possible dans l'hypothèse du désir-velléité de délibérer à propos du bien considéré : la volonté soucieuse de vouloir raisonnablement décide souverainement de renoncer à un bien dont elle sait qu'il n'est pas accessible, elle cesse de s'obstiner à exercer un désir inchoatif qu'elle sait vain ; jugé inaccessible, l'objet d'une velléité est supposé pouvoir être révoqué par la volonté. Donc ou bien Dieu n'est pas le bien absolu, ou bien il n'y a pas de velléité à l'égard de Dieu.

Considérons la solution de la puissance obédientielle. Si cette dernière est une puissance numériquement distincte et non solidaire des autres puissances naturelles d'appétition, l'actuation de cette dernière suscite dans la créature un mouvement vertical l'invitant à s'arracher au monde pour s'attacher à Dieu, quand les puissances naturelles, supposées rivées à l'immanence, ne cessent de faire valoir leur droit, au point que l'homme se révèle dans l'hypothèse comme déchiré entre deux fins conflictuelles, et se voit mis en demeure de choisir de frustrer systématiquement la nature au profit de la surnature, ce qui est la définition du surnaturalisme, qui est la version théologique de la schizophrénie. Il en est de la puissance obédientielle des théologiens comme il en est de cette contradictoire perfectibilité rousseauiste appelant son actualisation culturelle cependant qu'elle n'est pas le principe d'un progrès mais d'une dépravation, de sorte que l'homme selon Rousseau est invité à choisir de demeurer en cet état de nature que sa nature lui prescrit tout en suscitant en lui le désir vain de se civiliser.

Une esquisse de solution consiste en ceci :

Le propre du Parfait est de maîtriser sa propre perfection au point de se faire assomptif dans lui-même de tous les degrés de perfection, jusques au néant dont l'être absolu se rend absolument victorieux, et qui se trouve être le « *terminus a quo* » possible de la créature contingente, immanent à cette dernière, et en lequel elle est en droit habilitée (si la nature humaine était intègre), par ses propres forces, ainsi sans la grâce, en s'atteignant elle-même par réflexion quand l'âme est séparée du corps (le corps est principe d'inconscience : voir ici « **Immortalité** »), à s'emparer de Dieu tel qu'en Lui-même. Ainsi un désir naturel de Dieu est-il possible, qui ne rend pas la grâce exigible, et qui ne verse pas dans l'erreur panthéiste tendant à rendre commensurables Créateur et créature.

---

singularia, sicut plantae et animalia ; natura autem rationalis, inquantum cognoscit universalem boni et entis rationem, habet immediatum ordinem ad universale essendi principium » (*Somme théologique*, II^{a} II^{ae} q. 2 a. 3).

La troisième aporie concerne le rôle de l'intellect agent dans la vision béatifique : la sexualité ou la sustentation sont certes des opérations dépassées, mais elles n'expriment pas la différence spécifique de l'homme, alors que l'intellect l'exprime et, définitionnel de l'essence humaine dans ce qu'elle a de plus noble, on ne voit pas qu'il devienne obsolète quand l'homme atteint sa fin dernière. Quel est donc le rôle de l'intellect agent dans la Vision ? Il peut être identifié comme suit : quand bien même l'intellect agent n'est plus opérativement nécessaire puisque c'est Dieu qui se fait l'espèce par laquelle nous le pensons (*Compendium* c. 5), il reste entitativement nécessaire en tant qu'il est ce dont l'objectivation immanente est l'intellect possible lui-même.

La quatrième aporie, peut-être la plus délicate au point d'être considérée comme la « croix des philosophes », concerne la prémotion physique, ou encore le problème des futurs contingents. Comment la créature peut-elle être libre de son acte, si ce dernier est posé dans l'existence par Dieu ? Ou bien Dieu n'est pas tout-puissant et par là n'est pas Dieu ; ou bien Dieu est responsable du mal ; tel est le dilemme. Et que ce problème ne trouve pas de solution rationnelle compromet jusqu'à la possibilité même d'une recevabilité des preuves rationnelles de l'existence de Dieu : si je suis libre, Dieu n'est pas ; si Dieu est, je ne suis pas libre ; « il faut tenir les deux bouts de la chaîne » (Bossuet), mais s'il faut pour cela convoquer la foi, c'en est fini de la possibilité des « *preambula fidei* », et c'est la foi catholique, ainsi la foi, qui est rendue impossible.

La réponse thomiste est verbale (Dieu meut les causes naturelles sans se substituer à la spontanéité de leurs actions, Dieu meut les causes volontaires sans se substituer à la liberté de leurs actes ; « *Deus est causa actus peccati, non tamen est causa peccati* » : I^{a} II^{ae} q. 79 a. 2 : Dieu est cause de l'acte du péché sans être cause du péché). C'est là l'exposé des données du problème, non la solution du problème.

L'esquisse d'une résolution pourrait se formuler comme suit :

Une liberté absolue, une autodétermination absolue, c'est ce qui pose un acte qui doit pouvoir être irrévocable, car la volition est l'acte de s'engager ; si l'autodétermination n'est pas telle qu'elle puisse au moins en certains cas être sans retour possible, si l'engagement peut être repris, c'est qu'il peut être défait, et c'est donc qu'il n'était pas absolument fait ; il contenait en ses flancs la possibilité ou puissance de se défaire, or la puissance est puissance des contraires, donc il demeurait encore en puissance à se faire ou à se poser, il n'était pas parvenu à être l'acte qu'il pose, à s'identifier à son acte, ce qui pourtant est le degré suprême de la liberté entendue comme pouvoir d'absolue autodétermination ; dans le suicide on essaie de poser un acte sans retour, envers ou caricature de l'engagement amoureux où l'amour exige le non-retour, ce qui est encore le cas du serment ; une idée importante est enveloppée dans la mauvaise boutade : « je n'ai qu'une parole, c'est pourquoi je la reprends chaque fois que j'en ai besoin » ; en vérité, c'est parce que la volonté a le pouvoir de se lier sans retour qu'elle est absolument libre. Soit : la liberté se maximise dans son choix en posant un choix irréversible, c'est ainsi une liberté qui peut se rendre libre d'elle-même et qui par là se renie, qui donc se convertit en nécessité ; mais elle s'accomplit en se reniant puisqu'elle s'y exprime, donc elle se fait poser par ce en quoi elle se nie, elle se conserve dans ce en quoi elle se sublime, pour autant que la nécessité radicalisée soit bien une autonégation de la nécessité. Or c'est bien ce qui se produit :

La nécessité se renie en liberté qui s'autodétermine en direction de la nécessité et qui ainsi se fait poser par ce en quoi elle se sublime. En effet, une nécessité se dit d'une relation et ainsi elle est toujours relative à ses termes, par là elle est toujours relative, de sorte qu'une nécessité absolue, étant irrélative, n'est plus une nécessité, mais une liberté ; pour être relative à des termes (afin d'être une nécessité) tout en étant non relative en elle-même (afin d'être absolue), elle doit être une réflexion positionnelle de ses termes qui par là lui sont relatifs : elle pose son arrivée qui est position du départ, elle est réflexion qui est « *causa sui* », car en posant ses termes elle se pose elle-même puisqu'elle n'est que par eux, et elle se soustrait à la contradiction qu'elle est en se réfléchissant dans son processus ; elle est son objectivation et elle s'objective l'objectivation de soi qu'elle est ; elle est réflexion en soi qui est réflexion en de l'autre, elle est unité de l'attraction et de la répulsion, amour et haine, amour qui s'aime et se repousse, qui donc engendre un troisième terme qui lui est ici consubstantiel et qui est l'objectivation de soi, par là la libération de la contradiction qu'elle est ; la nécessité s'identifie réflexivement à soi et se confirme (elle qui, n'étant que nécessité, bascule dans la contingence) dans soi comme liberté en reposant le moment de la contingence en lequel elle s'anticipait. Ce qui ne peut pas ne pas être est aussi absolument libre, au point de n'être nécessairement ce qu'il est que moyennant le fait de s'être choisi tel, et tel est Dieu. Le « *terminus a quo* » de la réflexion est la nécessité, et son « *terminus ad quem* » est la nécessité posée, c'est-à-dire la nécessité qui se pose, et qui se pose, à ce titre, à la fois telle cette nécessité de départ qui ne peut pas ne pas s'engager dans sa réflexion, à la fois telle cette nécessité qui se pose comme se posant, c'est-à-dire qui se pose comme ce qui se différencie du posé en tant qu'il est posant, par là qui se pose comme liberté, de sorte que le résultat de la réflexion est l'identité de la nécessité et de la liberté, identité contradictoire qui s'émancipe de sa contradiction en se réfléchissant — dans le moment de la différence qu'est cette identité de l'identité et de la différence — comme identité de la nécessité et de la liberté, mais sur le mode potentiel d'une puissance opérative dont l'actuation, qui est négation de la puissance, est libération de cette contradiction du côté de l'être objectivé. La prémotion physique consiste à faire se réaliser *ad extra* cette identité concrète de liberté et de nécessité.

Dans la créature libre, son essence se réfléchit sans qu'elle soit la raison suffisante de sa réflexion, et réfléchit sa réflexion en et comme intellect possible, lequel se constitue comme puissance opérative en se redoublant comme volonté libre, ainsi en convertissant le désir *de l'intellect* en *désir* de l'intellect :

L'essence de l'intellect, qui est son savoir en tant qu'intellect agent, identité du sujet et de l'objet ou de l'intelligible et de l'intellection, est un savoir générateur, comme tout savoir, d'un verbe en lequel il se connaît, et qui est l'intellect possible dont l'actuation est retour inchoatif à l'intellect agent. Comme puissance à connaître, l'intellect possible est appétit *de la raison* ; mais son actuation qui fait retour à l'intellect agent est par là ratification de la position de lui-même par l'intellect agent ; et ce redoublement, par lequel l'intellect agent se libère de lui-même, est aussi l'acte par lequel il libère ce dont il se libère, de sorte que le désir *de l'intellect* (possible) est converti en *désir* de l'intellect, appétit rationnel, ou volonté libre maîtresse de son acte. Le désir *de l'intellect* est ainsi identique à la volonté et différent d'elle sous un autre rapport, il lui est « matériellement » identique et en est positionnellement différent, et c'est pourquoi il peut y avoir réciprocation de causalité entre intellect et volonté, présupposition réciproque qui, sans cette identité « *secundum quid* », rendrait impossible leur libre jeu : il faut penser pour vouloir et vouloir pour penser.

Or le « *terminus a quo* » de l'acte libre, dans la créature, est un néant, une puissance pure où s'identifient la nécessité et la liberté, et « *materialiter* » c'est aussi Dieu dans le moment de son absence à Lui-même :

L'intellect possible est puissance à être de l'intellect aussi longtemps qu'il est intellect en puissance, parce qu'il n'a pas de forme propre ; son essence est l'essence qu'il reçoit et qui l'informe en l'habilitant à intelliger ; donc cet acte de donner l'intellect possible à lui-même en le convertissant en volonté fait que la volonté, considérée dans sa racine, est elle aussi néant, absolue indétermination destinée à s'autodéterminer ; ce qui ne signifie pas que la volonté n'aurait pas de nature, ou qu'il n'y aurait pas de nature humaine ; cela signifie qu'il est définitionnel de la nature humaine d'avoir la forme d'une réflexion ontologique ou identité à soi réflexive inclusive du néant comme du moment crucial de son retour à soi. Mais parce que Dieu, qui est l'acte d'être, a ce qu'il est pour le communiquer, Dieu en tant qu'être est éternelle victoire sur le néant. Le néant contracte ainsi un triple statut : il est Dieu dans le moment de sa non-déité, extrême de la finitude qu'assume l'Infini pour être concrètement infini ; il est ce dont la réflexion sur soi, opérée *ad extra*, est l'acte créateur ; il est, dans la créature libre, sa puissance d'être libre. Il est « *materialiter* » le même dans les trois occurrences, il est « *formaliter* » différent quand il est compris comme le moment négatif de réflexions différentes (réflexion divine et réflexion créée) ; il reste que, « *materialiter* » identique dans les trois cas, il permet d'expliquer ceci : l'acte à raison duquel la créature libre s'autodétermine a sa racine dans l'acte créateur, il est l'explicitation de cet acte, lequel est exercé par Dieu qui nécessite la créature ; mais, « *formaliter* » différent, il est l'effet de la puissance libre de la créature, et sous ce rapport elle est bien cause totale — ainsi première — de son acte.

L'acte libre s'exerce en l'homme à partir de ce à partir de quoi l'homme commence d'exister mais dont la nature de l'homme fait une puissance opérative en l'intériorisant, il relève de l'acte créateur, il relève ainsi de Dieu et de l'homme, et il peut être premier sans contradiction aussi bien pour la créature que pour le Créateur.

Ce par quoi et à partir de quoi nous nous déterminons absolument est aussi ce qui nous détermine infailliblement, sans contradiction. Si liberté et nécessité s'identifient dialectiquement en se maximisant, on comprend que l'acte par lequel nous nous déterminons librement soit aussi l'acte qui nous détermine nécessairement. Au fond, pour que la prémotion physique soit pensable, il faut que l'acte par lequel l'homme se détermine librement soit aussi l'acte par lequel Dieu, librement, le détermine nécessairement. Cela est possible si le « *terminus a quo* » de l'autodétermination humaine est intrinsèque à l'homme et lui appartient en propre et est maîtrisé par lui, ainsi n'appartient pas à Dieu, cependant que, en même temps, ce « *terminus a quo* » est intrinsèque à et appartient en propre à Dieu, ainsi n'appartient pas à l'homme. Comme néant subsistant entendu tel le moment inférieur d'une réflexion ontologique divine, ce « *terminus a quo* » appartient en propre à Dieu ; comme néant intérieur à Dieu *qui est néant de déité*, il peut appartenir en propre à l'homme au titre de moment inférieur de sa réflexion ontologique créée ; et ces deux néants qui, « *materialiter* », n'en sont qu'un — et c'est parce que, « *secundum quid* », ils n'en sont qu'un que Dieu peut déterminer infailliblement Sa créature par l'acte même à raison duquel elle se détermine librement —, sont cependant deux selon qu'on tient un tel néant pour le moment extrême inférieur d'inversion de sens de la réflexion de l'essence divine, ou pour le moment extrême inférieur d'inversion de sens de la réflexion ontologique de l'essence humaine.

Ce qui précède résout aussi le problème suivant : l'homme naît pécheur, il hérite d'une nature blessée qui, sans la grâce, le conduit infailliblement au péché et à la damnation, cependant qu'il n'est pas responsable du péché originel qu'il n'a pas commis, puisqu'il n'existait pas quand il fut commis. Et pourtant Dieu est absolument juste et tout-puissant, et la grâce est gratuite. « *Operari sequitur esse* » ; l'acte libre, comme acte d'une puissance opérative induite en l'homme par son essence, procède de cette dernière ; mais comme acte d'un *appétit* rationnel — ainsi d'une tendance qui, n'étant pas son acte parce qu'elle est finie ou créée, atteste un manque —, il est finalisé ultimement par le souci qu'éprouve l'homme agissant de se rendre adéquat à son essence ; aussi un tel acte fait-il retour à l'essence qui le renvoie à lui-même « *ad tergum* » ; or ce « lui-même » considéré dans sa racine intellective et volitive, est néant, c'est-à-dire ce dont la réflexion — ontologique — sur soi est l'acte créateur ainsi positionnel de l'essence individuée, ou substance agissante. Donc l'acte libre exercé par l'homme, épousant « *materialiter* » l'acte créateur, comme participation à cet acte qu'il prolonge, se fait positionnel de l'individuation de l'essence ou nature de l'être agissant, au point d'en venir (tel Adam), si l'acte libre est peccamineux, à affecter cette nature même ; dans la progéniture d'Adam, l'acte libre peccamineux ratifie ou choisit la nature blessée qui en retour le conditionne à pécher. Et c'est ainsi qu'il est responsable d'un acte mauvais qui est pourtant nécessairement induit par une nature mauvaise dont il a hérité. Il n'est donc pas contradictoire de naître pécheur, tel un être qui a péché avant d'être.

On a trop tendance à renvoyer l'homme au « mystère », afin de se dispenser de traiter des problèmes philosophiques délicats. La raison divine transcende infiniment la raison créée, et c'est pourquoi la raison créée n'accède au dévoilement des richesses internes de Dieu que par la foi ; il est rationnel de croire. Mais ce qui concerne la foi porte sur ce que l'on ne peut comprendre par ses propres forces en tant qu'il s'agit de vérités portant sur des réalités surnaturelles. *Il n'y a donc pas de mystère naturel.* D'où l'équivoque de formules telles que celle-ci : « C'est le propre des sociétés terroristes que de supprimer par le crime des problèmes apparemment insolubles et qui ne sont solubles que dans la lumière du mystère de Dieu » (Michel Fromentoux, *Rivarol* n° 3354 du 28 novembre 2018, p. 2). Si la formule signifie que les problèmes sociaux, politiques et moraux ne trouvent leur solution rationnelle que moyennant une référence explicite à Dieu, Auteur de l'ordre naturel, origine et fin de toute chose, cette formule est évidemment vraie, élégante et profonde. Si elle signifie que les problèmes naturels ne trouvent leur solution que dans l'ordre surnaturel au sens où la raison devrait démissionner pour les résoudre à partir des données de la foi, elle est fausse.

La cinquième aporie concerne le statut de l'âme séparée en état de pure nature. Une telle hypothèse doit être envisagée, même si elle n'eut et n'aura jamais de réalisation historique, afin d'attester le caractère gratuit du don de la vie surnaturelle : l'homme est par nature mortel, et pourtant la résurrection de la chair est surnaturelle et gratuite. L'âme séparée, selon le thomisme, ne serait pas une personne sans son corps, et se trouverait en état violent : « Les âmes des hommes sont immortelles ; elles demeurent donc, après la mort, séparées de leur corps. Or l'âme est naturellement unie au corps, car elle est par essence la forme du corps. Exister sans le corps est donc contre la nature de l'âme. Or rien de ce qui est contre nature ne peut durer toujours : l'âme ne demeurera donc pas toujours sans corps » (*C. G.* IV c. 79). Qu'en est-il alors de la gratuité de la grâce ?

L'aporie peut être dissipée si l'on observe que l'âme est au corps comme l'acte à la puissance, comme la matière à la forme qui la vainc souverainement : la matière est, dans un être sensible, cette instance d'indétermination qui donne à la réalité qu'elle hante de ne pas coïncider avec elle-même en ce sens qu'elle est ce qui donne à une telle chose de pouvoir devenir ce qu'elle n'est pas encore : tel triangle inscrit dans le bois peut devenir cercle, parce qu'il est matériel, admet la déformation, mais la triangularité est intangible, toujours identique à elle-même. Mais la matière n'existe que par la forme, la matière prime n'a pas d'existence réelle ou possible, et donc la matière est intérieure à cet être en acte (par sa forme) qu'elle conteste (en tant qu'il est en acte), et qu'elle conteste bien puisqu'elle empêche cette forme d'être absolument réalisée : tel triangle habité par la forme de la triangularité est une individuation de cette dernière, il la réalise en la limitant, en la condamnant à n'exister que selon la modalité de cette individuation-ci (c'est un triangle isocèle, il aurait pu être rectangle ou quelconque). Aussi, la matière étant intérieure à l'acte qu'elle conteste, elle tire de la forme même le pouvoir de la contester, ce qui revient à dire que la forme se conteste en la matière, se pose — en elle — dans sa négativité, et cela n'est possible que si en retour elle se fait procéder, par réflexion sur soi du négatif, de ce en quoi elle s'anticipe : la matière est un moment obligé du processus de concrétion de la forme ou essence. Il existe une vérité captive dans la formule spinoziste « *omnis determinatio negatio* » : l'actuation d'une puissance est sacrifice, au profit d'un seul possible, de tous les possibles enveloppés par cette puissance ; mais cela est vrai ici dans l'ordre formel et non potentiel : la réalisation ou advenue à l'existence d'une forme est sacrifice de toutes les autres manières possibles dont aurait pu jouir cette forme pour s'individuer. Si elle doit se nier pour être, c'est qu'elle n'est pas aussi longtemps qu'elle ne se nie pas ; mais si elle se nie, elle n'est pas non plus ; à moins qu'elle ne se nie en tant qu'elle est non-être ; mais il faut être pour se nier ; il reste qu'elle est négation de sa propre négation, négation ablative du non-être auquel elle se réduit en tant qu'elle se nie, et par là position de cet être originaire qu'elle est mais qui la destine à se nier ; en tant que position de son origine, elle demeure ce qui se réfléchit ; en tant que résultat par définition opposé à son origine, elle nie — en se posant — la vocation à se nier de l'origine ; elle est conservation et négation d'elle-même par réflexion sur soi, elle est sa propre sublimation dans l'acte de se faire sujet d'objectivation d'elle-même dans son processus ; mais par là, s'objectivant comme sujet, elle fait de ce en quoi elle s'objective le sujet — telle est la matière, sujet de la forme — d'une forme avec lequel il compose dans et comme substance, sublimation de l'essence qui n'est qu'essence.

Si donc le corps est objectivation de soi de l'âme, réduisant — en tant qu'elle l'exerce — à un moment de lui-même le tout du processus par lequel elle se pose, elle se libère — en la libérant, en la laissant à sa destinée de non-être relatif — de cette corporéité avec laquelle elle avait commencé par s'identifier pour la faire être. En tant que négation souveraine du corps qu'elle confirme, ainsi qu'elle conserve sur le mode de l'ensemble de ses puissances intestines à être et à opérer, elle conserve ce corps (dans la forme des déterminations individuantes de ce dernier) en conservant ses puissances opératives nonobstant le fait de se séparer de lui, et ses puissances inférieures deviennent obsolètes dès lors qu'elle accède, comme esprit pur, au mode de connaissance des anges qui savent tout à travers la connaissance d'eux-mêmes. Elle n'est donc pas, à strictement parler, en état violent ; la résurrection de la chair n'est pas reviviscence de ce que l'âme requiert pour être, elle est communication et manifestation glorieuse des moments inférieurs de sa propre genèse. Elle fait surnaturellement revivre son corps dont elle n'a plus besoin pour être et pour opérer, sinon pour faire rayonner son excellence spirituelle acquise jusque dans les plus humbles degrés du processus d'anticipation d'elle-même. La résurrection de la chair, surnaturelle, conforme analogiquement l'âme humaine s'exprimant dans son corps au Dieu trinitaire mettant dans son Fils toutes Ses complaisances.

La sixième aporie concerne le statut du Dieu créateur :

Dieu est nécessaire (il ne peut pas ne pas être et ne pas être parfait), Dieu est son opération (il n'y a pas en Dieu de puissance qui passerait à l'acte, puisque Dieu est acte pur), le « *creari* » est le « *creare* » comme l'acte du moteur et l'acte du mobile sont un seul et même acte, et pourtant le « *creari* » est contingent. Mais alors comment Dieu peut-il être nécessaire ?

Une esquisse de solution peut consister à suggérer que Dieu est ce qu'il a, et qu'à ce titre il est « *causa sui* » et se pose librement comme créateur ou comme non créateur, comme victoire éternelle sur tous les mondes possibles, mais, corrélativement, décidant librement de laisser (ou de ne pas laisser) se réaliser hors de Lui, en le faisant se réfléchir *ad extra*, un moment de la négativité qu'il assume et vainc de toute éternité.

La septième aporie concerne le statut ontologique de la grâce qui, pour le thomisme, est à la fois comme un « *recreari* » et comme un « *aliquid additum* ». En I^{a} II^{ae} q. 110 a. 2, la grâce est à la fois quelque chose de surajouté à l'âme, de créé dans l'âme (on *a* une grâce, on est le même qu'avant, mais on se trouve doté en plus d'une grâce), à la fois : « *homines secundum ipsam <gratiam> creantur, id est in novo esse constituuntur ex nihilo* », les hommes sont par la grâce recréés, c'est-à-dire constitués *ex nihilo* en un nouvel acte d'être. Sous ce rapport, on a ce que l'on est, on est à la fois cet ancien qui reçoit quelque chose et ce nouveau numériquement distinct de cet ancien, doté d'un nouvel acte d'exister ; on est donc, analogiquement, tout comme Dieu qui a ce qu'Il est pour communiquer la perfection d'être qu'Il est.

Il n'est pas difficile de constater que les esquisses ici proposées de résolution des diverses apories convoquent toutes, pour s'élaborer, le concept de réflexion ontologique, développé dans la « doctrine de l'Essence » de Hegel, et issu du néo-platonisme.

CANONISATIONS

Voir ici « **Science** » (falsification).

Source : La Porte latine (Internet).

FSSPX – Jean-Paul II : Santo subito ?, abbé Jean-Michel Gleize – 20 octobre 2013

I. Avant-propos : le point de vue de la presse

La béatification de Jean-Paul II est signalée par la presse : comme un fait historique sans précédent parce qu'il a eu lieu en un temps record (Jean-Paul II a été proclamé bienheureux 6 ans et 1 mois après sa mort) ; comme un événement qui survient au terme d'un procès sérieux. Ce double constat exprime une contradiction fondamentale, puisque le sérieux de la procédure traditionnelle des béatifications repose en grande partie sur la longueur des délais, gage de prudence. À cette prudence s'oppose la précipitation d'une démarche trop rapide. Cette contradiction est un indice évident, point de départ légitime pour des doutes. Nous voulons expliquer ici en quoi il est légitime de douter du bien-fondé de la béatification de Jean-Paul II.

II. Quelques principes de base

La béatification est un acte par lequel le souverain pontife accorde la permission de rendre un culte public au béatifié, dans certaines parties de l'Église jusqu'à ce que le bienheureux soit canonisé. Cet acte n'est pas un précepte ; il est seulement temporaire et réformable. La béatification se réduit à permettre le culte. L'acte d'une béatification n'énonce pas directement ni la glorification ni les vertus héroïques du serviteur de Dieu béatifié.

La canonisation est l'acte par lequel le vicaire du Christ jugeant en dernier ressort et portant une sentence définitive inscrit au catalogue des saints un serviteur de Dieu précédemment béatifié. L'objet de la canonisation est triple, car cet acte ne concerne pas seulement le culte. Le pape déclare premièrement que le fidèle défunt est dans la gloire du ciel ; deuxièmement il déclare que le fidèle défunt a mérité de parvenir à cette gloire en exerçant des vertus héroïques qui ont valeur d'exemple pour toute l'Église ; troisièmement, pour mieux donner en exemple ces vertus et remercier Dieu de les avoir rendues possibles, il prescrit qu'un culte public soit rendu au fidèle défunt. Sur ces trois points : la canonisation est un précepte et oblige toute l'Église ; elle constitue un acte définitif et irréformable.

La béatification et la canonisation ont toutes les deux pour objet de rendre possible le culte vis-à-vis d'un fidèle défunt, ce qui suppose que ce fidèle a exercé de son vivant des vertus exemplaires et obtenu la gloire. La différence est que la béatification ne fait que permettre ce culte et ne fait que supposer la gloire et les vertus exemplaires ; tandis que la canonisation rend ce culte obligatoire et impose aux fidèles de croire explicitement à la réalité de la gloire et des vertus héroïques du saint. Dans tout cela, l'essentiel est la vertu exemplaire (ou héroïque) du fidèle défunt et c'est elle que l'on cherche à vérifier dans les deux procès, de béatification et de canonisation. En effet, le culte suppose cette vertu comme l'effet suppose sa cause. Les miracles ne sont eux-mêmes pris en compte que comme des signes qui attestent la vertu héroïque. Sans vertu héroïque, pas de sainteté et pas de vénération.

Il y a une différence entre un saint et un saint canonisé. La canonisation ne cause pas mais indique la sainteté d'une personne. Et elle l'indique comme un exemple. Cela explique pourquoi on ne canonise ni tout le monde ni beaucoup de monde. L'exemple, pour être parlant, doit être unique ou rare : quand bien même les saints seraient nombreux, un petit nombre d'entre eux et non la plupart doivent être élevés sur les autels. D'autre part, l'Église donne toujours les exemples dont les fidèles ont besoin, dans le contexte d'une époque. En ce sens, la canonisation est un acte politique, dans le meilleur sens du terme : non pas un acte de démagogie partisane, mais un acte qui procure le bien commun de toute l'Église, un acte de portée sociale, et qui tient compte des circonstances. Il y a une autre différence à noter, entre le salut et la sainteté. Une personne morte en odeur de sainteté est sauvée. Mais on peut se sauver sans avoir vécu comme un saint. Aux yeux des fidèles, la canonisation a pour but premier et pour effet immédiat de signaler (pour la donner en exemple) la sainteté de vie. Même si elles ont pu se sauver et aller au ciel, on ne va pas canoniser des personnes qui n'ont pas donné l'exemple de la sainteté durant leur vie.

L'infaillibilité des canonisations est aujourd'hui la doctrine commune et certaine du plus grand nombre des théologiens. Tous les manuels d'après Vatican I (et d'avant Vatican II), depuis Billot jusqu'à Salaverri, l'enseignent comme une thèse commune en théologie [1]. Remarquons que la question par saint Thomas [2] posée est très précise : saint Thomas ne se demande pas si le pape est infaillible lorsqu'il canonise un saint. Sa problématique est de savoir si tous les saints qui sont canonisés par l'Église sont dans la gloire ou si certains d'entre eux pourraient se trouver en enfer. Cette manière de poser la question oriente déjà toute la réponse. Pour saint Thomas, la canonisation réclame l'infaillibilité d'abord en tant qu'elle comporte la profession d'une vérité qui est virtuellement révélée. Cela n'exclut pas les deux autres aspects : l'exemple de la vie du saint et le culte prescrit. Mais il y a un ordre entre les trois jugements que le pape énonce lorsqu'il canonise un saint. Le premier jugement porte sur un fait théorique et énonce qu'une personne défunte a persévéré jusqu'au bout dans la pratique héroïque de la vertu surnaturelle et se trouve à présent glorifiée dans la béatitude éternelle. Le deuxième jugement donne à toute l'Église comme exemple à imiter les vertus héroïques mises en pratique de son vivant par la personne canonisée. Le troisième jugement est un précepte qui impose le culte public de ce saint à toute l'Église. La canonisation donne en exemple les vertus héroïques du saint et rend son culte obligatoire. Mais elle suppose d'abord le fait de la glorification de ce saint. Benoît XIV, qui cite et fait siennes ces réflexions de saint Thomas, considère que le jugement de la canonisation repose en dernière analyse sur l'énoncé d'une vérité spéculative, déduite de la révélation [3]. Est-il de foi définie qu'un saint canonisé est indubitablement dans la gloire du ciel ? La thèse la plus commune en théologie est que nier cette vérité n'entraîne pas la note d'hérésie parce que cela ne porte préjudice à la foi que de manière indirecte : si cette vérité est présentée dans le cadre de l'acte de la canonisation, elle sera définie non pas comme de foi divine et catholique mais comme *certaine* ou *de foi catholique* ; la nier serait donc *erroné* ou *faux*. Est-il de foi définie que le pape ne peut pas se tromper quand il canonise un saint ? Benoît XIV affirme que l'infaillibilité de l'acte de la canonisation n'est pas encore définie comme de foi mais qu'elle pourrait l'être. Et que la nier équivaudrait sinon à la note d'hérésie du moins à celle de témérité ; cette négation impliquerait aussi injure aux saints et scandale pour l'Église. Elle mériterait de la sorte les sanctions les plus graves.

III. Quelques incertitudes problématiques

Sans prétendre donner le fin mot de l'histoire (qui reste réservé à Dieu), l'on peut au moins soulever trois difficultés majeures, qui suffisent à rendre douteux le bien-fondé des béatifications et canonisations nouvelles. Les deux premières remettent en cause l'infaillibilité et la sûreté de ces actes. La troisième remet en cause leur définition même.

1 – *L'insuffisance de la procédure.* L'assistance divine qui cause l'infaillibilité ou la sûreté des actes du magistère s'exerce à la façon d'une Providence. Celle-ci, loin d'exclure que le pape examine avec soin les sources de la révélation transmises par les apôtres, exige au contraire cet examen par sa nature même. Cela est encore plus vrai pour la canonisation : celle-ci suppose la vérification la plus sérieuse des témoignages humains qui attestent la vertu héroïque du futur saint, ainsi que l'examen du témoignage divin des miracles, au moins deux pour une béatification et deux autres encore pour une canonisation. La procédure suivie par l'Église jusqu'à Vatican II était l'expression de cette rigueur extrême. Le procès de la canonisation supposait lui-même un double procès accompli lors de la béatification, l'un qui se déroulait devant le tribunal de l'Ordinaire, agissant en son nom propre ; l'autre qui relevait exclusivement du Saint-Siège. Le procès de canonisation comportait l'examen du bref de béatification, suivi de l'examen des deux nouveaux miracles. La procédure se terminait lorsque le Souverain Pontife signait le décret ; mais avant de donner cette signature, il tenait trois consistoires successifs. Les nouvelles normes introduites par Jean-Paul II en 1983, avec la Constitution apostolique *Divinus perfectionis magister*, confient l'essentiel du procès aux soins de l'évêque Ordinaire : celui-ci enquête sur la vie du saint, ses écrits, ses vertus et ses miracles et constitue un dossier transmis au Saint-Siège. La Sacrée Congrégation examine ce dossier et se prononce avant de soumettre le tout au jugement du pape. Ne sont plus requis qu'un seul miracle pour la béatification et à nouveau un seul pour la canonisation. L'accès aux dossiers des procès de béatification et de canonisation n'est pas aisé, ce qui ne nous donne guère la possibilité de vérifier le sérieux avec lequel cette nouvelle procédure est mise en application. Mais il est indéniable que, prise en elle-même, elle n'est déjà plus aussi rigoureuse que l'ancienne. Elle réalise d'autant moins les garanties requises de la part des hommes d'Église pour que l'assistance divine assure l'infaillibilité de la canonisation, et à plus forte raison l'absence d'erreur de fait dans la béatification. Par ailleurs, le pape Jean-Paul II a décidé de faire une entorse à cette procédure actuelle (laquelle stipule que le commencement d'un procès en béatification ne peut se faire cinq ans avant la mort du serviteur de Dieu) en autorisant l'introduction de la cause de Mère Teresa à peine trois ans après son décès. Benoît XVI agit de même pour la béatification de son prédécesseur. Le doute n'en devient que plus légitime, quand on sait le bien-fondé de la lenteur proverbiale de l'Église en ces matières.

2 – ***Le collégialisme.*** Si l'on examine attentivement ces nouvelles normes, on s'aperçoit que la législation revient à ce qu'elle était avant le XIIe siècle : le pape laisse aux évêques le soin de juger immédiatement de la cause des saints et se réserve seulement le pouvoir de confirmer le jugement des Ordinaires. Comme l'explique Jean-Paul II, cette régression est une conséquence du principe de la collégialité : « Nous pensons qu'à la lumière de la doctrine de la collégialité enseignée par Vatican II il convient beaucoup que les évêques soient associés plus étroitement au Saint-Siège quand il s'agit d'examiner la cause des saints » [4]. Or, cette législation du XIIe siècle confondait la béatification et la canonisation comme deux actes de portée non-infaillible [5]. Voilà qui nous empêche d'assimiler purement et simplement les canonisations issues de cette réforme à des actes traditionnels d'un magistère extraordinaire du Souverain Pontife ; ces actes sont ceux où le pape se contente d'authentifier l'acte d'un évêque ordinaire résidentiel. Nous disposons ici d'un premier motif qui nous autorise à douter sérieusement que les conditions requises à l'exercice de l'infaillibilité des canonisations sont bien remplies. Le Motu proprio *Ad tuendam fidem* du 29 juin 1998 renforce ce doute. Ce texte normatif a pour but d'introduire en les expliquant de nouveaux paragraphes dans le Code de 1983, addition rendue nécessaire par la nouvelle Profession de foi de 1989. Dans un premier temps, l'infaillibilité des canonisations est posée en principe. Mais dans un deuxième temps, le texte établit des distinctions, qui diminuent la portée de l'infaillibilité des canonisations, puisqu'il en ressort que cette infaillibilité ne s'entend plus clairement selon le sens traditionnel. C'est du moins ce qui apparaît à la lecture du document rédigé par le cardinal Ratzinger pour servir de commentaire officiel à ce Motu proprio de 1998 [6]. Ce commentaire précise de quelle manière le pape peut désormais exercer son magistère infaillible. Jusqu'ici, nous avions l'acte personnellement

infaillible et définitoire de la *locutio ex cathedra* ainsi que les décrets du concile œcuménique. Désormais nous aurons aussi un acte qui ne sera ni personnellement infaillible ni définitoire par lui-même mais qui restera un acte du magistère ordinaire du pape : cet acte aura pour objet de discerner une doctrine comme enseignée infailliblement par le Magistère ordinaire universel du Collège épiscopal. Le pape agit sous ce troisième mode comme un simple interprète du magistère collégial. Or, si l'on observe les nouvelles normes promulguées en 1983 par la Constitution apostolique *Divinus perfectionis magister* de Jean-Paul II, il est clair que dans le cas précis des canonisations le pape va — pour les besoins de la collégialité — exercer son magistère selon ce troisième mode. Si l'on tient compte à la fois et de la Constitution apostolique *Divinus perfectionis magister* de 1983 et du Motu proprio *Ad tuendam fidem* de 1998, lorsque le pape exerce son magistère personnel pour procéder à une canonisation, il semble bien que sa volonté soit d'intervenir comme l'organe du magistère collégial ; les canonisations ne sont donc plus garanties par l'infaillibilité personnelle du magistère solennel du pape. Le seraient-elles en vertu de l'infaillibilité du Magistère ordinaire universel du Collège épiscopal ? Jusqu'ici, toute la tradition théologique n'a jamais dit que c'était le cas, et a toujours regardé l'infaillibilité des canonisations comme le fruit d'une assistance divine départie seulement au magistère personnel du pape, assimilable à la *locutio ex cathedra*. Voici un deuxième motif qui nous autorise à douter sérieusement de l'infaillibilité des canonisations accomplies dans la dépendance de ces réformes post-conciliaires.

3 – ***La vertu héroïque.*** L'objet formel de l'acte magistériel des canonisations est la vertu héroïque du saint. De la même manière que le magistère est traditionnel parce qu'il enseigne toujours les mêmes vérités inchangées, ainsi la canonisation est traditionnelle parce qu'elle doit signaler toujours la même héroïcité des vertus chrétiennes, à commencer par les vertus théologales. Par conséquent, si le pape donne en exemple la vie d'un fidèle défunt qui n'a pas pratiqué les vertus héroïques, ou s'il les présente dans une optique nouvelle, inspirée davantage par la dignité de la nature humaine que par l'action surnaturelle du Saint-Esprit, on ne voit pas en quoi cet acte pourrait être une canonisation. Changer l'objet c'est changer l'acte. Ce changement d'optique apparaît dans la nouvelle théologie et dans le magistère post-conciliaire. On y passe sous silence la distinction entre une sainteté commune et une sainteté héroïque dans laquelle consiste la sainteté : le terme même de « vertu héroïque » n'apparaît nulle part dans les textes de Vatican II. Depuis le concile, quand les théologiens parlent de l'acte de la vertu héroïque, ils ont plus ou moins tendance à le définir en le distinguant plutôt de l'acte de vertu simplement naturelle, au lieu de le distinguer d'un acte ordinaire de vertu surnaturelle. Ce changement d'optique apparaît aussi si l'on observe l'orientation œcuménique de la sainteté, depuis Vatican II. L'orientation œcuménique de la sainteté a été affirmée par Jean-Paul II dans l'encyclique *Ut unum sint* [7]. Le pape fait allusion à une communion de sainteté qui transcende les différentes religions, manifestant l'action

rédemptrice du Christ et l'effusion de son Esprit sur toute l'humanité. Quant au pape Benoît XVI, force est de reconnaître qu'il donne du salut une définition qui va dans le même sens œcuméniste, et qui fausse par le fait même la notion de sainteté, corrélative du salut surnaturel [8]. On peut donc hésiter sérieusement à voir dans les actes de ces nouvelles béatifications et canonisations une continuité réelle avec la Tradition de l'Église.

4 – *Conclusion.* Trois sérieuses raisons autorisent le fidèle catholique à douter du bien-fondé des nouvelles béatifications et canonisations. Premièrement, les réformes qui ont suivi le Concile ont entraîné des insuffisances certaines dans la procédure et deuxièmement elles introduisent une nouvelle intention collégialiste, deux conséquences qui sont incompatibles avec la sûreté des béatifications et l'infaillibilité des canonisations. Troisièmement, le jugement qui a lieu dans les procès fait intervenir une conception pour le moins équivoque et donc douteuse de la sainteté et de la vertu héroïque. Dans le contexte issu des réformes postconciliaires, le pape et les évêques proposent à la vénération des fidèles catholiques d'authentiques saints, mais canonisés au terme d'une procédure insuffisante et douteuse. C'est ainsi que l'héroïcité des vertus de Padre Pio, canonisé depuis Vatican II, ne fait aucun doute, alors même qu'on ne peut qu'hésiter devant le nouveau style de procès qui a abouti à proclamer ses vertus. D'autre part, la même procédure rend possibles des canonisations jadis inconcevables, où l'on décerne le titre de la sainteté à des fidèles défunts dont la réputation reste controversée et chez lesquels l'héroïcité de la vertu ne brille pas d'un éclat insigne. Est-il bien sûr que, dans l'intention des papes qui ont accompli ces canonisations d'un nouveau genre, la vertu héroïque soit ce qu'elle était pour tous leurs prédécesseurs, jusqu'à Vatican II ? Cette situation inédite s'explique en raison de la confusion introduite par les réformes postconciliaires. On ne saurait la dissiper à moins de s'attaquer à la racine et de s'interroger sur le bien-fondé de ces réformes.

IV. Quelques certitudes pratiques

Première certitude : Jean-Paul II a-t-il mérité d'être béatifié ? Jean-Paul II n'a pas donné l'exemple des vertus héroïques ; il a donné le mauvais exemple, c'est-à-dire le scandale, d'attitudes gravement nuisibles au bien des âmes, principalement par ses enseignements douteux et son œcuménisme. Il a surtout publiquement désavoué l'œuvre de la résistance catholique en prétendant excommunier Mgr Lefebvre.

Deuxième certitude : Jean-Paul II a-t-il vécu saintement ? Objectivement (si on considère ses actes), Jean-Paul II n'a pas été un pape digne de ce nom. Subjectivement (si on considère ses intentions), il est impossible de se prononcer, car ces intentions nous échappent. Même s'il reste possible que Jean-Paul II ait été animé des intentions les plus louables, pour juger de sa sainteté, on doit juger ses actes, non ses intentions.

Troisième certitude : Jean-Paul II est-il sauvé ? Il est possible que Jean-Paul II n'ait pas eu pleinement conscience des conséquences préjudiciables de son enseignement et de sa pastorale, que cette ignorance l'ait plus ou moins excusé, et que son âme finisse par parvenir (si ce n'est pas encore le cas) à la gloire éternelle du ciel. Mais cela reste le secret de Dieu.

Quatrième certitude : La béatification du 1er mai nous oblige-t-elle ? Non, pour trois raisons. Premièrement, c'est une simple permission et c'est un acte qui n'est pas infaillible. Deuxièmement, les réformes qui ont suivi le Concile (Motu proprio *Divinus perfectionis magister* du 25 janvier 1983) impliquent une intention collégialiste qui est incompatible avec la sûreté des béatifications et avec l'infaillibilité des canonisations. Troisièmement, le jugement qui a lieu dans les procès fait intervenir une conception moderniste de la sainteté et de la vertu héroïque.

Abbé Jean-Michel Gleize, professeur de théologie au Séminaire international Saint-Pie X d'Écône

Notes :

[1] Salaverri dans son *De Ecclesia*, thèse 17, § 726 affirme que c'est une vérité au moins théologiquement certaine sinon implicitement définie.
[2] Dans son Quodlibet 9, article 16.
[3] Benoît XIV, *ibid.*, n° 12.
[4] Constitution apostolique *Divinus perfectionis magister*, *Acta Apost. Sedis*, 1983, p. 351. Ce texte de Jean-Paul II est cité par Benoît XVI dans son « Message aux membres de l'Assemblée plénière de la Congrégation pour les causes des saints », en date du 24 avril 2006 et publié dans l'édition en langue française de l'*Osservatore romano* du 16 mai 2006, p. 6.
[5] Benoît XIV, *De la béatification des serviteurs de Dieu et de la canonisation des saints*, livre 1, chapitre 10, n° 6.
[6] § 9 de la Note de la sacrée Congrégation pour la doctrine de la foi parue dans les *Acta Apostolicae Sedis* de 1998, p. 547-548.
[7] Jean-Paul II, Lettre encyclique *Ut unum sint*, sur l'engagement œcuménique, § 15, 21, 48, 84.
[8] Benoît XVI, « Discours prononcé lors de la rencontre œcuménique à l'archevêché de Prague, le dimanche 27 septembre 2009 » dans *DC* n° 2433, p. 971-972 : « Le terme de salut possède de multiples significations, mais il exprime quelque chose de fondamental et d'universel concernant l'aspiration humaine au bien-être et à la plénitude. Il évoque l'ardent désir de réconciliation et de communion qui jaillit des profondeurs de l'esprit humain. »

CAPITALISME

Extrait de « À propos de certains thèmes centraux de la pensée d'Adrien Arcand : quelques esquisses de développements », par Joseph Mérel, dans Serviam, la Pensée politique d'Adrien Arcand, *Anthologie, Reconquista Press, 2017.*

Il existe une convertibilité logique et métaphysique entre les affirmations suivantes : le bien en général est diffusif de soi ; le bien est d'autant meilleur qu'il est plus spirituel ; le bien est d'autant meilleur qu'il est plus commun ; le meilleur bien de l'homme est un bien auquel l'homme est rapporté, et non un bien qu'il rapporterait à lui-même. De sorte que si l'une de ces exigences est oubliée, les autres le seront aussi.

Est dit « participable » et indivisible un bien qui peut être tout entier en chacun des membres d'une multitude sans être diminué, au rebours d'un bien matériel, divisible et non participable, qui ne saurait habiter en plusieurs sans être diminué ; la possession d'une vérité, ou d'une vertu, est possible par tous, sans que cette dernière soit tronquée, mais un plat de lentilles ne saurait habiter tous les ventres sans être divisé. Ce qui, par définition, exige que le bien participable soit spirituel. Plus encore, un bien spirituel est tel qu'il s'enrichit et enrichit son possesseur par le fait que ce dernier communique son bien à autrui : on ne possède bien son savoir qu'en l'enseignant, on ne possède bien une vertu qu'en la communiquant par l'exercice de l'exemplarité, et ainsi, plus on donne plus on est riche, au lieu que le don d'argent et plus généralement de biens matériels a pour effet obligé d'appauvrir le donateur. Le bien spirituel se multiplie en se communiquant puisqu'il est comme multiplié par ceux auxquels il se donne. Il se régénère et s'enrichit dans et par l'acte d'être aliéné. Et c'est pourquoi le bien spirituel est diffusif de soi, et d'autant meilleur qu'il est plus spirituel : par là qu'il n'est communicable qu'en étant diminué, un bien matériel est potentiellement un facteur de division, de haine et de désordre entre les hommes ; il ne demeure un bien que s'il est voulu tel le moyen d'accéder à un bien spirituel. Cela dit, un bien spirituel est nécessairement un bien essentiellement commun : ne pouvant être possédé dans son intégrité (sans diminution) que par un seul, le bien matériel est par essence un bien privé, au lieu que le bien spirituel, susceptible d'être tout entier en tous, a pour effet obligé de rassembler les hommes, de les unir, de les faire s'aimer les uns les autres en les faisant communier au même bien (l'amour est bien « *vis unitiva et concretiva* », force d'union et de concrétion, selon saint Thomas d'Aquin), de les intégrer dans un tout dont le bien propre sera précisément cette unité même, laquelle, bien commun de tous parce que facteur de paix pour tous, fera du bien spirituel un bien commun, d'autant meilleur qu'il est plus commun parce que d'autant plus spirituel qu'il est plus universel. Un bien est d'autant meilleur qu'il répond à un désir plus profond et plus grand ; or seul le désir spirituel est virtuellement infini, parce qu'il est réflexif ; « *ipsum velle quoddam bonum* », l'acte de vouloir est lui-même appétible et bon, mais par là il est sans fin : aussi parfait soit le bien convoité, le désir réflexif est insatisfait, qui peut encore trouver à désirer dans le fait de revenir sur soi ; et, se révélant infini, le désir réflexif, et spirituel parce que réflexif (l'œil ne voit pas l'acte de voir, l'acte de manger n'est pas comestible, au lieu que l'acte de connaître est connaissable) ne peut se satisfaire que d'un bien spirituel, capable de le relancer dans l'acte de le combler, de le revitaliser dans l'acte de l'exténuer. Et un tel bien sera voulu pour lui-même, tel un bien qu'on aime en tant qu'on lui est rapporté et non en tant qu'on le rapporte à soi, pour la raison suivante : un bien que l'on rapporte à soi est nécessairement un bien imparfait et fini, parce qu'il est par définition un bien qui n'est pas aimé pour lui-même, mais aimé seulement au titre de moyen, pour celui qui l'appète, de s'aimer soi-même, lequel est supposé meilleur que le moyen puisqu'il a raison de fin ; or celui qui appète ne saurait être pour lui-même son bien ultime, puisque, en tant même qu'il appète (et ne peut pas ne pas appéter) un bien extérieur à lui, il révèle *ipso facto* qu'il n'est pas parfait, qu'il est en manque de quelque chose ; mais c'est là confesser que, n'étant pas parfait à raison de lui-même, il n'est pas parfaitement appétible, et exclut d'avoir raison de fin ultime ; dès lors, si aucun des biens que l'on rapporte à soi n'est le bien ultime, cependant que celui qui appète exclut d'être pour lui-même son bien ultime, c'est que le bien ultime de celui qui appète est un bien auquel il est rapporté. Ce qui signifie ceci : n'étant pas pour elle-même sa propre fin dernière (elle serait capable de se nourrir de soi-même et de trouver sa béatitude dans la connaissance de soi-même), la créature spirituelle *a* une fin qui est autre qu'elle et qui est son bien, de sorte qu'elle se reconnaît tel le *moyen de cette fin* (ultimement, c'est la gloire de Dieu), et qu'elle trouve sa béatitude naturelle en plébiscitant son statut ontologique de moyen : « *unumquodque suo modo naturaliter diligit Deum plus quam seipsum* » (saint Thomas d'Aquin, *Somme théologique*, I[a], q. 60 a. 5) ; tout être, chacun selon sa condition, aime naturellement Dieu plus que lui-même.

Puis donc, comme on vient de le voir, qu'il existe une convertibilité entre bien spirituel (1), bien commun d'autant meilleur qu'il est plus spirituel et plus commun (2), bien diffusif de soi (3), et bien aimé en tant qu'on se rapporte à lui (4), alors, s'il manque une seule de ces quatre déterminations au bien que l'on convoite, les autres manqueront aussi nécessairement.

Or il est à remarquer que la société libérale, ne le fût-elle que sous le rapport économique, ainsi la société capitaliste, est une société qui ne peut pas, mécaniquement, ne pas tendre à faire de l'activité commerciale la fin dernière d'une telle société. Et dès là que ne peut être objet de commerce que le bien matériel (l'amour de bienveillance, la vérité, la vertu, excluent par nature d'être objets d'échanges tarifés), alors la fin de la société *économiquement* libérale en viendra nécessairement tôt ou tard à consister dans la recherche du bien matériel au détriment de tous les autres biens, car ce qui a raison de fin est sans limite, étant voulu pour lui-même ; mais alors, le bien matériel n'étant pas participable, il ne sera ni commun ni diffusif de soi, il sera potentiellement facteur de haine et de désordre, il sera privé et non commun, et la société, privée du bien commun qui constitue en droit sa fin et sa raison d'être, deviendra une « dissociété », un agrégat humain antipolitique enjoignant à l'homme de se prendre pour fin, d'exacerber son subjectivisme, de se vautrer dans les biens exclusivement sensibles ablatifs de toute moralité, de toute retenue éthique et religieuse, ce qui est bien la société *philosophiquement* libérale.

Rappelons, pour l'établir, ce qu'est une société capitaliste. C'est une société dans laquelle l'échange obéit au cycle de type « AMA' » : la marchandise n'est que le moyen de passer d'un capital A à un capital plus élevé A', et ainsi l'argent est devenu fin de l'échange, au rebours des sociétés organiques dans lesquelles l'échange obéit au cycle « MAM' », faisant ainsi de l'argent ou du capital le moyen et non la fin de la relation commerciale. Une société économiquement libérale, par là capitaliste, est donc ainsi une société qui — refusant, au nom du dogme smithien de la « main invisible », toute intervention de l'État visant à finaliser les échanges, par là à limiter les compétitions technico-commerciales exercées dans le « *Kampfplatz* » du sacro-saint « marché » — laisse se déployer des comportements agonistiques illimités, virtuellement infinis, assujettis à ce que Clausewitz nommait la loi de l'action réciproque génératrice d'ascension aux extrêmes ; ce qui rend inflationnistes les actes agonistiques, par là infinis : le capitaliste est contraint, sous la pression de la concurrence, de tendre à conquérir des parts toujours plus grandes du marché, au point d'être en demeure de viser à acquérir tous les biens possibles en supprimant tous les concurrents, ce qui aurait pour effet de supprimer le marché et avec lui les échanges eux-mêmes ; et c'est au reste ce que prévoit le marxisme, qui annonce l'exténuation de la société capitaliste sous le poids de ses propres contradictions, qui rendra vaine et nulle la richesse privée du fait de sa concentration asymptotique abolissant la possibilité même de cette parité entre échangeurs nécessaire à tout échange. On ne peut subsister, en régime capitaliste, qu'en s'accroissant toujours plus, ainsi en détruisant, à peine de reculer et de mourir, mais de telle sorte que jamais le terme logique d'une telle compétition soit jamais atteint, et cela suppose que les marchés soient agrandis indéfiniment ; or ils ne peuvent l'être géographiquement parce que la Terre est ronde et finie ; ils doivent donc l'être par renouvellement indéfini, grâce au moyen des prouesses techniques génératrices de « gadgets », des types de biens produits, et avec eux par création artificielle mais elle aussi inflationniste de nouveaux besoins. Or ce qui est inflationniste ou infini a raison de fin, car seule une limite à lui assignée peut lui conférer le statut de moyen ordonné à une fin.

Clouscard et Michéa, de nos jours, montrent que l'esprit libertaire, collectiviste et gauchiste, inspirateur de la révolution culturelle de 1968, a rencontré l'esprit libéral capitaliste et mondialiste, au point de se fondre en ce dernier qui s'est anticipé dans le gauchisme pour s'en faire surgir : le consumérisme individualiste requérait que fussent abattues toutes les barrières morales qui subsistaient encore, toutes les structures communautaires résiduelles et enracinées qui avaient encore résisté aux diverses révolutions industrielles ; ce qui fut obtenu par la « libération » des mœurs prônée sur le mode argumentatif de la pensée de gauche ; mais c'est le cynisme libéral qui en bénéficia (femmes soustraites à leur vocation de mères de famille et désormais salariées, mondialisation des échanges, montée sans précédent de l'hédonisme, déchaînement des appétits sensibles, invasions migratoires, etc.). À la lumière de ce qui précède, et qui se contente de développer les intuitions d'Adrien Arcand, on peut ajouter que, en retour, en réalisant les promesses hédonistes de l'esprit libertaire, le libéralisme capitaliste, même « reagano-papiste », même nationaliste bien-pensant à la manière du franquisme, prépare l'avènement d'une nouvelle forme totalitaire de communisme qui, s'il n'est plus de type soviétique, n'en sera pas moins coercitif (...).

Puis donc que tout libéralisme économique induit nécessairement un libéralisme moral et politique, lequel est par essence incompatible avec la morale catholique et son esprit dogmatique, c'est seulement en se faisant fasciste que la société s'approprie adéquatement aux réquisits surnaturels de la vraie religion.

★ ★ ★ ★ ★

« (...) le prêt à intérêt est, sinon la principale source, du moins la manifestation essentielle du capitalisme » (*Les Origines du capitalisme moderne*, Henri Sée, Armand Colin, 1936, p. 26).

« Les hommes doivent travailler devant la majestueuse égalité des lois qui interdit au riche comme au pauvre de coucher sous les ponts et de voler du pain. La Révolution éleva sous le nom d'égalité l'empire de la richesse. Elle a livré la France aux hommes d'argent » (Anatole France, *Le Lys rouge*).

« Deux principes essentiels nous guideront : l'économie doit être organisée et contrôlée ; la coordination par l'État des activités privées doit briser la puissance des trusts et leur pouvoir de corruption » (maréchal Pétain, *message du 11 octobre 1940*).

« Quant à la puissance des trusts, elle a cherché à s'affirmer, de nouveau, en utilisant pour ses fins particulières l'institution des Comités d'organisation économique. Ces comités avaient été créés, cependant, **pour redresser les erreurs du capitalisme**. (...) Ces organismes provisoires, créés sous l'empire d'une nécessité pressante, ont été trop nombreux, trop centralisés et trop lourds. Les grandes sociétés s'y sont arrogé une autorité excessive et un contrôle souvent inadmissible. À la lumière de l'expérience, je corrigerai l'œuvre entreprise et je reprendrai, **contre le capitalisme égoïste et aveugle**, la lutte que les souverains de France ont engagée et gagnée contre la féodalité. J'entends que notre pays soit débarrassé de la tutelle la plus méprisable, celle de l'argent » (maréchal Pétain, *message du 12 août 1941*).

« L'idée nationale-socialiste de la primauté du travail et de sa réalité essentielle par rapport à la fiction monétaire, nous avons d'autant moins de peine à l'accepter qu'elle fait partie de notre héritage classique » (maréchal Pétain, *Revue des Deux Mondes*, 15 septembre 1940). Maurice Barrès, se présentant à la députation à Nancy en 1900, s'était défini dans son programme dit « programme de Nancy » « républicain socialiste nationaliste ».

Voir ici « **Banque** » pour « prêt à intérêt ».

CATHOLICISME

Luther croit (à la différence de John Wyclef — mort en 1384, dont les thèses seront soutenues par Jean Hus condamné au concile de Constance en 1415 —, de Calvin et de Zwingli au XVIe) à la Présence réelle (il parle d'impanation) mais limitée au temps de la consécration et de la communion. Selon lui, il y a toujours pain et vin après la consécration, mais, en vertu de son ubiquité, le Christ se rend présent par l'effet de la consécration du pasteur et de la communion des fidèles ; il est donc opposé au dogme de la transsubstantiation proclamé au IVe concile du Latran en 1215. Luther confesse dans ses *Lettres* qu'il eût volontiers rejeté la Présence réelle, mais que les textes l'interdisaient.

« Et ce pain que je donnerai, c'est ma chair pour la vie du monde. (...) Car ma chair est vraiment une nourriture et mon sang est vraiment un breuvage ; celui qui mange ma chair et boit mon sang demeure en moi et moi en lui. (...) Celui qui mange de ce pain vivra éternellement » (Jn VI, 51-59).

« Il n'est pas inopportun, au sujet de von Papen <pour qui le national-socialisme était "la réponse chrétienne à 89">, d'évoquer la grande figure de Mgr Hudal, protégé du cardinal Innitzer et ami et conseiller de von Papen. Les informations qui suivent sont tirées de Wikipédia ("Alois Hudal") et de l'ouvrage d'Annie Lacroix-Riz (*Le Vatican, l'Europe et le Reich, de la Première Guerre mondiale à la guerre froide*, 1996, Armand Colin). Mgr Hudal (1885-1963), autrichien, fut partisan jusqu'au bout d'une synthèse entre national-socialisme et catholicisme ; il favorisa après la guerre la fuite de maints responsables hitlériens vers l'Amérique du Sud. Aumônier militaire assistant pendant la Première Guerre mondiale, il fit publier en 1917 ses sermons aux soldats, où l'on trouve : "la loyauté au drapeau est la loyauté à Dieu", mais il ajoutait qu'il ne convenait pas de tomber dans le "national-chauvinisme". Nommé consultant du Saint-Office par le cardinal Merry del Val (préfet de la Congrégation du Saint-Office), consacré évêque titulaire d'Aela (évêché *in partibus* en Syrie) par le cardinal Pacelli en 1933, il conserva sa fonction de recteur à Rome, au collège Teutonique de Santa Maria dell'Anima. C'est à cette époque qu'il embrasse les thèses maîtresses du national-socialisme, condamnant les Juifs qui veulent dominer le monde, et souhaitant la formation d'une armée chrétienne pour envahir la Russie communiste. Il publie en 1937 *Die Grundlagen des Nationalsozialismus* (*Les Fondements du national-socialisme*, Leipzig-Vienne) où il soutient une vision chrétienne et conservatrice du national-socialisme (imprimatur accordé par Mgr Innitzer), en opposition frontale avec la politique étrangère de Pie XI qui fait paraître la même année *Mit brennender Sorge*. Il est alors mis à l'écart du Vatican, et certains l'accusent d'avoir été agent du renseignement national-socialiste pendant la guerre, via le SS Walter Rauff. C'est Mgr Hudal qui fit extrader après 1945 Adolf Eichmann, Gustav Wagner, Alois Brunner, Erich

Priebke, Eduard Roschmann, Franz Stangl, Walter Rauff, Klaus Barbie, Josef Mengele. Otto Wächter put vivre à Rome sous sa protection. Un journal autrichien dénonça en 1947 son activité, et il dut démissionner de sa fonction de recteur en 1952, pour finir sa vie à Grattaferrata, sans jamais renier son engagement hitlérien. En 1933, devant un parterre de diplomates et de dignitaires nationaux-socialistes réunis à l'Anima, il déclara "qu'en cette heure marquée du sceau du destin, tous les catholiques allemands vivant à l'étranger saluent l'avènement du nouveau Reich, dont la philosophie s'accorde tant aux valeurs nationales qu'aux valeurs chrétiennes" (Lacroix-Riz, p. 306). Rosenberg lui-même félicita chaleureusement Mgr Hudal, en 1936, de sa profession de foi antibolchevique (p. 307). Pie XII fera de Mgr Hudal le principal adjoint de Montini dans l'opération d'exfiltration des anciens dignitaires hitlériens. Dans son ouvrage posthume publié en 1976 (*Römische Tagebücher. Lebensbeichte eines alten Bischofs* : *Journaux romains, confessions d'un vieil évêque*), il déclare : "Il n'y a en Europe aucun peuple ni aucune puissance militaire qui ait su endiguer le bolchevisme comme a tenté de le faire le peuple allemand grâce à sa valeur militaire et à l'organisation politique dont il s'était doté." Moyennant certaines réserves à l'égard des excès des régimes fascistes, Mgr Hudal, le cardinal Innitzer, Mgr Faulhaber, le cardinal Stepinac (qui déclara publiquement, le 1er janvier 1942, dans *La Sentinelle croate* : "Hitler est un envoyé de Dieu"), s'accordaient parfaitement sur ce point, avec maints autres dignitaires catholiques allemands, autrichiens, italiens ou d'autres nationalités. On veut à tout prix nous faire croire aujourd'hui que le national-socialisme serait incompatible avec le catholicisme. Il ne l'est nullement par essence, il l'est par accident, à cause des menées antichrétiennes de certaines franges de néo-païens devenus tels par réaction exaspérée contre le surnaturalisme et l'esprit démocrate-chrétien des papes du Ralliement. Le national-socialisme fut, malgré ses travers, la dernière chance politique du catholicisme. Les néo-païens, auxquels ne se réduit nullement le national-socialisme (témoin l'engagement de Mgr Hudal), ont contourné le surnaturalisme en refusant le surnaturel, les modernistes l'ont contourné en naturalisant la surnature. Et le catholicisme contemporain attend toujours d'être débarrassé du surnaturalisme » (note n° 144 de l'ouvrage *Du problème du rapport entre Nature et Grâce dans le thomisme et le néo-thomisme, et de ses enjeux politiques contemporains*, par Stepinac, samizdat, années 2000).

« Que le catholicisme promeuve la raison naturelle, exalte sa valeur et la convoque pour l'intelligence de la foi, mais en vue de la raison ("la foi passera", la béatitude est "qu'ils Te connaissent"), que par là le contenu de la foi catholique s'annonce *a priori* comme rationnel, est *a posteriori* vérifié par l'examen du contenu même du catholicisme. L'absolu est par définition le non-relatif, la religion en général dit la mise en relation du fini avec l'infini, du contingent avec le nécessaire, de l'immanent avec le transcendant, du relatif avec l'absolu, de sorte qu'une religion n'est possible que si cette relation en quoi elle consiste est initiée par l'absolu lui-même, seul capable de se mettre en relation sans cesser d'être absolu, ainsi sans être relativisé ("désabsolutisé") et ce dans l'unique mesure où son absoluité ne répugne pas à la vie relationnelle mais au contraire consiste — en elle-même, indépendamment du monde et d'un esprit créé — en cette vie même, ce qui nous est révélé dans, par et comme le **Dieu trinitaire**. Dieu, dans Sa révélation, doit nous dire ce qu'Il est en lui-même indépendamment de Sa révélation, autrement une telle révélation est un mensonge ; or toute révélation de Dieu est relation de Dieu à ceux auxquels Il se révèle ; donc Dieu doit être relation en Lui-même pour être en capacité de se révéler. Par ailleurs, toute révélation est médiation entre le Révélé et celui auquel Il se révèle, et se pose toujours la question de l'adéquation de la médiation à ce qui se médiatise, sauf si le Médiatisé se fait lui-même médiation entre Lui et l'homme, ce qui revient à dire que Dieu, pour se révéler indubitablement, *doit se faire religion (acte de relier)*, ce qui a lieu dans l'**Incarnation** : Dieu s'y fait la relation entre Lui et l'homme. C'est au reste parce que Dieu est trinitaire qu'Il peut s'incarner, contracter le mode d'existence d'une créature sans cesser d'être Créateur. En tant que médiateur entre Lui-même et l'homme, Dieu se fait le témoin de Lui-même, ce qui derechef exclut tout doute quant à la fidélité du témoignage, puisque, ici, celui qui témoigne *est* ce dont il témoigne. Et parce que la Révélation culmine dans l'Incarnation du **Verbe**, le catholicisme est religion de la Parole, ainsi de la Tradition ou transmission, laquelle contient la clé de sa propre interprétation, à peine d'être méconnue et incomprise ; or s'il faut connaître la Parole pour accéder à sa clé de compréhension en retour requise pour comprendre la Parole, on est enfermé dans une aporie aussi longtemps qu'un troisième terme n'intervient pas, lequel sera l'**Église**, "Jésus répandu et communiqué" (Bossuet), l'Église inspirée par l'Esprit qui l'habilite à interpréter l'Écriture et la Tradition. *On voit bien par là que le catholicisme est la rationalité même.* Il est la vraie religion parce qu'il vérifie les réquisits du concept de religion. Enfin, que la différence réelle entre nature et surnature soit révélée par la surnature *et* accessible à la nature (la raison), cela a pour envers obligé que l'homme peut être déiformé (doctrine de la grâce) sans cesser de demeurer créature : si l'infini peut se "finitiser" sans cesser d'être infini, en retour le fini peut être "infinitisé" sans cesser de demeurer fini : "*Deus homo factus est ut homo fieret Deus*" (saint Irénée, au IIIe siècle ; Dieu s'est fait homme pour que l'homme fût déiformé) » (*Pour une contre-révolution révolutionnaire*, Joseph Mérel, Reconquista Press, 2017).

Nous devons toujours, en tant que catholiques, être capables de « rendre raison de l'espérance qui est en nous » (I Pierre III, 15), aussi est-ce un devoir de charité que de savoir exposer, en disant pourquoi, ce que la foi nous fait espérer.

Saint Étienne, l'un des sept diacres formés par les Douze, appartenant au camp des « hellénistes », n'hésitait pas à parler d'*idolâtrie* à propos du culte rendu à Dieu dans le Temple de Jérusalem. Le christianisme n'est pas la continuation du judaïsme, il est l'acte de le faire périr en le consommant.

Saint Clément d'Alexandrie, qui n'est plus tenu pour un saint depuis Benoît XIV (son martyre n'est pas attesté), déclarait au IIIe siècle dans ses *Stromates* (6, 8, 67, 1) que Dieu donna la philosophie aux Grecs « comme un testament qui leur soit propre ». Ce qui est une manière de signifier deux choses : a) c'est le même Dieu qui veut qu'il y ait des philosophes et des croyants, que l'avidité de connaître en rendant raison et le consentement à l'adhésion sans rendre raison se conjuguent dans les mêmes âmes ; b) la philosophie est née en Grèce et seulement en Grèce, elle est le privilège de la pensée païenne et du mode occidental de penser. Ayant pour objet le nécessaire, la philosophie est en droit science de l'universel et science universelle, ce qui confère à la pensée occidentale le privilège d'incarner le modèle de toute pensée humaine ; il en résulte que c'est à l'intelligence occidentale que revenait la tâche de développer l'intelligence de la foi catholique. Et, ainsi appropriée à une telle intelligence de la foi, la Révélation devait par sa nature, quant à son contenu qui est son sens, transcender les modalités ethniques orientales de son expression primitive et de son lieu historique de manifestation.

Les catholiques *ne sont pas* spirituellement des sémites ; ils sont tous les hommes ayant épousé le mode occidental de penser considéré en l'état de sa maturité, et transfiguré par les dons surnaturels qu'il a plu à Dieu de faire éclore en eux par le catalyseur instrumental du sémitisme juif : « Il n'y a <entre Juifs et chrétiens> ni héritage commun ni dialogue. Le christianisme est issu de sources juives, mais c'est une religion grecque. (...) pour nous, du point de vue de la foi, le christianisme n'a aucune importance. Mais, pour les chrétiens, depuis l'an 33, le fait même de l'existence d'un judaïsme est impensable. (...) la base de la foi chrétienne est la négation de la légitimité du judaïsme. Le christianisme se considère comme le seul judaïsme authentique. (...) les papes <d'avant Vatican II> accomplissaient ce qui devait être accompli : la liquidation du judaïsme » (Professeur Yeshayahou Isaï Leibowitz, *Le Nouvel Observateur*, 24 décembre 1992).

« La supériorité pratique des grandes religions chrétiennes, c'est qu'elles doraient pas la pilule. Elles essayaient pas d'étourdir, elles cherchaient pas l'électeur, elles sentaient pas le besoin de plaire, elles tortillaient pas du panier. Elles saisissaient l'Homme au berceau et lui cassaient le morceau d'autor. Elles le rencardaient sans ambages : "Toi petit putricule informe, tu seras jamais qu'une ordure... De naissance tu n'es que merde... Est-ce que tu m'entends ?... C'est l'évidence même, c'est le principe de tout ! Cependant, peut-être... peut-être... en y regardant de plus près... que t'as encore une petite chance de te faire un peu pardonner d'être comme ça tellement immonde, excrémentiel, incroyable... C'est de faire bonne mine à toutes les peines, épreuves, misères et tortures de ta brève ou longue existence. Dans la parfaite humilité... La vie, vache, n'est qu'une âpre épreuve ! T'essouffle pas ! Cherche pas midi à quatorze heures ! Sauve ton âme, c'est déjà joli ! Peut-être qu'à la fin du calvaire, si t'es extrêmement régulier, un héros, 'de fermer ta gueule', tu claboteras dans les principes… Mais c'est pas certain… un petit poil moins putride à la crevaison qu'en naissant… et quand tu verseras dans la nuit plus respirable qu'à l'aurore… Mais te monte pas la bourriche ! C'est bien tout !… Fais gaffe ! Spécule pas sur des grandes choses ! Pour un étron c'est le maximum !…"

Ça ! c'était sérieusement causé ! Par des vrais Pères de l'Église ! Qui connaissaient leur ustensile ! qui se miroitaient pas d'illusions ! » (Céline, *Mea culpa*, 1936, Éditions Huit, 2012, Québec, *Écrits polémiques*, p. 9)

Gustave Thibon (dans *Nietzsche ou le Déclin de l'Esprit*, Fayard, 1975, p. 91) déclarait : « Il faut bien que le mal ait une fonction sacrée, puisque Dieu le permet. Judas même était nécessaire, d'après les propres paroles de Jésus-Christ. Il n'en reste pas moins que toute apologie du mal prend un accent indécent dans la bouche humaine. D'abord parce qu'il n'appartient qu'à Dieu de déterminer la quantité de mal dont le bien peut faire sa proie : il faut être tout-puissant dans le bien pour lâcher la bride au mal — il faut être soi-même la limite infranchissable où se brise la fureur des flots. L'homme impuissant n'a pas le droit de faire ou d'enseigner le mal ; il ne peut accepter que de le subir : sa seule façon de répondre à Dieu le Père qui permet le mal, c'est d'en être, comme Dieu le Fils, l'innocente victime. Ensuite, parce que c'est là profaner un secret divin dont on ne doit s'approcher qu'en silence et en tremblant. Le mystère du mal, si dur et si implacable dans sa réalité humaine qui n'est encore qu'une apparence, c'est dans le repli le plus tendrement innocent du cœur de Dieu qu'il faut en chercher l'origine. Et il n'est pas permis à l'homme de soulever ce voile de Noé dont s'enveloppe la folie du Créateur. **Un jour, sainte Catherine de Sienne (religieuse italienne, 1347-1380) en extase s'écria à plusieurs reprises : "*Video arcana Dei !*" Et le bienheureux Raymond de Capoue qui assistait à la scène lui demanda, quand elle revint à elle, ce qu'elle avait vu. "Je ne vous le dirai jamais, répondit-elle, vous croiriez que je blasphème." Il est des choses que l'homme peut pressentir, mais qu'il n'a pas le droit de savoir et d'exprimer : le Christ lui-même s'est abstenu de révéler à ses disciples des vérités qu'ils ne pouvaient pas porter…** »

★ ★ ★ ★ ★

Extraits de deux textes (notés A et B) de Monsieur l'abbé X, de la FSSPX, qui tient à conserver l'anonymat, accompagnés d'une brève synthèse personnelle :

A

Il est devenu très classique d'équiparer la crise de l'Église à la Passion du Christ. Naguère, l'abbé Berto ne s'en privait pas, suivi en cela par le Père

Calmel, et bien sûr Monseigneur Lefebvre, pour ne citer que quelques noms parmi les plus célèbres.

Dans cette perspective, il est intéressant d'étudier l'épisode de l'arrestation du Christ au jardin des Oliviers, trop peu mis en valeur, alors qu'il est si riche d'enseignements pour notre époque. Saint Jean, au XVIIIe chapitre de son Évangile, nous relate ce dialogue surprenant entre Notre-Seigneur et la troupe scélérate venue l'arrêter : « 4-Jésus, sachant tout ce qui devait lui arriver, s'avança et leur dit : Qui cherchez-vous ? 5-Ils lui répondirent : Jésus de Nazareth. Jésus dit : C'est moi. Et Judas, qui le livrait, était avec eux. 6-Lorsque Jésus leur eut dit : C'est moi, ils reculèrent et tombèrent par terre. » Notre-Seigneur use de sa force divine pour rappeler à tout le monde, à ses amis comme à ses ennemis, qu'il conserve la maîtrise absolue de la situation. N'avait-il pas dit : « Ma vie, personne ne me la prend, c'est moi qui la donne » (Jean X, 18) ? L'arrestation du Christ constitue ce moment décisif, cet élément perturbateur qui va faire passer le Christ de son état d'homme libre à son état de victime. En ce moment, qui serait logiquement perçu comme une défaite, comme une malheureuse perte de contrôle de la situation, l'Homme-Dieu tient à rappeler au contraire, qu'il continue de mener la vie du monde et de régir le cours des choses : un mot de sa bouche et tous ses ennemis sont plaqués au sol !

Alors, quand juste après cette preuve éclatante de son empire sur toutes choses, y compris ses ennemis, saint Pierre voit le Christ tendre ses mains pour être lié, quand il le voit se livrer de lui-même, il ne comprend plus et se révolte : « Simon Pierre, qui avait une épée, la tira, frappa le serviteur du grand-prêtre, et lui coupa l'oreille droite. » (Jean XVIII, 10)

C'est l'occasion pour Notre-Seigneur de reprendre saint Pierre : « 52-Alors Jésus lui dit : Remets ton épée à sa place ; car tous ceux qui prendront l'épée périront par l'épée. 53-Penses-tu que je ne puisse pas invoquer mon Père, qui me donnerait à l'instant plus de douze légions d'anges ? 54-Comment donc s'accompliraient les Écritures, d'après lesquelles il doit en être ainsi ? » (Matthieu XXVI)

C'est alors que Notre-Seigneur prononce cette phrase mystérieuse : « Laissez [les choses] aller jusque-là. » (Luc XXII, 51), c'est-à-dire jusqu'à mon arrestation ! Laissez faire, pas de résistance ; et en guérissant d'un simple contact l'oreille de Malchus, blessé par l'épée de Pierre, il confirme nettement son intention de n'être qu'une victime.

Si nous appliquons ce passage à la crise actuelle de l'Église, où nous assistons de nouveau à l'arrestation du Christ en ceci que nous voyons le monde, ennemi de Dieu, se saisir des institutions de l'Église pour s'en rendre maître, du moins s'en persuade-t-il ainsi, nous pouvons en retirer un enseignement précieux sur les quatre manières de réagir face à cette mainmise du monde, à l'instar des quatre types de réactions des apôtres :

1) Attitude de saint Pierre :

Celui-ci ne supporte pas la perspective que son divin maître puisse se laisser arrêter et tomber aux mains de ses ennemis. Ne lui avait-il pas promis, d'ailleurs, de ne jamais l'abandonner, quand bien même tous les autres le trahiraient ? Aussi décide-t-il d'intervenir pour sauver Notre-Seigneur et renverser, par son industrie, le cours des choses. Mais il faut reconnaître qu'il s'agit ici d'une totale illusion ! Tout ce qui se produit durant la passion obéit à un plan dont aucun aspect n'échappe à Dieu. Il est fou de vouloir renverser le cours des choses et de s'imaginer pouvoir empêcher le déroulement de la Providence. D'autant plus qu'en empêchant Notre-Seigneur de tomber entre les mains de ses ennemis et d'aller au supplice, saint Pierre aurait compromis la rédemption du genre humain ! « Jésus dit à Pierre : Remets ton épée dans le fourreau. Ne boirai-je pas la coupe que le Père m'a donnée à boire ? » (Jean XVIII, 11) Notre-Seigneur le lui fera comprendre le dimanche de la Résurrection : « 45-Alors il leur ouvrit l'esprit, afin qu'ils comprissent les Écritures. 46-Et il leur dit : Ainsi il est écrit que le Christ souffrirait, et qu'il ressusciterait des morts le troisième jour. » (Luc XXIV) Après avoir succombé à cette tentation sous apparence de bien en croyant sauver Notre-Seigneur, saint Pierre chutera encore plus gravement dans un excès opposé en le reniant à trois reprises…

Nous non plus, nous n'avons pas à prétendre sauver l'Église de ses ennemis en renversant le cours des choses par nos efforts humains. Pas un élément de cette crise n'échappe au contrôle de Dieu ! Tout y remplit un rôle que nous ne comprendrons que plus tard, et qui est finalisé par un relèvement de l'Église encore supérieur à son pire abaissement durant la crise, puisque Dieu ne permet le mal que pour un plus grand bien. Restons humblement à notre place, ne nous payons pas d'illusions en croyant être invités par Dieu à si bien prendre sa défense face à ses ennemis, que nous serions en mesure d'inverser le cours des choses. Les ecclésiastiques qui se sont crus habilités à prendre en main le salut de l'Église, excusez du peu, ont presque toujours fort mal fini… Les anciens Grecs auraient vu là un crime d'hubris… cette démesure qui fait que l'on se croit aussi puissant que les dieux.

2) Attitude de Judas :

Lui a fini par comprendre, suite aux avertissements répétés de Notre-Seigneur, que celui-ci voulait « mal finir » ! Aussi décide-t-il de le trahir, puisque Jésus se met de lui-même dans le camp des perdants — selon les apparences —, ce qui permet à Judas de rejoindre au moment favorable le camp des vainqueurs prétendus. Si Jésus tient tellement à être livré à ses ennemis, comme il l'a annoncé à ses apôtres à trois reprises au moins, c'est lui rendre service et suivre le cours providentiel des choses que de le livrer. Nous comprenons très vite que cette attitude est inacceptable et inenvisageable pour qui souhaite servir réellement Notre-Seigneur ! Sous prétexte que la crise de l'Église se déroule en suivant un plan providentiel, on ne peut pas collaborer, ni coopérer, ni sublaborer de quelque manière que ce soit avec ceux qui attaquent l'Église et s'efforcent de la détruire. Ce serait une trahison digne de Judas que de rejoindre le camp de ceux qui subvertissent l'Église du Christ et la détournent de sa vraie fin pour la mettre au service des intérêts du nouvel ordre mondial, sous prétexte que ceci est permis par Notre-Seigneur et obéit à son plan !

3) Attitude des neuf autres apôtres :

« Alors tous les disciples l'abandonnèrent, et prirent la fuite. » (Matthieu XXVI, 56). Après avoir été mis à l'abri de toute arrestation par une délicate attention de Notre-Seigneur, « Si donc c'est moi que vous cherchez, laissez aller ceux-ci. » (Jean XVIII, 8), la majorité des apôtres s'enfuit pour aller se réfugier dans le Cénacle. Cette attitude de repli sécuritaire dans le dernier endroit où les choses s'étaient bien passées est compréhensible, même s'il faut reconnaître qu'elle n'est pas la meilleure ! Elle a le mérite de préserver ces apôtres de chutes plus graves encore, ils ne renieront pas Notre-Seigneur comme Pierre, mais elle les empêche de suivre Notre-Seigneur au Calvaire, là où ils auraient dû être. Face à la débâcle qui a suivi le concile, beaucoup ont opté pour une attitude de repli sécuritaire dans une structure artificielle censée recréer la réalité de l'Église d'avant Vatican II, celle où tout allait encore bien, pensent-ils… Ils estiment que s'isoler de ce monde pervers qui s'attaque au Christ à travers son Église est la bonne façon de traverser cette période de turbulences : aussi faut-il se regrouper entre « purs », dans une tour d'ivoire, s'y enfermer à double tour en multipliant les précautions qui leur feront éviter tout contact avec les méchants impurs de l'extérieur, et attendre que les choses se résolvent d'elles-mêmes, ou par intervention divine. Cela présente l'avantage de préserver effectivement cette population de certaines contaminations extérieures, mais ne leur permet pas de suivre Notre-Seigneur comme ils le devraient, et leur attirera sans doute le même reproche que Notre-Seigneur fit aux apôtres le dimanche de la Résurrection : « il leur reprocha leur incrédulité et la dureté de leur cœur » (Marc XVI, 14).

4) Attitude de saint Jean :

On aura compris que saint Jean, guidé par l'instinct surnaturel très sûr que lui confère son profond amour du Christ, est le modèle de la bonne attitude à adopter face à cette arrestation de Notre-Seigneur. Lui n'abandonne pas son divin maître, il le suit même ! C'est-à-dire qu'il met matériellement ses pieds dans les pas de la troupe scélérate qui vient de l'arrêter, il fait le même chemin qu'eux, il s'introduit dans le palais même d'Anne et Caïphe et se retrouve donc au cœur du quartier général des méchants qui conspirent la mort du Messie ! Mais il est animé de dispositions tout autres ! Peut-être croit-on qu'il est matériellement proche d'eux ? Même pas, puisque les synoptiques notent, en attribuant d'ailleurs ce détail à saint Pierre qui accompagnait saint Jean : « *sequebatur a longe* ». Il suit les méchants, mais de loin, en prenant soin de laisser une distance de prudente sécurité entre eux et lui. Autre particularité intéressante : il fait tout le bien qu'il est en mesure d'accomplir. Il peut user de ses relations pour faire entrer saint Pierre avec lui chez Anne et Caïphe, il le fait. Il peut aller chercher la Très Sainte Vierge Marie pour la conduire sur les lieux du chemin de croix, il le fait. Il peut user de son influence pour obtenir des soldats romains qu'ils le laissent, lui et Marie, monter sur le Calvaire, il le fait. Il peut s'occuper des funérailles de Notre-Seigneur avec Joseph d'Arimathie et Nicodème, il le fait…

À son image, l'attitude qui semble la plus juste, consiste à suivre Notre-Seigneur où qu'il aille, à ne pas abandonner son corps mystique qui est Église, à ne pas s'en désintéresser sous prétexte qu'il va mal ou qu'il semble perdu, à rester au cœur de l'action et de la mêlée, sans fuir le champ de bataille, sans avoir peur de se prendre des coups, ni de côtoyer matériellement les ennemis de Notre-Seigneur. En prenant bien sûr la précaution d'établir une distance de sécurité prudente, qui écarte raisonnablement toute occasion de chute pour nos faibles natures.

Ceci en même temps que nous faisons tout ce qui est en notre pouvoir pour accomplir le bien et vaincre le mal. Autant il est illusoire de s'imaginer, avec saint Pierre, que notre activité et notre industrie feront changer à elles seules le cours des choses, autant nous avons l'obligation d'agir pour faire tout le bien qui est en notre pouvoir, qui appartient à notre domaine de compétence, à notre sphère d'influence, en ayant l'humilité de reconnaître que cela reste peu de chose par rapport à tout ce qu'il faudrait faire, en soi, pour relever l'Église.

B

(…) « Quand j'étais petit enfant, je parlais comme un petit enfant, j'avais les goûts d'un petit enfant, je raisonnais comme un petit enfant ; mais quand je suis devenu un homme, je me suis dépouillé de ce qui était de l'enfant. » (I Cor XIII, 11) L'adolescence est donc ce moment charnière de passage d'une vie à une autre forme de vie, selon un processus de mort et de résurrection ou, comme on le lit dans le texte grec de saint Paul, un processus qui *achève*, dans son double sens de mise à mort et de perfectionnement, où le plus parfait évacue le moins parfait. On peut ramener à quatre points principaux ce processus de mort et de résurrection, à quatre travaux de deuil ce passage de l'enfant à l'adulte. Nous les évoquerons successivement, pour les appliquer à la situation particulière de la Fraternité.

(…) Un enfant de six ans vous dira toujours que son papa est le meilleur et le plus fort, qu'il sait tout faire, qu'il réussit tout. Il ne s'imagine pas que quelqu'un puisse rivaliser avec son père, puisqu'il se le représente comme un héros. De même, sa maman est la plus belle de toutes les femmes, la plus maternelle des mamans.

Parvenu à l'adolescence, ce même individu changera de perception à l'égard de ses parents. Sa raison désormais capable d'un jugement plus nuancé et plus poussé, et sa jeune expérience ayant accumulé des exemples plus nombreux d'individus correspondant à la définition de père et de mère, ainsi que des exemples plus nombreux des échecs et des déficiences de ses géniteurs, il soumettra ses propres parents à un jugement de valeur qui lui fera prendre conscience de leurs limites et de leurs défauts. Cette nouvelle façon d'envisager ses parents, comme des êtres complexes, à nuancer en raison de leurs aspects positifs et négatifs, sera d'autant plus dévastatrice qu'il les aura plus idéalisés durant son enfance. Il en voudra à ses parents de ne pas être ces héros fantasmés, il s'insurgera contre leurs imperfections, n'admettra pas de devoir obéir à des gens imparfaits, et se sentira trompé, voire trahi.

Application à la FSSPX :

Monseigneur Lefebvre occupe cette place délicate, selon le processus que nous analysons, de père de notre Fraternité. Pour beaucoup, il continue d'incarner la figure de l'évêque idéal. Mais ce statut mythique, car aucun être humain ne peut être idéal au sens strict, s'effrite et cède peu à peu la place à des représentations dangereuses. Certains, voulant à tout prix conserver cette image idéalisée de notre vénéré fondateur, seront prêts à tordre la réalité pour conserver son statut d'être parfait, inerrant, que l'on peut faire parler à loisir, même au-delà de la tombe, pour résoudre tous nos problèmes actuels. D'autres, après une prise de conscience plus réaliste, oseront prétendre que Monseigneur nous a trompés, qu'il n'est pas allé jusqu'au bout de sa logique, etc. Le fait que des personnes aux convictions aussi divergentes que les sédévacantistes, les « résistants », certains « Ecclesia Dei », « les » FSSPX de toutes tendances... se réclament de la fidélité à la pensée et à la parole de Monseigneur et le citent longuement comme un argument d'autorité en faveur de leur position est révélateur !

Essayons d'être fidèles à la vérité comme à l'histoire, voyons notre vénéré fondateur de la façon la plus réaliste possible, en admirant sa sainteté, son courage, sa fidélité à l'Église, son combat visionnaire et prophétique, en même temps que nous ne sommes pas aveugles sur ses défauts et ses limites qu'il ne peut manquer d'avoir comme tout être humain faillible : certains tropismes intellectuels dus aux premières décennies du XXe siècle, certains mouvements pendulaires qui, pour trop vouloir s'éloigner d'un excès, le font s'approcher d'un autre, et sont cause que sa postérité s'entre-déchire tout en se réclamant à juste titre de lui. Ayons aussi l'honnêteté intellectuelle d'admettre qu'il n'a pas réponse à tout, surtout dans le cas de problèmes qu'il n'a pas connus !

(...) Dans sa candeur, l'enfant ne se pose pas de questions sur lui-même, ou très rarement. Spontanément, il ne se préoccupe pas du tout d'avoir une connaissance réflexe de soi et il lui suffit de se voir au travers de ce que ses parents ou supérieurs disent de lui. Avec le développement de ses facultés supérieures, l'adolescent commence à porter un regard neuf sur le monde qu'il croyait pourtant déjà connaître, et découvre les réalités sous un tout autre aspect et d'autres perspectives, à commencer par lui-même. Il croyait se connaître, il pensait être familier à lui-même, et il se découvre comme un être en profonde mutation, avec un corps qui change, une psychologie qui se complexifie, si bien qu'il perd ses repères et voit s'effondrer cette conviction qu'il était immuable.

Dans ce vaste désir qui l'habite de connaître le monde, ou plutôt de le re-connaître, l'adolescent éprouve à un degré encore plus prégnant le besoin de se connaître. Ce qui va le confronter inconsciemment à ce problème inéluctable de la connaissance de soi, à la fois infaillible et source d'une insatisfaction tragique. Connaissance infaillible, puisqu'ici le problème de l'adéquation entre le connaissant et le connu ne se pose pas en raison de l'identité entre les deux, mais insatisfaction, parce que l'objet connu étant le sujet connaissant, l'acte de s'objectiver, propre au sujet connaissant, se retrouve dans l'objet connu. Autrement dit, si connaître est bien « devenir autre, en tant qu'autre », qu'apprend-on sur soi-même quand on se connaît ? Des choses essentielles sans doute, mais peu nombreuses, à moins de se connaître dans le regard d'un tiers. Ce qui explique le besoin que nous avons d'autrui pour apprendre à nous connaître, comme dans le domaine spirituel, nous avons vitalement besoin d'un père spirituel.

Pour l'adolescent, la tentation est grande de fuir cette recherche de vérité sur lui-même, car elle lui fait peur en raison de cette déception qu'il pourrait éprouver en se voyant tel qu'il est et non tel qu'il voudrait être. Il est tellement plus gratifiant de se mentir à soi en se créant une identité de fiction, que de s'accepter tel que Dieu nous a créé. Cette tentation pourra prendre la forme soit d'un isolement du monde, d'un repli sur soi, qui lui permettra de se fuir lui-même en évitant ce qu'il aurait pu apprendre sur lui dans le regard des autres, accompagné d'une évasion dans des paradis artificiels (monde virtuel, drogue...) qui ne lui renvoient aucune image réaliste et objective de lui et permettent de faire durer l'illusion qu'il se connaît vraiment ; soit la forme d'une hyper-dépendance du regard des autres, qui en fait un caméléon social, un être sans consistance ni convictions, qui a renoncé à se connaître et donc à être lui-même — terrorisé qu'il est à l'idée d'être rejeté par le groupe —, pour n'être plus que ce que son entourage attend qu'il soit, prêt à toutes les compromissions, si elles lui permettent de ne pas être marginalisé.

Application à la FSSPX :

Les membres de la FSSPX ont commencé par croire spontanément à ce qu'on leur disait qu'ils étaient : nos propres supérieurs affirmaient-ils que nous étions « l'Église de toujours », les sauveurs de l'Église, les véritables continuateurs des apôtres et tout allait bien ; mais si d'autres voix « autorisées » nous disaient que nous étions des schismatiques, des excommuniés, des psychorigides, des désobéissants, etc., alors commençait une épreuve de conscience : soit il fallait quitter l'institut car la voix autorisée en question avait plus de poids que la voix contraire — et nombreux sont ceux qui ont choisi cette voie pour retrouver une forme de paix —, soit il fallait discréditer la voix discordante, la vilipender, la réduire à néant afin de lui retirer toute autorité morale pour rendre notre attitude supportable. Mais le besoin de nous connaître nous-mêmes, de savoir qui nous sommes réellement (sommes-nous vraiment des fils de l'Église, ou sommes-nous d'affreux révolutionnaires schismatisants ?...), de comprendre et de posséder en toute clairvoyance notre identité profonde, nous habite nécessairement et s'impose plus ou moins ouvertement à tous.

Le grand risque réside dans le fait que, si ce n'est pas l'autorité qui répond clairement et officiellement à ce besoin d'affirmation de notre ligne et de notre identité, chaque membre le fera individuellement, poussé comme par un réflexe de survie intellectuelle, afin de pouvoir se justifier à lui-même, et aux autres, son existence et sa raison d'être. La FSSPX souffre réellement d'un manque de re-connaissance et elle doit l'admettre, en même temps qu'elle doit surmonter ces deux formes de tentation évoquées plus haut, à savoir :

– se replier sur elle-même (cf. le complexe obsidional qui accentue et aggrave ce processus), fuir le monde qui l'entoure, afin d'éviter toute image désagréable et perturbante qu'il pourrait lui renvoyer d'elle-même, fuir tous ces gens qui lui adressent des reproches que l'on pourrait finir par prendre en considération, et se réfugier dans des paradis artificiels : pour elle, se gargariser de sa propre perfection et de sa fidélité indéfectible à une forme d'Église historiquement disparue, se prendre pour la seule et véritable Église du Christ, s'imaginer qu'en dehors d'elle point de salut, pas de possibilité d'être catholique, insister à temps et à contretemps sur ses succès d'apostolat réels ou imaginaires, mettre en avant tout ce qui est en mesure d'entretenir une image valorisante d'elle-même pour contrebalancer les motifs qu'elle a de douter de soi.

– développer une hypersensibilité au jugement des autres, si bien que nous ne nous voyons plus que dans le jugement qu'ils portent sur nous, nous renonçons à exister à nos propres yeux pour devenir totalement tributaires de l'existence qu'ils voudront bien nous accorder. Tels pourraient être les partisans d'une reconnaissance canonique à tout prix, obsédés qu'ils seraient d'accéder enfin au statut de société officiellement reconnue afin de ne pas être rejetés du groupe, de ne pas tomber dans le néant ecclésial.

Il y a solidarité entre le processus de réconciliation avec soi (accéder à la connaissance effective de soi) et le processus de réconciliation avec son monde (accéder à la connaissance lucide du monde social ou ecclésial dans lequel on vit, et ainsi à la connaissance de son temps). Si la FSSPX, plutôt que de s'exposer à vivre comme un fantôme, un revenant caricatural du XIXe catholique et bourgeois, égaré dans une post-modernité dont il n'a pas compris qu'elle est objectivement le résultat catastrophique des contradictions inhérentes au monde dont il est nostalgique, acceptait de s'intéresser à la vraie connaissance de son temps, à l'étude des penseurs de la « nouvelle théologie », acceptait de reconnaître la pertinence de leurs problématiques afin de proposer une vraie solution à celles-ci — celle de Vatican II et du modernisme étant manifestement fausse —, alors une FSSPX plus lucide pourrait sans danger et même de manière éminemment féconde, pour elle comme pour tous, aspirer à la reconnaissance en se constituant en école théologique et philosophique rivale du modernisme lui-même, sans céder aux inclinations ralliéristes. Par le fait même, elle accéderait aussi à la compréhension la plus profonde de sa nature : être l'instrument de formation d'un sacerdoce entièrement dédié à la vitalité de l'Église, c'est-à-dire à la sainteté, et à la défense et à l'illustration de la foi.

(...) Les enfants se projettent tous dans leur future vie d'adultes et s'y trouvent une place et un rôle qui correspondent à leurs rêves du moment : pompier, militaire, astronaute, médecin, joueur de foot... À l'adolescence, ces rêves sont confrontés à la réalité de ce qui est possible ou non, en fonction des capacités de l'individu. Si tel adolescent, qui rêvait enfant de devenir médecin et n'envisageait pas autrement son futur, ne réussit jamais à obtenir une moyenne supérieure à 5 en maths et à 7 en biologie, il faudra que son père lui explique d'urgence, non pas qu'il est un raté, mais que ses talents doivent s'exprimer dans un autre domaine que la médecine ! Il faudra réévaluer ses centres d'intérêt, comprendre ce qui l'attirait dans la médecine, et l'orienter vers un projet de vie qui puisse satisfaire ses passions tout en étant réaliste.

Application à la FSSPX :

L'expérience concrète de cette quarantaine d'années d'existence de la FSSPX semble montrer que ses ambitions historiques étaient disproportionnées : refonder une catholicité dans tous les domaines, sauver Rome du modernisme, convertir le Pape et les cardinaux, assurer la « suppléance » mondiale de l'Église catholique, être implantés dans tous les pays... C'est à cette prétention que pousse une mauvaise intelligence de la devise de notre saint patron : « *Instaurare omnia in Christo* ». Ayons l'humilité de reconnaître que nous ne pouvons pas tout faire. Nos capacités ne sont pas infinies, aussi nous faut-il cibler avec réalisme et pragmatisme les objectifs auxquels nous sommes en droit de prétendre, avec la grâce de Dieu (cf. les *Réflexions sur l'arrestation du Christ au jardin des Oliviers*, où ce point est plus développé).

(...) L'enfant est un être imparfait et essentiellement dépendant, qui est dans une nécessité vitale de recevoir de ses parents tout ce qui est nécessaire au développement harmonieux de sa vie humaine, que ce soit sous son aspect matériel aussi bien que spirituel. Il est donc par état dans une logique de consommation. Plus il grandit, plus il est en mesure d'agir par lui-même et de prendre part à l'activité qu'exercent ses parents pour son bien : le bébé qui était nourri de façon purement passive durant la gestation se mettra ensuite instinctivement à téter le sein de sa mère, puis apprendra à manger de façon de plus en plus autonome au fur et à mesure qu'il sera capable de poser des actes responsables, jusqu'à devenir capable de subvenir seul à ses propres besoins, puis de prendre en charge les besoins d'autres êtres qui dépendront de lui, ses propres enfants.

À l'adolescence, s'opère plus rapidement et de façon plus visible cette bascule entre l'état de dépendance et donc de consommateur de l'enfant, et l'état d'autonomie du jeune adulte qui accédera réellement au statut d'adulte lorsqu'il sera capable de donner sans se perdre, c'est-à-dire de se donner.

Cette transition n'est pas évidente, car s'il est vrai que tout adolescent aspire à l'autonomie de l'adulte, il n'est cependant pas prêt à renoncer au confort de la consommation paisible des biens apportés par ses parents. Avoir la liberté de l'adulte, son pouvoir de consommation, sans en avoir les contraintes, ni les responsabilités, voilà le statut que les adolescents revendiquent et voudraient conserver toute leur vie ! Sur ce point, beaucoup de personnes reconnues adultes par l'État civil sont encore en réalité des adolescents. Aux parents d'apprendre à leur adolescent le goût de l'effort, la véritable autonomie par laquelle il sera capable de mettre ses capacités au service de l'obtention d'un bien, et non pas de l'entretenir dans l'illusion qu'il peut prétendre à tout sans effort.

Application à la FSSPX :

Nous sommes tous tributaires de la Tradition de l'Église, de ce trésor précieux que nous a transmis Monseigneur Lefebvre, que ni lui ni nous n'avons inventé ni mérité, mais dont nous bénéficions chaque jour et dont nous nous efforçons de faire bénéficier le plus de monde possible. Autrement dit, nous consommons chaque jour ce dépôt, nous puisons dans ce trésor, certes inépuisable, mais que produisons-nous ? Quels fruits portons-nous ? Quelle part prenons-nous à son accroissement et à sa mise en valeur ? Sommes-nous des perroquets inintelligents qui répètent des phrases sans les comprendre, ou sommes-nous des disciples qui ont compris que l'on ne transmet fidèlement qu'en réinventant (au sens étymologique du mot), de même qu'on n'imite adéquatement qu'en recréant ?

Il est triste de constater, par exemple, que ce sont très souvent des réimpressions de livres anciens, fort bons au demeurant, qui sortent de nos presses, alors que d'autres âmes de bonne volonté, mais qui ne sont pas de la Tradition, écrivent de nouveaux livres qui répondent davantage aux problèmes actuels, se penchent effectivement sur les problèmes auxquels nous sommes confrontés, mais que ces livres seront malheureusement entachés des erreurs modernes qui polluent souvent leurs intelligences... Pourquoi cette paralysie de nos gens dès qu'il s'agit de créer, alors qu'ils ont tant de facilité à consommer ? Pourquoi cette frilosité à faire œuvre originale, cette suspicion spontanée face à toute réflexion un peu neuve, qui ne fait pas entendre le doux son d'un psittacisme réconfortant ?

Il serait temps, après nous être nourris de la sainte et authentique Tradition, et tout en continuant à en vivre, de commencer à porter le fruit de cette innutrition à ceux qui nous entourent.

La Fraternité semble bien avoir besoin d'opérer en elle-même cette mutation, qui n'est pas une trahison de sa nature, ni de ses principes, mais le passage de sa vie d'enfance à sa vie d'adulte.

⋆ ⋆ ⋆

Brève reprise, et commentaires :

Le Père Emmanuel parla de l'agonie de l'Église. Saint Pie X, l'abbé Berto, Mgr Lefebvre, le Père Calmel, et même le Père Jean-Miguel Garrigues (prêtre conciliaire) dans son livre *Par des sentiers resserrés* ont équiparé la crise de l'Église à la Passion du Christ, ce qui est théologiquement fondé puisque l'Église est le Corps mystique du Christ et « Jésus répandu et communiqué ».

Au jardin des Oliviers, Notre Seigneur Jésus-Christ montre sa puissance divine d'abord avant d'être arrêté afin de montrer qu'il maîtrise parfaitement la situation. Il donne sa vie, on ne la lui prend pas. Il veut donner sa vie. Saint Pierre ne comprend pas, coupe l'oreille de Malchus, serviteur du Grand-Prêtre. Notre Seigneur dit : « Laissez les choses aller jusque-là » (Luc XXII, 51). L'analogie invite à comprendre que les ennemis de Dieu s'emparent des institutions de l'Église pour essayer de la tuer. Il y a quatre manières de réagir à cette situation.

Saint Pierre veut sauver le Christ contre Lui-même, et les imitateurs de saint Pierre veulent sauver l'Église en lui interdisant d'imiter son Maître ; certains traditionalistes veulent instaurer une espèce de suppléance mondiale de juridiction comme pour en venir à reconstruire l'Église à côté de ce qu'ils tiennent pour son cadavre.

Judas a choisi le camp des destructeurs, et tels sont les Modernistes qui entendent rejoindre l'Église réduite au rôle d'instrument du Nouvel Ordre Mondial, auxquels se rattachent malgré eux les Ralliés qui font objectivement le jeu de la subversion.

Neuf apôtres fuient, se réfugient au Cénacle, choisissent le repli sécuritaire, ne suivent pas leur Maître au Calvaire, préfèrent leur tour d'ivoire ; Notre Seigneur Jésus-Christ leur reprochera leur incrédulité et leur dureté de cœur (Marc XVI, 14).

Saint Jean, qui nous indique ce qu'il faut faire, suit la troupe scélérate, entre dans le palais d'Anne et de Caïphe, suit les méchants « de loin » (afin de n'être pas contaminé) et fait le bien qu'il peut faire : il fait entrer saint Pierre chez Anne et Caïphe, il conduit Notre Dame sur les lieux du chemin de croix, il obtient des soldats romains la permission de monter au calvaire avec Notre Dame, il s'occupe des funérailles de Notre Seigneur Jésus-Christ avec Joseph d'Arimathie et Nicodème. Il n'invite pas à fuir le champ de bataille, à s'éloigner de l'Église défigurée, il n'hésite pas à côtoyer matériellement les méchants ; on doit ainsi, selon l'analogie, accepter de côtoyer les modernistes, de ne pas fuir l'agonie de l'Église, de ne pas fuir l'Église à cause de sa maladie, tout en veillant à se prémunir contre les microbes.

Les neuf Apôtres se réfugient dans l'attentisme, les traditionalistes hostiles à tout contact avec l'Église défigurée se gargarisent de leur propre perfection, se prennent pour la seule Église. Si le désir qu'éprouve un homme d'être reconnu (au sens hégélien : accéder à la connaissance objective de soi en se reconnaissant dans le regard objectivant qu'autrui lui renvoie de lui) peut devenir déréglé au point de mendier cette reconnaissance à tout prix (aspirer à une juridiction en forme de prélature personnelle), en retour ceux qui se coupent de l'Église défigurée se livrent au psittacisme, ne comprennent pas qu'on ne transmet fidèlement qu'en réinventant, comme on n'imite qu'en recréant, et sous ce rapport ils sont infidèles au contenu de ce qu'ils entendent jalousement conserver dans son intégrité.

La leçon que l'on peut retenir de ces développements, c'est, entre autres choses, que les sédévacantistes refusent la Passion de l'Église comme saint Pierre refusait la Passion du Christ : l'Église est malade, l'Église est défigurée, donc ce ne serait pas l'Église. Il faut certes avoir les nerfs solides et la foi bien chevillée à l'âme pour accepter que Dieu reste le Tout-Puissant dans le moment où Il entre dans Sa Passion. Et il faut aujourd'hui avoir les mêmes nerfs d'acier et la foi bien puissante pour ne pas succomber au désir de réduire cette Église défigurée par le modernisme à une Contre-Église tout humaine et satanique. Le sédévacantisme est dangereux aujourd'hui, d'abord parce qu'il est en demeure, pour fonder sa position, d'étendre démesurément la zone d'infaillibilité de l'enseignement papal, de sorte qu'il ne s'aperçoit pas — ce faisant — qu'il ratifie comme infaillibles des enseignements passés contestables ; ainsi en est-il de certains passages de *Unam sanctam* de Boniface VIII (surnaturalisme théocratique), ou de *Rerum novarum*, ou bien de *Divini illius magistri*, qui subordonnent le Politique à la vie domestique, ou de certains textes de Pie XII favorables à l'idée démocratique et à l'ONU. Il est dangereux, ensuite, parce qu'il se rend incapable de comprendre que l'on ne transmet fidèlement qu'en réinventant ; le modernisme exploite les failles — entendons : les silences sur certains points non encore explicités — de la Tradition, et la Tradition ne peut transmettre le meilleur d'elle-même qu'en faisant l'effort de se repenser elle-même dans sa confrontation avec le modernisme. En dernier ressort, il est dangereux pour la raison suivante : « l'Église ne peut être défigurée par le modernisme, tout comme le Christ qui ne peut être souffrant et défiguré puisqu'un Dieu est tout-puissant, donc ce n'est pas l'Église, c'est une secte schismatique installée à Rome avec un antipape » ; ainsi raisonnent les sédévacantistes, comme les *Juifs* qui ne comprennent pas que Dieu puisse assumer le fini, la déréliction et la faiblesse, et que la force absolue n'est telle qu'à proportion de son pouvoir d'assumer la faiblesse sans cesser d'être force ; et ainsi les sédévacantistes en viennent psychologiquement, et comme malgré eux, à contracter des réactions de Juifs : un manque de confiance dans la Providence, une dureté fébrile hantée par le prurit de la dénonciation et de la délation, un formalisme moral surnaturaliste, un parti pris d'austérité caricatural, une frénésie dans le plaisir de châtier et de condamner n'importe qui à tout bout de champ, une coupable tendance à se croire les élus du clan traditionaliste, une violence attachée à la lettre sans esprit, un tour d'esprit hargneux favorisant l'habitus du juriste au détriment de celui du métaphysicien, une pathologie de la correction fraternelle et du procès d'intention, et en même temps une tendance à osciller entre la prétention délirante à être l'instance exclusive en laquelle l'Église se réfugie, et la faiblesse de ceux qui en viennent à se rallier inconditionnellement (le pape est toujours infaillible, donc ou bien ce n'est pas le pape, ou bien il est pape mais alors ce qu'il dit depuis Vatican II est orthodoxe).

Ce qu'il y a de proprement révoltant dans l'attitude des sédévacantistes, c'est cette prétention dérisoire à nier la catholicité de ceux qui n'appartiennent pas à leur secte. Ce n'est pas une bagatelle que de contester à quelqu'un son droit à se dire catholique ; quand l'effectivité de la chose n'est pas attestée, c'est une grave offense que de s'autoriser à nier l'appartenance de quelqu'un à l'Église, puisque cela équivaut à proclamer qu'il est une graine de damné. Comme le fait observer, dans la ligne de l'argumentaire naguère développé par le Père Alvaro Calderón, le Frère Pierre-Marie (o.p.) dans une livraison du *Sel de la Terre* (n° 108, printemps 2019), les arguments des sédévacantistes seraient peut-être susceptibles d'être recevables si ce à quoi ils ont affaire était un vrai magistère, ainsi un magistère authentique, un magistère vraiment magistère, qui a pour propos d'enseigner avec autorité : un vrai magistère a vocation à être tenu pour un magistère vrai, de sorte que, si le contenu de cet enseignement est faux, on est fondé à poser la question de l'autorité qui le promulgue. Mais les auteurs de Vatican II n'enseignent nullement avec autorité ; ils n'enseignent pas du tout à proprement parler, de telle sorte que, si la question se pose de savoir si ce qu'ils pensent est vrai, en revanche la question de savoir si leur « enseignement » est vrai ne se pose plus, puisque ce n'est pas un vrai enseignement ; par là, la question de l'autorité ne peut plus être posée, sinon sur le mode hypothétique et dans le but de proposer une explication non à un enseignement erroné, mais à un refus mortifère d'enseigner avec autorité. Nous nous contenterons ici de recopier, pour l'essentiel, les déclarations du Supérieur dominicain.

Vatican II n'enseigne pas pour transmettre une doctrine venue du Christ mais développe des considérations sur le « sens » de la foi du « peuple de Dieu ». Vatican II est le premier concile de l'histoire qui n'exerce pas un magistère hiérarchique en imposant l'autorité du Christ. Dans *Lumen Gentium*, est suggéré, ou implicitement présupposé (mais non affirmé), que le Saint-Esprit inspirerait non pas la hiérarchie de l'Église, et par elle les fidèles, mais directement l'universalité des croyants, ce qui entraînerait un **dialogue** dans lequel la communauté des croyants prendrait conscience de ce que l'Esprit lui inspire ; or dialoguer n'est pas enseigner. Le rôle de la hiérarchie serait non d'imposer une doctrine aux fidèles, mais de promouvoir ce dialogue immanent au « peuple de Dieu » et de l'unifier. Il y aura ainsi, pratiquement, dialogue avec les théologiens qui joueront le rôle d'intermédiaire entre le « peuple de Dieu » qui « sent » mais sans pouvoir s'exprimer, et la hiérarchie dont la fonction serait d'unifier le sentiment commun. Ainsi Jean-Paul II affirmera-t-il (*Redemptor hominis*, § 11) : « Le concile a donné une impulsion fondamentale pour former l'autoconscience de l'Église. » Ce qui conserve la forme (apparence) d'un magistère se voudra normatif, mais seulement en tant qu'il sera l'expression présente de la conscience du « peuple de Dieu » ; aussi est-on fondé à affirmer que l'Église a été instrumentalisée pour réaliser l'unité du genre humain, alors qu'elle est faite pour sauver les âmes.

Mgr Williamson (*Kyrie eleison*, n° 625 du 6 juillet 2019), rappelle, s'inspirant des travaux de l'abbé Calderón, que dans *Dei Verbum* (n° 2) et *Lumen Gentium* (n° 4), est suggéré, ou implicitement présupposé (mais non affirmé clairement) que l'affirmation de l'Incarnation ne serait pas tant l'exposition d'un fait objectif que l'expression de l'expérience du mystère qui se rend présent dans la communauté d'une Église vivante, au sein de laquelle Révélation et Tradition évolueraient selon les contextes historiques, de sorte que pour vivre et interpréter le mystère il faudrait entrer en communion avec le nouvel esprit de foi dans la communauté. *Gaudium et Spes* et *Ad Gentes* laissent entendre, de manière tout aussi équivoque, que plus l'homme se rend « *imago Dei* », plus il se fait homme ; que donc plus il se fait homme plus il devient divin, et que le Verbe s'est fait homme pour que l'homme devînt complètement humain, et non pour devenir fils adoptif de Dieu. Il n'est pas douteux, selon la théologie traditionnelle, que la grâce restaure la nature en la surélevant, mais cela ne veut pas dire qu'elle serait surélevée pour être restaurée, et/ou qu'il lui suffirait d'être restaurée pour être surélevée, comme si l'intégrité de la nature humaine était de soi exigitive — voire productrice — des bienfaits de la grâce, ou identique à eux. Déjà le judéo-humaniste Montaigne avait emprunté au Cusain le concept de « *christiformitas* » pour évoquer l'humaine condition dont chaque homme en tant qu'il est homme porterait en lui la marque tout entière. Le propos du concile Vatican II sera donc bien d'unifier l'expression du dialogue, organisé par la hiérarchie, entre les membres du « peuple de Dieu », de telle sorte que le concile devienne la voix de la conscience ecclésiale. Les trois citations qui suivent corroborent et explicitent cette interprétation :

« Le concile se propose **avant tout** de juger à cette lumière <de la foi> les valeurs les plus prisées par nos contemporains et de les relier à leur source divine. Car ces valeurs, dans la mesure où elles procèdent du génie humain, sont fort bonnes ; mais il n'est pas rare que la corruption du cœur humain les détourne de l'ordre requis : c'est pourquoi elles ont besoin d'être purifiées » (*Gaudium et Spes*, § 11). Le concile poursuit un « but pastoral de renouvellement intérieur de l'Église, de diffusion de l'Évangile dans le monde entier et de **dialogue** avec le monde d'aujourd'hui » (décret *Presbyterorum Ordinis* n° 12). « Le concile travaillera à jeter un pont vers le monde contemporain (…) Vous avez voulu tout d'abord vous occuper non pas de vos affaires, mais de celles de la famille humaine, et engager le **dialogue** non pas entre vous mais avec les hommes » (Paul VI, *Documentation catholique*, 1963, col. 1357).

Ainsi donc, Vatican II n'est nullement un acte d'enseignement doté d'autorité chargé de transmettre une vérité procédant du Christ, mais le résultat d'un dialogue, arbitré par la hiérarchie, entre les membres du « peuple de Dieu » se concertant sur ce qu'ils « sentent », en tant qu'ils se sont laissé imprégner par des valeurs non chrétiennes mais supposées naturellement bonnes et éminemment récupérables, et en vue d'un apostolat mené en direction du monde entier avec lequel, médiatement, la hiérarchie entre aussi en dialogue ; il s'agit au fond de montrer que le monde entier serait déjà catholique sans le savoir, par le seul fait qu'il est humain. On peut donc bien conclure avec l'abbé Calderón : avec Vatican II, l'homme est libéré du réel par le subjectivisme, de la morale par la conscience qui inclinerait le cœur vers le bien, et de sa nature même par la grâce qui répare la liberté ; la néo-Église sera vouée à dialoguer avec tous. Nulle trace d'enseignement authentique (ἡ αὐθεντία : autorité) dans ces déclarations. Ce qui le confirme, c'est que « la congrégation du Saint-Office a été profondément modifiée pour devenir, après le concile, la congrégation pour la Doctrine de la foi. **Le tribunal a été remplacé par un office de recherche théologique.** Il s'agissait là, disait le cardinal Browne à Mgr Lefebvre, d'un changement essentiel » (Frère Pierre-Marie) ; et en effet, il ne s'agit plus de juger, à l'aune d'une vérité objective ayant vocation à être enseignée avec autorité, l'orthodoxie de telle ou telle déclaration ; il s'agit désormais de cheminer ensemble (σύνοδος dit « synode », « compagnon de route »...) avec les auteurs de n'importe quelle déclaration, afin de se persuader les uns les autres qu'ils pensent tous la même chose.

Cela dit, et par-delà les réflexions du Frère Pierre-Marie, si les textes de Vatican II — de leur propre aveu — ne sont pas, quant à leur contenu, de vrais magistères, ils sont coulés dans la forme juridique d'actes du magistère ; pour distinguer entre magistère hiérarchique d'une part (vrai magistère : enseigner — peu importe ici que le contenu de cet enseignement soit coulé ou non dans les formes de l'infaillibilité telles que définies par l'Église — avec autorité) et d'autre part « magistère » confessant, par son contenu, qu'il ne s'agit que d'un dialogue destiné à expliciter un « *sensus fidei* » dont serait dépositaire le « peuple de Dieu », il faut bien s'autoriser à juger de telles déclarations ; or ces déclarations, exprimées dans la forme canonique de ce qui relève habituellement d'un vrai magistère, se donnent formellement — même si elles le démentent matériellement — pour des éléments de vrai magistère. Osons une analogie triviale. Quand on déclare qu'« il est interdit d'interdire », on peut bien dire que la portée impérative de cette formule performative est détruite par son contenu (il est interdit *d'interdire* : la portée magistérielle de la déclaration est invalidée par la signification charriée par cette déclaration) ; il reste que c'est sous le couvert de la réception d'une expression formulée à l'impératif (« *il est interdit* d'interdire » : une déclaration dont le sens exclut sa nature magistérielle est quand même formulée dans la forme magistérielle) que l'on accède à son sens. Il en résulte ceci :

Si la FSSPX en sa frange « fellaysienne » subit dangereusement des pulsions ralliéristes, c'est parce qu'elle se refuse à reconnaître que — le magistère étant la norme prochaine de la foi (Pie XII, *Humani generis*, DS 3884) — il n'est possible de critiquer le contenu erroné de Vatican II qu'en faisant l'hypothèse (mais seulement l'hypothèse) du sédévacantisme, en tenant pour également probables, mais *publiquement*, les deux hypothèses (mauvais pape mais pape, ou bien antipape). Les bonnes volontés que les enseignements non infaillibles et les engagements politiques contestables de Pie XII révulsent à bon droit sont ainsi contraintes, quand elles se font sédévacantistes, d'en venir à nier que Pie XII ait jamais été pape… Telle est la position d'un Andreas Pitsch par exemple (*Weshalb Pius XII kein Papst war*, Verax Verlag, Müstair, 2008), qui, dans son élan vengeur inspiré par une pathologie de la pureté, n'hésite pas à nier l'authenticité des apparitions de Fatima, à tenir pour un imposteur le Padre Pio, à nier toute valeur aux juridictions de suppléance. Les sédévacantistes (« le pape est toujours infaillible ») sont ainsi condamnés soit à nous persuader que certains textes dérangeants du magistère antérieur à Vatican II ne seraient absolument pas dérangeants, soit à reconnaître le caractère contestable de ces textes, mais en faisant de leurs auteurs des antipapes.

CHASTETÉ

« Ses disciples lui dirent : “Si telle est la condition de l’homme avec sa femme, mieux vaut ne pas se marier.” Mais il leur dit : “Tous ne comprennent pas cette parole, mais ceux à qui cela a été donné. Car il y a des eunuques qui sont venus tels du sein de leur mère ; il y a aussi des eunuques qui le sont devenus par le fait des hommes ; et il y a des eunuques qui se sont faits eunuques eux-mêmes à cause du royaume des cieux. Que celui qui peut comprendre, comprenne !” » (Mt XIX, 10-12)

Le concept d’automobile est tout entier et non totalement en chaque voiture. S’il n’y était tout entier, c’est la somme de toutes les voitures possibles qui serait seule l’incarnation ou concrétisation du concept de voiture, et il est évident qu’il n’en est rien : chaque automobile est vraiment une automobile à elle seule, et non la partie d’un tout qui serait l’automobile. Si le concept d’automobile était totalement en une seule voiture, il n’y aurait qu’une seule voiture, ce qui est évidemment faux. Une chose est tout entière et non totalement en d’autres si elle peut se donner tout entière à une seule sans se perdre (sans se déposséder de soi), et il est nécessaire qu’elle le fasse *sans se perdre* afin de pouvoir se donner aussi tout entière à d’autres en même temps qu’à la première.

Or une chose a le pouvoir de se donner sans se perdre si et seulement si elle demeure identique à soi et pleine d’elle-même dans le moment où elle se différencie de soi et se vide d’elle-même ; si elle se contentait d’être ce qu’elle est, elle se perdrait en se donnant, le donateur se réduirait au donataire et il n’y aurait qu’un seul donataire ; si elle se contentait d’avoir ce qu’elle donne sans l’être, elle ne *se* donnerait pas ; elle est donc habilitée à être tout entière et non totalement à chacun de ceux auxquels elle se donne si et seulement si *elle a ce qu’elle est* :

En ayant ce qu’elle est, elle peut disposer de soi comme on dispose de ce qu’on a et que, à ce titre même, on n’est pas, et que l’on peut aliéner en partie ou totalement, ainsi qu’on peut donner. Ce qui est ce qu’il a, c’est ce qui a ce qu’il est. En tant qu’il est ce qu’il a, il se donne en donnant son avoir mais, en tant qu’il a ce qu’il est, il le donne sans se perdre, donnant bien ce qu’il a ; aussi est-il capable de *se* donner sans se perdre, et même il est d’autant plus identique à lui-même qu’il se donne plus, puisqu’il est définitionnel de lui-même d’avoir ce qu’il est ; cela fait partie de son être que de l’avoir, ainsi de se mettre en situation de s’en déposséder, de sorte que son être est d’autant plus confirmé dans son identité qu’il se donne plus ; il se régénère en s’épuisant dans son don, se possède en se dépossédant, se pose en s’opposant à lui-même, se conquiert en se livrant, est captatif en tant qu’il est oblatif.

Or une chose qui a ce qu’elle est, est telle si et seulement si elle est capable de *s’objectiver*, c’est-à-dire de se connaître en étant pour elle-même l’objet du sujet qu'elle est, puisque l'acte d'exercer sa moïté consiste à être un autre pour soi-même, et à n'être soi, à coïncider avec soi, qu'à raison de cette différenciation intestine de soi. Ce qui revient à dire qu'une chose capable d'avoir ce qu'elle est doit s'atteindre par réflexion sur soi. Ce faisant, elle pose un acte de connaissance qui coïncide avec son être connaissant puisque la réflexion fait s'identifier le départ et l'arrivée. Or ce qui *est* son savoir, pour autant qu'il est savoir de son *être*, requiert par là d'être savoir du savoir qu'il est ; en d'autres termes, ce qui est son objectivation s'objective nécessairement l'objectivation de soi qu'il est, et pour cette raison même il ne s'objective ou se connaît que s'il parvient à faire de l'objectivation de soi, par laquelle il s'identifie réflexivement à lui-même, un moment, en lequel il s'oppose à lui-même (en lequel il s'objective l'objectivation de soi qu'il est), du processus circulaire par lequel il s'atteint réflexivement. Mais procéder ainsi n'est autre que faire l'épreuve de l'aptitude à demeurer identique à soi dans le moment de sa différence d'avec soi. Or cela même est faire l'aveu suivant : ce qui se connaît ne s'objective qu'en *ayant*, comme objectivé par lui, l'objet qu'il *est* pour lui-même. Et c'est bien là avoir ce que l'on est. La chose qui a ce qu'elle est peut maîtriser ce qu'elle est, le donner sans cesser de se posséder, et c'est un fait que l'acte de connaître en général est d'autant mieux exercé par le connaissant que ce dernier communique plus généreusement à autrui le fruit de sa spéculation : savoir est savoir qu'on sait, sans quoi, ne sachant pas que quelque chose lui est donné à savoir, le sujet connaissant ne le sait pas ; aussi tout savoir de quelque chose est-il inséré au savoir de soi, toute chose connaissable ne devient objet pour un sujet qu'en étant réduite — ou plutôt élevée — à un moment du savoir que le sujet a de lui-même.

Or la sexualité est le déterminant à raison duquel un animal communique sa vie sans la perdre ; elle est l'instance qui l'habilite à communiquer son espèce ; la sexualité est l'instrument donnant à l'animal d'*avoir*, pour la donner, l'espèce dont il *est* une individuation ; être sexué consiste, dans l'animal, à avoir, pour la donner sans se perdre, l'espèce qu'il est, et qu'il est en tant qu'elle est tout entière en lui sans y être totalement.

Mais il n'appartient de s'objectiver qu'à ce à quoi il appartient d'être pensant.

La sexualité est ainsi l'agir que se donne la matière (tout animal est doté d'un corps) pour réaliser, dans l'élément de la matière, cet acte réflexif définitionnel de l'intellection qui excède en droit la matérialité. Il excède en droit la matérialité : le gras du doigt peut bien toucher la table ou le visage, mais il ne peut se toucher lui-même, et de même l'œil voit bien le visible mais ne saurait voir l'acte même de voir ; ce qui est matériel, ainsi sensible, exclut la réflexivité, parce que la matière est « *partes extra partes* ». Il est vrai que l'intellection est un acte vital, ainsi un acte spontané quant à son origine et immanent quant à son terme, mais dont l'immanence est parfaite puisque le terme de l'intellection est intérieur à l'intelligence (telle est la prolation du concept, qui dit l'engendré, ainsi du verbe en lequel l'intellect s'actualise) ; en revanche, l'opération procréatrice est un acte vital, ainsi un mouvement spontané et immanent, mais dont le terme n'est pas absolument immanent au géniteur : le terme se met à vivre d'une vie propre qui le détache de la vie maternelle dont il avait commencé à vivre. Il reste que la puissance procréatrice fait se réaliser dans la chair l'analogue d'un acte d'intellection. Si la sexualité donne à l'animal d'exercer une opération analogiquement réflexive, elle donne à la matière de tendre à se sublimer, en et par elle, en esprit. Or ce qui se sublime se conserve en se niant ; il réalise, paradoxalement en le niant, le bien de ce que le résultat de la sublimation conserve : le papillon nie la chrysalide qui pourtant reconnaît en lui sa vérité, son entéléchie et son bien ; donc la matière, tendant inchoativement à se sublimer en esprit, exerce en cet acte son bien le meilleur. La matière trouve sa béatitude en s'exténuant, car elle est perfectionnée par ce qui la vainc : il y a génération naturelle s'il y a matière (« *ens in potentia* »), forme (« *id per quod fit actu* »), privation (« *non esse actu* »), laquelle est en rapport de contrariété avec la forme dont elle est la privation ; or la différence entre matière et privation est une différence de raison, non une différence réelle ; donc l'actuation de la matière par la réception de sa forme est négation de la privation, par là, d'une certaine façon, négation de la matière elle-même qui pourtant subsiste, comme son sujet récepteur, dans le composé nouveau de matière et de forme : la génération d'un être nouveau à partir d'une certaine matière est sublimation de cette dernière, conservation de ce que nie la forme nouvellement éduite ; le papillon conserve la chrysalide qu'il nie, en tant qu'il pose en ses flancs la puissance à engendrer d'autres chrysalides. La matière est bien perfectionnée par ce qui la vainc, mais la sexualité est cette manière de s'exténuer (tendre à se donner le comportement d'un agir spirituel) sans se perdre, sans se sublimer en esprit. C'est donc, quand elle se déconnecte de sa vocation à servir la vie spirituelle, ainsi quand elle se soustrait à la fécondité, la manière privilégiée de mimer la vie spirituelle, de lui ravir sa dignité, sans renoncer à la vie matérielle. C'est ainsi, d'une certaine façon, la mauvaise foi incarnée : tendre vers le bien en s'y refusant, emprunter au bien la dynamique d'un désir que l'on retourne contre ce bien.

Et c'est pourquoi la vie spirituelle suppose le renoncement, absolu ou relatif, à la vie sexuelle.

Libre, l'homme est donné à lui-même, invité à coopérer à l'actuation de ce qu'il est, ainsi à se choisir ; or tout choix est exclusion. Donc il n'est pas de liberté qui ne s'accompagne de sacrifice ; cette négativité qui crucifie certains possibles n'est nullement peccamineuse, elle le devient quand celui qu'elle habite refuse de l'assumer, et de ce fait en vient à nier l'existence même de cette invitation — pourtant constitutive de sa liberté — à l'abnégation. Et ce refus est évidemment un acte de mauvaise foi. On comprend ainsi pourquoi a) les corrupteurs des sociétés d'ordre jouent sur le caractère émollient des désordres sexuels qu'ils favorisent pour affaiblir les sociétés dont ils entendent prendre la direction à leur profit ; b) la luxure est corrélative d'un appauvrissement de la vie spirituelle, mais aussi de la liberté : elle est la confiscation par la chair de la vocation humaine à la béatitude ; c) les désordres spirituels (le premier étant l'orgueil) se soldent la plupart du temps par des désordres liés à la luxure. Un contre-révolutionnaire lucide, c'est-à-dire un révolutionnaire anti-révolution, cultive la vertu de chasteté.

Il existe une méfiance et une condamnation du sexe à la fois malsaines et inefficaces, celant péniblement une fascination inavouée, qui ne condamne en lui que ce qu'il enveloppe de vitalité et de jouissance ; une telle méfiance, selon le mot de Nietzsche, rend Éros vicieux.

Il doit néanmoins exister une prudence, une distance naturelle à l'égard du sexe, rendue légitimement plus vigilante du fait du péché originel, et cette distance entretient le désir de vivre et le désir de jouir, parce que l'acmé du vivre est dans l'acte d'intellection. En se préservant soigneusement de toute pudibonderie, de toute haine du corps en tant que corps, de tout effroi face aux violences de la puissance libidinale, l'homme lucide sait recevoir cette juste violence pour ce qu'elle est : une invitation à être dépassée, à mourir à elle-même pour faire se révéler la vie spirituelle dont elle est l'anticipation et l'humble reflet. Dans la vie conjugale, cette puissance de procréation, qui est en soi excellente et légitime avec le désir et le plaisir qui lui sont attachés, a vocation à être dépassée en étant assumée. Dans le célibat, elle a vocation à être dépassée sans avoir besoin d'être assumée, et l'homme, pour autant, n'en est pas frustré. « *Sexus non est in anima* » (saint Thomas, *Somme théologique*, Supplément, q. 39 a. 1) : il n'y a pas de sexualité dans l'âme parce que « *anima rationalis est forma substantialis corporis* » (*Latran* IV), ce qui signifie que l'âme humaine reconnaît dans la rationalité — qui est sa différence spécifique — le principe premier de toute la vie de l'homme. La puissance libidinale ne conditionne la vie spirituelle que dans l'unique mesure où cette dernière, en soi intrinsèquement indépendante du corps et raison de tout ce qui se trouve en lui, reconnaît en la première la matière sacrificielle dont elle a vocation à se rendre victorieuse en tant qu'elle est invitée, parce que libre, à coopérer à la santé vigoureuse de ses propres puissances rationnelles. Les vrais jouisseurs sont les saints. Il est aisé, au passage, de mesurer le degré de bêtise du freudisme qui prétend expliquer l'esprit par le sexe ; ce n'est pas le sexe qui explique l'esprit, c'est la liberté qui explique la sexualité ; et c'est une chose qu'avait entrevue, certes pour l'adultérer dans un contexte existentialiste foncièrement faux, Jean-Paul Sartre : le désir qui fait le fond de la sexualité n'est qu'une stratégie de séduction opérée par la liberté pour venir à bout des autres libertés rivales de la première.

On voudra bien noter que la succincte réflexion portant sur les conditions d'une convertibilité obligée entre l'être et l'avoir (quelque chose n'est vraiment ce qu'il est qu'en tant qu'il l'a, et n'a pleinement ce qu'il a qu'en tant qu'il l'est), nécessaire à l'intelligence des conditions de communicabilité d'une perfection, est sollicitée pour expliquer les relations entre causalité, participation et individuation.

L'universel (l'humanité, la nature ou essence humaine) est tenu pour voué à être individué en tant — dit-on — qu'il est incapable de subsister par soi en sa plénitude, c'est-à-dire de s'exprimer tout entier et totalement en et comme un seul individu, de sorte qu'il requiert d'être limité pour être, et d'être individué pour être limité. Un accident, telle la blancheur, dans le même ordre d'idée, est trop débile pour subsister par soi, il ne subsiste que dans un sujet, et il n'y subsiste que comme participé, pouvant aussi subsister en un autre sujet. Cela dit, s'il est des essences assez nobles pour être réalisées tout entières en un seul individu, on dira qu'elles sont individuées par elles-mêmes, en ce sens qu'elles sont des individus : l'ange Gabriel est sa « gabrieléité ». Et l'on affirmera selon la même logique que Dieu est la bonté, la vérité, la vie, l'être en plénitude : Il ne participe pas des perfections, Il les épuise en ce sens qu'Il est ces perfections, et c'est en Lui seul qu'elles subsistent en leur infinité actuelle.

Ce point de vue est assurément fondé, mais il n'est pas certain qu'il soit suffisant pour s'imposer à l'exclusion de toute autre considération. Il consiste à tenir que l'avoir ne concerne que ce qui participe une perfection, et que ce qui est cette perfection ne l'a pas.

Il a été vu plus haut qu'une chose est d'autant plus parfaite que plus communicable, ainsi d'autant meilleure que plus participable, et cela quand bien même elle est capable de se réaliser tout entière et totalement en elle-même : il y a communicabilité intrinsèque de la perfection quand bien même cette dernière est réalisée en un seul individu, car dire d'une perfection qu'elle n'est pleinement réalisée qu'en tant qu'elle est réalisée non seulement selon son degré maximal, mais selon tous les degrés finis de sa participabilité, c'est dire que cette perfection se communique elle-même à elle-même en tant qu'autre, et c'est bien ce qui est illustré par la Vie trinitaire. Mais il a été aussi suggéré que la condition de sa communication est qu'elle ait ce qu'elle est ; or avoir ce que l'on est, c'est être ce qu'on est à raison de l'aptitude à ne l'être pas (afin de l'avoir), pour s'identifier réflexivement à soi à partir de son contraire assumé ; mais cela même revient à dire que la perfection considérée, exprimée dans un universel (la bonté est un universel en tant qu'elle se prédique de toutes les choses bonnes, c'est-à-dire de tout ce qui a la bonté sans l'être parce que, dit-on, il se contente de la participer), n'est pleinement réalisée que si le sujet qui l'exerce non seulement s'identifie à elle, mais encore se contre-divise à elle afin de l'avoir. Dès lors, même réalisée à l'état pur, la bonté appelle d'être individuée, elle n'est pas individuelle mais un universel individué ; elle n'est pas un universel de prédication, mais elle demeure un universel de causalité. Elle est pour elle-même le principe prochain de sa propre individuation en tant qu'elle se confère, comme on l'a vu, la forme d'un cogito, d'un sujet pensant, c'est-à-dire, comme on l'a vu encore, en tant qu'elle fait se réfléchir le résultat de son processus d'identification à soi réflexive dans ce même processus, à titre de moment de ce dernier. On dira que ce qui est la « gabriéléité » ne peut communiquer son essence à la manière dont l'homme communique sa nature à son rejeton en l'engendrant, puisque ce qui est la « gabriéléité » est épuisé dans l'ange Gabriel. Il reste que tout ce qui contient une perfection peut en communiquer un aspect ou la faire participer : Dieu qui est la Bonté même peut communiquer quelque chose de ce qu'Il est en faisant être des êtres qui sont bons à raison du fait qu'ils sont êtres. Et cette participation s'exprime en termes de causalité : communication d'une actualité ; et s'il n'est pas donné à l'ange d'engendrer un même que soi selon l'espèce, il lui est donné d'exercer une certaine causalité sur d'autres êtres.

Il résulte de ces développements qu'une perfection est toujours réalisée, même à l'état pur, en étant exercée, de sorte qu'elle a raison de cause pour ce qui l'exerce. Et la Cause première, qui est toute perfection, n'est telle qu'en tant qu'elle l'a (pour l'exercer), de sorte qu'elle est effet d'elle-même ou cause d'elle-même : la causalité est un transcendantal et l'être en tant qu'être est cause ; et c'est pourquoi le fondement du principe de causalité est le principe de raison suffisante, solidaire de la définition du Dieu « *causa sui* » dont, n'en déplaise à Sartre, l'idée n'est nullement contradictoire, si l'on observe que ce qui est l'acte de se poser par réflexion est tel qu'il s'objective dans son processus, faisant du résultat du processus un moment du processus dont il est l'initiateur ; or ce qui s'objective se *libère* de soi-même, par là de la contradiction qu'il est pour lui-même. Une perfection (un possible, une essence) se met à exister (devient réelle) en tant qu'elle se fait, par réflexion sur soi, le sujet (cogito) d'objectivation d'elle-même dans le processus de sa réflexion, s'y objectivant comme sujet, c'est-à-dire comme sujet (suppôt) exerçant la perfection qui le fait être et qu'à ce titre il reçoit. On peut dès lors définir conceptuellement l'essence de l'acte d'exister : l'essence de l'exister est l'essence dont il est l'acte d'exister, à savoir la réflexion dans son processus du processus, exercé par l'essence, de sa réflexion. Il est clair qu'il s'agit, ici, de réflexion *ontologique*. Et il est tout aussi clair que seul Dieu est la raison suffisante de cette réflexion par quoi la perfection d'être est *un* être, et à ce titre se met elle-même à être ; rien de ce qui n'est pas Dieu n'est la raison suffisante de la réflexion qu'exerce son essence.

À la lumière des explications qui précèdent, et dont le but était de montrer que la réflexion ontologique unifie les doctrines de la causalité et de la participation, il est permis d'exploiter certains résultats pour proposer quelques éléments de résolution au problème de l'individuation, lequel conditionne celui du moment de la présence de l'âme humaine dans l'embryon humain. Voir ici « **Avortement** ».

Conformément à l'exposé qui précède, il est tenu pour acquis que la génération d'une substance nouvelle, ou éduction d'une forme substantielle nouvelle, est corruption de la substance dont elle se fait provenir. Mais cette substance, parce que singulière, était habitée par des déterminations propres qui seront les principes d'individuation de la substance nouvelle, et c'est ce qu'il reste à expliquer.

La matière en général est puissance de la forme qui la féconde, et elle est, en chaque réalité sensible, en tant même qu'être en puissance, le déterminant à raison duquel cette même chose peut en devenir une autre, c'est-à-dire se fuir ou se renier, de sorte que la matière est en quelque sorte le coefficient de non-coïncidence avec soi d'une réalité matérielle, l'instance à raison de laquelle elle n'est pas absolument ce qu'elle est. Mais ce qui ne coïncide pas avec soi est comme hanté par la tendance contradictoire à se repousser de soi, concomitante d'une tendance à s'attirer à soi qui conjure son basculement dans le néant. Ce qui n'est que matière, ainsi « matière prime », n'est pas, tout simplement parce que cela est contradictoire : le mode d'être du non-être, c'est l'être en puissance. Parce que la forme perfectionne la matière, elle la réconcilie avec elle-même, ce qui revient à dire qu'elle *nie* ce dont le propre est de se repousser de soi-même ; en tant qu'elle la perfectionne, elle la conserve ou l'affirme, et c'est pourquoi elle la conserve en la niant, ou la sublime selon les exigences de l'« *Aufhebung* » hégélienne. La substance nouvelle nie l'ancienne en tant que « *terminus a quo* » de sa propre genèse, et elle la conserve en elle-même sur le mode de puissance (ce qu'elle est bien, en tant que « *terminus a quo* » de l'acte qu'elle est) à engendrer d'autres « *termini a quo* », à la manière dont le papillon issu d'une chrysalide est doté du pouvoir d'engendrer d'autres chrysalides. Mais reconnaître cela, c'est convenir du fait que la génération d'un être nouveau *intériorise*, dans, par et comme le « *terminus ad quem* » d'un processus d'engendrement, le « *terminus a quo* » dont il se fait procéder, c'est-à-dire dont la forme nouvelle se fait éduire. Or intérioriser, c'est faire mémoire de ce que l'on intériorise, c'est se rendre consubstantiel ce dont on procède, et ce qui rend intrinsèque à soi-même son origine, c'est ce qui se rend indépendant d'elle à laquelle il était suspendu aussi longtemps qu'il l'avait hors de soi-même ; mais en retour c'est ce qui se fait affecter par elle. Or cette origine, c'est précisément la « *materia signata* », c'est cette matière « désignée », ainsi cette matière déterminée ; ce sont ces cellules, celles des géniteurs de cet enfant-ci, qui ne sont pas celles d'un autre, entrant en composition pour former l'embryon humain, et qui sont autant de substances vouées à être corrompues ; donc la substance nouvelle, assumant et dépassant les déterminations individuelles de l'ancienne, se confère par elles cette individualité requise par la position dans l'existence de la forme nouvelle : « *unumquodque secundum idem habet esse et individuationem* ; *universalia enim non habent esse in rerum natura ut universalia sunt, sed solum secundum quod sunt individuata* » (saint Thomas, *Q. D. de Anima* I ad 2 : c'est selon la même raison qu'il est donné à toute chose d'être dotée d'un acte d'exister et d'être individuée ; ce qui est universel — telle une nature ou essence — n'existe pas en tant qu'universel dans les choses, mais y subsiste seulement comme individué). Il n'est pas — s'il est permis de s'exprimer ainsi — au pouvoir de Dieu de créer une âme humaine qui ne commence, pour exister, à être la forme et l'acte d'un corps : il y a bien individuation par la matière. « *Quanto forma magis* ***vincit*** *materiam, tanto ex materia et forma magis efficitur unum* (*Somme contre les Gentils*, II 68) : plus la forme vainc la matière, plus grande est l'unité du composé. La forme nie ce qu'elle confirme et en tant qu'elle le confirme en l'intériorisant : elle s'oppose à ce en quoi elle se pose en s'y anticipant, elle advient à l'existence en se voyant conférer la forme d'une *réflexion* (ontologique) dont le propre est de se faire assomptive de ses degrés inférieurs de perfection. Mais une réflexion est un processus intemporel dans lequel ce qui se réfléchit et se constitue en se réfléchissant est tout entier et non totalement immanent à chacun de ses moments. Donc la forme nouvelle advient à l'existence comme cet individu nouveau, dans l'acte même de faire surgir, au sein de ce qui est en train d'advenir, la génération et la corruption de ses degrés inférieurs de perfection formelle. Ce qui ne signifie pas autre chose que ceci : c'est *en tant qu'elle advient à l'existence* qu'elle se fait individuer par les formes qu'elle sublime et dont elle conserve les vertus sur le mode de puissances intestines ; c'est donc en tant qu'elle est déjà là que l'âme humaine pose en son sein les âmes végétative et animale dont elle est l'entéléchie, à savoir le résultat chronologique *et* l'origine causale. Il y a bien succession de diverses âmes dans l'embryon, et l'âme est bien l'acte premier d'un corps organisé ayant la vie en puissance, et malgré cela — ou plutôt en vertu de cela même, pour qui sait le penser moyennant l'intromission du concept de réflexion ontologique — l'âme humaine est immédiatement là, sinon dès l'instant de la conception, à tout le moins aussitôt qu'une cellule souche a cessé de se diviser (selon le processus de la gémellité). L'avortement est bien un crime.

CHRÉTIEN ET PAÏEN

La démarche spontanée — ainsi naturelle — de l'intelligence et du désir qui l'anime passe par quatre moments : premièrement le moment du réalisme d'entendement, qui professe la dualité du sujet et de l'objet, qui se dissout dans le suivant à partir de l'élévation de l'esprit au souci — métaphysique — de l'être en tant qu'être ; deuxièmement le moment du monisme de l'être, ou panthéisme, qui se radicalise (troisième moment) en monisme du sujet, individualisme métaphysique ou idéalisme subjectif, lequel, en quatrième lieu, sous la pression de sa propre logique, se renie en dualisme spéculatif, c'est-à-dire en réalisme affirmant la dualité du sujet et de l'objet d'une part, de l'Incréé et du créé d'autre part. Ce qui revient à dire que l'affirmation du Dieu libre et créateur d'un monde de part en part contingent, ainsi du Dieu des catholiques, est le dépassement du paganisme, et que, en retour, à toute distance d'une prétention surnaturaliste à ignorer le paganisme, ce dernier est un moment obligé, dépassé parce qu'il est assumé, de la formation de la conscience catholique.

§ 1. Il n'y a qu'un seul tout, et seul le tout est un. *Il n'y a qu'un seul tout*, autrement une pluralité de touts donnerait à chacun d'être partie d'un plus grand tout, ainsi d'être partie et non pas tout ; et *seul le tout est un*, car ce qui n'est pas le tout a raison de partie, ainsi de matière d'un tout, laquelle est principe de divisibilité, ainsi de pluralité ; ce qui est par essence partie d'un tout, ou au moins ce dont l'essence enveloppe la possibilité de s'intégrer dans un tout, est tel qu'il ne serait pas ce qu'il est s'il n'existait pas de tout dont il serait la partie, et ainsi ce qui a raison de partie est essentiellement relatif à un tout, il tient ainsi son être de partie du tout dont il est la partie ; mais ce qui n'a d'être que par référence à quelque chose d'autre confesse par là qu'il n'a pas en lui-même le principe suffisant de son unité avec lui-même, laquelle est condition de son identité et par là de sa subsistance ; mais s'il est incapable, livré à lui-même, de se maintenir en son identité à soi, c'est qu'il se repousse de soi, se renie, se divise à l'infini et se résout dans la dispersivité de la poussière ; ce qui n'est pas le tout n'est pas un. Puisqu'il n'y a qu'un seul tout, et qu'en dehors du tout il n'y a rien, alors ce qui n'est pas le tout est dans le tout, et à ce titre il est partie ; puisque seul le tout est un, l'unité de la partie est l'unité du tout dont elle est la partie. Donc le tout est vivant, chaque partie vivant de la vie même du tout.

§ 2. Toutes choses, réelles ou possibles, ont en commun d'être, d'être de l'être, aussi différentes et incommensurables soient-elles, du moucheron à Dieu, de l'illusion onirique à la blessure charnelle. Mais parce que l'être se dit aussi, en chaque chose, de ce qu'elle a en propre et qui la différencie des autres, il n'est pas de fait ou d'acte d'être qui ne soit l'acte d'être d'*un* être exerçant un tel acte :

ce fait d'être de l'être qui est commun à toutes choses n'advient lui-même qu'en se particularisant en chacune, ainsi en se différenciant des autres. Il en est ainsi parce que tel être est ce qu'il est en n'étant pas les autres, et cela qui l'identifie aux autres est aussi ce qui l'en sépare, et c'est pourquoi un pur acte d'exister qui ne serait l'existence de rien, ne jouissant pas du pouvoir de se différencier des autres, serait un néant d'exister. Ce qui est commun à toutes à raison de sa différence d'avec toutes n'est que par elles qui ne sont que par lui ; il s'actualise en chacune sans se réduire à aucune, il est l'acte intemporel — le temps présupposant lui-même l'être dont il est une modalité — de les récapituler dans une unité qui fait son identité d'être, laquelle n'est qu'à se défaire pour s'investir derechef en elles.

Si le tout est le vivant dont les parties sont les organes, il n'est que par elles qui ne sont que par lui ; or cette réciprocation de causalité est précisément ce qui définit l'être en tant qu'être. Il n'y a rien hors du tout, donc l'être est dans le tout ; il n'y a rien hors de l'être, donc le tout est dans l'être ; et ce qui fait la totalité du tout est cette organicité qui fait que l'être est un transcendantal (concept qui se dit de ses inférieurs quant à ce qu'ils ont de commun *et* quant à ce qu'ils ont de propre). Donc c'est sous le même rapport que l'être et le tout s'enveloppent réciproquement, ce qui revient à dire qu'ils sont identiques. Donc l'être en tant qu'être se donne à penser, au moins dans un premier examen, comme étant *le* tout.

§ 3. Tout ce qui n'est pas *le* tout est fini, parce qu'il est une partie relative aux autres et au tout, par là se révèle limité. Et ce qui est le tout est l'absolu, puisque, n'étant pas partie (il n'y a qu'un seul tout), il est illimité ou infini, et à ce titre non relatif. S'il était fini, il admettrait, dût-il être seul à être, la possibilité de composer avec d'autres et d'avoir raison de partie ; il serait le tout en fait et non en droit : en tant que *le* tout, aucun possible ne peut se réaliser qui ne s'origine en lui, puisque, hors de lui, il n'y a rien ; mais s'il est la racine de tous les possibles réalisables, il est éminemment la réalité de ces possibles, et, en tant que puissance active de la réalisation de tous les possibles, il est infini en acte.

§ 4. En tant qu'il est le tout, l'être en tant qu'il est être se réfléchit en lui-même par la médiation des êtres, et il fait se réfléchir en eux sa propre réflexion. Ce qui appelle explication.

Il a la forme d'une identité à soi réflexive, ainsi d'un sujet ou cogito dans lequel l'identité désigne le tout, et la différence, la partie. L'identité concrète est identité de l'identité et de la différence, autrement, exclusive de la différence, elle serait *différente* de la différence. L'identité est ce qui se différencie dans soi-même pour se faire victoire sur sa différence (faire se différencier sa différence d'elle-même), se posant à ce titre telle l'identité contradictoire de l'identité et de la différence ; **mais ce qui est contradictoire, c'est ce qui est différent de soi**, ce qui donc est encore comme relevant de l'élément de la ***différence*** ; en tant qu'identité de l'identité et de la différence, l'identité concrète *est* son objectivation (elle est réflexion, acte de revenir sur soi : retour à l'origine par négation de négation, origine objectivante et résultat objectivé), et, s'objectivant son *être*, elle s'objective l'objectivation de soi qu'elle est, mais, ce faisant, elle s'objective la ***différence*** qu'elle est, et ainsi elle s'en libère et la libère, dans et par l'acte selon lequel elle la libère ; ce qui revient concrètement à dire que, dans le moment où elle se pose comme identité de l'identité et de la différence, l'identité repose ou confirme le moment de sa différence intestine, elle la confirme dans l'acte où elle la vainc et, ce faisant, elle se libère de sa contradiction assumée ; et c'est là faire se réfléchir dans son processus le résultat du processus réflexif. Puisque l'identité désigne le tout, et la différence, la partie, alors l'être, qui est le tout, se présente dans un premier temps tel l'acte éternel de s'aliéner dans des parties dont il nie l'indépendance pour se faire être en tant que tout, en les reconduisant à lui-même selon un acte qui, corrélativement, les donne à elles-mêmes : si seul le tout est un, l'unité de chaque partie est celle du tout qui lui est immanent en tant qu'il s'objective en elle, la donne à elle-même par l'acte de la réduire à un moment de sa constitution immanente, comme il en est pour toute réalité organique.

L'être se réfléchit en lui-même par la médiation des êtres, et fait se réfléchir en eux sa propre réflexion. Il est le tout mais, corrélativement, considéré du point de vue des êtres qu'il confirme dans leur différence d'avec lui-même et auquel ils se rendent en se reniant en lui, ainsi en ayant leur être qu'ils ne sont pas, l'être est non seulement le tout, mais encore il l'a, il est possédé par lui-même en tant qu'autre, il est le processus de poser toutes ses parties comme moments du tout qu'il est, et il est la réflexion dans son processus du processus tout entier.

§ 5. Toute chose mondaine, comme partie d'un tout, est finie, et pourtant elle aspire à durer, à persévérer dans l'être autant qu'il est en elle de le faire ; s'il en était autrement, elle se laisserait mourir, elles se laisseraient toutes glisser dans le néant, et le tout mourrait avec elles, de sorte que, depuis toujours, tout aurait disparu et il n'y aurait rien, et personne ne serait là pour s'étonner qu'il en fût ainsi, à savoir qu'il y a quelque chose et non pas plutôt rien.

§ 6. Parce qu'elle est essentiellement relative aux autres, une chose mondaine est objectivement mue par le souci de les conserver, son propre destin dépendant du leur : elle n'est pas autosuffisante et se trouve contrainte de vivre des autres en se nourrissant d'elles. Mais en même temps elle est en conflit avec les autres parce qu'elles se comportent en même façon à son égard. Cette attraction, qui est en même temps répulsion, se solde par la tendance, en chaque chose, à les conserver en les niant, ainsi à se subordonner les autres, à s'introniser cause finale de toutes les autres.

§ 7. Mais ce qui a raison de cause finale a raison d'origine première, car la fin n'est ultime en exécution que parce qu'elle est première en intention. Et ce qui est origine première des parties n'est autre que le tout, dont les parties sont autant de particularisations de ce dernier. Toute chose est donc à la fois une réalité finie et aspiration à l'infini. C'est pourquoi elle engendre, pour conjurer sa finitude, pour se proroger dans ses fruits. Ne pas engendrer revient pour elle à faire le constat non seulement de sa vocation à mourir, mais encore à disparaître sans laisser de trace, comme si elle n'avait jamais été, comme si elle n'avait aucune raison d'être.

§ 8. Cela dit, qu'une réalité finie soit, constitutivement, aspiration à l'infini, serait impossible — le désir habitant une chose étant induit par son essence — si cette chose n'était le résultat d'une limitation *de soi* de l'infini en elle, ainsi de l'infini se reniant en elle ; s'il *se* renie en elle, il agit sur lui-même, il est sujet opérant sur soi-même en tant qu'autre objectal, il n'est résultat fini que parce qu'il est cause infinie, il s'affirme dans sa négation, il demeure identique à soi dans sa différence, il maintient son infinité dans le moment de sa finitude, et cela n'est possible, ainsi pensable, que s'il est victoire éternelle sur la finitude qu'il assume : il est identité à soi réflexive et, à ce titre, il est sujet connaissant ou conscience ; être conscience, c'est être conscience de quelque chose d'autre que soi ou de soi-même en tant qu'autre, et c'est là être un autre pour soi-même et n'être ce soi coïncidant avec lui-même qu'à raison de son altérité à soi. L'absolu est ainsi personne faisant, du tout idéel qu'elle est, le principe de la position — par lui qui s'aliène en elles en s'y objectivant — des parties naturelles ou réelles en lesquelles il s'anticipe et qu'il fait se renier les unes par les autres pour s'en faire surgir comme infinité concrète, identité de l'idéel et du réel. Et cela même est l'esprit, réalité qui est conceptuelle et concept qui est réalisé. Mais, comme réflexion sur soi positionnelle de la séité qui l'exerce, l'être en tant qu'esprit est tel que les êtres descriptibles en termes de parties du tout ont raison de moments de la réflexion qui les totalise.

§ 9. Il existe des consciences dans le monde : nous avons conscience d'exister comme autant d'existences ayant conscience de soi. S'il existe des parties dotées de conscience dans le tout, la conscience qu'elles ont du tout ne peut être que la conscience que le tout a de lui-même en elles, puisqu'il se constitue en elles. Mais si la conscience que le tout a de lui-même était identique, sous tous les rapports, à la conscience qu'il a de lui-même en ses propres parties, alors la conscience qu'elles ont de lui devrait leur révéler le secret de l'acte à raison duquel il se différencie en elles, s'aliène en elles et s'identifie réflexivement à soi en les sacrifiant.

§ 10. Et cela n'a pas lieu : chaque conscience, libre ou indépendante sans être son origine, s'appréhende comme donnée à elle-même, reposant sur soi en sa solitude ontologique la coupant de sa cause par là fondamentalement et irréductiblement autre qu'elle, dont elle garde confusément mémoire comme d'une inaccessible — parce que trop intime — proximité. Puis donc que le tout est doté d'une consistance ontologique lui enjoignant de se différencier de ses parties réelles en excluant de les réduire à autant de moments de lui-même (il n'y aurait que le tout dont les parties intestines seraient les organes), c'est que de telles parties, avant que d'être naturelles, préexistent réellement — mais au sens où l'Idée des choses est plus réelle que leur réalisation mondaine — indépendamment du monde et d'un esprit fini, dans le tout spirituel, sur le mode de moments de sa réflexion constitutive, au point que leur position naturelle, *ad extra*, en devient contingente. En se mettant à exister d'une existence qui leur est propre, elles ne constituent pas pour autant un extérieur qui limiterait le tout, lui assignerait une fin, par là détruirait son infinité, puisqu'il a déjà en lui-même, de toute éternité, toute altérité. *Le* tout qui *est* l'être même, ne fait pas nombre avec les êtres dont le propre est d'*avoir* leur être.

§ 11. Identifier l'être au tout, c'est là le panthéisme. Affirmer que l'être qui est son être ne fait pas nombre avec ceux qui l'ont, c'est la reconnaissance du Dieu transcendant et de la contingence de l'acte créateur. La maximisation du panthéisme est le créationnisme en lequel, par elle, le panthéisme se sublime, et c'est à la lumière de cette radicalisation conceptuelle que l'idée d'acte créateur devient intelligible, se soustrait aux représentations spatiales gravides d'insurmontables apories :

§12. Tout créé, en tant que tel, est dépendant à tout instant d'un créateur supposé lui donner son exister, ainsi lui donner tout ce qu'il est, puisque rien n'est en dehors de l'exister ; l'essence qui reçoit l'exister doit *être*, pour être essence ; mais s'il est supposé recevoir ce qui lui donne d'être constitué en sujet récepteur, c'est qu'il est donné à lui-même et qu'il *est*, aussitôt que posé, ce don qui lui est fait de s'habiliter à être. S'il y a création continue, c'est que le créé n'est rien en dehors de ce qu'il reçoit ; or ce qu'il reçoit se confond avec sa cause donatrice aussi longtemps qu'il n'est pas posé, de sorte qu'il est identique à sa cause aussi longtemps qu'il n'est pas, et tel qu'il repose en et sur lui-même, se confondant avec l'exister qu'il est supposé recevoir, aussitôt que reconnu comme existant. Si l'on tient — méconnaissant le fait que la transcendance n'est pas un concept mais une représentation — à ce que le créé soit *à tous égards* incommensurable à l'Incréé, on est confronté au dilemme suivant :

a) ou bien il *a* un exister mais n'est rien par soi, et son exister se confond avec celui de sa cause ;

b) ou bien il existe d'un exister qui lui est propre, mais il *est* son exister qu'à ce titre il ne saurait recevoir, car on entretient à l'égard de ce que l'on reçoit une relation d'avoir.

Soit : ou bien il demeure à l'état de projet dans sa cause créatrice, ou bien il n'est pas créé.

§ 13. En revanche, s'il y a « *secundum quid* » commensurabilité entre le créé et l'Incréé, ainsi immanence de l'Incréé au créé non exclusive de sa transcendance, alors il est possible de concevoir non contradictoirement une créature qui *est* son exister (pour ne pas se confondre avec l'exister de sa cause en laquelle cette créature se résorberait), tout en *ayant* son exister (pour conjurer l'aséité de la créature avec laquelle sa cause se confondrait) : si tous les degrés de finitude définitionnels du créé sont superlativement assumés, de toute éternité et indépendamment de la création du monde, par l'infini, alors chaque créature, qui ressemble à son Créateur comme l'œuvre d'art à son artiste, a elle-même la forme du résultat d'une victoire sur ses propres degrés inférieurs d'existence qu'elle assume, de sorte que, comme *identité* à soi réflexive, elle *est* son exister, cependant que, comme identité à soi *réflexive*, elle est l'acte de se différencier de soi au point d'être pour elle-même un autre avec lequel, sous ce rapport, elle entretient une relation d'*avoir*. Prendre part, ou participer, est avoir ; la créature est un acte d'exister qu'elle n'est que comme l'ayant, comme prenant part à l'acte d'Exister qu'elle n'est pas. Ce qui différencie fondamentalement le créé de l'Incréé, c'est, dans cette perspective, qu'aucune créature, quel que soit son degré de perfection, n'est la raison suffisante de la réflexion qu'elle exerce. C'est la maîtrise, non susceptible de degrés, de l'acte qu'exerce le sujet de la réflexion ontologique en laquelle ce dernier se constitue, qui détermine la césure infranchissable entre créé et Incréé, ainsi l'incommensurabilité des deux sphères, et en même temps il y a commensurabilité entre les deux du fait que la totalité créée est un mode d'extériorisation contingent d'un aspect des richesses infinies de l'Incréé.

§ 14. Le panthéisme, c'est le paganisme qui déifie la Nature. La vérité du panthéisme, qui le fait se renier dans ce qui l'accomplit et en quoi il reconnaît l'absolutisation de ses exigences immanentes, c'est le créationnisme.

Le chrétien est un païen surmonté, et c'est à condition de se considérer en sa dimension de païen qu'il peut s'affirmer chrétien sans sombrer — faute d'une intelligence de l'acte créateur — dans un volontarisme fidéiste lui ôtant toute crédibilité, mais aussi et surtout toute véritable raison de croire : il faudrait en dernier ressort, malgré les dénégations des catholiques à bon droit attachés à l'idée de préambule de la foi, perdre la raison pour gagner Dieu ; le conflit entre foi et raison serait indépassable, et il aurait vocation à se résoudre au détriment de la raison. La logique présidant au panthéisme définit l'être en tant qu'être telle l'autoposition du tout concret se faisant vivre de la réciprocité d'action entre le tout et les parties. Cette logique est en vérité superlativement assumée par l'absolu réel qu'est le Dieu créateur, le Dieu du christianisme, et du seul christianisme : ce qui, par la raison païenne, est dévoilé tels les trois moments de l'idéalité conceptuelle, de la réalité naturelle et de la totalité spirituelle, cela même, en retour, se révèle surnaturellement telles les Personnes de la Vie trinitaire, exclusivement chrétienne. Mais cette même logique enjoint au chrétien de penser la créature, en tant qu'elle ressemble à sa Cause, et la totalité ordonnée des créatures en tant qu'elles imitent leur Principe, selon les mêmes moments, ainsi selon l'exigence de concevoir l'ordre telle la sublimation d'un désordre assumé. La paix, comme repos de l'ordre, est par essence la victoire conquise et toujours à conquérir sur la nécessaire possibilité d'une guerre non peccamineuse intestine à l'être en tant qu'être. C'est pourquoi l'essence du péché n'est pas le négatif, c'est bien plutôt le refus de l'assumer jusqu'au bout. Si le mal est séduisant, c'est parce que, en confisquant le négatif pour l'empêcher de se convertir en être par réflexion sur soi, il le révèle à sa manière, il le réveille de la torpeur en laquelle le fait sombrer la fadeur de la vertu, l'évitement de la tentation, le confort cotonneux de la pureté qui se croit non contaminée par le mal, non l'innocence de la conscience bonne affrontant le négatif en le sommant de se vaincre lui-même, mais la bonne conscience non innocente effrayée par le négatif qu'elle fuit, le laissant proliférer sans lui enjoindre de se renier, se faisant par là complice de la conversion du négatif en mal.

§ 15. Giacomo Leopardi[17] enseignait : « Il n'est pas de malheur humain qui ne puisse croître. Alors qu'il se trouve un terme à cela même qu'on appelle le bonheur » ; et Lanza del Vasto lui faisait écho à sa manière en affirmant que la joie a la nature du plaisir et la profondeur de la douleur. Pourquoi faut-il passer par la souffrance et le mal pour se forger une idée de l'infini du bien, sinon parce que le mal emprunte au bien cette négativité que s'évertuent à celer, de ce bien, nos représentations moralisantes ?

La démonstration annoncée est achevée. Ce qui suit a vocation à expliciter certains moments — dialectiques — de cette dernière, afin de conjurer tout procès d'intention.

§ 16.1. L'Absolu ne fait pas nombre avec les parties du tout des êtres, autrement il tiendrait son existence du tout et ne subsisterait pas au-dessus du tout.

Mais il ne fait pas nombre avec le tout lui-même, car alors lui et le tout seraient les parties d'un plus grand tout, et, le tout faisant nombre avec cette Cause première, il ne serait pas le tout, mais partie. Et, s'il ne fait pas nombre avec le tout des êtres, c'est qu'il se confond avec lui, dès lors que le tout n'a rien en dehors de lui-même, fors le néant, qui n'est pas.

Pourtant, il se différencie réellement du tout des êtres :

§ 16.2. Il y a un monde qui contient des êtres qui sont ses parties sans lesquelles il ne serait pas et sans lequel elles ne seraient pas parce qu'elles sont solidaires les unes des autres et à ce titre constituent un tout, de sorte qu'il existe une causalité réciproque entre le tout et les parties, laquelle invite à reconnaître en ce monde une réalité *organique*. Est organique ce qui est vivant, est vivant ce

[17] Poète, philosophe et philologue italien (1798-1837), précurseur des philosophies du tragique.

qui a en soi-même le principe de sa genèse. Les vivants dont on a l'expérience ne sont pas, à strictement parler, causes d'eux-mêmes, parce qu'ils ne sont pas la raison suffisante de la causalité qu'ils exercent : ils reçoivent cette vertu de leurs géniteurs, ils sont capables de se faire croître et de se régénérer, mais non point de se faire exister ; l'acte de vivre qu'exerce leur puissance à vivre n'est pas posé par elle qui le présuppose et est posée par lui ; mais quand il s'agit de la vie *du tout*, ce dernier a nécessairement en lui-même, puisqu'il n'y a rien hors du tout, la raison suffisante de la causalité qu'il exerce. Un tel tout est substance et substance vivante, et il est cause de soi ; puisque l'acte de vivre du vivant est son acte d'exister, il est cause de son acte d'être par là qu'il est raison de son acte de vivre. Dès lors, l'organicité du tout fait que l'on est invité à reconnaître un seul acte d'exister dans l'existence du monde et dans celle de ses parties : le spectacle du monde, exercé par un sujet fini intérieur à ce monde, suggère de manière spontanée et naturelle que l'essence de l'acte d'exister est épuisée par ce monde, car ce qui est raison suffisante de son acte d'exister ne peut pas ne pas le posséder en plénitude : est puissance active ce qui possède l'acte qu'il pose, ce qui le contient en ses flancs, comme un médecin qui possède l'art de la médecine sans avoir besoin de l'exercer, c'est ainsi ce qui est possesseur de ce par quoi il se fait actualiser ; mais est puissance ce qui fait s'identifier les contraires : ce qui est en puissance à droite et à gauche fait s'identifier en lui la droite et la gauche ; ce qui est en puissance à être et à n'être pas fait s'identifier l'être et le non-être en lui (ce qui est en acte est non-être en puissance, il a la puissance de n'être pas, cependant qu'il est ; mais ce qui est en acte demeure puissance à cet acte, sans quoi le passage de la puissance à l'acte serait une corruption de la puissance : on serait d'autant moins capable d'exercer un acte qu'on l'exercerait plus) ; donc ce qui est puissance active, en tant que *puissance*, fait s'identifier sur le mode potentiel l'acte d'être et la pure puissance à être, et, en tant que puissance *active*, il les fait s'identifier sur le mode actuel, ainsi fait-il s'identifier l'acte d'être et l'essence qui exerce cet acte, de sorte qu'il *est* l'acte d'exister en plénitude. On obtient de cette analyse que le monde est substance et que ses parties sont ses accidents, et qu'il est tout-puissant et qu'il est divin : les parties d'un tel tout, sans cesser d'être parties, sont aussi ses moments ; mais celui qui pense cela, et qui est dans le monde, se sait, dans cette perspective, posé par le monde au titre de son accident, se reconnaît tel l'effet immanent de la causalité de la substance et consubstantiel à elle qui se différencie en lui, et qui s'en différencie sans cesser d'être identique à soi parce qu'elle est l'acte victorieux de s'identifier réflexivement à soi à partir de ses différences, et l'acte de faire se nier ses différences par et comme l'acte de se différencier en elles ; or, si la substance est organique, s'il y a donc causalité réciproque entre le tout et les parties, alors la conscience que cette partie humaine a du tout *est* la conscience que le tout a de lui-même en elle. Dès lors, en droit, la conscience que l'homme a de la substance divino-mondaine, ainsi l'acte à raison duquel la substance se fait savoir d'elle-même en l'homme, lui révèle *comme unique*, *comme un seul acte*, l'acte de poser l'homme comme partie spatio-temporelle du tout en se différenciant de soi, et l'acte de s'identifier à soi en surmontant, comme pensée spéculative, la finitude spatio-temporelle de l'homme ; or le savoir spéculatif que l'homme a de la substance ne lui livre pas le secret de l'acte à raison duquel la substance le pose. Par conséquent le savoir que la substance a d'elle-même ne se réduit pas au savoir que l'homme a d'elle, le savoir que la substance a d'elle-même est déjà constitué en et pour lui-même avant que l'homme n'accède au savoir qu'il a d'elle. Ce qui revient à dire que l'essence de l'acte d'exister, qui est l'essence de la substance, à la fois se réduit à la substance elle-même, à la fois la surplombe. Si l'on se souvient de ce qui fut exposé ici plus haut (§ 16.1), on est confronté à l'exigence suivante : l'acte d'être en plénitude est au-dessus du tout, il n'est ni le tout ni une partie du tout, et en même temps il n'y a rien en dehors du tout. Ce qui n'est possible que si cet acte d'être en plénitude est le tout lui-même, mais en tant qu'il sera raison suffisante (en cela il se distingue radicalement du monde créé) de l'acte unique à raison duquel il se différencie de et dans lui-même, et s'identifie à lui-même en faisant se différencier d'elle-même sa différence.

L'être absolument être à la fois est le tout et il est hors du tout, et sa manière d'être le tout est telle qu'il s'en distingue par là qu'il lui est identique. Il est réflexion se réfléchissant dans son processus, mais une réflexion qui de plus — parce qu'il est raison suffisante de cette réflexion exercée — est capable de procéder à une rétention de sa puissance de négativité sans cesser de l'exercer absolument, de telle sorte que cette rétention partielle, ou suspension de sa négativité, fait se réfléchir cette dernière de manière partielle, c'est-à-dire, nécessairement, hors de lui, comme créature. Dieu est éternelle victoire sur la finitude de tous les mondes possibles assumés en Lui sur un mode idéel, comme Idées des créatures ; ce que la créature concrète ajoute en propre à son Idée, c'est le néant du péché ou du mal qui résulte de son essentielle déclinabilité elle-même induite par le fait qu'elle est distraite, par libre décret, de la vie de l'absolu.

§ 17. Un terme est analogue quand il n'est ni univoque ni équivoque. Il se dit de la cause et de l'effet (la sagesse divine est cause de la sagesse humaine, l'être de Dieu est cause de l'être de l'homme) ; la cause et l'effet sont désignés par la même perfection (la sagesse, l'être) qui est réalisée en chacun d'eux selon un mode différent, parce que la cause contient superlativement son effet, mais sur le mode de la puissance active et non sur celui de sujet réceptif (puissance passive) de cette perfection. Il en résulte que la perfection analogique considérée se prédique des termes analogues selon la proportionnalité : la sagesse (l'être) de Dieu est à Dieu ce que la sagesse (l'être) de l'homme est à l'homme. Cela dit, l'analogie de proportionnalité est en dépendance de l'analogie d'attribution, et l'analogie d'attribution suppose l'univocité : la perfection est *intrinsèquement* modifiée par ses sujets d'inhérence, au point qu'elle est réellement différente en chacun, et il ne serait pas possible de discerner une même perfection dans les divers analogués s'ils n'étaient comparables, c'est-à-dire identiques sous un certain rapport, or ce qu'il y a de commun à deux modes d'être, c'est l'être dont ils sont les modes. La considération de l'être en tant qu'être en et comme réflexion ontologique permet d'expliquer que l'être soit univoque (s'il n'était que cela, le panthéisme serait la vérité) et analogue sans contradiction : superlativement assumés sur le mode idéel par l'être absolument être, les degrés d'être, en tant que moments de la même réflexion en laquelle se résout — puisqu'il s'y constitue — le sujet de cette réflexion, ayant raison de moments du même être, sont cet être même en divers moments de lui-même, et sous ce rapport ils s'identifient les uns aux autres et l'être peut être tenu pour univoque ; en tant que degrés réellement distincts les uns des autres, ayant vocation, en tant que créés, à contracter le statut de parties, ils se différencient réellement entre eux et de ce dont ils sont les moments, et de ce point de vue l'être est analogue.

§ 18. L'idée du non-contradictoire, loi de l'être et du connaître, entendu telle une sursomption (assomption et dépassement) du contradictoire, est solidaire de celle d'une fondation du principe de causalité (l'être contingent est causé : voir ici « **Dieu (existence de)** », § 6), lequel est solidaire de l'idée de cause de soi : ce qui n'est pas sa propre raison d'être l'a dans un autre, mais on ne peut remonter à l'infini parce qu'une série infinie de transmetteurs d'information — ainsi d'actualité, ou d'être — est infiniment indigente à rendre raison de l'être qu'elle transmet ; et ce qui a sa raison d'être en lui-même se fait positionnel dans lui-même de la raison d'être dont il se fait provenir ; on ne saurait déclarer que ce qui est sa raison d'être n'a pas besoin d'en avoir une : il est définitionnel d'une raison d'être de fonder ce dont elle est la raison, or autre est ce qui fonde, autre ce qui est fondé, même si le fondé est le fondateur lui-même en tant qu'autre pour lui-même, de sorte qu'il n'est sa raison d'être qu'en tant qu'il l'a ; on ne saurait, non plus, dire que ce qui est fondement de tout n'a pas besoin de se faire fonder par lui-même : s'il est fondement de *tout*, il est aussi fondement de lui-même, à peine d'être infondé ou sans raison d'être, et de sombrer dans la facticité. Or ce qui pose dans soi-même ce dont il se fait provenir, c'est bien ce qui est cause de soi. Mais l'idée de cause de soi est solidaire de l'idée de *système* : est cause de soi ce qui se fuit, ce qui se renie aussi longtemps qu'il n'est pas posé ou ne possède pas sa raison d'être, mais qui, étant sa raison d'être, se renie dans le processus qui ramène à lui et qui le pose. Le concept de cause de soi est contradictoire (être pour exercer l'acte de se poser, et n'être pas pour être le résultat de cette activité d'autoposition, être la conclusion d'un raisonnement dont elle est la prémisse se constituant en sujet de son opération par cet acte même), ainsi impensable et impossible à se faire réel, sauf si l'acte à raison duquel il se pose comme contradictoire est l'acte à raison duquel il se soustrait à sa contradiction. Or cela même n'est possible que si, se posant comme sujet de son objectivation de soi par l'acte même — circulaire ou réflexif — de s'objectiver, il s'objective l'objectivation de soi qu'il est, ainsi s'en libère sans cesser de l'assumer : en se posant comme sujet d'objectivation de soi, il est contradictoire (il est sujet pour s'objectiver, il n'est pas encore en tant qu'il ne sera que comme posé), mais en s'objectivant — par l'acte de s'objectiver lui-même — l'objectivation de soi qu'il est, il se libère de sa contradiction : s'objectiver est bien se vider — se libérer — de soi-même pour donner à lui-même — pour libérer — ce dont on se vide. Et le processus d'autoposition de soi ne peut être vécu que par Celui qui est cause de soi ; il peut être décrit par quelqu'un qui ne l'est pas, mais selon une description qui invitera à penser comme un ce qui est présenté et ne peut être à jamais présenté, par celui qui ne l'est pas, que comme deux : c'est parce qu'il s'objective l'objectivation de soi qu'il est (ce qui le libère de sa contradiction), qu'il peut être sans contradiction son objectivation de soi ; mais c'est parce qu'il est son objectivation de soi, réflexion sur soi et ainsi sujet, qu'il peut s'objectiver l'objectivation de soi qu'il est. Le système (hégélien : seul l'hégélianisme est effectivement système) qui exposera ce processus concomitant d'objectivation de soi et d'objectivation de l'objectivation de soi, en tant qu'exposé de manière discursive — ainsi temporelle et successive — sera réussi en tant qu'il se bouclera effectivement sur soi, signifiant que le départ est posé par le résultat ; mais il sera un échec en tant qu'il sera impuissant à faire coïncider le sens de son dire (la signification de ce qui est dit : les deux objectivations n'en sont qu'une) avec le dire de son sens (ce sont deux actes de dire qu'il est requis d'exercer pour dire ce sens) ; or ce qui laisse un écart entre le dire de son sens et le sens de son dire n'est pas le sens qu'il dit, il est *extérieur* à l'intelligibilité de ce dont il parle en tant qu'il dit ce qu'il est supposé faire sans savoir le faire effectivement (ce dont il parle est l'acte de son propre dire qui est son propre faire), mais sans cesser de lui être *intérieur* pour autant, en tant que le système réussit (le retour est effectivement position du départ). On est confronté là à l'idée d'une invitation faite à la raison humaine de rendre raison de la nécessité de son propre dépassement, ce qui suppose qu'elle soit systématique, mais sans être la raison suffisante de la réflexion qu'elle exerce. Il reste qu'on est en demeure, pour l'affirmer, d'assumer — pour le dépasser, en le faisant se dépasser lui-même — le panthéisme faisant de la raison humaine la conscience de soi de la raison divine immanente au monde, dans une perspective stoïcienne qui se révèle par là la vérité immédiate — ainsi elle-même unilatérale — du platonisme et de l'hylémorphisme, lesquels, par ce détour obligé, surmontent les apories compromettant le dévoilement de ce en quoi ils avaient vocation à se résoudre en s'y sublimant, à savoir le créationnisme.

CHUTZPAH

C'est l'historien juif allemand Heinrich Graetz (1817-1891, auteur de *Histoire des Juifs depuis les temps anciens jusqu'à nos jours*) qui laïcisa l'ethnocentrisme et inventa l'idée de « peuple-race » juif en tant que nation. Il laïcisa aussi l'idée d'une supériorité des Juifs par rapport aux goïm, leur attribuant par là une prétendue supériorité naturelle (« nature » prise comme antonyme de « surnature) les désignant tels les aristocrates du monde entier.

Dans le *New York Times*, en mars 1906, furent évoqués six millions de juifs menacés d'extermination par le gouvernement russe. Le 20 juillet 1921, on pouvait lire : « Six millions de Juifs de Russie font face à l'extermination » (les pogroms avaient fait 6000 victimes juives en 1919). Dans l'*American Hebrew*, le 31 octobre 1919, on déclara : « Six millions de Juifs européens sont entraînés vers la tombe. » D'aucuns considèrent que les Juifs avaient favorisé la défaite de l'Allemagne (en 1918) et entraîné les États-Unis dans la guerre.

Le dogme de la Shoah fut imposé par le camarade Nikitchenko dans le jugement qu'il prononça en 1946 au tribunal de Nuremberg, en se fondant sur les aveux, obtenus sous la torture, du commandant d'Auschwitz Rudolf Höss.

« *Judea Declares War on Germany* » : *Daily Express* du 24 mars 1933.

★ ★ ★ ★ ★

Source : article de Jean Terrien dans Rivarol *n° 3329 du 10 mai 2018 ; ce qui suit n'est qu'un résumé.*

Les Juifs se veulent le peuple élu destiné à dominer le monde en vue d'une béatitude charnelle, et ils considèrent que le Christ est un imposteur ; leur ennemi numéro un est le catholicisme. Comme l'a montré Gershom Scholem, le judaïsme, dans son souci de se différencier du christianisme dont il n'était en vérité que l'instrument de genèse, est né avec la déchirure du Voile du Temple, et a intégré maintes idées empruntées au gnosticisme en l'adaptant à leurs prétentions, ce qui leur permit — en tant que le gnosticisme est un dualisme inversant les rôles de Dieu et du diable — d'élaborer une morale les habilitant à violer sans scrupule les préceptes de la Torah, afin de se donner les moyens (*tout* est permis contre un goy), en dépit de leur faiblesse, d'accéder au pouvoir mondial. La stratégie des Juifs est donc depuis 2000 ans de provoquer ou d'aggraver — par la diffusion du mensonge systématique et des vices, et l'exploitation des bas instincts — les tensions et conflits entre nations, communautés ethniques et religieuses, afin de les affaiblir en les corrompant, et de les faire se détruire les unes par les autres. Ce qui peut être illustré par les exemples suivants :

Les Juifs bénéficiaient d'une reconnaissance légale dans la Rome préchrétienne, et se mêlaient aux citoyens des villes qui traînaient les chrétiens devant les tribunaux. Bernard Lazare (*L'Antisémitisme, son histoire et ses causes*, 1894, Kontre Kulture, 2012), historien juif de nationalité française (1865-1903) rapporte (p. 43) qu'à Antioche les Juifs réclamèrent comme les païens le jugement et l'exécution de saint Polycarpe et se montrèrent les plus acharnés à alimenter le bûcher de l'évêque. Quand, pour se venger de l'empereur romain Maurice (582-602) dont Phocas avait usurpé le trône, Khosro II, roi perse, marcha contre l'Empire byzantin, les Juifs se joignirent à lui. Quand l'empereur byzantin Héraclius (610-641) eut détrôné Phocas, les attaques perses se poursuivirent accompagnées des troupes juives de Galilée dirigées par Benjamin de Tibériade. Ces derniers voulaient chasser les chrétiens et reconquérir la Palestine. Ils brûlèrent les églises, saccagèrent Jérusalem, détruisirent des couvents. Les Juifs furent aussi les complices de l'invasion musulmane en Espagne, où ils vivaient très heureux sous les empereurs Vespasien (Ier siècle), Titus (Ier siècle) et Hadrien (IIe siècle) : ils étaient riches, puissants et influents. Tout changea avec la conversion au catholicisme du roi Récarède en 589 qui appliqua une législation visant à la conversion des Juifs et à l'éradication de l'esprit juif en Espagne, où les Juifs se firent les alliés des envahisseurs musulmans en 711, gardant militairement certaines villes du sud conquises pour permettre aux Mahométans d'avancer vers le nord. Sous la domination mauresque, les Juifs recouvrèrent leur richesse et de hautes positions sociales, politiques et économiques. Pierre Guichard (*Al-Andalous, 711-1492 : une histoire de l'Espagne musulmane*, 2000, Fayard, 2010) rappelle (p. 23) que Samuel ibn Nagrela et son fils Joseph furent deux ministres juifs du gouvernement ziride de Grenade (entre 1030 et 1060) ; en 1066, menacé dans sa position, Joseph conspira contre son souverain avec l'émir d'Almería Ibn Sumadîh et provoqua à Grenade une réaction populaire et aristocratique contre les Juifs qu'un pogrom fit périr en grand nombre.

Les Juifs prospèrent outrageusement en France depuis 1789. Ayant largement œuvré, au moins depuis 1970, pour nourrir le « Grand Remplacement » à favoriser l'immigration extra-européenne, ils ont tenté de faire s'opposer sur le territoire français chrétiens (ou postchrétiens) et musulmans, afin de les faire s'affaiblir et, à leurs conditions, de se poser, à terme, en recours contre le danger islamique. L'antisionisme des musulmans, en France, s'est répandu dans toutes les couches sociales et a réveillé le vieil antisémitisme chrétien, quand les musulmans ont enrichi leur antisionisme de l'argumentaire (révisionniste en particulier) des antisémites de souche. Les Juifs commencent peut-être à voir aujourd'hui se retourner contre eux leurs stratégies de division et de zizanie. C'est pourquoi ils demandent à ce que les versets du Coran hostiles aux Juifs soient frappés d'obsolescence par les autorités théologiques, comme le furent les « incohérences » de la Bible et l'antisémitisme catholique aboli par Vatican II ; ce qui revient à faire admettre aux musulmans l'idée d'un « *Nostra*

Ætate » islamique. Un tel traitement imposé à toutes les religions en viendra à accoucher, en même temps que les peuples se métisseront de manière irréversible, d'un monde sans racines ayant sa capitale à Jérusalem, et dont les religions historiques se réduiront à la philosophie des droits de l'homme, c'est-à-dire — conformément aux souhaits d'Elie Benamozegh — à la religion noachide. Bernard-Henri Lévy avait confié, en 2012, que « la grande œuvre de (sa) vie sera la réécriture du Coran par un Juif » (site « Égalité et Réconciliation »).

Les Juifs sont parvenus à avilir les peuples occidentaux et chrétiens, et à se faire les défenseurs du faux droit de ces peuples à demeurer attachés à leurs vices, de sorte que prétendre débarrasser les nations de leurs exploiteurs juifs revient, dans l'esprit de ces peuples, à contester leur droit à s'avilir. C'est pourquoi, quelque pénible à supporter que soit la présence juive dans les communautés jadis chrétiennes, ces dernières savent trop bien que faire le procès des Juifs revient à faire le procès de leurs assuétudes avilissantes et de leur subjectivisme, racine de leurs vices incapacitants. La *chutzpah*, ce culot monstre, n'aurait aucune efficacité si quelque chose, dans les goïm, n'avait envie d'y succomber.

COLONISATION

Édouard Herriot, en 1946, devant les députés français : « La France ne doit pas devenir la colonie de ses colonies. »

De 1848 à 1850, il y eut un million de morts en Irlande, décimé par la faim ; un champignon avait détruit toutes les récoltes de pommes de terre. Mais les statistiques de production agricole de ces mêmes années révèlent que ces paysans avaient produit, pour leurs landlords, plus de tonnes de blé et de viande que d'habitude, lesquelles furent exportées par les landlords vers l'Angleterre. Le gouvernement libéral anglais fit protéger les convois de vivres par la troupe, qui tira souvent.

« Plus qu'un crime, une faute ! Une faute terrible pour l'avenir politique, économique et même culturel, car notre chère patrie a perdu son identité sociale. N'oublions pas que les religions, les cultures juive et chrétienne, se trouvaient en Afrique du Nord bien avant les Arabo-musulmans, eux aussi colonisateurs, aujourd'hui hégémonistes. Avec les Pieds-noirs et leur dynamisme — je dis bien les Pieds-noirs et non les Français —, l'Algérie serait aujourd'hui une grande puissance africaine, méditerranéenne. Hélas ! Je reconnais que nous avons commis des erreurs politiques, stratégiques. Il y a eu envers les Pieds-noirs des fautes inadmissibles, des crimes de guerre envers des civils innocents et dont l'Algérie devra répondre au même titre que la Turquie envers les Arméniens » (Hocine Aït Ahmed, l'un des chefs historiques du FLN, à un journaliste de la revue *Ensemble*, organe de l'Association Culturelle d'Éducation Populaire, n° 248, juin 2005, cité dans *Rivarol* n° 2778 du 22 septembre 2006, p. 6).

COMMUNISME

Voir « **De Gaulle** » (1).

Mikhaïl Meltyukhov, historien russe spécialiste d'histoire militaire, a apporté la preuve des intentions belliqueuses de Staline contre Hitler, dans son livre *Upushchenny Shans Stalina* (*L'Occasion perdue de Staline*) : maints documents soviétiques prouvent que dès 1940 et au début de 1941 *tous* les projets militaires soviétiques envisageaient une attaque soudaine contre l'Allemagne et ses alliés avec une avance rapide de l'armée russe à travers la Pologne, la Prusse orientale et les Balkans.

« Les Juifs constituent aujourd'hui en Allemagne une véritable puissance. Juif lui-même, Marx a autour de lui tant à Londres qu'en France et dans beaucoup d'autres pays, mais surtout en Allemagne, une foule de petits Juifs, plus ou moins intelligents et instruits, vivant principalement de son intelligence et revendant en détail ses idées. Se réservant à lui-même le monopole de la grosse politique, j'allais dire de la grosse intrigue, il leur en abandonne volontiers le côté petit, sale, misérable, et il faut dire que, sous ce rapport, toujours obéissants à son impulsion, à sa haute direction, ils lui rendent de grands services : inquiets, nerveux, curieux, indiscrets, bavards, remuants, intrigants, exploitants, comme le sont les Juifs partout, agents de commerce, prosateurs, politiciens, journalistes, courtiers de littérature en un mot, en même temps que courtiers de finance, ils se sont emparés de toute la presse de l'Allemagne, à commencer par les journaux monarchistes les plus absolutistes, et depuis longtemps ils règnent dans le monde de l'argent et des grandes spéculations financières et commerciales : ayant ainsi un pied dans la Banque, ils viennent de poser ces dernières années l'autre pied dans le socialisme, appuyant ainsi leur postérieur sur la littérature quotidienne de l'Allemagne... Vous pouvez vous imaginer quelle littérature nauséabonde cela doit faire. Eh bien, tout ce monde juif qui forme une seule secte exploitante, une sorte de peuple sangsue, un parasite collectif dévorant et organisé en lui-même, non seulement à travers les frontières des États, mais à travers même toutes les différences d'opinions politiques, ce monde est actuellement, en grande partie du moins, à la disposition de Marx d'un côté, et des Rothschild de l'autre. Je sais que les Rothschild, tout réactionnaires qu'ils sont, qu'ils doivent être, apprécient beaucoup les mérites du communiste Marx ; et qu'à son tour le communiste Marx se sent invinciblement entraîné, par un attrait instinctif et une admiration respectueuse, vers le génie financier des Rothschild. La solidarité juive, cette solidarité si puissante qui s'est maintenue à travers toute l'histoire les unit » (Mikhaïl Bakounine, *Œuvres complètes*, Éditions Champ libre, 1974, vol. 2, *L'Italie 1871-1872*, p. 109).

« Ce monde est à présent, du moins dans la majeure partie, à la disposition de Marx d'un côté, et de Rothschild de l'autre. Cela paraît étrange. Que peut-il bien y avoir de commun entre le socialisme et une banque de premier plan ? La raison en est que le socialisme autoritaire, le Communisme marxiste, exige une forte centralisation de l'État. Et là où il se produit une forte centralisation de l'État, il doit nécessairement y avoir une banque centrale, et lorsqu'une telle banque existe, nous trouvons obligatoirement derrière la Nation juive parasitique, spéculant sur le travail du peuple » (Mikhaïl Bakounine, en 1869, *Profession de foi d'un démocrate socialiste russe*).

« Une nouvelle guerre franco-allemande répondrait aux intérêts de l'Union soviétique » (Lazare Kaganovitch, beau-frère de Staline et chef du Bureau politique [« Politburo »] du parti communiste, dans le journal *Isvetsia* du 27 janvier 1934) (Udo Walendy, *Vérité pour l'Allemagne*, Historical Review Press, 2008, p. 31).

COMPLOTS

Voir ici « **Europe** ».

Pour le mouvement du paltoquet Macron cornaqué par Jacques Attali, agent de la banque Lazare, c'est-à-dire des Rothschild, on a repris le nom (« en marche ») du site Internet « move on » (« MoveOn.org »), rattaché à l'extrême gauche du Parti démocrate américain, financé par George Soros. L'invasion de l'Europe est programmée par un tout petit nombre de personnes influentes, mais relayée par des millions de personnes consentantes. Le projet juif est de faire perdre leur identité à tous les peuples de la Terre, de transformer leurs membres en individus sans racines et sans spiritualité, noyés dans l'hédonisme, afin que le peuple juif en vienne à dominer définitivement la planète. Le Juif constituait le peuple élu en vue de préfigurer, dans une forme historique politico-théocratique, l'Église qui est par essence au-delà du politique, et afin de préparer l'avènement du Sauveur dont le royaume n'est pas de ce monde. La théologie catholique vraie est celle de la substitution : « la mort et la Résurrection du Christ ont aboli l'ancienne Loi en faisant se succéder le Nouveau Testament à l'Ancien » (Pie XII, *Mystici Corporis*, 1943) ; l'élu chrétien est le baptisé, et seulement le baptisé. Infidèle à sa vocation, le Juif déicide a continué à se considérer comme peuple élu, mais en vue d'un royaume terrestre ; parce qu'ils sont faibles, fort peu nombreux et qu'ils ne jouissent d'aucune supériorité naturelle particulière, les Juifs ne peuvent parvenir à dominer qu'en avilissant ; le Juif moderne, pétri de doctrine gnostique empruntée aux Iraniens et aux Babyloniens et adaptée aux exigences du judaïsme, considère que le peuple juif est pour lui-même son propre messie, qu'il est donc divin comme l'était le Christ, qu'il est l'immanence de Dieu dans l'Histoire, qu'il a pour vocation de réparer les bévues d'un dieu créateur maladroit, ainsi de sauver dieu en se sauvant lui-même, d'achever dieu en achevant la création ; de même que le Christ est mort et ressuscité pour le salut des hommes, de même le peuple juif est mort au Golgotha d'Auschwitz et est ressuscité en Israël ; la capitale du monde doit être Jérusalem ; et la foule des goïm doit être soumise aux lois noachides. Le processus est déjà bien engagé, qui satisfait aux aspirations de la maçonnerie et du communisme, mais aussi de l'esprit démocrate-chrétien et moderniste des catholiques conciliaires, et enfin des rares familles richissimes qui ne sont ni juives ni liées à la maçonnerie, mais qui entendent pousser, par volonté de puissance pathologique, jusqu'au bout la logique du libéralisme afin de favoriser une concentration sans précédent des puissances financières, dans le but de se substituer aux États historiques.

Un réformateur important du courant juif moderne, Isaac Louria (1534-1572), fondateur de l'école de Safed, ayant épousé la fille de son oncle, a concentré dans son enseignement des éléments de doctrine immanentistes qui avaient commencé à se former peu de temps après la déchirure du Voile du

Temple. Il est considéré comme le plus grand des « mystiques » juifs. Il était ashkénaze, mais de mère sépharade. Il développe l'idée d'une contraction de Dieu, de telle sorte que son premier acte est de dissimulation et de retrait, non d'émanation et de révélation. Le « Tsim-Tsoum » est ce retrait de Dieu pour laisser place au vide où l'« En-Sof » (l'infini divin, l'indéfini pur équivalant au néant) procède, par un rayon, à la création du monde en alimentant dix vases, les « Sefirot » qui sont à l'origine de la vie et de la création de toutes choses. Puis se produit la « Chevirat hakelim » (brisure des vases), lumière divine dispersée en étincelles. C'est alors que se révèle nécessaire le « tikkun », c'est-à-dire la réparation : l'homme, c'est-à-dire le Juif doté de l'âme humaine (la Neschama, le Goï n'ayant que la Nephesch, ou âme animale), répare les vases, exhume les étincelles de lumière qui sont emprisonnées dans les choses et dans la nature ; à la création parfaite initiale avait été ajouté un rayon en ligne droite appelé l'Homme primordial que ne purent contenir les vases ou réceptacles de la lumière divine ; et il le fait en agissant sur lui-même pour faire le tri et rassembler les étincelles divines ; au peuple juif est dévolu le destin de réparer la blessure originelle. C'est le peuple juif qui donne sens à l'histoire. Christian Knorr von Rosenroth (mort en 1689) transmet en latin la kabbale lourianique que Leibniz et Newton ont lue. Louria eut une grande influence sur Sabbataï Tsevi (fin du XVIIe siècle), messie adepte de la gnose de Carpocrate (le créateur étant un dieu mauvais ou imparfait, toutes les lois du monde qu'il a créé sont supposées mauvaises, il convient donc de les transgresser toutes, ainsi de commettre tous les péchés pour être sauvé) ; il développe aussi l'idée de « Guilgoul haneschamot », la réincarnation des âmes. On voit que la cabbale est une resucée de l'antique gnose, et que les goïm maçons élèves des Juifs kabbalistes se contentèrent de se réapproprier un héritage non juif, qui pour autant — quoique porteur, peut-être, d'une grande vérité captive, à savoir le concept de réflexion ontologique, adultéré par la gnose et mis au service du mal — n'en est pas moins, considéré en l'état, éminemment pervers, le plus pervers peut-être de tous les héritages intellectuels.

★ ★ ★ ★ ★

Source : Antidote, *par Jean-Jacques Stormay, Reconquista Press, 2018.*

On rappellera pour mémoire que la compréhension la plus globale (parce que la plus compréhensive) qui soit de l'Histoire humaine est de nature *théologique*. À ce sujet, saint Thomas enseigne :

« *Vita autem hominibus veniendi ad beatitudinem est mysterium incarnationis et passionis Christi* ; *dicitur enim Act. 4* (*v. 12*) : *"Non est aliud nomen datum hominibus in quo oporteat nos salvos fieri." Et idem mysterium incarnationis Christi aliqualiter oportuit omni tempore esse creditum apud omnes* : *diversimode tamen secundum diversitatem temporum et personarum. Nam ante statum peccati homo habuit explicitam fidem de Christi incarnatione secundum quod ordinabatur ad consommationem gloriae ; non autem secundum quod ordinabatur ad liberationem a peccato per passionem et resurrectionem, quia homo non fuit praescius peccati futuri. Videtur autem incarnationis Christi praescius fuisse per hoc quod dixit : "Propter hoc relinquet homo patrem et matrem et adhaerebit uxori suae", ut habetur Gen. 2 (v. 24) ; et hoc Apostolatus, ad Ephes. 5 (v. 32) dicit "sacramentum magnum esse in Christo et Ecclesia" ; quod quidem sacramentum non est credibile primum hominem ignorasse* » (*Somme théologique*, II^{a} II^{ae} q. 2 a. 7). [« Or, pour les humains, le chemin qui mène à la béatitude, c'est le mystère de l'incarnation et de la passion du Christ. Il est dit, en effet, au livre des Actes (IV, 12) : "Il n'y a pas d'autre nom qui ait été donné aux hommes par lequel nous devions être sauvés." C'est pourquoi il a fallu que ce mystère de l'incarnation du Christ ait été cru de quelque manière à toute époque chez tous les humains, diversement toutefois selon la diversité des temps et des personnes. En effet, avant l'état de péché, l'homme eut une foi explicite au sujet de l'incarnation du Christ en tant que celle-ci était ordonnée à la consommation de la gloire, mais non en tant qu'elle était ordonnée à la délivrance du péché, parce que l'homme n'avait pas la prescience du péché futur. Mais il semble qu'il ait eu la prescience de l'incarnation du Christ puisqu'il a dit, comme le rapporte la Genèse (II, 24) : "L'homme, à cause de cela, laissera son père et sa mère et s'attachera à son épouse", et c'est là au dire de l'Apôtre (Ép. V, 32) : "Le mystère qui a toute sa grandeur dans le Christ et dans l'Église." Ce mystère, il n'est assurément pas croyable que le premier homme l'ait ignoré. »]

Il y eut une Révélation primitive, dont Adam fut dépositaire avant sa chute. Mais le péché assombrit sa connaissance, fit s'insurger ses passions contre sa raison, troubla sa volonté, et ces travers se propagèrent dans tout le genre humain par là rendu incapable de préserver le sens exact du trésor spirituel reçu, lequel sera désormais entaché d'erreurs graves conservant quelque ressemblance avec la vérité ; aussi le genre humain se trouva placé sous la dépendance du démon qui, de plus, par ses mensonges, éloigna la Tradition adamique de son intégrité primitive. Telle est cette « proto-gnose », cette religion de l'humanité déchue, dont on conserve des traces dans toutes les cultures antiques, dans les folklores, dans les religions à mystères, les contes, les mythologies. L'existence et les caractères essentiels d'une telle « proto-gnose », particulièrement repérable et systématiquement thématisée dans la culture indo-européenne, furent récemment mis en évidence, de manière remarquable, par les travaux du professeur Jean-Claude Lozac'hmeur. Le corpus de cette religion, qui resurgit en sa virulence et cette fois sans voiles avec les Gnostiques contemporains du christianisme naissant (Marcion, Valentin, Basilide, Carpocrate), est ainsi susceptible de deux lectures : une lecture gnostique, dont la maçonnerie se veut le dépositaire et l'herméneute, et une lecture catholique discernant, dans ces erreurs, les vérités chrétiennes dont elles sont l'adultération et que donc elles tiennent captives. Il n'y a donc rien d'étonnant dans le fait que l'aristotélisme et le platonisme, mais aussi le néo-platonisme, issus des Présocratiques eux-mêmes nés d'une rationalisation de la pensée mythique pétrie de gnose archaïque, se soient plus tard révélés tels autant de précieux instruments d'explicitation du dogme catholique : la rupture avec la pensée mythique, définitionnelle de l'invention de la philosophie, joua le rôle de libérateur de vérités captives. Mais la lecture maçonnique de cette religion archéo-gnostique révèle une référence sataniste, en tant qu'il s'agit d'un dualisme : Un Dieu imparfait, ignorant les effets de son œuvre créatrice, produit le monde des esprits (les éons) dont l'un, pervers (celui qui sera identifié tel le Dieu de la Bible), crée le monde matériel, qui est intrinsèquement mauvais à raison de sa matérialité même ; les Gnostiques postérieurs au christianisme convoqueront le néo-platonisme (pourtant explicitement anti-gnostique : voyez le Traité 33, soit la *Deuxième Ennéade* chapitre 9, de Plotin) pour expliquer cette production d'esprits par la divinité primitive, production par là comprise sur le mode émanatiste permettant aux Gnostiques, grâce à une conception au reste contestable du concept d'émanation (saint Thomas quant à lui n'a pas de scrupule à définir le « *creari* » comme « *emanatio totius esse* ») de déclarer consubstantielles à Dieu les étincelles spirituelles issues de ce dernier ; parmi ces étincelles se trouvent les âmes humaines, ou quelques âmes humaines (celles des futurs « initiés ») qui, par un déficit de vigueur contemplative, chutent dans la matière qui les reçoit et les emprisonne, et, complice du mauvais dieu son auteur, les contraint d'adorer ce dernier. Dans les mythologies et folklores, le mauvais dieu est un roi père d'une veuve représentant la Connaissance, qu'il garde captive ; fécondée par un preux chevalier, ou un héros qui, par jalousie, sera mis à mort par le mauvais dieu ou roi, elle accouche du « fils de la Veuve » (expression par laquelle se nommeront les maçons) qui vengera son père en mettant son grand-père à mort. Le preux chevalier est évidemment Lucifer, le porteur de Lumière et l'Ami des hommes, le modèle de l'homme libre émancipé de l'obscurantisme du Dieu créateur honoré dans le judaïsme ancien et dans le christianisme qui en est la transfiguration, l'achèvement (aux deux sens du terme). Il est clair que le gnosticisme est un antithéisme sataniste, une inversion radicale du sens de la geste christique. Le salut consistera pour ces âmes à se soustraire à la tyrannie du Dieu de la Bible, à lutter contre la matière mauvaise, ainsi à refaire la création (d'où le constructivisme, l'inflation technicienne du monde moderne et contemporain, le refus de tout ordre des choses, la fascination pour toutes les formes d'inversion ou d'antinature), et ultimement à se déifier soi-même, c'est-à-dire à prendre conscience du fait qu'on est en son fond divin. Cela dit, les « rachetés », dans cette perspective luciférienne, ne sont nullement des pécheurs, mais des victimes de l'inconséquence du Dieu primitif et de la perversité du Dieu créateur. De plus, ils ne sont pas rachetés mais ils *se* rachètent eux-mêmes, par la Connaissance déiformante, sans qu'il leur soit besoin de recevoir une grâce ; et il en est ainsi parce qu'ils sont consubstantiels à Dieu, distraits de la substance divine qu'ils ont vocation, par l'initiation, à rejoindre afin non seulement de réintégrer le plérôme divin, mais encore de le mener lui-même à son point d'achèvement ; en se sauvant, l'homme, sous l'injonction de Lucifer son modèle, sauve Dieu lui-même, parce qu'il est, par le simple fait de sa spiritualité, de la race du divin, de telle sorte qu'en adorant le Dieu primitif, l'Initié se rend hommage à lui-même. Et Lucifer, en tant qu'il est divin lui aussi, reçoit des hommes l'hommage adorateur de la reconnaissance, sans toutefois compromettre la divinité essentielle de l'homme puisque, aussi bien, tous sont de même nature divine. Il y a là quelque chose de diaboliquement astucieux, de véritablement « malin ». Tout péché est enraciné dans l'orgueil, amour désordonné de soi-même, déification de soi opérée par la créature ; la révolte procède du péché ; le moteur de cette révolte est la liberté se prenant pour fin ; et l'on ne voit pas que l'homme orgueilleux fasse se consommer son insurrection contre le vrai Dieu en adoration — qui crucifie le subjectivisme anthropocentrique de l'homme révolté — d'un anti-dieu satanique, sauf si, en adorant le Dieu primitif et Satan, l'homme ne fait que s'adorer lui-même ; et c'est bien ce que rendent possible la théogonie et la psychologie gnostiques : le subjectivisme y trouve sa satisfaction, sans se priver de cet incoercible appétit de transcendance qui hante tout homme, même l'athée, et qui, s'il n'était satisfait au moins en apparence, rendrait impossible à vivre le subjectivisme lui-même ; si l'homme désire, ainsi manque, c'est qu'il n'est pas parfait et sait qu'il ne l'est pas ; il ne peut se livrer sans retenue au culte de soi-même que s'il trouve le moyen de se croire parfait nonobstant le défaut inhérent à son manque ; ce qui est rendu crédible si, en désirant, il se persuade que Dieu se désire en lui, que Dieu se fait à travers lui ; et c'est bien au fond ce que propose la gnose dès lors que, en opérant sa propre rédemption par la connaissance, l'Initié opère la rédemption de Dieu dont il est la conscience de soi, Lucifer ayant dans cette perspective raison de cause exemplaire du destin humain, mais non point de cause efficiente et de cause finale. On aura compris que la gnose reste la matrice de la maçonnerie, laquelle se révèle par essence antichrétienne. Nonobstant l'antijudaïsme féroce d'un Marcion, les Juifs déicides, conscients du fait qu'ils avaient été infidèles à la vocation que leur prescrivait leur identité d'origine, avaient besoin de justifier leur révolte et par là de se donner une nouvelle doctrine, et c'est à la gnose, dont le paganisme faisait mémoire, qu'ils empruntèrent les thèmes centraux de ce que l'on peut désormais découvrir dans le Talmud et dans la Cabale. Que plus tard, les maçons aient puisé dans l'ésotérisme judaïque pour alimenter leur doctrine, ne laisse pas cette dernière d'être antérieure au judaïsme lui-même, et d'origine non juive. Les maçons se sont contentés de récupérer à leur profit un héritage dont le paganisme de leurs pères était l'origine. Au gré des passions et intérêts des uns ou des autres, les étincelles divines seront les Parfaits (catharisme), les Initiés (maçonnerie), ou les Juifs, ou encore les Initiés de l'ésotérisme nordique (runique) illustré par l'ultra-gauche naturaliste et même naturiste d'un certain national-socialisme issu de la « Thule-Gesellschaft » fermée par Hitler dès son arrivée au pouvoir, et condamnée par ce dernier mais adulée par Himmler et, plus récemment, par les ésotéristes de la Nouvelle Droite retenant du paganisme, dont ils revendiquent la paternité, ce qu'il a de plus mauvais, de plus irrationnel, de moins philosophique, et au vrai de moins païen, parce que cette vision du monde est explicitement opposée à la Nature, au Cosmos, à l'Ordre universel célébré par tous les Anciens, dans la forme, certes, d'un panthéisme plus ou moins accusé mais destiné à célébrer, à toute distance du subjectivisme (et du dualisme ontologique et théologique le rendant pensable), les beautés du Cosmos parlant de Dieu comme l'œuvre de l'artiste. Mais il est par là établi que la vision du monde des Juifs, des maçons et des néo-païens, est en son fond la même : il s'agit chaque fois du gnosticisme dont les écoles ne sont rivales qu'en tant qu'elles diffèrent dans la manière d'identifier les Élus. Quant aux Juifs, petit peuple forgé par l'art divin en vue de préparer l'avènement du Christ et de préfigurer, dans une forme politique et nationale, cette Église catholique transcendant les nations et les États, ils sont, en droit, au christianisme comme la chrysalide l'est au papillon, ils se suppriment dans ce qui les accomplit ; ayant refusé de se sublimer en premiers chrétiens, ils se sont placés en porte-à-faux par rapport à leur propre vocation, et ils tentent de surmonter ce malaise en imitant, mais au prix d'un travestissement, le christianisme, avec cette différence qu'ils se voudront les médiateurs christiques entre Dieu et l'homme, l'immanence en forme collective du Verbe dans l'histoire, les princes de cette Église anticatholique mais universaliste rassemblant l'humanité entière sous leur égide. Autant dire que maçons et Juifs travaillent au même mondialisme, et ont les mêmes ennemis : les défenseurs de l'ordre naturel, les nations, et le catholicisme. Les Juifs aspirent à dominer le monde et, ce faisant, s'attachent à affaiblir, par l'usage systématique du mensonge et la diffusion du vice, les peuples sains et les autorités naturelles ; ils sont corrupteurs par essence. N'étant l'origine ni des vices qu'ils diffusent ni des erreurs qu'ils propagent, ils ne sont pas l'origine première de la corruption qu'ils exercent, mais ses amplificateurs privilégiés. Au vrai, l'auteur du présent travail ne se reconnaît pas, pour le moins, dans toutes les conclusions que Jean-Claude Lozac'hmeur, érudit et rigoureux dans ses recherches historiques, croit pouvoir tirer de sa précieuse découverte. Jean-Claude Lozac'hmeur est très hostile à la dialectique hégélienne qui serait exprimée dans les trois moments « thèse, antithèse, synthèse » auxquels correspondraient — ce serait bien sûr évident (!...) — les trois points des maçons, et Hegel ne serait qu'un élève des cabalistes ; ce même auteur est violemment opposé au national-socialisme supposé procéder des mêmes origines cabalistes et/ou gnostiques, et insulte — sans grand mérite il est vrai — ceux qui, même de manière critique et sélective, se réclament de l'hitlérisme, les accusant, de surcroît, de risible et grossière incohérence quand ils se disent catholiques. Nous dirons plus bas quelques mots au sujet de ces aversions. Retenons simplement que la maçonnerie, d'une manière générale, en tant même que gnostique, est la forme privilégiée que se donne le subjectivisme pour se rendre crédible et viable, d'où son succès dans un monde complètement pourri par l'esprit démocratique, l'hédonisme, l'individualisme, le matérialisme. Il n'est pas besoin d'imputer à la maçonnerie, entendue comme institution organisée, la responsabilité première de la décadence ; si l'on se donne le subjectivisme sans la maçonnerie, on obtient les mêmes résultats ; il se trouve que, historiquement, les idées judéo-maçonniques se contentent de répondre à une demande objectivement née du subjectivisme en quoi se consomme l'esprit européen et catholique aussitôt qu'il s'insurge contre sa vocation naturelle et surnaturelle : la gnose, inspiratrice tant de la maçonnerie que du judaïsme moderne, est la forme en laquelle se coule logiquement la pulsion subjectiviste (la déification du moi) ; ce qui le corrobore, c'est la prodigieuse passivité de l'immense majorité de la population qui, surtout depuis la diffusion d'Internet, peut très facilement avoir accès tant aux travaux des révisionnistes qu'à ceux des spécialistes des réseaux sionistes et judéo-maçonniques, par là peut prendre la mesure de l'immense influence de ces derniers, prendre conscience du conditionnement fort peu démocratique auquel elle est soumise, et qui pourtant ne bronche pas, accordant à ces maîtres discrets et tout-puissants son adhésion au moins tacite. Évoquer l'esprit judéo-maçonnique, quelle que soit sa puissance réelle (au reste indéniable), c'est donner au subjectivisme le nom de l'institution qui le sert le plus efficacement, et qui explique la diffusion de cette mentalité expressive de l'esprit de notre temps, inspirée par une doctrine discrète sinon secrète, dotée d'une certaine forme de cohérence rendant raison de l'unité plus ou moins celée des mots d'ordre planétaires auxquels sont soumis, de manière méthodique, et par tous les moyens possibles de contrôle des masses, les peuples d'aujourd'hui. (...)

Comme le disait Louis de Bonald dans ses *Pensées sur divers sujets* (1817), « un gouvernement ne périt jamais que par sa propre faute, et presque toujours par d'anciennes fautes qui en font commettre de nouvelles ». Aussi, 1) c'est l'incomplétude des doctrines saines qui est la vraie cause de l'efficacité des doctrines perverses ; 2) ces dernières, se contentant d'exploiter des failles existant chez les défenseurs de l'ordre naturel et surnaturel, sont en quelque sorte porteuses, sinon de réponses valables, à tout le moins de questions que les soldats du bon combat ne peuvent pas se dispenser de poser, précisément parce que les maîtres dont ils revendiquent la paternité ne se les sont pas posées. (...)

Marx se contentait de rappeler une vérité de bon sens quand il affirmait que l'humanité ne se pose jamais que les problèmes qu'elle peut résoudre. Quand l'algébriste élabore un sujet de devoir pour son élève, il part de la solution ; c'est à elle que sont suspendues les données du problème dont le traitement est en retour générateur de la solution qui, de ce fait, se fait procéder de ce dont elle est positionnelle ; si donc les données sont posées, si la conscience de l'existence d'un problème est actuelle, c'est que la solution est accessible ; en retour, si on est incapable de discerner la présence d'un problème, c'est qu'on ne dispose pas des moyens de le résoudre. Si les gouvernements périssent, c'est dans la mesure où ils n'ont pas su prévoir les problèmes qu'ils auraient à rencontrer, faute d'en posséder la solution ; un corps sain n'est pas un corps sans déchet, c'est un corps qui les élimine ; un corps vivant n'est pas un corps qui n'a pas d'ennemis extérieurs, c'est un corps qui sait les combattre et qui se régénère dans l'effort de les éliminer ; s'il succombe à leurs attaques, c'est qu'il manquait de vitalité, de force interne, ce qui prouve qu'il était déjà malade, habité par des problèmes dont il ignorait l'existence et dont il ne possédait pas la solution. Il en est par ailleurs des gouvernements comme il en est des doctrines philosophiques et théologiques : elles périssent par leur propre faute, pour des raisons analogues : elles sont hantées par une incomplétude, ou une contradiction létale qu'elles ignorent et qu'elles ne savent pas résoudre. Dès lors, les vraies solutions aux problèmes de notre temps n'appartiennent pas, ne peuvent pas appartenir au corpus doctrinal contre-révolutionnaire tel qu'il est offert en son état historique actuel ; il est nécessaire d'en trouver de nouvelles ayant vocation, sans le contredire, à enrichir ce corpus, à le compléter. Et c'est dans les doctrines perverses, en tant que négativement gravides de vérités captives, qu'il convient d'aller chercher de telles solutions. Elles sont gravides de vérités captives parce que, ayant réussi à s'imposer, elles ont prouvé qu'elles étaient capables de discerner les défauts de la cuirasse de ce contre quoi elles se sont définies, mais c'est là précisément apercevoir les problèmes dont ces cuirasses étaient objectivement affligées sans le savoir ; et parce que tout problème procède de sa solution, toute doctrine douée du pouvoir de dénoncer les travers des autres est nécessairement porteuse — dût-elle, en tant qu'elle est elle-même imparfaite, ne les exhiber qu'au prix de son auto-réfutation — des solutions que ces autres doctrines attendent ; c'est donc chez elles qu'il convient de les aller chercher. L'antienne des bien-pensants est qu'ils sont propriétaires de toute la vérité et maîtres de toutes les réfutations susceptibles de nier cette vérité, que donc les problèmes internes dont on a l'outrecuidance de leur montrer l'existence sont de faux problèmes, et que ce tour d'esprit consistant à voir des problèmes à tout bout de champ cèle une dilection inavouée pour la subversion : « Il ne dit pas ce qui a toujours été dit, il est donc un moderniste et un infiltré. » Nous connaissons la chanson. Ceux qui, selon une mentalité d'héritiers figés dans le confort du rentier, ont toujours été incapables d'enrichir, pour le faire vivre, le dépôt doctrinal reçu, ont tout intérêt à se défausser sur des ennemis extérieurs pour celer leur impéritie et conserver leurs privilèges. Se refusant à admettre, à concevoir même qu'une doctrine fausse dans ses conclusions puisse contenir négativement de précieuses vérités captives, les bien-pensants sourcilleux brandissent les conclusions erronées (par exemple le panthéisme gnosticisant de Hegel, si prisé par les théologiens jésuites modernistes) pour nier la présence des vérités captives. Et c'est là une malhonnêteté.

Contre les vertueux contempteurs de la dialectique, on se contentera de faire brièvement mémoire — en évoquant par exemple sa philosophie morale — de ce révolutionnaire moderniste et relativiste que fut, comme chacun sait, Aristote... Le courage est une vertu qui s'oppose à deux vices contraires, à savoir la lâcheté et la témérité. Il est un juste milieu entre deux extrêmes, un milieu quantitatif, mais, qualitativement, il est lui-même un extrême, un maximum : on n'est jamais assez courageux. Le propre d'un milieu est d'être une limite : en deçà de lui, c'est la lâcheté considérée selon tous ses degrés, au-delà c'est la témérité considérée selon tous ses degrés. Mais le propre d'une limite est d'appartenir aux deux zones qu'elle sépare : le courage est le terme en lequel se suppriment la lâcheté et la témérité parcourant chacune ses degrés du plus grand jusqu'au plus petit, jusques à son point nul ; sous ce rapport, un tel juste milieu a raison d'identité des contraires. Et en et de cette identité des contraires s'opère une sublimation qualitative en cette vertu dont les deux extrêmes, chacun à sa manière, étaient la privation et l'adultération. Le courage n'est pas la « synthèse » de la lâcheté et de la témérité, comme s'il cumulait deux défauts, ou se réduisait à un compromis entre les deux ; il est la conversion des extrêmes contraires à leur identité concrète ; il n'y pas synthèse de deux erreurs, mais surgissement qualitatif instantané d'une vérité ontologiquement première qui, en tant qu'elle se défait, se décompose en deux hérésies sans être composée d'elles. De plus, dans la réalité, il est bien rare de trouver du courage à l'état pur : ce qui s'offre à l'attention est bien plutôt, en chaque homme, un mouvement sinusoïdal dont il s'efforce à faire tendre l'amplitude vers zéro. Aussi, pour accéder à l'essence du courage, qui est un idéal auquel tout homme doit tendre, et qui est accessible (il n'est pas une simple « idée directrice de la raison pure », au sens kantien), est-il nécessaire de partir de ses dénaturations réelles, et de les convertir à leur identité concrète. La dialectique hégélienne n'est pas autre chose. Il n'y a pour elle ni négation du principe de non-contradiction, ni relativisme, ni mouvement dialectique infini, ni évolutionnisme, ni historicisme ; il y a retour à l'origine par sublimation des contraires, dévoilement du vrai par sublimation des erreurs. Pour s'aider d'une représentation pédagogique, on se placera face à une croix celtique, c'est-à-dire un cercle pourvu de quatre extrêmes opposés deux à deux, et figurés par les deux intersections (inférieure et supérieure) entre l'orbite et une ligne verticale, et les deux intersections latérales (de gauche et de droite) entre l'orbite et une ligne horizontale. En parcourant l'orbite dans le sens des aiguilles d'une montre, on obtient, en partant de l'orbite supérieure qu'on nommera A, les points B, C et D. Selon ce dispositif, B et D sont les extrêmes latéraux, figurant la lâcheté et la témérité, les deux règnes de l'immoralité. Ils entretiennent l'un à l'égard de l'autre une relation dialectique, en ce sens qu'ils s'opposent mais, ayant en commun de nier ce à quoi ils sont suspendus, ils sont comme solidaires l'un de l'autre en leur commun refus de la même perfection, et ils s'identifient de ce fait l'un à l'autre : le téméraire ignore intentionnellement le danger pour ne pas le redouter, par là est surpris et désarçonné par sa rencontre avec ce dernier, et devient facilement lâche si l'obstacle n'est pas rapidement surmonté ; et, n'étant pas soutenu par la passion de colère (mouvement naturel — et nullement peccamineux — de l'appétit irascible à l'égard d'un mal ardu présent), le lâche, pathologiquement craintif, ne rencontre jamais l'obstacle à affronter, et il en vient, à force de fuir le danger, à ignorer son véritable contenu, au point de basculer facilement dans des accès sporadiques et compensatoires de témérité. Ainsi donc, B et D se convertissent l'un dans l'autre, de sorte que B bascule en D qui en retour bascule en B, indéfiniment, ce qui a pour résultat que chacun des deux s'identifie réflexivement à soi, dans une coïncidence précaire, avec lui-même, par la médiation de l'autre. Ce qui fait comprendre que B et D sont les deux extrêmes latéraux d'une même orbite, laquelle, par définition, admet aussi deux extrêmes verticaux (A et C). B et D s'identifient négativement en C, où il n'y a plus ni lâcheté ni témérité, ainsi donc en ce moment où chacun des extrêmes s'éclipse pour basculer dans l'élément de l'autre, moment qui, considéré tel l'extrême inférieur de l'axe vertical, désigne le degré zéro du courage, par là le degré nul des deux vices contraires parce qu'ils sont autant de privations de la même vertu : on est là dans le règne de l'amoralité, en situation d'aboulie ou d'inconscience. Et c'est en A, position du courage, que la lâcheté et la témérité s'identifient positivement, mais par là se subliment en ce qui n'est ni l'une ni l'autre, à savoir le courage dont elles sont les résultats de la décomposition, et dont elles procèdent proleptiquement. Ainsi entendue, la dialectique n'est en rien opposée au réalisme thomiste, même si Hegel, qui lui restitua ses lettres de noblesse, fut doté d'un génie gâté par le protestantisme dont il se voulut le penseur (comme saint Thomas d'Aquin le fut du catholicisme) et dont la systématisation rationnelle le fit aboutir à cette erreur foncière, nullement solidaire de la dialectique en tant que telle, selon laquelle le savoir que Dieu a de lui-même se réduirait au savoir que l'homme a de Dieu. Que la raison humaine soit capable de faire l'épreuve du fait qu'elle est dans le sillage de la Raison absolue n'implique nullement qu'elle devrait s'identifier à elle.

Quant aux aversions, compréhensibles jusqu'à un certain point, de maints catholiques contre-révolutionnaires à l'égard du fascisme (pris au sens large), le contenu des dissertations et commentaires de textes en donnera les raisons. On voudra bien ici simplement, après avoir enduré la dangerosité de ce gnostique enjuivé qu'est Aristote, se souvenir de la leçon du gauchiste subversif qu'est Bonald quant aux raisons de la mort d'un régime ; si les monarchies catholiques d'Ancien Régime sont mortes, c'est qu'elles contenaient dans leurs flancs les germes de leur mort, par là, potentiellement, les possibilités de surgissement du jacobinisme maçonnique. Pour qui entend éviter de réenclencher le processus qui mène au monde contemporain, il appartient au catholique réellement hostile à la judéo-maçonnerie de réinventer l'Ancien Régime, non de le reproduire en cultivant une nostalgie stérile et confortable à l'égard d'une Chrétienté rêvée et, pour le coup, honorée seulement à la manière d'une Idée kantienne de la Raison pure, qui, en tant que reconnue comme inaccessible, seulement régulatrice et non constitutive de l'agir et du faire, ne mange pas de pain, n'oblige pas beaucoup, autorise à « se réfugier dans la prière » et à pratiquer un psittacisme buté, en bramant des lamentations et en fulminant des anathèmes pour se donner l'impression d'être utile. Or cette réinvention — c'est-à-dire cette redécouverte — des grandeurs de l'Ancien Régime, délivrée des pesanteurs résiduelles dynastiques, féodales et théocratiques par lesquelles il était paralysé, passe par l'assomption de l'organicité du fascisme, quelque difficiles qu'aient pu, par accident, être les relations de ses représentants avec le Saint-Siège.

CONSERVATEURS

Les Traditionalistes catholiques se targuent de proposer à leurs ouailles, pour notre temps, des modèles de chefs d'État chrétiens : le maréchal Pétain, Dollfuss, Franco, Salazar, de Valera. Or ces derniers furent tous attentistes, évitant « prudemment » de s'intégrer à la grande croisade européenne des fascismes, aspirant à emprunter une « quatrième voie » entre bolchevisme d'une part, libéralisme planétaire judéo-maçonnique d'autre part, fascisme et national-socialisme enfin. Mais précisément : il n'y avait pas de « quatrième voie ». Refuser fort imprudemment de choisir, c'était encore choisir de laisser les extrêmes subversifs se coaliser pour abattre la seule force contre-révolutionnaire capable d'inverser le sens de l'histoire devenue antichrétienne ; von Papen se plaisait à dire que le national-socialisme fut « la réponse chrétienne à 89 ». Pour n'avoir pas su l'embrasser, les régimes conservateurs ont tous été balayés en moins de trente ans, et la chose était prévisible dès 1939. Il est impossible de se tenir à l'écart de l'agression mondialiste, précisément parce qu'elle est mondialiste : elle est totale ou elle n'est pas ; on l'écrase en l'affrontant sans détour, ou on y succombe. D'aucuns, discrètement, évoquent parfois (mais l'information requiert d'être vérifiée) un Pie XII, au soir de sa vie, errant solitaire dans les couloirs du Vatican, en se lamentant de s'être trompé de camp entre 1939 et 1945, revenant ainsi sur ses jugements relatifs à la NSDAP (« spectre satanique »)... Léon XIII fit l'aveu que, lors de l'affaire du Ralliement, il avait été bien berné ; Pie XII confia quelque chose d'analogue à propos de ses engagements en faveur des « Alliés ». Comme on le comprend toujours mieux à mesure que le temps passe, ce qui s'est produit entre 1939 et 1945, c'est beaucoup plus — si l'on peut dire — qu'une guerre mondiale entre nations ; c'est la victoire du mondialisme sur les nations en général. Dès 1944, tout était programmé pour faire advenir l'État mondial aujourd'hui imminent. L'État mondial est intrinsèquement pervers, en tant qu'il est une Église, l'Église satanique de la religion de l'homme. C'est l'incapacité des nations européennes à se fédérer en empire qui rendit possible la victoire mondialiste. Et c'est le surnaturalisme de l'Église « ralliementiste » qui contribua largement à cette incapacité, parce que les papes « ralliementistes » croyaient trouver dans les nations démocratiques, insurgées contre le Reich, un terreau favorable à l'apostolat, et une docilité aux menées théocratiques de la Curie plus grande que n'eût été celle d'Hitler. On a vu le résultat.

Voir ici « **Catholicisme** » (Mgr Hudal) et « **Tradition** ».

CROISADES

Source : Les Barbaresques, *Jacques Heers, Perrin 2001, collection « Tempus ».*

Dès les années 800, les Musulmans (Berbères ou Slaves des Balkans islamisés ?), établis sur les côtes du Levant hispanique, près d'Almeria et de Denia, s'organisèrent en sociétés de pirates. D'autres brigands, que les chrétiens nommaient les *Sarrazins*, partis d'Afrique du Nord, attaquaient les îles et les côtes d'Italie, jusque dans l'Adriatique où ils prirent Bari et, en 846, jusqu'à Rome, mettant à sac Saint-Pierre et Saint-Paul-hors-les-Murs. Ils se retranchèrent dans plusieurs camps fortifiés : sur le fleuve Liri en Campanie, à Fraxinetum dans les Maures, près du golfe de Saint-Tropez. Excellents coureurs des montagnes, ces marins razziaient fort loin, jusqu'au pied des grands cols, dans les Abruzzes et dans les Alpes.

Pendant plus de deux siècles, les corsaires portèrent la guerre contre les grandes cités chrétiennes. Les « Africains » prirent d'assaut la ville de Gênes en 933 et forcèrent à nouveau l'entrée du port trois ans après, en 936, à la tête de deux cents voiles. Les Chrétiens ne reprirent l'avantage que bien plus tard, lorsqu'une flotte de bâtiments armés à Gênes, Pise, Amalfi, Salerne et Gaète s'empara de Mahdia, le plus tristement célèbre de ces nids de pirates (en 1087-1088). **Ce fut la première des grandes croisades maritimes.** Les nations d'Italie, Pise et Gênes surtout, mirent toutes leurs forces dans la lutte contre l'islam (croisade d'Almeria, autre refuge de corsaires, sur la côte d'Andalousie, en 1146) (p. 9).

Les raids lancés du Maghreb n'ont cessé de se multiplier et de s'aggraver. Les Africains attaquaient les villages et les terres des Chrétiens, pillaient et brûlaient, emmenaient des captifs ; comme toujours, ils fournissaient armes et munitions aux *Morisques* d'Espagne et entretenaient leurs espoirs de s'affranchir du joug royal. Les révoltes dans les montagnes de l'ancien royaume de Grenade, porteuses de graves alarmes jusque dans certains faubourgs et quartiers des cités, provoquèrent de rudes contrecoups : répressions rigoureuses et mobilisation des forces armées pour poursuivre et attaquer les Musulmans au-delà de la mer, jusqu'en Afrique (p. 13-14).

En 1516, des chefs venus d'Orient, les frères Barberousse, fils d'un Chrétien fait prisonnier par les Turcs en Albanie et converti à l'islam, s'emparèrent de plusieurs cités du Maghreb. Commence alors la dure, sanglante, inexpiable conquête des royaumes des Maures par les Turcs, leurs janissaires et leurs corsaires. Cette emprise et cette soumission firent de la course non plus l'affaire de quelques aventuriers, cantonnés à Djerba et à Alger, mais une entreprise d'État, décidée, encouragée par le sultan, par ses troupes, ses arsenaux et ses finances. Tout se décidait à Constantinople, à la cour ou au harem. Les Turcs étaient à

Alger et partout en Méditerranée, devant Nice et, alliés du roi de France, dans Toulon pour un long hiver ; à chaque saison, ils débarquaient leurs hommes par centaines, parfois par milliers, sur les côtes du Latium et du royaume de Naples, Campanie, Calabre et Sicile. Ni piraterie ni simples courses en mer, hasardées, en quête de bonnes fortunes, mais opérations de large envergure, préparées à Constantinople, rassemblant plus d'une centaine de galères, pour soutenir de grandes entreprises. Les Ottomans se lançaient à la conquête de la Méditerranée occidentale et projetaient d'envahir l'Italie. Les corsaires « barbaresques », les raïs, non capitaines d'aventure mais chefs de troupes, amiraux d'escadres, firent la guerre, une guerre totale, aux Chrétiens, sur mer et sur terre.

Les attaques de l'islam contre le roi d'Espagne, contre le pape, les chevaliers de Malte et Venise se sont poursuivies, quasiment sans répit, pendant trois quarts de siècle, jusqu'à la victoire de la Sainte Ligue à Lépante, en 1571, qui fut célébrée en Italie et en Espagne comme une délivrance. (...)

Retracer l'histoire des Barbaresques pendant seulement trois quarts de siècle, de 1510 à 1580, pour une bonne part règne des deux frères Barberousse, c'est porter attention aux années de leurs plus brillants succès, alors qu'ils tenaient en échec toutes les flottes de la Chrétienté en Occident, qu'ils menaçaient les côtes d'Italie, et pesaient, par leur alliance avec le roi de France, d'un poids considérable sur l'équilibre des forces dans l'Europe entière (p. 21 à 23).

Les lettres du roi d'Aragon aux princes musulmans disent, tout au long, an après an, les angoisses et les malheurs des marins victimes du mauvais temps, jetés sur les côtes d'Afrique (p. 43).

★ ★ ★ ★ ★

Source : Le Bulletin du Foyer saint Thomas d'Aquin, *n° 51, mai 2018, Dominicains d'Avrillé.*

Le bienheureux Guillaume Arnaud, fêté le 29 mai au calendrier de l'Ordre des Prêcheurs, fut en 1242 martyrisé, avec ses compagnons, par les « gentils Cathares » dont le dualisme voulait que la matière ait été créée par un principe mauvais, ce qui leur faisait condamner le mariage et la procréation, et embrasser les vices qui en sont la conséquence, tout en suscitant des conséquences sociales catastrophiques. « Il était tout à fait normal que des enquêteurs, ayant appris que les fauteurs de cette funeste erreur sévissaient à Avignonnet, se réunissent sur place pour examiner ce qu'il en était réellement sur le terrain. Le gouverneur du bourg, Raymond d'Alfaro, au nom du comte de Toulouse Raymond VII, invita les inquisiteurs à une discussion publique avec les Cathares. Confiants dans la loyauté de leur hôte, les inquisiteurs se rendirent dans la salle de justice, où les sbires du gouverneur, lui-même imbu de la doctrine hérétique, les massacrèrent. Pas une plainte n'échappa de la bouche des martyrs, sinon le chant du *Te Deum* (...). Le pape Grégoire IX, indigné par une telle perfidie, excommunia les assassins et condamna ceux qui les avaient soutenus à demander leur pardon en marchant à genoux depuis l'entrée de l'Église jusqu'au maître-autel. Au début du XXe siècle, les descendants des habitants d'Avignon faisaient encore cette pénitence. Au printemps 1243, sous le règne de saint Louis, débuta le siège de Montségur d'où les Cathares répandaient leurs hérésies antisociales. (...) La forteresse fut prise le 16 mars suivant et brûlée, entraînant la mort de 205 Cathares.

★ ★ ★ ★ ★

De Godefroy de Bouillon à saint Louis, les croisades ne visaient pas seulement la libération des lieux saints, elles prenaient en compte le besoin de conserver l'héritage politique, juridique et culturel de l'Empire romain, et la culture philosophique et scientifique du monde grec. Selon René Grousset, historien des croisades, ces deux siècles de croisades ont permis à l'Europe de retarder de quatre siècles l'avancée de l'islam, et de préparer l'émergence de la Renaissance, comme le rappelle Éric Zemmour (*Destin français*, p. 64 à 70).

CULTURE

« J'aime à relire les livres que j'ai déjà lus et par là, j'acquiers une érudition moins étendue, mais plus solide » (Paul-Louis Courier, 1772-1825, pamphlétaire, helléniste, libéral et anticlérical, à sa mère ; *Œuvres de Paul-Louis Courier*, vol. 2, Garnier, 1925).

« Les gens qui savent le grec sont cinq ou six en Europe ; ceux qui savent le français sont en bien plus petit nombre » (Paul-Louis Courier, *Lettre à Monsieur Renouard*).

« La culture, c'est comme la confiture, moins on en a, plus on l'étale » (Françoise Sagan, *Dans un mois, dans un an*).

La culture est ce contact avec les choses belles, bonnes et vraies, doublé de cet exercice consistant à s'approprier à de telles choses tout en se nourrissant d'elles, ainsi en se les appropriant, et qui perfectionne l'esprit, actualise ses ressources latentes, et le rend *fécond*. De « *colere, colui cultum* », qui consiste à ameublir une terre pour la rendre propice à la production de fruits, on est passé à « culture » entendue tel cet exercice de l'esprit sur lui-même afin de le rendre gros de belles idées et des beaux jugements. S'il faut être disponible et avoir raison de terreau pour advenir, de manière progressive, au statut de personne cultivée, on doit être cultivé en puissance avant que de l'être en acte ; mais cette puissance à la culture n'est autre que la nature de l'homme : la nature de la culture est la culture de la nature. De ces constats, il est permis de tirer plusieurs résultats.

Tout d'abord, en assimilant les éléments de la culture, on s'identifie à eux en étant transformé par eux, mais en ne cessant pas d'être le sujet qui les exerce, et sous ce rapport la culture relève de l'ordre de l'*avoir*, sous la forme d'un savoir plus ou moins développé. Ce que l'on acquiert, c'est ce qui est autre que soi, et cela relève des connaissances engrangées dans l'esprit, tel un avoir qui est aussi un instrument ; on engrange le foin pour nourrir les bêtes, on engrange les savoirs en tant qu'ils sont utiles, moyens d'une praxis ; tel est au reste, à titre d'exemple, le philistinisme cultivé. On assimile la culture pour se nourrir, pour la convertir à soi-même (tel le lait converti en nos os), ainsi pour se pérenniser. Mais tout autant la culture nous transforme et nous assimile à elle, nous nous voulons l'instrument de sa pérennité tel un trésor artistique appelant d'être protégé, sans autre raison d'être que d'être contemplé ; nous nous voulons l'instrument de son perfectionnement telle une œuvre d'art toujours inachevée. Sous ce rapport, l'homme est cultivé telle une terre fécondée. On s'approprie aux éléments constitutifs d'une culture, on est transformé en eux autant qu'on les transforme en soi, et de ce point de vue, plus vrai que le précédent, on *est* cultivé : il s'agit non tant d'emmagasiner des connaissances que d'acquérir l'habitus du bien juger, du bien goûter ; « *sapere* » donne « sagesse », au point que la vraie hiérarchie entre les hommes s'établit à partir du critère suivant : l'aptitude à goûter aux biens les meilleurs, ce qui suppose que l'on commence par acquérir le pouvoir en acte de les reconnaître et de les aimer (telle est l'éducation du goût). Comme le faisait observer Édouard Herriot, la culture est un peu comme ce qui reste après qu'on a tout oublié. Elle est le processus par lequel on s'assimile le contenu d'un savoir pour en venir à s'identifier à ce contenu, ainsi à l'être, par là à être ce que l'on avait commencé par avoir.

La culture relève de l'être et de l'avoir ; être cultivé consiste à posséder un avoir par lequel le possesseur est possédé par son avoir, et elle habilite en dernier ressort celui qu'elle perfectionne à avoir son être, au titre de condition lui donnant de l'être véritablement. Avoir son être, faire de soi-même le possesseur de soi-même, ainsi n'être pas — paradoxalement pour l'être en vérité — son être même, c'est *s'objectiver*. On apprend, par la culture, à être ce qu'on a et que l'on a reçu, pour en venir à avoir ce qu'on est. Être cultivé est de ce fait apprendre à se connaître et à s'accepter, à ne pas se fuir, ainsi à ne pas jouer un personnage, à acquérir du naturel, à conquérir la simplicité dans ses manières d'être ce que l'on est ; rien n'est plus culturel que l'art d'être naturel. Et, sous ce rapport, il existe un enjeu moral de la culture. Et cette objectivation de soi révèle la fécondité de la terre ameublie de notre esprit. Une culture est toujours un trésor communautaire, puisqu'elle est autant ce dont on se veut l'instrument d'enrichissement que ce qui nous enrichit ; elle nous est toujours transmise par une communauté, elle est donc communicable, mais par là elle est objectivation de soi de l'esprit dans ce qu'il a d'universel, et non dans ce qu'il a de singulier ou de privé. S'objectiver culturellement ce que l'on est, c'est projeter idéalement la manière dont on se représente ce que l'on a à être, c'est proposer une définition de la *nature humaine*. Et dans la mesure où il existe une seule nature humaine signifiée dans des cultures dont chacune se veut l'expression du tout de la nature humaine, les cultures sont naturellement antagoniques, et ne se révèlent complémentaires qu'à proportion de l'acceptation du fait de leur antagonisme.

Il en résulte que l'idée de paix terrestre universelle incarnée dans un projet politique bannissant toute guerre est gravide de la mort de toute culture. Tel est l'État mondial, qui l'a si bien compris qu'il s'emploie, pour se donner l'existence historique qu'il n'a pas encore, à détruire toutes les cultures. Cela dit, il ne peut confesser publiquement son projet destructeur, à peine de susciter des oppositions qui l'empêcheraient de s'imposer. Il doit donc feindre de les promouvoir tout en les corrompant, et c'est ce qu'il fait par la promotion de la miscégénation systématique présentée tel un enrichissement de chaque culture par les autres. La guerre à la guerre entre les cultures, c'est la guerre à la culture elle-même. Elle s'opère par la négation encore formellement culturelle de l'existence d'une nature humaine, en promouvant le subjectivisme. Et dans cette perspective l'idée même d'une éducation du goût perd tout sens.

Quand un individu fait partie d'un tout dont il dépend essentiellement, il est une individuation de ce tout qui nie sa propre universalité pour opérer une telle individuation. Le conflit entre les individus est inévitable, puisque chacun d'eux, comme individuation du tout, est tel que le tout est tout entier en lui, quoique non totalement ; chaque individu aspire par là, naturellement, à être le tout lui-même, au détriment des autres. Le conflit cesse quand la négation réciproque des individus les uns par les autres en vient à libérer l'universel dont chacun était l'individuation, ainsi à libérer le tout qui, sans cesser de s'individuer en chacun, parviendra à se maintenir en tant qu'universel par là habilité à intégrer organiquement les individus, c'est-à-dire à leur faire plébisciter leur dépendance par rapport au tout dont ils vivent, dont ils sont les organes, et dont ils sont comme les moments subsistants d'autoconstitution du tout. Mais ce privilège d'être auprès de soi en tant qu'universel, nonobstant le fait de se singulariser, ainsi le privilège de demeurer identique à soi dans sa différence, suppose qu'un tel tout acquière la forme d'un cogito, ainsi contracte le statut de sujet d'objectivation de lui-même en ces individus qui sont ses parties et ses moments. Le tout dont l'éduction résulte du conflit entre les individus est sous un certain rapport le même que ce tout que les individus présupposaient pour l'individuer, mais sous un autre rapport il est autre : il est identité concrète de lui-même et de ses moments. Et c'est pourquoi il lui est impossible de se réaliser dans l'élément qui présidait à l'exercice polémique du jeu des individus porteurs de l'idée du tout. Il se réalise à un niveau supérieur. S'il est permis de remarquer que les cultures sont à la nature humaine en attente de son expression réfléchie universelle (laquelle serait « la » culture) comme les individus le sont au tout, on comprendra que « la » culture ne relève plus de l'ordre strictement culturel : elle le dépasse en l'assumant, elle instaure le magistère de l'ordre *religieux*, qui transcende l'histoire et la politique. La conséquence en est que les cultures ne coexistent pacifiquement, sans cesser de jouir de cette vitalité qui les rend antagoniques et fécondes à raison de leur antagonisme même, que si tous les peuples, porteurs chacun d'une « *Weltanschauung* » particulière, ainsi d'une culture, parviennent à faire s'excéder leur particularité, sans toutefois la perdre, dans le service de la religion universelle, laquelle est par définition la *religion catholique*.

DE GAULLE

« Les communistes russes sont traîtres à la race blanche. Un jour, ils redeviendront solidaires de l'Europe » (cité par Jean-Raymond Tournoux, *La Tragédie du Général*, Plon, p. 365).

En juin 1945, de Gaulle est rejoint par une troupe hétéroclite. « Encore un juif... », soupire-t-il, quand on lui annonce le ralliement du conseiller financier Georges Boris, ancien secrétaire de Lœwenstein et ex-directeur de *La Lumière* (rapporté par J.-R. Tournoux, *Pétain et de Gaulle*, Plon, 1964).

« Je n'aime pas les youpins » (cité par André Le Troquer, *La Parole à Le Troquer*, La Table Ronde, 1962).

Au député UNR Raymond Dronne, ancien héros de la libération de Paris et favorable à l'Algérie française : « Voulez-vous être bougnoulisés ? Voyons, Dronne ! Donneriez-vous votre fille à marier à un bougnoule ? (cité dans *Le Petit de Gaulle illustré*, Éditions Le Crapouillot, 1967, et par J.-R. Tournoux, *La Tragédie du Général*, *op. cit.*)

À un autre député UNR, Léon Delbecque, également partisan de l'Algérie française : « Et puis, Delbecque, vous nous voyez mélangés à des musulmans ? Ce sont des gens différents de nous. Vous nous voyez mariant nos filles avec des Arabes ? » (*La Tragédie du Général*, *op. cit.*)

Au général Kœnig : « Évidemment, lorsque la monarchie ou l'empire réunissait à la France l'Alsace, la Lorraine, la Franche-Comté, le Roussillon, la Savoie, le pays de Gex ou le comté de Nice, on restait entre Blancs, entre Européens et chrétiens... Si vous allez dans un douar, vous rencontrerez tout juste un ancien sergent de tirailleurs, parlant mal le français. (...) Tous ces bicots se chamaillent. Ils aiment les fusils, ils aiment s'en servir. Ils ont la manie de la fantasia » (*La Tragédie du Général*, *op. cit.*).

Au soir des accords d'Évian, en mars 1962 : « Alors, Joxe, vous avez bientôt fini avec vos bicots ? » (cité dans *Le Petit de Gaulle illustré*, *op. cit.*)

« Les Arabes, ce n'est rien. Jamais on n'a vu des Arabes construire des routes, des barrages, des usines... Ce sont d'habiles politiques. Ils sont habiles comme les mendiants » (*La Tragédie du Général*, *op. cit.*).

« Qu'est-ce que les Arabes ? Les Arabes sont un peuple qui, depuis les jours de Mahomet, n'a jamais réussi à constituer un État... Avez-vous vu une digue construite par les Arabes ? Nulle part. Cela n'existe pas. Les Arabes disent qu'ils ont inventé l'algèbre et construit d'énormes mosquées. Mais ce fut entièrement l'œuvre des esclaves chrétiens qu'ils avaient capturés... Ce ne furent pas les Arabes eux-mêmes... Ils ne peuvent rien faire seuls » (cité par Cyrus Sulzberger, ancien directeur du *New York Times*, dans *Les Derniers des géants*, Éditons Albin Michel, 1972).

« Des Français, ces gens-là ? Avec leurs turbans et leurs djellabas ! » (cité par Alain Peyrefitte, *C'était de Gaulle*, Éd. Gallimard 2000).

« Nous sommes quand même avant tout un peuple européen de race blanche, de culture grecque et latine, et de religion chrétienne. Essayer d'intégrer de l'huile et du vinaigre. Agitez la bouteille. Au bout d'un moment, ils se sépareront de nouveau. Les Arabes sont les Arabes, les Français sont les Français. Vous croyez que le corps français peut absorber dix millions de musulmans, qui demain seront peut-être vingt millions et après-demain quarante ? Si nous faisons l'intégration, si tous les Arabes et les Berbères d'Algérie étaient considérés comme des Français, comment les empêcherait-on de venir s'installer en métropole, alors que le niveau de vie y est tellement plus élevé ? Mon village ne s'appellerait plus Colombey-les-Deux-Églises, mais Colombey-les-Deux-Mosquées ! » (cité par Benjamin Stora, *Le Transfert d'une mémoire*, Éd. la Découverte, 1999)

« Vous savez, cela suffit avec vos Nègres. Vous me gagnez à la main, alors on ne voit plus qu'eux : il y a des Nègres à l'Élysée tous les jours, vous me les faites recevoir, vous me les faites inviter à déjeuner. Je suis entouré de Nègres, ici. (...) Et puis tout cela n'a aucune espèce d'intérêt ! Foutez-moi la paix avec vos Nègres, je ne veux plus en voir d'ici deux mois, vous entendez ? Plus une audience avant deux mois. Ce n'est pas tellement en raison du temps que cela me prend, bien que ce soit déjà fort ennuyeux, mais cela fait très mauvais effet à l'extérieur : on ne voit que des Nègres, tous les jours, à l'Élysée. Et puis je vous assure que c'est sans intérêt » (entretien avec Jacques Foccart, 8 novembre 1968, cité dans ses *Mémoires*, t. II : *Le Général en mai. Journal de l'Élysée, 1968-1969*, Éd. Fayard/Jeune Afrique).

« Si une communauté n'est pas acceptée, c'est qu'elle ne donne pas de bons produits, sinon elle est admise sans problème. Si elle se plaint de racisme à son égard, c'est parce qu'elle est porteuse de désordre. Quand elle ne fournit que du bien, tout le monde lui ouvre les bras. Mais il ne faut pas qu'elle vienne chez nous imposer ses mœurs » (dans *De Gaulle, mon père*, par Philippe de Gaulle, Éd. Plon).

« Le régime fasciste permet aux pouvoirs publics de tirer des ressources existantes, sans ressource ni ménagement, tout ce qu'elles peuvent donner. L'impérieuse subordination des intérêts particuliers à ceux de l'État, la discipline exigée et obtenue de tous, la coordination personnelle du Duce, enfin cette sorte d'exaltation latente entretenue dans le peuple par le fascisme pour tout ce qui concerne la Patrie, favorisent à l'extrême les mesures de Défense nationale » (de Gaulle, « La Mobilisation économique à l'Étranger », *Revue militaire française*, 1er janvier 1934).

« Notre plus grand ennemi héréditaire, ce n'était pas l'Allemagne, c'était l'Angleterre » (de Gaulle à Alain Peyrefitte le 17 juin 1962, cité dans la *Nouvelle Revue d'Histoire* n° 20, septembre-octobre 2005).

« On a le droit d'être Hitler » (cité par J.-R. Tournoux, *op. cit.*).

« Maurras a eu tellement raison qu'il est devenu fou » (cité par Jacques Dumaine, *Quai d'Orsay 1949-1951*, 1955, Julliard).

« L'entreprise d'Adolf Hitler fut surhumaine et inhumaine. Il la soutint sans répit. Jusqu'aux dernières heures d'agonie au fond du bunker berlinois, il demeura indiscuté, inflexible, impitoyable, comme il l'avait été dans les jours les plus éclatants. Pour la sombre grandeur de son combat et de sa mémoire, il avait choisi de ne jamais hésiter, transiger ou reculer. Le Titan, qui s'efforce à soulever le monde, ne saurait fléchir ni s'adoucir. Mais, vaincu et écrasé, peut-être redevient-il un homme, juste le temps d'une larme secrète, au moment où tout finit » (*Mémoires de Guerre*, t. III, Pocket, p. 210).

Les propos non toujours dénués de séduction de Charles de Gaulle, ci-dessus évoqués, expliquent la sympathie de certains nationalistes français pour l'homme du 18 juin 1940. Ce que l'on retient de De Gaulle, c'est son souci de la grandeur de la France, joint à une recherche de Troisième Voie, entre le capitalisme anglo-saxon et le communisme soviétique. Tel était le projet des fascistes, pris au sens large. Mais l'orgueil du général, qui lui valut le surnom de « nain interminable » de la part du grand Abel Bonnard, lui fit préférer la victoire des Alliés, qui lui ménageait un destin historique, à la victoire des fascismes qu'il admirait secrètement, mais qui l'eût laissé dans l'ombre. Il fut limogé par la communauté juive en 1968, après avoir annoncé en 1967 son grand renversement d'alliances au détriment d'Israël à la veille de la guerre des Six Jours.

De Gaulle fut machiavélien, en ce sens qu'il préféra la grandeur de sa patrie au salut de son âme. Parce que la grâce ne surélève la nature qu'en la soignant, dans le moment où le culte de la patrie est naturel en tant qu'il relève de la vertu de piété filiale, une telle opposition entre salut surnaturel de l'âme individuelle et dévotion à la patrie terrestre ne peut être qu'artificielle, ce qui revient à dire qu'aussi bien Machiavel que de Gaulle avaient une conception erronée de la patrie, qui était d'essence subjectiviste : se glorifier soi-même dans le dévouement à une totalité historique dont on sait qu'elle n'existe que par ceux qui s'intègrent à elle, et qui prend conscience d'elle-même en eux, singulièrement dans ceux qui ont vocation à l'incarner en la dirigeant, à l'hypostasier en se faisant chacun — au reste de manière légitime, pour autant que cette opération soit exercée dans le maintien de la subordination de tous aux exigences de la nature humaine — la conscience de soi du « *Volksgeist* » ; l'erreur ici consiste, de manière détournée, à subordonner la nature à la personne, alors que l'ordre veut que la formalité de personne demeure subordonnée à celle de la nature, de cette nature humaine qui est plus adéquatement actualisée dans la cité que dans l'individu.

C'est ce subjectivisme larvé, celé dans la grandiloquence de l'héroïsme littéraire qui induit, chez le machiavélien, cette idée selon laquelle le Politique serait en droit de s'émanciper de la loi morale ; ce qui est vrai, c'est qu'il est en devoir de se subordonner la morale puisque le bien commun visé par le Politique est supérieur, du fait de sa communauté même, au bien particulier vertueux promu par la morale ; mais il n'est fondé à se la subordonner qu'en l'assumant, ainsi en la respectant. Au vrai, la fin justifie les moyens, et cela par définition même de la notion de fin, puisque la finalité est la première des causes. Mais une fin peut avoir raison de moyen eu égard à la considération d'une fin plus élevée ; quand la première fin se subordonne des moyens qui contreviennent au contenu de la fin plus élevée, de tels moyens sont inadéquats, et c'est en ce sens que « la fin ne justifie pas les moyens ».

Ce même subjectivisme, responsable de l'immoralité de ceux qu'il hante, explique évidemment leur brutalité, leur absence de scrupules, leur tendance presque invincible à trahir leur parole, mais aussi les affinités existant entre machiavélisme et esprit républicain, au sens d'esprit démocratique, comme un Jean-Jacques Rousseau l'a bien souligné en revendiquant la paternité de Machiavel.

Un tel subjectivisme explique encore le mépris en lequel les machiavéliens tiennent la causalité des idées, au profit d'une espèce de substantification de la vie nationale qui serait supposée demeurer identique à elle-même quelles que soient les idées par lesquelles elle se ferait contaminer. Les idées ont en effet une logique dont ceux qui les embrassent ne décident pas : si l'on dit « triangle », il ne dépend pas de la volonté, par laquelle la raison se tourne vers cette idée, de décréter qu'il aurait deux ou quatre angles plutôt que trois, mais du concept de triangle lui-même ; si l'on dit « individualisme », il ne dépend pas de celui que cette idée séduit de la voir se consommer dans le consumérisme matérialiste, elle ne peut échapper à ce triste destin ; si l'on dit « démocratie », on aura tôt ou tard l'égalitarisme et le consumérisme, quand bien même on aurait décidé, par on ne sait quel raisonnement bancal, d'être démocrate par haine du consumérisme, etc. Mais, pour autant qu'on admettre, comme il convient de le faire, que la logique des idées des choses est la logique du comportement des choses elles-mêmes, il reste que cette logique a pour propriété de faire ployer l'arbitraire volontariste des subjectivités souveraines. Quand donc le subjectivisme prévaut, fût-il la réponse à un souci esthétique et le fruit d'un attachement aux attitudes héroïques, il ne peut pas ne pas en venir à mépriser la causalité des idées, et à doter ce sur quoi, pourtant, les idées agissent comme la forme sur la matière, d'une espèce de consistance ontologique exagérée, illusoire, fruit de la fascination que le Moi éprouve pour lui-même en s'investissant dans ce qu'il se choisit comme contenu, à savoir, ici, la nation. La Russie, comme disait de Gaulle, boirait le communisme comme le buvard boit l'encre, et au nom de ce point de vue il conclut toujours des accords tactiques avec les communistes, les Juifs et les Francs-maçons. Il importait peu à de Gaulle que la France fût monarchique, jacobine, communiste, libérale ; l'essentiel était que la France fût « grande », à savoir forte, respectée dans le concert des nations, influente, reconnue, dotée d'une « mission », etc. Il lui importait peu qu'elle inscrivît la recherche de son bien propre dans le sillage de la recherche d'un bien commun excédant les limites nationales (par exemple la lutte contre le péril communiste, ou bien le service des intérêts du catholicisme dans le monde, ou encore le bien commun de l'Europe) ; l'essentiel était qu'elle pût tenir la dragée haute aux autres nations. Et c'est ce souci désordonné de pouvoir s'honorer de « grandir la France » qui invita de Gaulle à ne rechercher que les intérêts à courte vue, en dernier ressort, de cette pauvre France qu'il avait confisquée pour la faire servir à sa gloire :

Comme le fait observer Éric Zemmour (*Destin français*, Albin Michel, 2018), on peut se demander si les colonisations françaises du XIXe siècle, menées au nom de l'idéal jacobin (qui ne pouvait pas ne pas se retourner contre les promoteurs de cet idéal funeste, intrinsèquement mauvais et par là diviseur), ont été, même économiquement, une bonne chose pour la France. Les États-Unis, l'Allemagne, la Suède, la Suisse, la Belgique, qui n'avaient pas de colonies, eurent sur la même période une plus grande croissance économique que la France, l'Angleterre, les Pays-Bas et le Portugal. Il reste que, supposé qu'une décolonisation ait été nécessaire, elle eût pu se mener dans le calme, sans cette précipitation qui, pour le plus grand intérêt des firmes anglo-saxonnes et des intérêts géopolitiques des États-Unis et de l'URSS, fit lâcher par la France, sans vergogne, le Sahara du gaz, du pétrole, et des expérimentations atomiques ; elle eût pu être menée dans des circonstances moins dramatiques et moins iniques, tant pour la France que pour les Français d'Algérie et les Algériens eux-mêmes abandonnés à leur sort. Et, supposé que la colonisation ait été une erreur, à tout le moins une mission qui devait avoir un terme, en assumer les responsabilités morales aurait pu — le fait colonial étant consommé tel un héritage avec lequel force est de compter — servir aux intérêts politiques lointains de la France : tout à son rêve de se poser, entre l'Amérique et l'Union soviétique, en petit des Grands en se faisant le Grand des Petits (le protecteur des « non-alignés »), de Gaulle appliqua aux chefs d'État africains la politique que Louis XIV adoptait à l'égard des roitelets allemands réformés ; qu'en est-il résulté ? « La France s'est épuisée à combler de cadeaux les pays du Tiers-monde, dans l'espoir toujours déçu de se constituer une clientèle dont elle deviendrait le chef de file » (Jacques Soustelle, cité par Zemmour, *op. cit.*, p. 562) ; la France de De Gaulle, à savoir « l'arme atomique » flanquée de « sa clientèle tiers-mondiste » (p. 561), ce fut la « Françafrique » affairiste et maçonnique, la France réduite au statut de province à touristes ; de Gaulle troqua, excipant du poids économique de l'Algérie, « les valeurs ancestrales et viriles de l'armée française pour le prosaïsme du développement économique et du matérialisme consumériste » (p. 565-566) ; « en abandonnant son rôle de vigie avancée de la chrétienté, c'est son propre territoire qu'il a ouvert à l'invasion musulmane » (p. 566). L'idéal d'intégration, suicidaire, développée par Soustelle, et l'irrecevable israélophilie de Zemmour lui-même (qui sait avec précision « jusqu'où il peut aller trop loin », et qui entend inviter le nationalisme français gaullo-maurrassien à faire cause commune avec l'entité sioniste contre les Arabes) ne sauraient oblitérer le bien-fondé des observations qui sont ici rappelées. De Gaulle fut ainsi, en dépit de sa lucidité dans certains domaines, le prototype du faux grand homme ; son machiavélisme ne fut pas payant, même et surtout dans les domaines au nom desquels il acceptait de vendre son âme. Le tropisme gaullien dont peu de nationalistes français parviennent à se préserver est ainsi invité à renoncer à lui-même au nom même du vrai nationalisme, à toute distance de ce nationalisme subjectiviste que dénonçait José Antonio Primo de Rivera en le nommant « individualisme des peuples ».

DÉMOCRATIE

« Les hommes vulgaires, qui n'ont ni assez de force morale pour gouverner seuls, ni assez de modération pour rester à leur place, s'attroupent pour dominer ensemble, comme des voyageurs timides pour traverser une forêt ; et c'est ce qui a fait toutes les républiques » (*Trois études sur Bossuet, Voltaire et Condorcet*, par Louis de Bonald, Éditions Clovis, 1998, Présentation et notes par Michel Toda, p. 72).

« Parfois, je vois la terre, dans l'avenir, sous la forme d'une planète d'idiots se chauffant au soleil, dans la sordide oisiveté de l'être qui ne vise qu'à avoir le nécessaire de la vie matérielle » (Ernest Renan, *Dialogues philosophiques*).

« Le principe démocratique a contribué à l'affaissement de la civilisation en empêchant le développement de l'élite » (Alexis Carrel, *L'Homme, cet inconnu*).

« L'État démocratique ne distribue de tâche à personne, il ne donne qu'une voix creuse, une liberté sans contenu, sans visage, qu'on dilapide en jouissances miteuses. Chacun est enfermé dans son égoïsme. Et chacun voit avec dégoût chez son voisin sa propre image et l'image de son triste bonheur. Et ils regardent avec haine ces miroirs de leurs misères » (Maurice Bardèche, *Nuremberg ou la Terre promise*, 1947 ; cité dans *Rivarol* n° 3327 du 25 avril 2018, p. 15).

La démocratie est « écervelée dans la petite enfance, vile et corrompue à l'âge adulte, et compulsivement meurtrière dans ses vieux jours » (Arthur Kenneth Chesterton, cousin de G. K. Chesterton, citation proposée dans l'hebdomadaire *Rivarol* n° 3341 du 1er août 2018, p. 16).

« L'égalité moderne, développée de nos jours outre mesure, a nécessairement développé dans la vie privée sur une ligne parallèle à la vie politique, l'orgueil, l'amour-propre, la vanité, les trois grandes divisions du Moi social. Les sots veulent passer pour gens d'esprit, les gens d'esprit veulent être gens de talent, les gens de talent veulent être traités de gens de génie ; quant aux gens de génie, ils sont plus raisonnables, ils consentent à n'être que des demi-dieux. Cette pente de l'esprit public actuel, qui rend à la Chambre le manufacturier jaloux de l'homme d'État et l'administrateur jaloux du poète, pousse les sots à dénigrer les gens d'esprit, les gens d'esprit à dénigrer les gens de talent, les gens de talent à dénigrer ceux d'entre eux qui les dépassent de quelques pouces, et les demi-dieux à menacer les institutions, le trône, enfin tout ce qui ne les adore pas sans condition.

Dès qu'une nation a très impolitiquement abattu les supériorités sociales reconnues, elle ouvre les écluses par où se précipite un torrent d'ambitions secondaires dont la moindre veut encore primer ; elle avait dans son aristocratie un mal, au dire des démocrates, mais un mal défini, circonscrit ; elle l'échange contre dix aristocraties contendantes et armées, la pire des situations. En proclamant l'égalité de tous, on a promulgué la *déclaration des droits de l'Envie*. Nous jouissons aujourd'hui des saturnales de la Révolution transportées dans le domaine, paisible en apparence, de l'esprit, de l'industrie et de la politique ; aussi semble-t-il aujourd'hui que les réputations dues au travail, aux services rendus, au talent soient des privilèges accordés aux dépens de la masse.

On étendra bientôt la loi agraire jusque dans le champ de la gloire. Donc, jamais dans aucun temps, on n'a demandé le triage de son nom sur le volet public à des motifs plus puérils. On se distingue à tout prix par le ridicule, par une affectation d'amour pour la cause polonaise, pour le système pénitentiaire, pour l'avenir des forçats libérés, pour les petits mauvais sujets au-dessus ou au-dessous de douze ans, pour toutes les misères sociales. Ces diverses manies créent des dignités postiches, des présidents, des vice-présidents et des secrétaires de société dont le nombre dépasse à Paris celui des questions sociales qu'on cherche à résoudre. On a démoli la grande société pour en faire un millier de petites à l'image de la défunte.

Ces organisations parasites ne révèlent-elles pas la décomposition ? N'est-ce pas le fourmillement des vers dans le cadavre ? Toutes ces sociétés sont filles de la même mère, la Vanité. Ce n'est pas ainsi que procède la Charité catholique ou la vraie Bienfaisance, elles étudient les maux sur les plaies en les guérissant, et ne pérorent pas en assemblée sur les principes morbifiques pour le plaisir de pérorer » (Balzac, *Béatrix*, 1839).

On entend dire souvent — tout particulièrement dans les milieux thomistes — que la démocratie peut être un régime recevable, en tant qu'elle est ordonnée au bien commun ; que la démocratie n'est pas la démagogie, tout comme la monarchie et l'aristocratie ne sont pas la tyrannie et l'oligarchie. On précise sa pensée en faisant observer qu'une bonne démocratie refuse le principe de la souveraineté populaire, qu'elle accepte le principe selon lequel toute autorité procède de Dieu, et que cette forme de démocratie limite le pouvoir du peuple au pouvoir de désigner le sujet d'un pouvoir qui ne sera ensuite exercé que par celui qui sera désigné, recevant son autorité de Dieu seul, et en vue d'un ordre naturel qui échappe à l'arbitraire de la volonté du peuple ; on ajoute que cette forme de démocratie admet le principe aristotélicien selon lequel l'homme est par nature un animal politique, et que la société n'est nullement le produit d'un contrat.

Le problème est que reconnaître au peuple un droit à désigner le sujet du pouvoir suppose que soit reconnu le pouvoir de le désigner ; or, en toute logique, si la désignation du sujet du pouvoir est dépendante des suffrages du peuple, la désignation du peuple comme sujet du pouvoir de désigner le sujet du pouvoir devrait être elle-même l'effet d'un pouvoir populaire de le désigner.

Mais on est alors renvoyé à l'infini, et la légitimité d'un tel pouvoir de désignation est elle-même suspendue dans le vide, à moins qu'il ne soit acquis que le peuple est par nature dépositaire d'un pouvoir originaire qui n'est le fruit d'aucune décision ; ce qui revient à dire, en l'occurrence, que le peuple est par essence sujet d'un pouvoir de désigner le sujet du pouvoir de commander au peuple. Mais encore faut-il, pour que ce point de vue soit cohérent, ainsi rationnel, et par là tel que sa réalisation soit possible, que le peuple soit *constitué* comme peuple, ainsi comme sujet, avant l'exercice du pouvoir de désigner le sujet du pouvoir. Or le peuple, qui est multitude, n'est sujet que s'il est doté d'une unité qui suppose un ordre, une ordination du divers en vue d'une fin ; et, parce que toute causalité finale s'exerce moyennant l'intervention d'une intelligence — nécessairement personnelle — qui conçoit la fin avant que de la vouloir, et qui la veut pour qu'elle se réalise, la constitution de la multitude en peuple doté d'une unité l'habilitant à se déclarer sujet (du pouvoir de désigner le sujet personnel d'exercice du pouvoir) suppose elle-même un sujet personnel dépositaire du pouvoir ; et derechef on est renvoyé à l'infini. À moins encore qu'on ne consente à confesser que, en dernier ressort, la multitude serait primitivement dotée du pouvoir de se constituer en peuple ; mais parce que ce pouvoir constituant suppose — comme on vient de le voir — le pouvoir *personnel* d'organiser la multitude, force est d'avouer que ce pouvoir primitif de se constituer en pouvoir de désigner le sujet personnel d'exercice du pouvoir est lui-même gravide du pouvoir dévolu au sujet personnel d'exercice du pouvoir, et que, en dernier ressort, la multitude jouit par essence de la souveraineté sur elle-même. Francisco Suárez et le cardinal Bellarmin, s'efforçant à expliciter saint Thomas, et posant les jalons qui rendront possible le surgissement de la démocratie chrétienne, ont ainsi enseigné que le pouvoir doté d'autorité serait originairement donné à la multitude par Dieu, et que la multitude déciderait de remettre un pouvoir qu'elle est ainsi supposée posséder en propre à un chef qui sera roi.

Et si l'on concède du bout des lèvres la pertinence du principe de la souveraineté populaire, se pose alors, pour qui admet que tout pouvoir procède de Dieu, le problème de la compétence des électeurs quant au discernement du bien commun. Même vertueux et bien intentionnés, ces derniers ne peuvent élire que quelqu'un qui leur ressemble, ils ne peuvent choisir le meilleur pour les gouverner qu'en fonction de l'idée qu'ils se font du meilleur, et cette idée ne peut pas être la meilleure, parce qu'une foule même constituée de personnes intelligentes et honnêtes manque de cette capacité de distance par rapport à elle-même l'habilitant à se connaître objectivement ; une telle capacité n'est accessible qu'à celui qui est au-dessus de la foule et qui ne dépend pas d'elle. Autant dire qu'elle ne peut être exercée que dans un contexte non démocratique, ou selon des procédures démocratiques mais à l'intérieur d'un régime non démocratique qui délègue du haut vers le bas son pouvoir de décider à ceux qu'il désigne comme les plus compétents. Par ailleurs, si la multitude est reconnue tel le sujet originaire d'exercice du pouvoir de diriger, déléguant son pouvoir à un chef, c'est qu'elle est en droit de reprendre un tel pouvoir aussitôt qu'elle le juge opportun. Et le chef se voit relégué dans le statut, générateur de démagogie et d'inefficacité, d'exécutant de la volonté générale, laquelle, concrètement, ne sera jamais que la volonté du plus grand nombre. Les meilleurs étant les plus rares, il est clair que toute démocratie, aussi « chrétienne », soit-elle, verse nécessairement, tôt ou tard, dans cette abominable pétaudière qui consacre la tyrannie des médiocres, pour le plus grand malheur de tous.

Cela dit, saint Thomas enseigne lui-même quelque chose qui sera abondamment exploité par les personnalistes, et par Maritain en particulier : « *Persona significat id quod est perfectissimum in tota natura, scilicet subsistens in rationali natura* » (*Somme théologique*, I[a] q. 29 a. 3). On serait alors tenté de faire de la personne la fin de la cité, et, pour faire leur part aux autres déclarations de saint Thomas qui font du bien commun une fin, on pourrait dire que l'individu est ordonné à la société : on distinguerait l'individu de la personne. Ce qui semble corroborer cette interprétation, c'est que saint Thomas dit aussi : « *Homo non ordinatur ad communitatem politicam secundum se totum et secundum omnia sua* » (I[a] II[ae] q. 21 a 4 ad 3).

On est ainsi tenté de penser que l'homme réserve une partie de lui-même à la cité en acceptant même de sacrifier cette partie pour la cité, mais qu'il conserve la meilleure partie de lui-même pour Dieu. Et ainsi la cité sera en dernier ressort l'instrument de la personne, ordonnée au bien particulier vertueux du citoyen. La morale sera la fin du politique. Et le bien commun sera déclaré « *diffusivum sui* » sous le rapport de la cause efficiente mais non sous le rapport de la cause finale : ce n'est pas en tant que commun qu'il aura raison de bien, c'est en tant que ce bien déclaré commun sera condition d'accession au bien le plus élevé, qui est moral et au fond privé. Il sera dit commun en tant que moyen commun à tous les membres d'une multitude. Il sera matériellement commun et non formellement commun, il sera commun, ainsi universel, d'une universalité de prédication et non d'une universalité de causalité. Au contraire, comme l'a rappelé Charles de Koninck, le bien est bon à raison même de sa communauté, il est d'autant meilleur qu'il est plus commun.

En fait, l'Aquinate subordonne la personne au bien commun politique ; la personne a raison de partie ordonnée au tout. C'est l'homme tout entier qui est ordonné à la cité, non une partie de l'homme. Ce que veut dire saint Thomas, c'est que l'homme est ordonné tout entier à la cité, mais non totalement, en ce sens que le mode ultime d'objectivation ou d'actualisation des richesses ontologiques de la nature humaine s'accomplit au-delà du politique, dans la vision de Dieu. Nous sommes plus nous-mêmes en Dieu qu'en nous-mêmes, et nous nous aimons plus en Dieu que nous ne nous aimons en nous-mêmes ; mais, tels que nous sommes idéalement en Dieu, nous sommes confondus avec Dieu, et nous n'atteignons notre exemplaire divin qu'en étant déiformés par la grâce. La cité invite l'homme à se subordonner tout entier à elle, elle l'actualise tout entier en tant qu'homme, mais elle ne l'actualise pas totalement, en ce sens qu'elle actualise le tout de son humanité, mais seulement selon un certain degré d'actualisation, qui n'est pas le plus parfait. Il reste que le bien commun est le suprême bien terrestre.

Et il faut bien avouer que, si saint Thomas n'est nullement personnaliste, il y a dans certains aspects du thomisme des éléments démocratiques qui iraient dans le sens du personnalisme :

> « *Ad tertium dicendum quod multitudo in qua consuetudo introducitur, duplicis conditionis esse potest. Si enim sit libera multitudo, quae possit sibi legem facere, plus est consensus totius multitudinis ad aliquid observandum, quem consuetudo manifestat, quam auctoritas principis, qui non habet potestatem condendi legem,* ***nisi inquantum gerit personam multitudinis****. Unde licet singulae personae non possint condere legem, tamen totus populus condere potest. Si vero multitudo non habeat liberam potestatem condendi sibi legem, vel legem a superiori potestate positam removendi* ; *tamen ipsa consuetudo in tali multitudine praevalens obtinet vim legis, inquantum per eos toleratur ad quos pertinet multitudini legem imponere* : *ex hoc enim ipso videntur approbare quod consuetudo induxit* » (I^{a} II^{ae} q. 97 a. 3 ad 3).

Soit :

> « Le peuple dans lequel une coutume s'introduit peut se trouver dans deux états. S'il s'agit d'une société libre capable de faire elle-même sa loi, il faut compter davantage sur le consentement unanime du peuple pour faire observer une disposition rendue manifeste par la coutume, que sur l'autorité du chef **qui n'a le pouvoir de faire des lois qu'au titre de représentant de la multitude**. C'est pourquoi, bien que les individus ne puissent pas faire de lois, cependant le peuple tout entier peut légiférer. S'il s'agit maintenant d'une société qui ne jouit pas du libre pouvoir de se faire à elle-même sa loi, ni de repousser une loi posée par son chef, la coutume elle-même qui prévaut dans ce peuple obtient force de loi en tant qu'elle est tolérée par ceux à qui il appartient d'imposer la loi à la multitude. De ce fait même, ils semblent approuver la nouveauté introduite par la coutume. » <*personam gerere* : tenir le rôle de>

> « *Respondeo dicendum quod circa bonam ordinationem principum in aliqua civitate vel gente, duo sunt attendenda. Quorum unum est ut omnes aliquam partem habeant in principatu, per hoc enim conservatur pax populi, et omnes talem ordinationem amant et custodiunt, ut dicitur in II* Polit. *Aliud est quod attenditur secundum speciem regiminis, vel ordinationis principatuum. Cuius cum sint diversae species, ut philosophus tradit, in III* Polit., *praecipuae tamen sunt regnum, in quo unus principatur secundum virtutem* ; *et aristocratia, idest potestas optimorum, in qua aliqui pauci principantur secundum virtutem. Unde*

optima ordinatio principum est in aliqua civitate vel regno, in qua unus praeficitur secundum virtutem qui omnibus praesit ; et sub ipso sunt aliqui principantes secundum virtutem ; et tamen talis principatus ad omnes pertinet, tum quia ex omnibus eligi possunt, tum quia etiam ab omnibus eliguntur. Talis enim est optima politia, bene commixta ex regno, inquantum unus praeest ; et aristocratia, inquantum multi principantur secundum virtutem ; et ex democratia, idest potestate populi, inquantum ex popularibus possunt eligi principes, et ad populum pertinet electio principum. Et hoc fuit institutum secundum legem divinam. Nam Moyses et eius successores gubernabant populum quasi singulariter omnibus principantes, quod est quaedam species regni. Eligebantur autem septuaginta duo seniores secundum virtutem, dicitur enim Deut. I, ***tuli de vestris tribubus viros sapientes et nobiles, et constitui eos principes****, et hoc erat aristocraticum. Sed democraticum erat quod isti de omni populo eligebantur ; dicitur enim Exod. XVIII,* ***provide de omni plebe viros sapientes****, etc., et etiam quod populus eos eligebat ; unde dicitur Deut. I, date ex vobis viros sapientes, et cetera. Unde patet quod optima fuit ordinatio principum quam lex instituit* » (I[a] II[ae] q. 105 a. 1).

Soit :

« Deux points sont à observer dans la bonne organisation du gouvernement d'une cité ou d'une nation. D'abord que tout le monde participe plus ou moins au gouvernement, car il y a là, selon le deuxième livre des *Politiques*, une garantie de paix civile, et tous chérissent et soutiennent un tel état de choses. L'autre point concerne la forme du régime ou de l'organisation des pouvoirs ; on sait qu'il en est plusieurs, distinguées par Aristote, mais les plus remarquables sont la royauté, ou domination d'un seul selon la vertu, et l'aristocratie, c'est-à-dire le gouvernement des meilleurs, ou domination d'un petit nombre selon la vertu. Voici donc l'organisation la meilleure pour le gouvernement d'une cité ou d'un royaume : à la tête est placé, en raison de sa vertu, un chef unique ayant autorité sur tous ; puis viennent un certain nombre de chefs subalternes, qualifiés par leur vertu ; et cependant la multitude n'est pas étrangère au pouvoir ainsi défini, ***tous ayant la possibilité d'être élus et tous étant d'autre part électeurs***. Tel est le régime parfait, heureusement mélangé de monarchie par la prééminence d'un seul, d'aristocratie par la multiplicité de chefs vertueusement qualifiés, de démocratie enfin ou de pouvoir populaire ***du fait que de simples citoyens peuvent être choisis comme chefs, et que le choix des chefs appartient au peuple***.

Et tel fut le régime institué par la loi divine. En effet, Moïse et ses successeurs gouvernaient le peuple en qualité de chefs uniques et universels, ce qui est une caractéristique de la royauté. Mais les soixante-douze anciens étaient élus en raison de leur mérite (Dt I, 15) : "Je pris dans vos tribus des hommes sages et considérés, et je les établis comme chefs" ; voilà l'élément d'aristocratie. Quant à la démocratie, elle s'affirmait en ce que les chefs étaient pris dans l'ensemble du peuple (Ex XVIII, 21) : "Choisis parmi tout le peuple des hommes capables, etc." ; et que le peuple aussi les désignait (Dt I, 13) : "Présentez, pris parmi vous, des hommes sages." L'excellence des dispositions légales est donc incontestable en ce qui touche à l'organisation des pouvoirs. »

Saint Thomas va même jusqu'à dire :

Ad 2 :

« La royauté est la forme la meilleure de gouvernement, si elle reste saine ; mais elle dégénère facilement en tyrannie, à cause du pouvoir considérable qui est attribué au roi, si celui qui détient un tel pouvoir n'a pas une vertu parfaite, comme dit Aristote : "Il n'appartient qu'au vertueux de soutenir comme il faut les faveurs de la fortune." Or la vertu parfaite est rare ; les Juifs étaient particulièrement cruels et enclins à la rapacité, et c'est par ces vices surtout que les hommes versent dans la tyrannie. C'est pourquoi le Seigneur ne leur assigna pas dès le début un roi revêtu de l'autorité souveraine, mais un juge et un gouverneur qui veillât sur eux. C'est plus tard, à la demande du peuple et comme sous le coup de la colère, qu'il leur accorda un roi, disant clairement à Samuel (I S VIII, 7) : "Ce n'est pas toi qu'ils ont écarté, c'est moi, ne supportant plus que je règne sur eux."

Dès le début toutefois, Dieu a posé quelques règles concernant la royauté, et d'abord la manière de désigner le roi, avec cette double clause que dans le choix du roi on aurait recours au jugement du Seigneur, et qu'on ne prendrait pas pour roi un étranger, parce que les rois de cette sorte ont coutume de ne s'attacher guère aux gens qui leur sont soumis et, par conséquent, de ne pas s'occuper d'eux. — Ensuite, Dieu détermina quelle serait, les rois une fois établis, leur situation personnelle, limitant le nombre de leurs chars et de leurs chevaux et aussi de leurs femmes, ainsi que l'étendue de leurs richesses, car c'est par de telles convoitises que les princes sont amenés à verser dans la tyrannie et à s'écarter de la justice. Puis fut réglée leur attitude à l'égard de Dieu : toujours ils auraient à lire et à méditer sa loi, remplis sans cesse de crainte et d'obéissance. — Enfin, envers leurs sujets, ils n'affecteraient pas un mépris superbe, se garderaient de les opprimer et ne s'écarteraient pas de la justice. »

Et il faut bien avouer que l'on se retrouve là dans un contexte politique qui ressemble déjà à celui de Montesquieu, ou bien qui ressortit à la théocratie. En effet, le gouvernement monarchique est jugé recevable s'il est tempéré par des impératifs religieux seuls susceptibles de le contenir dans des limites honnêtes ; ou bien, si l'on n'en appelle pas à une intervention directe de Dieu, la monarchie est acceptable si et seulement si tout membre du peuple est à la fois électeur et éligible, dans une société qui sera ainsi métaphysiquement démocratique et qui ne se donnera une forme monarchique que parce qu'elle aura démocratiquement décidé de se donner une telle forme, car, sans cette clause, le pouvoir exercé par un seul sera jugé corrupteur ; on obtient bien ceci : le pouvoir est mauvais mais on ne peut s'en passer, il faut donc le diviser contre lui-même pour prévenir les effets pervers de son exercice. Et l'on a vu plus haut les difficultés attachées à l'idée de souveraineté populaire.

Pourquoi faudrait-il, en toute chose, innocenter saint Thomas de quelque erreur que ce fût ? Il reste que cette démocratie chrétienne, personnaliste au fond, et d'inspiration thomiste (pourquoi le cacher ?), contient une vérité captive précieuse essentielle à une doctrine de la cité *organique*, par là à une philosophie du bien commun : la première cause efficiente de la cité, c'est le peuple lui-même, mais en un sens qu'il conviendra de préciser et qui expliquera que l'on puisse être doté d'un pouvoir entendu comme puissance de causalité sans être doté pour autant d'une quelconque autorité. L'augustinisme politique[18] inspirateur de la monarchie dite de droit divin (école dite « légitimiste ») se dispense du recours à une telle vérité captive, mais il s'en dispense au prix du renoncement au principe du bien commun entendu comme cause finale de la cité : le pouvoir de l'homme sur l'homme est l'effet d'un châtiment divin, le roi possède le pouvoir sans l'autorité, l'Église possède l'autorité sans le pouvoir et la délègue à celui qu'elle sacre ; mais le Politique est tout entier réduit à une fonction castigatrice et il est exclusivement ordonné au salut individuel.

On répugne à faire du peuple la cause efficiente première de la cité, parce qu'on a peur de l'esprit contractualiste qui charrie l'esprit démocratique.

Jean-Jacques Rousseau, comme on sait, veut résoudre l'équation suivante : profiter des avantages de la civilisation en évitant le caractère corrupteur de la société, ainsi vivre en société mais sans renoncer à la liberté propre à l'état de nature, qui est un état de solitude et d'innocence ; la perfectibilité est naturelle, innée, mais elle est plus le principe d'une dépravation que d'un progrès. Il faut donc refonder la société par le contrat social dont l'unique clause est l'aliénation totale de l'individu à la cité ; tous se donnent au tout, et le font être par là ; chacun se donnant totalement, il se libère de ses passions individualistes et diviseuses, et ainsi surgit la Volonté générale, qui est à la fois la raison dans le cœur de chaque homme habitant dans le silence des passions, à la fois la volonté du tout ; *la volonté* du tout devient volonté *du tout*, en tant qu'elle est créatrice

---

[18] L'augustinisme politique est « un enseignement tiré abusivement de la *Cité de Dieu* de saint Augustin, selon lequel il faut calquer ici-bas l'organisation du royaume terrestre sur le modèle idéal de la cité céleste » (*La Théocratie*, Marcel Pacaut, Declée, 1989, p. 40). Saint Agobard, en 817, dans son *Liber adversus legem Gundobaldi* (in P. L., t. CIV, col. 113 sq, cité par Pacaut), considérant qu'il n'y a plus de Gentils et de Juifs, de circoncis et de païens, de barbares et de scythes, de serfs et d'hommes libres, tous étant réconciliés dans le Corps de Dieu (tout cela est vrai dans l'ordre surnaturel), un tel travail divin de l'unité exigerait que la diversité des lois propres à chaque ethnie fût réduite, dans l'empire terrestre, à une seule. C'est bien là nier la diversité naturelle au profit de l'unité surnaturelle ; c'est tenir pour acquis que l'intromission de la grâce dans la vie naturelle devrait s'accomplir au détriment de l'ordre qui définit cette dernière. Et c'est là du surnaturalisme.

de ce tout par l'acte de se donner à lui, et auquel elle se donne en tant que volonté, de sorte qu'elle lui confère sa volonté. Cette volonté est dégagée des passions, elle est raison, elle est donc infaillible, omnisciente et omnipotente. Chacun n'existe plus que par les autres. Il retrouvera ses prérogatives privées, mais en tant qu'elles lui seront restituées par la Volonté générale. Et ce que veut la Volonté générale en chaque cas particulier sera dégagé par le vote. Rousseau sait que la Volonté générale n'est pas la somme factuelle de volontés particulières qu'il sait débiles et peccamineuses, il sait aussi qu'elle n'est pas la volonté du plus grand nombre, laquelle, en tant que telle, n'est que la loi du plus fort, et cela même n'est pas une loi : le propre d'une loi est de régir la force, et si elle est émanée de la force, elle dépend de ce qu'elle doit régir, et elle ne guide rien du tout : il n'y a pas de droit du plus fort, et sur ce point Rousseau est peu critiquable. Il pense dégager la Volonté générale par le vote, pour la raison suivante : chaque volonté particulière pèche par un excès dans un certain sens, mais toutes ces volontés déviées vont se rectifier l'une par l'autre : ôtez de ces mêmes volontés (particulières et mauvaises) les plus et les moins qui s'entre-détruisent, reste pour somme la Volonté générale. Le défaut du raisonnement de Rousseau n'est pas dans l'idée de Volonté générale. Il est dans l'idée que des volontés déviées pourraient se rectifier : les hommes ont tous les mêmes vices, et la somme des volontés vicieuses produit le plus grand vice. Céline disait que la démocratie est le régime du nombre, que les crétins et les crapules sont plus nombreux que les gens intelligents, et que de ce fait l'élu est nécessairement le plus crétin et/ou le plus dépravé ; s'il parvient à n'être pas le plus crétin, c'est qu'il est le délégué d'une oligarchie qui truque les élections, et déjà par le simple moyen du contrôle absolu de l'opinion. Le deuxième défaut du raisonnement de Rousseau est que la moralité est supposée (ce qui est logique) procéder de la raison ou Volonté générale qu'à ce titre elle présuppose, cependant que les hommes supposés s'aliéner en se donnant à la société à naître doivent jouir de cette moralité avant qu'elle ne parvienne à l'existence. Donc il n'est pas question de réhabiliter Rousseau dont, au passage, l'apologie de la frugalité est un leurre (voir ici « **Écologie** »). L'esprit démocratique est par nature matérialiste. Si l'homme est par nature un solitaire, il n'y a que du bien privé, c'est-à-dire du bien matériel. Et en retour tout esprit matérialiste est potentiellement démocratique. Puisque la philosophie de Rousseau est un individualisme, c'est une philosophie objectivement matérialiste. Et de fait toutes les sociétés démocratiques fondées sur le contractualisme sont des sociétés hédonistes. Maistre disait de Rousseau : « L'un des plus dangereux sophistes de son siècle (...). Tout, jusqu'à la vérité, trompe dans ses écrits. »

Il n'est pas question de réhabiliter Rousseau, mais il est nécessaire de développer un concept de Volonté générale non contractualiste :

Un bien commun est un bien que nous aimons en lui étant rapportés (nous lui voulons du bien, et c'est notre bien que de lui vouloir du bien), mais cela n'est possible que s'il est notre bien (pour être objet de notre appétit) tout en étant un bien qui se veut en nous, qui par là se subordonne ceux qui le désirent.

Il est un bien commun s'il est à la fois le bien du tout et le meilleur bien du particulier. Il est bien commun s'il est tel que quand nous le voulons, *nous* le voulons (c'est *notre* bien) *de l'amour dont il s'aime lui-même* (nous voulons qu'il se possède, nous lui voulons du bien, il se subordonne notre être), et donc il se veut en nous. *Et en retour, s'il se veut en nous, c'est en se médiatisant dans l'amour que nous lui prodiguons.* **Voilà pourquoi la Volonté *du tout* (la tendance à l'autoconstitution du tout) doit être *volonté* du tout (il doit se vouloir en tous), ce qui revient à dire que la cause efficiente de la cité (la puissance à la produire, l'appétit de la constituer) est la nature humaine immanente à chaque homme.** Mais il s'agit non de ma volonté individuelle (qu'on peut appeler « volonté subjective »), il s'agit de ce que toute volonté est en droit en demeure de vouloir quand elle s'exerce conformément à sa nature rationnelle. On peut l'appeler « volonté objective de la multitude ». Et l'exercice de cette volonté n'appelle nullement le contrat : la cité ne procède pas d'un contrat mais de la nature politique de l'homme immanente à tout homme. L'existence de cette volonté exige que le pouvoir soit reconnu : le chef n'est nullement le délégué de la volonté du plus grand nombre, il est l'hypostase de la volonté objective, mais, **pour vérifier qu'il incarne bien cette volonté objective immanente à tous, ainsi pour acquérir cette légitimité du pouvoir obtenue par ordination de ce pouvoir au bien commun, il doit se faire reconnaître par tous, de gré ou de force**. La nature humaine est cause de chaque homme en s'individuant en lui, et elle est fin immanente de chaque homme puisque nos désirs procèdent de notre essence et nous ramènent à elle (désirer est manquer, être inadéquat à son concept). Et cette nature est adéquatement réalisée dans la cité, et elle procède de Dieu qui veut que les créatures habitées par une telle nature agissent conformément aux exigences de cette nature. Comme le dit Hegel, la personnalité de l'État n'est réelle que comme une personne, le monarque. **La vraie Volonté générale, expressive de ce que les Allemands nomment le « *Volksgeist* », l'esprit d'un peuple, est cette tendance naturelle à la vie communautaire immanente à chaque homme et particularisée par le génie propre d'une nation, mais réfléchie en accédant à la conscience d'elle-même dans le monarque ou fondateur d'empire, qui, par son génie propre et/ou par position historique, actualise en et par lui-même cette Volonté générale immanente à tous, et l'actualise en tous** : « Sa volonté <celle du Führer> n'est pas la volonté subjective, individuelle d'un homme pour soi, mais en elle s'incarne la volonté commune du peuple comme donnée historique objective. La volonté qui se forme dans le Führer n'est pas la volonté personnelle d'un individu, mais la **volonté générale d'une communauté**. Une telle volonté générale n'est pas une fiction, à la différence de la prétendue "volonté générale" de la démocratie, mais elle est une réalité politique qui trouve son expression dans le Führer » (Ernst Rudolf Huber, juriste allemand disciple de Carl Schmitt, *Verfassungsrecht des Großdeutschen Reiches,* 2e édition, Hambourg, Hanseatische Verlangsanhalt, 1939, p. 195-196).

Si la cause efficiente de la cité était unilatéralement la volonté d'un seul, le bien commun auquel le monarque ordonne son peuple serait un bien qui ne serait pas le meilleur bien des particuliers, puisque aucun appétit ne serait supposé en chaque homme correspondre à un tel bien. Mais alors l'individu ne serait pas vitalement intéressé par un tel bien, lequel, de ce fait, ne serait pas vraiment commun : chacun aurait son meilleur bien qui lui serait propre et *privé*, et le bien commun dégénérerait en intérêt général. C'est ce à quoi aboutit l'augustinisme politique, qui n'est pas fondé sur la recherche du bien commun, comme il l'est établi dans *La Cité de Dieu* XIX 15 : le Politique n'est qu'une fonction castigatrice, il est instrument de la morale. Les légitimistes, croyant discerner dans l'organicisme (selon lequel la cause efficiente de la cité est dans le peuple, de sorte que le tout se fait vivre de ses parties qu'il pose) un relent d'esprit démocratique, préfèrent sacrifier l'idée de bien commun au profit d'une conception hiérarchique mais non organique de la cité. Le roi est désigné par Dieu ou par l'Église, il n'incarne pas l'esprit du peuple. Le problème est que la grâce soigne la nature qu'elle surélève. Si le pouvoir politique tient sa légitimité du sacre, ainsi de la surnature, alors il la tient de ce qui, soignant la nature, efface progressivement les effets du péché ; or dans l'hypothèse c'est le péché seul qui justifie le pouvoir de l'homme sur l'homme ; il est donc dans la vocation de l'augustinisme politique de se convertir en démocratie chrétienne.

Pour conjurer l'esprit démocratique, qui déifie l'homme, il est ainsi nécessaire de se rendre possesseur de concepts qui ont été confisqués et dénaturés par les méchants et qui appartiennent de droit à notre héritage, mais qui font frémir de peur les bien-pensants de notre camp qui confondent la chose avec sa caricature. On voudra bien noter que ce recours au concept de Volonté générale, corrélatif du plébiscite du concept de « *Volksgeist* », par là de nation et même de nationalisme, n'est nullement solidaire de l'idée selon laquelle le pouvoir politique appartiendrait primitivement au peuple et serait déposé par lui entre les mains du Prince qu'il se serait choisi.

Qu'on n'aille pas dire que l'esprit d'un peuple, dans une perspective fasciste et nationale-socialiste, ferait fi des exigences morales universelles expressives de la nature humaine, comme si le « *Volksgeist* », dans un repli sur soi nominaliste, devait se réduire à l'exaltation d'une particularité s'érigeant en norme universelle. L'esprit d'un peuple est la particularisation de soi de l'esprit universel, c'est-à-dire de la nature humaine elle-même, il est la nature humaine considérée dans le moment de sa particularisation, laquelle nature n'est pas sans une manière particulière — qu'elle se donne — de subsister. On a trop dit — des maurrassiens ivres d'étroite latinité aux thomistes démocrates-chrétiens, en passant par toutes les variantes bien-pensantes de la pusillanimité politique des catholiques — que la philosophie de la Droite révolutionnaire relèverait du romantisme, du volontarisme, de l'anti-intellectualisme, des forces obscures de la passion déchaînée insurgée contre toute raison normative. Carl Schmitt, national-socialiste, n'était pas nietzschéen, mais hégélien et catholique. Il existe un refus schmittien et national-socialiste de cet hiatus, d'inspiration kantienne, entre l'être et le devoir-être, un refus de l'universalisme abstrait du positivisme juridique. Le positivisme juridique est cette prétention d'un système juridique à s'élaborer dans une forme de neutralité à l'égard de toute morale et au fond de tout corpus de valeurs, afin de valoir pour tous les contextes culturels ; le droit n'aura pas vocation à faire se réaliser un ordre des choses qui lui préexisterait (la définition de cet ordre des choses suppose référence à une certaine philosophie, or le positivisme juridique dénie à la philosophie le pouvoir de discerner un tel ordre), il aura vocation à « faire fonctionner », pragmatiquement, la société, épousant ses évolutions et rendant possible un consensus. Et il existe une solidarité obligée entre le positivisme juridique et la philosophie des Droits de l'Homme, c'est-à-dire la théorie des droits subjectifs et la doctrine de la subordination de l'État au parlementarisme : si la société ne s'organise pas selon un ordre des choses naturel que le droit a vocation à expliciter, c'est qu'elle s'organise selon la pression des subjectivités souveraines qui s'entrechoquent en elle. Et le refus schmittien de cet appareil conceptuel fondamentalement libéral et subjectiviste n'est pas le refus de l'universalité de la nature humaine, il est le refus d'une universalité abstraite déconnectée de toute modalité particularisante d'incarnation. Il n'est pas besoin d'être grand clerc pour comprendre que l'universel exclusif du particulier, juxtaposé à lui, en vient à être particularisé par ce dernier, tout comme un bien commun qui, exclusif des biens particuliers avec lesquels il ferait nombre, serait particularisé par eux. L'universel concret enveloppe analytiquement le principe de sa particularisation ; il est rationnel que le rationnel — l'universel — s'incarne et donc se particularise. Et il n'est pas, en retour, de particularité qui ne soit la particularisation de l'universel, ainsi une incarnation du rationnel. Si l'esprit d'un peuple s'écarte — comme il arrive de fait, quand un peuple travestit la vérité catholique et en vient à faire de ses erreurs des déterminations de son identité — des normes universelles de la nature humaine, il se défait, il se soustrait à ce dont il tient l'être, il est infidèle à lui-même ; celui qui voudrait par exemple faire de l'islam une détermination obligée de l'essence du monde spirituel arabe érigerait une erreur en détermination populaire normative et, ce faisant, il promouvrait un fatalisme et un irrationalisme objectivement destructeurs à long terme de la fécondité spirituelle de ce peuple, et c'est bien ce qui s'est historiquement produit ; on peut en dire autant du fidéisme luthérien (saut aveugle dans la foi, mépris de la raison « putain du diable ») générateur de la mentalité empiriste, nominaliste et libérale, pragmatiste et individualiste, par là objectivement porteuse de mondialisme en lequel se dissolvent les nations : faire de l'esprit réformé un constitutif d'identité nationale (allemande ou autre), cela revient à tuer cette identité. *A contrario*, le respect de l'esprit d'un peuple particulier est aussi le respect des normes universelles de la nature humaine ; les choses sont ainsi faites que, quand l'identité nationale particulière, ou esprit d'un peuple, entend être autre chose qu'une particularisation de l'esprit universel, c'est-à-dire des réquisits objectifs de la nature humaine, et prétend se soustraire aux normes de cet esprit universel, le « *Volksgeist* », loin d'être principe de vie, devient principe de mort.

Carl Schmitt, concepteur de la philosophie du Droit du national-socialisme, s'opposait à Hans Kelsen, théoricien du positivisme juridique, négateur de l'existence d'un ordre naturel dont le droit serait l'explicitation jurisprudentielle. Pour Kelsen, le droit doit être indépendant de toute norme morale inspirée par une philosophie quelconque, ce qui revient à dire que, pour lui, aucune philosophie ne peut prétendre à posséder la vérité, fors la philosophie du scepticisme, et tout particulièrement de ce scepticisme ingénieux qu'est le kantisme dont la morale est fondée non sur une nature des choses, non sur une nature humaine, mais sur une logique de la liberté ; est tenu pour moral, en dernier ressort, ce qui promeut l'autonomie de la volonté ou raison pratique, et cette autonomie est acquise par une conception formaliste du devoir : sera morale l'action dont la maxime peut être universalisée, quelle qu'elle soit, conformée à l'idée même — abstraite — de loi, ainsi à la forme sans contenu de la légalité. Carl Schmitt s'oppose ainsi à toute « pensée de la séparation » (*Trennungsdenken*) entre l'être politique et le devoir-être moral ou juridique, entre l'essence du peuple et son idéal moral. Il rejoignait sous ce rapport, tout simplement, Aristote, pour qui la morale ne se décrète pas à partir d'un homme abstrait du concept duquel on tirerait des « droits », mais procède d'une analyse des mœurs — qui doivent bien exister comme incarnées dans une forme populaire d'incarnation, ainsi dans un « *Volksgeist* », pour constituer un objet d'analyse — en vue de dégager les finalités auxquelles il est naturel que tende la conduite des hommes : ce qui est se révèle inclusif de ce qu'il a à être, tout simplement parce qu'il est l'incarnation de sa norme idéale qui à ce titre lui demeure immanente, et dont il peut par accident s'écarter. On a ainsi interprété ce refus de la séparation entre être et devoir-être comme un coup d'état conceptuel visant à justifier l'état de fait d'un peuple se prenant pour norme, au point de faire coïncider le droit et la morale avec les intérêts et la volonté de puissance du peuple allemand hitlérien. Ce qui est évidemment un contresens et une malhonnêteté intellectuelle, qui se réduit à rejeter hors de l'existence morale tout ce qui n'est pas kantien et tout ce qui rejette l'abstraction des Droits de l'Homme. Et le décisionnisme cher à Carl Schmitt, loin de relever de l'irrationalité romantique et du subjectivisme ou du culte de l'arbitraire, résulte de la radicalisation de l'organicisme inspirateur du bien commun et de la conception aristotélicienne du droit. Toute organicité a la forme d'un système, puisque l'organicité dit la vie qui dit l'action réciproque entre le tout et les parties, menée sous l'égide du tout, qui dit ainsi l'autoconstitution du tout se faisant procéder de ce qu'il pose ; or le système dit la nécessité, ou la rationalité. Mais précisément, conformément à la *Logique* (hégélienne) *de l'Essence*, la vérité de la nécessité est la liberté, ou décision ; l'Essence est en vérité Concept, et le Concept est Sujet. En termes scolastiques, le vivre est le caractère de ce qui est organique, le plus haut degré de vie est la vie de la personne, et la personne est libre. Ce qui revient à dire que l'organicité politique culmine dans l'affirmation du chef, du Duce ou du Führer qui en est la conscience de soi, la personnification, en tant qu'il en est l'incarnation (« *die Verkörperung* ») et non la représentation (« *die Vertretung* »), laquelle est toujours un masque, une trahison, puisqu'elle n'est pas la singularisation de l'universel, mais une subjectivité aléatoire, un singulier extérieur à l'universel qu'il est supposé interpréter. Et il est aisé de s'apercevoir, ces choses étant rappelées, qu'on est, avec Carl Schmitt — mais aussi, par là, avec le phénomène national-socialiste —, à toute distance du volontarisme et du cynisme machiavélien, ou du culte brutal de la force.

DÉSIR

« Il y a deux tragédies dans la vie : l'une est de ne pas satisfaire son désir, et l'autre de le satisfaire » (Oscar Wilde, *L'Éventail de Lady Wintermere*, 3e acte, formule attribuée à G. B. Shaw).

« (...) par nature la volonté a pour objet le bien suprême et absolu. Elle peut certes en pratique décider d'identifier ce bien suprême à des biens particuliers aussi différents que le plaisir, les richesses, les honneurs et ainsi de suite. Cependant, il y a un seul bien qui correspond vraiment, et pas seulement en apparence, à la définition du bien suprême et ce bien est la bonté par essence, c'est-à-dire Dieu » (cardinal Louis Billot, *De l'immuable tradition contre la nouvelle hérésie de l'évolutionnisme*, 1904, Publications du Courrier de Rome, 2007, p. 156).

« *Omnis intellectus* naturaliter *desiderat divinae essentiae visionem* » (saint Thomas d'Aquin, *C. G.* III 57 4). Il existe un désir naturel de Dieu, et ce désir est même la racine de tous les désirs particuliers en lesquels il s'anticipe, et par lesquels il peut se perdre si celui qui l'exerce se révèle incapable de s'arracher à ce que pourtant il doit aimer ne serait-ce que pour le crucifier.

Le Bien est objet de l'amour, mais l'amour est aimable, donc l'amour fait partie du Bien, mais du Bien dont pourtant, en tant qu'amour, il manque nécessairement, puisque l'amour est « *vis unitiva et concretiva* » (*Somme théologique*, Ia q. 20 a. 1), force d'union et de concrétion ; on ne peut unifier que ce qui est différencié ; l'actuation d'une force d'unification s'opère nécessairement à partir d'une différence, celle qui existe entre l'amant et l'aimé, quand bien même l'aimé est l'amant qui, de ce fait, s'aime lui-même en tant qu'autre. Si l'amour fait partie du Bien dont il manque, c'est que le Bien manque de lui-même et n'est pleinement ce qu'il est qu'à raison de ce manque, ce qui revient à dire qu'il est définitionnel du Bien d'assumer dans lui-même tous les degrés finis de bonté, jusques au degré nul de bonté, à partir duquel, se faisant victorieux de sa propre pénurie intestine, le Bien s'identifie réflexivement à soi. Si le Bien a la forme d'une réflexion, le désir qui l'épouse sera nécessairement, lui aussi, réflexif, ce qui est tout de même étonnant puisque l'amour en tant que manque est souffrance, et que la souffrance n'est pas aimable : il aime son objet, puis revient sur soi et s'aime, il s'aime en tant que manque, ainsi comme manque du bien qu'il aime, et cela n'est possible que parce que le manque de bien fait partie du Bien ; et, à partir du manque qui le constitue, le désir s'élance vers un degré supérieur de bonté en s'arrachant au bien fini sur lequel il avait commencé par porter son dévolu. À tout le moins a-t-il vocation à le faire, à s'arracher au bien fini pour tendre par paliers au degré ultime de Bonté, ce qui suppose l'assomption d'une souffrance obligée (la déchirure de l'arrachement), car il peut toujours, comme désir déchu, ne s'aimer lui-même que pour se renvoyer au bien fini qui l'avait suscité, et se perdre dans le mauvais infini d'une réitération indéfinie tissée de phases successives de moments de frustration et de moments de soulagement. Mais cette conception du bonheur est celle que le fou met en pratique, qui se frappe la tête avec un marteau pour jouir du plaisir de cesser de se faire mal quand il arrête sporadiquement de se mutiler. Et quand le degré ultime de bonté est atteint, alors le désir s'abouche au Bien qui est non seulement objet du désir, mais sa cause efficiente première, sa racine, de sorte que ce Bien, dans le même acte, comble le désir et l'avive, le revitalise, le satisfait en l'apaisant et en le relançant (ce dont il a besoin puisqu'il est aimable à lui-même) ; si le Bien se contentait d'apaiser le désir sans le revitaliser, il le ferait s'éclipser, le frustrant dans sa tendance réflexive ; s'il se contentait de le relancer sans l'apaiser, il le renverrait au mauvais infini de la réitération. Il le comble et le creuse dans le même acte, parce qu'il est, comme Bien absolu, l'acte de combler sa déhiscence plébiscitée. On ne peut donc renoncer, pour Dieu, au monde qu'en aimant ce dernier, et en l'aimant pour y renoncer. Tout vrai chrétien est un païen surmonté.

DIEU (EXISTENCE DE)

§ 1. Avant de proposer ses preuves rationnelles de l'existence de Dieu, saint Thomas d'Aquin, à la question 2, articles 1 et 2 de la *Prima Pars* de la *Somme théologique*, se demande d'une part si l'existence de Dieu est évidente par elle-même, si d'autre part cette existence est démontrable. En fait, s'il faut envisager de la démontrer, c'est qu'elle n'est pas, selon lui, évidente par soi.

Ce qui est évident n'a pas besoin d'être démontré, puisque le but de toute démonstration est de rendre évident ce qui ne l'est pas. L'existence de Dieu n'est pas évidente par elle-même, car ce qui est évident par soi est tel qu'on est dans l'incapacité de penser le contraire ; or il y a des athées, donc l'existence de Dieu ne relève pas de l'évidence. Quand on dit « l'homme est un animal », on a affaire à une proposition dans laquelle le prédicat est inclus dans le sujet, et ainsi la vérité d'une telle proposition est évidente, pour autant que soient saisies la définition du sujet et celle du prédicat. Dans cette perspective, une proposition peut être en soi évidente mais non pour tous, telle la formule : « les réalités immatérielles n'ont pas de lieu » ; cette proposition est évidente pour les philosophes, non pour les hommes incultes. Or la formule « Dieu existe » est évidente de soi, mais non pour nous. Elle est évidente de soi, car le prédicat est inclus dans le sujet : Dieu est son acte d'exister, il suffit donc de connaître ce qu'est Dieu pour savoir que Dieu existe. Mais cette proposition n'est pas évidente pour nous, parce que nous ne connaissons pas l'essence de Dieu. Dieu est tel que son essence et son existence sont une même chose, et cette simplicité exige que son essence et la connaissance qu'il a de lui-même soient aussi une même chose, de sorte que, Dieu étant sa connaissance de lui-même, il faudrait être Dieu pour connaître son essence, ce qui évidemment n'est pas le cas. On est donc invité à démontrer l'existence de Dieu, à partir des effets dont il est la cause, c'est-à-dire à partir du monde créé. Ce qui est le plus connaissable en soi est le moins connaissable pour nous, à cause de la débilité de notre intelligence.

Saint Jean Damascène fait certes observer que la connaissance de l'existence de Dieu est naturellement infuse dans notre âme et même dans tout être, et cela est vrai en ce sens que nous avons quelque connaissance générale et confuse de cette existence du fait que Dieu est la béatitude de l'homme ; désirant naturellement la béatitude, l'homme la connaît naturellement, parce que l'amour est suscité par la connaissance. Mais à proprement parler, ce n'est pas là connaître que Dieu existe, de même que savoir que quelqu'un vient n'est pas connaître Pierre, même si en fait c'est bien Pierre qui vient. Et il se trouve en effet que pour de nombreux hommes, la béatitude consiste dans les richesses ou les plaisirs. Si, objectivement, Dieu est bien ce que convoite le désir le plus profond des hommes, subjectivement ce désir ne se tourne pas spontanément vers Dieu comme vers le seul Objet capable de le combler, et il faut en déduire que l'existence de Dieu n'est pas spontanément connue.

§ 2. Saint Anselme a bien lui aussi proposé une démarche attestant l'existence de Dieu, qui, comme preuve *a priori*, à partir de l'idée de Dieu et non comme preuve *a posteriori* établie à partir des effets de Dieu, se ramène en fait à l'attestation d'une évidence, ainsi d'une proposition connue par soi, parce que le prédicat (« existe ») se révèle inclus dans le sujet (« Dieu »). En effet, saint Anselme déclare que Dieu est par définition cet être parfait, ainsi cet être tel qu'il est impossible d'en concevoir de plus grand, cependant qu'il est plus parfait d'exister dans la pensée et dans la réalité que d'exister dans la pensée seule, de sorte qu'il paraît contradictoire de penser Dieu comme n'existant pas. Mais d'abord, il n'est pas certain pour tous que Dieu soit celui qui est tel qu'on n'en peut concevoir de plus grand ou de plus parfait, puisque certains pensent que Dieu est un corps, ce qui n'est pas là une perfection absolue. Par ailleurs et surtout, de ce qu'on ne peut *penser* le Parfait comme n'existant pas, il ne résulte nullement, selon l'Aquinate, que ce parfait existerait nécessairement. Pour le déduire, il faut qu'il soit préalablement acquis qu'il existe effectivement un être tel qu'on n'en peut concevoir de plus grand, or c'est cela qui est en question et que nient les athées. On aboutit, par cette démarche à une existence nécessaire, mais c'est une existence en idée, une idée d'existence nécessaire, et non une existence réelle.

§ 3. Il y a deux espèces de démonstrations ; d'une part la démonstration dite « *propter quid* », qui part de la cause pour aller vers les effets, ainsi de ce qui est en soi antérieur, ou antérieur dans l'ordre de la réalité, par rapport à ce qui est démontré ; d'autre part la démonstration dite « *quia* », qui remonte des effets à la cause, ainsi de ce qui est pour nous et non en soi antérieur, ou encore de ce qui est antérieur dans l'ordre du connaître mais non dans l'ordre de l'être ; on part du plus connu pour nous au plus connaissable en soi mais qui est moins connu pour nous ; cette démarche se fonde sur le principe de causalité : ce qui est contingent est causé ; tout être a une raison d'être, soit en lui-même soit en un autre, or le monde n'a pas en lui-même sa raison d'être puisqu'il est tel que son essence n'enveloppe pas son existence, donc il a sa raison d'être dans sa cause, et sa cause première est Dieu. Pour saint Thomas, l'ordre des raisons de connaître est pour l'homme, à cause de sa finitude, l'envers de l'ordre des raisons d'être. Et seule la démonstration de type « *quia* », à propos de Dieu, est pour lui recevable, de sorte qu'il repousse ce qui sera nommé plus tard la « preuve ontologique ».

L'existence de Dieu n'est pas à proprement parler un article de foi, et il est de foi de croire que la raison peut, sans la foi, prouver que Dieu existe, comme le rappelle l'Apôtre (Rom. I, 19) : « les perfections invisibles de Dieu sont rendues visibles à l'intelligence par le moyen de ses œuvres », à savoir le monde créé. L'existence de Dieu et les autres vérités concernant Dieu, et que la raison peut connaître, relèvent des préambules de la foi, c'est-à-dire des vérités préliminaires qui nous acheminent ou nous disposent à recevoir la vertu de foi. Parce que la perfection suppose le perfectible, la grâce présuppose la nature, et la foi présuppose la connaissance naturelle.

Avant de se demander ce qu'est une chose (tel est le problème de son essence), on doit se demander si elle existe, car il faut être, pour être une essence. Pour cette raison, on va partir, pour démontrer que cette chose existe, non de la connaissance de son essence, mais de la définition qu'il nous est possible de lui donner, c'est-à-dire des noms par lesquels nous désignons Dieu, lesquels sont tirés des effets de Dieu. Il est donc recevable d'envisager de prouver l'existence de Dieu quand bien même on sait, de Dieu, non vraiment ce qu'il est en lui-même, mais seulement ce qu'il n'est pas. Par là, l'Aquinate entend à la fois sauver la possibilité d'une preuve rationnelle de Dieu servant de préambule à la foi, à la fois soutenir la thèse de l'apophatisme ; et parce que, pour lui, l'essence de Dieu est d'exister, alors l'essence de l'acte d'exister, qui ne subsiste en plénitude qu'en Dieu, sera jugée inaccessible par la raison, et ainsi c'est un apophatisme de l'*esse* qui sera le dernier mot de l'ontologie thomiste.

Certes, Dieu, en tant qu'Infini actuel, est à distance infinie de ses effets finis, excluant toute proportion entre Lui et eux, mais, quelle que soit la disproportion, les effets font mémoire de leur Cause, ce qui suffit ici pour prouver l'existence de cette Cause.

§ 4. L'existence de Dieu peut être établie *a posteriori* (*Somme théologique*, I[a] q. 2 a. 3) par cinq voies qui ont raison de preuves rationnelles.

§ 4.1. Le mouvement est l'acte de ce qui est en puissance en tant qu'il est en puissance, et il est clair qu'il y a du mouvement dans l'univers. Mais tout ce qui est mû l'est par un autre. Si une chose se meut, comme il appert dans le cas des vivants, elle est moteur et mobile, mais sous des rapports différents : l'âme meut le corps ; une chose ne saurait être moteur et mobile en même temps et sous le même rapport, parce que le mouvement, comme union successive de la puissance et de l'acte, est union de contraires, et que cette union requiert des conditions, autrement il suffirait d'être privé d'une perfection pour posséder la condition suffisante de son acquisition. Un moteur qui doit se mettre en mouvement pour exercer sa causalité motrice n'est pas tel à raison de son statut de moteur, mais à raison d'une déficience dans sa vertu de mouvoir. Puisque le mouvement est passage de la puissance à l'acte, ou d'un contraire à l'autre, alors, si le moteur, en tant que moteur, devait changer pour mouvoir, il passerait du statut de moteur à celui de non-moteur, et l'on aboutirait à cette absurdité voulant qu'un moteur perdît sa puissance de causalité dans l'acte de l'exercer. En vérité, un moteur est d'autant plus moteur qu'il est plus immobile. Si donc ce qui est mû se trouve de surcroît capable de se mouvoir, et se trouve être la cause prochaine de son propre mouvement, c'est en vertu d'une puissance de causalité imparfaite, déficiente, ainsi d'une puissance de causalité qui n'est pas la raison première de l'actualité qu'elle communique ; un tel moteur est moteur sous un rapport, et mû sous un autre rapport. Si les contraires s'identifient dans l'être en puissance, ils s'excluent dans l'être en acte. L'homme vivant sur terre est en puissance sauvé et en puissance damné, salut et damnation s'identifient dans l'être en puissance, mais ils s'excluent dans l'être en acte ; dès lors, ce contraire qu'est l'être en acte est exclusif de l'être en puissance, en ce sens que l'on ne peut posséder une perfection et en être privé en même temps et sous le même rapport ; cela dit, ce qui passe de la puissance à l'acte conserve la puissance d'exercer cet acte quand il est en acte, autrement il cesserait de posséder son acte aussitôt qu'il serait en acte : si le vase vide, plein en puissance, perdait la puissance d'être rempli au moment où il est plein, il se viderait aussitôt. Ainsi, rien ne passe à l'acte que par une chose en acte. Mais il est impossible de remonter à l'infini dans la série des moteurs mobiles actuellement subordonnés, car la causalité est une communication d'actualité, de telle sorte qu'un moteur mobile communique une actualité qu'il a reçue ; même infinie, la chaîne des moteurs mobiles actuellement subordonnés est incapable de rendre raison de l'actualité qu'elle communique. Il existe donc un Premier moteur non mû, qui est acte sans puissance, et cet Acte pur est Dieu.

On objectera que ce qui est Acte pur est un infini actuel, et que cette détermination exclut l'existence du mal. Le mal est privation du bien, lequel est l'être même en tant qu'il est appétible. Quand un contraire est infini, l'autre contraire est aboli puisque le premier contraire par définition sans limite ne lui laisse aucune place ; quand un contraire est infini dans l'ordre de l'être, il l'est aussi dans l'ordre du bien ; or le mal existe dans le monde, donc, dira-t-on, il n'existe pas d'acte pur dans l'ordre du bien, et ainsi il n'en existe pas dans l'ordre de l'être. Mais ce raisonnement ne tient pas compte, selon l'Aquinate, du fait que Dieu ne permet le mal que pour en tirer un bien plus grand, de telle sorte que la raison dernière de la possibilité du mal, et de sa réalisation sous l'injonction de la volonté divine qui le permet, est à chercher dans la bonté même de Dieu.

§ 4.2 La deuxième voie, qui s'établit à partir de la notion de cause efficiente, montrera non seulement qu'il existe une cause première de l'existence des choses (ce qui est déjà acquis par la première voie), mais encore que cette cause première est le principe qui conserve les choses dans l'existence qu'elle pose. Pour saint Thomas, une chose ne saurait être cause efficiente d'elle-même, car il faudrait qu'elle fût pour être cette cause qui, antérieure à son effet, exigerait que, en tant qu'effet (d'elle-même), elle ne fût pas ; être cause de soi, pour le docteur angélique, est contradictoire, qui exigerait qu'une même chose fût et ne fût pas en même temps et sous le même rapport, ce qui est absurde. Et, pour la même raison que dans la première preuve, il est impossible de remonter à l'infini dans la série des causes efficientes actuellement subordonnées. La première cause efficiente cause les intermédiaires qui causent l'effet dernier ; s'il n'y pas de cause première, il n'y a ni intermédiaire ni effet dernier ; or il est évident qu'il existe des effets puisque nous en voyons surgir chaque jour sous nos yeux ; donc il existe une cause première dans la ligne de l'efficience.

§ 4.3. La troisième voie se prend du fait de la contingence et de la nécessité, et elle suppose l'éternité (ou plutôt la sempiternité) du monde. Un être contingent est un être possible qui se trouve être réalisé ; et ce qui est possible peut être comme il peut ne pas être. Or ce qui est possible doit être un jour, sans quoi, n'étant jamais, il ne serait pas réellement possible. Sur un temps fini, un possible peut rester à l'état de possible, mais sur un temps infini il doit se réaliser, car le propre d'un temps infini est de mesurer tous les possibles : le temps est la mesure du mouvement selon l'antérieur-postérieur du mouvement, un temps infini est la mesure d'un mouvement infini, ou plutôt de la série infinie de tous les mouvements finis ; mais puisqu'il s'agit de *tous* les mouvements finis, il s'agit de l'actuation de tous les possibles. Donc un possible se réalise nécessairement un jour. S'il est possible que ce qui existe en vienne à ne pas exister, nécessairement viendra un moment où il n'existera pas, et si tout ce qui est dans l'univers est un possible réalisé, alors il faudra bien un jour qu'il ne soit plus ; et si le temps passé est infini, nécessairement ce qui pouvait ne pas être s'est mis à n'être plus. Tout ce qui consiste dans l'actuation d'un simple pouvoir-être est aussi puissance de n'être pas, il est possibilité de ne pas exister, et cette possibilité doit se réaliser un jour si elle est une réelle possibilité. Or ce qui n'existe pas ne se met à exister que par la causalité de quelque chose qui existe : ce qui est en puissance ne passe à l'acte que par quelque chose d'actuel. Dès lors, si, à un moment, rien n'a existé, rien ne pourrait se mettre à exister puisqu'il n'y aurait rien d'actuel qui pût actualiser du simple possible, ainsi de la simple puissance à être ; or il existe aujourd'hui quelque chose, puisque nous sommes là pour nous poser la question de l'existence d'une cause première. Donc il a toujours existé quelque chose, et l'idée même de l'existence du néant absolu, ainsi de l'absence de toute existence, est contradictoire. Et puisque l'acte d'être est nécessaire, cependant que les êtres du monde sont contingents, c'est qu'ils ont commencé d'être sous l'influence de l'être nécessaire ; et cet être nécessaire est Dieu. Puisqu'il existe aujourd'hui quelque chose, c'est que tous les êtres ne sont pas de simples possibles, et qu'il y a du nécessaire en eux ; s'ils ne tirent pas d'eux-mêmes leur propre nécessité, ils la tirent d'un autre, et il est impossible de remonter à l'infini dans la série des nécessaires subordonnés ; il faut s'arrêter à un Premier qui est absolument nécessaire, c'est-à-dire d'un être qui est nécessaire à raison de lui-même, et qui est raison de la nécessité relative qui se trouve hors de lui. Ce dont l'existence résulte de l'actuation d'un pouvoir-être est aussi un pouvoir-n'être pas, et c'est pourquoi son existence est aléatoire, il n'existe pas infailliblement.

On objectera encore que l'univers contient tout ce qui est requis pour expliquer les mouvements qui le parcourent : la causalité des natures pour les choses naturelles, la causalité de la volonté pour les actes libres, de sorte qu'il ne semble pas nécessaire d'en appeler à l'existence d'une cause des actes naturels spontanés, ou des actes libres. Mais cette causalité des natures et des volontés, qui explique la position des choses et des actes existants, explique des actes d'exister non nécessaires et aléatoires, ainsi variables, et tout ce qui est variable ne se maintient sans varier que sous l'influence de quelque chose qui ne varie jamais.

Il y a donc une cause première antérieure à la causalité des natures et à celle des volontés. Restera à expliquer comment la cause première compose avec les causes secondes sans se substituer à elles, ce qui est pour le moins délicat à saisir en particulier dans le cas de la liberté humaine : le propre d'un acte libre, ainsi d'un acte volontaire dans lequel la volonté est maîtresse de son acte, est d'être le commencement d'une série causale, et pourtant, pour saint Thomas, cet acte est lui-même causé, de sorte que la volonté est un moteur mû, un transmetteur d'actualité, ainsi d'information : les causes qui ne sont pas la cause première sont causes « *in fieri* », non « *in esse* », elles sont causes de la disposition des choses à recevoir leur acte d'être, elles ne sont pas causes de l'acte d'être lui-même, car être cause de l'acte d'être revient à être créateur, et il n'appartient qu'à Celui qui est l'Acte d'être de communiquer l'acte d'être aux choses qu'Il fait être ; créer est faire *ex nihilo*, et cela suppose une puissance infinie : il faut être très puissant pour faire beaucoup à partir de très peu, il faut être infiniment puissant pour faire la moindre chose à partir de rien. La volonté humaine, ou toute volonté créée, est cause de son acte opératif, mais non point de l'acte d'être de cette opération.

Mais alors comment la volonté créée peut-elle encore être tenue pour le commencement premier d'une série causale, c'est-à-dire pour l'origine de son opération ? Si la décision que prend un homme est divine avant que d'être humaine, comment peut-elle être encore la décision *libre* de l'homme qui l'exerce ? On peut se demander si l'Aquinate a résolu de manière pleinement satisfaisante ce problème dit de la prémotion physique, ou encore problème des futurs contingents.

§ 4.4. La quatrième voie se prend des degrés de perfection qui se constatent dans les choses. Les choses du monde sont plus ou moins bonnes, plus ou moins vraies (plus ou moins adéquates à leur concept ou nature, plus ou moins proches de la perfection absolue qu'elles réalisent de manière participée), plus ou moins nobles. Or si, dans l'ordre quantitatif, une hiérarchie s'établit toujours à partir d'un minimum pris comme étalon, dans l'ordre qualitatif cette hiérarchisation s'opère toujours à partir d'un maximum pris comme idéal, mais un idéal tel qu'il n'est pas seulement dans notre esprit, et qui doit être réel quelque part, à la manière des choses chaudes qui ne sont telles que parce qu'elles s'approchent plus ou moins de ce qui est souverainement chaud, en tant qu'elles participent du Chaud ; tout participant supposant un participé, le fait de l'existence de choses plus ou moins parfaites exige l'existence du Parfait. S'il existe du bon, il existe du très bon.

Ainsi exposée, la démonstration de saint Thomas consiste à faire observer que tout degré fini de perfection suppose un Participé qui *est* la perfection que les autres se contentent d'*avoir*. Mais cela n'est recevable que s'il est tenu pour acquis que ce qui est absolument adéquat à son concept, ainsi ce qui est absolument vrai, est ce qui est nécessairement, ou encore : ce qui est absolument ce qu'il est, c'est ce qui ne peut pas ne pas être. La maximisation de l'identité à soi d'une chose induit nécessairement son existence, son pouvoir d'être absolument son essence est génératrice de son existence. Et il est en effet compréhensible que rien de ce qui est fini ne soit absolument identique à soi : ceci est un être, un acte d'être, mais il n'est pas *stricto sensu* son acte d'être qu'il exerce, parce que son essence n'enveloppe pas son existence ; or ce qui n'est pas absolument ce qu'il est, mais qui tend à s'en approcher, ne peut être compris comme y tendant que parce qu'il renvoie à l'idée de ce qui est absolument ce qu'il est ; donc — *pour autant que ce qui est tenu pour nécessaire dans l'esprit le soit aussi dans la réalité, ou encore pour autant que l'ordre des raisons de connaître soit aussi l'ordre des raisons d'être* — il existe un être qui est absolument ce qu'il est.

Il est aisé de s'apercevoir que dans ce raisonnement, saint Thomas — on reviendra sur ce point — engage déjà l'essentiel du thomisme : l'acte d'être est la perfection des perfections parce qu'il est l'acte des actes (essentiels) : ce qui est un acte d'être doit être pensé tel ce qui est une certaine essence qui participe à l'acte d'être, et qui n'est pas l'acte d'être qu'elle exerce, bien qu'il lui faille être, pour être cette essence qui n'est pas son acte d'être ; ce qui existe sans épuiser l'acte d'exister (il y a d'autres choses qui existent) est tel qu'il n'est dit être son acte propre d'exister qu'en tant qu'il l'a. On constate aussi que, pour saint Thomas, le constat *par l'esprit* du plus ou moins parfait dans les choses présuppose, pour l'esprit, la référence à un absolument parfait, et que le caractère obligé de cette référence noétique suffit pour affirmer l'existence réelle de son objet : ne pouvant penser cet imparfait existant que par référence à l'idée de Parfait, ce Parfait existe nécessairement. Et, sous ce rapport, il faut bien avouer que l'on est fort proche de la preuve ontologique. Comme l'enseigne saint Bonaventure, « *si Deus est Deus, Deus est* », soit : si le parfait est véritablement parfait, il est ; or le plus ou moins grand degré de perfection dans les choses est expliqué moyennant la référence à quelque chose qui est absolument cette perfection qui consiste à coïncider absolument avec soi-même en tant qu'être, donc le fait de divers degrés de perfection dans les choses exige l'idée de perfection absolue, laquelle est porteuse de la nécessité de son existence.

À moins, pour contourner ce reproche d'idéalisme, que l'on introduise préalablement un principe supplémentaire : ce qui est premier dans un genre de perfection doit être tenu pour la cause de tout ce qui appartient à ce genre. Si donc il y a du plus ou moins beau, bon, noble ou vrai dans les choses, c'est qu'il existe un absolument beau, bon, noble et vrai. Et parce que les différents degrés du vrai sont les différents degrés de l'être, il existe un absolument être, que l'on nomme Dieu, et dont le nom propre est « je suis » : *Ego sum qui sum.*

Quand il affirme que telle chose est plus chaude qu'une autre en tant qu'elle s'approche plus que l'autre de ce qui est souverainement chaud, et que ce souverainement chaud existe nécessairement ; que par là il existe un souverainement être puisqu'il y a des êtres qui sont plus ou moins pleinement êtres ; quand donc il affirme que le degré du vrai dans les choses détermine leur degré d'être, et que le degré d'être absolu est réalisé dans un Être qui est son acte d'être, saint Thomas renvoie à un passage de la *Métaphysique* d'Aristote, que voici : « (…)

nous ne connaissons pas le vrai sans connaître la cause ; et la chose qui, parmi les autres, possède éminemment une nature est toujours celle dont les autres choses tiennent en commun cette nature : par exemple, le Feu est le chaud par excellence, parce que, dans les autres êtres, il est la cause de la chaleur ; par conséquent, ce qui est cause de la vérité qui réside dans les êtres dérivés est la vérité par excellence. De là vient que les principes des êtres éternels sont nécessairement les plus vrais de tous, car ils ne sont pas vrais seulement à tel moment déterminé, et il n'y a pas de cause de leur être ; au contraire, ce sont eux qui sont la cause de l'être des autres choses. Ainsi autant une chose a d'être, autant elle a de vérité » (*Mét.* II 1 ; trad. Tricot). Il est clair, dans ce passage, qu'Aristote fait référence à la vérité ontologique (il est question de la vérité qui réside dans les choses), non pas l'adéquation de la pensée aux choses, mais l'adéquation des choses à leur nature. Et il est tout aussi clair que, pour lui, la coextensivité entre degré d'être et degré de vérité est fondée sur la causalité : ce qui est premier dans un genre est cause de tout ce qui appartient à ce genre. On obtient donc ceci : s'il existe de la vérité ontologique imparfaite dans les choses, c'est qu'il existe une vérité ontologique parfaite dans une autre chose, qui est cause de la vérité que l'on trouve dans les choses. Le raisonnement de saint Thomas peut alors être formulé comme suit : ce qui est le plus parfait, ou absolument parfait, et par là absolument vrai, c'est-à-dire absolument adéquat à la perfection qu'il exerce, est cause de la perfection relative que l'on trouve dans les choses, c'est-à-dire du degré d'adéquation de ces choses à leur concept, à leur nature qu'ils réalisent plus ou moins parfaitement, et plus profondément à cette perfection de l'acte d'être en laquelle se résolvent les perfections essentielles (une essence est un certain degré mesurant — ainsi limitant — l'acte d'exister, au point que la perfection des perfections doit être tenue pour l'acte même d'exister qui, se révélant telle la quintessence de la perfection qui réside dans toutes les perfections, exige que celui en lequel se réalise absolument cette perfection perfectissime soit tel que son essence s'identifie avec son acte d'exister) ; or il y a de la perfection relative dans les choses, c'est-à-dire du plus ou moins vrai ; donc il existe une perfection absolue, c'est-à-dire de l'absolument vrai. La lettre du discours thomiste, dans cette preuve, est quelque peu ambiguë, dans la mesure où les choses y sont présentées de la manière suivante :

Une chose est dite plus chaude qu'une autre en tant qu'elle se rapproche plus que l'autre de ce qui est superlativement chaud, soit : le degré de vérité qui est dans la chose est mesuré par le degré de vérité absolue ; or le degré du vrai dans les choses coïncide avec leur degré d'être, donc il existe un être en lequel se vérifie le suprême degré d'être. L'Aquinate ajoute : *d'autre part*, ce qui est premier dans un genre est cause de ce qui appartient à ce genre (*Quod autem dicitur maxime tale in aliquo genere, est causa omnium quae sunt illius generis*), donc il existe un Être qui est cause de l'être de tous les êtres.

Saint Thomas introduit la notion de cause *après* qu'il a tenu pour acquise l'existence du Premier, et qu'il l'a tenue pour acquise en se fondant sur le fait que le plus haut degré de vérité est le plus haut degré de l'être. Mais il est aisé de s'apercevoir qu'on ne peut tenir, dans le sillage d'Aristote, le plus haut degré du vrai pour le plus haut degré d'être, que si le principe de causalité est déjà présupposé ; et il est en effet présupposé par saint Thomas, dans la forme de ce que l'on pourrait nommer le principe de participation : toute perfection réalisée sur un mode fini, ainsi imparfaitement réalisée, est le résultat d'une participation à ce qui est parfait, et tout participant réel suppose un participé réel. Si le principe de causalité n'est pas tenu pour acquis dans la quatrième voie, cette dernière, comme on l'a dit, semble bien se réduire à la preuve ontologique. On se souviendra (§ 5 et suiv.) de cette observation après avoir pris connaissance de la cinquième voie.

§ 4.5. La cinquième voie est fondée sur le principe de finalité. L'art imite la Nature, or il y a de la finalité dans l'art, donc il y a de la finalité dans la Nature. Des êtres privés de connaissance, tels les corps naturels, agissent en vue d'une fin, ce dont on peut s'apercevoir en ce qu'ils opèrent toujours de la même façon, afin de réaliser le meilleur ; ce qui agit par hasard est indifférent au fait d'atteindre le meilleur, le médiocre ou le pire, et ainsi ce qui agit toujours en vue du meilleur, ou le plus souvent, ne peut agir seulement par hasard ; le lion engendre le lion doté de tous ses membres, le mongolisme dans la génération humaine n'est pas la norme, la tératologie reste exceptionnelle. Au reste, le hasard, comme le montre Aristote (*Phys.* II), est une cause accidentelle, ainsi une cause par accident, et par là quelque chose qui n'est pas véritablement cause — c'est plutôt le fait d'une absence de cause, ou d'un déficit de causalité —, qui a lieu dans l'élément des choses agissant en vue d'une fin, de sorte que le hasard ne saurait se substituer à la causalité finale puisqu'il la présuppose : celui qui sort de chez lui, de bon matin, pour aller au marché en vue d'acquérir des bœufs, emprunte un itinéraire dont il n'a pas prévu tous les détails, et c'est pourquoi, sans que le but qu'il poursuit l'ait programmé, il peut lui arriver de rencontrer un débiteur qui s'acquitte de sa dette ; c'est là un heureux hasard ; le hasard est le fait du concours d'une pluralité de causes indépendantes les unes des autres, c'est-à-dire le fait de l'impuissance de la cause principale à convertir à son intention propre la pluralité des causes instrumentales : le marchand poursuit une fin qui devrait conditionner et unifier la pluralité des moyens convoqués, mais en fait la considération de cette fin, dans son esprit, ne l'a pas accompli de manière parfaite ; la cause efficiente (l'esprit du marchand), habitée par une cause finale (acheter des bœufs au marché) qui s'anticipe en la première, n'a pas été capable de prévoir tous les aléas du trajet ; et c'est ainsi que le hasard est à la fois le fait d'une pluralité de causes « libres », à la fois et surtout le fait d'un déficit de causalité dans la ligne de la cause efficiente. Et ce déficit de causalité, qui définit le hasard, présupposait l'intervention d'une cause finale. Puisque les choses naturelles, privées de raison, agissent de manière régulière en vue du meilleur, c'est qu'elles sont habitées par une finalité. Or ce qui est privé de connaissance ne peut atteindre sa fin qu'en étant dirigé par un être intelligent qui pense cette fin comme étant à réaliser, à la manière dont le mouvement de la flèche lancée par l'arc et investie par un certain sens (direction déterminée la destinant à une certaine cible) présuppose l'intelligence de l'archer qui a pensé ce sens (lequel est à la fois direction et intelligibilité). Et cet être intelligent est Dieu, qui organise le monde et le fait être en l'organisant.

§ 5. On pourrait éviter d'imputer à saint Thomas l'« erreur » consistant à épouser une démarche idéaliste, *et* l'erreur consistant à tenir pour acquis (« ce qui est premier dans un genre est cause de ce qui appartient à ce genre ») cela même qu'il présente comme extérieur à sa démarche primitive, en proposant les précisions suivantes :

Tout d'abord, pour Aristote, dire que plus une chose se rapproche de la perfection dont on constate en cette chose un certain degré de réalisation, c'est dire qu'elle a plus de vérité ou qu'elle est plus vraie. Ensuite, dire qu'elle est plus vraie, c'est dire qu'elle est plus être, au sens suivant : plus son degré d'être est parfait, plus elle a raison de cause pour d'autres êtres : l'universalité du pouvoir de causer est coextensive au degré de perfection *essentielle* d'une chose. Mais dire, comme le fait saint Thomas, que le « *maxime perfectum* » est « *maxime ens* », et prétendre parvenir à l'affirmation de l'existence de ce « *maxime ens* » sans avoir recours à la causalité, cela revient à déconnecter la participation de la causalité, en comprenant le « *maxime ens* » comme un « *maxime* esse », c'est-à-dire en faisant se résoudre la perfection essentielle d'une chose dans l'acte d'être qu'elle exerce, et cela n'est pas explicite chez Aristote. On obtient alors, en observant que la doctrine de la participation est une doctrine de la causalité exemplaire (il ne s'agit donc pas de communication d'information allant de la cause ou du parfait vers l'effet ou l'imparfait, mais d'imitation par l'imparfait d'un idéal de perfection) : le fait même d'interpréter en termes de participation au Parfait le constat d'une similitude imparfaite constatée dans les choses, cela suppose, pour déclarer que ce Parfait existe réellement, qu'il soit d'emblée reconnu tel un « *maxime* esse » : dans ce cas seulement, ce dont il y a participation entendue comme imitation est nécessairement existant, car, pour autant qu'il s'agisse d'une vraie essence, ce dont l'essence est d'exister ne peut pas ne pas exister. Saint Thomas pense nécessaire d'établir que Dieu existe, pour ensuite établir que l'essence de Dieu est son acte d'exister : l'identité de l'essence et de l'existence ne peut être tenue pour possible — ainsi pensable — que si l'existence réelle de ce qui réalise une telle identité est déjà préalablement acquise (*ab esse ad posse valet illatio*), puisque, pour lui, il n'existe pas de concept de l'*esse* en tant qu'*esse*. Mais en fait, dès le stade de la *Quarta via*, l'identité, dans le parfait, de l'essence et de l'existence, est déjà implicitement tenue pour acquise, et est supposée fonder l'affirmation de l'existence réelle du Parfait. C'est en cela que la *Quarta via* fait peut-être difficulté. Elle semble souffrir de la forme d'une pétition de principe. À moins qu'elle ne soit une version de la preuve ontologique, mais qui se refuse à se déclarer telle. Ce qu'il convient de vérifier.

§ 6. Parmi les preuves de l'existence de Dieu proposées par l'Aquinate, c'est incontestablement — on l'a compris — la quatrième qui fit couler le plus d'encre, parce qu'elle semble s'approcher de la démarche, prohibée par saint Thomas, de saint Anselme, nommée plus tard par Kant « preuve ontologique ». Et cela équivaut à remettre en cause l'absoluité du postulat de la philosophie réaliste, selon lequel on doit « partir du réel » pour remonter à ses causes qui l'expliquent, en considérant que la question de la réalité du réel serait une fausse question, parce que tout le monde sait bien (dit-on volontiers, un peu facilement peut-être) ce que c'est que le réel, à savoir ce qui s'offre comme irréductible à l'activité pensante qu'il féconde : ce n'est pas parce que nous pensons le réel qu'il existe, c'est parce qu'il existe que nous pouvons le penser ; le réel est ce qui n'est pas réductible à un être de raison ou à un produit de l'imagination. Le postulat du réalisme se veut antisubjectiviste, et un certain « mauvais esprit » jugé tel par le réaliste patenté insinuera que, peut-être, sans une certaine dimension de cet idéalisme honni, le réalisme risquerait bien de dégénérer en empirisme, par là en nominalisme, lequel renvoie à une forme stérile d'idéalisme, à savoir l'idéalisme subjectif, qui est un des noms du scepticisme. Tel fut le diagnostic d'un Rosmini, qui osa introduire une forme d'idéalisme dans le réalisme thomiste, sans le remettre en cause et bien plutôt en s'efforçant à le fonder. Si le réel en général doit être défini comme ce qui est objet de connaissance sensible, si être senti est le seul critère de l'existence, alors on ne voit pas que la raison humaine puisse formuler des jugements d'existence (« Dieu existe », qui n'est pas senti) sur des réalités excédant l'ordre du sensible ; et si « réel » signifie « ce qui est irréductible au résultat d'une opération de l'esprit », si donc la définition du réel est une définition négative, alors l'esprit doit savoir ce qui l'excède pour savoir qu'il l'excède, et l'on attend une définition positive pour fonder la définition négative.

La preuve ontologique, complètement *a priori*, peut être — rappelons-le — formulée comme suit : on n'a l'idée de perfections finies que par référence à l'idée d'infini en acte, et cette idée est telle qu'elle enveloppe l'affirmation de l'existence de son objet ; penser Dieu comme n'existant pas revient à penser contradictoirement : il est plus parfait d'exister dans la pensée et dans la réalité que d'exister dans la pensée seule, il est plus parfait d'être un possible réalisé que d'être un simple possible qui n'est que possible. Si donc l'esprit se forge l'idée d'un être absolument parfait, il ne peut le penser que comme existant, car, s'il était non existant, il ne serait pas le plus parfait ; si l'on s'est effectivement forgé l'idée d'un être tel qu'on n'en peut concevoir de plus grand, on ne peut le penser comme n'existant pas. Mais l'Aquinate — on l'a vu — refuse cette preuve qui, selon lui, n'aboutit qu'à une existence en idée, à une idée d'existence et non à une existence réelle : qu'on ne puisse pas penser quelque chose comme n'existant pas ne prouve pas que ce quelque chose existerait en lui-même nécessairement ; s'il existe effectivement un être tel qu'on n'en peut concevoir de plus grand, alors en effet l'existence lui appartient par essence et l'on peut déduire l'existence de son essence, mais encore faut-il ou bien connaître cette essence pour y voir l'existence (ce qui n'a pas lieu : nul ne connaît l'essence de Dieu, puisque l'essence de Dieu est son connaître, de telle sorte que Dieu seul connaît sa propre essence), ou bien que soit acquise l'existence de ce dont on ne peut concevoir de plus grand ou de plus parfait.

Saint Thomas dit, dans la *Quarta via* : on ne peut se forger une idée de perfection finie que si l'on fait référence à l'idée de perfection infinie (toute mesure qualitative se prend par rapport à un maximum, qui sera le plus haut degré du vrai : l'idée d'un être qui est bon et qui est être au maximum). De plus, le plus haut degré du vrai (ainsi de perfection) est le plus haut degré de l'être : ce qui est le plus vraiment bon (ou noble) est ce qui est le meilleur au point d'être la Bonté même, et ce qui est le plus véritablement être est l'Être même ; dès lors, puisqu'il existe un plus haut degré du vrai (on ne peut concevoir le fini qu'à partir de l'idée de perfection infinie), il existe un plus haut degré d'être. C'est ce qui est développé dans la *Somme contre les Gentils* (I 1-3) et dans la première partie de la *Quarta via* de la *Somme théologique* (I^{a} q. 2, a. 3 ad resp.), c'est-à-dire sans tenir compte de l'ajout suivant : « le premier dans un genre est cause de tout ce qui appartient à ce genre ». D'aucuns ont pensé que sans un tel ajout la démarche de la *Quarta via* ne serait pas probante en contexte thomiste, parce que contraire aux principes du réalisme, entachée d'idéalisme et d'ontologisme : « il y a des degrés dans l'erreur et dans la vérité, il y a donc nécessairement une vérité suprême », mais de ce fait on en conclut qu'« il existe un être suprême » ; or c'est là, semble-t-il, passer indûment de l'ordre du connaître à l'ordre de l'être, ou de la pensée à la réalité, comme si les exigences logiques de la pensée conditionnaient l'existence de la réalité pensée, et cela constitue, pour le réaliste, le péché capital.

Étienne Gilson, faisant observer que s'il existe une vérité logique (adéquation de la pensée à la réalité), il existe aussi une vérité ontologique (adéquation de la réalité à son concept entendu telle sa nature ou essence idéale, c'est-à-dire à son Idée divine qui préexiste en Dieu comme Idée créatrice), déclare au contraire (*Le Thomisme*, Vrin, 1979, 6e édition, p. 84 à 87) que la preuve est parfaitement recevable même sans tenir compte de l'ajout : ce qu'il y a de vrai dans les choses — à savoir leur degré d'intelligibilité mesuré par leur plus ou moins parfaite adéquation à leur nature et plus généralement aux perfections qu'elles réalisent selon un degré fini — requiert une explication et conduit, en vertu du principe de participation (s'il y a du bon, il y a du très bon ; si telle chose est belle, elle est tendance à s'approcher de la Beauté qui est son modèle), à affirmer l'existence de la Vérité absolue qui est le plus haut degré de l'être ; et l'ajout ne servirait pas à prouver l'existence d'un être suprême, mais seulement à montrer que cet être suprême, dont l'existence est déjà acquise, est la cause première des perfections découvertes dans les créatures.

En fait, déclarer que le plus haut degré du vrai est le plus haut degré d'être, c'est déjà tenir pour acquis que le parfait existe : s'il y a du plus ou moins parfait dans les choses, c'est qu'elles participent à une perfection et que le participant suppose un participé, mais cela revient à tenir pour analytique le principe de causalité : il y a de l'imparfait qui ne rend pas raison de soi, car en rendre raison supposerait qu'il fût dérivé du parfait dont il est une limitation, or ce qui ne rend pas raison de soi est causé par un autre, donc il existe de l'infini ou du parfait. Or l'idée selon laquelle ce qui ne rend pas raison de soi est causé par un autre, c'est ce qui est tenu pour analytique : l'être contingent est causé. Et l'on peut se demander si le principe de causalité est bien analytique, ou encore (ce qui revient au même) si le principe de causalité est réductible au principe de contradiction. « Le camus est nez » est un jugement analytique, en ce que le prédicat (nez) est inclus dans le concept de camus, mais il ne s'ensuit pas que tout nez serait camus. « Le nez est camus » est un jugement de la même espèce que « l'être contingent est causé » : ce n'est pas le prédicat qui est inclus dans le sujet, c'est le sujet qui appartient au prédicat, à titre de sujet ; ce n'est pas le fait d'être causé qui est inclus dans le concept d'être contingent, c'est le concept d'être contingent qui est inclus dans le concept d'être causé ; aussi, « l'être causé est contingent » est un jugement analytique, mais non pas « l'être contingent est causé ». Il en résulte ceci : il n'est pas contradictoire qu'il y ait de l'être contingent qui ne soit pas causé ; le principe de causalité n'est pas réductible au principe de contradiction. Mais alors le principe de causalité requiert d'être lui-même fondé, et il est inopérant pour remonter du monde à Dieu aussi longtemps qu'il n'est pas fondé. Les thomistes, avec saint Thomas, déclarent que cette difficulté peut être contournée de la manière suivante : certes, la notion d'être causé n'est pas incluse dans la notion d'être contingent, mais on voit qu'elle lui appartient si l'on voit sa relation à sa cause, et l'on voit sa relation à sa cause si, cessant de considérer en elle-même la notion d'être contingent, l'on se place du point de vue de l'origine de l'être contingent : c'est une propriété de l'être contingent que d'être causé, c'est un accident propre de ce dernier, quelque chose qui ne fait pas partie de son essence mais qui en découle nécessairement, à la manière du rire qui est le propre de l'homme : « l'homme est animal raisonnable », le rire n'entre pas dans sa définition, l'analyse de « homme » ne donne pas « rire », mais l'analyse de « rire » donne « homme » ; « l'être contingent est causé » ; l'analyse de « être contingent » ne donne pas « être causé », mais l'analyse de « être causé » donne « être contingent ». Le problème est que se placer du point de vue de l'origine de l'être contingent pour y discerner sa propriété d'être causé suppose que l'on admette ce qui est en question, à savoir qu'il est causé : il n'appartient d'avoir une origine qu'à ce à quoi il appartient d'être causé. De même : il faut savoir que l'homme rit (et on le sait seulement par expérience, puisque l'analyse *a priori* de « homme » ne donne pas « rire ») pour avoir l'idée de chercher « homme » dans « rire » ; il faut savoir *par expérience* que tout être contingent est causé (puisque l'analyse de « contingent » ne donne pas « causé ») pour avoir l'idée de chercher « être contingent » dans « être causé » ; or si l'expérience nous apprend bien que l'homme rit, elle ne nous apprend pas que tout ce qui est contingent (le monde pris dans sa totalité, le champ de notre expérience sensible possible) est causé, autrement la preuve de Dieu ne serait pas une preuve métaphysique, mais une expérience physique.

Et il est clair tout autant que l'argument qui va suivre est aussi une pétition de principe : ce qui est contingent est ce qui aurait pu ne pas être, c'est ce qui n'est pas par soi, et « donc » c'est ce qui est par un autre. En fait, le « donc » suppose ce qui est en question, à savoir que l'être contingent est causé. Le principe de causalité n'est opératoire que si est acquis le principe de raison suffisante : tout être en tant qu'être a une raison d'être, en lui-même ou en un autre, au point que l'être premier est pour lui-même sa raison d'être et se révèle être cause de soi ; or ceci n'a pas en soi sa raison d'être, donc ceci est causé ; l'être absolument être est raison suffisante de soi-même, ainsi cause de soi, or cet être (contingent) n'est pas cause de soi, donc, n'étant pas absolument être, il a une cause.

Le fameux Père Garrigou-Lagrange, dans *Dieu, son existence et sa nature* (Beauchesne, 1919, p. 176), essaie de montrer que le principe de causalité est réductible au principe de contradiction, ainsi il s'efforce à prouver que les preuves de Dieu (qui sont toutes fondées, ainsi qu'on l'a vu, sur le principe de causalité) sont valides sans intervention de l'idée *a priori* d'être potentiellement gravide de l'idée de Dieu. Il enseigne :

> « Ce qui n'est *ni par soi positivement, ni par un autre* est non seulement inintelligible, mais absurde et impossible, et ne peut se distinguer du néant. En effet, l'intelligibilité comme la possibilité ne se conçoit que par rapport à *l'être*. Est possible ce qui est capable d'exister, intelligible ce qui a rapport à l'être, objet premier de l'intelligence. Par suite ce qui est absolument inintelligible c'est ce qui ne peut avoir de rapport à l'être ; de même ce qui est absolument impossible c'est ce qui de soi répugne à exister, ce qui n'est pas susceptible d'existence. D'où il suit, au sujet d'une existence actuelle, *qu'une chose ne peut exister actuellement sans avoir un rapport actuel à l'existence.* Or le contingent incausé ne pourrait avoir *aucun rapport actuel à l'existence.* En effet, par hypothèse, il n'est *ni par soi, ni par un autre*, il ne peut donc avoir ni par soi ni par un autre ce rapport actuel à l'existence ; ce rapport sans aucun fondement est impossible. »

Nous proposons la réponse suivante :

Quand Garrigou-Lagrange dit : « ce qui est absolument inintelligible c'est ce qui ne peut avoir de rapport à l'être », il prend « inintelligible » au sens de « impossible » ou « absurde », et non au sens de « dénué de raison d'être ». Ce qui est absurde est un « *flatus vocis* », rien de réel ni ne lui correspond ni ne peut lui correspondre. Son raisonnement est défectueux car le moyen terme a deux sens. Il dit en effet : ce qui est possible est ce qui est capable d'exister, ce qui est intelligible est ce qui est possible, ce qui est intelligible est ce qui est capable d'exister (jusqu'ici, d'accord) ; donc ce qui est incapable d'exister est inintelligible (au sens d'absurde) (d'accord encore). Mais ce qui est un contingent incausé ne pourrait avoir aucun rapport à l'existence, ainsi serait inintelligible (au sens de « sans raison »), donc il est incapable d'exister. Soit : ce qui est inintelligible (absurde) est ce qui est incapable d'exister, or ce qui est contingent sans raison d'être est inintelligible (on ne peut lui assigner une raison), donc ce qui est contingent sans raison d'être est incapable d'exister. Mais ce n'est pas un syllogisme puisqu'il y a quatre termes (« inintelligible » signifie tantôt « absurde », tantôt « sans raison d'être », et l'identification des deux acceptions est précisément ce qui est en question, par là ne saurait l'établir). Si maintenant dans sa formule « ce qui est absolument inintelligible c'est ce qui ne peut avoir de rapport à l'être », « inintelligible » signifie « sans raison d'être » et non « absurde », la formule n'est recevable que s'il est acquis que tout être contingent est causé, or il n'est pas contradictoire qu'un être contingent ait toujours existé comme contingent : il a un rapport actuel, comme simple possible, à son acte d'être contingent.

Cela dit, rendre raison du principe de raison suffisante, c'est montrer que l'être en tant qu'être est cause de soi, positionnel de soi, par là réflexion sur soi, et de ce fait systématique ; et c'est l'aptitude reconnue à la raison de déployer le sens de l'être en tant qu'être dans la forme d'un système consistant à poser ce que l'on présuppose, qui seule est capable de rendre raison du principe de raison ; et parce que la raison qui pense l'être est elle-même de l'être, alors la raison ne peut rendre raison du fait que l'être est le rendre raison de lui-même, que si la *pensée* de l'être est pensée (de soi) *de l'être* en elle : le savoir que la raison a de l'être en tant qu'être doit être le savoir que l'être en tant qu'être a de lui-même en et par la raison ; et l'on quitte là évidemment le thomisme pour se risquer dans l'épreuve de l'hégélianisme.

§ 7.1. En fait, quand on déclare qu'il y a du plus ou moins parfait dans les choses, cela se fait en fonction d'une idée du parfait qui est dans notre esprit ; la vérité est certes, dans la *Quarta via*, prise dans les choses, mais elle n'y est identifiée comme telle que par rapport à une idée de la vérité absolue qui au départ n'est que dans notre esprit, et à laquelle on confère la valeur d'une mesure du réel lui-même. La mesure du réel, si elle est une vraie mesure, doit elle-même être une mesure réelle. Si elle est réellement mesure de perfections relatives qui sont réelles, c'est qu'elle est elle-même une mesure réelle. Si, sans l'abandonner, on relativise le principe de causalité (au sens où on le déclare fondé moyennant le principe de raison suffisante), on doit avoir recours, pour conclure, à l'idée que l'ordre des raisons de connaître est l'ordre des raisons d'être. Si cela est acquis, on peut raisonner comme suit : l'idée de perfection, ou encore notre idée de l'essence de Dieu, inclut l'affirmation de son existence, or cette inclusion logique a (moyennant le principe de raison suffisante) une portée ontologique (en ce sens que l'ordre des raisons de connaître est l'ordre des raisons d'être), donc Dieu existe ; cette connexion nécessaire entre essence et existence en Dieu est peut-être la seule chose que nous sachions de cette Essence, mais nous devons la savoir pour que la preuve soit valide, et encore moyennant l'acquis de l'identité des lois de l'être et des lois du connaître : l'idée d'un possible qui n'existe pas nécessairement est l'idée d'une puissance qui ne passe pas d'elle-même à l'acte et qui requiert un être en acte pour être actualisée, c'est donc l'idée d'une puissance passive qui a besoin d'autre chose que d'elle-même pour passer à l'acte, et par là ce n'est pas l'idée du parfait ; mais si l'on a l'idée du parfait, on ne peut pas le penser comme n'existant pas, et au passage il faut remarquer que l'idée éminemment thomiste de l'exister comme acte de l'essence est bien l'idée qu'il est plus parfait d'exister comme possible et comme réel, que d'exister comme simple possible ; *que l'acte d'exister soit une perfection et la perfection des perfections ; que l'acte d'être soit meilleur que l'acte de n'être pas, cela vient de ce que l'on sait au moins confusément et implicitement que l'essence de Dieu, ainsi du Parfait, est d'exister, ou que son essence exige son existence, et c'est pourquoi la preuve par les degrés d'être ou bien est une pétition de principe, ou bien n'est recevable qu'en tant qu'elle est une modalité de la preuve ontologique*, laquelle doit être recevable si la *Quarta via* l'est.

On peut dire certes, afin de se soustraire à une telle conclusion, que pour être bon, il faut être, et que le mauvais est un défaut ou manque d'être auquel il est de ce fait essentiellement relatif, que donc la convertibilité entre « être » et « être bon » est immédiate, et qu'il est plus parfait d'être de l'être que d'être du néant, et que l'on peut savoir cela sans nécessairement savoir que le Parfait existe en et comme Dieu. On peut alors ajouter : l'idée de parfait qui est dans notre esprit ne permet pas de conclure sans médiation que le Parfait existe, mais elle permet de faire le constat de degrés finis de perfection dans les choses, et de déclarer que tout participant réel suppose, en vertu du principe de causalité, l'existence d'un Participé réel.

Mais ce n'est qu'une apparence : il y a privation (laquelle est essentiellement relative à ce dont elle est la privation, suspendue à ce qu'elle conteste) de quelque chose seulement s'il y a quelque chose, mais, s'il n'y a rien, il n'y pas privation, et ainsi le non-être absolu n'est pas relatif à l'être absolument être et ne le présuppose pas ; il ne le présuppose que s'il y a de l'être nécessaire ; on ne peut donc exciper de l'existence de l'être fini ou contingent pour poser celle de l'Infini ou absolu, puisque cette relation de causalité entre le fini et l'Infini, supposée autoriser l'affirmation de l'existence de l'Infini, présuppose elle-même l'acquisition préalable de cette affirmation. Plus trivialement, qu'il y ait des trous dans le fromage signifie que l'existence des trous *est* l'existence du fromage dont ils sont la privation, et que plus généralement, comme on l'a dit, le non-être n'est que par l'être, de sorte que, s'il n'y a pas de fromage, il n'y a pas de trous ; s'il n'y a pas d'être, il n'y a pas de non-être ; pourtant, s'il n'y a pas d'être, force est dc rcconnaître que le néant est. Le néant est, en tant qu'il n'y a pas d'être, et en même temps le néant n'est pas, en tant qu'il n'y a pas d'être dont il puisse être la néantisation ; le néant est et n'est pas, la position du néant comme néant est position de l'être ; qu'est-ce à dire ? C'est-à-dire que le non-être n'est non-être, ainsi n'est, qu'à proportion de sa puissance d'opérer sur lui-même la puissance de néantisation en laquelle il consiste ; aussitôt que posé, le néant est néant de toute chose jusques et y compris de lui-même et de ce fait il est rétablissement de l'être ; si le néant se renie par là qu'il s'absolutise, c'est que la position du néant pur est aussi position de l'être absolu, mais en retour c'est encore qu'il n'y a être absolu que par le néant absolu : le néant n'est relatif à l'être que si l'être est en soi victoire sur le non-être qu'il assume, et c'est en cela que l'être est nécessaire et qu'il ne se peut pas qu'il n'y ait pas de l'être ; ainsi on sait que le fait d'être réel est plus parfait que le simple fait d'être possible, parce qu'on sait de manière implicite que l'acte d'être est en soi négation victorieuse du non-être en lequel il s'anticipe, mais cela même est la définition de ce qui est éminemment toute chose (avoir en soi-même son autre, c'est exclure l'existence d'un autre qui le limiterait, c'est être infini), ainsi de ce qui est systématique (poser ce que l'on présuppose) et de ce qui est cause de soi en reposant sur soi, en étant sa propre raison d'être, et telle est la définition de Dieu ; mais c'est là, encore, se risquer dans la démarche hégélienne.

Compte tenu de ce qui précède, la preuve de Dieu (la troisième) à partir de la contingence et de la nécessité semble bien se réduire, sans le principe de raison suffisante, à une pétition de principe. Elle serait recevable en l'état, s'il était précisé que l'être est victoire sur le néant, et que le néant absolu se convertit immédiatement en être : s'il est possible qu'il n'y ait rien, il faut que ce possible se réalise autrement il n'est pas réellement possible, mais, aussitôt que réalisé, c'est l'être absolu qui s'affirme comme condition de réalisation de ce néant, et ainsi il ne se peut pas qu'il n'y ait pas quelque être, qui sera évidemment l'Être nécessaire, et l'Être nécessaire entendu comme cause de soi. Mais la *Tertia via* dit seulement que sur un temps infini tous les possibles doivent être réalisés, dont la possibilité du néant de toute chose (pour autant que ce soit une vraie possibilité), et que cela aurait dû se produire dans le passé si c'était une vraie possibilité. Là contre, force est de faire observer que si le temps est infini, le passé est infini, mais, l'infini étant par définition inclusif de ce qui est de même espèce que lui, alors le futur doit aussi être inclus dans le passé, et cela n'est possible que si, le temps étant circulaire ou en forme de *réflexion*, de négation de négation, alors le « *terminus a quo* » du passé est le « *terminus ad quem* » du futur, lesquels s'identifient positivement au principe dans l'éternité (*éternel* présent), et négativement dans le présent qui n'est jamais le même (éternel *présent* : présence de l'éternel) ; mais dans cette perspective, le mouvement dont le temps est la mesure, ayant son point de départ pour résultat, il équivaut à l'immobilité pure, à l'Acte pur entendu comme posant ce qu'il présuppose ou cause de soi, et derechef l'être absolu est à penser comme ce dont l'essence pose l'existence, comme l'identité de l'essence et de l'exister. Et l'on retrouve là les données de la preuve ontologique : ce qui est parfait est sans contradiction, ce qui est sans contradiction est possible, et si ce possible est ce dont l'essence est d'exister, alors il existe nécessairement aussitôt que reconnu comme possible (Wolff et Leibniz). Mais, sans l'idée de l'être entendu comme victoire sur le néant qu'il assume, la *Tertia via* se contente d'affirmer qu'il y a du contingent parce qu'il y a du nécessaire, ainsi qu'il y a des êtres dont l'essence n'est pas d'exister parce qu'il existe Celui dont l'essence est d'exister (à tout le moins celui dont l'essence enveloppe l'existence) ; elle est par là encore une preuve qui repose sur la distinction réelle de l'essence et de l'existence en tout ce qui est fini, et sur leur identité dans l'absolu, et de ce fait elle est la preuve qui voit une perfection dans le fait d'une existence nécessaire. On prouve Dieu parce qu'on tient l'existence pour une perfection, alors que l'on sait cela parce qu'on a saisi l'essence de Dieu, au moins implicitement, ce dont, évidemment, un thomiste de stricte obédience ne saurait s'accommoder.

Pour Gilson, on conclut bien du plus haut degré du vrai dans l'esprit au plus haut degré d'être, mais ce ne serait pas la preuve ontologique ; ce serait une application du principe de causalité : il y a des degrés de perfection finis dans les choses (que l'on identifie comme tels certes à partir d'une idée de l'infini ou du parfait), et ils requièrent une cause ; un participant suppose un participé, et ce n'est pas là déduire l'existence du parfait à partir de son essence. Ce que dit Étienne Gilson est exact, mais il faut pour le suivre tenir le principe de causalité pour analytique. Et l'on a vu que cet acquis est problématique.

D'autre part, nier que l'ordre des raisons de connaître soit l'ordre des raisons d'être, c'est au fond invalider toutes les preuves, car c'est dire que nous ne pouvons pas être assurés que les lois de la pensée sont les lois du réel ; si nous ne pouvons pas en être assurés, alors même le principe de causalité risque bien de ne valoir que pour notre esprit.

Au passage, l'aptitude même à se placer du point de vue de l'origine de l'être contingent, supposée réduire le principe de causalité au principe de contradiction, est révélée par le fait que l'on considère que l'idéal-condition de discernement de la contingence des contingents a lui-même une portée réelle et ainsi est réel. Cette aptitude supposée fonder le principe de causalité suppose elle-même le principe de raison suffisante.

Au fond, il faut montrer, pour tenir le principe de raison suffisante pour acquis, que la raison qui pense l'être est l'être qui se pense en elle et se constitue en elle en se pensant, même si, au terme de la démonstration qui l'établit, cette identité de l'être et de la pensée se révèle ultimement négative, au sens où l'identité, professée par l'idéalisme, de l'être et de la pensée humaine, ne s'accomplit que relativement à l'être considéré dans le moment de son absence à lui-même, c'est-à-dire dans le moment où il se fait le néant de lui-même pour se poser tel le résultat victorieux de ce dernier ; ce qui suppose un dépassement de l'hégélianisme, mais un dépassement n'est pas sans l'assomption de ce qu'il dépasse.

Par ailleurs, même dans la preuve ontologique, on part quand même des choses créées : c'est au contact du fini que s'éveille l'idée d'infini, et cela suffit au reste à prouver que notre misérable esprit humain n'est pas l'Esprit divin ; on doit procéder *a priori* pour établir que le réel est réalisation de soi de la raison, ou que l'objet est objectivation de soi du sujet ; puis, ce principe de raison suffisante acquis, on peut tenir pour acquis le principe de causalité, et de là on opère à partir de l'existant fini, dans la ligne du thomisme.

Étienne Gilson déclare lui-même (*op. cit.*, p. 86) : « Toutes les preuves supposent à la fois l'intervention de principes rationnels transcendants à la connaissance sensible, et que le sensible lui-même leur fournisse une base existentielle où s'appuyer pour nous élever vers Dieu. » Mais précisément, quelque légitimement assuré que l'on soit de ce que les principes rationnels de la raison humaine, ainsi finie, transcendent l'ordre de la connaissance sensible, par là ont une portée ontologique universelle (ce qui est contradictoire pour nous l'est aussi pour Dieu), cette assurance subjective expressive de l'appétit et de l'instinct de la raison, n'est pas elle-même une évidence liée à une proposition « *per se nota* ». Et les détracteurs des preuves de Dieu ne se sont pas fait faute d'exploiter ce présupposé.

§7.2. Les thomistes ont accusé Rosmini d'ontologisme en confondant l'idée adéquate de l'essence de Dieu (le « *maxime ens* » considéré selon le mode d'être qu'il exerce en Dieu) avec l'« *ens commune* » (« *maxime ens* » selon le mode d'être qu'il exerce dans l'esprit fini), ou encore en confondant l'idée d'être obtenue par « *abstractio formae* », et l'idée d'être obtenue par « *abstractio totius* » ; et on a pieusement rappelé que l'analogie de l'être supposerait ceci : une perfection analogue ne peut être dégagée des modes de sa réalisation. Mais si l'on prétend, déclarent-ils, requérir le principe de raison suffisante pour fonder le principe de causalité, on doit procéder à cette « confusion » : adopter le principe de raison suffisante (rien n'est sans raison suffisante expliquant pourquoi telle chose est ainsi et non pas autrement) suppose qu'il en soit rendu raison (ce serait le contredire que de n'en pas rendre raison : si rien n'est sans raison suffisante, le principe de raison suffisante est lui-même en quête de sa raison), mais cela revient à établir que l'être en tant qu'être est cause et que de ce fait l'être absolument être, qui n'a rien hors de soi pour le fonder, est son propre rendre raison de soi ; mais cela même, supposé que l'idée soit recevable, ne convient qu'à Dieu seul, de sorte que rendre raison du principe de raison suffisante, par là y avoir recours sans le trahir, revient à connaître l'essence de Dieu, revient bien à affirmer l'identité du « *maxime ens* » « *quoad nos* » et du « *maxime ens* » « *in se* ». Et puisqu'une telle confusion est irrecevable, dit le thomiste, on doit admettre que le principe de causalité est analytique. Force est de rétorquer ceci :

Pour qu'une perfection une soit reconnue dans ses modes divers de réalisation (la Beauté dans les choses belles), à tout le moins dans ceux qui nous sont accessibles, on doit la connaître telle qu'elle est en elle-même indépendamment de sa manière de subsister en eux, car elle ne subsiste en chacun d'eux que de manière différente de la manière dont elle subsiste dans les autres, de sorte que si elle n'est connue que dans ses modes ou différences, elle est saisie comme ses différences, elle est saisie comme identique à elles, et on ne peut plus savoir que c'est une même perfection qui est différemment réalisée, on ne voit plus qu'elles réalisent diversement une perfection commune ; c'est parce qu'on connaît la perfection indépendamment de ses modes qu'on sait qu'elle ne s'identifie pas à eux sous tous les rapports.

Ces détracteurs de la pensée d'Antonio Rosmini Serbati (des jésuites disciplinés, suivis par Garrigou-Lagrange), fiers d'avoir obtenu sa condamnation par le Saint-Office, introduisent, à propos des rapports entre perfections et modes de réalisation de ces dernières, des distinctions et des mises en garde à n'en plus finir, de surcroît sur un ton comminatoire de censeurs austères prompts à vous traiter d'hérétique, afin de détourner l'esprit (le leur et celui de leurs contradicteurs) de l'évidence de l'aporie ; saisir la beauté dans les choses belles, c'est saisir que cette beauté-ci ressemble à cette beauté-là, et qu'elle lui ressemble parce qu'il s'agit dans les deux cas de beauté, d'une même beauté qui s'explicite dans ses différences modales qu'elle fonde, et ainsi la saisie d'une seule beauté réelle et finie doit faire comprendre à l'esprit ce que c'est que la beauté en soi, et que cette beauté transcende ses modes finis de réalisation, et qu'elle les fonde. C'est alors qu'on peut la reconnaître dans les autres modes de la beauté. Et pour que cette saisie de la perfection absolue soit une saisie absolue sans être pour autant une saisie positive de l'essence divine, il faut que ce soit une saisie de l'absolu dans sa négativité, dans le moment de son absence à lui-même, comme on l'a dit plus haut ici (§ 7) : s'il est définitionnel de l'être en tant qu'il est être d'être victoire sur le néant, alors le néant, terme idéal de diminution de tous les degrés d'être qu'assume l'être absolument être, est intérieur à l'être comme son moment obligé. L'être pur entendu comme l'indéterminé pur, qui équivaut au néant, et auquel aboutit l'abstraction absolue opérée dans l'ordre d'une « *abstractio totius* », est la position dans sa négativité de l'*Ipsum Esse*, qui est visé et jamais saisi par une abstraction opérée dans la ligne d'une « *abstractio formae* ». Si l'absolu était exclusif du relatif, il serait « d'un côté », le relatif étant « de l'autre », et tous deux se révéleraient *relatifs* l'un à l'autre et au tout dont ils seraient les parties ; l'absolu est le non-relatif, précisément parce qu'il est relation à soi-même en tant qu'autre. On remarquera que cet être dont l'homme a l'intuition comme de l'idée de Dieu, saisissant Dieu comme néant de déité, ne saisit rien, positivement, de Dieu, mais ce n'est pas de l'apophatisme parce qu'un tel néant est assumé par Dieu.

§ 8. « (…) l'homme ne peut rien penser sans l'intervention de l'idée d'être, l'existence étant, de toutes les qualités communes des choses, la plus commune et la plus universelle »[19] ; « (…) toute observation, même réflexive, est une connaissance directe et immédiate et commence donc par une notion immédiate, cette notion étant présente sans médiation aucune à l'intuition et s'imposant à la réflexion sans aucun discours »[20]. Si l'idée d'être n'est pas la vision de Dieu, elle est cependant, comme impliquant naturellement par la dynamique de l'intellect l'affirmation de Dieu, une réelle connaissance potentielle de Dieu. Si toute preuve de Dieu suppose, pour Rosmini comme pour saint Thomas (mais

[19] *Nuovo saggio sull'origine delle idee*, I n. 48, cité par Régis Jolivet dans son *Traité de métaphysique*, Vitte-Lyon, 1963, p. 216.
[20] *Teosofia*, I, n. 24, cf. Jolivet, *ibid.*

contre Malebranche et Gioberti), une démarche qui passe par le monde créé, ce dernier ne serait pas un point de départ de notre élévation vers Dieu s'il n'était, par l'innéité potentielle de l'idée d'être enveloppée dans notre intellect agent et constituant la forme même de notre entendement, « révélation de la dialectique immanente à l'être et (...) révélation de la présence obscure et voilée de Dieu au plus intime de nous-mêmes. *Redi in te, ibi habitat veritas* »[21]. Cette révélation de la présence de Dieu en nous est certes obscure et voilée, mais elle est certaine et naturellement — c'est-à-dire rationnellement — démontrable, pour autant que l'on convoque, pour ce faire, la Logique de Hegel, non pour s'en satisfaire mais pour la dépasser.

Si le pape Léon XIII condamna — sous la pression des jésuites thomistes horrifiés par le spectre de l'ontologisme — en 1887 quarante propositions tirées des textes de Rosmini[22], on doit quand même rappeler que le pape saint Pie X le considérait comme un saint[23], et que Pie IX déclara exemptes d'erreurs contre la foi et les mœurs toutes ses œuvres en interdisant que son orthodoxie fût remise en question[24]. Le procès de béatification de Rosmini fut ouvert par le Saint-Siège le 19 février 1994 ; les Traditionalistes verront en cette décision, en tant que prise par des modernistes, la preuve que Rosmini était hétérodoxe ; mais même si les canonisations opérées par des modernistes sont douteuses ou même ne valent rien, même si l'occupant du Premier Siège est un imposteur, la question de l'orthodoxie de Rosmini liée à celle de l'opportunité de le canoniser demeure intacte. Léon XIII s'était contenté, en fait, sous la pression des adversaires de Rosmini (pour la plupart membres de la Compagnie de Jésus), de tenir compte du danger extrinsèque de malentendus pour des lecteurs imprudents, et ne proscrivit quarante propositions de Rosmini que parce qu'elles étaient trop exposées au péril d'une interprétation abusive. Les catholiques traditionalistes sont comme les émigrés de Coblence : ils ne voient pas que le drame de Vatican II est le produit d'un certain nombre de dysfonctionnements et insuffisances antérieurs au surgissement de la crise ; tout comme les contre-révolutionnaires en politique, ils croient discerner — au nom du « bon sens », avec la suffisance de « ceux à qui on ne la fait pas », suspicieux et hargneux, maniant le procès d'intention comme une dague empoisonnée — dans toute dénonciation des travers de l'avant de Vatican II une complaisance à l'égard de Vatican II lui-même.

§ 9. Extraits de *Causalité et Création*, Jérôme Decossas, Cerf, 2006, § 3.2 :

S'il est permis à un thomiste, par là à un penseur catholique, de soutenir une certaine forme d'ontologisme, c'est évidemment à la manière de saint Augustin

[21] Régis Jolivet, à propos de Rosmini, *ibid.*, p. 391.
[22] Décret « *Post obitum* », 1887/1888, Denzinger 3201-3241.
[23] Cf. Hugo Honan : *Il decreto « Post obitum ». Riflessioni giuridiche e storiche*, Caritas, Domodosola, 1948, p. 26.
[24] Décret « *Dimittantur* » du 15 juillet 1854.

et de saint Thomas (dont Rosmini revendiquait au reste la paternité spirituelle) : « Quand nous voyons l'un et l'autre que ce que tu dis est vrai, quand nous voyons l'un et l'autre que ce que je dis est vrai, où le voyons-nous, je te le demande ? Assurément ce n'est pas en toi que je le vois, ce n'est pas en moi que tu le vois. Nous le voyons tous deux en l'immuable vérité qui est au-dessus de nos intelligences. »[25] Tout ce que nous connaissons avec certitude procède « *ex lumine rationis interius indito quo in nobis loquitur Deus* »[26]. Non seulement les vérités finies parlent à l'intellect humain de la vérité infinie, mais encore c'est parce que cet intellect possède une espèce de précognition de la vérité absolue qu'il lui est possible de reconnaître la vérité des vérités finies, et leur finitude même.

Saint Thomas ne rend pas raison de sa juste assertion, parce que la philosophie dite réaliste la fonde seulement sur une démonstration par l'absurde[27] : ce

---

[25] Saint Augustin, *Confessions* XII c. 25.

[26] *De Veritate*, q. 2, a. 1, ad 13.

[27] Voir Jacques Maritain, *Réflexions sur l'intelligence*, Desclée de Brouwer, p. 46-47 : Les thomistes considèrent que pour établir que les lois de la raison (qui régissent les formes du jugement et du syllogisme) sont les lois de l'être, ou que les catégories de la raison (qui régissent la constitution des jugements) sont les catégories de l'être, ou que ce qui est évident suffit pour que soit établie sa vérité, se contentent du raisonnement par l'absurde : je ne démontre pas ce que j'affirme, mais je démontre que l'on tombe dans l'absurdité si l'on ne l'affirme pas. Cette démarche est insuffisante et repose sur une pétition de principe, ce qui peut être établi en étudiant le texte suivant de Maritain :
« **Plaçons-nous dans cette hypothèse. J'accorde donc qu'un cercle carré est inconcevable, mais je dis qu'on peut douter de son impossibilité réelle. J'accorde que la contradiction ne peut pas habiter dans l'esprit, mais je dis que peut-être elle habite dans l'être. Eh bien, *ce doute est lui-même impossible.* Dire que l'être est peut-être absurde est lui-même une absurdité. On ne peut pas douter de l'impossibilité de l'absurde dans les choses, sans poser une contradiction dans l'esprit (où l'on concède pourtant que la contradiction ne peut pas habiter). S'il est possible en effet que l'être soit absurde, alors c'est qu'il est possible que toute ma connaissance soit fausse. Mais cela même, ou bien je le pense comme vrai ; tandis que je pense que ma connaissance tout entière peut être fausse, je pense donc que sur un point ma connaissance ne peut pas être fausse, et je pose la contradiction dans mon esprit. Ou bien je ne le pense pas comme vrai, j'en doute et je suspends mon jugement en me gardant de rien affirmer sur rien. Mais alors ma pensée reste absolument indéterminée, puisqu'elle est dans un doute absolu et universel, et en même temps elle a une détermination, puisqu'elle ne doute ainsi que parce qu'elle tient pour possible que toute ma connaissance soit fausse ; et la contradiction est de nouveau posée dans mon esprit. Si de plus il n'est pas impossible que quelque malin génie réalise une chose qui soit et ne soit pas en même temps et sous le même rapport, alors en disant : "cette chose est", mon intelligence sera vraie, et vraie aussi en disant : "Cette chose n'est pas". Et c'est encore poser la contradiction dans l'esprit. Au reste, si je soustrais les choses au principe d'identité, cette chose qu'est la pensée pourra n'être pas pensée, cette chose qu'est affirmer pourra être nier. Il faudra ainsi que l'affirmation et la négation soient possibles ensemble, et**

qui est rationnel dans l'esprit est rationnel en soi ; le réel est assujetti, tout comme la pensée, au principe de contradiction, parce que supposer le contraire fait aboutir à une absurdité (si ma pensée n'est véritablement pensante qu'en étant logique, cependant que le réel pourrait être illogique, alors toute ma connaissance est fausse, y compris mon assertion selon laquelle le réel pourrait être illogique, puisque la vérité est adéquation de la pensée et de l'être ; ou encore : je ne puis supposer l'existence du contradictoire dans le réel sans l'introduire aussi dans la pensée, où j'ai supposé qu'il ne pouvait loger). Mais cette démonstration par l'absurde n'est pas probante. En effet, elle entend prouver que l'impensable (logiquement) est impossible (réellement) et, pour l'établir, elle déclare que la disjonction du pensable et du possible est elle-même impossible sous prétexte qu'elle est impensable, ce qui est bien commettre une pétition de principe. Or peut-on se contenter du postulat d'une harmonie préétablie entre la pensée et les choses et, plus généralement, entre la pensée et l'être ? Qui plus est, peut-on faire admettre à une mentalité moderne, formée à l'école du kantisme, que nos catégories, pourtant révélées à l'esprit à partir de notre maniement gnoséologique de la réalité sensible, vaudraient pour tout être, même pour l'être non sensible, sans prendre le soin de rendre raison de cette assertion ? Il n'est au fond qu'une manière de rendre raison de l'accord de principe entre la pensée du réel et le réel pensé, qui est de montrer leur identité « *secundum quid* » : la pensée est congrue au réel parce qu'elle est, en sachant qu'elle l'est, plus réelle que le réel, en ceci que le réel n'est réel que parce qu'il prend part à la pensée dont il est, s'il n'est pas pensant, qu'une décompression ontologique ; et lorsque nous parlons de la pensée, nous ne désignons pas notre pensée singulière et contingente, mais la rationalité qui se manifeste en elle, sa logicité qui fait son essence idéelle, et qui est apparentée, comme l'établit la systématicité du discours hégélien (et comme le présupposait Platon sur le mode du mythe dans le livre VI de la *République*), à l'absolu lui-même, lequel hypostasie la Logique au point d'être le Verbe. Qu'une certaine forme d'ontologisme soit engagée dans cette démarche, cela n'est pas douteux, mais tout ontologisme n'est pas intrinsèquement irrecevable même (et surtout, oserons-nous ajouter) pour une intelligence thomiste, et cela quand bien même il est toujours délicat à manier : Gioberti et

---

donc que le principe d'identité soit rejeté de la pensée elle-même. En réalité c'est à l'être que le principe d'identité se porte directement et immédiatement, c'est l'être ***d'abord*****, non la pensée qu'il affirme identique à soi-même.** ***Si cette première affirmation est brisée, il ne tient plus nulle part.*** **Il est impossible de soustraire les choses au principe d'identité sans lui soustraire** *aussi* **la pensée ;** ***il n'est la loi suprême de l'intelligence que parce qu'il est la loi suprême de l'être.*** »

Thèse vraie, mais non vraiment démontrée :

En effet, ce discours entend prouver que l'impensable (logiquement) est impossible (réellement) et, pour l'établir, il déclare que la disjonction du pensable et du possible est elle-même impossible sous prétexte qu'elle est impensable, ce qui est bien commettre une pétition de principe.

Malebranche (condamnés par le Saint-Office) ne disent pas la même chose que Rosmini, lequel dit quelque chose qui est au fond semblable à ce que dit saint Bonaventure[28], dont l'Église a fait un docteur, cependant que Rosmini, lui-même inquiété par le Saint-Office, revendiquait la paternité de Malebranche... Lorsque la pensée, même finie (non divine), sait se faire systématique (posant ce qu'elle présuppose), ainsi lorsqu'elle se fait hégélienne, elle se sait avoir la forme même de l'absolu, ou lui être identique *formaliter* (elle sait sous ce rapport que le chemin qu'emprunte la pensée pour parvenir à l'idée vraie n'est autre que le chemin qu'emprunte l'idée pour être la réalité), cependant qu'elle se sait n'être pas l'absolu puisqu'elle se reconnaît incapable de poser l'être de sa pensée par la pensée de son être ; aussi se sait-elle, comme raison, dans le sillage de la Raison absolue, ou encore c'est la Raison absolue qui se dit en elle selon le mode discursif, ou fini, qui convient à cette dernière ; elle se reconnaît « *capax Dei* » sans être Dieu, elle se sait *a priori* congrue à l'être en tant qu'être qu'elle réfléchit. C'est bien en effet une pétition de principe que de déclarer : j'affirme qu'il est impossible que l'impensable soit possible, tout simplement parce que la possibilité de l'impensable est elle-même impensable. On pourra certes accuser aussi de pétition de principe tout penseur, même hégélien, en ce qu'on pourra lui faire remarquer qu'il croit avoir prouvé l'identité des lois de la raison et des lois de l'être en tant qu'être (ou que les lois de la pensée de l'être sont les lois de l'être se disant dans la pensée), mais qu'en fait il n'a rien prouvé puisque, même pour lui, l'impossible n'est tel que parce qu'il est impensable. Mais il y a une différence, sur ce point, entre la démarche de l'hégélien et la démarche du réaliste. Le réaliste déclare impossible l'impensable, parce qu'il ne peut pas penser l'impossible ; il suppose donc, pour le dire, l'identité (*secundum quid*) de l'être et de la pensée (il suppose que la réalité du possible tient à sa pensabilité même). L'hégélien déclare impossible l'impensable, non parce qu'il ne peut

[28] « Si donc le non-être ne se conçoit que par l'être et l'être possible que par l'être réel, et si l'être exprime l'acte pur d'exister, il suit que l'être est la première idée conçue par l'intelligence, et que cet être est l'Acte pur. Mais ce n'est pas un être particulier où l'exister se trouve restreint par le mélange de puissance et d'acte, ni non plus l'être analogue, vide de toute actualité, parce que dénué de toute existence. **Il reste que cet être soit l'Être divin** » (saint Bonaventure, *Itinerarium mentis ad Deum*, V). Bonaventure avait préalablement remarqué : « *Quomodo autem sciret intellectus, hoc esse ens defectivum et incompletum, si nullam haberet cognitionem entis absque omni defectu* ? » (*ibid.* III : Comment l'intellect saurait-il que ceci est un être déficient et incomplet, s'il n'avait aucune connaissance d'un être innocent de tout manque ?). Dans le même registre, saint Albert enseignait : « *Si cognoscimur quid <Deus>non est, oportet nos infinite cognoscere quid est, quia affirmatio est causa negationis* ; *et nihil potest cogitari de aliquo nisi per hoc quod oppositum negati vere praedicatur de ipso* » (*Somme de théologie*, Iª tract. 3 q. 14 m. 1 ad 2 : Si nous connaissons ce que Dieu n'est pas, il faut que nous sachions, fût-ce de manière infiniment vague, ce qu'il est, car l'affirmation est cause de la négation ; et rien ne peut être pensé de quoi que ce soit si ce n'est par cela que l'opposé de ce qui est nié est véritablement prédiqué de celui-là).

penser l'impossible (ce que de fait il ne peut pas faire lui non plus, mais il n'y voit pas une raison démonstrative), mais parce qu'il a pensé l'identité de l'être et de la pensée, identité qui lui permet de déclarer impossible ce qui est impensable ; lorsqu'il inaugure son discours systématique, il ne sait aucunement que ce dernier sera tel, il le laisse se développer en lui, affirmer l'identité de l'être et de la pensée. Aussi, pas plus qu'il ne sera jamais possible de déduire les lois de l'être des lois de la pensée (parce que la pensée est elle-même de l'être), il ne sera non plus jamais possible, cela est certain, de déduire les lois de la raison des lois de l'être, puisque c'est la raison qui déduit, ce qui serait commettre une pétition de principe en supposant l'identité, pour démontrer cette identité, des lois de la raison et des lois de l'être. Il en est ainsi parce que les lois de la raison, et la raison elle-même, sont encore de l'être, de telle sorte que seul l'être peut fonder les lois de la raison qui pense l'être. Mais il est possible de montrer que, *secundum quid*, la raison est l'être même, de telle sorte que, quand la raison expose ses lois, est attesté que c'est l'être même qui les pose ou les révèle en et à elle. Et tel est le sens du discours systématique. L'idéalisme bien compris ne dit pas autre chose que ceci : l'être est en son fond, en tant qu'absolument être, une Pensée, de telle sorte que toute pensée pensant l'être fait mémoire de la Pensée dont l'être et la pensée qui le pense sont autant d'effets ; l'*Ipsum Esse* est Pensée de Pensée ; et cela n'est rien d'autre que la clé de voûte du réalisme. Si le réalisme ne consent pas à envelopper une dimension idéaliste (au sens où il y a plus de réalité dans la pensée de l'être que dans l'être pensé), alors le réalisme dégénère bientôt, sans se l'avouer, soit en empirisme, soit en philosophie suspendue à un postulat. Et en parlant d'idéalisme, nous n'entendons pas autre chose que ce que saint Thomas déclare à propos de la réalité de l'idée : « *Item, formae rerum sensibilium perfectius esse habent in intellectu quam in rebus sensibilibus* ; *sunt enim simpliciores et ad plura se extendentes* ; *per unam enim formam hominis intelligibilem, omnes homines intellectus cognoscit.* »[29]

§ 10.1. La démarche de Hegel, on l'a vu, semble requise pour fonder le réalisme (prouver l'identité de l'ordre des raisons de connaître et de l'ordre des raisons d'être). Elle consiste à établir que la raison humaine est la raison *de l'être en tant qu'être*, ce qui revient à dire, dans une prétention ingénue à force d'être impie, qu'elle est la raison divine, et que tout objet pensé est un moment du savoir de soi de Dieu s'objectivant dans le monde, de telle sorte que Dieu prend conscience de lui-même en l'homme. Dès lors, en se sachant rationnel ou systématique, le savoir humain sait qu'il est le savoir de soi de Dieu qui se pense en l'homme :

---

[29] *C. G.* II 50. Les formes des réalités sensibles ont un mode d'exister plus parfait dans l'intellect que dans les choses ; elles y sont plus simples et s'étendent à plus de réalités ; en effet, par une seule forme intelligible d'homme, l'intellect connaît tous les hommes.

« Si l'on réfléchit à la difficulté qu'offre la connaissance de Dieu comme esprit, car on ne saurait plus s'en tenir aux simples représentations de la foi, et si l'on s'élève à la pensée et tout d'abord à l'entendement réfléchissant, et qu'on doive progresser jusqu'à la pensée compréhensive, on ne peut guère s'étonner si tant de gens, des théologiens notamment, dont on exige de s'occuper de plus près de ces idées, ont imaginé de se rendre la chose plus facile en admettant volontiers ce qui leur a été proposé à cet égard ; la solution la plus simple est le résultat indiqué : que l'homme ne sait rien sur Dieu. Pour appréhender par la pensée d'une façon exacte et précise ce qu'est Dieu comme esprit, il faut un sérieux effort spéculatif. On y trouve d'abord comme contenu les propositions suivantes : **Dieu ne l'est qu'en tant qu'il se connaît ; sa connaissance de lui-même est de plus la conscience qu'il a de lui-même en l'homme et la connaissance que les hommes ont *de Dieu*, connaissance qui progresse jusqu'à la connaissance que l'homme a de lui-même en Dieu** » (*Gott ist nur Gott, insofern er sich selber weiß* ; *sein Sich-wissen ist ferner sein Selbstbewußtsein im Menschen und das Wissen des Menschen* von *Gott, das fortgeht zum Sich-wissen des Menschen* in *Gott*) (*Encyclopédie*, § 564).

Cette démarche est un échec en dernier ressort, parce que le dernier moment du système, en tant que retour à et position même de l'origine, a pour sens d'être à la fois le résultat et le processus dont il est le résultat ; il a donc pour sens d'être la relance de ce système et ainsi la confirmation de sa propre nécessité, mais aussi — en tant que position de l'être se constituant en Idée du Réel libérant son essence en lui comme ce Réel ou cette Nature contradictoire (elle est l'Idée dans le moment de son altérité à soi) dont l'autonégation n'est autre que la position de l'Esprit s'infinitisant en se faisant pensée de l'Idée — la saisie de l'Idée en tant que déjà libérée du Réel qu'elle a laissé aller librement hors d'elle-même ; l'identité concrète du résultat et de son processus devrait donc révéler à la pensée spéculative, comme attestation de sa propre véracité, le secret de l'acte à raison duquel l'Idée spirituelle se fait, par la médiation de la Nature, positionnelle de l'esprit fini s'infinitisant en se faisant spéculatif ; bref, si le système réussissait à tous les égards, la pensée philosophante devrait assister à sa propre genèse à partir de la connaissance de son Objet se subjectivant en elle par son propre processus ; si le Monde n'était que l'objectivation de soi d'un Dieu accédant au savoir de soi en l'homme par là consubstantiel à Dieu, un tel homme, par l'activité d'un tel savoir, se saurait habilité à se faire engendrer par le discours systématique qu'il développe ; et il n'est pas nécessaire d'un long discours pour se persuader qu'il n'en est rien. Qu'un tel effort prométhéen soit un échec, cela est évidemment heureux ; mais ce n'est qu'un échec partiel, dans la mesure où le discours parvient quand même à se boucler sur lui-même, à faire retour à ce dont il est parti ; et sous ce rapport une telle démarche demeure nécessaire, et elle est aussi heureuse. C'est un échec en ce sens que, en vérité, la raison humaine est créée, n'est pas Dieu, et que le monde n'est pas consubstantiel à Dieu ; la raison humaine est finie en ce sens qu'elle n'est pas la raison suffisante de la réflexion qu'elle exerce ; mais elle est infinie en ce sens qu'elle sait faire se boucler sur soi le discours, ainsi en forme de système, en lequel elle développe le contenu ou le sens de l'être en tant qu'être, de telle sorte que, systématique, elle a la forme de la Raison divine ou absolue, et elle sait que ses lois et catégories sont celles de l'être en tant qu'être ; elle se sait ainsi dans le sillage de la raison absolue. Et cet échec nous ramène au réalisme en tant que c'est un échec, mais non au réalisme naïf, en tant que c'est un échec partiel. Parce que systématique, ainsi inclusive de l'autre de la pensée, à savoir le réel, la réflexion noétique a une portée ontologique, et c'est cette réflexion ontologique qui permet de résoudre toutes les apories évoquées ici (voir la rubrique « **Bon sens** ») à propos du thomisme historique.

§ 10.2. C'est la réflexion ontologique qui permet, en particulier, de rendre raison du fait que le désir du politique est une anticipation de soi obligée du désir de Dieu : l'articulation entre nature et surnature, société et Église, est résolue ; et c'est parce qu'elle ne fut pas résolue en son temps que la réhabilitation du thomisme au XIXe siècle produisit la démocratie chrétienne et sa brutale remise en cause dans le fascisme.[30] On en voyait les prémisses dans Rousseau : « Le christianisme est la religion de l'homme et non du citoyen. Intéressant l'individu avant tout à son salut, il le détourne de son destin terrestre et politique. C'est pourquoi la loi chrétienne est au fond plus nuisible qu'utile à la forte constitution de l'État… » (*Contrat social* IV 8). « L'esprit patriotique est un esprit exclusif qui nous fait regarder comme étranger, et presque comme ennemi tout autre que nos concitoyens. Tel était l'esprit de Sparte et de Rome. L'esprit du christianisme au contraire nous fait regarder tous les hommes indifféremment comme nos frères » (Lettre n° 2662 du 30 avril 1763 au pasteur zurichois Léonard Usteri). Tout cela est faux bien sûr, mais contient une vérité captive, ou plutôt tout cela est vrai aussi longtemps que le problème du point de suture

[30] En s'ordonnant tout entier et non totalement à la cité, l'homme s'ordonne à quelque chose qui le dépasse et qui est plus digne que lui, cependant qu'il n'est, en tant que raisonnable, tout entier et totalement ordonné qu'à Dieu. Comme plus digne que lui, la cité peut se le subordonner, mais comme moins digne que la fin ultime de l'homme, elle devrait avoir pour lui raison de moyen ; mais si elle a raison de moyen, comment peut-il s'ordonner à elle, c'est-à-dire la tenir pour une fin ? Réponse : Dieu est éternellement assomptif de toutes les perfections finies (sur le mode d'Idées divines), indépendamment du monde et d'un esprit créé, il les assume idéalement tels les moments de l'acte souverain par lequel il s'en fait victorieux. La cité est un degré de réalisation de la nature humaine plus parfait que dans l'individu et moins parfait qu'en Dieu ; parce que le plus parfait n'est tel qu'à proportion de son pouvoir d'assumer le moins parfait dont il se rend victorieux, parce que telle est la loi de l'être en tant qu'être, alors c'est l'accession d'un être à sa fin mondaine qui lui enjoint de se détacher d'elle et de se recueillir en lui-même afin de s'élancer vers le bien parfait non mondain. Tendre vers la fin ultime en prétendant refuser les fins mondaines, c'est refuser la fin ultime puisqu'il est définitionnel de cette dernière de se faire assomptive, idéellement, des perfections mondaines.

entre désir du bien commun et désir du souverain bien, c'est-à-dire entre nature et grâce, fini et infini, n'est pas adéquatement résolu.

§ 10.3. Ce retour au réalisme pourrait être résumé comme suit :

La conscience d'exister n'est pas positionnelle de l'existence de la conscience, et l'intellect sait cela en revenant sur soi : il se saisit toujours comme déjà là, avant son opération, il est bien évidemment incapable d'assister à sa propre genèse supposée résulter de son opération. **Cela dit, si la conscience d'exister n'est pas, en fait, l'existence de la conscience, néanmoins, selon la noétique réaliste, elle l'est en droit** :

α) L'intellect agent est toujours en acte, or l'intellection est l'acte commun de l'intellect et de l'intelligible, donc il est son intellection, donc il est sujet-objet, donc il est réflexion, or toute réflexion s'opère dans la prolation d'un verbe : « *Et quanto aliqua natura est altior, tanto id quod ex ea emanat magis est intimum.* (…) *Ultima igitur perfectio vitae competit Deo, in quo non est aliud intelligere et aliud esse, ut supra dictum est* ; *et ita oportet quod intentio intellecta in eo sit ipsa divina essentia.* » Plus une nature est élevée, plus ce qui émane d'elle lui est intime. (…) Donc la perfection ultime de la vie convient à Dieu en lequel l'acte d'être et l'acte d'intelliger ne diffèrent pas ; et ainsi, en Dieu, ce qui est conçu par Dieu de ce qu'il saisit de lui-même est une même chose avec son essence (saint Thomas, *C. G.* IV 11, et *de Sancta Trinitate, de generatione Filii*). Saint Thomas enseigne dans le même ordre d'idée : « *Quicumque intelligit, ex hoc ipso quod intelligit, in eo procedit aliquid intra ipsum, quod est conceptio rei intellectae, ex vi intellectiva proveniens et ex ejus notitia procedens* (provenant de la faculté intellectuelle et de sa connaissance). *Quam quidem conceptionem vox significat, et dicitur verbum cordis significatum verbo vocis* » (*Somme théologique*, I^{a} q. 27 a. 1) ; l'intellect, pour connaître, produit en lui-même une représentation de l'objet en quoi il se contemple, ce qui est le « *conceptus* », soit encore le « *verbum mentis* », que l'on nommera plus tard la « *species expressa* » ; l'objet doit être converti en « *species* » intelligible pour être accessible à l'intelligence, et l'acte est immanent à l'intellect. De même (*de Potentia* q. 15 a. 15) : « Ce qui est pensé à titre premier et immédiat, c'est ce que l'esprit conçoit en lui-même de la chose à connaître, par exemple une définition ou une énonciation. » La « *dictio verbi* » est essentielle à l'intelligence, au point qu'elle se retrouve en Dieu, car même la connaissance de Dieu se fait nécessairement par un Verbe. Le mystère de la Sainte Trinité consiste en ce que le Verbe qui procède de Dieu est une Personne distincte du Père. L'amour est force d'union et de concrétion (I^{a} q. 20 a. 1), mais l'amour est relation entre l'aimant et l'aimé, et une relation ne subsiste que par ses termes ; si ces derniers s'identifient dans une union ablative de leur différence, l'amour comme relation cesse ; or l'amour s'aime lui-même et entend se conserver dans son actuation ; donc l'amour se consomme dans un troisième terme en lequel l'amant et l'aimé (qui peuvent être un seul être) s'identifient sans cesser de demeurer distincts, et tel est l'engendrement : identité dans la différence. Il y a amour entre l'intellect et l'intelligible, donc l'intellection s'accomplit dans la prolation d'un verbe intérieur immanent à l'intellect.

Puis donc que l'intellect agent est son savoir, il engendre un verbe qui est l'intellect possible lui-même (thèse de Dietrich von Freiberg, mort au début du XIVe siècle), lequel est ainsi le verbe du sens (il est l'expression de l'intellect agent) et le sens d'un verbe (il est une puissance qui s'actualise dans l'expression de verbes), et qui par là consiste dans cette unité primitive et paradigmatique du sens et du signe, de l'essence et du réel, et qui permet de reconnaître le sens dans les signes (apprendre une langue) et les essences dans les choses, et c'est là la vraie réponse à l'aporie du *Ménon* de Platon : l'intellect possède en lui-même *a priori*, en tant qu'intellect possible, de manière certes non réfléchie, la loi de correspondance entre sens et signe, et c'est pourquoi il sait reconnaître le sens dans les signes quand l'enfant apprend à parler ; quand l'homme adulte apprend intuitivement, par simple imprégnation, une langue étrangère, ou quand un homme doit procéder à un exercice d'herméneutique (il faut posséder le critère d'interprétation pour accéder au sens du texte, mais c'est le texte qui contient la loi de son interprétation adéquate) ; et plus généralement quand il s'agit de chercher à connaître : on doit savoir ce que l'on cherche pour chercher à le savoir.

Avant de poursuivre, il est nécessaire de s'interroger sur le statut ontologique de l'intellect possible. En I[a] q. 87 a. 1, l'Aquinate, s'inspirant d'Averroès, fait observer que l'intellect n'est qu'en puissance dans l'ordre des intelligibles comme la matière prime dans l'ordre des sensibles. L'intellect possible n'acquiert son actualité que grâce à une « *species* » ou forme reçue dans l'intellect. C'est par elle qu'il devient la chose en, par et comme la forme de cette dernière ; « *cognoscere est fieri aliud inquantum aliud* » (Cajetan), et la « *species* » est cette forme de l'objet en tant qu'elle est abstraite, dégagée par l'intellect agent des conditions individuantes à raison desquelles une telle forme est un existant : « *unumquodque secundum idem habet esse et individuationem* ; *universalia enim non habent esse in rerum natura ut universalia sunt, sed solum secundum quod sunt individuata* » (*Q. D. de Anima* I ad 2). Le fransciscain Roger Marston, antithomiste (XIIIe siècle), fait remarquer que l'intellect ne peut être actualisé par une « *species* » que selon son acte second (opératif), mais qu'il est déjà en acte entitativement (ainsi dans son être d'intellect), sans quoi la « *species* » donnerait à l'intellect d'exister en acte comme intellect. Mais si l'intelligible en acte est un intellect en acte (et tel est bien le cas puisque l'intellection est l'acte commun des deux), l'intellect en puissance est intelligible en puissance. Si l'intellect était en acte selon une forme entitative qui, en tant que forme d'un intellect, serait spirituelle ou immatérielle, il serait immédiatement intelligible en acte et rien ne l'empêcherait de s'intelliger lui-même.

Comme le fait observer Proclus dans ses *Éléments de théologie* (§ 15), comme le fait observer Aristote dans sa *Physique* (IV 3), ne peut se convertir à soi que ce qui est immatériel (la vue ne voit pas la vision, le doigt ne touche pas l'endroit par lequel il touche), ne peut se contenir (l'amphore contient du vin mais ne se contient pas) que ce qui est immatériel : mais être une conscience de soi, c'est s'objectiver, c'est se mettre à l'extérieur de soi, s'extérioriser, mais le faire à l'intérieur de soi-même, c'est une extériorisation intérieure, soit encore : cela revient à être capable de mettre son extérieur à l'intérieur de son intérieur, et cela suppose l'immatérialité ; donc le corps est principe d'inconscience, et en retour ce qui est immatériel est intelligible et intelligent en acte ; être abstrait, être universel, être immatériel, c'est une même chose sous ce rapport.

Et saint Thomas n'admet pas que l'intellect possible puisse s'intelliger lui-même directement ou par soi ; l'intellect s'intellige comme il intellige les autres intelligibles, à savoir par une « *species* ». « Ce n'est pas par son essence mais par son acte que notre intellect se connaît » : l'intellect possible n'est intelligent en acte que s'il est intelligible en acte, et il n'est intelligible en acte que s'il est actualisé par un intelligible en acte qu'il reçoit, tiré du sensible au sein duquel (comme phantasme : plus haut degré d'élaboration du sensible) l'intellect agent l'a actualisé et dont il l'a dégagé. Dès lors : « l'intellect en acte est l'intelligé en acte en vertu d'une similitude de la chose intelligée, qui est la forme de l'intellect en acte. C'est pourquoi l'intellect humain, qui devient en acte par l'espèce de la chose intelligée, est intelligé par la même espèce *comme par sa propre forme* ». Ce qui revient à dire que la forme de l'intellect pris comme faculté *est* la forme qu'il intellige, sa forme entitative est sa forme intentionnelle. De soi, il est pure puissance. *Il est intellect en puissance en tant qu'il est puissance à être de l'intellect.* Il est cette puissance intérieure à l'âme, à raison de laquelle l'âme est dite intellect. Et c'est pourquoi saint Thomas peut affirmer, sans se contredire, que l'intellect est forme du corps (I^{a} q. 76 a 1 : « *Hoc ergo principium quo primo intelligimus, sive dicatur intellectus sive anima intellectiva, est forma corporis* ») *et* puissance de l'âme (I^{a} q. 79 a. 1). L'intellect, en tant que forme du corps, est entitativement l'âme elle-même. Et l'on voudra bien observer que ce qui est, de soi, puissance à être ce qu'il est, c'est ce qui est un certain néant.

Cela dit, si, comme l'établit saint Thomas, l'intellect possible s'engendre dans son opération (étant néant, il se pose lui-même en posant ce qu'il pose, il se pose en s'opposant, il s'attire en se repoussant : il est en soi réflexion), alors force est de confesser qu'il pose ce qui le pose, il pose en droit l'intellect agent, à tout le moins tout se passe comme s'il le posait, il pose ce qui est suréminemment tous les intelligibles. Mais par là, de ce qu'il est réflexion, il a en lui-même son autre, la réalité ne le limite pas, il l'a en soi, elle est ce qu'il s'objective. Ou encore : il y a plus d'être dans le savoir des choses que dans les choses elles-mêmes : « *Item, formae rerum sensibilium perfectius esse habent in intellectu quam in rebus sensibilibus* ; *sunt enim simpliciores et ad plura se extendentes* ; *per unam enim formam hominis intelligibilem, omnes homines intellectus cognoscit* »[31] ; de plus, le plus haut degré de vie est le plus haut degré d'être, or le plus haut degré de vie est un connaître. *Donc la raison qui pense les choses est en droit raison des choses. Donc l'ordre des raisons de connaître est l'ordre des raisons d'être.* Nous allons du plus connu pour nous (qui est le moins connaissable en soi) au moins connu pour nous (qui est le plus connaissable en soi) parce que le plus connaissable en soi est assomptif en lui-même du moins connaissable en soi dont il se fait le résultat victorieux. Dans cette perspective, l'intellect devrait engendrer les choses en les pensant et s'engendrer lui-même ; or il n'en est rien, à strictement parler ; donc il est créé et contingent, mais il se sait être dans le sillage de la raison divine : il est potentiellement toute chose, mais il n'est pas la raison suffisante, en tant que réflexion opérative, de la réflexion ontologique qui s'exerce en lui (l'intellect agent est en soi victoire sur l'intellect possible en lequel il s'anticipe). Et c'est parce qu'il se sait être dans le sillage de la raison divine que : « *cognoscit intellectus veritatem quod supra seipsum reflectitur* » (*de Veritate*, q. 1 a. 9). Il se sait et y saisit sa proportion aux choses parce qu'il se sait être l'objectivation de soi de l'intellect agent, lequel est riche de la raison des choses. Il se sait avoir la valeur de raison des choses sans être cette raison même.

β) **Ce qui se fait être en pensant quelque chose, tel l'intellect possible, c'est ce qui se pose en pensant quelque chose ; c'est ainsi ce qui s'atteint par réflexion et qui s'objective soi-même dans ce qu'il pense : l'intellect possible revient sur lui-même après qu'il a été informé par une espèce, et il s'objective lui-même en tant que devenu cette espèce dans et comme un verbe, il s'exprime à lui-même ce qu'il est devenu ; or, ce faisant, ce qu'il s'objective est ce qu'il fait être, puisqu'il *se* fait être ; mais par ailleurs c'est la réalité qu'il s'objective et en laquelle il s'objective en se faisant être dans son objectivation ; donc le réel est, ou est semblable à une objectivation de soi de la raison ; et si le réel a la valeur d'une objectivation de soi de la raison, il est clair que ses lois sont celles de la raison ; par là, ce qui s'objective soi-même en ce qu'il pense, c'est ce qui sait ce qu'il sait en le réduisant à un moment du savoir de lui-même. Mais s'il en est ainsi, la *pensée* de l'être est pensée *de l'être* : l'être se fait pensée de lui-même en la pensée qui le pense, il se fait poser par elle. L'intellection humaine n'est pas un « *creare* » parce qu'elle n'est pas la raison suffisante de la réflexion qu'elle exerce, mais elle en a la forme : penser est coïncider avec l'acte créateur des choses, c'est faire s'exercer l'acte créateur « *ad modum recipientis* ».**

C'est en cela que les cinq voies de saint Thomas appellent l'innéité virtuelle de l'idée d'être entendue en son sens rosminien telle la connaissance potentielle de Dieu : dans le cogito, la raison se saisit comme néant, puisque,

[31] *C. G.* II 50. Les formes des réalités sensibles ont un mode d'exister plus parfait dans l'intellect que dans les choses ; elles y sont plus simples et s'étendent à plus de réalités ; en effet, par une seule forme intelligible d'homme, l'intellect connaît tous les hommes.

en termes modernes, tout l'être de la conscience est de n'être pas l'être dont elle a conscience ; mais, en se saisissant comme néant, elle se saisit tel l'envers absolu de l'absolu, tel l'absolu dans le moment de son absolue négativité, telle l'identité négative de l'essence et de l'existence, du sujet et de l'objet, de l'être et du savoir et, se saisissant à ce titre, elle a quelque connaissance infiniment pauvre — mais réelle dans sa pénurie — de l'essence divine. Et c'est sur le fondement de ce savoir qu'elle peut s'autoriser de « l'intervention de principes rationnels transcendants à la connaissance sensible » (Gilson, déjà cité) requise pour rendre efficaces les preuves de Dieu, ou encore que, un concept (le cogito en tient lieu) de l'*esse* en tant qu'*esse* étant possible, l'idée d'une identité, dans l'absolu, de l'essence et de l'existence, se révèle être une vraie idée, et telle est cette idée de parfait en laquelle s'amorce une preuve ontologique réussie : si l'idée de parfait est réellement possible, ainsi effectivement pensable, alors, révélant qu'il est plus parfait d'exister dans la pensée et dans la réalité que dans la pensée seule, elle se révèle exigitive de l'affirmation de ce dont elle est l'idée.

Ce que l'on peut retenir de ce développement laborieux, c'est d'abord que la raison ne peut établir l'existence de Dieu par des preuves, que si elle prouve que ses lois immanentes sont celles de l'être en tant qu'être : une démonstration par l'absurde ne suffit pas, qui équivaut à une pétition de principe ; c'est ensuite que les **réquisits d'une portée ontologique des lois de la raison engagées dans la valeur des preuves *a posteriori*, sont identiques aux réquisits de réussite de la preuve *a priori* : la raison est en demeure de se montrer à elle-même qu'elle est dans le sillage de la raison divine, si elle entend établir qu'il existe une raison divine, et elle doit prouver les deux dans un même acte à peine de commettre une pétition de principe, puisque c'est parce qu'il existe une raison divine que la raison humaine peut se révéler être dans son sillage, dans le moment où c'est parce qu'elle est assurée d'être dans son sillage que la raison peut s'autoriser d'une démonstration de l'existence de la raison divine**. Elle ne saurait rendre raison de l'existence de cette Raison qui, comme cause première, rend raison d'elle, autrement qu'en se reconnaissant tel un moment de l'acte à raison duquel la Raison absolue rend raison de soi ; ce qui ne signifie pas que l'esprit de chaque homme serait consubstantiel à Dieu, ou que Dieu aurait besoin de l'homme pour se penser lui-même, mais que l'idée d'homme, l'essence humaine, comme l'essence idéale de toute chose créée ou créable, est superlativement assumée, de toute éternité, en Dieu, indépendamment du monde et d'un esprit créé.

Par ailleurs, si l'idée de Dieu, comme connaissance *a priori* potentielle de Dieu, est la forme *a priori* de l'intellect, si donc elle est engagée dans toute connaissance, il n'est pas étonnant qu'il existe un désir naturel de Dieu : parce que la connaissance est principe du désir en général, et que la première connaissance est condition de toute connaissance, le désir de Dieu se trouve comme convoqué dans le désir de quoi que ce soit, le meilleur comme le pire. Si le regard que l'homme porte sur le monde l'invite à penser à Dieu, ce n'est pas tant que le monde lui parle de Dieu (la chose n'est pourtant pas contestable) ; c'est plutôt le fait que l'homme, en s'ouvrant au monde qui le fascine, le séduit et l'effraie, cherche déjà Dieu sans savoir que c'est Dieu qu'il cherche. On ne reconnaît dans le monde un vestige de Dieu, et dans ses semblables une image de Dieu, que parce qu'on est déjà riche d'une connaissance potentielle de Dieu ; on reconnaît dans l'image ce dont elle est l'image parce qu'on connaissait le modèle, dût-on ne le connaître que dans le moment de son absence à lui-même, si ce moment lui est intrinsèque : il est tout entier, quoique non totalement, dans chacun de ses moments, jusque dans ce moment où il n'est pas, puisque, ayant la forme d'une victoire éternelle sur le non-être, il assume le non-être pour s'en faire victorieux, ce qui réduit l'identité du fini et de l'infini au néant, mais à un néant qui est. Et la question ontologique du sens de l'être en tant qu'il est être est immédiatement — bien qu'elle ne s'annonce pas immédiatement comme telle — la question théologique de la recherche de la Première Cause. Enfin, c'est dans l'expérience du cogito, porteuse de l'idée d'être entendue comme connaissance potentielle de Dieu, que se dévoile cette idée univoque de l'être requise pour que l'analogie de l'être ne dégénère pas en équivocité (voir ici § 7.2) ; et cette même idée d'être (vérité captive du cogito cartésien : « je pense, je suis », soit : « je pense, je suis l'être, l'être se fait pensée de lui-même en moi ») est requise pour que l'« *ens commune* », objet de l'ontologie, ne se réduise ni à une abstraction formelle opérée sur les êtres en tant qu'ils sont finis, ni à un être de raison tenant lieu d'une idée d'être prise comme concept transcendantal (au sens scolastique), c'est-à-dire signifiant toute la compréhension, infinie, de l'être, car alors la métaphysique se réduirait ou bien à la physique (ontologie de l'étant fini), ou bien à une connaissance transcendantale (au sens kantien) qui ferait dégénérer l'ontologie en gnoséologie.

DROITE

« Il existe en France actuellement deux grands partis de gauche, dont l'un s'appelle la droite » (Ghislain de Diesbach, ancien vice-président des *Amis de Rivarol*).

« Il est plus fréquent maintenant de rencontrer des gens sincères dans ce qu'on appelle la gauche que dans la bourgeoisie du juste milieu, dite improprement de droite, et qui, propulsée par la haute finance, a momentanément embrassé le gaullisme : l'argent pour ces gens-là n'a pas d'odeur, et surtout pas celle du sang » (Alain de la Tocnaye, lors de son procès après l'attentat manqué du Petit-Clamart).

Les historiens nous apprennent que le clivage entre la droite et la gauche a pour origine la question du droit de veto du roi, traitée par les membres de la Constituante en 1789, dans le cadre de l'élaboration de la future constitution. Ceux qui étaient partisans de ce droit de veto se placèrent à la droite de l'hémicycle, ceux qui y étaient opposés se placèrent à sa gauche. Ces mêmes historiens nous révèlent que l'opposition entre la droite et la gauche n'a véritablement pris son sens qu'à la Restauration, où s'affrontèrent les ultra-royalistes (représentants de la droite) et les libéraux (la gauche).

Certains observateurs considèrent que cette partition droite-gauche est dépassée, au profit de l'opposition entre partisans de la souveraineté nationale et partisans de l'Europe fédérale, et plus généralement entre nationalisme et mondialisme. D'autres font observer que cette opposition n'a jamais eu beaucoup de sens, parce que les mêmes thèmes (tels la colonisation, l'antisémitisme, la croyance en Dieu — morale d'esclave pour Nietzsche — et le libéralisme économique) sont passés de la gauche à la droite, et vice versa, qu'il n'y a donc pas lieu de s'interroger sur le contenu d'une identité politique qui se réduit au fond à un *flatus vocis*, qui à ce titre n'a pas de contenu réel. Boris Eltsine le rénovateur était classé à gauche par les journalistes occidentaux, quand les communistes conservateurs auxquels il s'opposait étaient classés à droite ; et de ce que l'esprit conservateur peut donner des résultats radicalement opposés en fonction de ce qu'il entend conserver, on répudiera à bon droit l'identification de la droite à l'esprit conservateur, comme celle de la gauche à l'esprit réformateur.

Dire qu'une identité politique a un contenu, c'est confesser qu'elle définit une essence. Quelque problématique et aléatoire que soit la recherche d'une telle essence, la raison inductive ne peut pas s'empêcher de pressentir qu'il existe quelque chose de commun — par-delà les attributions circonstancielles et polémiques de ces vocables — à tous les hommes de droite, comme il existe un noyau commun à toutes les pensées et attitudes de gauche. On notera, pour contester cet instinct inductif de la raison, que les vertus du dirigisme, ou de la liberté d'entreprendre, ou de la justice sociale, ou de la solidarité, ou l'invocation des valeurs telles la personne humaine, ou le plébiscite des différences contre le nivellement, peuvent recevoir — ce qui, en fait, n'est pas contestable — une acception de droite comme une acception de gauche, et l'on en déduira qu'elles ne sauraient définir la droite et la gauche qui au fond, de ce fait, n'ont pas de définition essentielle, ou métaphysique.

Mais précisément, dire que des attitudes, ou des valeurs, ou des thèmes politiques, peuvent recevoir une acception de droite qui diffère de l'acception qu'elles reçoivent à gauche, c'est encore faire resurgir leur différence par-delà les manières dont on s'efforce à épeler leurs attributs supposés. Et déclarer qu'il existe une différence entre droite et gauche, c'est reconnaître que l'une a ce que l'autre n'a pas, et vice versa, de sorte que, chacune étant dotée de caractères qui la définissent, chacune des deux est dotée d'une essence, par là d'un principe intemporel qui transcende les époques, les circonstances, et les acceptions qu'on lui attribue en fonction des circonstances.

La droite et la gauche, dira-t-on encore, sont des contraires, or les contraires sont des déterminations qui s'opposent en tant qu'elles appartiennent au même genre, et l'on est fondé à choisir d'être en dehors de ce genre, ainsi de n'être ni de droite ni de gauche. Cela dit, quand on se demande si l'opposition entre droite et gauche a un sens, « la première idée qui me vient est que l'homme qui pose cette question n'est certainement pas un homme de gauche » (Alain). Et c'est un fait qu'un tel homme est tantôt un centriste — à savoir ou bien un opportuniste soucieux de plaire à tout le monde, ou bien un rêveur aspirant à une impossible synthèse entre les deux, ou bien un homme qui est tantôt de droite tantôt de gauche en fonction des circonstances — tantôt un homme d'extrême-droite qui avance masqué (bien peu...) et qui excipe du fait que le clivage droite-gauche est lui-même de gauche en tant qu'il prend son sens dans le contexte du parlementarisme (auquel n'échappaient pas les monarchies chartistes de la Restauration). Si donc le clivage droite-gauche est lui-même de gauche, si donc les deux contraires sont intérieurs à l'un d'entre eux, c'est qu'en niant la pertinence d'un tel clivage, on le réhabilite, puisqu'en prétendant sortir de lui, on est encore en lui. Se placer à l'extérieur de l'hémicycle, c'est signifier au fond que la vraie droite, la droite de la droite, la droiture de la droite est ailleurs, et que la droite qui n'est pas radicale est une modalité de la gauche, à tout le moins une dénaturation de la droite.

Même si Jean-Paul Sartre, de son propre aveu, en était venu à mesurer le degré de vérité d'une proposition à la répulsion qu'elle lui inspirait, il aspirait comme tout le monde à avoir raison contre ses adversaires, ce qui signifie qu'il reconnaissait dans la vérité un bien. Et il en est de même pour la liberté, qui conjure la contrainte, le malaise, la servitude, quoi que l'on mette sous ces notions. Liberté et vérité sont des biens, des choses qui ont une valeur, et qui peuvent être tenues pour des valeurs. Semble pouvoir être nommée métaphysiquement de droite toute doctrine qui fait de la vérité un bien ayant raison de mesure de l'exercice de la liberté, et de fondement de cette dernière ; est ainsi de gauche toute doctrine accordant à la liberté une valeur absolue. Si l'on remarque que la vérité est adéquation de la pensée au réel, et qu'elle ne peut être aimée que si elle est tenue pour connaissable, que donc elle a vocation à être découverte et non pas à être faite, on dira que la vérité tenue pour valeur suprême est solidaire de l'existence, antérieure à l'activité de la raison, d'une finalité immanente au réel à connaître, puisque connaître est d'abord répondre à la question « pourquoi ? », et que le « pourquoi » se repose dans le « ce en vue de quoi ». Connaître, c'est dévoiler la cause, et la première des causes est la finalité, qui se subordonne les causes matérielle, formelle et efficiente. Mais l'ordre est la disposition des choses en vue d'une fin ; s'il y a de la finalité, il y a de l'ordre. On tient là la définition adéquate de la pensée de droite : **Est de droite toute doctrine, inspiratrice de décisions et de comportements, qui considère qu'il existe un ordre des choses qu'il appartient à la liberté de reconnaître et de plébisciter, et que la vraie dignité de l'homme consiste en cette subordination du sujet à l'objet, de la pensée à la réalité, de la «** ***praxis*** **» à la «** ***theoria*** **», de la volonté à la raison et à la vérité. Est de gauche toute pensée qui ne reconnaît pas l'existence d'un ordre naturel et objectif des choses, et qui considère que la dignité de l'homme consiste à créer l'ordre, ce qui revient à ériger sa subjectivité en absolu, et tel est le subjectivisme. Le Dieu de Descartes qui crée l'ordre des raisons, le Surhomme de Nietzsche qui crée les valeurs, l'homme de l'existentialisme qui nie l'existence d'une nature humaine et réduit l'essence humaine à la série des actes d'un homme sont de gauche.** Si le libéralisme est de gauche, c'est parce qu'il nie l'existence d'un ordre social, expressif du contenu de l'essence humaine qui ne serait pas la pure résultante des appétits individuels ; et si la gauche discerne en lui un relent de droite, c'est parce qu'il confesse que tous les hommes ne sont pas égaux et n'ont pas vocation à le devenir ; c'est que, en effet, entre des subjectivités absolutisées, ainsi déifiées, l'égalité stricte est le seul type de rapport qui leur soit supportable ; si l'écologie est foncièrement de droite, c'est encore parce qu'elle plébiscite l'ordre naturel en lequel l'homme a vocation à s'intégrer, au rebours d'un constructivisme réduisant la nature au champ des ébats furieux de la subjectivité consumériste débridée ; si elle est tenue pour une valeur de gauche, c'est en tant qu'elle peut rendre possible ou servir de prétexte à l'intervention d'autorités favorisant le mondialisme en commençant par affaiblir le monde blanc et son rôle naturel de communauté dirigeante dans le concert des ethnies ; si le colonialisme est de gauche, c'est parce qu'il peut être pratiqué au nom des Droits de l'Homme ; s'il est tenu pour une valeur de droite, c'est parce qu'il affirme l'inégalité des cultures et répudie le relativisme culturel, lequel est une forme de scepticisme. On voit bien là, dans ces quelques exemples, que le passage de tel ou tel thème d'un extrême politique à l'autre n'invalide pas le bien-fondé de la caractérisation du Politique en termes de droite et de gauche.

On pourrait être tenté, sous ce rapport, de faire du marxisme une doctrine de droite, puisqu'il soutient l'idée qu'il existe des lois objectives de la société et de l'histoire, de la matière et des comportements humains, qui, pour dialectiques qu'elles se veuillent être, n'en sont pas moins objectives et même porteuses d'un déterminisme qui fait bien peu de cas de la liberté. Mais c'est là ne pas voir que le plaidoyer pour le déterminisme n'est qu'une ruse destinée à soustraire la liberté au magistère des causes finales. Comme il le sera évoqué ici dans la rubrique « **Écologie** », le propre d'un déterminisme est d'être impersonnel, et dépourvu de cette finalité qui, pour avoir raison de cause, s'anticipe nécessairement dans une intelligence. Si l'être en tant qu'être est intelligible, il est ordre ; s'il est ordre, il dit la finalité, qui dit l'intelligence et l'intellection ; aussi, au principe, l'être et l'intelligence sont une seule même chose, et les êtres offerts aux intelligences qui les pensent, et les intelligences en quête de l'être qui les féconde, sont autant de dérivations de cette identité principielle de l'être et du connaître, qui définit le réellement être, en lequel on reconnaît le divin ; mais alors il n'est pas de déterminisme intérieur à ces êtres qui ne soit lui-même subordonné à une finalité qui, du fait même de cette subordination, le relativise ; et en retour l'absolutisation du déterminisme est une manière en forme de ruse destinée à soustraire la liberté au magistère de finalités objectives. On voit bien sous ce rapport que l'absolutisation du déterminisme est une stratégie visant à absolutiser la subjectivité. S'il n'y a que du déterminisme, il n'y a pas de finalité, et s'il n'y a pas de finalité il est toujours loisible d'en inventer une, qui sera le fruit de la liberté qui l'élit. De même que la tolérance érigée en dogme, intrinsèquement contradictoire dans son concept, est vécue et imposée, sans difficulté et sans vergogne, sur ce mode coercitif par les fanatiques de la tolérance, de même le déterminisme absolutisé, en tant qu'il ôte tout sens à la vie et aux choses (le réel fonctionne selon des lois nécessaires, mais il est sans raison d'être), se révèle absurde mais par là propice à recevoir le sens que la liberté osera lui donner, par exemple dans une infinité d'interprétations infalsifiables.

Quant à ce positionnement qui se veut hors du clivage droite-gauche, il faut dire que, comme toutes les attitudes qui peuvent être inspirées par la coquetterie, il a quelque chose d'éminemment équivoque et de contre-productif, aussi bien intellectuellement qu'en ce qui concerne ses conséquences politico-pratiques.

Il peut signifier, dans une acception honorable, que la droite intérieure au clivage droite-gauche, et représentée dans le concert (ou la cacophonie) parlementaire, inspire, à celui qui conteste le bien-fondé d'une telle relation de contrariété, du dégoût, en tant qu'elle s'est constituée sur une méprise et s'est forgée à coups de concessions, au point d'avoir trahi l'essentiel de ce dont elle fait encore mémoire en le corrompant.

Mais ce positionnement peut signifier, de manière encore plus honorable et non point coquettement affectée, que toute révolution n'est pas de gauche, et que cette révolution consistant à remettre à l'endroit ce qui était à l'envers n'a rien de subversif, mais fait partie de l'héritage classique de la pensée droitiste la plus traditionnelle. Dans cette dernière perspective, il s'agit de signifier que l'on refuse les concessions, que l'on entend affronter le mal dans sa racine, et que la genèse de la pensée et de la réalité politiques de gauche est imputable à une incomplétude de la pensée de droite déjà historiquement élaborée et appliquée, à une insuffisance qui lui est intrinsèque, et que le comblement de cette insuffisance exige que l'on ne se contente pas de conserver ce qui était avant le surgissement de la subversion ; il s'agit alors de révolutionner le contenu de la réalité droitiste afin de la faire advenir à sa propre maturité, qui la radicalise, et dans l'intention de prévenir le surgissement de la gauche, ou de le réduire à néant. Il est clair que, dans ce contexte, la tradition n'est pas quelque chose de mort ou de figé, mais quelque chose d'intemporel dont l'incarnation temporelle, qui la réalise, est toujours en devenir. Elle est en devenir non parce qu'elle n'aurait pas de terme, non parce que son identité serait de n'en pas avoir ; non encore parce que son identité tiendrait non tant dans quelque contenu fixe que dans sa manière de changer ; elle est nécessairement en devenir parce qu'elle n'en a jamais fini, aussi longtemps qu'elle est incarnée, de se rendre adéquate à son concept, ainsi de devenir ce qu'elle est. Ce qui revient à confesser que si l'idéal de la droite a vocation à s'incarner sur Terre, il a pour propriété de mener au-delà de la vie terrestre et de ne s'accomplir absolument que dans cet au-delà. Autant dire qu'il n'est pas de pensée de vraie droite qui ne se réfère à une transcendance dont la nature est en dernier ressort religieuse. Une vision du monde strictement immanentiste ne peut pas être de droite.

Enfin, ce positionnement peut signifier, de manière honteuse, qu'on est à droite pour les autres, mais qu'au fond de soi on est comme fasciné par le contenu de la gauche, ce qui revient à dire qu'on est un homme de gauche qui se dit à droite, voire à la droite — qu'il déclare hors du clivage gauche-droite — de la droite, mais qui ne se dit tel que parce que les réalisations historiques de la gauche l'ont déçu autant que celles de la droite, ou parce que les moyens employés par la gauche lui inspirent une aversion esthétique. Et ce qu'il y a de dangereux dans le discours qu'il adopte, c'est que ce discours le fait ressembler à la droite révolutionnaire, au point que les partisans de la droite révolutionnaire en viennent à faire leurs ses revendications et ses slogans. C'est donc là un homme de gauche qui se dit de droite en tant qu'il se propose de faire mieux que la gauche ce que la gauche se propose de faire. Et un tel homme n'a rien à faire ni à droite ni à la droite de la droite.

Pour finir, on voudra bien remarquer ceci :

Si, pour l'homme de vraie droite, le clivage gauche-droite est lui-même de gauche, au point qu'il situe à gauche cette droite intérieure au clivage gauche-droite, en revanche, pour l'homme de gauche — qui n'est jamais tenté, quant à lui, de contester ce clivage pour laisser entendre qu'il existerait une vraie gauche à l'extérieur de ce même clivage : il sait bien que l'extrême-gauche est à gauche —, cet homme de droite qui se dit extérieur à la droite intérieure à un tel clivage ne lui est pas, en vérité, extérieur, et c'est à ce titre que l'homme de gauche aura tendance à reconnaître dans la droite parlementaire, quelque centrée et honteuse qu'elle soit, un rejeton édulcoré de l'extrême-droite. Et ce point de vue de l'homme de gauche n'est pas infondé, qui reconnaît d'instinct, dans la droite intérieure au clivage droite-gauche, quelque chose qui répudie ce clivage même et auquel le droitiste modéré consent par stratégie, pour « sauver les meubles », pour retarder l'avènement des conséquences obligées de la pensée de gauche. Il n'est pas douteux que le droitiste modéré, en tant même que modéré, est un perdant qui a déjà tout lâché ; mais cela ne suffit pas pour faire de lui, purement et simplement, un rejeton de la gauche. Qu'il soit, aux yeux de l'homme de vraie droite, plus coupable — en tant qu'il est souvent moins honnête — que l'homme de gauche, c'est peu douteux ; mais sa culpabilité n'autorise pas à le convertir en son contraire, même si, de fait, il sert objectivement la gauche avec laquelle il compose.

Dès lors, si la droite radicale, qui se veut hors du clivage gauche-droite, se révèle être en même temps une radicalisation — qui le purifie — de l'un des termes de ce clivage, c'est que, prise absolument, la dichotomie gauche-droite est à la fois intérieure et extérieure à la droite elle-même. En tant qu'elle est extérieure à la droite, c'est la droite qui est à l'extérieur d'elle-même ; en tant qu'elle lui est intérieure, ainsi en tant que la droite reconnaît dans la gauche son contraire, la droite coïncide avec elle-même ; mais en tant qu'il est dans la nature de la droite de coïncider avec elle-même *et* de se poser à distance d'elle-même, c'est que le fait de se poser à distance de soi est une détermination obligée de son identité ; la droite est assomptive de son contraire et se révèle telle une victoire permanente opérée sur lui. La Droite, à toute distance de leur « synthèse » irrationnelle et inconsistante, est l'identité concrète de la gauche et de la droite, la victoire opérée sur ce qui serait la gauche s'il n'était réduit à un moment toujours surmonté, souverainement nié, mais conservé en étant sublimé, par la droite. Par où l'on rejoint le contenu de la droite révolutionnaire ci-dessus décrite. S'il est vrai que l'ordre dit la détermination, et que la liberté — qui signifie l'autodétermination — présuppose l'indétermination pour s'exercer, on comprend que la liberté, valeur de gauche en tant qu'elle est absolutisée, soit un élément constitutif de la droite, mais dans la forme de la responsabilité : se reconnaître responsable de ses actes, refuser d'en appeler à la société pour expliquer ses déficiences. Et de la même façon, être reconnu dans son statut de personne, non pour se complaire dans son ineffabilité, non pour s'introniser cause et fin de soi-même, mais pour réaliser le bien commun d'une société organique — c'est-à-dire d'un tout qui se fait vivre de l'initiative des parties qu'en retour il fait vivre —, est évidemment un apanage de la pensée de droite, au rebours des déterminismes freudien, marxiste ou matérialiste scientiste lesté d'utopies progressistes.

Au fond, la droite dit l'ordre avant tout, la gauche dit la liberté en tout et avant tout. Mais si la réalisation de l'ordre ne se risquait pas dans la contingence de la liberté toujours gravide de la tentation du désordre, un tel ordre serait mécanique et non vivant, ce qui advient à l'idée monarchique et la tue quand elle exclut de se faire périodiquement renouveler, s'y risquant, dans et par le fascisme.

DROITS DE L'HOMME

La *Déclaration des droits de l'homme et du citoyen* est inspirée par une philosophie individualiste répugnant par essence à reconnaître l'existence d'un quelconque ordre des choses et d'une quelconque nature humaine. Elle est par essence révolutionnaire et satanique, elle est la mise en forme des conditions à raison desquelles l'homme révolté prétend à la déification de lui-même : l'être suprême sous les auspices desquels la déclaration est établie n'est autre qu'une hypostase symbolique et abstraite de genre humain, derrière laquelle se cache, tel l'ami des hommes et leur grand frère libérateur, Satan, premier contestataire. La société est pour l'individu puisque le but de toute association politique est la défense et la conservation des droits individuels de l'homme. Elle est pour cette raison fondée sur l'idée de contrat social, car la liberté, entendue comme indépendance, est le premier dans la liste de ces droits ; mais si l'indépendance définit l'homme, c'est que la condition humaine n'est pas naturellement communautaire, puisque toute vie communautaire suppose dépendance entre les hommes, complémentarité en vue d'un bien commun à tous ; aussi, si interdépendance il y a, elle ne sera supportée que si elle est choisie, instaurée, ce qui revient à dire que l'homme n'est pas par nature, mais par convention, un animal politique ; il en résulte que l'individu n'entre en société que par cela qu'il y trouve son intérêt privé, et que le bien commun se réduit à l'intérêt général entendu à la fois telle la coexistence des biens privés, à la fois tel l'ensemble des conditions à raison desquelles cette coexistence est rendue possible : la notion de *bien commun* perd toute consistance, et le seul devoir que se reconnaît l'homme des droits de l'homme est de respecter le droit des autres hommes à exercer les droits de l'homme. Si le principe de toute souveraineté réside dans la nation, c'est que l'autorité procède de l'homme et non de Dieu. Si la liberté consiste à pouvoir faire tout ce qui ne nuit pas à autrui, c'est qu'elle répugne à se reconnaître des limites intrinsèques, c'est que tout est permis pourvu que ce qui est décidé convienne à autrui, à tout le moins ne l'indispose pas. S'il n'est permis de reconnaître une constitution qu'aux sociétés admettant le principe de la séparation des pouvoirs, c'est que le pouvoir de l'homme sur l'homme est réputé mauvais par essence, tel un mal nécessaire dont on doit s'accommoder, mais en limitant ses effets supposés funestes par le moyen de l'acte de le diviser afin de le rendre inoffensif, et cela dans le but de le faire se limiter par lui-même ; mais la logique de ce postulat est que le pouvoir ne se contente pas d'être divisé en pouvoirs législatif, exécutif et judiciaire ; il doit se diviser en autant de parties qu'il y a d'individus ; ce qui revient à dire que la souveraineté populaire se résout en magistère de l'individu sur tous les autres, ou de tous les individus sur chacun : la société fondée sur les droits de l'homme est démocratique, et elle est la tyrannie de tous sur chacun et de chacun sur tous. La philosophie des droits de l'homme, en faisant de la liberté le principe premier — à ce titre infini — de toute morale, de toute législation, de toute autorité, est en son fond existentialiste, car elle exclut la causalité immanente d'une quelconque nature humaine intemporelle et normative, laquelle assigne nécessairement des limites à la liberté ; elle est le refus de toute autorité, de toute morale, de toute législation, et c'est pourquoi le droit n'a plus vocation à servir de norme coercitive, fondée sur des principes intemporels, des comportements humains ; il est destiné à épouser l'évolution des mœurs, à ratifier tous les comportements les plus antinaturels. Parce que seule l'égalité est possible entre de petits dieux, la société fondée sur la philosophie des droits de l'homme est égalitaire. Parce que la déclaration de droits égaux, dépourvus de la reconnaissance du droit à accéder aux moyens d'exercer les mêmes droits, ne promeut que des droits formels dépourvus de toute efficience, il est dans la logique des droits de l'homme de se réaliser dans une société communiste. Parce que la souveraineté absolue de la liberté individuelle répugne par définition à se subordonner à une fin qu'elle n'aurait pas créée et choisie, l'homme des droits de l'homme ne saurait consentir à un conditionnement social et politique l'intégrant à une communauté historique de destin expressive d'une manière particulière et paradigmatique d'incarner la nature humaine, c'est-à-dire à une nation ; la nation à laquelle la déclaration renvoie n'est autre que l'humanité entière, considérée en extension ; la philosophie des droits de l'homme est mondialiste ; le constitutif formel de la nation, ainsi de la citoyenneté, se réduit à l'acte de plébisciter la philosophie des droits de l'homme :

> « L'Assemblée constituante, considérant que le droit d'aubaine est contraire aux principes de fraternité qui doivent lier tous les hommes, quels que soient leur pays et leur gouvernement ; que ce droit, établi dans des temps barbares doit être proscrit chez un peuple qui a fondé sa constitution sur les droits de l'homme et du citoyen, **et que la France doit ouvrir son sein à tous les peuples de la terre, en les invitant à jouir sous un gouvernement libre des droits sacrés et inviolables de l'humanité**, a décrété et décrète ce qui suit : "le droit d'aubaine et celui de la détraction sont abolis pour toujours" » (*Décret du 6 août 1790*).

Dans un tel enfer forgé par l'homme et passionnément plébiscité par lui, devient vraie l'expression désespérée de Calderón de la Barca : « *Pues el delito mayor del hombre es haber nacido* » ; le plus grand crime de l'homme, c'est d'être né. Et tel est le monde en son état actuel. En vérité, « nul ne possède d'autre droit que celui de toujours faire son devoir » (Auguste Comte, *Système de Politique positive*). Et il est absolument impossible, dans une société régie selon les principes des droits de l'homme, d'accéder au bonheur, à la concorde et à la paix. C'est que, jadis, le droit était défini tel l'objet de la vertu de justice, objet défini telle cette juste proportion recherchée dans l'élément des choses divisibles ; le droit se distinguait de la morale qui vise à rendre l'homme vertueux, il définissait la part juste, il ne se confondait pas avec les lois. Le droit est devenu, entendu comme « objectif », l'ensemble des lois posées par l'État, vouées à garantir la possession et l'exercice, par chacun, de ses « droits subjectifs », c'est-à-dire d'une série indéfiniment prolongeable d'exigences supposées d'ordre moral et que chaque homme, à raison du simple fait d'être homme, pourrait revendiquer ; cette conception du droit, qui renvoie au droit naturel voué à fonder le droit positif, suppose donc d'une certaine façon l'idée de nature humaine, et en même temps, parce qu'elle absolutise la liberté, elle l'exclut. C'est pourquoi, au reste, on parle plus volontiers de « condition humaine ». Prétendre que l'homme aurait des droits entendus de la sorte, c'est poser l'homme tel un être qui naît non pour servir mais pour exiger, et c'est en cela que la philosophie des Droits de l'Homme induit nécessairement le malheur de chacun et de tous :

Le bien en général est ce qu'une chose désire en tant qu'elle désire sa propre perfection. Le meilleur bien d'un homme est un bien auquel il est rapporté, non un bien qu'il rapporte à lui-même, un bien dont il se veut l'instrument et qu'il entend servir, et non un bien qu'il se subordonne ; un bien qu'il sert et dans le service duquel il trouve sa satisfaction la plus profonde et définitive.

Il en est ainsi parce que l'homme est un animal de désirs, mais entendus comme autant de manques qu'il est incapable de combler en étant pour lui-même sa propre nourriture, de sorte qu'il doit quérir hors de soi ce qui le comble. Mais cela atteste une pénurie, une indigence révélant qu'il ne saurait être pour lui-même sa propre fin ; s'il était sa propre fin, il serait parfait mais, à ce titre, il n'aurait besoin de rien d'autre que de lui-même pour être heureux. Si, en l'état, il se prend pour fin, il se subordonne toute chose et exclut toute forme de bien auquel il serait rapporté, mais en retour il s'impose, s'intronisant fin pour lui-même — ainsi aspirant à se rendre adéquat à ce qu'il est — de se nourrir de lui-même, par là de tendre vers ce qu'il est, à savoir, précisément, cet être de désirs ou cette indigence insondable dont il accuse et relance les manques par le fait de se prendre pour fin. Il en résulte qu'il enclenche les conditions d'une insatisfaction croissante.

Le bien propre de la créature est donc un bien auquel elle est rapportée. Elle trouve sa satisfaction dans le fait de servir, à la manière dont une mère découvre sa plus chère délectation dans l'exercice de son dévouement pour sa progéniture, ou à la manière dont l'artiste fait l'épreuve de son bien le plus délectable dans la dispensation des efforts par lesquels il se fait l'instrument du dévoilement de l'œuvre dont il est l'inventeur, c'est-à-dire le découvreur. Il y a certes, depuis le péché originel — c'est-à-dire depuis toujours —, une part de vénalité, de désir de gloire, de jouissances sordides et de pulsion de vanité dans tout artiste, mais cela n'est pas l'essence de sa délectation d'artiste en tant qu'artiste, et l'on peut en dire autant, au fond, de toute activité humaine.

Ainsi, en tendant vers un bien auquel il est rapporté, l'homme atteint son bien en se donnant à lui ; plus il se donne à lui, plus il se possède et s'en trouve riche, puisque ce bien est *son* bien, et son meilleur bien, ainsi son bien dont la possession est son bonheur ; qu'un tel bien soit un bien auquel on se donne en tant qu'on lui est rapporté, par là un bien par lequel on est possédé, ne laisse pas celui qui l'appète de le posséder par là ; si un marteau pouvait éprouver des sentiments et exercer une conscience, il se réjouirait dans l'exercice même — qui le justifie — de planter des clous au service de l'œuvre d'ébénisterie dont il se voudrait l'instrument, et il serait possesseur d'un tel bien qui pourtant le possède, en tant qu'il exercerait une telle activité ordonnée à lui ; *aimer un bien auquel on se donne, c'est posséder le privilège de le servir, c'est posséder ce bien pris comme consentant à se faire servir.*

Cela dit, plus nous nous donnons à un tel bien, plus nous sommes riches, puisque c'est ainsi qu'il nous est donné de devenir nous-mêmes en plénitude ; plus nous sommes riches, meilleurs nous sommes ; plus nous nous bonifions, plus nous nous assimilons au bien dont nous jouissons ; plus nous assimilons à lui, plus nous lui ressemblons. Mais que nous lui ressemblions en nous donnant à lui, cela signifie en retour que, plus il se donne à nous, plus il est. En d'autres termes, il est diffusif de soi, il est essentiellement un bien commun, un bien tel que sa communicabilité est définitionnelle de sa perfection, un bien tel qu'il est d'autant meilleur pour celui qui l'appète qu'il est aussi le bien d'un autre.

Un bien dont l'essence contient analytiquement le fait de se communiquer est un bien qui engendre nécessairement, qui ne serait pas ce qu'il est s'il n'engendrait pas. Mais puisqu'il est de son essence d'engendrer un fruit, c'est qu'un tel fruit lui est consubstantiel : le rapport du géniteur à l'engendré est un rapport de cause à effet ; si le fait d'être géniteur en acte est essentiel au bien, l'exercice de sa causalité génitrice lui est aussi essentiel, au point qu'il s'en trouve intrinsèquement dépendant de la position de son effet, de sorte que l'effet se révèle cause de la cause. Et si l'effet est cause de la cause, cependant qu'il la présuppose en tant qu'il est son effet, c'est qu'il puise son statut de cause à la cause dont il est l'effet, de sorte qu'il est cette cause même envisagée sous le rapport de sa propre fécondité, c'est-à-dire en tant qu'elle est en attente de se différencier d'elle-même, de se faire autre que soi pour disposer de soi-même en tant qu'autre ; s'il est cette cause même, c'est qu'il est, en tant qu'effet distinct de ce à quoi il est identique, consubstantiel à sa cause ; le Bien, en tant que diffusif de soi par essence, pose ceux qui l'aiment, et qui l'aiment en s'y rapportant, de sorte qu'il se veut en eux et s'aime en les aimant. Et tel est bien le bien commun politique : la nature humaine, politiquement réalisée dans une communauté de personnes humaines, se subordonne en tant que bien commun les personnes dont en retour elle se fait dépendre et qui la font être, mais pour la servir de telle sorte qu'elle se veut en elles. Par là, la personne humaine parvient au mieux à s'assimiler — en tant que, selon les dispositions de son essence, elle l'*imite* — à son Créateur qui, étant le Bien diffusif de soi, engendre de toute éternité, indépendamment du monde et d'un esprit créé, son Fruit à lui consubstantiel en lequel il se pense : c'est à condition de sa puissance de manifester dans lui-même, indépendamment de ce qu'il crée, sa propre diffusibilité, que cette diffusibilité *ad extra* ne lui ajoute rien. Que ce Verbe soit une Personne échappe aux pouvoirs de compréhension de l'intellect créé, mais qu'il y ait prolation d'un Verbe éternel dans l'Incréé n'échappe pas, en droit, aux pouvoirs de la raison créée.

Un bien auquel on est rapporté, qui s'est révélé être un bien commun, est un bien spirituel, parce qu'un bien spirituel est participable et indivisible, au lieu qu'un bien matériel est divisible et imparticipable : une somme d'argent ne saurait habiter toutes les bourses, être tout entière en chacune d'elles, elle doit être amoindrie, divisée pour être communiquée à plusieurs ; une vertu ou une vérité peut être communiquée tout entière à plusieurs sans être divisée entre eux ; le don d'argent appauvrit le donateur, la communication d'un bien spirituel enrichit le donateur, à la manière dont le savant possède d'autant mieux sa science qu'il la communique plus largement ; et un bien spirituel est indivisible à proportion de son degré de communicabilité : une vérité tronquée est une erreur ou un mensonge. Pour ces raisons, le meilleur bien de l'homme est un bien commun auquel il est rapporté, ainsi un bien auquel il subordonne ses biens privés, et un bien qui ne peut être que spirituel.

Or la philosophie des Droits de l'Homme renvoie chaque individu à lui-même comme à sa propre fin. Donc, rivant par là l'homme à des biens privés, non communs, et de ce fait matériels, elle ne peut que rendre l'homme malheureux : les désirs du corps ne sont pas du corps, qui peuvent le détruire ; ce sont des désirs spirituels fourvoyés dans des biens matériels structurellement impuissants à le satisfaire, qui tentent désespérément de pallier leur indigence qualitative par une inflation quantitative en retour porteuse d'une assuétude inflationniste, c'est-à-dire d'une servitude indéfinie. En vérité, l'homme naît en position d'obligé, ou d'héritier, il n'a aucun droit, il n'a que des devoirs. Qu'autrui ait des devoirs à l'égard de quelqu'un ne crée pas en ce dernier un quelconque droit.

Les peuples européens, contaminés par cette philosophie des droits de l'homme dont ils sont les auteurs malheureux, aspirent confusément à servir une cause, à vivre pour une cause. Mais ils en sont incapables, parce qu'une telle conversion suppose effort, et éducation du désir ainsi sommé de renoncer à ce qui, comme objet immédiat, les fait jouir, afin d'affronter une frustration douloureuse non subjectivement annonciatrice d'un bien plus grand. C'est pourquoi les hommes d'aujourd'hui sont incapables de prendre eux-mêmes l'héroïque décision de changer radicalement de vie. Ils végètent dans une aspiration frustrée à l'hédonisme dont le sevrage susciterait un temps leur révolte, à la manière dont la diète met en colère l'ivrogne qui pourtant, passé le temps de la privation douloureuse, ne peut éprouver que reconnaissance à l'égard du thérapeute et du moraliste l'ayant libéré de son vice que, au reste, il haïssait. Pour se libérer de l'hédonisme, il faut donc vouloir contre la volonté subjective de ceux dont on veut le bien, ainsi de ceux qui le veulent sans savoir qu'ils le veulent et qu'ils ne savent pas vouloir tout en voulant ne pas savoir qu'ils le veulent. Il faut donc sortir de la démocratie.

Ayant entériné — en forgeant le stupide projet, à vocation apostolique, de parvenir à la christianiser — cette philosophie des Droits de l'Homme, qui rive l'homme à sa finitude en croyant exalter sa dignité, les hommes d'Église ont trahi et le message évangélique et les hommes eux-mêmes.

Le problème du rapport entre Bien commun transcendant ou divin, auquel l'homme aspire en dépassant le souci du bien commun immanent, est ici évoqué dans le traitement de la notion de « **Bien commun** ». La solution à ce problème résout la question du rapport entre assimilation au Parfait par voie d'imitation immanente, et assimilation au Parfait par voie de saisie transitive (sortie de soi) :

Ce qui est diffusif de soi ne l'est « *ad extra* » que s'il l'est d'abord, constitutivement, « *ad intra* ». Ce qui est diffusif de soi « *ad intra* » se fait poser par ce à quoi il se donne, ainsi se veut lui-même dans ce à quoi il s'offre, et, quand il diffuse « *ad extra* », la loi selon laquelle il se veut dans ce à quoi il se donne est respectée quand bien même il ne se constitue pas en et par son donataire. En connaissant l'absolu, médiatement ou immédiatement, la créature spirituelle connaît sa diffusibilité absolue, or connaître est devenir intentionnellement l'autre, donc elle épouse cette diffusibilité et ne revient à soi à partir de son Objet que pour se quitter en direction de ce dernier. Mais cela même n'est autre que la similitude ou imitation de la vie intime de l'absolu. La maximisation imitative du Parfait coïncide avec la connaissance de ce dernier.

Il est clair — on a dit pourquoi — que la philosophie des Droits de l'Homme, née sous les auspices du libéralisme (l'homme aurait des droits limitant le pouvoir de l'État), se consomme logiquement en communisme égalitaire et haineux (l'État est convoqué pour réaliser l'égalité dans l'exercice de droits égaux), ainsi en mondialisme abolissant toutes les différences, toutes les nations, toutes les frontières ; mais elle est de surcroît convoquée, à titre d'exigence morale, pour favoriser et précipiter l'avènement du mondialisme. Pour les Anciens et les Médiévaux, le droit était par essence politique ; il présupposait, comme recherche du juste concernant la répartition des biens extérieurs, l'existence de la communauté organisée ; que le Politique soit en demeure de respecter les exigences de la nature humaine, de l'ordre naturel et de Dieu son Auteur, cela n'empêchait pas le Politique d'être le fondement du droit. Depuis qu'il est conçu comme exigence morale, le droit, fondamentalement droit subjectif, conditionnant une conception contractualiste de la société, se veut antérieur au Politique et fondement de ce dernier. Inversement, toute tentative de faire du Politique l'instrument de la morale, qu'elle soit moderniste et judéo-maçonnique ou cléricale et fidèle aux encycliques de la supposée « doctrine sociale de l'Église », aboutit immanquablement, pour cette raison, à plébisciter, qu'elle le veuille ou non, une conception du droit qui se consomme dans la philosophie des Droits de l'Homme. De Léon XIII à Pie XII, les papes ont freiné des quatre fers devant l'avènement du modernisme mais, ayant promu une conception des rapports entre morale et politique subordonnant celle-ci à celle-là, ils ont objectivement favorisé la victoire du modernisme. Pourquoi ne pas reconnaître enfin que Vatican II est le fruit vénéneux de l'Action catholique et du Ralliement dont les promoteurs continuent d'inspirer, de manière insensée, les supposés champions de la Tradition catholique ?

ÉCOLOGIE

« (...) l'écologisme politique de gauche qui sévit depuis plusieurs décennies et dont la malfaisance s'accroît au fil des années est sans doute l'un des pires fléaux qui nous soit arrivé. L'écologie qui était à droite avec notamment le Docteur Alexis Carrel est aujourd'hui contrôlée, dirigée et dévoyée par la gauche qui en fait une arme redoutable pour la transformation de la société et la destruction de nos traditions les plus ancrées et les plus légitimes. Au nom de l'idéologie antispéciste et de la souffrance animale, il ne faudrait plus manger de viande et se contenter d'herbes, de graines et de tofu, ce fromage de soja d'origine chinoise absolument ignoble. Au nom du dogme du réchauffement climatique il faudrait accueillir en masse les prétendus réfugiés climatiques. Au nom du trou de la couche d'ozone et de la pollution atmosphérique, il faudrait renoncer à mettre au monde des enfants. En 2009, l'ex-député Vert Yves Cochet préconisait ainsi de supprimer les allocations familiales aux familles françaises ayant plus de deux enfants car, disait-il, "un enfant européen a un coût écologique comparable à 620 trajets Paris-New York" ! Il fallait l'oser, celle-là ! Les Verts prétendent lutter contre la pollution mais ils sont les propagateurs des pires pollutions morales et sociétales : dépénalisation des drogues, ouverture de salles de shoot, théorie du genre, transsexualisme, homosexualisme, transhumanisme, immigrationnisme. L'écologie de gauche est une négation de la vie, du réel et du bon sens. C'est une idéologie mortifère. Avec ses discours catastrophistes, il entend culpabiliser, tétaniser l'homme blanc, l'Occidental et le faire payer toujours davantage, au propre comme au figuré. Il faut absolument refuser ce chantage, ces brimades incessantes. Et face à un gouvernement qui ne veut pas céder, il convient de ne surtout pas reculer » (Jérôme Bourbon, éditorial de la livraison n° 3353 du 21 novembre 2018 du journal *Rivarol*).

L'écologie est l'ensemble des connaissances requises pour exercer l'art d'habiter son monde sans le corrompre. Aussi longtemps que l'univers fut perçu tel un « uni-vers », un « *uni-versus* », un « tourné vers l'Un », c'est-à-dire encore un cosmos, soit enfin un ordre, une disposition du divers en vue d'une fin qui précisément lui donne son unité, l'homme se reconnut telle une partie de cet ordre foncièrement solidaire de sa santé, à la manière dont un organe se sait solidaire de la vie du corps dont il est la partie. Perçu tel le reflet du divin, voire telle une divinité, l'univers appelait de lui-même que l'on s'intégrât en lui, que l'on reconnût en lui une puissance tutélaire, un ensemble normatif des comportements humains, quelque dramatique que pussent être les « humeurs » d'un tel tout se gaussant, de temps à autre, des besoins des hommes. On était ainsi spontanément « écologiste », on ne concevait pas d'autre type de rapport à la nature que celui-là. Faire honneur à la Nature, c'était participer à sa mesure à l'éternel et au divin.

Quand l'homme sut que le monde avait été créé, ce dernier, contingent dans son existence, eut moins tendance à être tenu pour un objet de respect, bien qu'il continuât à faire figure d'image, de similitude participée de l'ordre divin, et à ce titre de principe normatif des comportements humains. L'essentiel des préoccupations des hommes était de faire leur salut, ce qui ne les dispensait pas de s'intéresser au monde et d'entendre y être heureux dès ici-bas, mais en tant que le monde leur parlait de Dieu. Et l'on cherchait la nature des choses, et la nature de cet ensemble de choses naturelles que l'on nommait Nature, laquelle n'était pas réductible à la simple juxtaposition de ses parties, en tant qu'elle était tenue pour être habitée par une fin universelle qui la justifiait, qui la rendait intelligible, dans l'acte où cette intelligibilité, ce sens qui était aussi direction, renvoyait l'intelligence au-delà de cette Nature. On cherchait ainsi le *pourquoi* des choses beaucoup plus que leur *comment*, on remontait des effets aux causes, des phénomènes aux essences à ce titre révélées selon leurs trois modes fondamentaux d'exister : dans les choses comme leur forme et comme modes d'actuation de leur matière, dans l'esprit comme idées abstraites, en Dieu comme paradigmes et principes d'existence tant des choses que de la connaissance humaine de ces choses. On savait depuis Aristote que « si quelqu'un prend en considération les choses depuis le commencement et dans leur genèse, dans leur devenir, c'est de cette manière qu'il les connaîtra le mieux » (*Pol.* I, II, 1). À partir du moment où la conscience se fit jour, sous la pression de la Révélation — encore qu'une telle certitude eût pu être atteinte, en droit, par l'office de la simple raison — que les choses avaient été créées, ainsi produites *ex nihilo*, et posées en leur indépendance ontologique par libre décision divine et non plus de manière nécessaire ; quand donc on comprit que même la matière n'était pas éternelle et incréée, alors la recherche du « pourquoi » — qui s'arrêtait au dévoilement des essences entendues telles des communications d'actualité à partir du Principe identifié comme Acte pur —, ainsi donc le dévoilement même de ces essences, devint insuffisante pour combler l'appétit de connaître. La coexistence de Dieu et du monde ne suffisait plus à expliquer leur contact lié dans un hymen entre les deux, et défini selon un rapport de causalité exercé par des essences incréées (seules les existences sont créées, non les essences, même pour saint Thomas d'Aquin) : les essences pouvaient subsister sur un mode divin, sans que le monde en fût nécessairement existant. On se mit donc à chercher, pour approfondir la satisfaction de souci du « pourquoi », dans les essences elles-mêmes, qui sont universelles, la raison du processus qui les fait singulières et existantes comme ces choses concrètes que l'on dit naturelles. C'est ici, semble-t-il, que la convoitise intellectuelle seule (l'essor de la science expérimentale, aux XVe et XVIe siècles, n'était pas porté, en son origine, par un projet technique de domination du monde) porta son intérêt sur l'ordre du « comment » : découvrir les procédés par lesquels on peut rendre raison de manière opératoire, ainsi reproductible, de la genèse des choses. Ce souci du « comment » était à l'origine vécu sur le mode d'un simple prolongement de la recherche du « pourquoi », et au vrai enraciné en elle : on partait encore des essences et on entendait s'acheminer, à partir d'elles, aux choses, pour remonter derechef, des choses, aux essences et à leur Principe. Mais le subjectivisme naissant, corrélatif du surnaturalisme franciscain générateur de nominalisme et de volontarisme (c'est par sa liberté et non plus par sa raison que l'homme est tenu pour « *imago Dei* », les essences et vérités éternelles deviennent elles-mêmes créées et ne sont plus consubstantielles à Dieu), en vint à déconnecter le « pourquoi » du « comment » qui parvint à se substituer au premier. C'est que, reconnu telle une partie de l'univers matériel dont il se savait être désormais la raison d'être, l'homme avait de plus en plus de mal à se reconnaître encore assujetti à un tel ordre universel, au point qu'il était tentant de se subordonner le monde à la manière d'un objet extérieur à l'homme par là invité à s'appréhender lui-même comme un principe d'antinature jeté dans la Nature. On a là le dispositif à l'œuvre dans l'explosion des sciences expérimentales gravides de techniques prométhéennes réduisant le monde à un stock d'énergie offerte aux convoitises constructivistes et hédonistes du genre humain. Ce qui évidemment ne fut pas sans engendrer des dysfonctionnements de plus en plus grands dans ce monde physique que l'homme aux désirs débridés ne sait plus habiter.

D'où la naissance du souci écologique, à l'origine politiquement de droite : on est « de droite » aussitôt qu'on reconnaît que la subjectivité n'est pas pour elle-même sa propre norme ; cela dit, il convient de bien distinguer entre déterminisme et finalisme ; la science moderne est méthodologiquement antifinaliste, maints scientifiques modernes (les athées) le sont métaphysiquement, ce qui ne les empêche pas de plébisciter l'existence de lois physiques dont ils savent bien que l'homme ne les décrète pas ; mais ce déterminisme impersonnel n'offusque pas leur subjectivité, parce qu'ils refusent de le déclarer sous-tendu par une finalité, laquelle renvoie toujours à une intelligence et à une décision — en l'occurrence, ici, une intention divine fondatrice d'un ordre ; les athées tiennent les lois physiques pour des données incontournables, mais à ce titre comme des lois de fonctionnement qu'il est loisible à l'homme de faire servir aux fins que lui seul choisira d'adopter, de telle sorte que le plébiscite du déterminisme n'est qu'une manière masquée de revendiquer pour la liberté humaine un droit absolu.

L'écologie est donc bien par essence de droite. Pourquoi est-elle aujourd'hui, de fait, à gauche ?

L'homme s'inspire de la nature pour inventer les techniques, l'oiseau inspire le rêve d'Icare et les avions ; or il existe une évidente finalité dans les objets produits par l'art (technique) ; il y a donc de la finalité dans la Nature qui est ainsi un ordre.

L'homme lutte contre la Nature : pour des raisons d'abord morales (la pudeur) puis physiques (le froid, les intempéries, la chaleur écrasante), il invente le vêtement ; les animaux carnassiers sont par nature dévoreurs d'hommes et il faut bien s'en protéger ; le feu doit être maîtrisé, et les vents et les mers, et les fleuves. L'homme est par nature passible et mortel, et c'est seulement, selon le christianisme, par des dons préternaturels qu'il était impassible et immortel, mais il est aussi dans sa nature de fuir la douleur et la mort.

L'homme est dans la Nature et solidaire de la Nature, il tire d'elle tout ce qui le constitue physiquement et tout ce qui le renouvelle ; on dira qu'il n'est pas issu de la nature par son âme qui est créée, mais enfin, étant l'acte premier d'un corps organisé ayant la vie en puissance, et de surcroît d'un corps qui en fait cette âme individuelle parce que la nature humaine s'individue — par lui — en elle, l'âme est éminemment solidaire du corps auquel elle est parfaitement proportionnée jusque dans ses opérations organiques extrinsèquement requises par l'exercice de l'acte d'intellection, aussi est-elle, elle-même, solidaire de la Nature.

Il faut donc affirmer la Nature puisque l'homme en est solidaire, et en même temps la nier puisqu'elle est hostile à l'homme ; il faut affirmer la Nature dans sa négation, mais cela revient à la faire se sublimer, se « sursumer » (*aufheben*), donc s'achever (aux deux sens du terme, se supprimer dans l'acte de se parfaire), ce qui suppose qu'elle soit en conflit originaire à l'égard d'elle-même, de telle sorte que la nier revient à la faire se réconcilier avec elle-même. Si l'homme n'est pas dans la Nature comme un étranger dans un monde hostile naturellement enclin à l'en expulser, alors l'agir et le faire de l'homme, qui expriment son être, sont le prolongement de l'acte à raison duquel la Nature elle-même surmonte son propre conflit : faire surgir de et dans la Nature, à partir de la racine ontologique de cette dernière, un être qui soit encore naturel, et qui soit un dépassement de l'ordre naturel lui-même, un dépassement de son conflit constitutif, ce qui se produit quand, au sein du monde, surgit quelque être capable de le penser ; le monde est depuis toujours en attente de couronner ses efforts par la genèse intestine d'un sujet en lequel il accède à la conscience de lui-même.

Pourquoi en est-il nécessairement ainsi ?

« La rouille naît avec le fer, et les vers avec le bois, de sorte que quand bien même aucun agent étranger n'attaquerait ces substances, elles ne laisseraient pas de se détruire, parce qu'elles portent en elles-mêmes le principe de leur destruction » (Polybe, *Histoire de la République romaine*, livre VI, fragment 3). Ce qui n'est qu'objet est matériel, incapable de se contenir (l'amphore contient du vin et reste impuissante à être pour elle-même son propre contenu), et c'est pourquoi un corps, par nature, dégénère, tend à se corrompre, est impuissant à conjurer sa vocation à se décomposer ; il s'échappe de lui-même, ne coïncide pas avec soi en tant qu'il est extérieur à soi, se révèle pour cette raison être en état congénital de conflit par rapport à soi : ce dont l'extérieur est extérieur à son intérieur n'est pas véritablement intérieur à lui-même et se révèle extérieur à soi, insurgé contre soi ; seul ce qui réalise l'identité concrète de l'intérieur et de l'extérieur, ainsi seul ce qui est capable de s'extérioriser dans lui-même, et de ce fait de s'objectiver, par là d'être une pensée, est subsistant (voir ici à ce sujet la dialectique de l'intérieur et de l'extérieur développée dans la rubrique « **Art et**

beauté »). Le monde accède à la subsistance et conjure sa vocation à se résorber dans le néant précisément parce qu'il est habité par le projet anthropique de faire naître l'homme en son sein. La Nature est, considérée en elle-même indépendamment de l'homme, en conflit originaire et essentiel avec elle-même, tourmentée par l'aspiration inconsciente à se sublimer, et l'homme est cette sublimation de la Nature ; il la conserve en lui en la surélevant, il assume en les dépassant les règnes minéral, végétal et animal. Se révélant tel le résultat obligé de la résolution d'un conflit, l'homme est dans la Nature, il ne lui est pas accidentel d'y séjourner, il est chez lui en elle, mais tout autant il est destiné à la nier.

Ce qui est en contradiction avec soi-même est ce qui se fuit pour s'atteindre et qui ne s'atteint que pour se fuir : en tant qu'il s'agit de *contradiction*, il se repousse de soi et se fuit ; en tant qu'il *est* cela, il se fuit pour s'atteindre, dans un processus circulaire ou réflexif. Et c'est là peut-être ce qui explique que l'univers soit en extension permanente (ses parties se repoussent les unes des autres et font croître le volume de l'univers indéfiniment, créant son espace et sa temporalité par cette croissance même), mais que cette extension globale génératrice d'entropie soit corrélative d'un accroissement néguentropique d'information régionale, de complexification interne génératrice de ce qu'il est convenu de nommer l'évolution : on ne va du moins (la bouillie informe du début de l'univers) vers le plus que parce que le plus s'anticipe depuis le début dans le moins, s'organise et se complexifie en niant sa négation, en intériorisant son extériorité à soi. Et l'univers matériel, n'étant pas pensant, n'est évidemment pas la raison suffisante de la réflexion qu'il exerce.

Cela dit, l'homme est une intériorisation de la Nature : il la conserve en soi, elle qui était son « *terminus a quo* », sur le mode de sa puissance à procréer et à se régénérer ; par là il intériorise ce dont il procède, se met à exister d'une vie propre, et par là se constitue dans cette intériorisation même.

Il est donc dans la vocation de l'homme de transformer la Nature, mais selon les exigences de la nature spirituelle de l'homme, laquelle assume tous les degrés de la Nature extérieure — minéral, végétal, animal — en les dépassant, de sorte qu'il la respecte en se respectant lui-même, et, en la transformant, il est encore à son service puisqu'il l'achève (aux deux sens). Il est bien dans la vocation de l'homme d'être technicien, d'accomplir la Nature et de s'accomplir lui-même en s'intronisant maître et possesseur de la Nature. Il reste que sa fébrilité technicienne requiert des limites, qui lui sont imposées par sa propre nature (résultat — chronologiquement — de l'intériorisation de la Nature, et cause finale de la Nature elle-même) ; comment définir objectivement ces limites ?

La Cité, de manière générale, invite l'homme à s'intégrer en elle en sorte qu'il y soit chez lui, parce qu'elle est une extériorisation subsistante de sa propre vie intérieure : il n'est rien sans elle en laquelle il reçoit sa vie, sa subsistance matérielle et morale, et elle n'est rien sans lui qui la fait exister en y prenant la place que ses talents lui assignent ; cité et individu sont en relation de causalité réciproque, ce qui revient à dire qu'ils sont équivalents, par là identiques sous un certain rapport ; puisque ce ne peut être sous le rapport de leurs corps respectifs, c'est qu'ils s'identifient quant à leur structure formelle : ce qui est âme dans le corps individuel est, projeté dans la communauté humaine, forme de la Cité.

Mais la technique est elle aussi une extraposition de l'âme humaine, puisque l'homme projette dans l'objet façonné ses idées et sa nature rationnelle. Société et monde techniques sont donc bien deux formes d'extériorisation de l'intériorité humaine, ainsi de l'âme. Il en résulte que les exigences de l'essence humaine, explicitées dans et par la cité rationnelle, peuvent être tenues pour la mesure — ainsi la limite normative — du développement technique ; c'est ainsi la subordination des hommes au bien commun politique qui, mobilisant les puissances humaines transformatrices de la Nature, reconnaît dans les exigences politiques de ce bien commun la mesure de l'activité technique.

Mais la Nature est ce que l'homme achève, et n'achève qu'en l'imitant, ce qui revient à dire que la Nature est à la fois le modèle dont l'homme s'inspire, à la fois le matériau qu'il travaille. Elle se donne les conditions de son propre achèvement dans l'homme en lequel elle parvient à son entéléchie. Elle a donc bien, en tant qu'achevée, la structure de la vie intérieure qu'il projette en elle. Sous ce rapport elle est un ordre dans lequel il doit s'intégrer. La Nature doit être changée par l'homme pour être achevée, ainsi pour être absolument naturelle (il est contre nature que la Nature soit livrée à elle-même sans aucune intervention de l'homme). Pour maintenir ensemble ces deux exigences, on dira d'abord que l'homme doit la changer de telle sorte qu'aucune innovation ne soit irréversible, car toute innovation irréversible serait plus qu'un aménagement humanisant, ce serait un changement de son ordre même. Changer les climats, changer les patrimoines biologiques, c'est une insulte faite au Créateur. On dira aussi qu'il est invité à la changer de sorte que le progrès technique se fasse conformément aux besoins exclusifs de la cité rationnelle, ainsi de la morale, puisque la politique ne dépasse la morale qu'en l'assumant. Et quelque dénaturée, récupérée, instrumentalisée, gauchisée qu'elle soit aujourd'hui, la préoccupation écologique demeure encore par accident gravide de pressentiments sains en forme d'hystérèses du souci politique inspirant à l'origine la véritable écologie : même si le diesel n'est pas le plus polluant des combustibles, il y a un désordre certain à violenter les campagnes en les transperçant — sous la pression d'impératifs économiques — d'autoroutes à un point tel que véritablement rares deviennent les lieux agrestes en lesquels il est encore possible de jouir du silence. De même qu'il est tout de même désordonné que l'homme d'aujourd'hui ne puisse vivre sans automobile : même si l'automobile n'était en aucune façon polluante, le recours devenu économiquement vital à cette dernière exprime et favorise tout à la fois le déracinement, l'ivresse de la vitesse, l'aversion pour la lenteur qui invite à la réflexion, à la méditation, au détachement des choses humaines et temporelles, et qui exerce à la patience. Sous ce rapport, l'écologie contemporaine est aussi l'expression non éclairée de ce réflexe politique velléitaire dirigé contre le fait de la subordination antinaturelle du

Politique à l'Économique ; incapable de remettre en cause le subjectivisme ambiant, l'esprit démocratique et les démesures hédonistes qui lui sont liés, le citoyen pusillanime satisfait sa vague aspiration à l'ordre en se faisant écologiste. Il reste que, ce faisant, il devient l'instrument des grands chambardeurs.

De même que le subjectivisme a fait basculer le projet de prolonger la connaissance du « pourquoi » par la connaissance du « comment » en connaissance du « comment » substituée à celle du « pourquoi », de même le subjectivisme politique inauguré et systématisé par la philosophie de l'un des hommes les plus funestes que la terre ait jamais portés, à savoir Jean-Jacques Rousseau, a fait basculer l'écologie (souci de maîtrise et de domination de la Nature mais respectueux de son ordre normatif) en caricature de la vocation primitive de l'écologie, c'est-à-dire en cette aspiration tératologique consistant à conjuguer une déification panthéiste de la Nature réduisant l'homme à un animal bienheureux, et une exaltation sans mesure du Moi porteuse de la démesure consumériste la plus radicale. Suivons les scansions de la logique délirante inspirant ce projet.

Rousseau, comme on sait, est un individualiste forcené : l'homme est par nature un solitaire, sa solitude lui garantit son indépendance et sa liberté, et il est voué à chercher son bonheur dans l'acte de se nourrir — par l'imagination — de sa propre substance. Ses biens propres sont donc éminemment privés, mais par là ils excluent logiquement de n'être pas matériels et générateurs de désirs consuméristes, puisque ce qui est privé est imparticipable (voir à ce sujet les rubriques « **Antispécisme** », « **Capitalisme** », « **Droits de l'Homme** », « **Totalitarisme** »). Son apologie spartiate de la frugalité est le cache-sexe des délices hollywoodiennes, et trouve son illustration ignoble dans les camps de vacances du Club Med, les camps naturistes et la publicité éhontée — promotrice du consumérisme et produit de l'ultra-capitalisme — en faveur des « produits bios ». Ce qui préside chez Rousseau à ce résultat, c'est sa conception contradictoire de la perfectibilité : elle est puissance à évoluer, à se perfectionner par les arts, la culture et la méditation, mais en dernier ressort elle est beaucoup plus le principe d'une dépravation que d'un progrès. Nonobstant son absurdité, notre auteur tient beaucoup à cette idée, en effet essentielle à son souci foncier, qui est celui de rendre l'homme innocent de toute propension au mal, ainsi innocent du poids d'un quelconque péché originel.

L'homme est supposé bon par nature, et pourtant il engendre une société corruptrice, qui est le fruit de sa perfectibilité. Quelle conséquence faut-il en tirer ? Il faudra être infra-humain pour se rêver bon, et c'est bien ce à quoi nous invite un aspect de la pensée de Rousseau. Mais Rousseau est en fait un gnostique qui s'ignore :

La nature humaine est supposée bonne, pure, sans tache, puisque l'homme n'a pas en lui-même le principe actif de sa dépravation ; c'est la société qui le corrompt. Mais l'homme a une nature naturellement dotée d'une perfectibilité qui est principe de dépravation, ainsi de corruption. S'il est bon par nature, on ne voit pas que la société, qu'il engendre, puisse être principe de corruption, c'est-à-dire mauvaise, car il faudrait qu'il fût corrompu pour l'engendrer, or elle est supposée expliquer sa corruption. Et si c'est quand même elle qui le corrompt, c'est qu'il est l'auteur d'une société corruptrice, que donc il est lui-même nativement corrompu, mais pour autant seulement qu'il fasse se déployer les promesses vénéneuses de sa perfectibilité. Si la société est corruptrice, c'est au fond parce qu'elle enjoint à l'homme d'actualiser sa perfectibilité. Mais cette perfectibilité, en tant que gravide de corruption, l'homme n'en est au fond pas responsable, puisqu'elle lui a été donnée telle quelle par Dieu. En tant que libre, il est innocent ; en tant que créature mal faite, il est pécheur. C'est donc au fond Dieu qui pèche en le faisant pécher. C'est Dieu qui est mauvais. L'idéal eût été de retourner à ce bienheureux état de nature où l'homme n'était encore qu'un homme en puissance, et l'écologie contemporaine, intrinsèquement contradictoire comme l'est l'anthropologie de Rousseau, est bien l'expression de cette nostalgie du mythique état de nature. Mais parce que le rousseauisme est un subjectivisme, l'homme de Rousseau est individualiste et à ce titre, quelque effort qu'il fasse pour le nier, il est consumériste.

L'écologie inspirée par l'homme de Rousseau, ainsi par notre contemporain, entendra donc non revenir à une économie de subsistance, non à une société d'ordre, mais promouvoir une économie d'abondance qui ait tous les attraits, sans ses défauts, de l'état sauvage, qui ainsi ne soit pas polluante, soit immune des effets indésirables de l'industrialisation sans frein. Pour limiter l'industrialisation sans renoncer à l'hédonisme qui, consumériste, appelle cette industrialisation inflationniste, il faudra avoir recours à des procédés qui ne relèvent pas de l'écologie, mais de la politique, ou plutôt de ce que devient la politique quand elle substitue l'administration des choses au gouvernement des hommes : on sera socialiste. Cela dit, personne ne veut encore du socialisme réel, aussi longtemps que l'homme croit pouvoir atteindre la liberté et l'égalité absolues sans renoncer au productivisme. Tout le monde veut la liberté absolue, puisque c'est son absolutisation qui fonde le subjectivisme ; tout le monde veut l'égalité puisque des libertés infinies ne peuvent être qu'égales. Tout le monde consent à une égalité absolue (dans la pauvreté) quand la conscience s'est fait jour que la coexistence des libertés absolues était génératrice d'inégalités toujours croissantes, et que le substitut de la liberté absolue, à savoir l'égalité absolue qui lui est logiquement attachée, en vient dans la société communiste à satisfaire, par défaut, la pulsion libertaire. En attendant ce moment, on retiendra de l'ordre naturel seulement ce qui concerne la consommation ; il n'y aura pas d'ordre naturel entendu en sa perspective morale : prohiber le suicide, les drogues, les idées fausses, l'athéisme, les fausses religions, l'amour libre, le divorce, l'avortement, l'homosexualité, le pansexualisme, la PMA, les méthodes contraceptives, etc. Rien de tout cela ne relèverait de la pollution et du désordre ; il n'y aura ordre naturel qu'en ce qui concerne les énergies renouvelables et le maintien de la diversité animale et florale. L'unique péché devient la pollution, l'unique vertu la bonne santé physique, et cela non parce que la pollution des océans, des terres, de l'atmosphère, exprimerait un désordre consumériste, mais parce que cette pollution physique porte atteinte au désir de jouir des générations futures.

À partir de ces données logiques, inévitables parce que logiques, se greffe sur le phénomène écologique le mensonge démocratique : ce sont les firmes les plus polluantes qui financent les programmes écologiques. L'écologie devient argument de vente dans la compétition capitaliste, objet de manipulations politiques — telle la cause du Réchauffement climatique, vaste bobard[32] destiné à faire

---

[32] L'éruption du volcan dit « Laki » en Islande, en 1783, produisit en deux jours plus de gaz que n'en produisent en un an toutes les industries européennes actuelles (voir la plaquette de Claude Beauléon, *La Farce du réchauffement climatique, une imposture au service du mondialisme*, Éditions de Chiré, 2018). Il y eut une phase de période chaude dans l'Antiquité, une période froide entre le IVe et le IXe siècle, une période plus chaude dans l'hémisphère nord du Xe au XIVe siècle, nommée « optimum climatique médiéval », un refroidissement dans la même zone entre 1400 et 1850 (« petit âge glaciaire »), une période de réchauffement de 1910 à 1940, de refroidissement de 1940 à 1970, et, semble-t-il, de réchauffement depuis 1970 (mais il s'agit peut-être plus de contraste entre les saisons que de réchauffement proprement dit), et aucune de ces périodes de réchauffement ne fut conditionnée par des causes anthropiques, mais probablement par les variations des flux thermiques solaires. Les glaciers étaient plus courts il y a trois mille ans qu'ils ne le sont aujourd'hui, on cultivait la vigne en Angleterre au Moyen Âge, et les Vikings s'installèrent à la même époque au Groenland, terre verte. Il n'est pas certain qu'il y ait réchauffement global considérable et précipité, et il est faux qu'il soit imputable au CO_2 ; et il est certain qu'il n'est pas d'origine anthropique. On a présenté les deux mille membres du GIEC (département de l'ONU — qui préfigure l'État mondial —, nommé « Groupe d'experts intergouvernemental sur l'évolution du climat ») comme des savants incontestables en laissant entendre qu'il y aurait consensus sur cette question dans le milieu des grands scientifiques. En vérité, comme l'ont rappelé les professeurs Paul Reiter (ancien membre du GIEC et chercheur à l'Institut Pasteur) et Richard Lindzen (ancien membre du GIEC et professeur au MIT), ce n'est pas parce qu'ils étaient de grands savants que les scientifiques ont été sollicités par le GIEC ; c'est parce qu'ils ont accepté de cautionner les positions idéologiques du GIEC que ces scientifiques, souvent à l'origine de seconde zone, ont été administrativement et médiatiquement promus au rang de grands savants. Il y eut maints membres du GIEC (dont de nombreux membres ne sont nullement des scientifiques) qui donnèrent leur démission parce qu'ils ne croyaient pas à l'idéologie de cette officine, et qui figurent toujours, contre leur gré, sur la liste des « savants » convoqués par cette entreprise mondialiste. François Gervais, professeur émérite à l'université de Tours, auteur de *L'urgence climatique est un leurre* (Éditions de l'Artilleur, 2018), rappelle dans ses conférences (dont celle du 13 décembre 2018, aisément accessible sur Internet) que l'on est passé en un siècle du taux de CO_2 dans l'air de 0,03 à 0,04 %. Il rappelle aussi, sans insister sur ce point, que la Banque mondiale a prévu, en fait de dépenses destinées à enrayer la montée supposée dramatique du CO_2, qu'il faudrait avoir recours à 90 000 milliards de dollars d'ici à 2030, et que les gouvernements seront mis en demeure d'emprunter cet argent. On mesure l'importance de ce chiffre quand on se souvient que la dette souveraine mondiale est actuellement de 60 000 milliards de dollars. On peut se demander si l'escroquerie du réchauffement climatique anthropique n'est pas un mensonge destiné non seulement à accoutumer les peuples à l'idée que certains problèmes excèdent les compétences des

croire qu'un État mondial serait nécessaire au règlement de problèmes dépassant la compétence des États — au service des trusts, de la Haute Finance et du mondialisme, c'est-à-dire du couronnement politique du subjectivisme. Les grandes causes supra-étatiques peuvent être controuvées, cela n'a pas d'importance ; tout le monde au fond veut y croire, parce que tout le monde veut croire au mensonge démocratique. La bonne conscience du peuple, lequel n'est pas meilleur que ses élites, a besoin de grandes causes pour se donner le sentiment d'être inspirée par de nobles desseins, mais elle répugne à toute véritable exigence morale qui frustrerait les glandes consommatoires et crucifierait le petit moi de chacun. Elle se livre donc à l'exigence écologique, dimension scientifique de l'« éthique citoyenne ». À ces sujets, le journaliste « Hannibal », dans la livraison du n° 3355 (5/12/2018) de *Rivarol*, rappelle en dernière page les faits suivants :

Les bateaux et les avions polluent infiniment plus, par le carburant consommé, que les automobiles ; le refus de recourir au nucléaire et le développement des éoliennes provoqueront, par le recours obligé à la houille ou au pétrole, une augmentation des émissions de CO_2. Dès 1987, lors du protocole de Montréal qui interdit la présence des CFC (gaz chlorofluocarbonates), dans les réfrigérateurs et les aérosols, l'argument écologique avait été invoqué pour des raisons économiques et politiques sans rapport avec le salut de la planète : de même qu'il n'est nullement établi que le réchauffement climatique, qui a commencé vers 1850, serait d'origine humaine et serait appelé à se prolonger, de même il ne fut jamais établi que les émissions de CFC auraient été responsables de la destruction de la couche d'ozone stratosphérique, ni même qu'il y avait eu destruction effective. L'interdiction des CFC permit aux grandes firmes d'élaborer des produits de substitution, ce qui renouvela leurs marchés et les invita à procéder à des concentrations techniques et économiques considérables ; le capitalisme ne peut fonctionner qu'en visant la croissance, et l'extension des marchés est physiquement limitée (la Terre est ronde), de sorte que le renouvellement des techniques (éoliennes, agro-carburants, énergie solaire, automobiles à électricité) est la seule manière d'ouvrir de nouveaux marchés. L'argument écologique est destiné en vérité à modifier la structure de la fiscalité, c'est-à-dire à appauvrir les classes moyennes ; le but lointain est d'appauvrir les pays du Nord au profit des pays du Sud, tout en favorisant un alignement des mœurs du Sud sur celles du Nord ; le libéralisme forcené des grandes firmes émancipées de toute férule étatique n'est que l'envers d'une inflation fiscale nourrissant un processus *socialiste* de redistribution. Quand le monde sera économiquement et culturellement homogénéisé, sans aucune différence politique ou culturelle de potentiel entre les grandes régions du monde, il sera d'autant

États et que le recours à l'État mondial sera nécessaire au salut de l'humanité, mais encore à ménager aux financiers internationaux une rente monstrueuse qui appauvrira les États par le biais d'une fiscalité croissante destinée à rembourser la dette induite par ce danger imaginaire mais paré de toutes les garanties de l'écologie scientifique.

plus facile aux mondialistes bancaires d'instaurer un État mondial, dont la capitale serait — selon les souhaits de la branche sioniste du mondialisme — Jérusalem, et dont le mode de gouvernement sera — conformément aux vœux de Moses Hess, inspirateur de Marx — celui du communisme, ce qui explique qu'un Chou En-laï, tout comme au reste Gorbatchev, ait pu adopter la posture de l'écologisme philanthropique, lançant à Stockholm le concept de « développement durable » ; toute velléité d'insurrection des peuples jadis souverains et dominateurs sera enrayée par le métissage qui rendra présente à chacun de ces peuples une frange incontournable de ressortissants d'anciens dominés objectivement intéressés au maintien de ce nouvel ordre mondial judéo-maçonnique, par ressentiment à l'égard des anciens dominants européens.

Le souci écologique est en soi éminemment recevable, mais dans l'unique mesure où il s'inscrit dans la perspective générale du plébiscite de l'ordre naturel, et divin parce que naturel. Or cet ordre, en tant que reflet dans la vie mondaine et humaine de l'ordre divin, ne prend son sens qu'en tant qu'il est d'abord moral et politique. Donc l'écologie déconnectée du souci — en lequel elle prend son sens — de l'ordre moral et politique, est un désordre, elle est antinaturelle et à ce titre elle est génératrice — jusque dans l'ordre naturel (« Nature » entendue tel l'état de l'univers avant toute intervention humaine) — de pollution spirituelle mais aussi physique. Il est donc suicidaire, pour la planète et pour l'homme, de prétendre élaborer un programme écologique qui se voudrait non seulement apolitique, mais fondement du politique, puisque c'est seulement à l'intérieur du souci politique qu'un tel programme est véritablement écologique. Et l'Histoire, autant que le raisonnement, prouvent que le seul régime capable de concilier plébiscite de l'ordre des choses et acceptation du phénomène de la technique moderne n'est autre que le fascisme, pris au sens générique.

ÉCRIVAIN

« Quoiqu'on dise communément que l'usage est le maître des langues, il faut l'entendre de l'usage du peuple lettré et non de la multitude » (Louis de Bonald, *Mélanges littéraires, politiques et philosophiques* [1819], dans *Œuvres de Monsieur de Bonald*, Le Clère, 1817-1843, t. XI, p. 293-294).

« Depuis l'Évangile jusqu'au *Contrat social*, ce sont les livres qui ont fait les révolutions » (Louis de Bonald, *ibid.*, t. X p. 224).

Il fut un temps où les classes sociales conservaient encore quelque chose des anciennes sociétés d'ordres, de telle sorte que les mœurs, les besoins, les références culturelles étaient variés, parce que le principe de hiérarchie entre les groupes humains et entre les hommes ne se limitait pas à l'argent. Ou bien la puissance financière ne suffisait pas pour accéder aux premiers rangs de la société (il y fallait la naissance, ou bien la culture, ou bien des compétences particulières), ou bien elle se voulait l'expression de ce rang, et non son principe. Un riche maquignon, beaucoup plus prospère qu'un médecin de campagne, saluait ce dernier avec déférence, et le médecin, en retour, était un lettré qui avait fait ses Humanités, au lieu que les médecins contemporains sont des techniciens spécialisés dont les goûts et la culture générale ne sont spirituellement pas plus élevés que ceux du plus humble de leurs patients. Parce que la recherche des biens matériels, devenue exclusive, est par essence inflationniste, palliant sa pauvreté qualitative par une relance quantitative indéfinie, une société hédoniste est nécessairement économisée — entendons par là une société dans laquelle tout devient susceptible d'être acheté, d'avoir une valeur économique. En effet, dans un climat hédoniste, ce n'est plus le bien aimable qui a raison de fin pour l'appétit, mais le plaisir qui résulte de la possession d'un tel bien ; or le plaisir est éminemment subjectif, non tellement au sens où il serait éminemment variable d'un sujet à l'autre, mais en ce sens qu'il est cette espèce de bien que le sujet est devenu pour lui-même en tant qu'il est comblé par la possession du bien : n'est tenu pour bon ou aimable que ce qui permet de « se faire plaisir », ainsi non tant de combler un besoin objectif que d'être pour soi-même son bien ; le plaisir n'est pas l'objet d'un appétit, il est l'état de cet appétit en tant qu'il est comblé, et c'est pour la subjectivité qu'il devient objet ; donc, en climat hédoniste, le plaisir devient fin ultime et instaure aussi le règne du subjectivisme selon lequel l'homme est pour lui-même sa fin, par là celui qui se subordonne toutes choses désormais sommées de lui devenir accessibles sans qu'il ait quelque effort à faire pour se rendre digne de les posséder et d'en jouir. Et cette exigence engendre la conséquence suivante : tout bien qui par nature relevait de l'ordre de l'être (le savoir, la vertu, l'intelligence, les talents, la beauté et l'élégance naturels) doit être converti en un bien qui relève de l'avoir, ainsi en un bien qui peut s'acheter, ce qui rend toutes choses commensurables entre elles du fait qu'elles sont devenues susceptibles d'être mesurées à l'aune du même principe : l'argent. Et dès lors que toutes choses deviennent commensurables entre elles, elles deviennent susceptibles d'être désirées par n'importe qui. D'où cette tendance spontanée à l'égalisation des conditions, non sous le rapport de l'argent (le seul différentiel subsistant) mais sous celui des mœurs, des goûts et des comportements. D'où encore cette tendance à l'égalisation par le bas. Dans les sociétés d'ordres, tout n'était pas économisé, et c'est pourquoi les fonctions intellectuelles n'étaient pas galvaudées. Il existait une classe qui — par la naissance, par l'éducation, par la fonction et la conscience du rang social auquel on appartenait, et qui était lui-même porteur de certaines exigences morales — définissait, avec une relative justesse, le bon goût. Et parce que cette classe était la classe dirigeante reconnue comme élite, elle était imitée par le peuple qui s'en voyait élevé spirituellement : l'homme du peuple d'antan avait meilleur goût que le contribuable d'aujourd'hui, il était plus fin et plus cultivé. Un écrivain s'adressait d'abord aux membres de cette classe supérieure, qui étaient exigeants. Il n'en appelait pas aux suffrages du plus grand nombre, il obtenait ce suffrage à cause du succès qu'il avait obtenu par l'aval sélectif de la classe dirigeante. C'est pourquoi les écrivains accédant à la notoriété étaient rarement de mauvais auteurs ; n'écrivaient que ceux qui avaient quelque chose à dire. Ils connaissaient leur métier, n'importe qui ne se décrétait pas écrivain. Et si les écrivains étaient avides de succès, d'argent, de femmes et de voluptés, c'était malgré leur talent réel, ainsi malgré leur goût prononcé pour produire, dans une jubilation qui en droit se suffisait à elle-même, des œuvres de qualité. Au lieu que, aujourd'hui, on est écrivain pour se donner la satisfaction de ne pas être condamné à gagner sa vie pour vivre, à passer sa vie à rechercher les moyens de vivre, et pour acquérir une position sociale flatteuse d'intellectuel ou de « génie », de « créateur », non sans viser — mais sans l'avouer, et surtout sans se l'avouer — les satisfactions les plus triviales. L'écrivain contemporain écrit pour obtenir des satisfactions de vanité en se donnant des poses de « penseur », de « témoin de son temps », en s'offrant le frisson de « n'être pas comme tout le monde », d'être au-dessus de la plèbe, mais aussi pour avoir des maîtresses, pour jouir du droit de se lever tard, de conduire de grosses cylindrées, de vivre en dehors des cités colonisées par les Arabes, et de voyager. La condition d'écrivain a tout perdu, de nos jours, des raisons légitimes qui l'entouraient naguère (jusqu'à la fin de la Deuxième Guerre mondiale) d'une aura d'honorabilité. Les Anciens avaient résolu le problème de la servitude universelle du travail, c'est-à-dire de cette malédiction sommant l'homme de passer sa vie à survivre en dépensant sa vie à acquérir les moyens de vivre. Ils avaient recours à l'esclavage, lequel consistait à traiter une partie de l'humanité en sous-humanité, pour que puissent subsister quelques hommes capables de faire valoir les droits de leur propre humanité, c'est-à-dire de leur spiritualité contre la tyrannie de leurs passions charnelles. Si les Maîtres étaient — au reste, non toujours — cruels et peu scrupuleux, ils avaient au moins le mérite de viser une fin honorable, et aussi celui de se donner les moyens d'accéder à leur position dominatrice ; ils étaient les plus forts. Au lieu que, aujourd'hui, le dernier des médiocres ose se scandaliser d'être relégué dans le rôle de charcutier ou de réparateur d'ascenseurs, de représentant de commerce ou de comptable, et prétend jouir du statut de spectateur pur, hors du circuit abrutissant de la production matérielle, mais sans pour autant viser une fin héroïque et aristocratique, et sans avoir à faire l'épreuve d'être le plus fort. Quand il n'ose prendre le risque d'être un hors-la-loi, quand il trouve trop longue l'entreprise consistant à revendiquer par le moyen du syndicalisme, quand il ne dispose pas des relations lui permettant d'être franc-maçon, c'est-à-dire de gravir l'échelle sociale sans le mériter, il lui reste toujours la ressource de se déclarer écrivain, parce que le métier d'écrivain ne suppose aucune formation liminaire. Il faut au moins savoir dessiner[33] ou maîtriser l'usage d'un instrument pour se dire artiste peintre ou musicien, au lieu qu'il suffit de connaître sa langue maternelle pour se mettre à rêver d'être une plume de génie.

On pourrait penser que la démocratisation du métier d'écrivain, faisant accéder maints inconnus ambitieux à l'arène de la recherche du succès, exacerbe la compétition entre auteurs et incite les plus doués à donner le meilleur d'eux-mêmes. Ce n'est pourtant pas ce qui se produit. La compétition, l'émulation ne sont fructueuses que si une élite du goût sait adopter les bons critères de sélection et jouit de l'autorité requise pour les appliquer. Or la démocratisation du métier d'écrivain, génératrice de cette démangeaison d'écrire s'emparant du moins talentueux des hommes aussitôt que doté de cette prétention que diffuse l'esprit démocratique, s'accompagne aussi de la démocratisation de la fonction de critique littéraire : les critères de sélection sont devenus eux-mêmes enjeux de compétition, et alors c'est immanquablement le poids de la masse et de la vulgarité qui l'emporte. De surcroît, les faiseurs d'opinion brouillent de manière irréversible le jeu du dévoilement des talents ; ces faiseurs d'opinion peuvent être idéologiques, auquel cas ce sont les réseaux maçonniques et juifs qui favorisent telle production au détriment des autres, en fonction de son aptitude à façonner l'opinion dans le sens qui sert leur cause ; ces faiseurs d'opinion peuvent aussi être mercantiles, auquel cas c'est le mauvais goût du public, ratifié par les éditeurs, qui fait prévaloir tel auteur par rapport aux autres, en fonction de son aptitude à satisfaire les aspirations de la masse. On connaît la thèse de Molière : « **Je voudrais bien savoir si la grande règle de toutes les règles n'est pas de plaire ; et si une pièce de théâtre qui a attrapé son but n'a pas suivi un bon chemin. Veut-on que tout un public s'abuse sur ces sortes de choses, et que chacun n'y soit pas juge du plaisir qu'il y prend ?** » (*La Critique de l'École des femmes*, scène VI) Et elle n'est recevable que si le public est un vrai public, dont le goût est sûr. Si le premier devoir d'un auteur est de plaire, quand ce n'est pas le succès qui définit la qualité et le goût (c'est bien plutôt le goût qui définit

---

[33] Il est vrai que la présente observation est peut-être grevée d'un optimisme bien naïf.

la qualité et le droit moral au succès), c'est que, tout simplement, il est des succès qui ne sont pas de vrais succès : ne pouvant s'abuser tout le temps, quelque effort qu'ils fassent pour être victimes d'eux-mêmes, les hommes en viennent toujours, sur le long terme, à ne retenir que ce qui mérite d'être retenu. Mais, pour ceux qui sont victimes de ce processus égalitaire, la vérité vient toujours trop tard. L'un des scandales du monde moderne, c'est qu'il existe — n'en déplaise aux cyniques, aux « réalistes », aux existentialistes — des talents méconnus et des vocations gâchées.

ÉGLISE CATHOLIQUE

« **L'Église catholique, se distinguant nettement en cela du Protestantisme libéral, enseigne une doctrine. Pour elle, l'*Écriture sainte* n'est que l'un des fondements de la connaissance religieuse. L'essentiel est la *Tradition*, ensemble de vérités explicitement incluses ou non dans la Bible, mais enseignées par l'autorité de l'Église. L'Écriture sainte n'est pour ainsi dire que le premier chaînon de la Tradition, le plus important évidemment. Pour le catholique, pas de "libre examen" des textes sacrés, comme pour la plupart des protestants ; l'Église en dégage une interprétation officielle, à tel point que seules les éditions de la Bible annotées et approuvées par la hiérarchie sont accessibles en droit aux fidèles. Pour le catholique, le livre qui fait foi, ce n'est pas tant la Bible, texte souvent obscur et susceptible d'être interprété de façons fort différentes, que le catéchisme, qui est un résumé concis et didactique de la Tradition** » (*Histoire du catholicisme*, PUF, Que sais-je, 1949, par Jean-Baptiste Duroselle, p. 7).

Ainsi, c'est l'Église qui, par son autorité propre, définit ce que sont les Écritures contenant quelque chose de révélé, et la manière dont il faut les comprendre ; et les Écritures attestent que l'Église possède bien ce pouvoir souverain. Il y a donc les Écritures contenant la Révélation d'une part, et d'autre part la clé d'interprétation des Écritures (laquelle clé discrimine aussi entre ce qui fait partie des Écritures contenant effectivement la Révélation, et ce qui n'en fait pas partie). Il y aurait cercle logique, ainsi aporie, s'il n'y avait que le texte et sa clé, car il faudrait lire le texte pour avoir la clé et posséder la clé pour lire le texte. Il y a un troisième terme qui résout l'aporie : la Tradition (ce qui a été effectivement transmis par le Christ aux apôtres et, par les apôtres, aux fidèles, soit oralement soit par écrit) possédée par l'Église qui est seule à pouvoir s'en dire possesseur légitime et à être dépositaire de l'autorité requise pour l'expliciter ; et c'est en quoi l'Église *est* « Jésus répandu et communiqué » (Bossuet) ; il faut qu'il en soit ainsi : l'Église doit *être*, mystiquement, Celui qui la fonde, afin de posséder indubitablement l'autorité l'habilitant à se déclarer dépositaire exclusif du contenu et de l'interprétation adéquate de la Parole qu'elle transmet ; elle est d'institution divine, et elle est divine dans sa forme, quelque indigne qu'elle soit dans sa matière humaine. Les modernistes ont essayé d'attaquer l'Église, de restreindre son autorité, voire de nier cette dernière complètement, afin d'émanciper la subjectivité du magistère coercitif de l'Église, pour laisser la subjectivité se faire maîtresse inconditionnée dans le domaine des mœurs, de la morale, de la politique, et des positions philosophiques, ce qui revenait à substituer le magistère du cœur, de la volonté et de la simple raison, à celui du Dieu se révélant ; c'est là du naturalisme tout simplement, et sa racine est l'orgueil. Pour ce faire, les modernistes se sont référés aux Écritures afin de lire les décrets de l'Église à la lumière des Écritures, et dans le but d'ôter à l'Église le privilège qu'elle revendique d'avoir autorité pour dire ce qui relève des Écritures et ce qui n'en relève pas, et ce que disent les Écritures (la manière de les interpréter). Ils ont donc relu les Écritures en faisant de leur raison et de leurs décrets subjectifs et passionnels inavoués la clé d'interprétation des Écritures. C'était là oublier que cette clé est dans les Écritures. Ils ont donc trahi les Écritures en prétendant exalter leur importance au détriment du magistère ecclésial. Trahir le magistère ecclésial au nom des Écritures revient toujours, tôt ou tard, à trahir les Écritures elles-mêmes. **La vraie clé d'interprétation des Écritures est dans les Écritures, en tant que les Écritures attestent que Dieu a fondé son Église en la dotant du pouvoir d'enseigner sous la motion du Saint-Esprit.** En effet :

1 – « Jésus, étant venu dans la région de Césarée de Philippe, interrogeait ainsi ses disciples : "Qui dit-on qu'est le Fils de l'homme ?" Ils dirent : "Les uns Jean le Baptiste, d'autres Élie, d'autres Jérémie ou l'un des prophètes." Il leur dit : "Et vous, qui dites-vous que je suis ?" Simon Pierre, prenant la parole, dit : "Vous êtes le Christ, le Fils du Dieu vivant." Jésus lui répondit : "Tu es heureux, Simon Bar-Jona, car ce n'est pas la chair et le sang qui te l'ont révélé, mais mon Père qui est dans les cieux. Et moi, je te dis que tu es Pierre, et sur cette pierre je bâtirai mon Église, et les portes de l'enfer ne prévaudront point contre elle. Et je te donnerai les clefs du royaume des cieux : tout ce que tu lieras sur la terre sera lié dans les cieux, et tout ce que tu délieras sur la terre sera délié dans les cieux" » (Mt XVI, 13-19).

2 – « Si ton frère a péché contre toi, va, reprends-le entre toi et lui seul ; s'il t'écoute, tu auras gagné ton frère. S'il ne t'écoute pas, prends avec toi encore une ou deux (personnes), afin que toute chose se décide sur la parole de deux ou trois témoins. S'il ne les écoute pas, dis-le à l'Église ; et s'il n'écoute pas même l'Église, qu'il soit pour toi comme le païen et le publicain. En vérité, je vous le dis, tout ce que vous lierez sur la terre sera lié dans le ciel et tout ce que vous délierez sur la terre sera délié dans le ciel » (Mt XVIII, 15-18).

3 – « Et Jésus s'approchant leur parla ainsi : "Toute puissance m'a été donnée dans le ciel et sur la terre. Allez donc, enseignez toutes les nations, les baptisant au nom du Père, du Fils et du Saint-Esprit, leur apprenant à observer tout ce que je vous ai commandé. Et moi, je suis avec vous toujours jusqu'à la fin du monde" » (Mt XXVIII, 18-20).

4 – « Puis il leur dit : "Allez par tout le monde et prêchez l'Évangile à toute la création. Celui qui croira et sera baptisé, sera sauvé ; celui qui ne croira pas, sera condamné. Et voici les miracles qui accompagneront ceux qui auront cru : en mon nom ils chasseront les démons ; ils parleront de nouvelles langues ; ils

prendront des serpents, et s'ils boivent quelque (breuvage) mortel, il ne leur fera point de mal ; ils imposeront les mains aux malades et (les malades) seront guéris." Après leur avoir (ainsi) parlé, le Seigneur Jésus fut enlevé au ciel et s'assit à la droite de Dieu. Et eux s'en allèrent prêcher partout, le Seigneur travaillant avec eux et confirmant (leur) parole par les miracles qui l'accompagnaient » (Mc XVI, 15-20).

Il s'agit du fameux passage mis en cause par beaucoup, qui oublient ou feignent d'oublier que la légitimité de l'Église et des successeurs des apôtres est fondée non seulement sur le texte de saint Marc, mais encore sur les miracles et les conversions qui ont accompagné leur prédication.

5 – « Le soir de ce même jour, le premier de la semaine, les portes du lieu où se trouvaient les disciples étant fermées, parce qu'ils craignaient les Juifs, Jésus vint, et se présentant au milieu d'eux, il leur dit : "Paix avec vous !" Ayant ainsi parlé, il leur montra ses mains et son côté. Les disciples furent remplis de joie en voyant le Seigneur. Il leur dit une seconde fois : "Paix avec vous ! Comme mon Père m'a envoyé, moi aussi je vous envoie." Après ces paroles, il souffla sur eux et leur dit : "Recevez l'Esprit-Saint." "Ceux à qui vous remettrez les péchés, ils leur seront remis ; et ceux à qui vous les retiendrez, ils leur seront retenus" » (Jn XX, 19-23).

6 – « C'était déjà la troisième fois que Jésus apparaissait à ses disciples, depuis qu'il avait ressuscité des morts. Lorsqu'ils eurent mangé, Jésus dit à Simon-Pierre : "Simon, fils de Jean, m'aimes-tu plus que ceux-ci ?" Il lui répondit : "Oui, Seigneur, vous savez que je vous aime." Jésus lui dit : "Pais mes agneaux." Il lui dit une seconde fois : "Simon, fils de Jean, m'aimes-tu ?" Pierre lui répondit : "Oui, Seigneur, vous savez bien que je vous aime." Jésus lui dit : "Pais mes agneaux." Il lui dit pour la troisième fois : "M'aimes-tu ?" et il lui répondit : "Seigneur, vous connaissez toutes choses, vous savez bien que je vous aime." Jésus lui dit : "Pais mes brebis" » (Jn XXI, 14-17).

7 – Les Actes des Apôtres sont de saint Luc, ils décrivent la fondation de l'Église. L'Évangile de saint Luc est incontesté ; donc les Actes devraient l'être aussi. Or il est expressément développé, dans les Actes, que les Apôtres ont accompli maints miracles pour susciter les premières conversions, ainsi saint Pierre avait autorité pour diriger l'Église et enseigner en matière de foi, de mœurs, d'exégèse. Notre Seigneur voulait l'Église et le magistère souverain de cette dernière, et cela est attesté dans les Écritures et en dehors de la finale controversée de saint Marc, de sorte que le contenu de cette finale est en parfait accord doctrinal avec le reste des évangiles.

Pour ce qui est de l'authenticité de la finale de Marc (XVI, 9-20), on peut remarquer ceci :

Ce texte est canonique, c'est-à-dire inspiré et reconnu comme tel par l'Église : « *Si quis autem libros ipsos integros cum omnibus suis partibus, prout in Ecclesia catholica legi consueverunt et in veteri vulgata latina editione habentur, pro sacris et canonicis non susceperit,* A. S. » (Concile de Trente, confirmé par Vatican I) ; ce texte de la finale n'a pas besoin, pour le catholique, d'être certifié authentique pour être canonique. De plus, maints signes plaident en faveur de son authenticité. Il faisait en effet partie de l'ancienne Vulgate. Avant que ne fussent formulées certaines réserves (Eusèbe de Césarée, saint Jérôme, le pseudo-Victor d'Antioche), cette finale avait été reconnue par saint Justin (I, *Apol.* XLV, 5), par saint Irénée (*Contra haeres.* III, 10, 6), par Tatien (dans son *Diatessaron*), Didyme l'Aveugle, saint Épiphane, saint Jean Chrysostome, saint Ambroise, saint Augustin. Les commentateurs catholiques modernes s'accordent pour penser que ce texte fut bien écrit par saint Marc, mais après le reste, à titre de supplément, assez longtemps après pour que son style ait eu le temps de se modifier. Cette finale était unanimement acceptée avant le IVe siècle, et fut ensuite reçue partout en Orient comme en Occident. Marc devait beaucoup à la catéchèse de Pierre (cette catéchèse orale constitue même la source principale de saint Marc), et c'est à sa qualité d'écho direct du prince des Apôtres que son récit doit d'être un récit indépendant de première valeur. Cette finale est présente dans tous les manuscrits grecs sauf deux, un manuscrit syriaque, un latin (elle est présente dans tous les autres) et quelques araméens. La simplicité même du morceau et sa sobriété, sans aucun enjolivement apocryphe, confirment son caractère primitif. Cette finale a certainement été rédigée au Ier siècle. Seuls certains critiques rationalistes ont exacerbé une prétendue opposition entre saint Marc et saint Pierre au prétexte que saint Pierre aurait été en rivalité avec saint Paul à l'enseignement duquel Marc était très attaché. Sans cette finale canonique, le texte paraît inachevé ; la conclusion du verset 8 (« *ephobouto gar* », soit : « *timebant enim* » est des plus brusques. Saint Augustin va jusqu'à dire que saint Marc est « abréviateur » de saint Matthieu (*P. L.* t. XXXIV, col. 1044). Refuser l'authenticité de la finale de Marc et de certains passages de l'évangile de Matthieu, cela relève de la même mauvaise foi (dans tous les sens du terme).

La divine Providence, sans jamais violer les droits de la simple raison, laisse parfois certaines données dans l'indécision rationnelle, afin d'éprouver notre foi. Il y a ceux qui réagissent en catholiques, et les autres.

EMPIRE

Extrait de la note n° 26 de Fascisme et Monarchie *de Joseph Mérel, Reconquista Press, 2018* :

Le concept d'« État impérial mondial » ne renvoie aucunement, en droit, au projet contemporain, maçonnique, intrinsèquement mauvais, d'État mondial. Cela dit, si le bien commun est d'autant meilleur qu'il est plus commun ; si l'un et le bien sont convertibles, si donc il n'est pas de bien commun sans unité elle-même fondée par un principe efficient d'unité qui ne peut être que de nature politique aussi longtemps qu'il est question de bien commun *terrestre*, force est de convenir qu'une réalisation achevée du politique est nécessairement de nature planétaire. On peut avoir de bonnes raisons de critiquer les prétentions théocratiques d'un Boniface VIII ; on doit néanmoins se rendre à la pertinence de l'enseignement suivant : « Quant à l'empire, il est vrai qu'au début de 1303, Boniface VIII reconnut Albert d'Autriche qu'il avait toujours combattu et le détacha de l'alliance française, déliant le serment de fidélité à l'égard de Philippe <le Bel> tous ceux qui, de la Lorraine et de la Franche-Comté à la Provence, avaient admis sa suzeraineté ; coup redoutable porté à la puissance française et aggravé par cette déclaration, la plus sensible au roi et à son peuple : "**Que les Français en rabattent de leur superbe, eux qui prétendent ne pas reconnaître de supérieur ; ils mentent car, de droit, ils sont et doivent être subordonnés au Roi des Romains** ***et à l'Empereur, sub rege romano et imperatore***" » (Monseigneur Alfred Baudrillart, *Vocation de la France*, Flammarion, 1934, p. 32). Providentiellement désigné tel le principe politique d'unité des Terres de Chrétienté, le Saint-Empire romain germanique avait vocation à exercer une légitime suzeraineté sur tous les rois chrétiens. Saint Louis en acceptait au reste le principe sans difficulté. Et si la Chrétienté, c'est-à-dire le catholicisme, a bien vocation à s'étendre au monde entier, il est logique que cette suzeraineté du Saint-Empire soit planétaire. Il ne s'agit pas d'un État qui se substitue aux autres États nationaux, et c'est pourquoi on ne saurait parler d'État mondial au sens moderne. Il s'agit d'un suzerain fédérateur de royautés suzeraines dans leurs affaires politiques intérieures respectives, mais ordonnées, par lui, à un bien commun international qui n'en est pas moins politique. Qu'il soit dans la vocation de la France d'être assez puissante pour protéger la papauté des abus d'autorité exercés par l'Empire ne remet pas en cause la vocation politique de l'Empire, non plus que les limites politiques du royaume des Lys.

Il reste que Philippe le Bel était fondé à considérer qu'il ne tenait pas son autorité politique du pape ; que le pape était fondé à lui rappeler que l'ordre politique est ordonné au salut des âmes dont l'Église seule dispense les moyens surnaturels ; que le bien commun de la chrétienté l'emporte sur celui des nations, et qu'à ce titre le roi de France était en demeure de reconnaître la suzeraineté de l'Empire : la France et l'Allemagne sont nées de la division de l'empire de Charlemagne s'explicitant dans ce dont il demeurait en droit le principe d'unité, qui se prolongea dans le Saint-Empire. Et il est vrai encore que le Saint-Empire ne sut pas faire leur place aux exigences identitaires des nations naissantes. Le drame de la chrétienté, la tragédie de l'Europe dont nous subissons aujourd'hui probablement les ultimes soubresauts, est qu'aucun acteur historique d'envergure n'ait jamais été capable de comprendre ces quatre vérités en même temps. Les défenseurs catholiques de l'ordre national sont maurrassiens, et si le mérite leur revient de n'être pas surnaturalistes (frustrer l'ordre naturel au nom de la grâce), ils ne retiennent que le droit de Philippe le Bel et refusent absolument l'idée même de Saint-Empire. Les légitimistes, surnaturalistes, balancent entre une position ultramontaine théocratique et un mysticisme des « *Gesta Dei per Francos* » identifiant la souveraineté royale française à un quasi-sacerdoce dont ils s'autorisent pour faire prévaloir les prétentions hégémoniques de la France au détriment de l'empire des Habsbourg. Les néo-païens voient bien la pertinence de l'Idée impériale, mais ils ne comprennent pas qu'elle est catholique par essence. Et la conversion à leur identité concrète de ces trois abstractions est le fascisme stabilisé en monarchie *organique* subsumée par une suzeraineté national-socialiste apaisée en Saint-Empire catholique dont l'Europe dite de Bruxelles, judéo-maçonnique et ploutocratique, est la misérable contrefaçon négativement porteuse, à ce titre même, de la vérité qu'elle trahit.

C'est à la lumière de ces considérations navrées qu'il est possible de comprendre sereinement le véritable sens de la vocation de la France. Par la suscitation de sainte Jeanne d'Arc destinée à défendre la foi et la patrie, Dieu « *non fecit taliter omni nationi* », en effet. Mais précisément, si le rôle de la France est d'être assez forte pour prévenir les propensions de l'Empire à l'hubris politique ablative de l'indépendance du pape et de sa souveraineté spirituelle, *c'est qu'il n'appartient pas à la France de se substituer à l'Empire*. Il en est de la France par rapport à l'Allemagne comme il en est de l'irascible à l'égard du concupiscible. L'irascible, qui fait se détourner l'animal d'un bien pour affronter un mal, est plus proche que le concupiscible de la dignité de la volonté, et cette affinité qui signe sa dignité ne l'empêche pas de demeurer subordonné au concupiscible puisque la vocation de celui-là est de rendre possible l'actuation de celui-ci.

« Au XIVe siècle, il n'était possible, même à une puissance d'ordre essentiellement spirituel, de dominer le monde qu'à la condition d'asseoir ses moyens d'action sur la propriété territoriale et la fortune mobilière » (Mgr Mollat, cité par Pierre Pierrard, *Histoire de l'Église catholique*, Desclée, 1972, p. 147). Cela dit, l'auteur rappelle dans le même ouvrage (p. 124), que saint Louis fut un « fils soumis de l'Église, mais sachant secouer les clercs et les moines endormis ou indignes **et se considérant comme tenant son pouvoir de Dieu et non du pape** ». Le pape Innocent III raisonnait comme suit (p. 118) : « le Christ a tout pouvoir, or le pape est son vicaire, donc il a aussi tout pouvoir ». Mais c'était là oublier que le Christ est homme *et* Dieu, qu'Il est maître de toute chose en tant que Créateur, ce qui n'est pas le cas du pape ; Notre Seigneur Jésus-Christ est roi, souverain absolu dans l'ordre spirituel *et* dans l'ordre temporel, parce qu'Il est l'auteur du fait que la nature humaine existe, et avec elle de tout ce qu'elle contient, dont sa dimension politique. L'homme est par nature animal domestique et animal politique ; il tient de sa nature son autorité sur ses enfants, non du pape ; et de même il tient de sa nature son autorité politique sur ses sujets, non du pape. Mais parce que le Christ est maître — à la différence du vicaire du Christ — des natures elles-mêmes en tant que Créateur des hommes dans leur nature, Il est Roi des rois autant qu'Il est prêtre des prêtres.

Mgr Alfred Baudrillart, qu'on ne saurait — pour le moins — soupçonner de nourrir des sympathies jacobines et modernistes (il sut courageusement, non de cœur mais de raison, souhaiter la victoire de l'Allemagne), plébiscitait l'idée de nation en laquelle il ne discernait nullement un rejeton de l'idée jacobine : « Ne croyez pas que je sois porté à méconnaître dans le passé, plus que dans le présent, la valeur de l'idée de nation. Formule nouvelle, mais combien féconde ! Moins belle en soi que l'idée de chrétienté, combien n'était-elle pas supérieure au morcellement féodal ! Quel progrès pour l'ordre public, pour la répression des abus de tous genres ! Quel levier pour agir sur le reste du monde ! **Quel idéal magnifiquement élevé et cependant accessible à proposer aux intelligences et aux volontés pour les soulever au-dessus des intérêts personnels et les provoquer aux plus héroïques dévouements ! Quel moyen de faire donner à chaque race et à chaque peuple, le maximum de son rendement, de son apport à l'humanité, dans l'ordre des idées, des arts, et même de la religion !** Tout cela, l'Église l'a compris et ne l'a jamais condamné » (*La Vocation de la France*, Gallimard, 1934). Mgr Baudrillart fut ignoblement traité d'« émule de Cauchon » par le très faisandé Paul Claudel, opportuniste engraissé par les bontés du Juif Paul-Louis Weiller, et qui, après avoir rédigé une *Ode à Pétain* (*Paroles au Maréchal*, 1941), commit un *Poème au général de Gaulle* (1944). Georges Clemenceau dira de sa prose : « J'ai d'abord cru que c'était un carburateur et puis j'en ai lu quelques pages — et non, ça n'a pas carburé. C'est des espèces de loufoqueries consciencieuses comme en ferait un Méridional qui voudrait avoir l'air profond » (rapporté par Wikipédia).

Voir ici « **Mondialisme** » (fin).

ESCLAVAGE

« Aux États-Unis, on a beaucoup dit que la guerre civile de 1861, ou guerre de Sécession (1861-1865), était celle du Nord abolitionniste contre le Sud esclavagiste, alors que le conflit avait éclaté, non sur le principe de l'abolition de l'esclavage, mais sur une prise de position précise du président Lincoln : il ne prétendait pas empêcher les États du Sud d'utiliser leur main-d'œuvre servile dans les plantations de coton, mais seulement empêcher l'extension de l'esclavage aux nouveaux États qui venaient d'être constitués au sein de l'Union.

Tel était le véritable *casus belli*, même si par la suite les *Yankees*, venus du Nord et grands massacreurs d'Indiens, devaient se présenter en champions innés de l'anti-esclavagisme. Ils ne l'étaient devenus que par la suite et non sans pharisaïsme : peu leur importait de posséder des esclaves dont leur économie industrielle n'avait que faire, mais ils trouvaient fort avantageux de racheter les domaines du Sud ruinés par l'abolition de l'esclavage » (Pierre Miquel, *Les Mensonges de l'Histoire*, France-Loisir, 2002, p. 274-275).

« L'esclavage est une catégorie économique comme une autre. Donc il a, lui aussi, ses deux côtés. Laissons là le mauvais côté et parlons du beau côté de l'esclavage : bien entendu qu'il n'est question que de l'esclavage direct, de l'esclavage des noirs dans le Surinam, dans le Brésil, dans les contrées méridionales de l'Amérique du Nord.

L'esclavage direct est le pivot de l'industrie bourgeoise aussi bien que les machines, le crédit, etc. Sans esclavage, vous n'avez pas de coton ; sans le coton, vous n'avez pas d'industrie moderne. C'est l'esclavage qui a donné leur valeur aux colonies, ce sont les colonies qui ont créé le commerce de l'univers, c'est le commerce de l'univers qui est la condition de la grande industrie.

Ainsi l'esclavage est une catégorie économique de la plus haute importance. Sans l'esclavage, l'Amérique du Nord, le pays le plus progressif, se transformerait en pays patriarcal. Effacez l'Amérique du Nord de la carte du monde, et vous aurez l'anarchie, la décadence complète du commerce et de la civilisation modernes. Faites disparaître l'esclavage, et vous aurez effacé l'Amérique de la carte des peuples.

Aussi l'esclavage, parce qu'il est une catégorie économique, a toujours été dans les institutions des peuples. Les peuples modernes n'ont su que déguiser l'esclavage dans leur propre pays, ils l'ont imposé sans déguisement au Nouveau Monde » (Marx, *Misère de la Philosophie*, II 1).

« Ceci était tout à fait exact en l'an 1847. À cette époque le commerce mondial des États-Unis se limitait, pour l'essentiel, à l'importation d'immigrants et de produits industriels et à l'exportation de coton et de tabac, donc de produits du travail des esclaves du Sud. Les États du Nord produisaient principalement du blé et de la viande pour les États esclavagistes. C'est seulement à partir du moment où le Nord se mit à produire du blé et de la viande pour l'exportation et devint parallèlement un pays industriel, et à partir du moment où le monopole du cotonnier des États-Unis a vu naître une puissante concurrence en Égypte, au Brésil et aux Indes que l'abolition de l'esclavage était possible. Même alors elle eut pour conséquence la ruine du Sud qui n'a pas réussi à remplacer l'esclavage patent des Noirs par l'esclavage camouflé des coolies chinois et indiens » (note d'Engels pour l'édition de 1885).

EUROPE

« Ce que nous appelons "construction européenne" n'a jamais eu l'Europe géographique comme départ ni comme finalité. Il s'agissait déjà à la fin du XIXe siècle — à une époque où la France et le Royaume-Uni dominaient presque le monde entier grâce à leurs immenses empires respectifs — d'unifier politiquement et économiquement la planète. À l'origine, il y a John Ruskin (1819-1900), fils de bonne famille britannique, artiste et voyageur qui finira professeur d'art à Oxford et qui inspirera George Bernard Shaw (1856-1950) et Cecil Rhodes (1853-1902). Rhodes, fondateur de la Rhodésie, magnat du diamant et Premier ministre de la colonie sud-africaine du Cap (1890-1896), créateur des bourses Rhodes destinées aux futurs étudiants méritants d'Oxford, était un impérialiste fanatique ; Shaw, un écrivain bohème devenu socialiste sous l'influence de Karl Marx. Autour de Cecil Rhodes va se constituer un noyau dur d'impérialistes britanniques regroupant notamment le journaliste William Thomas Stead (1849-1912), l'historien Reginald Brett (1852-1930, futur Lord Esher), le futur Premier ministre du Royaume-Uni (1902-1905) Lord Arthur James Balfour (1848-1930), l'administrateur colonial Harry Johnston (1858-1927), Lord Albert Grey (1851-1917), gouverneur général du Canada (1904-1911) et Lord Nathan Mayer Rothschild (1840-1915), banquier international.

En 1884 est fondée la Société fabienne — qui existe encore aujourd'hui — carrefour à la fois de l'impérialisme britannique, du socialisme réformateur et du mondialisme (prônant un gouvernement mondial). Son principal créateur, le spiritualiste socialiste Frank Podmore (1856-1910), et les autres membres fondateurs, se verront très rapidement relégués au second plan par de nouveaux arrivants qui vont s'approprier la Société fabienne : Bernard Shaw, l'économiste Sidney Webb (1859-1947, futur Lord Passfield et secrétaire d'État de 1929 à 1931), sa future épouse l'intellectuelle Beatrice Potter (1858-1943) et le professeur de science politique Graham Wallas (1858-1932). D'autres personnalités célèbres rejoindront bientôt la Société fabienne : l'écrivain Herbert George Wells (1866-1946), la militante socialiste Annie Besant (1847-1933), qui à partir de 1907 reprendra la direction de la Société théosophique (qu'elle a connue par l'intermédiaire de William Stead, rédacteur en chef de la *Pall Mall Gazette* dans laquelle elle écrivait) de l'occultiste Helena Blavatsky. Podmore eut l'idée du nom de cette organisation en référence au consul et dictateur romain Fabius Cunctator (dit "le Temporisateur") qui utilisa victorieusement la guerre d'usure contre le général carthaginois Hannibal : la Société fabienne prône une méthode progressive et institutionnelle de changement politique, un travail à long terme d'infiltration et de pénétration du Système, plutôt que la révolution brutale. C'est pourquoi le blason de l'organisation représentera un loup portant une peau d'agneau. La Société fabienne cherchera à fusionner le capitalisme avec le planisme et le technocratisme socialistes (soit le pire de la droite avec le pire de la gauche) pour aboutir à un gouvernement mondial centralisé paternaliste **et communiste**. Cette doctrine deviendra le travaillisme au Royaume-Uni. Pour former les futures élites mondiales, notamment dans le domaine universitaire et journalistique, Graham Wallas, Bernard Shaw et les époux Webb, profitant de l'élection de Sidney Webb au *London County Council* en charge des questions d'éducation depuis 1891, vont créer en 1895 la *London School of Economics* (LSE), université spécialisée en politique et en économie qui aujourd'hui encore sert de principal relais aux idées mondialistes. Le premier directeur de la LSE sera William Hewins (1865-1931), qui travaillera ensuite pour le parlementaire et futur secrétaire d'État (1910-1914) Joseph Chamberlain (1836-1914). Le *All Souls College* d'Oxford sera également un établissement dédié aux vues mondialistes.

Reprenant l'héritage impérialiste de Cecil Rhodes, de Lord Charles Dilke (1843-1911, parlementaire auteur du manifeste impérialiste *Greater Britain* en 1868) et de Joseph Chamberlain, Lord Alfred Milner (1854-1925, administrateur colonial, ambassadeur et futur secrétaire d'État de 1918 à 1921) va créer la *Round Table* en 1909 avec Arthur Balfour, l'administrateur Lionel Curtis (1872-1955, secrétaire de Milner pendant la seconde guerre des Boers) et le colonel américain Edward Mandell House (1858-1938). Ce "*think tank*" diffusera la vision impérialiste de John Ruskin et sera financé dès sa création par Nathan Mayer Rothschild et les grandes banques Lazard et J.P. Morgan & Co. Par la suite, plusieurs fondations seront créées dans le but de financer des projets mondialistes de toute nature : la Fondation *Carnegie* pour la paix internationale en 1910, la Fondation *Rockefeller* en 1913 et la Fondation *Ford* en 1936. En 1912, le colonel House publiera *Philip Dru, administrator: A story of tomorrow*, un roman qui pose les bases pratiques du mondialisme.

En 1913 aura lieu un coup d'État financier à la suite du *Federal Reserve Act* qui instituera la Réserve fédérale des États-Unis (FED), offrant la création monétaire du dollar américain à quelques banquiers privés. La réunion secrète de Jekyll Island rassemblera les représentants des banques Rothschild, Rockefeller, J.P. Morgan & Co, le banquier international Paul Warburg (1868-1932) et le colonel House, ancien soutien et conseiller du président américain à peine élu Woodrow Wilson (1856-1924).

Un Français, représentant de commerce en cognac et mystérieusement proche des impérialistes britanniques, Jean Monnet (1888-1979), jeune banquier de la *Blair & Co* (associée de la Chase Manhattan Bank des Rockefeller) et protégé de Paul Warburg, va servir de lien entre la France, le Royaume-Uni et les États-Unis d'Amérique. Réformé, il va néanmoins dès le début de la Première Guerre mondiale obtenir un entretien avec le Président du Conseil René Viviani et le convaincre, grâce au ministre du Commerce Étienne Clémentel, de créer un pôle maritime franco-britannique pour optimiser le transport de vivres, munitions et autres matières premières entre les deux pays alliés. Il travaillera avec Lord Arthur Salter (1881-1875), membre du Groupe de Milner et chef de la marine marchande britannique. En 1916, Monnet deviendra le responsable de la coordination des ressources alliées, sous le statut de haut fonctionnaire interallié au sein du *Wheat Executive*. Il travaillera par exemple avec Lord Robert Brand (1878-1963), ancien de *All Souls College*, secrétaire d'Alfred Milner, chef de la mission de ravitaillement anglaise aux États-Unis et président du conseil britannique d'approvisionnement en Amérique du Nord.

C'est après la guerre que les choses deviennent intéressantes. Il y avait déjà eu des penseurs de règles internationales comme Hugo Grotius au XVIIe siècle. Plus tard, quelques progrès ont été réalisés : le traité de Paris de 1856, signé par plus de cinquante pays ; la Convention de Genève de 1864 ; la première conférence de La Haye de 1899... La conférence de la paix débouchera sur le traité de Versailles en 1919 et la création de la Société des Nations (SDN) dont certains délégués s'appuient sur les textes et idées propagés par la Société fabienne. On y retrouve notamment Lionel Curtis, qui fera partie plus tard du RIIA, du CFR et influencera la création du Commonwealth après la décolonisation en 1949 ; John Foster Dulles (1888-1959), diplomate, intime de Jean Monnet et futur secrétaire d'État sous Eisenhower (1953-1959) ; William Bullitt (1891-1967), diplomate, ambassadeur américain en URSS et en France, lui aussi ami de Jean Monnet ; Philip Kerr (1882-1940, Lord Lothian), secrétaire du Premier ministre David Lloyd George de 1916 à 1921 et ambassadeur ; ou encore Clarence Streit (1896-1986), journaliste membre du Groupe de Milner. Les principaux signataires anglo-américains du traité sont le président Wilson, le colonel House, Alfred Milner et Arthur Balfour.

Monnet sera nommé numéro deux de la SDN à Genève, soit adjoint du secrétaire général Sir (futur Lord) Eric Drummond (1876-1951), diplomate proche de Balfour et House.

En 1920, les fabianistes et les membres du Groupe de Milner (noyau dur de la *Round Table*) vont créer le *Royal Institute of International Affairs* (RIIA, ou Chatham House), "*think tank*" où s'élaborera désormais la politique étrangère du Royaume-Uni. Le colonel House et le président Wilson créeront son équivalent américain en 1921 : le *Council on Foreign Relations* (CFR). L'un des cofondateurs du RIIA est Arnold Joseph Toynbee (1889-1975), historien et diplomate, enseignant à la LSE et disciple de Ruskin. On dédia à son oncle, l'économiste Arnold Toynbee (1852-1883), le *Toynbee Hall* à Londres, parce qu'il fut l'un des premiers à vouloir rassembler les classes sociales. Cecil Rhodes eut aussi droit à son monument, *Rhodes House*, à Oxford.

La fin de la guerre va progressivement stopper l'intérêt de la SDN dans l'esprit des hommes politiques. Monnet en démissionnera en 1923. Il travaillera entre la France et les États-Unis et sera proche à la fois du gouverneur de la Banque de France et de celui de la FED. Mais la propagande mondialiste va se poursuivre, notamment avec le comte Richard Coudenhove-Kalergi (1894-1972) qui va lancer le *Mouvement pour les États-Unis d'Europe*, ou *Mouvement paneuropéen*, en 1920, dont Aristide Briand (1862-1932, moult fois ministre et

Président du Conseil de 1908 à 1929) sera président d'honneur. En 1926, le Mouvement paneuropéen deviendra *Union paneuropéenne internationale*. En 1928, H. G. Wells publie *The Open Conspiracy*, dans l'esprit de la Société fabienne. En 1931, Aristide Briand publie *Les États-Unis d'Europe*. En 1938, Philipp Kerr crée l'*Institut Federal Union*, qui fera partie de l'*Union des fédéralistes européens* (tout comme par exemple l'*Union européenne des fédéralistes* d'Henri Frenay [1905-1988], résistant cofondateur du réseau *Combat*, gaulliste devenu mondialiste) à partir de 1946, et du *Mouvement fédéraliste mondial* à partir de 1947. En 1939, Clarence Streit publie *Union Now* qui plaide pour un gouvernement mondial, tout comme H. G. Wells qui publie ***The New World Order***.

Après la FED arrive un second coup d'État financier qui va donner une plus grande indépendance aux gouverneurs des banques centrales. Suite au Plan Dawes de 1924 (mis en œuvre côté britannique par Robert Molesworth [1871-1954, Lord Kindersley], membre du Groupe de Milner, gouverneur de la banque *Hudson's bay company* pour laquelle travailla Jean Monnet, directeur de la *Bank of England* et président de la banque *Lazard Brothers & Co*), qui avait fait se retirer l'armée française occupant la Ruhr en 1925, le rapport Young de 1929, dont le Plan Young devait rééchelonner les dettes de l'Allemagne, sert de base à la création en 1930 de la ***Banque des règlements internationaux*** (BRI).

Dès le début de la Seconde Guerre mondiale, Jean Monnet et son ami Arthur Salter (qui deviendra parlementaire et ministre après la guerre) relancent un Comité interdépartemental franco-britannique pour les approvisionnements et les achats de matériel de guerre, comme ils l'avaient fait en 1914. Leur objectif est de créer une union franco-britannique capable d'imposer aux deux pays une politique commune. Avec la défaite de la France et l'Occupation, cela ne se fera pas. En 1940, le Royaume-Uni se tourne donc vers les États-Unis d'Amérique que Jean Monnet va rejoindre dans le cadre du *British Supply Council* pour lequel travaille son ami John Foster Dulles. Il va ensuite travailler au *Victory Program* en 1942 et à l'UNRRA (*Administration des Nations Unies pour le secours et la reconstruction*) en 1943 avant d'intégrer le *Comité français de libération nationale* (CFLN) gaulliste à Alger, malgré son animosité envers Charles de Gaulle (1890-1970), qu'il considère comme un danger pour la France (comprendre : la France souveraine) et les notes secrètes qu'il a fait transmettre dans ce sens à Harry Hopkins (1890-1946), ancien secrétaire du commerce et conseiller du président américain Franklin Delano Roosevelt (1882-1945).

Une autre personnalité politique de premier plan, Edward Frederick Lindley Wood (1881-1959, Lord Halifax), ancien élève de *All Souls College*, successeur de Philip Kerr comme ambassadeur aux États-Unis, ancien secrétaire d'État à la Guerre et secrétaire du *Foreign Office* (ministère des affaires étrangères), fit tout pour limiter la voix de De Gaulle à Londres et à la BBC. Monnet avait déjà rencontré Hopkins, fabien proche de John Foster Dulles et inspirateur du New Deal, qui lui avaient présenté Clarence Streit. Un second inspirateur du New Deal également ami de Monnet fut Felix Frankfurter (1882-1965), fondateur du

Harvard socialist club (regroupant des socialistes impérialistes), juriste, membre de la *Round Table* et du CFR, nommé juge de la Cour Suprême par Roosevelt après avoir été son conseiller pendant la campagne électorale. Un autre ami de Jean Monnet fut John McCloy (1895-1989), assistant du secrétaire d'État à la Guerre pendant la Seconde Guerre mondiale, qui deviendra par la suite président de la Banque mondiale, président de la *Chase Manhattan Bank*, président de la Fondation Ford et président du CFR, prouvant par là que toutes ces organisations sont liées. Il fut aussi conseiller des présidents américains Kennedy, Johnson, Nixon, Carter et Reagan. C'est encore Jean Monnet, enfin, qui en 1944 informera par mégarde les gaullistes du plan américain de l'AMGOT, gouvernement militaire allié des territoires occupés, c'est-à-dire libérés par les Américains : la France aurait dû se retrouver sous le contrôle des États-Unis d'Amérique, aux niveaux politique et monétaire avec la création d'un dollar français. Mais de Gaulle pourra réagir à temps.

Avant même la fin de la guerre, les institutions mondiales d'après-guerre sont envisagées. La conférence de Bretton Woods de 1944, organisée notamment par Dean Acheson (1893-1971, diplomate qui deviendra secrétaire d'État de 1949 à 1953) accouchera des Accords de Bretton Woods qui créeront l'*Organisation des Nations Unies* (ONU), l'UNESCO (agence de l'ONU pour l'éducation, la science et la culture) et le *Fonds monétaire international* (FMI) en 1945. La même année sera également créée la *Banque mondiale*.

Avant de démissionner en 1946, le général de Gaulle avait nommé Jean Monnet commissaire général au Plan, fonction qu'il occupera jusqu'en 1952. Le Commissariat général au Plan (CGP) fut imprégné de l'esprit fabien, le même d'ailleurs que celui des technocrates que le régime de Vichy avait déjà formés via l'école des cadres d'Uriage. Monnet va organiser des "missions de productivité" aux États-Unis pour copier la façon de travailler des entreprises américaines et s'entourer d'Américains parmi ses collaborateurs à Paris : Robert Nathan (1908-2001), économiste, ancien directeur de recherche des *Defense agencies* du *War Production Board* avec lequel il a travaillé au *Victory Program* ; Edward Bernstein (1905-1996), économiste, premier directeur des études du FMI ; et William Tomlison, représentant du Trésor américain. Les deux autres collaborateurs de Monnet au CGP sont Étienne Hirsch (1901-1994), ingénieur et résistant qui avait déjà travaillé à Alger avec Monnet, et l'économiste Pierre Uri (1911-1992).

Les Américains ont dû abandonner l'AMGOT mais ils n'ont pas abandonné l'idée de soumettre la France. En 1946 sont signés les accords *Blum-Byrnes* entre l'ancien dirigeant de la SFIO et président du *Gouvernement provisoire de la République française* (GPRF) Léon Blum (1872-1950), le secrétaire d'État américain James F. Byrnes et le commissaire général au Plan Jean Monnet, qui accordent une remise de dettes et de nouveaux prêts contre la facilité de pénétration en France des films d'Hollywood et la diffusion de l'*American way of life*. Dans la suite logique de l'UNRRA, Monnet travaille avec les ambassadeurs américains David K. E. Bruce (1898-1977), diplomate, responsable de l'*Office of Strategic Service* (OSS, agence du renseignement américain) en Europe et cofondateur de la *Centrale Intelligence Agency* (CIA, agence fédérale du renseignement américain, bien qu'indépendante du gouvernement américain) en 1947, et William Averell Harriman (1891-1986), diplomate, ancien directeur du commerce extérieur devenu Secrétaire du commerce, sur le Plan Marshall qui accorde aux pays d'Europe des prêts américains en échange d'achats par ces mêmes pays de produits américains pour leur reconstruction. C'est dans cette optique qu'est signé en 1947 l'accord général sur les tarifs douaniers et le commerce (GATT), premier accord multilatéral de libre-échange pour une harmonisation des politiques douanières. C'est toujours dans ce cadre, afin de répartir les crédits du Plan Marshall et de promouvoir les coopérations économiques interétatiques et le libre-échange mondial qu'est créée *l'Organisation européenne de coopération économique* (OECE) qui deviendra l'*Organisation de coopération et de développement économiques* (OCDE) en 1961.

En 1946 est cofondée notamment par Paul van Zeeland (1893-1973), économiste, banquier et ancien Premier ministre belge, et Józef Retinger (1888-1960), diplomate polonais et ancien étudiant de la LSE, la *Ligue européenne de coopération économique* (LECE). Retinger deviendra en 1947 le secrétaire général du *Comité international de coordination des mouvements pour l'unité européenne.* En 1948, Allen Dulles (1893-1969), frère de John Foster Dulles, ancien chef des opérations de l'OSS (1942-1945) et William Donovan (1883-1959), fondateur de l'OSS, créent le *Comité américain pour une Europe unie* (ACUE, *American Committee on United Europe*). Donovan en deviendra le président en 1949. En 1953, il inspirera la création de la CIA, dont Allen Dulles deviendra le premier directeur. Mais la propagande ne continue pas que côté américain : toujours en 1948, Lord William Beveridge (1879-1963), économiste et ancien directeur de la LSE, publie *The Crusade for World Government.* Jean Monnet propose à son ami René Mayer (1895-1972), haut fonctionnaire et ministre en fonction, une fédération de l'Ouest incluant le Royaume-Uni. Au congrès de La Haye de 1948, dont les présidents d'honneur de cette grand-messe fédéraliste sont Winston Churchill (1874-1965), fort de son *United Europe Movement*, et Léon Blum, se réunissent presque huit cents délégués d'organisations européistes, [ce] qui conduira à la création du *Mouvement européen* (d'essence fédéraliste) qui lui-même donnera naissance, avec le traité de Londres de 1949, au *Conseil de l'Europe.* Parmi les autres relais européistes de cette époque, on peut citer l'ingénieur social Walter Lippmann (1889-1974), membre de la Société fabienne, disciple de Graham Wallas et artisan du traité de Versailles ; les époux Graham (à travers le *Washington Post*) ; *Le Monde* (d'Hubert Beuve-Méry) ; *The Times* (contrôlé par le Groupe de Milner) et la CIA (notamment via Frank Wisner) — entre 1949 et 1959, la CIA aurait versé cinquante millions de dollars à différents mouvements européistes par le biais de l'ACUE.

Ironiquement, les Alliés anglo-américains vont construire l'Europe telle que l'auraient voulue les architectes pangermanistes : une idéologie impérialiste antinationale, une fédération européenne, un gouvernement supranational... seule la politique changera. En 1950, Étienne Hirsch élabore la déclaration Schuman (du nom de Robert Schuman [1886-1963], ancien député de centre droit ayant voté les pleins pouvoirs au maréchal Pétain, qui sera utilisé et nommé ministre des Affaires étrangères "sur ordre exprès de Washington" afin de "régler la question allemande") avec Monnet et Bernard Clappier (1913-1999), haut-fonctionnaire, directeur de cabinet de Schuman, qui deviendra plus tard négociateur de la CEE et du Système monétaire européen, gouverneur de la Banque de France et vice-président de la BRI. La déclaration Schuman débouchera en 1951 sur la création de la *Communauté européenne du charbon et de l'acier* (CECA), inspirée par Arthur Salter lors de la Première Guerre mondiale. Il s'agit d'une institution supranationale regroupant la France, la RFA, l'Italie, la Belgique, le Luxembourg et les Pays-Bas, dirigée par une Haute Autorité (HA) dont Jean Monnet prendra la première direction en 1952 (Hirsch lui succédera au CGP). Dans son discours d'introduction du 10 août 1952, il proclame être le dirigeant du "premier gouvernement d'Europe de l'histoire" et vouloir être "indépendant des États". C'est aussi ce que dira l'ancien gouverneur de la Banque de France Jean-Claude Trichet en prenant ses fonctions de président de la Banque centrale européenne (BCE) en 2003. Comme le disait Sir Christopher Soames (1920-1987), gendre de Churchill, plusieurs fois ministre, ambassadeur en France, commissaire européen et dernier gouverneur de la Rhodésie du Sud : "Dans une organisation internationale, il faut toujours mettre un Français à la tête, car les Français sont les seuls à ne jamais y défendre les intérêts de leur pays." Des Anglais (via le *Joint Committee*) et des Américains participeront aux travaux de la CECA comme partenaires extérieurs. L'homologue allemand de Jean Monnet dans l'architecture de la CECA est Walter Hallstein (1901-1982), professeur de droit. Il sera plus tard premier président de la *Commission européenne* (1958-1967).

Jean Monnet n'a jamais changé de conception (vision post-nationale et mondiale) ni de méthode (avance à marche forcée, sans intérêt pour l'histoire ni les peuples, prendre le prétexte d'une politique économique et monétaire commune pour fixer ensuite une politique globale commune). Il n'est donc jamais satisfait et souhaite aller toujours plus loin. C'est pourquoi dès 1954 il souhaite unifier la défense européenne et la dissoudre dans l'OTAN, créée en 1949 : ce sera la *Communauté européenne de défense* (CED). Mais victime d'une attaque cérébrale et malgré l'influence de son ami John Foster Dulles, directeur du Département d'État américain (secrétaire d'État), les parlementaires français rejettent la CED. À peine remis, Monnet lancera donc l'*Union de l'Europe occidentale*, puis en 1955 démissionnera de la HA de la CECA (il sera remplacé par René Mayer) et lancera le *Comité d'action pour les États-Unis d'Europe* (CAEUE) dont il confiera la rédaction des futures institutions européennes à Paul-Henri Spaak (1899-1972), plusieurs fois Premier ministre belge, et Pierre Uri. Un an plus tôt, en 1954, un petit groupe de personnes, dont Józef Retinger, Paul van Zeeland et Paul-Henri Spaak, avait créé le *Groupe Bilderberg*. L'objectif était de réunir une fois par an, de manière informelle, les principaux décideurs occidentaux du monde (hommes d'État, journalistes, banquiers internationaux et grands industriels), de façon à ce qu'ils partagent leurs vues. Officieusement, il s'agit aujourd'hui encore de soumettre des feuilles de route et d'adouber les futurs dirigeants de la planète. Signalons que Spaak et van Zeeland avaient été les adversaires les plus acharnés du rexisme et de Léon Degrelle en Belgique dans les années 1930. Exilé aux États-Unis suite aux accusations (vérifiées et reconnues par le gouvernement) de Degrelle d'être un "*bankster*", van Zeeland se rapprochera de Roosevelt et deviendra un agent américain artisan d'un nouvel ordre mondial. Après la guerre, il travaillera notamment pour la CECA, la CED et l'OTAN.

En 1957 sont signés les deux traités de Rome, à partir du rapport Spaak : celui qui crée *Euratom* (dont Étienne Hirsch prendra la tête en 1959) et celui qui institue la *Communauté économique européenne* (CEE). Ils ont été ratifiés rapidement, John Foster Dulles ayant fait avancer les négociations en soumettant la RFA. *Euratom*, ou *Communauté européenne de l'énergie atomique* (CEEA) coordonne les programmes de recherche sur l'énergie nucléaire des six pays membres de la CECA. La CEE permet l'union douanière entre ces six mêmes pays membres. Mais le retour au pouvoir du général de Gaulle en 1958, qui accepte d'appliquer les traités sans les dénoncer, mais sans zèle, va tempérer les ardeurs supranationales des fédéralistes. En 1960 est mise en place la première politique supranationale : la politique agricole commune (PAC). C'est aussi l'année où sera mis en place le nouveau franc (inspiré par Jean Monnet). Pourtant, les choses ne vont pas tarder à se bloquer. En 1961, de Gaulle refuse la création d'une force militaire euro-américaine et prend l'initiative en proposant un Plan Fouchet en 1961 et 1962, que Monnet et Hallstein vont tenter de récupérer et qui, finalement trop supranational, sera abandonné en 1964. Par deux fois, en 1963 et en 1967, de Gaulle refusera l'entrée du Royaume-Uni dans la CEE. En 1965, la guerre est ouverte entre de Gaulle et Monnet, qui conduit à la "politique de la chaise vide". En 1966, il retire la France de l'OTAN et arrache le *compromis de Luxembourg*, qui permet à un État membre de ne pas suivre une décision européenne si elle est réputée nuire à ses "intérêts vitaux", sans empêcher les autres États membres de l'adopter. La France vit ses dernières années de pleine souveraineté.

Après le départ de De Gaulle en 1969, les choses vont s'accélérer. En 1970, le rapport Werner (du nom de Pierre Werner, banquier du CAEUE en lien avec le FMI et la Banque mondiale), suite au sommet de La Haye de 1969, propose une union économique et monétaire des pays de la CEE. En 1972, le dispositif du Serpent monétaire européen limite les fluctuations des taux de change entre pays membres de la CEE. En 1973, le *traité de Bruxelles* acte le premier élargissement : l'Irlande, le Danemark et le Royaume-Uni entrent dans la CEE. En 1981, ce sera la Grèce et en 1985, l'Espagne et le Portugal. En 1973, c'est la création de la *Commission trilatérale*, qui va tenter d'organiser un gouvernement mondial entre les principales puissances de libre-marché en Europe, en Amérique du Nord et en Asie. On retrouve de nouvelles personnalités, mais les organisations dont elles proviennent sont restées les mêmes puisqu'on y retrouve notamment David Rockefeller, Henry Kissinger et Zbigniew Brzeziński, membres dirigeants du CFR et du Bilderberg. En 1974, le sommet de Paris entre chefs d'État des pays membres de la CEE instaure le *Conseil européen.* En 1976 est créé le *Parlement européen.* En 1986 est signé l'*Acte unique européen* (AUE) qui approfondit le marché unique et officialise le Conseil européen. En 1990, RFA et RDA se réunifient : l'Allemagne est de retour.

En 1991 sont créés les premiers blocs continentaux de libre-échange : le SICA pour l'Amérique centrale, le MERCOSUR (aujourd'hui UNASUR) pour l'Amérique du Sud, la *Communauté des États indépendants* (CEI, anciens satellites soviétiques) après la chute de l'URSS (aujourd'hui *Communauté économique eurasiatique* [CEEA] incluant la Russie). En 1992, c'est au tour de l'Europe et de l'Amérique du Nord avec le traité de Maastricht (qui signe l'Europe politique et monétaire avec l'écu, qui deviendra l'euro, mis en circulation en 2002) et l'ALENA. Tout est en place pour les accords de Marrakech de 1994, qui fonderont l'*Organisation mondiale du commerce* (OMC) afin de mettre en œuvre le libre-échangisme mondial. Il y aura encore plusieurs élargissements : le traité de Corfou en 1995, qui fera entrer l'Autriche, la Finlande et la Suède dans la CEE, qui deviendra l'*Union européenne* (UE) ; puis le traité d'Athènes en 2004, qui fera entrer la Slovaquie, la Lituanie, la Tchéquie, l'Estonie, la Slovénie, la Lettonie, la Pologne, la Hongrie, Chypre et Malte ; le traité de Luxembourg en 2007, qui fera entrer la Roumanie et la Bulgarie ; et enfin le traité de Bruxelles en 2013, qui fera entrer la Croatie.

Au-delà des élargissements continus, empêchant toute identité commune et toute politique stable en Europe, d'autres traités phagocyteront la souveraineté nationale des États membres. En 1997, le traité d'Amsterdam institue la coopération judiciaire et soumet les pays membres à la Cour de justice de Luxembourg. En 2001, le traité de Nice modifie les institutions et remplace la prise de décision à l'unanimité par la majorité qualifiée. En 2005, la Constitution européenne est rejetée par référendum par les Français et les Néerlandais, mais le texte constitutionnel est repris dans le traité de Lisbonne de 2007, ratifié pour la France par le Congrès en 2008 et appliqué en 2009. En 2012, le traité sur la stabilité, la coordination et la gouvernance (TSCG) abandonne la souveraineté budgétaire, prérogative historique du parlement, à la Commission européenne. En 2016, le peuple britannique s'est prononcé en faveur du retrait de l'UE par référendum, et en 2017, le président américain Donald Trump a mis temporairement fin aux négociations sur le traité de libre-échange transatlantique. Mais pour combien de temps ? Les forces occultes décidées à établir un gouvernement mondial poursuivent leur travail d'uniformisation et de normalisation.

Une chose est sûre : l'UE n'a jamais été conçue comme une puissance indépendante mais comme un marchepied du mondialisme, et elle est absolument irréformable » (texte de la conférence prononcée à Toulouse, le 11 avril 2018, par Jean-Yves Dufour, essayiste et romancier, à l'invitation du « Cercle Eudes d'Aquitaine »).

Il reste aux Européens lucides — c'est-à-dire aux Européens attachés non seulement à leurs identités nationales respectives, mais encore à leur identité européenne et à la solidarité profonde des nations d'Europe en le destin de laquelle s'harmonisent, en droit sinon toujours en fait, toutes les communautés nationales de destin de ses composantes historiques — à entreprendre un « *solve et coagula* » antithétique de celui des maçons : se soustraire, quel qu'en soit le prix économique, à cette Europe de Bruxelles mondialiste et destructrice des peuples, afin de reprendre le projet de constitution d'un empire carolingien en forme de Saint-Empire romain germanique intégrant — ce que le précédent n'avait pas su faire — des nations redevenues elles-mêmes disposées — ce que les nations, singulièrement la France, n'avaient pas su accepter — à plébisciter sa suzeraineté en œuvrant pour le Bien commun de la race blanche et de la Chrétienté. On comprend rétrospectivement que les nations aient regimbé à consentir à cette suzeraineté aussi longtemps qu'elles étaient en cours de constitution mais, à présent qu'elles sont fixées en leurs identités culturelles, conscientes de leurs vocations respectives, elles doivent comprendre que c'est pour avoir refusé cette suzeraineté qu'elles en sont venues à se défaire au profit de l'Empire sans nom des « États-Unis » et de son rejeton sans nom de l'Union des républiques soviétiques. Tout le continent américain, du Nord au Sud, a vocation à être dépecé pour redevenir un ensemble de colonies de l'Europe ; et le Saint-Empire d'Occident n'est à même d'assumer sa vocation qu'en aidant à la reviviscence d'un Empire byzantin fédérant l'Orient du Nord et du Sud ; il n'est pas douteux que la Chrétienté a deux poumons, pour autant qu'ils soient tous deux catholiques, puisque n'est authentiquement chrétien que ce qui est catholique.

Le papier souffre tout, dira-t-on ; ces choses qui viennent d'être suggérées sont là autant de chimères délirantes. Mais l'imminence de l'avènement de l'État mondial n'est pas une chimère, et cette monstruosité planétaire requiert, pour être conjurée, que soit clarifié le projet d'un ordre mondial destiné à se substituer à ce « Nouvel Ordre Mondial » qui n'est que le projet satanique et à ce titre éminemment ancien d'organisation d'un monde sans Dieu, par là insurgé contre lui-même. Le révisionniste héroïque Horst Mahler, qui souffre actuellement dans sa chair un véritable martyre pour la cause de la vérité historique, déclarait récemment au député européen Udo Voigt venu le visiter en prison : « Ils peuvent me tuer car j'ai déjà tout dit. Je suis pleinement conscient que je dois tenter de défendre corps et âme l'*Occident chrétien.* » À prétention satanique mondiale ne peut être opposée qu'une solution mondiale inspirée par une vision planétaire de l'ordre politique. C'est dans ce contexte seul que les nationalismes prennent sens, à peine de voir leur exacerbation se retourner contre leurs intentions en se mettant à servir malgré elles, par la généralisation de leurs dissensions, les intérêts du satanisme dont elles prétendent s'émanciper.

Le texte de Jean-Yves Dufour, qu'on vient de lire, riche d'informations précieuses, n'est pas sans susciter certaines réserves. Il est d'inspiration manifestement gaullo-maurrassienne, nationaliste certes, mais au sens où l'idée nationale serait par essence antithétique de l'idée impériale, parce que l'idée impériale serait par essence mondialiste. Notre auteur met dans le même sac les technocrates planistes du gouvernement du maréchal Pétain, les nationaux-socialistes européistes, et les acteurs d'avènement du mondialisme anglo-saxon. Et c'est sur ce point qu'il convient peut-être de proposer quelques nuances à son discours.

D'abord, pourquoi le mondialisme est-il intrinsèquement pervers ? Ensuite, en quoi le Politique, qui prend sa source dans le fait des peuples, ainsi dans l'idée nationale explicite ou non, appelle-t-il un gouvernement excédant la sphère de l'idée nationale ? En troisième lieu, quelles sont les ambiguïtés attachées à ce gouvernement, qui risquent en effet de faire basculer le projet dans une vision mondialiste de la planète ?

Le mondialisme est intrinsèquement pervers parce qu'il vise à instaurer un ordre planétaire qui serait générateur d'une paix (laquelle est en droit la « tranquillité de l'ordre », selon l'expression de saint Augustin) qui est une fausse paix. Est souverain ce qui décide de la situation d'exception, comme le montre Carl Schmitt. La situation d'exception maximale, définitionnelle de toute situation d'exception parce qu'elle en est le paradigme (ce qui est premier dans un genre est cause de tout ce qui appartient à ce genre), est la déclaration de guerre en laquelle une communauté politique risque son existence. Mais il n'y a politique que s'il y a souveraineté. Dès lors, il y a vie politique seulement s'il y a possibilité de la guerre, au point que la vraie paix est toujours victoire obtenue sur la possibilité de la guerre, soit en la prévenant, soit en l'assumant et en la gagnant. Mais il n'y a possibilité de déclaration de guerre que s'il y a des amis et des ennemis au moins potentiels. Or un État mondial supprimerait tout ennemi extérieur, c'est-à-dire tout véritable ennemi, puisqu'il n'y aurait plus d'extérieur ; la guerre serait réduite à une opération de police, et l'ennemi à un délinquant antisocial passible des tribunaux. Donc un État mondial serait la suppression du politique, le dépérissement de l'État (il y a politique s'il y a État), l'avènement de l'administration des choses à la place du gouvernement des hommes, l'instauration d'une Administration régissant la distribution des richesses aux membres d'une humanité dépolitisée. Et cela même reviendrait à frustrer l'homme de son aspiration naturelle à la chose politique. Mais la chose politique consiste dans le fait que l'homme est, en tant qu'individu, l'individuation d'une nature humaine investie en lui tout entière mais non totalement, qui exerce en lui sa causalité immanente et lui enjoint de s'excéder, lui qui n'en actualise que quelques virtualités, pour les faire se réaliser toutes ; ce qui, par la communauté domestique, s'accomplit diachroniquement dans le processus de la génération (communiquer sa nature à d'autres individus), et synchroniquement dans le désir de société qu'il satisfait en faisant exister un tout politique qu'il fait être en s'intégrant en lui : la cité, prise avec les personnes qu'elle rassemble, est une réalité plus parfaite que l'individu, en tant qu'elle fait s'actualiser, autant que faire se peut, toutes les potentialités de la nature ou essence humaine à l'intérieur d'une communauté historique de destin. Déposséder l'homme de sa dimension politique, c'est ainsi le déposséder de sa propre humanité en le renvoyant à lui-même en tant qu'individu privé, cantonné à la sphère de biens unilatéralement privés, c'est-à-dire matériels. Si l'on consent à se souvenir qu'un bien privé est un bien que l'on rapporte à soi, et non un bien auquel on se rapporte (privilège d'un bien commun, cause finale du politique), on comprend que l'individu contraint de n'aimer que des biens privés est un individu qui ne sait plus aimer autre chose que lui-même, qui s'absolutise et se déifie. C'est là, au reste, la finalité inavouée du mondialisme : célébrer, dans une communauté intégratrice de l'humanité tout entière devenue absolument maîtresse de son destin parce que soustraite à tout risque de désintégration, la divinité de l'homme (le judaïsme international, qui œuvre avec la maçonnerie à cette entreprise gnostique de déification, entend ne déifier que l'homme juif, et c'est pourquoi il se fera balayer, en son exclusivisme théologique inversé, par la logique universelle de la stratégie qu'il épouse : c'est tout homme qui aspirera à se faire Dieu, ne supportant pas d'inégalité). Et parce que seule l'égalité est possible entre de petits dieux par ailleurs focalisés par des biens qui relèvent seulement de l'avoir, alors seule l'égalité dans l'ordre de l'avoir est possible, ce qui fait se réaliser la prévision marxiste selon laquelle l'individualisme libéral déchaîné, vecteur de destruction des identités nationales en réduisant tout à la loi d'un marché, a vocation à se sublimer, s'y résolvant, dans la collectivisation des moyens de production, en socialisme dont le sens réel est que l'essence humaine est l'ensemble des rapports sociaux. L'État mondial est une Administration communiste. Il résulte de ces rappels succincts que l'homme soucieux de son humanité est invité à repousser le mondialisme pour limiter sa vocation communautaire terrestre à des entités qui doivent demeurer particulières, non planétaires ; aussi longtemps que l'homme sera humain, il n'y aura pas d'État mondial. Prétendre faire se réaliser sur Terre l'exhaustivité de l'actuation de la nature humaine, laquelle — s'il est vrai que tout désir humain procède proleptiquement du désir naturel de Dieu — ne trouve son repos qu'en Dieu, cela revient au fond à prétendre à réaliser le paradis sur terre et, ce faisant, à précipiter la Terre en enfer.

Est-ce à dire pour autant que le politique ne devrait jamais s'exercer en dehors de la recherche des intérêts exclusifs de la nation ? Ce serait là cautionner un monde hobbésien dans lequel les États, comme autant de Léviathans hostiles, s'observeraient pour toujours dans la circonspection, prêts à s'entredéchirer, incapables de faire cause commune contre les entreprises subversives toujours intéressées de la manière la plus zélée à répandre la zizanie à l'intérieur de chacun d'eux. Conformément à la leçon de la dialectique hégélienne de la maîtrise et de la servitude, on remarquera qu'une jeune fille n'ayant qu'une conscience subjective de son pouvoir naissant de séduction aspire naturellement — ainsi d'une manière à l'origine non peccamineuse — à authentifier la réalité de ce pouvoir, qui atteste sa féminité, en tentant de se reconnaître dans le regard objectivant de ses admirateurs masculins : la reconnaissance obtenue par autrui est le substitut obligé de la connaissance *objective* et directe de soi ; et pour que cet acte d'être reconnu soit effectivement vécu telle une expérience ayant valeur de connaissance objective *de soi*, ainsi de connaissance exercée par soi, il faut que celui qui y aspire agisse de telle sorte qu'il l'impose à celui dont il quête la reconnaissance, car tout se passe alors comme s'il se donnait lui-même ce que seul l'autre peut lui donner. On peut illustrer ce processus par le comportement du jeune mâle aspirant à se poser en s'opposant, et cette leçon vaut pour les peuples eux-mêmes, dont chacun aspire à vérifier l'universalité des valeurs dont il se sait porteur en les communiquant, de gré *ou de force*, au reste du monde :

Toute nation est une manière d'être homme ; elle est l'incarnation, exprimée dans une culture, d'une certaine manière de concevoir ce que doit être l'homme *en tant qu'il est homme*. Et cette exigence de valeur normative en attente de se reconnaître, c'est-à-dire d'attester sa portée universelle, appelle, dans un peuple, d'être imposée aux autres peuples ainsi contraints de renvoyer au conquérant l'image objectivante de lui-même en laquelle il se connaîtra comme effectivement possesseur d'une véritable culture qui n'est telle que si elle peut prétendre à incarner toute la culture. Autant dire que tous les peuples sont en état virtuel de guerre aussi longtemps que la reconnaissance n'est pas réciproque, ainsi aussi longtemps que, de leur conflit culturel ou guerrier, ne surgit pas la conscience commune à tous d'être promoteur chacun d'une manière particulière, complémentaire de celle des autres, d'exprimer culturellement la même nature humaine dont tous se savent procéder. Cela dit, il faut, pour le savoir, que ces différents modes d'expression culturelle de la même nature humaine soient référés à un même concept pour être comparables ; il faut que les modes d'être d'une perfection, tous différents, soient identiques sous un certain rapport pour que puisse être attestée leur différence, et ce que ces modes d'être différents ont de commun, c'est précisément l'être dont ils sont les modes, lequel doit être univoquement saisi par-delà les modes divers en lesquels il se manifeste. Mais un être n'est jamais en dehors de tout mode d'être, l'acte d'être homme n'est jamais extérieur à une certaine manière d'être homme qui le réalise en le particularisant, et c'est pourquoi, parmi tous les modes d'être de l'être, il doit en être un, privilégié, qui contient potentiellement tous les autres et qui à ce titre est en droit *cause* de tous les autres, ainsi qui, ce faisant, a raison de modèle paradigmatique et d'origine pour tous les autres, à la manière dont la lumière, qui contient en puissance active toutes les couleurs, les fait s'identifier en elle sans supprimer leurs différences qui les définissent, et sans se réduire à elles, tout en étant une couleur parmi les autres. Et puisque l'être dont il est ici question est celui de la vie des peuples, toute vie culturelle aspire au fond à s'introniser modèle de tout le genre humain. Si l'on concède qu'une vie nationale n'accède à la maîtrise d'elle-même, qui signe sa maturité, qu'en se donnant l'existence politique qui est celle de l'État (peu importe qu'il soit commun à plusieurs nations ou propre à une seule), on accède au résultat suivant : les vies nationales sont conflictuelles et incapables de se reconnaître mutuellement aussi longtemps qu'elles ne sont pas insérées dans un État qui les réconcilie, et qui incarne d'abord, dans son noyau, cette vie nationale achevée, cet esprit populaire ayant raison de paradigme pour tous les peuples. Et la genèse d'un tel État est le contenu d'une fin idéale de l'Histoire.

Pourtant, un État mondial est une catastrophe qui, comme on l'a vu, fait dégénérer la vie politique en administration des consommateurs.

Il doit donc s'agir d'un État national qui ne se substitue pas aux autres États, qui n'abolit pas leur souveraineté, mais qui les fédère, dans une relation hiérarchique précaire mais réelle, et telle est l'idée d'Empire, entendu comme *Saint-Empire romain de la nation germanique*. On ne saurait confier ce rôle fédérateur à l'Église, car cela reviendrait à confesser que l'ordre naturel n'a pas en lui-même le principe suffisant de sa pérennité, et qu'il est impossible, non pas accident mais par essence, aussi longtemps que n'intervient pas un principe surnaturel ; or ce serait là convoquer la surnature pour faire fonctionner la nature, et c'en serait fait de la gratuité de l'ordre surnaturel. Et c'est pourquoi la Sainte Église catholique a toujours plébiscité l'idée d'empire.

La référence obligée à l'idée de pouvoir politique supranational n'est certes pas, en dernier lieu, sans ambiguïté, parce que les promoteurs d'une telle idée risquent toujours de la réaliser au détriment des identités populaires, et selon la dynamique sournoise d'instauration d'un État mondial de type oligarchique ; il y a aussi que cette dynamique est séduisante en tant qu'elle semble éviter, parce qu'elle est économique, les soubresauts et les dangers de règlement par la guerre des conflits entre nations. C'est à cause de cette ambiguïté que maints nationalistes européistes, qui avaient cru à l'Europe nouvelle, s'engageant dans la croisade des fascismes subsumée par le Troisième Reich, ont cru reprendre, après la guerre de 39-45, ce projet en soi légitime en se mettant au service de l'Europe, mondialiste par essence, de Jean Monnet et de Robert Schuman. Rétrospectivement, on peut dire qu'ils se sont fourvoyés, mais il conviendrait de ne pas « jeter le bébé avec l'eau du bain ». Le nationalisme de chaque nation d'Europe n'est rationnel, fécond et salvateur, que si, à toute distance d'un égoïsme national d'inspiration maurrassienne et gaulliste, il est en même temps un nationalisme européen, lequel ne peut être qu'antilibéral et antidémocratique.

FAMILLE

« On aura compris <à propos de l'assassinat de Louis XVI le 21 janvier 1793> que le rejet du Roi et du Père est ici plus profondément celui de la transcendance. » « La démocratie est incompatible avec le pouvoir paternel d'antan. Toute émancipation est d'abord libération par rapport au père. La souveraineté populaire est née du parricide. (…) L'acte accompli, le renversement des valeurs devenait effectif » (Élisabeth Badinter, née Bleustein-Blanchet, *L'un et l'autre*, Odile Jacob, 1986).

« À quoi ça sert, les parents ? Ah oui ! Ça sert à ce qu'on leur mente » (Montherlant, *La Ville dont le prince est un enfant*, p. 27, Folio n° 293).

La famille, première des sociétés dans l'ordre chronologique, n'est pas la plus parfaite des sociétés naturelles, parce qu'elle est incapable de parvenir à l'autarcie, laquelle est le privilège de la Cité, ou État, au bien commun duquel la famille est ordonnée. La famille n'est pas, pour saint Thomas, une image de la Vie trinitaire (Iª q. 93 a. 6), bien que la Vie trinitaire soit elle-même une famille, en ce qu'on découvre en elle une communion d'intelligence et d'amour, dans l'Esprit, entre le Père et le Fils ; la famille n'en demeure pas moins une image de l'Église :

> « Frères, par respect pour le Christ, soyez soumis les uns aux autres ; les femmes, à leur mari, comme au Seigneur Jésus ; car, pour la femme, le mari est la tête, tout comme, pour l'Église, le Christ est la tête, lui qui est le Sauveur de son corps. Eh bien ! Si l'Église se soumet au Christ, qu'il en soit toujours de même pour les femmes à l'égard de leur mari. Vous, les hommes, aimez votre femme à l'exemple du Christ : il a aimé l'Église, il s'est livré pour elle ; il voulait la rendre sainte en la purifiant par le bain du baptême et la Parole de vie ; il voulait se la présenter à lui-même, cette Église, resplendissante, sans tache, ni ride, ni aucun défaut ; il la voulait sainte et irréprochable. C'est comme cela que le mari doit aimer sa femme : comme son propre corps. Celui qui aime sa femme s'aime soi-même. Jamais personne n'a méprisé son propre corps : au contraire, on le nourrit, on en prend soin. C'est ce que fait le Christ pour l'Église, parce que nous sommes les membres de son corps. Comme dit l'Écriture : À cause de cela, l'homme quittera son père et sa mère, il s'attachera à sa femme, et tous deux ne feront plus qu'un. Ce mystère est grand : je le dis en pensant au Christ et à l'Église. Pour en revenir à vous, chacun doit aimer sa propre femme comme lui-même, et la femme doit avoir du respect pour son mari » (saint Paul, Éph. V, 21-33).

Dans la II^{a} II^{ae} q. 26 a. 4, l'Aquinate précise la manière dont l'amour doit s'exercer dans la famille.

La charité est cette vertu théologale qui fait tendre vers Dieu comme vers le principe de la béatitude, laquelle réside en Dieu comme dans son principe, et est telle que sa communication fonde l'amitié de charité. Il y a donc un certain ordre dans les choses qui sont aimées d'un amour de charité, selon leur relation au principe de cet amour, qui est Dieu, et leur proximité plus ou moins grande par rapport à lui. On doit aimer Dieu plus que soi-même d'amour de charité, mais déjà par sa puissance naturelle d'aimer. Au reste, parce que la grâce ne détruit pas la nature mais la perfectionne, l'ordre qui régit l'amour de charité régit aussi l'amour naturel. Tout être, au fond, aime Dieu naturellement plus que lui-même, même s'il ne le sait pas ou se refuse à le savoir.

On doit s'aimer soi-même (en tant qu'âme) par charité plus que le prochain (a. 4). Chaque homme s'aime soi-même parce qu'il participe de ce bien qu'est la béatitude sur laquelle est fondé l'amour de charité. Et participer du bien divin est un motif d'amour plus grand que celui qui vient de ce qu'un autre nous est associé dans cette participation ; ce qui l'illustre, c'est que personne ne doit pécher pour préserver son prochain du péché.

On doit aimer le prochain (en tant qu'âme) plus que son propre corps (a. 5) et il est licite d'aimer son prochain plus que d'autres (a. 6). On doit aimer ses proches plus que ceux qui sont en soi meilleurs (a. 7), et l'on doit préférer ceux qui sont du même sang (a. 8).

Le degré d'amour peut s'apprécier de deux manières : par rapport à l'objet, et de ce point de vue on doit aimer davantage ce qui a le plus de ressemblance avec Dieu ; par rapport à celui qui aime, on aime davantage celui avec lequel on est plus uni. Ainsi, du point de vue de l'objet, on doit préférer son père à son fils, car le père est plus aimable en tant qu'il a raison de principe, ce qui constitue un bien plus éminent parce que rendant plus semblable à Dieu. Mais du point de vue de l'intensité de l'amour, ainsi en considérant le sujet qui aime, on préfère son fils à son père, car on lui est plus uni : il est quelque chose du père ; on le connaît mieux qu'on ne connaît son père ; il est plus proche de son géniteur dont il est partie que le père n'est proche de son fils dont il est le principe ; le père aime son fils depuis plus longtemps que le fils n'aime son père, et ainsi le père aime sous ce rapport son propre père moins qu'il n'aime son fils (a. 9).

Le père doit être aimé plus que la mère parce qu'il est plus principe, la mère ne donnant — selon saint Thomas — que la matière dans la génération, alors que le père donne la vertu formatrice qui dispose le corps à recevoir l'âme (a. 10).

Selon la nature du bien ou objet de l'amour, les parents doivent être préférés à l'épouse, et l'on doit plus de respect à ses parents qu'à son épouse ; selon le degré d'union, l'épouse doit leur être préférée car les époux ne font qu'une seule chair (a. 11).

D'un tel enseignement, on peut retenir ceci : en tant qu'elle fait mémoire du Principe considéré comme ce dont on procède, on doit aimer d'abord la famille dont on est le rejeton ; en tant qu'elle est image du Principe considéré comme ce à quoi l'on a vocation à être uni, on doit aimer d'abord la famille que l'on fonde.

Les enfants sont comme la réalisation hypostatique de cette unité entre époux en quoi consiste l'amour qu'ils se portent l'un à l'autre. Il en résulte plusieurs choses.

Quand la discorde et la haine en viennent, pour quelque raison que ce soit, à s'installer entre époux, les enfants se sentent d'autant moins être le fruit de l'amour de leurs parents, et ils s'éprouvent comme étant de trop, non désirés et bientôt haïs eux-mêmes. Cette impression est renforcée par le fait que les époux, ne s'aimant plus, sont de moins en moins capables de reconnaître leur propre unité — puisqu'ils n'ont pas su l'entretenir — dans leurs enfants, et cette action réciproque se renforce au point de susciter dans les parents une certaine haine à l'égard de leurs propres enfants, fruits malheureux de ce qui est subjectivement vécu comme une « erreur » conjugale, obstacles au désir désordonné, dans l'un des parents ou dans les deux à la fois, de trahir le serment conjugal pour « refaire », chacun, « sa vie » de son côté. Aimer l'autre consiste à désirer faire un avec lui, à se donner à lui tel le complément obligé de sa manière sexuée d'être humain, et le don de soi est amour de bienveillance, amour de l'autre en tant qu'on lui veut du bien. Si aimer est se donner, tout autant « donner et retenir ne vaut » : se donner, c'est se donner sans retour. Aspirer à refaire sa vie alors que le conjoint n'est pas mort et qu'on s'est vraiment donné à lui dans et par le sacrement du mariage, c'est confesser qu'on ne l'a jamais vraiment aimé. Les « scènes » conjugales ont des effets terribles que les parents, par la suite, s'efforcent à minimiser, par mauvaise foi et souci de bonne conscience. Pour autant, le devoir des parents envers leurs enfants n'est pas l'envers d'un droit des enfants à l'égard de leurs parents qui n'ont sous ce rapport de comptes à rendre qu'à Dieu, mais aussi à la société qu'ils privent d'enfants bien élevés et équilibrés, capables de servir le bien commun. Avoir des parents qui ne s'entendent pas, c'est une épreuve pour les enfants qui sont invités à surmonter leur frustration affective, à prendre sur soi pour accéder plus vite à la maturité afin de se libérer du besoin de l'affection et des soins de leurs parents ; il leur est plus difficile, dans ce cas, d'exercer leur devoir de piété filiale dont les manquements parentaux ne les dispensent pourtant pas. Et ils risquent de reproduire dans la famille qu'ils auront à fonder les travers dont ils ont été victimes dans leur famille d'origine, ou bien, par réaction non éclairée et disproportionnée, de produire le travers symétrique du premier : conférer à la famille une unité telle que les enfants en viennent à ne plus concevoir d'envisager de la quitter. Il reste qu'il est dans l'ordre que les enfants quittent leur foyer pour se livrer aux rapports — entre individus encore atomiques — de solidarité mais aussi et surtout de conflit, qui tissent la société civile, laquelle a vocation à être ramenée — par le mariage et l'engagement dans la vie corporative — à une unité plus haute que celle de la famille, et qui n'est autre que celle de l'État, identité concrète de la famille (unité naturelle) et de la société civile (rupture de l'unité naturelle), c'est-à-dire organicité fondée non plus seulement sur le rapport naturel entre membres de la communauté, mais encore sur le rapport volontaire.

Quand, pour quelque raison que ce soit, les enfants en viennent à haïr leurs parents, soit parce qu'ils ne supportent pas leur bienveillante férule, par orgueil, ou — sous la pression extérieure des vices et tentations du monde qui leur font repousser les préceptes parentaux et choisir la révolte — par faiblesse qui est encore, ici, inspirée par l'orgueil ; soit parce que leur haine répond aux manquements pédagogiques et moraux de leurs parents qui, depuis le péché originel, ne sont jamais parfaits, ces derniers ne reconnaissent plus dans leurs enfants le fruit de leur union, et leur unité conjugale risque de se défaire, et s'étiole progressivement. Il y a une grande responsabilité des parents à l'égard de leurs enfants, effrayante à certains égards ; mais il y a aussi une certaine responsabilité des enfants en ce qui concerne la santé de l'union conjugale de leurs géniteurs. Les parents doivent comprendre qu'ils sont ordonnés au bien de leurs enfants, avec toutes les charges, tous les sacrifices que cela suppose, dont l'effort de s'aimer entre époux coûte que coûte, et de tendre vers la perfection ; et les parents sont très coupables, qui prennent leurs enfants en otage pour les faire servir de moyen au règlement de leurs désordres passés et actuels ; la chose peut se produire de manière insidieuse quand les parents projettent sur leurs enfants le désir de réalisation de soi qu'ils n'ont pas su exercer pour eux-mêmes, et entendent forger leurs enfants à leur image, ou plutôt à l'image de ce qu'ils auraient voulu être, en frustrant la vraie vocation de leurs enfants, en l'empêchant d'éclore, et sous ce rapport les rejetons sont fondés à se soustraire à une influence qui les distrait d'eux-mêmes. Mais les enfants sont aussi coupables à leur manière, qui ne consentent à reconnaître une légitimité à l'autorité que quand elle est parfaite ; la perfection n'est pas de ce monde et, s'il avait fallu attendre que les autorités humaines fussent parfaites pour être recevables, jamais personne n'eût obéi à personne, et les progrès humains rendus possibles par les trésors de la vie de famille et de la vie sociale eussent été impossibles. Obéir à un chef imparfait, c'est prendre sur soi son imperfection ; c'est faire reposer sur soi, héroïquement, la responsabilité de celui qui doit nous commander, à la manière dont on est invité à préférer de subir une injustice personnelle ponctuelle plutôt que d'engendrer un désordre commun ; et l'on voit ces choses se produire, parfois, chez des épouses admirables d'abnégation, de douceur forte et de générosité, où chacune ne remet pas en cause l'autorité de son mari sur elle quand bien même il se révèle parfois indigne de l'exercer, mais qui la sauve et l'amende en sachant pardonner les injustices et adopter la patience en cultivant l'espérance. Dans cette perspective, et toutes proportions gardées, les enfants peuvent essayer de comprendre que leurs parents apprennent leur métier de parents en l'exerçant, à un âge où ces derniers sont encore, pour la plupart, à peine sortis de l'adolescence, et qui apprennent à être adultes en devenant père et mère : « nul n'est homme s'il n'est père », disait Proudhon ; il faut être homme pour mériter d'être père, et il faut accéder à la paternité pour être homme, et cette épreuve est structurelle, inhérente à la condition humaine, elle ne relève pas des dysfonctionnements imputables au péché originel.

Il y a là, comme dans toute action réciproque de ce genre, une contradiction qui semble rendre impossible l'accès à une paternité réussie : si A et B s'impliquent réciproquement, c'est qu'ils sont équivalents, c'est-à-dire identiques sous un certain rapport et, s'ils en viennent à exiger une identité sous le rapport à raison duquel ils sont différents, c'est qu'ils sont impossibles ; il devrait y avoir identité de l'identité et de la différence, ce qui semble bien impensable et impossible. On a pourtant cette situation dans l'exemple suivant : une clé est rangée dans le coffre qu'elle est seule à ouvrir, il faut donc posséder la clé pour l'ouvrir et l'avoir ouvert pour posséder la clé. La seule solution est qu'il existe un rapport entre A et B qui permette d'expliquer qu'ils puissent être identiques l'un à l'autre à raison même de l'acte de se différencier l'un de l'autre, et tel est le statut d'un sujet connaissant : si l'intérieur du coffre est une intériorité pensante, il peut s'extérioriser dans lui-même, ainsi s'objectiver, c'est-à-dire rendre accessible à autrui, par l'office du langage, sa vie intérieure qui, extériorisée, n'en demeure pas moins intérieure au sujet connaissant ; mais il est évidemment impossible à un coffre matériel de faire de son intérieur une intériorité. Si l'on poursuit l'analogie, on obtient ceci : il faudrait, pour qu'il y eût identité non contradictoire de l'identité et de la différence, c'est-à-dire identité se différenciant et faisant s'indifférencier en elle sa différence qu'en retour elle confirme comme puissance intestine à poser l'identité, que, d'une certaine façon, tout homme fût en quelque sorte, avant de procréer, comme le père de lui-même en tant qu'autre, qu'il fût une identité de géniteur et d'engendré, identité s'objectivant dans elle-même telle une puissance à être père. Mais c'est là, tout simplement, le fait de la liberté personnelle : chaque homme, dès l'âge de raison, dispose de soi, se fait analogiquement le géniteur de lui-même, s'il est vrai que la liberté est une participation à l'acte créateur, c'est-à-dire un acte de se choisir. C'est pourquoi les parents sont coupables, qui se donnent l'absolution à propos de leur manque de maturité, alors que l'exercice de leur liberté aurait pu les faire accéder par eux-mêmes à cette maturité requise pour exercer sereinement leur rôle de parents : la maturité est une chose qui se conquiert, et la liberté est en droit assez forte pour la conquérir, quelque indigente qu'ait été l'éducation reçue ; les circonstances ne sont jamais nécessitantes pour la volonté libre. Mais, tout autant, les enfants sont coupables, qui font reposer leurs échecs, leurs turpitudes et leur médiocrité sur le déficit de maturité ou de sagesse de leurs parents, ou sur leurs erreurs pédagogiques. Le rousseauisme poisseux est à l'œuvre aujourd'hui dans cette espèce de sacralisation sentimentale du statut de l'enfant, qui aurait tous les droits à raison même de sa dépendance et de ses manques constitutifs ; les adultes projettent dans leurs enfants les exigences de cet homme rousseauiste qu'ils se reconnaissent illégitimement à eux-mêmes : l'innocence, la bonté naturelle, le droit d'exiger ou l'exigence comme droit primitif. Freud, pour une fois bien inspiré, voyait plus justement en définissant l'enfant tel un pervers polymorphe, spontanément porté vers le mal.

Les parents sont des modèles qui à ce titre ont vocation à être imités, mais ils sont des modèles très imparfaits qui sous ce rapport ont vocation à être dépassés. C'est pourquoi il est très coupable de la part des parents d'entretenir — sous le prétexte que les enfants leur doivent tout, et obéissance et respect — des relations de rivalité avec leurs enfants dont ceux-là doivent accepter que ceux-ci les dépassent à tous égards, et même le favoriser et s'en réjouir. Mais les enfants sont coupables d'instaurer des relations de rivalité avec leurs parents qui, sans que ce soit nécessairement par négligence, ne parviennent pas toujours à transmettre le meilleur — tant biologique que culturel — d'eux-mêmes à leur progéniture. Si les parents ont trop souvent tendance à voir dans leurs enfants des sous-produits d'eux-mêmes et dont ils peuvent attendre, satisfaits d'eux-mêmes, reconnaissance éperdue, patience et soumission sous le prétexte que leurs rejetons sont constitutivement des héritiers, en retour il existe une espèce de haine métaphysique des enfants pour leurs parents, parce que ces derniers leur rappellent qu'ils sont des débiteurs, et qu'ils ne sont pas leur propre origine, et que jamais ils ne parviendront à s'acquitter de leur dette. Il existe aussi une sorte d'animosité sournoise des enfants à l'égard de leurs parents qui les ont vus grandir, hésiter, balbutier, trébucher, dévoiler le côté nativement pervers de leur nature déchue, avant que les rejetons n'apprissent, tant par amour-propre que par pudeur, à les dissimuler aux yeux d'autrui. La sagesse voudrait que les uns et les autres se remémorassent régulièrement l'apophtegme de Vauvenargues (*Réflexions et maximes*, 1746) : « Nous découvrons en nous-mêmes ce que les autres nous cachent, et nous reconnaissons dans les autres ce que nous nous cachons à nous-mêmes » ; que les géniteurs eussent l'humilité de reconnaître leurs propres travers passés dans ceux de leurs rejetons ; que ces derniers fussent persuadés que leurs géniteurs ont connu les mêmes déboires, les mêmes misères, les mêmes ridicules et les mêmes chutes.

Autre chose est l'autorité domestique, autre chose l'autorité politique ; autre chose la famille, autre chose la Polis ; néanmoins, tout homme est héritier au regard de la cité qui l'accueille et l'éduque, au point que le patriotisme relève du devoir de piété filiale. Dans cette optique, il existe une certaine forme de paternité de la Cité sur l'individu. Or le monarque est la conscience de soi de l'ordre social. Donc le régicide est en effet une forme de parricide. « Quiconque maudira son père ou sa mère sera puni de mort » (Lévitique XX, 9). Tout peuple, en dehors du légitime tyrannicide, qui tuera son roi aura signé son arrêt de mort. Et cet arrêt de mort sera aussi la mort des familles, puisque l'organisation familiale procède proleptiquement de l'organisation politique. Et c'est bien ce qui se produit aujourd'hui. Il est dans la nature de l'État de s'anticiper dans des familles, et il est dans la nature des familles de subordonner le bien commun domestique au bien commun politique ; aussi existe-t-il une réciprocation de causalité entre famille et État, de sorte que qui veut la mort de l'un obtient la mort de l'autre.

La vocation des femmes à être mères fut contredite par les campagnes et lois instaurées pour favoriser le travail professionnel des femmes ainsi émancipées de l'autorité de leur mari, dans une entreprise de destruction du caractère naturellement monarchique de la famille, corrélative d'une entreprise capitaliste de prolétarisation — sous le couvert de libération des femmes — des classes moyennes par exploitation du travail féminin, et d'une entreprise mondialiste de destruction des nations par des mesures d'invasion migratoire consécutives à la nécessité économique de pallier les déficits démographiques induits par le développement du salariat féminin et de la liberté sexuelle ayant recours à la contraception.

La destruction des familles a provoqué la destruction de la morale publique pourtant nécessaire à l'exercice serein du pouvoir politique, ce qui a rendu systématique l'intromission du droit dans ce qui relevait naguère de la morale. D'où la judiciarisation endémique de devoirs et prérogatives d'ordre éthique. Parce que le droit est en soi toujours politique, alors, dans le contexte contractualiste de l'idéologie démocratique fondée sur le dogme de la souveraineté populaire et génératrice de positivisme juridique, la substitution du droit à la morale a pour signification que les règles morales ne sont pas imposées par un ordre naturel dont l'homme ne décide pas, mais par un ordre construit que la volonté générale consent à se donner. Après avoir tué la morale par l'application de principes politiques faux, l'État démocratique — antipolitique en tant qu'expression d'une volonté générale expressive de la tyrannie subjectiviste des moi — s'est mis à tenter de juguler les excès — générateurs d'anarchie — de l'immoralité en se substituant aux libertés et responsabilités privées qui ressortissent à l'ordre naturel de la moralité. Et c'est pourquoi les pères et mères, par ailleurs gangrenés par l'individualisme égalitaire et subjectiviste, se laissent si complaisamment déposséder de leur autorité conjugale et parentale au profit de « spécialistes » de l'éducation à prétention scientifique, ou de petits juges à la fois sectaires, niais et enflés, ou de psychanalystes, ou d'« enseignants » caporalistes et autres misérables médiocres pleins de suffisance et pénétrés de l'urgence de leur tâche. L'interdiction des châtiments corporels dans l'école et dans les familles, prônée par des « philosophes » de télévision, devrait selon ces derniers être accompagnée de peines de prison pour les transgresseurs ; c'était là déjà le contenu d'un arrêté élaboré par la Commune insurrectionnelle de Paris en 1794, qui proscrivait l'usage des châtiments corporels aux parents et aux maris. Une telle démarche est proprement criminelle, sous deux rapports. D'abord, interdire les punitions physiques souvent seules adéquates pour libérer les enfants de leurs tendances au mal, c'est nier l'existence même de ces tendances et forcer les parents à adopter l'éducation prônée par Rousseau dans son *Émile*[34].

[34] Le caractère criminel de la pédagogie rousseauiste se double de cynisme dans la mauvaise foi. En 1765, à Strasbourg, un certain Monsieur Angar se présente à Rousseau et lui dit : « Vous voyez, monsieur, un homme qui élève son fils suivant les principes qu'il

Ensuite, cette judiciarisation, qui prétend faire fonctionner la société par le droit se substituant à la morale, est une déresponsabilisation — qui détruit la famille — des éducateurs parentaux. L'interdiction faite aux parents de corriger leurs enfants procède de cet état d'esprit qui, en dernier ressort, permet aux vrais maîtres de l'État dépolitisé — juifs et maçons, homosexualistes et marchands sordides intéressés à la chute des barrières morales afin de maximiser la consommation de gadgets — de réduire en esclavage la foule innombrable des goïm et « profanes » non initiés. On a commencé par nier la spécificité du Politique en prétendant le fonder sur l'idéologie des Droits de l'Homme, d'inspiration moralisante ; et cette hypertrophie de la morale dénaturée en tant qu'hypertrophiée en est venue à détruire la morale elle-même en lui substituant les prétentions illimitées du droit lui-même expressif d'un État déconnecté du service de tout bien commun. Que les parents puissent commettre des erreurs, qu'ils en commettent toujours dans les faits, cela n'est pas douteux ; mais le remède est pire que le mal qu'on entend combattre.

Le caractère inflationniste de la judiciarisation des erreurs morales est le signe d'une prétention de l'État à substituer le droit à la morale ; mais cette prétention est elle-même corrélative du fait que l'État ne se reconnaît plus aucune solidarité avec la morale, c'est-à-dire avec la vraie morale expressive de l'ordre des choses et des exigences de la nature humaine ; ce qui est (voir ici « **Droits de l'Homme** ») inévitable aussitôt que l'on entend fonder la société sur la philosophie des Droits de l'Homme, laquelle prohibe l'idée même de nature humaine. Pour développer convenablement ce dernier point, force est de procéder au détour conceptuel que voici :

La nature humaine est ce principe ontologique agissant dans chaque homme, et, sur le plan logique, lui correspond la notion d'espèce. Et il est définitionnel d'une espèce incarnée de se réaliser en sous-espèces, en particulier (ce n'est certes pas l'objet du présent propos que de développer ce point particulier) en races et en ethnies. En effet, toute substance incarnée est une individuation de la nature ou essence humaine tout entière et non totalement investie en chaque homme, et cette substance, habitée par l'appétit fondamental de se conformer à son essence, s'actualise en accidents divers qui, comme relevant de l'acte, connotent une perfection, de sorte que, puisque toute substance aspire naturellement à s'identifier inchoativement à son essence (tout désir procède de l'essence de l'homme et, comme manque, il ramène à elle qui par là se veut en l'homme), toute actuation accidentelle (en particulier opérative) de la substance est retour de la substance à l'essence dont elle procède. Mais ce retour est nécessairement inachevé et imparfait, autrement la substance s'identifierait non seulement à son essence, mais encore à son opération, elle ferait s'identifier

---

a eu le bonheur de puiser dans votre *Émile.* » Jean-Jacques lui répondit : « Tant pis, monsieur, tant pis pour vous et pour votre fils » (Ernest Seillière, *Jean-Jacques Rousseau*, Paris, Garnier, 1921, p. 132, cité par Maritain, *Trois réformateurs*, Plon, 1925, p. 179).

l'être et l'agir, ce qui est le privilège de Dieu seul. Dès lors, le processus d'actuation de la substance en accidents n'a pas l'unité de la substance elle-même, et c'est pourquoi il y a nécessairement *des* types, divers, nécessairement pluriels, d'actuation de la substance, qui n'en conservent pas moins, chacun, un statut paradigmatique dans la mesure où l'accident, en droit, perfectionne la substance en tant qu'il l'actualise. Et ces types divers définissent des sous-espèces, et, dans l'ordre biologique, ces sous-espèces déterminent des races. On voudra donc bien retenir ici que l'incarnation d'une espèce s'accomplit nécessairement selon une pluralité de sous-espèces, ce qui conduit à affirmer que l'unité de l'espèce a vocation à s'accomplir à un niveau plus élevé que celui de l'ordre biologique, et ce sera l'ordre moral et politique : le genre humain est un par sa vocation à inviter les individus à communier dans la recherche de biens qui sont d'abord spirituels, de sorte que l'unité du genre humain s'anticipe nécessairement en cette diversité naturelle en laquelle il se risque et qu'il ne saurait abolir, à peine de détruire sa propre unité, et ainsi qu'il ne dépasse qu'en la respectant et en la confirmant. Qui dit anticipation de soi dans quelque chose qui ramène à soi, dit nécessairement réflexion, et qui dit réflexion dit assomption de moments : *le genre humain s'unifie en se différenciant en parties (sous-espèces) qui ont raison de moments de son processus d'identification réflexive à lui-même*. Et il en est de même pour tout vivant incarné : l'essence ou nature d'un vivant ne se fait le principe d'unité substantielle d'atomes qu'en organisant cette substance comme unité d'organes différenciés, subordonnés au tout substantiel, mais nécessaires à sa genèse ; on ne conçoit pas qu'une substance vivante puisse se dispenser de s'unifier sans la médiation d'organes dont chacun est un tout partiel, une partie ayant raison de moment dans la vie du tout. Et il en est de même pour la société : on ne conçoit pas qu'une société politique puisse se réaliser sans s'anticiper dans des familles dont elle ne dépasse légitimement le statut de parties ordonnées au tout qu'en respectant ces parties et en les confirmant, ainsi en favorisant la souveraineté du père sur sa famille et des parents sur leurs enfants ; et le Politique ne se subordonne adéquatement l'ordre moral qu'en l'assumant et en le renforçant dans son ordre propre : l'État a une morale, la seule et vraie morale, la morale aristotélicienne sublimée en morale chrétienne, et plus précisément catholique. Ainsi donc, judiciariser les relations morales, c'est substituer le droit à la morale, la société à la famille, mais c'est par là exténuer l'État lui-même qui vit de ses familles comme le vivant vit de ses organes. Excédé par la propension de ses parties à se soustraire à son magistère, un tout substantiel ne gagne rien à s'efforcer à se substituer à ses parties en refusant de leur reconnaître une efficience qui leur est propre ; par analogie, excédé par les misères humaines qui font que les parents ne sont pas toujours à la hauteur de leur tâche familiale, abusent de leur autorité ou refusent d'en user, ou par les faiblesses humaines qui plus généralement font que les personnes ne sont pas toujours à la hauteur des exigences éthiques qui doivent les animer dans leurs relations privées, un État ne gagne rien à judiciariser la morale et les rapports d'autorité familiaux en refusant de leur reconnaître un rôle propre et insubstituable. Mais de même que la substance vivante a vocation à entretenir la vitalité de ses organes, de même le Politique a vocation, par ses lois, à favoriser la vie de famille à laquelle doivent bien être reconnues une autonomie et une intimité spécifiques pour les habiliter à se subordonner, par leur dynamique propre, au bien commun de l'État. La démesure du Politique tenté par la destruction des familles et de la spécificité de la sphère morale n'est que l'envers du renoncement du Politique à poursuivre sa fin propre (le bien commun) par le moyen de la promotion d'une morale assumée.

Ce que l'on peut retenir du rappel succinct de ces processus, c'est que l'effort réactionnaire et moralisateur de sauver la famille en se désintéressant du Politique, ou en renonçant à s'emparer de ses leviers, est voué à l'échec ; entre le cocon protecteur de l'intériorité familiale et les dangers de l'extériorité de la vie politique, c'est toujours l'extérieur qui aura le dernier mot, parce que la famille est structurellement ordonnée au Politique, pour le meilleur mais aussi — quand la société est désorganisée — pour le pire. Il n'est pas jusqu'au « Familles je vous hais » du triste Gide qui ne soit gravide d'une vérité dénaturée : la famille bourgeoise et bien-pensante a quelque chose de vomitif, qui, tissée d'égoïsmes de classe, de préjugés, de vanités, d'hypocrisie, de népotisme, de moiteur étouffante et de bonne conscience — garces pieuses aux longs cils, arborant des foulards « Hermès », salauds capitalistes philosionistes sous prétexte d'anticommunisme, comblés par une société d'inspiration louis-philipparde —, se subordonne la société en la réduisant au champ de ses ambitions et convoitises privées. La famille bourgeoise avalise par là toutes les erreurs qu'une société désaxée peut favoriser, aussi longtemps que cette dernière ne porte pas atteinte aux intérêts de la famille, laquelle se comporte à l'égard de l'État comme un organe qui entendrait se subordonner la substance vivante dont il est l'organe. Dans ces familles avides de promotion sociale et d'honorabilité, on cultive le souci de « servir », l'héroïsme militaire, le patriotisme « cocorico », mais on aime plus l'honneur de servir les « bonnes » causes que ces causes elles-mêmes, et c'est pourquoi, convertissant le sens de l'honneur en satisfactions de vanité, l'on est peu regardant sur la nature des causes que l'on prétend servir et de l'identité de la patrie qu'on est empressé de défendre. Quand on ne fait pas, au terme d'études menées dans une école de commerce, carrière dans les affaires dont les règles du jeu — antinationales — n'étouffent nullement les rejetons des « bonnes familles », on embrasse la « vocation » militaire, suintant l'envie de « servir » comme l'escargot fait sa bave, avec un bel uniforme et la perspective d'un avancement alléchant. Et c'est ainsi qu'on sert la Gueuse et la juiverie dans des opérations militaires commandées par l'entité sioniste, les États-Unis ou les multinationales : tari-taratata, « Sambre et Meuse », le Cœur Sacré de Jésus sur les drapeaux républicains (« mystique » de Claire Ferchaud) ; « c'est la France comprenez-vous, la France éternelle maîtresse des arts, des armes et des lois insurgée contre la barbarie des Boches, le nouveau Peuple élu, la fille aînée de l'Église qui, en état de "dormition" (selon le vocabulaire outrancier d'un Philippe de Villiers), reste identique à elle-même en sa vocation surnaturelle sous les oripeaux de la République ; et la République maçonnique est au fond bonne fille puisqu'elle nous autorise à la servir pour nous permettre de nous servir d'elle ». Et ces bonnes gens ne comprennent pas — et surtout ne veulent pas voir — que le régime politique est à la nation comme la forme l'est à la matière : changer de régime, c'est changer de nation ; une nation peut bien se fourvoyer dans un mauvais régime sans perdre son identité, pour autant qu'elle s'en débarrasse assez vite, à tout le moins entretienne en son sein les potentialités de sa renaissance, c'est-à-dire nourrisse son être en puissance à redevenir elle-même, mais cela suppose que sa partie encore saine ne compose pas avec des institutions pourries ; or la bourgeoisie, et l'aristocratie française en vérité complètement embourgeoisée, non seulement composent avec elles, mais en viennent — sans cesser de conspuer, en principe, la Gueuse et sa progéniture — à les cautionner pour justifier leur arrivisme et leurs prébendes. La France des Droits de l'Homme, des guerres de la Révolution, et même la France des Poilus de Clemenceau et de Poincaré, la France du « nain interminable » (de Gaulle selon Abel Bonnard), ce n'est pas la France, c'est l'Hexagone de l'Arche maçonnique de la Défense, des baladeurs, des « *fast-foods* » et du « portable », du Club Med et des kebabs ; c'est cette putain vérolée, cette grognasse vinassière aspirant à se faire déesse en se suicidant par gloriole, comme l'y invite Victor Hugo (voir ici « **Sottisier** »).

On ne sauvera la famille qu'en sauvant l'État ; on ne luttera efficacement contre les effets de l'État corrupteur qu'en le redressant, en le restituant à lui-même dans sa légitime condition de cause finale des familles elles-mêmes ; on ne sauvera l'État que par la Révolution fasciste entreprise par des soldats *politiques* prolétariens émancipés des crispations, reniements et concessions innombrables induits par l'esprit des « bonnes familles de Tradition ».

FASCISME

« Le monde s'est divisé entre conservateurs et progressistes. L'affaire des progressistes est de continuer à commettre des erreurs. L'affaire des conservateurs est d'éviter que les erreurs ne soient corrigées » (G. K. Chesterton, *The Illustrated London News*).

« Le fascisme n'est pas né seulement de mon esprit et de mon cœur : il n'est pas né seulement de cette réunion qu'en mars 1919 nous avons tenue dans une petite salle de Milan. Il est né d'un profond, d'un perpétuel besoin de notre race aryenne et méditerranéenne, qui, à un moment donné, s'est sentie menacée dans l'essence même de son existence par une tragique folie, par une folie mythique <il visait là le communisme> » (Benito Mussolini, *Édition définitive des œuvres et discours*, t. III, p. 154, dans *Doctrines du nationalisme* de Jacques Ploncard d'Assac, Chiré, 1978, p. 123).

« Le Duce s'est déchaîné contre l'Amérique, pays de nègres et de Juifs, éléments de désagrégation pour la civilisation. Il veut écrire un livre : *L'Europe en l'An 2000*. Les races qui joueront un rôle important seront celles d'Italie, d'Allemagne, de Russie et du Japon. Les autres peuples seront détruits par l'acide de la corruption judaïque. Ils refusent même de faire des enfants parce qu'il leur en coûte. Ils ne savent pas que la douleur est le seul élément constructif dans la vie des peuples ; et dans celle des hommes aussi » (Galeazzo Ciano, *Journal politique*, 6 septembre 1937, trad. Emmanuel Mattiato, Perrin, 2015).

« <Le Duce> a défini les Anglais en ces termes : "Un peuple qui pense avec le cul" » (*id.*, 14 septembre 1937).

Les « intellectuels », les esprits forts, c'est-à-dire les lâches retranchés derrière leurs sophismes amphigouriques, se plaisent, avec une moue suffisante, à réduire Mussolini à un guignol emplumé. Avec le recul du temps, on est bien obligé de prendre acte de la lucidité prémonitoire du fondateur du fascisme, par là de reconnaître l'éminente actualité de ce dernier. Il suffit d'oser regarder l'état de la France en ce début de XXIe siècle : déchristianisée, désindustrialisée, déracinée, sans paysannerie, submergée par les dettes publiques, ainsi prise à la gorge par la rapacité des Banques ; infestée d'autoroutes qui font d'elle — à destination du tourisme auquel se réduira bientôt son industrie — un lieu de passage sans consistance propre, une pure forme sans contenu autre que celui — vide — de la proclamation des Droits de l'Homme, et rempli, sur fond d'hallucinations hédonistes et de gadgets, par les débris puants des sous-cultures du tiers-monde envenimé par le consumérisme corrupteur de l'individualisme anglo-saxon ; un peuple avachi, démembré, atomisé, américanisé, prostré dans son subjectivisme, ses prétentions dérisoires, noyé dans ses mensonges, envahi par plus de quatre-vingt-dix ethnies non européennes, gangrené par une énorme communauté juive arrogante et toute-puissante ; infidèle à sa vocation catholique, à sa culture gréco-latine, celtique et germanique ; n'ayant conservé, de son génie ancestral — tout fait de mesure, de force dans l'humilité, et d'inventivité dans le respect de ses racines — que ses propres travers, à savoir une grande gueule vaniteuse et triviale gorgée d'impudence jacobine et de ridicule maçonnique.

Le capitalisme avait par ses excès engendré le socialisme ; la coexistence tératologique de la féodalité à fondement théocratique et de l'absolutisme gallican à vocation étatique s'était résolue, après maintes péripéties, dans le capitalisme individualiste promu par des Anglo-saxons cyniques et brutaux qu'il fera lui aussi crever ; le fascisme est la réhabilitation, par réaction contre les frères ennemis que sont le libéralisme et le communisme, de ce qu'il y avait de meilleur dans la féodalité (catholique, terrienne, organique) et dans l'absolutisme (primat de l'État, ainsi du tout sur les parties) ; il est l'amorce d'une conversion de ces deux contraires à leur identité concrète.

Ce qui définit une chose est ce qui la limite ; ce qui la limite à n'être que ce qu'elle est est aussi ce qui la fait être ; ce qui l'illimite ou la démesure est ce qui la défait. La vie surnaturelle, issue de la vie religieuse, a pour vocation de déiformer l'homme, de le faire vivre de la vie même de Dieu, qui est l'Infini actuel. Elle devrait donc distendre l'homme, le consumer dans la démesure, et pourtant elle le soigne dans l'acte de le surélever, elle le restitue à lui-même en le transgressant. Ce qui ne serait pas possible si l'infini concret, ou infini actuel, n'avait la forme d'une assomption de la finitude qu'il assume et confirme dans l'acte où il la transgresse en la faisant se renier en lui. Et l'infini concret est bien l'infini actuel : ce qui est infini en tant qu'indéfini est potentiel ; ce qui est potentiel est suspendu à l'acte qu'il conteste, et il est nécessairement *fini* à peine de contester si radicalement ce à quoi il est suspendu qu'il en viendrait à se supprimer lui-même en le supprimant ; l'infini potentiel relève du fini, il n'est donc pas véritablement infini ; mais l'infini actuel est déterminé à peine de dégénérer en être en puissance, et il est déterminé en se donnant sa limite mais, comme infini, il se donne une limite telle qu'il est encore chez lui au-delà de sa limite ; ce qui revient à dire qu'il est sa réflexion sur soi ; à ce titre, il est son objectivation, ce qui lui enjoint de s'objectiver dans lui-même, ainsi d'avoir cette objectivation qu'il est, en confirmant le moment de sa finitude dans l'acte de la renier en faisant réflexivement retour à soi. De ce fait, il est éternelle victoire sur sa propre kénose intestine, plébiscite de son arrachement à soi-même et de son rétablissement en soi-même, identité concrète de l'infini et du fini. Le fini peut s'infinitiser sans cesser d'être fini, et même en stabilisant sa propre limite, parce que l'Infini est assomptif du fini, ainsi de toute limite, de sorte que, en s'abouchant à un tel Infini, le fini n'est pas en territoire étranger et hostile, mais en terre nourricière et régénératrice. L'homme peut se démesurer sans perdre sa mesure, et bien plutôt en la recouvrant dans son intégrité, parce que Ce qui le démesure se fait de toute éternité mesure — par là démesure — de soi-même. Et tout ce qui procède de ce dernier lui ressemble, quand bien même il en resterait à son état naturel de finitude non exhaussée à la vie surnaturelle ; et c'est parce qu'il lui ressemble, lui est analogiquement semblable, qu'il existe une convenance entre lui et ce qui le surélève gratuitement. La vie naturelle de l'homme est celle d'un drame. Si l'héroïsme est bien l'affrontement résolu du tragique, si le drame est la résolution bienheureuse d'un tragique accepté, alors on peut dire que le fascisme est l'expression politique revendiquée de cette naturelle vocation — que le christianisme révèle, radicalise et résout — au tragique de la douleur consentie et du dépassement de soi. Le régime fasciste est ce remède de cheval, appelé par la décadence des temps modernes, destiné à rappeler à l'homme que la moindre des choses, quand on entend rester seulement humain, est d'aspirer à l'héroïsme ; que l'état ordinaire — naturel — de l'homme est d'être héroïque ; le fascisme consiste à prendre acte du fait qu'il faut de l'héroïsme pour être une bonne mère de famille, une bonne épouse, un bon père, un bon artisan, un bon fils, et qu'il doit y avoir de la discipline soldatesque et de l'agressivité conquérante dans tout état, à peine de laisser la douceur dégénérer en mièvrerie ou en tartufferie. Il y a quelque chose de totalitaire dans le fascisme, et il le revendique, qui consiste à tenir pour possible et souhaitable que soient maximisées, en une forme collective, toutes les aspirations de la nature humaine à la réalisation exhaustive d'elle-même ; c'est seulement en ce sens qu'il est permis de parler d'invention d'un homme nouveau ; mais cette aspiration n'eût pas été possible — à tout le moins n'eût pas osé accéder à la conscience explicite d'elle-même — sans le déclenchement — d'origine chrétienne — d'une soif temporelle d'absolu expressive, à l'intérieur du temps, d'un désir de l'Absolu intemporel. Le fascisme, comme réveil du paganisme *à l'intérieur* du christianisme, comme insurrection dirigée contre la dénaturation démocratique et/ou surnaturaliste du christianisme, est la condition politique obligée à raison de laquelle le christianisme, qui déiforme l'homme en le conformant au Dieu qui s'humanise, prévient le risque surnaturaliste de sa dégénérescence en esprit démocrate-chrétien, horizon sordide et mortifère de tout surnaturalisme.

Quant à la manière peu amène dont Mussolini aborde l'esprit anglo-saxon, il n'est pas vain de se souvenir des faits suivants :

> « Hitler avait fait une proposition honnête à la Pologne : des avantages économiques, une garantie contre la menace d'une invasion étrangère, une offre d'amitié, la reconnaissance définitive des frontières de Versailles et des intérêts de la Pologne. (...) Pourtant, la Pologne préféra la garantie de l'Angleterre, qui lui laissait entrevoir la proximité d'une guerre européenne puis mondiale, bien qu'elle ne lui donnât aucun avantage économique, aucune aide militaire ni aucune certitude quant à la délimitation de ses frontières ou de son indépendance. Les hommes politiques britanniques ont ainsi amorcé

un tournant dans le destin de l'Europe. Ils ont compté sur une réaction violente de Hitler. L'accès de rage ne s'est pas produit. (...) La Pologne avait préparé depuis longtemps déjà son plan d'attaque contre l'Allemagne, mais ce n'est qu'à présent <avril 1939> qu'elle se mit à prendre des mesures pour son exécution. L'enjeu de la guerre était l'annexion de Dantzig, de la Prusse orientale et des "territoires de l'Oder". (...) Constatant que les garanties données à la Pologne par la France et la Grande-Bretagne et la politique militaire de ces pays constituaient une atteinte aux accords signés avec l'Allemagne, Hitler déclara que le pacte germano-polonais de 1934 et l'accord maritime anglo-allemand de 1935 avaient été rompus par la partie adverse. Malgré les traités signés avec le Reich, la Pologne et la Grande-Bretagne s'étaient donné des garanties mutuelles dans la perspective d'une intervention militaire contre l'Allemagne. À ces accords s'ajoutèrent la mobilisation polonaise et un durcissement de la persécution des minorités » (*Vérité pour l'Allemagne*, Udo Walendy, Historical Review Press, 1965, traduction R. Neuville, 2008, p. 240 à 242). « La Grande-Bretagne a sans raison valable conduit l'Europe à un tournant de son histoire. Le gouvernement allemand n'avait aucunement menacé la Pologne, et encore moins la Grande-Bretagne » (p. 243).

Aujourd'hui, l'Angleterre est aussi gangrenée que la France par une immigration massive, des principes moraux erronés, des mœurs dépravées. Il en est de même pour son excroissance monstrueuse, les États-Unis d'Amérique, qui sont destinés à s'effondrer à moyenne échéance. Si l'Amérique se contentait de ronronner dans son hédonisme à l'intérieur de ses frontières, avec son grand marché intérieur et ses immenses ressources naturelles, elle pourrait probablement subsister longtemps. Mais, à peine de se faire déborder par la volonté de puissance exacerbée de ses grands concurrents continentaux, elle ne peut s'empêcher de s'occuper des affaires du monde, d'y promouvoir un messianisme matérialiste, en y faisant sévir ses manœuvres machiavéliennes grossières, ce qui suppose l'entretien d'une armée formidable et terriblement onéreuse qu'elle fait financer par le moyen du maintien artificiel de la valeur de sa monnaie, lui-même acquis par le contrôle des pays producteurs de pétrole auxquels elle impose de se faire payer en dollars. Les peuples supportaient l'hégémonie américaine quand son armée avait raison de protecteur des pays dits « libres » face à la menace soviétique. Mais cette dernière s'est éclipsée, sous la pression des manœuvres états-uniennes elles-mêmes, avec une complaisance qui au reste ne peut pas ne pas laisser songeur. Privée d'ennemi planétaire, l'Amérique ne pourra pas indéfiniment se faire supporter par les peuples vassaux qu'elle appauvrit sans pouvoir s'en dire désormais le bouclier, lesquels sont contraints de développer des technologies toujours plus efficaces pour maintenir leur niveau de vie malgré le rançonnement dont ils sont l'objet, ce qui accroît leur désir d'indépendance par le constat de leur puissance accrue. De plus, phagocytée par l'entité sioniste, l'Amérique ne peut pas ne pas poursuivre, au moins au Moyen-Orient, une politique agressive de court terme qui contredit ses intérêts à moyen terme. La puissance financière juive quittera le bateau anglo-saxon quand la régression de son empire se révélera irréversible, et elle procédera au transfert de ses capitaux — fiction monétaire crédibilisée par la puissance militaire et industrielle réelle d'un pays — vers des États qui auront intérêt à l'accueillir en la subordonnant à leurs fins propres. Certains songent à l'Europe de Bruxelles, d'autres à la Chine, d'autres à la Russie d'un Poutine joueur d'échecs et dialecticien. Quoi qu'il en soit, la brutalité anglo-saxonne aura effectivement « pensé avec le cul », sa victoire sur la vieille Europe se révélant porteuse de son effondrement sans retour.

FÉMINISME

Voir ici « **Famille** ».

Tota mulier in utero.

« Les femmes peuvent certes être cultivées, mais elles ne sont pas faites pour les sciences les plus élevées, ni pour la philosophie ni pour certaines formes d'art, qui exigent quelque chose d'universel. Les femmes peuvent avoir des idées, du goût, de l'élégance, mais l'idéal ne leur est pas accessible. La différence qu'il y a entre l'homme et la femme est celle qu'il y a entre l'animal et la plante. L'animal correspond davantage au tempérament masculin, la plante davantage à celui de la femme. Car la femme a davantage un développement paisible, dont le principe est l'unité indéterminée de la sensibilité. Si les femmes sont à la tête du gouvernement, l'État est en danger, car elles n'agissent pas selon les exigences de l'universalité, mais au gré des inclinations et des opinions contingentes. La formation de la femme se fait on ne sait trop comment, par imprégnation de l'atmosphère que diffuse la représentation, c'est-à-dire davantage par les circonstances de la vie que par l'acquisition des connaissances. L'homme, par contre, ne s'impose que par la conquête de la pensée et par de nombreux efforts d'ordre technique » (Hegel, *Principes de la Philosophie du Droit*, add. au § 166).

« C'est par des questions sans réponse, dont elles se créditent le bénéfice, que les femmes progressent en rampant dans l'intimité la plus jalouse de leurs victimes. Elles cultivent les plates-bandes de l'implicite pour en faire surgir des roses qui s'évanouissent et des épines qui perdurent. La femme la plus gourde a un sixième sens pour réduire au silence, avec une déconcertante facilité, l'homme le plus intelligent » (Hubert Monteilhet, *Mourir à Francfort*, Denoël, 1975).

« Toutes les femmes [...] tournent avec obstination autour de ce qui doit les brûler » (Montherlant, *La Reine morte*, p. 153, Livre de Poche n° 289).

« Les femmes prennent leur cul pour leur cœur et croient que la lune est faite pour éclairer leur boudoir » (Gustave Flaubert, *lettre à sa maîtresse Louise Colet*).

« Il n'est question aujourd'hui que de Sentiments. Les femmes, si brisées et humiliées par nos mœurs, se sont vengées en nous communiquant leur nature. Tout est efféminé, depuis l'esprit jusqu'à l'amour » (Charles Maurras, *Le Chemin de Paradis*, préface).

« Les femmes (...) doivent nous apparaître dans un rêve ou dans une auréole de luxe qui poétise leur vulgarité » (Maupassant, *Pierre et Jean*).

« Que la femme reçoive l'instruction dans le calme, en toute soumission. Je ne permets pas à une femme d'enseigner, ni de dominer son mari ; mais qu'elle reste dans le calme. En effet, Adam a été modelé le premier, et Ève ensuite. Et ce n'est pas Adam qui a été trompé par le serpent, c'est la femme qui s'est laissé tromper, et qui est tombée dans la transgression. Mais la femme sera sauvée en devenant mère, à condition de rester avec modestie dans la foi, la charité et la recherche de la sainteté » (saint Paul, I Tm II, 11-15).

« La fonction de la femme, sa manière d'être, son inclination innée, c'est la maternité. Toute femme est destinée à être mère : mère au sens physique du mot, ou bien dans un sens plus spirituel mais non moins réel. C'est pour cette fin que le Créateur a ordonné tout l'être propre de la femme : son royaume, et plus encore son esprit et, surtout, son exquise sensibilité » (Pie XII, *Discours aux dirigeantes des associations féminines d'Action catholique*, 1er octobre 1945).

Les femmes reprochent aux hommes d'être volages, d'être incapables de se satisfaire d'une seule épouse. Elles ne voient pas, en formulant un tel reproche au reste justifié, qu'elles leur font là un beau compliment, en croyant ne dénoncer que leur bestialité. C'est un fait que la femme croit à l'amour : un mari pour toujours et des enfants pour consacrer cette unité. Quelque « émancipée » qu'elle se veuille, la femme est génétiquement conçue, quoi qu'elle en ait, pour cultiver un tel idéal. Ce qui revient à dire qu'elle croit à la possibilité du bonheur par la voie de la vie conjugale. Et c'est là une chose noble et excellente. L'homme, en revanche, devant le constat de ce que le désir de séduire se perd dans le mauvais infini de la réitération, est invité à comprendre qu'il n'est pas possible de parvenir au bonheur par la seule recherche des joies de la vie conjugale. Et, quand il est faible, il se laisse happer par les séductions des amours sempiternellement recommencées. Ce faisant, il manque lui aussi de lucidité, car si l'amour conjugal n'est pas condition suffisante du bonheur, il en reste — pour qui n'est pas destiné à la prêtrise — une condition nécessaire. Il demeure que l'homme, invité à connaître l'échec de la recherche du bonheur dans l'amour des femmes, et même dans l'amour d'une seule, révèle par là une vocation à le rechercher — et d'abord à le discerner — dans la possession d'un bien plus élevé. L'homme est invité à dépasser la figure familiale de l'amour, dans l'assomption d'un conflit naturel et non peccamineux, au lieu que la femme — désertée par cette négativité naturelle sommant les êtres à vocation spirituelle supérieure de renoncer aux biens finis pour s'habiliter à faire se découvrir des biens plus appétibles — est toujours tentée par le repos dans la possession d'un bien fini, lequel fait s'embourber le désir et lui fait rater sa vocation ultime. La femme, en son humanité qui la fait aussi digne que l'homme, quoique destinée à obéir à l'homme, a aussi vocation à dépasser ce bonheur conjugal si doux, si délectable et si parfait dans son ordre propre, afin de s'ordonner aux biens supérieurs et ultimement à Dieu. Mais c'est l'homme qui la dispose à le faire, l'invitant à s'arracher à la moiteur de l'amour humain.

Ce qui en retour fait comprendre que la supériorité de l'homme par rapport à la femme, et l'autorité qu'il exerce sur elle — n'étant légitimes qu'à proportion de son aptitude à aider la femme à connaître son vrai bien, proprement humain — ne sont recevables par la femme que si l'homme est assez fort pour respecter son devoir de fidélité, car c'est dans ce respect qu'il accuse réception de son aptitude à tendre vers les biens spirituels en soi les plus appétibles et — relativement à l'être humain dont le désir n'est pas éduqué — les moins spontanément désirables.

Si, pour l'homme et pour la femme, l'âme est — selon la leçon aristotélicienne de l'hylémorphisme — au corps comme l'acte l'est à la puissance, il est permis de faire observer que le composé hylémorphique masculin est moins éloigné de l'union cartésienne de l'âme et du corps que le composé féminin. Considérée en sa pureté, la thèse cartésienne fait de l'être humain un monstre, à savoir une bête flanquée d'un ange. Mais cette thèse en soi erronée est riche d'une vérité captive : l'âme a vocation à se libérer de son corps, et à n'habiter son corps le plus adéquatement possible qu'à proportion de son aptitude à le vaincre, parce que le corps, en tant qu'il est matière, est nativement en conflit avec lui-même ; la matière, en tant qu'elle est être en puissance, fait s'identifier les contraires (ce qui est en puissance à réussir un examen est aussi en puissance à y échouer), et cela est plus qu'une propriété de l'être en puissance, mais définit son essence : il n'appartient d'avoir des propriétés qu'à ce à quoi il appartient d'avoir des accidents, et il n'appartient d'avoir des accidents qu'à ce qui est substance ; or la matière n'est pas substance, mais cette instance de potentialité inhérente à une substance sensible ; puis donc que la matière consiste dans l'identité négative de tous les contraires, elle est nécessairement en conflit avec elle-même, et c'est en se repoussant de soi qu'elle exerce son aspiration à être elle-même, ainsi à coïncider avec soi ; elle est unité de l'attraction et de la répulsion, elle se réconcilie avec elle-même en étant adéquatement contestée, ou niée. Ainsi, puisque l'âme est au corps comme la forme l'est à la matière, elle ne satisfait l'appétit de la matière qu'en la niant. C'est en faisant s'exténuer la matérialité du corps que l'âme habite ce dernier le plus harmonieusement possible. Ce qui accomplit une chose en la niant est ce qui la sublime, la conserve et la confirme dans l'acte de la nier : ce qui est unité de l'attraction et de la répulsion a vocation à s'attirer à soi en se repoussant de soi dans un mouvement réflexif, et c'est précisément ce que lui apporte la forme qui la nie et la fait se nier en elle qui, en retour, la pose. En l'homme, l'âme est en quelque sorte en avant par rapport au corps, elle tend ainsi à le transgresser, par là à le nier, ce qui a pour effet de tendre à le déserter, à le laisser subsister vide d'esprit, matière brute et grossière agitée par des désirs charnels puissants soustraits à la mesure de l'esprit et même du sentiment : le divorce de l'intelligence et du cœur est plus accusé dans l'homme que dans la femme ; mais en retour une telle âme s'émancipe du corps et des passions, par là s'habilite à exercer une plus grande puissance d'abstraction que dans la femme qui — merveille d'équilibre entre la chair et l'esprit, spontanément délicate comme une œuvre d'art — garde en elle l'esprit captif par là condamné à s'exercer sur le mode de l'intuition plus ou moins aveugle et non réfléchie.

Aristote fait observer (*Physique* I 9) que la matière désire la forme comme la femelle désire le mâle. La matière est en attente de recevoir sa limite, sa perfection, de la forme qui, en retour, ne serait pas sans la matière dont elle reçoit ses principes individuants. La femme est à l'homme, analogiquement, un peu comme la matière est à la forme. Mais cette analogie, qui est exacte, doit cependant être complétée. Il n'y a qu'une nature humaine, virilité et féminité sont des accidents, deux manières d'être humain. Et l'être humain est libre. Contre les existentialistes, l'homme est une nature libre, il est (pré)déterminé par une essence (une nature) tout en étant doté d'un pouvoir d'autodétermination (le libre arbitre), et c'est la donation de sa nature déterminante qui lui fait acquérir le libre arbitre, c'est-à-dire cette indétermination requise par toute autodétermination ; ce qui revient à dire que l'être humain est invité à ratifier par sa volonté libre les fins que lui prescrit sa nature, et que le pouvoir déterminant de la nature a la forme d'une victoire sur l'indétermination.

Il y a là quelque chose d'important à souligner : nous faisons des choix et agissons afin (si nous sommes vertueux) de faire se réaliser en nous les fins de notre nature ou essence, laquelle est cause de notre liberté même, de telle sorte que notre nature exerce en nous sa causalité en se risquant (si l'on peut ainsi parler) dans notre volonté, laquelle peut toujours se dérober aux injonctions de notre nature (tel est le péché). Dit autrement : l'ordre (disposition des choses en vue d'une fin) a vocation à s'accomplir moyennant une victoire sur la possibilité du désordre. Même si notre libre arbitre et notre conscience sont des facultés (des puissances opératives) posées en nous par notre nature, il reste que notre nature fait dépendre son magistère sur notre être substantiel, des décrets de notre conscience et de notre libre arbitre. Et il est dans l'ordre qu'il en soit ainsi.

Plus généralement, la puissance n'est que par l'acte, la puissance est comme intérieure à l'acte qu'elle conteste : la matière n'est que par la forme qui l'habite, et elle la conteste en ce sens qu'elle la limite en lui imposant de n'être que cette forme individuée-ci (aucun individu n'épuise la richesse de la nature humaine), et corrélativement la forme ne serait pas sans la matière qu'elle fait être en se donnant à elle qui en retour la reçoit. Si la matière est suspendue à la forme qu'elle conteste, dans le moment où la forme requiert la matière pour être forme existante, c'est que la matière tire de la forme qui la fait être le pouvoir de la contester, de sorte que c'est en dernier ressort la forme qui, sans cesser d'être forme, **se** conteste dans la matière, et qui se conteste pour faire être la matière, mais qui corrélativement se fait **victorieuse** de ce en quoi elle se conteste : « *quanto forma magis* ***vincit*** *materiam, tanto ex materia et forma magis efficitur* *unum* » (*Somme contre les Gentils*, II 68) ; plus la forme vainc la matière, plus grande est l'unité du composé. Or l'amour est en général « force d'union et de concrétion » (*Somme théologique*, I[a] q. 20), donc la matière est d'autant plus aimée de la forme et elle l'aime d'autant plus, que la forme est plus victorieuse de la plasticité et de l'indétermination de la matière, c'est-à-dire de ce qui fait la matérialité même, cependant que cette résistance passive de la matière à l'égard de la forme est ce dont la forme a besoin pour se poser comme forme existante. Il en résulte ceci, en appliquant le rapport matière-forme au rapport femme-homme :

a) Parce que la forme et la matière, dans la femme, s'épousent l'une l'autre dans une intimité telle qu'elles en viennent presque à s'identifier l'une à l'autre, la femme est dotée d'un corps si spiritualisé qu'il la dispose spontanément au sens de la mesure et à la vertu ; mais, dépourvue de cette distance obligée entre son âme et son corps, la femme est dotée d'un esprit qui subit les scansions du conflit constitutif de la matière, qui se conforme à cette tendance à se soustraire à elle-même qui pourtant définit la matière, et qui transparaît dans les mouvements de l'âme féminine dans la figure d'une propension native au mensonge à soi ; ce que le Serpent savait qui toucha la main d'Ève, et il en est resté quelque chose en la femme ;

b) La femme a en effet vocation à être soumise à l'homme, obéissante et dévouée, recevant de lui son propre équilibre. Et il est très courageux de la part des femmes intelligentes et libres de le rappeler, et de le pratiquer ;

c) Mais cette soumission est une soumission **volontaire**, car la subordination de la femme à l'homme ne la laisse pas d'être aussi pleinement humaine et libre que l'homme, et pour cette raison il y a une vérité captive dans l'existentialisme qui déclare, avec Simone de Beauvoir qu'on ne naît pas femme et qu'on le devient : on naît femme, la femme est déterminée par sa féminité native induite par sa complexion corporelle (principe d'individuation), mais elle a vocation à ratifier par sa liberté cette féminité et cette soumission servicielle ; elle décide, sous ce rapport, d'être femme. **Or il faut être éminemment forme pour *choisir* souverainement de se faire matière, sans cesser d'être forme. Femme et homme illustrent, en les hypostasiant, les deux aspects de l'initiative de la forme dans la constitution ontologique de l'être humain concret.** Et s'il faut être éminemment forme pour choisir souverainement de se faire matière, c'est qu'il faut être éminemment fort — ainsi viril — pour être femme ; il y a une force féminine, une sagesse féminine qui doit être mise en évidence, saluée, célébrée au sein même de cet esprit naturel et chrétien de soumission nécessaire et de disponibilité de la femme à l'égard de l'homme. Par métaphore, dans la pièce de théâtre de la vie conjugale et familiale, la femme joue son rôle tout comme l'homme, et ce rôle, qui est de soumission, reste un rôle, l'effet d'un choix toujours à renouveler, et ce choix suppose que la femme (tout comme l'homme) se place, dans le moment où elle choisit, au-dessus, en esprit, de sa propre condition de femme, tout comme l'acteur qui, décidant d'embrasser tel rôle, sait bien qu'il est plus que l'acteur qu'il décide d'être. Il surplombe en quelque sorte son rôle pour le choisir, et c'est en cela que la femme est plus que Galatée produite par Pygmalion ; il y a une force féminine qui s'exerce au sein même de sa faiblesse, et qui doit être saluée par l'homme et honorée par lui, et cultivée par lui aussi. Voilà bien une chose qu'il ne doit pas oublier, s'il entend exercer son magistère nécessaire sur la femme de manière féconde pour elle et pour lui. La nature humaine, gravide de ses deux potentielles manières d'être humain (féminité et virilité) est immanente à chacun d'entre nous, elle est « *tota sed non totaliter* », tout entière et non totalement en chacun, elle y est individuée, et ainsi, si seule la féminité doit être actualisée dans la femme, il reste que toute la nature humaine est en elle autant qu'en l'homme, et c'est pourquoi la femme est capable, autant que l'homme, de se mettre à distance de soi pour choisir d'être ce qu'elle a vocation à être ; la femme n'est pas une enfant, ou une œuvre d'art passivement engendrée par l'homme. C'est peut-être cet aspect des choses qui, oublié par les réactionnaires affligés du complexe du « *pusillus grex* », ridiculement fiers de la bestiole qui frétille entre leurs jambes, fait que l'enseignement traditionnel sur la condition de la femme a du mal à être accepté par les femelles d'aujourd'hui qui, par réaction, versent dans la décadence du féminisme.

Si les femmes n'existaient pas, les hommes seraient inhumains ; l'hiatus entre l'âme et le corps, qui en eux les dispose à l'héroïsme et à l'audace, à l'abstraction de la pensée pure, se solderait par une impuissance à ne pas succomber à la bestialité de leur corps déserté par l'esprit, si le regard de la femme, et son exigence — qu'elle communique à l'homme — de spiritualisation du corps, ne dressait pas l'homme et ne le sommait pas de surmonter une contradiction qui lui est consubstantielle, moteur de progrès vers l'au-delà de soi, mais aussi de chute dans l'en deçà de soi-même. Il n'est aucune découverte scientifique ou artistique, aucune action grandiose, masculine, qui ne soit, sous ce rapport, à mettre au compte de la femme autant que de l'homme. Mais il en est ainsi seulement si la femme reste femme ; en se substituant à l'homme, elle perd sa féminité, et avec elle son pouvoir de faire advenir, en l'homme, la fécondité de sa virilité. Les femmes peuvent bien être des chefs d'entreprise, des soldats, des haltérophiles, des explorateurs… Elles feront au mieux avec beaucoup de sacrifices et d'efforts ce que font les hommes naturellement, et beaucoup mieux qu'elles ; mais elles perdront leur véritable pouvoir. Simone de Beauvoir avouait elle-même : « Il y a des femmes qui sont folles et il y a des femmes de talent, aucune n'a cette folie dans le talent qu'on appelle le génie » (*Le Deuxième Sexe*, t. II, Gallimard, 1949, p. 552). Et les féministes le pressentent elles-mêmes, de sorte qu'elles en veulent par avance aux hommes qui, féminisés, ne les empêchent pas de sombrer dans le féminisme : « La femme moderne ne peut résister à la tentation de vouloir dominer son mari ; et si elle y parvient, elle ne peut s'empêcher de le haïr » (William Waller, sociologue américain, cité par Christopher Lasch dans *Un refuge dans ce monde impitoyable. La Famille assiégée.* Éd. François Bourin, 2012).

Le féminisme est un grand malheur, pour la femme et pour l'homme. Mais le premier responsable de cette calamité, c'est l'homme qui, faute de virilité, tantôt est incapable de s'imposer comme maître, tantôt prétend aux prérogatives du maître sans en assumer les devoirs, ce qui déçoit et lasse la femme, et l'incline à la révolte. Le féminisme est un fruit empoisonné de la féminisation de l'homme par lui-même.

FORCE ET FORCE PHYSIQUE

Il arrive — il arrive souvent — qu'on éprouve une aversion légitime pour un mal qui suscite en retour, bien légitimement, la colère, laquelle appelle de se manifester parce qu'elle est « douce comme le miel », comme le remarque Homère. C'est alors que, pour hypostasier ce mal, pour lui conférer un visage s'offrant à la vindicte en peine de se trouver des ennemis à châtier, l'on tend à faire ressembler un innocent, qui n'en peut mais, au mal que l'on hait, afin de céder à la convoitise d'exercer sur lui sa colère ; et c'est là, évidemment, une injustice et une faiblesse. La vraie force consiste alors à retenir sa colère, à lui enjoindre de s'apaiser, et cela est difficile parce que la colère n'a pas de contraire. Tout être vivant entretient à l'égard de son milieu deux types de relation, ceux qui relèvent de l'appétit, et ceux qui relèvent de la connaissance. L'appétit consiste à tendre vers l'objet bon pour se l'assimiler ; la connaissance consiste à se laisser appréhender par l'objet intelligible pour s'assimiler à lui, et ces deux comportements s'exercent soit dans le domaine sensible, soit dans le domaine intellectuel. Il existe donc des appétits sensibles et des appétits intellectuels, et des connaissances sensibles et des connaissances intellectuelles.

L'appétit intellectuel est la volonté, tendance vers le bien en tant que suscitée par une connaissance intellectuelle, tendance éveillée par la considération intellectuelle d'un bien ; vouloir ce gâteau est l'appéter en tant que l'on *juge* qu'il est bon de le convoiter *hic et nunc*, et « *prout in se est* » ; c'est que — tout jugement étant comparaison — on juge de la bonté d'un bien en le référant à l'idéal du bien, au bien absolu, à la bonté même, à l'essence de la bonté, à cet absolu dont les bontés relatives sont autant de participations finies et déficientes ; mais « la bonté » n'est aucune bonté particulière, elle est le fruit d'une abstraction opérée sur les bontés concrètes finies, elle est telle que son discernement suppose une intervention de l'intellect, qui est abstractif et qui produit un universel ; qu'à cet universel de prédication corresponde un universel de causalité qui est la Bonté même, éminemment concrète et subsistante par soi, laquelle est cause de toutes les bontés particulières offertes à l'expérience, cela n'est pas douteux, mais il faut faire intervenir le principe de causalité pour rendre raison de son existence. Puis donc que le *discernement* intellectuel de toute bonté, qui consiste à connaître telle bonté particulière dans son statut de bonté dérivée, déficiente et finie, suppose l'intervention de l'intellect, alors la tendance qui fait aimer cette bonté concrète en tant que reconnue comme dérivée est une tendance qui est nécessairement actualisée par l'intellect, et telle est la volonté ; cette dernière, conditionnée par la puissance nécessitante du Bien, est ainsi telle qu'aucun bien particulier ne la nécessite, puisque, n'étant qu'une bonté dérivée, il peut avoir raison de non-bon du fait de sa déficience même ; il en résulte que, si l'appétit intellectuel tend vers lui, il le fait sans être nécessité par lui ; il rend déterminant ce qui de soi ne l'est pas de manière nécessaire, et cela revient à dire que la volonté l'élit, le choisit, le rend déterminant pour elle : la volonté est libre, maîtresse de ses actes ; ce qui ne l'empêche pas d'avoir une nature et d'être préordonnée au Bien absolu.

La connaissance intellectuelle est la connaissance exercée par l'intellect, la faculté de « lire dans », de lire l'intelligible dans le sensible, ainsi d'induire. Elle opère selon la simple appréhension ou abstraction, selon le jugement, selon le raisonnement (déduction), et selon la réflexion (revenir sur ses actes et sur soi-même).

La connaissance sensible s'exerce comme sensation, acte commun du sens et du sensible, ce qui ne fait pas pour autant du sensible en acte un sentant en acte, au lieu que l'intelligible en acte est nécessairement un intellect. Le sensible en acte n'est pas de soi un acte de sentir, à la différence de l'intelligible en acte qui est nécessairement un acte d'intellection, car l'intelligible en acte, comme dégagé du sensible, ne subsiste que dans un intellect, alors que le sensible en acte peut subsister dans le sensible, ainsi sans être senti. En effet, connaître est devenir l'autre en tant qu'autre, devenir l'autre sans cesser d'être soi et sans qu'il cesse d'être lui, c'est donc se rendre identique à soi dans sa propre différence d'avec soi, et c'est là une réflexion sur soi à partir de cet acte de se différencier de soi en vue de s'identifier à l'autre. L'intellection est l'acte commun de l'intellect et de l'intelligible, mais, parce qu'elle est aussi une réflexion, ce qui est intelligible en acte est nécessairement un intellect en acte, à la différence d'un sensible en acte qui, bien que la sensation soit l'acte commun du sens et du sensible, n'est pas nécessairement un sens en acte : l'intelligible d'une chose désigne ce qui est relatif à son essence, c'est-à-dire à sa cause, à ce sans quoi elle n'est pas ce qu'elle est, à ce qui donc est nécessaire, à ce qu'il y a de nécessaire en elle, c'est-à-dire enfin à ce qui est universel, à ce qui est présent nécessairement dans toutes les choses de même espèce, prédicable de toutes ces choses parce qu'agissant en toutes à titre de cause, immanent à toutes tout entier et non totalement, se trouvant individué en chacune sans s'y réduire, ne subsistant que comme individué sans s'épuiser en cette individuation, et signifié dans un universel de prédication ; or un universel ne peut subsister comme universel que dans une pensée, car seuls les individus existent ; si un intelligible (c'est-à-dire un universel de causalité signifié dans un universel de prédication) en acte ne peut subsister que comme acte d'intellection, ou acte d'un intellect, en retour un sensible en acte peut subsister sans être nécessairement un acte de sentir.

Enfin, l'appétit sensible est la tendance éveillée par une connaissance sensible, c'est-à-dire par une sensation ou par une image, fruit de l'imagination ou de la mémoire. Fuir le mal et désirer le bien relèvent du même appétit, l'appétit concupiscible. Mais l'animal montre par ses comportements qu'il éprouve une tendance à affronter le mal en tant que mal, afin de le vaincre pour accéder au bien dont il est l'obstacle, et tel est l'appétit irascible dont le concupiscible ne saurait expliquer les propriétés. Si l'on définit les passions, ou sentiments, tels des mouvements de l'appétit sensible, on aura les passions du concupiscible et les passions de l'appétit irascible. Dans l'ordre du concupiscible, on distingue les passions suivantes : l'amour (tendance vers un bien en général), le désir (tendance vers un bien absent), la délectation ou jouissance (mouvement éveillé dans l'appétit par le contact avec le bien, donc vers un bien présent), et leurs contraires : haine, aversion, tristesse. Dans l'ordre de l'irascible, sont à distinguer les passions suivantes : l'espoir (tendance vers un bien ardu absent — séparé du sujet désirant par un obstacle — considéré comme accessible) et son contraire le désespoir (tendance vers un bien ardu absent séparé du sujet désirant par un mal et considéré comme inaccessible), l'audace (tendance vers un mal absent — l'obstacle même — considéré comme vincible) et son contraire la crainte (tendance de l'irascible vers un mal absent tenu pour invincible), et enfin la colère : mouvement de et dans l'irascible à l'égard d'un mal présent. *Or la colère n'a pas de contraire* ; en effet, il n'appartient d'avoir des contraires qu'à ce à quoi il appartient d'être en puissance, en ce que les contraires s'identifient en lui : être en puissance à droite, c'est aussi être en puissance à gauche, c'est faire s'identifier des choses qui, dans l'ordre de l'être en acte, sont exclusives l'une de l'autre (on ne peut être à droite et à gauche en même temps et sous le même rapport) ; il n'y a donc des contraires dans l'appétit que s'il s'agit d'un appétit exercé à l'égard d'un bien ou d'un mal *absents* : l'irascible est potentiellement espoir ou désespoir à l'égard du même objet, aussi longtemps que ce dernier n'est pas apprécié dans son accessibilité. Or la colère concerne le mal présent : donc elle n'a pas de contraire ; ce qui signifie que s'apaiser est le seul contraire à opposer à l'acte de se mettre en colère ; on ne peut faire jouer aucune passion contre la colère, on ne peut faire jouer que la volonté, qui n'est pas une passion. Et c'est en quoi il est difficile de retenir sa colère.

La typologie des passions telle que décrite plus haut, d'inspiration aristotélicienne et thomiste, est à la fois essentielle et génétique ; elle définit l'essence de chaque passion, mais aussi sa genèse, aussi est-il possible de dégager une logique dans l'enchaînement des passions : il est rationnel qu'il y ait de l'irrationnel, puisqu'il existe du rationnel jusque dans l'irrationnel. Les craintifs se mettent rarement en colère, précisément parce qu'ils fuient avant d'être au contact de l'obstacle. Ainsi voit-on des craintifs en venir à dominer leur crainte et par là se mettre à révéler une aptitude à la colère dont on ne les aurait pas crus capables.

Cela dit, la force proprement humaine est la volonté, parce qu'elle est liée à la raison, qui est la différence spécifique — définitionnelle de son essence — de l'homme. Mais la force tend à se maximiser seulement si elle est souveraine sur toute chose, y compris sur elle-même ; ce qui s'observe dans le fonctionnement de la volonté qui, libre, se meut, est active à l'égard d'elle-même, est ainsi moteur et mû, par là maître et esclave d'elle-même. Se faire esclave sans cesser d'être maître, c'est bien là l'acmé de la force. Pour cette raison, il est essentiel à la force de se donner la forme d'une réflexion, ainsi d'une victoire sur la faiblesse qu'elle assume. Et sous ce rapport la victoire de la volonté sur la colère est une manifestation de force, au point que la volonté ne s'exerce et ne se fortifie qu'en assumant la colère, au titre de matière sacrificielle de la volonté vraie. La forme de l'acte volontaire est celle d'un conflit surmonté, qui réduit la colère à un moment d'elle-même, posé pour être nié, et confirmé comme puissance passionnelle docile à l'injonction de la volonté raisonnable. Il faut donc cultiver la passion de colère pour s'habiliter à être volontaire.

La force est tout principe d'affirmation de soi de celui qui la possède, aussi bien contre ceux qui le contestent que contre les tentations qui l'invitent à se trahir. L'avantage de posséder la force physique, c'est de se dispenser de laisser envahir sa pensée par l'agressivité passionnelle et physique en contenant cette dernière dans le domaine sensible, en prévenant sa tendance à chercher une expression d'elle-même dérivée dans le domaine du langage et des actions perfides faute d'avoir possédé les moyens de lui donner libre cours dans le domaine où elle est immédiatement satisfaite, à savoir celui du combat guerrier. Et ainsi la vertu de la possession de la force physique, comme « *ultima ratio virorum* », est de laisser, quand elle doit se sublimer en volonté, l'agressivité se forger et se déployer au gré des exigences de la seule raison. À moins d'être innocent de tout amour-propre, le faible physiquement, redoutant l'humiliation de l'échec, refuse les affrontements et ainsi se double d'un lâche, mais, ne renonçant pas à ses prétentions faute d'humilité, il investit son agressivité dans la maîtrise du pouvoir des mots en leur vocation rhétorique (il s'agit non de découvrir ou de communiquer une vérité, mais d'obtenir un résultat en suscitant et en manipulant les passions de l'interlocuteur), par là il embrasse la vocation du sophiste, ou cultive une langue de vipère (médisance et calomnie) révélatrice de la forme d'agressivité propre aux femelles — ce à quoi, grâce à Dieu, ne se réduisent pas toutes les femmes souvent dotées, héroïquement, d'un courage et d'une générosité qui devraient faire honte aux hommes : « C'est la grande souffrance des faibles de ne pouvoir trouver la colère devant leurs ennemis » (Drieu la Rochelle, *Rêveuse bourgeoisie*, Gallimard, Folio, p. 375).

À toute distance de ce culte américanomorphe, narcissique et dérisoire, de la « bonne santé physique » et du muscle conquis à coups d'anabolisants, et de manière tout aussi étrangère à ce culte du muscle exercé tel un substitut de la force d'âme, il est néanmoins prudent, pour être humble, de se soucier de sa force physique. L'aversion « chrétienne » pour la force physique et le recours à la violence, est un effet du surnaturalisme, pathologie mortifère de l'esprit chrétien véritable.

FRANCE

Voir ici « **Totalitarisme** » et « **Sottisier** ».

« La France n'a jamais été, ne sera jamais une république, elle n'est qu'une monarchie en révolution » (Louis de Bonald).

Catarina Segurana est l'héroïne protectrice du comté de Nice, qui s'illustra le 15 août 1543, alors que la ville était assiégée par les Turcs alliés de François Ier : les assiégeants étaient le capitaine Polin baron de Lagarde pour les armées de François Ier, et l'amiral Barberousse, dit Haydeddin, commandant les armées du sultan Soliman Ier.

La France « cuit le pain intellectuel de la chrétienté » (Paul VI) (cité par Pierre Pierrard, *Histoire du catholicisme*, Desclée, 1972, p. 287).

Maximin, petit voyant de La Salette, dans un message transmis à Pie IX en 1851, fit savoir que « la France a corrompu l'univers » et que « un jour elle sera punie ».

★ ★ ★ ★ ★

Pour qui entend méditer sans passion sur le véritable destin de la France, sur ses illusions religieusement (dans tous les sens du terme) entretenues depuis des siècles à son sujet, et qui serait soucieux de comprendre les vraies raisons de sa décadence, sans exclure que ces raisons puissent être en rapport avec la manière dont elle s'accrocha à ses illusions, voici le texte complet d'un article de Pierre-Michel Bourguignon, alias Pierre Maximin (Pierre Moreau), paru dans *Les Deux Étendards*, apériodique, n° 9, novembre 1998 (Grâce et vérité ; 27, Casquit ; F-33490 Saint-Maixant) :

L'histoire est à relire.

Depuis un an et demi environ, la revue dominicaine *Le Sel de la Terre*[35] publie un intéressant débat qui s'est ouvert à l'occasion de ce qu'on a appelé l'« année Clovis ».

Ce débat sur les fautes de la royauté d'Ancien Régime a été abondamment documenté dans les numéros 17 et 19 du *Sel de la Terre*. Voir aussi le

[35] *Le Sel de la Terre*, Couvent de La-Haye-aux-Bonshommes F-49240 Avrillé.

courrier des lecteurs du nº 23 (avec un rectificatif dans le nº 25) et la recension de l'ouvrage de Jean Dumont (*Lépante, l'Histoire étouffée*) dans le nº 24.[36]

Plusieurs faits qu'on y présente apparaissent comme des révélations pour pas mal de lecteurs. D'où vient, par exemple, que Jean Dumont, aux yeux d'un lectorat de qualité, risque d'être considéré comme un iconoclaste, pour avoir simplement énoncé des vérités le plus souvent indéniables ? Il doit y avoir là-dessous une carence dans l'enseignement de base de l'histoire aux générations montantes. Et les distorsions qui en découlent n'ont pas laissé d'être entretenues et accentuées par des maîtres, petits ou grands, de la scène intellectuelle.

La rédaction du *Sel de la Terre*, en cédant la parole à un lecteur puis à différents autres intervenants, prend le soin raisonnable de délimiter ses propres positions.[37] Ce sont, schématiquement :

– La France n'est pas impeccable.

– Il faut être sincère en parlant d'elle.

– Avant la Révolution française tout n'était pas parfait, mais le bien l'emportait sur le mal : avant se commettaient des *erreurs* et des reniements *individuels* ; après la Révolution, ce fut le *reniement* officiel.

– La France était critiquable, mais cela ne signifie pas que ses adversaires ne l'étaient et ne le sont pas.

– Il faut juger les torts et les raisons selon les papes et les auteurs catholiques les plus sûrs.

Excellentes et courageuses précisions parce qu'ailleurs, le plus souvent, les événements sont mesurés à l'aune de la grandeur de la France, sans qu'on nous dise de quelle grandeur et de quelle France il s'agit.

La Réforme et les derniers Valois

Cela dit, on est bien obligé de protester quand il nous est dit qu'« on ne peut accuser Henri II de faiblesse contre l'hérésie »[38]. Henri II, vaillant Roi Très-Chrétien ? Jugeons-en :

> Étant encore à Augsbourg, Charles-Quint, début de 1548, avait été informé par son ambassadeur à Paris que deux princes révoltés allemands « étaient en instance, auprès d'Henri II, pour obtenir de ce prince une somme considérable nécessaire à la formation d'une nouvelle et redoutable coalition ».

[36] *Le Sel de la Terre* nº 27, p. 194, note 21.

[37] *Le Sel de la Terre* nº 23, p. 221.

[38] *Le Sel de la Terre* nº 23, lettre de lecteur, p. 223.

En même temps, Otto l'aîné, duc de Brunswick-Lunebourg, proposait au roi de France « de s'allier aux princes allemands pour la défense de la véritable religion chrétienne et pour la liberté de la patrie »[39].

Otto mourut quand les négociations allaient s'ouvrir ; on en resta là pour cette fois, mais la partie n'était que remise.

Henri II haïssait l'empereur. Cette haine était pour ainsi dire l'aliment quotidien de son cœur ; ne parvenant pas à attirer de nouveau les Turcs en Allemagne, il voulait du moins allumer un vaste incendie dans l'Empire.[40]

En février 1550, le duc Jean-Frédéric de Saxe, fils de l'Électeur prisonnier, traça un vaste plan militaire, au moyen duquel les prêtres pourraient être exterminés par les princes de la Confession d'Augsbourg. Voici quel était ce plan : Une armée d'environ dix mille cavaliers se réunirait aux environs d'Erfurt, s'emparerait de la ville, envahirait les évêchés de Würzburg, de Bamberg et d'Eichstätt, « massacrerait les évêques, les prêtres, les moines, en un mot toute la vermine romaine ». On veillerait à ce que « nulle main ne se levât sur un prédicant évangélique ». Cela fait, on veillerait à ce que la ville de Nuremberg, « cette sentinelle d'iniquité », serait saccagée et ruinée de fond en comble ; les prédicants seraient seuls épargnés. Pour ne pas éveiller les méfiances de la noblesse, on publierait un manifeste où l'on déclarerait hautement « que le zèle tout chrétien des alliés avait pour principal objet la défense et la protection des nobles, et le maintien de leurs traditions, privilèges et droits ».

Aussitôt que ce résultat aurait été obtenu en Allemagne, on se tournerait vers le Brabant « pour y assister les chrétiens persécutés » ; on négocierait avec le duc de Juliers, qui, pour le libre passage des armées, devrait recouvrer le duché de Gueldre ; en Brabant, les prêtres papistes seraient traités « de la même façon que dans les évêchés allemands » ; une fois en possession des terres et évêchés, les princes alliés exigeraient des populations serment de foi et d'hommage.

On songerait ensuite à « l'engeance satanique » ; on s'entendrait avec les princes du Palatinat, du Wurtemberg et de Bade, afin que, les affaires une fois terminées dans les évêchés de Würzburg, de Bamberg et d'Eichstätt, et Nuremberg conquise, ils se hâtassent d'aller attaquer Salzbourg et autres repères de prêtres, pour en agir avec ceux-ci « comme il était indiqué plus haut ».[41]

---

[39] Johannes Janssen, *L'Allemagne à la fin du Moyen Âge*, Plon, Paris, 1887, t. III, p. 692.

[40] Dépêche du 15 février 1548 citée par Johannes Janssen, *ibid.*, p. 693.

[41] Johannes Janssen, *op. cit.*, p. 693 et suivantes.

La conduite du transfuge Maurice de Saxe illustre ce propos :

> En 1552, Maurice de Saxe (le chef des princes révoltés allemands) « eut recours à l'appui du roi de France Henri II, qui saisit cette occasion d'enlever à l'Empire les Trois-Évêchés de Metz, Toul et Verdun, et de les réunir d'une manière durable à la France sous prétexte de protéger la foi protestante et la liberté de l'Allemagne »[42].

Outre-Manche, c'était pareil.

> Le mariage de Marie Tudor était redouté par les parvenus enrichis par le pillage des monastères. « Leur mécontentement était attisé par le roi de France (Henri II) et son ambassadeur (Noailles) à Londres, parce que le mariage allait accroître la puissance de l'Espagne, qui était la rivale de la France à ce moment. Il y eut une insurrection, soutenue par l'or et les armes françaises, qui faillit bien réussir. Elle avait été lancée sous la promesse qu'on l'aiderait par une invasion française. Cette insurrection est appelée la rébellion de Wyatt. »[43]

Un autre auteur catholique nous confirme comment les efforts du légat pontifical pour la restauration du catholicisme en Angleterre, sous le règne de Marie Tudor, étaient systématiquement sabotés.

> Il faut prendre la peine de lire les rapports qu'un Noailles adressait à Henri II. (…) Fiévreusement, les agents français travaillaient à utiliser les discussions religieuses, à maintenir les conspirations, les petites chapelles, à ridiculiser en public la reine et son époux espagnol, et finalement tout ce qui est catholique et sympathique à l'Espagne. Plus Marie Tudor paraît et croit se rapprocher du but de sa vie (le retour de l'Angleterre à la vraie foi), plus ouvertement se manifeste la contre-action française. (…) L'acte de réconciliation du cardinal Pole ravive une propagande et une opposition confessionnelle funestes pour la royauté.[44]

Il est difficile de voir en tout cela autant de manifestations de fermeté contre l'hérésie. Si énergie il y avait, on croira difficilement qu'elle profitait à la cause catholique.

Voici un autre cas, plus grave encore :

> Henri II, qui avait conclu, avec des princes conjurés allemands, sous la conduite du tourne-veste Maurice de Saxe, le traité de Chambord (15 janvier

---

[42] Henri de Sybel, *Les Droits de l'Allemagne sur l'Alsace et la Lorraine* (Victor Devaux, Bruxelles, 1871), p. 28.

[43] Hilaire Belloc, *Characters of the Reformation* (Sheep & Ward, London, 1938), p. 161.

[44] Ludwig Pfandl, *Philippe II (1527-1598), une époque, un homme, un roi* (Hachette, Paris 1942), p. 256-257.

1552), s'était fait éjecter d'Alsace, néanmoins. Malgré son échec apparent, la campagne d'Alsace fournit à la couronne de France la reconnaissance de trois principes politiques :

– 1° La politique catholique du roi de France sera désormais remplacée par une politique d'intérêt purement français ;

– 2° Le roi de France s'adjuge le rôle de protéger la « liberté » des princes, comme de l'empereur, tout en s'efforçant d'évincer les Habsbourg de la couronne impériale ;

– 3° Le royaume de France s'étendra à l'Est, aux dépens de l'Empire, en direction du Rhin. C'est grâce à ces principes que moins d'un siècle plus tard la France devint la première puissance européenne.[45]

En réalité, Henri II suivait la tradition paternelle, comme le faisait remarquer Johannes Janssen. Déjà François Ier, en effet, avait activement conspiré avec les princes félons allemands.

Pour faciliter à François Ier la reprise du Milanais, Philippe (de Saxe) et l'Électeur attaqueraient simultanément la Hollande, le duché de Gueldre, le Brabant et autres pays impériaux. Ils commenceraient par envahir les Flandres afin que le roi pût y recouvrer « ses droits ». Pour l'Italie et les pays allemands de la rive gauche du Rhin, le vicariat d'Empire serait transporté à François Ier. (...) De son côté, le Roi s'engagerait à donner cent mille couronnes par mois pendant tout le temps que durerait la campagne. (...) De plus, il promettrait de mettre obstacle autant qu'il pourrait au Concile de Trente, et de favoriser en Allemagne un concile libre et chrétien.[46]

Le roi de France n'en démordait pas. Il joua double jeu jusqu'au bout. On est, en tout cas, fort empêché de se ranger à l'avis du correspondant de la revue *Le Sel de la Terre* quand il écrit que « François Ier a toujours été hostile au protestantisme (et fut très actif pour essayer d'empêcher le schisme de Henri VIII) ».

François Ier, malade, sentant diminuer ses forces et tout près de la tombe, « persévérait cependant dans sa politique double et fausse, et n'était occupé qu'à semer partout la zizanie ». Le 17 février, il protestait à Charles-Quint de son fidèle attachement, disant se reposer entièrement sur ses dispositions pacifiques et n'avoir rien tant à cœur que la paix et la tranquillité. Le même jour, il chargeait Basse-Fontaine, son ambassadeur à la cour électorale de Saxe, d'accorder tout ce qui lui serait demandé, pourvu que la guerre fût continuée. « Le plus grand service que vous puissiez me rendre », lui avait-il dit, « c'est de trouver moyen d'empêcher la paix ». Jean-Frédéric, ayant

[45] *Der Fall der Reichsstadt Strassburg und seine Folgen, Zur Stellung des 4. September 1681 in der Geschichte* (Dietrich Pfaehler, Neustadt an der Saale, 1981), p. 11.
[46] Johannes Janssen, *op. cit.*, p. 638-639.

réclamé des subsides, le roi s'offrit, le 21 mars, à lui fournir immédiatement deux cent mille thalers, payables à Hambourg ; apprenant que Soliman se disposait à reprendre la route de Vienne, il s'empressa d'envoyer cette somme aux princes alliés (protestants).

Mais il ne lui fut pas donné de voir la guerre qu'il avait tant souhaitée. Inquiet, tourmenté par ses remords, en proie à une mortelle angoisse, il erra quelque temps encore de château en château, cherchant à tromper sa tristesse par des chasses et des mascarades. Le 31 mars, il n'était plus. Ce que son prédécesseur, Louis XII, avait dit autrefois de lui : « Ce gros garçon gâtera tout », s'était accompli à la lettre. Ses guerres, sa prodigalité, son faste, l'entretien de ses maîtresses, sa passion pour les bâtiments somptueux, sa libéralité irréfléchie envers ses flatteurs et ses courtisans avaient épuisé la France. « La dette était écrasante ; le peuple était accablé de taxes et d'impôts. »

Henri II, qui lui succéda, marcha, nous l'avons vu, sur les traces de son père. Dès les premiers jours qui suivirent son avènement au trône, sa maîtresse, Diane de Poitiers, s'appropria les quatre mille florins que François, en mourant, avait destinés à la Ligue de Schmalkalden. « La nouvelle cour, sans la moindre vergogne, continua d'étaler au grand jour les mêmes vices que du temps du feu roi. Un luxe insensé, des prodigalités en tout genre achevèrent de ruiner le peuple. » (...) « Fidèle à la politique de son père, il fit tous ses efforts pour mettre des entraves à la paix et pour attiser en Allemagne le brandon de la discorde. Le plus cher de ses amis et de ses alliés, c'était le Grand Turc. »[47]

Il est pour le moins imprudent, dans de telles conditions, de passer outre à ces abominations et de continuer à accorder à la monarchie française une admiration globale, sans mélange et de principe, et de considérer ses errements comme purement individuels.

Charles-Quint

Avant de nous occuper des autres derniers Valois, voyons les reproches que l'on a coutume d'adresser à Charles-Quint, généralement pour excuser les rois de France qui l'ont combattu. Non que l'Empereur n'en méritât aucun, mais il faut les apprécier selon la justice, non selon la rancune, fût-elle patriotique. Charles avait, entre autres, la qualité remarquable pour un souverain, de savoir suivre les sages exhortations qu'il recevait des bons conseillers dont il s'entourait. Le cardinal Ximenès était l'un deux et il écrivit un jour au monarque une lettre pour l'inciter à ne rien changer à l'Inquisition. Charles-Quint se rendit à cet avis, épargnant ainsi à l'Espagne la plaie des guerres de religion. Pour qu'il

[47] Johannes Janssen, *op. cit.*, p. 650-651.

ne succombât point aux sollicitations de l'argent présenté par les adversaires de la religion, le cardinal ajoutait dans sa lettre :

> Je reconnais que les embarras financiers où se trouve Votre Majesté sont grands, mais ceux du roi Ferdinand, votre grand-père, l'étaient davantage encore, et quoique les nouveaux convertis lui offrissent six mille ducats d'or, pour la guerre de Navarre, il les refusa, parce qu'il préférait l'amour de la religion chrétienne à tout l'or du monde.[48]

Charles-Quint avait en revanche de grandes faiblesses personnelles qui lui coûtèrent une énorme défaite de sa politique. Un grand historien l'a judicieusement apprécié à ce point de vue. Ce n'est pas en musardant avec la voluptueuse Barbara Blomberg, entre deux crises de goutte ou ses accès de gourmandise, que Charles allait pouvoir se mesurer avec ses plus cruels ennemis. Charles-Quint, dans sa lutte contre les Juifs, n'a pas su utiliser la grâce, l'arme de la sainteté. Les Juifs ont eu raison de lui.[49] Son fils Philippe sut se montrer plus prudent, plus diligent, plus avisé et plus efficace.

Mais les critiques que l'on fait du règne de Charles-Quint sont souvent d'un ordre bien différent ; elles lui reprochent surtout une volonté de puissance effrénée qui allait jusqu'à saboter le Concile que les papes se proposaient depuis longtemps de convoquer. Or, ce ne semble pas avoir été le cas. C'est aussi le moment d'appliquer l'enseignement de « juger les torts et les raisons selon les papes et les auteurs catholiques les plus sûrs ».

Il est d'usage de présenter Charles-Quint comme l'adversaire obstiné du Concile de Trente. C'est bien ce que fait le Fr. E.-M., recenseur du livre de Jean Dumont, *Lépante, l'histoire étouffée*.[50] À Rome on pensait autrement :

> Le Pape, il est vrai, avait hésité longtemps pour des raisons religieuses, vu qu'il craignait la mauvaise foi des hérétiques, mais il redoutait aussi les complications politiques. Il s'étonnait, disait-il à Loaysa, que Charles ne parût point se douter de l'avantage que le roi de France allait tirer du concile, car il ne manquerait pas d'en profiter pour exciter la révolte des sujets de l'Empereur ; n'était-ce pas à ses intrigues qu'il fallait attribuer le peu de succès des négociations d'Augsbourg ? Il était clair que le retour des novateurs à la vraie foi accroîtrait la puissance impériale, dont le roi était si jaloux, au lieu qu'il se flattait de voir l'Empire déchiré par la guerre civile si les protestants persistaient dans leur obstination.

---

[48] Karl Josef von Hefele, *Le cardinal Ximenès, Franciscain, et la situation de l'Église en Espagne à la fin du XVe siècle et au commencement du XVIe, avec une dissertation sur l'Inquisition* (Poussielgue-Rusand, Paris, 1856) p. 388-390.

[49] William Thomas Walsh, *Philip II* (Sheed & Ward, London &New York 1937), p. 91.

[50] *Le Sel de la Terre* n° 24, p. 169 et note 9. Charles-Quint « espérait pacifier l'Empire et empêcher les travaux du concile commencés malgré lui en 1545 ».

Malgré tant d'hésitations et de craintes, à la fin de novembre 1530, en dépit de tous les obstacles, la résolution de convoquer le concile fut adoptée à l'unanimité par le Sacré-Collège. « Pleins de confiance en Charles-Quint, prince suscité par Dieu pour défendre l'Église en ses périls actuels », les cardinaux en proclamèrent l'urgente nécessité. Loaysa écrivait à Charles-Quint : « Les motifs que Votre Majesté Impériale a fait valoir en faveur du Concile ont presque complètement changé les vues du Saint-Père, qui fait grand cas de la droiture, de la fermeté d'âme, des intentions pures et loyales de Votre Majesté. » Le premier décembre, Clément VII, par un bref adressé à Ferdinand, annonçait que le Concile s'ouvrirait dans le plus bref délai possible, ajoutant qu'il le considérait comme l'unique remède aux maux de l'Église, et réclamait à ce sujet le concours de tous les princes chrétiens.[51]

Charles-Quint, « prince suscité par Dieu pour défendre l'Église », ce brevet adressé par Clément VII à l'empereur ne paraît pas avoir retenu l'attention des historiens modernes. Cette appréciation fut confirmée par ce même Pape lorsqu'il fut presque parvenu à l'article de la mort :

> Le Concile fut ajourné, et cela, au dire de Clément, par égard pour le Roi de France qui était d'avis que l'état troublé de la chrétienté ne permettait pas de le réunir. Mais en réalité le Pape redoutait le Concile. Il s'était une fois rapproché de François Ier, avec lequel il avait eu une entrevue à Marseille et s'était laissé séduire par ses belles et trompeuses promesses. Peu de temps avant de mourir, **Clément reconnut, mais trop tard, que le véritable soutien de l'Église, c'était l'empereur et non le roi de France**. Le 23 septembre 1534, il remerciait Charles-Quint de tout ce qu'il avait fait pour pacifier l'Italie et la chrétienté et de tous les services qu'il avait rendus au Saint-Siège. « Parvenu à la dernière heure de ma vie », lui écrivait-il, « je conjure Votre Majesté, par le Cœur de Notre Seigneur Jésus-Christ, de garder toujours de bonnes dispositions à l'égard de la Sainte Église, et de rester aussi zélé pour le bien de la chrétienté, la dignité du Saint-Siège et la paix de l'Italie qu'elle l'a été jusqu'à ce jour, car tous ces intérêts sont remis à sa puissance et à sa loyauté ».[52]

Dix ans plus tard, c'est toujours la même évaluation du rôle joué par l'un et l'autre monarque, François Ier et Charles-Quint :

> (À la paix de Crespy, en 1544), les deux monarques se promettaient de combattre ensemble les Turcs et de se prêter un mutuel appui dans les affaires de religion. Mais François, comme toujours, n'avait pas la moindre intention de remplir ses engagements. Ce dont il se souciait le moins, c'était, en travaillant à la concorde religieuse, d'aider à cicatriser les plaies de

---

[51] Johannes Janssen, *op. cit.*, p. 231 et 232.
[52] *Ibid.*, p. 376.

l'Allemagne. À la vérité, comme il l'avait promis à l'Empereur, il fit exprimer au Saint-Père son désir de voir bientôt s'ouvrir le Concile, mais en réalité il travaillait en sous-main à y mettre obstacle.[53]

Le recenseur du *Sel de la Terre*[54] fait reproche à l'historien Jean Dumont pour son ouvrage *Lépante, l'Histoire étouffée*, de ce que « le livre fait la partie belle à Charles-Quint et n'aborde aucun des aspects contestables de sa personnalité ». Et de nous faire part d'un premier grief qu'il formule comme suit :

> Or ce prince (Charles-Quint), s'il lutta militairement contre les Turcs et les protestants, fut aussi un érasmien convaincu et un adversaire obstiné du Concile de Trente, sous prétexte qu'en s'occupant de condamner l'hérésie protestante, le Concile allait augmenter les divisions dans l'Empire.

On vient de voir combien il serait injuste de reprocher à Charles-Quint une opposition seulement militaire au protestantisme et non de principe, alors que « c'était aux intrigues d'Henri II qu'il fallait attribuer le peu de succès des négociations d'Augsbourg ».

Quant à faire de Charles-Quint « un érasmien convaincu », cela mériterait une enquête. On aimerait connaître la source d'une accusation aussi lourde. Il serait imprudent de l'accepter sans autre examen. Attendons donc des éléments de preuve qui soutiendraient ce verdict.

Charles-Quint s'éteignit en 1558 et le concile de Trente se clôtura en 1563. L'Église n'était pas au bout de ses peines.

> La définition nette et précise (par le concile de Trente, de la délimitation du pouvoir des évêques) ne fut pas non plus promulguée, par égard pour la France, qui avait menacé de se séparer de l'Église dans le cas où elle serait abordée.[55]

Ce chantage, en l'an 1563, n'était pas fait pour faciliter la mise en œuvre des édits promulgués par la suprême assemblée de l'Église catholique.

La cour de Paris était devenue le centre de la Révolution internationale[56] et Charles IX en était l'un des chefs[57]. Le même, à l'occasion du mariage de sa sœur Marguerite avec Henri de Navarre, déclarait : « Ce n'est pas seulement au prince de Navarre, mais à tous les huguenots, que je donne ma sœur ; moi aussi je les épouse. »[58] C'est le même encore qui souhaitait très logiquement qu'un protestant fût élu à l'Empire.[59]

---

[53] *Ibid.*, p. 581.
[54] N° 24, p. 169.
[55] Johannes Janssen, *L'Allemagne…*, tome IV, p. 423.
[56] *Ibid.*, p. 331.
[57] *Ibid.*, p. 334.
[58] *Ibid.*, p. 337.
[59] *Ibid.*, p. 345.

> Les intrigues françaises aux Pays-Bas sont incessantes en faveur du protestantisme. C'est ainsi qu'en 1577, Marguerite de Valois, sœur du duc d'Anjou, futur Henri III, sous prétexte de faire une cure à Spa, noue des contacts avec les nobles insurgés des Pays-Bas, notamment le comte de Lalaing. Le 13 juillet 1578, Anjou se met, à Mons, au service de la cause des révoltés ; mais le 31 janvier 1579, Don Juan, le vainqueur de Lépante remporte la victoire de Gembloux.[60]

Charles IX, poursuivant la tradition de la maison, avait refusé d'avance de se soumettre aux décrets du concile de Trente, au nom des libertés gallicanes, lesquelles étaient prétexte aux abus les plus odieux.[61]

En 1572, Duplessis-Mornay, chef protestant que l'on surnommait « le pape des huguenots », avait suggéré à Charles IX de soutenir la révolution aux Pays-Bas pour relever le prestige du roi de France contre l'Espagne.[62]

Voilà, momentanément, pour les derniers Valois. Ce sont des faits dûment soutenus par des documents.

Réflexions sur la société qui aurait dû être chrétienne

Il faut que le lecteur ne soit pas induit en erreur sur un pareil sujet. Il importe donc de s'en tenir aux définitions des mots essentiels du débat. Le lecteur, intervenant ou non, a-t-il une claire idée de ce qu'était un empereur chrétien ? On a l'impression que l'empire est considéré comme un super-royaume, concurrent et rival dans la conquête illimitée du pouvoir politique.

> La chrétienté du Moyen Âge avait théoriquement pour suprême ouvrier l'empereur. Si l'empereur était au-dessus des rois, ce n'était pas, qu'on le note, qu'il représentât quelque pouvoir politique superposé à celui des cités parfaites, quelque super-État. C'était parce qu'il était un prince parmi d'autres princes, choisi pour être l'instrument qui s'emploierait loyalement à faire passer davantage dans le monde politique la clarté de la justice surnaturelle. On comprend dans une telle perspective, quels seront les droits du pape sur l'empereur et de l'Église sur l'Empire.[63]

Franchement, non, l'homme moderne, saturé de préjugés démocratiques, meurtriers et tyranniques, en est venu à ne plus rien comprendre du tout à ces relations de liberté et d'autorité qui animaient sereinement la société chrétienne

---

[60] Duc de Lévis Mirepoix, *Les Guerres de Religion* (Arthème Fayard, Paris, 1950), p. 230 et suivantes.

[61] Johannes Janssen, *L'Allemagne…*, tome IV, p. 171 et 172, note 4.

[62] P. L. Lotar, *Le cas du Père Antoine Temmerman* (Édition universelle, Bruxelles, 1937), p. 206-207. Au même endroit, il est dit que, dès 1562 environ, les gueux et les orangistes des Pays-Bas attendaient leur principal appoint des calvinistes français.

[63] Charles Journet, *La Juridiction de l'Église sur la cité* (Desclée Debrouwer, Paris, 1931), p. 13 et 14.

de nos pères. Tous les devoirs sont rendus, dans les meilleurs cas, à la « nation » que l'homme d'aujourd'hui n'arrive jamais à définir. Jadis un auteur en citait 86 définitions différentes.[64] Autant n'en citer aucune.

En revanche, voici une réflexion qui, dans sa simplicité, aura le mérite de nous faire entendre ce que les anciens éprouvaient instinctivement :

> La nation est un fait récent. Au Moyen Âge la fidélité allait au seigneur, ou à la cité, ou aux deux ; et par là à des milieux territoriaux qui n'étaient pas très distincts. Le sentiment que nous nommons patriotisme existait bien, à un degré parfois très intense ; c'est l'objet qui n'en était pas territorialement défini. Le sentiment couvrait selon les circonstances des surfaces de terres variables. (…) Ce qui n'avait jamais existé jusqu'à une époque récente, c'est un objet cristallisé, offert d'une manière permanente au sentiment patriotique. Le patriotisme était diffus, errant, et s'élargissait ou se resserrait selon les affinités et les périls. Il était mélangé à des loyautés différentes, celles envers des hommes, seigneurs ou rois, celles envers des cités. Le tout formait quelque chose de très confus, mais aussi de très humain. Pour exprimer le sentiment d'obligation que chacun éprouve envers son pays, on disait souvent « le public » ; « le bien public », mot qui peut à volonté désigner un village, une ville, une province, la France, la chrétienté, le genre humain.[65]

Le malheur veut que nous ne pouvons pas reconstituer cette société antérieure, mais il ne gâterait rien de savoir qu'elle a existé, essentiellement différente de la société moderne, celle-ci étant fille de la décentralisation par les ravages qu'elle a commis, plus ou moins intensément, selon les temps et les lieux. Ces dommages sont irréparables.

Des générations entières ont été instruites dans l'ignorance de la société impériale quant à sa nature et à ses bienfaits. Au siècle dernier Charles Perrin, professeur d'économie politique à l'université de Louvain, mort dans la disgrâce du haut clergé belge, enseignait :

> Le Saint-Empire est une grande fédération d'États ; il n'aurait pas pu subsister si l'un de ces États s'était trouvé, par rapport aux autres, tellement prépondérant que nul devant lui n'aurait conservé sa liberté et sa vie propre. Le pouvoir impérial était le centre autour duquel se groupaient les États qui formaient cette confédération. Ces États se trouvaient coordonnés à la puissance supérieure de la couronne impériale, mais ils n'étaient point absorbés par elle.
>
> Il y a un système d'équilibre que ne justifient ni les principes du droit social ni l'expérience politique : c'est l'équilibre fondé sur la seule utilité. Par ce système, né des prétentions modernes de la raison humaine à l'indépendance, on a tenté de remplacer les principes de justice et d'autorité divines

---

[64] Voir Charles Becquet, L'Ethnie française d'Europe (NEL, Paris, 1963), p. 169 à 199.
[65] Simone Weil, *L'Enracinement* (Gallimard, Paris, 1949), p. 93.

par lesquels l'Église voulait au Moyen Âge fonder l'ordre européen. Ici ce sera l'homme qui, par ses seules forces, par les combinaisons de sa propre sagesse, et invoquant exclusivement la loi de l'intérêt, établirait la paix entre les nations. L'histoire des trois derniers siècles (publié en 1875), et l'histoire de notre siècle plus qu'aucun autre, peuvent nous éclairer sur la portée de ce rêve de l'orgueil humanitaire.[66]

Charles Perrin ajoute en note une remarque qui nous vient à point pour mettre en relief l'opposition entre le principe du système impérial et celui de l'équilibre entre des nations qui n'ont d'autre rêve que de le rompre, cet équilibre, à leur avantage, bien entendu.

Les guerres les moins justes ont trouvé des prétextes dans le système de l'équilibre. Un mot de Montesquieu peut faire juger de ce qu'a été parfois la politique fondée sur l'équilibre : « Entre les sociétés, les droits de la défense naturelle entraînent parfois la nécessité d'attaquer, lorsqu'un peuple voit qu'une plus longue paix en mettrait un autre en état de le détruire, et que l'attaque est le seul moyen d'empêcher cette destruction » (*De l'esprit des lois*, livre X, ch. II).

Le rapport de contradiction entre les deux régimes, impérial et national, se marque par les deux attitudes suivantes :

Le Conseil de Flandre lui-même rappelait, en 1786, l'exemple de Charles-Quint, qui au lieu de créer un code arbitraire, invitait ses peuples à lui présenter les digestes de leurs coutumes, droits et usages, pour leur donner une existence non équivoque par sa sanction souveraine. Le recueil des lois émané sous son règne qui a duré près de cinquante ans, ajoutaient malicieusement les conseillers, ne monte pas à un volume aussi gros que celui des lois que nous avons vu émaner depuis cinq à six ans.[67]

Ici, point d'esprit centralisateur, tandis que nous voyons la France payer le prix de sa constitution en forme d'État moderne :

(Richelieu) comprimait sous le niveau d'un pouvoir sans bornes les vieilles libertés des villes et des provinces. États particuliers, constitutions municipales, tout ce qu'avaient stipulé comme droits les pays agrégés à la couronne, tout ce qu'avait créé la bourgeoisie dans son âge héroïque, fut refoulé par lui plus bas que jamais. Il y eut là des souffrances plébéiennes, souffrances malheureusement nécessaires, mais que cette nécessité ne rend

[66] Charles Perrin, *Les Lois de la société chrétienne* (Lecoffre, Paris-Lyon), tome II, p. 454-455.

[67] Louis Delplace, S.J., *Joseph II et la Révolution brabançonne* (Beyaert-Storie, Bruges, 1890), p. 27.

pas moins vives, et qui accompagnèrent de crise en crise l'enfantement de la civilisation moderne.[68]

L'« objet cristallisé », figé, de la nation, a envahi tout le champ de conscience depuis qu'il est seul « offert d'une manière permanente au sentiment patriotique ». Même les plus beaux esprits sont séduits par l'excellence de leur propre nation, y compris par les acquis de l'injustice, puis de la Révolution. On ne recule pas devant les anachronismes, ni les incohérences, ni les inexactitudes historiques. C'est le « *our country, right or wrong* » (« notre pays, à tort ou à raison ») des Britanniques modernes.[69] Si un personnage est de qualité, il ne peut être que de notre pays. Ainsi, ce n'est pas sans surprise qu'on apprend la qualité de « grand Français » décernée au cardinal Granvelle, ministre de Philippe II, alors que sa patrie, la Franche-Comté, ne sera annexée à la France que par le traité de Nimègue (1678), plus d'un siècle et demi après sa mort.[70] De même, Charles-Quint devient « un prince de culture et de langue française ». Le fait que le français n'était que l'une des langues qu'il parlait ne semble pas déranger le commentateur. Charles-Quint est né à Gand, ville flamande, sauf erreur, et l'on voit donc mal en quoi ce lieu de naissance en aurait fait un Français sans le savoir.

Il y a plus grave. Qui se préoccupe de l'installation du calvinisme en France sous l'égide des Bourbons ? L'historien franco-anglais Hilaire Belloc fait remarquer :

> Le calvinisme, bras armé de la Réforme, et esprit qui lui donna toute sa puissance motrice, est une affaire française. (...) Richelieu empêcha le succès du protestantisme, mais au prix du maintien d'une forte minorité protestante.[71]

On ne peut que ressentir un malaise lorsqu'on s'aperçoit que nulle part aucun participant à cette intéressante discussion dans *Le Sel de la Terre* ne se demande si la population des territoires concernés trouvait son compte dans les continuels accaparements. Il ne semble pas que Louis XIV, par exemple, en faisant procéder à toutes ces rapines de terres impériales, se préoccupât tellement de leur injustice. Au contraire, bien des auteurs français sont fort goûtés de leurs lecteurs pour avoir proposé les doctrines politiques qui justifient cette iniquité. En voici un échantillon :

---

[68] Augustin Thierry, *Essai sur l'histoire de la formation et des progrès du Tiers État* (Mélines, Cans et Cie, Bruxelles, 1853), p. 185.

[69] "*Our country! In her intercourse with foreign nations may she always be in the right; but our country, right or wrong*". Toast given at Norfolk (April 1816).

[70] *Le Sel de la terre*, n° 24, p. 168.

[71] Hilaire Belloc, *Characters of Reformation* (Sheep & Ward, London, 1938), p. 334.

Pour définir du point de vue de la justice les rapports des peuples français et allemands, il faut pourtant se rappeler que l'agression ni la malfaisance n'ont jamais été de notre côté. Que l'on remonte à Charlemagne, à Jules César, au consul Marius, les leçons données aux Germains répondaient à des invasions dévastatrices ou réprimaient des procédés militaires honteux. L'incendie de quelques villages du Palatinat, si furieusement reproché à Louvois, avait déjà pour objet de contraindre les peuples allemands à faire la guerre « avec plus d'honnêteté ».

Les guerres de Louis XIV, même celles, incomparablement plus dures, de la Révolution et de Napoléon Ier, n'allèrent pas sans apporter à ce centre européen (aujourd'hui en pleine régression morale, mais de tout temps retardataire) un surcroît de politesse et de civilisation auquel l'Allemagne a constamment répondu par de lâches violences et d'immenses pillages toutes les fois qu'on lui en a laissé les moyens. Cette priorité du bienfait français et du crime allemand ne saurait être attestée ni propagée avec trop d'éclat.[72]

Laissons un véritable historien répondre à ces propos où seule la démence est conductrice :

L'histoire très complexe du long conflit qui fit perdre à l'Allemagne les deux tiers de sa population (guerre de Trente Ans) et la ruina pour un siècle, devient très simple quand on la réduit à ses lignes essentielles : trois fois l'Internationale protestante, soutenue indirectement par Richelieu dès qu'il parvint au pouvoir, organisa l'assaut du monde catholique allemand ; trois fois successivement ces assauts furent repoussés ; la Réforme ne triompha en définitive qu'avec l'appui militaire de la France.[73]

On se demande s'il y a là de quoi se vanter. Belloc n'a pas craint d'affirmer : « **Si Richelieu avait soutenu l'Empire, toute l'Europe serait catholique aujourd'hui.** »[74] La raison d'État fait perdre le souci de Dieu. La nation est une abstraction faite pour remplacer Dieu, et elle inaugure le principe des nationalités.[75]

Cette citation gagnerait d'être illustrée de quelques exemples au sujet de la guerre de Hollande, de celle du Palatinat et de Louvois à qui l'on reproche injustement, selon Maurras, « l'incendie de quelques villages ». Ces pratiques avaient été mises en œuvre et avalisées bien des années plus tôt :

---

[72] *L'Action française*, 2 février 1918.

[73] Paul Auphan, *Le Drame de la désunion européenne* (Les Îles d'or, Paris, 1954), p. 190.

[74] Hilaire Belloc, *M. Wells et Dieu* (Plon, Paris, 1928), p. 58.

[75] Paul Auphan, *ibid.*, p. 199. Voir aussi R.P. Pierre de Rivadeneira, *Le Prince chrétien* (Fayard, Paris, réédition 1996), *passim*.

Et cela par la faute du gouvernement français qui avait largement pratiqué, par les soins de Louvois, la lamentable politique des destructions systématiques. Dès la guerre de Hollande, l'armée de Luxembourg s'était livrée (1672), notamment sur Swammerdam, à des massacres et à des incendies de villages et de bourgs, habitants compris, qui n'ont pas encore été oubliés. Il est pénible de voir le général Louvois, et jusqu'au Français de la rue, plaisanter sur ces « grillades à la hollandaise ». Sur le coup, la terreur de telles tueries avait atteint leur but, et les Hollandais, pourtant si tenaces, avaient cédé : nos généraux se plurent à parler de « résistance à la hollandaise », pour signifier un manque complet de résistance.[76]

Ah !, si le roi savait !

Louvois écrit à Boufflers, le 14 novembre 1688 : « Le roi a vu avec satisfaction qu'après avoir bien brûlé Coblence et fait tout le mal possible au palais de l'Électeur, vous deviez remarcher sur Mayence. »[77]

Louvois avait déjà, le 15 octobre précédent, expressément recommandé à Chamlay de ne pas user d'amitié ni de modération envers les habitants mais bien de canons et de places fortes. C'est bien cette consigne-là qui fut observée.

Le 1er septembre 1684, le gouverneur (français) de Philippsburg mande qu'il a, en quinze jours, brûlé treize localités, villes, communes et villages, mais « il n'y a plus une âme dans aucune » (...). Aujourd'hui encore, les historiens français se vantent de ce que, en général, on ne brûlait uniquement que les villages qui avaient refusé le paiement de la contribution.[78]

Ce n'était qu'un début, on était parti pour cinq années de ce régime.

La dévastation de la rive droite du Neckar « a donné lieu aux plus horribles orgies d'une cruauté déchaînée ». « Il se déroule des scènes horribles surtout aux approches et à l'intérieur de Handschuhsheim, qui fut en grande partie incendié » ; « bien qu'ils fussent tout à fait innocents », raconte le curé du lieu, « agenouillés et qu'ils élevassent leurs mains en pitié et demandassent grâce à grands cris », les Français néanmoins « les battaient à coups de feu, les transperçaient à l'arme blanche et firent une telle boucherie, qu'il n'y eut que peu d'actes semblables commis en chrétienté ». On compta en tout cent cinquante morts, gisant pour la plupart dans les rues et dont une partie avait brûlé avec les maisons. « Il n'est pas possible de décrire », écrit le prêtre, qui en ensevelit lui-même environ la moitié en trois fosses communes,

---

76 Émile Léonard, *L'Armée et ses problèmes au XVIIIe siècle* (Plon, Paris, 1958), p. 56.

77 Kurt von Raumer, *Die Zerstörung der Pfalz von 1689 im Zusammenhang der französischen Rheinpolitik* (Dietrich Pfaehler, Bad Neustadt an der Saale, 1930), p. 90. Le passage cité est en français dans le texte.

78 *Ibid.*, p. 21.

« l'état lamentable et atroce de ces pauvres innocents... On les avait mutilés en leur coupant soit les mains, soit les doigts, soit le nez, soit les oreilles, soit encore d'autres membres... » Les survivants erraient parmi les bois, dans le froid et la neige, tandis que Mérac renouvelait le 1er février sa tentative sur Weinheim — après avoir pillé Ladenburg — et, suite à des échecs répétés, il se replia en pillant encore au passage Schriesheim et Drossenheim. Dans les jours suivants Neuheim, seul épargné jusque-là, subit un déferlement de viols : le 12, ce village fut livré aux flammes comme les autres.[79]

La tactique avait des titres d'ancienneté et de noblesse. Elle ne relevait d'aucune improvisation.

> (Dès 1676 et 1677), on avait établi comme une méthode très étudiée pour les destructions ; sapeurs, équipe de démolisseurs, etc., font leur apparition nécessairement. La capitale Zweibrücken est en proie à la démolition avec son château et son église. Dans la seule circonscription de Lichtenberg, on compta en quelques semaines plus de 50 villages incendiés. La circonscription de Zweibrücken s'y ajouta avec un nombre à peine moins élevé de destructions. Des localités plus petites sont anéanties en grande partie ; des villes comme Kusel, Hornbach, ou Baumholder sont pratiquement réduites en cendres.[80]

Somme toute, la guerre moderne était née et douze ans plus tard elle se portait très bien. On lit dans une lettre de Louvois du 16 mai 1689 :

> Le moyen d'empêcher que les habitants de Mannheim ne s'y rétablissent, c'est, après les avoir avertis de ne le point faire, de faire tuer ceux que l'on trouvera vouloir y faire quelque habitation.[81]

La simple énumération des crimes commis sciemment par l'armée de Louis XIV serait lassante. Car il n'y avait pas que le Palatinat. Ce furent parallèlement les atrocités perpétrées au nom des prétendues réunions de ce qui n'avait jamais été réuni au trône de France. Une volée de légistes travaillaient à changer le sens des termes de contrats et de traités et prétendaient de là assurer à Louis XIV le droit de s'approprier des contrées entières appartenant à autrui. Depuis la fin de 1679, les « réunions » sont menées par quatre instances : 1° le parlement de Besançon ; 2° le « Conseil souverain » à Breisach ; 3° une chambre de réunion à Metz ; 4° un tribunal à Tournai.[82]

---

[79] Kurt von Raumer, *Die Zerstörung...*, p. 125.
[80] *Ibid.*, p. 32.
[81] *Ibid.*, p. 145.
[82] *Der Fall der Reichsstadt Strassburg und seine Folgen, Zur Stellung des 4. September 1681 in der Geschichte* (Dietrich Pfaehler, Neustadt an der Saale, 1981), p. 19.

Louis XIV échappe lâchement aux réactions de l'Empereur surtout en raison du fait que Léopold Ier à l'Est en avait plein les bras à refouler les Turcs.[83] Les premières razzias de ce style avaient eu pour cible le Luxembourg.

En 1684, la France prenait des mesures pour se mettre en possession de Saint-Mard et de Virton.

Un édit du 17 octobre enjoignit aux habitants de rendre foi et hommage au Roi Très-Chrétien dans le terme de deux mois.

« Cet édit a ouvert la porte à tous les excès et usurpations commis depuis, et fourni le prétexte à toutes les infractions tant dans le Luxembourg qu'ailleurs, jusques au Rhin, et depuis lors l'on ne vit que huissiers de la chambre de Metz, accompagnés de dragons, courir par la province, munis de quantité de citations imprimées sur un même formulaire. »

En pleine paix, sans tirer le glaive, la France s'emparait d'une assez grande partie du territoire que le traité de Nimègue avait laissé à l'Espagne, « sous les prétextes faux et tortionnaires », tantôt que tel lieu avait été, quelques siècles auparavant, sous la dépendance de telle localité cédée ; tantôt que c'était la dépendance d'une dépendance.

Toutes ces réunions, « dont on ne peut, dit Lingard, mettre en doute l'injustice », soulevèrent de toutes parts un cri de réprobation. On accusait Louis XIV de ne plus reconnaître d'autre loi que la force, et d'être l'ennemi de la paix en Europe. Mais il ne s'inquiéta ni des murmures, ni des protestations, et marcha à son but avec une énergie de volonté que ne purent vaincre ni les considérations de droit public, ni les plaintes des autres états.

Les incendies, les ruines totales d'immeubles et les villages et hameaux rasés jusqu'au sol se comptaient par centaines dans les Flandres, en Brabant, dans le Hainaut. Dans la région de Waerschot, « plus de cinq cents habitants des communes désolées, se trouvant sans asile, sans ressources, périrent de misère, de faim, de froid, sans pouvoir obtenir le moindre secours ».[84]

Cet horrible système de guerre se trouve expliqué et justifié dans le prétendu *Testament politique* de Louvois.

Dans une bataille rangée on fait cruellement périr des milliers d'hommes de toutes conditions et presque de tous âges, sans que personne se récrie parce qu'on y est accoutumé, et qu'on ne peut pas faire autrement, et l'on voudrait que l'on épargnât des maisons, des fruits, des bêtes, des hommes même dont la destruction est quelquefois d'une si haute conséquence pour l'exécution d'un grand dessein.[85]

---

[83] Pfaehler, *id.*, p. 21.

[84] Adolphe Levae, *Essai historique sur les négociations de la trêve de vingt ans conclue à Ratisbonne en 1684* (Wouters, Bruxelles 1844), p. 194.

[85] *Idem*, p. 194, note 1.

Le testament de Louvois, authentique ou non, fut respecté à la lettre.

Il faudrait encore décrire le sac des cathédrales de Spire et de Worms par les Français bien élevés dont nous parlait Maurras. C'est alors qu'eut lieu à Spire la profanation des tombes impériales.

> Le pillage et les vols perpétrés à cette occasion resteront comme un des plus graves crimes commis contre la civilisation et dont la faute retombe sur les armées du Roi Soleil et de là sur l'humanité, où l'on vit les pillards transformer la maison du Tout-Puissant en un marché de rapine et de vol. Les rois et empereurs allemands que l'on y avait ensevelis pour un éternel repos en furent arrachés, et les insignes et ornements furent dérobés aux tombeaux. Seule la solidité des dalles funéraires empêcha le même sort d'être infligé aux tombes de Rudolf de Habsbourg et d'Henri V, et à celle des grands fondateurs de la cathédrale, Konrad II, Henri III et Henri IV. Ce fut, parmi toutes les flèches du carquois français, celle qui a le plus profondément blessé la fierté allemande, mais qui de là se retournera toujours contre la France.[86]

On ne peut s'empêcher de penser aux profanations des tombes royales à Saint-Denis par la Convention, quelque cent ans plus tard (6 au 8 août 1793). Aucune réelle différence de comportement n'apparaît entre les troupes fanatisées de Louis XIV et celles de Barère[87]. Les secondes imitèrent le grand exemple des anciennes.

Les brigandages injustifiés et injustifiables font néanmoins partie du bagage patriotique dont se chargent les plus fervents défenseurs de la monarchie. Ce sont eux qui en appellent au titre de « Fille aînée de l'Église » sans rien faire pour clarifier le débat. Le lecteur attentif se souvient encore de la villégiature militaire de Villeroy, maréchal maladroit, qui bombarda Bruxelles sans rime ni raison le 13 août 1696, détruisant 3850 maisons.[88]

La France hexagonale est la patrie des Français actuels, bien qu'elle soit le produit de la Révolution. Fustel de Coulanges écrit :

> Vous vous targuez de ce que l'on parle allemand à Strasbourg ; en est-il moins vrai que c'est à Strasbourg que l'on a chanté pour la première fois notre *Marseillaise* ? (...) Il se peut que l'Alsace soit allemande par la race et par le langage ; mais par la nationalité et le sentiment de la patrie elle est française. Et savez-vous ce qui l'a rendue française ? Ce n'est pas Louis XIV, c'est notre Révolution de 1789. Depuis ce moment, l'Alsace a suivi toutes nos destinées ; elle a vécu de notre vie. Tout ce que nous pensions, elle le

---

[86] Kurt von Raumer, *Die Zerstörung*..., p. 163.

[87] Barère est le nom du Conventionnel qui proposa à son assemblée la scandaleuse action à Saint-Denis.

[88] Selon David L. Hoggan, *Der Unnötige Krieg, 1939-1945*, après le siège de Varsovie en septembre 1939, on comptait 2200 maisons détruites. Cela permet d'évaluer l'étendue du désastre de 1696 à Bruxelles.

pensait ; tout ce que nous sentions, elle le sentait. Elle a partagé nos victoires et nos revers, notre gloire et nos fautes, toutes nos joies et toutes nos douleurs.[89]

Fustel se paie de mots. Sur place, dans la véritable Alsace, le tableau était différent. Les Conventionnels Le Bas et Saint-Just arrivent sur place munis de pouvoirs illimités et d'une connaissance nulle de la situation.

> Ils prirent inquiétude de cet attachement à la langue allemande qu'ils constataient jusque chez les Jacobins, et ils crurent qu'ils devaient et pouvaient s'en défaire, comme ils se défaisaient de tout ce qui menaçait la République. (…) Ils ne cherchaient plus seulement à introduire le français, ou même à l'imposer ; ils interdisaient l'autre langue… L'ère des violences était ouverte. (…) On vit l'allemand pourchassé en ennemi.[90]

On proposa des mesures de violence : déportations et exécutions en masse. *La première leçon de français* manqua de peu d'être cuisante. Le Corps municipal arrête « que toutes les inscriptions des bâtiments publics ne se feront désormais qu'en français, et que les inscriptions allemandes seront effacées ».

> (Et il invitait) instamment au nom du bien public ses Concitoyens d'effacer de même dans la décade les caractères allemands qui pourraient se trouver dans les inscriptions ou affiches placées aux maisons, au-dessus des magasins, ateliers ou boutiques.[91]

L'invitation était républicaine et annonçait les étrivières aux récalcitrants, mais là aussi il s'agissait d'une tradition qui continuait l'Ancien Régime : le conquérant ou l'usurpateur imposait sa langue aux nouveaux sujets. Ce fut le cas pour la Flandre, par exemple, que les siècles d'appartenance à l'Empire n'avaient pas privée de l'usage de la sienne, jusqu'aux annexions du traité de Nimègue (1678). Devenus « français » les habitants de ce lambeau de territoire furent contraints d'abandonner le flamand auquel ils étaient, à juste titre, fort attachés.[92]

---

[89] Fustel de Coulanges, *Questions contemporaines*, Hachette, Paris, 1916, p. 96-97.

[90] Ferdinand Brunot, *Histoire de la langue française* (Paris, Colin, 1967), tome IX, p. 188 et suivantes.

[91] « Plusieurs orateurs prononcèrent des discours très énergiques ; les uns demandaient qu'on les déportât et qu'on transplantât en Alsace une colonie de Sans-Culottes ; d'autres que l'on leur fît faire une promenade à la guillotine, pour opérer leur conversion » (voir Ferdinand Brunot, *op. cit.*, p. 191, note 3).

[92] La différence n'est pas dans le principe mais dans la méthode. C'est Fénelon, nommé évêque de Cambrai en 1697, près de vingt ans après le traité de Nimègue, qui opéra l'abandon du flamand. Il exigea que les enfants apprennent et récitent le catéchisme en français. Voir : Bernard van Kleef, *Franken, staat op* (Strijdgenoten van Sint Michael, Gent, 1944), p. 30 et 31.

Frontières naturelles et équilibre européen

Que de rapines se trouvent justifiées au nom du rêve géographique et de l'artifice des « frontières naturelles ». Si l'on transposait dans la vie sociale cet étrange procédé, tout propriétaire vivrait sous la menace perpétuelle de quelque puissant voisin capable de s'emparer de tout ou partie du bien d'autrui, pour le « réunir » à sa propre parcelle et l'étendre jusqu'à un quelconque accident de terrain plus ou moins clairement désigné par la nature pour séparer le prochain du prochain.

Un grand nombre d'historiens prennent au sérieux l'artifice des *frontières naturelles* imaginé par Charles VII et transmis d'âge en âge, sous tous les régimes. Il représente pourtant, nous dit un auteur, « le faux dogme le plus spectaculaire, le plus connu, le plus trompeur aussi »[93].

> (En) 1441, le roi de France Charles VII prononça une parole qu'on n'avait jamais ouïe auparavant : Que la France devait reculer ses limites jusqu'au Rhin. (...) À peine l'influence française s'était-elle impatronisée en Lorraine, qu'on vit naître à Paris le rêve des limites naturelles et l'envie de posséder la rive gauche du Rhin.[94]

« La France devait reculer ses *limites* jusqu'au Rhin » pour faire du fleuve une *frontière*, c'est-à-dire une *ligne de front*, un engin militaire propre à un état de siège permanent. Dans les travaux de la paix, un fleuve ne sépare pas, mais au contraire il unit, par la communauté d'intérêts, la population des deux rives. « Ce mythe des frontières naturelles, ajoute encore Drion du Chapois, la politique capétienne le porte en soi depuis ses origines. À lire ses principaux avocats on croirait une nécessité. »

> Mais pour notre malheur, ose écrire Charles Benoist[95], à notre grand dommage et péril séculaire, il n'en est pas ainsi de la France (contraste avec la géographie de l'Angleterre). La géographie elle-même la condamne à avoir dans tous les temps et sous tous les régimes une *politique de frontières*.
>
> Ce qu'on appelle sa nervosité, son inquiétude, son esprit agressif et combatif n'était en réalité que le besoin d'assurer son existence. Tant d'invasions étrangères qui se pourraient compter par centaines en deux mille ans n'en sont-elles pas la preuve ?

À quoi Drion riposte naturellement :

---

[93] Drion du Chapois : *Vocation européenne des Belges* (Éditions Universitaires, Bruxelles Paris, 1950).

[94] Henri de Sybel, *Les Droits de l'Allemagne*..., p. 27.

[95] *Les Lois de la politique française* (Arthème Fayard, Paris, 1928).

Le malheur est que la réalité se révèle tout autre. Au rebours des affirmations de Charles Benoist, c'est la France qui ne cesse d'attaquer ses voisins du Nord, de l'Est et du Sud. Quant aux deux millénaires « d'invasion », excusez du peu. Voilà pour le moins neuf siècles de trop.

Le même historien demande encore :

Est-ce vraiment « pour assurer son existence » par ses prétendues frontières naturelles, que la France passe sur le corps de tant de peuples ? Nous sommes loin du compte. N'en déplaise à l'ombre du regretté Charles Benoist, la France s'arrête rarement à ces frontières tant souhaitées. Y touche-t-elle, c'est dans de nombreux cas pour s'en faire une base de départ et les franchir allégrement. Sinon, à quoi rimeraient ses promenades en Italie, en Espagne, en Allemagne, en Pologne et jusqu'en Russie ?

Deux auteurs, à qui l'on doit une histoire très détaillée du traité de Westphalie, ne sont pas dupes et confirment :

En prenant possession de Breisach et de Philippsburg, la France procurait des têtes de pont pour la rive droite du Rhin. Avec l'intention préméditée de poursuivre la guerre, elle s'émancipait elle-même de sa théorie purement publicitaire sur les frontières naturelles rhénanes.[96]

Ce qui n'empêchait pas la vénérable *Revue internationale des sociétés secrètes* de présenter la situation à sa manière. Voici comment elle se permettait de former le sens de l'histoire de ses lecteurs :

L'Occident souffre encore des luttes religieuses et des guerres politiques soutenues pour défendre contre Charles-Quint et Philippe II l'équilibre européen, garantie du droit de libre existence des nations constituées en États, quand l'ambition des empereurs autrichiens (Ferdinand II et III, 1619-1652) déchaîne en Allemagne la terrible guerre de Trente Ans, puis, contre la France victorieuse (paix de Westphalie, 1648), deux coalitions malheureuses pour l'Espagne et pour l'Empire. Sans être envahie et ravagée comme l'Allemagne, l'Espagne, en pleine décadence, perd ses possessions extérieures : Pays-Bas hollandais et cinq provinces qui reviennent à leur ancien, séculaire, légitime propriétaire, la France. Et l'Empereur, forcé de respecter les capitulations et les traités, doit confirmer la liberté des cultes réformés, la souveraineté des 343 États allemands qui diminuera la force agressive de notre traditionnel, convoiteux, insatiable et implacable ennemi, le Kaiser teuton.

[96] Friedrich Kopp et Eduard Schulte, *Der Westfälische Frieden, Vorgeschichte, Verhandlungen, Folgen* (Hoheneichen-Verlag, München, 1940), p. 78.

> Pacifiée par Henri IV (1598), par Richelieu (1629), par Mazarin (1659) qui abattent et désarment les factions calvinistes, nobiliaires et parlementaires, tranquille, disciplinée, confiante, la France assiste alors, sous son jeune roi Louis XIV, fidèlement et grandement inspiré et servi, à la réalisation continue d'un plan politique fondé sur une prévoyance, une décision, une prudence raisonnée qui reconstitue fortement, dans la limite de ses frontières naturelles, nulle part dépassées, pas encore atteinte, l'unité nationale primordiale et assure sa sécurité. En moins de 60 ans, Cerdagne et Roussillon, terme oriental de notre rempart pyrénéen, Artois, Flandre méridionale (Lille, Dunkerque), Alsace, Franche-Comté, Landau, Sarrelouis, Marienbourg, Philippeville, notre ceinture militaire de l'Est, rentrent dans le cadre historique de notre passé.[97]

Ces deux paragraphes sont un bon épitomé des entorses à la vérité historique reprises de génération en génération dans la plupart des manuels scolaires.

Il est regrettable que personne ne nous dise qui est cet Occident qui souffre depuis des siècles, et qui endure encore les séquelles de guerres, et religieuses, et politiques, qui lui furent imposées. On voit mieux qui étaient les ennemis de l'Occident, c'étaient Charles-Quint et Philippe II.

L'enjeu du combat n'est rien d'autre que l'équilibre européen, système politique détestable et détesté par l'Église. La théorie en fut prônée pour la première fois au XVIe siècle par Thomas Cromwell, conseiller d'Henri VIII d'Angleterre en matières religieuses et infatigable pilleur de monastères ; Cromwell avait observé ce jeu politique à l'œuvre parmi les républiques italiennes. L'équilibre européen est une politique décadente, que les États modernes n'ont cessé d'appliquer contre la politique chrétienne.

« La terrible guerre de Trente Ans déchaînée en Allemagne par l'ambition des empereurs autrichiens Ferdinand II et Ferdinand III » est une belle trouvaille pour rendre les victimes responsables. C'est une manifestation inattendue de la justice où le coupable s'institue juge et condamne les innocents pour les forfaits qu'il a lui-même commis. Cette pratique a fait école depuis et reste très actuelle en notre siècle.

Rappelons sans nous lasser le rôle que Richelieu fit jouer à la France dans « la terrible guerre » :

> C'est Richelieu qui, pour renverser l'Autriche et briser la puissance de l'Allemagne, appela dans ce pays Gustave-Adolphe, roi de Suède, et qui, même encore après la mort du Goth, entretint les guerres de religion. C'est lui qui excita et soutint dans leur révolte les puritains contre le roi d'Angleterre, les Catalans contre le roi d'Espagne : qui essaya de faire oublier à

[97] *Revue internationale des sociétés secrètes*, 21 avril 1929, p. 385.

Maximilien de Bavière les intérêts de la religion et de la patrie, et chercha toujours son avantage dans la ruine de ses voisins.[98]

« La France victorieuse » brandit comme un trophée la paix de Westphalie de 1648. Ce traité dont se glorifiait la *Revue internationale des sociétés secrètes* est aussi celui qui a instauré l'Ancien Régime, puis inspiré les constitutions libérales. Cinq ans plus tard, la digne *Revue internationale* insistait :

> Au XVIIIe siècle, la France était à la fois la fille aînée de l'Église et la plus grande nation de l'Europe. Sa dynastie poussait des rejetons dans tous les pays latins, son alliance avec l'Autriche opposait comme un bloc aux pays protestants les restes imposants et vivaces de la chrétienté. Grâce à Richelieu, à Louis XIV, à Vergennes, on connut un siècle et demi de paix relative. Avec son nationalisme limité dans l'espace, mais précis, la France, facteur incomparable d'ordre et de mesure, gardienne des traités de Westphalie, assurait la tranquillité du monde chrétien.[99]

Qu'en pensait-on parmi les enfants des ténèbres ? On en pensait notamment ceci :

> Tant qu'il y aura pluralité de puissances plus ou moins équilibrées, le traité de Westphalie existera : il n'y aurait qu'un moyen de l'effacer du droit public de l'Europe, ce serait de faire que l'Europe redevînt, selon la pensée catholique et féodale du Moyen Âge, un empire unique, une hiérarchie d'États. (...) le traité de Westphalie, expression supérieure de la justice identifiée avec la force des choses, existe à jamais.[100]

On a bien compris, l'Europe sera organisée ou bien « selon la pensée catholique et féodale du Moyen Âge », ou bien alors, d'après l'autre branche de l'alternative, ce sera selon l'équilibre européen avec son bataclan de frontières plus ou moins naturelles, plus ou moins extensibles, générateur des conflits de bornages qui ont fait le bonheur de tous les traîneurs de sabre et illustré des générations d'équilibristes.

On dénombre sans peine une vingtaine de conflits armés livrés en Europe durant l'Ancien Régime, c'est-à-dire durant le siècle et demi qui a préludé à la Révolution française.[101]

---

[98] Augustin Thierry, *Essai sur l'Histoire...*, p. 579.

[99] *Revue internationale des sociétés secrètes*, 15 mars 1934, p. 177.

[100] Pierre-Joseph Proudhon, *Si les traités de 1815 ont cessé d'exister ?* (É. Dentu, Paris, 1863), p. 20.

[101] « Ancien Régime, nous appelons ainsi l'état politique qui s'établit à peu près dans toute l'Europe de la paix de Westphalie à la Révolution française » Marquis René de La Tour du Pin la Charce, *Vers un ordre social chrétien* (Beauchesne, Paris, 1929), p. 194-195.

Sans doute n'est-il pas possible d'inverser le sens de l'histoire et de la lire à rebours, mais bien de la relire avec simplicité et de l'enseigner en respectant la majesté du fait.

FRANÇAIS (MENTALITÉ)

Voir ici « **Philosophie** ».

« L'intellectuel français présente souvent en un souple esprit quelque chose de propre, de net, de pas très étendu, de défensif et d'aigu. De son intellectualité rayonne je ne sais quelle électricité douée de petites pattes armées de griffes, comme celles de la chatte, dont la seule vue, le seul contact, ne laisse aucunement douter que l'animal retombera d'une autre façon que bêtement et lourdement sur le dos. L'impossibilité de cette chute contient en soi-même quelque chose qui fait sentir tout de suite aussi que le plan dans lequel se meut un esprit aussi manifestement retiré de tout risque, n'est pas tout à fait naturel. Ajoutez à cela un je ne sais quoi de distant et d'observateur, d'indifférent à votre vie profonde, je ne sais quelle facilité à plaisanter avec finesse sur ce que vous déciderez de lui dire, avec, un peu, le sentiment que cette fine plaisanterie contient dans son attitude même ce qui peut et doit en somme être considéré comme le meilleur du fruit de l'homme.

Il y a dans cette manière de sentir et d'être vis-à-vis des autres, de se présenter tout naturellement dans la lumière, de prendre place entre la lumière et l'ombre, avec une espèce de discrétion qui n'est point humilité, mais sens des demi-teintes, un art du bon goût, qui sent son hérédité et dégage son prix, et, selon le même art, produit ces deux assistants, plus ou moins visibles, mais toujours présents : un peu de mépris et beaucoup de défiance » (Alphonse de Châteaubriant, *La Gerbe des forces*, Nouvelle Allemagne, Animus et Anima, Grasset, p. 141-142).

« Tu as bien le caractère du Français ; il veut tout savoir avant d'apprendre, et tout comprendre avant de savoir » (La Très Sainte Vierge Marie, apparue à Pellevoisin le samedi 9 septembre 1876, à Estelle Faguette).

Pour Charles Maurras, le national-socialisme fut un « Islam du Nord », et les Allemands sont « des Nègres blonds candidats à l'Humanité ». L'Allemand est aussi « un simple candidat à la qualité de Français ».

Ce point de vue pourrait avantageusement figurer ici dans la rubrique « **Sottisier** ».

Henri IV, pour vaincre les Ligueurs ultra-catholiques, appela dans le royaume de France des soldats anglicans de la reine Élisabeth d'Angleterre.

« Bourrage de crâne » : expression inventée par les Poilus pour évoquer les mensonges de leurs chefs contre les ennemis qu'il fallait salir.

« Il croit la France puissante et aussi déterminée que l'Angleterre. Cependant, il découvre bien vite, dès le 29 septembre 1939, que **les Français sont, selon les termes mêmes de François-Poncet : "des gens bizarres qui voudraient gagner à la loterie sans acheter un billet"**. Et dont la puissance n'est qu'une illusion » (Edda Ciano, fille de Mussolini et épouse de Galeazzo Ciano, évoque, dans *Témoignage pour un homme* [France Loisirs, 1975, Éditions Stock, p. 202-203], un jugement erroné de son mari, tenu avant la guerre).

HISTOIRE

Il n'y a pas de sens de l'histoire si, par « sens », on entend un déterminisme : « les hommes font l'histoire, mais ils ne savent pas l'histoire qu'ils font » dit Marx ; cela dit, même s'ils ne savent pas l'histoire qu'ils font au moment où ils la font, ce sont les hommes qui la font, leur liberté est réelle et aucun destin humain ne s'accomplit que par elle.

Mais il existe, tout autant, un sens idéal de l'histoire, une vocation naturelle pour chaque homme et pour chaque peuple : c'est dans l'histoire individuelle ou collective que se dessine et se discerne la vocation des uns et des autres, c'est-à-dire leur personnalité en attente de l'effectuation — qui les actualise en les extériorisant — des talents dont chacune est porteuse. En retour, c'est cette personnalité, selon son plus ou moins grand degré de conformité aux exigences paradigmatiques de la nature humaine, qui commande et conditionne en droit les modalités temporelles de son actualisation ; nous ne sommes pas les créateurs de ce que nous avons à être ; Pindare et Nietzsche nous disent : « deviens ce que tu *es* », ce que tu as à être, ce qui te définit en vérité, ce qui n'est objet de choix qu'en tant qu'il est d'abord principe des choix. De même que la liberté individuelle ne crée pas les valeurs morales et la nature humaine, mais se contente de ratifier avec plus ou moins de bonheur les finalités que cette nature lui prescrit *hic et nunc* ; de même l'entrechoquement des libertés, faiseur de destin historique, ne crée nullement le sens de l'histoire qu'un homme ou un peuple se donnerait, il se contente de ratifier avec plus ou moins de lucidité et de courage l'« *intentio naturae* » de la personnalité nationale dont ces libertés ne sont en droit que l'instrument d'actualisation. Ainsi donc, à défaut de vivre le sens de l'histoire qu'il nous aurait incombé de ratifier, nous pouvons au moins, en ce monde affligé d'une décadence à vue d'homme irréversible, essayer de le penser, de le définir et d'en tirer les leçons qui peuvent encore servir à la conduite de la vie individuelle, à défaut d'un destin collectif. Et, sous ce rapport, l'expérience nationale-socialiste demeure aujourd'hui un thème de réflexion fécond.

Selon la formule d'Hitler lui-même, le national-socialisme fut une vision du monde « révolutionnaire anti-révolution », ce qui est la manière adéquate — paradoxale mais non point contradictoire — de se libérer des effets destructeurs de la mentalité des « Modérés » dont parla si excellemment Abel Bonnard, et que G. K. Chesterton fustigea dans les termes suivants : « Le monde s'est divisé entre conservateurs et progressistes. L'affaire des progressistes est de continuer à commettre des erreurs. L'affaire des conservateurs est d'éviter que les erreurs ne soient corrigées » (*The Illustrated London News*, 19 avril 1924). Les progressistes — ainsi les révolutionnaires — détruisent l'ordre des choses ; les conservateurs, que leur anti-progressisme devrait placer du côté de l'ordre des choses, n'admettent, de cet ordre, qu'une version inachevée ou tronquée (ils confondent l'accidentel, évolutif, et l'essentiel), par paresse, par lâcheté, par attachement à des privilèges indus, ou en vertu d'une fausse conception de la Providence ; et c'est cet inachèvement qui, au moment où se lèvent les forces qui les contestent, les fait non seulement freiner des quatre fers devant les solutions douloureuses qu'appelle objectivement leur survie, mais encore qui les invite stupidement à diagnostiquer dans ces mesures drastiques autant de compromissions avec le progressisme : aussitôt qu'on parle, par exemple, de justice sociale à un conservateur, on est catalogué par lui comme subversif communiste. Et c'est ainsi que les bien-pensants nous abrutissent avec leur antienne : le choléra hitlérien ne serait que le frère ennemi de la peste stalinienne. Le national-socialisme s'opposa aux conservateurs (libéraux) qui, en ne faisant rien contre la destruction révolutionnaire de l'ordre, se donnaient des airs épiques de Cassandre réactionnaire. Il s'opposa aux réactionnaires (monarchistes) qui, en nostalgiques d'un monde révolu dont ils n'avaient pas compris qu'il avait péri sous le poids des contradictions intestines développées en lui par suite d'un inachèvement structurel de ses propres principes, entendaient se parer du cynisme fataliste supposé sérieux et réaliste des conservateurs.

S'interroger sur le national-socialisme en tant que doctrine, sur les raisons de sa genèse, et sur les différentes formes d'hostilité qu'il suscita — dont celle, il est vrai, d'une partie de l'Église catholique —, c'est ainsi s'habiliter, plutôt qu'à faire porter la responsabilité de la destruction de l'ordre par des causes corruptrices extérieures, à comprendre que le ver de la décadence était dans le fruit des sociétés d'ordre statiquement constituées.

De l'aveu même des nostalgiques de l'ordre ancien supposé définir l'essence de l'ordre, le bien commun est cause finale de la société. Mais il n'y a de bien commun que s'il y a organicité : le tout se fait vivre de la vie qu'il confère aux parties, dans une action réciproque invitant les parties à vivre — au moins sous le rapport de l'analogie — de la vie même du tout, de telle sorte qu'en servant le bien commun (le bien du tout pris comme tout), en l'aimant tel un bien auquel elles se rapportent, les parties, dont la vie propre puise à la vie du tout, tendent vers le bien commun comme vers ce qui les concerne dans ce qu'elles ont de plus propre ; elles s'ordonnent au tout selon une dynamique à raison de laquelle c'est le tout qui se veut en elles. Mais une telle conception du bien commun exige que les parties, définies par leurs fonctions sociales, soient le résultat d'un processus de particularisation (de soi) du tout, au rebours d'une conception mécanique selon laquelle le tout ne serait que le résultat historique du concours des parties forgées au gré des appétits individuels, dynastiques et familiaux. Une telle conception du bien commun exige ainsi que le responsable politique, en lequel la cité prend conscience de soi et se personnifie, maîtrise le processus de différenciation de soi du tout en ses parties, à toute distance d'une sédimentation des ordres sociaux bientôt dégénérés en classes statiquement juxtaposées, vivant chacune de sa vie propre et à ce titre bientôt opposées entre elles. Et c'est cette maîtrise de la formation de ses élites qui manquait aux sociétés d'Ancien Régime, compromettant par là leur renouvellement.

S'interroger sur le national-socialisme en tant que doctrine, c'est aussi faire l'effort d'articuler rationnellement les notions de peuple, de race, de patrie, de nation, d'État et d'Empire, c'est ainsi méditer sur les relations entre nature et culture en tant qu'elles s'inscrivent dans l'ordre politique. C'est encore méditer sur les rapports harmonieux entre Église et État, à toute distance du laïcisme et de la théocratie.

S'interroger sur le national-socialisme entendu autant comme phénomène européen que comme phénomène allemand, c'est enfin se disposer à méditer sur l'essence de la France et de l'Allemagne, ces deux piliers de l'Europe, en révisant les conceptions romantiques ou chimériques de l'idée que nous nous en faisons par gloriole. Et sous ce rapport nous abordons l'aspect pratique des vertus de la lecture de ce travail.

Supposé que, à l'occasion d'une crise économique ravageuse, les Européens se réveillent de leur torpeur hédoniste et consumériste ; supposé donc que le temps de l'action revienne jamais pour ceux des Européens qui ne veulent pas mourir, alors les leçons d'un national-socialisme catholique sont éminemment opportunes aujourd'hui, peut-être plus opportunes encore qu'elles ne l'étaient dans le temps de la genèse de ce mouvement. La judéo-maçonnerie ne se cache même plus pour favoriser l'invasion frénétique de l'Europe par les multitudes innombrables non européennes, pour assassiner l'identité européenne et exténuer sa vocation naturelle à diriger le monde selon l'ordre des choses naturel et surnaturel, afin d'y substituer un ordre satanique expressif de la déification de l'homme opérée soit dans le Juif seul (gnose cabaliste), soit dans l'Humanité (gnose maçonnique). Qu'elle soit tenue pour le Corps mystique du Christ abominablement défiguré et rendu méconnaissable par le modernisme, ou bien pour une Contre-Église ayant éclipsé la véritable Église en lui ravissant ses apparences par conquête subreptice de sa hiérarchie, l'Église de Rome se réduit aujourd'hui au rôle de supplétif du mondialisme. Et parce que Dieu veut nous trouver, lors de la Parousie, debout en combattant, nous devons, autant que faire se peut, fût-ce au niveau individuel, agir pour le bien et l'ordre, par là éviter de reproduire, dans la ligne des bien-pensants, les erreurs ayant présidé au glissement de nos sociétés dans la subversion et la décadence.

Parmi ces erreurs, il en est une, pour nous Français, qu'il est opportun de rappeler : voir ici « **France** ».

HITLER

Informations tirées du site Internet « Jeune nation », livraison du 14 novembre 2018, rassemblées par Mark Weber et son traducteur Francis Goumain :

Hitler est le seul homme politique de son temps, en Allemagne et dans le monde, à avoir fondé son programme sur la poursuite d'un bien commun irréductible à la somme des biens particuliers, par là le seul à avoir effectivement servi les vrais intérêts particuliers, lesquels sont par essence autant de particularisations (de soi) du bien commun. La réussite hitlérienne du redressement économique de l'Allemagne fait honte au New Deal rooseveltien (Hitler et Roosevelt sont pourtant parvenus au pouvoir la même année, en 1933, et ils l'exerceront jusqu'en 1945). Les méthodes d'Hitler, d'inspiration keynésienne (relance par la consommation) ont été fructueuses parce qu'elles furent pratiquées dans un cadre *national*, et dans le souci du *bien commun*. D'où la suppression des partis et des syndicats.

Ayant résorbé le chômage en quatre ans, on ne voit pas qu'il ait eu besoin d'un « bouc émissaire » juif. La priorité qu'il accorda, en même temps qu'à la natalité, au redressement économique de l'Allemagne exclut que ses premiers soucis aient été d'abord de nature belliqueuse. Joachim Fest, dans la biographie qu'il consacre à Hitler, fait observer que si ce dernier avait été rappelé à Dieu en 1938, il eût été considéré comme l'un des plus grands hommes d'État allemands, et comme « le consommateur de l'histoire allemande ». Chassés de la vie politique et culturelle, les Juifs furent jusqu'en 1938 autorisés à poursuivre leurs activités économiques et profitèrent des mesures de relance nationales-socialistes. L'historien britannique A. J. P. Taylor écrivit : « Le rétablissement de l'économie allemande qui était acquis depuis 1936 ne s'appuyait pas sur le réarmement ; il était le fruit de copieuses dépenses dans les travaux publics, spécialement les autoroutes, et ces dépenses publiques ont à leur tour favorisé les dépenses privées comme Keynes l'avait prédit. Hitler a en réalité rogné sur l'armement — en dépit de ce qu'il proclamait — en partie pour éviter l'impopularité liée à la baisse du niveau de vie que ces dépenses engendreraient, mais, plus encore, par la croyance inébranlable qu'il réussirait toujours dans ses bluffs. C'est ainsi que, paradoxalement, alors que pratiquement tout le monde en Europe s'attendait à une guerre majeure, Hitler était le seul homme à ne l'avoir jamais envisagée ni à s'y être préparé. » Aux États-Unis, c'est au contraire la stimulation à grande échelle de la production de guerre qui fit, seule, baisser le chômage : la dette nationale états-unienne avait augmenté, le dollar avait été dévalué, le nombre de chômeurs y avait été maintenu.

Le plus important est que Hitler avait rétabli la confiance dans le peuple, lequel croyait en lui : en supprimant la démocratie, tout en sollicitant, par souci d'organicité, l'initiative polymorphe des hommes de bonne volonté, il avait supprimé le mensonge entendu comme mode et climat habituel de gouvernement ; il avait aussi éliminé les parasites, et domestiqué les puissances d'argent. Il y a nécessairement mensonge en démocratie, puisqu'elle est intrinsèquement contradictoire : les dirigeants sont dépendants des dirigés dont les vœux sont entre eux incompatibles, de sorte que les premiers ne peuvent que décevoir tout le monde ; à moins que les dirigeants n'acceptent de s'appuyer sur la minorité des riches et de satisfaire à leurs réquisits égoïstes, afin de s'associer leur pouvoir inavouable dans le but de confisquer les moyens de formatage d'une opinion publique dont ils dépendent.

John Kenneth Galbraith n'hésita pas à écrire : « L'élimination du chômage en Allemagne pendant la Grande Dépression — et en n'ayant initialement recours qu'à des activités civiles — est une réussite remarquable. Cela a été rarement salué et est passé relativement inaperçu. L'idée que d'Hitler ne peut provenir que du mal s'étend à sa politique économique, comme elle s'étend probablement à tout le reste. »

La méthode d'Hitler fut de recourir à l'emprunt à grande échelle pour financer des dépenses publiques (chemins de fer, canaux, réseaux autoroutiers) en procédant à un contrôle des salaires et des prix. Le plein emploi et la stabilité des prix étaient atteints à la fin des années trente, les hauts revenus tiraient les prix vers le haut. Hitler nomma Hjalmar Schacht, qui n'était pas national-socialiste, président de la banque centrale allemande (Reichsbank), puis ministre de l'Économie. L'industrie fut stimulée par des subventions et des abattements fiscaux, la consommation fut encouragée par des prêts aux ménages, et le revenu des travailleurs continua de grimper même après l'entrée en guerre de l'Allemagne. Le renouvellement des élites fut systématiquement favorisé, contre toute sclérose sociale de classe. Entre 1939 et 1942, l'industrie allemande se développa plus qu'au cours des cinquante années précédentes. Mais les dividendes pour les actionnaires des entreprises allemandes étaient limités à 6 % par an, afin de favoriser le réinvestissement dans l'entreprise et l'autofinancement, et ainsi de réduire les emprunts auprès des banques. Bien que ce ne fût pas conforme aux exigences de la justice distributive, mais à cause des circonstances exceptionnelles d'un après-guerre douloureux, l'impôt en Allemagne national-socialiste était progressif. L'investissement de General Motors, de la Standard Oil et d'IBM dans l'industrie allemande ne s'explique nullement par on ne sait quelle complicité secrète à saveur ésotériste et sataniste entre maçons néo-païens et maçons judéophiles destinée à financer l'hitlérisme pour le faire servir à des fins mondialistes (dans la perspective des disciples de William Guy Carr dénonçant les vaticinations préternaturelles d'un Albert Pike), mais tout simplement par la logique du capitalisme : l'économie allemande inspirait une grande confiance aux investisseurs étrangers.

Le supposé belliciste Adolf Hitler fit maints efforts pour préserver la paix, en formulant des propositions de réduction des armements et de limitation des arsenaux. Il proposa en 1936 de démilitariser la Rhénanie, d'interdire les bombes incendiaires, les gaz toxiques, les chars lourds et l'artillerie lourde. Autant de projets rejetés par Londres, Paris, Varsovie et Prague. Un pacte de non-agression pour dix ans avait été signé en 1934 avec la Pologne du maréchal Piłsudski (mort en 1935), mais il fut violé par les successeurs de ce dernier : l'Angleterre voulait la guerre, tout comme elle l'avait beaucoup favorisée en 1914 parce que l'Allemagne alliée de l'Empire ottoman était en passe de mettre la main sur les gisements pétrolifères appartenant aux régions contrôlées par ce dernier, dont les gisements des pays du Golfe. Hitler — et c'est là l'une des erreurs induites par sa naïveté — désira longtemps l'accord avec l'Angleterre, mais aussi avec la France dont il redoutait pourtant une agression (d'où la construction de la « ligne Siegfried »). Il est aujourd'hui de bon ton de ne voir, dans ces efforts de paix, que des manœuvres dilatoires et des ruses. Hitler, dans son différend avec la Pologne, ne désirait que le retour de Dantzig, ethniquement allemand, au Reich, avec un accès à la mer par le Corridor. La sincérité de son désir de paix en 1939 fut confirmée par l'historien anglais A. J. P. Taylor. Les Anglais et les Français excipent de la violation allemande de la souveraineté polonaise, pour justifier leur déclaration de guerre du 3 septembre 1939 secrètement favorisée par Roosevelt, mais ils n'ont rien entrepris contre l'URSS quand elle attaqua la Pologne à l'Est quinze jours plus tard. Et les pays dits « libres » acceptèrent sans broncher en 1944-1945 la vassalisation communiste de la Pologne.

IMMIGRATION

Voir ici « **Mondialisme** » et « **Angleterre** » (Pierre Milloz).

À la fin de la Première Guerre mondiale, un million et demi de Grecs furent expulsés d'Asie Mineure : la volonté politique seule manque au problème du règlement du recouvrement, par les peuples européens, de leur identité. En France, dans la Région Provence-Alpes-Côte d'Azur, une naissance sur deux est d'origine extra-européenne ; en Ile-de-France, ce sont deux naissances sur trois. La quasi-totalité des bandes criminelles sont issues de l'immigration ; 70 % des détenus sont des étrangers ou des citoyens issus de l'immigration. Même si la laïcité s'entend en un sens recevable, à savoir celui de la distinction entre temporel et spirituel, l'islam, qui identifie le droit, la morale, la religion et le pouvoir politique, est incompatible avec la conception occidentale de la société et de l'État. Il est économiquement impossible de relever le Smic quand une main-d'œuvre permanente et abondante issue de l'immigration arrive sur le marché du travail. (Source : *Immigration : la catastrophe ; que faire ?*, Éditions Via Romana, 2016.)

« *Les raisonnements économiques sur l'immigration sont généralement tout à fait superficiels.* C'est un fait que dans les différents pays le capital national reproductible est de l'ordre de quatre fois le revenu national. Il résulte dès lors que lorsqu'un travailleur immigré supplémentaire arrive, il faudra finalement pour réaliser les infrastructures nécessaires (logements, hôpitaux, écoles, universités, infrastructures de toutes sortes, installations industrielles, etc.) une épargne supplémentaire égale à quatre fois le salaire annuel de ce travailleur. Si ce travailleur arrive avec sa femme et trois enfants, l'épargne supplémentaire nécessaire représentera suivant les cas dix à vingt fois le salaire annuel de ce travailleur, ce qui manifestement représente une charge très difficile à supporter » (Maurice Allais, prix Nobel des sciences économiques, *L'Europe face à son avenir : que faire ?*, Robert Laffont/Clément Juglar, 1991, p. 99).

Les allocations familiales avaient été créées pour enrayer l'insuffisance de la natalité française. Aujourd'hui, la France est déjà surpeuplée, mais non par d'authentiques Français.

IMMORTALITÉ

Est vivant ce qui *se* meut, ce qui contient en soi-même le principe de sa croissance et de sa régénération. Mais le principe premier de la croissance d'une chose, c'est le moteur qui la construit, en tant qu'il est habité par le projet de cette chose. Ce qui donc est vivant, c'est ce qui, identifiant dans son principe la cause efficiente et la cause finale, les contient comme inscrits en lui à l'origine de sa croissance. Mais la fin de la croissance du vivant, c'est le vivant lui-même en tant qu'accompli. Un vivant est ainsi ce qui, en tant que résultat de sa propre activité, se précède lui-même. En tant qu'il est cette anticipation motrice de lui-même, il est âme ; en tant qu'il est ce en quoi il opère, il est corps ; en tant qu'il est accompli, il est unité hylémorphique d'âme et de corps. Tout vivant est doté d'une âme, les animaux et les plantes autant que les hommes, et il est vain de tenter de chercher à exhiber l'âme au bout d'un scalpel puisque l'âme est un principe métaphysique, à tout le moins un principe qui échappe à l'investigation de la science expérimentale. L'animal n'est pas une machine, en tant qu'il est un vivant. Mais seule l'âme humaine est spirituelle, parce qu'elle est capable d'opérations qui excluent la participation intrinsèque d'un organe : il faut un cerveau pour penser, parce que la pensée humaine, en tant qu'incarnée, est abstractive, et requiert des images qui, elles, supposent l'intervention de puissances sensibles elles-mêmes incarnées dans des organes dont elles sont comme l'âme ; mais ce n'est pas le cerveau qui pense, c'est l'intellect, qui n'est l'âme d'aucun organe.

« *Operari sequitur esse* » ; l'opération suit l'être, l'intérieur s'extériorise ; si l'intérieur était exclusif de l'extérieur, il serait extérieur à l'extérieur et ne serait pas véritablement intérieur ; l'intérieur se pose comme intérieur en s'opposant son extériorisation. L'âme humaine se manifeste donc dans les actes de ses puissances opératives. « *Actiones sunt suppositorum* » : ce n'est pas l'œil qui voit, c'est l'homme, par la vue.

Les opérations de l'intellect excluent la participation intrinsèque d'un organe : le doigt peut bien toucher la paupière, mais il ne peut se toucher par l'endroit où il touche, l'acte de voir n'est pas visible. Les sens ne sont pas réflexifs. En revanche la pensée peut se penser, l'acte de penser est pensable, et la volonté peut vouloir sa volition. Ce qui empêche la réflexivité, c'est la matérialité : l'extérieur d'un corps ne peut être logé tout entier à l'intérieur de ce corps, les parties d'une feuille de papier ne parviennent jamais à coïncider toutes les unes avec les autres : il y a toujours un recto et un verso, une droite et une gauche, quand bien même on aurait replié la feuille de papier cent fois sur elle-même ; ce qui est matériel est « *partes extra partes* ». La matière est le déterminant à raison duquel une chose est toujours extérieure à soi, s'échappe de soi, s'offre à l'agression de l'extériorité, est vulnérable à l'inquisition des regards.

Donc ce qui est réflexif est immatériel. Or l'intellect et la volonté sont réflexifs ; donc ils sont immatériels.

Mais l'opération suit l'être, les actes opératifs extérieurs expriment et manifestent l'intérieur qu'est l'âme. Si l'intellection est immatérielle, l'âme intelligente l'est aussi.

Mourir consiste à se défaire ; Schopenhauer disait que mourir est « dénaître ». Le corps est mortel en tant qu'il se défait, c'est-à-dire se décompose. Mais il n'appartient de se décomposer qu'à ce à quoi il revient d'être divisible ; or la matière est principe de divisibilité ; donc seul ce qui est matériel est mortel. Or l'âme humaine est immatérielle. Donc elle est immortelle.

L'activité qu'est la conscience consiste à s'objectiver, à se différencier de soi sans cesser d'être auprès de soi, à se placer en face de soi mais à l'intérieur de soi-même, elle est une extériorisation intérieure. Mais ce dont l'extérieur est extérieur à l'intérieur est matériel ; donc le corps est principe d'inconscience. Il en résulte que l'âme est pure conscience, transparente à elle-même, quand elle est séparée du corps. La mort est cet instant de vérité dans lequel s'opère la grande explication de l'âme avec elle-même en tant qu'elle est désormais incapable de se fuir : elle se juge, et de ce jugement résulte le choix de son destin éternel. La mort est le moment le plus important de la vie.

Ne peut s'objectiver que ce qui est déterminé, comprendre est embrasser du regard, ainsi circonscrire ; ne peut être circonscrit que ce qui est fini, achevé. Mais l'infini temporel ou successif est inachevable, il est infini potentiel et non actuel, il ne peut donc être objectivé ; si l'homme était sempiternel, il serait incapable de s'objectiver sa vie ; il serait impuissant à envisager sa vie telle une tâche à accomplir, tel un destin à actualiser, telle une œuvre à produire. Or se saisir comme destin à accomplir, c'est se choisir, et se choisir est être libre. L'homme est libre parce qu'il est mortel. La mort est agonie, c'est-à-dire combat. Pourtant la mort est fin de la vie, non seulement son terme mais, d'une certaine façon, son entéléchie : « tel qu'en lui-même enfin l'éternité le change » (Mallarmé) ; si l'homme est raison (telle est bien sa différence spécifique), il est pensée, et toute pensée est pensée de pensée, car savoir est savoir qu'on sait. L'homme aspire comme toute chose à devenir ce qu'il est, c'est-à-dire, en l'occurrence, à être son connaître. Mais cette aspiration prend en lui la forme du désir de connaître son être. Or c'est dans la mort qu'il se connaît pleinement. Donc la mort a bien, sous ce rapport, raison de finalité. Or elle est conflit et souffrance. Elle est donc accomplissement et négation de la vie terrestre, elle est conservation et négation, elle est sublimation. La chrysalide renonce à soi dans la souffrance pour advenir à soi en tant que papillon. Le papillon se nie dans la chrysalide qu'il fait se renier en lui. La vie éternelle a la forme d'une victoire sur la temporalité qu'elle assume. Philosopher est bien apprendre à mourir, et à vivre en apprenant à mourir. Mais parce que l'âme est l'acte d'un corps, et de tel corps, elle est pour ce corps et non pour tel autre ; et parce que la mort a, sous un certain rapport au moins, raison d'entéléchie, l'âme n'aspire pas naturellement à revivre dans un corps comme dans la condition d'exercice de ses puissances opératives, et surtout pas dans un autre corps que celui en lequel elle a contracté son individualité. La doctrine de la réincarnation est irrationnelle : « Il est réservé aux hommes de vivre une seule fois, après quoi vient le jugement » (Hébreux IX, 27).

ISRAËL

« Si j'étais un leader arabe, je ne signerais jamais un accord avec Israël. C'est normal : nous avons pris leur pays. Il est vrai que Dieu nous a promis cette terre, mais comment cela pourrait-il les concerner ? Notre Dieu n'est pas le leur. Il y a eu l'antisémitisme, les nazis, Hitler, Auschwitz, mais était-ce leur faute ? Ils ne voient qu'une seule chose : nous sommes venus et nous avons volé leurs terres. Pourquoi devraient-ils accepter cela ? » — David Ben Gourion (créateur de l'État d'Israël et Premier ministre israélien de 1948 à 1963) cité par Nahum Goldmann dans *Le Paradoxe juif*, p. 121).

Source : Rivarol *n° 3332 du 3 mai 2018 page 11* :

Ben Gourion envisageait que Jérusalem devienne avant la fin du XXe siècle « le siège de la Cour suprême de l'Humanité, où seront réglés les conflits entre les continents fédérés ». Le sionisme est un projet mondial et mondialiste. La fête de Pourim célèbre régulièrement, s'appuyant sur le Livre d'Esther, le massacre de 75 000 Perses. Les Juifs contemporains s'appuient sur le Livre d'Isaïe pour annoncer la chute de Damas. Le général états-unien Wesley Clark, fils du rabbin Benjamin Jacob Kanne, annonce en 2001, s'appuyant sur le Deutéronome et sur le Livre de Josué, la « normalisation », c'est-à-dire la destruction des sept États suivants : Irak, Syrie, Liban, Libye, Somalie, Soudan, Iran. Le processus est largement réalisé en 2018.

Source : Rivarol *n° 3334 du 13 juin 2018 page 5* :

Isolés, les sionistes « sont capables de déclencher, par une ou plusieurs attaques sous faux drapeaux, une conflagration régionale, voire mondiale ». L'Irgoun mena des actions violentes dans les années 40 contre l'Empire britannique, en particulier l'attentat à la bombe ayant frappé les bureaux du mandataire britannique dans l'hôtel King David le 22 juillet 1946 ; les terroristes de l'Irgoun s'étaient habillés en Arabes. En 1954, des agents israéliens tentaient de faire sauter plusieurs cibles de leur allié américain en Égypte, pour le pousser contre l'Égypte. Les Israéliens tentèrent une opération analogue maquillée en agression égyptienne en 1967 contre le navire américain USS liberty afin d'attirer l'Oncle Sam dans la guerre des Six Jours. Le processus fut reproduit le 11 septembre 2001 : cinq individus en liesse prenant des photos devant les tours en flammes furent arrêtés par la police new-yorkaise avec des documents en leur possession prouvant qu'ils connaissaient les cibles et l'heure exacte des attentats. Il s'agissait d'agents du Mossad : Sivan et Paul Kursberg, Yaron Schmuel, Oded Ellner, Omer Marmari. Une trentaine d'autres agents israéliens qui se faisaient passer pour des étudiants en art vivaient à proximité de 15 des prétendus 19 pirates de l'air. Ali al-Jarrah, cousin d'un pirate du vol UA 93, Ziad al-Jarrah, avait été pendant 25 ans un agent du Mossad infiltré dans la résistance palestinienne et dans le Hezbollah depuis 1983. Un agent du Mossad résidant au Panama, Shimon Yalin Yelinek, avoua avoir aidé financièrement les terroristes du 11 septembre. Il s'agit toujours d'entraîner les États-Unis dans une guerre contre une partie du monde musulman, conformément à la stratégie du Choc des civilisations au service du projet israélien de redécoupage du monde musulman.

JOURNALISME

Paroles prononcées par John Swinton, rédacteur en chef du New York Times, *dans son discours d'adieu à ses collègues, au cours d'un banquet en son honneur, à l'American Press Association, à la veille de son départ en retraite* :

« Quelle folie que de porter un toast à la presse indépendante ! Chacun, ici présent ce soir, sait que la presse indépendante n'existe pas. Vous le savez et je le sais : il n'y a personne parmi vous qui oserait publier ses vraies opinions, et, s'il le faisait, vous savez d'avance qu'elles ne seraient jamais imprimées. Je suis payé 250 dollars par semaine pour garder mes vraies opinions en dehors du journal pour lequel je travaille. D'autres, parmi nous, reçoivent la même somme pour un travail semblable. Si j'autorisais la publication d'une opinion sincère dans un numéro quelconque de mon journal, je perdrais mon emploi en moins de 24 heures, comme Othello. L'homme suffisamment fou pour publier une opinion sincère se retrouverait aussitôt sur une route à la recherche d'un nouvel emploi. La fonction d'un journaliste est de détruire la Vérité, de mentir radicalement, de pervertir, d'avilir, de ramper devant Mammon et de se vendre lui-même, de vendre son pays et les siens pour son pain quotidien ou, mais c'est la même chose, pour son salaire. Cela, vous le savez et moi aussi : quelle folie alors que de porter un toast à la presse indépendante ! Nous sommes les ustensiles et les valets d'hommes riches qui commandent derrière les coulisses. Nous sommes leurs marionnettes ; ils tirent les ficelles et nous dansons. Notre temps, nos talents, nos possibilités et nos vies sont la propriété de ces hommes. Nous sommes des prostituées intellectuelles » (1880).

« Nous sommes reconnaissants au *Washington Post*, *New York Times*, *Time Magazine* et autres grandes publications, dont les directeurs ont assisté à nos réunions et ont respecté leurs promesses de la discrétion pendant presque quarante ans. Il nous aurait été impossible de développer notre plan pour le monde si nous avions été sous les brillantes lumières de la publicité pendant ces années. Mais, le travail est maintenant beaucoup plus perfectionné et disposé à marcher vers un gouvernement mondial. La souveraineté supranationale d'une élite intellectuelle et des banquiers du monde est sûrement préférable à l'autodétermination nationale pratiquée dans les siècles passés. » — David Rockefeller, fondateur de la Commission trilatérale, dans une allocution lors d'une réunion de la Commission trilatérale en juin 1991.

JUIFS (AMIS DES HOMMES)

« Les ennemis de Dieu pourraient-ils l'emporter ?
Non pas, petit troupeau ! Ton Dieu va triompher !

Beaucoup de lecteurs — pas tous, loin s'en faut — seront certainement mécontents et dubitatifs en constatant que ces "Commentaires" persistent à dire que beaucoup de problèmes dans l'Église et dans le monde d'aujourd'hui viennent des Juifs. Mais de fait à la Révolution française (1789), les Juifs furent émancipés par les francs-maçons. Ils eurent alors la liberté d'occuper tous les postes importants dans la société et sont progressivement parvenus à contrôler la politique, les universités et en particulier les médias. Ce contrôle, qu'imprudemment les Gentils leur ont accordé, leur a permis de persuader le monde entier qu'ils sont les victimes, plutôt que la cause, des tensions perpétuelles les opposant au reste du monde.

Pourtant, au Moyen Âge, alors que la Foi éclairait les esprits sur ce qu'est la Voie, la Vérité et la Vie, les Papes et les Conciles catholiques ont publié une abondance de documents enjoignant aux Chrétiens de se méfier des ruses juives ; ils interdisaient même aux Chrétiens de fréquenter les Juifs, pour ne pas mettre en danger leur salut éternel. S'agissait-il là simplement "d'antisémitisme" ? Récemment, un professeur italien[102] vient de soutenir — et il n'est pas le seul — que les Juifs se sont constitués, au sein de l'église conciliaire et de sa papauté, en force dominante. Voici un bref résumé de la déclaration de ce professeur, dont on trouvera le texte entier en italien sur le site de l'association *Inter Multiplices Una Vox*[103].

Le néo-modernisme qui ravage actuellement l'Église catholique est le modernisme condamné par saint Pie X. Toutefois, s'y est ajouté un nouvel élément : le judaïsme talmudique. Les Juifs se sont toujours efforcés de ramener à néant la divinité de Notre Seigneur Jésus-Christ car, s'il n'est pas Dieu, le catholicisme n'est plus rien. Il en résulte que le principal obstacle à leur propre domination du monde n'existe plus. Prenons l'exemple de l'hystérie qui s'empara du monde en 2009, à la suite de quelques remarques, faites à la télévision suédoise, qui jetaient un doute sur l'existence des chambres à gaz en Allemagne pendant la Seconde Guerre mondiale. Il est impossible que le problème ait été uniquement lié à l'évêque auteur de ces remarques. En fait, ce tumulte a été organisé après coup, pour paralyser la Fraternité Saint Pie X à laquelle appartenait cet évêque, mais surtout pour contraindre le Pape Benoît XVI de prendre

---

[102] Francesco Lamendola, docteur ès lettres et philosophie, enseigne à Pieve di Soligo dans une école secondaire dont il fut plusieurs fois le vice-doyen. Auteur d'une douzaine de livres et d'une centaine d'articles divers. Selon lui, Bergoglio ne peut être tenu pour pape légitime.

[103] www.unavox.it/ArtDiversi/DIV2277_Lamendola_Scacco_in_tre_mosse.html

distance d'avec la Tradition Catholique qui garde encore la Foi du Moyen Âge. Ainsi, le cardinal Ruini, vicaire émérite du pape pour le diocèse de Rome, n'a-t-il pas proclamé : "Celui qui nie l'Holocauste ne peut pas être un évêque catholique" ?

Plus loin, le professeur note qu'en 1965, lorsqu'avec sa déclaration *Nostra Ætate* Vatican II affirma que l'alliance de Dieu avec les Israélites de l'Ancien Testament était toujours valide, ce fut une formidable avancée qui propulsa "l'Holocauste" au centre de la religion catholique. En effet, cela signifiait que la rédemption par Jésus-Christ n'était plus nécessaire au salut, et donc que l'Église catholique n'était plus l'unique dépositaire de la Vérité dans sa totalité, ni le seul moyen de salut éternel. À la suite de quoi, l'importance centrale de Notre Seigneur Jésus-Christ, abandonnée par Vatican II, fut immédiatement reprise par les Juifs pour être attachée à "l'Holocauste". Voilà comment Abraham Foxman du B'nai B'rith a pu déclarer à New York : "L'Holocauste n'est pas simplement un exemple de génocide ; c'est une agression presque réussie contre le peuple élu de Dieu, en d'autres termes, une agression contre Dieu lui-même."

On le voit : pour les Juifs, "l'Holocauste" est un événement théologique. Elle est au centre de cette nouvelle religion qui doit être imposée au monde entier, et devant laquelle toutes les autres religions doivent s'incliner, à commencer par le catholicisme. Voilà pourquoi les évêques catholiques qui mettent en question "l'Holocauste" doivent être réduits au silence et mis au ban ; quant à l'Église catholique, elle doit faire ce que ses maîtres talmudiques lui disent de faire. Et le professeur italien de conclure : les "frères aînés" ont réussi à se faire les tutélaires incontestés de l'Église du Christ.

Notez bien que cette thèse illustre parfaitement ce que Tertullien disait déjà : *la force des Juifs s'explique uniquement par la faiblesse des catholiques*. La propagande en faveur de "l'Holocauste" n'a vraiment pris son essor qu'après Vatican II. Avant le Concile, les gens avaient trop de bon sens pour croire qu'on ait pu exterminer en Europe deux fois plus de Juifs pendant la guerre qu'il n'y en avait eu avant la guerre.

Mais, "Sois sans crainte, petit troupeau" (Luc XII, 32). Tout catholique sait que c'est Dieu qui aura le dernier mot, et non ses ennemis. Cette fin catastrophique du Cinquième Âge de l'Église, dans lequel nous vivons actuellement, prépare et paye d'avance le plus grand triomphe de toute l'histoire de l'Église : ce bref Sixième Âge qui verra le Triomphe du Cœur Immaculé de Marie. Quelque temps après seulement, viendra le plus grand triomphe des ennemis de Dieu dans toute l'histoire du monde, le règne de l'Antéchrist pendant trois ans et demi (Jn V, 43) ; ce sera le Septième Âge de l'Église. Puis viendra le dernier mot, fermant la bouche à tout discours : le Jugement Général qui appartient à Dieu et qui rétablira, dans sa perfection, Sa justice universelle.

Kyrie eleison » (Monseigneur Williamson, *Message n° 557* du 17 mars 2018).

« L'histoire contemporaine est ponctuée d'authentiques symptômes qui, au premier abord, paraissent insignifiants, voire amusants, mais qui, finalement, marquent, pour un œil averti, de véritables caps suite auxquels le monde ne sera plus jamais comme avant, étant irrémédiablement passé à un autre stade.

D'abord, quelques mots de présentation pour préciser "d'où" j'écris : docteur ès lettres de l'Université de Nice-Sophia Antipolis (thèse soutenue avec Patrick Quillier en 2011) et Professeur-invité à l'Université d'État de Russie, je suis à la fois Français d'origine juive et diplômé de l'EHESS (Paris) en histoire juive (DEA soutenu avec Wladimir Berelowitch sur la politique nationale du parti bolchévique et sa section juive).

L'événement sur lequel je souhaiterais m'attarder d'une façon donc professionnelle et reconnue par l'Université française, c'est la cabale lancée par le Collectif contre l'islamophobie en France (CCIF) contre l'historien Georges Bensoussan, la dénonciation à laquelle s'est jointe la non moins détestable LICRA sur-le-champ abandonnée par un autre de mes coreligionnaires, membre de l'Académie française, Alain Finkielkraut. Le point crucial de cet événement — et ce, même si Bensoussan a été relaxé par un tribunal correctionnel encore trop complaisant envers les dissidents juifs — est que, pour la première fois, le système cosmopolite qui gouverne l'Occident s'est retourné contre l'un de ceux qui l'avaient fabriqué et qui l'avaient soutenu jusque dans ses pires élans tyranniques. Finkielkraut fut membre d'honneur de cette officine de la dénonciation subventionnée par des Français asservis qu'est la LICRA ; Bensoussan fut le défenseur de ses thèses fondatrices. Dès lors, rien de neuf sous le soleil. La despotie stalinienne, dont l'existence se fonde sur les verdicts de juges-larbins, est en train d'être recréée, doucement mais sûrement, en France.

Rappelons-nous en effet que, comme cela est admis par tout historien honnête, ce furent les Juifs russes, les éléments les plus violents de l'Empire tsariste (selon l'opinion qu'expose l'ancien ministre des Affaires étrangères soviétique dans ses confidences à son interlocuteur stalinien : "Les Juifs qui se sont opposés au pouvoir <impérial> et qui se sont distingués comme des éléments révolutionnaires furent, si on les considère dans leur ensemble, beaucoup plus nombreux que les Russes. Vexés, blessés, persécutés, ils se sont révélés plus futés et ont, si on peut le dire ainsi, pénétré tous les mouvements révolutionnaires. La vie les a si fortement dressés qu'ils furent très actifs, contrairement aux Russes, plus longs à la détente, qui avaient besoin de sentir le sens du vent avant de prendre leur élan. Les Juifs, eux, étaient toujours prêts."), **qui contribuèrent largement à établir le régime le plus sanguinaire de l'histoire européenne, à savoir l'URSS. Ce furent également mes consanguins juifs qui devinrent les principaux commandants des camps les plus meurtriers de l'histoire de notre continent, ceux du Goulag. Puis, lorsque la tyrannie socialiste soviétique a épuisé leur élan destructeur et n'a plus eu besoin d'eux, ce Belzébuth bolchevique a mangé ses enfants désormais inutiles. Il était alors ridicule de voir ces trotskystes soviétiques refugiés en Occident se plaindre de Staline, puisque celui-ci, rejeton de leur propre système, n'avait fait que**

reprendre les bases idéologiques ainsi que les armes systémiques d'un État qu'ils avaient eux-mêmes conçu dans leur soif de vengeance.

C'est précisément ce qui est en train de se passer dans notre Ve République qui meurt de cette folie égalitariste qu'elle a poussée à l'extrême via ces organismes staliniens dont la LICRA est l'un des plus parfaits exemples et via des lois liberticides soviétiques importées en France qui exterminent, au début sans trop de violence physique, puis avec un acharnement croissant, comme en URSS, leurs fondateurs. Bensoussan est un bien piètre historien quand il se plaint des exactions commises par ces soviets de gendarmes de la pensée, cette Lubianka française dont il fut l'un des défenseurs les plus ardents. Un jour, l'hydre, obéissant à un "réflexe historique" implacable, se retourne contre celle de ses têtes qui ose dépasser un peu de sa monstrueuse moyenne. Les pleurnicheries de ce Bensoussan poursuivi (puis relaxé car tout despotisme a besoin de temps pour devenir réellement sanguinaire) ne sont qu'un des symptômes, bien que l'un des plus significatifs, du tournant vers la tyrannie que prend le plus grand pays d'Europe occidentale, la France.

Il y a à peine quelques années, ce même "historien" Bensoussan s'était attaqué, dans une vidéo ridicule, à des historiens dissidents de la Seconde Guerre mondiale. Dans ce monologue filmé, poussant le pharisianisme à son comble, l'"historien" Bensoussan expliquait qu'il était interdit de discuter avec ceux des historiens qui contestent une certaine version officielle de la Seconde Guerre mondiale, car leur thèse, loin d'être scientifique, ne serait que le reflet de leur antijudaïsme inné. Et plus on discuterait de leurs recherches historiques, plus on aiguiserait leur soif d'extermination des Juifs, car, précise le digne "historien" Bensoussan, ils seraient... complotistes et donc tireraient leurs thèses de la haine du Juif et du conspirationnisme.

Monsieur Bensoussan, par cette perversité dialectique, se place hors de la Science historique, se rangeant dans le camp de ce collectif de beaufs hystériques pour qui l'accusation de "complotisme" équivaut à une injure, pourtant autorisée par le système gouvernant actuellement. Cet "argument" est des plus banals, vu qu'on le retrouve, éructé par les crétins bornés qui pullulent des bas-fonds universitaires jusqu'à la présidence de la Ve République et ses ministères. Pourtant, chaque historien digne de ce nom sait que notre civilisation occidentale post-Seconde Guerre mondiale se fonde précisément sur une théorie du complot que des lois pénales, françaises notamment, interdissent de contester : c'est en effet pour "complot" que le Tribunal dit international de Nuremberg dont les actes sont devenus la "Torah" du monde occidental a condamné à mort et à diverses peines d'emprisonnement des dirigeants nationaux-socialistes : "Le procès de Nuremberg intenté par les puissances alliées contre 24 des principaux responsables du Troisième Reich, accusés de **complot** (sic), crimes contre la paix, crimes de guerre et crimes contre l'humanité, se tient du 20 novembre 1945 au 1er octobre 1946 et constitue la première mise en œuvre d'une juridiction pénale internationale" (Wikipédia, « Procès de Nuremberg »). Pire encore : il les condamne de façon rétroactive, car les vaincus auraient "comploté" contre la paix, en préparant perfidement la Seconde Guerre mondiale dès la création de leur parti, c'est-à-dire plus de 15 ans en amont. En France, ce "complotisme" débile est totalement autorisé, voire promu ; il est même interdit de le contester, car il constitue la base de toute réflexion "historique" sur la période post-Seconde Guerre mondiale. Il s'agit en effet là d'un "bon" "complotisme", c'est-à-dire d'un "complotisme admis" par toute une meute systémique de professeurs universitaires, de journaleux, de politicards, de juges staliniens francophones du XXIe siècle. Celui-ci s'oppose à un autre "complotisme", cette fois-ci inacceptable tel que le déclarent tous ceux qui prêchent en faveur de ce "conspirationnisme" pourtant authentique devenu la base de notre civilisation suicidaire, et la cause de son suicide.

Néanmoins, chaque historien digne de ce nom sait d'où les actes du Tribunal de Nuremberg ont tiré leur stupide conspirationnisme : de la paranoïa stalinienne — car cette URSS de Staline, matrice des pères spirituels du mai 68 parisien, a vibré durant les décennies de son existence dans le complotisme, ayant sacrifié sur cet autel des dizaines de millions d'humains. Les élites intellectuelles, ouvrière, paysanne soviétiques furent anéanties par vagues, accusées publiquement de divers "complots". "Complots" avec les services spéciaux britanniques, "complots" avec les services japonais puis "complots" avec les services secrets français… selon la mode du moment. Quand on n'arrivait plus à inventer un nouveau complot lié à la politique internationale, les psychopathes staliniens imaginaient n'importe quelle folie et obligeaient les accusés à signer des aveux par le chantage ou la torture. Exemple : en 2002, lorsque j'enseignais à Paris IV-Sorbonne, j'ai discuté, au centre parisien de l'UNESCO, avec le créateur du blason actuel de la Russie, M. Eugène Oukhnaliov. Cet artiste notable, aujourd'hui décédé, m'a raconté que, dans sa jeunesse, en 1948, habitant à Leningrad (l'actuelle Saint-Pétersbourg), il avait été arrêté et forcé de reconnaître par écrit avoir conspiré car planifiant de creuser un tunnel jusqu'à la Place Rouge de Moscou (puisqu'actuellement, les présidentiables français sont tellement forts en géographie même française qu'ils considèrent que la "Guyane est une île", je précise que la distance entre Saint-Pétersbourg et Moscou équivaut à la distance entre Paris et Marseille) et ainsi anéantir, durant le défilé en l'honneur de la Révolution, Staline avec tout son Politburo. Pour cela, ce garçon de 17 ans a pris 25 ans de camps — autrement dit et compte tenu de la réalité de l'époque, a été condamné à devenir un esclave jusqu'à une mort certaine, destin auquel il a heureusement échappé grâce au décès du tyran suprême. C'est un procureur soviétique de ce type qui a apporté sa "méthode de travail" à Nuremberg pour qu'y soient condamnés les ennemis vaincus. Je vous rappelle que le procureur soviétique était le camarade Iona Nikitchenko qui, à la même époque, avait fait exécuter des dizaines de milliers de ses concitoyens et d'étrangers sur un simple coup de téléphone, puisque de toute façon, il était clair que c'était des ennemis du peuple…

Voilà pourquoi chaque historien qui se respecte peut aisément conclure qu'obéir aveuglément aux conclusions du Tribunal de Nuremberg équivaut à se ranger du côté des véritables conspirationnistes et donc à faire preuve d'une réelle stupidité crétine. Pourtant, je sais, vu mon expérience avec le Conseil National des Universités, qu'aucune discussion avec des professeurs français n'est possible (car même une simple tentative de renouveler la perception littéraire, par exemple d'un Nabokov ou d'un Claudel, déclenche une hystérie groupusculaire, comme cela fut le cas avec moi lors de la session CNU 2015 où, pour obtenir une place de professeur à la Sorbonne, une "experte" m'a accusé d'être un "adepte d'Hitler" alors qu'elle savait pertinemment que j'étais Juif et petit-fils de rescapés de persécutions antijudaïques officiellement reconnus comme tels par l'Allemagne fédérale).

Mais ce qui nous intéresse présentement, c'est que ce défenseur acharné de la religion officielle d'un Occident tombé dans l'auto-détestation qu'est Monsieur Bensoussan, lequel traitait de "complotistes" ceux qui avaient mis en doute un authentique conspirationnisme stalinien, est lui-même devenu la cible de ce système à la fondation duquel il a contribué par ses sophismes engagés dignes d'un sorbonnargue illettré. Or quand une despotie se met à déchiqueter ses propres rejetons, mes consanguins juifs en l'occurrence, c'est le signe irréfutable que nous sommes à la veille d'une terreur multiforme et insatiable qui se dirigera aussi contre nous, Juifs maintenant inutiles à la tyrannie liberticide et ethnocide des peuples d'Occident, désormais toute puissante » (Dr Anatoly Livry, Bâle, Suisse).

Maître Jouanneau a déclaré dans le journal *La Croix* du 23 septembre 1987 : « **Si les chambres à gaz ont existé, la barbarie des nazis est inégalée. Si elles n'ont pas existé, les Juifs ont menti et l'antisémitisme serait alors justifié. C'est là tout l'enjeu du débat sur les chambres à gaz** » (Maître Bernard Jouanneau, avocat au service de la LICRA, qui poursuivit en justice, pendant des années, le professeur Robert Faurisson).

JUIFS (PAR EUX-MÊMES)

Dans l'hebdomadaire *Rivarol* n° 3317 du 14 février 2018 p. 3, on découvre les informations suivantes :

« Véronique Lévy est une juive convertie au catholicisme. Elle est aussi la sœur de... Bernard-Henri Lévy ! Voici ses récents propos, qui ont dû faire plaisir à son frère : "Que signifie être juif, depuis l'Incarnation du Verbe éternel Jésus Christ... Sinon la fidélité absolue à la Promesse ayant éclairé le peuple de la Première Alliance, scellée dans la reconnaissance du Christ", "l'Oint de Dieu, Roi de nos cœurs, couronnant cette Espérance dans le Sacrifice Unique et éternel de la Croix" ? Ainsi, "un juif accompli ne peut être que catholique". Et elle ajoute : "le mot *juif* ne devrait donc renvoyer qu'aux douze tribus d'Israël et au royaume de Juda d'il y a plus de deux mille ans... et dont certains Palestiniens sont les justes héritiers, selon la chair et le sang", dénonçant au passage "l'imposture d'une loi ayant méconnu la Grâce de l'Incarnation du Verbe".

Elle affirme que très peu de "juifs" descendent du Roi David mais d'un peuple d'Europe centrale, les Khazars, converti à partir du VIIIe siècle, bien ultérieurement à l'émergence du christianisme, et affirme que "leur légitimité n'est autre que celle qu'ils s'octroient, dans l'allégeance aux sectes talmudique et cabalistique servant leur rêve d'expansion impérialiste économique", dénonçant "un système de castes", excluant "ceux qui ne sont pas bien nés" : les "goyim". Eh bien elle y va fort ! »

Arthur Koestler, dans *La Treizième Tribu* (1976) développe la thèse selon laquelle les Khazars, peuple asiatique du nord-Caucase, sont à l'origine des Ashkénazes ; convertis au VIIIe siècle au judaïsme, ils se sont répandus ensuite en Europe sous la pression de nomades asiatiques. C'était déjà la thèse d'Ernest Renan au XIXe siècle, c'est celle de Shlomo Sand (*Comment le peuple juif fut inventé*, Fayard, 2008, *Comment la terre d'Israël fut inventée*, Flammarion, 2012) au XXIe siècle, de Marc Ferro (communiste), de Marek Halter (*Le Vent des Khazars*). Plusieurs généticiens contemporains, dont Eran Elhaik, dans la revue *Genome Biology and Evolution*, vont dans ce sens. Dans ses *Mémoires* (Julliard, 1983, p. 503), Raymond Aron rappelle honnêtement que « Ceux que l'on appelle les Juifs ne sont pas biologiquement, pour la plupart, les descendants des tribus sémites dont la Bible consigne les croyances et raconte, transfigurée, l'Histoire. Dans le bassin méditerranéen, à la veille ou dans le premier siècle de l'ère chrétienne, des communautés juives existaient, dispersées, converties au judaïsme et non pas nécessairement composées d'émigrés de la Palestine. Pas davantage les Juifs de la Gaule romanisée ne venaient tous de Palestine. Juifs et chrétiens furent proches les uns des autres avant la victoire des chrétiens et la conversion de Constantin. » Les Juifs contemporains sont « davantage marqués par leurs cultures nationales respectives que par la référence à une ascendance plus mythique qu'authentiquement historique ». Julius Evola (*Les Hommes au milieu des ruines*, Les Sept Couleurs, 1972, p. 221), enseignait aussi : « On parle de race juive, mais les ethnologues ont reconnu qu'il n'a jamais existé de race juive pure, originelle, mais seulement un "peuple juif", composé d'éléments de races diverses (désertique, arménoïde, amoritique, méditerranéenne, etc.). La Bible parlait déjà de sept peuples qui auraient contribué à former la "semence" juive, sans compter les infiltrations chamitiques, philistines et même paléo-indo-européennes. Ce qui a fait de ce mélange une unité, forgeant un type clairement reconnaissable qui a eu la force de résister à travers les siècles aux conditions les plus défavorables et dont le sens de solidarité et de fidélité au sang est tellement vif qu'Israël se présente, pratiquement, comme l'un des peuples les plus "racistes" de la terre, c'est le pouvoir formateur d'une tradition, en l'espèce, de la loi "hébraïque". »

Le rabbin (rav) Touitou se réjouit publiquement de l'islamisation de l'Europe, parce que le messie des Juifs est supposé venir seulement quand Édom (l'Europe, la Chrétienté) aura été détruite ; l'islam serait le « balai d'Israël ». Bernard-Henri Lévy, Raphaël Glucksmann, Benjamin Stora, Cohn-Bendit et mains autres personnages de la même farine partagent les souhaits du rabbin Touitou, le font savoir publiquement, et agissent en conséquence.

Dans un « Grand entretien » (*Le Monde* des 7 et 8 janvier 2007), Saül Friedlander, grand exterminationniste devant l'Éternel, croit prudent de confesser : « Deuxièmement, il faut reconnaître que les circonstances de la Shoah sont obscures. Celle-ci reste un élément non résolu de l'histoire occidentale du XXe siècle. »

Lettre de Baruch Lévi à Karl Marx, citée par Julius Evola (*Écrits sur la Franc-maçonnerie*, Pardès, 1987, traduction de François Maistre, p. 48 et 49) :

« Le peuple juif, en tant que collectivité, sera son propre messie. Sa domination sur le monde sera réalisée par l'union des autres races humaines, l'élimination des frontières et des monarchies, qui sont les bastions du particularisme, et par la constitution d'une république mondiale, au sein de laquelle les Juifs jouiront partout de leurs droits. Dans cette nouvelle organisation de l'humanité, les fils d'Israël, présentement dispersés dans le monde entier, pourront sans obstacle devenir partout l'élément dirigeant, surtout s'ils parviennent à placer les masses ouvrières sous le ferme contrôle de quelques-uns d'entre eux. Les gouvernements des peuples formant la république mondiale, avec l'aide du prolétariat, sans que cela réclame des efforts, tomberont tous aux mains des Juifs. La propriété privée pourra alors être soumise aux gouvernants de race juive, qui administreront partout les biens de l'État. Ainsi sera accomplie la promesse du Talmud, selon laquelle les Juifs, lorsque les temps seront venus, posséderont les clés des biens de tous les peuples de la terre » (cf. *Revue de Paris*, XXXV, 11, p. 574).

Dans le même esprit, Primo Levi, auteur inscrit au programme du baccalauréat français de 2003, qui plus est l'un des principaux « témoins » de la « Shoah », écrit, dans son ouvrage *Lilith* (Poche Biblio, p. 122) :

« **De tout ce que tu viens de lire <écrit-il en 1981 dans un testament destiné à son fils> tu pourras déduire que le mensonge est un péché pour les autres, et pour nous une vertu. Le mensonge ne fait qu'un avec notre métier ; il convient que nous mentions par la parole, par les yeux, par le sourire, par l'habit (...). Avec le mensonge, patiemment appris et pieusement exercé, si Dieu nous assiste, nous arriverons à dominer ce pays et peut-être le monde : mais cela ne pourra se faire qu'à la condition d'avoir su mentir mieux et plus longtemps que nos adversaires. Je ne le verrai pas, mais toi tu le verras : ce sera un nouvel âge d'or (...), tandis qu'il nous suffira, pour gouverner l'État et administrer la chose publique, de prodiguer les pieux mensonges que nous aurons su, entre-temps, porter à leur perfection. Si nous nous révélons capables de cela, l'empire des arracheurs de dents s'étendra de l'Orient à l'Occident jusqu'aux îles les plus lointaines, et n'aura pas de fin.** » Rappelons que la devise du Mossad est : « *By way of deception* ».

Le 3 octobre 2002, Ariel Sharon déclara à ses ministres (propos cités par Radio Kol Israël, voir *Rivarol* n° 2571 du 19 avril 2002, p. 1) : « Nous contrôlons l'Amérique, et l'Amérique le sait. »

Dans *Le Révisionnisme en histoire* (Albin Michel, évoqué par la revue *Écrits de Paris* n° 692 de novembre 2006), Domenico Losurdo propose quelques pages utiles sur la propagande de guerre des États-Unis, fondée sur la mise en scène de massacres et de tortures imaginaires, dès la guerre de 1898 contre l'Espagne. Les textes et films anglo-saxons de 1916-1917 évoquent des « seins coupés et hommes crucifiés » par les Allemands, les « sept cent mille Serbes éliminés au moyen de gaz désinfectant », les cadavres « transformés en savon ou en aliment pour porcs ». Ce qui signifie que les Juifs n'ont pas beaucoup d'imagination dans la manière dont ils entendent illustrer les souffrances supposées indicibles dont ils se disent victimes, puisqu'ils ont recours aux mensonges d'autrui pour forger les leurs propres.

Jacques Attali, dans *L'Express* du 1er juin 2006, page 60, déclare : « L'immense majorité des Juifs assassinés l'ont été par les armes individuelles des soldats et des gendarmes allemands, entre 1940 et 1942, et non par les usines de mort, mises en place ensuite. »

En ce qui concerne le nombre de Juifs morts à Auschwitz, on obtient selon les sources officielles : 9 millions (*Nuit et Brouillard*), 4 millions (procès de Nuremberg, mais aussi stèles d'Auschwitz jusqu'en 1990), 1,5 million (ces mêmes stèles d'Auschwitz depuis 1995), 700 000 (Jean-Claude Pressac), 510 000 selon Fritjof Mayer (voir *Die Zahl der Opfer von Auschwitz*, Osteuropa, 2003, p. 631 à 641).

La revue *Actualité juive* (20 janvier 2000) cite David Irving (biographe de Churchill et mémorialiste de la destruction de Dresde) : « Nous savons aujourd'hui que, tout comme les Américains ont construit de fausses chambres à gaz à Dachau dans les jours qui ont suivi la fin de la guerre, les chambres à gaz que les touristes peuvent voir à Auschwitz ont été construites par les autorités polonaises après la Seconde Guerre mondiale. »

Éric Conan, dans l'*Express* du 19-25 janvier 1995, page 68, déclare à propos de la chambre à gaz d'Auschwitz : « Tout y est faux. (...) À la fin des années 70, Robert Faurisson exploita d'autant mieux les falsifications que les responsables du musée rechignaient à les reconnaître. »

Elie Wiesel, dans *La Nuit* (ouvrage publié en 1958 et préfacé par Claude Mauriac, voir *Rivarol* du 14 janvier 2001, n° 2463, page 7) évoque, de son passage dans les « camps de la mort », le souvenir de « flammes gigantesques » montant des fosses où des camions « déversaient des petits enfants, des bébés » ; selon la déportée Germaine Tillion, une telle scène est issue d'une « imagination sado-masochiste », au point que Pierre Vidal-Naquet, exterminationniste patenté, fut contraint de qualifier Wiesel de « menteur ».

Arno Mayer, dans *La "Solution finale" dans l'histoire*, ouvrage publié en 1990 avec une préface de Vidal-Naquet, déclare page 406 : « Les sources dont nous disposons pour étudier les chambres à gaz sont à la fois rares et peu sûres. » Information confirmée par l'historien Jacques Baynac, dans *Le Nouveau Quotidien de Lausanne* du 3 septembre 1996, affirme : « Il faut reconnaître que le manque de traces entraîne l'incapacité d'établir directement la réalité de l'existence de chambres à gaz homicides. »

JUSTICE

La Justice est « cette fugitive du camp des vainqueurs » (Simone Weil).

« Si les chambres à gaz ont existé, la barbarie des nazis est inégalée. Si elles n'ont pas existé, les juifs ont menti et l'antisémitisme serait alors justifié » (Maître Jouanneau, avocat, ayant poursuivi Robert Faurisson pour le compte de la LICRA pendant des années, au journal *La Croix* du 23 septembre 1987).

« C'est le génial Daniel Mayer qui l'a dit, voilà déjà longtemps : "La loi n'exprime la volonté générale que dans le respect de la constitution." Qui tient le conseil des prêtres habilités à donner l'interprétation autorisée de la constitution tient donc la volonté générale » (*Rivarol* n° 3338 du 17 juillet 2018, p. 12).

« (...) avant de débarquer à la gare de l'Est, menottes aux mains, je n'avais que des idées assez vagues sur la justice... Mais par principe, je me refusais de prendre le parti des mauvais garçons contre les magistrats, de donner dans la démagogie hugolesque et les attendrissements à la Carco... Eh bien, lorsque j'ai vu comment les magistrats nous traitaient, ces mêmes magistrats qui condamnaient d'habitude les voleurs de poules, j'ai senti aussitôt qu'il me fallait réviser toutes mes idées sur les voleurs de poules... Et la première fois qu'on m'a amené à l'instruction, rue Boissy-d'Anglas, et que j'ai pu revoir par les fentes du panier à salade les citoyens libres dans les rues de Paris, j'ai noté sur mon calepin : "Oh la sale gueule des honnêtes gens !" » (Pierre-Antoine Cousteau, dit « PAC », dans *Dialogue de "vaincus"* de P. A. Cousteau et Lucien Rebatet, Clairvaux, janv.-déc. 1950, Berg international éditeurs, 1999).

JUSTICE (DANS LES ÉCHANGES)

Le bien commun est la réalisation en acte, à l'intérieur d'une communauté historique de destin donnée, de toutes les potentialités complémentaires hiérarchisées de la nature humaine. Le bien commun est cause finale de la société. La justice générale est une vertu morale qui réalise l'ordre en toute chose ; dans l'ordre politique, elle est ce principe qui ordonne au bien commun les actes des membres de la société. Le bien commun est le bien propre du tout pris comme tout, mais il est aussi le meilleur de chaque bien particulier, la partie en droit la plus précieuse du bien propre de chacun. C'est pourquoi le souci du bien commun, considéré du point de vue de chaque particulier, appelle une forme de justice qui est la justice particulière. Dans une réalité organique (vivante), il y a réciprocation de causalité entre le tout et les parties ; la vie de la partie est celle du tout qui, en retour, se fait dépendre de la vie de ses parties, et c'est grâce à cette causalité réciproque qu'il y a bien commun : quand la partie aspire à s'intégrer dans le tout, c'est le tout qui se veut en elle, de telle sorte que la partie se rapporte au tout comme à son meilleur bien, et à un bien qu'elle aime en lui étant rapportée, qui donc a pour elle raison de fin ; la personne est tout entière ordonnée à la cité puisque les actes de la personne sont mesurés par la nature humaine qui est plus excellemment réalisée dans la cité que dans l'individu seul ; mais la personne n'est pas ordonnée totalement à la cité parce que certaines potentialités de la nature humaine, d'essence morale, excèdent le destin de la cité et concernent la vie éternelle de la personne, c'est-à-dire le destin de l'âme après la mort ; ce qui n'empêche pas la morale d'être ordonnée à la politique, science architectonique, puisque le bien est d'autant meilleur que plus commun ; mais il est un bien commun qui concerne le destin de la communauté des âmes après la mort, et qui excède le bien commun de nature politique. Pendant la vie terrestre, le bien commun politique a raison de fin pour la personne, et c'est cette loi organique qui préside à la constitution et à la pérennité de la société. Mais la société n'est pas substance, elle se réduit à un tout d'ordre. C'est pourquoi le rapport du tout à la partie n'est pas exactement identique au rapport de la partie à la partie, alors que ces deux rapports sont strictement identiques dans un être vivant où le rapport de la partie à la partie est immédiatement régi par l'immanence du tout — la causalité de l'âme — à chaque partie. De ce que le rapport de la partie à la partie n'est pas le rapport du tout à la partie, la justice particulière se subdivise en deux justices distinctes, qui sont les deux moments d'effectuation de la justice particulière : il convient donc de considérer d'abord la justice distributive, qui est la justice concernant le rapport de la société avec ses membres, qui a pour vocation d'assurer une distribution des biens, des charges, des récompenses et des peines, proportionnelle aux mérites de chacun ; cette justice est fondée sur le principe de l'égalité géométrique ou proportionnelle ; il convient ensuite de considérer la justice commutative, fondée sur le principe de l'égalité arithmétique, qui concerne le rapport des personnes entre elles, et qui définit l'équité dans les relations privées, en particulier les échanges commerciaux. Parce que le tout social n'est pas habité par une âme, sinon par analogie ; parce que la conscience de soi du tout s'accomplit dans un dépositaire de l'autorité dont la volonté n'a pas vocation à se substituer à celle des dirigés, mais qui se reconnaît le devoir de les harmoniser en vue du bien commun, alors l'opérateur singulier d'actualisation de la justice distributive est en demeure de faire dépendre ses décrets des initiatives préalables des particuliers : quand il s'agit de hiérarchiser les membres d'une communauté, le responsable de cette dernière ne saurait *a priori* distinguer les mérites des uns et des autres, il doit commencer par les faire entrer en compétition tout en s'assurant de la loyauté et de l'équité du déroulement de cette dernière. C'est ainsi que, dans les affaires commerciales, on ne peut pas se passer d'un marché, qui fait se mesurer entre eux les compétences et les talents. Et cette compétition est régie par la justice commutative : on doit recevoir l'équivalent de ce que l'on a donné, quand bien même cette équivalence n'est que subjectivement mesurée, par le fait même de l'accord des parties. Cela dit, les effets de l'application de la justice commutative doivent satisfaire aux réquisits de la justice distributive, car c'est cette dernière qui réalise l'ordre dans la cité, ainsi qui actualise le bien commun. Il faut donc que le libre jeu des initiatives privées, régi par la justice commutative, induise médiatement l'ordre défini par la justice distributive. Cette conséquence serait spontanément obtenue si la société était substance, mais ce n'est pas le cas. C'est pourquoi, par sa négation de la justice distributive, le libéralisme est coupable, qui, présupposant que le libre jeu des initiatives privées, au nom du principe chimérique de la « main invisible smithienne », engendrerait le bien public, présuppose corrélativement — mais sans vouloir se l'avouer — la substantialité de la société. Et c'est vers une substantification de la société que tend le libéralisme déchaîné : la recherche du profit strictement individuel et immédiat engendre un hédonisme lui-même producteur d'une ablation tendancielle de toutes les communautés autonomes intérieures à la cité (familles, métiers, villages, régions) pour y substituer une agglomération d'individus sans racines liés par la seule interdépendance des besoins de la production ; de plus, le libéralisme est par essence mondialisateur et il est ablatif des particularités nationales ; en troisième lieu, il est inique par essence en tant que le pur rapport de force régissant les producteurs induit de manière presque nécessaire une tendance chez les plus forts à faire, des règles supposées régir la compétition des échanges et de la production, un enjeu de compétition, ce qui aboutit à la constitution de monopoles et à la destruction du principe libéral lui-même, pour faire place non à l'ordre mais à une situation de privilège de nature tyrannique. Cela ne fait pas du communisme un meilleur régime, qui lui aussi tend à la substantification de la société, par négation non seulement de la justice distributive, mais encore par négation de la justice commutative puisqu'il y a suppression du marché lui-même. Mais dans les deux cas cette substantification est anti-organique, elle s'apparente à la solidification minérale.

Il est des biens et des charges, des récompenses et des punitions, des honneurs et des blâmes, qui par nature échappent à l'ordre mercantile. L'application de la justice commutative n'a dans ces domaines pas lieu d'être, et la justice distributive s'exerce alors selon des critères qui échappent à la loi du marché, elle est appliquée par les personnes compétentes. Mais, pour ce qui concerne les biens susceptibles d'être économiquement mesurés, alors, dans une société d'ordre, qui est une société d'ordres, le libre jeu des initiatives privées a vocation à se faire générateur de l'ordre exigé par la justice distributive. Et cela ne peut être obtenu que par l'organisation corporative du travail, laquelle rend possible la recherche du juste prix. Le juste prix n'est pas un nombre idéal figurant au ciel des intelligibles, mais il n'est pas non plus une chimère indéfinissable. Le juste prix (d'un bien, d'un travail, d'un service, d'une compétence) est le prix qu'il convient de reconnaître à un bien pour permettre à ce dernier d'exercer sa fonction sociale. Un tel bien doit être accessible à ceux qui en ont besoin en fonction de leur état professionnel (chacun vit selon son ordre, le chevalier n'achète pas un percheron, le paysan n'a pas besoin d'un destrier), mais corrélativement il doit permettre à son producteur de vivre lui aussi selon son état. Le juste prix est ce prix qui rend possibles les deux exigences qui viennent d'être évoquées. Il faut comprendre que le consensus subjectif qui régit les échanges « libres » (ils sont dits tels en tant qu'ils varient en fonction de ce qu'il est convenu de nommer « la loi de l'offre et de la demande ») n'est pas, de soi, une discrimination de ce qui est juste ; il exprime la résultante d'un rapport de force entre deux désirs dont il n'est nullement acquis qu'ils seraient nécessairement vertueux et éclairés. Ce qui définit la justesse d'un prix est son aptitude à concourir au bien commun, en l'occurrence sa capacité à remplir sa fonction sociale. Et un tel juste prix est déterminé, en fonction des circonstances qui sont par nature variables, par les calculs, les évaluations et rectifications opérés par les membres des corporations. Une corporation réunit tous les membres d'un même métier, ou toutes les entreprises vouées à produire un même bien. Il existe ainsi des corporations verticales qui regroupent des entreprises avec leurs travailleurs (patrons ou employés) et dont les seuls décideurs sont les patrons, seuls habilités à discerner ce qui convient à une entreprise, et qui sont propriétaires et responsables. Il existe des corporations horizontales qui regroupent des métiers avec leurs travailleurs (patrons ou employés) ayant fait la preuve de leur compétence professionnelle. Un même homme appartient par exemple à la corporation verticale du Bâtiment, et à la corporation horizontale des Comptables, s'il exerce la profession de comptable dans une entreprise de Travaux publics. Les corporations horizontales ont vocation à déterminer les règles du métier, à définir les labels, à garantir la qualité du travail fourni et des produits mis sur le marché, à fixer les modalités de la formation professionnelle et des retraites, de l'assurance contre la maladie et de l'honneur du métier. Il n'existe dans ce système ni Sécurité sociale générale ni système de retraite général, ni syndicat de patrons ni syndicat d'employés. La corporation verticale fixe les prix des denrées, et les rémunérations. La concurrence dans ce système est donc moins brutale qu'en climat libéral, le progrès technique y est plus lent. Mais il n'y a ni lutte des classes ni « obsolescence programmée » : on ne vend pas un produit pour gagner de l'argent, on élabore un produit offert sur le marché pour rendre un service public, en attendant en retour d'être récompensé selon son mérite, c'est-à-dire selon la qualité du service rendu. Et toutes les corporations, horizontales et verticales, selon un régime juridique semi-public, sont subsumées par le rôle de l'État qui, sans se substituer aux acteurs économiques, doit demeurer souverain sur deux points : il doit avoir la haute main sur le jeu des importations, et il doit conserver, à l'exclusion de toute autre instance, le privilège de battre monnaie ; ce qui revient à dire que le prêt à intérêt doit être à jamais prohibé. L'argent doit conserver l'unique vocation de faciliter les échanges, selon le cycle « marchandise-argent-marchandise » ; le cycle « argent-marchandise-argent » est intrinsèquement mauvais. Et l'autarcie nationale, non souhaitable si elle est absolutisée, doit rester un principe régulateur, ou moral, de l'économie. Le principe dit « de subsidiarité » doit être appliqué, pour autant qu'il ne signifie pas que le rôle de l'État serait limité à la gestion des problèmes excédant les intérêts des particuliers : dans une société organique, ainsi finalisée par le bien commun, la vie des parties est subordonnée à la vie du tout qui s'anticipe en elles et se fait le résultat de ce dont il est en droit l'origine : les parties sont autant de particularisations de soi du tout, lequel n'est pas le simple résultat de leurs initiatives. Il est bon que tout ce qui peut être traité à un certain niveau de responsabilité le soit effectivement, sans en appeler à l'intervention d'un niveau supérieur ; il n'est pas bon que le rôle de l'État se limite à faire ce que les particuliers ne peuvent ou ne veulent pas faire. Qu'un certain niveau de responsabilité s'occupe de tout ce qu'il peut résoudre par lui-même ne laisse pas ce niveau d'être en dernier ressort subordonné au bien commun dont l'État est non seulement le garant mais l'opérateur privilégié ; les parties ne reposent sur elles-mêmes dans leurs initiatives visant le bien commun que parce qu'elles sont *données à elles-mêmes* par le représentant du bien commun, à savoir l'État lui-même ; les parties ne sont pas le fondement ontologique de l'État. Le principe de subsidiarité n'est recevable que s'il est déconnecté des tendances personnalistes et démocrates-chrétiennes au sein desquelles son concept vit historiquement le jour. Voir ici « **Complots** ».

Quand l'État perd le privilège de battre monnaie, il en vient à se réduire au rôle de factotum des puissances d'argent, ainsi de la fortune anonyme et vagabonde dont il remboursera les intérêts en manipulant la pression fiscale, comme l'ont montré, dans des registres et à des époques différents, aussi bien Gottfried Feder que Maurice Allais. Les sociétés libérales modernes sont toutes organisées selon le modèle suivant : les seuls vrais acteurs économiques et sociaux sont l'État (réduit, en contexte libéral et démocratique, au statut dépolitisé d'administration), les gros exportateurs, et les syndicats objectivement solidaires des très grosses firmes parce qu'ils détruisent, par leurs exigences, la concurrence des petites et moyennes entreprises ; les grandes firmes se spécialisent et visent l'exportation des produits à haute valeur ajoutée mais qui font travailler peu de monde dans le pays d'origine, cependant que la réciprocité des échanges internationaux exige que les frontières soient ouvertes à des produits à faible valeur ajoutée mais qui par leurs bas prix engendrent dans le pays importateur beaucoup de chômage. La gauche syndicale et la « droite » capitaliste sont ainsi mécaniquement complices du processus d'affaiblissement des États et des nations. Seul l'État national fort, non démocratique et corporatiste, est à même de mettre au pas les puissances d'argent, et de libérer la nation des entreprises délétères de la juiverie, de l'individualisme protestant et de la maçonnerie.

LAÏCITÉ

La séparation jacobine de l'Église et de l'État n'est que le subterfuge permettant de faire du judaïsme politique, moral et religieux, la religion d'État.

Il ne saurait y avoir plusieurs dieux, car s'il y avait plusieurs absolus il y aurait plusieurs causes premières, chacune serait en même temps cause et effet, ce qui est contradictoire. Et, s'il n'y a qu'un Dieu, il existe une seule vraie Révélation, autrement Dieu serait incapable de se dire adéquatement en une seule : si la Révélation est révélation *de Dieu*, alors elle nous dit ce qu'Il est en lui-même indépendamment de sa Révélation, autrement elle est un mensonge, et ainsi, si cette Révélation est multiforme et contradictoire, c'est ou bien que Dieu n'est pas tout-puissant, ou bien qu'Il est contradictoire, et les deux hypothèses répugnent à la nature de Dieu. L'idée même de Révélation positive est donc virtuellement riche de conflits entre les diverses religions, l'idée même de Révélation exclut la tolérance (« il y a des maisons pour ça », disait Claudel). Ce qui peut être illustré comme suit :

« Il serait autant irrationnel de supposer plusieurs religions que plusieurs santés » (Auguste Comte : *Système de politique positive*, t. II, 1852, Statique sociale, chapitre 1, p. 8).

« Le Roi Très-Chrétien Louis XVI a été condamné au dernier supplice par une conjuration impie et ce jugement s'est exécuté. (...) la portion la plus féroce de ce peuple voulut qu'il fût jugé par ses propres accusateurs, qui s'étaient déclarés hautement ses plus implacables ennemis » (Pie VI, le 2 juin 1793). Pie VI condamna la Constitution civile du clergé le 13 avril 1791, les prêtres réfractaires devinrent des clandestins.

Soit : on ne peut être catholique, par exemple, dans une société qui se veut laïque. On dira que l'Église a « changé », qu'elle s'est « adaptée »... Mais Ratzinger, devenu plus tard Benoît XVI, avouait (*Les Principes de la théologie catholique*, Téqui, 1989, p. 426-427) : le texte [de Vatican II] « sur l'Église dans le monde de ce temps » (*Gaudium et Spes*), qu'il nous présente comme « le véritable testament du concile », « joue le rôle d'un contre-Syllabus dans la mesure où il représente une tentative pour une réconciliation officielle de l'Église avec le monde tel qu'il était devenu depuis 1789 ». Saint Cyprien de Carthage au IIIe siècle enseignait : « Hors de l'Église, point de salut. » Et saint Augustin (*Lettre 141*) : « Quiconque se séparera de cette Église catholique n'aura pas la vie. » Pie IX, dans l'encyclique *Quanto conficiamur* du 10 mars 1863, parlait du *gravissimus error* de certains catholiques qui croient que les non-catholiques peuvent accéder à la vie éternelle. Et même Léon XIII, dans l'encyclique *Libertas praestantissimum*, disait : « Dès que le droit de commander fait défaut, ou que le commandement est contraire à la raison, à la loi éternelle, à l'autorité de Dieu, alors il est légitime de désobéir, nous voulons dire aux hommes, afin d'obéir à Dieu » (il suffit de penser à l'avortement, aux « mariages » des paires de « gays », à l'adoption des enfants par les invertis, aux mesures contraceptives, à la libération des drogues, au travail le dimanche, etc.). Soit : il y a nécessairement conflit entre les catholiques et les laïcistes et les tenants de toutes les autres religions. Certes, Monseigneur Raffin, évêque de Metz, a pu diffuser ce message dans ses paroisses en 1992 : « L'Europe de demain a été inventée il y a cinq siècles aux Amériques. Bientôt son visage ressemblera étonnamment à ce visage latino-américain dans lequel l'indien, le blanc, le noir et l'asiatique se confondent. Reste à *souhaiter* que le métissage des corps et des âmes qui fut le résultat involontaire de la haine et de l'erreur meurtrière de la conquête devienne pour les cinq siècles qui viennent le fruit d'une volonté délibérée de rencontrer l'autre. » Mais pour rencontrer l'autre, encore faut-il qu'il soit autre. De plus, c'est la logique de Vatican II, qui est la religion de l'Église conciliaire, non le discours catholique[104]. Pie VI, dans l'encyclique *Adeo nota* du 23 avril 1791, condamne la philosophie des Droits de l'Homme. Dans l'*Allocutio (...) super obitu regis galliarum*, il fustige le dogme de la souveraineté populaire.

Il est nécessaire, *a contrario*, de considérer par exemple l'enseignement du Coran :

Sourate 9, verset 29 : « Faites la guerre à ceux qui ne croient point en Dieu ni au jour dernier, qui ne regardent point comme défendu ce que Dieu et son apôtre ont défendu, et à ceux d'entre les hommes des Écritures qui ne professent pas la croyance de la vérité. Faites-leur la guerre jusqu'à ce qu'ils paient tribut, tous sans exception, et qu'ils soient humiliés. »

Sourate 9, verset 30 : « Les Juifs disent : Ozaïr est fils de Dieu. Les chrétiens disent : le Messie est fils de Dieu. Telles sont les paroles de leur bouche, ils ressemblent en les disant aux infidèles d'autrefois. Que Dieu leur fasse la guerre ! Qu'ils sont menteurs ! »

Sourate 5, verset 37 : « Voici quel sera le destin de ceux qui combattent Dieu et son envoyé : vous les mettrez à mort et vous leur ferez subir le supplice de la croix, vous leur couperez les mains et les pieds alternés. Ils seront chassés du pays. L'ignominie les couvrira dans ce monde, et un châtiment dans l'autre. »

Sourate 8, verset 57 : « Il n'y a point auprès de Dieu d'animaux plus vils que ceux qui ne croient point et restent infidèles. »

Sourate 8, verset 59 : « Si tu parviens à les saisir pendant la guerre, disperse par leur supplice ceux qui les suivent afin qu'ils réfléchissent. »

Sourate 9, verset 5 : « Tuez les idolâtres partout où vous les trouvez, faites-les prisonniers, assiégez-les et guettez-les dans toute embuscade. »

---

[104] Paul VI, le 12 janvier 1966 : « En vertu de son caractère pastoral, le Concile a évité de prononcer de façon extraordinaire des dogmes dotés de la note d'infaillibilité. »

Sourate 47, verset 22 : « Les vrais croyants disent : Dieu n'a-t-il pas révélé un chapitre qui ordonne la guerre sainte ? »

Sourate 47, verset 32 : « Ne montrez point de lâcheté et n'appelez point les infidèles à la paix quand vous leur êtes supérieurs. »

Il est aisé de constater que les religions sont génératrices de guerres. De même pour le judaïsme, qui déclare que le juif est le peuple élu et qu'il est le corps mystique de Dieu.

On est alors tenté, pour conjurer la violence, d'adopter la solution de la laïcité : être croyant chez soi, neutre en public.

La difficulté attachée à cette solution est la suivante :

La cause finale d'une société est le bien commun, lequel, par définition, se subordonne le bien particulier. Mais la religion est expressive dans un peuple de ce qu'il a de plus sacré et de plus intime : « La religion est le lieu où un peuple se donne la définition de ce qu'il tient pour le Vrai » (Hegel, *Cours de 1830, notes d'étudiants, in La Raison dans l'histoire*, trad. Kostas Papaïoannou, 10/18, p. 151)[105]. Dès lors, si le public est ordonné au privé, alors la religion est satisfaite, elle a la première place, mais c'est la majesté de l'État, c'est le souci du bien commun qui est offensé, avec pour conséquence que la religion est médiatement offensée puisque cette dernière présuppose la réalisation de l'ordre naturel (primat du bien commun) pour le transfigurer et lui assigner sa fin surnaturelle. Si en revanche le privé est ordonné au public, alors l'ordre naturel est au moins en partie respecté, le bien commun n'est pas violenté, mais c'est la religion qui est offensée, car, en tant que révélée ou surnaturelle, elle se veut fin de l'ordre naturel lui-même. Dès lors, l'unique manière de respecter les deux ordres, c'est d'instituer une religion d'État qui, sans se substituer à la raison politique, la finalise, et qui relègue dans la sphère du privé les autres religions, non selon un droit illusoire (ce qui relève de l'erreur n'a aucun droit), mais au nom d'une tolérance jugée tel un moindre mal. **La « laïcité » est contradictoire, et elle sait qu'elle l'est, et elle dévoile son projet non contradictoire, mais inavoué, aussitôt qu'elle fait l'aveu de son athéisme.**

Ce qui peut être illustré comme suit :

« L'école, pour les véritables républicains, n'a jamais été que le moyen d'amener le peuple à penser et à se sentir républicain » (Serge Jeanneret, *La Vérité sur les instituteurs*, Flammarion, cité par François Brigneau dans *Jules l'Imposteur*, Éditions du présent, Castres, 1981, p. 18).

---

[105] Fichte disait déjà (*Initiation à la vie bienheureuse*, 1806, trad. Max Rouché, Cinquième conférence, Aubier, p. 180) : « La religion n'est pas une occupation indépendante que l'on pourrait pratiquer en dehors des autres occupations, par exemple à de certaines heures ; mais elle est l'esprit intérieur qui pénètre, anime et baigne toute notre pensée et toute notre action, lesquelles par ailleurs poursuivent leur chemin sans s'interrompre. »

« Ce qu'il faut, c'est organiser l'humanité sans roi et sans Dieu » (Jules Ferry, franc-maçon initié à la loge « La clémente amitié » en 1875, passé ensuite à la loge « Alsace-Lorraine », père de la Laïque, deux fois Premier ministre, quatre fois ministre de l'Instruction publique et des cultes, cité par François Brigneau, *op. cit.*, p. 18).

« La neutralité est, et fut toujours un mensonge, peut-être un mensonge nécessaire. Le passage à franchir était périlleux. On forgeait au milieu des impétueuses colères de la droite la loi scolaire. C'était beaucoup déjà que de faire établir une instruction publique et obligatoire. **On promit cette chimère de la neutralité pour rassurer quelques timides dont la coalition eût fait un obstacle à la loi** » (Journal *L'Humanité*, du 4 octobre 1904).

« Il n'y a pas d'éducation possible sans valeur et sans affectivité. Toute valeur et toute affectivité qui la porte sont liées à une vision du monde et à des finalités pédagogiques qui en découlent. La possibilité d'une laïcité positive, moteur d'une éducation nationale, est donc liée à la possibilité d'une acceptation commune de valeurs et à l'affirmation commune de finalités. (...) La *pensée marxiste classique* n'est pas éloignée aujourd'hui, encore, de cette vision prophétique (dans laquelle l'école actualise "ce qui devrait nécessairement venir du développement spontané de l'humanité") si l'on en juge par les derniers livres de Georges Snyders. Mais les marxistes ne sont pas au pouvoir et la plus grande partie du corps social refuse, pour l'instant, cette éventualité. Alors ? » (Louis Legrand, instigateur de la révolution pédagogique française, professeur de « sciences de l'éducation » à l'université de Strasbourg, ancien directeur de l'Institut national de la recherche pédagogique, auteur d'un rapport au ministre de l'Éducation nationale intitulé *Pour un collège démocratique* [Paris, La Documentation française, 1983], dans *L'École unique : à quelles conditions ?*, Paris, Éditions Scarabée, 1981, p. 61).

Il ajoute p. 97 : « L'"éducation nouvelle" n'a jamais été seulement un ensemble de techniques. Elle était une philosophie. La philosophie que je propose aujourd'hui à l'école démocratique est de même inspiration, sinon de même contenu. Et tout d'abord, son objectif fondamental est la socialisation positive des enseignés. En ce sens l'éducation doit être d'abord action, en second lieu seulement connaissance. »

Diderot, auteur d'un « Plan d'université » (cité par Jacques-André Naigeon, *Mémoires historiques et philosophiques sur la vie et les ouvrages de Denis Diderot*, 1821, repr. Genève, 1970, p. 360-361), confie à Catherine II qu'il est utile de conserver les prêtres « comme les gardiens des fous ; et leurs églises, je les laisserais subsister comme l'asyle ou les petites maisons<célèbre asile de fous à Paris au XVIIIe siècle> d'une certaine espèce d'imbéciles qui pourraient devenir furieux si on les négligeait entièrement ».

Le tribun Sédillez, dans son discours de mai 1803, récapitule les objectifs du Code civil en formation : « saisir l'homme jusque dans l'asile le plus secret de sa pensée », toucher « les fibres les plus sensibles de ses affections, pour réformer ses habitudes et lui en faire contracter de nouvelles ; car le grand secret du législateur est de faire en sorte que le citoyen qui obéit aux lois ne croie obéir qu'à sa propre volonté » (*Archives parlementaires*, cote 2/5/63/1). C'est là une simple application des préceptes de Jean-Jacques Rousseau (*Émile*, livre I) : « Qu'il croie toujours être le maître, et que ce soit toujours vous qui le soyez. Il n'y a point d'assujettissement si parfait que celui qui garde l'apparence de la liberté ; on captive ainsi la volonté même. Le pauvre enfant qui ne sait rien, qui ne peut rien, qui ne connaît rien, n'est-il pas à votre merci ? Ne disposez-vous pas, par rapport à lui, de tout ce qui l'environne ? N'êtes-vous pas maître de l'affecter comme il vous plaît ? Ses travaux, ses jeux, ses plaisirs, ses peines, tout n'est-il pas dans vos mains sans qu'il le sache ? Sans doute il ne doit faire que ce qu'il veut ; mais il ne doit vouloir que ce que vous voulez qu'il fasse. »

On voit bien combien la « neutralité » est un mythe. Elle l'était pour ses promoteurs, elle le demeure pour les vrais décideurs contemporains.

D'où les effets de l'antichristianisme :

Rapport de Westermann à la Convention (les guerres de Vendée ont fait 400 000 morts, deux fois Hiroshima) : « Il n'y a plus de Vendée, elle est morte sous notre sabre libre, avec ses femmes et ses enfants. Je viens de l'enterrer dans les marais et les bois de Savenay suivant les ordres que vous m'avez donnés. J'ai écrasé les enfants sous les pieds de mes chevaux, massacré les femmes, qui, au moins, pour celles-là, n'enfanteront plus de brigands. Je n'ai pas un prisonnier à me reprocher. J'ai tout exterminé. Mes hussards ont tous, attachés à la queue de leurs chevaux, des lambeaux de l'étendard des brigands. Les routes sont semées de cadavres. Il y en a tant que sur plusieurs points, ils font des pyramides. Kléber et Marceau sont là, nous ne faisons pas de prisonniers, car il faudrait leur donner le pain de la liberté et la pitié n'est pas révolutionnaire. »

En dernier ressort, on voudra bien ici se reporter à « **Complots** (1) » :

Quelque effort que fasse la perversité des hommes pour inviter l'homme à absolutiser sa liberté, par là pour le rendre esclave de ses passions les plus dégradantes, il n'est pas possible de tuer en l'homme le souci de transcendance, parce que le désir humain est réflexif (l'amour est aimable), par là infini (l'amour s'actualise en se portant vers un bien extérieur, mais aspire à retourner à lui-même, à se porter sur lui-même, quel que soit le degré de bonté de ce bien qui par là est impuissant à combler un tel amour), de sorte que seul un Bien infini — le plus spirituellement indigent des hommes le pressent — peut combler un tel désir. L'équation du Malin et de ses disciples est alors la suivante : il faut trouver le moyen de satisfaire, dans le peuple, le désir de transcendance, sans compromettre le refus du vrai Dieu, laquelle remise en cause d'un tel refus contraindrait l'homme à ne plus se prendre pour fin, par là le libérerait de ses passions avilissantes, et de ce fait le libérerait de ses empoisonneurs intéressés à son avilissement pour le mieux dominer ; au passage, la loi Veil[106] a tué dix millions de petits Français, qui ont été remplacés par dix millions d'immigrés. Il s'agit donc de conserver les « vertus » de l'athéisme qui déifie l'homme, tout en les intégrant à une idée de transcendance qui ne soit pas ablative de cette déification. La réponse est la gnose : Dieu n'est pas sans l'homme, la substance de Dieu s'aliène en l'homme qui restaure Dieu en faisant retour à Dieu ; par là, Dieu n'est pas supérieur à l'homme puisque l'homme achève la déité de Dieu, et en même temps l'homme individuel n'est plus réduit à cette monade vide (le Moi pur) et précaire qu'effraie le silence des espaces infinis ; l'homme est déjà Dieu en puissance, et Dieu est puissance, en et par l'homme, à devenir divin, mais l'homme ne sera Dieu en acte qu'à la Fin des Temps. Et Lucifer est l'ami des hommes, qui, sans leur être supérieur (toutes les consciences sont égales, puisque chacune est la conscience de soi de Dieu), est comme un « grand Frère » qui les aide à dissiper l'obscurantisme catholique, quand les Juifs sont les premiers des hommes à avoir compris le sens de la vocation humaine véritable, aussi sont-ils eux aussi Frères aînés. La fin de l'histoire, qui est aussi le début de l'histoire véritablement divine de l'homme qui se fait Dieu, c'est l'avènement de l'État mondial, ainsi « catholique », mais gnostique, avec pour capitale Jérusalem.

Tel est le sens véritable de la promotion de l'idée de laïcité.

---

[106] « (...) Simone Veil, ce n'est pas que la loi sur l'avortement. C'est aussi la création du calamiteux *numerus clausus* pour les médecins en 1971 qui reposait sur une idée totalement fausse : conséquence, des déserts médicaux partout en France. Des jeunes Français sont recalés au concours d'entrée avec 15/20 tandis que s'ouvrent les portes à des médecins étrangers embauchés à prix réduit » (*Rivarol*, n° 3338 du 11 juillet 2018, p. 3). La logique impersonnelle de l'esprit mercantile rencontre la stratégie intentionnelle des destructeurs de l'identité occidentale.

MONARCHISME

« Le droit divin de la royauté sur ses sujets n'est pas autrement divin que celui d'un père sur ses enfants, d'un maître sur ses domestiques, de tout chef d'un gouvernement ou d'une société sur ses subordonnés (...). Ce droit divin est le droit naturel (car naturel et divin sont la même chose), c'est-à-dire le moyen d'ordre établi dans la société pour sa conservation par l'Auteur de la nature » (Louis de Bonald, *De l'esprit de corps*, dans *Bonald, textes et études* par P. Bourget et M. Salomon, Paris, 1905, p. 213).

« Le Roi-Soleil sera avec Napoléon le dernier homme d'État français à tenir la dragée haute à la finance. À imposer la loi du politique à l'État, à l'argent et au commerce. Mais la vague est forte et la guerre coûte cher ; et le système fiscal français n'est pas à la hauteur des ambitions stratégiques qu'offrent les succès militaires. (...) Louis XIV et Napoléon, un siècle après lui, s'efforcent sans le savoir de s'arracher au destin que leur assignera un Karl Marx : être les simples jouets de la lutte des classes et de la montée en puissance inéluctable, et destructrice, de la bourgeoisie. Conserver le fondement de la monarchie et l'honneur de l'ancienne France, tout en lui donnant les moyens économiques et financiers d'assurer sa domination sur l'Europe. C'était une entreprise herculéenne, qui a fini par ruiner l'œuvre de nos deux héros, vaincus de la même façon par des coalitions européennes financées par la City, tandis que Saint-Simon, aveugle aux rapports de force et aux enjeux, vilipende la platitude bourgeoise de son règne et de ses goûts » (Éric Zemmour, *Destin français*, Albin Michel, 2018 p. 207-208).

Pour conjurer ce destin mortifère, il eût appartenu à la France de comprendre le sens de sa véritable vocation qui lui eût évité de sombrer dans l'hubris de l'hégémonie *militaire* sur l'Europe ; il lui eût appartenu aussi d'inventer le fascisme avant de sombrer dans le jacobinisme : se rendre maître des puissances d'argent sans supprimer la propriété privée ; favoriser le renouvellement des élites sans tomber dans le libéralisme méritocratique et individualiste ; s'ouvrir à la modernité technique et scientifique sans céder aux impulsions du consumérisme. Sa vraie vocation était de se constituer physiquement et biologiquement en centre de réfraction de toutes les formes du génie européen, afin de se forger une identité spirituelle l'habilitant à exercer un magistère *spirituel* sur l'Europe, sans cesser d'être subordonnée politiquement au Saint-Empire, pour autant que ce dernier ait été apte à la laisser se constituer en synthèse de l'Europe et dans l'Europe ; c'est pourquoi la France était fondée à s'opposer ponctuellement au Saint-Empire pour devenir elle-même en son identité spirituelle, et corrélativement à être assez puissante militairement pour soutenir la papauté dans ses démêlés avec le césarisme des empereurs. Mais cette exigence de puissance militaire n'exigeait pas d'elle qu'elle en vînt à se poser comme rivale du Saint-

Empire lui-même. Le royaume de Clovis, royaume des Francs, était aussi germanique que gallo-romain. Ce que visaient les formules du testament de saint Rémi, pour autant qu'il soit légitime de les prendre au sérieux sur les plans théologique et historique, c'était donc en fait ce que l'on appellerait aujourd'hui le couple franco-allemand, la France et l'Allemagne latinisée, ainsi donc encore la solidarité entre la France et le Saint-Empire et la synergie qu'elle induisait.

Le droit du roi sur ses sujets est d'ordre naturel, et à ce titre même il peut être déclaré divin, puisque l'ordre naturel est divin. Il est bon que le roi soit couronné par le pape, puisque, par cet acte, celui-là signifie qu'il ordonne tout son pouvoir à une fin surnaturelle qui excède l'ordre politique, et qui fait accéder le politique à sa maturité par là qu'elle le limite : ce qui limite est aussi ce qui définit, ainsi ce qui actualise. Mais le constitutif formel de la légitimité n'est pas le sacre, il est l'acte d'ordonner son pouvoir au bien commun, quand bien même le détenteur du pouvoir le prendrait par la force, et dût-il s'opposer, ce faisant, à un rejeton de dynastie frappé d'impéritie.

Le mérite, comme principe de sélection des élites, est évidemment bon, mais cautionner ce principe n'est pas prôner l'esprit méritocratique, lequel relève de l'individualisme et par là du libéralisme. Autre chose est de souhaiter que le plus compétent et le plus dévoué soit à la première place, en tant que le bien commun l'exige ; autre chose est de considérer que les mérites de quelqu'un devraient lui valoir une position sociale excellente, du seul fait qu'ils sont des mérites. Cette dernière position revient à subordonner le bien du tout à la promotion des intérêts de l'individu. Même si tous les hommes étaient égaux, il faudrait qu'il y eût un haut et un bas dans l'ordre social, parce que le bien commun l'exige. Qu'une certaine prudence doive être respectée dans la circulation des élites, une certaine lenteur peut-être, nécessaire à la maturation intellectuelle, morale, sociale, politique — voire religieuse — des talents des dépositaires de ces promotions ; qu'une certaine lenteur dans les circulations sociales soit requise par la stabilité de la société qui n'aime pas les changements trop brusques propices au surgissement des revendications révolutionnaires, cela n'est pas contestable, mais ne vaut que pour les sociétés historiquement établies dans l'ordre naturel, et non pour les périodes — légitimement révolutionnaires, mais comme autant de pulsions « révolutionnaires anti-révolution », ainsi fascistes — qui appellent des changements brutaux pour ne point se défaire ; et ces rappels de prudence ne sauraient légitimer la sélection des élites par le critère de la naissance. La pesanteur des vies familiales, qui déterminent en grande part le destin de leurs rejetons (et il n'y a en cela aucun désordre : il est de l'essence de la société de se faire vivre de la vie même des familles), conditionne à bien des égards le rythme de la circulation des élites ; mais elle ne saurait se constituer en critère. Seule la mise à l'épreuve des talents personnels est habilitée à servir de juste critère.

MONDIALISME

Source : Le Mondialisme, mythe et réalité, *Professeur Jacques Robichez et le Conseil scientifique du Front national, Éditions nationales, 1992.*

« L'organisation de l'Europe qui aurait pu être imaginée comme une confédération de nations souveraines, s'entendant pour renforcer leur puissance et promouvoir leur identité, a été conçue au contraire comme une machine à broyer les patries, première étape d'une hypothétique unité mondiale.

C'est si vrai, que l'on s'efforce d'abattre les frontières entre les pays européens, mais que l'on cherche de surcroît à abattre également les frontières entre l'Europe et le reste du monde » (Bruno Mégret, p. 8).

« Il convient dès l'abord de distinguer le mondialisme, qui est un projet politique, de la mondialisation, qui est un fait, ou plus exactement un ensemble de faits, dont on peut certes se réjouir ou s'affliger, mais qu'on ne saurait nier ou ignorer. Par exemple, la science actuelle s'est constituée par la mondialisation, c'est-à-dire par la mise en commun à l'échelle mondiale des données, des méthodes, des résultats. Alors que pendant des siècles, des millénaires, les savants ont œuvré à l'intérieur d'un cercle étroit, souvent sans se connaître, la recherche ne se conçoit aujourd'hui que "mondialisée". Il en va de même pour l'économie, l'environnement, la santé : les crises économiques, les catastrophes écologiques, les épidémies ignorent les frontières. Mais cette indéniable mondialisation conduit-elle nécessairement au mondialisme, c'est-à-dire au projet d'un gouvernement mondial ? Ce n'est pas évident. Les savants mènent leurs recherches à l'échelle mondiale, c'est-à-dire en suivant les travaux de leurs collègues du monde entier, mais sans cesser de dépendre de leur administration nationale. Il en va de même pour nombre de questions d'économie, d'environnement, de santé, qui font l'objet d'une concertation entre les différents États concernés. Depuis longtemps, chaque pays dispose d'une diplomatie et d'experts internationaux, dont le domaine est tout ce qui dépasse le cadre national. Le développement de la mondialisation conduit à augmenter leurs effectifs et à les diversifier, mais pas nécessairement à transférer la souveraineté à une instance supranationale. Le mondialisme n'est donc pas une nécessité technique résultant de la mondialisation. (...)

L'unité européenne, dans laquelle beaucoup voient un premier pas en direction de l'État mondial, a existé à deux reprises dans le passé, au moins sur le plan linguistique et culturel. On sait que la chrétienté médiévale réunissait la plupart des peuples d'Europe dans une même foi, un même système d'idéaux et de valeurs, et que ses clercs écrivaient et parlaient une même langue, le latin. Qu'en outre plusieurs de ces peuples étaient réunis dans une entité politique multinationale, l'Empire. Mais l'unité politique a éclaté sous la pression des nationalismes ; compromise par la Réforme, l'unité religieuse a été ruinée par l'idéologie des Lumières : et partout le latin a cédé la place aux langues vulgaires. On sait que moins de trois mille ans plus tôt, il a existé une Europe unitaire sur le plan linguistique et sur le plan culturel. Nous en avons la preuve par la similitude des termes géographiques, en particulier des noms de cours d'eau, qui sont identiques sur la majeure partie du territoire de l'Europe : l'Aube et l'Elbe ; la Vézère et la Weser ; la Vezonce, la Visance et la Viesinta lituanienne ; la Viesite lettone ; l'Avance, l'Avançon se retrouvent en Suisse, en Étrurie, en Grande-Bretagne, dans les pays baltes et jusqu'en Inde (l'Avanti). Cette unité linguistique, qu'on observe aussi dans les noms de peuples (les Vénètes de la région de Venise, ceux de la région de Vannes, les Vendes slaves) n'est autre que l'Indo-européen d'Europe encore peu différencié. Elle s'accompagne d'une unité culturelle, la "tradition indo-européenne" : une notion qui, depuis un siècle et demi, a pris consistance, par la découverte d'un grand nombre de formules manifestement porteuses des idéaux, des valeurs, des préoccupations majeures de cette culture, qui se retrouvent, sous une forme originellement identique, de l'Inde et de l'Iran à la Grèce et à la Scandinavie. Aussi par la mise en évidence de schémas de pensée communs à tous ces peuples, comme celui des "trois fonctions cosmiques et sociales", qui a resurgi avec l'organisation en trois ordres de la société de l'Occident médiéval. C'est dire l'emprise de cette tradition sur les mentalités. L'unité culturelle de la vieille Europe est plus qu'une hypothèse. Mais cette unité a éclaté, tout comme l'unité linguistique, avec la constitution des identités nationales, dont certaines ont évolué sous la forme étatique de cités, de royaumes ou d'empires. On voit par ces deux exemples qu'il existe dans l'histoire des peuples comme dans celle des langues deux tendances antagonistes qui ont l'une et l'autre leurs justifications, et qui alternent au cours du temps : une tendance unificatrice qui, dans le domaine linguistique, est responsable de la diffusion des langues communes ; une tendance à la diversification, celle qui provoque la dialectisation des langues, et que Ferdinand de Saussure nommait l'"esprit de clocher".

Le mondialisme n'est donc pas plus le terme inéluctable d'une évolution des sociétés qu'il n'est le corollaire de la mondialisation croissante. C'est bien un projet politique, une volonté dont on se propose ici de rechercher les antécédents. (...)

(...) contrairement à ce qu'on observe chez d'autres peuples, les Indo-Européens ne considéraient pas le roi comme un dieu, de son vivant : c'est seulement à sa mort qu'il "devient dieu", selon la formule des textes hittites quand ils mentionnent la mort d'un roi. De plus, les pouvoirs du roi sur ses sujets y sont limités, surtout, comme on sait, dans le monde germanique ; mais ils le sont aussi, d'un autre point de vue, en Inde, où le roi a perdu ses prérogatives religieuses au profit des Brahmanes. Pourtant, réduit à un statut "laïque", le roi indien demeure un "roi du monde" : c'est ce qui ressort du rituel d'"invigoration", de régénération du roi, le *rajasuya* ("enfantement du roi"). L'un des temps forts de la cérémonie est la prise de possession des quatre points cardinaux et du zénith par le roi, qui s'approprie ainsi l'univers entier ; non seulement l'espace, mais aussi le temps : les cinq saisons de l'année indienne, mises en relation avec les cinq directions de l'espace. L'idée fait son chemin dans le bouddhisme avec la notion du roi *cakravartin*, "celui qui fait tourner la roue", qui gouverne le monde, reçoit l'hommage de ses voisins des quatre points cardinaux grâce à la Loi (*dharma*), sans avoir à recourir au bâton (*danda*).

On pourrait suivre la résurgence et le déclin d'une conception similaire en Europe occidentale médiévale, avec la mystique impériale : l'Empire est considéré comme sacré et comme universel. Mais son caractère sacré est contesté par l'Église, et son caractère supranational ruiné de l'intérieur par l'essor des États-nations. En dehors du monde indo-européen, on trouve aussi des exemples de cette prétention à la souveraineté universelle : le roi chinois s'identifie à l'axe du monde, reliant la terre au ciel. L'empereur, fils du ciel, est même supérieur aux dieux. Le pharaon égyptien, qui est considéré comme un dieu, a lui aussi un rôle cosmique. À sa mort, le chaos menace l'univers. On trouve d'autres exemples de cette idée de souveraineté universelle du roi dans *Le Rameau d'or* de J. G. Frazer. Notons que tous ces exemples proviennent de cultures évoluées, auxquelles on ne saurait prêter l'illusion des cultures archaïques qui identifient le monde à leur propre ethnie par simple ignorance. L'illusion a fait place à la mystique. (...)

On voit que l'idée mondialiste est, dans son principe, bien antérieure aux premières manifestations d'une quelconque mondialisation, et qu'elle ne doit rien à la constitution des empires et des confédérations, souvent peu durables, donc incapables de constituer un modèle crédible pour cette "république universelle" qui, selon ses adeptes, doit un jour regrouper définitivement l'humanité sous la férule d'un gouvernement mondial. Il n'entre pas dans le cadre de la présente étude d'en suivre le développement ; son objet se limite à montrer l'antériorité de l'idée de souveraineté universelle sur toutes les réalités historiques par lesquelles on prétend la justifier. Certes, cette antériorité n'implique pas causalité. On pourrait soutenir que, malgré tout, l'idée de "république universelle" représente une conception purement rationnelle, qui ne doit rien à ces fantasmagories d'un autre âge. C'est ainsi qu'elle se présente volontiers. Mais qu'en est-il réellement ? Un article de Jacques Ploncard d'Assac (*Présent* du 7 mars 1991) montre sous un éclairage inattendu celui qui est aujourd'hui sinon la tête pensante, au moins le bras armé du futur gouvernement mondial, et dont le récent exploit, l'écrasement de l'Irak sous les bombes de la coalition, doit, selon ses propres termes, "définir l'avenir du monde pour les cent années à venir" : George Bush serait, d'après le Grand Maître de la maçonnerie italienne que cite notre auteur, le "Très-Puissant Souverain, Grand Commandeur" du 33e degré de la maçonnerie américaine. Imaginons-le "portant une robe de satin cramoisi, bordé de blanc, une couronne royale en tête, portant en écharpe, de gauche à droite, un cordon blanc, rayonnant, liseré en or et garni de franges d'or ; sur le devant est brodé un delta rayonnant, traversé d'une épée ; au milieu, le chiffre 33 en rouge ; au bas une rosette blanche, rouge et verte à laquelle est attaché le bijou, qui est un aigle à deux têtes tenant dans ses serres un poignard…" "Ajoutez encore, conclut Ploncard d'Assac, une ceinture blanche à franges d'or, et vous comprendrez qu'en un tel attirail le Très Illustre Frère Bush se soit pris réellement pour le 'Très-Puissant Souverain du Monde'" » (p. 11 à 17, Jean Haudry).

Il ne s'agit là, on l'aura compris, ni d'un Führer ni d'un Duce, qui savent que ni eux ni l'univers ne sont Dieu. Il ne s'agit pas non plus d'un nouveau Pharaon, lequel se fait l'instrument de l'univers déifié auquel il prête sa conscience pour le faire accéder au statut de personne. Il s'agit de l'Humanité hypostasiée en son Maître de la Terre qui se veut la vérité parfaite d'un Dieu imparfait dont il prétend être la personnification exemplaire sauvant Dieu de son incurie primitive et le monde de ses imperfections structurelles. Et telle est la gnose, en ses versions juive et maçonnique.

« Dans un livre intitulé *The Anglo-American Establishment from Rhodes to Cliveden* (1967) (…), Carroll Quigley revient sur la nature réelle de l'impérialisme britannique. À l'époque de la Première Guerre mondiale, il ne répond nullement à l'image qu'on a pu s'en faire : mépris des cultures indigènes allant jusqu'au racisme, exploitation glaciale des territoires occupés, visées mercantiles à court terme, etc. Bien au contraire, la colonisation anglaise, sous l'impulsion d'hommes comme Milner ou Toynbee, se donne pour mission de reprendre l'œuvre civilisatrice de la Grèce antique, elle vise à faire triompher dans l'Empire (lieu du "suprême achèvement de l'homme") "la liberté et les lumières" sur "les forces de la théocratie et des ténèbres". Aristote et Périclès, souvent évoqués par ces messieurs d'Oxford, patronnent une entreprise qui se veut universaliste, dont la Grande-Bretagne entend être le maître d'œuvre, non le bénéficiaire. Elle se présente elle-même comme la nation désignée par l'histoire pour être "*mater et magistra*" des peuples incultes, tout particulièrement pour unifier moralement l'humanité sous les idées qui sauvent, les "*western ideas*".

Nous sommes ici confrontés, au fond, à la version britannique de ce dont le jacobinisme français était déjà l'expression : le "nationalisme libéral" (…). Mais avec, dans un cas comme dans l'autre, la possibilité qui s'offre d'une sorte d'"inversion de flux" au sein du mécanisme, je veux dire d'une utilisation stratégique, par un nationalisme donné, et qui perdure, du prestige que lui confère, précisément, son statut quasi officiel de champion des Lumières, de chef de file des peuples en marche vers la civilisation. L'ambiguïté apparaît dans le cas de la France et de l'Allemagne ; elle apparaît également dans le cas anglais. Lorsqu'on lit les textes émanés du "Milner Group", on finit par ne plus savoir très bien si, dans l'esprit des maîtres de l'Empire, c'est la "*British Rule*" qui est au service des idées libérales, ou si ce ne serait pas plutôt l'inverse… Encore une fois, la marche vers le cosmopolitisme à partir du libéralisme ne peut être considérée comme parfaitement linéaire ; les particularismes, incomplètement démantelés, peuvent trouver au cours du trajet, c'est-à-dire dans le *leadership* qui échoit ici à telle ou telle nation, l'occasion d'une relance imprévue. Reste que celle-ci ne saurait remettre fondamentalement en cause le processus de dépérissement des "patries". À mesure que la finance s'installe et prend le relais des idées "libératrices", qui n'en représentaient jamais en réalité que l'avant-garde, le nerf du nationalisme moderne lui-même se détend. Le jacobin devenu consommateur cesse d'être patriote ; le colonisateur devenu mercantile ne regarde plus son drapeau qu'avec gêne ; l'un et l'autre sont déjà devenus en esprit membres d'un autre univers, celui que dominent les forces invisibles de l'argent » (p. 34-35, Claude Rousseau).

« Il existe un cosmopolitisme scientifique tout comme il existe un cosmopolitisme politique et un cosmopolitisme financier. Il se trouve que l'un comme l'autre ont, pour l'établissement de leurs centrales, fait élection de domicile sur le territoire des États-Unis, et le langage cosmopolite qu'ils ont choisi est la langue anglaise. C'est pour cette raison que sont groupés aux USA les principaux organismes procédant à l'archivage de toutes les publications scientifiques effectuées dans le monde (...).

La carrière de tous les universitaires dans le monde est réglée de la même manière. L'accession d'un candidat aux grades de quelque importance est toujours subordonnée à la preuve d'une notoriété déjà acquise dans sa spécialité. L'examen de ce point est le critère essentiel de toute sélection universitaire. Cette preuve peut être fournie par la participation active à des congrès ou colloques internationaux, par des invitations à séjourner dans des universités étrangères, à y enseigner, à y faire des exposés ou des recherches. Les attestations élogieuses en provenance de grands maîtres étrangers sont des éléments d'appréciation extrêmement importants. Des références seulement nationales font, en comparaison, assez piètre figure.

Mais ce sont les publications qui constituent habituellement l'essentiel d'un dossier. Les publications sont des articles, pouvant faire de trois ou quatre pages à quelquefois plus de deux cents, où l'auteur expose les résultats nouveaux et originaux qu'il a obtenus dans sa spécialité. Souvent ces travaux complètent ou développent des travaux antérieurement publiés par d'autres, de toutes nationalités. Ainsi se créent des écoles multinationales pouvant constituer au cours des ans de véritables clans, avec aussi leurs exclusives. Leur spécialisation extrême et leur langage réservé rendent difficile la connaissance exacte de leurs activités par d'autres. Ainsi les critères d'évaluation restent-ils soumis à la seule appréciation de leurs membres (...).

Les articles sont filtrés et choisis par des comités de lecture généralement internationaux constitués de spécialistes universitaires. Mais comme les revues sont le plus souvent des entreprises privées, ces spécialistes sont choisis selon les critères et le bon vouloir de la maison d'édition. Leur compétence est toujours extrême. Par contre, leur impartialité n'est pas garantie, bien qu'il soit fort mal venu de la mettre en doute. Souvent, les mêmes spécialistes siègent dans plusieurs revues, ce qui offre des possibilités de barrages tous azimuts.

C'est dans ce système qu'est obligé de s'engager, quel que soit son pays, celui qui veut faire une carrière universitaire. Bien que dépendant, en principe, du seul État, c'est sur l'acceptation et sur l'appréciation de ses œuvres par des conseils éditoriaux privés, le plus souvent étrangers, sur lesquels l'État lui-même n'a aucun droit de regard, que se décident les conditions de la carrière d'un universitaire français. En outre, le témoignage d'un universitaire étranger est toujours tenu pour probant, dès l'instant que quelques compères français affirment qu'il a les titres requis. Aucune instance nationale n'a les moyens de s'assurer que la compétence est incontestable. Les seuls experts possibles en la matière se limitent souvent aux parties concernées.

Pour la délivrance des titres et diplômes tels que le doctorat, le pouvoir d'universitaires étrangers invités sur simple proposition de quelques universitaires français locaux en quête d'un jury est identique à celui d'un professeur français. Il existe donc de fait une caste internationale habilitée à la collation mondiale des diplômes. Il est en outre fréquent de voir de récents diplômés participer comme membres aux jurys du groupe dont ils sont issus. Ainsi se forment des équipes endogènes qui se développent par réaction en chaîne et qui, en raison du caractère ésotérique de leurs activités, restent soustraites à tout contrôle intellectuel autre que le leur. L'État est désarmé en présence de telles féodalités scientifiques (...).

Il suffit souvent que quelqu'un ait réussi à se constituer un groupement de deux ou trois personnes étrangères, comme lui et pour la même raison en quête de relations, pour que sa réputation internationale soit établie. Le Français F saura, dans ses dossiers de candidature et ses rapports d'activité, mettre en relief les relations scientifiques qu'il entretient avec l'Américain A, le Brésilien B et le Canadien C. Mais en allant voir sur place ce qui se passe au Brésil par exemple, on s'apercevra que la réputation de B repose essentiellement sur l'affirmation qu'il travaille en relation avec le Français F.

Chacun invitant l'autre à tour de rôle, chacun citant abondamment les autres dans ses publications et recueillant soigneusement, afin de s'en prévaloir dans son dossier, toutes les citations que les autres font abondamment de lui dans leurs œuvres, des réputations s'élaborent. Une rumeur soigneusement entretenue fait savoir au monde extérieur l'existence de ces relations. On y tiendra cela pour convaincant, car on n'a aucun moyen de procéder à une investigation véritable (...).

On peut ainsi, pour la gloire inutile de deux ou trois personnes et parfois moins, au seul bénéfice de leur carrière professionnelle, faire venir du bout du monde des conférenciers pour une communication de quarante minutes, tous frais payés, y compris l'avion et l'hôtel, et qui n'auraient même pas eu droit chez eux à autant d'égards. Il est évident que, confronté à de telles pratiques, l'authentique savant honnête, souvent modeste par nature et respectueux en outre de l'argent des contribuables de son pays, fera très rapidement figure de petit esprit (...).

Le problème de l'exclusion sur des critères éthiques et idéologiques me paraît particulièrement grave. Je ne crois pas qu'un jeune doctorant, si brillant fût-il, connu pour ses sympathies pour le Front national, pourrait faire même une médiocre carrière dans l'enseignement supérieur. Déjà les signes extérieurs d'une appartenance de droite sont suspects (...).

Je crois en outre que des listes noires existent et circulent jusqu'aux États-Unis, qui interdiront à un exclu de publier quoi que ce soit. Ses manuscrits lui seront retournés après un an d'attente, on lui dira que le sujet est d'un intérêt trop limité, qu'il concerne seulement un trop faible nombre de lecteurs, que la motivation de ses recherches n'est pas apparente, que ses travaux ne s'insèrent pas dans les préoccupations du moment, ou plus simplement que le rapport du "*referee*" a été négatif, sans autre explication. Il n'y a aucun recours. Ainsi, par une conjuration cosmopolite irresponsable devant la nation, toute possibilité de carrière pour un national peut se trouver tuée à la source (...).

Quand on assiste à des colloques, on ne comprend pas, souvent, les neuf dixièmes de ce qui s'y dit. Quand on consulte une revue, on ne lit qu'un seul article parmi vingt-cinq autres qui traitent de questions qu'on connaît très mal ou même pas du tout (...).

La situation décrite ci-dessus est propre aux sciences dites "exactes" que les Américains appellent les sciences "dures". D'une façon générale, les "littéraires" ne sont pas soumis dans l'Université française au régime cosmopolite dont souffrent les "scientifiques" » (p. 55 à 64, Norbert Roby).

Sur ce dernier point, l'auteur se révèle particulièrement naïf et/ou mal informé, ou peut-être, par scrupule et souci de gentillesse, bienveillant à l'égard de ses collègues littéraires.

« La distribution de ces patrimoines <il s'agit de patrimoines minéraux> est une clef essentielle de la géopolitique, souvent effacée dans les déclarations officielles. La Guerre du Golfe a eu lieu parce que les États-Unis ont décidé de ne pas pousser le nucléaire ; compte tenu de leurs faibles réserves de pétrole (de l'ordre de dix ans), il leur "fallait" contrôler la province dont les réserves identifiées sont les plus grandes » (p. 68, Pierre Routhier)[107].

« Le grand dictionnaire encyclopédique *Larousse* donne du "mondialisme" une définition en deux éléments : "doctrine qui vise à réaliser l'unité politique du monde, considéré comme une communauté unique".

---

[107] Dans le même ouvrage, p. 107, Pierre Vial rappelle : « Le *Times* du 24 août 1990 donne, livrée en confidence par un proche de Bush, la clé de l'offensive anti-irakienne : "La véritable signification de cette guerre est qu'elle va définir le monde de l'après-guerre froide." »

Le premier de ces deux éléments insiste sur l'objectif du mondialisme : "réaliser l'unité politique du monde". Mais si cet objectif est clairement explicité, les moyens de l'atteindre sont passés sous silence. Or, ils sont si différents que la nature de cette unité politique peut être transformée du tout au tout selon qu'on adopte l'un ou l'autre. On peut en effet imaginer de recourir à la réunion volontaire des nations, des États qui, las de s'opposer dans des querelles souvent vouées à dégénérer en massacres, décident de s'associer et d'aboutir à une certaine forme d'unité politique du monde, placée sous le règne du droit et soumise autant que possible à un gouvernement mondial contractuel : le traité instituant l'ONU peut être considéré comme ayant essayé de traduire ce rêve en pratique. Mais on peut imaginer aussi quelque chose de très différent : l'empire universel, dont Rome donna l'exemple le mieux achevé, réalise aussi l'"unité politique du monde". Peut-on dans l'une et l'autre de ces hypothèses parler indifféremment de mondialisme et cette doctrine peut-elle valablement revendiquer la paternité d'aboutissements aussi opposés ? (...)

Ce *substratum* idéologique <propre à la doctrine du mondialisme>, en ce qu'il insiste sur la conscience qu'existe une identité commune à tous les hommes, sur le sentiment de l'unité fondamentale de l'espèce, confère nécessairement à la doctrine mondialiste un certain sens de la fraternité qu'on retrouve au cœur de l'idéologie maçonnique. Le mondialisme ne peut donc que réprouver toute initiative qui exalte les différences, toutes entreprises qui peuvent opposer les groupes humains entre eux, et poursuit plutôt son objectif politique par l'appel à l'entente et à la coopération : il se reconnaîtra plus volontiers dans les constructions juridiques de la SDN que dans l'Empire romain...

Or, l'histoire de l'humanité prouve surabondamment que s'il a bien existé dans les écrits et dans la pensée de beaucoup d'idéologues, le mondialisme n'est jamais parvenu jusqu'ici du moins, à atteindre véritablement son objectif, mais qu'en revanche les tentatives plus ou moins réussies d'établir l'Empire jalonnent les siècles et constituent une réalité qu'on peut bien regretter mais qui est autrement incontestable que les succès, si succès il y a eu, de la doctrine mondialiste.

Notre époque apporte-t-elle de ce point de vue un changement fondamental ? On pourrait le croire, tant le mot de mondialisme est utilisé pour définir l'évolution contemporaine des relations au sein de l'humanité. Cependant il semble qu'il y ait là abus de langage : ce à quoi on assiste de nos jours s'apparente bien davantage à l'établissement d'un empire universel, l'empire américain, qui comme la plupart de ceux qui l'ont précédé, aux temps modernes du moins, se donne une doctrine universaliste (celle des droits de l'homme) et impose, à partir de sa suprématie militaire, sa domination politique, économique et surtout sa domination culturelle.

Bien entendu, la notion d'empire universel est une expression commode, mais qui ne doit pas être reçue sans restriction du point de vue géographique : il y a toujours quelque part un "*limes*", et le risque, aux abords de ce "*limes*", de quelque échec cruel et sanglant (Rome en a connu et le Vietnam fut un tel échec pour les États-Unis) (...).

Voit-on pour autant les nations dominées par l'Amérique s'efforcer de se dégager de son emprise ? Il ne le semble vraiment pas, et l'hégémonie américaine est acceptée tout autant qu'avant <la chute du Mur>, parfois mieux. C'est donc bien que cette hégémonie trouvait sa source principale ailleurs que dans l'existence de la menace soviétique et le moment est venu de l'analyser et d'en recenser les instruments. (...)

(...) On trouve normal que les États-Unis, après avoir contribué dans toute la mesure du possible à la chute des empires coloniaux européens, rivaux potentiels, aient lâché le Shah qui menaçait de se trouver au Proche-Orient, à la tête d'une puissance régionale non inféodée. On ne s'étonne pas que leur diplomatie et leurs services secrets interviennent en Afrique du Sud, au Chili, en Angola, au Mozambique, au Pakistan. Qu'ils interdisent aux autres puissances telle opération militaire (Suez pour les Français et les Anglais ; Malouines pour les Argentins puisque la réplique britannique n'aurait pas été possible sans l'aide technique, donc l'accord des États-Unis ; le Koweït pour l'Irak), et qu'ils en autorisent d'autres (l'annexion partielle de Chypre par les Turcs, l'invasion du Liban par la Syrie, l'annexion de Jérusalem-Est par Israël). (...)

La dette extérieure des États-Unis est proprement colossale et elle l'est parce que les pays industrialisés couvrent l'énorme déficit budgétaire américain en acquérant des bons du Trésor des États-Unis. On voit bien alors que la boucle est bouclée : les États soumis à l'hégémonie américaine se font un devoir d'en financer eux-mêmes les moyens (dépenses militaires de recherche, d'aide aux pays étrangers) et ils ont le bon goût de s'abstenir de toute réclamation et de toute indiscrétion quant à l'usage qu'on en fait. (...)

Peut-on vraiment dire que tout ceci <tous les traits de comportement cosmopolitique sous-tendus par la culture anglo-saxonne> est manifestation du mondialisme ? Si on le fait, c'est qu'on attribue au mot un rôle voisin de celui qui est dévolu au mot "gendarme" : il s'agit d'édulcorer une réalité, celle de l'Empire et de la domination qu'il implique, pour la parer d'un masque philosophique, celui d'une doctrine utopique mais généreuse (Gary Davis, citoyen du monde...) appelant à la tolérance et à la fraternité des humains, invitant les peuples à se réunir dans une organisation commune où, renonçant progressivement à leurs particularités, ils finiront par devenir semblables, par se fondre dans une humanité homogène, purifiée des querelles et des guerres ethniques.

Mais ce qu'on voit de nos jours n'a guère de points communs avec cette perspective idyllique. Ce qu'on voit de nos jours, c'est l'Empire, et qui a jamais parlé d'entreprise mondialiste à propos de l'Empire romain ?

Des points communs... l'apparence pourtant nous en fournit quelques-uns.

D'abord, un semblant de partage de pouvoir entre acteurs économiques. Si les grandes sociétés internationales sont pour la plupart en effet américaines, on peut noter que nombre d'entre elles sont aussi, et parmi les plus puissantes, européennes ou japonaises. On notera aussi, dans le même sens, que les états-majors des unes et des autres ne sont certes pas communs, mais enfin qu'ils sont composés de personnes appartenant aux mêmes milieux ; on avancera que celles-ci tiennent la réalité du pouvoir, qu'elles "tirent les ficelles", bref que "les financiers" ou les "PDG" mènent le monde. Et comme ils se trouvent installés au Japon, en Europe et aux États-Unis, on est tenté d'en conclure que le gouvernement mondial est réalisé par la complicité et la convergence d'ambitions qui les unit.

Il y a à coup sûr une large part de vérité dans cette analyse, mais elle a le défaut d'être imprégnée de la doctrine marxiste, c'est-à-dire d'attribuer aux facteurs économiques le rôle premier. Or, le politique mène le monde et le pouvoir politique est à Washington. L'affaire du Golfe a bien montré où est le pouvoir et sur quoi il repose : il repose avant tout sur la capacité du peuple américain de fournir l'effort nécessaire, militaire éventuellement, pour renverser ou refouler tout obstacle qui viendrait à freiner l'expansion de l'empire, ou qui en menacerait potentiellement l'intégrité. (...)

Que vienne à disparaître cet état d'esprit et que resterait-il du "gouvernement" des grands trusts ? Peu de chose. Et il ne suffit pas de dire que cet état d'esprit est conditionné par l'argent et les médias qu'il entretient : il correspond à une réalité, qu'utilisent des intérêts divers certes, mais qui est le fondement même de l'empire américain. (...)

Dans les temps modernes, la plupart des entreprises impériales se sont dotées d'une idéologie universaliste destinée à leur propre justification. Les Espagnols se répandant sur l'Amérique du Sud apportaient aux autochtones la vraie foi catholique (...). Les Français offraient à l'Europe et au monde la liberté. Les Soviétiques prétendaient régénérer l'humanité en lui infligeant le communisme. Les États-Unis apportent aujourd'hui à l'humanité, la liberté (eux aussi), la démocratie et le bon droit (...) et derrière ces mots, l'idéologie des droits de l'homme, fille de la maçonnerie, idéologie essentiellement universaliste qui débouche pratiquement aujourd'hui dans le cosmopolitisme » (Pierre Milloz, p. 81 à 105).

Les États ne sont-ils qu'une infrastructure militaire, géographique, industrielle, juridique et administrative de puissances financières dont ils garantissent la valeur fiduciaire, puissances qui se subordonnent les États et leur dictent leur loi, leur imposent leurs buts et en viendront à s'y substituer en se constituant en une « hyper-classe » internationale elle-même destinée à s'étatiser dans un gouvernement mondial gestionnaire de toutes les richesses de la terre et par là socialiste à l'échelle de la planète ? Ou bien les puissances financières, quelque soucieuses qu'elles soient d'influencer les États, ne sont-elles que des puissances privées foncièrement dépendantes de la puissance politique en dernier ressort dépositaire du vrai pouvoir ?

Dans la deuxième hypothèse, c'est la puissance politique aspirant à se constituer en empire politique universel qui, se subordonnant les puissances financières, reconnaît dans une idéologie universaliste — dont les responsables politiques font payer le prix de sa diffusion par les puissances financières qu'ils protègent et favorisent — la justification de ses prétentions et la caution morale de ses brutalités. Et même la puissance juive, dont on sait l'influence financière, se révèle en dernier ressort l'instrument de la politique hégémonique menée par les États dont l'assise est en dernier ressort l'aval des nations dont ils sont le principe organisateur. Dans cette perspective, il suffit à un peuple de se débarrasser de son État par trop complaisant à l'égard des puissances d'argent pour se doter d'une autre forme d'organisation étatique véritablement souveraine.

Dans la première hypothèse, les puissances financières en sont venues à acquérir une importance et une concentration telles que ce sont elles qui en vérité « tiennent » les grands États contemporains, et cela selon au moins trois modalités :

α) Elles sont maîtresses des élections du personnel politique ;

β) Elles sont maîtresses de tous les vecteurs de diffusion de la culture, par là des comportements sociaux et des aspirations populaires, lesquelles ne serviront les intérêts de l'État que si ce dernier satisfait aux réquisits de leurs prétentions consuméristes ;

γ) Nonobstant le fait qu'elles ont besoin de la puissance militaire des États pour garantir la valeur des signes monétaires, les puissances financières maîtrisent directement ces derniers, dans la mesure où elles disposent toujours de la possibilité de faire jouer, quand leur hégémonie est compromise dans un État donné, les autres États contre le premier, en tant qu'elles contrôlent, par les moyens de type α et β, les capacités d'efficience de ces États. Ce qui revient à dire que l'État ne garantit la valeur des fictions monétaires par sa puissance militaire que parce qu'il est contraint de le faire par ces mêmes puissances financières sans lesquelles il ne trouverait même plus le moyen d'entretenir sa propre puissance militaire. Et dans cette perspective il n'est plus possible à un peuple redevenu soucieux de son identité et de son destin culturel de se soustraire aux puissances d'argent, à moins que tous les peuples ne le fassent en même temps, ce qui est évidemment impossible : il en est des peuples comme des individus ; un homme plus lucide et plus courageux que les autres prend une décision héroïque qui suscitera l'adhésion des autres.

Les éléments très lacunaires dont on dispose aujourd'hui invitent à penser que la première hypothèse est plus proche de la vérité que la seconde. Pour le dire autrement et avec plus de précision, c'est toujours le Politique qui commande et qui l'emporte dans l'interdépendance en forme d'action réciproque liant l'État et les puissances économiques et bancaires, parce que c'est là une loi du monde et de l'être fini : l'économique est au Politique comme la puissance à l'acte, et la puissance est essentiellement suspendue à l'acte qu'elle conteste, même quand elle prétend s'y soustraire et s'insurger contre lui ; et lorsque l'Économique et la Finance l'emportent sur le Politique et en viennent à se le subordonner, c'est encore parce que ce dernier l'a permis, renonçant à sa souveraineté en se faisant démocratique, et c'est bien ce qui s'est produit : comme le fait observer Zemmour (voir ici « **Monarchisme** »), les États non démocratiques ont su mater les puissances financières aussi longtemps que les guerres ne leur coûtaient pas trop cher, et c'est pour n'avoir pas disposé d'un système fiscal assez puissant qu'ils se sont rendus dépendants des banques pour les financer ; comme le déclara un jour Mussolini, c'est parce que le monarque des monarchies n'est pas assez monarque qu'il est nécessaire de plébisciter le fascisme ; et, la Finance ayant rendu le Politique dépendant d'elle — ou plutôt l'ayant laissé se rendre dépendant d'elle par défaut d'absoluité dans l'exercice de son pouvoir — ne pouvait pas ne pas en venir à prétendre à se subordonner le Politique tout entier ; ce qu'elle fit en finançant les pulsions démocratiques de la plèbe et des minorités révolutionnaires intéressées à l'instauration de l'anarchie, parce que dans une démocratie le dirigeant est dépendant d'une foule anonyme aisément manipulable par l'argent ; ce qui revient à dire que la démocratie est une dépolitisation de l'État, puisqu'elle oblitère la distinction — définitionnelle du Politique — entre dirigeants et dirigés. Dès lors que l'Économique l'a emporté sur le Politique, tout est donc perdu pour les nationalistes, à vue d'homme ; il faudra patienter longtemps, attendre que le mondialisme — dont l'avènement se fera selon les modalités définies par les prévisions de Marx — produise à l'échelle de la planète ses effets pervers, pour que les peuples dégrisés en viennent à réapprendre à mourir, et à mourir pour des idées vraies. À moins que ce mondialisme bancaire, s'anticipant dans un impérialisme national de type somme toute classique — quoique choisissant, de manière suicidaire, de légitimer son hégémonie par une utopie universaliste (l'esprit démocratique) favorisant la puissance des banques —, se révèle incapable à court terme, dans le moment décisif de la prétention de l'hégémonie bancaire à fonder l'État mondial, de faire taire complètement les intérêts nationaux de la puissance politique qui l'accueille (les intérêts des USA ne coïncident que partiellement avec ceux de la Haute Finance et ceux de l'entité sioniste), de sorte que cette « hyperclasse » sera contrainte de « changer de crémerie », ainsi d'aller s'abriter dans un autre grand État pour y poursuivre son œuvre de destruction des nations. Et le ou les grands États de substitution (Russie ou Chine) auront tout intérêt à courtiser cette puissance bancaire pour l'accueillir au détriment des USA. De sorte que ce conflit à l'intérieur de la stratégie mondialiste, cette faille génératrice d'instabilités non maîtrisables, est peut-être la dernière chance dont jouissent les nations enracinées pour ne pas périr ; encore faut-il que l'hostilité bien compréhensible des peuples européens à l'égard les USA n'en vienne pas à plébisciter sans condition les prétentions des États désireux de se substituer à l'impérialisme anglo-saxon, car ce serait là réenclencher sous un autre drapeau le processus mondialiste qu'ils se seraient proposé d'enrayer.

Par ailleurs, les textes évoqués dans la présente rubrique, qu'il ne nous a pas paru inopportun de citer longuement, tant à cause des informations précieuses qu'ils contiennent qu'en vertu de leur pouvoir d'inviter à la réflexion, interpellent le lecteur sur le point particulier suivant : l'idée d'empire n'est pas neuve, elle n'est pas intrinsèquement perverse comme l'est l'idée mondialiste, en dépit de son caractère supranational ; elle est même une tendance inscrite dans l'appétit politique des peuples corrélative, dans son opposition à elle, de l'idée nationale. Attirance et répulsion, complémentarité et antinomie : il existe donc une *dialectique*, à l'intérieur du politique, entre esprit impérial et esprit national. Et parce que cette dialectique est naturelle (elle n'est ni surnaturelle ni contre nature), l'idée nationaliste ne saurait négliger de la prendre en compte. Si elle le faisait, elle se tronquerait et se rendrait inintelligible à elle-même. Mettre en évidence la logique qui préside à cette dialectique permettra de montrer en quoi et pourquoi l'esprit impérial est le corollaire obligé de l'esprit national, et est radicalement étranger à l'esprit mondialiste.

Autre chose est de prolonger, dans un empire, la vocation des nations à actualiser les potentialités de la nature humaine, autre chose est d'inviter chaque homme à se réduire à sa pure subjectivité pour se soustraire à sa nature, par là pour en finir avec toute identité nationale (laquelle est l'expression culturelle organisée, ainsi réfléchie, de ce qu'une communauté retient de la nature humaine) ; dans le deuxième cas, privé de principe immanent l'habilitant à s'unifier avec lui-même et avec ses semblables, il ne reste plus à l'individu en passe de désubstantialisation qu'à s'agglomérer avec tous les autres dans un tout substantiel dont il attendra un substitut artificiel et construit de nature humaine. Dans le premier cas, on a l'idée impériale ; dans le second, on a l'idée mondialiste.

Les virtualités de la nature humaine s'actualisent dans une vie nationale qui les exprime tout entières et non totalement, et c'est pourquoi elles tendent naturellement à s'excéder, autant que faire se peut, dans un tout supranational, tels des organes dans un corps, sans toutefois jamais parvenir à satisfaire de manière exhaustive une telle vocation totalisante. Il en est ainsi pour la raison suivante :

Quand un tout substantiel est vivant, c'est dans un même processus qu'il se divise pour faire être ses parties, et qu'il les rassemble, niant leur indépendance, pour se reconstituer à une puissance supérieure. Il se défait pour laisser place à ses parties qu'il confie à elles-mêmes en leur vocation à se différencier, à se complexifier elles-mêmes en sous-organes qu'elles synthétisent, afin de se reconstituer en les rassemblant ; il tire profit de leur complexification induite par son aliénation en elles pour se reformer en se transfigurant. À la manière dont le désir, dans le discours de Diotime de Mantinée, s'éveille à lui-même en se portant sur un objet donnant à ce désir de s'actualiser et de se rendre aimable à lui-même pour se ressourcer dans sa propre dynamique lui enjoignant de s'arracher en retour au premier bien fini qu'il aimait pour s'élancer vers un bien supérieur, ainsi pour se transfigurer (un désir se définit par son objet, changer d'objet revient à faire se sublimer le désir), le vivant, qui a en lui-même le principe de sa genèse, de sa croissance et de sa régénération, pose en lui-même cette puissance principielle et la fait s'actualiser en direction de lui-même selon des degrés de perfection qu'il fait se sublimer en lui, et telle est ce que saint Thomas nommait la succession des âmes (végétative, animale et humaine) dans l'embryon. Et de même que le désir parvient à convoiter des biens d'autant plus élevés qu'il s'est arraché aux biens finis avec plus de vigueur, de même le tout vivant se faisant procéder de l'auto-négation de ses parties en lesquelles il s'aliène est d'autant plus parfait qu'il a laissé de telles parties se déployer chacune dans une autonomie plus grande. Quand le tout est un vivant substantiel, l'acte de poser ses différences, de se scinder en elles, et l'acte de les subordonner à la genèse de lui-même entendu comme identité de son identité et de ses différences, est un seul et même acte. Quand le tout n'est pas substantiel mais simple tout d'ordre — et telle est la réalité politique —, il n'est qu'analogiquement vivant, et les deux actes de différenciation et d'intégration sont nécessairement successifs, selon une ligne sinusoïdale et non circulaire : le dialectique, représenté dans la forme d'un mouvement sinusoïdal, c'est un mouvement circulaire — ainsi *réflexif* — avorté. Et, à peine d'être mise en demeure de se substantifier en dépossédant l'individu d'une nature propre antérieure (selon la causalité) à la société qui en retour prétendra à lui en conférer une substitutive et construite au gré des délires de la volonté de puissance humaine, une telle réflexion doit demeurer avortée. Et tel est le fait de la genèse des empires. Un tel inachèvement est naturellement indépassable, autrement un tel projet ne serait pas moins que la prétention à faire s'individuer la nature humaine en une seule entité, à la manière dont la nature angélique s'individue en un seul ange ; c'est peut-être là, au reste, le secret de la pulsion mondialiste : faire de l'homme un ange, en le collectivisant, ce qui est justement dénoncé, mais qui peut-être est désigné de manière équivoque par le terme de « totalitarisme ». La réflexion (ontologique) ci-dessus évoquée doit demeurer inchoative, quoique le mouvement qui l'inspire soit naturel, par là nécessaire. Il ne saurait y avoir d'État mondial, et, si telle nation a vocation à se parfaire en s'intégrant dans un empire, tout empire a vocation à se défaire sporadiquement pour faire se ressourcer chaque nation en elle-même, voire pour rendre possible la genèse de nouvelles nations en retour travaillées par l'aspiration à se constituer, chacune, en empire, aspiration qui se résout dans l'érection d'un empire à partir de la nation la plus apte, en lequel les nations qu'il intègre se reconnaissent.

Ce qu'il nous paraît important de mettre en évidence par le laborieux développement qui précède, c'est ceci : que, par un réflexe de survie, les nations aspirent à s'émanciper des tentacules mortifères du mondialisme, c'est bien là l'expression d'un instinct légitime ; mais que ce réflexe en vienne, ce faisant, à exténuer la vocation des nations à se consommer en empires, c'est là quelque chose d'irrationnel, qui à ce titre, contradictoire, fait dépérir les nations elles-mêmes en exacerbant un individualisme communautaire qui se résout en individualisme personnel, par là en libéralisme, et ultimement en ce communisme définissant l'homme tel l'ensemble des rapports sociaux. L'Europe de Bruxelles est une calamité, une entité économique dépolitisée ouverte à tous les vents et à toutes les invasions, qui ne se donne une forme administrative coercitive que pour servir les intérêts de la Finance mondialiste et pour promouvoir un projet démocratique par essence antipolitique (la promotion des « droits de l'homme »). Mais cela ne devrait pas condamner dans son principe l'idée d'Empire européen.

NATIONALISME

« Dieu a fait naître d'un seul tout le genre humain : Il lui a donné le monde entier pour demeure. Il a défini le temps d'apparition de chaque peuple et lui a marqué le lieu de son établissement. L'Ordonnateur suprême a fixé l'heure de chacune des nations, assigné leurs frontières, déterminé leur rôle, réglé leur durée et leur part d'action dans l'œuvre générale. Les nations sont voulues de Dieu et conçues dans Votre grâce, Ô Jésus-Christ. **En chacune d'elles vit une idée profonde qui vient de Vous, et qui est la trame de ses destinées.**

Dieu fait vivre les nations et les gouverne. Il leur envoie la richesse ou la pauvreté, les victoires ou les défaites, les bénédictions ou les châtiments, suivant qu'elles sont fidèles ou rebelles à Sa loi » (cardinal Pie commentant saint Paul, cité dans *Rivarol* n° 3342 du 5 septembre 2018).

★ ★ ★ ★ ★

Extrait de De quelques problèmes politico-religieux contemporains, *par Stepinac (samizdat)* :

Le nationalisme étroit est l'individualisme des peuples, selon la grande leçon de José Antonio Primo de Rivera. L'individualisme métaphysique est l'absolutisation de la conscience humaine, la déification de l'homme. Le nationalisme de De Gaulle, qui entendait récupérer au profit de ses projets grandioses l'esprit nationalitaire des institutions de son époque, est un nationalisme que l'on pourrait qualifier de *nominaliste* : les génies nationaux sont incommensurables entre eux, l'identité nationale vaut pour elle-même et non par référence à un idéal humain commun à toutes les nations et individué en et par les caractères spirituels et ethniques de chacune d'entre elles. Après avoir sabordé, parce qu'il n'avait pas su être Hitler, l'Europe du Reich au nom du nationalisme le plus exacerbé, ainsi après avoir posé les conditions objectives d'un écrasement sans retour des nations d'Europe par la tenaille américano-soviétique, de Gaulle entendit restituer sa grandeur perdue à la France en faisant appel au projet chimérique de faire de cette dernière le troisième « Grand », le protecteur du Tiers-monde au nom de l'idéologie démocratico-nationalitaire. Et c'est au fond cette prétention échevelée qui anime tous les dirigeants français depuis 1789. C'est cette suffisance aussi moralement et psychologiquement détestable qu'elle est doctrinalement incohérente, qui fait vibrer la France depuis l'avènement de la Révolution jacobine, si l'on excepte les rares moments non démocratiques, ainsi non jacobins, de la vie française depuis plus de deux siècles. La France met beaucoup d'énergie à exhiber son vice. Elle voudrait faire croire au monde que son vice est l'expression de son énergie vitale. Et il existe encore maints nationalistes français, toutes tendances confondues, pour croire qu'il ne conviendrait pas de combattre le vice français de manière trop efficace, afin de ne pas tuer en leur idole nationale son énergie que ces mêmes nationalistes voudraient ordonner à des fins moins délétères. De tels nationalistes sont enclins à défendre la France coûte que coûte, la France avec ses vices, avec ses institutions vicieuses, au nom de ses institutions vicieuses, dans le cadre de ses institutions vicieuses, comme s'il était jamais possible de plébisciter le mal, d'épouser ses exigences pour en tirer un plus grand bien. « Il faut bien que la France vive si l'on entend la soigner », disent-ils ; « il faut bien la servir pour la faire vivre et, s'il n'est d'autre moyen de la servir que d'intégrer ses institutions vicieuses, alors le devoir de tout nationaliste français est de surmonter ses aversions et de se faire réaliste en sauvant la France par le moyen de ses vices pour la reconstruire en la libérant de ces derniers. » Le nationaliste français ne voit pas, ce faisant, que loin de sauver la France en servant ses institutions, il nourrit le vice qui la fait mourir. Le nationaliste français, monarchiste en son cœur, qui consent à servir la France en servant la République, ne fait en vérité que servir la République au détriment de la France, en apportant sa caution réactionnaire et ses talents à la destruction républicaine de l'identité française.

Les considérations qui précèdent invitent à se rendre à la constatation suivante : le mondialisme et le nationalisme nominaliste procèdent du même subjectivisme ; ils sont autant de rivaux dans la compétition pour la satisfaction de la même passion. Ils sont complices dans leur opposition même. Ils se renforcent l'un l'autre au lieu de se combattre vraiment. Lénine l'avait compris : « Faites de la cause du peuple la cause de la nation, et vous ferez de la cause de la nation la cause du peuple. » Le mondialisme athée, en sa version hédoniste et libérale, a parfaitement intégré à ses convictions secrètes la leçon de Lénine. S'il combat aujourd'hui les nations, c'est en tant qu'une juste conception de la réalité nationale enveloppe l'idée d'un ordre qui dépasse la nation même, ainsi l'idée d'un bien commun auquel les subjectivités individuelles auraient vocation d'être rapportées comme à leur fin ; s'il combat les nations, ce n'est nullement à cause de l'exacerbation nationaliste de leurs particularismes qu'il tient encore, en vérité, comme trop universels pour exprimer la revendication individualiste et subjectiviste dont ce même mondialisme bancaire se veut aujourd'hui le héraut. Le mondialisme athée, démocratique et maçonnique, libéral et communiste, n'est qu'un nationalisme subjectiviste ou nominaliste étendu aux limites de l'univers. Ce qui le corrobore, c'est que la vision du monde états-unienne, conscience de soi du mondialisme humaniste et en dernier ressort athée, a toujours favorisé, contre les intérêts de l'Europe, les nationalismes tiers-mondistes. « Europe–Tiers-monde, même combat », professait naguère Alain de Benoist. Oui, mais objectivement au profit du mondialisme, n'en déplaise aux « grécistes ». De ce fait, si le mondialisme humaniste est un nationalisme mondial, le nationalisme nominaliste, en retour, n'est que l'expression du service inconditionnel d'une psychè mondialiste timidement réduite aux limites de la nation.

Et qu'on n'aille pas, au passage, nier le caractère athée, en dépit des apparences, de l'humanisme libéral de la psychè états-unienne : comme l'a montré

Harold Blum (*The New American Religion*, Simon and Schuster, 1992), il existe une « religion américaine postchrétienne » qui est une idolâtrie d'inspiration gnostique et qui anime les chapelles baptiste, méthodiste, presbytérienne, la synagogue réformée, les Mormons, les pentecôtistes, les tenants du New Age et autres sectes, par-delà leurs différences de façade ; les USA sont le nouvel Israël, tout citoyen américain est un Juif de la fin des temps, il est le fils de Dieu, et l'Esprit-Saint parle en lui parce qu'il se veut la conscience de soi de l'Esprit divin ; le matérialisme des USA n'est que l'envers d'une mystique de la libération que chaque États-Unien, et à terme chaque homme, porterait en soi.

Les Américains, pétris d'esprit maçonnique, ne sont devenus juifs que parce que les Juifs sont devenus gnostiques, ainsi qu'on peut s'en rendre compte en consultant la lettre jointe par Clément XII à sa bulle *In eminenti* de 1738 :

> « Les Juifs qui condamnèrent le Christ ne sont pas aujourd'hui seulement ceux d'entre les Hébreux qui continuent et persistent dans leur erreur, mais ceux qui, consciemment ou inconsciemment, suivent cette antique erreur (de ne pas reconnaître en Jésus le Fils de Dieu) (...). Chez les Juifs de l'Ancien Testament, beaucoup, surtout parmi les prêtres et les princes du peuple, **avaient fini par ne plus croire en Dieu**, niant dans leur cœur et leur esprit présomptueux, ivres d'un délirant orgueil pour leur intelligence humaine, l'existence même de Dieu. Ils continuaient à proclamer la loi mosaïque comme un instrument de pouvoir et de politique, de domination de leur peuple (...). Et ce peuple, ils continuaient de l'appeler élu, non plus comme gardien unique du culte du Dieu unique et vrai, inconnaissable, invisible, omnipotent et omniscient, mais comme le dépositaire d'une intelligence humaine supérieure, destinée à gouverner et à dominer matériellement les autres peuples.
>
> La loi était devenue une minutieuse série de préceptes d'intérêt politique et de gouvernement, tendant à maintenir l'ordre intérieur et à assurer le pouvoir matériel du peuple élu. Les Commandements étaient oubliés ou rapportés seulement au peuple élu, ce qui avait formé chez eux cette doctrine constante que tout ce qui était fait à d'autres peuples ou à d'autres gens était légitime et juste, même si c'était en contradiction avec les Commandements (...).
>
> L'objet unique de leur culte est, en effet, l'adoration de la raison humaine, proclamée libre, seule force de l'humanité, et mise sur l'autel de l'orgueil le plus présomptueux, grâce auquel ils s'adoraient eux-mêmes, monstrueuse exaltation qui répète consciemment la faute originelle de Lucifer et dresse la pensée humaine contre son Créateur et Seigneur, **dont elle nie bien l'existence, parce que, si Dieu existe, cette exaltation et adoration de l'homme par lui-même n'est pas possible** (...).
>
> Telle est la vraie doctrine des frères libres maçons ou francs-maçons, secte secrète qui a été fondée et voulue par les mêmes hommes qui ont voulu et provoqué la soi-disant Réforme, précisément pour confondre et diviser les

chrétiens en attirant nombre d'entre eux sous le prétexte de la liberté humaine et avec le troublant mirage des choses sublimes et rationnelles (...).

Qu'est-ce donc que ce Suprême Architecte de l'univers, que les frères libres maçons placent comme un miroir vide et muet devant les yeux de leurs sectateurs, pour confondre leurs esprits et éviter de trop brusques et immédiates révélations, sinon ce hasard qu'avec un orgueilleux aveuglement leurs doctrines affirment ou sous-entendent avoir donné origine à l'univers ? Aveugle fantoche, sans aucune ombre de ressemblance avec ce Dieu dans lequel nous croyons.

Il est architecte, mais eux-mêmes se qualifient de maçons et donc de collaborateurs continus, directs et nécessaires de l'architecte, participant à son activité et non pas ses fils et serviteurs. Bien plus, ils sont en même temps les "briques" avec lesquelles se fabrique jour par jour cet univers au centre duquel il n'y a plus Dieu, mais la raison humaine, vrai artisan de toutes choses, selon leurs doctrines. Pour cela, ils sont donc la "maçonnerie", c'est-à-dire la vraie fabrique et officine qui unit entre eux les maçons, les briques de cette humaine fabrication.

Ils sont libres, non parce que quelqu'un menace leur liberté matérielle et qu'ils veuillent ainsi l'affirmer, mais seulement parce qu'ils déclarent libre leur raison et libre leur pensée, libérées d'un Dieu qui n'existe pas et qui est hasard aveugle, privé de toute valeur. Dans leur terminologie même, ils révèlent donc avec certitude leur monstrueuse erreur, leur doctrine vraie et profonde, même si elle est encore masquée aux profanes et à beaucoup de leurs adeptes. Et c'est pour cela que leur secte doit rester si attentivement secrète. »

Par voie de conséquence, le véritable nationalisme, le nationalisme rationnel antinominaliste et catholique romain, consiste à reconnaître dans les nations autant d'individuations obligées d'une même nature humaine dont les exigences morales et métaphysiques ont raison de fin pour les nations elles-mêmes. L'Europe se subordonne les patries blanches qui l'explicitent, la patrie se subordonne les régions et les familles ; chaque sphère supérieure se subordonne la sphère inférieure qu'elle confirme dans son autonomie relative. Et l'Église transfigure toutes les sphères qu'elle requiert comme autant de conditions de son œuvre de vivification surnaturelle à vocation supra-politique.

On dira encore : mais pourquoi reviendrait-il à l'Allemagne et non à la France de fédérer impérialement les nations d'Europe ? Tout simplement parce que — l'histoire et l'examen de leurs cultures respectives le prouvent — la France est à l'Allemagne comme la Grèce le fut à Rome : l'universalisme de l'esprit français n'est fécond qu'à proportion de son aptitude à coloniser culturellement ceux qui l'encadrent politiquement, sans quoi il périt d'intumescence. L'esprit français est subtil et intuitif, sa vivacité répugne à le rendre laborieusement discursif ; il est capable de profondeur, mais il ne sait pas conférer à ses intuitions fulgurantes la forme, rationnelle — qui les justifie —, de la systématicité. Il en résulte, sur le plan pratique, que l'esprit français est dépourvu du génie de l'organisation. Au reste, la France, comme enivrée par son génie étincelant, fut toujours trop préoccupée d'elle-même, trop fascinée par elle-même pour consentir à viser un bien commun politique universel qui la relativiserait : elle fut absente à Lépante et à Vienne, elle fut l'alliée des Mahométans et des Protestants. En France, l'État, incarnation temporelle de l'esprit du peuple français, fut le générateur, le constructeur de la vie nationale. En Allemagne, c'est la vie nationale qui précéda l'État. Plus sensible que l'Allemagne à la souveraineté de l'État du fait du rôle historiquement générateur de ce dernier, la conception française du politique est sous ce rapport supérieure à celle de l'Allemagne : c'est l'État, non la nation, qui, par son droit et sa constitution en lesquels il fait s'unifier et se résumer l'essentiel de sa vie culturelle, est le centre de la vie politique. Cependant, du fait même que l'État précéda chronologiquement la nation, la France ne sut pas aussi adéquatement qu'en Allemagne faire conditionner la genèse de l'État par la vie nationale, selon les exigences rationnelles du concept d'État : il est premier en intention et ultime en exécution, il se fait procéder de ce dont il est la raison, et sous ce rapport la conception allemande du politique l'emporte sur la conception française. C'est pourquoi l'esprit français, trop habitué à penser l'État sans le complément de sa nécessaire particularisation nationale, s'est fait habiter par une conception universaliste de l'État, mais abstraitement universaliste : l'État français, l'État désincarné arraisonnant de l'extérieur la vie nationale, c'est l'État universel qui de soi se pense immédiatement tel l'État mondial. D'où la prétention exorbitante de la France à se prendre pour fin, à se vouloir la lumière politique de toutes les nations du monde ; et cette prétention est exorbitante, parce qu'elle est fondée sur une conception abstraite de la réalité politique. D'une certaine façon, la France s'est pensée comme empire mondial avant de se définir comme réalité nationale, au point que le nationalisme français se voulant opposé à l'idée d'empire est en fait une prétention impériale trop peu soucieuse de son identité nationale réelle. En vertu de ces prémisses, il n'est pas excessif de faire remarquer que l'abstraction des « droits de l'homme » et de « patrie des droits de l'homme » était en germe dans l'idée française de monarchie, dans la mesure où une telle monarchie s'est construite, dans sa prétention germinale à se poser en rival de l'Allemagne héritière de l'idée carolingienne, sur le principe d'une exclusion *a priori* de l'idée de subordination de la France à l'empire européen.

PÉDOMANIE

Sources : Rivarol *n*° *2945 du 26 mars 2010, p. 11* :

Plusieurs centaines de dossiers de pédophilie, en France, sont instruits à l'encontre des enseignants du public mais, depuis la circulaire Royal d'août 1997, « près de trois affaires sur quatre sont conclues par un classement sans suite, un non-lieu ou une relaxe » (voir *L'École du soupçon*, par Marie-Monique Robin et David Charasse, Éd. La Découverte). Il y a dix-sept millions de Juifs dans le monde ; 8000 rabbins sont coupables de sévices et de viols sur enfants, ces affaires sont en cours ; le Rav Michael Ozatir fut rattrapé par la justice israélienne et s'est enfui en Thaïlande. Le rabbin David Kaye, président du PANIM (association pour la propagande du judaïsme), fut surpris par NBC en flagrant délit de racolage sur mineurs. Le rabbin Lewis Brenner fut jugé pour 14 chefs d'accusation de sodomie et violence sexuelle. La situation est analogue pour le rabbin Ephraïm Bryks (membre du comité rabbinique du quartier new-yorkais de Queens), le rabbin canadien Perry Ian Cohen, les rabbis Baruch Launer, Jerrold Martin Levy, Richard Marcovitz, le rabbin Salomon Hafner (qui opérait sur des handicapés mentaux), le rabbin Alan J. Horovitz (condamné à vingt ans de prison : il sodomisa une fillette de neuf ans dans le service de psychiatrie où il officiait comme aumônier), tous condamnés aux États-Unis pour pédophilie. Il est vrai qu'il est enseigné dans le Talmud que « les relations sexuelles avec des mineures ne font l'objet quant à elles d'aucune interdiction si elles ont lieu dans le cadre du mariage, voire même en dehors de ce cadre dans certains cas (esclavage), peu importe l'âge » (rapporté par Jim Reeves dans la livraison de *Rivarol* du 16 mai 2008). Le 26 janvier 1977, dans *Le Monde*, Jack Lang, Bernard Kouchner, Jacques Derrida, André Glucksmann, Pascal Bruckner, Georges Moustaki, Louis Althusser et Jean-Paul Sartre avaient demandé la clémence pour les pédophiles devant comparaître devant les Assises des Yvelines.

Source : Rivarol *n*° *2950 du 30 avril 2010, p. 16* :

Les statistiques disponibles relativement aux abus sur mineurs prouvent qu'ils sont le fait de proches (75 % des familles, 20 % des amis et professeurs ou éducateurs sportifs, sociaux ou religieux). Ce phénomène n'est nullement lié à la condition de célibat. Pour les catholiques, on dispose de l'étude publiée par le « John Jay College of Criminal Justice » de New York : elle examine toutes les plaintes déposées pour abus sexuels entre 1950 et 2002 contre les prêtres états-uniens (environ 100 000) : 4392 plaintes, soit 4,5 % ; 10 % de ces 4,5 % firent l'objet d'une mise en accusation, et il y eut 252 condamnations, sur 52 ans.

Media-Press info *du 28 août 2018* :

Le rabbin Zvi Gluck dirige l'association *Amudim* créée en 2014, sise à New York avec ouverture de bureaux dans l'entité sioniste ; cette association a traité depuis sa création environ 5000 cas de pédophilie dans la communauté juive ultra-orthodoxe ; *Amudim*, en 2018, reçoit de 40 à 50 dossiers nouveaux par semaine, et 200 appels par jour.

★ ★ ★ ★ ★

Source : Mgr Williamson, Kyrie eleison, *15 septembre 2018* :

Sujet : Le Rapport de Mgr Viganò.

Si la doctrine est faible, notre agir est dément.
Mais la vraie Foi en Dieu sauve certainement.

Mgr Viganò, archevêque, ancien Nonce apostolique aux États-Unis, vient de diffuser un rapport de 11 pages, donnant force détails et citant plusieurs noms, dans lequel il déclare qu'il existe aux États-Unis une immense corruption morale qui gangrène le clergé catholique. Il précise que la responsabilité des crimes mentionnés atteint le sommet de l'Église. Au moment où nous écrivons ces « Commentaires », le scandale dénoncé par cet écrit est immense et entraîne des répercussions très étendues. À l'heure actuelle, personne ne peut dire quelles en seront les retombées ultimes. Un lecteur nous écrit à ce sujet et nous pose quatre questions que voici. Nous y répondons brièvement.

1. *Que penser de la lettre de Mgr Viganò ? Est-ce aussi sérieux qu'il y paraît ?*
Oui, parce que, chez Mgr Viganò, tout indique qu'il s'agit d'un homme honnête. En 2011, il a été éloigné de Rome et envoyé aux États-Unis. La raison de cet exil venait de ce qu'il tentait, avec succès, d'assainir les finances du Vatican. Au moment où nous écrivons ces lignes, il se cache parce qu'il craint pour sa vie : il a de sérieux ennemis.

2. *La lettre sera-t-elle une bombe dans l'Église, ou un simple pétard mouillé, sans conséquences durables ?*
Le temps le dira. Il est certain que le niveau élevé de corruption dans l'Église est comparable au niveau de corruption des pouvoirs en place dans le monde, que ce soit parmi les politiciens, les banquiers, les médias, etc. Satan règne parce que les satanistes sont liés entre eux dans tous les domaines. Si c'est en leur pouvoir, ils ne vont certainement pas permettre à un simple archevêque de bouleverser leurs plans. En fait, c'est Dieu qui tient le fléau en main. Est-ce que les gens vont se tourner vers Lui, oui ou non ? Sinon, Il permettra aux serviteurs de Satan de continuer à flageller l'Église jusqu'à atteindre le Nouvel Ordre Mondial. Si les hommes se tournent vers Lui, nous obtiendrons bientôt la Consécration de la Russie.

3. *Ce scandale va-t-il faire réfléchir Menzingen sur l'opportunité de poursuivre la recherche d'une reconnaissance par le Pape et par Rome ?*

Ce devrait certainement être le cas mais, hélas, je crains qu'il n'en soit rien. Car, depuis de nombreuses années, le siège de la Fraternité à Menzingen est dans les nuages et les libéraux ne changent pas de doctrine. Pour eux, c'est la réalité qui est dans l'erreur. C'est pourquoi il faut obtenir à tout prix la reconnaissance officielle de la Fraternité par Rome ; le Pape François doit donc être traité comme un ami. Peut-être que Menzingen pourrait admettre qu'ils ont eu tort pendant 20 ans. Mais cela ne leur facilitera pas un changement de cap. À l'inverse, Mgr Lefebvre avait décidé il y a 30 ans de ne pas suivre les Papes conciliaires. Le rapport de Mgr Viganò ne l'aurait pas surpris.

4. *Qu'est-ce qui a rendu Mgr Lefebvre si clairvoyant ?*

La Doctrine. Grattez beaucoup d'Occidentaux matérialistes d'aujourd'hui ; vous trouverez un héritier du protestantisme qui tend à filtrer un moucheron mais avale un chameau (Mt XXIII, 24). Ce qui signifie qu'il est plus sévère pour les péchés de la chair que pour les péchés de l'esprit, tels que les erreurs doctrinales ou les hérésies. Toutefois, les péchés de la chair sont suffisamment graves pour contribuer à la damnation éternelle d'un grand nombre d'âmes qui tombent en Enfer — c'est ce qu'a dit Notre Dame aux enfants de Fatima. Mais c'est l'hérésie qui ouvre la voie à ces péchés. Voir Rom. I, 21 à 31. Enfreindre le premier commandement conduit à l'impureté en général (21-24), à *l'homosexualité en particulier* (26-27), et à toutes sortes d'autres péchés (28-32). En d'autres termes, c'est le premier commandement qui est vraiment le Premier, et non le sixième.

Ainsi, le véritable scandale dénoncé par Mgr Viganò est implicite plutôt qu'explicite. Car c'est l'idolâtrie officielle de Vatican II, présente dans les documents du Concile, qui a contribué, plus que n'importe quoi d'autre, à supprimer les freins catholiques à l'immoralité. Cela a entraîné le vice des péchés de la chair qui maintenant se déchaînent chez les hommes d'Église de haut rang. Si, comme l'affirme *Dignitatis Humanae*, aucun État ne doit opposer de contraintes aux fausses religions, pour quelles raisons devrais-je observer la morale catholique qui pose des limites explicites à ma liberté ? Si l'enfer n'est qu'une simple « doctrine » de l'Église, pourquoi devrait-il m'empêcher de pécher comme bon me semble ? Dans *Nostra Ætate*, ou *Unitatis Redintegratio*, Vatican II déclare que plusieurs religions à côté du catholicisme ont leurs bons côtés. Mais alors, n'est-ce pas l'Église catholique elle-même qui m'enseigne que je n'ai pas vraiment besoin d'être catholique ?

Kyrie eleison.

PEINE (DE MORT)

« Ordonner » signifie mettre en ordre et donner des ordres, mais ces deux sens sont si solidaires l'un de l'autre qu'ils en viennent à se confondre : on donne des ordres pour mettre en ordre, ainsi pour disposer les choses et les hommes en vue d'une fin, qui est le bien commun. Donc l'acte de transgresser un ordre établi — ce qui est le fait de tout crime, du vol d'un pain au régicide — revient à nier la valeur et la portée de l'ordre (*imperium*) ayant présidé à son instauration. De plus, d'une part l'acte de donner un ordre et l'acte de le recevoir sont un seul et même acte : « *actio et passio sunt idem* » ; d'autre part l'acte de donner un ordre est l'actuation d'une autorité, d'un pouvoir de « faire croître » (« *auctoritas* » vient de « *augere* »). Ainsi, refuser d'exécuter un ordre revient (sauf s'il est injuste, auquel cas il n'a pas valeur de vrai ordre) à nier la légitimité du dépositaire du pouvoir politique. Or un pouvoir de l'homme sur l'homme n'est réel que si ce pouvoir est reconnu par ceux sur lesquels il s'applique : un pouvoir qui n'est pas obéi équivaut à une absence de pouvoir. En effet, de même que la vision est l'acte commun de la vue et du visible (de sorte que la vision s'éclipse si le visible perd sa visibilité), de même l'acte d'ordonner est l'acte commun de l'ordonnateur et de l'ordonné, de sorte que l'acte d'autorité s'éclipse si l'ordonné se soustrait à son statut d'ordonné ; au reste, celui qui désobéit s'intronise sujet d'un ordre social qu'il entend substituer à celui qu'entend imposer l'autorité légitime, de telle sorte que la désobéissance équivaut logiquement à la négation de l'autorité du chef d'État, et à la suppression effective de cette dernière : aussi longtemps que le crime n'est pas impuni, c'est l'ordre du criminel qui prévaut sur celui du chef d'État. Plus profondément, il y a bien commun, *bien auquel on est rapporté*, seulement si le bien commun *se veut* dans ceux qui l'aiment, ainsi donc seulement si la volonté du chef, conscience de soi de la volonté *du bien commun* (au génitif subjectif), se fait préfigurer dans la volonté objective de la multitude, ainsi répond à un appel au moins implicite et passif originé dans la multitude elle-même ; et le chef exige la reconnaissance de son autorité, de gré ou de force, pour attester l'existence de cette autorité, c'est-à-dire pour vérifier que sa volonté personnelle est bien le principe d'actualisation d'une telle volonté objective immanente à la multitude. S'il entend conserver son autorité, le dépositaire du pouvoir est alors en demeure de la reconstituer, ainsi de se faire reconnaître de gré ou de force, en tant que possesseur de ce pouvoir, par le criminel, car cette reconnaissance de l'autorité est intrinsèque à l'autorité. En ce sens, la peine est l'ordre du crime, elle est analytiquement appelée par lui en tant qu'elle est incluse en lui : en consentant à son crime, le criminel consent, au moins objectivement, à la peine ; et l'acte de subir une peine qui lui est imposée de force le contraint à reconnaître l'autorité qui la lui inflige, en tant qu'il éprouve à ses propres yeux et aux yeux de tous une force volontaire qui s'impose à lui et fait plier sa propre volonté déviée, écartée de la volonté du bien commun. L'autorité du chef d'État requiert d'être ontologiquement reconstituée dans l'application de la peine, quand bien même cette dernière n'entraînerait aucun bienfait moral au bénéfice du condamné. D'une certaine façon, si tout crime est un régicide, en retour toute peine est médicinale, mais elle l'est d'abord pour l'autorité qui l'applique et pour la société que sert cette autorité, ensuite seulement pour le condamné. Par ailleurs, le propre du bien commun est de se subordonner le bien particulier ; si le meilleur bien particulier de l'homme est sa vie, il est juste que cette vie soit subordonnée au bien commun ; si le bien commun devait s'effacer devant la valeur supposée plus grande de la vie individuelle, c'est alors que le bien particulier l'emporterait sur le bien commun. Il est donc absolument requis, quand bien même la peine de mort ne serait jamais appliquée, que cette dernière soit incluse dans l'appareil pénal d'un complexe juridique et judiciaire, si l'on entend promouvoir le bien commun, cause finale de la société et de l'autorité qui la sert. Il doit être signifié qu'il est des erreurs pour lesquelles on mérite de mourir, sans quoi, la poursuite du bien commun étant abandonnée, la société se défait.

L'idée traditionnelle (Rom. XIII, 4) selon laquelle le prince est ministre de Dieu pour châtier les méchants fut contestée par les libéraux et les modernistes insinuant que cette thèse serait historiquement obsolète, les régimes confessionnels ayant été abolis. Pie XII entendit au contraire rappeler que cette thèse a une valeur universelle dans l'espace et dans le temps :

> « Même quand il s'agit de l'exécution d'un condamné à mort, l'État ne dispose pas du droit de l'individu à la vie. Il est réservé alors au pouvoir public de priver le condamné du bien de la vie, en expiation de sa faute, après que, par son crime, il s'est déjà dépossédé de son droit à la vie » (*Acta Apost. Sedis*, 1952, p. 779 sq.).

Dans la *Somme théologique*, saint Thomas (II^{a} II^{ae} q. 64 a. 2 resp.), à l'objection selon laquelle la Loi prescrit « tu ne tueras pas » (Ex XX, 13), fait observer que cette même loi (Ex XXII, 8) ajoute : « Ne souffre pas que le malfaiteur vive. » La Loi prescrit ainsi, en vérité, de ne pas tuer des innocents.

Il n'est nullement contradictoire d'être à la fois partisan de la peine de mort et opposé à l'avortement :

Tout être tend naturellement à faire retour vers ce dont il procède (voir ici « **Désir** », « **Bonheur** », « **Surnaturalisme** »). Donc, de ce que l'homme n'est pas sa propre origine, il n'est pas sa propre fin. En tant qu'il n'est pas sa propre origine, il dispose de soi mais comme confié à soi, il ne s'appartient pas, et c'est pourquoi il ne doit ni se suicider ni tuer des innocents. De ce qu'il n'est pas sa propre fin, il n'est pas pour lui-même son meilleur bien, il est ordonné au bien commun ; or sa vie est son meilleur bien privé ; donc elle n'est pas un absolu, sa valeur est subordonnée à celle du bien commun. Et les sociétés en lesquelles l'homme se considère comme sa propre fin, qui à ce titre proscrivent la peine de mort et institutionnalisent l'avortement, sont des cités dans lesquelles le suicide, dans la forme de l'euthanasie, est érigé en principe de gouvernement : « Dès qu'il dépasse soixante-cinq ans, l'homme vit plus longtemps qu'il ne produit et il coûte cher à la société. La vieillesse est actuellement un marché, mais il n'est pas solvable. Je suis, pour ma part, en tant que socialiste, contre l'allongement de la vie. L'euthanasie sera un des instruments de nos sociétés futures » (Jacques Attali, *L'Avenir de la vie*, 1981).

PIE XII

Source : Le Révisionnisme de Pie XII, *Graphos, par Robert Faurisson.*

« Favorable aux Alliés et secourable aux juifs, Pie XII était aussi révisionniste. C'est précisément son scepticisme de révisionniste, et non pas une quelconque ignorance des faits, qui explique son silence sur la prétendue extermination physique des juifs, sur les prétendues chambres à gaz nazies et sur les prétendus six millions de victimes juives de ce qu'on appelle aujourd'hui "l'Holocauste" ou "la Shoah".

Favorable aux Alliés, il est allé jusqu'à se faire, en 1940, l'intermédiaire entre, d'une part, des opposants au régime de Hitler et, d'autre part, la France et la Grande-Bretagne. Mieux : en 1941, ayant à choisir entre Hitler et Staline, il a décidé, à la demande de Roosevelt, de choisir Staline. Pourtant "Uncle Joe" incarnait ce communisme que, quatre ans auparavant, une encyclique avait stigmatisé comme étant "intrinsèquement pervers". Aussi l'armée allemande allait-elle voir ses propres soldats, souvent catholiques, et des aumôniers de la Wehrmacht se faire tuer à l'Est par des armes américaines fournies aux communistes avec la discrète bénédiction du Pape. Les Allemands rouvraient les églises fermées par les Soviétiques mais, plus tard, au procès de Nuremberg, ils se verront accuser — notamment par un procureur soviétique — de persécution religieuse. Au Vatican nul ne protestera contre la criminelle mascarade judiciaire de Nuremberg » (p. 7).

« En août 1943, ils (les hauts dirigeants alliés, qui s'étaient jusque-là contentés de flétrir l'"extermination" des juifs avec l'enflure rhétorique des discours de guerre) avaient failli aller plus loin et parler de "chambres à gaz" mais, à Londres, le Foreign Office et, à Washington, le State Department, inondés de propagande juive, décidaient d'un commun accord, le 29 août 1943, que les preuves étaient insuffisantes » (p. 8).

Le procès-verbal de Wansee prévoit la « remise en liberté (*Freilassung*) des juifs à la fin de la guerre et la création d'une entité juive hors de l'Europe (p. 9).

« Le 30 juin 1944, alors que le maréchal Pétain est encore au pouvoir en France et que Léon Bérard le représente auprès du Saint-Siège, **Pie XII reçoit le général de Gaulle selon le protocole réservé aux chefs d'État** » (p. 16).

« Les hauts responsables britanniques ne pouvaient pas croire aux prétendus gazages homicides puisque, parvenus à briser les codes que les Allemands utilisaient pour leurs messages chiffrés secrets, leurs services spécialisés ne trouvèrent dans ces innombrables messages aucune mention de tels gazages (...) » (p. 22).

« Un très grand nombre de nourrissons et de bébés, âgés de moins de deux ans, de parents israélites, sont répartis à Berlin même et dans la région de cette ville dans différentes crèches et dans de nombreuses pouponnières. Ils y sont toujours menés par les DRK (Croix-Rouge allemande) et la NSVW (organisation sociale allemande) en qualité et en même temps que les enfants de parents sinistrés ou tués dans les bombardements aériens, et y sont généralement admis comme tels parmi les orphelins » (Maurice Bardèche, *Nuremberg ou la Terre promise*, Les Sept Couleurs, Paris, 1948, p. 159-160), cité par Robert Faurisson, *op. cit.*, p. 26).

Dès 1941, on se mit dans les milieux sionistes à parler de mise à mort de juifs dans des wagons frigorifiques, d'exécutions « à l'électricité, à la chaux vive, à la piqûre d'air ou de cyanure, à l'insecticide, à l'acide cyanhydrique, à l'oxyde de carbone, au gaz carbonique, aux gaz d'échappement produits par un moteur de char ou de sous-marin, à l'eau bouillante ou à la vapeur d'eau (première version officielle pour Treblinka d'après le document de Nuremberg PS-3311, ayant, pour le tribunal, valeur de "preuve authentique" » (p. 28). « Que penser de cet ours et de cet aigle en cage auxquels les Allemands de Buchenwald jetaient un juif par jour, l'ours déchiquetant ledit juif et l'aigle se régalant de ses os ? » (p. 28). C'est au rabbin Michael Dov Weissmandl que l'on doit dès mai 1944 le chiffre devenu sacro-saint de six millions (p. 29).

<Pie XII> « va, en 1939-1940, jusqu'à comploter contre Hitler en acceptant d'assurer un lien entre le gouvernement britannique et la résistance allemande ; puis, au début du mois de mai 1940, il avertit les Alliés de l'imminence de l'offensive allemande et leur fournit des précisions importantes. Les Allemands ne manquent pas de l'apprendre et, selon eux, cet acte d'espionnage met fin "à la neutralité du Pape, apôtre de la paix". Mais il est à remarquer que ces mêmes Allemands n'exercent pas de représailles pour autant (...) » (p. 35). **Pour lever l'opposition des catholiques américains à la guerre menée en faveur de Staline, Roosevelt demande à Pie XII d'intervenir discrètement : on tendra la main non au régime communiste mais à la Russie** (p. 37). « **En Allemagne, l'exercice du culte catholique était libre ; il était généreusement financé par l'État ; des processions et des pèlerinages mobilisant des milliers de fidèles en présence des autorités religieuses civiles et militaires se déroulaient librement ; des églises étaient construites ; des soldats en uniforme pouvaient assister aux offices et y communier** » (p. 38). L'URSS a beaucoup favorisé la diffusion des thèses exterminationnistes dès 1942 (p. 42). Le prétendu plan d'enlèvement de Pie XII par les SS est une rumeur forgée par le Political Warfare Executive (officine de propagande britannique) (p. 52). « (...) l'Allemagne était le seul pays au monde où ne se pratiquait plus l'usage, passablement hypocrite, consistant à étouffer, d'un commun accord avec les autorités religieuses, les cas de pédophilie quand ils étaient le fait du clergé » (p. 54). **Kurt Gerstein, retrouvé pendu dans sa cellule en juillet 1945, est l'auteur d'un rapport (comprenant six versions) dans lequel il est affirmé que les victimes étaient entassées dans les chambres à gaz à raison de 800 personnes dans une pièce de 25 à 45 mètres carrés et de 1,80 mètre de**

hauteur de plafond ; que les Allemands auraient tué 20 à 25 millions de juifs dans les camps de Belzec et de Treblinka (p. 59). Quoique très hostile à Hitler, « Pie XII a, jusqu'au bout, résisté à la pression des organisations juives. Il a refusé de cautionner aussi bien la religion de "l'Holocauste" (une imposture) que la création de l'État d'Israël (une autre imposture, directement liée à la première). Il allait payer cher son audace, mais à titre posthume » (p. 65). « Mary Ball Martinez, journaliste accréditée au Vatican de 1973 à 1988, (...) a résumé un aspect de son ouvrage, *The Undermining of the Catholic Church*, dans un article intitulé "Pope Pius XII During the Second World War" (*The Journal of Historical Review*, vol. 13 n° 5, septembre-octobre 1993, p. 26-29). La lettre, qu'elle qualifie de "poignante", et que, à l'en croire, Pie XII aurait envoyée à Myron Taylor, paraît apocryphe. Dans cette prétendue lettre, dont elle ne fournit ni la date, ni la source, le Pape aurait émis le regret d'avoir, pendant la guerre, observé le silence sur le régime communiste, et cela à la requête de Roosevelt » (p. 82).

★ ★ ★ ★ ★

Source : Écrits de Paris *n° 815, mars-avril 2018, article de Jérôme Bourbon, p. 5-8.*

Pie XII, dimanche de Pâques, 1949 : « Quelle satisfaction pour Notre cœur paternel de pouvoir échanger avec vous [les félicitations pascales], chers fils et chères filles de toute la terre, dans l'intimité d'une communication dont il ne nous avait pas été donné de jouir auparavant ! [...] Nous attendons de la télévision des conséquences de la plus haute portée, par la révélation toujours plus éclatante de la vérité aux intelligences loyales.

On a dit au monde que la religion était à son déclin, et à l'aide de cette nouvelle merveille [la télévision] le monde verra le grandiose triomphe de l'Eucharistie et de Marie.

On lui a dit que la papauté était morte ou mourante, et il verra les foules déborder de toutes parts de l'immense Place Saint-Pierre pour recevoir la bénédiction du pape et pour entendre sa parole.

On lui a dit que l'Église ne comptait plus, et il la verra, persécutée ou glorieuse, mais partout vivante !

On lui a dit qu'il ne trouverait du secours, de bonté, de dévouement, que par une philanthropie que ni la foi ou la charité divine n'inspirent et n'animent, et il verra les disciples du Christ vouer leurs vies jusqu'à la mort incluse au service des malades, des vieillards, des prisonniers, des lépreux, sous tous les climats, partout où les corps souffrent, où le cœur gémit, où l'âme est en détresse. »

Patrick Le Lay, PDG de TF1 : « Il y a beaucoup de façons de parler de la télévision. Mais dans une perspective "business", soyons réalistes : à la base, le métier de TF1, c'est d'aider Coca-Cola par exemple, à vendre son produit. (...)

Or pour qu'un message publicitaire soit perçu, il faut que le cerveau du téléspectateur soit disponible. Nos émissions ont pour vocation de le rendre disponible : c'est-à-dire de le divertir, de le détendre pour le préparer entre deux messages. Ce que nous vendons à Coca-Cola, c'est du temps de cerveau humain disponible. (...)

Rien n'est plus difficile que d'obtenir cette disponibilité. C'est là que se trouve le changement permanent. Il faut chercher en permanence les programmes qui marchent, suivre les modes, "surfer" sur les tendances, dans un contexte où l'information s'accélère, se multiplie et se banalise. »

Début janvier 2018, un médecin déclarait sur BFMTV : « Les enfants qui s'en sortiront le mieux dans la vie sont ceux qui ont le moins accès aux écrans. »

« Béni soit le Seigneur ! Des lugubres gémissements de la douleur, du sein même de l'angoisse déchirante des individus et des pays opprimés, se lève une aurore d'espérance. Dans une partie toujours croissante de nobles esprits surgissent une pensée, une volonté de plus en plus claire et ferme : faire de cette guerre mondiale, de cet universel bouleversement, le point de départ d'une ère nouvelle pour le renouvellement profond, la réorganisation totale du monde. À cet effet, tandis que les armées continuent à s'épuiser en luttes meurtrières, avec des moyens de combat toujours plus cruels, les hommes de gouvernement, représentants responsables des nations, se réunissent pour des conversations, pour des conférences, en vue de déterminer les droits et les devoirs fondamentaux sur lesquels devrait être reconstruite une communauté des États, de tracer le chemin vers un avenir meilleur, plus sûr, plus digne de l'humanité.

Antithèse étrange, cette coïncidence d'une guerre dont l'âpreté tend au paroxysme, et du remarquable progrès des aspirations et des projets vers une entente pour une paix solide et durable ! On peut bien discuter sans doute la valeur, l'applicabilité, l'efficacité de tel ou tel projet, le jugement à porter sur eux peut bien rester en suspens ; mais il n'en est pas moins vrai que le mouvement est en cours. (...)

En outre — et ceci est peut-être le point le plus important — à la lueur sinistre de la guerre qui les emporte, dans la chaleur cuisante de la fournaise où ils se trouvent emprisonnés, les peuples se sont réveillés d'une longue torpeur. Ils ont pris en face de l'État, en face des gouvernants, une attitude nouvelle, interrogative, critique, défiante. Instruits par une amère expérience, ils s'opposent avec plus de véhémence aux monopoles d'un pouvoir dictatorial, incontrôlable et intangible, et ils réclament un système de gouvernement qui soit plus compatible avec la dignité et la liberté du citoyen.

Ces multitudes, inquiètes, bouleversées par la guerre jusqu'en leurs assises les plus profondes, ont acquis aujourd'hui l'intime persuasion — auparavant peut-être vague confuse, mais désormais incoercible — que, si la possibilité de contrôler et de corriger l'activité des pouvoirs publics n'avait pas fait défaut, le monde n'aurait pas été entraîné dans le tourbillon désastreux de la guerre, et qu'afin d'éviter à l'avenir qu'une pareille catastrophe se répète, il faut créer dans le peuple lui-même des garanties efficaces.

Dans cet état d'esprit, faut-il s'étonner que la tendance démocratique envahisse les peuples et obtienne largement le suffrage et le consentement de ceux qui aspirent à collaborer plus efficacement aux destinées des individus et de la société ?

(...) Les décisions connues jusqu'ici des Commissions internationales permettent de conclure qu'un point essentiel de tout aménagement futur du monde serait la formation d'un organisme pour le maintien de la paix ; d'un organisme investi de commun accord d'une autorité suprême et qui aurait aussi dans ses attributions d'étouffer dans son germe toute menace d'agression isolée ou collective. Personne ne pourrait saluer cette évolution avec plus de joie que celui qui a défendu depuis longtemps le principe que la théorie de la guerre comme moyen apte et proportionné de résoudre les conflits internationaux est désormais dépassée. À cette collaboration commune, qui est à entreprendre avec un sérieux d'intention inconnu jusqu'ici, personne ne saurait souhaiter plus ardemment plein et heureux succès que celui qui s'est employé consciencieusement à amener la mentalité chrétienne et religieuse à réprouver la guerre moderne et ses monstrueux moyens de lutte.

Monstrueux moyens de lutte ! On ne saurait contester que le progrès des inventions humaines, qui devait marquer l'avènement du plus grand bien-être pour l'humanité, a été détourné de son but pour être employé à détruire ce que les siècles avaient édifié. Mais par là même s'est manifestée toujours plus évidente l'immoralité de cette guerre d'agression. Et si maintenant, à l'aveu de cette immoralité, s'ajoute la menace d'une intervention juridique des nations et d'un châtiment infligé à l'agresseur par la Société des États, en sorte que la guerre se sente toujours sous le coup de la proscription et toujours sous la surveillance d'une action préventive, alors l'humanité pourra sortir de la nuit obscure où elle est restée si longtemps submergée ; elle pourra saluer l'aurore d'une nouvelle et meilleure époque de son histoire » (Pie XII, *Sur la Démocratie*, Radio-message au monde, 24 décembre 1944).

★ ★ ★ ★ ★

Les informations qui précèdent devraient disposer tout observateur — et singulièrement les catholiques, qui se souviennent des admirables encycliques de Pie XII, telles *Mystici Corporis* et *Humani generis* — à comprendre que leur devoir d'obéir au pape n'est pas inconditionnel. Pie XII, tenu pour vrai pape même par les sédévacantistes (à part quelques illuminés marginaux), s'est lamentablement trompé à propos de ce phénomène corrupteur qu'est la télévision. Il s'est lourdement trompé à propos de l'enjeu de la guerre de 1939-1945, à propos du fascisme et du national-socialisme, à propos de la démocratie, à propos de sa conception de la paix et de la guerre, et ses erreurs ont eu une portée considérable qui conditionne aujourd'hui, en bonne partie, la pérennité des mensonges sur lesquels repose le nouvel ordre mondial satanique, et qui a indirectement conditionné l'événement catastrophique de Vatican II. C'en est au point qu'il n'est pas possible de rester catholique sans cultiver une dose modérée mais assumée d'anticléricalisme prudentiel. Les laïques ne sont pas les seuls à avoir hérité des effets du péché originel.

Aucun catholique ne devrait se dispenser de porter au prêtre, au religieux en général, un respect et une reconnaissance qui lui sont dus, en tant qu'il est homme de Dieu marqué d'un caractère éternel, en tant qu'il est comme le Christ parmi les hommes qui à ce titre lui doivent leur salut, et qui se sacrifie pour eux par le choix d'une vie faite de renoncement aux joies naturelles de la vie de laïque. Il n'empêche :

Il n'est guère de famille catholique qui n'ait été, dans le landerneau traditionaliste en particulier, de près ou de loin, affectée par les initiatives intempestives, malheureuses et parfois tragiques, de quelque prêtre caporaliste responsable, sous couvert de sanctifier cette famille, de désordres non amendables ; il existe une espèce de volonté de puissance non avouée, doublée d'un esprit envieux, chez maints ecclésiastiques travaillés par le souci de faire payer aux laïques les souffrances — en soi sublimes et fécondes, si elles sont effectivement consenties — inhérentes à leur condition ; il existe aussi chez eux un orgueil, doublé d'une illusion d'optique, consistant à s'attribuer sur le plan naturel des compétences et des lumières qu'ils n'ont pas, mais auxquelles la dignité éminente de leur condition surnaturelle les inviterait faussement à prétendre. Il faut oser rappeler ces choses, quelque animosité fielleuse que ces rappels puissent susciter. Trop d'ecclésiastiques sont, consciemment ou non, inclinés à tenter de jouer un mauvais tour aux laïcs, sur le plan individuel et privé comme sur le plan politique et public. Et ce regrettable exemple vient d'en haut, depuis que les hommes d'Église, frustrés dans leurs prétentions théocratiques par la liquidation de leurs territoires pontificaux, ont tenté de reprendre de l'influence dans les sociétés en sommant les catholiques de se faire démocrates sous la houlette des prêtres, afin de « christianiser » la société en la servant sur un plateau au bon vouloir politique des clercs. On a vu le résultat : en acceptant le fait démocratique dans la cité laïque supposée par cette acceptation se laisser évangéliser, on a introduit la démocratie dans l'Église et on a obtenu Vatican II.

Pie XII s'est, de manière coupable, trompé sur le phénomène de la télévision, parce qu'il ne pouvait pas ignorer que, dans le contexte hédoniste et matérialiste du temps qui s'annonçait après la guerre, cet instrument ne pourrait servir qu'à de mauvaises causes.

Pie XII s'est trompé sur l'idée démocratique, parce que même si, dans l'absolu, une démocratie délestée du concept intrinsèquement mauvais de souveraineté populaire est théoriquement recevable ; quand bien même, donc, le peuple a autorité pour désigner le sujet du pouvoir mais ne s'en veut pas l'origine (toute autorité procède de Dieu, et n'est jamais finalisée que par la réalisation de l'ordre, dont l'homme ne décide pas), dans les faits elle est toujours mauvaise et se réduit en réalité, du côté des gouvernés, à la prétention de chacun à substituer son intérêt égoïste au bien commun, et, du côté les dirigeants, à substituer une oligarchie financière au régime politique lui-même ; Pie XII s'est trompé sur ce sujet, tout comme ses prédécesseurs depuis Léon XIII, en tant qu'il n'a pas voulu comprendre que même vertueux, l'homme médiocre — et l'immense majorité des hommes sont des médiocres — ne peut voter que pour celui qui lui ressemble, ne peut se faire qu'une idée médiocre de celui auquel il reconnaît la compétence de le diriger ; il en résulte que, dans une démocratie, le chef d'État est nécessairement un crétin, ou bien un démagogue et un menteur cynique. Conscience de soi de la volonté *objective* — en effet immanente à tout homme sur le mode de désir de sociabilité — de la multitude, le chef n'en est pas moins tel que c'est en lui seul, et par délégation opérée par lui en ses subordonnés, que se constitue l'actuation subjective de cette volonté, et non dans la subjectivité de ceux qu'il gouverne, laquelle a vocation à reconnaître les vertus d'une telle autorité, et non à la constituer.

Pie XII s'est trompé sur la vraie nature de la paix civile, en ce qu'il a méconnu la leçon de Carl Schmitt ici succinctement évoquée dans la rubrique « **Europe** ». Il n'est pas de vraie paix qui n'ait la forme d'une conquête opérée sur la possibilité de la guerre qui par là ne saurait être évacuée de l'horizon de la vie humaine. Quand on déclare la guerre à la guerre, on fait s'investir la pulsation naturellement polémique du genre humain dans des domaines où elle n'a pas lieu de s'exercer, tel le domaine de l'économie qui par là se soustrait aux limites que lui impose l'ordre politique, et en vient à générer la société mondialiste ; cette même pulsation s'investit, corrélativement, dans les rapports entre classes, entre sexes, entre générations. Les marxistes n'ont pas tort de prôner la paix à tout bout de champ ; il n'y a pas là seulement une ruse tactique pour désarmer les démocraties contre le péril rouge ; il y a d'abord le souci de désamorcer la pulsion agonistique, génératrice de souffrances mais aussi de grandeur dans le genre humain, afin de la faire s'investir dans des activités qui, mécaniquement, ne peuvent pas ne pas susciter en les radicalisant les contradictions du capitalisme. La guerre à la guerre — au nom du respect de la personne humaine, de la sanctification individuelle ou de la justice — menée sous l'égide de l'ONU maçonnique, ou de tout autre organisme (fût-il l'Église elle-même dont les chefs théocrates rêvent d'exercer la fonction de chef temporel suprême), c'est le moyen le plus sûr pour promouvoir la guerre de chacun contre tous.

Les ecclésiastiques bien-pensants contemporains, dans le sillage de Pie XII, font un mauvais travail en s'efforçant à dénoncer en permanence le « paganisme » du Troisième Reich et des fascismes.

Tous les textes de Martin Bormann, en effet anticlérical et anticatholique, sur lesquels s'appuient nos bien-pensants (et ils constituent leur argument principal), tout comme le *Testament d'Adolf Hitler* sont des faux ; voici ce qu'en disait Skorzeny :

« C'était là que beaucoup faisaient carrière, grâce à la flagornerie et à l'intrigue, pour peu qu'ils entrassent dans les vues du Reichsleiter Martin Bormann, toujours présent. Les *Libres propos* publiés après la guerre prétendent reproduire les conversations tenues au cours de certains de ces "thés de minuit". À l'insu de Hitler, deux collaborateurs de Bormann, les Docteurs Henry Picker et Heinrich Heim, avaient été chargés de se remémorer les paroles du Führer. Le Dr Heim a spécifié qu'il les dictait de mémoire, n'ayant parfois que quelques mots clés qu'il griffonnait sur une feuille posée sur ses genoux. Bormann modifiait la version qui lui était soumise — toujours à l'insu du Führer — et d'autre part les éditeurs ont tripatouillé le texte des *Libres propos*, qui n'étaient naturellement pas destinés à la publication. Ces documents doivent être considérés avec la plus grande circonspection par les historiens. Le Reichsleiter, farouchement anticlérical, y transforme Hitler en athée, et qui plus est, en militant anticatholique, alors que jamais le Führer, élevé dans le catholicisme, n'a abjuré cette religion. Bien au contraire. Il pensait et disait que les deux principaux piliers de la civilisation occidentale étaient l'Église romaine et l'Empire britannique » (tiré de *Fascisme et Monarchie*, § 20.5.15, par Joseph Mérel).

Nous ne savons ce qu'il faut penser de l'authenticité des déclarations antichrétiennes attribuées à Hitler et rapportées par Speer ; il se peut qu'elles ne vaillent pas plus que celle de Bormann.

Le national-socialisme fut d'abord et fondamentalement anticommuniste, ayant compris que l'individualisme libéral consumériste prépare objectivement le processus de sa propre liquidation dans le communisme, et qu'on ne conjure un mal qu'en faisant son droit à la vérité captive confisquée par un tel mal. L'hitlérisme fut tout autant antijuif, antimaçon, antidémocrate, antimondialiste, antilibéral, anticapitaliste, ainsi opposé à tout ce à quoi la « victoire » de 45 a fourni la latitude de faire sa synthèse et de se donner les moyens de s'imposer dans un dispositif mondialiste à vue d'homme invincible aujourd'hui ; et Vatican II fait partie de ce dispositif. Traiter la NSDAP de « spectre satanique » (Pie XII, 1945) alors que le communisme avait dévoré la moitié de l'Europe, que la banque mondialiste enkystée aux USA avait pris la direction de l'économie internationale par le biais du contrôle de l'émission des monnaies, que les décolonisations étaient programmées tout comme la vassalisation de tous les pays d'Europe, c'était vraiment, dans son indécence lâche et opportuniste, montrer une foncière incapacité à identifier le véritable ennemi du catholicisme.

Il y a eu, certes, des expériences ponctuelles d'eugénisme et des pratiques d'euthanasie dans le Troisième Reich, mais elles ont été en dernier ressort assez marginales, et elles ont rapidement cessé après l'intervention (en forme de diverses mises en garde) du Vatican. Pour désigner ces crimes abominables et la plupart du temps controuvés qu'on impute depuis soixante-dix ans au national-socialisme, le professeur Robert Faurisson avait coutume de parler de « nazisme de sex shop » : puisque le « nazisme » doit absolument avoir raison de mal absolu, on peut et on doit lui reconnaître le statut de paradigme du mal, par là le rendre responsable — à titre matriciel — de toutes les ignominies possibles ; ce qui en outre permet aux « Alliés » de celer leurs propres crimes, et à tout le monde disposé à croire à cette perversité hitlérienne de se complaire dans des évocations malsaines en se persuadant de s'indigner vertueusement.

Ce qui, de manière récurrente, suscite l'animadversion passionnelle des ecclésiastiques hostiles à l'hitlérisme, ce sont le souci cultivé par l'État de soustraire, jusqu'à un certain point, l'enseignement public à la férule exclusive des clercs, et la prétention revendiquée par l'État de ne plus laisser les responsables religieux s'emparer pour les celer des affaires relatives aux turpitudes de certains ecclésiastiques. Pour ce qui est du dernier point, il convient d'observer qu'un État a en droit autant souci que l'Église à faire valoir son autorité pour protéger ses sujets, lesquels sont « *materialiter* » les mêmes sous des formalités différentes (citoyen ou sujet, et fidèle), et que, quand l'Église, ou plutôt les hommes d'Église, en conflit larvé avec l'État, soustraient leurs criminels au bras séculier de l'État, ils commettent une iniquité qui tôt ou tard se retourne contre eux et favorise l'irréligion. Pour ce qui est de l'enseignement, il faut remarquer que permettre la liberté de l'enseignement dans un régime républicain et maçonnique ne rend pas ce régime meilleur qu'un régime autoritaire ayant des relations difficiles avec le Saint-Siège, parce que, le bien commun étant par nature supérieur au bien particulier, les choses sont ainsi faites que, pour le meilleur ou pour le pire, la morale d'État l'emporte toujours à moyen terme sur celle dispensée par les familles, et c'est pourquoi les catholiques doivent, s'ils veulent que leur morale familiale soit durable, prendre le pouvoir par la force et contre la démocratie, au profit d'un régime sans séparation de l'Église et de l'État (ce qui était le cas dans l'Allemagne d'Hitler), mais qui distingue bien les deux domaines. Là encore, être soumis à la vérité catholique n'est pas toujours et en toute chose être soumis au despotisme des clercs. Un régime républicain et maçonnique peut se permettre de donner l'impression de laisser toute autorité sur leurs enfants aux parents des familles chrétiennes, il se donne ainsi la réputation d'une bienveillance à l'égard de l'Église, ce qui lui permet de désarmer la lutte des catholiques contre la Gueuse, et d'exténuer la foi catholique en douceur. Et c'est bien ce qui s'est historiquement produit. Les catholiques ont été les idiots utiles, en particulier en s'engageant dans des carrières militaires les envoyant se faire tuer pour la République alors qu'ils croyaient mourir pour la France.

L'honnêteté politique de Pie XII méritait d'être remise en cause par Hitler qui savait que Pie XII avait depuis le début joué la carte des USA et des puissances anglo-saxonnes alliées aux Soviétiques. Ce qui éclate, par exemple, dans l'épisode suivant :

> « Lors de la Seconde Guerre mondiale, les gouvernements de l'Axe ont espéré profiter de la dénonciation du communisme contenue dans l'encyclique pour conférer à l'invasion de l'URSS un statut de croisade anti-

bolchevique. Malgré les pressions de l'ambassadeur d'Italie Attolico, le Saint-Siège se refuse à renouveler la condamnation du communisme arguant que "parler aujourd'hui pourrait facilement avoir un caractère politique tandis que le Saint-Siège a parlé clair *tempore non suspecto*". Reprochant aussi bien au Reich allemand son alliance passée avec l'URSS et "la véritable persécution [que] le nazisme a menée et continue à mener", le secrétaire d'État Tardini conclut que "la croix gammée n'est pas... précisément celle... de la Croisade". **Avant leur propre entrée en guerre, sur les instances de Churchill, les États-Unis ont voulu faire bénéficier l'URSS d'un dispositif de prêt-bail pour soutenir sa lutte contre le Reich.** Cette initiative se heurte à une forte opposition interne, par exemple celle de l'ancien président Herbert Hoover, mais aussi à l'opposition potentielle des catholiques soucieux de suivre les recommandations de l'encyclique : les Américains d'origine balte ou polonaise étaient particulièrement hostiles à toute mesure favorable à l'URSS. Approché par Myron Taylor, envoyé personnel de Roosevelt, **le pape Pie XII est alors amené à préciser pourquoi l'encyclique de son prédécesseur n'empêche pas les catholiques américains de soutenir le dispositif. Pie XII demanda alors à son représentant à Washington, Mgr Cicognani, d'intervenir auprès de l'épiscopat américain. Selon l'explication diffusée, si *Divini Redemptoris* condamne le communisme, c'est uniquement sur le plan théologique parce que Pie XI ne pouvait anticiper le futur conflit entre l'Allemagne et l'URSS ; d'autre part, si le pape interdit aux Américains de collaborer avec les communistes dans leur propre pays de peur de se rendre complices de la diffusion et du triomphe du bolchevisme, *il convient de distinguer entre régime soviétique et peuple russe*** » (Extrait de l'article de Wikipédia consacré à *Divini Redemptoris*).

Pie XII était stratégiquement aveugle, et politiquement de mauvaise foi.

Si le national-socialisme n'est pas cité une seule fois dans l'encyclique *Mit brennender Sorge*, c'est parce que les erreurs de ce régime, dénoncées, n'étaient pas, alors, considérées par Pie XI et Pacelli comme consubstantielles à la doctrine nationale-socialiste, mais comme accidentelles à cette dernière ; or ce qui est accidentel est circonstanciel, et peut être amendé. Et c'est sous la seule pression des « Alliés », dans le souci de ranger — selon une conception erronée de l'efficacité apostolique — l'Église dans le camp des vainqueurs, que Pie XII en vint à laisser entendre que les travers des fascismes leur seraient consubstantiels.

Depuis Léon XIII, toute l'Église fut embarquée dans un processus catastrophique d'acceptation de l'idée démocratique, qui sommait les fidèles de se convertir en sous-curés au service de l'apostolat dirigé par les clercs (« *pay*, *pray*, *obey* ») et politiquement châtrés. Léon XIII a lui-même reconnu qu'il avait été berné. Le résultat est que tout le clergé catholique d'Allemagne était hostile au national-socialisme et constituait une espèce de cinquième colonne subversive démocrate-chrétienne (bel exemple encore d'idiots utiles) en Allemagne, au service de la conception erronée que le Vatican se faisait de son devoir apostolique et de ses intérêts purement diplomatiques (qu'il confondit toujours un peu vite avec les intérêts du catholicisme), lesquels, avec l'affaire des Cristeros, avaient montré combien ils pouvaient être opposés aux vrais intérêts du catholicisme. Il était normal, sous ce rapport, que les autorités allemandes missent « au frais » les religieux démocrates pour les empêcher de nuire, et c'est vraiment être de mauvaise foi que d'imputer cette rigueur à une haine pour le catholicisme en tant que tel.

Cela dit, ces manœuvres politiques (sous couvert de rigueur morale) anti-gouvernementales ont suscité des réactions regrettables, telle la promotion d'un « christianisme positif » (qui n'a au reste été pris au sérieux que par certains protestants) ; mais à qui la faute ? L'apostasie de certains catholiques, induite par ces regrettables initiatives, n'est pas tant imputable à l'essence du national-socialisme qu'au tiraillement, subi par des nationalistes allemands sincèrement catholiques, entre fidélité à leur pays et fidélité au Vatican. Il y a eu aussi des apostasies dans les rangs de l'Action française après son inique (à tout le moins très inopportune : « *damnabilis, sed non damnandus* », disait saint Pie X) condamnation. Le vrai responsable de ces dérives, qui sont circonstancielles, est l'autoritarisme théocratique et cléricaliste des démocrates-chrétiens.

Les pitreries conceptuelles de Rosenberg (ou de Himmler), qui exaspéraient Skorzeny et maints SS, ne furent jamais érigées en doctrine officielle (selon les déclarations d'Hitler lui-même) de la NSDAP. Hitler avait besoin d'appuis ; le corps catholique de l'Allemagne, gâté par l'esprit démocrate-chrétien, ne voulait être un tel appui ; l'aristocratie allemande (Stauffenberg), aussi bête que l'aristocratie française, ne le voulait pas non plus. Hitler a pris ses soutiens là où il a pu les trouver, parfois chez des excités néo-païens. Il reste qu'on pouvait aller à la messe comme on l'entendait dans l'Allemagne hitlérienne, que 2500 églises y furent construites ou reconstruites, que l'adhésion au Parti n'était nullement obligatoire même dans la SS, et que maints évêques et cardinaux allemands furent des soutiens d'Hitler (Mgr Hudal, Mgr Innitzer, Mgr Faulhaber au moins un temps, etc.). Opposer, comme on le fait si souvent, la « courageuse et vaillante » petite Pologne catholique et martyre à l'Allemagne férocement néo-païenne relève de la caricature : la Pologne obstinée dans un nationalisme aveugle et prétentieux était le jouet de l'Angleterre et des États-Unis, qui voulaient la guerre à tout prix.

Si Hitler avait gagné la guerre, les hommes d'Église, comme d'habitude toujours du côté du plus fort, auraient négocié avec les dirigeants de la NSDAP qui en retour se fussent volontiers accommodés de la doctrine catholique, pourvu qu'elle ne fût plus démocrate-chrétienne, surnaturaliste et théocratique, et par trop liée financièrement aux intérêts anglo-saxons. Quand on a gagné une guerre, il faut gagner la paix ; l'Église avant le Troisième Reich en avait vu d'autres... Le national-socialisme était la dernière chance de l'Europe et de l'Église catholique ; imparfait d'un point de vue spirituel et surnaturel, il était la dernière entreprise crédible de restauration de l'ordre naturel, sur les plans moral et politique, par là le meilleur tremplin de reconquête surnaturelle des âmes. Ceux qui ne veulent pas le comprendre sont des idiots, ou des gens mal informés, ou des traîtres.

Une certaine mentalité cléricaliste, terriblement répandue dans le milieu catholique traditionaliste, ne comprend pas que le mieux est l'ennemi du bien, et brandit les foudres de l'intégrité morale pour satisfaire sa secrète passion : un esprit démocratique permettant d'évincer des chefs naturels trop remuants et trop peu souples à l'égard de la gent ecclésiastique, une morgue cléricale d'inspiration théocratique (le peuple est plus aisément manipulable en démocratie que dans un régime fort), et un attachement sentimental à la France germanophobe à ce titre judéomorphe (« France nouveau peuple élu ») ; cet attachement ne concerne pas le seul clergé français, il flatte au fond le clergé de tous les pays, parce que la France, dans le concert des nations chrétiennes, a toujours été insurgée contre le monde germanique, c'est-à-dire contre le représentant naturel — en tant que pouvoir impérial — de la plénitude du pouvoir politique. Ce qui rend le clergé *français* le plus difficilement supportable, avec cette manière toute féminine qu'ils ont de pratiquer, « *ad majorem Dei gloriam* », ce que leurs manuels de morale à usage exclusif de leur caste nomment la « restriction mentale » et qui leur permet, au nom du secret de la confession, de mentir à tout le monde et de mener leur barque au gré des intérêts que leur dicte leur volonté de puissance tantôt doucereusement pincée, tantôt insolente et caporaliste. Au fond, les princes de l'Église, en cela suivis avec zèle par le bas clergé, considèrent que le pouvoir politique est, au moins par accident, mauvais, en ce sens que les chefs politiques sont, comme tout homme, frappés par les effets du péché originel, et cela dispose trop souvent ces derniers à essayer de mettre la main sur le pouvoir religieux ; il convient donc d'œuvrer autant que faire se peut dans le sens d'une limitation du pouvoir politique, de ne le laisser éclore qu'en l'empêchant de parvenir à maturité, afin de le préserver contre lui-même, et surtout de se préserver : autant signifier que l'ordre naturel doit être frustré pour que l'ordre surnaturel soit satisfait. Ce qui est tout simplement du surnaturalisme. Les ecclésiastiques ne voient pas qu'ils sont eux aussi marqués par les effets du péché originel, et que le caractère indélébile conféré au prêtre, et le charisme de l'infaillibilité communiqué au pape dans certaines circonstances et aux évêques unis au pape, ne leur confèrent pas la sainteté, de sorte qu'ils sont, autant que les responsables politiques laïcs, inclinés au mal et enclins à procéder à des abus d'autorité ; et il faut observer qu'ils ne s'en privent pas, en abusant de leur autorité morale pour brider le pouvoir politique.

C'est d'abord par l'exemple que l'on prêche efficacement. S'il y avait chez eux un peu plus de saints, il y aurait plus de prêtres, plus de religieux et religieuses patients, intelligents, humbles, héroïques, prudents et capables de susciter l'enthousiasme. La séparation de l'Église et de l'État, induite par l'anticléricalisme lui-même inspiré par l'irréligion, a eu cet effet catastrophique, entre autres, de favoriser cette tendance déjà trop enracinée chez les clercs à se constituer en caste fermée insurgée contre la société qu'ils en viennent à phagocyter — détruire une communauté en la privant de toute autonomie, en s'en rendant maître de l'intérieur, sous couvert de la servir et de la sanctifier — en croyant la christianiser, et qu'ils croient christianiser en aspirant à la conformer aux exigences de leur état religieux, méconnaissant que la vocation du laïc n'est pas celle du prêtre. Il faut avouer que ces comportements détestables ont aussi pour cause accidentelle la perte des États pontificaux ; quand l'Église, entendue comme institution hiérarchisée, jouissait d'une autonomie territoriale, elle cantonnait à la défense de ce bien propre sa tendance à faire se replier sur eux-mêmes les membres de son armée spirituelle ; elle ne les inclinait pas à tenter de faire de tous les États travaillés par eux de l'intérieur autant de sujets soumis à ses visées politiques ; elle n'était pas tentée de pallier les effets de sa frustration en raisonnant comme suit : « puisque nous avons perdu nos États qui nous furent arrachés par le Moloch politique des laïques, il nous reste à reconstituer nos États en identifiant à eux le Moloch politique lui-même, ce qui suppose que nous commencions par le saper de l'intérieur : pratiquer un pieux "*salve et coagula*" ». Quand on garde à l'esprit l'affaire des Fausses décrétales, quand on se souvient que la Donation de Constantin était un faux, on comprend qu'il était pourtant dans la vocation historique de l'Église, prise comme institution temporelle, d'en venir à lâcher ses États pontificaux. Les personnes consacrées sont ainsi comme condamnées, pour lutter contre la misère du monde sans Dieu, à ne recourir qu'à la seule arme de la sainteté, et aux vertus d'exemplarité qui lui sont attachées. C'est par ce seul moyen, proprement et exclusivement surnaturel, que l'Église — dont les religieux invoquent l'« esprit surnaturel » à tout bout de champ pour convier leurs ouailles à la « résignation », dissimulant sous cette auguste injonction leurs propres carences et iniquités naturelles — peut préserver son indépendance vis-à-vis des puissances politiques toujours tentées de se la subordonner, et se dispenser de défaire les puissances politiques pour s'y substituer.

★ ★ ★ ★ ★

« Qu'il nous soit permis d'illustrer ici politiquement — non sans amertume — ce travers surnaturaliste propre à la Tradition catholique, par l'évocation de quelques notes de lecture glanées dans l'ouvrage de l'abbé Julio Meinvielle, recommandé et diffusé par la FSSPX et traduit de l'espagnol par Monsieur l'abbé François Knittel : *Les Trois Peuples bibliques, Entre l'Église et le III*e *Reich, Nouveaux problèmes politiques* (ISBN 3-905519-43-7). Il n'est pas douteux que cet ouvrage contient des vérités importantes et édifiantes. Il n'est pas douteux, tout autant, qu'il contient aussi des éléments de doctrine proprement ruineux pour le combat politique, et de ce fait même pour le combat religieux. Qu'on en juge :

> Après la condamnation par l'épiscopat belge du rexisme, Meinvielle déclare : "(...) entre cette démocratie mauvaise, qui assure un régime de *liberté* pour l'action spirituelle de l'Église, et un régime autoritaire moins

mauvais, qui ne garantit pas cette liberté, l'Église préfère la démocratie" (p. 107). L'auteur poursuit :

"Il faut considérer d'autre part que la démocratie (...) est un régime épuisé qui est privé de virulence active. L'Église a fini par y réaliser une grande œuvre d'infiltration des âmes et des sociétés. Elle ne veut donc pas perdre le travail de longues années de dures semailles en raison de l'action dévastatrice propre aux nouveaux régimes, riches d'un dynamisme sans limite. L'Église ne veut pas perdre ce qui est acquis pour se livrer à l'*aventure*. Ainsi l'insinuent les évêques belges en qualifiant de *solutions aventurées* les tentatives de régime autoritaire de Degrelle. En effet, il est évident que dans une politique bourgeoise dans laquelle l'Église a fini par accommoder son action aux possibilités, elle trouvera plus de liberté que dans un régime nouveau qui contient un dynamisme gros de surprises insoupçonnées" (p. 107-108).

"Là où un régime autoritaire a surgi, sans que l'action de l'Église parvienne à l'empêcher, celle-ci, qui ne se soucie que de la sanctification des âmes, ne fera que travailler à l'intérieur du régime pour sanctifier les âmes, en créant des institutions sociales qui conduisent à cette fin. C'est ce que l'Église fait en Italie à l'intérieur du régime fasciste. (...) Si parfois la conduite de la sainte Église ne paraît pas *uniforme* aux yeux charnels des hommes qui jugent selon les apparences, c'est parce qu'ils ne jugent pas selon ce principe *surnaturel* qui, seul, meut la sainte Église. Le même principe qui pousse l'Église à collaborer avec le régime fasciste italien et qui la poussait auparavant à la politique du Ralliement en France, la conduit aujourd'hui à désapprouver le rexisme en Belgique, et à protéger le régime autoritaire au Portugal et en Autriche, ou le mouvement libérateur en Espagne. L'Église veut le régime qui, dans des circonstances concrètes et déterminées, lui assure la plus grande liberté d'action dans sa tâche éternelle de sanctification des âmes et des peuples. Voilà pourquoi aujourd'hui la sainte Église, animée par une impulsion puissante de l'Esprit de Dieu, présage de grandes choses, ne veut pas que les catholiques se distraient dans des activités inférieures comme la politique, mais qu'ils travaillent de toutes leurs forces à étendre le royaume de Dieu selon les possibilités que chaque régime donne. D'où la consigne impérative donnée *opportune et importune*, c'est-à-dire l'Action catholique. Telle est la claire consigne en ces moments de confusion : apporter le royaume de Dieu avec la hiérarchie, *hors et au-dessus* de tout parti politique. La voix du pape et des évêques, élevée avec tant d'urgence, ne saurait être autre que la voix de Dieu" (p. 108-109).

Que le pouvoir politique, s'absolutisant, en soit venu à se faire estatolâtre au mépris de sa fin extrinsèque surnaturelle qui est le salut des âmes ; que de ce fait il ait induit un désordre en son propre sein au point de favoriser des dissensions menant aux régimes libéral et communiste, cela n'autorise pas à légitimer la volonté de puissance ecclésiastique, c'est-à-dire les clercs qui, sous couvert de sublimité surnaturelle, d'expérience bimillénaire et de prudence angélique, ne cessent, depuis trop longtemps, d'une part de cautionner l'adage : *pay, pray and obey*, en se mettant systématiquement du côté des puissants quand ces derniers financent généreusement les évêchés, quelque ignobles que soient leurs agissements politiques ; d'autre part de faire valoir sans compétence, en usant d'une autorité indue, leurs préférences politiques bien-pensantes catho-capitalistes et leurs lubies apparitionnistes.

Avec soixante-dix années de recul, il est tristement risible de relire ces vaticinations de l'abbé Meinvielle : la démocratie aurait été un régime épuisé en passe de se faire retourner de l'intérieur par une Action catholique infiltrée dans ses rouages ; la démocratie offrirait plus de liberté à l'Église que les régimes fascistes ; les laïques ne devraient pas faire de politique mais se faire les instruments d'une Action catholique dirigée par des clercs qui, eux, feront de la politique à leur place en minant de l'intérieur des régimes démocratiques décidément assez bêtes pour se faire pénétrer par les forces religieuses ; l'avènement de l'ordre naturel congru à la mission de l'Église ne requerrait aucunement l'action politique ; Staline et Roosevelt auraient été de beaucoup préférables au fascisme et au national-socialisme, fût-il celui de Degrelle ; et, plus généralement, l'office salvateur des bienfaits surnaturels dispensés par l'Église ne pourrait se faire qu'au détriment d'un ordre politique naturel qui, probablement trop parfait dans son ordre propre, serait tel que les hommes risqueraient de s'y complaire et de rater leur fin surnaturelle ; par analogie, il vaut mieux être une fille laide et affligée de mauvaise haleine, plutôt qu'une femme splendide et florissante, parce que la Laïs grecque, païenne, était belle, trop belle pour être une "bonne chrétienne". Car c'est bien cela que signifie, en dernier ressort, le vertuiste enseignement de l'abbé Meinvielle. Avec de tels discours — essentiellement faux en tant qu'ils oublient l'adage thomiste selon lequel "*natura non tollitur per gratiam, sed perficitur*" — comment s'étonner que les meilleures bonnes volontés des laïques catholiques n'en viennent pas, excédées, à se faire anticléricales d'abord, pour en venir à perdre la foi, comme maints fascistes et nationaux-socialistes eurent la faiblesse de le faire ? À moins que, cédant à la logique de telles prémisses, les catholiques antifascistes n'en viennent à se faire modernistes, dans le moment où le "*pusillus grex*" des catholiques sourds aux sirènes de Vatican II, parce que demeurés antifascistes, s'engouffrait dans la voie castratrice du surnaturalisme. Déconstruire l'ordre naturel afin de faire sa place au surnaturel ; défaire l'ordre politique, l'affaiblir, retarder l'avènement de sa rationalité immanente afin de lui conférer cette plasticité supposée le rendre docile à l'injonction de la grâce, c'est bien là l'idée non avouée du surnaturaliste. Ce qui a pour résultat de rendre la nature languide au point de la rendre incapable de se faire le sujet adéquat de la grâce. Si l'homme est bien par nature un animal politique, il est dans l'ordre que l'exigence morale, en chaque homme, n'accède à la conscience d'elle-même que par la publicité de sa promotion sociale et politique. Si le bien commun assume en le dépassant le bien privé, alors la politique assume en la dépassant la morale qui, chronologiquement antérieure à la genèse de l'État rationnel, n'est telle que parce qu'elle en procède proleptiquement. De sorte que la promotion de l'exigence morale ne saurait, à peine de se saborder elle-même en s'insurgeant contre sa source, s'ériger au détriment de l'ordre politique.

Nous ne pouvons aujourd'hui que constater que les gens d'Église, dans leur hostilité aux forces de l'Axe, se sont lamentablement trompés ; loin de se laisser christianiser, la démocratie jacobine a démocratisé l'Église au point de la décatholiciser. Aujourd'hui, les hommes d'Église continuent à se tromper avec le même aplomb, la même arrogance, le même autoritarisme caporaliste de clercs constipés par une volonté de puissance toute terrestre qu'ils sont contraints de refouler et qu'ils digèrent, dans l'aigreur, en calomniant les grandeurs naturelles au nom du Saint-Esprit ; ce qui est une modalité, au sein de la Tradition catholique, du pharisaïsme, ainsi de l'esprit juif. S'ils persistent, ils récolteront les mêmes fruits. Ils mettent les catholiques de bonne volonté dans des situations impossibles : avec de tels pasteurs, comment peut-on reprocher aux néo-païens anticléricaux d'accuser les chrétiens d'enjuiver les patries européennes ? » (Joseph Mérel, *Nihilisme, subjectivisme et décadence*, t. 2, samizdat, 2009, p. 191-195).

PHILOSOPHIE

« Un Français, un Anglais, un Allemand furent chargés d'une étude sur le chameau. Le Français alla au jardin des Plantes, y passa une demi-heure, interrogea le gardien, jeta du pain au chameau, le taquina avec le bout de son parapluie, et, rentré chez lui, écrivit, pour son journal, un feuilleton plein d'aperçus piquants et spirituels.

L'Anglais, emportant son panier à thé et un confortable matériel de campement, alla planter sa tente dans les pays d'Orient, et en rapporta, après un séjour de deux ou trois ans, un gros volume bourré de faits sans ordre ni conclusion, mais d'une réelle valeur documentaire.

Quant à l'Allemand, plein de mépris pour la frivolité du Français et l'absence d'idées générales de l'Anglais, il s'enferma dans sa chambre pour y rédiger un ouvrage en plusieurs volumes, intitulé : *Idée du chameau tiré de la conception du moi* » (*Le Pèlerin*, 1er septembre 1929, p. 13).

Jacques Bainville : « Ce qui est curieux, ce n'est pas tant qu'on ait tout dit, mais qu'on ait tout dit en vain, de sorte que tout est toujours à redire. »

« Toute doctrine nouvelle traverse trois états : on l'attaque d'abord, en la déclarant absurde ; puis on admet qu'elle est vraie, mais insignifiante. On reconnaît enfin sa véritable importance, et ses adversaires revendiquent alors l'honneur de l'avoir découverte » (William James, cité par Gustave Le Bon dans la préface à *L'Évolution de la matière*).

« La vie est un dur problème, j'ai résolu de consacrer la mienne à y réfléchir » (Schopenhauer, *Journal de voyage*, 1804).

« À l'époque où des troubles éclataient dans l'État, le législateur athénien avait décrété la peine de mort pour l'"Apragmosyne" politique ; l'"Apragmosyne" philosophique — qui consiste à ne pas prendre parti, mais à décider d'avance la soumission à ce que fera triompher et ce qu'universalisera le destin — est punie par la mort de la raison spéculative » (Hegel, *Verhältniss des Skeptizismus zur Philosophie, Œuvres de jeunesse*, 163 dans *Hegel, Morceaux choisis*, Idées Gallimard, 1969, t. 1, p. 20-21).

POUTINE

Reproduction (légèrement modifiée) de l'article « Vladimir Poutine, sauveur de l'Occident chrétien ? » par Stepinac, paru dans la revue *Écrits de Paris* (n° 777, juillet 2014).

Introduction

Depuis plusieurs années, il est de bon ton dans les milieux de droite européenne d'avoir des yeux de Chimène pour Vladimir Poutine. Il est aussi tenu pour éminemment avisé de prendre au sérieux les révélations complotistes (au reste souvent intéressantes et nécessaires) relatives aux véritables maîtres de ce monde, à savoir les lucifériens qui coïncident avec les opérateurs du mondialisme bancaire lové essentiellement (mais non exclusivement) dans les centres de décision de l'État libéral d'Amérique du Nord : le mal, dit-on, est devenu trop universel et, à vue d'homme, trop difficilement destructible pour pouvoir être expliqué par la seule malice des hommes ; on n'a pu en arriver là que par l'intervention du Malin ; la planète court à sa perte parce qu'il existe des hommes très pervers et très puissants qui tirent leur pouvoir et leur inspiration du Prince de ce monde, par-delà la folie passionnelle des utopies et des égoïsmes trop humains ; le mal, par définition contre nature, ainsi dépendant de ce qu'il conteste, devrait porter en lui les raisons suffisantes de son exténuation, cependant qu'il est plus prospère que jamais, de sorte qu'il ne peut être maintenu en vie à long terme qu'en convoquant des ressources excédant l'ordre naturel lui-même ; il s'agit alors de pouvoirs préternaturels.

Ces deux thèses sont au fond solidaires l'une de l'autre : il y a le Tiers-monde qui ne compte vraiment ni politiquement ni économiquement ni militairement ; il y a les États-Unis qui sont tenus par les Juifs et les satanistes « *Illuminati* » ; il y a l'Europe occidentale qui se noie dans le marécage maçonnique (ainsi ultimement sataniste, mais selon une version « douce ») de Bruxelles ; et il y a Poutine et les panrusses que leur expérience du communisme athée a vaccinés contre toute forme de mondialisme, mais a aussi préservés de toute tentation gnostico-sataniste, puisque le satanisme est aussi un mondialisme, au demeurant un antithéisme incompatible avec l'athéisme systématisé par le marxisme ; il y a certes aussi la Chine, mais cette dernière est objectivement dans le camp russe et tend subjectivement, de plus en plus, à le rejoindre ; dans cette perspective, les relents de stalinisme de la Russie contemporaine ne doivent pas inquiéter les nationalistes européens excédés par les manœuvres judéo-maçonniques et gnostico-satanistes des euro-américains, et la lucidité politique invite à faire fi de réticences obsolètes (la peur de l'ogre soviétique) en soutenant Poutine pour le plus grand bien de l'Europe ; c'est se tromper de guerre que de croire que la Russie soviétique serait encore le mal absolu ; le communisme soviétique ne fut qu'un moment de l'entreprise satanique de démolition du monde ancien (ou de ce qui en restait), et il fut jeté par le mondialisme bancaire (le vrai maître aussi puissant que discret) comme un kleenex usagé après avoir accompli sa tâche historique de destruction des nations d'Europe et de liquidation des reliquats du colonialisme européen ; aujourd'hui, c'est le vrai maître qu'il faut dénoncer et abattre, dût-on pour ce faire se subordonner au combat des anciens communistes et embrasser leur destin.

L'actuelle Allemagne n'est que l'exécutant en Europe des intérêts géopolitiques du monde anglo-saxon, lequel est au bord de l'abîme : de cette monnaie de singe que représentent les 6000 milliards de dollars de Bons du Trésor US, la Russie et la Chine possèdent à elles seules 25 %, par là sont en mesure de faire chuter le dollar quand elles le veulent (...) ; l'endettement américain depuis l'avènement d'Obama représente un volume supérieur à celui de la totalité de l'endettement américain contracté entre l'élection du premier Président des États-Unis et le départ de Bill Clinton ; les USA sont à bout de souffle, il serait criminel pour les Européens soucieux de se soustraire à l'insupportable hégémonie américaine sévissant depuis 1945, de refuser la main tendue par Vladimir Poutine.

Le présent travail voudrait proposer des éléments de réflexion susceptibles de tempérer les ardeurs russophiles des nationalistes européens. Il sera pour ce faire procédé en trois temps (a, b, c). Qu'il soit bien entendu que la thèse favorable à la Russie de Poutine, ci-dessus exposée, n'a nullement vocation, dans l'esprit de l'auteur, à être abandonnée ; peut-être est-elle l'expression de la vérité. Mais l'enjeu est trop grand, quand il est question — pour l'Europe et ses nations — de se choisir un suzerain, pour que l'on puisse se dispenser d'évoquer la recevabilité de l'hypothèse selon laquelle la Russie post-communiste pourrait bien, dans le processus actuel d'instauration d'un État mondial, être elle-même partie prenante, faisant ainsi figure de champion de l'antimondialisme non par amour pour les nations traditionnelles, mais en tant que rivale des États-Unis dans le service d'une cause commune. Et dans cette sombre hypothèse, il s'agirait, du point de vue de Poutine, de promouvoir un mondialisme communiste, à partir d'une Russie restée communiste mais ayant conçu le projet de se débarrasser momentanément de la forme historique nationale que le communisme avait prise en elle, dans le but de promouvoir, conformément aux exigences de son concept, un communiste effectivement internationaliste.

Solidarité de principe entre libéralisme et communisme

a) Selon Platon (*Philèbe*) : « il n'y a pas de désir corporel », en ce sens que les désirs du corps ne sauraient s'enraciner dans le corps puisqu'ils peuvent le détruire ; ils s'enracinent dans l'âme, ils sont en soi des désirs spirituels qui sont investis dans des biens corporels, et c'est pourquoi les désirs corporels sont inflationnistes, structurellement inadéquats à la pulsation qui les inspire ; le désir spirituel appète par nature des biens spirituels, mais il est dévoyé en tant qu'il s'investit dans les biens corporels, donc il vise (en vertu de sa nature spirituelle) des biens spirituels mais, en tant qu'il est dévoyé, il vise ces biens — qui devraient être aimés pour eux-mêmes — non comme se rapportant à eux mais comme les rapportant à soi, et tel est le subjectivisme ; les biens matériels sont aimés, dans cette perspective, non seulement comme de simples instruments de jouissance physique (comme si la délectation corporelle avait raison de fin), mais encore comme les moyens de se glorifier en tant qu'esprit dans la jouissance physique illimitée, expression actualisante de la souveraineté du moi qui seul a véritablement raison de fin. Si l'investissement peccamineux, dans l'élément des biens matériels, des désirs spirituels, avait pour seule raison l'appétit de jouissances physiques sans frein, il ne prendrait pas la forme d'une organisation complexe comme l'est le système de production moderne, dont le fonctionnement suppose compétences, efforts, abnégation, compétition, c'est-à-dire des vertus qui contreviennent aux tendances de la consommation hédoniste, lesquelles résultent d'un collapsus des énergies volontaires. S'il prend cette forme, c'est que le but poursuivi n'est pas tant la satisfaction corporelle de désirs indéfinis que la satisfaction orgueilleuse — ainsi spirituelle — de contempler, dans l'infini de ses prétentions sensibles actualisées, la toute-puissance de ses revendications spirituelles à l'autonomie.

Or entre des subjectivités se prenant pour fin, ainsi déifiées ou absolutisées, il ne peut exister qu'un rapport d'égalité ; donc le subjectivisme consumériste (capitalisme[108] et libéralisme) se consomme logiquement en égalitarisme, même s'il requiert des conditions inégalitaires de fonctionnement. Dans le cas du libéralisme, il s'agit de la compétition entre instances privées, alimentée par la production *privée* (les États démocratiques, c'est-à-dire oligarchiques, s'étant dépossédés du privilège de battre monnaie) de monnaie *ex nihilo* et exacerbée par l'écart entre monnaie créée et monnaie à restituer avec intérêts, de sorte que

[108] Par « capitalisme », nous entendons ici le caractère propre de toute organisation de l'économie fondée sur la chrématistique, privilégiant le cycle « A-M-A' » (argent-marchandise-argent) au détriment du cycle « M-A-M' » : la fin de l'échange est l'enrichissement des échangeurs (à tout le moins celui de l'un des échangeurs au détriment de l'autre), et non la satisfaction des besoins obtenue par le jeu d'une complémentarité entre capacités des producteurs. De moyen de l'échange, l'argent devient fin, et à ce titre il a vocation à être capitalisé. Le capitalisme est solidaire du libéralisme, qui repose sur le postulat selon lequel la recherche par chacun de son bien égoïste est génératrice de prospérité générale, de sorte que cette « main invisible » (Adam Smith) dispense le système économique de toute ingérence de l'État, et même exclut toute initiative politique en vue d'une subordination des acteurs sociaux au bien commun. Le rôle de l'État, réduit à une vocation nomocratique et non plus téléocratique, doit alors se réduire à faire respecter les contrats privés. En fait, en tant qu'arbitre supposé des conflits, il en vient vite, puisqu'il est frappé de neutralité en matière de fin à poursuivre, à devenir lui-même objet des convoitises de ceux qui sont en conflit, pour finir par être leur factotum, au détriment des peuples.

l'emprunteur — les États en particulier — doit à nouveau faire appel à l'emprunt et que la dette ne peut jamais être remboursée : la richesse publique et privée passe mécaniquement dans les caisses des banques et plus généralement des institutions financières prêteuses, les « *Shadow Bankings* ». Dans le cas du capitalisme d'État, il s'agit de l'inégalité entre État (composé de ses apparatchiks) et peuple. Les contraires sont, selon les logiciens, des termes qui s'opposent en tant qu'ils appartiennent au même genre, s'identifient en lui qui est comme leur matière commune, mais aussi le principe dont ils se font procéder (la différence spécifique procède du genre en lequel s'anticipe l'espèce) ; le subjectivisme est le genre commun au libéralisme individualiste et au communisme, et il permet le renversement dialectique de l'un dans l'autre.

C'est pourquoi la thèse d'Hannah Arendt (*Essai sur la révolution*, 1963) opposant, dans une comparaison entre Révolution américaine et Révolution française, la liberté pragmatique des Anglo-saxons à l'égalité dogmatique des Jacobins, nous paraît en dernier ressort contestable. La liberté serait opposée à l'égalitarisme, tout comme l'esprit de Tocqueville, de Locke, de Montesquieu, le serait à celui de Rousseau et de Robespierre. Certes, la liberté entendue comme pratique inspirée par le désir sensible s'accommode de l'inégalité de fait dans une égalité de droits, qui est purement formelle, mais qui assure à tous un droit égal à exercer sans limite (pour autant que cet exercice soit conforme à la loi) leur liberté de s'enrichir et de consommer. Mais, comme on l'a vu, cette revendication libertaire à jouir sans entraves n'est que l'envers d'une prétention du moi à s'absolutiser. La liberté prise comme fin se résout toujours en prétention à se créer soi-même, la trivialité de l'exigence physique de jouir n'est que le paravent d'une revendication métaphysique inconsciente mais réelle. Or la réalisation effective de cette liberté métaphysique absolue est pressentie confusément par le plus grand nombre comme impossible. L'insurrection métaphysique de la populace n'atteint ni à la radicalité ni au degré de lucidité de celle d'élites à l'orgueil satanique (Don Juan, Kirilov, Nietzsche), ce qui ne l'empêche pas de demeurer métaphysique dans son essence. C'est pourquoi elle trouve son substitut viable dans l'égalitarisme, effet supposé de la liberté absolue (égalité entre des petits dieux) ; l'égalité absolue est le substitut effectivement réalisable de la liberté absolue, *sa seule réalisation possible* (on identifie l'effet propre de la liberté à son essence) pour les masses, et c'est pourquoi tous les consuméristes ont vocation à l'aimer, même si elle en vient à les empêcher de jouir, même si elle se réalise comme tyrannie : elle est égalité de gueux, mais tyrannie de tous sur tous, par là réalisation consommée de l'idée démocratique. Et c'est bien ce qu'avait pressenti Tocqueville, non seulement en ce qui concerne cette passion française pour l'égalité, mais encore à propos de la démocratie américaine elle-même, dans sa description suggestive d'une nouvelle forme, inédite, de tyrannie, du sein même de la démocratie. C'est au reste ce que Hannah Arendt (dans *La Crise de la culture* et *La Crise de l'éducation*) avouait elle-même à propos du triomphe, aux États-Unis, de l'égalitarisme dans le monde scolaire en particulier : triomphe du pédagogisme, destruction du bon sens, culte de l'égalité par destruction de toute différence et de toute hiérarchie entre jeunes et vieux, enseignants et enseignés ; autonomisation du monde des enfants devenu auto-référent (l'enfant n'est plus un adulte en puissance) ; le professeur n'a plus besoin d'en savoir plus que ses élèves, on en vient à substituer l'invention à l'apprentissage. Le résultat de ces méthodes consiste en une infantilisation systématique des adultes : égalité par le bas.

Comme on l'a vu, d'une part le consumérisme est induit par le subjectivisme, d'autre part ce dernier se révèle exigitif d'égalitarisme, cependant que les conditions de possibilité du consumérisme (production et travail) sont incompatibles avec les exigences sociales de l'égalitarisme générateur d'irresponsabilité, de fainéantise et d'envie. Une société libérale n'a cependant aucune raison de se convertir en société socialiste aussi longtemps que la pulsion consumériste qui l'anime croît plus vite que la pulsion égalitaire. Ce qui suppose soit la capacité toujours renouvelée d'ouvrir de nouveaux marchés (accroissement quantitatif), soit le renouvellement qualitatif des marchés grâce au lancement de nouveaux produits induits par un progrès technologique toujours plus sophistiqué. En pratique, les deux conditions sont en même temps requises. Or le nombre des marchés potentiels (quantitatifs et qualitatifs) n'est pas infini, non plus que le progrès technique. De plus, un facteur aggravant tient dans le fait que la concentration tendancielle des richesses en un tout petit nombre de mains, induite par les mécanismes du crédit, ne peut pas ne pas compromettre, à terme, la fréquence et le volume des échanges commerciaux réels. Ainsi le monde capitaliste est-il condamné à nourrir malgré lui une pulsion égalitaire en contradiction avec les conditions inégalitaires de son fonctionnement, mais de telle sorte que sa réussite le rend de moins en moins capable de résorber sa tension intestine. C'est pourquoi la société libérale, en vertu de sa contradiction interne, est logiquement vouée soit à faire une place toujours plus grande à des mesures socialistes de redistribution, soit à exacerber cette contradiction gravide de pulsions révolutionnaires violentes. L'une des vraies raisons des mesures de laxisme moral (avortement généralisé, euthanasie, « mariage » entre invertis, libéralisation de certaines drogues, etc.) favorisées par les États aujourd'hui, consiste peut-être en ceci : constatant que l'excitation consumériste est incapable désormais d'élever le niveau de vie matérielle du plus grand nombre, les États se savent impuissants à endormir la pulsion égalitaire insurrectionnelle qui couve dans les sociétés consuméristes, de sorte que ces États retardent les effets de cette pulsion égalitaire en tentant de la noyer dans des dispositions sociétales hédonistes non marchandes.

Capitalisme d'État et communisme

b) Le communisme réel, historiquement réalisé et seul réalisable, est un capitalisme d'État (faire de la plus-value qui sera redistribuée aux masses, car le communisme est aussi consumériste, puisqu'il est matérialiste), lequel en retour ne peut être que communiste : un État ne peut se subordonner son peuple de manière tenable que si l'État et le peuple sont eux-mêmes subordonnés à une fin transcendante solidaire d'une morale faisant s'intérioriser en chaque homme les vertus de l'abnégation ; or il n'y a pas de transcendance dans un État matérialiste (libéral ou socialiste), donc cet État ne peut se subordonner sa population qu'en se subordonnant en retour à elle qui est toujours, au reste, plus puissante que les dirigeants, et qui ne supporte un pouvoir coercitif que si elle y consent tacitement ; dans un État socialiste, le peuple est aussi individualiste que dans un État libéral ; et un État qui se propose pour fin de drainer la richesse de son peuple (tel est bien le capitalisme d'État) ne peut se subordonner en retour à lui qu'en redistribuant les richesses acquises, ce qui est bien une mesure socialiste ; tout capitalisme d'État débouche dans le communisme. Marx l'avait prévu d'une certaine façon : quand toute la richesse mondiale sera concentrée en un petit nombre de mains, au terme d'une exacerbation mondialisée de la lutte des classes, le capitalisme tombera de lui-même comme un fruit mûr, parce que cette classe bourgeoise quantitativement réduite, dépositaire du pouvoir économique dont le pouvoir étatique n'est que la superstructure, sera contrainte, à peine de crever de faim sur des avoirs fiduciaires ne représentant plus rien par suite d'un blocage des échanges commerciaux (s'il n'y a presque plus — par suite de la disparition de la classe moyenne — que des pauvres, il n'y a plus personne pour acheter aux riches, or la valeur de l'argent est fonction de sa mobilité), d'assumer le rôle d'administrateur mondial de la richesse publique, ainsi le rôle d'État mondial redistributeur ; Marx ajoutait que, la bourgeoisie étant historiquement incapable de se résoudre à un tel rôle, c'est le prolétariat international qui se substituerait mécaniquement à elle.

On ne sait pas grand-chose officiellement des maîtres financiers du monde, parce que leur puissance dépend de leur discrétion. Les « révélations » croustillantes sur ce sujet vont bon train. On sait cependant, de sources officielles et vérifiables, que la moitié de la richesse mondiale est possédée par 1 % de la population, et que les 85 personnes les plus riches possèdent autant que 3 milliards des plus pauvres ; que les cinq cents plus grosses firmes du monde ont un chiffre d'affaires (30 000 milliards de dollars) équivalant à la moitié du PIB mondial. Il n'est donc pas absurde d'accorder un certain crédit à ceux qui estiment que le système financier planétaire repose sur un nombre très restreint de « tribus » s'étant enrichies démesurément par le crédit depuis plusieurs siècles, et ayant favorisé de manière aussi constante que polymorphe la montée de la subversion de l'ordre naturel (sociétés monarchiques et chrétiennes) afin d'instaurer une situation dans laquelle les États (démocratiques, ainsi structurellement faibles et dépendants des puissances d'argent) en viennent à exercer le rôle d'instrument d'appauvrissement tendanciel de la classe moyenne par le moyen de la fiscalité endémique. Ainsi, quand les « douze Familles » constitutives du premier cercle des maîtres du monde (relayées par la Trilatérale, le groupe Bilderberg, les loges maçonniques, etc.) auront drainé les richesses de la Terre par le moyen de l'intérêt et de la substitution des banques au pouvoir régalien étatique de battre monnaie, elles administreront la richesse mondiale et seront un État mondial, pratiqueront un capitalisme d'État, et, en vertu de ce qui précède, elles seront communistes. Elles seront les Apparatchiks de l'État mondial communiste qui, ayant préalablement pris soin d'imposer systématiquement le métissage et l'avilissement moral les plus radicaux, aura fait perdre à ses sujets le désir et jusqu'au souvenir des grandeurs spirituelles passées de l'humanité, par là ne possédera plus en ses flancs populaires les ressources physiques, morales, religieuses et intellectuelles requises pour être renversé.

Satanisme et athéisme

c) Par ailleurs, puisqu'il est question de satanisme, il est nécessaire de s'interroger sur la pertinence des stratégies que lui attribuent ceux qui l'évoquent pour expliquer la marche des affaires humaines. Lucifer, quelque supérieurement intelligent qu'il soit, est de mauvaise foi, ne cesse de se mentir à soi, et croit qu'il peut gagner dans sa lutte contre Dieu : on ne peut se fixer dans le mal, ainsi dans un état contre nature, sans se leurrer intentionnellement sur la vraie nature du bien ; « *unumquodque, quantum in se est, suo modo naturaliter diligit Deum plus quam seipsum* » (saint Thomas d'Aquin, *Somme théologique*, I^a q. 60 a. 5 ad 1[109]) ; or le démon est irrévocablement fixé dans le mal ; donc il se ment, il se détourne de la vérité que pourtant il sait, mais tel est le paradoxe du mensonge à soi, dont la contradiction intestine ne lui enjoint pas pour autant de se renier en se dissipant : les contraires s'identifient dans l'être en puissance, la conscience qui est intentionnelle (la conscience n'est conscience en acte qu'en tant que conscience de quelque chose qu'elle n'est pas, elle est « révélante-révélée ») est telle que la conscience du bien et la conscience du mal s'identifient dans la conscience en puissance, laquelle est l'inconscience ; la conscience et le choix du bien (du moi en tant que bon parce qu'ordonné au bien) d'une part, et la conscience et le choix du mal (du moi en tant que mauvais parce qu'il est ordonné au mal) d'autre part, s'identifient dans leur racine commune qui est leur puissance commune, à savoir la conscience pure (conscience de rien) qui est néant de conscience et ainsi inconscience ; par là, étant intentionnelle (étant conscience en acte par l'acte de sa visée même : une conscience de rien s'éclipse), la conscience sait qu'elle n'*est* pas bonne ou mauvaise comme la table est ronde ou carrée, et qu'elle *se constitue* comme bonne ou mauvaise par son choix ; elle peut donc se savoir n'être pas ce qu'elle vise, se savoir néant, et sous ce rapport se soustraire à ce mal qu'elle est pourtant en tant qu'elle le choisit ; dans le moment où elle se soustrait à ce mal que pourtant elle ne cesse d'être, elle s'éclipse (se rend inconsciente) et peut sous ce rapport s'imaginer qu'elle vise, en toute « innocence », le bien qu'elle se sait pourtant n'être pas ; et c'est

[109] Tout être, autant qu'il est en lui, aime naturellement Dieu plus que lui-même.

ainsi qu'elle ignore la vérité (être mauvaise et déchue) et se rêve bonne (et victorieuse) sans cesser de se savoir déchue et vaincue : elle sait la vérité en tant qu'elle s'actualise dans ce qu'elle vise (le mal), elle se dérobe « sincèrement » à la vérité en tant qu'elle se sait, en tant que néant, n'être pas réductible à ce qui l'actualise ; elle peut être « menteuse » et « mentie » ; elle est menteuse en tant qu'elle sait qu'elle se constitue en choisissant de l'être comme conscience méchante, elle est mentie en tant qu'elle se sait, sans cesser d'être intentionnelle, irréductible à son choix, et réductible au néant de conscience qui est aussi sous ce rapport néant de méchanceté. Parce que Lucifer est de mauvaise foi (au sens sartrien), il peut aspirer à cette prétention en soi absurde de se déifier (être victorieux de Dieu : il aime non Dieu mais la déité, il aime Dieu en le rapportant à soi et non en se rapportant à Lui ; et par là il veut se faire adorer) ; mais l'unique manière de se déifier quand on est créature (ce que le démon sait aussi), c'est, aussi bien pour Lucifer que pour l'homme, de se reconnaître dépendant de quelque chose qui en retour est supposé dépendre de soi : on satisfait ainsi au double réquisit de se savoir n'être pas absolu, et d'exercer la prétention à pouvoir le devenir ; pour cette raison, le démon se veut être le Père s'associant son « Fils » qui est la communauté humaine, en réconciliant l'athéisme et l'antithéisme, la déification du moi humain et l'adoration de Satan, à la manière dont le Fils procède du Père sans cesser de Lui être égal en dignité et divin comme le Père qui en retour n'est Père que dans sa Paternité ; et c'est cette réconciliation entre athéisme et antithéisme (Dieu n'est pas mais est à faire, Lucifer est dieu mais les hommes lui sont consubstantiels, ils s'adorent eux-mêmes en lui, le subjectivisme est sauvegardé) qui fait prévoir la victoire du communisme, car le système politique de l'athéisme (c'est-à-dire de cette négation de Dieu inspirée par le désir d'être Dieu) n'est pas le mondialisme bancaire mais le communisme : l'essence humaine est l'ensemble des rapports sociaux, l'homme se crée en créant la société, il est « *causa sui* » et divin, la collectivisation des moyens de production a pour sens que l'individu est possesseur des moyens de sa déification ; il se *naturalise*, se donne sa nature (ainsi se crée), en transformant (ainsi en *humanisant*) la nature ; l'individu n'est que par la société divine qui en retour n'est que par lui, dans une action réciproque habilitant chacun à se savoir tel l'opérateur de sa propre déification par la médiation de la société substantifiée. Le satanisme (s'il existe) des élites dirigeantes supposées se subordonner le judaïsme lui-même, ne peut être efficient que s'il est aussi une déification de l'homme, car la raison du refus satanique de Dieu est l'orgueil, lequel ne renvoie pas à Satan comme à un souverain auquel on se subordonne et qu'on adore, mais à l'homme se déifiant et n'adorant d'autre que soi ; le calcul de type « *win-win* » (Satan donne des pouvoirs aux oligarques qui entendent le servir pour le « rouler », quand il entend les enrichir pour se faire adorer d'eux) ne peut fonctionner que moyennant l'adoption de la « Trinité satanique » : Satan, la communauté humaine, la thématisation socialiste de leur dépendance réciproque ; Satan n'est souverain que comme conscience de soi hypostasiée de la divinité de l'homme. Supposé, en effet, qu'il soit véritablement invoqué par des hommes ivres d'orgueil, ainsi par des âmes se prenant pour fin dernière, il reste à expliquer comment peut être surmontée, par elles, la contradiction en laquelle, ce faisant, elles tombent, dès lors qu'elles excluent, sous la pression même de leur orgueil, de se subordonner aussi bien à un anti-Dieu qu'à Dieu, au point de nier l'existence de toute transcendance. On dira qu'elles ne l'invoquent que pour le profit qu'elles tirent de leur ignoble commerce avec Belzébuth. Mais n'est-ce pas déjà renoncer à leur ivresse de souveraineté absolue que de consentir à son existence et à reconnaître le besoin qu'on peut avoir de lui ? L'antithéisme n'est tenable, pour un subjectiviste radical — ainsi pour un homme déchu ayant dépassé depuis longtemps (par ses milliards de dollars) le trivial niveau de bassesse de la convoitise sensible incoercible —, que s'il parvient à se conjuguer avec les « mérites » psychologiques que l'orgueilleux reconnaît à l'athéisme. Satan, pour l'homme qui s'y livre, ne prend conscience de soi (de la déité qu'il convoite) que moyennant la conscience qu'il prend aussi de lui-même en l'homme.

Bilan théorique, et hypothèse sur l'avenir

Procédons désormais à un bilan, au terme de ces analyses conceptuelles succinctes.

Il est dans la logique d'un capitalisme d'État de s'exercer sur le mode communiste (b), et il est dans la logique du subjectivisme libéral de se convertir en socialisme égalitaire (a), et il est encore dans la logique du satanisme de prôner l'athéisme entendu comme déification de l'homme (c) ; de sorte que ce capitalisme d'État ne peut s'adjoindre un satanisme que si ce dernier est aussi consommé dans le communisme. **Et le seul à avoir compris tout cela est peut-être Poutine (ou ceux dont il est le porte-voix) ; à tout le moins doit-on, par prudence, faire l'hypothèse — quand bien même ce ne serait qu'une hypothèse d'école — selon laquelle il se pourrait qu'il l'eût compris.** En effet :

Remarquons préalablement que l'existence de l'URSS, paradoxalement, compromettait l'extension maximale du mondialisme libéralo-maçonnique, en contraignant les États libéraux à se faire un tant soit peu nationalistes pour lutter contre les visées militaires du « communisme dans un seul pays ». Ce qu'il n'est pas interdit d'interpréter telle l'autodissolution programmée de l'URSS a favorisé cette extension. Objectivement porteuse de communisme, cette extension n'est pas subjectivement exercée par ses auteurs dans une perspective communiste, mais dictatoriale (directoire bancaire, magistère planétaire de la communauté juive et/ou des maçons). Si les marxistes soviétiques existent encore, il est dans leur intérêt de laisser le mondialisme bancaire aller jusqu'au bout de lui-même, afin de récupérer à leur profit explicitement communiste les résultats de cette destruction des nations historiques. Ce qui reviendrait à donner raison à Georg Lukács : le communisme est la conscience de soi du capitalisme.

On peut se demander, dans cette perspective, si Vladimir Poutine n'est pas en train d'attendre son heure ; la finance ne peut créer un État *ex nihilo,* elle entend se faire exister à l'ombre d'un État plus ancien qu'elle, qu'elle essaie de se subordonner et de mondialiser. Si l'on accorde crédit par exemple aux informations de Pascal Roussel, expert-financier (analyste financier au Département des risques financiers de la Banque européenne d'investissements) auteur d'un roman pédagogique remarquable (*Divina Insidia,* Éditions Romaines, 2011) et de nombreux articles spécialisés, la « tribu » Rockefeller jadis lancée par les Rothschild et depuis émancipée de lui et en conflit avec lui, semble jouer, quant à l'État chargé de lui servir de marchepied en vue de l'instauration de l'État mondial, sur les USA ; les Rothschild joueraient, dit-on, sur la Communauté européenne. Consentons alors à formuler l'hypothèse suivante : Rothschild peut en venir à solliciter Poutine afin d'abattre Rockefeller quand les USA seront en perte de vitesse et que l'UE se décomposera (son constitutif formel est la défense de l'euro fort, qui lui permet d'importer à bas prix pour nourrir des populations de chômeurs, et de chômeurs de plus en plus nombreux parce que cet euro trop fort compromet les exportations) ; et Poutine peut bien essayer de se subordonner Rothschild qui, dans l'hypothèse, travaillerait pour lui sans qu'il ne le sût. Signes à attendre pour corroborer l'hypothèse : union de la Russie et de la Chine où Rothschild possède maints avoirs ; l'hypothèse peut être tenue pour déjà corroborée par le fait que Poutine avalise la Shoah et entend, sous couvert de mémoire populaire et d'unité nationale, assumer le passé stalinien : « faites de la cause du peuple la cause de la nation, et vous ferez de la cause de la nation la cause du peuple » (Lénine) ; les nationalistes français et européens soucieux de se libérer de l'ingérence américaine se rapprochent de Poutine et favorisent la décomposition de l'UE, et Poutine a intérêt pour les y inciter à leur faire croire qu'il est opposé au mondialisme en général. En fait, il est nécessaire, avant que de lier son destin à Poutine, d'étudier l'hypothèse selon laquelle il se pourrait qu'il entendît réaliser l'« *isba commune* », et à partir d'elle un mondialisme communiste : Poutine est bon dialecticien et bon joueur d'échecs. Il n'est pas interdit de le soupçonner d'avoir deux fers au feu. Le premier est celui de l'« *isba commune* » destinée à se substituer à l'UE, par la création d'un grand marché eurasiatique consumériste inspiré par les valeurs décadentes des Lumières démocratiques et individualistes (à tout le moins un marché non opposé à elles), marché supposé s'opposer au marché américain (Poutine donne alors l'impression d'épouser la décadence européenne pour renforcer l'Eurasie contre le monde anglo-saxon, et fait croire qu'il consent à épouser cette décadence pour en dernier ressort relever spirituellement l'Eurasie, et c'est ce qui donne dans la vue des nationalistes français qui, peut-être, pèchent par naïveté). Le deuxième fer au feu est de feindre le nationalisme impérial russe sans concession pour la décadence de l'Europe de l'Ouest, doté de valeurs traditionnelles et réactionnaires, en se présentant en recours pour les nations soucieuses de s'émanciper à la fois des USA et des valeurs libérales et individualistes, ainsi des nations qui croient discerner dans Poutine un nouveau sauveur hitlérien propugnateur d'un nationalisme européen. Mais dans les deux cas il vise l'« *isba commune* », non l'« *isba commune* » traditionaliste (une substitution de la Troisième Rome au Saint-Empire romain germanique et au Troisième Reich) mais l'« *isba commune* » communiste ; s'il visait l'« *isba commune* » traditionaliste, celle des peuples enracinés, il dénoncerait la mainmise des Rothschild sur l'UE, il dénoncerait aussi la mainmise des Rockefeller sur le monde anglo-saxon[110], il ne revendiquerait pas la paternité du passé stalinien de la Russie, il n'entretiendrait pas la mémoire de la « Shoah » (au point de promulguer dans son pays des lois antirévisionnistes très répressives), il ne serait pas l'allié de l'entité sioniste (que l'URSS avait été la première à reconnaître), laquelle sait qu'à plus ou moins long terme ses intérêts propres ne coïncideront plus avec ceux des États-Unis, et est prête à tout moment à un renversement d'alliances ; il ne conserverait pas pieusement la momie de Lénine dans son mausolée sur la Place Rouge ; il changerait le nom de Volgograd en celui de Tsaritsyne et non en celui de Stalingrad. Et Poutine, fabuleusement riche, ne serait pas citoyen d'honneur de la City.

Dans ce jeu criminel à trois joueurs (satanistes goïm de Rockefeller, satanistes et Juifs de Rothschild, panrusses poutiniens, les trois étant alimentés par les consuméristes de tout poil d'origine européenne à tendance social-démocrate, d'origine anglo-saxonne à tendance ultra-libérale, ou d'origine asiatique à tendance néo-stalinienne), c'est le panrussisme poutinien, préfiguration du communisme planétaire, qui pourrait paraître le mieux placé pour remporter la victoire. En d'autres termes, **il se pourrait que la dialectique marxiste se révélât un jour plus redoutable — parce que plus intelligente — que les visées du diable (l'orgueil, au reste, rend idiots en dernier ressort les esprits les plus puissants) et surtout celles des satanistes, les prétentions messianiques des Juifs et les utopies humanistes des maçons**.

Poutine conservateur ou dialecticien marxiste ?

Il est — nous en convenons — tentant d'interpréter tout autrement — de manière plus simple, moins « tordue », plus réaliste, moins farfelue et plus raisonnable — le comportement de Poutine. Libéral-conservateur, il s'efforce, semble-t-il, à reconstruire son pays dévasté par 70 ans de communisme ; il

---

[110] Les alliances ici esquissées à grands traits sont évidemment moins claires quand on les considère en détail : il n'est aucun pays dans le monde qui soit sous l'influence financière exclusive d'une seule « famille » ; les Rockefeller aussi exercent une influence en Chine (leur banque — à l'époque la « Chase » — fut la première, dès 1973, à établir des relations avec la Banque de Chine) ; Poutine est aussi ami de Kissinger (proche des Rockefeller), et n'hésita pas à jeter en prison (officiellement pour des raisons fiscales) l'oligarque Khodorkovski (qui s'était risqué à menacer politiquement Poutine), pion de Lord Jacob Rothschild. Néanmoins, le monde anglo-saxon est globalement plus largement sous la coupe des Rockefeller, et l'Europe est globalement sous celle des Rothschild. Poutine attend, semble-t-il, de voir quelle « famille » prendra le dessus.

ménage ses nombreux communistes internes en célébrant à grands frais la victoire de l'URSS sur l'Allemagne, afin de les subordonner à son entreprise nationaliste ; il n'avalise la mémoire de la Shoah que dans le même but, afin aussi de ne pas compromettre les rentrées de devises dont son pays a cruellement besoin ; il soutient l'Axe Téhéran-Damas pour contenir les prétentions américaines au Moyen-Orient, il propose un traité de libre-échange avec l'UE afin de la soustraire à l'hégémonie états-unienne, il favorise la reviviscence de la spiritualité orthodoxe, il condamne les débordements immoraux de l'Occident, il met ses oligarques juifs au pas et ne les tolère que dans la mesure où ils servent sa politique extérieure et ne compromettent pas sa politique intérieure, il se donne le temps — moyennant ces concessions à l'esprit du temps — de reconstituer l'empire russe comme superpuissance capable dans l'avenir de rivaliser avec l'Amérique et d'inverser le sens mondialiste de l'histoire, etc. Quand un George Soros, créature des Rothschild, dénonce (sur CNN, le 25 mai 2014), ce qui constitue pour lui les deux plus grandes menaces, à savoir une Europe des populismes recentrée sur la Russie, et une alliance anti-américaine Pékin-Moscou ; quand de surcroît il se vante d'avoir sa place parmi les responsables des événements qui secouent actuellement l'Ukraine, on est véritablement tenté de discerner en Poutine, malgré ses ambiguïtés, un allié objectif, voire un sauveur potentiel, de l'Europe chrétienne enracinée.

Il demeure — quelque apparemment fondée que soit cette interprétation — que le mondialisme capitaliste actuel est en passe de se constituer en capitalisme d'État à l'échelle mondiale, et que le capitalisme d'État ne peut se consommer qu'en communisme. Il demeure aussi que les opérateurs actuels de ce mondialisme (les « Néo-cons » furent trotskystes) agissant selon des formes ultralibérales ne sont pas assez naïfs pour laisser un Poutine supposé nationaliste et réactionnaire mener son propre jeu à leur détriment sans tenter de l'en empêcher, quelles que soient les ruses de ce dernier, et que ce dernier le sait parfaitement. « Ils » n'ont pas laissé, au prix d'une guerre mondiale ravageuse aux issues incertaines, Hitler soustraire l'Europe aux impératifs du mondialisme financier à une époque où ce dernier était beaucoup moins avancé qu'il ne l'est aujourd'hui ; ce n'est pas pour laisser aujourd'hui un nouvel Hitler les rouler dans la farine et restituer, sous l'égide de la Troisième Rome, à l'Europe sa place de centre économique, politique et spirituel du monde. Et Poutine sait cela aussi. Il sait, supposé qu'il soit nationaliste, qu'il n'a pas les moyens d'inverser le sens mondialiste de l'histoire autrement qu'en le faisant se consommer exhaustivement afin ensuite (entreprise au demeurant éminemment aléatoire) de le faire périr d'intumescence. Il sait encore que les mondialistes concoctent actuellement (...) une crise économique en forme de crise de 29 à la puissance 10, qui les habilitera à imposer une monnaie unique mondiale destinée à leur livrer les clés inaliénables des richesses de la Terre. Supposé que Poutine soit effectivement un nationaliste, il peut attendre cette crise afin de se poser en recours pour les nations d'Eurasie qui ne veulent pas mourir. On assisterait alors, en cette hypothèse en apparence opposée à celle qui fut exposée plus haut, au mouvement dialectique suivant : **la mort de l'URSS, précipitant l'avènement du mondialisme bancaire, engendrerait un mondialisme capitaliste d'État, c'est-à-dire un communisme planétaire consommant les vœux objectifs de l'ancienne URSS dont le territoire russe se trouverait providentiellement préservé ; tout se serait passé comme si la Russie s'était libérée du communisme selon un processus ayant eu pour résultat supposé involontaire de communiser le monde. Et ce résultat ne peut pas, sans mauvais esprit mais sans irénisme, ne pas suggérer à l'observateur critique l'idée suivante : c'est sciemment peut-être que l'URSS aurait pu se saborder, afin de faire advenir — conformément aux lois dialectiques de la logique marxiste qui l'inspirait — ce dont elle se voulait depuis 1917 la préfiguration nationale provisoire.** ***Et il serait téméraire d'exclure*** **a priori** ***que Vladimir Poutine — formé à l'Institut Andropov (lequel dirigeant fut l'initiateur de la Perestroïka) et colonel du KGB en Allemagne de l'Est pendant des décennies — y eût jamais pensé. Peut-être même pourrait-il se révéler un jour suicidaire pour les Européens d'exclure*** **a priori** ***qu'il eût pu y participer.*** Il faut bien avouer, non sans un soupçon de procès d'intention, que si Poutine avait envisagé d'agir en communiste, il ne se fût pas comporté autrement qu'il ne le fait aujourd'hui en adoptant partiellement (et partiellement seulement) la posture de champion du nationalisme russe et des nationalismes européens. Aussi bien se pourrait-il, supposé que les observations qui précèdent ne relèvent pas du délire, que les analyses d'Anatoly Golitsyne (*The Perestroïka Deception*, 1995) fussent plus que jamais actuelles au moment même où les manœuvres convaincantes du tsar poutinien les rendent apparemment plus ridiculement dépassées : « l'effondrement du Parti communiste soviétique ne fut ni un accident de l'histoire ni le soudain épanouissement de la démocratie. Il fut le résultat d'un plan minutieusement préparé <dès les années 1970 sous Andropov>, conçu par l'élite du Parti et exécuté par la direction d'un département secret du Comité central, le département international » (Pascal Bernardin).

Complotisme, analyses philosophiques et précisions théologiques

Pour un catholique, le mystère d'iniquité est à l'œuvre dans le monde humain depuis toujours, de sorte qu'il serait pour le moins présomptueusement léger d'ignorer l'existence de forces préternaturelles diaboliques, manipulées par des agents sataniques et satanistes, au cours de l'histoire. Mais ces pouvoirs eux-mêmes ne peuvent se soustraire aux lois de l'ordre naturel matériel et spirituel ; tout au plus (n'étant pas des pouvoirs de réaliser des miracles, dont seul l'Auteur de la Nature est capable) de tels agents sont-ils à même — en les connaissant mieux que tout homme — de les exploiter à des fins antinaturelles. Plus généralement, les complots (qui sont bien réels) sont tout au plus, dans le concert des causes suscitant les événements et tournants historiques, autant de déterminations ponctuelles et adventices relevant de la cause efficiente, mais non de la cause formelle (dont la cause efficiente est l'instrument de communication), laquelle est à chercher dans la logique objective des idées façonnant l'esprit des hommes. **Si le démon, les satanistes, les Juifs et les maçons n'existaient pas, le subjectivisme produirait peu ou prou, de manière peut-être moins rapide et moins ravageuse, les mêmes résultats que ceux qu'il nous est donné de constater en notre temps.** Et ce mal radical qu'est le subjectivisme peut naître en tout être d'esprit, dès lors que l'être d'esprit (ange ou homme) est nécessairement libre : donné à lui-même, il dispose de soi, pour le meilleur et pour le pire. S'il existe bien une histoire secrète ignorée de l'histoire ordinaire, la première ne saurait entretenir à l'égard de la seconde le rapport de la vérité à l'apparence trompeuse ; cette dernière ne concerne que l'histoire officielle écrite par les vainqueurs et les manipulateurs médiatiques et stipendiés d'opinion, et il convient de la distinguer de ce qui est ici nommé l'histoire ordinaire : l'histoire officielle est mensongère, l'histoire ordinaire est toujours lacunaire mais vraie pour l'essentiel. L'histoire ordinaire est éclairée et complétée par l'histoire des crypto-acteurs complotistes, mais celle-ci n'a pas vocation à se substituer à celle-là, car c'est à l'aune de la première que les données de la seconde doivent en dernier ressort être mesurées, parce que c'est en elle qu'elles prennent ultimement leur sens. Par-delà les calculs machiavéliens et jeux en trompe-l'œil des sectes, officines secrètes et groupes de pression divers, c'est la logique des idées qui mène la bande des événements historiques ; c'est la logique des idées qui inspire les complots eux-mêmes ; c'est l'idéologie juive, c'est la teneur objective du subjectivisme, de l'esprit démocratique, du capitalisme et du socialisme — tous pris dans leurs concepts respectifs — qui rend raison des dispositifs — secrets ou publics, préternaturels ou purement humains — destinés à réaliser de telles idées. Or il a été suggéré ici que l'analyse de ces idées, conjuguée à la connaissance des faits qui nous sont accessibles, ne plaide pas en faveur d'une victoire du mondialisme judéo-maçonnique ou religieusement luciférien sur le communisme, mais en faveur de la thèse contraire. Il n'est donc pas complètement dérisoire, en dépit des apparences dont se nourrit le « bon sens », de supposer qu'un Poutine aurait pu le comprendre, et le comprendre beaucoup plus aisément que les banquiers mondialistes gorgés de suffisance, du fait de sa formation marxiste. Quant au démon, quelque gâtée que soit par l'orgueil sa prodigieuse intelligence, il sait que l'athéisme éloigne de Dieu plus que l'anti-théisme.

Pour exposer les choses plus trivialement, nous dirons que nous ne nous opposons nullement aux analyses pertinentes et courageuses d'un Pierre Hillard par exemple (*Chroniques du mondialisme*)[111] qui rappelle opportunément que des

---

[111] Dans ses conférences, Pierre Hillard rappelle opportunément que lors de la réunion du 28 janvier 2014 entre les autorités de Bruxelles et celles de Russie, Igor Chouvalov, premier vice-Premier ministre du gouvernent russe, avait bien précisé que ce projet d'union (dont le résultat réactif fut la suscitation par les États-Unis des troubles en Ukraine) eurasiatique allant de Lisbonne au Pacifique avait pour modèle non la structure

projets sataniques (et le judaïsme est bien satanique, puisque saint Jean — dans l'Apocalypse II, 9 et III, 9 — évoque la « Synagogue de Satan ») ne peuvent avoir que des remèdes surnaturels, tout en faisant observer que les rabbins du monde entier (le 23 septembre 2012) ont appelé la venue du « Messie » (en lequel les catholiques sauront discerner l'Antéchrist), considérant que les temps étaient mûrs pour cela[112]. De tels rappels insistent à bon droit sur le fait que les affaires de l'ordre naturel trouvent toujours dans l'ordre surnaturel seul la raison dernière de l'efficace de leurs lois de succession. Ce que modestement nous voudrions souligner ici, c'est que l'ordre surnaturel ne se substitue pas à l'ordre naturel, et que les desseins surnaturels se médiatisent dans des causes naturelles, et que les desseins préternaturels se médiatisent dans une corruption des causes naturelles et dans une subordination de ces dernières — avec leur logique propre — à des fins antinaturelles : il n'est pas possible de violer l'ordre surnaturel sans violer aussi l'ordre naturel, puisqu'il est contre nature de refuser la grâce (*Somme théologique*, II[a] II[ae] q. 10 a. 1). De sorte que si le démon s'oppose à tout ce qui est catholique, il se subordonne ou tente de se subordonner toutes les instances (même sans qu'elles le sachent) humaines (Juifs, maçons, humanistes, matérialistes, hédonistes, néo-païens, occultistes, républicains, marxistes, protestants, « catholiques » modernistes, adeptes de fausses religions ou de religions schismatiques...) en les faisant agir selon leur logique propre. Et à

---

de l'Union soviétique, mais celle de l'Union européenne ; mais cela ne prouve nullement que les deux projets seraient incompatibles. Dans son souci de dénoncer les origines mondialistes du projet d'union transatlantique actuellement en cours, destiné à contrer toute velléité d'union eurasiatique, Pierre Hillard nous rappelle en effet, opposant — en termes orwelliens — « Eurasia » à « Oceania », que ce projet transatlantique date en fait de 1939 : il fut exposé par Clarence Streit, bénéficiaire d'une Bourse d'étude de la fondation Cecil Rhodes (lequel était lié aux Rothschild maîtres de la City) et soutenu par Roosevelt, et il avait pour titre : « Unité fédérale des démocraties de l'Atlantique-Nord » ; or un autre bénéficiaire plus récent de ces Bourses d'étude concédées par la Fondation Cecil Rhodes n'est autre que **Bill Clinton, qui fit, en pleine guerre froide, son stage de fin d'études à Moscou, en 1970** ; qu'est-ce à dire, sinon que le mondialisme américain a non seulement entretenu les rapports les plus ambigus avec le communisme (cela relève aujourd'hui du lieu commun), mais encore qu'il n'est pas du tout exclu que cette éclipse ostentatoire du communisme en URSS aurait fort bien pu être concoctée aussi bien par les Maîtres marxistes du Kremlin que par les maçons mondialistes de Wall Street, mais dans des buts évidemment opposés ? Et qui pourrait alors tenir pour évident que, des deux frères ennemis que sont les capitalistes et les communistes, les capitalistes seraient les plus malins ?

[112] « Enfin n'est-il pas permis de croire que cet homme puissant et pervers, qui étreindra le monde dans les serres d'un despotisme sans nom et sans mesure, et qui unifiera le genre humain par la servitude des consciences et l'abaissement des courages, sera le personnage dépeint et prédit par saint Jean comme l'Antéchrist, et qu'il sera l'homme dont la divine Providence aura voulu se servir pour désabuser Israël qui l'aura un instant salué comme son Messie et roi ? » (Abbé Arminjon, *Fin du monde présent, Mystères de la vie future*, 1881, ESR, 2007, p. 80).

notre sens le marxisme est, pour les hommes, la forme naturellement (par opposition à l'ordre surnaturel) la plus accomplie qui soit du refus de Dieu, lequel consiste à convertir le désir de Dieu en désir d'être Dieu. Si le camp du Bien est un, celui du Mal est pluriel et divisé contre lui-même ; les méchants sont en compétition les uns avec les autres, chacun ne favorisant son frère ennemi que pour abattre le camp du Bien, mais aspirant à se subordonner ses frères ennemis ou amis stratégiques à sa fin propre. Le diable est opposé à Dieu, et aussi les hommes mauvais ; **et si toutes les formes humaines de subversion sont en compétition les unes avec les autres, le diable et elles le sont aussi entre eux**, car les hommes ne sauraient se déifier en consentant à se subordonner sans retour au diable ; la raison dernière de la perversité des hommes méchants n'est pas dans le diable mais dans le mystère de la liberté de chaque homme. Supposé que certains hommes en soient venus à se faire les disciples du diable, c'est en dernier ressort pour se soustraire à sa domination ; une certaine forme (gnosticisante) d'athéisme se révèle ultimement vérité de l'anti-théisme. Ainsi donc, de même que l'historien lucide n'a pas vocation à substituer (il doit l'intégrer seulement) l'histoire secrète événementielle à l'histoire ordinaire (celle qui opère selon des méthodes rationnelles et scientifiques), de même, pour un regard théologico-politique rationnel sur l'histoire contemporaine, les causes préternaturelles n'ont pas vocation à être substituées aux causes naturelles (la logique des doctrines perverses), et les causes surnaturelles (interventions divines) n'ont pas vocation à se substituer aux causes naturelles (la logique des doctrines vraies). Si le marxisme est bien la forme la plus radicale et la plus logique du refus humain de Dieu, plus que toutes les autres (plus même que le judaïsme, l'humanisme maçonnique et autres formes de mondialisme), alors c'est en et par lui que s'accomplira l'avènement de l'Antéchrist. Faire mémoire du testament de saint Rémi et de la geste de sainte Jeanne d'Arc, d'une part, et des pactes passés avec Satan (explicites ou implicites comme dans la constitution du judaïsme antichrétien) d'autre part, c'est assurément une initiative précieuse pour qui sait lui reconnaître sa juste importance, mais cela ne dispense pas d'évaluer à l'aune de la simple raison la mesure de l'excellence ou de la perversité intrinsèques des doctrines philosophiques auxquelles souscrit, sous l'injonction de leur liberté, l'intelligence des hommes. Il y a un quelque chose d'irrévocablement *particulier* dans le judaïsme, qui ôte à la perversité de son antichristianisme la possibilité de *s'universaliser*, ainsi de se radicaliser, par là de se conférer toute la portée efficace de l'orgueil qui l'inspire : seul le peuple juif se déifie en s'intronisant Médiateur ou Christ collectif, les goïms subissent cette inversion sans y prendre part activement. Et il subsiste quelque chose de dérisoirement « innocent » dans la perversité du mondialiste sataniste (un monde homogénéisé par l'hédonisme scientiste et subordonné à la gloire de Satan servi par le « sacerdoce » de « Supérieurs inconnus »), qui n'exerce son orgueil qu'en changeant de maître et sans remettre en cause la vocation des hommes à être les sujets d'un Prince. Seul l'athéisme marxiste propose une formule idéologique habilitant le genre humain en entier à se déifier de manière universelle et effective.

Conclusion

Au reste, le catholique ne peut se dispenser de se souvenir de ceci : la Très Sainte Vierge a bien annoncé à Fatima que la Russie continuerait à répandre ses erreurs sur le monde aussi longtemps que cette dernière ne serait pas solennellement consacrée par le pape et par tous les évêques du monde unis à lui ; ce qui n'est toujours pas accompli à ce jour. Or quelle peut bien être, à l'époque contemporaine, cette erreur spécifiquement russe, sinon le communisme ? Cela dit, y aura-t-il encore un pape pour procéder un jour à cette consécration ? Et y aura-t-il encore un seul chef d'État potentiel pour comprendre, par delà les apparences, les manœuvres des uns et des autres à la lumière de la métaphysique et de la dialectique ? De plus, il est certes moins peccamineux, du point de vue du catholique, d'être schismatique orthodoxe que communiste. Mais on peut légitimement se demander, supposé même que la Russie actuelle n'ait plus rien à voir avec la Russie soviétique, s'il est possible de s'extirper de ce mal radical qu'est le communisme athée autrement qu'en se réfugiant sans retour dans le giron de la vérité entière, qui est le catholicisme. À mal radical, remède radical ; un remède imparfait, loin de vaincre le mal, le renforce ; il le rend plus malin, plus insidieux et plus virulent.

Il reste que l'histoire est tissée d'événements contingents, qu'elle est de ce fait non prévisible de manière apodictique ; s'il est rationnel qu'il y ait de l'irrationnel (il est rationnel qu'il y ait du hasard dans le processus d'avènement des essences dont le monde matériel est pétri, il est rationnel que l'intelligence qui meut la volonté soit en retour mue par la liberté), c'est néanmoins d'irrationnel (ainsi de rationnel seulement partiel) qu'il est question en histoire. Pour paraphraser Marx, si les hommes ne savent pas l'histoire qu'ils font, ce sont quand même eux qui la font, avec leur liberté indérivable. De sorte que bien malin serait celui qui pourrait se targuer de trancher entre deux hypothèses formulées sur l'avenir. Peut-être après tout la Russie a-t-elle définitivement donné son congé au communisme ; peut-être Poutine ne se dit-il démocrate et sioniste, et antirévisionniste et antifasciste, que par prudence et faute de jouir actuellement d'une force militaire et économique suffisante pour lever le masque et déclarer la guerre au mondialisme.

Dès lors, modestement et sans prendre parti de manière catégorique, nous nous contenterons de faire observer, en guise de conclusion, que la question de la bonne foi de Vladimir Poutine mérite d'être posée, et que nous espérons voir bientôt notre sombre hypothèse et nos amères préventions démenties par l'histoire.

Annexe 1 : Esprit démocratique, mondialisme et communisme

« Le législateur est à tous égards un homme extraordinaire dans l'État. S'il doit l'être par son génie, il ne l'est pas moins par son emploi. Ce n'est point magistrature, ce n'est point souveraineté. Cet emploi, qui *constitue* la république, *n'entre pas dans sa constitution* ; c'est une fonction particulière et supérieure qui n'a rien de commun avec l'empire humain. » « Celui qui ose entreprendre d'*instituer* un peuple doit se sentir en état de *changer pour ainsi dire la nature humaine*, de transformer chaque individu qui, par lui-même, est un tout parfait et solitaire, en partie d'un plus grand tout *dont cet individu reçoive en quelque sorte sa vie et son être* ; d'altérer la constitution de l'homme pour la renforcer… il faut, en un mot, qu'il ôte à l'homme ses propres forces pour lui en donner *qui lui soient étrangères, et dont il ne puisse faire usage sans le secours d'autrui. Plus ces forces naturelles sont mortes et anéanties, plus les acquises sont grandes et durables, plus aussi l'institution est solide et parfaite* ; en sorte que *si chaque individu n'est rien, ne peut rien que par tous les autres*, et que la force acquise par le tout soit égale ou supérieure à la somme des forces naturelles des individus, on peut dire que la législation est au plus haut point de perfection qu'elle puisse atteindre » (Jean-Jacques Rousseau, *Contrat social*, II 7). **Il s'agit évidemment de l'État totalitaire entendu comme tyrannie de tous sur tous, qui substantifie la société en réduisant l'individu à néant, mais afin de promouvoir et même de déifier l'individu en lui donnant comme statut substantiel de substitution celui-là même de la société supposée, elle, être créatrice de l'homme. Et parce que la société n'est de fait jamais substance, mais dépend de ceux qu'elle intègre, alors, en donnant à la société le pouvoir de créer l'homme (c'est-à-dire l'homme « nouveau »), on signifie par là que l'homme devient créateur de lui-même, que sa souveraineté est absolue : tel est l'idéal du communisme, qui consomme les promesses de la démocratie inspirée de Rousseau. Parce que des petits absolus sont nécessairement égaux, ils doivent le devenir pratiquement, progressivement, non seulement quant aux droits mais dans les faits. C'est la tyrannie de tous sur tous, le dessus du panier n'est que l'écume de la plèbe. Le peuple plébiscite la tyrannie qui l'écrase parce qu'il reconnaît en elle, d'instinct, l'expression de sa propre souveraineté.** Et la propriété privée doit nécessairement disparaître, qui par nature confère à l'homme une indépendance relative excluant qu'il ne soit et ne puisse quoi que ce soit que par les autres. Il est aisé sous ce rapport de comprendre que l'idéal de liberté absolue prôné par l'esprit démocratique et subjectiviste (celui de l'Occident décadent) se consomme en communisme égalitaire.

Les citations de Baruch Lévi et de Primo Levi évoquées ici dans la rubrique « **Juifs (par eux-mêmes)** » nous aident à comprendre que le mondialisme, quels que soient ses opérateurs — Juifs, maçons, satanistes ou autres — ne peut être réalisé que dans une perspective communiste. Le bien, l'être et l'un sont convertibles, de sorte que le mal est privé d'unité : il y a nécessairement des dissensions (telle l'opposition entre la « tribu » des Rothschild et celle des Rockefeller, récemment illustrée par la chute de DSK, agent des Rothschild et devenu, depuis cette chute, conseiller économique dans les pays de l'Est) entre les opérateurs du mondialisme. **Toute la question est de savoir si Vladimir Poutine s'oppose au mondialisme, ou s'il est l'un des opérateurs du mondialisme en conflit avec d'autres opérateurs, feignant momentanément d'être antimondialiste pour abattre ses rivaux.** Le mal n'a pas d'unité positive, mais il a une unité négative : les rivaux s'unissent contre le bien dont ils sont la négation polymorphe ; capitalistes et communistes, frères ennemis, se sont ainsi ligués contre le national-socialisme il y a 70 ans ; quelque imparfait qu'il ait pu être au regard des exigences de l'ordre catholique, il avait aux yeux des Maîtres de la Terre le défaut absolument dirimant de n'être pas subjectiviste et de nourrir la prétention exorbitante de faire retour, sinon à l'ordre surnaturel, à tout le moins à l'ordre naturel. Si Vladimir Poutine est aujourd'hui le sauveur providentiel de l'Europe traditionnelle, il verra se liguer contre lui l'Europe libéralo-maçonnique, la Corée du Nord, la Chine (laquelle, au passage, est de plus en plus ouverte au thème de la « Shoah », ce qui, entre autres choses, la rapproche de Poutine), le Sud-est asiatique libéral, Israël et les États-Unis. Aussi longtemps qu'une telle ligue de « bien-pensants » ne se constitue pas, il sera permis de rester perplexe à l'égard des intentions réelles de Poutine.

Annexe 2 : Eurasisme et mondialisme

Les observateurs bien informés (mais autre chose est la qualité de l'information, autre chose l'aptitude à en dégager le sens ultime vrai) font observer qu'actuellement la politique de Vladimir Poutine est la réalisation pratique de l'idéologie eurasiatique. Cette dernière — en vérité le néo-eurasisme — est développée par Alexandre Douguine, à propos de laquelle la Nouvelle Droite d'Alain de Benoist et la « Troisième voie » d'Alain Soral nourrissent les plus grands espoirs ; elle suscite même l'enthousiasme dans les rangs maurrassiens de l'Action française et bonapartistes de l'Œuvre française. À la droite de la Droite, c'est-à-dire à droite, tout ce qui est anti-américain, pense-t-on, est nôtre, parce que les ennemis de nos ennemis sont nos amis.

Si, conformément à ce qui fut développé ici plus haut, les acteurs de l'Histoire les plus déterminants sont en dernier ressort les idées, avec leur logique propre, qui habitent la tête des hommes, il est opportun de s'interroger sur la logique semblant sous-tendre cette singulière vision du monde, laquelle obéit, comme on le verra, à des principes n'ayant rien de très original.

Tout d'abord, Alexandre Douguine se veut géopoliticien :

La géographie, de manière générale, est l'indication d'une identité collective déterministe, en ce sens que l'espace est la spatialisation d'une vision du monde, l'individuation d'une idée ; ainsi la géographie du « troisième continent », entre l'Occident décadent et l'Asie, définit sa destinée, par là son essence (la nature d'une chose est sa fin) qui est une vocation à dominer le monde en substituant son hégémonie à celle de l'Amérique. Les populations limitrophes de la Russie centralisée et antilibérale doivent lui être assimilées ; l'Europe de l'Ouest est condamnée soit à demeurer — en y perdant définitivement son âme — sous la coupe des États-Unis, soit à reconnaître l'imperium bienfaisant de la Russie seule habilitée à revitaliser sa spiritualité adultérée par le matérialisme consumériste. La Russie éternelle est au fond la conscience de soi de la tellurocratie en lutte depuis toujours contre la thalassocratie anglo-saxonne. Toute prétention germanique à l'hégémonie européenne sur le monde est perçue par Douguine telle une captation indue de la vocation russe ; les chefs de l'Ukraine de l'Ouest (en particulier les membres du mouvement Svoboda, explicitement national-socialiste), gardant mémoire de l'Holomodor opéré par Staline, ainsi peu enclins à subir un protectorat russe, traitent selon Douguine les russophones de l'Est d'une façon qui « rappelle les pires moments du IIIe Reich, qui a été célébré sur le Maïdan, avec des portraits d'Hitler et des croix gammées » (déclaration du 27 avril 2014 faite à Veronika Dorman pour le journal *Libération*). « D'ailleurs, les Européens devraient faire attention : les Américains ont libéré le génie de l'ultranationalisme, du nazisme, dans le but de transférer ensuite cette situation en Europe » (*idem*, Douguine). Soit : les Russes sont le seul recours pour les Européens de l'Ouest aspirant à se libérer de la férule américaine, les reviviscences fascistes ne sont jamais que des naïvetés de nationalistes européens instrumentalisés par les ruses judéo-américaines, elles s'inscrivent dans les manœuvres « orangistes » de George Soros et de BHL. Elles ne sont suscitées que pour affaiblir cette sainte Russie qui effraie les mondialistes de Wall Street, et pour instaurer de manière concomitante des troubles dans l'Union européenne afin ensuite de la soumettre définitivement à et par les forces américaines. De sorte que toute velléité nationaliste d'affranchissement des prétentions russes n'est qu'un mouvement d'humeur irrationnel qui sert objectivement les intérêts du monde anglo-saxon. D'où l'hostilité de la Nouvelle Droite et des admirateurs d'Alain Soral à l'égard des nationalismes traditionnels d'Europe, catholiques souvent et toujours hostiles à l'islam, supposés être tous financés par le lobby sioniste, et se réduire à une cohorte peu éclairée, nostalgique et chimérique, d'idiots utiles.

Ensuite, Douguine prône un dépassement du réductionnisme bolchévique par trop matérialiste, et de la slavophilie traditionnelle par trop ritualiste et passionnellement figée, ainsi une intégration de ces derniers dans une réalité qui les conserve en les sublimant. Cette réalité est issue de l'ésotérisme et d'une mystique œcuméniste : guénonisme, orthodoxie, néo-droitisme nominaliste et historiciste, occultisme, islam, bouddhisme et même judaïsme (hassidisme du rabbin Avraam Chmoulevitch, dirigeant du mouvement Beat Artzein). Il s'agit tout simplement d'une reviviscence de la gnose, et d'une gnose messianique. Notons au passage que Chmoulevitch entend bien, appuyé par Poutine, cultiver la mémoire de l'Holocauste afin de faire payer très cher aux populations des anciens satellites socialistes (Ukraine, Pologne, Pays baltes entre autres) leurs sympathies passées pour l'Allemagne hitlérienne et les crimes réels ou controuvés qu'elles auraient commis sur les Juifs et les Slaves. Notons aussi que tout œcuménisme est au moins implicitement gnostique, si l'on entend par gnosticisme — ainsi qu'il convient de le faire — toute doctrine promouvant l'idée d'un groupe d'élus (ainsi d'initiés se sauvant par une connaissance démiurgique), voire d'un peuple messianique entendu telle l'incarnation du divin, de sorte que ce groupe humain se veut la conscience de soi d'un Dieu qui, en retour, a besoin de l'homme pour être Dieu. En effet, l'œcuménisme connote toujours l'idée qu'il existerait une sagesse transcendant toutes les religions historiquement constituées, y compris les religions se déclarant révélées, chaque religion ne possédant qu'une partie de la vérité. Dans cette perspective, de deux choses l'une. Ou bien toutes les religions sont autant d'inventions imparfaites des hommes du passé, tout en se voulant autant d'expressions d'une même sagesse éternelle qu'il s'agit de dégager à partir de celles-là, mais alors, en les inventant, l'homme n'a fait que s'adorer lui-même en elles, de sorte que, comme l'enseignait Feuerbach, « *homo homini Deus* » ; l'homme est un dieu pour l'homme parce que le divin n'est pas ailleurs qu'en l'homme. Ou bien les religions historiques sont toutes autant de révélations imparfaites d'un Dieu qui n'est parvenu à s'exprimer, à se révéler adéquatement, en aucune, de sorte que c'est à l'homme qu'il appartient, par l'herméneutique, d'en dégager le noyau véritablement divin qui les a toutes inspirées. Cela dit, s'il existe une Révélation, elle est révélation de Dieu tel qu'Il est en Lui-même indépendamment de Sa Révélation, autrement elle est un mensonge ; et si Dieu est incapable de se dire univoquement en une religion véritablement absolue (non relative à l'homme), c'est que ce Dieu est au fond incapable de se dire à lui-même ce qu'il est, par là de se connaître lui-même par lui-même ; mais l'absoluité définitionnelle de Dieu exige sa simplicité, de sorte qu'en Dieu être et connaître sont une même chose ; suggérer que Dieu ne saurait se connaître que par les hommes, c'est faire de ces derniers autant d'hypostases consubstantielles à Dieu qui, en retour, est en attente de leur initiative pour être absolument divin.

Déjà Vladimir Soloviev, ami de Dostoïevski, plaidait au XIXe siècle en faveur de cette thèse selon laquelle la Russie avait vocation à réaliser le royaume de Dieu sur terre, par le moyen d'un œcuménisme théocratique mêlant orthodoxie, catholicisme, et même protestantisme. Il faisait écho sous ce rapport à Dostoïevski lui-même : « Tous les hommes doivent devenir russes, d'abord et avant tout devenir russes. Puisque le cosmopolitisme est une idée nationale russe, il importe avant tout que chacun devienne russe » (cité par Oswald Spengler dans *Années décisives*). « Savez-vous quel est à présent le seul peuple déifère, le seul peuple appelé à renouveler le monde, à le sauver au nom d'un Dieu nouveau ? Ce peuple est le peuple russe » (Dostoïevski, dans *Les Possédés*). Dans *Défense de l'Occident* (Paris, Plon, 1927), Henri Massis (à l'ouvrage duquel nous empruntons les citations qui précèdent) rappelle les propos suivants de Dostoïevski, cités avec éloge par Thomas Mann : « Si les Allemands n'ont jamais exprimé leur doctrine et leur idéal propre pour les substituer de façon positive à la vieille idée romaine ébranlée par eux, je crois qu'ils seront un jour en situation de prononcer ce mot, rayonnant de nouveauté, et par là de prendre décidément la tête de l'humanité supérieure. Lors de la révolte luthérienne, la voix de Dieu tonna en eux sur le monde pour lui annoncer la libération de l'esprit. Le mode de protestation était trouvé, bien que celle-ci demeurât négative encore et que la parole libératrice positive ne fût toujours pas prononcée » ; aussi Dostoïevski reprochera-t-il à l'Allemagne son « luthérianisme inconséquent » ; malgré ses réticences, il était partisan d'une alliance entre la Russie et l'Allemagne, et pensait qu'une telle alliance serait de longue durée, et serait plus nécessaire à l'Allemagne qu'à la Russie. Mais depuis, Hitler s'est manifesté — et avec lui les espoirs catholiques et médiévaux d'unification de la chrétienté sous l'égide d'une reviviscence du Saint-Empire romain germanique, à la fois latin et allemand, au rebours des aspirations irrationalistes et slavisantes, judéomorphes et passionnelles, potentiellement gnosticisantes (parce que volontaristes et subjectivistes) du luthérianisme. De sorte que tout rapprochement avec une Allemagne forte est désormais exclu par les héritiers eurasiatiques de la slavophilie ; seule la Russie théophore a vocation à sauver le monde, par le moyen d'un œcuménisme qui ne prend sens que dans une perspective universaliste, ainsi mondialiste dès lors que cet universalisme se veut immanentiste : « Devenir véritablement et complètement russe, cela signifie peut-être devenir le frère de tous les hommes, un omni-homme, si vous voulez… Et par la suite, je le crois, nous ou plutôt ceux qui viendront, comprendront que devenir un vrai Russe signifie justement s'efforcer de résoudre les contradictions européennes, montrer que l'inquiétude de l'Occident a pris fin dans leur âme de Russes, accueillir dans cette âme tous leurs frères avec un égal amour, et aussi, peut-être, prononcer la parole définitive de la grande harmonie générale, de la concorde fraternelle de toutes les races dans la loi évangélique du Christ » (Dostoïevski, discours fameux sur Pouchkine). Conformément aux prédictions échevelées de Joachim de Flore, moine calabrais du XIIe siècle et matrice de tous les révolutionnarismes immanentistes, aux Églises du Père (celle de l'Ancien Testament) et du Fils (celle du Nouveau Testament) devra succéder l'Église de l'Esprit, la religion des cœurs, dont la Russie est, pour Dostoïevski (qui rendait le catholicisme responsable de la déchéance de l'Occident, le réduisant à la conquête politique antichrétienne du monde sous la domination de Rome), Soloviev et Douguine, l'annonciatrice et l'opérateur pour le XXIe siècle naissant.

On dira qu'il ne s'agit là que d'outrances littéraires, de vaticinations circonstancielles expressives de la fierté d'un grand peuple opprimé par le matérialisme de l'Occident libéral (allemand, anglais, français au XIXe siècle, états-unien au XXe siècle), et qu'il ne convient pas de chercher midi à quatorze heures ; que la Russie demeure le rempart contre l'hégémonie judéo-américaine quelque malheureusement inspirées que soient ses manières de rendre raison de sa vocation libératrice future ; que « chercher la petite bête » en usant d'arguties supposées philosophiques relève de la sophistique ; qu'au reste tout grand peuple a toujours aspiré à l'hégémonie mondiale, et que cette prétention hégémonique n'est pas nécessairement mondialiste, encore moins fatalement communiste ; qu'il est préférable pour l'Europe d'être la vassale d'une nouvelle Rome (la « Troisième », selon le moine Philothée) que l'esclave d'une nouvelle Carthage.

Nous répondrons qu'en effet l'aspiration à l'imperium planétaire n'est pas nécessairement porteuse de mondialisme pris au sens contemporain du mot (constructivisme hédoniste), mais à la condition suivante : que soit reconnue à l'homme une vocation transcendante excluant que soit jamais envisagée la réalisation du paradis sur Terre, et que cette hégémonie soit respectueuse de l'ordre naturel des choses, soit ainsi promotrice d'un ordre politique capable d'harmoniser l'ordre naturel et l'ordre surnaturel en faisant droit à toutes les exigences de chacun d'eux. Parce qu'il est le seul à avoir su thématiser conceptuellement les conditions de cet hymen entre nature et surnature, excluant par là tout volontarisme, tout ésotérisme, tout occultisme, tout irrationalisme, le catholicisme est la seule vision du monde capable de promouvoir politiquement les conditions temporelles intègres d'une telle hégémonie. Et l'histoire passée a dégagé ces conditions politiques dans la genèse du Saint-Empire romain germanique. Il n'est pas douteux que puissent être discernés dans certains aspects de l'hitlérisme des éléments de volontarisme et de gnosticisme messianique (peuple élu, race de seigneurs, Christ collectif paradoxalement judéomorphe voué à réaliser une nouvelle Atlantide à connotation naturaliste et naturiste), mais ces aspects fâcheux ne sont pas liés à l'essence de l'hitlérisme ; ils sont l'effet malheureux de l'autoritarisme imbécile, surnaturaliste, théocratique et démocrate-chrétien, « ralliementiste » (dans le sillage de Léon XIII) et « apostolomaniaque » de Pie XI, lequel contraignit Hitler à s'appuyer sur les rescapés illuminés de la Thule-Gesellschaft, faute de pouvoir compter, malgré le Concordat de 1933, sur la fidélité des masses catholiques allemandes. Faut-il rappeler que le IIIe Reich, d'inspiration autrichienne et bavaroise, ne tire nullement ses principes de la Prusse protestante à relents slaves ? Notre avis est donc que, s'il se sauve jamais, l'Occident se sauvera **seul** contre le mondialisme anglo-saxon, contre l'avidité haineuse du Tiers-Monde, mais *aussi contre le prophétisme slavophile*, en adaptant l'idée impériale germanique aux conditions nationales de la modernité ; telle serait cette grande Europe, axe naturel du monde, dont celle de Bruxelles est l'ignoble caricature, laquelle, à ce titre même, fait pourtant mémoire d'une vérité captive. Par ailleurs, un universalisme immanentiste (la « religion des cœurs » dont la slavophilie en sa version eurasiatique est l'avatar le plus récent) est nécessairement mondialiste, parce qu'il est subjectiviste :

Tout messianisme collectif est un subjectivisme, car faire d'un peuple l'immanence de Dieu dans l'Histoire revient à absolutiser la subjectivité de chacun de ses membres, dès lors qu'un peuple n'est pas une substance, mais un composé de substances individuelles, ainsi de personnes qui seules lui donnent d'exister. Et tout subjectivisme est nécessairement, en dernier ressort, constructiviste et hédoniste, même s'il ne naît pas consciemment sur le terreau de l'hédonisme, même s'il s'érige en se voulant son antithèse, pour cette simple raison qu'un subjectiviste, par définition, absolutise sa subjectivité, par là l'intronise bien suprême, tel un bien qui soit seul à être aimé pour lui-même, ainsi tel un bien qui se subordonne tous les autres. Mais la subjectivité ne peut être l'apanage que d'un individu, qui se trouve absolutisé quand elle l'est, ce qui enjoint au subjectiviste d'exclure tout bien commun, c'est-à-dire tout bien diffusif de soi, tout bien qui s'offre à aimer tel un bien auquel on se rapporte. Réduit en dernière instance à ne se satisfaire que de biens privés, le subjectiviste ne peut que s'adorer dans la recherche indéfinie des biens matériels, lesquels, divisibles et non participables (au rebours des biens spirituels habilités à être tout entiers en chacun sans avoir à être divisés), excluent toute autre espèce de biens que ceux de l'hédonisme. Et les développements qui précèdent dans le corps du présent travail ont donné les raisons qui font qu'un subjectivisme ne se consomme ultimement qu'en communisme : entre des petits absolus ne peut exister qu'un rapport d'égalité ; entre des petits absolus n'aspirant qu'à des biens matériels, ne peut exister qu'un rapport d'égalité stricte exigeant corrélativement une égale répartition de tous les biens matériels. Et tel est le communisme.

Quand l'ivrogne est malade par suite de ses excès lui révélant objectivement la valeur réelle de ces faux biens en lesquels il s'est complu, il éprouve comme un dégoût momentané pour sa drogue ; mais si cette période de sevrage forcé n'est pas accompagnée d'un effort consistant à apprendre à aimer un bien plus conforme aux exigences droites de sa nature, le débauché retombera toujours dans son vice ; le souvenir de ses réveils douloureux consécutifs à ses « cuites » passées lui enjoindra, pour se livrer derechef à ses excès, d'habiller son vice d'apparences illusoires, ainsi par exemple de changer d'alcool ou de drogue, ou d'en changer l'aspect. Mais la drogue reste de la drogue. Paré des grandeurs affectives et de cette illusion de profondeur inhérente à l'occultisme de l'eurasisme, le subjectivisme reste un subjectivisme hanté par une logique mortifère à laquelle celui qui s'absolutise ne saurait échapper. Le subjectiviste est celui qui se prend pour fin. Un temps, longtemps peut-être, il s'étourdit dans les biens matériels, se divertit en eux, cèle en ces jouissances renouvelables le sens profond de son engagement orgueilleux, croit discerner en ces biens sensibles la raison de sa jouissance, alors qu'en vérité c'est la jouissance de soi-même — l'exaltation de sa liberté — qu'il célèbre en eux : **ce n'est pas tant leur consommation qu'il recherche, que l'occasion de se prendre pour fin ; il ne les rapporte pas à soi pour en jouir, il en jouit parce qu'il les rapporte à soi**. Et sous ce rapport il est déjà potentiellement collectiviste, exigeant implicitement l'égalité des biens matériels comme corrélat obligé de l'égalité des subjectivités absolues. Mais la logique du subjectivisme ne s'arrête pas là, elle peut même à la limite sauter cette phase hédoniste en laquelle pataugent aujourd'hui les Occidentaux décadents. Le subjectivisme est en son fond un nihilisme : fascination du vide en lequel se mire le moi pur. Et, en dehors du suicide (tel celui de Kirilov, dans *Les Possédés*), la phase finale du nihilisme est cette espèce de collectivisme qui peut se payer le luxe de n'être même plus essentiellement consumériste : fusion du moi individuel dans la collectivité substantifiée, affirmation de soi dans sa négation — expression suprême de la puissance, acte de se maintenir dans la négation de soi, acte de vivre la mort sans périr —, exaltation du moi dans son aliénation totale en une Totalité (la communauté mondiale) qui en retour n'est que par lui. Cette aspiration au néant peut même prendre la forme vertueuse du mépris des biens matériels, et sous ce rapport les Russes ont une longueur d'avance sur les Occidentaux : « le nihilisme est apparu chez nous parce que nous sommes tous des nihilistes… Quelles alarmes comiques chez nos sages, dans la recherche de l'origine des nihilistes ! Mais ils ne viennent de nulle part : ils ont toujours été avec nous, en nous, parmi nous » (Dostoïevski, *Les Possédés*, carnet inédit publié par Halpérine-Kaminsky, préface à *La Confession de Stavroguine*, cité par Massis, *op. cit.*, p. 108). Ainsi qu'il l'a déjà été fait observer par maints théologiens catholiques, le refus du « *Filioque* » est le refus du consentement de l'Amour à se faire mesurer par le Logos, ainsi le plébiscite de l'irrationnel et du passionnel pris comme critères de l'effectivité du divin, par là le consentement au subjectivisme : la subjectivité déifiée ne saurait se faire mesurer par le magistère de la raison spéculative, parce que cette dernière déploie des catégories et des lois qui en font la raison des choses autant que de la pensée des choses, et c'est pourquoi le subjectivisme, qui répugne par essence à se soumettre à quelque ordre des choses que ce soit, a toujours ravalé la portée de la raison à celle de l'usage pratique (Kant) de la raison, ou de son usage technique et pragmatique (l'empirisme, le positivisme) ; et même le marxisme revendique un tel rabaissement de la raison : Dans *L'Idéologie allemande*, *Thèses sur Feuerbach*, 1846, Éditions sociales, p. 32, 2e thèse, Marx enseigne : « La question de savoir s'il y a lieu de reconnaître à la pensée humaine une vérité objective n'est pas une question théorique, mais une question pratique. C'est dans la pratique qu'il faut que l'homme prouve la vérité, c'est-à-dire la réalité et la puissance de sa pensée dans ce monde et pour notre temps. La discussion sur la réalité ou l'irréalité d'une pensée qui s'isole de la pratique est purement scolastique. » Soit : il n'existe pas de vérité intemporelle, toute vérité n'est que la réponse momentanée à un problème pratique, les problèmes théoriques sont eux-mêmes des problèmes pratiques déguisés. Or toute option théologique (tel le refus du « *Filioque* ») est gravide, pour ceux qui la choisissent, d'une psychologie collective ayant des conséquences culturelles et politiques historiquement repérables. L'Orthodoxie n'est nullement, sous ce rapport, un rempart contre le communisme. Elle peut même servir de caution à une entreprise de radicalisation — collectiviste — du subjectivisme. Et Vladimir Poutine peut bien se payer le luxe, en cultivant la mémoire du passé stalinien de son empire en train de se reconstituer, voire en entretenant subrepticement cette dernière tout en s'en défendant mollement, d'exercer cette ruse suprême consistant à dire la vérité : je feins d'être nostalgique de l'URSS par pur patriotisme, par souci d'assumer tout le passé de mon peuple et d'endormir les divisions internes, et cette feinte destinée à être prise pour telle par les Occidentaux en cache une autre ; je dis la vérité en feignant de feindre, parce que je sais que, là, personne n'osera envisager une hypothèse aussi téméraire que tordue ; je dis la vérité sur le mode d'une feinte grossière, afin, dans un même acte, de rassurer mes ennemis extérieurs et de réveiller dans mon peuple et dans le monde entier le désir inavouable d'un poison mortifère.

Une autre manière de décrire le même phénomène peut être tirée de la remarque suivante d'un auteur contemporain (Frédéric Beigbeder, *Au secours pardon*, Grasset, 2007, p. 106-107) : « Je pense que la majeure partie de vos fidèles russes <le héros s'adresse là à un pope auquel il se confesse> se réfugient en Dieu sans y croire vraiment, juste parce que Dieu est préférable au capitalisme. Ce retour aux sources fournit une réponse toute faite pour éviter de se tourmenter depuis la chute du régime soviétique. L'hédonisme mondialisé mise sur le même principe que le pouvoir stalinien : des menteurs qui s'adressent à des crétins. Mais l'hédonisme est plus vide que le communisme : c'est la première religion pessimiste. Alors Dieu… c'est mieux que le goulag et moins cher qu'une Bentley. Quel étrange siècle… C'était bien la peine de faire la révolution soixante-dix ans pour finir par transformer Moscou en Las Vegas, et retourner à l'église pour confesser nos turpitudes. » On se souvient de ce qui fut bien nommé le « cauchemar athée » de Jean Paul Richter, admirateur de Rousseau et membre de la secte des Illuminés de Bavière ; dans « Un Songe », extrait (traduit par Madame de Staël) du roman *Siebenkäs*, est décrite l'errance d'un Christ sanglant, mort sans avoir ressuscité, cherchant son Père dans les espaces infinis, et proclamant, désespéré, que Dieu n'existe pas. Comprenons là que si Dieu n'existe pas, alors le monde est insensé ; si de surcroît la subjectivité se reconnaît impuissante à lui inventer un sens, alors elle sombre dans le nihilisme destructeur ou passif, lequel aboutit soit au suicide, soit à l'hédonisme (se fuir dans la recherche de plaisirs toujours renouvelés, et de plaisirs *sensibles*, dont le propre est d'éclipser la subjectivité) ; sous ce rapport, le recours à la religion peut servir, à la subjectivité en exigence d'absolutisation, d'instrument destiné à la faire se détacher du nihilisme passif pour la convertir en ce nihilisme actif ou prométhéen à raison duquel la subjectivité se décrète capable d'inventer un sens (gnostico-collectiviste) au monde ; quand la conversion à son acception active du nihilisme est consommée, le recours à la religion devient inutile, et se révèle n'avoir été qu'un recours à l'idée d'un Dieu auquel on ne croyait pas, à un Dieu réduit à une Idée kantienne de la raison pure, à un absolu qui n'était que la projection objectivante du moi subjectiviste en dernier ressort autoproclamé absolu, et seul véritable absolu. La religiosité n'est pas nécessairement un acte véritablement religieux ; elle peut, comme religiosité sans Dieu, exprimer un désir de transcendance sans objet, par là s'exercer comme transcendance dans l'immanence, ainsi comme immanence habilitant la subjectivité à vivre son rapport au monde sur le mode d'une spiritualité mettant en la matière toutes ses complaisances, sans toutefois s'éclipser en elle. La religiosité orthodoxe (tout comme la religion du cœur du déisme rousseauiste), soustraite à la férule latine d'une dogmatique conceptuelle rigoureuse, pourrait bien se révéler telle la ruse privilégiée de la raison matérialiste. Ainsi donc, ni la « spiritualité » de Vladimir Douguine ni le retour de l'Orthodoxie ne peuvent être tenus pour des preuves indubitables de l'abandon, par Vladimir Poutine, d'un projet communiste à long terme et pour le monde. Ce qui ne signifie pas — répétons-le — que tel serait, sans conteste, le projet réel de Poutine ; il ne s'agit là que d'une hypothèse, mais elle est, quel que soit son degré de probabilité, trop lourde de conséquences tragiques pour que l'on puisse se dispenser de l'envisager.

RACISME

Rappel d'une observation faite dans l'article « **Antispécisme** » : Le traitement d'un problème en soi secondaire (...) a ceci d'épuisant et de passionnant à la fois qu'il requiert, quand on entend justifier — afin de traquer toutes les dérobades, par là de répondre aux objections les plus inspirées par la mauvaise foi — toutes les propositions comprises dans ce traitement, qu'on en appelle aux explications engageant au fond toute la métaphysique.

Le racisme entendu comme doctrine est la théorisation, plus ou moins heureuse, de l'instinct le plus légitime de survie, telle l'expression collective du *conatus* spinoziste. Voir ici « **Antispécisme** » et « **Famille** ».

« Personne ne peut considérer le principe racial, la question raciale avec indifférence. C'est la clé de l'Histoire mondiale. L'Histoire est fréquemment confuse parce qu'elle a été écrite par des gens qui ignoraient la question raciale comme ils ignoraient également les facteurs qui n'appartiennent qu'à elle » (Benjamin Disraeli, Premier Lord Beaconsfield, Premier ministre britannique, dans son roman *Endymion*).

« Les races humaines au sens strict n'ont pas d'existence biologique » (p. 188). « (...) L'analyse de l'ADN permet néanmoins de définir des groupes d'ascendance au sein de l'espèce humaine. Même si leurs limites sont floues, même si la variabilité génétique à l'intérieur d'un groupe est bien plus élevée que la divergence moyenne de l'un à l'autre, une étude moléculaire fine est capable de repérer l'appartenance d'une personne à ces ensembles. Et ces derniers correspondent approximativement aux grandes catégories géographiques : Afrique, Asie, Europe. (...) il existe des écarts significatifs entre ces groupes quant à l'incidence de certaines maladies. (...) Il est concevable que certaines aptitudes "innées" varient en fonction du groupe d'ascendance, mais de telles variations n'ont jamais été démontrées jusqu'ici. (...) Cependant, les données génétiques sont là : au niveau individuel, nous sommes différents les uns des autres, inégaux face à la maladie tout comme, probablement, du point de vue de certaines aptitudes innées. Ces variations se retrouvent partiellement dans les groupes d'ascendance que peut définir l'analyse d'ADN, même si elles sont largement brouillées par la variabilité génétique qui existe au sein de chacun d'eux » (Bertrand Jordan, *L'Humanité au pluriel*, Seuil, 2008, p. 188-189 et 192).

« Il est certes possible, et sans doute probable, que les quelques centaines d'allèles prépondérants au sein d'une population et qui — jusqu'à un certain point — la distinguent des autres, il est possible, dis-je, que ces allèles induisent des variations dans les aptitudes que possède, en moyenne, ce groupe par rapport aux autres. C'est possible, mais, nous le voyons, bien difficile à mettre en évidence, tant l'influence de la culture brouille les pistes » (*id.*, p. 186).

« L'ADN de deux humains pris au hasard est à 99, 9 % identique. Mais un taux de divergence de 0,1 % correspond tout de même à trois millions de différences réparties au sein des trois milliards de bases que contient notre ADN (p. 10). « Il est bel et bien possible actuellement, grâce à l'analyse approfondie d'un prélèvement d'ADN, de déterminer s'il provient d'une personne dont les ancêtres sont principalement africains, européens ou extrême-orientaux » (p. 11). « (...) la Suède, la Norvège, le Danemark ou la Finlande, sans oublier les États-Unis, eurent recours de manière systématique à la stérilisation de personnes dont le patrimoine héréditaire était considéré comme inférieur » (*id.*, p. 31).

En termes plus philosophiques, il n'existe qu'une seule espèce humaine, mais les races existent, entendues comme autant de déterminations biologiques repérables définitionnelles de sous-espèces de l'unique nature humaine.

Henri de Lesquen est critiqué par Bertrand Jordan à la page 45 de son ouvrage déjà cité : Lesquen invoque une hypothèse supposant « le métissage de l'*Homo sapiens sapiens* avec des populations locales d'*Homo erectus* bien plus anciennes ». Jordan ajoute en note : « Hypothèse farfelue si l'on se souvient que, selon les données moléculaires actuelles, il n'y a probablement eu aucun mélange entre les populations de Néandertal et celles de Cro-Magnon, alors même qu'elles étaient beaucoup plus semblables que *sapiens sapiens* et *erectus.* »

En fait : « Le séquençage de l'ADN nucléaire néandertalien réalisé depuis 2006 et publié à partir de 2010 a montré un “flux de gènes” ancien entre les hommes de Néandertal et les hommes modernes d'Eurasie. Selon les chercheurs, les hommes modernes non africains possèdent selon les individus entre 1,8 et 2,6 % de gènes néandertaliens, acquis par hybridation lors de leur sortie d'Afrique il y a plus de 60 000 ans, et plus de 20 % du génome de Néandertal a survécu au sein des populations humaines modernes à différents endroits de notre génome » (article « Homme de Néandertal », Wikipédia). Wiktor Stoczkowski, chercheur au laboratoire d'anthropologie sociale du Collège de France et directeur d'études à l'EHESS (École des hautes études en sciences sociales) considère quant à lui que, depuis qu'a été entreprise très récemment l'étude du génome humain (commencée en 2000), on sait avec certitude que les races ont un fondement biologique. Sur le site de l'EHESS, on trouve le texte suivant, établissant, entre mille autres exemples, que la science et les autorités scientifiques sont manipulées par l'idéologie :

> « Dans plusieurs articles (...), Stoczkowski analyse l'interaction entre les savoirs scientifiques et les représentations cosmologiques dans les théories récentes portant sur les races humaines et sur le racisme. Jusqu'au début du XXe siècle, la plupart des sciences de l'homme étaient tributaires de la conviction que les races existent et sont fondamentalement différentes. Le nazisme et la Shoah ont conduit à une remise en question radicale de cette vision racialiste de l'humanité. Stoczkowski montre que ce processus était

tout sauf spontané : un travail volontariste y avait contribué, entrepris dans les premières années de l'après-guerre par un réseau international de chercheurs soutenus par l'ONU et l'UNESCO. La doctrine antiraciste ainsi élaborée était une construction conceptuelle hétérogène, réunissant des données biologiques, des théories sociologiques du moment, des hypothèses plausibles, des affirmations invérifiables, des injonctions morales, des considérations philosophiques. Aussi diverses qu'elles fussent, toutes ces composantes concouraient à articuler une nouvelle vision de l'homme, de la culture et de l'histoire, qui se trouve au cœur de la politique de l'UNESCO. Cette vision a été ensuite largement vulgarisée et sert dorénavant de socle consensuel à partir duquel s'échafaudent non seulement les analyses critiques du racisme, mais aussi les nouvelles formes de la pensée de l'exclusion — par exemple, un racisme sans race, dont le thème dominant n'est plus l'hérédité biologique, mais l'irréductibilité des différences culturelles —, et de la pensée de l'inclusion, comme dans le cas des minorités ethniques traditionnellement dominées, qui cherchent à adosser leur combat contre les discriminations à une théorie de la différence biologique étayée par des données génétiques. Dans tous ces cas de figure, la lutte contre le racisme, devenu l'un des emblèmes du mal suprême menaçant l'humanité, prend désormais une authentique dimension sotériologique (voir « L'antiracisme » *in La Recherche* octobre 2006 et « UNESCO's Doctrine of Human Diversity » *in Anthropology Today*, juin 2009).

Dans *Le Magazine littéraire* (mars 1999, n° 374), François Jacob, athée et matérialiste, Prix Nobel de biologie, remarque : « je trouve (...) qu'il est beaucoup plus glorieux pour l'homme d'avoir conquis sa place dans la nature que d'avoir été par Dieu installé au milieu de la nature. (...) Oui, il est à mes yeux beaucoup plus glorieux d'être le produit du milieu que d'avoir été fabriqué intentionnellement par une entité qui domine le monde. Je trouve bien plus admirable d'être passé, par un mécanisme qui reste à expliquer (**et dont je ne suis pas sûr que l'on expliquera jamais**), du non-vivant au vivant et du vivant au pensant » (p. 21). « **Finalement, tout finit par des questions philosophiques. Je suis convaincu que nous n'aurons pas de réponse scientifique précise à la question de l'origine de la vie. Nous aurons probablement une série d'éléments de réponse, mais pas d'argument précis sur la façon dont tout cela a commencé, parce que cela ne sera jamais accessible à l'expérimentation. Je puis me tromper, mais je ne le crois pas. C'est toujours la même question : "Pourquoi cela a-t-il commencé, pourquoi y a-t-il quelque chose et pas rien ?"** » (p. 23).

« **Sur l'utilisation de la théorie de l'évolution du point de vue social, c'est toujours la même discussion, il y a la droite et la gauche. La pensée réactionnaire qui veut coller la société sur la nature et il y a ceux qui ne veulent pas. C'est toujours la même chose, la part d'hérédité et la part du milieu.** (...) Ce qui va être intéressant à mon avis, c'est le génome, parce que j'ai l'impression que nous allons en apprendre des vertes et des pas mûres. **Le génome ne sera pas politiquement correct.** Il y aura beaucoup d'éléments qui nous apporteront des surprises. Et je ne pense pas qu'il faille s'interdire de faire des modèles sous prétexte que certains pourraient les utiliser. Ce ne sont pas les idées de la science qui déterminent les passions, mais les passions qui utilisent la science pour conforter leurs propres idées » (…). <À la question> : « Il (le génome) va faire apparaître beaucoup plus de comportements biologiquement déterminés qu'on ne le pensait ? », François Jacob répond : « Probablement. L'exploitation des résultats va prendre du temps, cela va être long, parce que c'est compliqué. On n'aura pas les moyens de décortiquer cela pendant longtemps, mais **je pense que nous apparaîtrons beaucoup plus étroitement déterminés qu'on ne le croit aujourd'hui**. De mon point de vue, tout individu est le produit d'une interaction entre la biologie et l'environnement. Et il est très difficile de déterminer la part de chacun, si même cela peut avoir un sens » (*id.*, p. 23).

David Reich, professeur de génétique à Harvard, dans le *New York Times* en mars 2018, professe (source *: Rivarol* n° 3340 du 25 juillet 2018, p. 4) :

« On peut être préoccupé par une éventuelle mauvaise utilisation des données pour justifier le racisme, mais en tant que généticien il n'est simplement plus possible d'ignorer les différences génétiques moyennes entre les races. Des avancées révolutionnaires dans la technologie de séquençage d'ADN ont été faites au cours des deux dernières décennies. Ces progrès nous permettent de mesurer avec une précision parfaite quelle fraction de l'ascendance génétique d'un individu remonte, par exemple, d'Afrique de l'Ouest. Avec l'aide de ces outils, nous apprenons que les différences génétiques qui sont corrélées avec de nombreuses constructions raciales actuelles sont bien réelles. Des gens bien intentionnés qui nient la possibilité de différences génétiques substantielles entre les populations humaines se recroquevillent dans une position indéfendable, qui ne survivra pas à l'assaut de la science. Vous entendrez parfois que les différences biologiques entre les populations sont petites, parce que les humains ont divergé trop récemment des ancêtres communs pour que des différences substantielles soient apparues sous la pression de la sélection naturelle. Ce n'est pas vrai. Les ancêtres des Asiatiques de l'Est, des Européens, des Africains et des Australiens étaient, jusqu'à récemment, presque complètement isolés les uns des autres pendant 40 000 ans ou plus, ce qui est amplement suffisant pour que les forces de l'évolution puissent fonctionner. Dans les années à venir les études génétiques montreront que de nombreux caractères sont influencés par des variations génétiques, et que ces traits diffèrent en moyenne entre les populations humaines. Il sera impossible — en effet, anti-scientifique, idiot et absurde — de nier ces différences. »

La très sérieuse *Food and Drug administration* (FDA) vient de donner le feu vert, le 23 juin 2018 dernier, à la mise sur le marché du premier médicament exclusivement destiné aux Noirs américains. Le BiDil (c'est le nom du produit) réduirait significativement les risques de décès des patients atteints d'insuffisance cardiaque, selon une étude parue récemment dans le *New England Journal of Medicine*.

La question du racisme ne peut être sérieusement abordée si n'est pas évoqué et résolu le délicat problème de l'individuation.

L'homme est esprit et matière, âme et corps ; l'âme est au corps comme l'acte à la puissance, ainsi comme la forme à la matière ; à la notion logique d'espèce correspond dans le réel la nature ou essence d'un type de réalité, lequel est un principe objectif (voir ici « **Antispécisme** », contre les nominalistes).

Le problème est de savoir si le principe d'individuation de la nature spirituelle de l'homme, qui est universelle en tant que spécifique et normative des individus, relève de son âme ou forme, ou s'il consiste dans son corps ; ou encore : l'âme de tel homme est-elle individuelle à raison d'elle-même, ou à raison de sa relation au corps qui est ce corps-ci et non un autre ? Supposé que le principe d'individuation soit la forme, alors il n'y a pas de nature humaine normative des individus humains, car dans l'hypothèse leur nature est seulement ce qu'ils ont de commun, ce qui est le résultat, le « *caput mortuum* » d'une abstraction opérée sur des singuliers ineffables, et non ce noyau commun ayant raison de fondement de ce qui les différencie, de sorte qu'il n'aurait pas valeur de norme pour chacun des différents. S'il y a individuation par la matière, alors la forme individuelle ou âme de chacun est une individuation de la nature ou essence humaine qui, faisant exercer par un autre qu'elle le processus de sa singularisation, n'est pas, de soi, singulière — même si elle doit être singularisée pour subsister —, et, en tant qu'universelle, elle jouit d'un statut canonique d'idéal normatif du singulier, parce que la singularité du singulier n'est qu'un mode d'être de l'universel, elle est le mode d'être qu'il *se* donne quand bien même il trouve ailleurs qu'en lui les conditions de cette acquisition. De plus, parce que l'intelligence humaine, spirituelle, est extrinsèquement dépendante — comme des conditions de son opération propre — des puissances de sentir, d'imaginer et de mémoriser, lesquelles sont intrinsèquement dépendantes des conditions matérielles des organes qui leur correspondent, alors les déterminations corporelles — dont cet héritage biologique communément nommé « race » — entrent dans la détermination du singulier spirituel dont les performances intellectuelles se révèlent être en dépendance de la complexion du corps : le métissage des corps engendre le métissage des cultures, même si l'assimilation culturelle des immigrés est parfaitement accomplie ; les déterminations culturelles ne sont pas indépendantes des données biologiques de leurs promoteurs. C'est la thèse qui sera soutenue ici. Il ne s'agit pas pour autant de déterminisme biologique : une donnée biologique dit une détermination disposant le sujet qu'elle affecte à opérer plus volontiers dans tel sens plutôt que dans tel autre, elle ne le condamne pas à ne pouvoir opérer autrement ; détermination n'est pas déterminisme. Dans un composé hylémorphique, l'important est l'essentiel (par opposition à l'accidentel), et l'essentiel est par définition la forme ;

la valeur d'une œuvre d'art n'est pas dans le matériau qui en incarne le projet, elle est dans le projet pictural lui-même ; mais telle matière est plus habilitée que telle autre à recevoir tel projet plutôt que tel autre. Cela dit, partout où il y a de la matière, il y a de la contingence : il arrive que tel projet en droit approprié à telle matière puisse s'incarner admirablement dans une matière qui ne lui est pas la plus appropriée, et que telle matière prédisposée à recevoir tel autre projet échoue lamentablement à l'incarner convenablement ; mais cela se vérifie au niveau individuel, non au niveau communautaire. Tel homme de tel peuple peut assimiler et s'approprier aux exigences de la culture de tel autre peuple, mais, à partir d'un certain niveau quantitatif, la disposition native à développer tel type de culture réapparaîtra en s'actualisant, quel que soit le poids du conditionnement culturel.

Développement, en 7 § :

§ 1. Il existe quatre espèces de mouvements, correspondant chacune aux quatre catégories d'Aristote admettant des contraires : la substance, la qualité, la quantité, le lieu ; le mouvement selon la substance, passage du non-être à l'être, est la génération (son envers est la corruption) ; le mouvement selon la qualité est l'altération (passage du froid au chaud, de l'ignorance à la science) ; il est, comme les deux suivants, passage d'une manière d'être à une autre manière d'être, et non pas du non-être à l'être ; le mouvement selon la quantité est propre aux vivants (petit poisson deviendra grand) ; le mouvement selon le lieu n'a pas de nom particulier. Tout mouvement est acte de ce qui est en puissance en tant qu'il est en puissance. Le mouvement, qui suppose un départ et une arrivée, n'est ni la permanence (du terme d'origine) ni la substitution (du terme final au terme d'origine). Le devenir-B de A n'est pas la substitution de B à A, il n'est pas non plus la permanence de A inchangé dans B. Tout mouvement est ainsi à la fois conservation de quelque chose du point de départ dans le point d'arrivée (autrement il y aurait substitution) et réelle négation du point de départ. En tant que conservation et négation, il est sublimation (« *Aufhebung* ») : le bourgeon s'achève dans la fleur, il s'achève en s'y accomplissant (il s'y prolonge et s'y conserve), et il s'achève en s'y supprimant (il est réfuté par la fleur). Or tout ce qui est sublimation est aussi unité de l'attraction et de la répulsion : le bourgeon aspire à devenir fleur et sous ce rapport il se repousse de lui-même, tout en aspirant à s'accomplir en elle qui doit ainsi le conserver au point qu'en devenant fleur il tend à devenir ce qu'il est en vérité, ce qu'il a vocation à être pour être pleinement ou actuellement ce qu'il n'est que potentiellement et inchoativement. S'il s'accomplit dans ce qui le supprime, c'est qu'il est réconcilié avec soi en étant nié, mais par là il fait l'aveu qu'il était en conflit avec lui-même. Et tout ce qui est en conflit constitutif avec soi-même a la forme d'une réflexion : est réflexion ce qui se repousse de soi dans un processus qui ramène à soi.

§ 2. Cela dit, tout point d'arrivée est négation du point de départ (sans quoi il n'y a pas mouvement mais repos), mais, quand le point d'arrivée coïncide avec celui de départ (telle est la réflexion), l'arrivée est à la fois position et négation du départ, sublimation de ce dernier en quelque chose de nouveau. S'il est définitionnel de A de se nier (dans un processus circulaire qui ramène à A), il est tout aussi définitionnel de A de se nier tel ce A considéré dans sa vocation à se nier, et ainsi son auto-négation est corrélativement négation de sa négation, et cela se vérifie sous deux rapports. D'une part, A (limite supérieure de l'orbite) se renie en non-A (limite inférieure de l'orbite), reconnaît son identité avec ce en quoi il se résout au terme de sa fuite de soi-même, mais par là, se révélant identique à non-A, alors, achevant sa négation de soi en laquelle il consiste, il en vient à faire se renier non-A (en tant qu'il s'est révélé être identique à non-A) dans un contrecoup qui ramène A à lui-même par la médiation de non-A. D'autre part, en tant qu'il s'atteint réflexivement au terme de son processus circulaire, il pose la vocation originaire à se nier de ce A qu'il est, de telle sorte que, comme point d'arrivée par définition négateur du point de départ, il se pose (dans l'extrême supérieur de l'orbite) comme non-A, comme négation de cette vocation à se nier du point de départ, ainsi se pose-t-il comme identité contradictoire de A et de non-A ; il se pose dans son retour à soi telle cette identité contradictoire de lui-même et de sa négation, c'est-à-dire telle cette identité contradictoire de A et de non-A qu'il s'était révélé être dans l'extrême inférieur de son orbite. Dès lors, si la position réflexive de A, ou A en tant qu'identité à soi réflexive, est bien la relancée du processus circulaire (s'atteindre par réflexion, c'est réenclencher la réflexion par laquelle on s'atteint), cette relancée, qui a la forme d'une confirmation de non-A (limite inférieure de l'orbite), a pour signification d'être une objectivation de soi de l'identité contradictoire de A et de non-A : le terme du processus se réfléchit dans son processus ; le résultat contradictoire du processus circulaire se ravale au statut de moment du processus dont il est le résultat, ce qui revient à dire qu'il se met à *avoir* la contradiction qu'il était, ainsi à ne l'être pas, et c'est en ce sens et pour cette raison que, dans une réflexion, l'arrivée est, dans l'extrême supérieur de l'orbite, à la fois position et négation du départ, sublimation de ce dernier en quelque chose de nouveau : l'identité du départ et du résultat se pose en s'opposant à ce en quoi elle s'objective. En s'objectivant dans la limite inférieure de son orbite, la limite supérieure se libère de la contradiction qu'elle est, et corrélativement elle la libère en et comme ce en quoi elle s'objective.

§ 3. Ce dont procède un être nouveau au terme d'un mouvement, c'est ce qui est en puissance à lui, c'est sa puissance : la chrysalide est bien puissance à être papillon. Et le terme de ce mouvement est l'actuation d'une telle puissance. Mais tout mouvement est réflexion (§ 1) et toute réflexion est réflexion dans son processus (§ 2). Donc la genèse d'un être nouveau est l'intériorisation par ce dernier de la puissance dont il procède, elle est la conservation de la puissance dont il procède sur le mode de puissance — à lui-même intérieure — à être ce qu'il est et à opérer selon ce qu'il est, et elle est ce dans quoi l'être nouveau s'objective. Le papillon procède de la chrysalide (elle est papillon en puissance) et la genèse du papillon, actualisation de cette puissance, est l'intériorisation, par ce qui sera papillon, de la puissance à être papillon : le papillon conserve la puissance dont il procède et dont il est l'acte, sur le mode de puissance, à lui-même intestine, à se régénérer et à produire d'autres chrysalides. La substantification d'une essence, ainsi sa singularisation, est la conversion en puissance que cette essence pose ou maîtrise parce qu'elle lui est devenue intérieure, de la puissance à elle extérieure dont elle procède.

§ 4. Est matériel ce qui est extérieur à soi, ce dont les limites immédiates extérieures sont irrévocablement extérieures à son intérieur, telle une amphore qui peut bien contenir du vin, mais qui est incapable de se contenir elle-même. Est ainsi matérielle une substance dont la forme ou essence se révèle incapable de convertir à des puissances opératives à elle intestines le tout de la puissance dont cette substance procède. Ce résultat est gravide des conséquences suivantes :

§ 4.1 **La substantification de la forme étant l'intériorisation de la puissance dont elle procède, cette substance nouvelle, intrinsèquement définie par cette intériorisation, fait nécessairement mémoire, dans son identité essentielle et dans ses opérations propres, des caractères matériels de la puissance dont cette forme est l'acte. Il y a donc individuation par la matière** :

L'universel (essence ou forme) ne saurait avoir le particulier hors de lui-même, car autrement, juxtaposé à lui, il serait particularisé par lui, formant avec lui un tout dont il ne serait que la partie ; si le particulier était exclusif de l'universel, alors, de ce que la particularisation d'un universel est toujours plurielle, ces particuliers ont en *commun* d'être des particuliers, mais la communauté dit l'universalité ; « la » particularité est un universel, et ainsi le particulier exclusif de l'universel bascule dialectiquement dans l'universel tout comme l'universel exclusif du particulier bascule dans le statut de particulier ; pour que le particulier se maintienne en son statut de particulier, il est en demeure de se soustraire à ce qui le fixe dans sa particularité (puisque c'est à raison de cette dernière qu'il bascule dans l'universel), aussi doit-il se soustraire à lui-même : il s'affirme en se niant ; mais en se niant il se restitue à l'universel ; de plus, en se soustrayant à ce qui lui enjoint de se convertir en universel, il s'enracine dans sa particularité et la maximise, et de ce fait s'intronise singulier ; or cet acte de se soustraire à ce qui lui assigne la vocation de se renier dans l'universel, c'est précisément l'acte de se renier dans l'universel ; donc le singulier est l'universel lui-même entendu comme identité à soi réflexive : la singularité du singulier, c'est l'unité de l'universel dont il est la singularisation. Aussi l'universel est-il tout entier en chaque singulier, bien qu'il n'y soit pas totalement ; la nature humaine est « *tota sed non totaliter* » dans chaque homme.

§ 4.2 L'universel est ainsi ce qui se particularise et se fait victorieux de sa particularité en laquelle, se réfléchissant dans son processus dans et par l'acte de s'identifier réflexivement à lui-même, il s'objective sur le mode de puissances opératives ; ce faisant, il se substantifie et se pose comme singulier ; la singularité du singulier n'est pas une série infinie de déterminations ajoutées à l'universel, elle est celle de l'universel dont il est la substantification. Quand cette objectivation n'est pas exhaustive, la substance est matérielle. Parce que seul cet universel absolu qu'est l'essence divine est la raison suffisante de la réflexion qu'il exerce, aucune substance finie ou créée n'est telle que ses puissances opératives seraient responsables de la position réflexive de son essence, ce qui serait l'acte de se faire exister en se singularisant :

§ 4.3 Être singulier, c'est nécessairement exister, bien qu'il soit contingent qu'une nature se singularise ; la compréhension d'un concept, en effet, est en raison inverse de son extension ; quand sa compréhension est infinie, son extension est nulle ; la compréhension du singulier est infinie et il est ineffable ; mais la compréhension d'un concept est son intelligibilité ; de plus, il y a au moins autant d'intelligibilité dans l'acte de l'essence, ainsi dans l'exister (voir ici § 4.4, où il est rappelé en quoi l'exister est acte de l'essence, ce que l'on voudra bien, par anticipation, admettre ici par intuition : être, à proprement parler, c'est exister), que dans l'essence elle-même ; or la compréhension de l'essence singularisée est déjà infinie ; donc l'acte de l'exister ne peut être plus intelligible que l'essence singulière ; or il y a coextensivité entre degré d'être et degré d'intelligibilité ; donc le singulier est nécessairement existant. L'essence singularisée n'est pas en puissance à exister, elle est cette essence exerçant son acte d'exister. Et il y a coextensivité entre degré d'être et degré d'intelligibilité parce que être pleinement, c'est être en acte, c'est être innocent de l'être en puissance qui se soustrait à l'intelligibilité en tant qu'il fait s'identifier les contradictoires (être en puissance à droite, c'est aussi être en puissance à gauche, c'est faire s'identifier les extrêmes, et c'est pourquoi le principe de contradiction, loi suprême de la pensée, est aussi loi suprême de l'être que la pensée pense, mais de l'être en acte : être en son sens plein, c'est être en acte).

Il reste que les formes spirituelles habilitées à s'objectiver exhaustivement dans leur réflexion substantielle sont immunes de toute matière et sont directement tirées du néant, et chacune d'entre elles est sa forme ou son espèce (tel est l'ange). Ce qui n'est pas le cas de l'homme qui n'est spirituel que par sa puissance intellective et volitive, et dont la forme ne se réfléchit exhaustivement dans son processus qu'en et comme cette puissance intellective, s'objectivant de manière inachevée dans ses autres puissances sensibles en retour positionnelles d'opérations sensibles (vivre en tant que corps, sentir, etc.). C'est pourquoi la forme humaine, ou âme, tirée du néant en tant que spirituelle, ainsi créée, n'en est pas moins, en tant que forme d'un corps, le résultat de l'actualisation d'une certaine matière désignée, dont elle garde mémoire en l'intériorisant. L'universel ou essence spécifique est cette âme, ainsi ce singulier, en tant qu'il s'atteint réflexivement en se dotant d'une manière particulière — en laquelle il s'objective — de subsister, et dont les caractères particularisants sont l'intériorisation des caractères de la matière dont il est tiré. Est singulier l'universel qui confirme la particularité qu'il vainc ; la singularité de l'existant est la singularité de son espèce, en tant qu'elle se réfléchit dans son processus comme particulière. Sous ce rapport, la racine de l'individuation est la forme, et c'est pourquoi la forme individuée conserve son individualité nonobstant — dans l'acte de la mort — la corruption du corps.

§ 4.4 Mais cette particularité, dans le cas de l'homme, est trouvée là par la forme qui l'habite (le petit d'homme est issu d'une semence dotée de déterminations particulières) :

Tout ce qui est à la fois conservation et négation a la forme d'une réflexion, car la réflexion est position de ce qui est incapable de demeurer identique à soi, et négation de ce qui est posé, elle est donc bien négation et conservation ; tout mouvement est conservation et négation, soit de la substance comme sujet du devenir accidentel, soit de la matière comme sujet du devenir substantiel ; si la matière était totalement actualisée, elle serait perfectionnée ou accomplie dans son ordre de matière, elle serait matière prime et elle ne serait plus ; la privation serait niée, et cela doit se prendre en deux sens qui désignent un même acte : la privation, considérée comme cette matière désignée dont sera éduite la forme nouvelle, ainsi comme matière prime habitée par une forme, serait niée comme forme ou matière désignée, et on obtiendrait le néant (qui comme néant absolu est néant de toute chose, y compris de lui-même, par là création) ; selon le deuxième sens, elle serait niée comme négation (d'une forme plus complexe) et on aurait une forme nouvelle spirituelle. Tout mouvement est conservation et négation, donc tout mouvement est réflexion : il est la réflexion par laquelle la forme s'anticipe dans ce dont elle se fait provenir, et c'est pourquoi toute matière désignée dont s'éduit une forme nouvelle est déjà la conservation et l'objectivation de soi d'une forme de degré inférieur ; ce qui, en effet, était en puissance à un nouveau, devient puissance intérieure à ce nouveau ; il y a intériorisation, dans le résultat, de l'origine du résultat, et ainsi cette intériorisation signifie que l'origine était le résultat lui-même, mais en tant qu'extérieur à lui-même.

Le petit d'homme est issu d'une semence dotée de déterminations particulières. Sous ce rapport, n'étant pas capable de s'objectiver comme spirituelle dans toutes ses puissances opératives, la forme de ce petit d'homme est individuée par la matière dont elle est l'actualisation. Elle est individuée par la matière qui tient d'elle sa vertu individuante, et ainsi la forme est principe d'individuation du composé de forme et de cette matière individuant la forme.

La matière prime quantifiée ne saurait être principe d'individuation de la forme, puisque la quantité est l'effet de la présence de la forme, elle ne saurait la conditionner puisqu'elle la présuppose ; au reste, la matière prime en tant que telle ni n'existe ni ne peut exister. Toute substance admet trois aspects qui sont les trois moments de sa réflexion constituante ou ontologique : l'universalité de l'essence, la particularité de la manière d'être qui la différencie des autres substances, et la singularité de l'existant. L'essence est substance en tant qu'elle s'identifie réflexivement à soi, se fait victorieuse de la particularité en laquelle

elle s'aliène, se pose ainsi telle l'identité concrète de l'universel (de l'essence) et du particulier (ce néant d'essence qu'est la matière, et qui sera par contrecoup[113] position des puissances opératives exigitives, dans le cas de l'homme, d'organes corporels), et enfin, comme identité contradictoire de l'universel et du particulier, se réfléchit dans son processus, ainsi s'objective en lui, sur le mode de puissances opératives, par là confirme le moment de sa particularité dans l'acte où elle le nie. Quand la substance est matérielle, l'objectivation de soi de l'essence réfléchie en elle-même s'opère dans une particularité en laquelle l'essence s'était niée mais qui lui préexistait et qu'elle trouve là et qui la conditionne.

§ 4.5 Dès lors, la substance humaine étant un composé de matière et de forme, les puissances opératives de cette forme, en dehors de l'intellect et de la volonté, s'actualisent matériellement, elles sont l'acte d'une matière, laquelle est l'extériorité à soi de la substance, sa vulnérabilité, sa dépendance à l'égard d'un extérieur qui agit sur elle et la peut déterminer, et c'est cela qui explique que chaque substance soit unique et non reproduite dans l'histoire de l'univers, cependant qu'elle ne tient pas son individualité d'une haeccéité irrationnelle, mais de l'unité de son espèce.

§ 4.6 Une telle explication doit être développée :

Toute substance créée intériorise ce dont elle procède : sa cause immanente (la chrysalide par rapport au papillon) est niée dans son fruit qui la conserve sur le mode de puissance à se régénérer et à engendrer ; or cette puissance est la matière dont elle est éduite ; donc la substance conserve, en tant qu'elle les intériorise, les déterminations particularisantes de cette matière désignée, et c'est cette dernière qui s'est révélée « *principium individuationis* » ; le singulier est l'universel en tant que doté d'une manière particulière d'exister ; mais cela revient à dire qu'il n'y a pas de différence individuelle à proprement parler, ou d'haeccéité. En droit sinon en fait, un savant pourrait reproduire à l'identique, sous tous les rapports, une substance même humaine (il ne serait pas créateur pour autant, il se contenterait là de disposer intelligemment la matière pour que soient obtenues les conditions de l'éduction d'une forme nouvelle). Pourtant, ce ne serait pas la même personne que la première. La matière prime dotée de quantité ne saurait différencier l'individu de son clone, on l'a vu (§ 4.4). Les actes d'exister numériquement distincts du singulier et de son clone ne sauraient non plus différencier les deux, parce que, s'il est vrai que l'essence est à l'exister comme la puissance l'est à l'acte, l'acte d'exister est intrinsèquement modifié par l'essence qui le reçoit, il est individué par elle qui doit contenir en elle-même ses principes individuants. Et l'essence est bien puissance de l'exister : il faut être pour être essence, et en même temps il ne suffit pas d'être essence (un simple

[113] Est ici nommé « contrecoup » ce que Hegel nomme « *Gegenstoss* » : acte commun de la négation de la négation (de soi) de l'origine, ***et*** de la confirmation, par l'origine (qui est résultat) de sa première négation ; le contrecoup désigne ainsi l'acte commun du retour réflexif à l'origine ***et*** de la réflexion du résultat dans son processus.

possible) pour exister, il faut recevoir l'exister, de sorte que l'essence doit contenir ce qu'elle reçoit, être identique à ce dont elle se distingue, par là être contradictoire ; or le mode d'être du contradictoire est l'être en puissance : la propriété de l'être en puissance est de faire s'identifier les contradictoires, mais il n'appartient d'avoir des propriétés, ainsi des accidents, qu'à ce à quoi il appartient d'être une substance que précisément l'être en puissance n'est pas, donc l'identité des contradictoires n'est pas une propriété de la puissance, mais son essence, l'essence de ce dont le propre est de n'avoir pas d'essence ; donc le statut de l'essence est celui de la puissance de son exister. Ce qui peut s'observer autrement : la puissance est puissance des contradictoires, elle est donc puissance d'exister comme de ne pas exister ; or ce qui n'existe pas tout en pouvant exister, c'est ce qui demeure à l'état de puissance ; donc, en tant que puissance de n'être pas, la puissance est puissance à elle-même, ce qui revient à dire qu'elle est réflexion, laquelle, considérée à l'envers, révèle que la forme dont elle est la puissance est aussi réflexion, de sorte qu'elle est victoire sur la puissance qu'elle confirme en se réfléchissant dans son processus : l'exister est l'essence en tant qu'identité à soi réflexive contradictoire se réfléchissant dans son processus, se convertissant de ce fait en exister non contradictoire par là qu'il a l'essence qu'il était contradictoirement, ce qui explique que l'essence exerce l'exister qu'elle reçoit, et dont elle est la puissance en tant qu'elle le reçoit.

Comment donc, si l'individuation ne s'opère ni par une fictive « haeccéité » ni par l'« *actus essendi* », expliquer la singularité de la substance, si l'individualité est l'universel affecté d'une simple particularité en laquelle se réfléchit son identité à soi réflexive ?

Voici :

Tout singulier est intelligible (est intelligible ce qui est rationnel, ainsi nécessaire, ainsi encore universel, or le singulier *est* l'universel se réfléchissant réflexivement), d'autre part tout singulier contingent est en droit reproductible (il n'y a pas de différence individuelle, bien qu'il y ait des individus). Et pourtant il n'est pas deux substances absolument identiques ; même les jumeaux sont différents l'un de l'autre non seulement par leurs actes d'exister distincts, mais encore par leurs essences respectives (puisque l'essence, comme puissance réceptrice de l'exister, est principe de diversification du don de l'exister intrinsèquement modifié par ce qui le reçoit et l'exerce) ; tout se passe de telle sorte que, quand un singulier est survenu dans le monde des existants mondains, cet univers exclut qu'un autre singulier strictement identique au premier survienne à nouveau, quand bien même la singularité d'un existant n'est, d'un point de vue quidditatif, qu'une manière particulière d'être homme, sans différence strictement individuelle. Cette solitude ontologique est constatée par la science, qui ne se l'explique pas :

« À part de vrais jumeaux (et encore…), nous sommes tous génétiquement distincts, et chacun des bientôt sept milliards d'habitants de notre planète porte un assortiment de gènes absolument unique, qui n'a jamais existé auparavant et qui n'adviendra jamais plus. La subtile mécanique de l'hérédité assure qu'il en soit ainsi, et explique ce *grand mystère* : que l'enfant, tout en ressemblant à ses parents, puisse en être nettement différent, et qu'à force de s'interféconder l'humanité n'ait pas engendré un être "moyen", standardisé, mais au contraire une infinie variété de types distincts » (Bertrand Jordan, *L'Humanité au pluriel*, Seuil, 2008, p. 60).

Une telle solitude ontologique, inexplicable par la science expérimentale, vient de ce que chaque singulier, en tant qu'il est un, est tel que le tout de l'univers dont il est la partie lui est d'une certaine façon immanent : ce tout, qui fait mémoire de tout ce qui surgit en lui, contient cet autre (le premier jumeau par exemple) que lui, mais qui lui est identique (au sens où il peut avoir la même particularité : la même organisation génétique), mais par là la particularité d'un tel singulier est comme affectée de l'immanence en elle du tout qui contient déjà l'autre qui lui est « *secundum quid* » identique, et ainsi sa particularité propre (celle du deuxième jumeau) ne sera pas exactement celle de cet autre qui lui est identique et qui est né avant lui, autrement il se confondrait avec cet autre. Tout individu créé est en droit reproductible à l'identique, et pourtant il est unique, ne sera jamais reproduit dans l'histoire du déploiement du tout. Tout se passe comme si le Tout de l'univers « savait » et « gardait mémoire » du fait que telle configuration chimique d'un vivant a déjà eu lieu en lui, et que cette « mémoire » le déterminait de telle sorte que la genèse d'un nouvel être, en lui — quand bien même rien dans ce dont procède immédiatement cet être n'aurait de quoi expliquer que sa configuration fût différenciée de celle du précédent —, exige qu'il se différencie du précédent, ainsi fait se modifier légèrement la programmation de la configuration individuelle, afin de le dispenser de s'identifier à l'autre. C'est que, puisque l'exister *est* l'essence individuelle, alors deux essences individuelles strictement identiques ne font qu'un seul acte d'exister.

Ainsi donc, dans une substance composée de forme et de matière, les puissances posées par cette substance, en dehors de l'intellect et de la volonté, s'actualisent matériellement, elles sont l'acte d'une matière, laquelle est l'extériorité à soi de la substance, sa dépendance à l'égard de l'extérieur, de sorte que a) elles s'actualisent en fonction de l'extérieur qui par là agit sur elles et les conditionne ; b) surtout : telle substance — cette matière désignée dont va sourdre la substance nouvelle — à un moment déterminé de l'histoire de l'univers entretient, à l'égard de l'univers entier dont elle est la partie, un ensemble de relations déterminées qui la conditionnent, de sorte que la substance nouvelle — résultat de la conversion, à des puissances opératives de cette substance, de la puissance dont cette même substance est tirée — est le résultat de l'état en lequel se trouve l'univers entier au moment où elle surgit. Or cet état a été déterminé par l'histoire de cet univers, en particulier par la présence en lui, antérieure, de ce dont la substance nouvelle est le clone. Dès lors, le clone diffère quidditativement de son modèle, bien qu'il ait les mêmes déterminations biologiques.

§ 5. Il reste que cette exigence *métaphysique* d'infinies nouveautés individuelles, condition de la fécondité intestine du tout, cette différenciation de son identité, n'est que l'envers, selon la réflexion ontologique en laquelle il se constitue, du processus inverse de réduction inchoative à l'unité des différences, de sorte que la tendance des réalités matériellement semblables à se différencier entre elles s'accompagne en retour d'une tendance des individus à se constituer selon le paradigme universel d'une espèce, et à se réunir en espèces, tendance qui à l'intérieur de chaque espèce s'actualise en sous-espèces (ainsi en *races*, au sens commun du terme). La « raciation », avec les inégalités qu'elle induit, est dans l'« *intentio naturae* », et elle est une exigence *métaphysique*. C'est pourquoi il sera toujours loisible aux scientifiques idéologisés d'user de leur autorité pour nier l'existence des races humaines, sous le prétexte que cette finalité échappe méthodologiquement à leur investigation.

La nature humaine est tout entière et non totalement en chaque humain. Si elle n'y était tout entière, un individu dit humain ne serait que partiellement tel ; si elle y était totalement, il n'y aurait qu'un seul humain et il serait l'humanité même et subsisterait dans la condition d'un pur esprit. Or une chose est tout entière et non totalement en plusieurs quand les éléments de cette pluralité ont chacun raison de moments du processus à raison duquel la chose mobile, qui leur est immanente, s'identifie réflexivement à soi : le propre du moment d'un mouvement c'est bien d'être le tout du mobile qui s'y investit sans cependant s'y épuiser puisqu'il s'investit aussi en d'autres moments ; l'homme est tout entier dans son enfance, puis dans son adolescence, sa maturité et sa vieillesse, sans s'épuiser en aucune de ses manières d'être, et c'est seulement au terme de son mouvement vital, dans l'acte de sa mort, que « tel qu'en lui-même enfin l'éternité le change » ; il n'est pas tel qu'une partie de lui serait dans sa jeunesse, une autre dans sa maturité, une troisième dans sa vieillesse, car il faudrait alors qu'il fût à la fois et en même temps jeune, mûr et vieux pour être ce qu'il est ; et en tant qu'il devient lui-même en vieillissant, en tant qu'il devient ce qu'il est, il est bien le résultat d'une réflexion dont le propre est de faire s'identifier le départ et l'arrivée. Puis donc que chacun des individus d'une même espèce a raison de moment du processus intemporel d'identification à soi réflexive de son essence, de telle sorte que leur coexistence synchronique est l'extériorisation d'un mouvement diachronique assomptif de tous ses degrés, l'essence se substantifie par réflexion, dans un moment particulier de son processus, du résultat — qu'elle est — de ce même processus qu'elle exerce. L'essence se particularise pour exister comme singulière, ou plutôt pour se faire substance existante par là qu'elle se fait singulière ; elle se particularise en se réfléchissant dans son processus, mais cette confirmation du moment de son opposition intestine à soi n'est que l'envers de l'acte à raison duquel elle s'identifie réflexivement à soi par négation souveraine de son être-autre. Ce qui revient bien à dire que l'auto-différenciation de l'essence génératrice d'individus diversifiés au sein d'une même espèce est corrélative d'une tendance, immanente à ces individus, à s'identifier à l'essence dont ils sont la réification, et cette tendance est nécessairement inachevée, inchoative, productrice de sous-espèces et non de l'espèce même hypostasiée, car autrement il faudrait dire que l'essence ou nature de ces individus est douée du pouvoir de s'objectiver exhaustivement dans un moment unique de sa particularité, et dans ce cas on aurait affaire à un être immatériel qui serait un ange. C'est en ce sens que la « raciation » est dans l'« *intentio naturae* », comme expression du désir inefficace de ramener à l'unité de l'espèce la diversité des individus qui reconnaissent en cette unité leur raison.

§ 6.1 La théorie thomiste de la succession des âmes dans l'embryon est théologiquement contestable, l'embryon est immédiatement habité par une âme humaine (voir ici « **Avortement** »). Mais cette théorie contient une vérité captive : la causalité de la nature humaine individuée par tel corps (la division d'un œuf en deux fera deux âmes) s'effectue selon divers moments (minéral, végétatif, sensitif, rationnel), ce qui prouve que ces moments sont inclus dans l'essence, et que l'essence est réflexion (ontologique). Il est définitionnel de la réflexion ontologique de l'essence de se faire assomptive de ses degrés d'être inférieurs qui, dans le retour de l'essence à elle-même, paraissent de manière progressive, selon un processus de génération et de corruption ; mais ce qui exerce ce processus, c'est l'âme déjà humaine, ou plutôt l'âme déjà humaine qui, résultat intemporel du processus ontologique de sa réflexion constituante, déploie temporellement — ainsi de manière successive — les moments de ce processus : parce qu'elle est en soi le résultat — qui coïncide avec l'origine — de la négation victorieuse de ses degrés d'être inférieurs qu'elle assume, l'âme humaine fait apparaître successivement les degrés d'être qu'elle parcourt, c'est-à-dire atteste son statut de cause finale, ultime en exécution parce que première en intention.

§ 6.2 Tout être, en tant qu'il est être, est un acte d'exister qui consiste dans la sublimation de son essence en exister par l'acte de faire se réfléchir dans son processus le résultat du processus dont elle est l'origine et, en tant que réflexion, l'essence est assomptive du néant, degré nul de perfection essentielle qui coïncide avec le degré nul d'exister (n'être rien, c'est n'être pas, et réciproquement), de sorte que l'acte créateur est la négation de soi du néant, c'est-à-dire la réflexion ontologique elle-même considérée dans la limite inférieure de son orbite. L'acte créateur s'exerce à l'intérieur de la causalité de l'essence.

Par ailleurs, aussi bien dans un tout d'ordre que dans un tout organique, c'est-à-dire dans un tout finalisé, il y a dépendance réciproque du tout et des parties ; or cette causalité réciproque désigne logiquement leur équivalence : quand A implique B qui implique A, A est équivalent à B ; mais deux choses sont équivalentes quand elles sont identiques sous un certain rapport ; le tout de l'univers et chacune de ses parties ne sauraient être identiques sous le rapport de leur matière ; ils sont donc identiques sous le rapport de la structure de leurs formes respectives ; de même que la forme accidentelle de la Cité est « extraposition » des structures de l'âme humaine (Platon, *République* IV), de même la forme de l'univers est « extraposition » de la structure commune aux formes des parties de l'univers : l'atome a des électrons comme les planètes ont des satellites. Or il a été montré (§ 6.1) que l'ontogenèse fait se déployer les moments intemporels du processus à raison duquel l'essence contracte son acte d'exister en se faisant substance singulière ; donc la phylogenèse reproduit l'ontogenèse. Ce qui revient à dire qu'un évolutionnisme créationniste et respectueux de la fixité paradigmatique d'espèces est rationnel, et ne pose aucun problème théologique ou métaphysique particulier, comme le rappelle Pie XII dans *Humani generis*.

Enfin, l'idée d'une succession des âmes dans un embryon qui ne serait humain qu'au terme de cette succession est en fait philosophiquement contestable : le « *creari* », identique (*actio et passio sunt idem*) au « *creare* », s'exerce à l'intérieur du processus d'individuation de l'essence (il est la négation de soi de la position de l'essence dans sa négativité, ainsi négation de soi du néant), mais ce contrecoup de l'essence s'identifiant réflexivement à soi a pour corollaire obligé la réflexion dans son processus du terme du processus réflexif, ainsi l'objectivation de soi de l'essence en ses puissances opératives. Or cette réflexion dans son processus du résultat du processus, comme position des puissances, est la formation des organes matériels requis par l'exercice de ces puissances, et corrélativement l'assomption et la confirmation — par l'essence — des degrés d'être essentiels inférieurs dont elle est le résultat victorieux. Mais chaque organe vivant est habité par un principe d'animation qui entretient à son égard le même rapport que l'âme substantielle à l'égard du corps entier, et ce principe est l'immanence, à l'organe, de l'âme entière considérée dans un moment du processus de son éduction : les âmes végétative et animale sont posées par la forme humaine et surgissent à l'intérieur de l'exercice de la causalité du « *creari* » de l'âme humaine elle-même. Donc l'âme humaine est déjà là quand se manifestent les processus de différenciation organique dans l'embryon, de telle sorte que c'est elle qui opère dans un même acte l'opération d'unifier le divers et de diversifier l'identique. Quand la substance est tout entière spirituelle, la réflexion dans son processus du résultat du processus, ainsi l'objectivation de soi de ce dernier, s'effectue dans un néant pur « *materialiter* » identique au « *creari* » lui-même, sans position d'âmes opératives intermédiaires, et tel est l'ange ; dans le cas de l'homme, son âme est à la fois l'acte d'un corps, et spirituelle ; en tant qu'elle est l'acte d'un corps, elle advient en s'anticipant dans des âmes intermédiaires (formes des organes sensibles et sentants) ; en tant qu'elle est dotée d'un intellect, la confirmation de la position de l'essence dans sa négativité, ainsi son objectivation, s'achève dans la confirmation du néant dont est issue l'essence en tant qu'identité à soi réflexive ; c'est que, en effet, l'intellect est néant subsistant :

L'intellect possible n'a pas de forme propre, autrement il serait, en tant qu'immatériel, intelligible en acte et à ce titre intelligent en acte (l'acte de l'intellect et de l'intelligible est un seul et même acte), mais par là il serait conscient de soi sans avoir besoin d'avoir conscience de quelque chose qu'il n'est pas, ce qui n'a pas lieu dans la noétique humaine. C'est pourquoi la forme de l'intellect possible est la forme qu'il intellige et qu'il reçoit de l'œuvre de l'intellect agent illuminant et actualisant l'intelligible en puissance dans le phantasme. Il est donc sans forme avant son intellection, or « *forma dat esse rei* », donc il n'est pas, ou plutôt il est sur le mode du n'être pas ; ce par quoi il est opérativement actué est ce par quoi est posé son acte positif d'exister. L'intellect agent est toujours en acte, toujours intelligent en acte, par là toujours intelligible en acte et de ce fait il est, en tant que sujet pensant, l'acte de s'objectiver en tant qu'intelligible pensé : il est réflexion et, comme toute réflexion, il est tout autant réflexion dans son processus du résultat du processus qu'il exerce ; et cette réflexion ou objectivation de soi est l'intellect possible, qui, en quelque sorte, est le mode de subsistance par soi de la matière prime en tant que prime ; la matière n'est que par sa forme, elle n'est matière que si elle n'est pas matière prime, et ainsi, posée en tant que prime, elle n'est plus matière, mais esprit.

Ainsi s'explique que l'âme humaine soit acte d'un corps, déterminée et individuée dans et par lui, tout en excédant, par sa puissance supérieure, la sphère de la corporéité, ce qui revient à dire qu'elle est éduite de la matière (ainsi individuée par elle) tout en excédant la matérialité (elle est directement créée) : elle est éduite de la matière en tant qu'éduite de la matière *prime*, ainsi de ce qui n'est pas matière mais néant.

Ainsi s'explique aussi que toute créature préexiste idéellement, ainsi virtuellement, dans sa cause première, y compris ce qui est matériel, comme l'enseigne l'Aquinate : « *Intellectus autem divinus cognoscit res per essentiam suam, in qua sicut in primo principio virtute continentur non solum forma, sed etiam materia* ; *et ideo non solum universalium, sed etiam singularium cognitor est* » (*Compendium* c. 133).

Qu'un même néant, qui est un même « *creari* », constitue tous les esprits numériquement distincts, s'explique par le fait que ou bien ce néant s'insère dans l'identité à soi réflexive d'essences différentes (distinctions entre les anges dont chacun est son espèce), ou bien il s'inscrit dans l'identité à soi réflexive d'une même essence ou nature (humaine en l'occurrence) mais se dotant, par réflexion dans son processus, de notes particularisantes (génératrices de corps distincts) différentes. Cela dit, parce que la négation de soi du néant — laquelle est, tout en un, l'acte créateur *et* le retour réflexif de l'essence à elle-même — d'une part, et la réflexion (particularisante) de l'essence dans son processus d'autre part, sont les effets concomitants d'un même acte, alors la position de la puissance à être une conscience de soi, ainsi la position d'un moi, et la position des notes particularisantes (ainsi individuantes), sont concomitantes, de sorte que le moi est déjà là aussitôt que commencent à apparaître les fonctions végétative et animale de l'être humain, en lesquelles s'anticipe l'âme spirituelle. Il n'y a pas succession d'âmes (la corruption de l'une étant la génération de l'autre) dans l'embryon, il y a émergence progressive des puissances opératives, de la plus simple à la plus complexe, mais en tant que le suppôt de la plus complexe est déjà là pour porter le processus des moments de cette émergence ; la scission d'une cellule en deux autres qui donneront naissance à des jumeaux est l'effet de la réflexion dans son processus — ici opérée deux fois dans le même élément matériel — du processus de l'identification à soi réflexive de l'essence ; mais cette scission a lieu très peu de temps après la conception.

§ 6.3 La causalité est l'acte du moteur en tant qu'il est dans le mobile. Rien ne passe à l'acte que par une chose en acte. Mais une cause est d'autant plus cause qu'elle est plus parfaite, au point à la limite d'être la perfection qu'elle communique ; et elle est d'autant plus parfaite qu'elle est moins en puissance, qu'elle est plus actuelle, et de ce fait moins mobile. Le Premier Moteur est parfaitement immobile. On a bien du mal — surtout quand on tient à préserver la contingence de l'acte créateur — à se représenter la causalité autrement que dans des exemples analogues à celui du forgeron qui doit se mettre en mouvement pour mouvoir le fer qu'il travaille, de sorte que la communication d'actualité, en quoi consiste la causalité, semble être exclue pour les êtres immobiles : si le Premier *est* son acte, communiquer son acte — ainsi causer, et causer selon l'acte d'être, ainsi créer — ne semble-t-il pas exiger qu'il se communique Lui-même, se vide ou dépossède de soi-même pour faire être ce qu'il crée ? Pourtant, si le moteur devait changer, en tant que moteur, pour se mettre à mouvoir, il faudrait qu'il passât du statut de moteur à celui de non-moteur pour être moteur en acte, ce qui est absurde. Comment donc peut-il communiquer son actualité, ainsi l'avoir et par là ne l'être pas, la rendre immanente au mû en retour invité à s'identifier à son acte moteur reçu, s'il est d'autant plus cause qu'il est plus identique à cette actualité ? Cela est possible si et seulement si la cause a la forme d'une réflexion (ontologique) l'habilitant à avoir ce qu'elle est. Consistant — indépendamment de et antérieurement à l'exercice de sa causalité *ad extra* — dans l'acte de se rendre victorieuse de son être-autre qu'elle assume tel son moment intemporel obligé, la causalité de la cause consiste dans l'acte de libérer son être-autre dans l'élément du mû, ainsi de faire se réfléchir sa négativité dans l'élément du causé ; étant immanente à lui en et comme son être-autre, la cause demeure immobile en elle-même, sans être affectée par l'acte de causer *ad extra* ; en tant que son être-autre n'est autre qu'elle-même considérée dans sa négativité, elle est effectivement immanente au mû. Par ailleurs, le « *creari* » n'est pas ce à quoi s'ajoute extrinsèquement l'exercice des causalités naturelles, lesquelles ne sont en elles-mêmes que par lui ; il est ce en quoi elles opèrent, ce qui revient à dire qu'il est immanent à toutes, elles sont en lui comme dans leur cause et il est en elles comme leur raison : il faut être, pour être cause. Or le « *creari* » est négation de soi du néant, en même temps que rien ne distingue un néant d'un autre, puisque toute différence suppose détermination, quand le néant est l'indéterminé même ; donc il n'existe qu'un seul acte créateur ; Dieu ne crée pas ceci, puis cela ; tout est créé en un seul acte : les Six Jours sont les six moments de la même activité créatrice. Et pourtant un être naturel nouveau n'advient à l'existence que pour autant que s'exercent dans le temps, ainsi de manière successive, des causes « *in fieri* ». L'acte créateur de nos descendants est l'acte créateur d'Adam, et nos descendants ne sont cependant pas contemporains d'Adam. Tout cela est possible s'il est reconnu que tout être en tant qu'être est cause, et que toute perfection ontologique est victoire sur ses degrés d'être inférieurs (le néant étant la limite inférieure de ces degrés) : Dieu libère en ce néant intérieur aux créatures la négativité dont Il est éternellement victorieux, selon le degré qui sied à Sa volonté libre. En causant, les créatures tendent, par actuation de leurs puissances opératives, à s'identifier à leur essence, à faire retour à l'essence dont elles procèdent, par là à rejoindre l'acte à raison duquel l'essence se réfléchit dans son processus en et comme de telles facultés. De sorte que la libération, dans l'élément des mus, de la négativité des moteurs créés, se révèle négation des privations définitionnelles des mus, ainsi position de changements accidentels ou substantiels des mus. Mais cette corruption de formes inférieures, génératrice de formes supérieures, s'accomplit dans le néant — extrême inférieur de l'identité à soi réflexive de toutes les essences — dont la réflexion sur soi est l'acte créateur même. Donc la causalité des causes intramondaines est la revitalisation de l'unique néant créateur du monde entier et de tous ses composants passés et futurs, ainsi de ce néant créateur immanent à chaque créature. Dans cette perspective, l'explication de l'histoire de l'univers en termes évolutionnistes rejoint la thèse créationniste, pour autant qu'un tel évolutionnisme ne renie pas l'idée de finalité.

§ 7. La race est un accident contingent, non quelque chose d'essentiel. Le Christ est mort sur la Croix pour le salut de tous, et tout homme est à l'image de Dieu. Il n'y a qu'une seule nature ou espèce humaine. La seule hiérarchie définitive, au terme de la vie terrestre, et pour la vraie vie — éternelle — qui lui succède, est celle de la sainteté. Parce que chaque race est l'expression d'une virtualité de la nature humaine tout entière immanente à chaque homme et à chaque race, chaque homme appartenant à une race déterminée est invité à reconnaître, dans les autres races, quelque aspect de lui-même. Le mépris racial est contre nature. Mais cela ne signifie pas que les races n'existeraient pas, ou qu'elles n'auraient aucune influence sur le développement des cultures, ou qu'elles seraient égales en talents intellectuels, physiques et artistiques : constater des inégalités n'est pas mépriser. C'est pourquoi le catholicisme bien compris enveloppe la nécessité du souci d'un racisme bien compris. La pathologie subjectiviste qui afflige l'homme contemporain lui rend insupportable le fait de déterminations qui l'affectent et qu'il n'aurait pas choisies, qui de surcroît le limitent et le rendent inférieur à d'autres hommes, lui qui se veut absolu et divin. L'antiracisme, le féminisme, la théorie du « *Gender* », l'esprit démocratique, le mondialisme qui consomme cet esprit sont autant de conséquences obligées de la pathologie subjectiviste. C'est pourquoi il est parfaitement vain, d'un point de vue politique, d'essayer de développer un racisme de survie pour sauver son peuple du mondialisme et de l'immigration massive qu'il induit, si l'on ne commence pas par dénoncer le subjectivisme dont les membres d'un tel peuple sont affligés. Il n'est pas de racisme bien compris, et réalisable, qui ne se poursuive dans le service d'un bien commun politique, c'est-à-dire d'un bien qu'on aime en lui étant rapporté, ainsi d'un bien qui se subordonne la subjectivité.

★ ★ ★ ★ ★

« J'ai maintenant acquis la certitude, comme le prouvent la conformation de son crâne et la pousse de ses cheveux, qu'il descend des nègres qui se joignirent à Moïse lors de la traversée de l'Égypte (à moins que sa mère ou sa grand-mère ne se soient croisées avec un *nigger*...). Il est certain que ce mélange de Juif et d'Allemand avec la substance de base du nègre devait donner un curieux résultat » (Marx, *lettre à Engels* du 30 juillet 1862, à propos du chef socialiste allemand Ferdinand Lassalle).

On croit que les différences ethniques et raciales seraient l'effet d'une malédiction, et que la Bible (Gen. XI, 1-9) l'enseignerait en évoquant Babel. C'est oublier que cette version négative de la différenciation du genre humain en peuples divers et potentiellement hostiles n'est que l'envers d'une version positive : « Soyez féconds, emplissez la terre et soumettez-la » (Gen. IX, 1) est l'expression d'une *bénédiction* qui se consomme comme suit : c'est à partir des descendants de Noé (Sem, Cham, Japhet, dont est issu tout le genre humain) que, après le déluge, se dispersent les familles et se constituent des clans selon leurs lignées et d'après leurs nations. C'est le caractère indépassable de l'instance polémique s'exerçant entre les nations qui est effet du péché, non la différenciation en races du genre humain.

RÉFLEXION ONTOLOGIQUE

Dans son *de Anima*, Aristote développe l'idée suivante : les êtres du monde sublunaire engendrent afin de parvenir à un substitut d'éternité, à une « sempiternité » spécifique, à défaut de l'immortalité individuelle. Ce qui suggère l'idée qu'un être parfait n'engendre pas. Un vivant parfait est tel qu'il possède le plus haut degré de vie, lequel est mesuré par le plus haut degré d'immanence de ce mouvement spontané — dont le vivant contient en lui-même le principe — qui le définit comme vivant ; or l'immanence absolue d'un mouvement fait que l'origine coïncide avec le départ, ce qui fait qu'un tel vivant est immobile, éternel, incorruptible, innocent de tout être en puissance (le mouvement en général est l'acte de ce qui est en puissance en tant qu'il est en puissance) ; or tout engendrement est tel que son terme est différent de son origine, puisque l'engendré est autre que le géniteur ; donc il semble bien — s'il est vrai que la différence du géniteur et de l'engendré appelle que la position de l'engendré soit le fruit d'un mouvement — qu'un vivant parfait n'engendre pas. Mais la Révélation nous apprend que Dieu engendre de toute éternité, en tant que Dieu se dit dans son Verbe, que Dieu est Père et que toute paternité procède de la paternité divine : « *Flecto genua mea ad Patrem Domini nostri Jesu Christi, ex quo omnis paternitas in coelis et in terra nominatur* » (Éph. III, 14-15). Donc il y a une perfection dans le fait d'engendrer. Dans cette perspective, l'essence de l'infini actuel, qui définit la perfection en général, exige que, loin d'être le substitut d'une perfection dont il manque, la capacité d'engendrer propre au monde fini ou créé soit le résultat d'une participation à la perfection divine. Et pourtant le raisonnement d'Aristote conserve sa valeur, parce que les géniteurs du monde fini s'ordonnent naturellement à leur progéniture comme à leur fin, au lieu que, s'ils étaient parfaits, ils ne pourraient s'ordonner qu'à eux-mêmes. Le pouvoir d'engendrer est ainsi marque de perfection *et* signe d'imperfection. On est donc invité à suggérer que cette disposition, assumée par le parfait, à adopter un agir définitionnel de l'imparfait, est un moment obligé de la vie du parfait, et cela même se formule de la manière suivante : le parfait ou infini actuel n'est tel qu'à proportion de son pouvoir de se faire éternellement victorieux de l'imparfait auquel il consent ; l'infini est victoire sur le fini qu'il assume, l'infini est identité concrète de l'infini et du fini, et le processus à raison duquel l'infini assume le fini pour le nier est nommé réflexion ontologique. Ce résultat permet, sinon de contester, à tout le moins de compléter la formule de Pascal : « La nature a des perfections pour montrer qu'elle est l'image de Dieu, et des imperfections pour montrer qu'elle n'en est que l'image » (*Pensées*, § 580), afin de montrer l'autre aspect — le plus déroutant et le plus secret — de la réalité dont l'apophtegme pascalien exprime seulement le caractère le plus obvie. L'Aquinate évoque en passant cet aspect à sa manière, dans la *Somme théologique* (I^{a} q. 14 a. 3) :

l'image de Dieu se trouve plus dans l'ange que dans l'homme, parce que l'intellect angélique est plus parfait que l'intellect humain ; cela dit, il existe une ressemblance secondaire entre l'homme et Dieu, qui rend l'image de Dieu dans l'homme plus parfaite que dans l'ange sous le rapport suivant qui n'annule nullement le premier : l'homme naît de l'homme comme Dieu naît de Dieu.

L'Auteur du monde, qui vise, en créant, à manifester sa gloire et ne pose ce qu'il crée que pour se le subordonner, est tellement puissant qu'il en vient à faire participer à sa divine perfection, à l'actualité de son infinité, le fini même, *en tant que fini* : être fini, pour le fini, est une imperfection en tant qu'il est fini sans être corrélativement infini ; mais sa finitude en tant que telle n'est pas, de soi, marque d'imperfection, elle est bien plutôt participation à la perfection, similitude de la perfection, en tant que la perfection du parfait n'est pas sans l'acte d'épouser, indépendamment et « avant » toute finitude créée, la finitude qu'elle vainc. C'est pourquoi :

> « Te voilà. Sois le bienvenu chez toi, Lafko. C'est vrai que tu es petit et laid, et que tu as l'intelligence misérable, que tu sens mauvais, que tu es sale. » « Mais vois comme tu me ressembles... » (*Qui se souvient des hommes...*, Jean Raspail, Éd. Robert Laffont, 2001, p. 285).

Puisqu'il est définitionnel de la force de vaincre la faiblesse qu'elle assume, ***par l'acte à raison duquel elle se vainc en tant que force pour épouser la faiblesse***, alors :

1) La force qui répugne à la faiblesse, ivre et pleine d'elle-même, passionnément attachée à elle-même, impuissante à se détacher de soi, est incapable de vaincre la faiblesse à laquelle — pour cette raison — elle s'identifie.

2) La faiblesse honteuse, la faiblesse des faibles, se targue d'avoir la force d'obéir aux injonctions du Détenteur de la force, à savoir assumer la finitude et faire subir à la grandeur l'épreuve de la petitesse, mais elle se complaît en elle-même — au nom fallacieusement évoqué de la charité et de l'humilité — pour se donner le plaisir de conspuer la force et nourrir la prétention à se mettre au-dessus de la force ; une telle faiblesse se déconnecte en vérité, en sa haine de la force, de cette force dont elle n'est plus un moment.

Ces deux positions extrêmes se résolvent en faiblesse qui aspire misérablement à la force dont elles sont incapables, et qui demeurent faiblesses en se parant des apparences de la force. L'une est le papillon marcionite (et plus généralement néo-païen) qui refuse de se reconnaître comme procédant de la chrysalide juive, et qui dégénère en naturalisme subjectiviste ; l'autre est le chrétien surnaturaliste qui, en tant que surnaturaliste, dégénère en chrysalide juive qui se prend pour fin, qui ainsi se refuse à sa sublimation chrétienne, et sombre dans le ressentiment et l'envie égalitaire en excipant de la bassesse du naturalisme.

3) Autre est l'infini capable de se faire fini sans cesser d'être infini, autre le parfait qui, pour assumer l'imparfait, en vient à perdre sa perfection. Le premier

est l'acmé de la force, le second la démarche du pécheur. La force qui est en peine de se détacher de soi n'est pas invitée, pour se concrétiser comme force actuelle, à assumer le péché, qui est toujours faiblesse superflue ; elle est invitée à se radicaliser en faisant l'épreuve du détachement de soi, ainsi de demeurer identique à soi dans sa différence, alors que le pécheur ne se différencie de soi qu'en perdant son identité à soi.

Les résultats auxquels on parvient sous l'injonction de la suscitation chrétienne sont rationnellement — ainsi naturellement — accessibles par l'analyse des concepts élaborés à partir de l'expérience de l'être mondain : l'assertion relative au caractère diffusif de soi du Dieu trinitaire est corroborée par le fait que le plus haut degré de vie est le plus haut degré d'être : l'acte de vivre est, pour le vivant, son acte d'exister, puisque, en perdant la vie, il perd l'existence ; de sorte que le vivant n'est pas un existant — un être — auquel, de surcroît, il reviendrait de vivre ; il n'est pas un être qui vit, mais bien plutôt son vivre est son être ; or vivre est une manière d'être un être exigeant qu'un tel être soit l'origine de ses actes, ayant la maîtrise de ses opérations ; si l'être à son degré maximal de perfection exige l'immobilité (changer, c'est s'acheminer vers sa perfection, ou bien la perdre, et dans les deux cas cela revient à ne pas coïncider avec elle, ainsi à faire l'aveu d'une imperfection constitutive), le plus haut degré de vie exige néanmoins la maîtrise de son acte, la position par cet être de l'acte d'être qu'il est, par là la réflexion sur soi de son acte d'être. Engendrer, de manière générale, c'est le fait d'un être qui, bien qu'étant individuation d'une nature ou essence universelle, est habilité, en tant qu'individué, ainsi en tant qu'effet de sa nature s'individuant en lui, à maîtriser sa nature afin de la communiquer à un autre ou à lui-même en tant qu'autre : l'acte de connaître, qui est l'acmé de l'acte de vivre (le mouvement du vivre y est parfaitement immanent au point que l'origine coïncide avec le résultat et que le mouvement se sublime en activité immobile), est bien un acte de s'objectiver, d'engendrer un concept en lequel le sujet se reconnaît, ainsi de s'engendrer en tant qu'autre, de se différencier de soi à l'intérieur de son identité, et de n'être identique à soi — être connaissant en acte — qu'à raison de cette différence. Le sommet de l'être est le sommet du vivre, le sommet du vivre est un connaître, le sommet du connaître est l'engendrement de soi-même en tant qu'autre, donc le sommet de l'être est le propre de ce qui est éminemment fécond. Ce qui atteste la finitude des êtres féconds créés, ce n'est pas le fait de leur puissance d'engendrer, c'est que cet engendrement s'accomplit *ad extra*, ne leur est pas consubstantiel comme l'est le concept ; et ce qui atteste la finitude des êtres pensants créés, ce n'est pas qu'ils se connaissent dans un verbe engendré qui leur est immanent, c'est que ce verbe est accidentel et non pas essentiel. La puissance d'engendrement est l'expression, dans les vivants non pensants, d'une tendance inchoative et à jamais avortée à se constituer en esprits. Tout ce qui est sans être esprit est — s'il est vrai que la réflexion ontologique est la loi fondamentale de tout être en tant qu'être, à savoir une intensification de l'identité à soi par négation souveraine d'une distance d'avec soi, d'un relâchement de soi — une décompression de l'acte d'être.

Si le tout absolu, à savoir Dieu, était incapable d'extérioriser (ainsi de créer un extérieur) un moment de lui-même, s'il était incapable de conférer la forme d'une extériorisation extérieure à ce qui est en lui une extériorisation intérieure (par analogie : le germe — ainsi le tout — s'extériorise en déployant ses parties organiques dont il est l'unité), si la position d'un extérieur en venait à le limiter, si donc toute création était consubstantielle à Dieu et par là nécessaire, alors il faudrait confesser que cet extérieur est ablatif de l'extériorisation intérieure d'un tel tout, et qu'il n'est pas maître souverain de la réflexion qu'il exerce (il lui serait imposé de ne pouvoir l'exercer qu'à son profit), étant supposé ne pouvoir l'exercer que pour se faire exister lui-même ; il serait supposé incapable de faire se réfléchir absolument un degré momentané de sa réflexion. Il ne disposerait pas de ce qu'il est, il ne l'aurait pas véritablement, il serait incapable de l'aliéner sans le perdre et ainsi sans se perdre en ce qu'il donne, et, de ce fait, il ne le serait pas absolument puisqu'il n'est ce qu'il est que comme l'ayant. Dieu n'est Dieu que si Dieu peut créer, faire exister hors de soi des êtres contingents. C'est sur ce point que toute exploitation du concept de réflexion ontologique, abondamment développé par l'idéalisme allemand et thématisé par le néoplatonisme, est en demeure, pour maintenir sa rationalité, de s'éloigner de cet idéalisme panthéistique.

Ce qui est identité à soi réflexive est systématique, ce qui est systématique pose ce qu'il présuppose et par là, rendant raison de soi, contracte le statut de rationalité absolue. Mais, en tant que réflexion, le systématique est négation (salvatrice) de sa propre négation (aliénante), et sous ce dernier rapport il est assomptif de l'irrationnel : il est rationnel qu'il y ait de l'irrationnel, il est nécessaire qu'il y ait de la contingence. Cela dit, compte tenu de ce qui précède, s'il est rationnel qu'il y ait de l'irrationnel, alors il est rationnel non seulement qu'il y ait du contingent dans la nature (contingence intrinsèque), mais encore que la nature elle-même soit contingente (contingence extrinsèque).

« Le Père engendre éternellement son Fils, et du Père et du Fils procèdent éternellement l'Esprit-Saint. L'Esprit-Saint est Dieu, le Fils est Dieu, le Père est Dieu, et Dieu n'a pas de pluriel, parce qu'il n'y a qu'un seul Dieu, trine dans les Personnes, et un dans l'essence. L'Esprit-Saint est Dieu comme le Père, mais il n'est pas le Père ; il est Dieu comme le Fils, mais il n'est pas le Fils. Le Fils est Dieu comme le Saint-Esprit, mais il n'est pas le Saint-Esprit ; il est Dieu comme le Père, mais il n'est pas le Père. Le Père est Dieu comme le Fils, mais il n'est pas le Fils ; il est Dieu comme le Saint-Esprit, mais il n'est pas le Saint-Esprit. Le Père est toute-puissance ; le Fils est sagesse ; le Saint-Esprit amour ; et le Père et le Fils et le Saint-Esprit sont amour infini, puissance suprême, sagesse parfaite. Là éternellement s'accomplit le mystère des deux processions, et par elles sont éternellement l'unité et la pluralité, l'unité dans la trinité, la trinité dans l'unité. **Dieu est thèse, il est antithèse, et il est synthèse ; thèse souveraine, antithèse parfaite, synthèse infinie. Parce qu'il est un, il est Dieu ; parce qu'il est Dieu, il est parfait ; parce qu'il est parfait, il est fécond ; parce qu'il est fécond, il est plusieurs personnes, et parce qu'il est plusieurs personnes, il est famille.** En son essence sont d'une manière inénarrable et incompréhensible les lois de la création et les exemplaires de toutes choses. Tout porte son empreinte, et c'est pourquoi la création est une et diverse. Le mot *Univers* ne signifie pas autre chose : il veut dire unité dans la variété et variété dans l'unité » (Donoso Cortés, *Essai sur le catholicisme, le libéralisme et le socialisme considérés dans leurs principes fondamentaux*, DMM, *reprint*, 1986, p. 59-60). Si l'on est invité à suivre saint Thomas (voir ici « **Famille** ») dans son refus de discerner dans la famille une image de la Trinité, on dira plus volontiers que Dieu, plutôt que Famille, est Société. Et c'est seulement dans ce que la simple raison, dans l'usage du concept de réflexion ontologique, permet d'entrevoir du mystère trinitaire, qu'il est possible de développer une doctrine conceptuellement consistante du Politique, en tant qu'elle est seule à rendre véritablement raison du caractère intrinsèquement supérieur du bien commun sur le bien particulier quand bien même il ne s'agit que du bien d'un tout d'ordre intégrant des personnes.

RELIGION

Source : Pour une contre-révolution révolutionnaire, *Joseph Mérel, 2017, Reconquista Press* :

La raison doit avoir des raisons de croire : « Ils ont beau me crier : soumets ta raison ; autant m'en peut dire celui qui me trompe : il me faut des raisons pour soumettre ma raison » (J.-J. Rousseau, *Émile* IV). Et il est de foi de croire que la raison peut sans la foi (Vatican I) prouver l'existence de Dieu. Il existe bien une exaltation *catholique* de la valeur de la raison (c'est pourquoi le moderniste nie la pertinence et la valeur des « *preambula fidei* »). Ce qui peut être illustré comme suit.

La raison est à la fois finie et infinie. Elle est l'intellect en tant qu'il se meut. Or l'intellect est réflexif, et l'Aquinate enseigne même dans le *de Veritate* que « *cognoscit intellectus veritatem quod supra seipsum reflectitur* » (l'intellect connaît la vérité parce qu'il peut revenir sur lui-même). On ne saurait savoir, connaître — dans la prolation d'un jugement vrai — ce qui est, sans savoir qu'on sait : s'il ne sait pas qu'il sait, s'il ne se sait pas sachant, l'intellect est incapable de prendre acte du fait que quelque chose lui est donné à connaître, et pour cette raison il ne le connaît pas. Sartre, au début de *L'Être et le Néant*, faisait justement observer que si ma conscience de table n'était pas en même temps conscience d'être conscience de table, elle serait conscience de cette table sans avoir conscience de l'être, elle serait une conscience inconsciente, ce qui est absurde. Si, en termes scolastiques, l'intellection est bien l'acte commun de l'intellect et de l'intelligible, alors un intelligible en acte, objet connaissable pour l'intellect, est nécessairement l'acte d'une intelligence, ainsi une intellection, de sorte que, en se portant sur son objet, l'intellect se porte tout autant sur lui-même ; si l'espèce (« *id quo res cognoscitur* » : ce par quoi la chose est connue), actualisée par l'intellect agent, informe un intellect possible destiné à s'actualiser — dans la prolation immanente d'un « *verbum* » — en s'exprimant à lui-même ce qu'il est devenu en tant qu'informé par cette espèce, si de plus c'est dans et comme actualisation de soi dans l'expression de ce verbe qu'il connaît la chose à connaître, il est clair qu'il ne la connaît qu'en se connaissant lui-même. Aussi, toute connaissance du réel est-elle intégrée, nécessairement, à l'identité à soi réflexive du cogito. Or ce qui est réflexif est circulaire, et ce qui est circulaire est infini, parce que le mouvement circulaire a la forme d'une négation de négation, dès lors que l'avancée dans un tel processus est tout autant régression vers l'origine de ce processus. Et ce qui a la forme d'une négation de négation est ce qui, contenant dans soi-même sa propre limite (ce à partir de quoi il y a de l'autre que lui), contient par là même son autre et n'est pas limité par lui. Comme on l'a vu, se savoir est s'objectiver, se mettre à distance de soi, et c'est là par définition excéder sa limite. S'objectiver sa finitude est *ipso facto* se placer au-delà d'elle. Ce qui est infini sans être déterminé n'est infini qu'en puissance, indéfini. Ce qui est déterminé est en acte, mais, comme déterminé, il semble bien qu'il soit condamné à être fini (« *omnis determinatio negatio* », enseignait Spinoza). Dès lors, l'infini concret ou actuel doit être à la fois fini (pour être actuel : il doit être « fini », au sens d'achevé) et infini (pour n'être pas limité, de sorte que sa détermination n'est pas une privation). Et cela est possible si et seulement si l'infini actuel a son propre point de départ (celui de sa réflexion sur soi par laquelle il pose ce qu'il présuppose, posant les termes — lesquels s'identifient en un seul — qu'il relie, telle une relation à soi positionnelle de soi, de sorte que ce qui se réfléchit **est** sa réflexion même) pour limite, car alors d'une part il admet un au-delà de lui-même (il s'agit d'une vraie limite, ainsi d'une détermination effective ou d'un acte) qui cependant ne fait que ramener à lui-même et s'accomplit dans lui-même, par là lui est intérieure et ne lui impose aucune borne. Cela dit, le cogito, même celui d'une créature, est une réflexion, donc il est infini, et est infinie avec lui la raison qu'il est en tant qu'il se meut, *cependant qu'il n'est pas la raison suffisante de la réflexion qu'il exerce*, autrement il serait acte pur et divin : l'opération par laquelle il se pense serait positionnelle de l'existence de sa pensée, ou puissance d'opérer. N'étant pas acte pur, il est dès lors, nécessairement, fini dans la ligne de son actualité existentielle. De ce fait, *la raison humaine n'est pas la raison suffisante de la rationalité qu'elle exerce*. Mais en tant que finie elle se sait en demeure d'admettre, par le fait même, la possibilité d'un au-delà d'elle-même, à savoir l'acte de foi. En tant qu'infinie, la raison qui se sait telle sait que rien d'extérieur à elle ne la limite, par là que rien de ce qu'elle n'est pas n'échappe à sa soif d'intellection. Il en résulte — contre Kant, fossoyeur en chef de la métaphysique — qu'elle sait que ses exigences logiques ont une portée ontologique, que l'ordre de ses raisons de connaître est l'ordre des raisons d'être, et qu'elle peut sans scrupule affirmer l'existence ou réalité de ce qu'exige sa logicité[114]. Tout ce que nous connaissons avec certitude procède « *ex lumine rationis divinitus interius indito quo in nobis loquitur Deus* » (*de Veritate*, q. 11, a. 1, ad 13 ; tout ce que nous connaissons avec certitude procède de cette lumière de la raison naturelle divinement infusée en nous par Dieu qui, en elle, parle en nous) ; la raison sait que le savoir qu'elle a d'elle-même (et

---

[114] Si la raison est infinie (sans être sa propre origine), c'est que le réel est rationnel (il faudrait qu'il fût irrationnel pour se soustraire et se rendre étranger à elle, inconnaissable, et alors, extérieur à elle, à son champ d'investigation, il lui imposerait une limite qui la rendrait finie) ; la raison d'une créature n'a pas le pouvoir de faire exister les objets qu'elle pense, mais, pour autant qu'ils lui sont donnés à connaître, elle peut en droit les connaître et, puisque la pensée se pense en les pensant, c'est que ses propres catégories sont celles du réel, tout comme ses lois (lois physiques pour les phénomènes sensibles, lois métaphysiques pour les réalités spirituelles) ; les lois de la logique ont une portée ontologique.

d'elle-même sachant ce qu'elle sait) équivaut au savoir que Dieu a de Lui-même en elle, elle se sait dans le sillage de la Raison absolue (il y a *des* esprits, et d'abord l'Esprit incréé et les esprits créés, mais il n'y a qu'une logique, une seule rationalité, sur la Terre comme au Ciel, pour ce monde comme pour tous les mondes possibles) ; c'est pourquoi elle ne tombe pas — contradiction « *in actu exercito* » de tous les apophatismes — dans l'incohérence consistant à parler, comme si elle le connaissait, de ce qu'elle déclare être pour elle inconnaissable ; un pur acte d'exister qui ne serait l'exister de rien sombrerait dans le néant : « *non possumus dicere quod ipsum esse sit* » (*de Hebdom.* Lect. II : nous ne pouvons même pas dire que l'acte d'exister est) ; affirmer l'existence de l'inconnaissable suppose que soit connu, pour le déclarer, ce qu'on déclare inconnaissable, puisqu'on ne connaît une existence qu'en ayant quelque savoir de l'essence dont elle est l'existence. La raison humaine naturelle est infinie en tant qu'elle est naturellement ouverte à l'être en tant qu'être, et à ce titre même elle est capable de circonscrire le lieu de son ignorance naturelle indépassable : elle n'est pas l'origine ontologique de sa réflexion. Étant rationnellement sommée de reconnaître, *en vertu même de son infinité ou de sa toute-puissance*, un au-delà de soi, elle est ainsi invitée, sous la pression de sa propre rationalité, à admettre, quand la grâce l'y invite, qu'il est rationnel de croire ; par conséquent (*Somme théologique*, II^{a} II^{ae} q. 10 a. 1) il est contre nature — parce qu'irrationnel — de refuser de croire : le rationalisme (qui prétend dissoudre la foi dans la raison) est irrationnel.

Dès lors que la raison est invitée à rendre raison de son ouverture à la foi, c'est qu'on sait non seulement par la foi, mais par la raison elle-même, qu'il existe une différence réelle entre raison et foi, et que la foi ne somme la raison de se soumettre à son injonction qu'en *s'appropriant aux réquisits de la raison. C'est pourquoi il y a nécessairement invitation à l'intelligence de la foi*. Et c'est là le propre du catholicisme, seule religion capable d'exiger que la raison — dont le vœu naturel est de rendre raison, ainsi de dominer ce qu'elle sait en le déduisant — se crucifie dans l'acte de croire (adhérer sans voir), *mais sous la pression de son appétit d'intelligibilité, de sorte que le contenu de la foi se présentera non comme ce qui révoque la raison par défaut de rationalité, mais comme ce qui la subjugue par excès de rationalité. Il est permis de discerner, dans cette propriété, le signe de ce que le catholicisme est la vraie religion*. C'est avec le catholicisme seul qu'est conjuré le conflit entre philosophie et religion, lesquelles, « *materialiter* », ont même objet (l'absolu, la cause première).

RÉUSSITE SOCIALE

« Ceux que le train de ce monde ne satisfait pas, s'ils sont sincères et s'ils refusent de se taire, s'ils refusent aussi de s'affilier à quelque jésuitière tutélaire, il ne leur reste qu'à s'engager dans ces légions maudites qui furent de tous temps le dernier refuge de la liberté. Qu'ils sachent alors qu'ils parleront pour la justice et la vérité, mais qu'ils parleront devant des portes closes, comme des mendiants auxquels on n'ouvre pas. (...) Qu'ils sachent qu'ils n'auront droit ni à la publicité polie qui récompense les carrières décentes, ni à cet avancement qu'on reçoit à l'ancienneté à force de modestie et de soumission. Qu'ils sachent qu'ils seront pauvres. Qu'ils sachent qu'ils seront seuls. (...) Qu'ils sachent tout cela, et qu'ils se lèvent : car tout ce qui a été fait en ce monde a été fait par eux » (Maurice Bardèche, *Défense de l'Occident*, février 1954).

« Quand je n'aurai qu'une paire de fesses pour penser, j'irai l'asseoir à l'Académie » (Georges Bernanos).

Marcel Aymé, le 28 février 1950, à François Mauriac : « Je vous suis très reconnaissant d'avoir pensé à moi pour le Quai Conti et de l'avoir écrit dans *Le Figaro littéraire.* Avec beaucoup d'émoi, je réponds à votre "clin d'œil" qui me rend très fier. Pourtant, je dois vous dire que je ne me sens pas l'étoffe d'un académicien. En tant qu'écrivain, j'ai toujours vécu très seul, à l'écart de mes confrères mais pas du tout par orgueil, bien au contraire, plutôt par timidité et indolence aussi. Que deviendrais-je si je me trouvais dans un groupe de quarante écrivains ? J'en perdrais la tête et à coup sûr, je n'arriverais pas à lire mon discours. Ainsi feriez-vous une piètre acquisition... » La même année dans *Le Crapouillot* : « Je regrette à présent de n'avoir pas motivé mon refus <de la Légion d'honneur> et dénoncé publiquement, à grands cris de putois, l'inconséquence de ces très hauts personnages dont la main gauche ignore les coups portés par la main droite. Si c'était à refaire, je les mettrais en garde contre l'extrême légèreté avec laquelle ils se jettent à la tête d'un mauvais Français comme moi. Et pendant que j'y serais, pour n'avoir plus à y revenir, pour ne plus me trouver dans le cas d'avoir à refuser d'aussi adorables faveurs, ce qui me cause nécessairement une grande peine, je les prierais qu'ils voulussent bien, leur Légion d'honneur, se la carrer dans le train comme aussi leurs plaisirs élyséens. »

RÉVISIONNISME

Voir ici « **Arithmétique** ».

Source : lettre de Pierre Moreau du jeudi 10 octobre 1996 à Monsieur Henri de Fersan, aux bons soins de National Hebdo *à Saint-Cloud. Lettre restée sans réponse.*

Monsieur,

Vous avez consacré un paragraphe à l'Église catholique sous le IIIe Reich, dans un article intitulé « Communistes et nazis contre l'Église » (*National Hebdo* n° 637, du 3 au 9 octobre 1996, p. 15). Je voudrais l'analyser.

« Les nazis, eux aussi, furent implacables avec (l') Église catholique... », écrivez-vous. *Eux aussi*, cela veut dire : tout comme les communistes, dont vous venez d'évoquer fort rapidement les crimes de masse. On attend que vous dressiez en regard la liste des crimes équivalents commis par le IIIe Reich. Rien ne vient. Vous vous contentez d'affirmer, sans démontrer.

Vous citez alors l'encyclique *Mit brennender Sorge*, mais apparemment vous n'en connaissez que le titre. Il ne semble pas que vous l'ayez lue, sinon vous auriez dû nous dire votre étonnement de n'y pas rencontrer le nom même de *national-socialisme*.

Ensuite, vous ne craignez pas d'écrire que « la persécution (allemande) fut similaire à celle de l'URSS ». *Similaire*, pris ici dans le sens évident de *semblable*. Qu'attendez-vous pour comparer ces comparables, et aligner, là aussi, face aux chiffres que vous veniez d'énumérer pour les communistes, les chiffres homologues des nationaux-socialistes ? En regard des dizaines de milliers d'églises fermées en URSS, qu'auriez-vous eu alors à opposer contre l'Allemagne ? En revanche, je vous signale qu'« à l'époque même où les Soviétiques, alliés de l'Amérique, détruisaient la plupart des églises en Russie et en Ukraine, on construisait quelque 2500 églises nouvelles en Allemagne. Pas une seule église chrétienne ne fut fermée » (Hans Schmidt, *German American Political Action Committee*, GANPAC). Il est vrai que des centaines d'édifices religieux — dont des synagogues, soit dit en passant — ont été livrés aux flammes en Allemagne, mais ce fut par les alliés anglo-américains des Soviétiques.

Vous affirmez que les catholiques allemands étaient pénalisés par « la discrimination dans le travail ». Le même Hans Schmidt se souvient exactement du contraire : « Le fait d'être affilié à une communauté chrétienne ne nuisait pas à l'avancement dans le parti national-socialiste » (*ibid.*). Écrivez à Schmidt, il est en prison en Allemagne, pour délit d'opinion, en dépit de sa citoyenneté américaine. Je vous joins son adresse en annexe.

La suppression du *Zentrum* comme parti parlementaire s'inscrivit dans une mesure générale d'ordre politique qui n'a absolument rien eu à voir avec le fait que ce parti fût catholique.

Les journaux catholiques ont paru jusqu'à l'ultime fin des hostilités. Au lendemain de l'attentat manqué du 20 juillet 1944, la presse catholique existait encore pour féliciter le Führer-Chancelier d'y avoir échappé.

Il est faux que les crucifix fussent enlevés des écoles sous le IIIe Reich, mais il est exact que les Alliés ne se contentaient pas de supprimer ces images pieuses des salles de classes, ils pilonnaient du même coup les murs où elles étaient suspendues et faisaient flamber les petits élèves tout aussi bien.

Vous accusez le régime national-socialiste d'« assassinats d'ecclésiastiques » en citant deux noms à la sauvette et entre parenthèses. Celui du P. Rupert Mayer S.J. est bien connu, le cas était donc aisément vérifiable. J'ai vérifié. Après une courte période de détention à Dachau en 1939, le P. Mayer fut assigné à résidence au monastère de Ettal, en Haute-Bavière, où il passa tout le temps de la guerre. Persécution peut-être, donc, mais même s'il en est, j'en sais de plus rude. Le P. Mayer est mort en chaire, d'une crise cardiaque, le 1er novembre 1945. Si, néanmoins, vous tenez à votre version et que vous persistiez à croire à l'assassinat, il vous incombera ou de l'antidater ou d'y insérer un raccord pour pouvoir l'imputer à une main « nazie ».

La légende de Pie XII échappant à un enlèvement est de la même aune. Il est bien connu, et même admis, depuis des lustres, qu'elle est née dans l'imagination de Sefton Delmer, Ellic Howe et Robert Bruce Lockhart, les maîtres faussaires de la propagande britannique. (Veuillez vous reporter à l'ouvrage de Delmer : *Opération Radio-Noire*). Vous seriez donc bien en peine de donner à vos accusations ne fût-ce qu'une apparence de fondement. Si vous consultiez l'*Osservatore Romano* du 5 février 1982, vous apprendriez que le Vatican, à la fin des hostilités en Italie, se trouvait sous la protection d'un homme de bien, le général Reiner Stahel, entré en fonction à Rome en septembre 1943. « Un homme d'ordre et de droit », écrit l'*Osservatore*, que vous n'irez pas, je présume, soupçonner de sympathies néo ou paléo-nazies. Et l'auteur de l'article d'ajouter : « Il était vraiment le protecteur du Vatican. » Il avait pris sous son aile le clergé et ses biens. N'ajoutez pas trop vite mentalement : « Contre Hitler, Bormann et ses sbires », pour reprendre votre vocabulaire. Stahel, en effet, fut décoré en juillet 1944, d'une des plus hautes distinctions militaires, ce qui ne pourrait passer que difficilement pour un signe de disgrâce. Les directives de Stahel furent respectées à Rome, après sa mutation sur le front de l'Est, jusqu'à l'entrée des Alliés le 4 juin 1944.

Un tel bienfaiteur ne pouvait être que largement récompensé après le conflit, pourrait-on croire. Oh, oui ! Voici comment. Tombé en captivité soviétique, au terme d'un long martyre de presque douze années dans le goulag, Stahel mourut sans revoir son pays ni sa famille. Les bénéficiaires de ses œuvres lui ont voué une ingratitude tenace. Elle fait surface dans votre manière, Monsieur, et dans l'hommage que vous rendez à un livre « très bien documenté et contenant de nombreux chiffres et exemples ».

Encore concernant les relations du Vatican avec le gouvernement du Reich pendant la Seconde Guerre mondiale. Le 5 novembre 1943, à 20 heures, la cité du Vatican fut bombardée. Aussitôt les échos, jusqu'aux confins du monde, furent remplis de sainte indignation contre les responsables du forfait, les « nazis » à n'en pas douter. Il fallut attendre trente-cinq ans pour que la vérité soit rendue publique, et avec quelle retenue, par l'ouverture (fort partielle) des archives du Vatican. Dès huit jours après le bombardement, un évêque américain, Mgr Carroll, depuis Alger, informait les autorités vaticanes que le général Smith, de l'État-major des États-Unis, lui avait confié que le bombardement en question était à mettre au compte de son pays : il s'était produit « par inadvertance ».

En 1978, soit plus d'un tiers de siècle après la fin de la guerre en Europe, la *Civiltà Cattolica* avait tout de même fini par dégonfler la baudruche du prétendu enlèvement de Pie XII. Le bobard, lancé selon plusieurs versions, se porte bien et il ne faut pas s'étonner de voir apparaître l'une d'elles dans l'« excellente banque de données » recensée ici et que vous recommandez à vos lecteurs.

On voit aussi par là ce qu'il faut penser de l'accusation, toujours aussi gratuite, de la mise à mort de 90 prêtres lors de l'Anschluß et de l'arrestation de 834 autres.

Reste enfin « le slogan des SS à Mauthausen » qui était, nous sommes horrifiés de l'apprendre, « *Priest wie Juden* »… Je pense plutôt qu'à Mauthausen ou ailleurs, les SS s'exprimaient en allemand et non en petit nègre.

Veuillez agréer, Monsieur, mes salutations distinguées. Elles seraient plus distinguées encore si elles s'adressaient à un journaliste plus respectueux de la vérité, notamment historique.

★ ★ ★ ★ ★

Claude Lanzmann, communiste stalinien et amant de Simone de Beauvoir (morte en 1986, ayant eu pour amant l'écrivain juif américain Nelson Ahlgren Abraham), mort en 2018, racontait encore en 1987 qu'imputer Katyn aux Soviétiques relevait de la « propagande nazie ». Le vulgarisateur du terme « Shoah » (terme hébreu initialement formulé en anglais en 1944 par le juriste Raphael Lemkin, juif biélorusse naturalisé américain) avait naguère enseigné que, dans les camps nazis, il existait des troupeaux d'oies dont les cris servaient à couvrir les plaintes des suppliciés. Lanzmann mettra en doute la présence à Auschwitz d'Elie Wiesel. Des expérimentations, aujourd'hui (2018) reconnues par Israël, effectuées sur des enfants juifs yéménites enlevés à leurs parents dans les années 50, firent des milliers de morts médicales expérimentales (source : *Rivarol* du 11 juillet 2018 n° 3338, p. 11).

Gerard Menuhin, fils du violoniste Yehudi Menuhin, dans *Tell the Truth and Shame the Devil*, écrivait :

« Déjà la simple contestation que l'holocauste des Juifs ne puisse être mise en question et que la pression juive impose à des sociétés démocratiques des lois s'opposant aux questions dérangeantes suffit à la démonstration : il s'agit d'un mensonge. Sinon pourquoi ne serait-il pas permis de le mettre en doute ? Parce que cela pourrait peiner des survivants ? Parce que cela offenserait des morts ? Ce ne sont pas là des raisons suffisantes pour interdire une discussion. Non, de semblables lois ont été votées parce que la dénonciation du plus grand mensonge entraînerait la révélation de tant d'autres mensonges et pourrait ébranler le fragile édifice de la société. »

RÉVOLUTION

« On ne doit permuter que lorsqu'on a trouvé les personnes appropriées pour la permutation. Il est plus facile de réussir une révolution dans le premier choc que de l'arrêter et de la consolider. La révolution n'est pas un état permanent, elle ne doit pas devenir quelque chose de durable. Le flot débordant doit être ramené dans le lit régulier de l'évolution » (Adolf Hitler, allocution aux gouverneurs du Reich [*Reichsstatthalter*] du 6 juillet 1933. Cité par Johannes Öhquist, *Le National-socialisme, des origines à la guerre*, Avalon, 1989, p. 113).

« Lorsqu'on veut empêcher les horreurs d'une révolution, il faut la vouloir et la faire soi-même ; elle était trop nécessaire en France pour ne pas être inévitable... » (Antoine de Rivarol, cité par Hubert Méthivier, *L'Ancien Régime*, PUF, 1974, p. 122).

« Au-delà des grands principes et des grands mots, "liberté", "égalité", "fraternité", la Révolution française est avant tout et par essence un transfert de propriété. Vente des biens nationaux de l'Église aux gros paysans et aux bourgeois et installation des ministres dans les hôtels particuliers des aristocrates en sont les symboles les plus éclatants. Ce transfert de propriété est le moteur, la force, la passion de la Révolution. (...) C'est l'alliance du brigandage et du patriotisme. (...) Camille Desmoulins le reconnaîtra honnêtement : "Notre Révolution, purement politique, n'a ses racines que dans l'égoïsme et dans les amours-propres de chacun, de la combinaison desquels s'est composé l'intérêt général" » (Éric Zemmour, *Destin français*, p. 280-281, Albin Michel, 2018).

SCHIBBOLETH

Mot hébreu qui signifie « épi », utilisé dans l'Ancien Testament ; mot selon lequel les gens de Galaad reconnaissaient ceux d'Éphraïm en fuite à ce qu'ils prononçaient « sibboleth » au lieu de « schibboleth » ; ils étaient immédiatement mis à mort. Le schibboleth est donc l'épreuve décisive qui permet de juger une personne.

Le révisionnisme est le schibboleth du véritable homme de droite, capable de tout sacrifier pour rester lucide.

SCIENCE

Aucun Prix Nobel ne fut décerné pour aucune théorie de la Relativité, parce que Lorentz a témoigné en faveur d'Henri Poincaré pour la découverte de la Relativité restreinte, et que tout le monde savait encore, à l'époque, que le vrai père de la Relativité générale était David Hilbert. Mais Hilbert n'a jamais osé protester car il avait été l'instigateur de la manœuvre, en 1905, destinée à évincer son rival Poincaré qui aurait déjà ridiculisé l'école mathématique allemande (source : revue *Le Cep*, n° 79, 2e trimestre 2017, p. 36).

Olinto De Pretto, originaire de Vicenza, industriel italien, publie en 1903 dans le magazine scientifique *Atte* la formule suivante : $E = mc^2$. Ce fait fut rapporté par le professeur Umberto Bartocci, de Pérouse. Michele Besso, Suisse d'origine italienne, aurait attiré l'attention d'Albert Einstein sur cette formule. Dans ses lettres à sa première femme qu'il avait engrossée avant de l'épouser (Mileva Einstein, goy d'origine serbe, excellente mathématicienne et physicienne, élève au Polytechnicum de Zurich et régulièrement dépossédée de ses travaux par son mari, ils divorcèrent en 1915), il parle de « notre travail ». Dans leur contrat de mariage était stipulé que toutes les découvertes de Mileva seraient attribuées à Albert. Le vrai découvreur de la Relativité est Henri Poincaré, mort en 1912. En 1896, dans une conférence tenue lors du premier congrès de mathématiques réuni à Zurich, il annonce : « L'espace absolu, le temps absolu, la géométrie euclidienne même, ne sont pas des conditions qui s'imposent à la mécanique. On pourrait énoncer les faits en les rapportant à un espace non euclidien. » De l'aveu même de son biographe et condisciple Maurice Solovine, Einstein avait lu *La Science et l'Hypothèse* qui parut en 1902, qui contient l'expression « loi de la relativité ». Dans d'autres travaux, il évoque la courbure de l'espace-temps, le « postulat de la relativité », l'idée d'une quatrième dimension de l'espace, et celle de la propagation de la gravitation à la vitesse de la lumière (et non instantanée).

Le Docteur Stoerecki, un Canadien qui cherchait un « gène des Cohen » (caste sacerdotale juive la plus élevée) dans l'ADN des descendants d'Aaron frère de Moïse, a fini par le découvrir mais dans la tribu bantoue des Lambas (source : *Rivarol* du 30 avril 1999, p. 9, n° 2431).

Pierre Duhem a attiré l'attention sur François de Meyronnes, scotiste contemporain de Duns Scot, qui enseigne dans son Commentaire sur les *Sentences* (lib. II, distrib. 14 q. 5) qu'un certain docteur (qu'il ne nomme pas) considère que si la Terre était en mouvement et le Ciel en repos, cette disposition serait meilleure.

Pie XII, *Divino afflante Spiritu* : ce qu'il faut entende par « sens littéral », c'est « la signification des paroles recherchées et exprimées par l'hagiographie <science des choses saintes et écrits sur les saints> » : le sens littéral d'un symbole est ce qu'il signifie dans l'esprit de celui qui l'emploie.

« *Les concepts physiques sont des créations libres de l'esprit humain* et ne sont pas, comme on pourrait le croire, uniquement déterminées par le monde extérieur. Dans l'effort que nous faisons pour comprendre le monde, nous ressemblons quelque peu à l'homme qui essaie de comprendre le mécanisme d'une montre fermée. Il voit le cadran et les aiguilles en mouvement, il entend le tic-tac, mais il n'a aucun moyen d'ouvrir le boîtier. S'il est ingénieux, il pourra se former quelque image du mécanisme, qu'il rendra responsable de tout ce qu'il observe, mais il ne sera jamais sûr que son image soit la seule capable d'expliquer ses observations. *Il ne sera jamais en état de comparer son image avec le mécanisme réel, et il ne peut même pas se représenter la possibilité ou la signification d'une telle comparaison*. Mais le chercheur croit certainement qu'à mesure que ses connaissances s'accroîtront, son image de la réalité sera de plus en plus simple et expliquera des domaines de plus en plus étendus de ses *impressions sensibles*. Il pourra aussi croire à l'existence d'une limite idéale de la connaissance que l'esprit humain peut atteindre. *Il pourra appeler cette limite idéale la vérité objective* » (Albert Einstein, Leopold Infeld [un élève d'Einstein], *L'Évolution des idées en physique*, 1938, coll. « Champs », Éd. Flammarion, trad. M. Solovine).

L'auteur procède ici à une analogie (qui, comme similitude de rapports, suppose quatre termes, tels le poisson, l'arête, le mammifère et l'os : si l'on ignore ce qu'est une arête, on peut s'en faire une idée en apprenant que l'arête est au poisson ce que l'os est au mammifère) : la science expérimentale est à la réalité ce qu'est la démarche du primitif ingénieux à l'égard d'une montre fermée dont il ne sait pas ouvrir le boîtier. Trois phases doivent être distinguées dans la démarche du scientifique : observation, invention (théorie), vérification (dont on verra qu'elle n'est jamais une véritable vérification) qui tient lieu de confirmation. De même que le primitif ingénieux construit une image de l'intérieur de la montre à partir de ses connaissances antérieurement acquises, image dont il ne peut vérifier la pertinence que négativement (à moins d'ouvrir le boîtier), c'est-à-dire en interrogeant la réalité, en la soumettant à ses questions pour qu'elle lui réponde, de même le scientifique construit une théorie du réel, *un substitut de son essence*, un mécanisme susceptible de rendre raison du comportement phénoménal du réel, théorie dont il ne peut vérifier positivement la pertinence puisqu'il n'y a aucun sens pour lui à tenter d'« ouvrir » la réalité pour en saisir l'essence : ouvrir physiquement le réel, c'est encore avoir affaire à du phénomène, ce n'est pas saisir l'essence du réel dont le phénomène sensible est la manifestation ; c'est comme si l'on voulait ouvrir la tête de quelqu'un pour y découvrir sa pensée, ou le cœur d'un individu pour percer le secret de ses états d'âme que son visage ne dévoile qu'en les voilant, voire en les dissimulant. Il est bien évident qu'on ne découvrirait pas la cause non sensible du sensible. Ce qui revient à dire que le scientifique ne peut tester la pertinence de ses théories que négativement, en les soumettant au verdict de l'expérimentation dont la réitération sera comme une preuve (en vérité un substitut de preuve) du bien-fondé de sa construction théorique. *De sorte que l'essence des choses échappe à l'investigation du physicien* ; ses concepts du réel sont non pas abstraits (tirés) de la réalité, comme si la réalité les contenait, ils sont construits. Comme on peut s'en apercevoir dans le texte, la science expérimentale ne perce pas la réalité pour en dégager l'essence, elle est hypothético-déductive, et la *vérité scientifique* est toujours provisoire. De sorte que si la science est le modèle de la connaissance, alors la vérité demeure à jamais un idéal inaccessible. De plus, la science est méthodologiquement impuissante à étudier autre chose que la réalité sensible, la seule à être expérimentable, mesurable, réitérable. Derechef, si la connaissance scientifique est le modèle de toute connaissance, alors notre savoir se limite aux comportements de la matière, et la recherche des causes de la matière et du sensible en général est frappée d'emblée de vacuité. Ce qui par principe élimine la pertinence même de la philosophie, de l'investigation métaphysique. À moins d'être sceptique, on ne saurait faire de la connaissance et de la vérité scientifiques les modèles du savoir.

Ayant constaté que maints Bretons sont têtus, on peut se forger par induction une théorie relativement au caractère des Bretons : « tous les Bretons sont têtus ». Celui qui ensuite se permettrait de prétendre que sa théorie est confirmée par l'expérience (« Pierre, Paul, Jacques, Marie, Madeleine sont bretons, et ils se sont révélés têtus, donc la théorie est vraie ») serait évidemment dans l'erreur ; il faudrait expérimenter la théorie en l'appliquant à tous les Bretons du passé, du présent, de l'avenir, et à tous ceux qui auraient pu être et qui ne seront jamais, ce qui est impossible. En revanche, on peut déclarer ceci : il suffit qu'un seul Breton rencontré ne soit pas têtu pour que l'on puisse en toute certitude déclarer que la théorie est fausse. Il en est de même pour les théories scientifiques. Comme l'a montré l'épistémologue Karl Popper (*La Logique de la découverte scientifique*, 1934), le critère de scientificité d'une théorie n'est pas la « vérifiabilité », mais la « falsifiabilité » ; est scientifique, au sens hypothético-déductif du terme, toute théorie qui est susceptible d'être réfutée par un seul cas particulier ; une théorie scientifique est de ce fait toujours provisoire : elle n'est pas vraie, mais elle « fonctionne ».

La philosophie utilise les concepts de matière, de forme, de privation, de cause, de réflexion, de puissance, d'acte, d'appétit, de finalité, d'essence, de substance, de négativité, etc. *La physique construit des modèles.* Connaître signifie : répondre à la question « qu'est-ce que c'est ? » ; il y a dans la connaissance une hiérarchie de réponses : la connaissance commune (« ceci est un homme »), la connaissance scientifique (« l'homme est un bipède sans plumes, un grand primate hominoïde doté de langage articulé »), la connaissance métaphysique (« l'homme est un animal raisonnable ») complétée par la connaissance théologique (« l'homme est créé à l'image de Dieu ») ; la connaissance commune et la connaissance métaphysique répondent à la question « pourquoi ? », la connaissance scientifique répond à la question « comment ? ». *L'image de la réalité que construit la science ne lui sert à rien sans la connaissance commune.* Le physicien ne dit pas : « qu'est-ce que la matière ? », mais : « comment puis-je me la représenter de telle sorte que je puisse prévoir son comportement par l'exhibition de lois ? ». Ainsi Nietzsche peut-il suggérer (*Volonté de puissance*, t. 1, § 349) : « La science, telle qu'on la pratique de nos jours, est un essai de créer pour tous les domaines un langage chiffré commun qui permette de calculer, donc de dominer plus aisément la nature. Mais ce langage chiffré qui résume toutes les lois observées n'explique rien, c'est une sorte de description des faits aussi abrégée que possible. » Nietzsche est sous un certain rapport du même avis que Descartes (*Discours de la méthode*, 6e partie) qui, par les sciences, veut rendre l'homme « comme maître et possesseur de la nature ». Le problème est que Descartes envisage le savoir scientifique non sur le mode de la connaissance hypothético-déductive, mais sur le mode de la connaissance déductive à partir de principes philosophiques, métaphysiques et au fond *a priori*, susceptibles de garantir à la science physique une stabilité et une certitude que la science ne peut en fait donner ; il dit en effet dans une lettre à Mersenne : « Pour la physique, je croirais n'y rien savoir si je ne savais que comment les choses peuvent être sans démontrer qu'elles ne peuvent être autrement. » Par voie de conséquence, le caractère provisoire du savoir scientifique rend provisoires les thèses métaphysiques qu'il croit inébranlables : « Vous souteniez, au contraire, que la lumière ne peut se mouvoir que dans un intervalle de temps ; et vous ajoutiez que vous aviez imaginé une expérience qui ferait voir lequel de nous deux se trompait. (...) Je disais au contraire que, si on percevait un tel retard, ce serait l'écroulement de toute ma philosophie (*totam meam philosophiam funditus eversam fore*) » (*Lettre à Beeckman* du 22 août 1634). On sait aujourd'hui que la lumière se meut dans le temps. De même (*Lettre au Père Mersenne*, le 9 février 1639, à propos des découvertes d'Harvey sur la circulation du sang : le cœur est une pompe, ce qui suppose en lui une puissance active, or Descartes refuse les puissances pour y substituer un pur mécanisme, et prétend expliquer la circulation du sang en déclarant qu'il bout dans les veines) : « Vous me mandez qu'un médecin italien a écrit contre Herveus *De motu cordis*. (...) Bien que ceux qui ne regardent que l'écorce jugent que j'ai écrit le même qu'Herveus, à cause de la circulation du sang, qui leur donne seule dans la vue, j'explique toutefois tout ce qui appartient au mouvement du cœur d'une façon entièrement contraire à la sienne. (...) Cependant je veux bien qu'on pense que, si ce que j'ai écrit de cela, ou des réfractions, ou de quelque autre matière que j'ai traitée en plus de trois lignes dans ce que j'ai fait imprimer, se trouve faux, tout le reste de ma philosophie ne vaut rien. »

Ainsi, on s'expose à des déboires quand on mélange science expérimentale et philosophie, quand on confond les lois et les causes, les causes secondes et les causes premières. La science expérimentale dégage des lois, l'expression d'un rapport constant entre phénomènes (elle demeure dans le plan des phénomènes), la philosophie tente de remonter aux causes (ce qui est responsable de, ce dont procède quelque chose ; la philosophie dépasse le plan des phénomènes, de l'apparaître de ce qui apparaît, afin de saisir la *raison* de cet apparaître, à savoir *ce* qui apparaît).

Nietzsche, en philosophe (quelle que soit la valeur problématique de sa réponse) propose par exemple la réponse suivante à la question de l'essence du réel : « L'univers, vu du dedans, l'univers défini par son caractère intelligible, ne serait pas autre chose que la Volonté de puissante » (*Par delà le Bien et le Mal*). Et dans la *Volonté de puissance* : « Savez-vous ce qu'est le monde pour moi ? Un monstre de force, sans commencement ni fin, une somme fixe de forces. (...) Et voulez-vous un nom pour cet univers, une solution pour toutes ces énigmes ? Le monde, c'est la Volonté de puissance, et rien d'autre. »

S'il y a *hétérogénéité* radicale entre science expérimentale et philosophie, cependant qu'elles portent (en partie) sur le *même* objet, c'est que : ou bien l'un des deux discours est faux, ou gratuit, ou même est un faux discours, un produit de l'imagination (on privilégiera dans ce cas la science, qui a le mérite d'être efficace) ; ou bien les deux discours sont vrais, mais selon la distinction empirique-nouménal (Kant : la science vaut pour les phénomènes, la foi vaut pour les noumènes — l'âme et son immortalité —, la liberté, Dieu ; seule la science des phénomènes mérite le titre de vrai savoir) ; ou bien tout (science et philosophie) n'est qu'interprétation (Nietzsche, Kuhn[115], Feyerabend[116]) ; si ces trois hypothèses sont irrecevables, il faut reconnaître qu'il n'y a pas hétérogénéité absolue entre science et philosophie : les paradigmes scientifiques tendent de manière asymptotique à rejoindre les concepts adéquats par lesquels la philosophie saisit l'essence de la réalité.

Dans le même esprit que celui qui inspire le texte d'Einstein, Jules Monnerot écrivait, dans sa *Sociologie du communisme* : « La science apparaît comme la récompense d'un renoncement, le renoncement à comprendre l'être (...). Nous prenons le mot comprendre au sens de comprendre par le dedans (*intus legere*). L'analyse de la matière aboutit à dissiper et comme à exorciser cette idée d'un dedans jusqu'aux particules de la dernière finesse... La science ne nous donne que des renseignements de l'ordre suivant : tel train passe à telle heure à telle gare. Il s'agit de savoir si nous voulons prendre ce train. »

Et Newton avait déjà, d'une certaine façon, fait le tour de la question avec son fameux « *hypotheses non fingo* » (je ne forge pas d'hypothèse), signifiant par là qu'il ne se prononçait pas sur l'essence de la pesanteur.

Comme on le voit (ce qui était compréhensible déjà avec le texte d'Einstein), la science ne propose à connaître qu'un substitut construit (théorie physique) de l'essence du réel, substitut opératoire toujours provisoire. L'important est qu'on ne peut jamais **vérifier une théorie**, précisément parce que son universalité n'est

[115] Kuhn, Thomas Samuel, 1922-1996. Philosophe et historien des sciences américain.
[116] Feyerabend, Paul, 1924-1994. Épistémologue d'origine autrichienne, professeur à Berkeley.

pas celle de l'essence (principe métaphysique) des choses. Quand on dit « tous les hommes sont mortels », on le dit en compréhension (la mortalité appartient à la nature humaine), parce que l'essence ou nature de l'homme a été saisie par induction. Mais une théorie physique, avec ses lois, n'exprimant pas l'essence des choses, n'est dotée que d'une universalité provisoire : on peut seulement la réfuter, au point que son seul critère de scientificité n'est pas la vérification mais la **falsification**. Les cas particuliers réitérés (la pesanteur est expérimentée sur eux parce qu'ils tombent) ne vérifient pas la théorie, parce qu'ils ne sont jamais exhaustifs et ne peuvent pas l'être.

Le concept de « falsification » est élaboré par Karl Popper[117].

---

[117] Popper, Karl Raimund, 1902-1994. *Logique de la découverte scientifique* (1934), *La Société ouverte et ses ennemis* (1945), *Misère de l'historicisme* (1945), *Conjectures et réfutations* (1953). Né à Vienne, quitte l'Autriche (Hitler), enseigne à Londres. Problème épistémologique central selon lui : démarcation entre science et non-science. Falsifiabilité (*to falsify* : réfuter) contre vérifiabilité ; falsifiabilité : possibilité de voir l'expérience démentir la théorie. Une explication « irréfutable » n'est pas vraie, mais elle est non scientifique. Elle refuse de s'exposer au démenti expérimental : tels sont le marxisme, la psychanalyse, l'astrologie. La méthode scientifique n'est pas l'induction, qui procède par généralisations, mais « la méthode déductive de contrôle », qui procède par hypothèses et réfutations. D'une théorie scientifique, on peut déduire des conséquences qui sont susceptibles d'être falsifiées. Il y a selon lui concordance entre logique « libérale » de la science, qui accepte la concurrence des autres théories, pourvu qu'elles soient soumises à l'épreuve du contrôle empirique, et les sociétés libérales ou « ouvertes ». Les sociétés closes (communisme) reposent sur des explications totalisantes et non réfutables du monde. La réflexion épistémologique débouche alors sur une éthique de la vérité propre aux sociétés démocratiques. (Tiré de *La Philosophie de A à Z*, Hatier, 2000).
Le Juif George Soros revendique la paternité spirituelle de Popper (juif lui aussi) pour justifier son entreprise de destruction des nations traditionnelles au profit d'une « hyperclasse nomade » (expression de Jacques Attali) à la tête d'un État mondial. Popper semble être en partie redevable de son idée centrale à Brunschvicg (juif encore) dont il s'écarte certes considérablement par ailleurs (Popper n'est nullement idéaliste), qui écrit : « Le positif de l'expérience ne se révèle que sous la forme d'une négation : un écart entre la conséquence prévue par la théorie et le résultat d'une observation ; cela seul est pour le savant quelque chose de définitivement stable et objectif ; et du fait que cet écart diminue, le processus expérimental comportera une valeur croissante d'objectivité sans admettre pour cela un objet qui lui soit transcendant » (dans R. Verneaux, *Histoire de la philosophie contemporaine*, 1960, Beauchesne, p. 90). Il reste que la notion poppérienne de falsifiabilité est féconde, qui définit bien le critère de scientificité *expérimentale* d'une théorie. Cela dit, on peut reprocher à Popper, même si ce dernier ne néglige pas la valeur des métaphysiques, auxquelles il reconnaît un sens et un intérêt, son scepticisme systématique à l'égard de toute prétention de la philosophie à fonder la scientificité de son discours sur autre chose que les sciences de la nature. S'il est vrai que la science est une connaissance par les causes, on peut dire que Popper dénie à la raison humaine son pouvoir d'exhiber les causes premières du réel. La liberté suppose la raison (être libre est

« Le théoricien pose certaines questions déterminées à l'expérimentateur et ce dernier essaie, par ses expériences, d'obtenir une réponse décisive à ces questions-là et non à d'autres. Il essaie obstinément d'éliminer toutes les autres questions. (C'est ici que peut être importante l'indépendance relative des sous-systèmes d'une théorie.) Il rend donc son test "aussi sensible que possible" eu égard à cette question précise "mais aussi insensible que possible eu égard à toutes les autres questions qui y sont associées. Une partie de son travail consiste à se prémunir contre toutes les sources possibles d'erreur." Mais il est faux de supposer que l'expérimentateur procède de cette manière "afin d'éclaircie la tâche du théoricien" ou peut-être pour lui fournir une base à des généralisations inductives. Au contraire, c'est bien avant l'expérience que le théoricien doit faire son travail ou du moins ce qui en constitue la part la plus importante : il doit avoir formulé sa question avec autant de précision que possible. Aussi est-ce lui qui montre la voie à l'expérimentateur. Mais ce dernier lui-même n'a pas pour tâche principale de faire des observations précises ; son travail à lui aussi est pour une large part d'espèce théorique. La théorie commande le travail expérimental de sa conception aux derniers maniements en laboratoire.

Les cas où le théoricien a réussi à prédire un effet observable, produit dans la suite expérimentalement, illustrent bien ceci. Le plus bel exemple est peut-être la prédiction faite par de Broglie du caractère ondulatoire de la matière, prédiction qui fut pour la première fois confirmée expérimentalement par Davisson et Germer. Mais les cas où des expériences ont eu une influence frappante sur le progrès de la théorie en constituent peut-être une illustration meilleure encore. Ce qui dans ces cas-ci pousse le théoricien à rechercher une meilleure théorie est presque toujours la **falsification** expérimentale d'une théorie jusqu'alors acceptée et corroborée : c'est, de nouveau, le résultat de tests désignés par la théorie. (...)

Il nous est à présent permis de répondre à la question de savoir comment et pourquoi nous acceptons une théorie de préférence à d'autres. La préférence n'est certes pas due à quelque chose comme une *justification* par l'expérience des énoncés constituant la théorie ; elle n'est pas due à une réduction logique de la théorie à l'expérience. *Nous choisissons la théorie qui se*

---

choisir, choisir suppose le jugement, ainsi la délibération et la raison) ; si la raison métaphysique est impossible, alors la liberté est soustraite au magistère des vérités métaphysiques et, la liberté étant elle-même une réalité métaphysique, elle est vouée ou bien à être niée dans son existence même, ou bien à être reconnue dans son être et sa valeur éminente mais sans autre norme que le souci de respecter la liberté en soi-même et dans les autres ; d'où le libéralisme de Popper, qui se propose de rendre compossibles des libertés sans leur assigner une finalité objective fondée sur une nature des personnes et des choses. Si une foi peut être adoptée, elle sera aveugle, la foi volontariste en une transcendance inconnaissable : résidu de la mentalité juive par définition exclusive d'une médiation (christique) — ainsi d'une Révélation de l'absolu tel qu'il est en Lui-même indépendamment de Sa Révélation — entre la transcendance et l'immanence.

défend le mieux dans la compétition avec d'autres théories, celle qui, par la sélection naturelle, prouve qu'elle est la plus apte à survivre » (*La Logique de la découverte scientifique*, 1935, Payot, 1973, p. 107-108, traduit très tard en France car concurrence avec Bachelard soutenu par les marxistes).

Le rôle de l'expérience est ainsi de réfuter une théorie scientifique. Une épreuve qui peut réfuter une proposition scientifique n'est absolument pas une confirmation. Popper est issu du cercle de Vienne dont il se sépare bientôt. Ce qui frappe Popper, c'est, en 1919, l'éclipse du soleil en Afrique australe, qui montre que les rayons lumineux passant près de très grosses masses sont déviés, ce qui « vérifie » la thèse de la Relativité. S'il n'y a pas d'expérience qui prouve, remarque-t-il en 1923, alors il n'y a pas lieu de fonder cette prétendue « inférence inductive » qui fait passer des phénomènes aux exposés universels ; on va de la théorie aux faits, la théorie ne peut être confirmée par aucun fait, l'expérience du pendule de Foucault (1851, au Panthéon) montre que la Terre n'est pas un système d'inertie. Jean Rostand fait au reste observer (*Pensées d'un biologiste*) que la vérité scientifique n'arrive au grand nombre que lorsque celle-ci a cessé d'être vraie. Adversaires de Popper : Marx, Freud, Adler, l'astrologie, qui sont pour lui des pseudo-sciences qui décrivent des savoirs qui n'ont pas de critère de scientificité : il n'est, pour chacune de ces théories, aucun événement qui ne soit susceptible d'être interprété de telle sorte qu'il soit intégrable à la théorie ; aussi ces doctrines sont-elles non falsifiables, non scientifiques. Popper va dans le sens de Duhem, de saint Thomas d'Aquin, de Pascal (sous certains rapports seulement, car Duhem et Pascal s'opposent sur la notion d'expérience cruciale). *Popper est d'accord avec Pascal* : il suffit à Pascal de montrer que « tout espace est plein » admet une exception (épistémologie de la falsification, conception négative de la connaissance scientifique) pour réfuter cette position. On ne peut selon lui connaître ni l'essence du temps, ni celle de l'espace, ni celle de la matière, etc. [Position évidemment excessive, car la métaphysique le peut : la science *expérimentale* n'a pas l'exclusivité du savoir *scientifique*.]

Il est permis, ces rappels étant établis, de procéder à une analogie osée mais féconde. L'Église catholique connaît la plus grande crise qu'elle ait jamais éprouvée avec et depuis l'avènement du concile Vatican II, dont l'esprit moderniste est tellement accusé qu'on est fondé à se demander s'il ne fut pas un conciliabule.

Selon le catholicisme, le magistère du pape et des évêques unis au pape est norme prochaine de la foi, de sorte que tout vrai magistère doit par définition être tenu pour un magistère vrai. À partir de cette prémisse, face à un contenu proposé à croire en matière de foi et de mœurs, on peut raisonner de manière valide de deux façons ; ou bien : « ceci est un vrai magistère, donc c'est un magistère vrai » ; ou bien : « ceci n'est pas un magistère vrai, donc c'est un faux magistère ». Pour être un vrai magistère, un enseignement doit satisfaire à deux conditions. Il doit être promulgué par l'autorité compétente, et il doit être intelligible, c'est-à-dire ne pas être en porte-à-faux avec le principe de contradiction. L'immense majorité des évêques ayant reconnu la validité de l'élection des papes de Vatican II, ces derniers ne peuvent être tenus avec certitude pour des antipapes aussi longtemps qu'ils n'enseignent pas une erreur contre la foi dans les formes de l'infaillibilité, bien qu'ils ne puissent être tenus avec certitude pour de vrais papes, puisque le magistère est norme prochaine de la foi : on ne saurait faire de sa simple raison éclairée par la foi la norme du magistère (pour discriminer, en lui, entre ce qui est vrai et ce qui ne l'est pas), puisque c'est le magistère qui est supposé être norme de la rectitude de la raison ; on ne peut remettre en cause le contenu d'un magistère (et l'on se doit de le faire dans le cas de Vatican II, qui est évidemment moderniste) qu'en remettant en cause, sur le mode hypothétique, l'autorité qui le promulgue. Et Vatican II n'enseigne rien dans les formes de l'infaillibilité, bien que Vatican II contienne des erreurs et des expressions pour le moins équivoques. De tout cela, il résulte que le contenu magistériel de Vatican II est ou bien un magistère faux, c'est-à-dire quelque chose qui n'est pas un magistère parce qu'il n'a pas été promulgué par l'autorité (il est l'œuvre d'antipapes), ou bien un faux magistère (dont le contenu, de surcroît, est faux) parce qu'il a peut-être été promulgué par des dépositaires de l'autorité, mais que ces derniers se sont refusés à enseigner : enseigner, c'est enseigner la vérité, c'est-à-dire dévoiler quelque chose d'intelligible, de non contradictoire, et c'est proscrire ce qui nie la vérité, c'est dénoncer l'erreur. Ainsi donc, quand il n'y a pas de notes d'infaillibilité dans un enseignement en forme magistérielle et dont le contenu est contestable, et qui à ce titre offense le principe de contradiction (il revendique la paternité de l'enseignement bimillénaire de l'Église tout en proposant quelque chose de nouveau qui révoque ce que l'Église a toujours enseigné), c'est que l'on a affaire à un faux magistère soit par défaut de l'autorité, soit par refus d'exercer son autorité. **Dans une telle situation, aussi longtemps que les formes de l'infaillibilité ne sont pas convoquées par les auteurs de ce qui se présente comme un magistère, la prétention de ces auteurs à posséder l'autorité peut être dite *infalsifiable.*** Ce qui ne signifie pas qu'un tel discours ne pourrait pas être réfuté ; cela signifie qu'on ne saurait se prononcer sur la valeur de l'autorité qui le développe. Et il en est de même pour l'autorité liée aux canonisations des pseudo-saints (de Balaguer à Jean-Paul II) quand bien même ces dernières ont été déclarées dans des formules qui renvoient traditionnellement à des marques d'infaillibilité : les modernistes ont changé la définition de la sainteté, ils ne proclament plus la même chose que ce sur quoi portaient les formules normatives infaillibles ; déclarer la valeur de la personne humaine de celui qui fut promu à la dignité de saint, ou vanter ses mérites dans le service du culte des droits de l'homme, n'est pas proclamer l'héroïcité de ses vertus chrétiennes (ce qui est la vraie définition de la sainteté) ; changer l'objet sur lequel porte un acte, c'est changer l'acte lui-même. Par analogie avec un sacrement, il faut, dans une canonisation valide, qu'il y ait une matière et une forme. Dans les canonisations douteuses, il y a défaut de matière.

L'autorité liée aux décrets de canonisation décidés par des papes modernistes est ainsi elle-même, aussi longtemps que ces occupants du Premier Siège s'en tiennent à une définition erronée de la sainteté, *infalsifiable*, ce qui ne signifie pas que l'on ne serait pas fondé à douter de leur validité : ce ne sont pas des canonisations fausses, ce sont de fausses canonisations.

Si une théorie relevant de la science *expérimentale* a la falsifiabilité pour critère de scientificité, alors une théorie non falsifiable n'est pas scientifique, ce qui ne signifie ni qu'elle serait fausse (la métaphysique, n'étant pas hypothético-déductive, ainsi n'étant pas expérimentale, n'est pas falsifiable), ni qu'elle serait — quand elle est fausse (tels le freudisme et le marxisme) — irréfutable (la philosophie d'inspiration scolastique peut démontrer sa fausseté, et il en est de même — *horresco referens* — pour les remarques pertinentes de Jean-Paul Sartre sur cette question de la prétendue autonomie de l'inconscient psychique par rapport à la vie conscientielle). Cela signifie qu'elle se soustrait au critère de la réfutation par l'expérience sensible. Mais le prestige excessif attaché aujourd'hui à la science expérimentale fait que l'on tend toujours insensiblement à exiger d'une théorie tenue pour fausse qu'elle soit falsifiable. Et c'est à ce moment qu'on détruit les vraies raisons de se désolidariser de cette théorie en croyant servir la cause de la vérité : on omet ou néglige les raisons et les moyens adéquats de réfutation pour s'attacher de manière chimérique à des moyens et à des raisons inadéquats.

Aussi longtemps que l'occupant du Premier Siège ne se prononce pas dans les formes de l'infaillibilité infailliblement prescrites par l'Église, la thèse de la possession de l'autorité par l'occupant du Premier Siège est infalsifiable. Ce qui ne signifie pas que cette thèse serait fausse (ce n'est pas parce qu'on ne peut pas démontrer l'absence d'autorité que l'autorité n'existerait pas). Mais cela signifie que, quand elle est fausse — et quand bien même l'intelligence éclairée par la foi peut constater l'écart entre l'enseignement moderniste et l'enseignement de toujours — elle n'est pas réfutable : on ne peut prouver que l'occupant du Premier Siège n'est pas pape. Mais le prestige excessif accordé aujourd'hui — depuis Vatican I — à l'autorité du pape (non que l'enseignement de Vatican I soit contestable, mais en ce sens que l'on se plaît à croire toujours infaillible celui que l'on sait pouvoir l'être dans des circonstances bien définies) fait que les catholiques antimodernistes désemparés par la situation actuelle de l'Église tendent souvent, tantôt insensiblement, tantôt de manière virulente, à exiger que la thèse de la possession de l'autorité par un occupant du Premier Siège soit falsifiable par le constat d'un enseignement papal erroné. Ce faisant, on tend à élargir indéfiniment la zone d'infaillibilité de l'enseignement magistériel des papes antérieurs à Vatican II, ainsi des papes ayant indubitablement possédé l'autorité, au point de tenir pour infaillibles les opinions favorisant les tendances théocratiques (Boniface VIII) ou démocrates-chrétiennes (Léon XIII, Pie XI, Pie XII, ce qui est une autre forme, plus pernicieuse, de favoriser la théocratie) ayant sévi dans la vie de l'Église, lesquelles tendances sont celles-là mêmes ayant objectivement rendu possible la victoire du modernisme (en invitant à la démocratie dans la Cité, l'Église fait entrer chez elle l'esprit démocratique). Aussi n'est-il pas étonnant que maints sédévacantistes — que leurs propres gesticulations effrénées et hargneuses en viennent à fatiguer — finissent par basculer brutalement dans le camp du ralliement au modernisme : le pape a toujours raison, or Untel se trompe, donc il n'est pas pape ; mais en fait, pour d'autres raisons, Untel ne peut être tenu pour antipape, donc il faut tenir pour vrai tout ce qui dit Untel, même ce qui a une saveur moderniste.

Les auteurs de Vatican II veulent enseigner quelque chose qu'ils ne savent pas formuler, ainsi quelque chose dont le contenu leur échappe (ce qui se conçoit bien s'énonce clairement), parce qu'ils savent que ce qu'ils enseignent est en demeure d'être fidèle à ce qui a toujours été dit par l'Église sur les mêmes sujets, cependant qu'ils veulent tout autant réconcilier l'Église avec la philosophie et la mentalité subjectivistes propres à la triste modernité. Il en résulte qu'ils décident, par un coup de force intellectuel relevant du volontarisme et de la foi aveugle, de tenir pour certain que la conciliation de ces deux exigences serait possible, et que les conditions de cette conciliation parviendront un jour à être élaborées de manière satisfaisante. Aussi longtemps que ces conditions ne sont pas dévoilées, les promoteurs de Vatican II, et ceux qui en acceptent l'héritage, sont déchirés entre deux tendances, lesquelles se manifestent avec évidence dans la manière louvoyante dont sont rédigés les textes de ce concile : la première tendance est qu'on ne peut enseigner des nouveautés qui contredisent la foi de toujours ; la deuxième est que ces nouveautés doivent être enseignées parce qu'elles se révéleront un jour — pensent-ils en le souhaitant très fort — compatibles avec ce qui fut toujours enseigné. Ce qui revient à dire qu'ils veulent enseigner ce qu'ils savent ne pas pouvoir l'être, ou encore qu'ils ne veulent pas enseigner ce que pourtant ils enseignent en voulant le faire ; ils ne veulent pas enseigner ce qu'ils savent contradictoire en l'état actuel de sa formulation, mais ils veulent l'enseigner sur le fondement d'une foi aveugle dans le dévoilement futur de la cohérence d'un tel contenu. Le propre de l'être en puissance est de faire s'identifier les contradictoires, et c'est cela même qui sauve le caractère contingent des actes humains posés dans le futur. Aussi l'enseignement de Vatican II, gravide de contradictions, est-il lui aussi un enseignement en puissance qui n'a que l'apparence de l'être en acte, en tant que les affirmations constitutives de son contenu relèvent de la velléité : ses auteurs ne veulent pas véritablement ce qu'ils croient vouloir tout en voulant croire et faire croire qu'ils le veulent ; autant dire que ce n'est pas un vrai enseignement, et que, à ce titre même, ce n'est pas un vrai magistère.

Que soit infalsifiable l'autorité des promoteurs d'un enseignement douteux et même faux, ce n'est pas, pour les fidèles soumis à cette autorité, une situation confortable, et la tentation est grande de vouloir à tout prix la rendre falsifiable, afin d'échapper à l'inconfort intellectuel. C'est pourquoi les sédévacantistes, qui enragent pour des raisons bien compréhensibles, interprètent en termes de ruses stratégiques destinées à détruire l'Église des jugements et des comportements qui relèvent de la velléité obstinée, lesquels comportements, certes, détruisent objectivement — à tout le moins affaiblissent — l'Église. Il faut avoir les nerfs solides pour ne pas céder à un tel sentiment d'indignation ; et s'il est pénible d'avoir à rappeler les raisons psychologiques présidant à la tentation du sédévacantisme en acte, il est néanmoins nécessaire de le faire afin de répondre à la tentation déplaisante propre aux sédévacantistes de voir dans le refus de leur position l'effet d'un acte de mauvaise foi ou d'une complicité à l'égard du modernisme.

Il y a faux magistère soit parce que celui qui le promulgue n'a pas l'autorité, soit parce qu'il se refuse à enseigner véritablement. Et en dehors du recours opéré par les auteurs d'un magistère aux formes — bien circonscrites — attestant son infaillibilité par là, déjà, qu'elles signifient indubitablement l'intention d'enseigner, il n'existe pas d'« expérience cruciale » pour sortir du dilemme.

Faisons retour à la science expérimentale, en deux temps.

A) Il faut posséder la bonté pour la chercher dans les choses bonnes, l'Idée est l'objet cherché et le principe de la recherche, l'Idée se fait donc poser par ce (la raison, la pensée) dont elle est le principe. Elle est donc le résultat d'une réflexion dont elle est l'origine, mais par là elle est cette réflexion même, puisqu'elle n'est que comme posée, et n'est posée que pour se fuir. Or il n'appartient d'être une réflexion qu'à ce à quoi il appartient d'être une pensée, car seule la pensée peut faire de son acte pensant un objet de pensée ; la matière en est incapable parce que, étant « *partes extra partes* », elle est incapable de se réfléchir et de coïncider avec soi. Donc l'Idée et la pensée qui la pense, quand cette pensée est en acte, sont une seule et même chose ; donc l'Idée est la pensée d'elle-même, et sous ce rapport elle est son objectivation. Mais elle s'objective son être, donc elle s'objective nécessairement, aussitôt qu'elle s'objective elle-même, l'objectivation de soi qu'elle est. Ce qui revient à dire qu'elle se réfléchit dans son processus ; elle fait du résultat du processus qu'elle inaugure un moment du processus qu'elle achève. Cela dit, ce qui est réflexion est négation de négation, et ce qui est négation de négation est ce qui est inclusif de son autre, par là il est infini, n'ayant pas d'extérieur : il est identité de l'intérieur et de l'extérieur. Et ce qui est inclusif de son autre est victoire sur son contraire, quand le contraire de l'Idée est le réel. Donc le réel est la réalisation de soi de l'Idée, son objectivation puisqu'elle est pensante. Or *notre* objectivation de l'Idée, l'acte de nous objectiver l'Idée, c'est-à-dire l'acte à raison duquel elle s'objective en et par nous, se révèle n'être pas la création de la réalité, ce qui s'expérimente facilement dans le constat suivant, à propos de cette réalité qu'est notre conscience même : notre conscience (la raison en tant qu'elle s'apparaît) d'exister (ainsi d'être réelle) n'est pas positionnelle de l'existence de notre conscience. Donc, en tant qu'infinie, notre raison a la structure de la pensée divine, mais, n'étant pas la raison suffisante de la rationalité et/ou de la réflexion qu'elle exerce, elle est numériquement distincte de la pensée divine, et elle est finie. Elle est dans le sillage d'une Pensée divine qui, elle, fait exister la réalité. Si la Pensée qui fait exister la réalité mondaine n'existait que par la raison humaine (ce qui ferait de cette dernière la créatrice de la réalité), alors une telle Pensée se ferait provenir de la Nature (en laquelle elle se nie) et accéderait à la conscience (en laquelle la Nature se nie) d'elle-même en l'homme, mais on vient de voir qu'il n'en est rien ; donc elle se fait provenir de toute éternité d'une Réalité qui lui est consubstantielle et en laquelle elle s'objective, et dont la réalité mondaine n'est qu'une virtualité réalisée *ad extra*. Cela dit, parce que la réalité est réalisation de l'Idée, et réalisation entendue comme objectivation de soi de cette dernière, l'Idée a plus de réalité que la réalité dont elle est l'Idée, et *a fortiori* la réalité sensible n'est pas le critère et l'index de l'existence. Le réel ne saurait être le critère dernier de la vérité de l'Idée, puisque c'est l'Idée qui se révèle critère de la réalité du réel : il n'est que la réalisation de l'Idée, elle est ce par quoi il y a du réel, elle est plus réelle que le réel, et le réel non pensant n'est que le moment de l'altérité à soi de l'Idée, le moment de sa négation intestine de soi. Ce qui fait qu'une chose est matérielle et sensible, c'est précisément le fait que son extérieur est extérieur à son intérieur, car la matière est l'identité des contradictoires (en tant qu'elle est de l'être en puissance), ce qui est inintelligible, ce qui ne peut se donner la forme d'une intellection, c'est-à-dire d'un intelligible en acte. La conscience et la réflexion sont des réalités qu'on peut vivre, ou exercer, et qui excluent la matérialité, de sorte qu'elles ne peuvent se représenter, s'exposer spatialement, et qu'elles excluent d'être liées à quelque chose sensible que ce soit.

B) Ce n'est pas la disposition des particules élémentaires qui explique la nature d'une chose, laquelle est responsable des propriétés et appétits ou tendances de cette chose : les corps s'attirent, le loup aime la brebis. Si la disposition des particules expliquait la nature de la chose, alors, les particules ayant elles-mêmes des tendances, elles ont une nature, et il faudrait invoquer des sous-particules, et ainsi à l'infini. La nature d'une chose s'explique par sa forme, entendue telle son essence, qui échappe à l'investigation du physicien expérimentaliste, tout comme l'âme, forme du corps, échappe au scalpel de l'histologiste ; et la disposition des particules est expliquée par cette forme, le réseau de liaisons ioniques et covalentes dit comment on obtient de l'eau, non pourquoi cela est de l'eau ; l'essence de l'eau n'est pas la formule chimique décrivant les conditions de sa genèse. Or la matière est de l'être en puissance, elle n'existe que comme unie à une forme, il n'existe que du zinc ou de l'hydrogène, ou un autre élément, mais c'est là déjà de la matière habitée par une forme. Or l'être en puissance est l'identité des contradictoires. Et ce qui est contradictoire est inintelligible, incapable d'accéder au statut d'intelligible en acte. Mais l'intellection est l'acte commun de l'intellect et de l'intelligible, tout comme la sensation est l'acte commun du sens et du sensible : recevoir une gifle n'est pas la donner, mais l'acte de la gifle, ou la gifle en acte, est un seul et même acte, considéré tantôt du côté de l'agent, tantôt du côté du patient. Donc ce qui est matériel exclut d'accéder au statut d'intellect en acte ou d'acte d'un intellect. Or l'intellection, ou acte de l'intellect, consiste à poser l'acte consistant à être identique à soi dans sa différence : savoir est savoir qu'on sait, connaître enveloppe l'acte de se connaître, et se connaître consiste à s'objectiver, à se faire autre que soi, et à être soi, c'est-à-dire à être un moi, dans et par l'acte de se différencier de soi ; le moi n'est identique à lui-même, véritablement moi, que par le pouvoir de s'objectiver, ainsi le pouvoir de se différencier de lui-même. Mais être identique à soi dans sa différence, c'est se différencier de soi du fait même qu'on s'identifie à soi, et réciproquement, c'est réaliser l'identité de l'attraction et de la répulsion ; par là c'est être une réflexion. Or une réflexion, ou mouvement circulaire, a la forme d'une négation de négation, ou d'un processus qui fait retour à l'origine par l'acte de s'en éloigner. Et ce qui est négation de négation a dans soi-même son autre ; ayant dans lui-même son autre, il n'est pas limité par un autre, il est donc infini. Et il est infini sans être divin s'il n'est pas la raison suffisante de la réflexion qu'il exerce. Mais parce qu'il est infini, il a la forme d'une victoire sur ce qui n'est pas lui. Ce qui est un moi est esprit, et ainsi l'esprit est victoire sur la matière qu'il assume tel le moment obligé de son identification réflexive à soi.

On disait plus haut qu'il n'appartient d'être une réflexion qu'à ce à quoi il appartient d'être une pensée, car seule la pensée peut faire de son acte pensant un objet de pensée ; mais inversement le sujet pensant, ou la pensée qui s'exerce dans la production d'idées, n'est autre que la constitution en et comme sujet de la réflexion sur soi de l'idée. L'intelligible devient intelligent par réflexion ontologique, et l'intelligence produit de l'intelligible et se reconnaît elle-même comme intelligible par là qu'elle s'exerce selon une réflexion opérative.

Dès lors, ce n'est pas la matière qui explique la conscience, c'est la conscience, en tant qu'esprit, qui explique la matière, laquelle est dans son essence le résultat d'une décompression ou chute de tension de la vie spirituelle : la matière est ce en quoi dégénère l'esprit quand il ne vainc pas souverainement ce en quoi il s'anticipe, à savoir l'être en puissance pure ; la matière ou le sensible n'est pas ce en quoi s'extériorise ou se révèle l'esprit ou l'essence, elle est ce en quoi l'essence ou l'esprit s'occulte, s'y aliénant pour le nier. C'est pourquoi il est *a priori* vain de tenter d'expliquer la vie spirituelle par les propriétés de la matière. Tout au plus parvient-on à expliquer les conditions matérielles extrinsèquement requises par l'activité conscientielle, à savoir la sensation, la mémoire et l'imagination. La vie conscientielle est le fait de ce qui s'objective, ainsi de ce qui consiste dans une extériorisation intérieure ; ce qui s'extériorise à l'intérieur de soi est ce qui se fait autre que soi dans soi, ainsi ce qui est identification à soi réflexive, et la matière, *partes extra partes*, est incapable de réflexion : on peut mettre du vin dans l'amphore, on ne peut mettre l'amphore à l'intérieur d'elle-même ; on peut toucher son nez avec le gras de son index, on ne peut toucher le gras de l'index avec ce même gras de l'index.

Par ailleurs, la science expérimentale propose des modèles hypothético-déductifs intelligibles, que l'on peut seulement réfuter mais non confirmer ; ils sont le substitut provisoire et construit de l'essence des choses, et construit en fonction des exigences de l'expérience. Si la matière, qui n'est existante qu'en tant qu'elle est un composé de matière et de forme, et qui tient son intelligibilité bâtarde de sa forme (cf. saint Thomas, *Somme théologique*, I[a] q. 15 a. 3), était actualisée selon toutes ses potentialités, elle serait complètement intelligible au moins à un certain niveau (quantitatif) d'intelligibilité. Or elle n'est matière que par son inintelligibilité. Donc une matière actualisée selon toutes ses potentialités ne serait plus matière, mais par là elle ne serait plus objet d'expérience sensible. Aussi longtemps qu'elle est objet d'expérience, elle recèle une dimension occulte, de sorte que la succession des modèles hypothético-déductifs est infinie, à la manière d'une asymptote : on approchera sans jamais l'atteindre la limite d'actualisation exhaustive de la matière, laquelle ferait, si elle était accessible, coïncider les modèles scientifiques avec l'essence du réel. On peut se demander, sur le plan spéculatif, si cette recherche indéfinie n'est pas vaine, bien qu'elle soit féconde sur le plan pratique. Les scientifiques ayant des prétentions spéculatives sont des chercheurs qui ne veulent pas trouver, et qui en viennent à faire de la recherche une fin en soi. C'est là probablement la raison de la séduction exercée par le comtisme qui est si réducteur et si bête, pour ce qui est de ses qualités intrinsèques (en rester au « comment » en s'interdisant toute recherche du « pourquoi »), qu'on a peine à comprendre qu'il puisse séduire : il séduit parce qu'il permet de laisser l'esprit en état exaltant de recherche, sans lui enjoindre de se rendre à une vérité dogmatique qui, par son caractère définitif, contraint l'esprit et crucifie la subjectivité. Il y a aussi dans le matérialisme scientiste, corollaire honteux du comtisme, la séduction suivante : si l'esprit s'explique par la matière, laquelle est manipulable, l'esprit se fait le producteur de lui-même au gré des appétits de la volonté de puissance, l'esprit se trouve délesté de son pouvoir de faire mémoire d'une vérité métaphysique (être absolument être, objet de la métaphysique, c'est être esprit) dont la subjectivité est en demeure de reconnaître le magistère. C'est au fond toujours, derrière les oripeaux les plus divers, les plus désintéressés ou les plus désabusés, la lutte intéressée, passionnelle et au fond naïve dans sa sophistication, de la liberté débridée contre le magistère de la vérité.

En dernier lieu, l'esprit ne saurait élaborer les catégories qui président à son fonctionnement, puisqu'il faut penser pour choisir et élaborer, et convoquer des catégories pour penser. L'esprit ne se représente ce qu'il est qu'en se pensant, et il mobilise ses catégories pour penser, il mobilise donc ses catégories pour se penser et pour penser ses catégories que par là il s'objective ; il en résulte que la catégorie est objet de connaissance et principe de connaissance, elle s'identifie réflexivement à soi, mais ce qui se réfléchit est infini (est réflexif ce qui est circulaire, est circulaire ce qui est négation de négation, est négation de négation ce qui a en soi-même son autre, ainsi n'a pas de limite à l'extérieur de lui-même), et ce qui est infini ne saurait changer, car, en tant qu'infini, il a dans lui-même son autre dont il est victorieux, de sorte qu'il ne saurait devenir cet autre : chaque catégorie est un moment du système des catégories (dans un mouvement circulaire chaque catégorie est origine et résultat), et il ne saurait y avoir plusieurs systèmes puisque ce qui est système pose ce qu'il présuppose et de ce fait est circulaire ou infini ; ce qui est infini ne peut changer (il a en lui-même tout changement), car changer est devenir un autre qu'on n'est pas encore, ce qui suppose l'existence d'une altérité, ainsi d'une extériorité, or l'infini n'a pas d'extérieur. Au reste, si l'esprit produit ses catégories, sur quelle catégorie est fondée l'idée selon laquelle il produit ses catégories ? Si cette catégorie est évolutive et provisoire, l'idée selon laquelle un corpus de catégories est provisoire est elle-même provisoire. Si choisir est délibérer, ainsi juger, on ne peut choisir ses catégories qu'en mobilisant les anciennes que par là on avalise dans l'acte où l'on prétend les congédier.

Il y a, cela dit, quelque chose de paresseux dans la démarche du métaphysicien quand il tend à reposer sur ses lauriers, délaissant l'ordre du « comment » (les lois, les moyens) au profit du « pourquoi » (les causes, les finalités) ; c'est pourquoi il tend à confondre les essences qu'il trouve, avec les conditions d'advenue de ces essences, qu'il ignore superbement, au point de méconnaître les performances des moyens dans leurs ordres propres, et de croire qu'il pourrait assigner *a priori* une limite à ces performances ; et c'est ce qui explique qu'il croie impossibles certaines choses qui se révèlent, avec le temps, possibles. Ainsi pense-t-il que certains animaux seraient incapables d'exécuter certains actes ou d'acquérir certaines techniques, sous le prétexte qu'ils n'ont pas de pensée, ne sont pas des personnes. L'expérience dément ces visions réductrices, qui met en évidence le prodigieux pouvoir propre à l'instinct (tendance et savoir-faire innés) d'induire des comportements rationnels. Il n'en reste pas moins que les animaux ne sont pas dotés d'une âme spirituelle, sont incapables d'abstraire, ne parviendront jamais aux opérations proprement humaines, et qu'il est tout aussi réducteur de prétendre qu'il n'y aurait qu'une différence de degré entre l'animal et l'homme.

SÉDÉVACANTISME

Extraits de Désir de Dieu et organicité politique*, par Joseph Mérel, Reconquista press, 2019, Annexe II* :

Les partisans de la vacance du Saint-Siège parlent de l'infaillibilité du magistère ordinaire universel (le « MOU »), sur laquelle ils fondent tout leur argumentaire, à tout le moins, ces derniers temps, l'essentiel de ce dernier. Ils parlent tout simplement, ce faisant, de ce qui est enseigné dans *Dei Filius*, la première constitution dogmatique du concile Vatican I (1870), confirmé et explicité dans l'encyclique *Satis cognitum* (1896) ; le texte de *Dei Filius* est rappelé dans *Satis cognitum* ci-dessous cité ici en gras ; ce qui est exposé en italique est destiné à retenir tout particulièrement l'attention du lecteur, et constitue trois passages auxquels il sera renvoyé :

> **Rufin loue saint Grégoire de Nazianze et saint Basile de ce « *qu'ils s'adonnaient uniquement à l'étude des livres de l'Écriture sainte, et de ce qu'ils n'avaient point la présomption d'en demander l'intelligence à leurs propres pensées, mais de ce qu'ils la cherchaient dans les écrits et l'autorité des anciens, qui eux-mêmes, ainsi qu'il était constant, avaient reçu de la succession apostolique la règle de leur interprétation* » (*Hist. Eccl.*, lib. II, cap. 9). Il est donc évident, d'après tout ce qui vient d'être dit, que Jésus-Christ a institué dans l'Église un magistère vivant, authentique et, de plus, perpétuel (Richardus de S. Victore, *De Trin.*, lib. I, cap. 2), qu'Il a investi de Sa propre autorité, revêtu de l'esprit de vérité, confirmé par des miracles, et Il a voulu et très sévèrement ordonné que les enseignements doctrinaux de ce magistère fussent reçus comme les Siens propres. *Toutes les fois donc que la parole de ce magistère déclare que telle ou telle vérité fait partie de l'ensemble de la doctrine divinement révélée, chacun doit croire avec certitude que cela est vrai ; car si cela pouvait en quelque manière être faux, il s'ensuivrait, ce qui est évidemment absurde, que Dieu Lui-même serait l'auteur de l'erreur des hommes.* « Seigneur, si nous sommes dans l'erreur, c'est Vous-même qui nous avez trompés » (Conc. Vat. sess. III. cap. 3). Tout motif de doute étant ainsi écarté, peut-il être permis à qui que ce soit de repousser quelqu'une de ces vérités, sans se précipiter ouvertement dans l'hérésie, sans se séparer de l'Église et sans répudier en bloc toute la doctrine chrétienne ? Car telle est la nature de la foi que rien n'est plus impossible que de croire ceci et de rejeter cela. L'Église professe, en effet, que la foi est « une vertu surnaturelle par laquelle, sous l'inspiration et avec le secours de la grâce de Dieu, nous croyons que ce qui nous a été révélé par Lui est véritable : nous le croyons, non point à cause de la vérité**

intrinsèque des choses vue dans la lumière naturelle de notre raison, mais à cause de l'autorité de Dieu Lui-même qui nous révèle ces vérités, et qui ne peut ni Se tromper ni nous tromper ». Si donc il y a un point qui ait été évidemment révélé par Dieu et que nous refusions de le croire, nous ne croyons absolument rien de la foi divine. Car le jugement que porte saint Jacques au sujet des fautes dans l'ordre moral, il faut l'appliquer aux erreurs de pensée dans l'ordre de la foi. « Quiconque se rend coupable en un seul point, devient transgresseur de tous » (II, 10). Cela est même beaucoup plus vrai des erreurs de la pensée. Ce n'est pas, en effet, au sens le plus propre qu'on peut appeler transgresseur de toute la loi celui qui a commis une faute morale ; car s'il peut sembler avoir méprisé la majesté de Dieu, auteur de toute la loi, ce mépris n'apparaît que par une sorte d'interprétation de la volonté du pécheur. Au contraire, celui qui, même sur un seul point, refuse son assentiment aux vérités divinement révélées, très réellement abdique tout à fait la foi, puisqu'il refuse de se soumettre à Dieu en tant qu'il est la souveraine vérité et le motif propre de foi. « En beaucoup de points ils sont avec Moi, en quelques-uns seulement, ils ne sont pas avec Moi ; mais à cause de ces quelques points dans lesquels ils se séparent de Moi, il ne leur sert de rien d'être avec Moi en tout le reste » (S. Augustinus, *in Psal.* LIV, n. 19). Rien n'est plus juste : car ceux qui ne prennent de la doctrine chrétienne que ce qu'ils veulent, s'appuient sur leur propre jugement et non sur la foi ; et, refusant de « réduire en servitude toute intelligence sous l'obéissance du Christ » (II Corinth., X, 5), ils obéissent en réalité à eux-mêmes plutôt qu'à Dieu. « Vous qui dans l'Évangile croyez ce qui vous plaît et refusez de croire ce qui vous déplaît, vous croyez à vous-mêmes, beaucoup plus qu'à l'Évangile » (S. Augustinus, lib. XVII, *Contra Faustum Manichæum*, cap. 3). Les Pères du Concile du Vatican n'ont donc rien édicté de nouveau, mais ils n'ont fait que se conformer à l'institution divine, à l'antique et constante doctrine de l'Église et à la nature même de la foi, quand ils ont formulé ce décret : « *On doit croire, de foi divine et catholique, toutes les vérités qui sont contenues dans la parole de Dieu écrite ou transmise par la tradition et que l'Église, soit par un jugement solennel, soit par son magistère ordinaire universel, propose comme divinement révélées* » (Sess. III, cap. 3).

Or, dans ce passage, on comprend que le magistère ordinaire et universel est ce magistère exercé par l'Église enseignante, *i.e.* par les évêques *dispersés* (ou par accident rassemblés) unis au pape et formant la partie saine de l'épiscopat (en tant qu'ils sont unis au pape), qui est aussi la plus importante numériquement (comme il l'est précisé par Mgr d'Avanzo et Adolphe Tanquerey dans le n° 48 de la revue *La Voix des Francs Catholiques*, p. 10[118]), de sorte qu'il s'agit bien d'unanimité *morale*. Il ne suffit pas de faire observer que deux évêques étaient opposés à la promulgation de Vatican II pour être assuré qu'il n'était pas question de « MOU » sous le prétexte que l'union des évêques dispersés (ou réunis en concile) n'était pas absolue. Cette première définition du « MOU » renvoie au premier passage (...) ci-dessus <cité> : on reçoit du magistère la règle d'interprétation des Écritures, ainsi on la reçoit de la succession apostolique, et le fait que des évêques dispersés disent la même chose sans s'être concertés est comme la preuve (à tout le moins — les siècles passant — l'indice) que cet enseignement vient effectivement de la succession apostolique, ainsi de Notre Seigneur Jésus-Christ ; il s'agit bien de vérités révélées reconnues comme telles, en tant qu'elles ont été dites par Notre Seigneur Jésus-Christ à ses Apôtres qui les ont enseignées aux premiers disciples qui eux-mêmes les ont transmises. Mais cet enseignement relève du magistère ordinaire universel en tant qu'il spécifie qu'il s'agit de doctrine divinement révélée (tel est le sens du deuxième et du troisième passage indiqués ci-dessus en italique, selon une deuxième acception de la notion de « MOU »). **La compatibilité ou même l'équivalence entre les deux définitions du magistère ordinaire universel est possible si l'on comprend qu'enseigner, c'est enseigner la vérité révélée, et l'enseigner *comme ayant été révélée*.** À cette condition seule, la définition du magistère ordinaire universel entendu comme enseignement des évêques unis au pape en matière de foi et de mœurs, coïncide avec la définition du magistère ordinaire universel entendu comme « ce magistère (qui) déclare que telle ou telle vérité fait partie de l'ensemble de la doctrine divinement révélée ». Quand les évêques unis au pape et formant une unanimité morale enseignent quelque chose qui n'est pas expressément présenté comme fondé sur la Révélation, on n'est pas tenu d'y reconnaître un vrai magistère ordinaire universel : une majorité d'évêques même unis au pape peut être abusée par une idée fausse par suite d'une déviation dans la transmission du message originel, de sorte que l'authenticité de

---

[118] « Il est de foi que l'Église enseignante est infaillible. Or que désigne ce nom d'Église enseignante ? Tous conviennent que l'Église enseignante c'est le pontife romain avec les évêques, sinon avec tous, du moins avec la partie la plus saine. Or la partie la plus saine des évêques, dit Noël Alexandre, non suspect, est toujours censée être celle qui adhère au pape. » Mgr d'Avanzo, au nom de la Députation de la Foi, Concile du Vatican, 20 juin 1870, *in Mansi, Amplissima Collectio Conciliorum*, t. 52, colonne 765, partie C.

« Les évêques (...) jouissent eux aussi du privilège de l'infaillibilité quand, sous le Pontife Romain, dispersés ou réunis en concile, ils proposent à croire une vérité d'une voix moralement unanime » (Adolphe Tanquerey, *Synopsis theologiae dogmaticae fundamentalis*, t. I, éd. Desclée, 1927, n. 953).

« Cette universalité (de l'accord des évêques dispersés) n'est pas contrariée par le désaccord d'un petit nombre, du moment qu'il y a l'accord du Souverain pontife avec la majorité des évêques. C'est pourquoi beaucoup pensent aujourd'hui que l'Assomption de la Bienheureuse Marie dans le ciel est "de foi", puisqu'elle est enseignée presque unanimement par les Évêques comme contenue dans la Tradition » (*id.*, n. 969).

cette transmission requiert qu'il soit précisé que ce qui est proposé à croire est fondé sur la Révélation. Et dans ce cas l'argument principal visant à établir avec certitude la vacance, tombe de lui-même : « Vatican II devait, nous dit celui qui soutient cet argument, être couvert par l'infaillibilité en tant qu'il s'agissait de l'enseignement de l'unanimité morale des évêques unis au pape, ainsi du magistère ordinaire universel qui est par soi infaillible ; or Vatican II contient des erreurs, donc le pape qui a présidé à l'élaboration de cet enseignement n'était pas pape » ; cela serait indubitable si le magistère ordinaire universel était seulement le fait d'une unanimité morale des évêques unis au pape en matière de foi et de mœurs ; mais il est plus que cela, ou plutôt il est cela *pour autant qu'un tel enseignement enseigne la vérité révélée comme révélée*, ce qui n'est pas le cas avec Vatican II (même *Dignitatis Humanae* ne rentre pas dans cette définition, puisque, après avoir soutenu cette hérésie selon laquelle la liberté de conscience ferait partie de la Révélation, les auteurs de ce texte font machine arrière et confessent que, à proprement parler, cette idée — qu'ils nomment alors, afin d'édulcorer l'effet fâcheux d'une telle palinodie, droit à l'immunité en matière de pratique religieuse — ne fait pas partie du dépôt révélé). Étendre, de surcroît, comme le fait Cartechini page 7 de *La Voix des Francs Catholiques* n° 47[119], l'infaillibilité du magistère ordinaire universel à tout ce qui excède ce qui est expressément présenté comme révélé, c'est abusif ; c'est vrai en période normale, mais nous ne sommes pas, depuis 1962, en période normale.

Pour ce qui est du pape qui ne peut être hérétique pour conserver sa juridiction, ainsi pour continuer à être pape (c'est la juridiction qui fait le pape), il semble que Bellarmin soit probablement plus près de la vérité que Cajetan, bien que ce ne soit pas de dogme : il faut appartenir à l'Église pour être pape, et il faut être catholique pour appartenir à l'Église.

Mais il faut distinguer entre ce qui relève de la foi et ce qui relève de l'intelligence de la foi, même pour le pape. Quand il ne se prononce pas dans les conditions formelles (ordinaires ou extraordinaires) de l'infaillibilité, on peut imputer son erreur à une fausse intelligence de la foi, mais non nécessairement à une perte de la foi ; on peut avoir la foi (vertu théologale infuse, strictement surnaturelle, qui fait adhérer l'intellect à des vérités qu'il ne comprend pas, mais à propos desquelles il jouit en droit de motifs de crédibilité), et se mettre à déblatérer quand on s'essaie à expliquer le contenu de ce que l'on croit, et au vrai cela se produit chez presque tout le monde à un moment ou à un autre, au

---

[119] « Le magistère ordinaire infaillible s'exerce de trois manières : 1) par une doctrine expresse communiquée en dehors d'une définition formelle par le Pontife ou par les évêques du monde entier ; 2) par une doctrine implicite contenue dans la pratique ou la vie de l'Église : a) l'Église (...) ne peut permettre que soient dites en son nom dans la liturgie des choses contraires à son sentiment ou à sa croyance ; b) dans le Code de droit canonique il ne peut rien y avoir qui soit de quelque façon que ce soit opposé aux règles de la foi ou à la sainteté évangélique ; 3) par l'approbation tacite qu'accorde l'Église à une doctrine des Pères, des docteurs et des théologiens » (R.P. Cartechini, S.J., *De Valore Notarum Theologicarum*, Université pontificale grégorienne, 1951).

point que les prêtres se plaisent à répéter entre eux, et pour eux, la boutade suivante : on a « droit » à sept hérésies par sermon... Et il n'est nullement exclu qu'il en soit ainsi, mais on est en devoir d'admettre que la vacance est une hypothèse tout aussi probable. On doit même admettre qu'une telle hypothèse doit être *publiquement* avancée, ne serait-ce que pour s'autoriser à critiquer l'enseignement moderniste de celui qui prétend avoir l'autorité, puisque le magistère est règle prochaine de la foi.

Il n'est pas exclu qu'un pape ait une fausse intelligence de sa foi pourtant réelle, parce que Vatican II a été rendu possible du fait que le problème du rapport entre nature et grâce, thématisé au XVIe siècle, n'a pas été résolu de manière satisfaisante. Vatican II (par l'influence du Père de Lubac) a posé de bonnes questions en imposant des réponses fausses (celles de Lubac). Les méchants (Juifs, protestants, maçons) ont évidemment profité de cette brèche pour s'engouffrer dans l'Église et la pourrir de l'intérieur, en sachant, eux, ce qu'ils faisaient. Mais cela n'eût pas été possible si d'authentiques catholiques n'avaient été confrontés au problème du point de suture entre nature et grâce, c'est-à-dire au problème de l'existence d'un désir naturel de Dieu. Il faut maintenir que la grâce est gratuite, et que la vision béatifique telle que décrite par saint Paul par exemple, ainsi la vision de Dieu positivement saisi tel qu'en Lui-même, suppose la grâce, et il est bien difficile de rendre les deux choses (la grâce est gratuite *et* absolument nécessaire à la béatitude) conciliables si l'on accepte que le désir de voir Dieu est un désir naturel. C'est pourquoi les réactionnaires antimodernistes ont nié l'existence de ce désir naturel, contre l'enseignement même de saint Thomas (« *omnis intellectus naturaliter desiderat divinae essentiae visionem* » : *C. G.* III 57 4), et en développant un surnaturalisme qui en son fond n'est pas catholique, mais janséniste ; et les modernistes ont accepté l'existence de ce désir naturel, mais en ne répugnant pas à compromettre la thèse de la gratuité de la grâce. Et les occupants du siège de Pierre, s'ils sont papes, croient trouver la solution au problème de la compatibilité entre désir naturel de Dieu et gratuité de la grâce, en s'efforçant à penser Vatican II selon une herméneutique de la continuité, ainsi selon une impossible « synthèse » entre Tradition et modernisme. Cela ne prouve pas de manière nécessaire qu'ils n'auraient pas la foi et que, n'ayant pas la foi, ils n'auraient pas l'autorité ; cela prouve qu'ils ont l'esprit tordu par la pression, en eux, d'une exigence logique qu'ils ne savent pas résoudre, de telle sorte que cet esprit tordu induit en eux une mésintelligence de la foi ; c'est ce qui expliquerait qu'ils enseignent sans enseigner, parce qu'ils cherchent à rendre conciliables des choses qui ne le sont pas (catholicisme et modernisme) en croyant, ce faisant, rendre conciliables deux choses qui en droit le sont mais qui en fait ne se sont pas encore révélées telles (désir naturel de Dieu et gratuité de la grâce) ; leur indécision, leur répugnance à enseigner dogmatiquement, ainsi leur répugnance à enseigner tout court (laquelle fait qu'on peut douter que leur magistère soit un vrai magistère : enseigner, c'est enseigner la vérité, et enseigner la vérité, c'est condamner l'erreur qui nie cette vérité), leur complaisance dans l'équivoque, ne viennent pas seulement des méchants (qui entendent subvertir l'Église), elles viennent de leur velléité, du caractère inachevé de leur réflexion, de l'impuissance de cette dernière : ils poursuivent une fin légitime (conserver la foi catholique en préservant la gratuité de la grâce), mais ils croient la poursuivre en s'attachant à une chimère (concilier l'enseignement traditionnel avec les thèses d'inspiration blondélienne du Père de Lubac), et c'est la part de pertinence contenue dans leur projet qui, paradoxalement, les fait s'obstiner, contre toute raison, dans leur voie objectivement moderniste. Cela dit, c'est parce que cette part de pertinence est non aperçue des Traditionalistes de toutes obédiences que tous ces derniers, légitimement attachés à se préserver du venin moderniste de Vatican II, en sont réduits, pour justifier leurs positions respectives, à convoquer des argumentaires bancals : ils ignorent les raisons de la pathologie intellectuelle qui s'est emparée des Conciliaires, méconnaissent la logique délirante à laquelle leur raison est soumise, sont ainsi frappés de cécité à propos de cette différence toute simple qu'il convient d'établir entre foi et intelligence de la foi ; par voie de conséquence, les uns — sédévacantistes — en déduisent que les promulgateurs de Vatican II ont perdu la foi et, avec elle, l'autorité et, pour l'établir de manière apodictique, ils s'ingénient à étendre indéfiniment la zone d'infaillibilité des productions de l'Église enseignante ; les autres (la FSSPX, les Dominicains d'Avrillé, les membres de ce qui fut stupidement nommé la « Résistance »), *a contrario*, s'efforcent à minimiser excessivement cette zone, afin de se dispenser de faire seulement l'hypothèse pourtant nécessaire de la vacance ; en particulier, ils pensent et agissent comme si le magistère ordinaire n'était pas la norme prochaine de la foi.

Ainsi donc, il se peut que les occupants du Saint-Siège depuis la mort de Pie XII soient de vrais papes ayant une fausse intelligence de leur foi, laquelle les invite à développer un enseignement bâtard qui violente le principe de contradiction, et qui à ce titre, en tant qu'inintelligible, n'est même pas un vrai enseignement, de sorte qu'ils n'engagent nullement l'infaillibilité de Église en professant leur enseignement erroné, ce qui revient à dire que sous couvert d'enseigner, ils procèdent en vérité à une rétention de leur autorité ; mais il se peut aussi qu'ils aient effectivement perdu la foi et que, à ce titre, ils aient perdu toute autorité. Cela dit, il faut maintenir qu'on ne peut pas, en l'état actuel des choses, trancher de manière certaine. Au reste, si le Siège de Pierre ne peut être jugé par personne (canon 1556 du CDC de 1917), aucun concile ne peut juger le pape, mais en retour aucun particulier ne le peut non plus. Le sédévacantiste déclarera qu'il ne juge pas le pape, puisque précisément, selon lui, il n'est pas pape. Il reste que le pape (s'il l'est) — tel Jean XXIII : tout le monde le prenait pour le pape avant qu'il ne se mît à enseigner — occupe le Siège de Pierre et qu'il faut juger ce qu'il enseigne (constater l'écart entre ce qu'il dit et ce qui fut dit avant lui) pour déclarer qu'il n'est pas pape, or il faut être assuré qu'il n'est pas pape pour s'autoriser à juger ce qu'il enseigne, pour critiquer cet enseignement, autrement on fait de sa raison (éclairée par la foi) la mesure de ce qui (le magistère) est supposé être norme de la raison éclairée par la foi. Et ce serait là une pétition de principe. Qui, parmi les sédévacantistes, a autorité pour juger l'occupant du Saint-Siège et déclarer qu'il a perdu la foi, que de ce fait il a perdu l'autorité ? On peut penser que, comme lors du concile de Constance, l'Église jouit de moyens surnaturels, et providentiels, de résoudre ses crises, qui ne sont pas prévus par la jurisprudence du droit de l'Église ; il y a nécessairement une solution (ou alors il faut dire que la fin du monde est pour demain), mais ce qui est sûr, si ce qui précède est exact, c'est qu'on ne peut pas aller au-delà de l'hypothèse de la vacance : en tenant pour possible que l'occupant du Premier Siège ne soit pas pape, je m'habilite à juger son enseignement, je me soustrais au devoir de déclarer en soi compatibles des choses qui pour moi ne le sont pas (ce qu'on est pourtant en devoir de faire aussi longtemps qu'on ne doute pas de l'autorité, **car l'autorité de la règle prochaine de la foi est plus grande que l'autorité de la raison éclairée par la foi**), mais, en ne me prononçant pas de manière certaine sur la question de la vacance, je me dispense de céder à la pétition de principe en laquelle on tombe en prétendant juger le Premier Siège.

Les sédévacantistes, profitant de ce que le magistère ordinaire universel ne fit l'objet d'aucune définition irréformable lors du concile Vatican I (interrompu, comme on sait, pour des raisons historiques contingentes), adoptent une conception large et, semble-t-il, abusive du magistère ordinaire universel, qui leur permet d'étendre à toute déclaration ecclésiale relative à la foi et aux mœurs le sceau de l'infaillibilité. Cela dit, si un théorème est valable pour l'ensemble des Réels, est-il nécessaire de préciser qu'il est valable pour un domaine de définition borné ? Pourquoi préciser les conditions de l'infaillibilité (Vatican I, *Satis cognitum*) si l'on est toujours infaillible ? Et leur acception du magistère ordinaire universel est en effet abusive, pour la raison suivante :

Pendant longtemps, le seul fait qu'un même enseignement ait été dispensé au même moment par des évêques dispersés — ainsi des évêques ne s'étant pas concertés — prouvait l'origine révélée de cet enseignement, à savoir l'unicité de sa source divine ; et en fait l'unicité d'une telle source prouvait qu'elle était divine : l'erreur est un mal, le mal est privation du bien, le bien et l'Un sont convertibles, donc le mal est du côté du multiple, en ce sens que le mal est divisé contre lui-même, incapable de se communiquer sans se déformer lui-même. En retour, au bout d'un certain temps — et singulièrement depuis les temps modernes, la fin du Moyen Âge —, les contacts entre évêques se faisant de plus en plus fréquents, les influences des uns sur les autres se révélant de plus en plus prégnantes, les intrigues et luttes de pouvoir autour des papes prenant une ampleur de plus en plus grande, le caractère dispersé de ce témoignage épiscopal se révélant de moins en moins évident, il fallait bien que fût attestée de manière plus coercitive l'origine révélée de cet enseignement ; c'est alors qu'il devint nécessaire, pour que l'on fût certain qu'il s'agissait d'un vrai magistère ordinaire universel, que fût précisé dans et par ce magistère même qu'il était garanti par la Révélation et faisait œuvre de Tradition. Et c'est là ce que précise Léon XIII dans *Satis cognitum*.

Le « MOU » est-il par soi infaillible ? Oui, mais seul mérite d'être tenu pour un « MOU » authentique celui qui précise qu'il l'est, et qui le précise en annonçant que ce qu'il enseigne est fondé sur la Révélation.

Les sédévacantistes, tout affairés à appliquer le rasoir de leur définition très large de l'infaillibilité à tout ce qui est douteux, se placent dans la position de méconnaître le sens de l'indécision des promoteurs du magistère moderniste, lequel sens passe par-dessus la tête de leurs vertueux contempteurs, leur fait ignorer les vrais enjeux : les sédévacantistes sont incapables, plus encore que les lefebvristes et les « ralliés », de comprendre qu'il y a un problème à propos de la doctrine catholique du principe d'harmonie entre nature et grâce, et c'est pourquoi ils ont une conception erronée, la plupart du temps, du bien commun politique ; ils sont platement et caricaturalement théocrates, ils s'accrochent à leurs raisonnements juridiques et en viennent à méconnaître la valeur de la métaphysique, à négliger le souci d'intelligence de la foi, de sorte que cette négligence du souci métaphysique les empêche de s'ouvrir à la manière dont — précisément — il conviendrait de comprendre les formes juridiques et judiciaires du langage canonique de l'Église ; et, par incapacité à discerner dans le camp catholique lui-même certains inachèvements philosophiques, ils en sont réduits soit à imputer à la seule subversion extérieure la responsabilité de Vatican II et des progrès du mal : ils sont caricaturalement conspirationnistes ; soit à attribuer à un défaut d'« esprit surnaturel » la responsabilité de leurs échecs face à la subversion, et alors ils renchérissent dans le surnaturalisme. C'est ainsi qu'ils laissent se développer en eux une fascination toute judaïque de la lettre de la loi au détriment de son esprit, corrélative d'une dilection rageuse pour les condamnations à l'emporte-pièce ; à les entendre, il faudrait fusiller tout ce qui bouge et qui n'adhère pas inconditionnellement à leurs thèses, et cela vaut non seulement pour ces damnés de non-sédévacantistes en acte, mais encore pour ceux qui, à l'intérieur du Landerneau sédévacantiste, ne sont pas de leur microchapelle. On a souvent fait observer que c'est du côté des « Ralliés » qu'on trouvait, humainement parlant, le plus d'intelligence, de mesure, d'esprit d'ouverture, de talents naturels et de charité ; supposé que cela soit vrai, cela ne donne nullement raison aux « Ralliés » qui ont cédé sur l'essentiel, adoptant le projet suicidaire d'herméneutique de la continuité ; mais cela signifie que c'est peut-être chez les « Ralliés » qu'est pressentie le moins mal la vraie raison de la pathologie intellectuelle des modernistes : tout n'était pas parfait avant Vatican II, il y avait des questions philosophiques qui attendaient leur traitement et qui l'attendent toujours, que les modernistes ont résolues de manière inadéquate mais dont ils ont eu le mérite de reconnaître l'existence.

Que la FSSPX ou les Dominicains d'Avrillé, ou encore moins les disciples de Mgr Williamson, ne soient pas capables d'élaborer une argumentation cohérente pour étayer leur position ; que de plus cette position ait été dictée en eux par des considérations relevant de la triviale praxis — toutes choses dont il faut bien convenir à divers égards —, n'implique pas que cette position serait en soi incohérente. Quand ces catholiques traditionalistes non sédévacantistes parlent de prudence — de cette prudence qui agace tant les sédévacantistes prompts à discerner en un tel langage la marque de la mauvaise foi —, ils veulent, au moins implicitement, dire ceci : « Nous n'avons pas compris exactement ce qui s'est passé avec Vatican II, un événement aussi effarant n'a pas encore livré non seulement les secrets de sa réalisation historique, mais encore ceux de sa possibilité ; les choses sont pour le moins obscures et compliquées ; mais nous pressentons intellectuellement, même si nous sommes incapables aujourd'hui d'en rendre raison, que les choses sont plus complexes que ce qu'en disent les sédévacantistes, en ce sens que les catégories classiques de la science juridique ne suffisent pas à régler le problème ; l'esprit fuyant des modernistes, incapables de se définir eux-mêmes de manière rationnelle et positive (leur discours est au fond inintelligible puisqu'il se soustrait au principe de contradiction) relève peut-être plus de la pathologie de l'intellect apparentée à la prostration aporétique, que de l'intention délibérée de nier la vérité. » Et, exposée en ces termes, une telle prudence ne mérite pas d'être jugée honteuse.

Les Conciliaires qui ne sont pas des maçons infiltrés (il y en a, ils sont même la majorité) pressentent à juste titre qu'il est ruineux d'abandonner l'idée de désir naturel de Dieu (en s'y refusant, on déchire l'homme entre deux fins, on développe ainsi le surnaturalisme — l'intromission de la grâce se ferait au détriment des appétits même droits de la nature — qui, par réaction, produit le naturalisme et le modernisme), et en même temps ils aspirent à ne pas être en rupture avec la Tradition, mais ils sont jusqu'à présent incapables de résoudre ce problème d'affirmation du désir naturel de Dieu (thèse controversée et occultée par les théologiens de métier jusqu'à Vatican II) *et* de la gratuité de la grâce (thèse traditionnelle et évidemment en soi intangible). Ils croient (à tort) qu'il faut, pour rendre recevable l'idée de désir naturel de Dieu sans contester la justice du Créateur, revenir sur l'idée de gratuité de la grâce, tout en maintenant cette idée de gratuité (pour être en accord avec la Tradition), ce qui est contradictoire ; parce que le contradictoire n'est possible qu'à propos de l'être en puissance (les contraires et contradictoires s'excluent dans l'être en acte, mais s'identifient dans l'être en puissance), leur enseignement désireux de faire coexister les contradictoires prend nécessairement la forme d'un enseignement en puissance, d'un enseignement qui n'en est pas un, d'un enseignement qui n'enseigne pas ; que leur discipline soit autoritaire (dogmatisme de la tolérance) ne l'empêche pas d'être une discipline au service d'un non-enseignement et d'un refus d'user de son autorité : ils se refusent à imposer la vérité, leur subjectivisme objectif en vient à ne même plus s'habiliter à distinguer entre la vérité et l'erreur. Mais le sédévacantisme actuel, en tant que fondé sur des prémisses abusives, fait se développer une action réciproque entre surnaturalisme moral et surnaturalisme intellectuel : entre surnaturalisme jansénisant, sulpicien et doloriste, et surnaturalisme fidéiste et volontariste ; dans les deux cas, la nature est frustrée, même dans ce qu'elle a de non blessé ; tout appétit naturel en général est frappé de suspicion, tout désir naturel de connaître est interprété comme un acte de vaine curiosité ; et dans cette perspective le souci rationnel de faire s'harmoniser nature et surnature, qui pourrait prévenir le surgissement du surnaturalisme, est lui-même frappé d'anathème (il relèverait de la curiosité, de la « *libido sciendi* »), à telle enseigne que la pathologie surnaturaliste non seulement en vient à se donner des raisons de ne pas avoir recours à ce qui pourrait la soigner (la solution du problème de l'harmonie entre nature et grâce), mais encore en arrive à discerner une preuve du bien-fondé de sa position dans l'adhésion à ce qui aggrave la maladie du surnaturaliste (il n'y aurait pas de solution rationnelle au problème de l'harmonie entre nature et grâce, il faudrait accepter ce conflit intellectuel entre les deux ; qui n'y consent pas refuserait la croix). Et l'observateur honnête est contraint, en dernier ressort, de conclure provisoirement que le sédévacantisme, aussi longtemps — dans l'état actuel des choses — qu'il prétend dépasser le plan de la simple hypothèse, est en son fond une modalité du surnaturalisme.

★ ★ ★ ★ ★

Extrait de Pour une contre-révolution révolutionnaire*, par Joseph Mérel, Reconquista, 2017, Annexe* :

Le magistère de l'Église (entendons : des hommes d'Église) est-il **par soi** infaillible en ce qui concerne la foi et les mœurs ?

§ 1. Si tel est le cas, d'où vient que l'Église ait pris soin de définir les conditions de son infaillibilité (conditions du magistère solennel, ou bien assurance de ce que ce qui est proposé à croire est fondé sur la Révélation)[120] ? Si le magistère était par soi infaillible, il le serait sans conditions supplémentaires.

§ 2. Mais s'il n'est pas toujours infaillible, c'est qu'il peut être faillible, qu'il l'est parfois, quand les conditions d'infaillibilité ne sont pas vérifiées. S'il peut être faillible en matière de foi et de mœurs, c'est qu'il peut enseigner l'erreur sans cesser d'être un magistère.

§ 3. Cela dit, il est infailliblement enseigné (par exemple dans *Auctorem fidei* de Pie VI) que l'Église ne peut pas promouvoir un magistère (avec ou sans notes d'infaillibilité), des mesures disciplinaires ou des rites, qui feraient perdre la foi, ou qui seulement pourraient l'affaiblir.

§ 4. Dès lors (cf. § 2 et § 3), un magistère pourrait ponctuellement enseigner l'erreur en matière de foi et de mœurs sans nécessairement faire perdre la foi. Pourtant la foi est une, simple, le rejet d'une seule vérité entraîne celui de la foi tout entière. Donc un magistère ne saurait, en matière de foi et de mœurs, contenir quelque erreur que ce fût ; tout au plus peut-il éventuellement présenter la

[120] Vatican I : *Pastor Æternus*, *Dei Filius* ; Léon XIII : *Satis cognitum*.

vérité de manière partielle, maladroite, équivoque, unilatérale, selon des formules amendables, mais il ne peut enseigner l'erreur. Ce qui revient à dire qu'il est au fond par soi infaillible : ce qui ne peut enseigner l'erreur ne peut enseigner que la vérité, et ce qui ne peut enseigner que la vérité est par définition infaillible.

§ 5. Mais il a été remarqué (cf. § 1 et § 2) qu'il ne peut être par soi infaillible, du fait qu'il a pris soin de définir les conditions de son infaillibilité.

§ 6. Donc il faut distinguer, pour concilier les exigences notées § 4 et § 5, entre vrai magistère (vérité ontologique) et magistère vrai (vérité logique). De même qu'une loi injuste n'est pas une loi, de même un magistère faux n'est pas un vrai magistère, quand bien même il est formulé dans les formes canoniques du magistère ; ce peut être un vrai magistère même sans les notes d'infaillibilité, mais ce qui garantit que c'est un vrai magistère consiste dans ces notes mêmes, ou dans le fait qu'il se contente de reprendre ce qui a déjà été défini dogmatiquement par le passé[121]. Et qu'il soit un faux magistère est aisément repérable par le fait qu'il s'exerce non « *in persona Christi* » mais « *in persona populi* ». Vatican II s'exerce « *in persona populi* » parce qu'il se refuse à enseigner dogmatiquement, à imposer la vérité, faisant le choix d'édulcorer la vérité ou même de la dénaturer pour des raisons apostoliques, ainsi en s'efforçant à plaire au peuple et aux médiats. Vatican II n'est pas un vrai magistère, n'est pas un vrai enseignement, il n'enseigne rien.

§ 7. Une autre raison pour discerner en lui un faux magistère est qu'il suggère des nouveautés relevant de l'hérésie, tout en maintenant explicitement qu'il se contente de prolonger tout l'enseignement bimillénaire de l'Église qu'il ratifie expressément, signifiant par là qu'il n'y aurait pas de contradiction entre ce qu'il enseigne et ce qui fut enseigné, et que la compatibilité entre les deux, si elle n'est pas évidente aujourd'hui, le sera un jour, et que le fait de la possibilité de cette compatibilité doit être tenu pour acquis. Or il y a contradiction objective entre ce qu'il ajoute en propre et ce dont il fait mémoire, de sorte que ce qu'il prescrit est inintelligible ; et ce qui est inintelligible n'est pas un enseignement faux mais un faux enseignement.

§ 8. Il demeure que, si l'on se refuse à adopter la distinction entre faux magistère et magistère faux, alors, aussi longtemps qu'il n'a pas été établi que l'occupant du Saint-Siège a été élu dans des formes irrégulières, on doit adhérer à Vatican II, on doit considérer que la contradiction entre magistère passé et magistère actuel est « *quoad nos* » et non « *in se* », puisque le magistère est par

[121] Pour cette raison, bien que le *Commonitorium* de saint Vincent de Lérins ne soit pas la définition adéquate d'un vrai magistère, il peut « *quoad nos* » servir de critère, en tant que condition suffisante, de la vérité ontologique d'un magistère.

essence norme prochaine de la foi. Le fidèle ne saurait faire de sa propre intelligence éclairée par la foi la mesure de la rectitude du magistère ; avoir la foi consiste à croire tout ce que l'Église enseigne infailliblement, en se fondant sur l'autorité de celui qui enseigne.

§ 9. Par suite, si l'on admet la distinction entre faux magistère et magistère faux, alors, quand un magistère contient des erreurs, c'est soit parce qu'il a été promulgué par un antipape (défaut d'autorité), soit parce qu'il a été promulgué par un vrai pape procédant à une rétention de son autorité. Cela dit, on ne peut s'autoriser, compte tenu de ce qui précède (§ 8), à discerner une contradiction dans un enseignement magistériel, qu'en remettant en cause, de manière hypothétique mais publique, au titre de préalable méthodologique à la critique, l'authenticité de l'autorité qui le promulgue. C'est là ce que veulent méconnaître la FSSPX et Mgr Williamson. Il est clair que la raison humaine est naturellement faite pour la vérité, qu'elle est infaillible quant à son objet propre, et qu'elle est capable de constater une contradiction qu'elle sait insurmontable entre magistère de toujours et Vatican II ; il demeure que l'autorité du magistère, si c'est un vrai magistère, est plus grande que l'autorité de la simple raison. C'est pourquoi, pour s'autoriser à juger ce qui se présente à elle comme un magistère, la simple raison doit publiquement poser la question de l'autorité de l'auteur d'un tel magistère. Et un tel réquisit exclurait toute manœuvre « ralliériste ».

§ 10. On peut aussi se dispenser de distinguer entre faux magistère et magistère faux si, face à un magistère supposé contenir des erreurs, on s'aperçoit qu'il est possible de l'interpréter dans le sens de la Tradition, quelques raisons légitimes que l'on ait de considérer que les équivocités et maladresses qu'il contient ont été introduites pour rendre possible la diffusion de l'erreur. C'est, au vrai, un exercice auquel les défenseurs ultramontains de l'extension maximale de l'infaillibilité pontificale convient autoritairement les fidèles thomistes désemparés tant par l'esprit théocratique d'*Unam Sanctam* de Boniface VIII que par l'esprit démocratique et inchoativement personnaliste de *Divini illius Magistri* de Pie XI ou de *Inter Sollicitudines* de Léon XIII. Il sera revenu sur ces points plus bas.

§ 11. Il semble que, avec beaucoup de « bonne volonté » (ou d'irénisme, ou de mauvaise foi), il soit possible de lire Vatican II à la lumière de la Tradition, pour autant que l'on s'impose la même torture intellectuelle dans cette épreuve que celle qu'on s'impose pour lire *Unam Sanctam* et *Divini illius Magistri* en se voulant thomiste. Les principaux sujets de litige sont la liberté religieuse (*Dignitatis Humanae*), la question du « *subsistit in* » de *Lumen Gentium*, et les fausses religions comme moyen de salut (*Unitatis Redintegratio*). Il va de soi, cependant, que le vrai catholique sait parfaitement que Vatican II est pervers dans son esprit, que ses ambiguïtés sont intentionnelles, et qu'il doit être rejeté en bloc. Toute la question est de savoir si, pour ce faire, il faut être sédévacantiste en acte, ou si la logique et/ou la prudence conduisent à adopter le sédévacantisme opinioniste.

§ 12. Dans *Dignitatis Humanae*, il est dit que la liberté religieuse est un droit, et que ce droit serait fondé sur la Révélation, ce qui semble bien constituer là une preuve de ce que quelque chose d'hérétique est formulé dans les formes de l'infaillibilité. Pourtant, quelques lignes plus bas, il est déclaré que le droit à l'immunité en matière religieuse n'est pas à proprement parler fondé sur la Révélation. Il est clair que le droit à l'immunité est une même chose avec le droit à la liberté religieuse, et que deux expressions distinctes sont employées là pour tenter de celer l'acte de se déjuger qui y est manifesté. Les auteurs de Vatican II (ou certains d'entre eux) voulaient induire en erreur, mais ils ne voulaient pas — par efficacité dans la perversité, ainsi pour ne pas avoir à affronter un franc rejet — montrer qu'ils le faisaient, et c'est pourquoi ils furent contraints de tenir des propos qui, à la limite, peuvent être tenus pour orthodoxes.

§ 13. Dans *Lumen Gentium*, il est à l'extrême rigueur possible de se souvenir, pour l'interpréter de manière catholique, de la remarque suivante : « Comme Louis Cognet l'a très bien montré, à propos de l'ecclésiologie de Port-Royal, les augustiniens partaient, non de l'Église comme société visiblement constituée, mais du plan éternel de Dieu, du choix que celui-ci a fait librement, gratuitement, de ses élus, de son Église. Ce point de départ est proche de celui de Vatican II, dans la constitution *Lumen Gentium*. Pour les augustiniens, la présence ou non de la grâce aujourd'hui et de la gloire demain, crée un abîme entre deux catégories d'hommes : pas seulement une différence de degré, mais une différence de nature. Pour Montfort comme pour eux, seuls font partie de l'Église ceux qui sont déjà sauvés, ceux qui demain seront glorifiés » (*Ce que croyait Grignion de Montfort*, Louis Pérouas, Mame, 1972, p. 180). Dans cet ordre d'idée, tout catholique admet qu'il y a maints catholiques hors du cercle visible de l'Église, tout comme il y a probablement des damnés qui font actuellement partie de l'Église visible. Si la formule incriminée par les traditionalistes signifie que l'Église entendue comme Corps mystique du Christ subsiste dans l'Institution hiérarchique de l'Église, mais ne coïncide pas *visiblement* avec elle, ce texte ne s'oppose pas à *Mystici Corporis Christi*. Le même traditionaliste a de bonnes raisons de penser que les auteurs de la formule « *subsistit in* » ont voulu insinuer une hérésie, à savoir que l'Église serait là où l'Esprit soufflerait, et qu'Il soufflerait dans toutes les religions. De même l'idée d'« Église-sacrement », promue pour signifier que l'Église hiérarchique ne serait que le signe visible d'une réalité invisible enveloppant au fond toutes les religions ; mais cette idée même peut être comprise dans un sens orthodoxe, tout comme le « *subsistit in* ». Dans la prière qui suit la deuxième lecture (sur douze) de la liturgie de la veillée pascale qui avait cours sous le règne de saint Pie X, il est bien question d'Église-sacrement.

§ 14. Dans *Unitatis Redintegratio*, il est déclaré que l'Esprit-Saint ne refuse pas de se servir des autres religions comme moyens de salut, ce qui est encore une hérésie si l'expression signifie, comme le voulaient insinuer discrètement les auteurs de Vatican II, que l'Esprit-Saint pourrait souffler dans toutes les religions en tant que religions, ainsi inspirer ce dont, pourtant, le constitutif formel n'est autre que le refus de l'Esprit-Saint. Mais l'expression peut encore être comprise dans un sens catholique : l'Esprit-Saint fait providentiellement feu de tout bois en se servant, au titre de cause instrumentale extrinsèque à l'exercice de l'acte de foi, de ce qu'il peut y avoir encore de conforme à l'ordre naturel dans les fausses religions. On pourrait ainsi multiplier les exemples et prendre l'un après l'autre tous les points de litige entre Vatican II et les critiques du catholique traditionaliste, c'est-à-dire du catholicisme intègre.

§ 15. Ce qu'il convient de noter, c'est que cet appel à la « bonne volonté » pour lire Vatican II à la lumière de la Tradition ne requiert pas plus de contorsions intellectuelles pénibles que par exemple l'opération consistant à lire *Unam Sanctam* à la lumière du thomisme : si l'homme est par nature animal politique autant qu'il est par nature père de famille, alors, de ce que l'autorité paternelle est directement communiquée au père par sa nature humaine sans qu'il soit besoin de la solliciter de l'Église, de même l'autorité du chef d'État lui est directement communiquée par sa nature politique aussitôt qu'il ordonne efficacement son pouvoir au bien commun ; de ce que l'Église, dépositaire privilégié des grâces divines, est cause finale de l'appartenance politique, il ne résulte pas qu'elle en serait cause efficiente, ce qui est pourtant enseigné de manière au moins implicite dans *Unam Sanctam*. Cette bulle est infaillible dans sa dernière phrase (être soumis au pape pour obtenir le salut), mais cela ne signifie pas qu'elle serait infaillible dans son enseignement théocratique.

§ 16. De même :

Extrait de *Divini illius Magistri* de Pie XI (1929), avec commentaire :

« De cette mission éducatrice, qui appartient avant tout à l'Église et à la famille, comme il ne peut provenir (Nous l'avons vu) que de grands avantages pour la société tout entière, ainsi il n'en peut résulter aucune atteinte aux droits authentiques et personnels de l'État, sous le rapport de l'éducation des citoyens, selon l'ordre établi par Dieu.

Ces droits sont communiqués à la société civile par l'auteur même de la nature, non pas à un titre de paternité, comme à l'Église et à la famille, mais en vertu de l'autorité sans laquelle elle ne peut promouvoir ce bien commun temporel, qui est justement sa fin propre. En conséquence, l'éducation ne peut appartenir à la société civile de la même manière qu'à l'Église et à la famille, mais elle lui appartient dans un mode différent en rapport avec sa fin propre.

Or, cette fin, ce bien commun d'ordre temporel, consiste dans la paix et la sécurité dont les familles et les citoyens jouissent dans l'exercice de leurs droits et en même temps dans le plus grand bien-être spirituel et matériel possible en cette vie, grâce à l'union et à la coordination des efforts de tous.

La fonction de l'autorité civile qui réside dans l'État est donc double : protéger et faire progresser la famille et l'individu, mais sans les absorber ou s'y substituer. En matière donc d'éducation, c'est le droit, ou, pour mieux dire, le devoir de l'État de protéger par ses lois le droit antérieur défini plus haut qu'a la famille sur l'éducation chrétienne de l'enfant et, par conséquent aussi, de respecter le droit surnaturel de l'Église sur cette même éducation. »

Commentaire :

Selon ce texte, la fonction de l'État, c'est sa fin, et sa fin est de protéger et de faire progresser la famille et l'individu ; or protéger et faire progresser, c'est être instrument de ce qu'on protège, et être instrument c'est être moyen. La fin de l'État est donc d'être le moyen de la famille et de l'individu. On est loin de saint Thomas : « *totus homo ordinatur ut ad finem ad totam communitatem cujus est pars* » (*Somme théologique*, IIª IIªᵉ q. 65 a. 1). C'est là du personnalisme et la sécrétion d'un orgueil ecclésiastique destiné à transformer le politique en instrument de la volonté de puissance des clercs tout affairés, pour l'affaiblir, à réduire l'État au statut d'instrument de ses parties (familles et individus) ; c'est réduire le bien commun à l'intérêt général. Ces papes ont bien travaillé pour la subversion, ils ont objectivement œuvré en faveur de Vatican II et de la déchristianisation de la société, ils ont perdu sur tous les tableaux. Et ils voudraient encore nous donner des leçons de morale et de philosophie, nous tancer, nous faire plier, et exiger une confiance aveugle, en excluant qu'ils puissent jamais tomber dans le travers des abus d'autorité... C'est cet enseignement surnaturaliste que le pauvre abbé Beauvais, pourtant « degrellien », a cru bon de développer dans sa conférence lors d'un défilé (2015) en hommage à sainte Jeanne d'Arc, dans le cadre des activités de Civitas. Quand on lit attentivement le passage plus haut cité, il est clair qu'aux yeux de Pie XI la fin (donc l'essence) de l'État, cause formelle de la société (forme et fin s'identifient dans les réalités vivantes), est constituée par son *devoir* : l'État n'a que des devoirs et la famille et l'individu n'ont que des droits, et ces devoirs sont au service des droits de la famille et de l'individu. Le bien commun est réduit à l'ensemble des conditions de coexistence des biens particuliers, pour autant que ces derniers soient vertueux ; c'est bien là l'intérêt général et non le bien commun (auquel un Marcel Clément, fondateur de l'IPC, n'a jamais rien compris), c'est bien là une subordination de la politique à la morale, et c'est bien là cautionner (dans le sillage strict de Pie XI) la bénédiction des « droits de l'homme » qui sera opérée par les modernistes. Et c'est déjà ce que faisait Mgr Lefebvre (dans *Ils l'ont découronné*) lorsqu'il en appelait contre l'ingérence de l'État athée à l'existence de « droits subjectifs », droits naturels qui devraient être garantis par les « droits objectifs » (les lois), dans le sillage de Grotius (XVIIe siècle, fondateur de la conception moderne du droit naturel) et de Pufendorf (XVIIe siècle, théoricien du droit naturel moderne, inspirateur de J.-J. Rousseau), et de leur conception subjectiviste du droit. Dans cette perspective, Vatican II est bien un « deuxième Ralliement ». Et il est impossible de développer un discours antimoderniste cohérent sans revenir sur ce qui *précède* Vatican II. Et c'est ce que ni Mgr Williamson ni la FSSPX ni les sédévacantistes ne sont prêts à faire. C'est parce qu'ils ne veulent pas le faire que la FSSPX est ralliériste, que la « Résistance » le sera un jour, et que les sédévacantistes sont sédévacantistes ; ces derniers sont tels pour se préserver (en se fondant sur des raisons abusives) de la pente ralliériste à laquelle (ils le sentent) les dispose l'acceptation inconditionnelle du magistère antérieur à Vatican II ; et ils sont bien obligés de l'accepter puisqu'ils tiennent pour certain que tout ce qui est dit dans les formes du magistère ordinaire doit être reconnu comme un vrai magistère, par là comme un magistère vrai. Et Mgr Williamson ne veut pas entendre parler ne serait-ce que de l'hypothèse sédévacantiste parce qu'il croit tirer sa légitimité de sa fidélité à la lettre du lefebvrisme, alors que ce sont les ambiguïtés du lefebvrisme, solidaires du refus de réviser l'avant de Vatican II, qui sont la cause des turbulences qui secouent la FSSPX aujourd'hui.

La vraie raison du Politique est ceci : l'individu humain n'est qu'une individuation de sa nature, or la nature a raison de cause efficiente et de cause finale immanente, donc l'individu est naturellement ordonné à l'actuation des virtualités de sa nature, or cette actuation est plus parfaite dans la cité que dans l'individu, donc la cité a raison de fin pour l'individu, non de fin dernière mais de fin quand même. La sociabilité a raison de fin, d'une certaine façon, jusque dans la vision béatifique, parce que Dieu est une Société. Et la politique a raison de fin pour la morale, en se faisant certes — contre tout machiavélisme — un devoir de ne dépasser la morale qu'en l'assumant. Conclusion : il y a bien des abus d'autorité opérés par ces papes dans les formes du magistère pontifical, relatifs aux mœurs (sinon à la foi), c'est-à-dire relatifs à ce sur quoi normalement l'Église est infaillible ; donc le magistère ordinaire (auquel appartient le magistère pontifical, lequel, à tout le moins, a une valeur égale à celle du magistère ordinaire universel, puisqu'il est le magistère ordinaire du premier des évêques) peut être un faux magistère (défaut de vérité ontologique du magistère) ; de ce fait, l'argument principal des sédévacantistes se fragilise : les abus d'autorité peuvent aller très loin, sans que l'autorité ne soit nécessairement disparue. On est en droit de penser que les sédévacantistes sont surnaturalistes (ils ne font pas tout son droit à la nature politique de l'homme, ils ne conçoivent l'intromission de la surnature qu'au détriment de la nature, en inversant le rapport naturel de subordination entre morale et politique). Effrayés par la croix d'une réalité ecclésiale éminemment complexe en laquelle il est bien difficile de saisir la rose de la rationalité, ils ont tendance, sous des dehors d'intransigeance dominant les mouvements passionnels, à substituer à la réalité historique de l'Église les schémas idéaux d'une représentation unilatéralement juridique de cette dernière, qui leur permettent de trancher les différends sans avoir à supporter l'épreuve — laquelle suppose de jouir d'un solide système nerveux — du doute et de l'expectative. Et c'est pourquoi, en esprits conditionnés par des habitus volontaristes inavoués, ils basculent si facilement, quand ils sont sédévacantistes en acte, dans le ralliement, en allant d'un extrême à l'autre, passant brutalement du sédévacantisme à la soumission inconditionnelle au concile. Par ailleurs, quand il est ici question d'abus d'autorité, il faudrait, en rigueur, parler de défaut d'autorité, car il s'agit d'un abus de l'usage des formes (en l'occurrence celles du magistère ordinaire universel, magistère des évêques en droit dispersés) en lesquelles se coule le magistère ordinaire, ainsi d'un abus de l'usage des apparences d'un vrai magistère, et non d'un abus de l'usage de ce magistère lui-même.

Cela dit, avec beaucoup de bonne volonté là aussi, il est possible de suggérer que Pie XI rappelle une vérité certes tronquée mais réelle en insistant sur le fait que la société est pour l'homme en dernier ressort, et qu'elle est moyen : elle a raison de fin (ce que Pie XI ne dit pas, et ce que les thuriféraires de Pie XI se garderont de rappeler), mais non de fin ultime, en ce sens que la fin du politique est elle-même le salut, qui est individuel ; de plus, bien qu'ayant raison de fin par rapport à ses parties, le tout social peut se faire le moyen de la santé de ses parties, dans son propre intérêt ;

il se fait le moyen de ce dont il est la fin, puisque le bien commun n'existerait pas si les biens particuliers étaient délaissés.

§ 17. On voudra donc bien noter que Vatican II pourrait à la limite rentrer dans ces espèces de formules magistérielles imparfaites et équivoques, dont l'imperfection ne suffit pas pour qu'il soit permis d'en déduire qu'elles auraient été formulées par des antipapes. Nulle personne de bonne foi ne peut croire que Vatican II serait innocent, que son esprit serait catholique, que ses promoteurs voulaient le bien de l'Église. Il y avait des imbéciles et/ou des naïfs qui subjectivement voulaient le bien de l'Église et qui croyaient œuvrer pour une nouvelle Pentecôte, ils avaient une fausse intelligence de leur foi mais ils avaient la foi ; il y avait aussi des Juifs et des marxistes, des protestants et des maçons infiltrés qui voulaient la mort de l'Église. Le résultat concret, c'est cet ensemble de textes peu cohérents, manifestement rédigés par des personnes qui ne pensaient ni ne voulaient la même chose, équivoques, dangereux, et à rejeter en bloc. Mais cela ne suffit pas pour être certain que les occupants du Saint-Siège entre 1959 et aujourd'hui n'avaient pas l'autorité.

§ 18. Plutôt que de se rallier à la solution esquissée ici (cf. § 6 : distinction entre vrai magistère et magistère vrai), on peut aussi, pour sauver le sédévacantisme, suggérer que si toutes les déclarations magistérielles ne sont pas dotées explicitement des notes attestant leur infaillibilité, néanmoins ces critères d'infaillibilité sont toujours implicitement respectés : ou bien le pape aurait toujours l'intention d'obliger, parlerait toujours en tant que docteur universel, ou bien il déclarerait toujours implicitement que ce qu'il enseigne est fondé sur la Révélation.

Là contre, force est de faire observer que si tel était bien le cas, les papes Pie IX et Léon XIII ci-dessus évoqués se seraient bien mal exprimés. Plutôt que de dire que le magistère est infaillible quand il présente comme fondé sur la Révélation (orale ou écrite) ce qu'il propose à croire, ils auraient dû formuler leur enseignement comme suit : le magistère (entendons : ce qui est exprimé dans les formes juridiquement magistérielles) est toujours infaillible en tant même que magistère, parce que, *étant la Tradition même (l'acte même de transmettre le dépôt révélé aux premiers apôtres)*, il est nécessairement conforme à et fondé sur le contenu objectif de ce dépôt.

Mais c'est là une pétition de principe : ce qui est enseigné dans les formes magistérielles serait toujours conforme à l'enseignement de la Tradition parce qu'il devrait être tenu, en vertu de ces formes, telle l'expression de cette Tradition. S'il y a identité entre l'objet et la formule qui l'exprime, il n'y a plus lieu, en effet, de s'interroger sur les conditions d'adéquation entre l'objet et le discours ; mais c'est précisément ce qui est en question et, en l'occurrence, si l'Église a bien laissé entendre que le magistère *est* la Tradition, elle a aussi pris soin d'enseigner qu'elle est habilitée à déclarer, pour circonscrire les conditions d'infaillibilité de son enseignement, que ce magistère est *conforme à et fondé sur* la Tradition, de telle sorte que ledit magistère doit être tenu pour identique à ce à quoi il se déclare adéquat, par là pour identique à ce dont il se distingue ; et cette contradiction est levée si et seulement si l'on comprend ceci : ce qui est exprimé dans des formes magistérielles n'est pas nécessairement, ou à raison de ces formes juridiques mêmes, un vrai magistère, et sous ce rapport il convient de chercher une adéquation de ce dernier à la Tradition ; mais, s'il se révèle conforme à elle, alors il est un vrai magistère, de sorte qu'il est la Tradition même. Un vrai magistère ne saurait sans contradiction être conforme à (soit : différent de) ce à quoi il est identique ; mais tout ce qui a la forme juridique d'un magistère n'est pas par là un vrai magistère. C'est cette « troisième voie », ici exposée, entre lefebvrisme et sédévacantisme, qui permettrait, sinon de réconcilier les deux écoles, à tout le moins de rendre possible leur coexistence et même leur collaboration dans l'apostolat, et qui de plus permettrait de conjurer le tropisme ralliériste qui ne manquera pas de s'emparer de la « Résistance » quand elle se mettra à réfléchir un peu sur la pertinence de ses postulats (qui sont ceux de la FSSPX) ; il est vrai que cette équipe « résistancialiste », tout affairée à revendiquer l'héritage d'un lefebvrisme idéalisé et durci par les besoins du moment, ne se paie guère le luxe de penser de manière sélective et critique, de sorte qu'elle est relativement immunisée contre le tropisme ralliériste ; mais les choses changeront quand une nouvelle génération prendra la relève, qui sortira peut-être du séminaire d'Avrillé dont l'argumentaire sédépléniste n'est guère convaincant, de sorte qu'une telle génération sera tôt ou tard placée dans le dilemme auquel sont confrontés les dirigeants actuels de la FSSPX[122].

---

[122] Les dominicains d'Avrillé, de concert avec Mgr Williamson et Mgr Tissier de Mallerais, excluent *a priori* l'hypothèse sédévacantiste, tout en étant conscients du fait que le magistère est norme prochaine de la foi, que donc il serait méthodologiquement nécessaire — pour les raisons ici exposées — de formuler une telle hypothèse pour seulement commencer à critiquer Vatican II. Pour se dispenser de prendre au sérieux le raisonnement qui est ici proposé, ils s'accrochent à l'idée suivante :

Il n'y aurait pas, dans leur perspective sédépléniste en acte, l'Église catholique qui est à Rome mais qui est malade du modernisme (lequel a dans ce cas raison de privation : la maladie est privation de la santé, elle est ontologiquement suspendue à la perfection qu'elle conteste), il y aurait deux Églises, l'Église catholique et l'Église conciliaire, numériquement distinctes quoique « *materialiter* » intimement mêlées dans les faits, et l'occupant du Saint-Siège serait le chef des deux. Aussi n'y aurait-il pas lieu d'être troublé par le dilemme ici évoqué (dont les termes sont les suivants : α. s'il est pape, l'occupant du Saint-Siège doit être obéi à peine de faire de l'intelligence du contestataire la norme de ce qui se propose à lui comme la norme prochaine de sa foi, ainsi de son intelligence éclairée par la foi ; β. si l'on peut légitimement contester un enseignement erroné qui se veut magistériel, on doit au moins faire l'hypothèse de la vacance) ; en tant que chef de l'Église catholique, le pape doit être obéi en toute chose relevant du magistère ; en tant que chef de l'Église conciliaire il peut être contesté.

La difficulté de cette position de repli est la suivante : si le même homme est chef de l'Église et de la Contre-Église, il est, en tant que chef de la seconde, *ipso facto* exclu de la première (il faut appartenir à l'Église pour être catholique, et l'on ne saurait être catholique en se voulant anticatholique), et, n'étant pas catholique par le fait même de cette

D'une certaine façon, tout sédévacantiste — qui en tant que sédévacantiste en acte tient pour acquis que le magistère ordinaire universel serait par soi infaillible aussitôt qu'il traite de sujets relatifs à la foi et aux mœurs — est confronté au « cercle » logique suivant :

Devant que de poser, pour en inférer à la vacance du Saint-Siège, l'acte d'un jugement réprobateur sur le contenu d'un magistère, par là de se faire le juge de ce qui est en droit norme prochaine de sa foi, le sédévacantiste se doit de supposer le siège apostolique vacant pour s'autoriser à repousser ce qui se présentait à lui comme un magistère, cependant que c'est le jugement réprobateur qu'il formule qui l'habilite à tenir le Siège pour vacant ; et c'est là une pétition de principe, laquelle n'est levée que si l'on peut douter d'un enseignement magistériel sans nécessairement tenir pour nulle l'autorité qui le promulgue ; ce qui revient à dire qu'on ne peut s'autoriser, *dans les circonstances actuelles*, à se soustraite au caractère coercitif d'un magistère problématique, *qu'en n'étant pas sédévacantiste en acte.*

D'aucuns, à l'inverse, contestent que la simple hypothèse du sédévacantisme puisse jamais être formulée, pour la raison que, disent-ils, l'Église devant durer jusqu'à la fin du monde (les portes de l'enfer ne pouvant prévaloir contre elle), et l'existence de l'Église supposant celle d'un pape, alors il devrait y avoir un vrai pape jusqu'à la fin du monde.

Là contre, souvenons-nous de l'enseignement d'Aristote, au livre II de sa *Physique*. Il définit la nature (*phusis*) comme « principe du mouvement et du repos pour la chose en laquelle elle réside immédiatement (ou premièrement), par essence et non par accident » ; cette formule peut en droit désigner autant le mouvement substantiel (la « *permutatio* » des thomistes) que les mouvements selon le lieu, la qualité ou la quantité ; quand, dans le mouvement selon la génération, une chose est investie par une certaine nature, elle reçoit un acte auquel elle s'assimile, et ainsi elle devient une nouvelle substance. La causalité en général, c'est l'acte du moteur en tant qu'il est dans le mobile ; elle est donc la communication d'une actualité à laquelle le mû ou récepteur se conforme progressivement. Et dans sa *Métaphysique* (livre IX), le Stagirite déclare que la nature entre dans le genre de la puissance active, en tant qu'elle est principe de mouvement non dans un autre ou dans le même en tant qu'autre, mais dans le

exclusion, il n'est pas pape. On dira qu'il est chef d'une Contre-Église sans savoir qu'il l'est, parce qu'il ignore la différence réelle existant entre les deux du fait de leur intime imbrication lui faisant accroire qu'il n'en est qu'une seule (la catholique), de sorte qu'il ne serait pas hérétique « *pertinax* » ; dans ce cas, force est de reconnaître qu'il n'existe pas deux Églises (la catholique et la conciliaire) numériquement distinctes, mais une seule, et que l'Église conciliaire a raison de privation dans l'Église catholique ; et s'il est chef d'une Église conciliaire — ainsi d'une Contre-Église — réellement distincte de l'Église catholique mais intimement fondue en elle, on ne peut maintenir le caractère réel et objectif de leur différence que s'il sait qu'il est chef des deux, mais alors il est *ipso facto* hérétique « *pertinax* », et il n'est pas pape.

même en tant que même. *On comprend bien là que la vraie cause efficiente est la « phusis »* ; telle est par exemple la nature du père (commune au père et au fils), de sorte que le père est dit cause (efficiente) du fils, mais seulement au sens où il est l'opérateur de l'exercice de la cause efficiente (la nature communicable) : la nature humaine individuée ou hypostasiée dans le père se donne en lui le mode d'être par lequel elle se fait l'opérateur de sa propre communication *ad extra*. Le père peut bien être dit lui aussi cause efficiente, en tant qu'il est une individuation de cette nature, ou cette nature même en tant qu'individuée ; mais c'est en tant que principe de communication de sa propre nature vouée à être individuée dans le fils, que le père est dit cause efficiente.

Aussi, par analogie, on peut bien dire que le roi est cause efficiente de la cité, mais, en vérité et plus philosophiquement, c'est la nature humaine (nature politique) immanente à tout homme (dirigeants et dirigés) qui est au sens plein cette cause efficiente de la cité ; une telle nature invite les hommes à tendre inchoativement, spontanément, les uns vers les autres ; mais l'exercice spontané de cette tendance (qui « travaille » en chaque homme de manière inconsciente ou non réfléchie) requiert l'existence d'un chef, ainsi d'une intelligence et d'une volonté en lesquelles une telle tendance ou puissance active prend conscience de soi ou se personnifie, car si la nature politique de l'homme fait tendre les hommes à l'unité *spontanément*, une telle unité, pour être pérenne, doit être *réfléchie*, prendre la forme d'un projet (pensé par le chef) en lequel sont précisées les modalités d'une telle unité dans la diversité, définitionnelle d'un bien commun. La vraie cause efficiente est donc bien la nature humaine (en tant que l'homme est par nature un animal politique), bien qu'il soit (si l'on peut ainsi parler) dans la nature de cette nature de requérir la personnalité pour se rendre communicable, et/ou pour se faire le sujet d'exercice de sa propre efficience ; on peut parler de cause efficiente entitative pour désigner la nature politique de l'homme, et de cause efficiente opérative pour désigner le rôle du chef. Et c'est parce que la nature humaine est immanente à tous que son bien propre (le bien commun de tous) peut avoir raison de cause finale pour tous : les appétits d'un être procèdent de sa nature et ramènent à elle, de sorte qu'elle se veut en lui, et qu'il aime le bien de cette nature en tant qu'il lui est rapporté. Et c'est pourquoi les philosophies politiques enseignant que le roi serait cause efficiente au sens strict sont incapables de faire du bien commun la cause finale de la cité, et en viennent ultimement à subordonner le bien de la cité au bien vertueux de l'individu (augustinisme politique).

En appliquant ce raisonnement, *mutatis mutandis*, à l'Église, on peut dire, en se souvenant que la cause efficiente procède proleptiquement de la cause finale (elle est la cause finale elle-même, en tant qu'elle s'anticipe dans la cause motrice), que la foi, communiquée par l'Esprit-Saint fondateur de l'Église, est le bien commun de l'Église, et qu'il en est du pape par rapport à la foi comme il en est du chef par rapport à la nature politique de l'homme. La différence vient de ce que la foi n'est pas intrinsèque à l'homme comme l'est sa nature, mais on peut remarquer que si la foi excède la nature, en retour il est contre nature de refuser la foi (*Somme théologique*, IIa IIae q. 10 a. 1) ; aussi la foi peut-elle avoir pour les membres de l'Église la fonction de cause efficiente et de bien commun, le bien ultime de l'Église étant la Vision.

Dès lors, sans pape, l'unité de l'Église va mal, comme une nation sans chef, mais une nation peut subsister longtemps sans chef, parce que la nature politique de l'homme immanente à chaque membre de la « *polis* » appelle d'elle-même la désignation d'un chef, et peut suffire à garantir l'unité de la multitude en période d'interrègne. Et de même, qu'il n'y ait plus de pape à la fin des temps n'exclut pas qu'il y ait Église, même si, en l'état, elle ne peut qu'être très malade.

Le raisonnement qui précède n'entend pas signifier que la question du pape serait secondaire dans la crise de l'Église. Pour certains, de même que le bien commun politique est premier principe d'unité de la multitude sociale quand bien même la société aurait un mauvais chef ou même en viendrait un temps à ne plus avoir de chef, de sorte qu'il est possible d'affirmer qu'en rigueur la question du chef et de son autorité est secondaire par rapport au bien commun, de même, pour les partisans d'une telle analogie entre cité profane et Église, le bien commun de l'Église, à savoir la foi, est premier principe d'unité — ainsi d'existence — de l'Église, quand bien même on aurait un mauvais pape, voire pas de pape du tout, *de sorte qu'il serait possible d'affirmer qu'en rigueur la question du pape et de son autorité serait secondaire par rapport à celle de l'intégrité du dépôt de la foi*. Mais il existe une différence essentielle entre la société politique et l'Église. Dans la société politique, la conception que le chef se fait du bien commun n'est pas le critère de la juste définition du bien commun, qu'il s'agisse du bien commun en général ou du bien commun *hic et nunc*, et c'est pourquoi l'on peut désobéir à un chef qui erre sans trop se préoccuper de lui, et revendiquer son appartenance à une telle société tout en désobéissant à un tel chef. En revanche, dans l'Église, au rebours de ce qui vaut pour la société politique (ce n'est pas la soumission au prince qui fait le constitutif formel de l'appartenance à la cité), c'est l'adhésion à l'enseignement du pape qui, en droit, définit le contenu de ce bien commun surnaturel qu'est la foi, par là la catholicité, et de ce fait l'appartenance du fidèle à l'Église : appartient au dépôt de la foi ce que le pape déclare être tel. C'est pourquoi, même si le bien commun de l'Église peut subsister sans pape, il reste que, aussi longtemps que quelqu'un revendique le statut de pape, la question du pape demeure essentielle dans la vie du catholique.

Voir ici compléments à la rubrique « **Science** », à propos de la notion de falsifiabilité.

SIONISME

En 1916, l'Angleterre en difficulté est sur le point de signer l'armistice proposé par le Kaiser. Une délégation juive allemande et sioniste se rend alors au *British War Cabinet* pour proposer à l'Angleterre de faire entrer les États-Unis dans la guerre à ses côtés, en échange de l'engagement de l'Angleterre à chasser les Ottomans de Palestine pour offrir cette dernière aux Juifs. L'Amérique du Nord déclara la guerre à l'Allemagne le 2 avril 1917, alors qu'elle n'y avait aucun intérêt, sous l'effet de la pression sur le Président Woodrow Wilson du Juif sioniste Louis D. Brandeis (avocat et président de la Cour suprême des États-Unis) et du rabbin Stephen Wise. Wilson reconnaîtra la déclaration Balfour : ministre des Affaires étrangères britannique, Arthur James Balfour, en 1917, écrit à Lionel Walter Rothschild pour lui promettre le soutien de l'Angleterre au projet de création d'un État juif. Avant 1917, les sionistes avaient déjà soutenu divers indépendantistes arabes afin d'affaiblir l'Empire ottoman ; Lawrence d'Arabie, agent britannique, prolongera cette entreprise. (Source : *Rivarol* n° 3336 du 27 juin 2018, p. 12.)

« À l'heure où le lobby juif n'a jamais eu autant de pouvoir en France, en politique comme dans les médias, nous entendons ici et là qu'il ne faut pas être judéo-centré, que l'on ne doit pas tomber dans le judéo-centrisme. Face à cette remarque illégitime et dénuée de courage, il est nécessaire d'effectuer un bref rappel : sans l'oligarchie juive sioniste, il n'y aurait pas eu les deux guerres mondiales, la déclaration Balfour, la révolution bolchevique, le totalitarisme bancaire (Fed et BRI), le concile Vatican II, le rétablissement du divorce, Mai 1968, la loi Pompidou-Rothschild, la dette souveraine, la légalisation de la contraception puis de l'avortement, le 11 septembre 2001, la loi Fabius-Gayssot, l'immigration-invasion, la crise des migrants… En gros, sans l'action nocive de cette communauté organisée et dévouée au grand Israël, l'Europe et la France ne seraient pas dans un état aussi désastreux, c'est une évidence. Faire abstraction du rôle décisif de cette puissance occulte, c'est passer à côté de l'histoire.

En ce XXIe siècle, dans le cadre du processus mondialiste, cette question juive est plus que jamais centrale, incontournable, car tout (ou presque) découle du judaïsme politique. Que ce soit à l'échelle internationale, au regard de l'influence de l'État hébreu dans la géopolitique mondiale, comme à l'échelle nationale : nul ne peut ignorer qui (CRIF et B'naï B'rith) donne les ordres à notre gouvernement républicain en France.

Pour rappel, la république n'est pas la France. Elle est un régime politique qui est né sur l'échafaud durant la Révolution dite "française" de 1789. Elle est une création maçonnique. Elle est le parti de l'étranger. Elle est l'anti-France. Sous contrôle de la synagogue, ce régime est précisément de nature talmudo-maçonnique. En effet, l'histoire de la république démontre que ce sont à chaque fois les mêmes puissances occultes dirigeant le monde qui furent à la manœuvre pour son établissement et contre l'intérêt national français.

Cette république est le régime de domination durable de la judéo-maçonnerie. Elle est parfaitement illégitime (...), tant ses crimes, son caractère démoniaque, antichrétien et antifrançais sont indéniables. Par conséquent, un authentique patriote français ne peut certainement pas être républicain.

À l'heure où l'Israël sioniste de Netanyahou est étonnamment pris en exemple par une partie de la sphère dite "dissidente", il est nécessaire de rappeler ce qu'il est réellement et objectivement : un État voyou et criminel. Corrompre les autres nations, leur faire du chantage, bombarder des civils pour faire du nettoyage ethnique, massacrer en toute impunité, maintenir sa propre population dans la peur, mentir sans cesse sur l'histoire, faire constamment dans l'inversion accusatoire... tout ceci est-il à prendre en exemple ? Est-ce cela le projet de société que nous souhaitons pour la France ? Certainement pas, bien évidemment. Contrairement à ce qui est répandu, de nos jours, par une certaine droite sioniste ou tout du moins judéo-compatible, le sionisme n'est pas simplement le droit pour les Juifs d'avoir une terre à eux en Israël. Déjà, pour être exact sur le plan historique, cette terre, les Juifs sionistes l'ont volée au peuple de Palestine qu'ils ne cessent de maltraiter et de massacrer. Sur le plan de la sémantique, il serait d'ailleurs préférable de parler de "génocide palestinien" plutôt que de "conflit israélo-palestinien".

De plus, le sionisme politique va bien au-delà de cette simple considération. S'inscrivant dans un projet global, celui du mondialisme, il vise la domination, la destruction des autres nations (particulièrement en Europe [Édom] qui est le cœur de la chrétienté), leur mise en esclavage, et ce au profit du Grand Israël. C'est cet objectif que poursuivent inlassablement Jacques Attali et ses coreligionnaires. Le conseiller à l'Élysée et apôtre du mondialisme va jusqu'à espérer une gouvernance mondiale pilotée depuis Israël et ayant pour capitale Jérusalem. Ainsi, un authentique patriote français ne peut être sioniste. Il ne peut certainement pas approuver la colonisation de la France par une nation étrangère, en l'occurrence Israël (ce qui est le cas aujourd'hui), et dans le même temps se revendiquer « nationaliste blanc », l'oligarchie cosmopolite étant l'initiatrice du métissage généralisé. Être un patriote français et approuver le projet sioniste est donc aussi absurde que contradictoire car l'un poursuit l'asservissement de l'autre. Vouloir une France blanche et européenne dans cette république judéo-maçonnique est absolument illusoire. Car c'est précisément la Gueuse qui a instauré la France black-blanc-beur dégénérée.

En conclusion, on ne peut se prétendre dissident, nationaliste ou simple patriote français et prendre parti pour la république qui est l'anti-France, pour le sionisme qui poursuit l'anéantissement de l'Europe chrétienne et de la véritable France » (Johan Livernette, le 25 avril 2018, sur *le blog de Johan Livernette*).

Bref commentaire :

Sans remettre en cause le courage de l'auteur de cet article, non plus que la pertinence de son contenu (les détracteurs du conspirationnisme sont en général des membres du complot qu'ils ont la fonction de celer en ridiculisant ceux qui le dénoncent), il est néanmoins permis de nuancer de telles thèses, sous deux rapports.

D'abord, imputer aux Juifs la responsabilité de tous les maux dont souffrent la France et la Chrétienté revient à leur faire un singulier honneur, à leur reconnaître une importance et des talents dont ils sont en vérité dépourvus. Les Juifs se sont contentés d'amplifier dans leur intérêt des situations désordonnées, de même qu'ils ne sont pas les auteurs des hérésies dont ils furent les instruments de diffusion et les adeptes (dont la gnose en particulier), et sous ce rapport ils n'ont même pas le génie du mal.

Ensuite, et dans le sillage de la remarque précédente, les causes profondes de la décadence française consommée en 1789 sont à chercher d'abord dans les agissements des Français eux-mêmes.

À titre d'exemple, on observera que « le jansénisme ne fut pas seulement une théologie et un rigorisme, il fut aussi une ecclésiologie qui exalta l'épiscopat au détriment des ordres religieux et de la papauté et dont les tendances presbytériennes sont évidentes » (*Histoire de l'Église catholique*, Pierre Pierrard, Desclée, 1972, p. 217) ; l'influence occulte du jansénisme après la condamnation de 1713 (Bulle *Unigenitus* de Clément XI) ne fut pas négligeable ; « ainsi le *code curial* du janséniste Maultrot, en haussant délibérément le rôle des curés dans l'Église, contribua certainement, en 1789, à faire du bas-clergé un élément actif de la Révolution » (*id.*, p. 215). Le gallicanisme, conciliariste (ainsi hérétique : il n'y a aucune relation nécessaire entre le refus légitime de la théocratie et le refus illégitime de la primauté du pape en matière spirituelle et de sa supériorité par rapport aux conciles), « vivra tout au long du XVIIIe siècle sous sa forme parlementaire et sous sa forme presbytérale. Le clergé de Louis XV et de Louis XVI sera généralement digne, souvent docte, mais volontiers chicaneur ; le curé gallican sera prêt à regimber contre une société qui ne lui offre pas le rôle auquel il a droit ; peu romain, marqué par le jansénisme, obsédé par une espèce de presbytérianisme catholique, ce clergé sera un agent actif de la Révolution de 1789. Le Parlement intervint souvent dans le sens gallican ; en 1766, sans consulter Clément XIII, il forma une "Commission des Réguliers" qui, prétextant de l'attiédissement des ordres monastiques, recula d'autorité l'âge de l'émission des vœux et supprima nombre de maisons religieuses, sacrifiant ainsi au philosophisme anti-monastique. Car des études récentes prouvent qu'il est faux de parler alors de "tarissement des vocations". Le Parlement avait fait mieux quand, à la suite d'un procès civil attaché à la faillite d'un missionnaire jésuite, le P. Lavalette, il avait obtenu de Louis XV l'arrêt général d'expulsion des religieux de la Compagnie de Jésus considérés comme les principaux agents de l'ultramontanisme (1764). La surprise fut à son comble quand on apprit que

Clément XIV, par le bref *Dominus ac Redemptor* (1773), avait aboli la Compagnie qui comptait alors vingt-trois mille membres <elle ne sera restaurée qu'en août 1814 par Pie VII>. La papauté se privait d'un coup, en plein "siècle des Lumières", de ses meilleurs défenseurs ; cet acte, dû à la pression des cours, dit assez l'état de faiblesse du Souverain Pontificat quinze ans avant la Révolution » (*id.*, p. 217-218). La Révolution française fut « selon le mot de Barnave, le "sommet" d'une révolution européenne produite par la bourgeoisie enrichie » (Pierrard, *op. cit.*, p. 227) ; « les États généraux, devenus, **après six semaines et grâce aux deux cents curés députés, Assemblée nationale constituante (juin 1789), furent dominés par les éléments issus du jansénisme, du gallicanisme** <nous soulignons> et de la libre-pensée » (*id.*, p. 227). Et, après 1815, « les idées révolutionnaires faisaient corps avec la masse de la nation » (*id.*, p. 240), de sorte que le conspirationnisme, qui tend à tout expliquer selon l'exclusive causalité des complots, développe volontiers la thèse — somme toute rassurante, mais en grande partie controuvée — d'une opposition entre pays légal et pays réel, qui autorise à croire que les vrais responsables de la décadence ne sont pas le peuple qui serait demeuré sain, mais une petite minorité de Juifs et de maçons dont il suffirait de se débarrasser après les avoir dénoncés à la vindicte populaire pour que la France recouvrît sa grandeur et sa « vocation ». Sous ce rapport, le conspirationnisme est un optimisme irréaliste : le peuple est pourri dans sa moelle, même s'il est vrai que le poisson pourrit toujours par la tête ; la Révolution française fut populaire, et elle se fût probablement produite même si les Juifs et les maçons n'avaient pas œuvré pour la faire naître et favoriser son triomphe. C'est pourquoi le réactionnaire est invité, plus qu'à se complaire dans l'écheveau des causalités conspirationnistes (dont il demeure éminemment utile, cependant, de ne pas ignorer l'existence), à s'interroger sur la logique des idées qui ont rendu possible sa marginalisation, et cette interrogation l'invite à se remettre en cause lui-même : c'est dans l'incomplétude des doctrines de son propre camp que gît probablement la raison ultime de ses échecs.

Il suffit de relire les *Trois discours sur la condition des grands* de Pascal (reconstitués et transcrits par Pierre Nicole), pour comprendre ce qu'il peut y avoir de politiquement subversif dans le jansénisme, tout comme au reste dans le luthérianisme : si la nature humaine est non seulement blessée en tant qu'affaiblie (surtout dans ses puissances opératives inférieures), mais littéralement corrompue dans toutes ses puissances (d'où l'austérité aussi ostensible que féroce de la morale qu'il conviendrait d'adopter), alors tout ce qui lui est naturellement inhérent devient frappé de circonspection et de déviation ; il en serait ainsi en particulier des pouvoirs naturels de la raison (d'où tendance au relativisme et au scepticisme) et du pouvoir politique de l'homme sur l'homme toujours, dans cette perspective erronée, susceptible de servir les intérêts du possesseur d'un tel pouvoir, ainsi toujours perverti, frappé de démesure, au point que, tel un mal nécessaire, il est invité à n'être conservé qu'en étant rendu inoffensif par son morcellement ; le pouvoir doit arrêter le pouvoir, le pouvoir doit être divisé contre lui-même, selon la logique *libérale* de Montesquieu (*Esprit des Lois*, livre XI) ; mais il est dans la logique d'un tel point de vue de radicaliser cette division du pouvoir au point d'en arriver à la démocratie. Ainsi voit-on dans les faits, parce que la chose était inscrite dans la logique des idées inspirant de tels faits, s'instaurer une sournoise solidarité objective entre pessimisme janséniste et esprit démocratique, laquelle ne doit rien à l'influence des Juifs et des maçons. Et cette solidarité malheureuse existe, même si elle n'a pas encore donné tous ses fruits amers, entre cet esprit surnaturaliste furieusement compassé et clérical qui sévit aujourd'hui dans la Tradition catholique, et l'esprit égalitaire et d'insurrection contre l'autorité de l'homme sur l'homme. Affligé d'une subjectivité incandescente d'écorché vif, l'homme sourdement révolté qui est encore croyant répugne à obéir à un homme, il n'y consent de mauvaise grâce que si cet homme est homme d'Église, soustrait à la condition de l'homme qui n'est qu'homme, d'où la tendance à l'esprit théocratique ; et l'ecclésiastique démangé par le prurit de la révolte, tout en exaltant la dignité éminente de sa condition qui le met au-dessus des hommes et lui vaut leur soumission, répugne à obéir au pape et consent de mauvaise grâce à obéir à un collège d'évêques, dans la forme déjà démocratique de l'exercice du pouvoir.

SOTTISIER

« Quand, à la fin du XVIIIe siècle, les Droits de l'Homme ont été proclamés en Amérique et en France, et les peuples conviés à l'idéal de liberté, d'égalité et de fraternité, c'est le grand défi du peuple, des hommes de rien, de l'esprit d'enfance et de foi, et tout ensemble un idéal de générosité universelle qui passait dans l'ordre politique lui-même à l'égard des puissants de ce monde et de leur scepticisme expérimenté. La poussée évangélique qui faisait ainsi irruption portait la marque d'un christianisme laïcisé » (Jacques Maritain, *Christianisme et Démocratie*, Éd. de la Maison Française, New York, 1945, p. 19).

« La nation ne sera vraiment unie que lorsqu'un idéal assez puissant l'entraînera vers une grande œuvre commune où les deux traditions de la France de Jeanne d'Arc et de la France des Droits de l'Homme seront réconciliées » (Maritain, « L'Unité d'un peuple libre », *Le Figaro*, 7 décembre 1944). Il s'agit de « réconcilier la vision d'un Joseph de Maistre et celle d'un Lamennais dans l'unité supérieure de la grande sagesse dont saint Thomas est le héraut » (Maritain, *Du Régime temporel de la liberté*, p. 147).

« **Les hommes de mauvaise volonté font la guerre aux hommes de bonne volonté**, et les obligent à **répondre** à la force par la force » (p. 105). « C'est une guerre de civilisation. C'est pour le salut temporel du monde et la mission de l'homme ici-bas qu'il faut aujourd'hui subir la mort et la torture en luttant contre la bestialité de l'empire païen » (p. 134). « Les Allemands ont voulu utiliser le Diable, ils ont jeté l'Europe dans l'enfer et l'enfer se vengera sur eux » (p. 518). « **Le crime que l'Allemagne a voulu perpétrer contre la France** a des proportions surhumaines ; avoir conçu un tel crime contre une nation appelle la colère de Dieu » (p. 160). Maritain évoque pour la bénir « la masse innombrable… et les armées françaises au milieu d'eux, pour porter le coup suprême à la bête qui piétine l'Europe, et que les armées russes s'apprêtent aussi à poursuivre dans son repaire » (p. 810), de telle sorte que « **la Russie fait maintenant retour à la communauté occidentale** » (p.194) (Jacques Maritain, *Messages, 1941-1944.* Cité par Ivo Höllhuber, *L'Europe et les méfaits du mondialisme*, Éd. du Flambeau, 1994).

A contrario :

Outre que la guerre franco-allemande fut déclarée par les Français, outre qu'après Montoire la France bénéficia d'une grande indulgence de la part du vainqueur en dépit des tractations américanophiles du maréchal Pétain, qui, des démocraties ou de Hitler, fut assez inconscient pour libérer l'énergie diabolique de l'atome à des fins militaires ? En octobre 1944, c'est-à-dire à un moment où la tentation devait être très forte d'user des procédés les plus barbares pour emporter une victoire plus que compromise, Hitler tint devant Otto Skorzeny les propos contenus dans le dialogue suivant :

(H) — « Savez-vous bien que si l'énergie libérée par une radioactivité artificielle était utilisée comme arme, ce serait la fin de la planète ?

(S) — Les effets pourraient être terrifiants…

(H) — Ils le seraient ! Admettons que cette radioactivité puisse être contrôlée, puis employée comme arme : les effets seraient épouvantables. Lorsque le Docteur Todt était à mes côtés, j'ai lu qu'un seul engin de ce genre dont la radioactivité serait en principe contrôlée dégagerait, en théorie, une puissance aux ravages comparables à ceux des grandes météorites tombées dans l'Arizona et en Sibérie, près du lac Baïkal. C'est-à-dire que toute espèce de vie, non seulement humaine, mais animale et végétale, serait anéantie dans un rayon d'une quarantaine de kilomètres. Ce serait l'Apocalypse. Et comment garder un tel secret ? Impossible. Non ! Aucune nation, aucun groupe d'hommes civilisés ne peut, en conscience, prendre de telles responsabilités. De riposte en représailles, ils disparaîtraient eux-mêmes fatalement. Seules, peut-être, des peuplades comme celles du haut Amazone ou des selves de Sumatra auraient quelque chance de survivre » (Otto Skorzeny, *La Guerre inconnue*, version française de Saint-Paulien, Albin Michel, 1975, p. 153-154).

Pacelli en 1924, dans une lettre au cardinal Gasparri : « Le nationalisme [est] peut-être la plus dangereuse hérésie de notre époque » (cité par Christophe Dickès, *Le Vatican, vérités et légendes*, Perrin, 2018, p. 145). Au lendemain de l'arrivée d'Hitler au pouvoir, Pacelli s'écrie : « C'est une chose terrible, c'est pire qu'une victoire de la gauche socialiste » (*id.*, p. 147).

À l'occasion d'une audience accordée à des élèves et professeurs de l'école italienne, Pie XI affirme que « l'État n'est pas fait pour absorber, pour engloutir ou pour anéantir l'individu et la famille ». Et il ajoute : « Ce serait une absurdité, ce serait contre nature, car **la famille passe avant la société et l'État** » (cité par Christophe Dickès, *op. cit.*, p. 127).

Réflexion critique :

S'il est vrai, selon l'enseignement de saint Thomas, qu'un bien est d'autant meilleur qu'il est plus commun, et que sa diffusibilité est définitionnelle de sa perfection, force est de confesser que cet enseignement de Pie XI est tout simplement faux, puisque le bien commun de la nation est plus commun que celui de la famille. Un tel enseignement papal n'est certes pas doté de l'autorité d'une encyclique, mais il éclaire le croyant sur le sens qu'il convient de donner, dans l'esprit de Pie XI, à son expression équivoque « la société est pour l'homme, non l'homme pour la société » (« *Civitas homini, non homo civitati existit* »,

Divini Redemptoris, Acta Apost. Sedis, 1937, p. 79). Il n'est pas excessif de parler de personnalisme latent. Ce qui n'empêcha pas Pie XI d'être politiquement lucide sur certains points, au moins à certaines époques : « J'ai modifié mon opinion sur Hitler (…). C'est la première fois, il faut bien le dire, que s'élève une voix de gouvernement pour dénoncer le bolchevisme en termes aussi catégoriques » (Pie XI à l'ambassadeur français Charles-Roux, début mars 1933, cité par Dickès, *op. cit.*, p. 147).

« Lors de la Seconde Guerre mondiale, les gouvernements de l'Axe ont espéré profiter de la dénonciation du communisme contenue dans l'encyclique pour conférer à l'invasion de l'URSS un statut de croisade anti-bolchevique. Malgré les pressions de l'ambassadeur d'Italie Attolico, le Saint-Siège se refuse à renouveler la condamnation du communisme arguant que "parler aujourd'hui pourrait facilement avoir un caractère politique tandis que le Saint-Siège a parlé clair *tempore non suspecto*". Reprochant aussi bien au Reich allemand son alliance passée avec l'URSS et "la véritable persécution [que] le nazisme a menée et continue à mener", le secrétaire d'État Tardini conclut que "la croix gammée n'est pas… précisément celle… de la Croisade". **Avant leur propre entrée en guerre, sur les instances de Churchill, les États-Unis ont voulu faire bénéficier l'URSS d'un dispositif de prêt-bail pour soutenir sa lutte contre le Reich.** Cette initiative se heurte à une forte opposition interne, par exemple celle de l'ancien président Herbert Hoover, mais aussi à l'opposition potentielle des catholiques soucieux de suivre les recommandations de l'encyclique : les Américains d'origine balte ou polonaise étaient particulièrement hostiles à toute mesure favorable à l'URSS. Approché par Myron Taylor, envoyé personnel de Roosevelt, **le pape Pie XII est alors amené à préciser pourquoi l'encyclique de son prédécesseur n'empêche pas les catholiques américains de soutenir le dispositif. Pie XII demanda alors à son représentant à Washington, Mgr Cicognani d'intervenir auprès de l'épiscopat américain. Selon l'explication diffusée, si *Divini Redemptoris* condamne le communisme, c'est uniquement sur le plan théologique parce que Pie XI ne pouvait anticiper le futur conflit entre l'Allemagne et l'URSS ; d'autre part, si le pape interdit aux Américains de collaborer avec les communistes dans leur propre pays de peur de se rendre complices de la diffusion et du triomphe du bolchevisme, *il convient de distinguer entre régime soviétique et peuple russe*** » (Extrait de l'article de Wikipédia consacré à *Divini Redemptoris*).

Le communisme est intrinsèquement pervers et l'on ne peut, pour cette raison, collaborer avec lui à quelque titre et pour quelque fin que ce soit, mais les communistes russes redeviennent des chrétiens sans cesser de servir Staline, et même en tant qu'ils le servent, dans la mesure où ils sont nécessaires à la chute du Reich…, laquelle, comme chacun sait, s'est accompagnée d'une renaissance du catholicisme partout dans le monde…

« La révolution russe <de 1917> est apparue [comme une chose] providentielle » (cardinal Gasparri, 15 juillet 1917, cité par Dickès, *op. cit.*, p. 139).

« Quand le tsar Nicolas II abdique le 2 mars 1917, le Saint-Siège voit la révolution comme une opportunité <sic> pour l'Église catholique. Le cardinal Gasparri, secrétaire d'État, ne cache pas son enthousiasme. Il écrit le 19 mars 1917 : "La situation des catholiques est intolérable en Russie et ainsi la liberté [des cultes], proclamée par le nouveau gouvernement, ne peut que réjouir les catholiques." L'été suivant il qualifie l'événement de "providentiel". (...) Rome n'a pas abandonné son rêve de conversion de la Russie » (Dickès, *op. cit.*, p. 141-142). Et les contacts resteront fréquents avec Moscou même après la victoire des bolcheviks, Pie XI recherchant un *modus vivendi* avec Lénine. L'*Ostpolitik* trouvera un nouveau souffle avec Jean XXIII et Paul VI.

Réflexion critique :

Dickès (p. 140) cite Emilio Gentile qui définissait le totalitarisme de la manière suivante dans la revue *Raisons politiques* : « Le totalitarisme est une expérience de domination politique mise en œuvre par un mouvement révolutionnaire et organisée par un parti à la discipline militaire. [Il] se caractérise par une conception intégraliste de la politique et aspire au monopole du pouvoir » afin de construire « un État nouveau, fondé sur le régime du parti unique. L'objectif principal du totalitarisme est de réaliser la conquête de la société, c'est-à-dire la subordination, l'intégration et l'homogénéisation des gouvernés » ; le totalitarisme aurait aussi une dimension sacrée indépendante des cadres religieux traditionnels et incarnée exclusivement dans le politique. Les catholiques doivent comprendre que cette définition du totalitarisme, qui n'est pas mauvaise, ne devrait pas susciter leur animadversion pour la chose à laquelle elle renvoie.

Dans une situation normale, c'est-à-dire dans un monde humain catholique, où l'ordre des choses est globalement respecté, l'État n'a pas vocation à se substituer aux familles ou à la société civile : il est définitionnel d'un tout politique, en tant qu'hypostase ou conscience de soi du bien commun, de consentir à se faire dépendre de la vie libre des organes et personnes qu'il se subordonne, et que les personnes se subordonnent en ce qui regarde la recherche des biens excédant l'ordre terrestre ; aussi, c'est en s'ordonnant à la cité comme à sa fin dernière temporelle — sous ce rapport, l'idée de totalité est intrinsèque à celle du politique bien compris — que la personne actualise en elle les ressources spirituelles l'habilitant à excéder l'ordre politique en vue de la vie éternelle ; et l'on est fondé à penser que le meilleur régime est probablement la monarchie, pour autant qu'elle soit organique, dans l'incarnation de ce que, dans la ligne du thomisme, on nommera un « régime mixte », à la fois monarchique, aristocratique et démocratique (dans les domaines, essentiellement professionnels, où le peuple est compétent pour participer au pouvoir), mais sous l'égide de l'esprit de la monarchie, c'est-à-dire de telle sorte qu'il appartient à la dimension monarchique de ce régime de se faire le principe de synthèse et de régulation des trois formes de régimes légitimes (ordonnés au bien commun) qu'il subsume. Il reste que, après deux siècles de vie républicaine antichrétienne et maçonnique, après un siècle de vie consumériste, de « bourrage de crânes » judéo-maçonnique et démocrate-chrétien, personnaliste et moderniste, et dans un monde qui voit se dessiner à court terme la disparition de la race blanche, il n'y a plus ni bon sens dans le peuple, ni aspiration même vague à l'ordre des choses, ni familles proprement dites, ni pères dignes de ce nom, ni corps intermédiaires naturels, ni mœurs, ni authentique paysannerie ; tout est ravagé par le subjectivisme destructeur de toutes les relations humaines et de toutes les hiérarchies naturelles, ainsi de toutes les formes d'organicité. Il en est de ces peuples occidentaux modernes comme il en était des Indiens des réductions du Paraguay : la foi est librement proposée aux hommes, elle ne doit pas être imposée, mais pour autant que ces hommes soient des hommes et non des êtres réduits à des ombres d'hommes comme l'étaient ces pauvres hères détruits par l'habitus du péché, par l'habitude des sacrifices sanglants ; comme l'enseignait justement Sepúlveda, et contre les bonnes intentions de l'orgueilleux Las Casas, le colonisateur et le soldat doivent accompagner le prêtre pour convertir les païens dégénérés. Par analogie, on est en droit de penser, quand on est lucidement pessimiste, qu'un siècle de totalitarisme est nécessaire, qui pallie les déficits de la vie familiale, pour parvenir à reconstituer un peuple naturellement sain, pour lui réapprendre à faire croître des familles dignes de ce nom ; il ne s'agit pas de produire un homme nouveau entendu tel un surhomme, il s'agit de faire renaître l'homme paralysé par cette pathologie subjectiviste de la crispation sur soi, qui lui fait croire qu'elle est le réquisit de sa liberté ; il ne s'agit pas de déifier la nature au mépris des exigences de la surnature, il s'agit de reconstruire celle-là dans son ordre propre, et comme sujet de réception de la surnature ; supposer l'homme pleinement homme, ainsi supposer qu'il est naturellement sain alors qu'il ne l'est plus, pour se livrer aux délices de l'apostolat destiné à en faire un saint, c'est court-circuiter la nature au nom de la surnature, et c'est par là détruire les deux ordres à la fois. La morale est une analyse des mœurs visant à dégager les fins auxquelles il est naturel que tendent nos conduites ; c'est pourquoi, en droit, une morale expressive de l'ordre des choses s'élabore théoriquement de manière inductive et non déductive, et, dans l'ordre pratique, l'État a vocation (sans s'y réduire) à rendre possible l'exercice de la moralité individuelle, et non à l'imposer en court-circuitant, dans les sphères privées, le jeu des libertés. Mais là où il n'y a plus de mœurs, plus de familles, plus de réminiscence du bien commun, là où l'individualisme a détruit la personne humaine en détruisant toutes les communautés naturelles, force est à l'État, par accident révolutionnaire, de se faire pédagogue et instrument vicariant des instances intermédiaires détruites, et tel est le totalitarisme des fascismes, nécessaire et momentané, qui ne s'ingère dans le privé que pour le reconstituer, lui réapprendre à s'ordonner de lui-même au public, l'inviter à se contre-diviser, redevenant maître de soi, au public afin de le mieux servir, et afin d'aspirer, religieusement, à plus haut que le public politique en le servant. C'est là ce que les hommes d'Église n'ont pas voulu comprendre quand les fascismes sont nés. On a vu les résultats : Vatican II et le mondialisme, la chute des nations. Le mieux est l'ennemi du bien, l'enfer est pavé de bonnes intentions ; en s'attachant — avec une mesquinerie hargneuse et melliflue non dénuée de ressentiment, d'esprit de caste (celle des ecclésiastiques), de moralisme irresponsable et d'envie inavouable — à ce qu'il y avait, du point de vue catholique, d'imparfait et d'inachevé dans le fascisme pris au sens large, les clercs se sont faits les alliés objectifs de la Subversion. Qu'ils retournent dans leurs séminaires, leurs dicastères, leurs couvents et leurs presbytères pour y méditer sur les choses du Ciel plus que sur celles de la Terre ; qu'ils consentent à prendre au sérieux les impératifs de saint Thomas concernant la vertu de prudence, au moins pour un temps ; ils ont beaucoup dénoncé, non sans raison, surtout dans les milieux traditionalistes, les ravages du subjectivisme ; il serait temps qu'ils prissent conscience du fait qu'ils ont été eux aussi contaminés par lui, ce qui au reste transparaît dans les rapports qu'ils entretiennent entre eux : *homo homini lupus, mulier mulieri lupior, sacerdos sacerdoti lupissimus…*

Victor Hugo, *Choses vues*, tome II, 1867, écrit à Hauteville House en mai 1867 :

« Bas les armes ! Alliance. Amalgame. Unité.

Tous ces peuples que nous énumérions tout à l'heure, que viennent-ils faire à Paris ? Ils viennent être France. La transfusion est possible dans les veines de l'homme, et la transfusion de la lumière dans les veines des nations. Ils viennent s'incorporer à la civilisation. Ils viennent comprendre. Les sauvages ont la même soif, les barbares ont le même amour. Ces yeux saturés de nuit viennent regarder la vérité. Le lever lointain du Droit Humain a blanchi leur sombre horizon. La Révolution française a jeté une traînée de flamme jusqu'à eux. Les plus reculés, les obscurs, les plus mal situés sur le ténébreux plan incliné de la barbarie ont aperçu le reflet et entendu l'écho. Ils savent qu'il y a une ville-soleil ; ils savent qu'il existe un peuple de réconciliation, une maison de démocratie, une nation ouverte, qui appelle chez elle quiconque est frère ou veut l'être, et qui donne pour conclusion à toutes les guerres le désarmement. De leur côté, invasion ; du côté de la France, expansion. Ces peuples ont eu le vague ébranlement des profonds tremblements de la terre de France. Ils ont, de proche en proche, reçu le contrecoup de nos luttes, de nos secousses, de nos livres. Ils sont en communion mystérieuse avec la conscience française. Lisent-ils Montaigne, Pascal, Molière, Diderot ? Non. Mais ils les respirent. Phénomène magnifique, cordial, formidable, que cette volatilisation d'un peuple qui s'évapore en fraternité ! Ô France, adieu ! tu es trop grande pour n'être qu'une patrie. On se sépare de sa mère qui devient déesse. Encore un peu de temps, et tu t'évanouiras dans la transfiguration. Tu es si grande que voilà que tu ne vas plus être. Tu ne seras plus France, tu seras Humanité ; tu ne seras plus nation, tu seras ubiquité. Tu es destinée à te dissoudre tout entière en rayonnement, et rien n'est auguste à cette heure comme l'effacement visible de ta frontière. Résigne-toi à ton immensité. Adieu, Peuple ! Salut, Homme ! Subis ton élargissement fatal et sublime, ô ma patrie, et, de même qu'Athènes est devenue la Grèce, de même que Rome est devenue la Chrétienté, toi, France, deviens le monde. »

Tel était le terme logique de cette prétention française se subordonnant l'ordre surnaturel pour développer un insupportable nationalisme judéomorphe à prétention hégémonique, au nom de saint Jeanne d'Arc : inspirée par l'orgueil, elle ne pouvait que se laïciser, et, laïcisée, elle ne pouvait produire autre chose que cette préfiguration nationale du mondialisme qu'elle est aujourd'hui devenue à pas de géant depuis 1789, négrifiée, judaïsée, arabisée, maçonnique et exténuée.

Du même tonneau, dans un registre cependant plus modéré :

« Je termine en vous résumant en deux mots mon impression de la France : notre particularité (et, parfois, notre ridicule), mais souvent notre plus beau titre, c'est de nous croire, de nous sentir universels — je veux dire : hommes d'univers. Observez le paradoxe : avoir pour spécialité le sens de l'universel » (Paul Valéry, *Regards sur le monde actuel, et autres essais*).

Au vrai, la formule peut être comprise en un sens recevable, s'il est rappelé avec Oswald Spengler que c'est en s'enracinant dans sa particularité qu'on atteint l'universel. Par analogie, être masculin ou féminin relève de l'accident contingent ; l'essentiel est d'être humain, et ces deux manières sexuées d'être humain sont également dignes et belles, et nécessaires ; il reste que l'humain pleinement humain n'est tel qu'en s'enracinant dans sa manière d'être exclusive : l'homme ou la femme n'est humain qu'à proportion de son aptitude à être pleinement masculin, ou pleinement féminine ; l'androgyne est un monstre, il est infrahumain. La France est la synthèse de tous les aspects du génie de la race blanche, elle est un concentré d'Europe, et c'est à proportion de son aptitude à s'enraciner dans cette identité qu'elle accède à l'universel de la nature humaine.

La nature ou condition humaine est tout entière en chaque homme, bien qu'elle n'y soit pas totalement. La nature humaine est en demeure de se particulariser pour se réaliser, ainsi d'éclipser une partie de sa richesse de causalité pour se donner l'existence. Elle n'existe dans la dignité d'un singulier sans oblitérer quelque aspect de sa richesse ontologique que dans la forme d'une Idée divine, en laquelle préexistent potentiellement, sur le mode de la puissance active, tous les hommes réels et possibles. Il en résulte que cette insurrection des singuliers concrets mais créés, ainsi contingents, contre les limites qui pourtant les font être en les sommant de n'être que ce qu'ils sont, est l'expression, en chacun d'eux, de la prétention à incarner l'Idée divine d'homme. Tel est probablement le secret de cette convoitise puissante et pourtant vomitive, orgueilleuse et mortifère, au mélange universel. Les corrupteurs judaïques intéressés à ce collapsus planétaire ne sauraient parvenir à leurs fins si cette situation ne répondait à un désir capiteux, voluptueux, enivrant comme la mort (fascination du néant : envers de l'Être absolu qu'il imite négativement ; tous deux ont en commun d'exclure toute détermination particularisante), inhérent à la condition humaine déchue, et en fait profondément plébiscité par la multitude ainsi complice de manœuvres judéo-maçonniques.

Dans un article du journal *Rivarol*, du 27 juin 2018, nº 3336, page 7, Michel Fromentoux rappelle l'enseignement suivant de Jean-Baptiste Montini (1897-1978), dans *Pastoralis migratorum cura* :

« De cette mobilité des peuples découle une nouvelle et plus vaste poussée à l'unification de tous et de l'univers entier. »

C'est encore professer que la production volontariste d'androgynes favoriserait l'harmonie entre l'homme et la femme.

Là contre, Pauline Mille (site « reinformation.tv » du 21 juin 2018) évoque les années 90 pendant lesquelles l'Occident préconisa l'importation en Europe de dizaines de millions de « migrants » : « Il n'y avait pas alors de guerre en Syrie. Autrement dit, l'obligation d'accueil a précédé les prétendues causes de la migration que l'Europe a le "devoir" d'accueillir. Conséquemment, la guerre, le réchauffement climatique et les considérations LGBT ne sont que les prétextes d'une invasion décidée ailleurs et avant. »

De plus, Pie XII (1876-1958) enseignait en 1957 : « Si un endroit quelconque de la terre offre la possibilité de faire vivre un grand nombre d'hommes, on n'en interdira pas, pour des motifs insuffisants et pour des causes non justifiées, l'accès à des étrangers nécessiteux et honnêtes, sauf s'il existe des motifs d'utilité publique à peser avec le plus grand scrupule. » En 1947, devant des diplomates, il déclarait : « Ce ne sont pas les seuls intérêts des immigrants, mais aussi la prospérité du pays, qui doivent être consultés. »

Sieyès, auteur du *Qu'est-ce que le Tiers-État ?*, père de la constitution du Consulat, à un collègue : « La politique est une science que je crois avoir achevée. »

« Maximilien était d'une humeur égale ; il ne contrariait personne, et voulait tout ce que les autres voulaient. Combien de fois nos tantes ont-elles dit : "Votre frère est un ange." (...) Tous ceux qui ont eu avec lui des rapports intimes, qui l'ont vu dans ces moments où le cœur s'épanche et se montre tel qu'il est, conviendront que si personne n'a manié les rênes du gouvernement d'une main plus vigoureuse, personne aussi n'était plus doux et plus modéré dans la vie privée. Comment expliquer cela ? c'est qu'à côté d'une sensibilité exquise, il y avait chez lui des convictions profondes, et que lorsque ces convictions parlaient elles étaient obéies » (Marie Marguerite Charlotte de Robespierre, *Mémoires sur ses deux frères*).

Sans commentaire.

« Ce qu'il faut dire aux Algériens, ce n'est pas qu'ils ont besoin de la France, mais que la France a besoin d'eux. C'est qu'ils ne sont pas un fardeau ou que, s'ils le sont pour l'instant, ils seront au contraire la partie dynamique et le sang jeune d'une nation française dans laquelle nous les aurons intégrés. J'affirme que dans la religion musulmane rien ne s'oppose au point de vue moral à faire du croyant ou du pratiquant musulman un citoyen français complet. Bien au contraire, sur l'essentiel, ses préceptes sont les mêmes que ceux de la religion chrétienne, fondement de la civilisation occidentale. D'autre part, je ne crois pas qu'il existe plus de race algérienne que de race française [...]. Je conclus : offrons aux musulmans d'Algérie l'entrée et l'intégration dans une France dynamique. Au lieu de leur dire comme nous le faisons maintenant : "Vous nous coûtez très cher, vous êtes un fardeau", disons-leur : "Nous avons besoin de vous. Vous êtes la jeunesse de la Nation" [...] Comment un pays qui a déploré longtemps de n'avoir pas assez de jeunes pourrait-il dévaluer le fait d'en avoir cinq ou six millions ? » (Intervention du député Jean-Marie Le Pen pour soutenir le maintien de l'Algérie française, le 28 janvier 1958, à l'Assemblée nationale. Jean-Marie Le Pen, 2e séance du 28 janvier 1958, Assemblée nationale, dans *JO – Débats parlementaires – Assemblée nationale* [1958], p. 310-311.)

Il est pénible d'avoir à exhiber les limites du raisonnement d'un homme dont il serait difficile de contester le courage et le talent. Si Le Pen est parvenu à la notoriété et à une certaine forme (toute apparente il est vrai) de réussite politique, c'est par ses qualités dont ses rivaux se révélèrent dépourvus. Néanmoins, il n'est pas inopportun, pour l'avenir, d'évoquer ces limites, pour insister sur le fait que la cause première des échecs politiques est d'essence *doctrinale*, avant les fautes de tactique, avant les querelles de personnes. On ne pouvait probablement pas faire mieux que Le Pen dans le contexte d'une acceptation des principes de la République jacobine. Mais accepter de tels principes revenait à se désolidariser, explicitement ou non mais réellement, des exigences fondamentales tant de la religion catholique intègre que des principes généraux des fascismes, c'est-à-dire du nationalisme rationnellement entendu. Du point de vue catholique, l'islam, comme toutes les fausses religions, n'a aucun droit ; au mieux peut-il, pour autant qu'il reste extrêmement minoritaire, être prudentiellement toléré. La race n'est pas cause principale de l'identité nationale, mais elle en est la cause matérielle, et à ce titre elle requiert la plus grande attention. Même si les Algériens ne constituent pas biologiquement une race homogène, ils sont des Sémites, non des Indo-européens ; ils n'ont pas vocation à devenir des Français, dussent-ils, tous, devenir catholiques. La colonisation française s'est accomplie sur la base de principes jacobins — à savoir relevant de l'universalisme abstrait foncièrement exclusif dans son fond de l'idée nationale —, aussi ne pouvait-elle à moyen terme aboutir qu'à un échec. On peut distinguer le combat politique du combat religieux, par là ne pas faire de l'appartenance au catholicisme une condition *sine qua non* de l'engagement politique, et peut-être vaut-il mieux qu'il en soit ainsi dans l'action : le combat politique n'est pas l'apostolat, et le catholicisme prohibe par nature une confessionnalisation systématique des actions humaines en tant qu'il distingue adéquatement entre ordre naturel et ordre surnaturel. On peut procéder à une telle distinction, mais à condition de ne rien promouvoir, en fait de dispositions politiques, qui blesse les exigences de la religion catholique. À ce titre, on ne saurait reconnaître à qui que ce fût un droit d'exercer une fausse religion, non plus que cautionner la République par essence maçonnique, dût-elle se donner des airs poujadistes « bon enfant ».

SUBJECTIVISME

« Je monte la garde depuis le berceau devant mon amour-propre en danger » (Vingtras, dans *Le Bachelier* de Jules Vallès).

« Elle allait au-devant de toutes les humiliations, incapable de sortir de son orgueil candide. Il y a des êtres intelligents, rusés, façonnés, qui se plient à la vie, mais il y en a d'autres comme Agnès qui restent eux-mêmes entièrement, aveuglément — ce qui est atroce pour eux et pour les autres » (Drieu la Rochelle, *Rêveuse bourgeoisie*, Gallimard, Folio, p. 207, chapitre VII de la deuxième partie).

« Je ne suis fait comme aucun de ceux que j'ai vus ; j'ose croire n'être fait comme aucun de ceux qui existent. Si je ne vaux pas mieux, au moins je suis autre » (J.-J. Rousseau, *Les Confessions* L. I).

« Les hommes veulent d'abord la liberté des corps, puis celle des âmes, c'est-à-dire la liberté de pensée, et l'égalité avec les autres ; ils veulent ensuite dépasser leurs égaux ; et finalement, placer leurs supérieurs au-dessous d'eux » (Vico, *Scienza nuova*, II 23).

Le Moi peut dire qu'il *a* un corps, des facultés, un passé, des biens, des qualités et des défauts, une taille, un poids et un âge, un avenir parfois ; il a même une conscience ; mais il n'a pas un « je » ; il *est* un je ; le Moi ou le « Je » n'est prédiqué de rien sinon de lui-même, et tout se prédique de lui. Et c'est dans ce « je », qu'il est, qu'il reconnaît ce qui le définit le plus intimement, ce qui ne convient qu'à lui, ce qui en fait un être unique : par définition, il n'est rien de ce qu'il a. Mais tous les hommes sont des Moi ; il n'y a rien de plus commun que d'être un Moi, lequel ne semble rien avoir en propre qui le distinguerait d'un autre Moi : la « Moïté » de tel Moi ne semble pas capable de le différencier d'un autre Moi. L'individualité est commune à tous les individus, elle est un universel. Le Moi se comporte, en tant que concept, aussi bien comme le font l'être et le néant. L'être pur, entendu tel le concept universalissime, se dit absolument de tout ; par là il est, pour autant qu'on l'envisage tel un concept statique, totalement indifférencié, car toute différence, s'ajoutant à ce qu'elle différencie telle la différence spécifique qui s'ajoute au genre pour définir une espèce, est extérieure à ce qu'elle différencie, or l'être n'a pas d'extérieur, fors le néant qui, considéré en lui-même, n'est pas : s'il y a quelque part un être du néant, ce ne peut être que celui de l'être dont il est la néantisation, le résultat momentané par lequel l'être se néantise. L'être est indifférencié, mais par là rien ne le différencie du néant qui, en lui-même, ne saurait revendiquer une quelconque détermination capable de le différencier, car il faut être — ainsi être de l'être, et non point du néant — pour être une détermination.

C'est pourquoi — quoique aussi inconsistant, considéré en lui-même, que le néant — le Moi est affligé de la tendance à se prendre pour l'être même, aussi riche que ce dont le propre est de contenir tout. Et tel est le subjectivisme, amour-propre incandescent et implacable recevant la moindre offense tel un crime de lèse-majesté, vide actif siphonnant l'être en le réduisant à sa propre pénurie, activité du vide qui se prend pour la royauté du plein, comble de la dérision : l'activité du vide, en vérité vide d'activité, résulte d'une illusion d'optique ; la supposée dignité de la « personne », sous ce rapport, est bien masque, mais elle ne cèle aucun visage, elle est comme le dieu des Juifs unilatéralement transcendant, dont on ne peut strictement rien dire, pas même qu'il est, et qui se résout dans le néant, ce qui en retour dispose ceux qui l'invoquent à se remplir de ce dont ils le vident, c'est-à-dire à se déifier.

L'indifférencié se révélant telle l'étoffe commune de l'être et du néant, ils s'identifient l'un à l'autre. Ce qui est indéfinissable est ou bien ce qui est ineffable, ce dont la compréhension est infinie, ce qui est inaccessible par excès d'intelligibilité, ou bien ce qui n'est rien et qui échappe au concept par défaut d'intelligibilité. Et le Moi se comporte comme l'être, en tant qu'il est individu, par là ineffable, et de surcroît tel que celui qui se reconnaît tel un Moi reconnaît en ce statut ce qu'il a de plus intime, de plus fondateur, de plus privé, de plus secret, de plus profond, de plus *insondable*, par là ce qui est infini. Mais le Moi se comporte aussi comme le néant, puisque l'être est dialectiquement identique au néant. Et c'est le drame du Moi que d'être incapable de se situer entre l'être et le néant qui s'équivalent, ainsi incapable de se définir — ce qui serait un milieu et une médiation — tel un devenir, pour deux raisons ; d'une part, ce qui devient ne saurait être son devenir à peine d'être le devenir du devenir qu'il est supposé être, ce qui le convertirait en être immobile ; d'autre part, pour se savoir être du devenir, le Moi doit demeurer identique à lui-même à travers ses changements, ce qui signifie qu'il peut devenir mais qu'il ne peut pas être son devenir même. Le Moi est ainsi condamné à se saisir tantôt comme ce qu'il y a de plus élevé, ayant la valeur de l'être même, et sous ce rapport il tend à se déifier, tantôt comme ce qu'il y a de plus insignifiant, de plus commun, de plus trivial, et sous ce rapport il tend à se mépriser sans mesure, ce qui est encore une manière subreptice de se déifier, en prétendant se soustraire à son abjection par l'acte de se l'objectiver.

Le subjectivisme est la pathologie qui s'empare du Moi quand il se révèle incapable de faire valoir sa dignité sans se déifier.

La forme est à la matière comme le papillon l'est à la chrysalide, parce que la matière, qui est de l'être en puissance, fait s'identifier les contraires que son actuation fait se différencier, ce qui signifie que son actuation est sa négation, mais sa négation qui la conserve et même la confirme, puisque la matière trouve son bien et sa perfection dans la forme qu'elle reçoit ; or la forme s'unit à la matière et l'actualise sans la supprimer, donc elle est tel un papillon qui surgit de la chrysalide, mais sans la supprimer ; elle est tel un papillon qui reproduit en son sein, en l'intériorisant, le devenir-papillon de la chrysalide ; et c'est bien là, au reste, ce que fait le papillon qui, étant éduit de la chrysalide comme de sa puissance d'abord extérieure à lui, s'intronise papillon en acte en posant en lui-même ses puissances opératives, dont cette puissance à engendrer d'autres papillons, qui est en premier lieu puissance immanente à se régénérer. Et la substance est puissance active de ses accidents en tant qu'elle *est* ses accidents, elle est éminemment tout ce dont elle est cause, elle possède en acte tout ce à l'égard de quoi elle est en puissance puisque le propre de la puissance *active* est de posséder son acte ; elle est, de ce fait, contradictoire en tant qu'elle est puissance et acte en même temps et sous le même rapport, et, en tant qu'elle s'objective — dans elle-même — elle-même prise comme la totalité de ses accidents ou puissances, elle se libère de sa contradiction et s'intronise substance existante. Elle qui est puissance active se révèle l'acte auquel elle se convertit, en *ayant* ses puissances ; elle qui *est* la totalité de ses accidents se convertit, ainsi se réfléchit en substance, en *ayant* ses accidents. Et cette conversion est l'acte à raison duquel ce qui est sa réflexion *se réfléchit dans son processus* et se libère de sa contradiction : conversion à soi, réflexion ontologique, réflexion dans son processus et objectivation immanente de soi, disent la même chose.

L'être semble indéfinissable en tant qu'il n'est pas un genre. Si l'être en tant qu'être est néanmoins connaissable, il ne peut l'être que par une pensée qui, pour n'être pas rien, requiert d'être intérieure à son objet, de sorte que la *pensée* de l'être sera nécessairement, si elle est possible, pensée (de soi) *de l'être* ; elle sera l'être en tant qu'il se pense et est le savoir de lui-même. L'être peut être défini si et seulement si il est l'acte même de se définir, car alors, étant sa définition, il est le processus discursif de son exposition, de telle sorte que l'esprit qui s'efforce à développer un tel processus, en disant ce qu'est l'être, exerce l'acte à raison duquel l'être se dit en lui, mais par là se réalise ou se fait être. De plus, si l'être est l'acte même de dire ce qu'il est, ainsi l'acte de se définir, il est l'acte de se finir ou de se limiter, et il ne peut se limiter que par lui-même puisque tout est de l'être ; il s'intronise alors tel l'analogue de son genre et de sa propre différence spécifique, en étant un discours circulaire (il est, comme point de départ, sa propre fin, il est sa réflexion) posant ce qu'il présuppose et *se réfléchissant dans son processus*. En effet, en s'identifiant intentionnellement à l'être pour le penser (il peut y prétendre en tant qu'il se reconnaît être un néant, c'est-à-dire l'être même dans le moment négatif de sa réflexion constituante), l'intellect, qui est puissance de sa propre objectivation, fait que l'être devient sa propre puissance d'objectivation. À ce titre, il est, comme objectivant, cette puissance ayant raison de genre et, comme objectivé, il est sa propre limite ou différence spécifique. Si l'être est son savoir, il est son objectivation qu'il a. Sa scission intestine en sujet-objet est sa différenciation en genre et espèce de lui-même.

Ainsi, seule l'exposition systématique de l'être en tant qu'être, telle qu'elle fut tentée par l'hégélianisme — et pour autant que ce dernier en vienne effectivement à faire se dissoudre toutes les contradictions intestines qu'il suscite et dont il vit — donne les raisons suffisantes pour lesquelles le Moi peut se prévaloir de la dignité de ce qui est capable de tout — accéder à un concept de l'être en tant qu'être — sans être mis en demeure de verser dans le subjectivisme.

« "Va-t'en vite par les places et les rues et amène ici les pauvres, les estropiés et les boiteux" (Luc XIV, 21).

"Même si je marche dans la vallée des ombres de la mort, je ne craindrai rien, Seigneur, parce que vous êtes avec moi" (Ps 22).

Une âme faible est habitée par la misère. Là où le fort est de plain-pied, le faible est hésitant et tremble de peur. Là où le fort se met en colère et oublie, le faible n'ose rien dire, mais il n'en finit plus de ravaler sa colère ; là où le fort est libre et se meut avec aisance, le faible est accaparé, occupé péniblement, il n'est guère disponible pour autre chose. Enfin, parce que le faible se sent croulant et incertain, il essaierait facilement de se donner du courage par des rêves de vanité et d'orgueil. Et il risque d'être jaloux de ceux en qui il devine plus de facilité d'adaptation ou plus de chance. Mais ces ressentiments, cette peur, ces tortures causées par des préoccupations infimes, cette vanité, cette jalousie, que sont-elles en réalité ? De la misère psychologique en même temps que du péché. C'est de la misère au sens propre du terme : c'est-à-dire quelque chose de fatal, de pitoyable.

Et l'assurance, la générosité, la disponibilité du fort, que sont-elles ? Elles peuvent (elles doivent) être de la vertu. Mais elles ne sont point cela d'abord ; elles sont un cadeau de la nature ; ils ont la chance d'être ainsi.

Devant Dieu, en face de sa miséricorde et de son amour, y a-t-il encore fort et faible ? Une parole de saint Paul nous donne la réponse ; il suffit de la transposer : "Il n'y a plus ni Grec, ni Juif, ils sont tous un dans le Christ Jésus."

La faiblesse n'est pas exempte de fautes, pas plus que la force, "car tous ont péché et sont vides de la gloire de Dieu". Seulement, ce qui importe, c'est d'y voir exactement : la faute chez les faibles n'est pas la misère, mais l'absence de Foi et d'Amour dans cette misère ; le refus d'offrir cette misère, par lassitude et découragement, et sans doute au fond, par orgueil ; le refus de faire

Du spectacle vivant de la triste misère
Le travail de ses mains et l'amour de ses yeux.
<Baudelaire, *Le Mauvais Moine*>

Ce que Dieu demande au faible, tout de suite, immédiatement, ce n'est pas une réussite parfaite dans la vertu, c'est le repentir de son peu de vertu, la confiance et l'effort inlassable. C'est aussi et avant tout, de s'accepter comme il est, de ne pas s'attacher d'importance, de consentir à n'être que cela, de ne pas se croire un martyr, de ne pas dramatiser. Ce que voudrait le faible, ce à quoi il aspire avec véhémence, c'est l'équilibre, l'aisance intérieure ; ce que Dieu lui demande de vouloir premièrement c'est le royaume de Dieu. Que le faible ait donc le courage de désirer comme Dieu ; qu'il ait aussi le courage de voir ce qui en lui offense Dieu et ce qui ne l'offense pas. Et je sais bien que le péché est inextricablement mêlé à sa faiblesse ; mais enfin, il y a ce qui est du péché et ce qui est de la misère ; or, c'est cela qui est du péché, dont il doit, avant tout, souhaiter la délivrance.

Et c'est difficile. Trop souvent, le faible tient moins à être délivré du péché dans sa faiblesse, que de sa faiblesse elle-même, et cela non point parce qu'elle est obstacle à Dieu (elle ne l'est pas) mais parce qu'elle est humiliation intime et irrécusable, parce qu'elle le rend trop souvent inégal à la vie et aux hommes et plus ou moins dépareillé. "*Pluribus impar*" pourrait-on dire en renversant la devise de Louis XIV.

La grâce ne fait pas obligatoirement de miracle. Seulement, et il faut le crier bien fort, dans la mesure où la grâce délivre le faible des intrications du péché dans la misère, celle-ci a beau persister, elle n'est plus occupante, elle se trouve adaptée à Dieu ; et le faible entre dans la liberté de l'Amour, qui est par-delà la faiblesse et la force » (Roger-Thomas Calmel, *Si ton œil est simple*, DMM, chapitre XII, « Délivrance aux âmes captives »).

« Ce qui ne répond pas à la vérité et à la loi morale n'a objectivement aucun droit à l'existence, ni à la propagande, ni à l'action » (Pie XII, Allocution *Ci riese* du 6 décembre 1953).

SURNATURALISME

Le général de Castelnau, fondateur en 1924 de la *Fédération nationale catholique*, parlait des « hosties de la foi catholique et patriotique » à propos des Français morts pendant la Grande Guerre, présentés comme des victimes immolées ; par où il appert que le surnaturalisme rejoint le subjectivisme : cette évidente confusion entre ordre naturel (toute guerre fait des morts, la mort des soldats tombés au champ d'honneur est éminemment honorable mais n'a pas valeur surnaturellement rédemptrice) et ordre surnaturel s'accompagne d'une tendance éhontée à faire des sujets de son pays les membres d'un corps mystique, ce qui est bien dans la ligne d'une conception judéomorphe de la France.

On voudra bien consulter, avant d'aborder ce qui suit, la rubrique « **Désir** ».

Bossuet enseigna : « J'ai appris de saint Augustin (*de Spirit. et Litt.*, caput III), qu'afin qu'une entreprise soit possible à l'homme, deux choses lui sont nécessaires ; il faut premièrement qu'il ait en lui-même une puissance, une faculté, une vertu proportionnée à l'exécution ; et il faut secondement que l'objet lui plaise, à cause que **le cœur de l'homme ne pouvant agir sans quelque attrait, on peut dire, en un certain sens, que ce qui ne lui plaît pas lui est impossible** » (*Premier Sermon pour le jeudi de la semaine de la Passion*). Ce que nous n'aimons pas et que pourtant nous parvenons à faire est quelque chose qui ne plaît pas à une partie de nous-mêmes, mais qui nécessairement doit plaire à une autre ; si le désir est pris au sens restreint de mouvement de l'appétit concupiscible à l'égard d'un bien absent, on peut ne pas désirer ce que l'on veut, et réciproquement. Or vouloir est aimer, aimer ce qui est *jugé* bon, même si un tel bien se révèle, pour le cœur ou les sentiments, être objet de répulsion.

Bossuet enseigna aussi ceci : « **Tous nos désirs déterminés enferment je ne sais quoi qui n'a point de bornes, et une secrète avidité de jouissances éternelles** » (*Quatrième sermon pour la Circoncision de Notre Seigneur*). Et un désir infini ne peut être apaisé que dans et par un bien infini, à savoir le Bien.

On a beaucoup écrit sur la crise de l'Église ; les différentes chapelles de la Tradition catholique ont développé sur la question des réfutations du modernisme souvent savantes et presque toujours irréfutables ; tout avait été esquissé dans le *De l'immuable Tradition, contre la nouvelle hérésie de l'évolutionnisme* (1904) du cardinal Louis Billot (S.J.), dirigé tout particulièrement contre l'enseignement pervers d'Alfred Loisy, et auquel il suffit de se référer. La subversion dans l'Église, consommée dans et par le concile (ou conciliabule) Vatican II et ses fruits vénéneux, ne date pas d'hier. Le mystère d'iniquité était à l'œuvre dès les premiers jours de l'ère chrétienne, et les hérésies n'ont pas manqué en deux mille ans. Cela dit, la force des méchants procède de la faiblesse des bons. Et cette faiblesse n'est pas seulement dans le fait de céder aux tentations qui relèvent des biens traditionnellement (et justement, au reste) désignés telles les occasions de pécher.

Une telle faiblesse est aussi dans le fait de se reposer dans les biens surnaturels, dans la confiance en ces biens, tout en négligeant de cultiver la recherche des biens naturels non peccamineux, comme si la surnature invitait à se désintéresser de la nature, voire comme si l'intromission du surnaturel devait se faire au détriment de l'ordre naturel. Ce qui, en fait, se retourne contre les intérêts de la surnature, s'il est vrai que cette dernière perfectionne cette nature qu'elle surélève, et la requiert tel le sujet obligé de son inhérence. Et cette pathologie est le surnaturalisme, envers du naturalisme dont il est le complice.

On doit, pour lutter contre les tentations mauvaises, tendre vers le bien : c'est l'appétit du bien qui permet de se détourner du mal. Or cet appétit du bien — c'est-à-dire des biens par le moyen desquels prend conscience de lui-même le désir du Bien que les biens préfigurent et dont ils procèdent — relève de l'ordre naturel. On doit donc cultiver le désir des biens naturels pour éviter le péché, dût-on, ce faisant, prendre le risque de pécher en se perdant en eux.

D'une certaine façon, tous les biens mondains peuvent être tenus pour autant de maux potentiels, autant d'occasions de pécher, autant d'incitations à se perdre, s'il est vrai que le mal est ce qui nous détourne de notre fin, et que tout bien fini est un moyen en vue de cette fin divine, mais que l'on risque toujours d'absolutiser indûment. La tentation périlleuse enfouie dans la vertu chrétienne, toujours latente, est celle de la prostration : tous nos désirs seraient pervers ou susceptibles de le devenir, qui sont marqués par la possibilité de nous embourber dans les biens finis, lesquels sont des maux à raison même du bien qu'ils contiennent, en cela qu'ils sont des biens dotés du pouvoir de nous priver d'un plus grand bien. Afin de conjurer cette tendance à détourner l'âme chrétienne de sa fin ultime qui est Dieu, une telle âme sera toujours tentée — telle est la tentation chrétienne et proprement chrétienne, son vice propre — de se boucher les oreilles, de se rendre aveugle, d'exténuer ses puissances de désirer, de se détourner du monde. Cette convoitise spécifiquement chrétienne consommée dans le surnaturalisme polymorphe et toujours renaissant, consiste aussi dans la tentation, pour l'âme, de se détourner même d'elle-même, puisqu'elle fait partie du monde, par là de se vautrer dans un nihilisme pratique sous-tendu — dans une posture d'attente aveugle — par le souhait calculateur — qu'elle nommera « l'espérance surnaturelle » — de parvenir au port de la mort — porte étroite de la béatitude — sans s'être souillée pendant son voyage temporel. Sa vie terrestre sera tissée de crainte et de refus, de circonspection, de refoulements, de raideurs, de lutte contre soi-même, d'affirmation de soi-même en tant que « pur » dans la négation de soi-même en tant que tourné vers les biens terrestres. Mais c'est là se crisper sur soi-même et se retenir dans l'attitude butée d'une négation sempiternelle ; c'est faire se retourner contre lui-même le mouvement vital, n'en user que pour le frustrer, l'épouser pour le trahir, au point que, par cette attitude, il en vient à s'exténuer à un degré tel qu'il exténue jusqu'à sa puissance de refus de lui-même, et que, vidé de toute énergie, il cède lamentablement aux plus dérisoires sollicitations peccamineuses, ou bien cultive sans se l'avouer un amour désordonné de sa propre pureté qui confine à l'orgueil le plus ravageur, ce qui est encore — au rebours des intentions vertueuses avouées — déifier quelque chose de fini, à savoir le moi lui-même.

Seul l'amour du Bien qui finalise tous les biens permet d'assigner sa limite à chaque désir des biens finis sans qu'il soit besoin de cultiver en permanence le refus de tout désir, ainsi sans qu'il soit nécessaire de désirer ne pas désirer, lequel est contradictoire et à ce titre invivable. Il faut aimer les biens finis pour faire se dévoiler le Bien dont ils sont l'image qui renvoie à lui, et en même temps il faut disposer *a priori* d'une certaine idée du Bien pour savoir discerner, dans les premiers, l'image du Bien dont ils sont, en tant qu'images, le mirage.

Mais alors, qu'est donc ce bien aimable dont on ne se fait une idée — en fait inadéquate — qu'à partir des biens finis qui n'en sont que la pâle image et qui deviennent du mal si on les substitue au Bien ? Le Bien est ce qui doit être connu pour qu'on lutte contre le mal, et il est ce qui se dérobe au souci de l'appréhender, qui ne se présente à l'homme en cette vie que sur le mode de l'absence : notre Dieu est un Dieu caché qui ne se manifeste que dans son retrait, à distance des biens finis qui l'évoquent, et ne l'évoquent ou le traduisent qu'en le trahissant.

La solution est de chercher à comprendre que l'absence du Bien, saisie dans la déception induite par l'épreuve des biens finis, est le Bien même, mais considéré dans le moment de son absence à lui-même, et qu'il est à ce titre immanent au fini tel le degré nul de toute bonté. Ce Bien considéré dans le moment de son absence à lui-même coïncide avec la privation de tout bien fini, de telle sorte que le Bien ne serait pas tel s'il n'était assomptif, en lui-même et de toute éternité, indépendamment de la création du monde, de tous les degrés finis de bonté, jusques au néant de bonté qu'il vainc souverainement par réflexion sur soi de sa propre pénurie, et confirme dans l'acte où il le vainc, le donnant à lui-même — et les donnant à eux-mêmes en lui — dans l'acte de les sacrifier : s'il est définitionnel de l'infini de se faire négation du fini, alors, en se rendant victorieux de la finitude qu'il assume, il se pose tel cet infini qui se sait assomptif du fini que par là il confirme en lui-même tel son moment intemporel obligé. Si l'évitement du péché passe par un attachement au Bien relativisant les biens finis en lesquels le désir risque de se fixer, il doit y avoir, comme condition de la vertu, un plébiscite de l'épreuve de la déréliction, ainsi de l'expérience de la privation de tout bien. C'est en effet la seule manière de rendre présent le Bien sans l'imposer au désir libre, ce qui reviendrait à nécessiter ce dernier ; or le Bien veut être aimé, d'un amour libre, Il veut être choisi. L'objet de la volonté est le bien absolu et suprême, c'est lui qui définit sa nature, et c'est sa nature qui conditionne la volonté et lui enjoint de tendre nécessairement vers le Bien qu'elle ne pourrait pas ne pas aimer s'il lui était immédiatement donné, ainsi qu'elle ne pourrait pas choisir ; et c'est parce que la volonté est nécessitée par son bien ultime qu'elle est libre à l'égard de tous les biens finis, eux qui, en tant que finis, sont affectés d'une privation partielle de bonté ; c'est la volonté qui les rend déterminants pour elle, c'est elle qui les choisit, précisément parce qu'ils ne la nécessitent pas.

Cela dit, ce qui est principe de choix (le Bien saisi comme idéal par la volonté) ne saurait, au premier abord, être objet de choix, car alors ce dont la possession est supposée résulter d'un choix devrait être possédé comme condition du choix, ce qui est absurde.

À moins que l'objet du choix ne coïncide avec la racine ontologique de la puissance de choisir ; à moins par là qu'il soit définitionnel de l'objet du choix de se vouloir dans celui qui l'appète : en atteignant son Bien, l'appétit atteint cet Objet qui se fait appétit de lui-même. Dans cette perspective, l'objet qui nourrit l'appétit est ce qui le relance en tant qu'appétit, ce qui le revitalise en tant que manque à raison même de son pouvoir de le combler, ce qui le régénère en et comme puissance d'autodétermination à raison de sa vertu de le nécessiter. Que Dieu, par les natures qu'Il introduit dans ses créatures, se veuille en elles, n'implique pas que les créatures seraient consubstantielles à Dieu et ne seraient pas intrinsèquement contingentes : avant même qu'elles ne fussent créées, Dieu se voulait en ces natures qui préexistent dans Son essence, en ces degrés d'être finis qu'Il assume en son infinité, et qui se trouvent aussi, par libre décision divine, informer des créatures qui auraient pu ne pas être et qui n'ajoutent rien à Dieu. Si la vie divine assume un moment obligé de non-déité, il est possible que l'objet du choix, dans les créatures libres, soit aussi principe de choix :

Le propre d'un appétit, c'est de n'être pas le bien positif qu'il appète ; c'est, en tant que puissance en attente de son actuation, de manquer de son bien. Et la volonté vide — qui est, tout en un, volonté du vide, volonté de dépasser les volitions finies, et vide de volonté — coïncide, « *materialiter* », avec ce vide de tout bien qui définit le moment de non-déité du divin ; aussi, en se voulant elle-même, la volonté veut l'absolu qui s'en trouve négativement présent à elle et lui donne de tendre, si elle le décide, vers ce Bien qui excède tout bien et qu'elle cherche en tout bien.

On conviendra que cette réflexion sur soi du vouloir se voulant lui-même, condition de toute volition (vouloir, c'est se déterminer à vouloir), et de toute volition droite (vouloir tel bien fini, c'est vouloir le Bien à travers lui, c'est le *reconnaître* en lui), mais aussi condition du pouvoir de choisir ce qui est principe de choix (ainsi d'aimer librement et par choix ce Bien qui pourtant nécessite idéalement la puissance d'aimer), ressemble singulièrement à cette crispation sur soi de la volonté pure soucieuse de n'être pas ravie par les biens finis auxquels, par là, elle se refuse en se calfeutrant chez soi tel un étranger qui refuse d'habiter son monde, dans une pathologie de l'intériorité qui réduit la vertu à une modalité pieuse de la schizophrénie.

La différence, qui les oppose radicalement, tient cependant en ceci : la volonté saine se veut pour vouloir le bien ; la volonté subjectiviste veut le bien pour se vouloir elle-même ; la première se veut pour aimer le Bien en relativisant les biens finis qu'elle entend ne vouloir qu'en vue du Bien ; la seconde se veut selon une stratégie la dispensant d'aimer les biens finis pour n'avoir pas à subir l'épreuve d'avoir à s'en arracher, mais par là, sournoisement, elle en vient à se substituer au Bien pour lequel elle prétend se réserver ; elle engendre depuis deux mille ans, à côté des saints qui sont robustes, des générations de faux saints qui ont tous les attributs du sous-homme congénitalement égalitaire, des éclopés, des abandonnés de la Nature, des dévots variqueux et dyspeptiques à l'haleine aigre, des dispensateurs compulsifs de corrections fraternelles confites dans le ressentiment et l'envie. Le païen aime son monde, telle sa patrie. Le chrétien aime son monde telle une image obligée de son ultime patrie, qui est céleste. Le surnaturaliste, subjectiviste virulent lové dans l'antisubjectivisme, déteste son monde en lequel il ne voit qu'un écran entre lui et ce qu'il croit être sa patrie céleste, et qui se résout dans le culte du Moi.

L'appétit sensible est suscité par une connaissance sensible, il est fondamentalement amour du bien et haine du mal, il explique les mouvements d'attirance et de fuite ; tel est l'appétit concupiscible dont les mouvements (nommés passions) sont l'amour, le désir, la délectation (ou fruition), la haine, l'aversion et la tristesse. Mais cet appétit n'explique pas que l'animal (ou l'homme en tant qu'animal) puisse se détourner d'un bien pour affronter un obstacle, qui a raison de mal. Force est de reconnaître, pour expliquer cette attitude, l'existence d'un appétit irascible, qui aime le bien ardu en tant qu'ardu, et dont les passions propres sont l'espoir, le désespoir, l'audace, la crainte et la colère. Mais l'objet immédiat de l'irascible est la lutte, le désir d'affronter et de vaincre. Il reste que l'irascible est ordonné au concupiscible, car la fruition est fin de la lutte. Et cette dualité de tendances se retrouve dans la vie spirituelle, ainsi dans les mouvements de cet appétit rationnel qu'est la volonté, tendance vers le bien en tant que suscité par la connaissance intellectuelle. L'amour est force d'union et de concrétion, tendance propre à l'aimant à faire un avec l'aimé, d'une unité aussi parfaite que possible, par là d'une unité substantielle qui sera la position d'un être nouveau. Mais l'amour est aussi relation entre l'amant et l'aimé, et toute relation est relative à ses termes. Or la relation de l'amant et de l'aimé se détruit dans la position de leur unité, car toute relation suppose dualité. Donc l'amour se consomme dans ce qui le supprime. Pourtant l'amour est aimable, et sous ce rapport il aspire à se maintenir en se consommant ; et puisque se consommer consiste à se détruire, l'amour est simultanément, et contradictoirement, amour et haine, amour de son objet et haine de ce dernier, en tant qu'amour de l'acte d'aimer. L'amour est amour de soi par la médiation de l'aimé qu'il fuit pour revenir à soi. Mais tout autant, en tant que manque, il ne saurait se nourrir de soi-même, et derechef il se fuit et se hait lui-même, il tend vers l'aimé comme vers ce dont il manque. Ce système de bascule est conjuré si l'amour se rend fécond : être un dans un troisième (un engendré) qui, en tant que tiers, n'est pas ablatif des amants par là doués, chacun, du pouvoir de s'aimer et d'aimer l'autre. L'amour de soi exclusif de l'autre, ainsi porteur de la haine de l'autre, est converti en amour de l'autre non exclusif du soi, ainsi exclusif de haine, si et seulement s'il se fait engendrement d'un troisième, par là dans l'unique mesure où il assume une pulsation réflexive qui serait de la haine s'il n'était fécond. La différenciation de l'appétit sensible en irascible et en concupiscible se retrouve, ainsi, au niveau de la volonté entendue telle l'unité conflictuelle de l'attraction (volition de l'objet) et de la répulsion (vouloir de soi du vouloir se détachant de l'objet pour se porter sur lui-même). L'amour de l'autre serait incapable de se maintenir en son identité d'amour actuel s'il ne s'anticipait, s'y reniant, dans cet amour réflexif chargé de haine potentielle pour l'autre. L'amour de soi qui est haine de l'autre est comme confirmé, mais comme amour de soi non exclusif de l'autre, par la consommation de l'amour pour l'autre assomptif de la haine de cet autre. En termes hégéliens, l'irascible est le concupiscible dans sa négativité, il est confirmé par ce qui le vainc, il est donc voué à être exercé du sein même de l'exercice de l'amour.

La vie terrestre est une vallée de larmes, on est ici pour souffrir et gagner son Ciel, et les Traditionalistes ne se font pas faute, pour la gloire de Dieu et le salut des âmes, dans le service de la vérité catholique, de le rappeler avec fermeté, contre tout latudinarisme, tout libéralisme, toute complaisance à l'égard du « monde » tel que l'entend saint Paul pour le condamner. Mais, en tant qu'on est invité à le *gagner*, avec la grâce de Dieu et les mérites du Christ, on est convoqué à lutter, et il y a une jouissance dans la lutte, laquelle est, comme on l'a vu, objet immédiat de l'irascible, et cette jouissance doit être exaltée ; et parce que l'intérieur n'est pas sans l'extérieur (coupé de l'extérieur, il serait extérieur à l'extérieur), la lutte contre les mauvais penchants, qui est intérieure, doit s'accompagner d'une lutte et d'un instinct de domination et de victoire sur l'extérieur lui-même ; cette lutte naturelle, ce conflit voulu par l'ordre des choses, consiste essentiellement dans la recherche de l'ordre mondial véritable, à savoir la domination raisonnable de la nature dans un progrès technique subordonné à l'activité contemplative, l'érection de la nation suzeraine des autres nations, mais aussi dans le progrès du discours philosophique et dans l'explicitation du dogme, ainsi dans l'intelligence de la foi, contre les hérésies réelles ou possibles. Si l'exercice de l'irascible est naturel, et naturellement investi dans celui du concupiscible, il est définitionnel de l'amour des biens supérieurs de s'entretenir par l'acte de se rendre victorieux des biens inférieurs qui à ce titre doivent être aimés, comme matière sacrificielle de l'amour vrai. Si le concupiscible est dévié, c'est parce que la force de l'irascible, qui se convertit en concupiscible par l'acte de se réfléchir (cependant que le concupiscible le confirme dans son identité d'irascible pérenne), est elle-même anémiée : elle n'est plus capable de se faire maîtrise d'elle-même. Et parce que le concupiscible vit de l'irascible en lequel il se préfigure, cette force de l'irascible doit être entretenue pour préserver l'acte du concupiscible. Et si la force de l'irascible doit être entretenue, l'amour des biens finis doit l'être aussi.

Le surnaturalisme consiste à préférer l'anémie du désir (pour le dispenser de se détourner — en s'en arrachant douloureusement — des biens finis qui font obstacle à la poursuite de son bien ultime) à la lutte contre les biens déviés en laquelle se régénère le désir du Bien. Si l'homme n'était pas souillé par le péché d'origine, il y aurait lutte de l'irascible contre les biens finis aimés par le concupiscible, biens finis qui ne seraient pas corrompus, mais qui auraient vocation à être aimés pour être délaissés ; parce que le désir de lutte est affaibli, le concupiscible est dévié, et il tend vers des biens corrompus, et l'irascible a, de fait, vocation à lutter contre des désirs corrompus, et à tenter de les extirper de la vie humaine ; ce faisant, il en vient à oublier que cette lutte contre les biens finis est elle-même naturelle, parce que le Bien s'anticipe dans le fini pour se poser ; il est accidentel que les biens finis soient corrompus et que les désirs du fini soient déviés, mais il est essentiel de se rendre victorieux du fini en l'assumant. On ne peut donc lutter contre le bien dévié (lequel est par définition fini, puisque toute déviation consiste à investir son désir infini dans un bien fini, cependant que tout bien fini n'est pas par soi dévié) qu'en aimant, pour le surmonter, le bien fini dont il est la déviation. Il est donc requis que le désir ose se porter, quoique se sachant dévié, sur des biens finis qu'il sait toujours être, de fait, plus ou moins corrompus, afin d'aimer en eux ce qui ne l'est pas, dût-il, ce faisant, risquer de succomber, car rien n'est plus imprudent qu'un excès de prudence. Plutôt qu'à se boucher les oreilles en fermant les yeux chaque fois qu'une jolie femme apparaît, il est requis que l'homme droit apprenne à la regarder dans les yeux sans la désirer, en décidant de dépasser ce désir, pour aimer l'âme de cette femme, dans l'instant où naît un tel désir. Pour accéder sans équivoque — ainsi sans un reliquat de regret lié au renoncement à la vengeance délectable, et sans un soupçon de complaisance pour la lâcheté qui elle aussi renonce à la lutte et à l'affrontement — à la grandeur du pardon, par-delà — mais jamais contre — l'exigence de la justice, l'homme droit ne refoule pas le désir de vengeance, mais il décide de le vivre pour le crucifier, ce qui revient ici à chercher dans la miséricorde la plénitude de la justice, en tant qu'elle est sublimation de cette dernière. Et de même encore, il n'est pas d'humilité véritable qui ne fleurisse, dans l'honnête homme, sur le terreau du sens de son honneur et de sa fierté, ou de l'ambition quand elle est fondée sur d'authentiques talents.

Un vrai chrétien, c'est-à-dire un catholique, est un païen surmonté, et le fascisme est l'expression et l'application politique de cette certitude antisurnaturaliste.

Voir ici, pour complément, la rubrique « **Totalitarisme** ».

Il faut bien comprendre, au rebours des spéculations romantiques des néopaïens contemporains, que jamais l'esprit du fascisme n'aurait vu le jour dans un milieu païen de part en part. Le païen divinisait le cosmos, laissait à ce dernier le soin souverain de diriger les hommes et les choses selon son rythme qu'il ne serait venu à l'esprit de personne de contester ou de tenter de se subordonner ; Prométhée était condamné, les imperfections de l'univers se cantonnaient dans le monde sublunaire, lieu de la contingence et de la tératologie n'affectant jamais la sérénité des astres indéclinables et éternels. On peut certes, là contre, alléguer que l'empereur chinois, fils du ciel, était tenu pour supérieur aux dieux, et que Pharaon se voulait l'axe du monde au point que, à sa mort, le chaos menaçait l'univers (voir ici dans la rubrique « **Mondialisme** ») ; mais il en était ainsi parce que le politique était encore identifié au religieux, de sorte que ce n'est pas du *politique en tant que tel* que l'autorité revêtait une dimension cosmique, c'était du religieux ; l'ordre divin d'un univers non moins divin s'hypostasiait dans le roi ou l'empereur, le politique s'excédait dans une sphère — religieuse — qui se le subordonnait, et qui était celle-là même du cosmos déifié à ce titre nullement destiné à se sublimer dans l'ordre politique ; le politique se sublimait en religieux pour hypostasier la déité de l'ordre cosmique. Ainsi, en dernier ressort, le païen philosophe, quelque peu émancipé de la pensée mythico-religieuse, ne concevait pas qu'on pût radicaliser le souci du bien commun politique, au point de voir en ce dernier le couronnement de l'ordre universel, c'est-à-dire la manière dont l'ordre cosmique accède à la conscience et au vouloir de lui-même, s'accomplissant et se sublimant par là. Le païen ne voyait pas, de surcroît l'intérêt de radicaliser politiquement un tel souci du bien commun : si l'univers est éternel et divin, il fera toujours mieux de lui-même que ce que les hommes en peuvent jamais faire, de sorte qu'aux yeux du sage antique, cette part d'injustice, d'imperfection, d'approximation, de variabilité et d'échec — manifestés dans la résurgence indestructible de l'égoïsme par essence antipolitique — qui caractérise la cité terrestre, est une chose dont il faut s'accommoder parce qu'il est au fond dans l'ordre des choses qu'elle subsiste en lui pour le ronger. Pour le païen, c'est la cité qui est l'image imparfaite de l'ordre universel parfait. Pour le fasciste, c'est l'ordre cosmique, image du Dieu créateur dont l'affirmation dédivinise le monde, qui est préfiguration de la cité des hommes, organique, ainsi totalitaire, et parfaite à raison de son organicité : l'ordre cosmique, non divin mais seulement reflet de l'Intelligence de son Créateur, se sublime en organicité politique. Pour le païen, l'univers est sa propre fin, et l'homme en est le moyen. Pour le fasciste, l'homme est le centre du monde et il a raison de fin de ce dernier.

Ainsi le fascisme se révèle-t-il tel le souci, au sein d'un monde *chrétien*, de faire politiquement son droit à l'ordre naturel que la maladie du christianisme, à savoir le surnaturalisme, tend à négliger. Si la nature est restaurée par là qu'elle est surélevée par la grâce, il est logique que l'exigence d'organicité accomplie de l'ordre naturel ne naisse qu'au sein du christianisme. La faiblesse du fascisme est d'avoir trop souvent confondu catholicisme et surnaturalisme, mais cette faute fut d'abord l'œuvre d'un certain christianisme. Et il est malhonnête de refuser de prendre acte de cette confusion pour s'autoriser, contre toute logique, à paganiser le fascisme avec les accents passionnels de l'antichristianisme ; le fascisme ne se paganisa lui-même — quand il le fit, et par une illusion d'optique difficilement évitable il est vrai — qu'au titre de régression momentanée destinée à le soustraire au piège gluant du surnaturalisme. Le fasciste, considérant que la sublimité de la vocation surnaturelle et gratuite de l'homme ne le dispense pas — lui et son monde, lui dans son monde — de tendre à réaliser l'ordre naturel dans la perfection de son domaine propre, est celui qui fait se réaliser l'acmé de l'organicité cosmique dans le microcosme humain du politique. Son travers — mais il est vrai qu'il n'eut guère le temps de mûrir, par là d'actualiser historiquement ses potentialités — fut de négliger l'activité contemplative en privilégiant unilatéralement une exaltation de l'action.

TEMPS

Le temps est, pour Aristote et saint Thomas d'Aquin, le nombre ou la mesure du mouvement selon l'antérieur-postérieur (du mouvement). Et le mouvement est l'acte de ce qui est en puissance, en tant qu'il est en puissance. Un mouvement admet une mesure intrinsèque (la grandeur) et une mesure extrinsèque (le temps). Il y a trois cents kilomètres d'Angers à Paris, ou trois tours d'horloge ; on mesure le mouvement du trajet par le nombre de mouvements circulaires de l'aiguille d'une montre. Le présent est le terme du passé et le principe du futur. Le présent est l'instant, lequel est dans le temps sans être du temps (il n'est pas un morceau de temps, fût-il petit, car alors, étant du temps, il admettrait que fussent distinguées en lui une partie « passé » et une partie « futur », et il faudrait admettre l'existence d'un autre instant qui serait le terme de la partie « passé » et le principe de la partie « futur », et ainsi à l'infini, de telle sorte qu'il y aurait une infinité d'instants intérieurs à l'instant, ce qui est absurde, car le propre de l'infini est de ne pouvoir être parcouru ; la détermination du véritable instant unissant et séparant, tout en un, le passé et le futur, serait renvoyée à l'infini). L'instant est au temps ce que le point est à la ligne, ou encore ce que le moment est au mouvement. L'instant est ce en quoi s'achève (aux deux sens du terme : s'accomplir et se supprimer) le passé, ce en quoi il se convertit en futur. Et ainsi le passé est au futur comme la chrysalide l'est au papillon.

Dès lors, il n'y a temps que s'il y a mouvement. Et il n'y a temps que s'il y a une conscience pour instaurer cette simultanéité faisant coïncider en pensée l'origine de deux mouvements (le mouvement mesuré et le mouvement mesurant) qui, spatialement, ne sont pas contigus, qui donc ne font pas coïncider localement l'origine de l'un avec le terme de l'autre en un point commun. Par conséquent, si tous les hommes de la Terre disparaissaient, le temps n'existerait plus, mais le mouvement continuerait évidemment d'exister. Et Dieu n'est pas dans le temps parce que Dieu, qui est Acte pur, exclusif de toute puissance, n'est pas en mouvement.

Notons encore qu'une ligne est infiniment divisible en puissance, mais n'est divisée en acte que selon un nombre toujours fini de points ; si une ligne, aussi courte soit-elle, était divisée en acte en un nombre infini de points, si donc elle était composée de points, il serait impossible d'en parcourir la distance, puisqu'il faudrait pour ce faire passer d'un point à l'autre et que le nombre de ces passages serait infini ; or ce qui est infini est « in-fini », inachevé mais par là inachevable. De même pour le temps, qui est infiniment divisible en puissance, mais qui est toujours divisé en acte selon un nombre fini d'instants, certes en autant d'instants que l'on voudra, mais selon un nombre fini. Un infini matériel en acte est donc métaphysiquement impossible, qui supposerait qu'une multitude infinie en acte fût réalisée. Ce qui peut se voir autrement :

Une ligne n'est pas composée d'une infinité de points, car le point est dans la ligne sans être une partie de la ligne, et c'est parce qu'il en est ainsi qu'il peut être sans contradiction le terme d'une demi-ligne et le principe d'une autre demi-ligne, ce en quoi les deux demi-lignes s'identifient tout en étant opposées l'une à l'autre ; de même pour les parties du temps ; et ces dernières sont bien opposées l'une à l'autre puisque le passé *se renie* dans le présent qui appartient au futur en tant qu'il est son « *terminus a quo* » ; comme terme du passé, l'instant appartient au passé et à ce titre il est la négation du futur ; comme « *terminus a quo* » du futur, l'instant appartient au futur et sous ce rapport il est négation du passé ; étant négation du passé et du futur, il est négation du temps, il n'est pas un morceau de temps ; or un infini matériel en acte (un nombre infini d'étoiles coexistantes, ou une maison dotée d'un nombre infini d'étages) serait composé d'une infinité d'unités en acte, ainsi serait composé d'une infinité de points en acte. Donc un mouvement local continu infini est impossible.

C'est pourquoi, puisque le temps est nombre du mouvement, un temps continu infini est impossible. En revanche la réitération infinie d'un mouvement circulaire est possible, parce que dans un mouvement circulaire chaque moment a raison d'entéléchie ou de terme (chaque point du cercle peut être considéré comme le départ et l'arrivée du mouvement circulaire).

Parce qu'il est dans le temps sans être du temps, l'instant est ce qui mesure l'acte même de l'existence (il est question de l'existence de ce qui devient et que mesure le temps). D'autre part, l'« *esse* » est à l'essence comme l'acte l'est à la puissance ; dire que cet homme existe, c'est comme dire que le coureur court : le coureur exerce l'acte de courir, plus ou moins parfaitement, selon ses capacités, et il s'actualise en tant que coureur dans et par l'acte de courir ; de même l'essence exerce l'acte d'exister qu'elle mesure à ce titre. Ayant raison d'acte, l'exister exclut en tant que tel tout mouvement, et ainsi il ne saurait admettre la mesure du temps. Et en tant qu'il mesure l'acte même de l'existence, l'instant coïncide avec l'éternité quand Celui dont il y a présence ou existence est tel que son essence est une même chose avec son *Esse*, ce qui a lieu en Dieu seul. Il faut donc bien distinguer entre éternité et sempiternité.

L'instant est l'éternité même, prise dans sa négativité :

Si le passé se sursume en présent puis en futur, c'est-à-dire s'accomplit dans ce qui le supprime, il est conservé par ce qui le nie ; mais la chrysalide, conservée et niée par le papillon en lequel elle s'achève, est conservée en lui sur le mode de puissance à produire d'autres chrysalides, et ainsi le présent est lui-même gravide du passé, il y a dans ce présent-ci une instance de négativité qui le fait se convertir en passé dans l'acte où il renaît comme nouvel instant ; ou encore : quand une chose se sublime en une autre qui la parfait, cette autre a pour elle raison de fin, or la fin est ultime en exécution parce qu'elle est première en intention, de sorte que ce qui est premier selon le temps procède, quant à la causalité, du résultat ; si donc le passé se sublime en présent, c'est qu'il en procède, et sous ce rapport le présent qui clôt le passé est aussi la *présence* même du passé ; le présent qui achève le passé est à l'origine du passé lui-même ; cela dit, si ce qui aujourd'hui est tenu pour le futur a vocation à devenir du présent et du passé, c'est qu'il procède du passé, pour la même raison que précédemment. Le passé procède sous ce rapport du « *terminus ad quem* » du futur, lequel est « *terminus a quo* » du passé, et ainsi, dans le point supérieur de l'orbite du temps circulaire, l'instant désigne l'éternel, et l'éternel est la sursomption du temps, victoire sur ce présent précaire (cet instant qui n'est jamais le même, le point inférieur de l'orbite) en lequel s'identifient passé et futur, et qui les fait exister (il n'y a jamais que du présent) ; mais étant identité à soi réflexive faisant s'identifier le passé et le futur, l'éternel serait contradictoire s'il ne se réfléchissait dans son processus, ce qu'il fait en posant le présent, ce présent dont le propre est de se renier en futur, mais de s'affirmer dans sa négation, de se confirmer par réflexion sur soi, comme l'instant mesurant le moment suivant celui dont le précédent instant était la mesure. L'instant qui n'est jamais le même est la présence du temps, l'instant qui est toujours le même est la sursomption du temps. Et notre instant qui n'est jamais le même fait mémoire de l'éternel.

L'unité opérée dans la subjectivité mesurante, de l'*acte* (de ce qui est en puissance en tant qu'il est en puissance, ainsi de ce qu'il y a d'actuel dans le mouvement) et de l'*intellection*, c'est-à-dire l'unité — culminant en identité — de l'être et du savoir, est précisément, « *ad modum intellectus creati* », la définition de l'Acte pur d'être. Si la temporalité en général est ce dont l'éternité se rend intemporellement victorieuse, quand l'immanence de l'éternel au temps, c'est-à-dire la présence intemporelle du temps, est précisément l'instant, ou le présent, on conçoit que l'acte même ou activité subjective d'instaurer la temporalité, soit corrélativement l'acte de se soustraire à la temporalité par la pensée qui l'instaure, et l'on comprend sous ce rapport qu'il suffit de se *savoir* temporel pour savoir qu'il existe de l'éternel.

La science et l'art politiques concernent la vie temporelle. Les hommes vivent et meurent dans la Cité, et la Cité demeure, bien qu'elle ne subsiste que par eux qui, en retour, ne subsistent comme hommes véritablement humains qu'en elle ; les Cités vivent et meurent mais la sociabilité demeure : l'univers, le « tourné vers l'Un » est un ordre, une harmonie inspirée par une Raison qui, hiérarchisant les êtres, veut que les inférieurs soient pour les supérieurs et, de ce fait, que les hommes, en lesquelles cette raison accède à la conscience d'elle-même, soient les uns pour les autres afin de célébrer la Raison dans le jeu de l'intersubjectivité.

Les instants naissent et s'éclipsent dans le temps, et le temps demeure, bien que le temps ne subsiste que par eux qui, en retour, ne surgissent et ne se succèdent qu'en et par lui. Les grandes périodes historiques naissent et s'éteignent (les civilisations sont mortelles) mais l'historicité demeure, comme mode d'être essentiel de la condition humaine terrestre.

Il en est ainsi des instants par rapport au temps comme il en est des individus par rapport à la Cité.

Or l'instant, ou le présent, est aussi la présence même du temps, et il est tout autant l'acte à raison duquel l'éternel fait mémoire de lui-même dans le temps dont il est l'assomption et la négation souveraines, mais qui en est l'image, « image mobile de l'éternité immobile » (Platon, *Timée*). Donc l'homme — chaque homme, aussi insignifiant semble-t-il être — est aussi la présence de la Cité (elle subsiste en lui tout entière sur le mode d'appétit de sociabilité, comme nature humaine en attente de son extériorisation politique), et il est tout autant l'acte à raison duquel la vocation à l'éternel propre à la condition humaine fait mémoire d'elle-même dans la Cité dont elle est l'assomption mais aussi la négation souveraines : de même qu'il existe du temps parce qu'il existe de l'éternité, il existe des sociétés parce qu'il existe une communauté humaine idéale en soi intemporelle, au-delà du Politique, dont les communautés réelles sont le reflet contingent. Ce qui revient à dire d'une part qu'il existe une Église éternelle, universelle — ainsi catholique — en tant qu'elle est unique, à laquelle sont ordonnées les Cités temporelles ; d'autre part que la religion est vérité du Politique. Et l'Église catholique céleste fait mémoire d'elle-même, en s'y préfigurant, dans l'Église terrestre subsistant en droit, sinon en fait, au cœur des communautés politiques. On ne peut faire l'économie du souci religieux quand on s'intéresse à la politique, parce qu'elle ne se comprend dans son sens ultime que par lui. Quand un tel souci est oblitéré, on en vient à faire de la politique une religion. Mais parce que la Cité ne subsiste que par l'homme, on ne sacralise le Politique qu'en déifiant l'homme ; ce faisant, on détruit le Politique, lequel, comme toute chose, n'est ce qu'il est que par ce qui le limite à n'être que ce qu'il est. L'État mondial, qui prétend consommer politiquement, et sur Terre, les vœux religieux dont le Politique est porteur et en lesquels il s'excède, est le produit antipolitique — par là inhumain — de la religion de l'homme.

« *Those who seek to drag heaven down to earth are destined to engineer a Hell* » (George Monbiot, « America Is a Religion », *The Guardian*, 29 juillet 2003).

THÉOCRATIE

Source principale : La Théocratie. L'Église et le pouvoir au Moyen Âge, *par Marcel Pacaut, Desclée, 1989.*

« (...) traitant de l'Église, il <saint Augustin, dans son *de Civitate Dei*> note qu'elle est insérée dans l'organisation humaine dont elle respecte le droit, mais il la décrit aussi comme "représentant" à chaque instant ici-bas la cité de Dieu, au point de suggérer **qu'elle fournit sur la terre un modèle, auquel devront se référer les pouvoirs civils pour aménager la cité terrestre**. Sans doute ne formule-t-il pas expressément cette incitation et peut-être même lui reste-t-elle étrangère. Mais, plus tard, on pourra interpréter sa pensée de cette manière afin d'exalter le postulat selon lequel **la loi de l'État doit être tirée de la doctrine chrétienne et le pouvoir astreint à agir uniquement pour répandre et conforter la foi** (augustinisme politique) » (Pacaut, p. 19). Pendant ce temps l'Empire romain se maintient en Orient et tente de récupérer sa juridiction sur Rome, capitale jumelée avec Constantinople, mais où siège le successeur de Pierre. Gélase Ier (Ve siècle) développe la thèse du dualisme des pouvoirs politique et ecclésial : dans le domaine religieux, les rois sont soumis à l'Église, et dans le domaine politique les pontifes sont subordonnés aux princes. Mais même pour Gélase l'État n'a déjà plus de raison d'être en soi, il est réduit au rôle d'instrument inhérent à la finalité religieuse qui, seule, justifie son existence ; cette thèse est confortée à la fin du VIe siècle avec Grégoire le Grand, lequel, conscient de n'avoir que ses seuls moyens pour protéger Rome, accorde sa sollicitude d'abord à l'Occident. **On touche là le problème central du rapport entre Église et État, qui est une modalité particulière du problème du rapport entre nature et grâce : la fin surnaturelle se substitue-t-elle à la fin naturelle, au point de prétendre à se subordonner directement les moyens de l'antique et désormais supposée obsolète fin naturelle ?** Tel sera, sur le plan politique, le point de vue d'Isidore de Séville (560-636).

En fait, ce problème général, qui excède l'ordre politique, admet trois solutions en contexte se voulant catholique (en excluant donc la solution moderniste consistant à faire du don surnaturel un dû). Ou bien en effet il n'existe qu'une fin ultime, surnaturelle, qui se substitue à la fin naturelle en laquelle se fût reposée la créature si elle avait été créée en état de pure nature ; ou bien il existe deux fins, l'une naturelle et l'autre surnaturelle, qui coexistent et sont indépendantes l'une de l'autre ; ou bien le « *terminus ad quem* » ultime de la fin naturelle est le « *terminus a quo* » de la fin surnaturelle, de telle sorte que ce point de suture garantisse à la fois la continuité et la rupture entre nature et grâce, ainsi la convenance de la nature à l'égard de la grâce, et la gratuité de cette dernière. Le défaut de la première solution est que si la grâce contredit la nature, on ne voit pas que cette dernière puisse être soignée par l'autre et lui servir de support. Le défaut de la deuxième solution est que, bien que préservant la spécificité du bien naturel, elle exclut l'existence d'un désir naturel de Dieu, et elle déchire l'homme entre deux fins. La difficulté — non insurmontable en droit mais en fait non encore résolue par les penseurs et théologiens autorisés, d'où au reste le drame de Vatican II — de la troisième solution est de définir le statut ontologique de ce point de suture, qui doit avoir raison d'entéléchie de l'ordre naturel tout en étant ou pouvant être un au-delà de ce dernier puisqu'il appartient aussi, comme ce à partir de quoi il se fait advenir dans la créature, à l'ordre surnaturel. La troisième solution préserve cependant le mérite de la deuxième : la surnature ne se substitue pas à la nature, ne la dépossède pas de sa fin propre, laquelle est atteinte, assumée et dépassée, mais confirmée dans l'acte d'être excédée, par la fin surnaturelle ; et de plus elle évite le défaut de la deuxième : on peut reconnaître, sans compromettre la gratuité de la grâce, l'existence d'un désir naturel de Dieu, et l'homme n'est pas déchiré entre une finalité transcendante et une finalité immanente. Un Dante Alighieri (1265-1321) soutiendra la deuxième position en politique. Dans les perspectives deux et trois, si la fin ultime et surnaturelle à laquelle le Politique doit coopérer est bien le salut individuel, il n'est pas privé de sa fin immédiate propre, qui le rend indépendant sous ce rapport de l'autorité ecclésiale : la réalisation en acte de toutes les potentialités naturelles de la nature humaine, vraie définition du bien commun ; ce qui n'empêche pas cette fin de se voir reconnaître le statut de moyen du salut, et qui dote légitimement l'Église du pouvoir de soustraire les fidèles à l'emprise d'un mauvais roi ou empereur, quand ce dernier exerce son pouvoir contre la vraie religion et ses exigences morales ; mais il s'agit là pour l'Église d'un pouvoir indirect, et en son fond négatif : empêcher le mauvais d'agir, mais non diriger le bon, et encore moins le créer ; le pouvoir politique n'est pas délégué par le pape aux princes. On peut dresser une analogie, puisque l'homme est par nature un animal politique autant qu'il est animal domestique : le pouvoir du père de famille sur ses enfants lui est conféré directement par Dieu, l'Église n'est pas cause efficiente de ce pouvoir, bien qu'elle en soit la cause finale ultime (le père de famille est en demeure, moralement, de confier ses enfants à l'Église pour leur assurer le salut) qui, pour autant, ne se substitue pas à la cause finale immédiate : assurer l'épanouissement naturel, intellectuel, moral et physique, de ses enfants en les préparant au service du bien commun politique.

Il est intéressant de parcourir les variations de l'enseignement ecclésial sur la question de la légitimité du pouvoir politique, afin de discerner la responsabilité des uns et des autres dans la déchristianisation actuelle des sociétés.

En 751, Pépin le Bref, maire du Palais du royaume mérovingien et détenteur de la puissance, se fait reconnaître roi par les Grands et est sacré par saint Boniface, apôtre de la Germanie, à Soissons. Étienne II le sacre ensuite avec ses deux fils (dont le futur Charlemagne) ; le pape avait sollicité Pépin pour l'aider à se libérer des Lombards, et il attend de celui-ci le soutien politique qui avait fait défaut à la papauté en Occident, quand Pépin attend de ce sacre la légalisation d'un changement de dynastie. Charlemagne recrée l'Empire et se pose en successeur de Constantin. Couronné en 800, il est « adoré » par Léon III qui se prosterne devant lui, garant de l'ordre chrétien. Il s'agit là de « *reductio ad unum* » des deux pouvoirs temporel et spirituel, de césaro-papisme au profit d'un laïc. Ce n'est pas le pape qui fait l'empereur, mais l'hérédité selon la Providence. « (...) en contrepartie du sacre de 754, le nouveau roi carolingien dut s'engager par serment à "restituer" à Étienne II des territoires en Italie, que l'on présentait comme ayant toujours été la propriété de l'Église de Rome, ce qui n'était pas le cas, et à en garantir la possession. Ce fut sans doute à cette occasion que fut composée dans l'entourage du pontife, afin de mieux justifier ce droit, un document — donation — d'après lequel l'empereur Constantin aurait abandonné à Sylvestre II la souveraineté sur la péninsule ainsi que sur la partie occidentale de l'Empire et lui aurait reconnu et confirmé la primatie sur les sièges patriarcaux d'Antioche, Alexandrie, Constantinople et Jérusalem, faisant de lui le véritable chef de l'Église et le souverain politique de l'Occident, revêtu d'ailleurs des signes impériaux. **Que ce document <que réfutera Otton III en 1001> soit un faux — fabriqué intentionnellement — est indubitable et ne doit pas étonner outre mesure, car on ne répugne pas en ces siècles à procéder ainsi, lorsqu'on estime être dans son droit** » (Pacaut, p. 36). L'Église, par Étienne IV et Pascal Ier, se libère de la tutelle de l'empereur, et en vient à faire admettre dans sa pratique gouvernementale le fait de l'orientation des visées du monarque par l'épiscopat, et Pacaut reconnaît (p. 40) que cette idéologie est abusivement tirée de la *Cité de Dieu*, selon laquelle il faudrait calquer ici-bas l'organisation du royaume terrestre sur le modèle idéal de la cité céleste dont l'Église même terrestre est déjà la préfiguration immanente. « Dans les années 840-850, afin de réagir contre les empiétements du temporel (rois et grands) dans le domaine ecclésiastique, **on fabrique dans la région du Mans (à moins que ce ne soit dans celle de Reims) un recueil de faux documents, que l'on présente comme émanant du pape de façon à leur donner plus de poids et que l'on appelle pour cette raison les *Fausses décrétales*** » (Pacaut, p. 46) où il est rappelé — chose en elle-même non contestable — que seul le pape a le droit de convoquer des conciles ou de juger les évêques. **Mais c'est sur elles que s'appuiera la réforme grégorienne au XIe siècle, furieusement théocratique**, comme on le verra bientôt. Et le décret de Gratien (*Concordia discordantium canonum*, du XIIe siècle), qui servira de base au *Corpus juris canonici* de 1582, lui-même en vigueur dans l'Église jusqu'en 1917, intégrait aussi les *Fausses décrétales*. En 962, Otton le Grand recrée l'Empire, tout en étant appelé à l'aide par Jean XII aux prises avec certains clans romains. Ce dernier explique que c'est lui qui a ainsi recréé l'Empire, « **d'où il résulterait qu'il revient d'une façon générale au pape de faire l'empereur, ce qui lui conférerait une autorité exceptionnelle dans le domaine politique. Cette explication, de laquelle**

certains tireront plus tard qu'en 962 la Papauté a transféré l'Empire des Carolingiens aux Allemands comme elle l'avait fait en 800 des Romains aux Carolingiens, ne correspond cependant en aucune manière à la réalité » (Pacaut, p. 50). En 1046, Henri III force trois prétendus papes à abdiquer et désigne Clément II. Il se veut la tête de la chrétienté, et considère qu'il tient son pouvoir directement de Dieu. Nicolas II, en 1059, promulgue le décret selon lequel désormais les papes seront élus par les seuls cardinaux, faisant ainsi recouvrer sa liberté à l'Église, mais affirmant que l'empereur obtient son pouvoir du Saint-Siège. C'est évidemment Grégoire VII, élu en 1073, qui systématise et durcit cette position théocratique, tout en luttant contre le principe des investitures laïques, ainsi en excommuniant Henri IV. D'où l'affaire de Canossa (1077). Grégoire VII exprime son théocratisme dans le *Dictatus papae* (27 propositions) selon lequel il appartient au pape de distribuer les insignes impériaux (idée qui fait implicitement référence à la fausse Donation de Constantin), de déposer un empereur, de délier les sujets d'un prince tenu pour injuste. Le principe invoqué était que « lorsque l'on a le pouvoir de créer et de déposer des patriarches, les métropolitains et les évêques, on a certainement le même droit à l'égard et à l'encontre des rois et autres princes » (Pacaut, p. 69). Il y a donc refus de la distinction entre ordre temporel et ordre spirituel. L'Empire est comme intégré à l'Église et le Politique perd toute finalité propre, sa fin est celle de l'Église, les deux pouvoirs ont été « créés uniquement pour conduire les hommes au salut et réaliser ici-bas la cité céleste par la christianisation de la société » (Pacaut, p. 75). L'unique vocation du Politique, dans la ligne de l'augustinisme anti-aristotélicien (le pouvoir de l'homme sur l'homme ne serait pas naturel mais résulterait du péché), est castigatrice : punir les mauvais chrétiens, être le bras séculier de l'Église, l'exécutant au service du sacerdoce, de sorte que les rois doivent être contrôlés par l'Église et recevoir d'elle leur charge. Hugues de Saint-Victor enseignera que « le pouvoir spirituel est en effet habilité à **instituer** le pouvoir terrestre » (*De sacramentis christianae fidei*, L. II, pars II, P. L. t. CLXXVI, Pacaut, p. 84). La même doctrine est développée par saint Bernard (*De conversatione*, entre 1149 et 1152, adressé à Eugène III), surtout dans *l'Épître 256* (P. L. t. CLXXXII, col. 164, Pacaut, p. 87) : « **L'un et l'autre glaive appartiennent à l'Église, à savoir le glaive spirituel et le glaive matériel.** Mais celui-ci doit être tiré pour l'Église, celui-là par l'Église : le premier par la main du prêtre, le second par celle du chevalier, mais assurément sur l'ordre du prêtre et le commandement de l'empereur. » On retrouvera cette formule éminemment théocratique sous la plume de Boniface VIII. En revanche, le canoniste Simon de Bisignano (vers 1177-1179), après la réconciliation du pape avec Barberousse, écrit, dans une perspective beaucoup plus gélasienne, et qui exprime déjà à certains égards la position de l'Église aux XIXe et XXe siècles : « **Aucun des deux pouvoirs ne dépend de l'autre, car il a été dit : voici deux glaives.** » « **L'empereur ne tient pas du pape la puissance du glaive.** » « **L'empereur ne reçoit pas le pouvoir du glaive du pape, mais plutôt de Dieu, et il**

est plus grand que le pape au temporel » (*Somme*, D. XCVI, c. 6, Pacaut, p. 103). « **Le pouvoir de lier et de délier aussi bien les clercs que les laïques a été donné [au pape]. Mais cela ne prouve pas que l'empereur tient du pape le pouvoir du glaive, bien que certains le veuillent** » (*id.*, D. XXII, c. 1, Pacaut, p. 103). De même le canoniste Huguccio, maître du futur Innocent III, écrit en 1188 dans sa *Somme* (D. XXII, c. 1, Pacaut, p. 106) : **de la théorie des deux glaives et de la Donation de Constantin, « d'autres tirent que le pape a l'un et l'autre glaives, à savoir le spirituel et le matériel, et que l'empereur tient du pape la puissance du glaive... De même Constantin aurait abandonné le glaive royal au bienheureux Pierre, montrant qu'il n'exerçait pas légitimement le pouvoir du glaive et qu'il ne le possédait pas légitimement, puisqu'il ne l'avait pas reçu de l'Église... Pour moi, je pense autrement.** » Pour cet auteur, l'empereur tient son pouvoir de l'élection et des princes, ou de la naissance ou du peuple, et en fait l'Empire a existé avant la papauté. L'empereur est empereur avant l'onction et la confirmation, possède et exerce le pouvoir du glaive avant elles ; l'empereur est un fils soumis de l'Église en matière de foi et de mœurs, ainsi sur le plan spirituel, il peut être excommunié par le pape et ses sujets doivent alors lui retirer leur fidélité. Mais le pape ne peut être jugé par l'empereur ni au spirituel ni au temporel.

Innocent III, en 1210, excommunia Otton dont la politique italienne contrevenait à ses intérêts, et soutint Frédéric II fils d'Henri VI et petit-fils de Barberousse. Bouvines en 1214 écarta définitivement Otton. Cependant Innocent III reste théocrate : certes, les pouvoirs temporel et spirituel sont distincts, le pouvoir temporel n'est pas une partie du gouvernement exercé par l'Église, mais : « L'empereur et les rois tiennent un rôle dont le but est identique à celui du pouvoir spirituel, quoique d'un degré et d'une dignité inférieurs, à savoir organiser matériellement la société humaine afin de permettre aux hommes de réaliser leur salut dans les meilleures conditions » (Pacaut, p. 109). Ce qui revient à nier que la cité puisse avoir raison de fin pour l'individu, que le bien commun puisse être autre chose et plus que la somme des biens privés vertueux, que le Politique puisse avoir une fin propre distincte du salut individuel, à savoir la réalisation en acte, dans une communauté de destin expressive d'une manière ethnique paradigmatique d'être homme, de toutes les virtualités de la nature humaine. Le pape est « le plénipotentiaire de celui par qui règnent les rois et gouvernent les princes et qui ordonne les royaumes à qui bon lui semble » (Innocent III, P. L., t. CCXV, col. 551, Pacaut, p. 115). On voit là s'expliciter l'idée, qui sera revendiquée par Grégoire IX et Boniface VIII, selon laquelle le pape est vicaire du Christ, lequel possède les deux glaives, de sorte que le pape les posséderait aussi et en confierait un à qui bon lui semble. Ce qui évidemment, dans une perspective aristotélicienne, ainsi thomiste, est tout simplement faux, même si, semble-t-il, saint Thomas ne souscrit pas à ce jugement :

Tout pouvoir, temporel et spirituel, procède de Dieu, et est ordonné à Dieu ; le Christ est Dieu, auteur de la nature humaine, ou plutôt de ce que, par l'acte créateur, la nature humaine s'incarne dans des hommes concrets, elle et tout ce qui lui est attaché, à savoir en particulier la vocation naturellement domestique et politique de l'homme ; aussi le pouvoir domestique du père sur l'épouse et les enfants est-il issu de Dieu et délégué au père, *par la nature humaine* et par Dieu son auteur, et en vue de Dieu ; en tant qu'il est ordonné à Dieu, et que dans les affaires humaines le salut requiert de surcroît la grâce que dispense l'Église, il est du devoir du père de confier sa progéniture à l'Église à l'autorité spirituelle de laquelle il est lui-même, comme baptisé, soumis. Mais cela ne fait pas du pape le possesseur primitif d'une autorité domestique qu'il confierait aux pères de famille, et c'est si vrai que l'Église ne se reconnaît nullement le droit d'arracher aux pères non catholiques leurs enfants pour les baptiser. Selon le même raisonnement, l'homme étant aussi naturellement animal politique qu'il est animal domestique, son pouvoir politique lui vient de Dieu par sa nature humaine, et non par la médiation du pape. Il existait des pouvoirs politiques légitimes avant que ne fût instituée la papauté. Que le pape soit vicaire du Christ ne fait pas de celui-là le créateur de l'homme, le possesseur de la nature humaine et de tout ce qu'elle enveloppe, en particulier de la vocation politique de l'homme. Et c'est pourquoi le pape est vicaire du Christ au spirituel et non au temporel.

Innocent III « cite (...) rarement la Donation de Constantin car, s'il n'en met pas en doute l'authenticité, il ne peut ignorer que celle-ci a été contestée, l'acte du premier empereur chrétien conférant de plus, à ses yeux, la souveraineté de l'Occident, qui n'est pas vraiment assimilable à la Chrétienté en expansion par la croisade et par l'évangélisation. En revanche, il met plus vigoureusement en avant la *translatio Imperii*, c'est-à-dire le transfert de l'Empire des Grecs aux Francs (800), puis des Francs aux Allemands (962), accompli selon lui par la seule autorité pontificale » (Pacaut, p. 116), ainsi qu'on peut le voir dans sa *Deliberatio super negotium Imperii* (1199) où il est dit que l'Empire relève du Siège apostolique dans son origine (transfert des Grecs aux Francs) et dans sa fin (l'empereur reçoit du pape la dernière et finale imposition). Le canoniste Alain, grégorien et théocrate, vers 1215, enseignera dans cette optique que « le Seigneur s'est servi de l'un et l'autre glaives, et [qu'] il a solidement établi Pierre en tant que son vicaire sur terre ; [qu'il] lui a donc laissé l'un et l'autre glaives » (Pacaut, p. 122). Tancrède de Bologne dira la même chose dix ans plus tard.

Grégoire IX, grand ennemi de Frédéric II, et Innocent IV entendent donner au pape le pouvoir prépondérant dans la péninsule ; appui est donné par Rome à Charles d'Anjou frère de saint Louis pour la couronne de Sicile ; ils invoquent très clairement la Donation de Constantin ainsi que le transfert de l'Empire, et se considèrent comme détenteurs des deux glaives. Dans la bulle *Aeger cui lenia* de 1245, Innocent IV enseigne (Pacaut, p. 130) : « Le pouvoir du gouvernement temporel ne peut pas être exercé en dehors de l'Église, puisqu'il n'y a pas de pouvoir constitué par Dieu en dehors d'elle. (...) Ils manquent de perspicacité et ils ne savent pas remonter à l'origine des choses, ceux qui s'imaginent que le Siège apostolique a reçu de Constantin la souveraineté de l'Empire, alors qu'il l'avait auparavant, comme on le sait, par nature et à l'état potentiel. Notre Seigneur Jésus Christ, fils de Dieu, vrai homme et vrai Dieu, vrai roi et vrai prêtre selon l'ordre de Melchisédech..., **a constitué au profit du Saint-Siège une monarchie non seulement pontificale, mais royale : il a remis au bienheureux Pierre et à ses successeurs les rênes de l'Empire tout à la fois terrestre et céleste, comme l'indique la pluralité des clés** » (Pacaut, p. 130). « Sa vraie pensée <celle d'Innocent IV> (...) est qu'ici-bas la souveraineté est indivisible, qu'il ne peut y avoir une souveraineté spirituelle et une souveraineté temporelle et que le pape est donc le seul à détenir cette unique autorité absolue. Une telle doctrine, on le voit, renoue avec la théocratie grégorienne dans cette ultime conclusion » (explication de Pacaut, p. 131).

Saint Thomas d'Aquin insiste sur le fait que l'objet propre du pouvoir politique est le « bien civil », et qu'il ne peut être soumis au spirituel qu'à titre exceptionnel. « Par cette argumentation, il n'apparaît pas justifier l'action d'Innocent IV ni faire valoir que la politique de Frédéric II constituait une cause sur laquelle l'Église avait juridiction ou qui était abandonnée à son jugement. En revanche, il pense que le pape, et non l'Église, a autorité pour intervenir là où il veut parce qu'il est "*au sommet de l'un et de l'autre pouvoirs* (*In II Sent.* dist. 44)" » (Pacaut p. 132) ; il en est ainsi parce qu'il est vicaire de Notre Seigneur Jésus-Christ qui est prêtre et roi. « Pour lui comme pour Hostiensis, mais le disant plus explicitement, il est le souverain spirituel et le souverain temporel » (Pacaut, p. 132). On voit là que saint Thomas développe un dualisme d'intention sans parvenir à s'émanciper des postulats de la pensée grégorienne ; il en est ainsi soit parce que l'Aquinate, par souci d'obéissance, est bien obligé de souscrire aux thèses théocratiques de son temps, soit parce que sa conception du rapport entre nature et surnature est inachevée. Et les deux hypothèses sont probablement à retenir pour qui entend expliquer la conclusion augustinienne — et non celle que l'on pourrait attendre de son aristotélisme chrétien — de saint Thomas sur ce point.

Mais c'est avec Boniface VIII, dans son différend avec Philippe IV le Bel (Benoît XI et Clément V annuleront les sanctions de Boniface VIII contre le roi de France), que culmine l'esprit théocratique exprimé dans sa *Lettre aux princes électeurs* du 13 mai 1300 (c'est de l'Église que les princes tireraient le privilège d'élire l'empereur) et dans sa bulle *Unam sanctam* du 18 novembre 1302 : « L'un et l'autre glaives, le temporel et le spirituel, appartiennent à la puissance ecclésiastique, mais celui-là est tiré pour l'Église, celui-ci par l'Église, le second par le prêtre, le premier par les rois et les chevaliers, avec le consentement et la permission du prêtre. Il faut donc que le glaive soit sous le glaive et que l'autorité temporelle soit soumise à la spirituelle. (...) Comme en témoigne la réalité, le pouvoir spirituel **institue** le pouvoir terrestre et le juge, s'il n'est pas bon. »

Gilles de Rome (*De ecclesiastica potestate*, 1301), élève de l'Aquinate, va dans le sens de Boniface VIII, et considère que l'État n'a pas de fin propre à poursuivre : « Le pouvoir royal et, plus généralement, le pouvoir terrestre, si on se rapporte à leur origine quant à la façon dont ils apparurent chez le peuple [juif], furent établis par le sacerdoce ou par le pouvoir ecclésiastique... Les deux pouvoirs ne viennent donc pas également de Dieu, sans intermédiaire. Le premier en vient par l'intermédiaire du second ; par conséquent, il est sous le second. (...) le pouvoir sacerdotal, qui dirige les âmes, régit aussi les corps et les choses temporelles. »

On voit là poindre, de la manière la plus explicite qui soit, ce qui est peut-être la racine de l'erreur théocratique. Le peuple juif était un peuple artificiel, fruit de l'art divin, surnaturel de part en part et sans vocation naturelle aucune (qui consisterait à incarner une manière paradigmatique — nationale — d'être humain, laquelle, en tant que naturelle, n'est pas abolie par la surnature, mais soignée et confortée par elle tout en étant surélevée en et par elle), dont la vocation n'était nullement d'incarner le modèle du Politique pour le christianisme, mais de préfigurer l'Église tout en préparant la venue du Sauveur. Le christianisme est l'« *Aufhebung* » du judaïsme, il le consomme en le supprimant sans reste ; **et l'esprit théocratique est un reste illégitime de judaïsme non transfiguré subsistant tel un intrus dans le christianisme qu'il corrompt**. Faire une telle observation n'est aucunement plaider en vue d'une réhabilitation subreptice du marcionisme : le christianisme véritable, c'est-à-dire le catholicisme, revendique sans complexe son origine chronologique juive et en fait mémoire dans sa liturgie de manière fort légitime ; il le fait à la manière dont le papillon, dont la chrysalide *procède* proleptiquement du christianisme, revendique, comme son origine chronologique, cette chrysalide dont il *se* fait procéder parce qu'il la pose, et dont il fait mémoire dans l'acte de la réduire à néant. Et c'est bien, à toute distance des falsifications herméneutiques d'un Jean-Paul II, le chrétien qui est ontologiquement frère aîné du Juif, car ce qui est premier en intention est ultime en exécution, et tel est le sens vrai des épîtres de saint Paul, en particulier de l'épître aux Romains. Il n'est pas étonnant, quand on se souvient de cela, qu'il puisse exister une espèce d'affinité, tantôt secrète tantôt revendiquée, entre traditionalisme (en particulier celui de Joseph de Maistre) et esprit juif, de sorte que brandir — en condamnant, bien entendu, le « modernisme » du fascisme — l'autorité du traditionalisme inspiré par l'augustinisme politique pour combattre la judaïsation contemporaine de l'Église revient à jeter de l'essence sur le feu pour l'éteindre. Et c'est cette conception erronée du Politique qui prévalut dans l'érection de Clovis comme chef de la chrétienté. Le Juif Eric Zemmour, dont tout le monde sait qu'il « roule » pour les intérêts de l'entité sioniste au profit de laquelle il entend faire servir — contre un danger islamique en grande partie favorisé par la communauté juive systématiquement immigrationniste depuis des lustres — ce qu'il reste en France d'esprit réactionnaire, a beau jeu de déclarer que la monarchie française est d'essence juive : « Les Francs ont toujours revendiqué le titre de "meilleur élève de la chrétienté", protecteur de Rome. La France est la fille aînée de l'Église depuis Pépin le Bref. À partir de l'empereur Justin, le christianisme s'est désigné successeur d'Israël, *verus Israël*. (...) Les Francs ont adopté la même logique de substitution. (...)

Dès l'époque carolingienne, le peuple franc est considéré comme le nouveau "peuple élu". La France est la "nation préférée de Dieu". La France est le royaume de la nouvelle Alliance. On pioche dans l'Ancien Testament tous les signes, tous les symboles, tous les modèles. On prend le sacre, l'huile sainte, les oriflammes bleu et or, la fleur de lys, jusqu'aux pouvoirs de guérison. Le sacre des rois francs est inspiré de Samuel, qui, avec sa corne d'huile, procède à l'onction du roi David. (...) On cherche et trouve une promesse comparable à celle que fit Dieu à Moïse dans la *Vita sancti Remigii*, écrite par Hincmar vers 878 ; mais la bénédiction de saint Rémi lors du baptême de Clovis est aussi souvent évoquée. Le roi de France descend du roi David ; le peuple français descend du peuple d'Israël, la langue française même, au-delà de ses origines latines ou grecques, tire sa source de l'hébreu. (...) À la fin des temps, le roi de France rentrera en Terre promise et sonnera le temps de la paix universelle. (...) Le peuple d'Israël est le miroir flatteur dans lequel se mire l'ancienne France. » Clemenceau rassemblera derrière son oriflamme belliqueuse « la France qui répand les Saintes Écritures et la France qui répand le Code civil. La France qui repousse les hérétiques musulmans d'hier et les barbares teutons d'aujourd'hui. La France catholique et la France républicaine unies dans un même combat pour la grandeur éternelle d'une France messianique et civilisatrice. Ces Frances sont en vérité une seule et même France, celle qui s'était parée avec saint Louis des atours du peuple élu » (*Destin français*, Albin Michel, 2018, p. 85 à 88). Zemmour entortille les Français, mais on peut se demander s'ils avaient vraiment besoin de lui pour le faire : leur vanité, entretenue par l'esprit théocratique et surnaturaliste des hommes d'Église, y suffisait. D'où la nostalgie des bien-pensants catholiques actuels à l'égard de cette France républicaine bourgeoise coloniale, anglophile et germanophobe, et leur dilection pour le Cœur sacré de Jésus fixé sur le drapeau républicain, leur sympathie pour le souvenir de Claire Ferchaud (Mgr Lefevbvre n'y a pas échappé), etc. Si la thèse classique de la théocratie est aujourd'hui canoniquement abandonnée depuis Léon XIII, elle n'en subsiste pas moins dans les esprits cléricaux, mais dans une forme insidieuse, celle de l'esprit de l'« Action catholique » (voir ici « **Pie XII** »). Et même les modernistes, que leurs dérives ne rendent pas moins autoritaires, en appellent encore parfois à l'autorité de *Unam sanctam* ; c'est ce que fit Paul VI dans son discours du 22 octobre 1970, rappelant qu'il pouvait « *judicare omnia* », toutes choses étant assujetties aux clés de saint Pierre.

Les désordres induits par le césaro-papisme des Empereurs, les doctrines nominalistes de Marsile de Padoue, la doctrine de Machiavel, ou les injustices de Philippe le Bel, en sont l'effet réactif malheureux. La lutte entre France et Empire en procède aussi, en tant qu'elle est le résultat d'une projection, dans l'élément du Politique, d'une erreur théologique inspirée par le surnaturalisme : contradictoire, la position bernardienne et grégorienne du pouvoir papal s'est comme déchargée de sa contradiction interne en la projetant dans l'exacerbation, attisée par les clercs, d'un conflit ruineux entre les deux grandes puissances catholiques du monde occidental. Culminant dans la boucherie de 14-18, un tel conflit a exténué l'Europe au profit des deux versants de l'esprit juif : le libéralisme consumériste et le communisme, l'individualisme sordide et l'utopie messianique laïcisée. La nature d'une chose est sa fin ; si le Politique n'a plus de fin propre, il dépérit, et il ne peut consentir de lui-même à sa propre mort. Parce qu'il exigeait de l'ordre naturel ce que ce dernier ne peut donner, l'esprit théocratique fut contraint de prévenir les insurrections contre lui, qu'il ne pouvait pas ne pas susciter, en rendant hostiles les uns à l'égard des autres les États qu'il frustra, au point de les faire se détruire non pas à son profit comme il l'escomptait, mais au profit des ennemis de l'Église, maçons et Juifs. Tant il est vrai que l'ordre surnaturel présuppose l'ordre naturel et ne parvient à le frustrer — ce qui définit le surnaturalisme — qu'en se sabordant lui-même. Et l'esprit théocratique est bien contradictoire, puisqu'il prétend d'une part achever, en tant que catholique, le judaïsme, mais en se dispensant, corrélativement, de le nier, de sorte qu'il ne le sublime pas adéquatement et demeure infesté par lui ; puisqu'il prétend, d'autre part, instaurer le règne de la surnature au détriment de l'ordre naturel qu'il présuppose pourtant en droit comme son sujet d'inhérence.

Jacques de Viterbe (*De regimine christiano*, 1302) tempère ce théocratisme intempestif de Gilles de Rome, et enseigne que « dans son principe essentiel, le pouvoir <politique> vient de Dieu, auteur des lois naturelles <ainsi est-il, de soi, indépendant du pouvoir religieux dont il ne procède pas>, mais que, dans son exercice (parce que « *dans son origine et dans sa fin* », selon la formule d'Innocent III, il doit conduire les sujets vers le salut), il a besoin, pour remplir cette mission, de la foi et de la grâce, sans lesquelles il serait inadéquat à sa fin » (Pacaut, p. 148). Jusqu'ici, en dehors de la référence à Innocent III (que signifie « dans son origine », ici ?), la formule peut être recevable en un sens non théocratique : la nature humaine étant blessée, elle ne peut « fonctionner » que moyennant la grâce qui la restaure, mais il est à remarquer que c'est elle qui « fonctionne », en tant que restaurée, ce n'est pas la grâce qui fonctionne à sa place. La thèse suivante de Jacques de Viterbe, résumée par Pacaut, est beaucoup plus contestable : « Comme la foi et la grâce sont choses surnaturelles, donc spirituelles, il en résulte que la puissance temporelle ne peut réellement agir que lorsque le lui accorde l'autorité spirituelle sous la juridiction de laquelle elle est toujours placée » (p. 148). Cette dernière thèse est contestable parce que ce qui a raison de cause finale ultime n'a pas, ici, raison de cause efficiente.

Dante (*De Monarchia*, vers 1311) défend quant à lui la thèse d'un double « *ultimus finis* », la fin naturelle et la fin surnaturelle, qui induit celle d'un double pouvoir, temporel et spirituel ; l'Église ne doit s'occuper que des âmes, le pape agit « *extra naturam* » en se mêlant des affaires du siècle.

Le dominicain Jean Quidort, dit Jean de Paris, en faveur de Philippe le Bel, contredit, au début du XIVe siècle, l'esprit caricaturalement théocratique de Boniface VIII en réhabilitant le dualisme. On notera au passage que la formule infaillible qui clôt *Unam sanctam* est évidemment parfaitement recevable, sans réticence aucune, par un catholique anti-théocrate : tout homme pour être sauvé doit être soumis au pape ; évidemment, cela concerne le seul domaine de compétence de l'autorité pontificale : l'ordre spirituel. Et l'infaillibilité de la formule ne couvre pas toute la bulle, sauf, dans le contexte actuel de la crise moderniste de l'Église, pour un sédévacantiste attaché à élargir indéfiniment la zone d'infaillibilité de l'enseignement des papes afin de faire prévaloir le bien-fondé de son hypothèse, par là attaché, objectivement et subjectivement, à une position surnaturaliste.

Au XVe siècle, les prétentions pontificales sont en retrait, l'État s'affirme. « On continue d'ailleurs peut-être à considérer encore la Papauté comme le dernier recours ici-bas pour prendre des décisions extraordinaires, lorsqu'aucun pouvoir légitimement établi ne peut le faire. C'est ainsi qu'après la découverte de l'Amérique Alexandre VI, sollicité par le roi d'Aragon, fixe la ligne de démarcation entre les possessions espagnoles et portugaises (traité de Todesillas, 1494) » (Pacaut, p. 185). Un Jean de Saint-Thomas (1589-1644) pourra professer que « **la puissance civile est ordonnée à une fin temporelle et naturelle, à savoir le bien politique de la chose publique** » (Pacaut, p. 190), sur ce point plus aristotélicien que l'Aquinate. Le jésuite saint Robert Bellarmin (1542-1621) soutiendra la thèse d'un « pouvoir indirect au temporel, "*potestas indirecta temporalibus*" » (Pacaut, p. 190). Quelques documents de Grégoire XVI et de Pie IX laisseront sourdre l'ancienne doctrine, et « il faut attendre Léon XIII pour que la Papauté commence à réviser sa position. Dans les encycliques *Diuturnum illud* (1881), *Immortale Dei* (1885), et *Sapientiae christianae* (1890), ce pape déclare, en effet, que les deux pouvoirs sont souverains et totalement indépendants l'un de l'autre. Chacun d'eux a une nature particulière et poursuit sa fin propre, cette nature fixant les limites à l'intérieur desquelles il gouverne *iure proprio* : "*utraque potestas in genere maxima* : *l'un et l'autre pouvoir est le plus grand dans son espèce*". Au XXe siècle, Pie XI et Pie XII reprennent les mêmes thèses. Ils précisent que la souveraineté de l'État s'exerce sur un plan distinct de celui de l'Église et qu'il n'est pas utile de vouloir cléricaliser le pouvoir séculier » (Pacaut, p. 191). Il aura ainsi fallu attendre que la Chrétienté subisse la Réforme, la Révolution française et la peste bolchevique — qui ont eu raison de la Chrétienté elle-même dont la reviviscence, à vue d'homme, est désormais impossible avec le surgissement du mondialisme qui consomme les révolutions précédentes — pour que les hommes d'Église consentent à réviser leur surnaturalisme théocratique en faisant retour à la position — amendée par la reconnaissance de l'existence d'une fin du Politique qui lui est propre — de Gélase. Il est vrai que ce même Léon XIII ne fut pas capable de débarrasser l'Église de son esprit théocratique sans corrélativement la faire se fourvoyer dans l'esprit démocratique, ce qui n'était nullement une fatalité, n'en déplaise aux « traditionalistes » fidèles à l'augustinisme politique — témoin, dans l'ordre politique, l'avènement somme toute encore récent des fascismes d'heureuse mémoire. « Quoi qu'il en soit, l'Église ne peut pas renoncer au but pour lequel elle a été fondée. C'est la raison pour laquelle, si elle reconnaît à l'État la libre détermination de sa finalité, elle estime de son devoir de condamner celle-ci lorsqu'elle est absolument contraire à la foi chrétienne » (Pacaut, p. 191), ce à quoi il n'y a rien à objecter, à ceci près que Pacaut, sacrifiant aux impératifs de la « *political correctness* », ajoute entre parenthèses : « condamnation de l'idéologie nazie, de la doctrine communiste » ; ce qui fixe ainsi les limites de son courage et/ou de sa lucidité.

Résumons :

Faire de l'Église d'ici-bas, comme expression de la cité de Dieu, le modèle de toute organisation politique, et faire de l'organisation politique des Juifs de l'Ancien Testament, qui fondaient en un seul les pouvoirs religieux et politique, le modèle de toute monarchie, c'est tout un. L'Église, ou plutôt les hommes d'Église, ont cru bon — pour le malheur de toute la chrétienté — de faire de la chose politique caractéristique de l'Ancien Testament le modèle chrétien de toute politique. Or ce modèle confondait les pouvoirs temporel et spirituel, parce que la vocation du peuple juif, surnaturel de part en part en tant que peuple, sans rien de naturel en lui, était de préfigurer — dans une forme politique — l'Église, et de préparer l'avènement du Christ que ce peuple mit à mort : le peuple juif n'avait pas vocation à subsister en tant que peuple après l'avènement de Notre Seigneur Jésus-Christ, et il appartient aujourd'hui aux poubelles de l'histoire du salut ; et, à la différence du judaïsme, le catholicisme reconnaît la différence réelle entre nature et surnature[123]. Ainsi, sur des présupposés aussi faux, l'Église, à bon droit jalouse de ses prérogatives religieuses, se plaça dans une situation telle qu'elle ne pouvait pas reconnaître au Politique, en contexte chrétien, une autonomie naturelle et la poursuite de finalités naturelles propres, car c'eût été lui reconnaître en même temps, à cause de la fusion des deux pouvoirs, une souveraineté surnaturelle en matière de discipline ecclésiastique, de foi et de mœurs ; ce qui fit qu'elle s'arrogea tous les pouvoirs naturel (politique)

---

[123] Certes, les Juifs obtinrent des rois, qu'ils réclamaient à grands cris, par une concession divine qui les leur envoya plutôt pour leur châtiment, et ces rois n'étaient pas les prêtres, de sorte qu'il n'y avait pas théocratie directe. Il reste que, surnaturel de part en part sans aucun fondement naturel, le peuple juif, qui n'est pas une race — quelle que soit sa prétention à en être une aujourd'hui comme hier (voir ici Shlomo Sand, dans « **Juifs par eux-mêmes** ») — avait pour unique vocation de préfigurer la Sainte Église et de préparer l'avènement du Sauveur. Ils n'avaient nullement vocation à incarner une communauté naturelle — nationale — de destin, laquelle, si elle avait existé, les aurait autorisés à aspirer à subsister comme juifs après la mort et la résurrection du Christ et postérieurement à la fondation de l'Église, puisque la grâce n'abolit pas la nature mais la soigne en la surélevant. C'est pourquoi les rois d'Israël ne sauraient être tenus pour des modèles de l'ordre naturel. Et l'on peut se demander si la conception augustinienne du Politique (voir *La Cité de Dieu* XIX 15), qui réduit la vocation du pouvoir politique à une fonction strictement castigatrice parce que ce dernier serait la conséquence, en forme de châtiment rédempteur, du péché originel, n'est pas elle-même inspirée par une référence à la royauté juive de l'Ancien Testament, prise à tort comme le modèle de toute monarchie chrétienne.

et surnaturel (ecclésial). D'où, sur la base d'un mensonge historique (la Donation de Constantin et les Fausses décrétales) — auquel répond de nos jours, comme sanction en forme de justice immanente, le mensonge théologico-politique de la Shoah : le peuple juif est le Messie qui meurt au Golgotha d'Auschwitz, et son Église est l'entité sioniste avec pour capitale Jérusalem vouée à se substituer à Rome —, cette idée foncièrement erronée et gravide des pires désordres, mais enseignée par tous les papes et théologiens théocrates fourvoyés dans une conception juive du politique, selon laquelle le pape serait possesseur des deux glaives et consentirait à confier sous sa direction le glaive temporel aux chefs naturels. L'inévitable insurrection de la nature contre une conception hypertrophiée de la surnature inclinant cette dernière à dévorer l'ordre naturel fit que l'Empire développa un césaro-papisme insupportable à l'Église qui, par réaction, leva et soutint la France contre l'Empire en dotant la France — ou en soutenant cette lubie française — d'une pseudo-élection surnaturelle l'identifiant à un « Nouvel Israël ». Cette « élection » de la France, en vérité, n'était qu'une disposition providentielle : les vertus naturelles de ce peuple le prédisposaient à servir de manière excellente, par ses talents spéculatifs, le travail ecclésial d'explicitation du dogme, mais elles ne l'habilitaient pas à se poser en rival politique du Saint-Empire. Devenue l'ennemi juré de l'Allemagne en vertu de cette pseudo-élection éveillant en elle les convoitises hégémoniques de la « Grande Nation », la monarchie française favorisa systématiquement l'hérésie protestante en terre germanique, pour s'apercevoir trop tard, sur les débris de l'empire des Habsbourg, que la Prusse devenait dangereuse pour elle. On connaît la suite : 1763, première effective guerre mondiale, avec les conséquences mortifères qui sont rappelées dans le « **Préambule** » du présent travail.

Soit :

La cause première de l'effacement de l'Europe induit par la querelle exacerbée entre la France et l'Allemagne, c'est le surnaturalisme théocratique, lequel ne fut jamais avalisé ni par saint Louis ni par sainte Jeanne d'Arc. Il ne fut jamais avalisé par Louis IX qui considérait qu'il ne tenait pas sa couronne du pape. Il ne fut jamais cautionné par la sainte bergère de Domrémy qui vint pour rappeler, dans les formes contingentes de son temps, que toute autorité procède de Dieu et est ordonnée à Dieu, ce qui est une vérité catholique par là indubitable, mais qui n'est nullement solidaire de l'augustinisme politique. On comprendra que les revendications cléricales et théocratiques de la gent ecclésiastique traditionaliste contemporaine, surtout celles des Français — le clergé le plus bavard, le plus autoritaire, le plus pénétré de sa dignité de tous les clergés du monde —, puissent aujourd'hui susciter, chez ceux que leur rhétorique caporaliste ne fascine pas, un certain malaise et, pour le moins, un léger agacement, surtout quand ils prétendent tancer leurs ouailles et penser à leur place, non sans se faire nourrir par elles sans vergogne. Les effets de cet esprit théocratique se font sentir jusque chez les représentants les plus médiocres du bas-clergé, qui, convaincus de la légitimité de leur arrogante pseudo-habilitation à diriger les autorités naturelles, familiales et politiques, s'ingénient, avec une agressivité doucereuse de bas-bleus fielleux, à introduire du désordre dans les partis politiques et dans les familles, au nom du Saint-Esprit. Ce sont là des choses que la vérité oblige à rappeler, même et surtout quand elle somme corrélativement l'observateur honnête de louer, en même temps que leur condition éminente d'hommes de Dieu, les vertus exceptionnelles d'abnégation, de courage et de discret héroïsme de certains ecclésiastiques. Il reste que, s'il est miraculeux de rencontrer un Franciscain propre, un Bénédictin pauvre, un Dominicain humble, un Jésuite franc, il est, sinon miraculeux, à tout le moins étonnant que la prétention des clercs et leur pénible propension à s'immiscer dans ce dont ils n'ont pas à connaître aient mis tant de temps à exténuer la foi en Occident. Parce que Dieu fait de grandes choses avec les plus petits des Siens, parce que là où le péché abonde la grâce surabonde, c'est la France qui, au XXe siècle, fut providentiellement choisie pour maintenir, en temps de crise de l'Église, la Tradition catholique. Mais de tels petits, quand le choix de Dieu se porte sur eux, sont humbles et dotés de cette intelligence et lucidité supérieures que confère l'humilité. Si la France catholique entend conserver ce « *leadership* » sans se saborder tant par l'éclatement de son noyau traditionaliste en sectes furieuses que par le ralliement massif à la Rome moderniste de sa part la plus importante et la plus structurée, c'est peut-être cet effort d'humilité, producteur d'honnêteté et de lucidité, qui est attendu de ses clercs. Et la vraie condition du relèvement de la France aujourd'hui, ce n'est pas le réveil braillard des fastes et des prétentions éphémères de la Grande Nation, c'est son aptitude à demander pardon au monde entier pour tout le mal qu'elle lui a fait. Les ténors contemporains du relèvement de la France, tous peu ou prou d'inspiration gaullo-maurrassienne — de l'ex-Front national à Philippe de Villiers en passant par Patrick Buisson, Alain Soral, les écrivains bien-pensants de la Tradition catholique et les responsables religieux de toutes obédiences qui les cautionnent — sont habités par le complexe nostalgique de la Grande Nation, qu'elle soit celle de Clovis (pouvait-on alors parler de « France » ?), des soldats de l'An II, de l'épopée napoléonienne, du Roi Soleil ou de la République colonisatrice. Sous ce rapport, ils sont tous comme marqués par l'idée de France « peuple élu », ainsi de cette France qui serait le fruit d'un constructivisme politique volontariste sans support naturel ethnique, qui par là aurait besoin d'une légitimation surnaturelle pour soutenir un tel volontarisme contre nature en tant même que constructiviste. Si ce qui précède est exact, leur antisémitisme ambigu devrait se souvenir de cet aveu que fit un jour Maurras à Pierre Boutang qui se plut un jour à le rappeler dans l'un de ses cours en Sorbonne : la conception maurrassienne de la France est celle du peuple juif. Les choses sont ainsi faites que la logique objective d'une idée fait toujours ployer à son profit les intentions subjectives de ceux qui l'embrassaient. Si l'on ne dénonce jamais le danger objectif de cette idée faisant de l'Ancien Testament l'inspirateur du Politique, génératrice tant de l'esprit théocratique (l'Église dirige le Politique) que de l'esprit gallican (le Politique dirige l'Église), on ne sortira jamais de cette solidarité objective entre judaïsme et nationalisme français, qui tantôt paralyse le second en le réduisant au rôle d'imprécateur aigri excédé par sa propre faiblesse et incapable d'œuvrer au bien commun de l'Europe, tantôt le fait se ranger, par similitude d'états d'âme, du côté de la cause sioniste.

Et cette France peuple élu est bien mise en demeure de se ranger du côté de la cause sioniste, pour la raison suivante :

Il ne peut y avoir deux peuples élus. Dès lors, ou bien l'un doit dévorer l'autre, ou bien l'un doit se subordonner à l'autre. La France championne du catholicisme ne saurait se subordonner au judaïsme, car ce serait renoncer à sa catholicité. Et le judaïsme ne saurait se subordonner à la France catholique, car ce serait renoncer à sa prétendue élection. Ainsi, dans l'hypothèse d'une France peuple élu, la France doit se substituer à Israël et adopter ses comportements diviseurs et corrupteurs pour parvenir, comme l'y invite sa « vocation », à dominer le reste du monde (mais cela est peu compatible avec son identité catholique), ou bien Israël doit se substituer à la France (mais ce serait encore renoncer à la vocation catholique de cette dernière), ou bien la France doit se substituer à Israël sans adopter ses comportements diviseurs et corrupteurs, mais, supposé qu'elle en ait les moyens, encore faut-il qu'elle soit assurée du caractère obsolète de l'ancienne élection juive ; or si elle en est assurée, on ne voit pas que la royauté davidique puisse encore constituer pour elle un modèle politique actuel ; or il y a solidarité entre la référence à la royauté davidique et la France peuple élu ; renoncer à l'un est renoncer à l'autre. Il ne reste, dans le sillage de la France peuple élu, qu'une solution : plébisciter, sur le fondement théorique erroné d'une actualité de l'élection juive, une solidarité entre France et Israël contre tous leurs ennemis communs, en priant pour qu'Israël se convertisse et recouvre son rôle supposé de roi des nations après sa conversion au christianisme. Mais cette dernière idée, aussi fausse que mortifère, selon laquelle le peuple juif aurait une actualité théologique en tant que peuple juif après sa conversion, soutenue entre autres hallucinés par un Joseph de Maistre, un Julio Meinvielle ou un « marquis de La Franquerie », récuse la thèse catholique de la *substitution* du peuple des baptisés au peuple juif. Il y a, pour le chrétien, substitution du christianisme au judaïsme, mais le christianisme n'est pas une doctrine politique, et le peuple des baptisés n'est pas une nation. Entretenir une solidarité entre la France et Israël au nom de leurs prétendues élections, dans un esprit de compétition qui les rendrait complices contre le reste du monde, c'est se réduire au rôle de supplétif d'Israël dans sa lutte implacable contre le genre humain qu'il entend réduire en esclavage.

De sorte qu'il ne reste à la France catholique, en faisant le ménage dans le bric-à-brac non innocent, gravide de dangers sans mesure, de ses références affectives théologico-politiques, qu'à consentir, une bonne fois pour toutes, à renoncer à ses prétentions à incarner un peuple théologiquement élu. C'est à cette seule condition qu'elle est habilitée à développer un nationalisme serein et rationnel, antisioniste et antijudaïque, pleinement catholique et parfaitement européen, et proportionné à son génie propre et à ses moyens naturels.

THOMAS D'AQUIN

Voir « **Bon sens** ».

Le thomisme est, selon le mot de saint Pie X, la philosophie du catholicisme. Mais autre chose est le thomisme qui désigne la philosophie de l'École, autre chose le contenu historique de l'œuvre de saint Thomas, autre chose encore ce que saint Thomas eût dit aujourd'hui s'il avait été confronté aux apports profanes et aux erreurs souvent fécondes de la philosophie moderne et aux problématiques de notre temps. Et puis, il faut bien l'avouer, il n'est pas deux thomistes au monde qui pensent exactement la même chose, en tant même que thomistes, de sorte qu'on peut se demander ce que recouvre ici le terme d'École, et ce qu'il a vocation à recouvrir, mais ce serait là l'objet d'une étude qui remplirait des bibliothèques. Ce qui n'est pas douteux, c'est que l'Église en sa sagesse a jugé bon de proposer à tout catholique s'efforçant à penser de tenir saint Thomas pour le « Docteur commun ». Aussi, dans le cadre d'un abécédaire habité par une préoccupation politique de type « insurréactionnaire », ainsi catholique et fasciste, est-il opportun d'esquisser la manière dont le thomisme peut être envisagé par ceux qui tiennent pour pertinente une telle préoccupation.

Ce qui caractérise le mieux la pensée de l'Aquinate, c'est cette décision de prolonger l'hylémorphisme aristotélicien en reconnaissant, dans le rapport entre l'essence et l'exister, celui de la relation entre puissance et acte. Pour l'essentiel, la conception des rapports *essentia/esse* chez Étienne Gilson et Cornelio Fabro (et Domingo Báñez) est celle de saint Thomas. S'il y a une réserve à faire à propos de Gilson, c'est sur un autre point qui est le suivant : pour saint Thomas, l'essence individuée est nécessairement existante, bien qu'il soit contingent que l'essence d'un être créé existe, en ce sens qu'il est contingent qu'elle soit individuée ; pour Gilson et Báñez, l'essence individuée est elle-même seulement en puissance à recevoir son acte d'exister ; et sur ce point l'interprétation de Gilson semble contestable. « *Unumquodque secundum idem habet esse et individuationem* » (saint Thomas, *de Anima* I, ad 2).

Ce primat de l'*esse* sur l'essence est pour l'Aquinate éminemment réel, il ne saurait être seulement logique. Et la distinction *esse*/essence est aussi éminemment réelle pour saint Thomas : il parle par exemple de « *reali compositione* » dans le *de Veritate* (q. 27 a. 1 ad 8).

Cette position de saint Thomas, considérée en l'état, ainsi sans compléments, est gravide de divers problèmes, dont le premier, il est vrai, est lié à l'hylémorphisme lui-même :

A) L'être en puissance ne peut *être* — d'une part exister ou subsister, d'autre part être ce qu'il est, à savoir de l'être en puissance, par là de la puissance à être de l'être — que pour autant qu'il est lié à l'acte (la puissance à devenir table, intérieure à cette planche, est suspendue à la forme de la planche) et dépendant de ce dernier. L'acte ne subsiste que pour autant qu'il est reçu dans un sujet matériel ou potentiel qui le contracte et l'exerce. La matière prime n'est pas, elle ne subsiste qu'au titre d'extrême asymptotique du dénuement de la matière privée de forme, comme idéal irréalisable de la pénurie d'information dans un être assujetti à la génération et à la corruption. Puissance et acte, ou matière et forme, sont des corrélatifs et ne sont que l'un par l'autre : une puissance n'existe que par la forme qui l'actualise, qui ainsi restreint le champ de ce à quoi elle est en puissance, et de ce fait une puissance n'existe que pour autant qu'elle est limitée, ainsi contestée partiellement dans son ordre de puissance ; elle tient son être de ce qui la conteste ; mais en retour une forme ayant vocation à actualiser une puissance ne saurait subsister sans la puissance qu'elle conteste, et qu'elle parfait en la contestant. Puissance et acte sont bien des corrélatifs, des principes d'être qui ne sont donnés qu'ensemble, qui tiennent, chacune, son être de principe d'être, de l'être du principe avec lequel chacune compose. Il y a, en d'autres termes, causalité réciproque entre puissance et acte, matière et forme. Or toute causalité réciproque souffre d'un vice logique non résolu par la philosophie réaliste et par la logique formelle classique : on est dans le cas d'un homme confronté au devoir d'accéder au contenu d'un coffre dont il doit de ce fait ouvrir la porte, cependant que la clé de la porte du coffre est à l'intérieur du coffre lui-même ; il faut disposer de l'un des termes pour accéder à l'autre, cependant qu'il faut posséder l'autre pour disposer du premier. La puissance est suspendue à l'acte qu'elle conteste, et la forme n'est que par l'acte de contester la puissance qu'elle habite, et à laquelle, de ce fait, elle est essentiellement relative ; la forme se pose en s'opposant, et présuppose ainsi ce à quoi elle s'oppose pour se poser, cependant que c'est en tant que posée que la forme fait être la matière puisque cette dernière est suspendue à l'acte qu'elle conteste.

B) Si l'essence est à l'*esse* comme le coureur à la course (comme il l'est enseigné dans le Commentaire du *de Hebdomadibus* de Boèce), alors un *esse* pur sans aucune essence est impossible, puisque ce serait comme un acte de courir qui subsisterait sans qu'il y eût personne qui coure ; le propre d'un *esse* est d'être ***exercé*** par une essence ; or en Dieu *esse* et essence coïncident parce que, dans le créé, l'essence ***reçoit*** et ***limite*** l'*esse* (ces deux propriétés de l'essence sont, semble-t-il, indissociables l'une de l'autre) comme la puissance reçoit et limite l'acte, cependant que l'*esse* divin, étant *esse* infini (un infini actuel), il n'est pas limité ; mais alors il semble en effet difficile de déclarer que cet *esse* pur « est », puisque par ailleurs c'est le coureur qui court, non la course ; c'est l'essence qui existe, ce n'est pas l'acte d'exister qui existe : « *Non sic proprie dicitur quod esse sit, sed quod per esse aliquid sit* » (*Comm. Noms divins*, n° 751) ; et pourtant, selon le thomisme, l'« *Ipsum esse per se subsistens* » « est », « existe », « subsiste ».

On peut, peut-être, s'en tirer provisoirement en faisant observer que l'exister inclut son essence parce que l'essence finie a raison de privation de la perfection que, tout en un, elle *limite*, *reçoit* et *exerce* ; ainsi on peut contourner la difficulté en remarquant qu'une essence est d'un degré de perfection d'autant plus humble qu'elle limite plus la perfection qu'est l'acte d'exister, et d'un degré de perfection d'autant plus élevé qu'elle le limite moins, de sorte que, en Dieu, l'essence divine ne limite pas du tout l'*esse*, cependant qu'elle n'est pas moins présente en Dieu : il y a une essence infinie et un *esse* infini, et, puisqu'il y a une essence infinie, l'*esse* subsistant divin n'est pas comme cet *esse* sans essence dont on a vu qu'il ne peut subsister (tout comme la course qui ne court pas, car dire que la course est son acte de courir subsistant, c'est dire qu'il y a un acte de courir sans qu'il y ait personne qui coure, ou que celui qui court est son acte de courir, ainsi que ce qui exerce une perfection est la perfection exercée).

Mais la difficulté subsiste quand même :

Si Dieu est à la fois essence parfaite (degré maximal de perfection dans l'ordre du « *quod est* » : Dieu en tant que sujet de la perfection qu'Il exerce) et existence infinie (degré d'intensité maximal de cette perfection des perfections qu'est l'acte d'être, acte des actes essentiels, Dieu en tant que perfection objectale exercée par Lui), il faut de surcroît que, Dieu étant simple, l'essence (ou « *quod est* ») et l'*esse* (ou « *quo est* » ici identique au « *quod est* ») se confondent, soient une seule et même chose. Qu'ils se confondent ne pose pas de problème si l'on considère l'essence dans ses vertus ***réceptive et limitatrice***, puisque ces dernières ne concernent que des degrés essentiels d'être finis, ce qu'exclut l'essence divine qui ne reçoit ni ne limite, n'étant pas puissance. Mais même en Dieu il faut bien que l'essence, dotée d'une consistance ontologique propre (autrement Dieu est un exister sans essence et cet acte d'exister est impossible, de l'aveu même de saint Thomas), ***exerce*** l'*esse*. Or, au moins sous un certain rapport, autre est ce qui exerce, autre ce qui est exercé ; autre est le « *quod* », autre est le « *quo* », autrement la notion même d'exercice n'a pas de sens parce que donner ou être participé reviendrait à recevoir ou participer. Et alors c'est la simplicité de Dieu qui est remise en cause. (On dit volontiers, par hyperbole, d'une femme singulièrement bonne et serviable : « elle est la gentillesse même » ; mais supposé qu'elle parvienne à épuiser en elle toutes les modalités de la gentillesse, et cela même à un degré infini, elle n'en continuerait pas moins d'exercer la gentillesse ; elle serait la gentillesse en tant qu'elle l'épuiserait exhaustivement, elle aurait une gentillesse en tant qu'elle l'exercerait.)

Soit : le primat de l'*esse* sur l'essence, ou encore la définition de l'*esse* comme acte des actes, se résout, semble-t-il, soit dans l'idée que Dieu n'a pas d'essence, soit dans l'idée que Dieu n'est pas simple ; or les deux occurrences sont irrecevables.

On voudra bien noter, au passage, que substituer la notion d'inclusivité (l'existence inclut l'essence) à celle de primat ne nous tire pas d'affaire, car l'inclusivité signifie le primat même : l'*esse* inclut l'essence finie au sens où cet acte d'être fini se caractérise par un degré d'intensité existentielle qui est mesuré par ce qu'on appelle l'essence à laquelle il ne revient pas de subsister en dehors de cet *esse* qui la fait être en tant qu'essence, tout comme l'acte fait être la puissance en tant que puissance : de même qu'une main coupée n'est dite main que par homonymie, de même un corps (puissance, matière) sans âme (acte, forme) n'est plus ce corps supposé apte à être habité par cette âme ; cet *esse* fini, offert à notre contemplation, c'est le résultat du degré de participation d'une essence finie à la perfection infinie de l'acte d'exister, et ainsi, en d'autres termes, l'*esse* inclut son essence parce que l'inclure signifie être limité dans son ordre d'*esse* ; être mesuré signifie contenir sa mesure ou limitation, contenir l'essence signifie contenir un *manque*. Au fond, ce qui est, les étants qui sont, ce sont des actes d'exister finis, ce sont des manques d'exister qui participent à l'exister ou qui l'exercent. Si l'on admet que l'*esse* est l'acte de l'essence, on admet corrélativement que l'essence est dans l'*esse*, et réciproquement.

Mais, malgré cette mise au point, le problème reste entier, car ou bien Dieu n'a pas d'essence et se comporte analogiquement comme un courir absolu sans coureur, ou bien Dieu a une essence mais cette essence exerce l'exister que Dieu est aussi, et Dieu est composé. Et les deux occurrences sont absurdes.

On peut se tirer de cette ornière de deux façons ; celle de Cajetan, féconde mais qui se révélera inaboutie ; et une autre qui sera esquissée plus bas.

Celle de Cajetan, d'inspiration scotiste quoique menée à l'intérieur du thomisme, consiste à édulcorer (sans le remettre en cause) le primat de l'*esse* sur l'essence, en disant qu'il y a une double composition : la composition — classique depuis saint Thomas — d'*esse* et d'essence, et, à l'intérieur de l'essence, la composition d'essence et d'actualité, ainsi une espèce de composé d'essence et d'actualité mais qui est encore seulement apte à accéder à l'existence proprement dite. Il y a donc pour lui un « *esse essentiae* » nommé encore « *actualis essentia* », et un « *esse actualis existentiae* ». Aussi faut-il dans cette perspective admettre un type d'actualité propre à l'essence antérieur à cet acte d'être considéré au sens fort du terme, lequel acte d'être est conféré par le don de l'existence. C'est pourquoi, antérieurement (d'une antériorité de causalité, évidemment) à cet être d'existence actuelle, la notion d'une essence sans son acte impliquerait que cet acte, s'il advient, advînt au terme d'un **devenir** de l'essence (l'essence comme pur possible se met à devenir essence réelle qui en dernier lieu va recevoir l'exister d'une chose singulière). Or sous ce rapport, si l'on entend demeurer fidèle à l'Aquinate, force est d'avouer que Báñez a raison contre Cajetan quand il dit que l'*esse* n'est pas tant l'acte *ultime* de l'essence (ce qui achève l'essence dans son ordre d'essence) que son acte *premier* (ce qui fait qu'il y a essence et que l'essence a vocation à exister). Au reste, que peut bien être cet *esse* de l'essence en tant qu'essence, qui serait distinct de son *esse* en tant qu'essence existante ? Si l'essence a deux *esse*, un *esse* qui la fait être comme essence, et un *esse* qui la fait être comme essence existante, ce sont là quand même deux *esse*, et alors on est en demeure de conclure que l'essence existe deux fois, et qu'il y a deux étants et non pas un.

L'autre solution, d'inspiration hégélienne mais libérée de l'hypothèque du nécessitarisme créationniste solidaire d'une vision du monde en dernier ressort panthéiste, consiste à dire que Dieu *a* ce qu'Il *est*, ainsi que l'essence et l'existence s'identifient réellement en Dieu (pour que Dieu reste simple) et en même temps se distinguent non moins réellement (pour que l'essence demeure habilitée à exercer l'*esse*). Cette solution revient à faire du non-contradictoire un dépassement de la contradiction assumée. Ce qui est contradictoire, en tant qu'il est *contradictoire*, est ce qui se fuit, mais, en tant qu'il *est* contradictoire, il est ce qui, en se fuyant, ne fait pas autre chose que réaliser ce qu'il est. C'est donc ce qui se nie dans un processus qui ramène à lui, et c'est là être une réflexion, une unité d'attraction et de répulsion. Mais ce qui est sa réflexion est nécessairement l'acte concomitant de se réfléchir **et** de se réfléchir dans son processus :

Le retour pose le point de départ (il pose ce qui n'est qu'à se fuir, ainsi à se nier). Mais le propre d'un mouvement est d'être tel que l'arrivée est négation du départ, passage d'un contraire à l'autre, autrement il y a immobilité ; quand donc le mouvement est circulaire, le terme de la réflexion est à la fois position et négation de l'origine, laquelle, de ce fait, est « *Aufhebung* » (le « *tollere* » latin, l'acte d'achever, aux deux sens du terme « achever » : accomplir en supprimant), c'est-à-dire **acte de s'affirmer dans sa négation**. Or ce qui vérifie l'acte de s'affirmer dans sa négation, c'est **l'acte de s'objectiver** : être un autre pour soi-même, se mettre à distance de soi (ainsi s'aliéner, se nier), et tout autant ne coïncider avec soi (être un être pensant en acte) qu'à raison de cette mise à distance de soi par rapport à soi ; la pensée n'est pensée actuelle qu'en se sachant être pensante, elle n'est pleinement pensée qu'en s'opposant à soi, elle n'est pleinement elle-même qu'en étant autre que soi ; s'objectiver est bien se libérer de soi en libérant ce soi qu'on libère de lui-même ; ou encore : ravaler au statut de moment du processus (dont on est le résultat) le résultat du processus dont on est l'origine ; ce qui est contradictoire, en s'objectivant, **se libère de la contradiction qu'il *est* en se mettant à l'*avoir***. Il n'***est*** plus contradictoire puisqu'il ***a*** sa contradiction (et il n'est pas contradictoire que le moment d'un processus soit contradictoire, puisque le propre d'un moment est de passer, de se nier, de s'accomplir en se niant). Et ainsi Dieu peut bien être identité contradictoire de l'essence et de l'*esse* (Dieu est Celui dont l'essence est d'exister, sans être dépourvu d'essence, Celui dont l'essence exerce ce à quoi elle est identique), dans la mesure où l'acte de se poser comme contradictoire est tout autant l'acte de se libérer de sa contradiction (Dieu, qui *est* Son *esse*, *a* une essence sans l'être, et tout autant Dieu est son essence qui est une même chose avec son *esse*). Notre finitude nous empêche de penser les deux effets (se libérer de sa contradiction par l'acte même de se poser comme contradictoire) de cet acte en même temps, et y parvenir reviendrait à comprendre la Vie trinitaire. Mais nous savons le sens de cette non-concomitance des deux effets : notre pensée est créée, ainsi finie. Si une telle réflexion s'opère en toute chose, Dieu seul est la raison suffisante de la réflexion qu'Il exerce, et cela invite à penser Dieu comme « *causa sui* » : Dieu se constitue par réflexion tel le sujet de cette même réflexion qu'Il exerce. Et il est contradictoire d'être cause de soi, sauf si l'acte de se poser comme contradictoire **est** l'acte de se soustraire à sa contradiction en se l'objectivant, en faisant de l'être objectivé un moment de la réflexion par laquelle l'être objectivant revient sur soi et, au vrai, se constitue comme objectivant.

En termes plus simples peut-être, on peut dire que d'abord l'*esse* est bien acte de l'essence, parce qu'il faut être, pour être essence, et que les actes d'exister des essences (sauf Dieu) sont contingents (si l'essence contenait son *esse* à raison du seul fait qu'elle est essence, tout possible serait réel nécessairement, et il est bien évident que tel n'est pas le cas) : puisqu'il faut être pour être essence, l'*esse* est dans l'essence ; mais puisque l'*esse* advient à l'essence et aurait pu ne pas lui advenir, l'*esse* est extérieur à l'essence ; donc l'essence est extérieure à elle-même puisqu'elle est inclusive de ce qu'elle exclut. Or l'être en puissance est bien ce en quoi se réalise l'identité des contraires. Et la puissance en général est bien intérieure à l'acte qu'elle limite ou conteste, tout comme l'essence qui est intérieure à l'*esse* qu'elle contracte et modifie intrinsèquement en le recevant.

On notera au passage que la matière prime ou puissance pure ne limite rien, puisqu'elle n'est pas (c'est de la forme qu'elle reçoit, qu'elle tient son pouvoir de limiter la perfection formelle de cette forme, de sorte que la matière n'a d'être que parce que la forme *se* limite ou se *renie* en elle, au point que la forme n'est positivement forme que par négation souveraine de la négation de soi en laquelle elle s'anticipe sur le mode d'être de la matière : *la forme est réflexion*), de telle sorte qu'une forme reçue dans une matière absolument et exclusivement matière est telle qu'il ne reste que l'acte pur ; et s'il faut que l'essence soit sujet de l'*esse* qu'elle exerce, alors ce néant qu'est la puissance pure est, il a un être de néant d'être, il ne se réduit pas à un être de pure raison. L'acte pur est ce qui n'a pas de puissance, au sens où il est victoire souveraine sur la puissance absolue — le néant — qu'il assume ; en tant qu'il est sa réflexion, il est l'acte de se réfléchir dans sa réflexion processuelle, et ce néant d'exister qu'il confirme (en se réfléchissant dans son processus) dans le moment où il le renie n'est autre que lui-même en tant qu'essence de lui-même, au titre d'essence qu'il *a*. Et si l'acte pur, origine et modèle de tout acte, est réflexion, et réflexion achevée dans et comme réflexion dans sa réflexion, alors tout être fini est réflexion, mais sans être la raison suffisante de la réflexion qu'il exerce.

Cela dit, dire que l'*esse* est l'acte de l'essence, c'est dire qu'il est l'essence même en tant qu'elle est en acte dans sa ligne d'essence, il est l'essence pleinement essence, ainsi pleinement **cause**, par là essence en tant qu'elle s'intronise raison des déterminations par lesquelles elle se fait individuer (même si elle les trouve là déjà constituées dans une matière déterminée : elle s'intronise principe d'objectivation de soi en elles) : elle se fait éduire de ce en quoi elle s'aliène, mais c'est là confesser qu'elle fait retour à soi à partir de sa négation de soi. Par où il appert que l'idée cajétanienne de devenir de l'essence est quand même intéressante, **mais pour autant que l'acte ultime de l'essence est aussi reconnu**

tel son acte premier ; et derechef — l'origine étant le résultat — on a l'idée de réflexion.

On peut tirer de tout cela que l'acte et la puissance se distinguent réellement, mais que l'acte doit être pensé telle l'identité concrète (identité de l'identité et de la différence) de lui-même et de la puissance. L'identité de l'identité et de la différence désigne la réflexion (ce qui s'identifie à soi à partir de la différence d'avec soi en laquelle il se risque), et l'objectivation de soi de cette identité contradictoire, donc potentielle (ce qui la réduit au statut de différence : dans une réflexion, l'origine est puissance et le résultat est acte, il est donc unité contradictoire de la puissance et de l'acte, ainsi est-il encore puissance, étant contradictoire) est confirmation du moment de sa différence, ou encore réflexion dans son processus du résultat du processus ; or cette objectivation de soi est libération de soi, c'est-à-dire libération de la contradiction qu'on est ; donc l'identité de l'identité et de la différence se pose comme non contradictoire en s'objectivant dans le moment, intérieur à sa réflexion, de sa différence. Dieu est, en termes théologiques, cette réflexion qui se pose comme Père en s'opposant le Fils, ce qui révèle le redoublement de l'aller du Père vers le Fils tel l'acte de l'aller du Fils vers le Père, et c'est l'Esprit. Et un mouvement réflexif infini (il a dans lui-même son autre ou sa limite, il est donc illimité) a valeur d'immobilité pure, puisque l'arrivée est une même chose avec le départ. (Le retour est position de ce qui n'est qu'à se nier et négation de la vocation à se nier de l'origine ; il est position de l'origine sans sa vocation à se nier, mais accompagnée de l'objectivation d'elle-même ou confirmation d'elle-même dans sa négativité, et cette concomitance est la sublimation de soi de l'origine en résultat non contradictoire.)

L'infini est une notion négative à ce titre définie par ce dont elle est la négation, et c'est le fini qui est premier ; il désigne le parfait et l'achevé ; en revanche l'infini dit l'indéfini, la puissance. Mais le fini dit aussi l'inachevé parce qu'il dit la limitation. Ce qui est fini est ce qui peut se circonscrire, se délimiter, ce qui admet donc un au-delà de soi. Tout achèvement dit l'actuation d'une puissance, laquelle est toujours puissance à quelque chose de déterminé qui est exclusif d'autre chose, car une puissance à toute chose (une puissance dont l'actualisation serait inclusive de toute perfection) est une puissance pure, laquelle, comme la matière prime (au rebours de la « *materia signata* », qui est déjà déterminée), n'existe pas et ne peut pas exister ; toute puissance réelle ou existante est ainsi puissance à quelque chose de circonscrit, à un acte qui ne dit la perfection qu'en tant qu'il est exclusif d'autres perfections, et toute puissance réelle est puissance à quelque chose de circonscrit qui de ce fait a une limite, laquelle est aussi la limite d'autre chose ; ce qui est puissance à telle perfection déterminée est une limitation dans l'ordre de la potentialité, et cette limitation est corrélative de l'existence même d'une telle puissance (la matière prime n'est pas, n'est jamais subsistante en cet état de matière prime), de telle sorte que la puissance tient sa possibilité du fait même de n'être pas puissance à *toute* perfection. Dès lors, si le parfait est le fini (en tant qu'il est l'achevé) qui est pourtant le limité (en tant qu'il n'est pas toute perfection), la notion même d'infini actuel semble contradictoire, et pour cette raison ce qui épuise la perfection de l'acte d'être (lequel se dit de tout, sans limite) semble contradictoire : il semble que le pouvoir de rendre fini (en tant que parfait) soit indissociable du pouvoir de rendre fini en tant que limité et ainsi imparfait. (On a vu, à ce sujet, qu'une puissance pure absolument indéterminée, qui serait puissance à toute perfection, n'est plus une puissance, et il ne reste que l'acte pur, à moins que l'extrême de la puissance en tant que puissance ne soit le néant, lequel est immédiatement néant de néant ; l'acte pur dont l'essence est son *esse* est non contradictoire si l'essence entendue comme principe de limitation et de réception est un néant qui est ; en tant que néant, elle ne limite pas ; en tant que néant qui est, elle reçoit et exerce ; elle est, en tant que néant de néant, ce qui exerce l'*esse* ; et elle reçoit en tant que confirmée). Mais dire de l'exister qu'il est l'essence même (dont il est l'exister) en tant que cette essence est réflexion et réflexion dans sa réflexion, c'est reconnaître, s'il est vrai que l'essence est objet d'un concept, que l'*esse* est en droit accessible au concept : contre la lettre du thomisme (l'*esse* serait « *extra genus notitiae* ») on doit admettre que « *Deus includitur sub ente* » (Capreolus). Et c'en est fini de cet « apophatisme de l'*esse* » en lequel un Étienne Gilson voudrait faire se résoudre toute la philosophie réaliste.

Le concept d'infini actuel est contradictoire aussi longtemps qu'on ne s'aperçoit pas que ce qui est réflexion est à la fois, sans contradiction, fini et infini. En effet, d'une part il est sa propre limite : le terme de la réflexion qu'il est est un terme qui le limite en tant qu'il le détermine, et ce terme est lui-même en tant que départ de sa réflexion. D'autre part, l'au-delà de sa propre limite est encore en lui-même puisqu'il s'agit du processus — intérieur à lui-même — de devenir soi-même. Or, ayant sous ce rapport sa limite en lui-même, il est illimité. Il est un infini qui a quand même une détermination ; ayant une détermination, il n'est pas un infini potentiel ; étant illimité, il n'est pas fini mais infini. Il est donc un infini actuel.

Si l'*esse* et l'essence sont identiques cependant que l'essence exerce l'*esse*, c'est que l'*esse* étant l'essence, l'essence exerce la perfection qu'elle est, elle est objet pour elle-même, elle exerce donc une réflexion qui est l'acte même de s'atteindre, elle s'intronise (ou est intronisée) sujet de la réflexion qu'elle exerce ; mais de plus, parce qu'il n'est donné à l'essence d'être, ainsi d'être essence (il faut être, pour être ce que l'on est), par là encore d'être un exerçant, que par la perfection exercée, il faut dire que cette essence n'est pas seulement ce qui exerce une réflexion (à raison de laquelle elle est dite existante), mais encore ce qui se constitue en sujet opérant une réflexion sur soi-même en tant qu'objet par cette réflexion même. Autant dire qu'il est *causa sui*.

Est infini actuel ce qui est la raison suffisante de sa réflexion sur soi achevée en réflexion de soi dans son processus. L'extension au rapport essence-*esse* du rapport puissance-acte n'est opératoire que si, en dernier ressort semble-t-il, l'hylémorphisme se voit complété par la réflexion ontologique. L'« *actus essendi* », nommé « *esse ut actus* » par Fabro, ainsi l'acte d'exister de cette essence par lequel elle se substantifie (« *esse substantiae est substantia* », comme l'enseigne à bon droit Cajetan), c'est l'essence elle-même en tant qu'elle fait se réfléchir dans son processus, s'y objectivant comme sa puissance opérative essentielle (la substance n'est substance en acte qu'en tant qu'elle s'explicite et s'actualise dans ses accidents), l'« *esse in actu* » de Fabro (nommé « *esse essentiae* » par Cajetan), c'est-à-dire la réflexion sur soi qu'elle est. Et le constitutif formel de la « *subsistentia* » n'est autre que ce passage de l'« *esse in actu* » à l'« *esse ut actus* », de ce dont l'essence se confond avec son *esse* à ce dont l'essence, sans cesser de se confondre avec lui, en vient à se posséder, ainsi à avoir son *esse*. L'humanité du Christ est « *esse in actu* », mais l'« *esse ut actus* » est celui, divin, de la Personne du Verbe assumant l'humanité. Le Christ est par là vrai homme sans personne humaine, étant Personne divine. Il y a dans cette perspective équivalence entre l'acte de subsister (exercer l'*esse*, le posséder en propre, être suppôt, être doté d'un *esse existentiae*), et avoir l'*esse* que pourtant on est (*esse essentiae*), mais cette équivalence n'est obtenue que quand l'essence comme réflexion se réfléchit dans son processus. Recevoir l'*esse* sans l'exercer équivaut à être son *esse* sans l'avoir.

L'idée d'intromission du concept de réflexion ontologique dans le corpus thomiste est, semble-t-il, entrevue par le fr. M.-L. Guérard des Lauriers, O.P., « La Distinction réelle entre l'essence et l'acte d'être : Note épistémologique », p. 32 à 78 du fascicule 4 du tome LXI de la *Revue thomiste*, 1961, p. 64 ; il y est question de l'union hypostatique (saint Thomas adopte deux discours à ce sujet : dans le *de Unione Verbi incarnati* a. 4, il soutient la thèse de deux *esse* dans le Christ, dont un *esse secundarium* ; dans la *Somme théologique*, III q. 17 a. 2, il n'admet qu'un seul *esse*).

« Que l'essence, en vertu de l'acte d'être, se mesure elle-même, c'est pour ainsi dire le fondement ontologique de la réflexion sur soi propre à la personne ; ou bien : la personne, c'est cet existant créé qui réalise activement et par lui-même dans l'ordre intentionnel ce qu'il est passivement et de par l'opération créatrice dans l'ordre entitatif. Et de même que, psychologiquement, la personne prend possession de soi et s'affirme en elle-même en vertu de la réflexion propre à l'activité de la connaissance, l'existant créé prend possession de son être "ontologiquement" et pour autant s'affirme lui-même en vertu du fait qu'il se mesure lui-même. Le fait que, dans l'existant créé, l'essence *se* mesure elle-même en même temps que et en vertu de l'acte d'être équivaut, dans l'ordre ontologique, à l'ensemble des caractères constitutifs de la personne considérée d'un point de vue psychologique. Un existant en qui l'essence ne mesurerait pas existerait pour ainsi dire objectivement, c'est-à-dire comme un objet dont il ne pourrait avoir possession ; cet existant aurait l'être, mais aucunement "pour soi". C'est bien ce qui arrive, mais psychologiquement seulement, dans le cas de l'extase : objectivation si totale que le sujet ne se sait plus, même imparfaitement, sujet. La dénomination "thèse de l'extase" est donc bien appropriée pour désigner le fait de concevoir l'Humanité comme une essence subsistente et non mesurante. L'Humanité, certes, existe ; mais, ontologiquement du moins, elle ne possède pas son être, lequel appartient au seul Suppôt divin en qui elle subsiste. La pauvreté radicale de l'être créé, son effacement nécessaire, parce que requis en vérité au regard de l'Être incréé, se trouvent ainsi lumineusement et expressément marqués.

La "thèse de l'ordre" affirme au contraire que l'Humanité exerce, en vertu de l'Acte d'Être qu'elle ne mesure pas, l'acte de se mesurer : plus exactement, l'Humanité participe relativement à elle-même *comme* objet l'unique Acte de mesurer exercé par la Personne du Verbe. Ainsi l'Humanité a l'être, elle est *objectivement* une essence subsistente : et sur ce point, les deux thèses sont d'accord, nécessairement d'ailleurs puisqu'elles le sont avec la foi. Mais, de plus, l'Humanité prend possession "ontologiquement" de cet être qu'elle a : *par elle-même*, sans cela "prendre possession" n'aurait aucun sens ; mais non *en vertu d'elle-même*, sans cela il y aurait deux *esse* : ou, ce qui revient au même, il y aurait un *esse* n'appartenant au suppôt que comme celui d'un accident, et l'union n'aurait pas lieu *in persona*. Ainsi l'Humanité a l'être ; l'Humanité prend possession de l'être qu'elle a, mais elle ne le fait qu'en participant selon sa réalité propre et distincte à l'Acte par lequel l'unique Suppôt est et mesure l'Être. Cette manière de voir mérite bien le nom de "thèse de l'ordre" : il n'est en effet possible de la tenir, nous croyons l'avoir montré, qu'en vertu de la subordination de l'essence en tant que mesurante à l'Acte d'Être qui, se mesurant lui-même absolument, est nécessairement le principe radical de toute mesure exercée. Il n'y a qu'un unique exercice de la mesure, mais son unité est une unité d'ordre : cela seul rend possible un *esse secundarium* effectivement possédé et exercé, et qui cependant n'est pas un second acte d'être. »

Ce qu'il y a d'acte dans l'essence, c'est le fait d'exercer l'*esse*. Guérard explique que l'essence mesure l'acte d'être en tant qu'elle l'exerce, et il souscrit au jugement de Jacques Maritain relativement à la subsistence : la subsistence est le principe qui distingue l'essence exerçant (ou mesurant) l'*esse*, de l'essence recevant l'*esse*. Et l'auteur considère qu'on ne saurait trancher entre les deux thèses possibles relativement à l'union hypostatique :

On peut avoir ou bien un seul *Esse* dans le Christ, exercé et mesuré par le suppôt divin qui est l'Essence divine, et une essence humaine qui est subsistente et non mesurante, qui ainsi existe sans posséder son être et qui ne subsiste que dans le suppôt divin qui seul possède son acte d'être (elle subsiste sans avoir la subsistence, elle n'a pas de subsistence propre, elle reçoit l'*Esse* sans l'exercer).

Ou bien l'on peut avoir deux *esse* dans le Christ, l'*Esse* divin et un *esse* dérivé propre à l'humanité du Christ ; dans ce cas, l'essence humaine est subsistente, elle exerce — à la différence de la première hypothèse — l'acte de

se mesurer, elle a donc une subsistence propre, mais elle ne mesure pas l'Acte d'être, de sorte qu'elle est objet pour elle-même et se mesure au sens où l'acte de se mesurer est une participation à l'acte de mesurer l'*Esse* divin qu'exerce le suppôt ou essence divine du Christ, et qui seul subsiste en et comme l'*Esse* divin du Christ. Et l'on peut dire que l'essence se mesure dans le sens suivant : c'est à l'acte d'être que l'essence puise sa vertu mesurante, donc c'est l'acte d'être qui se mesure lui-même par l'essence ; cela dit, l'acte d'être que reçoit l'essence est déjà proportionné à l'essence qui le reçoit, de sorte qu'il inclut l'essence qui le mesure, au point que l'essence en tant que mesurante est l'acte d'être lui-même, ou encore au point que cet acte d'être est cette essence mesurante, cette essence limitant l'acte infini d'être ; mais alors si l'essence mesure l'acte d'être qui inclut, en tant que tel acte, cette essence, il faut dire qu'elle se mesure elle-même, ainsi qu'elle s'exerce elle-même ; en d'autres termes : il faut être pour être essence, et en même temps l'essence exerce l'acte d'être comme le coureur court, et elle le reçoit à proportion de l'acte de l'exercer.

Avec le recours à la réflexion ontologique, on obtient, quand il est question du problème de l'union hypostatique, ceci :

Dans toute réflexion ontologique, est opéré un acte de confirmation qui consiste en ce que l'identité à soi réflexive de l'origine (l'essence qui est son *esse* sans l'avoir : « *esse in actu* », « *esse essentiae* ») se réfléchit (il y a réflexion dans son processus du processus de la réflexion, ou réflexion achevée) dans le point focal inférieur de sa réflexion, point focal qui par là est bien, comme essence objectivée, confirmé dans l'acte où il se restitue à l'origine par négation de négation, et qui sous ce rapport a son *esse*, cependant que l'essence en tant qu'objectivante se convertit en « *esse ut actus* » (« *esse existentiae* ») par le fait de s'opposer ce qu'elle s'objective ; mais en fait la confirmation et la négation de soi du terme médian sont un seul et même acte. Et dire que l'essence reçoit l'*esse*, c'est dire qu'elle est confirmée. Mais dire qu'elle se restitue (tel est le « *Gegenstoß* ») par négation de soi à l'origine qui se niait en elle, c'est dire qu'elle exerce l'*esse*. Ainsi donc, recevoir et exercer sont un seul et même acte, ou encore l'essence reçoit l'*esse* en tant qu'elle l'exerce, et c'est en tant qu'elle l'exerce qu'elle le possède en propre. C'est à l'acte d'être (l'essence en tant qu'elle est son *esse*, qui se libère de sa contradiction en s'objectivant dans son processus) que l'essence (en tant qu'objectivée) puise sa vertu mesurante, donc c'est l'acte d'être qui se mesure lui-même par l'essence ; et puisque l'acte d'être que reçoit l'essence est déjà proportionné à l'essence qui le reçoit, il inclut l'essence qui le mesure, et l'essence en tant que mesurante est l'acte d'être lui-même, et cet acte d'être est cette essence mesurante, cette essence limitant l'acte infini d'être ; si l'essence mesure l'acte d'être qui inclut — en tant que tel acte — cette essence, elle se mesure elle-même, elle s'exerce elle-même ; dès lors, elle doit être puissance active en tant qu'exerçant ce qu'elle reçoit, étant entendu que le fait de recevoir en fait une puissance passive, cependant que recevoir et exercer se présupposent réciproquement ; donc l'essence est contradictoire en tant qu'elle est puissance active ou acte, et puissance passive ou puissance, et elle est réflexion en tant que contradictoire, puissance, unité de l'attraction et de la répulsion. Si celui qui court est son acte de courir, il faut dire que l'acte de courir court, ce qui est insensé, sauf si ce qui est son acte de courir *a* tout autant cet acte, ou encore si l'acte de courir est celui qui court et en même temps ne l'est que comme l'ayant. **Quand Guérard dit que l'essence est mesure d'elle-même, cela signifie, en contexte épistrophique, que l'essence mesurante ou exerçant l'*esse* ou prenant part à l'*Esse* est mesure de l'essence subsistente ou « *esse essentiae* » ou essence dans cet étant qui est ; c'est donc semble-t-il, que l'essence exerce l'*esse* avant que de le recevoir (l'*esse essentiae* est l'essence en tant qu'elle est sujet d'objectivation de soi dans l'essence réceptrice).**

« L'essence se mesure elle-même » : l'essence exerce l'acte d'être qu'elle mesure (au sens où elle le participe), elle exerce donc l'acte d'être mesuré, proportionné à elle, mais cet acte d'être mesuré, ou cet acte d'être essencifié, est l'essence actuelle ou existante ; donc l'essence se mesure.

« La personne, c'est cet existant créé qui réalise activement et par lui-même dans l'ordre intentionnel ce qu'il est passivement et de par l'opération créatrice dans l'ordre entitatif » : la réflexion noétique est le reflet et le prolongement d'une réflexion ontologique qui s'exerce dans la personne et dont sa réflexion noétique n'est pas le fondement.

« "Thèse de l'extase" » : c'est la première façon d'expliquer l'union hypostatique ; il y a un seul *Esse* divin, une nature humaine mais sans subsistence : elle reçoit l'*esse* sans l'exercer, l'essence humaine dans le Christ est essence qui existe sans exercer cet *esse*, qui donc ne subsiste pas comme sujet d'exercice de cet *esse*. Selon la thèse de l'ordre, il y a un *Esse* divin principal, celui du Verbe, et un *esse* dérivé pour la nature humaine, « *esse secundarium* » : ici l'essence ou nature humaine exerce un *esse* qui lui est propre en ce sens qu'elle est mesure d'elle-même, elle se mesure en tant que cette essence mesure l'acte d'être déjà proportionné à elle, c'est-à-dire l'acte d'être qui inclut cette essence, mais si elle mesure l'*esse* et ainsi l'exerce, elle ne le fait pas en vertu d'elle-même, elle participe à (ou reçoit) l'acte par lequel l'unique Suppôt est et mesure l'Être.

« La dénomination "thèse de l'extase" est donc bien appropriée pour désigner le fait de concevoir l'Humanité comme une essence subsistente et non mesurante » : si elle est subsistente, elle existe, mais non d'un exister propre, elle ne possède pas l'*Esse* divin qu'exerce le suppôt divin s'adjoignant une nature humaine. **Mais comment peut-on exister, ainsi recevoir l'*esse*, sans l'exercer ni le mesurer, si c'est en tant qu'elle exerce l'*esse* qu'elle le reçoit, si donc l'acte de recevoir est corrélatif de l'acte d'exercer ?** On peut dire qu'exercer sans mesurer équivaut à recevoir sans exercer (sous ce rapport, les deux thèses n'en sont qu'une), et que ce qui exerce l'Être sans le mesurer exerce ce que l'Être en tant qu'Essence exerce en lieu et place d'une essence créaturelle qui n'est pas la raison suffisante de sa réflexion et que la raison suffisante de cette réflexion (l'essence divine) ne fait pas se confirmer : l'Essence divine est son acte d'exister en tant qu'elle est raison suffisante de la réflexion sur soi qui s'achève en réflexion dans son processus ou position dans soi d'elle-même comme puissance active absolue à être elle-même, mais de telle sorte qu'elle choisit de se réfléchir dans son processus de la manière suivante : elle fait s'exercer la puissance active absolue à être ce qu'elle est selon les modalités finies de la nature humaine ; soit : elle confirme le néant qui se renie, ainsi pose l'absolu en et comme puissance absolue à être absolu, en choisissant de le poser *aussi* comme puissance absolue à être un homme ; ainsi, le *creare-creari* comme néant qui se renie est identique pour toutes les créatures, et il est aussi la puissance absolue à être absolu, selon le sens que Dieu décide de lui donner ; donc, ce qui emporte le plus volontiers l'adhésion, c'est la thèse selon laquelle il y a exercice de l'Acte d'Être que l'Humanité ne mesure pas mais qui se mesure en revenant sur soi à l'intérieur de la boucle absolue à raison de laquelle l'Essence divine est réflexion ontologique, et est corrélativement position de l'Humanité qui n'exerce pas l'Acte d'Être (en tant que le retour à l'Origine est celui non de l'Humanité mais du Verbe), puisque ce néant est à la fois le néant d'*esse* fini et le néant d'*Esse* absolu ; la réflexion issue du néant par laquelle le néant retourne à l'essence humaine est telle qu'elle n'est pas l'envers d'un contrecoup opéré par cette essence humaine ; et c'est en cela qu'il y a « *esse in actu* » de l'humanité et non « *esse ut actus* » de cette dernière, il y a « *esse in actu* » de l'humanité assumé par l'« *esse ut actus* » du Verbe.

« L'Humanité prend possession “ontologiquement” de cet être qu'elle a » : prendre possession de soi, c'est revenir sur soi, donc il y a bien réflexion ontologique.

Guérard dit ensuite que c'est ce que les deux thèses ont en commun qui est de foi, mais qu'elles commandent deux mystiques différentes et que la métaphysique ne peut choisir entre les deux et savoir ce qu'il en est réellement : ou bien l'extase de l'être, ou bien la hiérarchie dans la mesure de l'être ; l'Incarnation montre ou bien que la créature peut, tout en demeurant créature, n'être plus aucunement pour soi et ainsi être un avec Dieu « *in Persona* », ou bien que la créature est si docile sous l'emprise créatrice qu'elle peut être transformée en son être de créature sans cesser d'être elle-même, rester pour soi mais ne l'être qu'en vertu exclusivement du Dieu qui l'assume, et ainsi derechef lui être unie *in Persona.* Avant 1268, saint Thomas n'a pas distingué entre essence et suppôt pour les réalités immatérielles. Si on ne tient pas cette distinction réelle entre essence et suppôt, la thèse de l'*esse secundarium* est contradictoire.

En bref, l'essence de l'exister est l'essence dont il est l'exister, en tant qu'elle se fait — elle qui est dite à ce titre mesure de l'exister — la mesure d'elle-même, et elle se fait la mesure d'elle-même en tant que — elle qui est dite exercer l'*esse* — elle s'exerce elle-même, et elle se fait le sujet d'exercice d'elle-même en tant qu'objet pour elle-même, en s'actualisant en lui, c'est-à-dire en s'objectivant en lui. S'il n'y a qu'un seul *esse* dans le Christ, on peut dire que l'essence humaine reçoit un *esse* qu'elle n'exerce pas. S'il y a deux *esse* dans le Christ, on peut dire que l'essence humaine exerce un *esse* fini et dérivé qu'elle mesure sans exercer l'*Esse* que mesure le Suppôt ou Essence divine. Dans le premier cas, la confirmation, opérée par l'essence humaine, ou objectivation de soi dans son processus du processus de sa réflexion, n'a pas lieu ; cette confirmation est opérée par l'essence divine seule, et l'essence divine fait se médiatiser ses opérations par les puissances opératives humaines ; l'essence humaine ni ne mesure ni n'exerce l'*Esse* divin. Dans le second cas, la confirmation par l'essence humaine existe, mais cette essence ne mesure pas l'*Esse*, elle exerce un *esse* dérivé mais c'est l'essence divine qui se mesure en l'essence humaine en même temps que cette essence divine se mesure en son essence absolue ; le retour à l'origine divine de la réflexion divine se divise en retour à l'essence divine et en retour à l'essence humaine.

TOTALITARISME

Est naturel tout ce qui est par nature et non par l'art, et chaque réalité naturelle reconnaît, dans l'ensemble des autres, le milieu naturel en lequel elle a naturellement vocation à s'inscrire. C'est pourquoi il y a solidarité entre les deux sens du mot « nature » (environnement, tout ce qui n'a pas été changé par l'homme, et de surcroît « principe de mouvement et de repos pour la chose en laquelle elle réside premièrement, par essence et non par accident » : Aristote *Physique* II). On est ainsi en demeure de se demander ceci : **comment est-il possible que l'homme ait vocation à habiter la Nature (environnement) en respectant son ordre, s'il est dans la nature de l'homme (par sa perfectibilité pourtant solidaire de la Nature cosmique) de nier, par la culture (en particulier la technique) la Nature cosmique elle-même (changer, lutter contre, c'est bien nier) ?**[124] La réponse à cette question est que la culture est l'explicitation d'une nature humaine en laquelle la Nature cosmique reconnaît son entéléchie, c'est-à-dire son *achèvement*, aux deux sens du terme (négation et conservation), selon le processus hégélien de l'« *Aufhebung* ». Le cosmos s'actualise ultimement dans la position, en lui, de ce qui le conserve en même temps qu'il le transgresse, à savoir l'homme, qui assume le minéral, le végétal et l'animal, en les dépassant en tant qu'il est esprit ; cela ne signifie pas pour autant que cette Nature universelle serait la raison suffisante de cet acte de sublimation de soi à raison duquel elle s'intériorise dans et comme l'homme ; faisant se déployer de manière éclatée, ou juxtaposée, tous ses degrés de perfection, c'est-à-dire tous les niveaux de sa profondeur ontologique, elle est — à l'opposé d'une intériorité pensante capable de s'extérioriser dans un discours proféré *ad extra* sans cesser de demeurer intérieure à elle-même — telle une trousse retournée, tel un intérieur physique extériorisé, perdant son statut d'intérieur dans l'acte de s'offrir aux regards extérieurs, ce qui revient à dire qu'elle est impuissante à s'intérioriser par elle-même. Il faut bien comprendre que la Nature cosmique est contradictoire : il est naturel à chaque être de mourir, et il lui est naturel, tout autant, de fuir la mort (plus généralement, ce qui est matériel est en puissance, la puissance est puissance des contradictoires : Aristote, *de l'Interprétation*, I 9, l'être

[124] En l'homme et hors de l'homme, la culture lutte contre la nature. Si l'on admet par anticipation que l'homme est par nature un animal de culture, force est de confesser qu'il existe un négatif non nécessairement peccamineux dans la nature ; en régime supralapsaire, les puissances inférieures n'étaient spontanément soumises à la raison que par des dons préternaturels eux-mêmes induits, dans l'esprit de l'Aquinate, par la justice originelle. *In puris naturalibus*, l'homme eût eu à lutter contre ses passions, et à lutter contre l'agression naturelle (ainsi non violente : est « violent » ce qui est contre nature) quoique violente (au regard des besoins humains) de la Nature.

en puissance est la manière d'être de ce qui est identité contradictoire de l'attraction et de la répulsion, et ainsi tous les êtres de la Nature s'attirent et se dévorent dans un universel carnage) ; la Nature est constitutivement en conflit avec elle-même, et c'est pourquoi, quand elle est niée par la culture, ce conflit natif avec elle-même est progressivement nié, la culture fait se réconcilier la Nature avec elle-même, et pour cette raison il est naturel à l'homme d'être cultivé : la culture, c'est l'ensemble des manières dont la nature humaine (prise comme essence) se dit à elle-même ce qu'elle est et ce qu'elle requiert pour demeurer humaine, c'est ainsi l'objectivation de soi de la nature humaine ; la nature de la culture, c'est la culture (*colere* : rendre fécond) de la nature. Puisqu'il est naturel à l'homme d'être cultivé, il lui est naturel d'excéder, par la position de la Cité (œuvre culturelle par excellence qui contient tous les arts et toutes les sciences), l'ordre minéral, végétal et animal de la Nature cosmique, sans cesser pour autant de reconnaître dans cet ordre cosmique un principe normatif de la culture elle-même (ce qui se manifeste aujourd'hui dans les problèmes d'écologie). En tant que la Nature cosmique s'achève (meurt) ou se renie en la genèse de l'homme, elle invite l'homme, être d'esprit, à la parfaire et à la faire se sublimer dans la culture (seconde Nature) et en particulier dans la cité, microsome spirituel ; en tant qu'elle s'achève (s'accomplit) en l'homme, la Nature demeure un ordre universel que l'homme doit respecter. Donc **l'homme est par nature un être de culture à condition que la Nature cosmique s'actualise ultimement dans la position, en son propre sein, de ce qui (tel est l'homme) la conserve et en même temps la transgresse. Or *ce qui conserve une chose en la transgressant, c'est ce qui la reproduit à une puissance supérieure* : telle est la cité, qui réfracte l'ordre universel du cosmos et le reproduit en le sublimant dans un élément spirituel, celui qui est propre à l'homme, entéléchie immanente de la Nature non pensante.**[125] Donc la cité, en laquelle se réfracte l'ordre cosmique, se pense dans le philosophe (et tout homme est plus ou moins philosophe, en puissance ou en acte), lequel, en retour, élabore (dévoile, « invente », c'est-à-dire reconnaît ou découvre) le concept idéal de ce que la cité a vocation à être.

Ce résultat acquis, il est permis d'aborder le problème de l'esprit totalitaire.

La cité n'est pas substance, mais elle a raison de fin pour la personne elle-même, parce que le bien commun de la cité est un bien que l'on aime en tant qu'on lui est rapporté. En effet, elle actualise la nature humaine plus parfaite-

---

[125] **Si la chrysalide se sublime en papillon, elle qui est papillon en puissance (ainsi elle qui est puissance à être papillon), en retour le papillon, qui la nie, la conserve en lui-même sur le mode de puissance à produire d'autres chrysalides : le papillon intériorise ce dont il procède ; il fait, de ce qui était l'origine extérieure du processus dont il est le résultat transitif, un moment intérieur du processus de sa constitution immanente, ce qui revient bien à dire qu'il reproduit en son sein, à son niveau supérieur, ce dont il est la transgression et la sublimation.**

ment que la personne singulière ne le fait. Donc la cité a fonctionnellement raison de substance en tant qu'elle fonctionne, sous le rapport de l'analogie, comme une substance. Ce dont il faut rendre raison de manière plus développée :

L'homme individuel est l'individuation d'une nature ou essence dont il ne parvient pas à épuiser ou à actualiser toutes les virtualités ; c'est pourquoi il fait actualiser ces potentialités dans une cité. Mais parce que la nature humaine a elle-même vocation à se réaliser en et comme personne, il est logique — la cité étant la réalisation en acte de toutes les virtualités de la nature humaine, la cité étant ainsi la nature humaine en acte du déploiement de son contenu — que la cité tende à se constituer le plus possible en substance, à se personnifier. Or la cité est tout d'ordre et non substance, donc elle ne se réalise comme personne que dans la personne du monarque, conscience de soi de la cité prise comme tout, actualisation singulière de la volonté objective de la multitude, c'est-à-dire personnification de ce que veut objectivement (sinon subjectivement) la nature politique de l'homme immanente à tout homme. Cela dit, ce n'est pas la personne qui est fin de la nature humaine, c'est la nature humaine qui est fin de la personne. Donc la personnalité de l'État, qui accède à l'existence en la personne du monarque, est elle-même au service de la nature humaine déployée dans la forme politique de la cité. On obtient ceci : la cité est la fin de la personne (c'est-à-dire des personnes qui la constituent), *et* la cité aspire à être personne (en la personne du monarque), donc les personnes sont naturellement ordonnées à la personnification de la cité ; *mais tout autant* la personne du monarque (fonction servicielle) est ordonnée au bien commun de la cité ; donc la personnification monarchique de la cité n'est que le substitut d'une personnification de la nature humaine entendue telle une personnification de la nature *qui demeurerait nature universelle*, ainsi d'une *nature qui serait personne en tant que fin des personnes* : la nature humaine, en tant qu'universel de causalité, n'a pas vocation à être « *tota et totaliter* » en un seul individu humain, autrement elle serait angélique et non humaine (de même que le genre angélique n'a pas vocation à être « *totum et totaliter* » en une seule substance, autrement il serait de nature divine et non angélique) ; puis donc que la nature humaine veut être personne sans être une personne *parmi d'autres*, c'est qu'elle veut être une personne sans être une personne *humaine*, c'est donc que les personnes sont ordonnées à *une personnification de la nature humaine en tant qu'universel de causalité*, c'est-à-dire à l'Idée divine d'homme, qui excède l'ordre politique en tant qu'elle se confond avec Dieu, puisqu'une Idée créatrice est la connaissance éternelle que Dieu a de Lui-même en tant que participable par une créature ; le désir politique de l'homme est l'anticipation de soi du désir de Dieu[126] ; il en résulte que *si la personne est*

[126] Une essence a trois manières d'exister : en Dieu comme Idée créatrice, dans le réel comme individuée, et dans l'intellect comme abstraite. Le désir naturel procède de l'essence et ramène à l'essence, mais elle ne le renvoie à lui-même que pour qu'il l'emmène en direction de l'essence telle qu'elle est en Dieu.

ordonnée à la cité, ce ne peut être comme à sa fin ultime ; la cité n'est pas la fin *dernière* de la personne humaine, même si elle a raison de fin pour elle. Ou encore : la nature humaine veut être une personne (puisque la personne est ordonnée à la nature qui en retour tend à se réaliser dans la forme d'une personne), *et* la personne veut être la nature humaine (puisque chaque personne reconnaît dans le bien commun de la cité, à savoir son ordre, qui déploie les potentialités de la nature humaine, son meilleur bien et sa fin immanente), donc la nature veut être personne sans cesser d'être nature, donc elle veut être nature personnifiée, laquelle ne saurait être humaine (en tant qu'humaine elle est une individuation *parmi d'autres* de la nature humaine, et en tant qu'angélique elle est l'individuation *unique* de la nature angélique), donc elle est divine, comme Idée créatrice de l'homme. La partie (la personne) a vocation à être membre d'un tout, pour actualiser les potentialités de sa nature ayant elle-même raison de fin. Ainsi la partie n'a vocation à se soustraire à son statut de membre de la cité, que pour s'ordonner à une fin plus parfaite que le tout politique. **Mais, parce que c'est en tant que nature *politique* que l'essence humaine est immanente à l'individu, c'est par la société (ou par le tout dont elle est l'organe) que la partie est renvoyée à elle-même.** La cité meurt en effet à elle-même dans la mort de chaque homme, lequel poursuit alors sa fin dernière au-delà de la vie terrestre. Puis donc que c'est par sa dimension politique ou communautaire que la personne accède à un au-delà de la vie communautaire, c'est qu'il n'est pas, en cette vie mondaine, d'activité humaine qui ne soit finalisée par le bien commun politique, fors les activités qui préfigurent dès ici-bas la vocation non mondaine de l'homme, à savoir la vie religieuse. Mais même le philosophe est soumis au magistère du bien commun politique : **la cité, en laquelle, comme on l'a vu, se réfracte l'ordre cosmique, se pense dans le philosophe qui en retour élabore le concept idéal de ce que la cité a vocation à être** ; mais en tant qu'il est membre de la cité, la cité peut l'empêcher de diffuser les fruits de sa pensée si cette dernière est erronée. **Quelque ordonné qu'il soit à une fin qui transcende l'ordre politique, l'homme n'est habilité à la poursuivre que dans la mesure où il s'ordonne tout entier, quoique non totalement, à sa fin politique. Il s'agit d'un totalitarisme *légitime* en tant qu'il ouvre aux personnes qu'il totalise un avenir qui le transcende et ainsi ne les limite pas à lui ; mais il est légitime *en tant que totalitarisme*, et il est *totalitarisme* en tant qu'il finalise et totalise les personnes qu'il libère de lui. Il ne les totalise que pour les libérer, mais il ne les libère qu'en les totalisant.**

La cité se pense dans le philosophe qu'elle fait être, et ainsi elle accomplit en lui, tout en un, l'acte de se parfaire en accédant à la conscience d'elle-même, *et* l'acte de se remettre en question en lui. Tout homme est philosophe en puissance, et tout béatifié sera philosophe en acte. Aussi, parce que c'est la cité qui le fait être, c'est elle qui lui enjoint de se soustraire à elle, dans la mort et dans la vie religieuse, et qui le libère pour une vocation non mondaine. *Donc il s'habilite d'autant mieux à l'excéder qu'il se soumet plus à elle, s'ordonne mieux au bien commun*. Et c'est pourquoi le « familiarisme » (l'État serait pour les personnes, le tout serait pour la partie moralement vertueuse), même traditionaliste, dégénère tôt ou tard en personnalisme.

Ce qui précède permet de définir le mauvais totalitarisme, lequel n'est que l'effet d'un individualisme consommé, et c'est pourquoi le frère ennemi du communisme n'est pas du tout le fascisme, mais le libéralisme. La funeste tendance, en milieu catholique, à mettre « dans le même sac » le stalinisme et la NSDAP, relève de l'illusion d'optique inhérente à un personnalisme inavoué.

La société, en contexte individualiste, n'est que pour l'homme qui est fin de toute chose, c'est-à-dire de l'homme qui se veut divin. Mais la simplicité absolue de Dieu veut que l'être de Son vouloir soit le vouloir de Son être, donc l'homme tératologiquement déifié ne consent à être quelque chose que si son essence est le résultat de son choix. Pour y parvenir (cf. Marx, *6e thèse sur Feuerbach*), l'homme révolté déclare que l'essence humaine est l'ensemble des relations sociales, car il peut agir sur elles, les modeler, se créer en les manipulant. L'homme projette dans la société toute-puissante le pouvoir de se forger de part en part. C'est là une dépendance à l'égard du social absolument consentie, et c'est aussi ce qui explique que le dessus du panier soit l'écume de la plèbe. L'individualiste reconnaît d'instinct, dans la machine sociale qui le broie, dont il est supposé recevoir tous ses droits et tout son être, l'expression de sa souveraineté, conformément à la thèse de J.-J. Rousseau relative au Législateur. La société ne renvoie l'homme à lui-même que pour qu'il se renvoie à elle, mais elle ne le dissout en elle que pour le renvoyer à lui-même en lui donnant de jouir de son absoluité. Ce totalitarisme égalitaire et éminemment démocratique (le pouvoir vient d'en bas, et seule l'égalité est possible entre des petits dieux) équivaut au personnalisme radicalisé : l'individu a raison de fin de la cité, or la cité est effectivement, en soi, l'extraposition de la nature humaine (comme le montre Platon en *République IV*) et l'actualisation politique de cette dernière, laquelle est déjà politique en chacun puisque l'homme est par nature un animal politique ; donc la nature humaine est instrument de la personne ; dans cette perspective, l'important n'est pas d'être humain mais d'être une personne, une singularité absolue. Mais Guillaume d'Occam, dans son *Breviloquium*, disait déjà, selon la logique du nominalisme, que tous les hommes sont « *pares inter pares* », égaux. Si en effet il existe des différences entre les hommes, c'est qu'il existe entre eux une identité principielle (pour qu'ils soient comparables) ; si donc il n'y a plus d'identité (plus de nature commune aux hommes, raison de leurs différences), ces derniers deviennent indifférents les uns aux autres (amitié impossible), c'est-à-dire « in-différents », semblables et même identiques, telle une poussière d'individus n'ayant chacun consistance que par le Tout, d'où le totalitarisme démocratique, essence du mauvais totalitarisme.

Si le bien commun n'est tel que comme étant le meilleur bien du particulier tout en étant un bien auquel le particulier est rapporté, c'est qu'un tel bien est celui des parties d'un tout organique se faisant exister en se voulant dans les parties qu'il suscite et en lesquelles il se différencie pour s'en faire procéder comme leur synthèse dont il est en même temps le principe. Dans un organisme, le meilleur bien des parties est en effet la santé du tout, chaque partie vit de la vie même du tout, et c'est en tant qu'elle vit de la vie du tout qu'elle aime le tout plus qu'elle-même, ainsi préfère le bien commun à son bien propre. Mais alors, diront les bien-pensants suspicieux, le tout est immanent aux parties et ne saurait jamais constituer un bien commun séparé et transcendant ; or Dieu est bien commun, donc une philosophie du bien commun aboutit au panthéisme, dans le moment où elle substantifie la cité, à la manière du stoïcisme de Marc Aurèle dans *Pensées pour moi-même* :

Il existe, selon l'empereur philosophe, dans la nature, une hiérarchie universelle qui veut que l'inférieur obéisse au supérieur, que le moins raisonnable obéisse au plus raisonnable, aussi bien en ce qui concerne les rapports entre les choses et les hommes qu'entre les diverses facultés intérieures à chaque homme. Marc Aurèle énumère les caractères constitutifs de l'homme définis à partir de la raison (un Logos impersonnel et divin) considérée comme cause finale de l'univers et principe de hiérarchie de ses parties. De telle sorte que la raison est à elle-même sa propre fin. Elle est cause finale de l'univers, **et elle est célébrée en et par l'homme dans la sociabilité** : l'homme est au sommet des êtres naturels, il ne peut être subordonné à un autre être, et il doit pourtant avoir une raison d'être à peine d'être absurde, et donc les hommes sont les uns pour les autres. L'inférieur est pour le supérieur, et le supérieur est pour lui-même, ce qui revient à dire que la raison se rend hommage dans la réciprocité des consciences, la raison divine accède à la conscience de soi dans l'homme.

Aussi, une conscience catholique soucieuse du « respect de la dignité de la personne humaine » semble devoir donner congé à une philosophie du Bien commun, ou bien l'admettre « avec des pincettes », en récusant toute forme de totalitarisme, même celui que nous avons nommé « bon totalitarisme » ; on exclura ainsi que la cité puisse jamais être habitée par le désir inchoatif de se substantifier, on insistera sur le fait que l'organicité de la cité n'est qu'analogique, et d'une analogie de proportionnalité propre mais jamais — au grand jamais — d'une analogie d'attribution[127] ; on aimera l'ordre, on sera franquiste ou pétainiste ou monarchiste légitimiste, mais on ne sera pas fasciste. En fait, on subordonnera dès ici-bas la vie politique à la vie privée vertueuse pour laquelle on gardera la meilleure part de soi-même, tout en soutenant dans les mots que la société est organique. On dira que le bien commun est l'ensemble des *conditions* — qui certes exigent, quant à la répartition des biens *matériels*, des sacrifices de la part de chacun — à raison desquelles chacun peut poursuivre

[127] L'homme, selon les bien-pensants, est peut-être à la société ce que l'organe est au vivant, mais il ne faudrait surtout pas croire que la cité aurait vocation à fonctionner telle une substance vivante, et encore moins que l'homme tirerait son humanité de la cité comme l'organe tire sa vie du vivant.

sa fin vertueuse propre ; on limitera au domaine *matériel* l'ordination de la personne au bien du tout ; on réduira le bien commun à l'intérêt général. Le problème est que, quoi qu'on en ait, l'organicité ne se divise pas, il y a ou il n'y a pas organicité. S'il y a organicité, alors la raison première de la cité n'est pas d'être le moyen de la moralité de la personne, mais d'actualiser les virtualités de la nature humaine que la personne est incapable d'actualiser en elle-même. Or ces virtualités, en tant que proprement humaines, sont *spirituelles* (leur actuation réalise un bien qu'on aime en lui étant rapporté), de sorte que la cité doit avoir raison de fin de la personne. Si l'on se refuse à ce dernier point, il n'y a pas d'organicité du tout, et le bien commun est un vain mot. Au reste, il suffit de considérer la manière dont le franquisme s'est consommé : un libéralisme échevelé (conduit par les technocrates de l'Opus Dei) mais saupoudré de morale publique, un capitalisme paternaliste gravide de pulsions insurrectionnelles consuméristes, une renonciation au bien commun de l'Europe (il eût exigé que Franco rejoignît la croisade des fascismes) qui s'est soldée par une renonciation au bien commun de l'Espagne. On en peut dire autant de la dictature de Pinochet et de ses « *Chicago Boys* » inspirés par Milton Friedman.

Il reste que l'aporie ci-dessus évoquée doit être dissipée : comment le bien commun, qui doit être immanent en tant qu'organique, peut-il culminer en Dieu, absolument transcendant ? Réponse : c'est par l'intromission du thème de la **réflexion ontologique** qu'on y parvient.

En quelque ordre que ce soit, le parfait n'est pas seulement le premier d'un genre, il est cause (adage thomiste) de tout ce qui appartient à ce genre : le feu, dont la forme est l'essence de la chaleur, est cause de la chaleur dans les choses chaudes. Mais tout autant (ce qui nous fait excéder la lettre du thomisme sans toutefois la trahir), le parfait n'est cause des perfections finies qu'il communique, que parce qu'il est en lui-même, de toute éternité, assomptif de tous les degrés finis de perfection qu'il infinitise souverainement en lui-même. Ce qui appelle une explication.

Tout bien procède de la Bonté. Ce qui est bon sans être la Bonté est fini. C'est à raison de sa finitude qu'il n'est pas la Bonté. Mais cette finitude est bonne, autrement toute créature serait intrinsèquement mauvaise. Or c'est à raison de sa participation qu'elle est finie, donc la participation est bonne. Or la participation suppose la participabilité du participé, c'est-à-dire sa communicabilité. Donc la participabilité est l'attribut obligé de la Bonté. Mais si cette participabilité n'était que potentielle dans la Bonté, cette dernière ne serait pas Bonté en acte mais seulement en puissance, et elle serait elle-même un participant et non le Participé. Donc la Bonté se communique éternellement elle-même. Cela établi, si elle devait se communiquer *nécessairement* à quelque chose qu'elle n'est pas, si donc la création était nécessaire, la Bonté ne serait pas ce qu'elle est sans ce à quoi elle se communique, et l'effet serait cause de la cause, au point que son effet lui serait consubstantiel, et ce ne serait pas véritablement un effet. Si le parfait ou le Bien n'était tel que par ce à quoi il se communique, il ne serait pas, sans ce dernier, le Parfait ou le Bien, et, de ce fait, ce à quoi il se communique lui étant consubstantiel, il s'interdirait de se pouvoir communiquer à quelque chose de véritablement autre que lui. Si la communication du Bien est *nécessaire ad extra*, elle n'est pas véritablement *ad extra*, et même elle s'interdit de s'exercer *ad extra* ; pour être un authentique pouvoir de communication *ad extra*, la communicabilité du Bien exercée *ad extra* doit être contingente ; mais pour que la communicabilité du Bien soit définitionnelle du Bien, elle doit être nécessaire. Si l'on tient à ce que la communication du Bien soit possible *ad extra*, tout en maintenant que la communicabilité est définitionnelle du Bien, force est d'affirmer que cette communicabilité s'exerce d'abord de toute éternité *ad intra*. C'est à cette condition que le Bien est effectivement « *diffusivum sui* ».

La Bonté se communique éternellement elle-même *dans elle-même*. Elle n'est ce qu'elle est qu'en tant qu'elle l'a. Elle est l'activité immobile d'exercer en elle-même tous les degrés de bonté (chacun étant l'Idée divine créatrice d'un bien fini possible), jusques au degré nul de cette dernière, lequel, comme néant, est immédiatement néant de néant (comme néant de toute chose, il est aussi néant de lui-même) et reconduction à l'origine de cet exercice par négation souveraine de la finitude qu'il assume, dans une avancée processuelle qui est régression en direction de l'origine du processus, c'est-à-dire *réflexion*, et réflexion *ontologique* car *constitutive* de la bonté du Bien. En tant qu'elle est réflexion, la Bonté *est* son objectivation ; mais, parce qu'elle l'est, et qu'elle s'objective son *être*, elle est nécessairement objectivation de l'objectivation de soi qu'elle est, elle se réfléchit dans son processus, réduisant la processualité dont elle est l'origine à un moment du processus dont elle est le résultat. Elle est donc confirmation de ses degrés intestins de perfection dans et par l'acte de les abolir, elle est non contradictoire en tant que l'acte à raison duquel elle se pose comme contradictoire (origine et résultat, puissance et acte, infinité et finitude, négation et position) est l'acte à raison duquel elle s'émancipe de sa contradiction. Cela dit, dans une totalité organique, le tout formel (l'âme) n'est pas sans ses parties (organes) qu'il fait être en retour, il ne vit pas en dehors de ses parties auxquelles il donne la vie ; il présuppose ses parties pour se poser tel le résultat de leur totalisation, cependant qu'elles ne sont que par lui, de sorte qu'il se fait le résultat de ce dont il est cause : le tout est tout entier quoique non totalement immanent à chaque organe ; il en résulte qu'il est la négation souveraine de la diversité et indépendance de ses organes qu'en retour il confirme. La simplicité de la vie divine n'est pas exclusive de son organicité, mais elle consiste dans l'absolutisation — qui réduit ses organes à des moments — de cette organicité ; l'essence divine contient ses Idées comme ses moments, et comme les moments de l'unique Réflexion qu'elle est. Et c'est pourquoi Dieu est Bien commun pour Lui-même (origine d'un Amour dont Il est le terme) avant que de l'être pour Ses créatures, ce que la Révélation atteste dans le dogme de la Trinité (que les moments de la vie divine soient des Personnes échappe aux pouvoirs de la raison naturelle) :

les Personnes sont ordonnées à l'excellence de la Nature divine. La radicalisation, qui l'infinitise, de l'organicité du bien commun, le révèle comme transcendant. CQFD.

La vraie contre-révolution, ce n'est pas le contraire de la révolution, c'est une révolution contraire. L'Ancien Régime n'était pas assez organiciste, il appelait d'être révolutionné en lui-même pour advenir à la vérité de lui-même dans la forme d'un État excédant la féodalité en se faisant l'origine de ses différenciations intestines, et c'est pour ne l'avoir pas fait qu'il s'est défait lui-même pour en venir à succomber aux assauts de la pensée atomiste, constructiviste (ainsi mécaniste) et égalitaire. Le vrai traditionalisme est fasciste, la vraie contre-révolution est révolutionnaire, le fascisme a vocation à être dépassé dans la forme d'une monarchie intégralement catholique et *rationnelle*, par là dégagée de tout surnaturalisme irrationnel (« Sainte Ampoule », « *Testament de saint Rémi* », « origine davidique des rois de France », « providentialisme bibliste », etc.), c'est-à-dire organique, mais il ne peut être dépassé qu'en étant assumé. Et il n'y a de décentralisation souhaitable, de diversification de et dans l'identité nationale expressive de sa richesse et condition de son unité, qu'à partir d'une centralisation étatique (à toute distance du « principe de subsidiarité ») *maîtresse* de son processus de différenciation interne, même si, dans les faits, cette maîtrise se contente, selon l'impératif politique nécessaire de la prudence, de s'exercer sur le mode d'une ratification de différences lentement imposées par l'Histoire. Ce n'est pas parce que le jacobinisme est centralisateur que la centralisation serait intrinsèquement perverse. Louis XIV fut centralisateur, et ce n'est pas en tant que centralisateur qu'il fut l'opérateur malgré lui de 89 ; il fut responsable de 89 parce que son centralisme s'opéra *sans oser faire de l'État l'origine des ordres sociaux*, en particulier d'une noblesse par trop remuante et inchoativement démocratique, noblesse qu'il se contenta de réduire à l'état de potiche décorative dépossédée de toutes ses prérogatives politiques, en s'appuyant sur une bourgeoisie dont les prérogatives croissantes exigeaient, selon le principe organiciste de la circulation des élites, qu'elle accédât au rang de la noblesse. C'est cette bourgeoisie frustrée qui, incapable de se faire fasciste, emprunta aux « Lumières » les slogans et principes délétères du centralisme mécaniste, corollaire obligé de l'égalitarisme politique.

On ne peut parler d'une vocation surnaturelle de la France qu'à partir de sa vocation naturelle, car « *gratia non tollit naturam sed perficit* ». Et sa vocation naturelle est conditionnée par son identité. Qu'est donc l'identité de la nation française ? **La France, c'est la synthèse, qui les conserve en les sublimant, géographique, raciale, culturelle, de tous les aspects présents du génie indo-européen, lui-même dépositaire de son génie passé (mais présent en esprit) d'essence gréco-latine.**

C'est le moment d'appliquer à la France le « théorème métaphysique » plus haut évoqué : **ce qui conserve une chose en la transgressant, ainsi ce qui la**

sublime, c'est ce qui la reproduit à une puissance supérieure. On se souvient qu'il est dans la nature de l'homme d'être cultivé et de développer une vie culturelle communautaire, c'est-à-dire une nation ; on se souvient aussi que la nature de l'homme l'invite à s'inscrire dans la Nature cosmique que pourtant il conteste par sa culture, de sorte qu'il s'inscrit non contradictoirement en elle seulement si la Nature est en conflit natif à l'égard d'elle-même, et que la négation culturelle de cette Nature est sa réconciliation avec soi ; que par là le surgissement de l'homme dans la Nature est la procédure par laquelle la Nature universelle accède au dépassement de sa contradiction interne, et que de ce fait l'homme est *achèvement* de la Nature, sa suppression (en tant qu'il est esprit) et sa conservation (en tant qu'il est l'intériorisation de tous les degrés d'être déployés dans la Nature) ; que donc et en dernier ressort le déploiement politique de la culture est la réfraction de l'ordre cosmique, sa reproduction à une puissance supérieure.

En vertu de ce théorème, la France est à l'Europe ce que l'homme est au cosmos. Ce qui (tel l'homme) conserve une chose (le cosmos) en la transgressant, ce qui donc la sublime, c'est ce qui la reproduit à une puissance supérieure (la cité), mais qui en même temps s'inscrit en elle (le cosmos) et reconnaît son magistère. Donc ce qui (la France) fait se réfracter, intérioriser en lui-même tous les aspects du génie indo-européen (et tel est bien l'identité de la France), c'est ce qui le conserve en le sublimant, mais qui en même temps s'inscrit en lui en reconnaissant son magistère. Donc la France, en tant qu'elle est cette intériorisation de l'Europe qu'elle fait exister à une puissance supérieure, a vocation à s'intégrer dans le concert — dont elle est la conscience de soi — des nations européennes, tout en demeurant subordonnée au bien commun de l'Europe. Or l'Europe n'est un cosmos, un ordre, que par la forme impériale qu'elle se donne. Donc la vocation internationale de la France est d'être l'inspirateur spirituel d'un empire dont elle n'est pas politiquement le principe directeur ou fédérateur, de même que l'homme, vérité immanente du cosmos, ne saurait avoir prétention à lui donner ses lois. Or l'Histoire révèle que l'Empire est de nature germanique. Donc le véritable respect de la grandeur de la vocation de la France est de lui assigner la tâche de guide ou suzerain *spirituel* d'un monde germanique en lequel elle reconnaît en droit son suzerain politique. *La France est à l'Allemagne comme la Grèce le fut à Rome.*

Le bon totalitarisme du cosmos, c'est de rester principe normatif de l'homme et de la cité, sans prétendre lui-même se substantifier ou personnifier (ce serait du panthéisme). Le cosmos parvient à sa vérité en se sublimant en l'homme qui en est l'intériorisation, au point qu'il n'est pas excessif de définir le cosmos telle une nature humaine éclatée, une nature humaine s'échappant d'elle-même ou extérieure à soi, telle l'extériorisation d'une nature humaine qui serait incapable de se ressaisir pour s'intérioriser. Mais si l'homme, au nom de l'éminence de sa dignité d'être d'esprit, prétend se soustraire à l'ordre du cosmos, il se soustrait par là à celui de la cité en laquelle se réfracte et s'intériorise le cosmos, et la cité se défait et dégénère en mauvais totalitarisme, lequel n'est pas d'essence politique mais administrative et sociale (cf. la thèse marxiste du dépérissement de l'État).

Il en est de même pour le bon totalitarisme de la cité.

Le bon totalitarisme de la cité, c'est de rester principe normatif de l'homme (le bien commun se subordonne la personne humaine) sans prétendre — sinon comme monarque — se substantifier ou personnifier (ce serait déifier l'État, et en venir à déifier l'individu prétendant à célébrer son absoluité dans l'État) ; la cité parvient à sa vérité ultime en se sublimant elle-même et dans l'homme, mais dans l'homme considéré en sa seule vocation supra-politique, c'est-à-dire religieuse. La cité est l'extraposition des parties de l'âme, elle est tel un « homme en grand », mais un homme dont les parties ou fonctions sont déployées comme déconnectées les unes des autres, comme extérieures les unes aux autres, ainsi tel un homme sans intériorité. Mais si l'homme, au nom de sa dignité de personne, prétend se soustraire à l'ordre de la cité, il se soustrait à l'ordre de sa propre nature intérieure, il devient personnaliste et individualiste, ou démocrate.

Il en est de même en ce qui concerne le rapport entre la France et l'Empire. La France doit rester subordonnée à l'Empire dont elle est pourtant la vérité spirituelle, le fruit en lequel il se sublime mais qu'il continue de conserver en ses flancs et de régir politiquement. **Il y a une « *hubris* » de la France des Valois et des Bourbons, laquelle démesure est la vraie cause éloignée de la Révolution française satanique : prétendre se substituer à l'Empire germanique. La pusillanimité de la monarchie française considérée dans son refus d'opérer sa révolution fasciste dès le XVIIe siècle, n'est que l'envers de son orgueil à prétendre faire coïncider sa vocation spirituelle et sa vocation politique, car ces deux abstractions procèdent d'un même travers. C'est que, en effet, ce qui intériorise la Nature cosmique afin de la dépasser qualitativement en l'exhaussant en soi-même au statut de personne (tel est l'homme dans l'univers), c'est précisément ce qui renonce à s'identifier à la Nature en son extension quantitative infinie ; et de même ce qui, accédant à l'organicité par le fascisme, intériorise l'Europe et s'en fait qualitativement la conscience et le guide spirituel, c'est ce qui renonce à s'identifier à l'Empire en son extension quantitative indéterminée.**

Ainsi donc et pour conclure, la France monarchique est en demeure, afin de subsister au service du vrai bien commun national, d'intégrer l'organicité du fascisme. Et pour demeurer soumise au service du vrai bien commun européen — deux exigences qui sont logiquement solidaires l'une de l'autre — la France doit reconnaître dans la NSDAP historique la préfiguration maladroite mais réelle d'une reviviscence du Saint-Empire romain germanique.

TRADITION

José Antonio Primo de Rivera, dans sa préface à *Arriba España* de Pérez de Cabo (1935), intitulée « Tradition et Révolution » (texte cité par Gilles Mauger, *José Antonio, chef et martyr*, Reconquista Press, 2018, p. 117) : la doctrine phalangiste repousse également un retour en arrière, « comme si la tradition était un état et non un processus », et une destruction totale de l'état des choses antérieur. « Entre ces deux attitudes, nous fûmes quelques-uns à nous demander si une *synthèse* ne pourrait pas être réalisée entre ces deux choses : d'un côté la révolution, non comme prétexte à laisser tout aller, mais comme occasion chirurgicale de tout refaire de main ferme et guidée par une règle ; de l'autre côté, la tradition, non comme un remède, mais comme une base substantielle, non avec l'idée de copier l'œuvre des grands autres, mais dans l'esprit de deviner ce qu'ils auraient fait à notre place. »

VIVANT

Est vivant ce qui se meut par soi, d'un mouvement spontané quant à son origine et immanent quant à son terme, de telle sorte que les degrés de vie sont mesurés par les degrés d'immanence d'un tel mouvement : le degré de vie est absolu quand le terme du mouvement est absolument immanent au mobile et de ce fait coïncide avec l'éternel repos. Les corps non vivants produisent une perfection hors d'eux-mêmes, dans des sujets qui diffèrent d'eux, alors que les vivants exercent des opérations ayant pour fin de les perfectionner eux-mêmes, au lieu de perfectionner ce qui leur est extérieur ; et cela montre que les mécanismes n'ont raison de fin pour rien ni personne, au lieu que les vivants ont raison de fin pour ce qui n'est pas vivant. Il existe quatre espèces de mouvements, correspondant aux quatre catégories aristotéliciennes qui admettent des contraires : le lieu (mouvement local), la quantité (accroissement et décroissement), la qualité (altération), la substance (génération et corruption, passage non d'une manière d'être à une autre, mais de l'être au non-être ou du non-être à l'être). Un vivant est ainsi ce qui trouve son modèle ou son absolu dans ce dont le propre est d'être pour soi-même sa propre fin, dans ce dont les opérations s'achèvent en lui et ont lui pour terme ; aussi les vivants sont-ils hiérarchisables en fonction de leur plus ou moins grand éloignement par rapport à cet absolu, de telle sorte que plus le degré de vie d'un être est élevé, plus il tend à se subordonner ce qui n'est pas lui et à être pour lui-même sa fin. Il en résulte que les êtres connaissants (*Somme théologique*, I^{a} q. 14 a. 1), qui sont vivants dès lors que le terme de leur opération propre leur est immanent, peuvent recevoir la forme ou essence des choses qu'ils connaissent sans être en demeure de perdre leur forme propre, et par là sont plus parfaits que les êtres condamnés à perdre leur forme pour en recevoir une autre : les composants chimiques d'un corps sont tels que chacun ne reçoit l'autre qu'en se corrompant, avec genèse d'un troisième qui, doté d'une forme nouvelle, les conserve sur le mode de l'être en puissance : l'oxygène et l'hydrogène ne subsistent qu'en puissance dans l'eau. L'être connaissant reçoit ce qu'il connaît sans cesser d'être lui-même, et l'engendré ou troisième terme est un verbe ou concept immanent à l'être pensant. Ayant en lui-même le principe de son mouvement, dont celui — nommé « *permutatio* » par l'Aquinate — de sa génération, le vivant est ce qui se fait positionnel, en lui-même, du « *terminus a quo* » du résultat qu'il est pour lui-même, de sorte qu'il a la forme inchoative d'une « *causa sui* ». Il pose en soi-même le non-être de soi-même (puisque les extrêmes d'un mouvement sont des contraires) et, puisqu'il se fait advenir comme vivant, c'est qu'il est définitionnel de l'acte de vivre d'être une victoire sur la mort. « La vie est l'ensemble des fonctions qui résistent à la mort » (Marie François Xavier Bichat, 1771-1802). Il est définitionnel de toute vie d'avoir la forme d'une résurrection, par là de nourrir une convenance à l'égard du fait de ressusciter. Séparée du corps, l'âme humaine est plus parfaite qu'unie à son corps cependant qu'elle doit commencer par consentir à cette union pour être cette âme individuelle (voir ici « **Racisme** », problème de l'individuation) :

> « On a dit que, tant que l'âme est unie au corps, elle connaît par recours aux images. Et c'est pourquoi elle ne peut se connaître elle-même que lorsqu'elle fait acte d'intelligence au moyen d'une espèce abstraite des images ; c'est en effet par son acte qu'elle se connaît elle-même, comme nous l'avons dit. Mais lorsqu'elle sera séparée du corps, elle connaîtra non par recours aux images, mais en se tournant vers les objets qui sont de soi intelligibles ; par conséquent, elle se connaîtra elle-même par elle-même. Or, il convient communément à toute substance séparée "de connaître les réalités qui lui sont soit supérieures soit inférieures, selon le mode de sa propre substance" ; car une chose est connue à la manière dont elle existe dans le sujet connaissant ; tout être existe dans un autre selon le mode de cet être où il est. Le mode d'exister de l'âme séparée est inférieur à celui de l'ange, mais semblable à celui des autres âmes séparées. C'est pourquoi elle a une connaissance parfaite de ces âmes, mais elle n'a des anges qu'une connaissance imparfaite et inadéquate, si l'on parle de la connaissance naturelle de l'âme séparée. Quant à la connaissance de gloire, c'est d'un autre ordre. (…) L'âme séparée est dans un état moins parfait si l'on considère la nature qui l'apparente à la nature du corps. Cependant, elle est en quelque sorte plus libre pour connaître, en tant que l'alourdissement et les préoccupations causées par le corps empêchent la pureté de l'acte intellectuel » (*Somme théologique*, I^a q. 89 a. 2).

On comprend sous ce rapport la charge d'espérance — à toute distance d'une profession de foi nihiliste — contenue dans le cri de ralliement de José Millán-Astray y Terrenos (1879-1954) : « *Viva la muerte* ». Et le dogme catholique de la résurrection de la chair transfigure cette vérité, ainsi la confirme en la sublimant : de *condition* intrinsèque de l'individuation et condition extrinsèque des opérations spirituelles, le corps devient, à la fin des temps et par une opération surnaturelle, *expression* de la maîtrise de l'âme par elle-même à ce titre assomptive des plus humbles degrés de perfection dont elle est le résultat victorieux ; l'âme séparée retrouvant son corps n'en use plus comme d'un instrument nécessaire à ses opérations spirituelles, mais comme d'un langage expressif de son pouvoir de faire rayonner sa beauté, ou sa laideur peccamineuse, jusque dans les plus infimes degrés d'être ; c'est ce qui faisait dire à saint Augustin (*lettre à Dioscore*) : « Dieu a fait l'âme d'une nature tellement puissante que, de sa parfaite béatitude, résulte, dans la nature inférieure, la vigueur de l'immortalité. » Ce qui est victoire sur son contraire pose ce qu'il présuppose, par là se révèle réflexion, mais ce qui est réflexion pose comme point d'arrivée (par définition négateur du point de départ) son point de départ qui n'est qu'à se nier dans ce qui en retour ramène à lui, donc ce qui est réflexion se pose comme conservation et négation de soi-même (il se pose comme cette origine qui n'est qu'à se nier, *et* comme négation de cette vocation à se nier de l'origine), par là comme cette sublimation de soi dont le propre est de confirmer sa contradiction intestine (cette négation de soi qui se renie) en s'objectivant en elle (elle se libère de soi — de cette contradiction qu'elle est — en le libérant, par là qu'elle se l'objective, le mettant à distance de soi) : le corps, surnaturellement recouvré par l'âme, a le statut d'une objectivation de soi de l'âme en lui. « *In puris naturalibus* », l'âme séparée, selon cet état qui eût été pour elle définitif, se fût objectivée seulement comme l'idée de son corps. L'âme humaine est, en droit, à son corps glorieux, analogiquement, comme le Père est à Son Verbe en lequel Il répand Ses complaisances, et c'est pourquoi les actes du corps engagent l'âme. Sous ce rapport, on peut bien dire avec Paul Valéry que ce qu'il y a de plus profond en l'homme, c'est la peau. Il n'est pas de péché qui ne trouve son origine dans l'âme, mais il n'est pas de péché accompli par le corps qui n'ait vocation à être lavé dans le sang, parce que l'âme n'est ce résultat victorieux du corps qu'à proportion de son consentement à s'aliéner bienheureusement en lui, de sorte que c'est en lui qu'elle doit payer les fautes qu'elle lui fait accomplir et en lesquelles elle se souille.

Voir ici « **Immortalité** ».

WAFFEN SS

Extraits de Fascisme et Monarchie *de Joseph Mérel, Reconquista Press, 2018* :

Considérons les informations que nous offre Friedrich Heer (dont Gabriel Marcel a dit qu'il était l'un des auteurs les plus francs de notre époque) dans son ouvrage *Der Glaube des Adolf Hitler, Anatomie einer politischen Religiosität* (Bechtle Verlag, München, 1969, traduit de l'allemand par Michel Demet, Stock, 1971, sous le titre : *Autopsie d'Adolf Hitler*). Friedrich Heer, très hostile au nazisme et moderniste d'un point de vue religieux, s'emploie dans son livre à souligner tous les points de convergence entre le nazisme et la doctrine catholique traditionnelle. Il va de soi que les citations que nous glanons dans son ouvrage ne nous inspirent pas les mêmes jugements que les siens. D'autre part, l'intérêt des informations qu'il diffuse n'empêche pas F. Heer de commettre des erreurs historiques monumentales, telle la créance qu'il accorde à *Hitler m'a dit*, cette baudruche gonflée en 1939 par Willi Münzenberg, chef de l'agence du Komintern à Paris, éditée par Imre Révécz et signée par Hermann Rauschning.

Le général de l'Ordre de la Société de Jésus, aristocrate polonais, Vladimir Ledóchowski, redouté et célébré comme le troisième dictateur de Rome, avait misé sur Adolf Hitler (Heer, p. 344). Pierre Maximin, auteur d'un remarquable ouvrage (*Une encyclique singulière sous le Troisième Reich*, publications V.H.O., 1999, BP 60, B-2600 Berchem 2, Belgique) riche d'informations du plus haut intérêt, rappelle (p. 38 en particulier) que le R.P. Ledóchowski, comme d'ailleurs Pie XII, furent à bien des égards, pour des raisons diverses dont toutes ne sont pas immunes de partialité fondée sur des informations erronées, très critiques à propos des régimes totalitaires, du fascisme et du nazisme en particulier. Il reste que leur hostilité ne leur interdit pas, au moins pendant plusieurs années, de discerner dans les régimes sus-cités autant de réponses aux problèmes du vieux monde, maladroites certes mais presque nécessitées par les ravages en Europe de l'esprit délétère de 1789. C'est ce qui fit déclarer à von Papen que « le IIIe Reich était la riposte chrétienne à 1789 » (John Lukacs, *Hitler of History*, Alfred Knopf, New York, 1997, p. 90, cité par Pierre Maximin, *op. cit.*, p. 17).

À l'automne 1943, à un journaliste italien qui lui demandait ce qu'il pensait du peuple allemand, Pie XII répondit : « C'est un grand peuple qui verse son sang dans la lutte contre le bolchevisme, non seulement pour ses amis mais aussi pour ceux qui sont aujourd'hui ses ennemis. Je ne peux croire à un échec sur le front de l'Est » (Heer, p. 315). En 1944, Pie XII reçut à Rome celui qui allait devenir le cardinal Spellman, lequel intervenait en tant que porte-parole de la droite américaine et anticommuniste en faveur d'un renversement des alliances, c'est-à-dire pour une alliance avec Hitler contre les Soviétiques (Heer, p. 245 et 315).

Le cardinal Bertram n'hésitait pas à proclamer : « J'ai dit aux enfants : *Heil Hitler* ! Cela concerne le Reich d'ici-bas. Loué soit Jésus-Christ, c'est la liaison entre Ciel et terre » (Heer, p. 312).

Le cardinal Faulhaber (archevêque de Munich, vieux légitimiste allemand opposé à la République de Weimar) affirma : « La croix gammée n'a pas été choisie par le Führer pour s'opposer à la croix chrétienne. Elle n'est d'ailleurs pas ressentie comme telle par le peuple allemand ni par les évêques qui, aux jours prescrits, hissent le drapeau à croix gammée » (Heer, p. 309). Reçu le 4 novembre 1936 par Hitler au Berghof, le même cardinal quitta le Führer enthousiasmé. Il lui rappela que depuis 1933, Pie XII le tenait pour le premier homme d'État du monde. Par une lettre pastorale de tout l'épiscopat allemand datée du 24 décembre 1936, il demandera à tous les catholiques de se ranger derrière Hitler pour lutter contre le bolchevisme (Heer, p.197-198-203-208). Dans l'ouvrage de Pierre Maximin déjà cité, on trouve (p. 21), à propos du cardinal Faulhaber, l'information suivante :

> « Que le chef du IIIe Reich fût exempté personnellement de la critique semble corroboré par une note privée, non seulement inédite mais encore intime, non destinée à la publication, que l'on a trouvée dans les papiers personnels du cardinal Faulhaber, celui-là même que l'on dit avoir été — et qui fut sans doute effectivement — l'un des instigateurs de *Mit brennender Sorge*. Il s'agit du compte rendu d'un entretien du cardinal avec Hitler le 4 janvier 1936 (durée de l'entretien : de 11 à 14 heures) terminé par un dîner d'une demi-heure dans la véranda de la salle à manger à l'Obersalzberg (résidence du Führer, dans les Alpes bavaroises). Or, que consignait Mgr Faulhaber ? Tout simplement ceci :
>
> "Dans la première heure, le Führer fut le seul à parler, franchement, familièrement, avec chaleur, voire avec passion parfois. Pendant la deuxième heure, j'eus l'occasion, sans être pour ainsi dire interrompu, de répondre aux vues du Führer et de présenter mon propre point de vue. Au cours de la troisième heure, le tête-à-tête se fit de plus en plus détendu…
>
> Le Führer : 'Les hommes ne peuvent rien faire sans croire en Dieu. Le soldat, après trois ou quatre jours sous la mitraille, doit se raccrocher à la religion. L'absence de Dieu, c'est le néant.'
>
> Je répondis : 'Les splendides professions de foi faites par le Führer en diverses occasions, et précisément celle de son discours de clôture lors de la journée du Parti, à Nuremberg, et au Bückeberg, n'ont certainement pas manqué de faire impression dans le monde… C'est en vain que l'on en chercherait de pareilles de la bouche d'un Léon Blum, par exemple, dans sa lamentable réponse au discours de Nuremberg ; mais on n'en trouverait pas davantage chez les autres hommes d'État…'" (Sources indiquées par Pierre Maximin : Archives épiscopales de Munich, fonds Faulhaber n° 8203 et Ludwig Volk, Akten Michael Faulhabers, tome II, p. 184 et suivantes.) »

Mgr Franz Justus Rarkowski était une « créature de Mgr Benigni » (Heer, p. 189). Mgr Benigni, dont l'œuvre fut saluée jadis par Mgr Ducaud-Bourget, dirigea la « Sapinière », organisme discret protégé par saint Pie X et destiné à pourchasser les modernistes infiltrés dans l'Église. « *Episcopus castrensis* », responsable de trois cent soixante aumôniers depuis le 20 février 1938, Mgr Rarkowski déclarait en août 1942 : « Derrière le temps que nous vivons, et qui exige de vous vos souffrances, votre sang, vos larmes, derrière les ordres que vous donne à vous, soldats, notre Führer, derrière ce que la patrie attend de vous, derrière tout cela, il y a la volonté de Dieu » (Heer, p.269-270).

Cependant que durant la vie du Saint-Empire romain germanique des empereurs et des rois déplacèrent, chassèrent et persécutèrent des évêques, les libertés d'enseignement des Églises, leur liturgie, leurs dogmes, demeurèrent hors d'atteinte pendant toute l'existence du IIIe Reich (Heer, p. 227).

Lorsque se déchaîna en 1936 le combat avec les Églises mené par Rosenberg, Himmler et les Groupes S.S., Hitler mit en garde, durant un congrès des Gauleiters à Munich, les dirigeants du parti : « Le livre de M. Rosenberg, *Le Mythe du XXe siècle*, n'est pas une publication officielle du Parti. Au surplus, je vous affirme que l'Église catholique possède une force vitale qui se prolongera bien au-delà de notre vie à nous tous réunis ici » (Heer, p. 202). À ce sujet, comme le rappelle Otto Skorzeny (*La Guerre inconnue*, Albin Michel, version française de Saint-Paulien, 1975, p. 40), contrairement au régime des S.A., l'inscription au Parti dans les Waffen S.S. n'était ni obligatoire ni même recommandée ; la liberté de conscience était absolue ; on y trouvait des agnostiques, des protestants et des catholiques pratiquants.

Ribbentrop, allié fidèle d'Hitler jusqu'au bout (ce qui ne sera pas le cas d'Himmler), s'entretenant avec le cardinal Secrétaire d'État Maglione, envisagera une procédure du gouvernement du Reich contre les textes signés par Ludendorff, qui selon lui appartenait au clan des « rêveurs fanatiques et racistes » (Heer, p. 240-241). Lors de son premier discours radiodiffusé, le 1er février 1933, Hitler déclarera : « Le gouvernement national prendra fermement sous sa protection le christianisme, base de toute notre morale, la famille, cellule fondamentale dans le corps de notre peuple et de notre État » (Heer, p.156-157). Dans la revue mensuelle *Stimmen der Zeit* (*Les Voix du temps*), éditée par les Jésuites à Munich, on trouve, fin 1933 : « La conclusion du Concordat prouve qu'il ne peut y avoir d'hostilité entre la NSDAP et l'Église. » « Au contraire, la croix gammée, le signe matériel, trouve son accomplissement dans le signe spirituel, celui de la grâce » (Heer p. 162). Le théologien Simon Pirschegger, auteur d'un ouvrage intitulé *Hitler et l'Église catholique* (Graz, 1933), affirmera : « Mon ambition a été et est toujours de contribuer à la réconciliation de l'Église catholique et du national-socialisme de la Grande Allemagne » (Heer, p.160).

Hitler refusa le combat contre Rome : « Ceux qui ont soudain découvert, en 1924, que la mission suprême du mouvement national était la lutte contre l'ultramontanisme n'ont nullement brisé l'ultramontanisme, par contre ils ont brisé l'unité du mouvement national. » Hitler visait là Ludendorff et Rosenberg, ce qui explique que Ludendorff, dans son journal, ait pesté contre Hitler en ces termes : « L'ultramontain Adolf Hitler, ce valet des curés tout dévoué à Rome » (Heer, p.147). « Historiquement, c'est bien ce qu'il y a de plus significatif dans la grande profession de foi de l'Autrichien catholique Adolf Hitler. Son programme culturel conservateur manifeste une considération toute particulière pour l'Église, tourne le dos aux rêveries fanatiques des "nouveaux païens", des "Germains", des sectes racistes, toujours anti-romaines, préoccupées d'astrologie et d'occultisme, repousse les théories des petites Églises politico-religieuses, des cercles, communautés religieuses, associations et groupes divers dont Munich regorge aux environs des années 20 » (Heer, p. 133).

On comprend ainsi qu'Otto Skorzeny (*op. cit.*, p. 40 à 42) puisse rappeler les faits suivants : « L'aumônier de la brigade française SS Charlemagne était Mgr Mayol de Lupé, ami personnel de Pie XII, et j'ai eu dans mes unités un prêtre catholique roumain, servant comme simple soldat (...). Nous ne nous privions pas de critiquer certaines conceptions du Parti et les décisions de certains Gauleiters. Que le malheureux Streicher et son journal, le *Stürmer*, pussent exister nous paraissait à la fois lamentable et inconvenant. Ce journal faisait tache. Il n'y avait vraiment rien de commun entre les éditoriaux de *Das Reich* qu'écrivait Goebbels, et les élucubrations du *Stürmer*. (...) Mais comment ne s'aperçoit-on pas que cette armée, qui compta environ un million de jeunes Européens <la Waffen S.S.>, au sein de laquelle chaque combattant jouissait d'une égale supériorité morale devant la mort, constituait un démenti éclatant aux fameuses doctrines "nordiques" du Reichsführer SS Heinrich Himmler ? Idées qu'Hitler lui-même ne partageait point. Je dois avouer de même que les doctrines du Reichsleiter Alfred Rosenberg m'ont toujours paru enveloppées de l'épais brouillard des Niebelungen. (...) Je puis dire que si Himmler comptait employer, dans l'avenir, les Waffen SS comme instruments d'une certaine politique personnelle, cette politique, quelle qu'elle pût être, nous resta parfaitement inconnue. »

INDEX DES THÈMES

INDEX DES NOMS

C

D

E

F

I

J

M

N

O

P

S

T

U

V

W

X

Y

Z

TABLE DES MATIÈRES

Novembre 2019
Reconquista Press
www.reconquistapress.com

www.ingramcontent.com/pod-product-compliance
Lightning Source LLC
Chambersburg PA
CBHW060302030426
42336CB00011B/902

* 9 7 8 1 9 1 2 8 5 3 0 8 3 *